BRECHT-HANDBUCH

Band 4

BRECHT HANDBUCH

in fünf Bänden

Herausgegeben von
Jan Knopf

Wissenschaftliche Redaktion:
Joachim Lucchesi

*Gefördert durch die
Deutsche Forschungsgemeinschaft*

BRECHT HANDBUCH

Band 4

*Schriften,
Journale,
Briefe*

Verlag J.B. Metzler
Stuttgart · Weimar

Gedruckt auf säure- und chlorfreiem, alterungsbeständigem Papier

ISBN 3-476-01832-6
Gesamtwerk: ISBN 3-476-01828-8

Dieses Werk einschließlich aller seiner Teile ist urheberrechtlich geschützt. Jede Verwertung außerhalb der engen Grenzen des Urheberrechtsgesetzes ist ohne Zustimmung des Verlages unzulässig und strafbar. Das gilt insbesondere für Vervielfältigungen, Übersetzungen, Mikroverfilmungen und die Einspeicherung und Verarbeitung in elektronischen Systemen.

© 2003 J.B. Metzlersche Verlagsbuchhandlung
und Carl Ernst Poeschel Verlag GmbH in Stuttgart
www.metzlerverlag.de
info@metzlerverlag.de

Satz: Typomedia Satztechnik GmbH, Ostfildern
Druck und Bindung: Ebner & Spiegel GmbH, Ulm
Printed in Germany
Mai/2003

Verlag J.B. Metzler Stuttgart · Weimar

Die Deutsche Bibliothek – CIP-Einheitsaufnahme

Brecht-Handbuch : in fünf Bänden / hrsg.
von Jan Knopf. – Stuttgart ; Weimar : Metzler
  ISBN 3-476-01828-8

Bd. 4. Schriften, Journale, Briefe.
  ISBN 3-476-01832-6

Inhaltsverzeichnis

Die Schriften. Einführung *1*

Die Schriften 1913–1924
Überblick *16*

    Zum Theater *18*
    Zu Kunst und Literatur *21*

Schriften 1924–1933
Überblick *24*

    Zum Theater *34*
    Dialog über Schauspielkunst *46*
    Anmerkungen zur Oper »Aufstieg und Fall der Stadt Mahagonny« *48*
    Anmerkungen zum Lustspiel »Mann ist Mann« *57*
    Zu Lehrstück und ›Theorie der Pädagogien‹ *65*
    Zu Literatur und Kunst *89*
    Kurzer Bericht über 400 (vierhundert) junge Lyriker *95*
    Wenn der Vater mit dem Sohne mit dem Uhu … *99*
    Zu Film und Radio *107*
    Zur Philosophie *117*
    Zu Politik und Gesellschaft *125*
    Der Dreigroschenprozeß *134*

Schriften 1933–1941
Überblick *156*

    Zum Theater *173*
    Verfremdungseffekte in der chinesischen Schauspielkunst *188*
    Der Messingkauf *192*
    Zu Literatur und Kunst *220*
    Die Expressionismusdebatte *231*
    Zur Lyrik *247*
    Über reimlose Lyrik mit unregelmäßigen Rhythmen *257*
    Zu Politik und Gesellschaft *263*
    Fünf Schwierigkeiten beim Schreiben der Wahrheit *272*

Schriften 1941–1947
Überblick *279*

    Zum Theater *281*
    Aufbau einer Rolle. Laughtons Galilei *284*
    Zu Politik und Gesellschaft *298*

Schriften 1947–1956
Überblick *305*

    Zum Theater *310*
    Kleines Organon für das Theater *316*
    Antigonemodell 1948 *330*
    Couragemodell 1949 *342*
    »Katzgraben-Notate 1953« *348*
    Die Dialektik auf dem Theater *362*
    Zu Kunst und Literatur *366*
    Die Formalismusdebatte *375*
    Zu Politik und Gesellschaft *392*

    Versuche *406*

    Tagebücher *416*

    Journale *424*

    Briefe *441*

    Gespräche *455*

    Aufführungsgeschichte *469*

    Druckgeschichte *479*

    Zur Wirkungsgeschichte nach dem zweiten Weltkrieg *499*

Hinweise für die Benutzung

Verantwortlich für den Inhalt der einzelnen Artikel sind die jeweiligen Autorinnen und Autoren.

Formale Gestaltung und Aufbau der Artikel

Der Name Bertolt Brecht wird mit »B.« bzw. im Genitiv mit »B.s« abgekürzt; dies gilt auch für Wortzusammensetzungen wie »B.-Forschung«. Weitere Abkürzungen, die vorwiegend für die Nachweise in runden Klammern gültig sind, finden sich auf S. VIIIf. verzeichnet. Alle Werktitel und Binnentitel erscheinen im Text kursiv, nicht aber bei den Nachweisen bzw. im Literaturverzeichnis; dies gilt auch für Werke der Musik und der bildenden Kunst. Titel von B.s Werken werden auch in Kurzform, wie z.B. *Courage*, *Ui*, genannt. Zur Unterteilung längerer Artikel in Sinnabschnitte dienen Zwischenüberschriften.

Vornamen werden nur bei der ersten Erwähnung im fortlaufenden Text, nicht aber bei den Nachweisen in runden Klammern genannt. Nur im Fall von Verwechslungsmöglichkeiten oder Personen gleichen Namens werden die Vornamen immer genannt, bei den Nachweisen jedoch nur mit dem ersten Buchstaben. Eindeutig bekannte Personen, wie Goethe, Shakespeare oder Hegel, erhalten keine Vornamen.

Zitierweise

Die *Große kommentierte Berliner und Frankfurter Ausgabe* wird mit GBA, Bandnummer und Seitenzahl zitiert. Wenn irgend möglich, sind die Nachweise von B.-Texten nach ihr erfolgt; Abweichungen sind in den Ausführungen begründet. Die Kommentare der GBA werden nur in Ausnahmefällen zitiert, nämlich für Richtigstellungen oder in wenigen Fällen, wenn bestimmte Informationen nur über ihn zu finden waren. Gelegentlich musste auch auf ältere Werkausgaben zurückgegriffen werden; sie sind im Verzeichnis der Siglen angeführt.

Häufig genannte Titel der Sekundärliteratur sind sigliert und werden im Literaturverzeichnis nur mit der Sigle in Kapitälchen aufgeführt. Mehrere Beiträge eines Autors sind bei den Nachweisen im Text mit Jahreszahlen nach dem Namen, in Einzelfällen, wenn die Beiträge aus einem Jahr stammen, zusätzlich mit »a« und »b« versehen; danach folgen, wenn gegeben, die Band- und stets die Seitenangaben mit Ausnahme von Zeitungsartikeln.

Zitate werden in doppelte, Zitate innerhalb von Zitaten in einfache Anführungszeichen gesetzt mit Ausnahme der mit Einzug abgesetzten Zitate, die keine Anführungszeichen erhalten und deren Zitate in doppelten Anführungszeichen stehen. Hervorhebungen in den Zitaten werden grundsätzlich so wiedergegeben, wie die Quelle sie auszeichnet (in der Regel durch Kursivierung, gegebenenfalls durch Sperrung oder Unterstreichung). Hervorhebungen des zitierenden Autors erscheinen grundsätzlich kursiv mit der Angabe »Hv. v. Vf.«. Einfügungen oder Auslassungen in den Zitaten stehen in eckigen Klammern ohne weitere Zusätze. Flexionsänderungen in Zitaten werden nicht gekennzeichnet.

Wo wiederholt und ohne Verwechslungsmöglichkeit aus dem selben Text zitiert wird, folgt nach dem vollständigen Stellennachweis beim ersten Zitat im Folgenden, jedoch auf die Absätze beschränkt, nur noch die Seitenangabe.

Zitate aus Briefen, den *Journalen* und Tagebüchern sind neben der Quellenangabe zusätzlich und möglichst im fortlaufenden Text mit der Datierung versehen. Ungedruckte Quellen werden nach den Archivnummern, in der Regel Blätter und nicht Seiten, des jeweiligen Archivs, insbesondere des Bertolt-Brecht-Archivs nachgewiesen, wobei die originale Orthographie erhalten bleibt.

Literaturverzeichnis

An jeden Artikel schließt sich ein Literaturverzeichnis an, das alphabetisch geordnet ist und nur die Titel berücksichtigt, die im Text zitiert sind bzw. auf die verwiesen wird. Die jeweiligen Autorennamen erscheinen grundsätzlich im Text.

Siglen

I. Ausgaben

BBA	Bertolt-Brecht-Archiv. Akademie der Künste zu Berlin (angegeben wird die Archiv-Signatur)
GBA	Brecht, Bertolt: Werke. Große kommentierte Berliner und Frankfurter Ausgabe. Hg. v. Werner Hecht, Jan Knopf, Werner Mittenzwei, Klaus-Detlef Müller. 30 Bde. und ein Registerbd. Berlin und Weimar, Frankfurt a.M. 1988–2000.
Gedichte	Brecht, Bertolt: Gedichte I-X. Frankfurt a.M. 1960-1976.
Prosa	Brecht, Bertolt: Prosa I-V. Frankfurt a.M. 1965.
Schriften zum Theater	Brecht, Bertolt: Schriften zum Theater 1-7. Frankfurt a.M. 1963-1964.
Schriften zur Literatur und Kunst	Brecht, Bertolt: Schriften zur Literatur und Kunst 1-3. Frankfurt a.M. 1967.
Schriften zur Politik und Gesellschaft	Brecht, Bertolt: Schriften zur Politik und Gesellschaft. 1919-1956. Frankfurt a.M. 1968.
Stücke	Brecht, Bertolt: Stücke I-XIV. Frankfurt a.M. 1961-1967.
WA	Brecht, Bertolt: Gesammelte Werke in 20 Bänden (= Werkausgabe Edition Suhrkamp). Frankfurt a.M. 1967.
WA, Suppl.	Brecht, Bertolt: Gesammelte Werke in 20 Bänden (= Werkausgabe Edition Suhrkamp). Supplementbde. I-IV. Frankfurt a.M. 1969-1982.

II. Siglierte Einzelwerke

EISLER/BUNGE	Eisler, Hanns: Gespräche mit Hans Bunge. Fragen Sie mehr über Brecht (= Hanns Eisler: Gesammelte Werke, III/7). Leipzig 1975.
HECHT	Hecht, Werner: Brecht Chronik 1898-1956. Frankfurt a.M. 1997.
JOOST	Joost, Jörg-Wilhem/Müller, Klaus-Detlef/Voges, Michael: Bertolt Brecht. Epoche – Werk – Wirkung. Hg. v. Klaus-Detlef Müller. München 1985.
MITTENZWEI, Bd. 1	Mittenzwei, Werner: Das Leben des Bertolt Brecht oder Der Umgang mit den Welträtseln. Bd. 1. Frankfurt a.M. 1987.
MITTENZWEI, Bd. 2	Mittenzwei, Werner: Das Leben des Bertolt Brecht oder Der Umgang mit den Welträtseln. Bd. 2. Frankfurt a.M. 1987.

III. Zeitschriften und Jahrbücher

Communications	Communications from the International Brecht Society
DD.	Diskussion Deutsch

DU.	Der Deutschunterricht
DVjs.	Deutsche Vierteljahresschrift für Literaturwissenschaft und Geistesgeschichte
GLL.	German Life and Letters
BrechtJb.	Brecht-Jahrbuch
Brecht heute	Brecht heute. Brecht today. Jahrbuch der Internationalen Brecht-Gesellschaft
BrechtYb.	The Brecht Yearbook
GQu.	The German Quarterly
NDL.	Neue Deutsche Literatur
SchillerJb.	Jahrbuch der deutschen Schillergesellschaft
WB.	Weimarer Beiträge
WW.	Wirkendes Wort
ZfdPh.	Zeitschrift für deutsche Philologie

IV. Abkürzungen

Aufl.	Auflage		Masch.	maschinenschriftlich
B.	Brecht		Ms.	Manuskript
BBA	Bertolt-Brecht-Archiv		N.F.	Neue Folge
Bd./Bde.	Band/Bände		o.g.	oben genannt
Bl.	Blatt/Blätter		o.J.	ohne Jahr
ders./dies.	Derselbe/dieselbe		o.O.	ohne Ort
d.i.	Das ist		Sp.	Spalte
Diss.	Dissertation		Str.	Strophe
durchges.	durchgesehen		Sz.	Szene
ebd.	ebenda		Tsd.	Tausend
EHA	Elisabeth-Hauptmann-Archiv		u.ä.	und ähnliche(s)
eingel.	eingeleitet		u.a.	unter anderem, unter anderen
Fs.	Festschrift		u.a.m.	und andere(s) mehr
H.	Heft		u.ö.	und öfter
HEA	Hanns-Eisler-Archiv		v.	vom, von
Hg.	Herausgeber(in)/Herausgegeben		V.	Vers
Hs./hs.	Handschrift/handschriftlich		Vf.	Verfasser(in)
Hv.	Hervorhebung		Vol.	Volume/Band
Jb.	Jahrbuch		vollst.	vollständig
Jh.	Jahrhundert		Z.	Zeile
Kap.	Kapitel		zit.	zitiert
Komm.	Kommentar			

Autorenverzeichnis

Fähnders, Walter (Osnabrück))
Gansel, Carsten (Gießen)
Gerz, Raimund (Frankfurt a.M.)
Giles, Steve (Nottingham/Großbritannien)
Hillesheim, Jürgen (Augsburg)
Joost, Jörg Wilhelm (Kiel)
Jost, Roland (Heidelberg)
Knopf, Jan (Karlsruhe)
Koch, Gerd (Berlin)
Krabiel, Klaus-Dieter (Frankfurt a.M.)
Kugli, Ana (Karlsruhe)
Lindner, Burkhardt (Frankfurt a.M.)
Lucchesi, Joachim (Berlin/Karlsruhe)
Mews, Siegfried (Chapel Hill, North Carolina/USA)
Morley, Michael' (Adelaide/Australien)
Oesmann, Astrid (Iowa City, Iowa/USA)
Ostmeier, Dorothee (Eugene, Oregon/USA)
Primavesi, Patrick (Frankfurt a.M.)
Schlenstedt, Dieter (Berlin)
Schlenstedt, Silvia (Berlin)
Streisand, Marianne (Berlin)
Stuber, Petra (Leipzig)
Tatlow, Antony (Dublin/Irland)
Völker, Klaus (Berlin)
Weber, Carl (Stanford, California/USA)
Wizisla, Erdmut (Berlin)

Wissenschaftlicher Beirat

Michael Duchardt (Karlsruhe)
Albrecht Dümling (Berlin)
Jürgen Hillesheim (Augsburg)
Wolfgang Jeske (Frankfurt a.M.)
Jörg-Wilhelm Joost (Kiel)
Roland Jost (Heidelberg)
Klaus-Dieter Krabiel (Frankfurt a.M.)
Burkhardt Lindner (Frankfurt a.M.)
James K. Lyon (Provo, Utah/USA)
Siegfried Mews (Chapel Hill, North Carolina/USA)
Hans Peter Neureuter (Regensburg)
Antony Tatlow (Dublin/Irland)
Frank D. Wagner (Oldenburg)
Erdmut Wizisla (Berlin)

Die Schriften. Einführung

Die *Schriften*, so wie sie in den Bänden 21 bis 25 der GBA gesammelt vorliegen, umfassen B.s gesamte Schaffensperiode von 1914 bis 1956. Die Bände 21–23 enthalten diverse Texte, die von journalistischen Veröffentlichungen zu losen Aufzeichnungen über Drama und Theater, Politik und Gesellschaft, Literatur und Philosophie bis zu B.s programmatischen Texten wie dem *Dreigroschenprozeß*, dem *Messingkauf* und dem *Kleinen Organon für das Theater* reichen. Band 24 versammelt Texte, die sich direkt auf spezifische Stücke B.s (insgesamt 26 Stücke von *Baal* bis zum *Kaukasischen Kreidekreis*) und Stückbearbeitungen anderer Autoren, darunter Gerhart Hauptmann, J.M.R. Lenz, Shakespeare und Sophokles, beziehen. In Band 25 sind vier Theatermodelle, *Aufbau einer Rolle. Laughtons Galilei, Antigonemodell, Couragemodell* und *die ›Katzgraben‹-Notate* versammelt, die B.s Regiearbeit beschreiben und zum großen Teil mit Aufführungs- und Probenfotografien versehen sind. Die Aufführungsfotografien wurden von Ruth Berlau (und beim *Couragemodell* unter Mitarbeit von Hainer Hill und Ruth Wilhelmi) hergestellt.

Die Texte der ersten drei Bände sind chronologisch angeordnet. Ihre Aufteilung in den einzelnen Bänden orientiert sich an den wichtigsten historischen Ereignissen in der ersten Hälfte des 20. Jh.s und damit an B.s Biografie. *Schriften* Band 1 (1914–1933) präsentiert die Texte vom Beginn des ersten Weltkriegs bis zur Machtübergabe an die Nationalsozialisten; *Schriften* Band 2, ein Doppelband, umfasst die Zeit des Exils in Dänemark, Schweden, Finnland und den USA von 1933–1942; *Schriften* Band 3 (1942–1956) schließt die Zeit der internationalen Anti-Hitler-Koalition, das Ende des zweiten Weltkriegs, B.s Aufenthalt in der Schweiz und seine endgültige Niederlassung in Berlin/DDR ein.

Die Bände 24 und 25 stehen gattungsmäßig für sich. Die *Schriften* Band 4 zu den Stücken und Stückbearbeitungen sind chronologisch nach dem Erscheinungsjahr der Stücke geordnet, wobei es aber zeitlich zu Überschneidungen kommt, wenn B. sich später noch einmal in Form von Überarbeitungen mit den Stücken auseinander setzte. Als ein Beispiel kann hier B.s Stück *Die Mutter* gelten, das 1932 entstand, dem er sich aber bis 1951 immer wieder zugewendet hat. Die Theatermodelle im letzten Band der *Schriften* ermöglichen einen Einblick in B.s Theaterarbeit während der ersten Inszenierungen in der Schweiz und Berlin von 1948 bis 1953.

Durch ihre chronologische Anordnung in der GBA fällt den *Schriften* eine andere Funktion zu, als es in den vorhergehenden Ausgaben, besonders der WA, der Fall war (vgl. die Kritik zur Editionsweise der GBA: *Schriften* [1933–1941], BHB 4). In der WA wurde eine sehr begrenzte Auswahl der *Schriften* unter den gesonderten Themenbereichen *Schriften zum Theater, Marxistische Studien, Notizen zur Philosophie, Aufsätze zum Faschismus, Schriften zur Literatur und Kunst* sowie *Schriften zur Politik und Gesellschaft* zusammengefasst. Diese Editionsweise produzierte überblicksartige Orientierungen, welche die Rezeption B.s über Jahrzehnte beeinflussten. So wurden die vielfältigen Äußerungen B.s oft als konsistentes Ganzes wahrgenommen, was sich besonders in der Kategorisierung B.s als marxistischer Dramatiker niedergeschlagen hat. Zum Beispiel wurden B.s Aufzeichnungen zur Expressionismusdebatte (GBA 22, S. 405–413, S. 413–15, S. 417–419, S. 419–423, S. 423f.), in denen er gegen Lukács' Realismusbegriff Stellung nimmt, zu B.s Lebzeiten nicht veröffentlicht. Mit der erstmaligen Edition dieser Texte in der WA, und anschließend in Schmitts Materialienband (vgl. Schmitt), wurde B. die Rolle eines aktiven Mitspielers zugewiesen, der er nicht war. Durch die Auswahl der sich ergänzenden Schriften in der WA wurde B. ideologisch an einer theoretischen Konsistenz gemessen, die er selbst nicht anstrebte. Als jüngstes Beispiel in der B.-Rezeption kann John Fuegis Buch *Brecht & Co.* gelten, in dem er B. und Stalin als vergleichbar dogmatische Marxisten darstellt (Fuegi, S. 355f.).

Im Gegensatz zur WA verzichteten die Herausgeber der GBA auf eine genremäßige Anordnung der Schriften, wobei als *Schriften* die Texte gelten, die nicht in »künstlerischer Prosa« (GBA 25, S. 584) geschrieben wurden. Eine Ausnahme bildet hier *Der Messingkauf*, der aus verschiedenen Gattungen besteht und auf Grund unterschiedlicher Arbeitsphasen, die insgesamt von 1939–1945 reichen, den Schluss des zweiten Bandes der *Schriften* ausmacht.

Die chronologische Darstellung, die auf Vollständigkeit ausgerichtet ist und erstmals auch zahlreiche bisher unveröffentlichte Texte zugänglich macht, bietet einen Einblick in B.s differenzierte Arbeitsweise. »Das Aufgliederungsprinzip führt unterschiedliche Sachgebiete zusammen, die zueinander gehören: philosophische Überlegungen haben unmittelbar zu ästhetischen Konsequenzen geführt, wie gleichermaßen politische Anlässe Rückschlüsse auf die Theorie initiiert haben.« (S. 585) So machen die *Schriften* deutlich, dass B. nicht nur themenzentriert gearbeitet hat, sondern ein bestimmtes Thema parallel in den Bereichen Theater, Philosophie und Gesellschaft untersuchte, um sich mit unterschiedlichen Aspekten der Wirklichkeit auseinander zu setzen.

In ihrer vorliegenden Anordnung verdeutlichen die *Schriften*, womit und in welcher Form sich B. in spezifischen Perioden beschäftigte, die sich wie folgt einteilen lassen: 1913–1918, Augsburg; 1918–1924, München; 1924–1933, Berlin; 1933–1941, Skandinavien; 1941–1947, USA; 1947–1956, Schweiz/Berlin. B.s Arbeitsweise und seine Wirksamkeit innerhalb dieser Perioden sind Gegenstand der folgenden Ausführungen.

1913–1918, Augsburg

An die Öffentlichkeit trat B. erstmals mit journalistischen Arbeiten, insbesondere den *Augsburger Kriegsbriefen*, die er als Gymnasiast unter dem Pseudonym Berthold Eugen vor allem für die Tageszeitung *Augsburger Neueste Nachrichten*, aber auch für die *München-Augsburger Abendzeitung* verfasste (Hecht, S. 31f.). Für die *Augsburger Neuesten Nachrichten* schrieb B. auch einen Nachruf auf Frank Wedekind zu dessen Tod am 9. 3. 1918. B. bewundert darin vor allem Wedekinds Darstellungskraft und seinen Gesang: »Er sang […] seine Lieder mit spröder Stimme, etwas monoton und sehr ungeschult: Nie hat mich ein Sänger so begeistert und erschüttert.« (GBA 21, S. 35) Hier deutet sich bereits Wedekinds Einfluss auf B.s Lyrik und Theaterarbeit während der Weimarer Republik an.

1918–1924, München

Seine ersten Theaterkritiken (u.a. über Georg Kaisers *Gas*, Schillers *Don Carlos*, *Kabale und Liebe*, *Räuber*, Goethes *Tasso*, Hauptmanns *Rose Bernd*, Shaws *Pygmalion*, Hofmannsthals *Jedermann*, Strindbergs *Rausch*, Hebbels *Judith*) veröffentliche B. von 1919 an in *Der Volkswille*, einer neu gegründeten Augsburger Tageszeitung und Organ der USPD (Hecht, S. 77). Hier findet sich auch B.s Rezension von *Der dramatische Wille*, einer Buchreihe, die zeitgenössische Dramen »in Essayform« (GBA 21, S. 88; vgl. S. 602) herausgab. B.s Kritik richtete sich vor allem gegen das Menschenbild des Expressionismus, gegen »Proklamationen des Menschen ohne Menschen« (S. 89). Neben den Theaterkritiken finden sich in den *Schriften* auch zahlreiche Erstdrucke von Manuskripten, in denen sich B. mit der Rolle des Theaters und seinen unterschiedlichen Stilrichtungen auseinander setzte, z.B. in *Über den Expressionismus*, *Das Theater als sportliche Anstalt* und *Über die Zukunft des Theaters*.

1922 bekam B. Kontakt zum Berliner Theaterkritiker Herbert Ihering, der B. förderte und eine Verbindung zu der Zeitung *Berliner Börsen-Courier* herstellte. Dort veröffentlichte B. 1922 den Artikel *Über den Film* als Beitrag zur Reihe *Deutsche Dichter über den Film*, an der sich auch Alfred Döblin, Iwan

Goll und Hanns Johst beteiligten. Während B. an den Münchner Kammerspielen sein Stück *Trommeln in der Nacht* aufführte, gab das Theater eine Sondernummer seines Programmhefts heraus, das eine Auswahl verschiedener Texte B.s enthielt. U.a. schrieb B. über den Kabarettisten und Dramatiker Karl Valentin, den er mit Charlie Chaplin vergleicht, »mit dem er mehr als den fast völligen Verzicht auf Mimik und billige Psychologismen gemein hat« (S. 102). Als Valentins Stück *Christbaumbrettl* den Unwillen der Polizeibehörde auf sich zog, beteiligte sich B. zusammen mit Arnolt Bronnen an einer Protestschrift, in der er das Stück als »ein dramatisches Produkt von Rang« (ebd.) verteidigte.

1924–1933, Berlin

Unter den Schriften dieser Periode überwiegen bei weitem die bisher unveröffentlichten Aufzeichnungen. Hier kommt das Editionsprinzip der GBA besonders zum Tragen, weil die Quantität der Texte eine thematische Orientierung erschwert. Andererseits zeigt die Anordnung deutlich, dass B.s Texte eben nicht um der theoretischen Konsistenz willen erstellt wurden, sondern Teile eines ›work in progress‹ sind, die sich gegenseitig bedingten und beeinflussten.

Die *Schriften* lassen sich grob in folgende Kategorien einteilen: Drama und Theater, Literatur und Kunst, Politik und Gesellschaft, Philosophie und Lehre. Daneben gibt es weitere Veröffentlichungen in verschiedenen Zeitungen und Zeitschriften. So äußerte sich B. 1924 zur sog. ›Plagiats-Affaire‹, die Herwarth Walden in *Die Republik* mit dem Vorwurf eröffnete, B. habe in seinem Stück *Dickicht* (einer frühen Fassung von *Im Dickicht der Städte*) Passagen von Rimbaud ohne Zitatnachweis verwendet. B. rechtfertigt seinen Gebrauch von Rimbaud- und Verlaine-Zitaten damit, dass er diese Zitate im Text durch Anführungszeichen kenntlich gemacht habe. »Die Bühne besitzt anscheinend keine Technik, Anführungszeichen auszudrücken.« (GBA 21, S. 103) B. setzte sich mit dem Plagiatsvorwurf noch einmal 1926 in einer Notiz zu Alfred Kerrs Rezension von *Eduard des Zweiten von England* auseinander. 1929 erschien eine Polemik von Kerr mit dem Titel *Brechts Copyright* im *Berliner Tageblatt*. Der *Film Courier* und *Berliner Börsen-Courier* druckten B.s Erwiderungen (S. 315).

Von 1926 an finden sich vermehrt Aufzeichnungen und Artikel, in denen es um die Verbesserung der Theatersituation geht. »Die Theater, die wir antreffen, befinden sich in einem Zustand des absoluten Kräfteverfalls.« (S. 111) Im Gegenzug wandte sich B. der populären Kultur, wie Sportveranstaltungen und Kriminalromanen, zu. Im *Berliner Börsen-Courier* veröffentlichte er den Text *Mehr guten Sport*, in *Die literarische Welt* den Artikel *Kehren wir zu den Kriminalromanen zurück!* Außerdem hob B. den Vergnügungswert von George Bernhard Shaws Stücken in einem Artikel hervor (S. 149–153), der gleichzeitig im *Berliner Börsen-Courier* und in der *Neuen Presse* (Wien) erschien. 1927 antwortete B. auf eine Befragung der Genossenschaft deutscher Bühnenangehöriger, »wie im lebendigen Theater unserer Tage Regisseur und Dramatiker *miteinander oder gegeneinander* arbeiten« (S. 673). B.s Antwort erschien im Organ der Genossenschaft, *Der neue Weg*, unter dem Titel *Theatersituation 1917–1927* und endete mit einer neuen Bestimmung der Funktion des Regisseurs, in der B. dazu auffordert, die herkömmlichen Aufführungsstile zu ignorieren. »Diesen Stil hat der *Regisseur*, da er selber gezeigt hat, daß er einen neuen Stil und neue große Gesichtspunkte nicht hat, fernerhin nicht aus seinem Köpfchen, sondern *aus der dramatischen Produktion* dieser Zeit zu gewinnen. Er hat die Verpflichtung, die Versuche ständig zu erneuern, die zur Schaffung des großen epischen und dokumentarischen Theaters führen müssen, das unserer Zeit gemäß ist.« (S. 200) Den »Vorstoß in die epische Form« (S. 274) bekräftigte B. auch 1929 in einer Rundfunk-Diskussion mit dem Intendanten des Westdeutschen Rundfunks Köln Ernst Hardt und dem Soziologen Fritz Sternberg. In dieser Diskussion hebt B. die Wichtigkeit Georg Kaisers für das neue Theater hervor.

Die Anordnung der bisher unveröffentlichten Schriften macht deutlich, dass B.s Beschreibung neuer Formen des Theaters (Lehrstücke) zusammenfiel mit Notizen zum Marxismus, zur Musik, zur Massenkultur (Fotografie, Film, Radio) und zur Soziologie. Deutlich wird, dass B.s Beschäftigung mit dem Marxismus nicht sehr umfassend war. In einer Auflistung der »besten Bücher des Jahres« für das *Tagebuch* gibt B., neben *Ulysses* von James Joyce, die Biografie *Marx. Leben und Werk* von Otto Rühle an, »wegen ihrer klaren Darstellung einer großen Lehre« (GBA 21, S. 256). Außerdem nennt er Iherings Broschüre *Volksbühnenverrat*, »weil sie einen Versuch darstellt, das Theater als öffentliche Angelegenheit zu betrachten und darauf Einfluß auszuüben« (ebd.). Die Verbindung von Lehre und Darstellung zeigt sich auch in seinem Kommentar zu Marx: »Als ich ›Das Kapital‹ von Marx las, verstand ich meine Stücke.« (Ebd.) B.s Auseinandersetzung mit Marx fand im Wesentlichen in Diskussionen mit Fritz Sternberg und dem Philosophen Karl Korsch statt und war immer an andere Auseinandersetzungen mit Politik und Theater gebunden. B.s Beobachtungen der Menschen in der Massengesellschaft, wie in *[Zertrümmerung der Person]* beschrieben, verlangen eine *[Dialektische Machart]* des Theaters. »Nicht nur die Verhältnisse zwischen Menschen wurden zu Prozessen – der Mensch selber wurde zum Prozeß.« (S. 320) B.s Verhältnis zum Marxismus ist also von einem Materialismus bestimmt, der sich aus konkreten gesellschaftlichen Erfahrungen zusammensetzt.

Dieser Materialismus ist auch in den Aufzeichnungen zur Philosophie nachweisbar, in denen sich B. auf die Gedankengänge der bürgerlichen Philosophen (besonders Augustinus, Descartes und Kant) nicht mehr einlässt. Stattdessen verwendet er Aspekte der bürgerlichen Philosophie, um einen praktischen Materialismus zu demonstrieren. Z.B. dienen seine Notizen zur Philosophie Descartes' dazu, über die Überlebensbedingungen im 20. Jh. nachzudenken: »es machte zunächst nichts aus, daß ich unter Existenz etwas ganz Profanes verstand, nämlich das, was der gewöhnliche Mann eben Existenz nennt, nämlich, daß er eine Arbeitsstelle hat, die ihn nährt, kurz, daß er leben kann« (S. 409). Die Schriften der Berliner Zeit zeigen deutlich, wie in Verbindung mit der Theaterarbeit die Philosophie zur Dialektik und die Dialektik zur Verhaltenslehre wird. Seine Aufzeichnungen zur Dialektik befassen sich vor allem mit der Geschichtlichkeit menschlicher Handlungsweisen, die auch der permanente Untersuchungsgegenstand seines Theaters ist. B.s Misstrauen gegenüber konsistenten Geschichtsmodellen ist in den Notizen über Dialektik eingeschrieben: »Die ›Notwendigkeit‹ des gegebenen geschichtlichen Prozesses ist eine Vorstellung, die von der Mutmaßung lebt, für jedes geschichtliche Ereignis müsse es zureichende Gründe geben, damit es zustande kommt. In Wirklichkeit gab es aber widersprechende Tendenzen, die streitbar entschieden wurden, das ist viel weniger.« (S. 523)

Obwohl sich B. in den *Schriften* überwiegend mit künstlerischen Produktionen und den damit zusammenhängenden philosophischen und soziologischen Fragen beschäftigte, war er auch mit politischen Äußerungen an die Öffentlichkeit getreten. So beteiligte er sich zusammen mit anderen Autoren (u.a. Carl Zuckmayer und Kurt Pinthus) an der Protestschrift *Der literarische Hochverrat von Joh. R. Becher*. Becher wurde 1928 wegen seines Romans *Levisite oder Der einzig gerechte Krieg* wegen Hochverrats angeklagt. Die Klage wurde auf Grund von Protesten fallen gelassen (S. 687f.). 1930 beteiligte sich B. u.a. mit Albert Einstein und Arnold Zweig an dem Programmheft *Weg damit!*, das die Piscator-Bühne anlässlich der Aufführung des Stücks *§218. Frauen in Not* von Carl Credé herausgab (S. 373) und das sich kritisch mit dem Abtreibungsgesetz befasste. 1932 machte *Die rote Fahne*, das Zentralorgan der KPD, eine Umfrage zur Russlandhetze des Deutschlandsenders. Neben B. nahmen u.a. Alfred Döblin und Alfred Kerr daran teil. B.s Kritik zielte nicht nur auf die Propaganda des Deutschlandsenders, sondern auch auf den Rundfunk als Massenmedium: »Die Methode der unwidersprochenen Vorträge ist ein Mißbrauch des Rundfunks, der nur durch Zulassung von Diskussionen der Vertreter verschiedener Richtungen verhindert werden kann.« (S. 515) Das Verhältnis von Massenmedien und Öffentlichkeit untersuchte B. detailliert im *Dreigroschenprozeß* (Anlass war der Rechtsstreit um die Verfilmung der *Dreigroschenoper*), den er als ›soziologisches Experiment‹ (vgl. S. 448) arrangierte und der 1932 in den *Versuchen* veröffentlicht wurde.

1933–1941, Skandinavien

Mit der Machtübergabe an die Nationalsozialisten und B.s Suche nach einem Exilort veränderten sich Art und Thematik seiner Schriften. Deren überwältigende Mehrzahl blieb in dieser Zeit unveröffentlicht, abgesehen von wenigen deutschsprachigen Publikationen in den Exilländern. Inhaltlich überwiegen in den ersten zwei Exiljahren Auseinandersetzungen mit dem Faschismus, die zeigen, wie sehr sich B. trotz seiner räumlichen Distanz bemühte, Zeitzeuge faschistischer Verbrechen zu bleiben. Hierzu beteiligte er sich 1933 an einem *Entwurf für ein Braunbuch* (GBA 22, S. 30), in dem verschiedene Wissenschaftler, Journalisten und Schriftsteller die Geschichte des Reichstagsbrands und seiner Folgen dokumentieren wollten. Ein *Braunbuch II* erschien anonym. Inwieweit B. an dem *Braunbuch II* mitwirkte, konnte nicht ermittelt werden (vgl. S. 885–888). 1935 veröffentlichte er auf Anregung Bechers eine Stellungnahme *Fünf Schwierigkeiten beim Schreiben der Wahrheit* in der Zeitschrift *Unsere Zeit*, in der es darum geht, die Wahrheit zu verbreiten und als praktisches Instrument gegen den Faschismus und für den Sozialismus nutzbar zu machen. »Wir müssen die Wahrheit über die barbarischen Zustände in unserem Land sagen, daß das getan werden kann, was sie zum Verschwinden bringt, nämlich das, wodurch die Eigentumsverhältnisse geändert werden.« (S. 88) 1937 hielt B. eine *[Rede zum II. Internationalen Schriftstellerkongreß zur Verteidigung der Kultur]*, die auch in der Zeitschrift *Das Wort* abgedruckt wurde. Er trat für die Zusammenarbeit aller antifaschistischen (demokratischen und kommunistischen) Schriftsteller in *Die neue Weltbühne* ein: »Wichtig aber ist allein der umfassende, mit allen Mitteln geführte, unermüdliche Kampf gegen den Fascismus auf breitester Grundlage.« (S. 333)

Kritisch beobachtete B. das Verhalten von Autoren, Komponisten und Schauspielern zum Faschismus, so bei Karl Kraus: »Überhäuft von Berichten über außergewöhnliche Greuel in Deutschland, aus dem wir geflüchtet sind, ganz ohne Zweifel einer Zeit entgegengehend, die die gewohnte Barbarei in den Schatten zu stellen sich auf jedem Gebiete anschickt, hören wir, daß die lauterste und unbestechlichste Stimme verstummen will. / Aber auch wir, die Verteidiger, gehören zum Gerichtsvorgang und unterliegen dem endlichen Urteil! Was, wir sind verstummt? Unsere Stimmen wurden nicht übertönt, sondern sie erhoben sich gar nicht mehr?« (S. 33) Während Kraus verstummte, sprach sich Gottfried Benn in seiner Rundfunkrede *Der neue Staat und die Intellektuellen* für die nationalsozialistische Machtübergabe aus. B. notierte kritisch: »Von Beruf Arzt, veröffentlichte er einige Gedichte über die Qualen der Gebärenden und den Weg chirurgischer Messer durch Menschenleiber. Jetzt bekannte er sich emphatisch zum Dritten Reich« (S. 9). Außerdem entwarf B. vernichtende Kritiken in Form offener Briefe an den Schauspieler Heinrich George (S. 21–25) und den Komponisten Paul Hindemith (S. 101f.). Aus antifaschistischer Sicht beteiligte sich B. zusammen mit anderen exilierten Autoren an einer Grußadresse zum 50. Geburtstag seines langjährigen Freundes Lion Feuchtwanger in der Zeitschrift *Die Sammlung*. Er gratulierte außerdem dem Reporter Egon Erwin Kisch zu dessen 50. Geburtstag in *Internationale Literatur*.

Die Erfahrung des Nationalsozialismus beeinflusste auch B.s Kafka-Rezeption. Denn er bemerkte Kafkas Antizipation des Faschismus und der Shoah: »Bei ihm findet sich in merkwürdigen Verkleidungen vieles Vorgeahnte, was zur Zeit des Erscheinens der Bücher nur wenigen zugänglich war. Die faschistische Diktatur steckte den bürgerlichen Demokratien sozusagen in den Knochen, und Kafka schilderte mit großartiger Phantasie die kommenden Konzentrationslager, die kommende Rechtsunsicherheit, die kommende Verabsolutierung des Staatsapparats, das dumpfe, von unzugänglichen Kräften gelenkte Leben der vielen einzelnen.« (S. 37f.) B. empfiehlt fast schon eine dekonstruktivistische Lesepraxis, wenn er von Kafkas Schriften spricht als »dumpfen, dunklen und schwer zugänglichen Werken, die man mit großer Kunst und Sachkenntnis lesen muß, als wären sie illegale Zuschriften, dunkel aus Furcht vor der Polizei« (S. 38).

Zur Bekämpfung des Faschismus setzte sich B. erneut mit der Funktion der Literatur in ihrem Verhältnis zur Realität und zur Wahrheit auseinander. In den *Thesen für proletarische Literatur* heißt es: »Such dir die Punkte aus, wo die Realität weggelogen, weggeschoben, weggeschminkt wird. Kratze die Schminke an! Widersprich, statt zu monologisieren! Erwecke Widerspruch!« (S. 39) B. demonstrierte das Auffinden der Wahrheit, wenn er fast wörtlich aus den Reden *General Göring über die Überwindung des Kommunismus in Deutschland* und der *Weihnachtsbotschaft des Stellvertreters des Führers (Heß) im Jahre 1934* zitiert und den Aussagen durch hinzugefügte Erläuterungen widerspricht (S. 90–96). B. suchte so nicht nur Propaganda zu identifizieren, sondern »die Art der Täuschung und des Irrens zu gewinnen« (S. 90).

So lässt die Auseinandersetzung mit dem Faschismus angeblich so ahistorische Konzepte wie ›Wahrheit‹ brisant werden. In seinem Essay *Das Land, in dem das Proletariat nicht genannt werden darf* beschreibt Walter Benjamin den Nationalsozialismus als »Schreckensherrschaft, die sich als Drittes Reich vor den Völkern brüstet, alle Verhältnisse zwischen Menschen unter die Botmäßigkeit der Lüge zwingt« (Benjamin, S. 518). Um in diesem Lügensystem die Wahrheit zu finden, müssen die Verhältnisse in Verhalten umgesetzt werden. Wie dies geschehen kann, demonstrierte B. in der Szenenfolge *Furcht und Elend des III. Reiches*, wo sich die Charaktere bewusst zu Demonstrierenden in einer gespielten Szene machen, um herauszufinden, was eigentlich passiert. Sie finden es heraus, indem sie feststellen, wie sie sich zueinander verhalten.

Es liegt nahe zu vermuten, dass B.s Konzept des ›eingreifenden Denkens‹ aus der Bedrängnis durch den Faschismus entstand. »›Wenn die Verbrechen sich häufen, werden sie unsichtbar. Wenn die Leiden unerträglich werden, hört man die Schreie nicht mehr. Ein Mensch wird geschlagen, und der zusieht, wird ohnmächtig. Das ist nur natürlich. Wenn die Untat kommt, wie der Regen fällt, dann ruft niemand mehr Halt.‹« (GBA 22, S. 142) Dieses »Halt« ist eines der wichtigsten Elemente des B.schen Theaters, denn es dient als Unterbrechung des Handlungsverlaufs und hemmt den Fluss der Ereignisse sowie ihrer Repräsentation. Die Erscheinung des Natürlichen wird aufgehalten, und die Möglichkeiten des Eingreifens können untersucht werden.

Zur Zerstörung von Propaganda, sei es kapitalistische oder faschistische, ist die »Zertrümmerung« »ganz bestimmter Begriffe« (S. 119) nötig, und dies kann geschehen durch eine »revolutionäre Dramatik« zusammen mit einem »revolutionären Theater« (ebd.). So äußerte sich B. in einer Rundfunkrede, die er 1935 auf seiner Reise nach Moskau verfasste. Auf dieser Reise besuchte B. Veranstaltungen des chinesischen Schauspielers Mei Lan-Fang, was sich in den Schriften über gestische Schauspielkunst niederschlägt (S. 127–129). In der chinesischen Schauspielkunst »sieht man nicht weniger als drei Personen gleichzeitig, einen Zeigenden und zwei Gezeigte« (S. 126). Dieser Kontakt zur chinesischen Schauspielkunst schlug sich in vermehrten Aufzeichnungen zum Verfremdungseffekt in der Theatergeschichte, z.B. in *Verfremdungseffekte in der chinesischen Schauspielkunst*, nieder. Grund dafür waren sicher auch die Aufführungen von *Die Mutter* und *Die Rundköpfe und die Spitzköpfe* in New York und Kopenhagen. Ebenfalls setzte sich B. mit den V-Effekten im Bühnenbau auseinander, so im Aufsatz *Über den Bühnenbau der nichtaristotelischen Dramatik*, der aus der Zusammenarbeit mit den Bühnenbildnern Mordecai Gorelik (New York) und Svend Johansen (Kopenhagen) entstand. Weitere Aufzeichnungen über den Bühnenbau belegen B.s Ansatz des epischen Theaters als Experimentierfeld für soziale Interaktionen: »Für den Bühnenbauer des epischen Theaters ist der Raum gegeben durch die Stellungen, welche die Personen zueinander einnehmen, und die Bewegungen, die sie vollführen.« (S. 241) Mit Gorelik, der Mitglied des Redaktionsbeirats der Zeitschrift *Theatre Workshop* in New York war, beriet B. auch Pläne zur Gründung einer Diderot-Gesellschaft mit der »Aufgabe, Erfahrungen ihrer Mitglieder systematisch zu sammeln, eine Terminologie zu schaffen, die theatralischen Konzeptionen des Zusammenlebens der Menschen wissenschaftlich zu kontrollieren« (S. 276). Der Plan wurde nicht ausgeführt, B.s Entwürfe dazu haben jedoch zu seiner Bedeutung in der Filmtheorie beigetragen (vgl. Barthes, S. 69–78).

B.s historische Erfahrungen im Zusammenleben mit den Menschen – reichend vom Scheitern der Weimarer Republik, über Faschismus und Exil – und die Darstellungstechniken dieses Zusammenlebens auf der Bühne bildeten B.s Realitätsbegriff aus, der mit Realismus als literarischem Epochenbegriff nichts mehr zu tun hat. Von hier aus lässt sich auch seine Ablehnung des Realismus Lukács'scher Prägung verstehen, den B. in festgelegten Repräsentationsmustern und marxistischer Teleologie befangen sieht. Die Auseinandersetzung zwischen B. und Lukács hat ihren Ursprung in der Expressionismusdebatte, die 1937/38 in der Exilzeitschrift *Das Wort* geführt wurde, an der sich B. nie direkt beteiligt hat. Anlass zur Debatte gab die Bemerkung Bernhard Zieglers (d.i. Alfred Kurella) über Gottfried Benns Expressionismus und Sympathie zum deutschen Nationalsozialismus, dass klar zu erkennen sei, »wes Geistes Kind der Expressionismus war, und wohin dieser Geist, ganz befolgt, führt: in den Faschismus« (Schmitt, S. 50). Von dieser Verurteilung aus wird die Expressionismusdebatte zur Realismusdebatte, besonders nach Lukács' einschlagendem Artikel *Es geht um den Realismus*, in welchem er den realistischen Roman des 19. Jh.s zum Modell für einen sozialistischen Realismus erklärt. Obwohl B. sich nicht direkt in die Debatte einschaltete, verfasste er eine Erwiderung auf Lukács sowie verschiedene Aufsätze, in denen er sich mit Realismus, Formalismus und Volkstümlichkeit auseinander setzte. B. erwiderte auf Lukács' Ablehnung des Expressionismus folgendes: »Da haben wir die gepflegte marxistische Analyse, welche Kunstrichtungen mit einer erschreckenden Ordnungsliebe in gewisse Schubkästen legt, wo schon politische Parteien liegen, den Expressionismus z.B. zur USP. Da ist etwas Langbärtiges, Unmenschliches am Werk. Da wird eine Ordnung geschaffen nicht durch Produktion, sondern durch Eliminierung. Da wird etwas ›auf die einfachste Formel gebracht‹.« (GBA 22, S. 417f.) B.s Verhältnis zum Realismus ist bestimmt von Hegels Satz »daß die Wahrheit konkret ist« (S. 422) und damit veränderlich, d.h., die Aufgabe des realistischen Künstlers besteht darin, der Wirklichkeit neue Seiten abzugewinnen (ebd.).

Unbekannte Aspekte der Realität darzustellen ist eine der Hauptaufgaben des Verfremdungseffekts, der nicht nur B.s Theaterarbeit bestimmt, sondern auch seinen Umgang mit Politik und Geschichte. Die *Straßenszene*, 1938 entstanden, gilt B. als »*Grundmodell einer Szene des epischen Theaters*« (S. 370). In der *Straßenszene* zeigt B., wie alltägliches Theaterspielen, hier die Rekonstruktion eines Autounfalls, als Demonstration zum elementaren Bestandteil des epischen Theaters wird. Aber in der *Straßenszene* passiert wesentlich mehr, denn der bewussten Demonstration wird Erkenntnisfunktion zugeschrieben. Was eigentlich passiert ist, kann nur durch Demonstrieren herausgefunden werden: »Das Ereignis hat stattgefunden, hier findet die Wiederholung statt« (S. 372). *Die Straßenszene* ist die öffentliche Wiederholung eines Unfalls durch schauspielerische Demonstration zwecks Klärung von Recht und Unrecht.

Damit wird die experimentelle Darstellung zu einer retrospektiven Beurteilung des Ereignisses. Die Wichtigkeit der schauspielerischen Darstellung des Unfalls (im Gegensatz etwa zu einem gerichtlichen Verhör) ist, dass der Unfall Menschenwerk und damit ein soziales Ereignis ist. Die am Unfall Beteiligten sind Produkte sozialer Verhältnisse, und die Demonstration muss daher zweckgerichtet sein, beherrscht von unterschiedlichen Interessen: »In diesem Falle tritt das *Soziale* besser in Erscheinung.« (S. 374) Wenn B. das epische Theater aus der *Straßenszene* ableitet, geschieht dies nicht nur zwecks ästhetischer, sondern auch aus gesellschaftlicher Legitimation. Das epische Theater wird zu einem Theater der Straße erklärt und damit zum einen auf seine soziale Bestimmung und Parteilichkeit festgelegt, zum anderen aber auch zur Theatralisierung von Öffentlichkeit genutzt.

In *Furcht und Elend des III. Reiches* setzt B. die schauspielerische Demonstration als Spurensicherung in einem verbrecherischen System ein, wie er es u.a. in *Über die Theatralik des Faschismus* darstellt. Diese Spurensuche führte bei B. natürlich zum Menschen selbst, denn nur bei ihm konnte das Denken eingreifend wirken. »Wir können den andern nur begreifen, wenn wir in ihn eingreifen können. Auch uns selbst können wir nur begreifen, indem wir in uns eingreifen«, heißt es in den Anmerkungen zu *Die Mutter* (GBA 24, S. 182). Nur indem Menschen sich gegenseitig verändern, können sie sich wahrnehmen und die sozialen Umstände dadurch beeinflussen. Hieraus resultiert sicher auch B.s bemerkenswerte Freiheit von Berührungsängsten gegenüber dem Faschismus, wenn er schreibt: »Das Denken wird vom Faschismus als ein Verhalten behandelt. [...] Darin ist *nichts* Tadelnswertes. Bisher üblich: das Gedachte mit Gedachtem zu vergleichen, dahinter verschwindet der Denker.« (GBA 21, S. 421) Diese Beschreibung des Denkens als Verhalten scheint zunächst optimistisch angesichts der Allgegenwart des faschistischen Terrors in Deutschland. Man sollte sich aber vergegenwärtigen, dass es der Faschismus war, der alle geltenden Wahrheiten ungültig machte und dass die Übersetzung des Terrors in Verhalten eine Überlebenschance eröffnete. *Furcht und Elend* wendet auf den Faschismus an, was nach B. ohnehin eine Funktion des Theaters ist: lernen, wie man überleben kann.

1941–1947, USA

Zu Beginn des amerikanischen Exils verfasste B. nur wenige Schriften, die sich, wieder in Typoskriptform, hauptsächlich mit dem Kriegsverlauf und der internationalen politischen Lage, z.B. *Zur Erklärung der 26 Vereinigten Nationen*, auseinandersetzen und mit der Niederschrift der *Anrede an den Kongreßausschuß für unamerikanische Betätigungen in Washington* von 1947, B.s letztem Text im amerikanischen Exil, enden.

In den USA entwarf B. eine Erklärung, *Zum Aufruf der deutschen Kriegsgefangenen und Emigranten in der Sowjetunion* (ein Aufruf an die Deutschen, den Krieg zu beenden), die er zusammen mit anderen Autoren (u.a. Feuchtwanger, Heinrich und Thomas Mann, Herbert Marcuse) diskutierte, von der sich Th. Mann aber wieder distanzierte, und die schließlich auch nicht an die Öffentlichkeit gelangte (GBA 23, S. 23). Auf Einladung des amerikanischen Sängers und Schauspielers Paul Robeson schrieb B. 1944 den Text *Das andere Deutschland* (Übersetzung Eric Bentley) in »Erinnerung des Reichstagsbrandprozesses« (S. 31), der in *The German American* veröffentlicht wurde.

1947–1956, Schweiz/Berlin

Die Schriften dieser Periode sind von der Wiederaufnahme der Theaterarbeit, dem Aufbau des Berliner Ensembles in Berlin und B.s politischer Tätigkeit in der DDR bestimmt. Auch in dieser Zeit überwiegen bei weitem unveröffentlichte Typoskripte, Selbstverständigungen über die Regiearbeit, zum Teil in Dialogform wie in *Die Dialektik auf dem Theater*.

Veröffentlichte Schriften finden sich vor allem im Band *Theaterarbeit* (herausgegeben vom Berliner Ensemble), in *Sinn und Form*, *Aufbau* und *Neues Deutschland* (besonders über Kulturpolitik und die Akademie der Künste), in *Neue Deutsche Literatur* sowie in den *Beiträgen zur Gegenwartsliteratur*.

An den *Schriften* in ihrer vorliegenden Anordnung lässt sich genau ablesen, wie sich B.s Isolation durch das Exil ausgewirkt hat. Kulturpolitische Ignoranz und Machtpolitik suchten immer wieder seine Theaterinszenierungen einzuschränken. B. reagierte auf diese Herausforderung mit Kommentaren zu den Stücken in *Theaterarbeit*, die der kulturpolitischen Öffentlichkeitsarbeit dienen sollte. Schon 1949 erschien *Kleines Organon für das Theater* (*Sinn und Form*, Sonderheft Bertolt Brecht), das B. im Jahr zuvor auf Anraten Helene Weigels für die zukünftige Arbeit in Berlin zusammengestellt hatte. Das *Organon* stellt die grundlegende theoretische Zusammenfassung einer Theaterästhetik des wissenschaftlichen Zeitalters dar. Im Vorfeld der Etablierung des Berliner Ensembles als B.-eigenes Theater diente das *Organon* dazu, das Theater zu einem Mittel der Erkenntnis der gesellschaftlich-politischen Realität zu machen.

B.s Konzept des epischen Theaters stellte eine Herausforderung für die DDR-Theaterkritik und -Kulturpolitik dar, das heißt, viele Veröffentlichungen B.s zu dieser Zeit waren bestimmt, Kommunikationswege zu ebnen und offenzuhalten. Die Publikation des Berliner Ensembles (*Theaterarbeit*) war ein Versuch, B.s Theaterkonzepte, wie sie vor und während des Exils entwickelt wurden, der Öffentlichkeit zugänglich zu machen. Die ersten Missverständnisse traten bereits mit der Aufführung von *Mutter Courage* (1949) auf. Besonders der Dramatiker Friedrich Wolf und der Kritiker Fritz Erpenbeck sprachen sich gegen den dramaturgischen Bau des Stücks aus. B. notierte: »Aus schriftlichen Äußerungen *Wolfs* und Erpenbecks, die der ›Linie‹ folgen wollen, ergeht, daß die Wendung gegen die Einfühlung gerade durch ihren Erfolg beim Arbeiterpublikum einige Panik verursacht hat. Wie sehr hätte die ›Wirkung‹ erhöht werden können, wenn die Courage auf der Bühne am Ende zur Einsicht gelangt wäre! Aber die Schüler der Funktionärschule sind weiter. Sie können die Kleinbürger objektiv anschauen (und doch bemitleiden) und erkennen sich selber in der stummen Kattrin wieder.« (GBA 27, S. 299) Was die Kritiker von B. verlangten, war Theater als moralisch subjektives Erfolgserlebnis, wie es bereits von Lessing angestrebt wurde. B. und Wolf diskutierten ihre verschiedenen Theaterkonzepte in der Monatsschrift *Volk und Kunst* unter dem Titel *Formprobleme des Theaters aus neuem Inhalt*, in dem B. sich gegen psychologisierende Darstellung wendete und auf elementare Grundsätze eines materialistischen Realismus im epischen Theater hinwies. »Eine Wandlung und Entwicklung der Charaktere findet natürlich statt, wenn auch nicht immer eine ›innere Wandlung‹ oder eine Entwicklung bis zur Erkenntnis – das wäre oft unrealistisch, und es scheint mir für eine materialistische Darstellung nötig, das Bewußtsein der Personen vom sozialen Sein bestimmen zu lassen und es nicht dramaturgisch zu manipulieren.« (GBA 23, S. 111)

B.s materialistische Darstellungsformen widersprachen dem offiziellen Realismusbegriff der Kulturbehörden und erzeugten Spannungen, die sich durch seine gesamte Theaterarbeit in der DDR zogen. Besonders hervorzuheben sind hier die Aufführungsprobleme und schließlich das Verbot der Oper *Das Verhör des Lukullus*, zu der Paul Dessau die Musik schrieb, sowie die damit verbundenen Formalismusdebatten. Bereits während der ersten Proben von *Das Verhör des Lukullus* erhob sich schärfste Kritik der Parteifunktionäre über den formalistischen, das heißt angeblich antirealistischen Charakter der Oper. Die Kritik verschärfte sich, obwohl die Akademie der Künste unter der Leitung von Hans Henny Jahnn die Aufführung empfahl. Doch die am 17. 3. 1951 erfolgte Uraufführung wurde zwei Tage später offiziell verboten (vgl. Lucchesi, S. 180). B. und Dessau nahmen Veränderungen an der Oper vor, die im Oktober unter dem Titel *Die Verurteilung des Lukullus* uraufgeführt wurde (vgl. Hecht, S. 984). Im Zusammenhang mit der *Lukullus*-Inszenierung wandte sich die SED gegen die »Herrschaft des Formalismus in der Kunst«, die zur »Entwurzelung der nationalen Kultur« führe (GBA 23, S. 488). B. setzte sich mit diesem Vorwurf in unveröffentlichten Aufzeichnungen auseinander (S. 138). Wie bereits aus den Anmerkungen zur Expressionismusdebatte zu ersehen war, geht B. von der Form als historischer (nicht ästhetischer) Kategorie aus, das heißt die ästhetischen Formen verändern sich mit der gesellschaftlichen Realität. »In den großen Zeiten des Theaters ist kein Gegensatz zwischen Form und Inhalt vorhanden. Er entsteht gemeinhin in den Niedergangsepochen.« (S. 148)

Die Konflikte zwischen B. und der offiziellen DDR-Kulturpolitik setzten sich fort in den Ereignissen um die deutsche Stanislawski-Konferenz, die 1953 stattfand. B. begann bei Probenarbeiten am Berliner Ensemble damit, einige Methoden Stanislawskis zu untersuchen. Die Grenzen sind hierbei durch den Mangel an übersetzten Werken Stanislawskis schon vorgegeben (S. 232). B. machte in seiner *Rede für die Stanislawski-Konferenz*, die jedoch von Helene Weigel vorgetragen wurde, auf diesen Mangel aufmerksam und wies darauf hin, dass unter diesen Umständen keine substanzielle Diskussion (über etwaige Vergleiche zwischen B. und Stanislawski) stattfinden könnte. Die Konferenz endete damit, dass die Gegensätze zwischen B. und Stanislawski heruntergespielt und in einer Schlusserklärung (die mehr mit DDR-Kulturpolitik zu tun hatte, als mit B. und Stanislawski) als miteinander vereinbar dargestellt wurden.

Bereits vor der Stanislawski-Konferenz nahm die Isolierung B.s zu. 1952 erfolgte die Streichung von B.s Stücken vom Lehrplan der Oberschulen (Lucchesi, S. 276). Außerdem notierte B. zum Desinteresse der DDR-Presse an den Premieren des Berliner Ensembles: »Unsere Aufführungen in Berlin haben fast kein Echo mehr. In der Presse erscheinen Kritiken Monate nach der Erstaufführung, und es steht nichts drin, außer ein paar kümmerlichen soziologischen Analysen.« (GBA 27, S. 346) B. reagierte auf diese Situation u. a. in *Einige Irrtümer über die Spielweise des Berliner Ensemble* und in der *Dialektik auf dem Theater*.

Politisch suchte B. wirksam zu werden durch Veröffentlichungen im *Neuen Deutschland*. Z. B. warnte er anlässlich des 17. Juni 1953 davor, »die Arbeiter, die in berechtigter Unzufriedenheit demonstriert haben« (S. 250), mit »Provokateuren auf eine Stufe« zu stellen, »damit die so dringliche große Aussprache über die allseitig gemachten Fehler nicht von vornherein unmöglich gemacht wird« (ebd.). 1954 wandte sich B. in einem Brief mit Vorschlägen zur Arbeit der Volkskammer an Ministerpräsident Otto Grotewohl: »Wir könnten aber die Volkskammer als ein großes Kontaktinstrument von Regierung zu Bevölkerung und von Bevölkerung zu Regierung einrichten, als ein großes Sprech- und Horchinstrument. [...] Der Regierung würde dies einen kostbaren Überblick über die Stimmung, die Sorgen, die Ideen der Bevölkerung geben und der Bevölkerung ein Organ.« (GBA 23, S. 283) Grotewohl leitete diesen Brief an die Volkskammer nicht weiter (S. 565).

Auch trat B. immer wieder an die Öffentlichkeit, um vor den Gefahren eines Atomkriegs zu warnen. Er schrieb Reden, so 1952 *Zum Kongreß der Völker für den Frieden* oder 1954 zum Weltfriedenskongress in Berlin/DDR. 1955 erhielt B. den Internationalen Stalin-Friedenspreis, den vor ihm Thomas Mann abgelehnt hatte, was B. aber nicht wusste. B.s Rede *Der Friede ist das A und O* wurde auf seinen Wunsch von Boris Pasternak übersetzt. Zuvor hatte B. in einem Interview der Zeitung *Iswestija* erklärt: »Meine Erfahrung zeigt, daß im Kampf für den Frieden und für den Sozialismus für die Schriftsteller besonders wichtig sind die Methoden der materialistischen Dialektik. Ich halte es für nötig, daß wir alle sie in der gründlichsten Weise studieren.« (S. 320)

Texte zu Stücken

Die Texte zu Stücken (*Schriften* Band 4) bestehen aus Aufzeichnungen in Typoskriptform und einer breiten Ansammlung ehemaliger Veröffentlichungen. Zu Beginn der Weimarer Republik schrieb B. für verschiedene Zeitungen und Zeitschriften. Außerdem gab er zwischen 1930 und 1933 die *Versuche* heraus, in denen er seine Stücke erläuterte. Während des Exils veröffentlichte B. 1936 lediglich einen Absatz zur Erläuterung des Stücks *Die Rundköpfe und Spitzköpfe* in der Zeitschrift des dänischen Theaters Riddersalen, in welchem auch die Aufführung stattfand. Ein Beispiel für B.s Situation während des Nationalsozialismus geben zwei Texte zu *Die Mutter*. Das Stück sollte in einer Übersetzung von der New Yorker Theatre Union, einem Arbeitertheater, aufgeführt werden. Wegen der Fehler in der Übersetzung kam es zu Auseinandersetzungen mit dem Regisseur Victor Wolfson (GBA 24, S. 496). An Hanns Eisler schickte B. ein *Memorandum über die Verstümmelung und Entstellung des Textes* (S. 137–143). Außerdem erstellte B. auf Anregung Eislers noch einen gesonderten Anmerkungsapparat für eine konzertante Aufführung, die 1936 an der New School for Social Research stattfand. Mit Beginn der Arbeit am Berliner Ensemble 1949 häuften sich die Veröffentlichungen in Programmheften des Berliner Ensembles und im Band *Theaterarbeit*.

Der Inhalt der Schriften zu den Stücken ändert sich mit dem Genre der Stücke und der historischen Situation ihrer Entstehung und Aufführung. Zu *Baal* versicherte B. in der Zeitschrift *Die Scene* und den *Kasseler Neuesten Nachrichten*, das Stück behandle »das Leben eines Mannes, der wirklich gelebt hat« (GBA 24, S. 11). Die Schriften zu *Mann ist Mann* enthalten Anmerkungen zum epischen Verlauf des Stücks und zum Sozialismus. 1927 veröffentlichte B. in der *Rundfunk-Rundschau* den Artikel *Zu der Aufführung im Radio*, in dem er Theater und Radio in ihrer Präsentation von Theaterstücken vergleicht. B. hielt selbst eine Rede im Rundfunk zu *Mann ist Mann*, die im *Berliner Börsen-Courier* und anderen Zeitungen erschien (S. 468). Die Aufführung der *Dreigroschenoper* wurde ebenfalls von Veröffentlichungen begleitet. Für die Uraufführung 1928 schrieb B. eine ›Einführung‹ in den *Programmblättern der Volksbühne*. Außerdem erschienen substanzielle Artikel in *Die Scene* (1929) und in den *Versuchen* (1930). 1937 führte B. *Die Dreigroschenoper* in Paris auf und veröffentlichte seine Erfahrungen 1952 unter dem Titel *Ein alter Hut* im Band *Theaterarbeit*.

1930 schrieb B. in Heft 2 der *Versuche* die *Anmerkungen zur Oper »Aufstieg und Fall der Stadt Mahagonny«*, die zu einem der einflussreichsten theoretischen Texte B.s geworden sind. B. entwickelte hier seine Kritik an der Funktion des Theaters in einer kapitalistischen Gesellschaft (GBA 24, S. 74f.) und sprach sich für den kulinarischen Genuss der Oper aus (S. 76). B. stellte die epische Form des Theaters im krassen Gegensatz zur dramatischen Form dar (S. 78f.), was zu Vereinfachungen auf beiden Seiten führte, da die Unterschiede zwischen beiden oft nur relativ sind.

Die Lehrstücke, *Der Flug der Lindberghs*, *Das Badener Lehrstück vom Einverständnis* und *Die Maßnahme*, erläuterte B. in den *Versuchen*. Schwerpunkte dieser Texte sind Definitionen des Genres, der Übungscharakter der Stücke und die Funktion der Musik. Im Zusammenhang der Aufführung der *Maßnahme* veröffentlichte B. 1930 einen offenen Brief (auch von Eisler unterzeichnet) an Paul Hindemith, der sich zuvor von dem Stück distanziert hatte, im *Berliner Börsen-Courier*. Zu ›*Der Jasager*‹/›*Der Jasager. Der Neinsager*‹ präsentiert Heft 4 der *Versuche* die Diskussion, die B. mit Schülern der Karl-Marx-Schule in Berlin-Neukölln zu seinem Lehrstück *Der Jasager* führte. B. hat anschließend unter Berücksichtigung der Einwände der Schüler die revidierte Fassung *Der Jasager. Der Neinsager* erstellt, gemäß des Kommentars eines Schülers: »Das Stück gefällt mir sehr gut, nur *das mit dem Brauch ist, glaube ich, nicht richtig.*« (S. 93) Wie produktiv sich B.s Zusammenarbeit mit diesen Schülern ausgewirkt hat, zeigt das Ende der revidierten Fassung, in der es zur Begründung eines neuen Brauchs kommt.

B.s Exilsituation lässt sich besonders an den Anmerkungen zu den Stücken *Die Mutter*, *Furcht und Elend des III. Reiches* und *Leben des Galilei* ablesen. Die Anmerkungen zu *Die Mutter* umfassen etwa 90 Seiten, was mit den historischen Umständen der Machtübergabe an die Nationalsozialisten und B.s Exilsuche zu erklären ist. Der Aufsatz *Was ist primitiv?* erschien noch 1932 in der *Neuen Montagszeitung* und die *Anmerkungen 1933* galten dem letzten Heft der *Versuche*; ansonsten fand B.s Auseinandersetzung mit dem Stück und den folgenden Stücken überwiegend in Typoskriptform statt. Eine Ausnahme bilden die Anmerkungen zu *Furcht und Elend des III. Reiches*, die B. für die englische Übersetzung einiger Szenen unter dem Titel *The Private Life of the Master Race* schrieb. 1945 erschien die Szenenfolge mit den Anmerkungen in deutscher Sprache in New York (S. 522). Die Aufzeichnungen zu *Leben des Galilei* zeigen deutlich, wie sehr B. daran gelegen war, die Widersprüchlichkeit in der Figur des Galilei und seiner historischen Umstände herauszuarbeiten. Hier finden sich Notizen zu einzelnen Szenen, zu bestimmten Sachfragen (Rolle der Kirche und der Physik) und zu einzelnen Schauspielern (1947 Charles Laughton, 1956 Ernst Busch). Außerdem notierte sich B. Gespräche über die Physik und über das Bühnenbild (mit Caspar Neher).

Nach dem Krieg sind die *Schriften* bestimmt von B.s praktischer Tätigkeit am Berliner Ensemble und der damit verbundenen Öffentlichkeitsarbeit. In *Der Stein beginnt zu reden* ging es B. vor allem um die Beschreibung der schauspielerischen Leistungen, wie sie im epischen Theater verlangt wurden.

Die Anmerkungen zur Oper *Das Verhör des Lukullus*, die B. nach dem Verbot änderte und umbenannte in *Die Verurteilung des Lukullus*, wurden nicht veröffentlicht mit Ausnahme der *Anmerkungen über die Oper »Die Verurteilung des Lukullus«* (zusammen mit Paul Dessau) in den *Versuchen* (H. 11, 1951), die ab 1949 mit Heft 9 im Suhrkamp Verlag (Berlin/West) wieder aufgenommen wurden. Die Anmerkungen zu *Herr Puntila und sein Knecht Matti*, die B. 1940 verfasste, wurden zur Erläuterung einer nichtaristotelischen Dramatik 1950 im Westen veröffentlicht (S. 545). Kürzere Anmerkungen (zum Volksstück, zur Musik) und *Das gesellschaftlich Komische* erschienen 1951 in *Theaterarbeit*. Die Anmerkungen zum Stück *Katzgraben* von Erwin Strittmatter, mit denen B. auf den jungen Autor als Dramatiker aufmerksam machte, wurden 1953 in *Sinn und Form* veröffentlicht.

Theatermodelle

Die Theatermodelle in Band 25 der GBA, nach den ersten Aufführungen nach dem zweiten Weltkrieg erstellt und fotografisch festgehalten, stellen Text-Bild-Dokumentationen dar, die B. zur Entwicklung neuer Aufführungstechniken verwendet sehen wollte. B. schrieb im Vorwort zum *Antigonemodell*: »Der schnelle Verfall der Kunstmittel unter dem Naziregime ging anscheinend nahezu unmerklich vor sich. Die Beschädigung an den Theatergebäuden ist heute weit auffälliger als die an der Spielweise.« (GBA 25, S. 73) B. sah mit Bestürzung, dass der Faschismus die Schauspielkunst total ruiniert hatte, sodass zunächst wieder ein Standard erarbeitet werden musste, ehe überhaupt an ihre Weiterentwicklung gedacht werden konnte. Dazu mussten praktische Modelle erstellt werden: »Es gibt keinen rein theoretischen Zugang zu den Methoden epischen Theaters; am besten ist praktisches Kopieren, verbunden mit dem Bemühen, die Gründe für die Gruppierungen, Bewegungen und Gesten auszufinden. Wahrscheinlich muß man eine Kopie gemacht haben, bevor man selber ein Modell machen kann.« (S. 386f.) B. betont den Primat der Praxis (wie durchgehend in seinen Schriften), denn es geht in den Modellen darum, überhaupt wieder eine Schauspielkunst in einer nach-faschistischen Kultur zu entwickeln.

Außer den Theatermodellen gibt es Aufzeichnungen zum Probenverlauf des Stücks

Katzgraben von Erwin Strittmatter, das B. 1953 inszenierte. Die Notate bestehen hauptsächlich aus Gesprächen, die B. während der Proben mit Schauspielern und Mitarbeitern des Berliner Ensembles führte. B. ging es um die sozialistische Funktion des Theaters, und zwar auch unter Anwendung der 11. Feuerbach-These: »Ich wollte auf das Theater den Satz anwenden, daß es nicht nur darauf ankommt, die Welt zu interpretieren, sondern sie zu verändern« (S. 401), (wobei B. aus dem »nicht-sondern« der Feuerbach-These ein »nicht nur-sondern« macht). In diesem Kontext setzte sich B. auch noch einmal mit den Methoden Stanislawskis auseinander, wie auch in den vorhergehenden Theatermodellen. In diesem Zusammenhang wird auch deutlich, worin B.s Ablehnung der Methode Stanislawskis besteht: »Nur durch Insichselbstversenkung konnte der einzelne sich aus sich selbst aufbauen, immerfort gegen den ›Rest‹ der Gesellschaft.« (GBA 27, S. 345) B. wendete sich damit gegen jene Form der Subjektivität, die sich aus einer individuellen Gefühls- und Denkweise ergibt.

Während sich die ›Katzgraben‹-*Notate* als kulturpolitische Äußerungen verstehen lassen, bieten die Theatermodelle die Möglichkeit einer direkten Auseinandersetzung mit B.s Stücken in ihrer visuellen Präsentation. Körper und Bewegung Charles Laughtons, fotografisch festgehalten in *Aufbau einer Rolle*, zeigen die Widersprüchlichkeit der Figur des Galilei. *Leben des Galilei* ist ein Stück, das B. in verschiedenen theoretischen Kontexten immer wieder diskutierte – von den Anmerkungen zu den Stücken zu den Modellbüchern bis hin zum *Kleinen Organon* – und das damit als einer der wichtigsten Referenztexte für B.s Theatertheorie betrachtet werden kann. Die Gründe dafür liegen sicher darin, dass verschiedene Konzepte des B.schen Theaters zusammenkommen: die Zelebrierung des Körpers und des Denkens aus der Perspektive der Lust, das Experiment, das die Wahrheit einer Behauptung nachweist und die historische Langzeitperspektive, die aus dieser Wahrheit einen Irrtum gemacht hat. Hieraus ergeben sich dann auch die verschiedenartigen Konkretisierungen des Stücks von der Befürwortung der Wissenschaften bis zu ihrer Verurteilung.

Wie aufschlussreich die Übernahme und Veränderung von Modellen sein kann, wird deutlich an dem Vergleich der Darstellungen der *Mutter Courage* durch Helene Weigel am Deutschen Theater in Berlin und durch Therese Giehse an den Münchner Kammerspielen. B. hatte an Mei Lan-Fangs Schauspielkunst bewundert, dass dieser »es nicht als seine Hauptleistung betrachtet, wie eine Frau gehen und weinen zu können, sondern wie eine bestimmte Frau« (GBA 22, S. 127), indem er sich mit ihrem spezifischen Wesen philosophisch-kritisch auseinander setzte. In diesem Sinne konzentrierte sich Therese Giehse in der Rolle der Courage, die sie während des Kriegs in Zürich entwickelt hatte, auf andere Schwerpunkte als Helene Weigel, und zwar auf die »Ausgestaltung einer eigenen und unverwechselbaren Figur« (GBA 25, S. 193). Durch das Studium der Modelle kommt es dann zu wechselseitigen Veränderungen beim kontinuierlichen Aufbau der Courage-Figur: Weigel sieht eigene Gesten bei Giehse verändert und übernimmt einige dieser Veränderungen.

An den Fotografien lässt sich verfolgen, was in der Theatersemiotik »zweite Semiotisierung« genannt wird: Des Schauspielers »individuelle Physis bemächtigt sich des Textes und bringt ihn sozusagen unter den von ihr gesetzten Bedingungen zugleich als einen fremden und als ihren eigenen ein zweites Mal hervor. Der Schauspieler schafft also die Rollenfigur als des von ihm konstituierten Körpertextes« (Fischer-Lichte, S. 31). Die Gültigkeit dieses Ansatzes kann man besonders durch den Vergleich von Weigel und Giehse in ihrer Darstellung der *Mutter Courage* feststellen. B. selbst las diese Aufführungen als körperlich-sozialen Text, mit dem er seine Interpretation des Stücks konfrontieren konnte. So schrieb er über die Bewegungen der Giehse in der neunten Szene: »Mühselig hochhumpelnd, verbeugte sich die Courage tief [...]. Das mühselige Hochklimmen zeigte, wie alt sie war, die da eine Bleibe ausschlug; die Bettlerverbeugung, was für ein Leben sie auf der Straße zu erwarten hatte.« (GBA 25, S. 227) Die Aufzeichnungen zum *Couragemodell* weisen B. als Semiotiker aus, wenn er als Zuschauer seiner Stücke Variationen der Fabel vornahm. B. suchte bestimmte Stellungen im Modell zu konservieren, um dann den Stellungswechsel zu den »Drehpunkten der Handlung [...] in seiner unverminderten Radikalität« (S. 185) darzustellen.

Auch bemerkte B., wie reale Geschichte durch Beobachtung in die Schauspieltechnik und damit in die Fabel eingingen. Der sogenannte »stumme Schrei« der Courage, längst zum Kanon der Theateranthropologie gehörig (Barba/Savarese, S. 234f.), hat seine eigene Geschichte: er stammte »von der Pressefotografie einer indischen Frau, die während der Beschießung von Singapore bei der Leiche ihres getöteten Sohnes hockt [vgl. Hecht, S. 675]. Die Weigel muss sie vor Jahren gesehen haben, wiewohl sie sich auf Befragen nicht daran erinnerte. So gehen Beobachtungen in den Fundus der Schauspieler ein.« (GBA 25, S. 204) Durch die Darstellung einer Mutter, die mit der Leiche ihres Sohns konfrontiert wird, zitierte Weigel ein historisches Ereignis und machte es zum Bestandteil der *Courage*-Aufführung. Die Modelle, so festgelegt sie auch immer sein mögen, fordern durch ihre fotografische Dokumentation zu unterschiedlichen Lesarten auf und sind deshalb wertvolles Anschauungsmaterial für die Theatersemiotik.

Die Schriften im Zusammenhang

Im Gegensatz zu seinen künstlerischen Texten hat B. seine Schriften kaum überarbeitet. Die dialektischen Schichten, wie sie aus Stücken und Lyrik bekannt sind, finden sich hier nicht; stattdessen ist eine Zufallsbereitschaft zu erkennen, die einen anderen Zugang zu B.s Denken ermöglicht. Dies ist besonders zu betonen bei einem Dichter, der so lange auf eine bestimmte Ideologie festgelegt wurde. Aus dieser Festlegung erklären sich dann auch die Enttäuschungen bei jenen, die sich von B. so etwas wie Konsistenz erhoffen, denn diese Hoffnung wird konsequenterweise immer wieder enttäuscht. B.s *Schriften* zu lesen bedeutet, sich ständig neuen Provokationen auszusetzen, Provokationen, die sich bis heute als produktiv erwiesen haben, und zwar nicht nur in der Literaturwissenschaft, sondern ebenso in der Philosophie und Theaterpraxis.

Der Mangel an Konsequenz sollte aber nicht mit Indifferenz gleichgesetzt werden, er ist vielmehr das Resultat von B.s Verhältnis zur Realität, die bei ihm immer historisch und sozial bestimmt ist. »In den Dingen, Menschen, Vorgängen steckt etwas, was sie so macht, wie sie sind, und zugleich etwas, was sie anders macht. Denn sie entwickeln sich, bleiben nicht, verändern sich bis zur Unkenntlichkeit.« (GBA 23, S. 301) B.s politisches Denken stützt sich damit auch nicht auf systematische Theorien, sondern auf die Dekodierung von sozialen Verhaltensmustern, aus denen dann eigene Verhaltensänderungen abgeleitet werden können. B.s politische Einsichten ergeben sich also aus seinen Erfahrungen in der praktischen Theaterarbeit. Was einen Schauspieler ausmacht, ist demnach »*andere* Menschen auszustellen; Menschen, die ganz anders sind als er selber [...], und es ist der Wunsch und die Fähigkeit, Menschen zu beobachten, was den wahren Schauspieler ausmacht« (S. 186). Unkenntlichkeit bezeichnet Veränderung; durch Beobachtung und Nachahmung kann jeder an dieser Veränderung teilnehmen und sich selbst als Teil der historischen Veränderungen begreifen.

Literatur:

Barba, Eugenio/Savarese, Nicola: A Dictionary of Theatre Anthropology – The Secret Art of the Performer. London, New York 1991. – Barthes, Roland: Diderot, Brecht, Eisenstein. In: Image, Music, Text. Übersetzt v. Stephen Heath. New York 1988. – Benjamin, Walter: Das Land, in dem das Proletariat nicht genannt werden darf: Zur Uraufführung von acht Einaktern Brechts. In: Gesammelte Schriften. II.2. Hg. v. Rolf Tiedemann und Hermann Schweppenhäuser. Frankfurt a.M. 1980, S. 514–518. – Fischer-Lichte, Erika: Semiotik des Theaters. Bd. 3: Die

Aufführung als Text. Tübingen 1983. – Fuegi, John: Brecht & Co. Biographie. Autorisierte erweiterte und berichtigte deutsche Fassung von Sebastian Wohlfeil. Hamburg 1997. – HECHT. – Hegel, Georg Friedrich: Vorlesungen über die Geschichte der Philosophie (= Sämtliche Werke. Bd. 17). Stuttgart 1928. – Lehmann, Hans-Thies: Schlaglichter auf den anderen Brecht. In: BrechtJb. 17 (1992), S. 1–12. – Lucchesi, Joachim (Hg.): Das Verhör in der Oper. Die Debatte um die Aufführung »Das Verhör des Lukullus« von Bertolt Brecht und Paul Dessau. Berlin 1993. – Schmitt, Hans-Jürgen (Hg.): Die Expressionismusdebatte. Materialien zu einer marxistischen Realismuskonzeption. Frankfurt a.M. 1973.

Astrid Oesmann

Schriften 1913–1924

Ein großer Teil der über 80 Schriften B.s aus den Jahren 1913 bis 1924 wurde für in Augsburg erscheinende Tageszeitungen und deren literarische Beilagen geschrieben und auch erstmals dort veröffentlicht. Wie die dichterischen Arbeiten waren auch die ersten theoretischen Versuche B.s vom Bestreben gekennzeichnet, ein eigenes Profil als Schriftsteller zu finden, das sich in steigendem Maße entwickelte und durchsetzte. Zwei Themen herrschten vor: Der erste Weltkrieg sowie die Literatur bzw. das Theater. Von seinem ersten kleinen Essay über Gerhart Hauptmann an, der im Spätsommer 1913 in Heft 2 der Schülerzeitschrift *Die Ernte* abgedruckt wurde (Hillesheim/Wolf, S. 92–95), versuchte B., in Auseinandersetzung mit oft aktuellen Themen der Literaturgeschichte und Besprechungen von Theateraufführungen auf dem Gebiet Kompetenz zu demonstrieren, das erklärtermaßen das Wirkungsfeld seiner Zukunft werden sollte.

Zwei zusammenhängende Komplexe von Schriften sind in dieser Periode hervorzuheben, die jeweils verschiedene Entwicklungsstadien des sich etablierenden jungen Schriftstellers dokumentieren: die vom 14. 8. bis 27. 9. 1914 in der *München-Augsburger Abendzeitung* erschienenen *Augsburger Kriegsbriefe* und die Theaterkritiken, die vom 13. 10. 1919 bis 12. 1. 1921 in der USPD-Zeitung *Volkswille* abgedruckt wurden.

Bei den *Augsburger Kriegsbriefen* handelt es sich um Stimmungsbilder, denen Beobachtungen zu Grunde liegen, die der Gymnasiast in der Stadt nach Beginn des Kriegs machte. Vermeintlich nahtlos fügen sich B.s Ausführungen in den Kontext der Tageszeitung, der geprägt ist von nationalistischem Hochgefühl angesichts des Kriegsgeschehens und erster Siegesmeldungen der deutschen Truppen. Auch B. scheint getragen von diesem Kriegstaumel, beinahe alle Klischees des damaligen Hurra-Patriotismus der deutschen Außenpolitik finden sich, wie auch in der Vielzahl ähnlicher dilettantischer dichterischer Texte dieser Zeit, in den *Kriegsbriefen* wieder, von der Notwendigkeit des Kriegs aus existenzieller Bedrohung bis hin zur beinahe absoluten Ergebenheit dem Kaiser gegenüber (vgl. GBA 21, S. 11). Dennoch unterscheiden sie sich von anderer Literatur dieser Art: B. verfällt nicht völlig »der Euphorie soldatischen Heldentums« (Gier, S. 45). Neben dem Repertoire nationalistischer Schlagworte rückt der Autor von Beginn an die Opfer, die der Krieg zeitigt, ins Bewusstsein des Lesers, auch wenn diese als notwendige dargestellt werden (vgl. GBA 21, S. 15f., S. 16f., S. 22). Er weist auf den Preis hin, der für die Kriegsbegeisterung zu entrichten ist. Auch die Diskriminierung der Feinde ist B. fremd. Darüber hinaus verdient seine Fähigkeit Beachtung, genau zu beobachten, Personen und Vorgänge präzise und in einfachen Worten zu beschreiben. Auch das patriotische Hochgefühl vermag B. in schlichten Worten gekonnt und wirksam umzusetzen, die Erwartungen des nationalistischen Lesers dabei durchaus erfüllend.

Dass B. auch hier recht abgeklärt mit einer Gattung experimentierte, wird deutlich, wenn man die Frage stellt, warum diese Texte ›Kriegsbriefe‹ heißen. Dies geht keineswegs auf eine Idee B.s zurück, sondern er lehnt sich bewusst an ein Genre seiner Zeit an. Der Terminus ›Brief‹, im Sinne von offiziellem schriftlichen Bericht oder Mitteilung verstanden, wurde zur journalistischen Gattung des ›Kriegsbriefs‹, die in vielen Zeitungen regelmäßig abgedruckt wurde. Es handelt sich um Berichte über das Geschehen an den Fronten, über die Heldentaten deutscher Soldaten, wobei immer auch Platz für Heiteres und Anekdotisches eingeräumt wurde. Blättert man in den damaligen Augsburger Tageszeitungen, erfährt man auch, woher B. dieses Genre kannte. Die *Augsburger Neuesten Nachrichten* nämlich brachten gleich mit Kriegsausbruch eine Reihe unter dem Titel *Deutsche Kriegsbriefe*, angeblich direkt an der Front verfasst. B. machte nichts anderes, als – im Konkurrenzblatt *München-Augsburger Abendzeitung* wohlgemerkt – den *Deutschen Kriegsbriefen* seine *Augsburger Kriegsbriefe* entgegenzusetzen. Und der Anspruch, den er damit verband, ist eindeutig: So wie die *Deutschen Kriegsbriefe* die Leser über das Geschehen an der Front auf dem Laufenden hielten, wollte B. über die Kriegseindrücke informieren, die er in der Heimatstadt sammelte. Damit stellte er sich – in aller Unbescheidenheit – auf eine Stufe mit damals bekannten und renommierten Kriegsberichterstattern, B. versuchte und übte sich auf deren Gebiet. Überdies wird deutlich, dass er schon in dieser Zeit geradezu strategisch vorging, um als Schriftsteller voranzukommen: Der einen Zeitung, für die er schrieb, schaute er ein Genre ab, das er veränderte, seiner speziellen Situation und den eigenen Möglichkeiten anpasste, um dann mit ihm in einer zweiten Zeitung der ersten Konkurrenz zu machen.

Die frühzeitig ausgeprägte Artistik bestätigt Reinhold Grimm, der auch B.s anfängliche Kriegsbegeisterung und seine allmähliche Entwicklung zum kritischen Pazifisten bezweifelt (Grimm, S. 73f.). Vielmehr erscheint das nationalistische Pathos der ersten Zeitungspublikationen B.s als Kalkül, als Zugeständnis an die Redakteure, das B. machen musste, um überhaupt eigene kleinere Arbeiten erstmals, wenn auch unter Pseudonym, in einem größeren Publikationsorgan gedruckt zu sehen. In jüngerer Zeit entdeckte Texte B.s stützen diese Sichtweise. Der erwähnte Beitrag über Gerhart Hauptmann dokumentiert bereits 1913 ein Interesse an sozialen Themen (B. betrachtet Hauptmanns *Die Weber* als das »gewaltigste Drama des letzten Jahrhunderts mit seinen erschütternden Volksszenen, durch die der Verzweiflungsschrei hungernder Menschen gellt«; Hillesheim/Wolf, S. 92) und ein kritisches Potenzial B.s, dem gegenüber die *Kriegsbriefe* einen intellektuellen Rückschritt bedeutet hätten. Dass es diesen nicht gegeben hat, legen zwei bis vor kurzem unbekannte Postkarten B.s an Max Hohenester vom 7. und 26. 8. 1915 nahe, zwei der wenigen autobiografischen Dokumente dieser Periode, die überhaupt erhalten sind. B. schrieb sie aus dem Urlaub im Bregenzer Land, zu einer Zeit, in der in der Wochenendbeilage der *München-Augsburger Abendzeitung* mit der Novelle *Dankgottesdienst* (GBA 19, S. 20–22) einer seiner nationalistischsten Texte veröffentlicht wurde. Unbeschwert, geistreich und virtuos kreisen in den Karten B.s Gedanken nur um ein Thema: um Literatur und seine Zukunft als Schriftsteller. Der Krieg als das herausragende zeitgeschichtliche Thema ist schlechterdings nicht präsent, tangiert ihn nicht (Hillesheim/ Wizisla, S. 11). Wie die meisten anderen literarischen Beiträge aus den ersten beiden Jahren des Kriegs sind die *Kriegsbriefe* erste Beispiele für B.s Talent, mit dem Leser (in diesem Falle auch mit den Redakteuren) zu spielen, seine Erwartungen zu erfüllen und dabei selbst eine andere Position zu vertreten. Sie deuten damit auf spätere Werke voraus, wie etwa die Gedichte *Erinnerung an die Marie A.* und *Apfelböck oder Die Lilie auf dem Felde*, wobei die Ursache dieses Spiels bei den *Kriegsbriefen* freilich eine vordergründige ist: B. will als Autor Zugang zu Zeitungen erhalten. Um dieses Ziel zu erreichen, präsentiert er nicht nur inhaltlich, was opportun ist, sondern er verwertet bereits in dieser Zeit Inspirationen aus seinem Umfeld als Material für die Texte, was ebenfalls deren artifiziellen Charakter hervorhebt. Die *Kriegsbriefe* sind nicht Resultat einer tiefen nationalistischen Gesinnung, sondern weitestgehend berechnete Kunstprodukte. So montiert B., als prägnantestes Beispiel, Gedanken und einige sprachliche Wendungen einer auch als Druck vorliegenden Predigt des Dekans Hans Detzer, die dieser am außerordentlichen Buß- und Bettag am 9. 8. 1914 in der Augsburger Barfüßerkirche hielt (besonders deutlich GBA 1, S. 10f.). Detzer hatte B. Jahre zuvor Religions- und Konfirmandenunterricht erteilt. B. übernimmt einige Begriffe, um sein Kriegsszenario zu zeichnen, Detzers hasserfüllte Propaganda teilt er indessen nicht (vgl. Gier, S. 45). Er verwendet Anregungen, die ihm zur Erfüllung seines Zwecks, gedruckt zu werden, brauchbar erscheinen, seine vermeintliche Kriegsbejahung betreibt er aber nur soweit, wie sie den Zeitungsredakteuren gegenüber notwendig ist. Innerhalb dieser selbst auferlegten Grenze erweist B. sich als durchaus gemäßigt und nutzt dabei die kleinen Freiräume, um im Rahmen dieser Kriegsbeobachtungen eigenständige schriftstellerische Kreativität zu beweisen und sein Können zu zeigen.

Ein gänzlich anderes Bild bieten die Theaterkritiken: B. als Autor der *Legende vom toten Soldaten*, einer Reihe von Gedichten der späteren *Hauspostille* und des *Baal* hatte inzwischen als Schriftsteller und ›Bürgerschreck‹ in Augsburg Profil gewonnen, was er selbstbewusst nach außen kehrte. Es war nicht mehr nötig, Zugeständnisse an die Tagespolitik zu machen, damit seine Werke veröffentlicht wurden. Der Krieg war für ihn nur noch interessant, insofern er mit diesem Thema das etablierte Bürgertum provozieren konnte. Sein Schulaufsatz über den Horaz-Vers »Dulce et decorum est pro patria mori«, in dem er diejenigen, die den Opfertod fürs Vaterland verherrlichen, als ›Hohlköpfe‹ bezeichnet (Ludwig), hätte bereits 1916 beinahe den Schulverweis bedeutet. Seit dieser Zeit zeichnete er Beiträge für Zeitungen nicht mehr mit einem Pseudonym, sondern offen mit eigenem Namen. Vor allem Provokantes bieten auch die Theaterkritiken: Meistenteils respektlos, aber keineswegs grundsätzlich destruktiv, beleuchtet er die Inszenierungen des Augsburger Stadttheaters. Dabei ist er stets bereit, die Grenzen der Theaterkritik zu überschreiten, wenn er es als angemessen empfindet. Nach der äußert negativen Besprechung der Inszenierung des Schwanks *Alt-Heidelberg* (»In diesem Saustück steht eine Szene, die unerhört grauenhaft ist«; GBA 21, S. 77) wurden B. vorübergehend die Eintrittskarten für Rezensenten verweigert. Die Kritik von Hebbels *Judith* (S. 97f.) brachte ihm eine Beleidigungsklage der Schauspielerin Vera-Maria Eberle ein. Neben beachtlicher sprachlicher Virtuosität stellen die Theaterkritiken jedoch auch in nuce Dokumente der Bemühung um eine eigene Position der Theaterkunst gegenüber dar. So stellte B. Upton Sinclairs in den Schlachthöfen Chicagos spielenden Arbeiterroman *Der Sumpf* als die zeitgemäßere Kunst Schillers »schöner Oper« (S. 59) *Don Carlos* gegenüber. B. kann »dessen Knechtschaft nicht mehr recht ernst nehmen« (ebd.) und deutet damit auf Kommendes: Auf die *Heilige Johanna der Schlachthöfe* im Speziellen und seine Theorie des epischen Theaters im Allgemeinen.

Literatur:

Gier, Helmut: Brecht im Ersten Weltkrieg. In: Cisotti, Virginia/Kroker, Paul (Hg.): 1898–1998. Poesia e politica. Bertolt Brecht a 100 anni dalla nascita. Mailand 1999, S. 39–52. – Grimm, Reinhold: Brechts Anfänge. In: Ders.: Brecht und Nietzsche oder Geständnisse eines Dichters. Fünf Essays und ein Bruchstück. Frankfurt a.M. 1979, S. 55–76. – Hillesheim, Jürgen/Wizisla, Erdmut: »Was macht Deine Dichteritis?« Bertolt Brecht im Bregenzer Land. In: BrechtYb. 26 (2001), S. 3–13. – Hillesheim, Jürgen/Wolf, Uta (Hg.): Bertolt Brechts *Die Ernte*. Die Augsburger Schülerzeitschrift und ihr wichtigster Autor. Augsburg 1997. – Ludwig, Otto: »Dulce et decorum est pro patria mori«: Berthold [sic] Brechts Antikriegsaufsatz aus dem Jahre 1916. In: Literatur im Kontext. Fs. für Helmut Schrey. Sankt Augustin 1985, S. 146–157.

Jürgen Hillesheim

Zum Theater

Die meisten Texte (GBA 21, S. 25–105) schrieb B. als Theaterkritiken zwischen dem 13. 10. 1919 und dem 12. 1. 1921 für die Tageszeitung *Der Volkswille*, die, zunächst der USPD nahestehend, ab 1. 12. 1920 als Organ der KPD zeichnend, im Januar 1921 wegen ›staatsgefährdender Tendenzen‹ verboten wurde. Die erste Theaterkritik, »Krieg«. Eine Studie über *Carl Hauptmanns Tedeum*, vom 16. 9. 1914 ist in den *Augsburger Neuesten Nachrichten* zu finden. Zwei Texte, *Über den Film* und *Eine Feststellung*, wurden am 5. 9. 1922 bzw. am 4. 11. 1924 in der Zeitung *Berliner Börsen-Courier* gedruckt. Der Beitrag *Karl Valentin* schließlich erschien anlässlich der Uraufführung von B.s *Trommeln in der Nacht* im Oktober 1922 an den Münchner Kammerspielen in *Das Programm. Blätter der Münchner Kammerspiele*.

Die Forschung zu B.s frühen Theaterschriften ist gekennzeichnet vom Gegensatz zwischen der Einschätzung, dass diese Kritiken für den Stückeschreiber und (späteren) Theoretiker des epischen Theaters von geringerer Bedeutung und eher von der Provinzialität des Augsburger Theaters geprägt seien (vgl. Mayer, S. 20–26), und der Meinung etwa Ernst Schumachers, dass man hier schon eine Haltung B.s ablesen könne, die in Umrissen die späteren Reflexionen über Dramaturgie, Fantasie des Zuschauers, Schauspielerpersönlichkeit u.a. enthalte (Schumacher, S. 47). Auch Werner Hecht erkennt neben traditionellen Vorstellungen B.s zum Theater (vgl. Hecht, S. 12) erste Indizien für das ›neue‹ Theater: »Einige darstellerische Details« (S. 13) verwiesen schon auf die späteren Veränderungen, denn: »Brecht war viel zu sehr an einer lebendigen, realistischen Theaterkunst interessiert, als daß ihn die Prinzipien des Illusionstheaters hätten davon abhalten können, das Komödiantische, kräftig vorgetragen, mit Vergnügen zu registrieren« (ebd.). Schon in den Kritiken werde deutlich, dass B. »auf die szenische Aussage« (S. 27) Wert lege. Manfred Voigts dagegen stellt in seiner Studie die widersprüchlichen Haltungen B.s gegenüber der Kunst um 1920 insgesamt heraus und formuliert: »Für Brecht war Kunst zu dieser Zeit noch immer geradezu das Nicht-Politisch-Gesellschaftliche« (Voigts, S. 61). Zugleich bereite sich in der Hinwendung B.s zu Sport und Technik als Elementen des Theaters eine eigentümliche »höchst originale Verbindung von Sprachkritik und Sachlichkeit« (S. 64f.) vor. So seien B.s Plädoyer für »ein nicht-theaterorientiertes Publikum und die Problematisierung der Mitteilungsfunktion der Sprache [...] beide geeignet, die Voraussetzungen der traditionellen Dramatik zu überschreiten« (S. 65).

Die Theaterkritiken sind zumeist nach dem gleichen Schema aufgebaut: Nach einer kurzen, häufig jedoch mit wertend-kommentierenden Bemerkungen ›angereicherten‹ Inhaltsangabe folgt die Einschätzung der Inszenierung und der schauspielerischen Leistungen. Neben ironischen ›Tönen‹ und teilweise rüdem Sprachgebrauch – so bezeichnet B. *Alt-Heidelberg* (1903) von Wilhelm Meyer-Förster als »Saustück« (GBA 21, S. 77) –, neben gelegentlich respektlosen Bemerkungen über Regisseure sowie Schauspieler und Schauspielerinnen und provokativer Nicht-Beachtung der öffentlichen Meinung unterzieht B. die Dramatiker bzw. ihre Werke einer differenzierenden Betrachtung: Beispielsweise erhält Georg Kaisers *Gas* (1918) eine kritisch-positive Würdigung (vgl. S. 58f.), Friedrich Hebbels *Judith* (1840) dagegen einen massiven Verriss. Dabei fällt auf, dass B. im Schreiben von Kritiken selbst mehrmals eine Art ›verfremdende Inszenierung‹ erprobt: So fasst er die Besprechung von Wilhelm Schmidtbonns *Der Graf von Gleichen* (1908) in gereimte (meist fünfhebige) Jamben und überschüttet dabei das Stück trotz trefflicher Inszenierung mit beißendem Spott (S. 44f.). In der Kritik zu Kaisers *Gas* beschreibt B. den »Sinn des Stückes« (S. 58) im Bild eines Läufers und macht die soziale Thematik zur Leistungssportthematik. Insgesamt sind die Kritiken geprägt von B.s Einschätzung, dass das Augsburger Stadttheater, wenn nicht im Repertoire oder in vielen Inszenierungen – »Hauptsache, daß es kracht und daß geflennt wird« (S. 38) –, dann vom Publikum und der Kritik her ein Spiegel (bildungs-)bürgerlicher Borniertheit sei: »Das Publikum und ein Teil der Presse fiel durch« (S. 59) heißt es daher auch in der Kritik zu Kaisers *Gas*.

In der Auseinandersetzung mit den Expressionisten, deren Dramen »Proklamationen des Menschen ohne Menschen, alle zusammen [...] ein dramatischer Wille ohne Drama« (S. 89) seien, fand B. zu Positionen, die für seine Vorstellungen vom Theater bestimmend werden sollten. Die (expressionistische) Wiederbelebung einer »pathetischen Rhetorik« (S. 49) überhöhe die Wirklichkeit mit bedeutungsschweren Worten und verhindere jene »Wahrhaftigkeit« (S. 92), die darin bestehe, »den Dingen so, wie sie sind, Geschmack abzugewinnen« (ebd.). Die Vorhaltung, »statt Leiber mit Geist zu füllen, [...] machte man die Seelen zu Leibern« (S. 49), verdeutlicht im Zusammenhang mit der sarkastischen Bemerkung, das »Theater wird langsam zu einem Puff für die Befriedigung von Huren« (S. 99), dass B. die zeitgenössische Theaterpraxis als

›käufliche Befriedigung‹ einiger Dramatiker und Theaterleute einschätzte, die der Wirklichkeit nur hinsichtlich des ökonomischen Prinzips folgen. Dagegen setzt B. sein Credo: »Noch sind mir die Dinge wichtiger als der Katalog« (S. 50), d.h. wichtiger als »ganz bestimmte Vorstellungen vom Drama, gewisse Vergleiche, Maßstäbe, Forderungen« (ebd.).

Wo das ›neue‹ Theater anknüpfen kann, wird im Beitrag zu *Karl Valentin* sichtbar: Valentin mache keine Witze, sondern »ist selbst ein Witz« (GBA 21, S. 101). Sein (zeitgenössisches) Kabarett zeige »die *Unzulänglichkeit aller Dinge*, einschließlich uns selber. Wenn dieser Mensch [...] den *Einfältigen* die Zusammenhänge zwischen Gelassenheit, Dummheit und *Lebensgenuß* leibhaftig vor Augen führt, lachen die Gäule und merken es tief innen« (S. 101f.). Valentins Schau-Spiel präsentiere außerhalb der (bildungs-)bürgerlichen Institution Theater »in irgendeinem lärmenden Bierrestaurant« (S. 101) die alltäglichen Verwicklungen der Menschen mit den ›Dingen‹ und mit sich selbst in ihren ›unzulänglichen‹ Beziehungen. Die Welt wird nicht von der Bühne herab als durch Ideen zu ordnende und geordnete vorgeführt, sondern sozusagen im Prozess der Unordnung, der kleinen (realen) Katastrophen. Valentin nimmt dabei seine Zuschauer in ihrer ›Einfältigkeit‹ ernst, wenn er, unter »fast völligem Verzicht auf Mimik und billige Psychologismen« (S. 102) gewissermaßen gestisch (›leibhaftig‹) ›Zusammenhänge‹ demonstriert. Diese entstehen im (unaufgeregten) Spiel, in der Kunst, und verweisen dabei auf die Wirklichkeit, die »Trägheit der Materie« (S. 101). Dazu bedarf es einer »Führung der Fabel« (S. 72), die das Prinzip des Widersprüchlich-Unzulänglichen enthält, denn: »Absolute Klarheit wie völlige Regelmäßigkeit zerstören die Lust am Beschauen. Das Vergnügen am Rätselraten hängt mit dem Element der Ästhetik, der ›Be-Wunderung‹ innig zusammen.« (Ebd.) Erst dadurch ist distanzierendes und erkennendes Gelächter (›tief innen merken‹) möglich. Im ›Vor-Augen-Führen‹ wird deutlich, dass in diesem Theater nach B.s Vorstellung nicht wie bei den Expressionisten »mit der Reform bei der Sprache« angefangen (S. 95) wird, sondern mit der Fähigkeit zur sinnlichen Wahrnehmung der Dinge, ohne dass der Zuschauer, wie in den meisten Filmen jener Zeit (vgl. S. 40f.), einfach mitgerissen wird.

Die für B.s Überlegungen zentrale Rolle des Publikums zeigen die beiden Texte *Das Theater als sportliche Anstalt* und *Das Theater als Sport*. Die antinaturalistische Haltung der Expressionisten führe lediglich dazu, dass sie »das Theater aus einem Hörsaal für Biologie und Psychologie in einen Tempel umbauen wollen« (S. 55) und dabei das Publikum nur ›erschauern‹, jedoch nichts erkennen lassen. Deshalb seien die Leute in den Zirkus einzuladen, wo sie zuschauen, »wie es mit einem Mann gut geht oder abwärts, [...] und sie erinnern sich an ihre Kämpfe vom Vormittag« (S. 56). Im Zirkus und in der Sportarena haben die Zuschauer den Spaß an den Vorgängen, den sie im ›Tempel‹ nicht haben (dürfen), und sie sind dort zugleich fachkundig-kritische Beobachter (vgl. Jost, S. 57). In der Erinnerung an die ›Kämpfe vom Vormittag‹ stellen sie »den konkreten Bezug zur Wirklichkeit [...], zu den Kämpfen um die Existenz« (ebd.) her, die im Theater als »feinere Raufereien« (GBA 21, S. 57), nämlich mit Worten, vorgeführt würden. Sichtbar wird dies in einer Reihe von Stücken B.s, in denen der Kampf als existenzielle Grundsituation des (bürgerlichen) Zeitalters als Motiv wiederkehrt. Wie diese Kämpfe als Gegenstände des Theatralischen auf der Bühne motiviert und inszeniert sind, soll der Zuschauer herausfinden: »man muß nur scharf zugucken, es ist wie bei Ringkämpfen: die kleinen Tricks sind das Interessante« (S. 58). Das Theater muss Irritationspunkte und ›Überraschungen‹ zur Verfügung stellen, die durch genaues In-Augenschein-Nehmen wahrgenommen und in ihrer Funktionalität für das ›Ganze‹ erkannt werden; das mache es, im Unterschied zum nur auf »Handlung und Romantik« (S. 56) bedachten zeitgenössischen Kino, jenem »Asyl für geistig Obdachlose« (ebd.), attraktiv für »die feineren Genießer« (S. 56f.).

Literatur:

Brüggemann, Heinz: Literarische Technik und soziale Revolution. Versuche über das Verhältnis von Kunstproduktion, Marxismus und literarischer Tradition in den theoretischen Schriften Brechts. Reinbek bei Hamburg 1973. – Fischer, Matthias-Johannes: Brechts Theatertheorie. Forschungsgeschichte-Forschungsstand-Perspektiven. Frankfurt a.M. [u.a.] 1989. – Hecht, Werner: Sieben Studien über Brecht. Frankfurt a.M. 1972. – Jost, Roland: Panem et circenses? Bertolt Brecht und der Sport. In: BrechtJb. (1979), S. 46–66. – Mayer, Hans: Bertolt Brecht und die Tradition. München 1965. – Schumacher, Ernst: Brecht als Objekt und Subjekt der Kritik. In: WB. 19 (1973), S. 46–77. – Voigts, Manfred: Brechts Theaterkonzeptionen. Entstehung und Entfaltung bis 1931. München 1977.

Roland Jost

Zu Kunst und Literatur

Mehrere Texte aus der Zeit zwischen 1913 und 1924, von denen einige in der GBA (GBA 21, S. 7–105) im Erstdruck vorliegen, veröffentlichte B. in den *Augsburger Neuesten Nachrichten*. Die meisten Texte jedoch schrieb er als Gedankensplitter zur Selbstverständigung und -reflexion im Zusammenhang mit seinen Theaterkritiken sowie mit seiner dichterischen Arbeit und ließ sie unveröffentlicht. So findet man in diesen Zeugnissen eine Vielzahl von Anmerkungen zur zeitgenössischen wie zur klassischen Literatur und zur Malerei.

Die Forschung setzte sich bisher hauptsächlich im Hinblick auf B.s Weg zum epischen Theater mit den Texten aus dieser Zeit auseinander und handelte daher das Thema ›Kunst und Literatur‹ eher am Rande ab. Karl-Heinz Ludwig erkennt »als zentrales Anliegen des jungen Brecht [...] die Kritik an einer Sprache, die die Verbindung mit der Wirklichkeit verloren hat« (Ludwig, S. 2). Damit stehe der junge B. in der Tradition von Hugo von Hofmannsthal, Karl Kraus und Friedrich Nietzsche (vgl. S. 3f.). Vor allem in der Auseinandersetzung mit dem Expressionismus knüpfe B. neben der erkennbaren Frontstellung gegen das Symbolische schon in seinen (theoretischen) Anfängen an vorklassische sowie außerliterarische Traditionen an, was die Bedeutung der lutherischen (Bibel-)Sprache und die Vorliebe für Karl Valentin, für Zirkus, Bänkelsang u.a. plausibel erscheinen ließ (vgl. S. 13–16). Detlev Schöttker will eine entscheidende Grundkategorie der B.schen Ästhetik im Prinzip des Naiven ausmachen, das sogar das »geheime Zentrum« (Schöttker, S. 30) der epischen Dramaturgie bilde: »Mehr noch als die Idee der Verfremdung hält die der Einfachheit das Brechtsche Werk zusammen« (ebd.). Schon die ersten konzeptionellen Überlegungen B.s zeigten, »daß die Idee der künstlerischen Einfachheit eine konstante und feste Größe unter den literaturkritischen Positionen des frühen Brecht gewesen ist« (S. 34). In verschiedenen Entwicklungsstufen knüpfe dieses Prinzip »an den Simplizitätsgedanken der Aufklärungspoetik und an das naturwissenschaftliche Verfahren der modellhaften Vereinfachung an« (S. 299), die B. »unter materialistischen Gesichtspunkten« (ebd.) miteinander verbinde, um gesellschaftliche Verhältnisse und ihre historische Situierung zur Anschauung zu bringen.

In den Rezensionen aus dem Jahr 1914, *Ein Volksbuch. Eine Würdigung* (GBA 21, S. 23–25) und *»Der Gärtner« von Rabindranath Tagore* (S. 33f.), finden sich neben traditionalistischen, gelegentlich auch pathetischen ›Tönen‹ Formulierungen, die auf spätere Positionen vorausweisen: So lobt B. Karl Lieblichs *Trautelse. Gedichte und Lieder* (1914) als »frische Lieder, die auf jede Aufmachung verzichten« (S. 23), deren Verse »von einer beschaulichen Gestaltungskraft und einer wunderbar naiven Ausdrucksweise sind« (S. 24) und »nicht krampfhaft gesteigerte Gefühlchen, wie sie die ›Moderne‹ liebt« (S. 25). Auch an Tagores Liebeslyriksammlung von 1914 bestechen nach B. »diese alltäglichen, geringfügigen Erlebnisse« (S. 34), die zu Worten verarbeitet worden sind und die kein »äußerliches Gesetz, kein Reim, kein erkennbarer Rhythmus fesselt« (ebd.), sondern Prosa zu sein scheinen. Was hier nur vorsichtig und noch eher bruchstückhaft-vorläufig angedeutet erscheint, wird in der thesenartig formulierten Notiz *Literatur* von 1921 wesentlich konkreter: »Einfache Heiterkeit. Wahrhaftigkeit. [...] Ordnung ohne Abgrenzung. Gegen das Fieber der Sätze. Die *Chemie* des Wortes. Nüchternheit als Gegenstand der Kunst. Der beseelte Alltag. [...] Der Mensch, der das Leben nicht formt, sondern darinnen lebt.« (S. 99) Hier finden sich geradezu programmatisch B.sche Positionen, die bestimmend für seine literarischen Produktionen werden bzw. es schon sind, und die B. in der (polemischen) Auseinandersetzung mit traditionellen und zeitgenössischen Literaturkonzeptionen entwickelte: Es ist die Abgrenzung gegen den Expressionismus, dieser »Heraus- oder Übertreibung des Geistes, des Ideellen« (S. 49), der in seinem Hang zur symbolisierenden Darstellung dazu führe, so zu schreiben, »daß möglichst wenige zu behaupten wagen, sie verstehen einen« (ebd.), was wiederum (in der doppelten Bedeutung der Formulierung) »keine Kunst« (ebd.) sei. Nicht die pathetische Überhöhung der Wirklichkeit durch das ›Wort‹, das im ›Fieber der Sätze‹ zum Selbstzweck wird, dürfe das Wesen der Literatur sein, und die Literatur hat nicht die Aufgabe, die Wirklichkeit sozusagen durch das Wort zu formen, sondern zur Kenntnis zu nehmen, dass das »Dasein durch die Tat geformt« (S. 99) ist. In Anklang an Fausts Reflexion im Studierzimmer, die diesen von der Genesis-Formulierung, dass im Anfang das Wort gewesen sei, zur Überzeugung führt, »im Anfang war die That« (Goethe, S. 63), insistiert B. auf der Funktion von Literatur, das Dasein des ›Alltags‹ und damit die ›Taten‹ der Menschen in (poetischen) Bildern zur Anschauung zu bringen und auf diese Weise Ein-Sichten zu ermöglichen. Die ›Nüchternheit‹ der täglichen Dinge und Verrichtungen zu zeigen, ist nur vermittels einer unaufgeregt-analytischen, sprachkritischen Verwendung der Worte zu erreichen. Die nüchterne ›Chemie des Wortes‹ weist diesem ›Materialwert‹ zu, d.h. Bezüge zum (physisch und gesellschaftlich) Realen, an dem gewissermaßen ›Reaktionen‹ mittels ›Versuchen‹ vollzogen und erkennbar werden. Das (dichterische) Wort kann auf diese Weise in der Analogie zum (natur-)wissenschaftlichen Modell die außer ihm liegenden Vorgänge in Natur und Gesellschaft, das tatsächliche Leben erkenn- und begreifbar machen. Die Literatur wird damit, entgegen verbreiteter Ansichten, »*Soldat gegen die Metaphysik!*« (GBA 21, S. 99) Dass dieser Kampf durchaus mit Leichtigkeit und Heiterkeit auszufechten ist, wird in der Eingangsformulierung der Notiz betont und ist von B. schon im Beitrag *Über die deutsche Literatur* (1920) ausführlicher erörtert worden: Im Gegensatz zu anderen Völkern haben die Deutschen »die Auffassung, daß das Gegenteil von Ernst Leichtfertigkeit ist und daß Leichtfertigkeit verdammt werden muß« (S. 53). Aber »Humor ist Distanzgefühl« (S. 54), und gerade dieses Distanzgefühl teile sich dem Leser und Zuschauer mit, sodass es diesem möglich werde, sich »über ihn [den Dichter] zu stellen und ihn beim Schreiben zu betrachten« (ebd.). Der Leser taucht damit nicht als Objekt des Dichters, ›bewusstlos‹ in die fiktionale Welt des Geschriebenen ein, sondern verweilt in ihr als engagierter und zugleich kritischer Beobachter, wird zum Subjekt, das weiß, dass hier jemand aus einem bestimmten »Gesichtswinkel« (ebd.) eine ›Welt‹ konstruiert, die als künstliche auf die reale verweist und zugleich Ergebnis eines konkreten materiellen Arbeits-Prozesses eines nicht-metaphysischen Tuns ist.

Wenn B. in den *Journalen* am 29. 8. 1920 über die Literaten spottet: »Onanieren passiert. Mit Pariser vögeln passiert. Aber diese Leute onanieren mit Parisern« (GBA 26, S. 145), dann wird in dieser drastischen Formulierung zweierlei sichtbar. Zum einen bezichtigt er die zeitgenössischen Autoren der ›schreibenden Selbstbefriedigung‹, zum anderen, sozusagen als Steigerungsform, der Lust- und Sinnenfeindlichkeit, die ihren Produktionen anhaftete; in den Texten werde deutlich, dass die Literaten nicht einmal ihre Selbstbefriedigung genießen könnten. Hingegen müssten etwa in einem Roman – um einen solchen zu schreiben, fühlt sich B. zu diesem Zeitpunkt »noch zu unreif« (ebd.) – »gewaltige Freßfeste aller Sinne veranstaltet werden, die

Augen, die Finger, die Nase müssen gespeist werden« (S. 145f.). Was in der Notiz von 1921 eher verhalten als ›*beseelter* Alltag‹ benannt wird, erscheint im Licht des Zitierten konkreter: Dieser Alltag ist als heiter-lebendiger, sinnlicher darzustellen, damit es einem beim Lesen nicht, wie in der deutschen Literatur häufig, vorkomme, »als ob man statt des Leims immer Schweiß röche, Schafsschweiß« (GBA 21, S. 54). Für B. war Frank Wedekind einer der wenigen Autoren, bei dem dies nicht der Fall war. Im Nachruf vom 12. 3. 1918 in den *Augsburger Neuesten Nachrichten* bewunderte er Wedekinds »Vitalität« (S. 35). Er, der »mit Tolstoi und Strindberg zu den großen Erziehern des neuen Europa« (S. 36) gehörte, demonstrierte für B. auf Lesungen, »häßlich, brutal, gefährlich« (S. 35) und damit wie eine Vorstudie zu *Baal* (1918) anmutend, sowohl in seinen Texten als auch in seiner Person die Verknüpfung von Sinnlichkeit, Vergnügen und Lernen in einer Weise, die B. später in den *Nachträgen zum ›Kleinen Organon‹* (1954) »auf einer ganz anderen Reflexionsebene und mit ganz anderem Hintergrund« (Voigts, S. 50) in die Formulierung münden lassen wird: »Alle Künste tragen bei zur größten aller Künste, der Lebenskunst.« (GBA 23, S. 290)

B.s schon in den frühen Schriften erkennbar werdendes Insistieren auf einer Literatur und Kunst, die unbekümmert und wirklichkeitsorientiert – und dies bedeutet, an der Wirklichkeit der Rezipienten orientiert – mit der Tradition umzugehen bereit ist und sich dabei auf die, gerade im kruden Alltag aufzuspürenden, ›Unebenheiten‹ und Widersprüche einlässt, wird im *Aufruf an die jungen Maler!* (GBA 21, S. 67f.) deutlich: Dort rechnet B. in bissigem Ton mit den expressionistischen Malern ab und hält ihnen vor, sie sollten sich schämen, »auf die alten Fragen immer wieder eine andere Antwort finden zu wollen, anstatt neue Fragen zu stellen« (S. 68). Diese neuen Fragen bietet die Gegenwartswirklichkeit selbst an: »Ihr habt jahrhundertelang die Gewohnheiten derer gemalt, die ihr maltet. Eure letzte Mode war: eure eigenen Gewohnheiten zu malen. [...] Ich rate euch: die Gewohnheiten derer zu malen, die eure Bilder anschauen müssen.« (Ebd.)

Literatur:

Goethes Werke. Abt. I, Bd. 14. Hg. im Auftrag der Großherzogin Sophie v. Sachsen. München 1987. – Ludwig, Karl-Heinz: Bertolt Brecht. Philosophische Grundlagen und Implikationen seiner Dramaturgie. Bonn 1975. – Schöttker, Detlev: Bertolt Brechts Ästhetik des Naiven. Stuttgart 1989. – Voigts, Manfred: Brechts Theaterkonzeptionen. Entstehung und Entfaltung bis 1931. München 1977.

Roland Jost

Schriften 1924–1933

Avantgarde in Berlin

Der Zeitraum umfasst B.s Berliner Zeit, von der endgültigen Übersiedlung nach Berlin – in die Metropole und damit ins Zentrum des künstlerischen Schaffens in Deutschland – im September 1924 bis zur Flucht am 28. Februar, einen Tag nach dem Reichstagsbrand, eine Flucht, die über zwölf Jahre dauerte und B. einmal um die Welt trieb. Berlin, das bedeutete Beziehungen zu den wichtigsten und einflussreichsten Künstlern und Kritikern der Zeit und vor allem auch die Möglichkeit, in die »Apparate« zu gelangen, wie B. Theater, Radio, Film, Zeitung, Buchhandel etc. (in Anlehnung an die Kriegsapparatur des ersten Weltkriegs) zusammenfassend zu nennen pflegte (GBA 21, S. 467f.). Der bereits geknüpfte Kontakt zum damals für B. wichtigsten Verlag, dem Gustav Kiepenheuer Verlag, intensivierte sich schon am Beginn der Berliner Zeit, als es B. gelang, Elisabeth Hauptmann, die er im November 1924 kennen gelernt hatte, als Sekretärin unterzubringen, was freilich so aussah, dass Kiepenheuer zwar, wie Hauptmann rückblickend formuliert hat, »ein gutes Gehalt« zahlte (Kebir, S. 29), ihre Arbeit aber allein B. zugute kam, das heißt, dass sie noch nicht einmal einen Arbeitsplatz im Verlag hatte. Hauptmann, die B.s bedeutendste und einflussreichste Mitarbeiterin in dieser Zeit wurde, hat alle Unterstellungen, sie habe, wie B. »scherzhaft« behauptet hatte, »ohne Lohn« gearbeitet, mit Entschiedenheit zurückgewiesen (ebd.): »Ich war wirklich solide bezahlt.« (Ebd.) Als Helene Weigel am 3. 11. 1924 den gemeinsamen Sohn Stefan zur Welt brachte, war der 26jährige B. Vater von drei Kindern mit drei Frauen (Frank mit Paula Banholzer, Hanne mit Marianne Zoff, Stefan mit Helene Weigel).

Die Berliner Zeit war nicht nur B.s erfolgreichste Zeit, weil er in den Theatern und in den Massenmedien präsent war und mit den Lehrstücken ein neues Genre des Musiktheaters, mit dem B. und seine Komponisten die Apparate auf neue Weise herausforderten, geschaffen hatte, sondern es war auch die Zeit, in der B. an der Spitze der Avantgarde stand und im Begriff war, tatsächlich zu einer ›Umfunktionierung‹ der Apparate zu gelangen. Das große epische Theater war 1928 mit *Mahagonny* (der Text lag bereits Ende 1927 vor) und der *Dreigroschenoper*, die den 30jährigen weltberühmt machte, längst entwickelt und auf den höchsten technischen Standard gebracht, der nicht darin bestand – wie es z.B. Erwin Piscator liebte –, die Technik (etwa das Fließband oder Filmeinspielungen) auf die Bühne zu holen (vgl. die ausführliche Würdigung Piscators durch B. in seinem Aufsatz *Über experimentelles Theater*), sondern mit genuin theatralischen, musikalischen und sprachlichen Mitteln das auf der Bühne umzusetzen, wozu die Massenmedien eben die Technik benötigen, also das Theater theatralisch zu ›technifizieren‹. B. erfasste diese »Umfunktionierung« (GBA 21, S. 466) mit dem unglücklichen Vokabular der ›Pädagogik‹ (Umwandlung der Kunst »in eine pädagogische Disziplin«; ebd.), was zu dem nachhaltigen Missverständnis bei Publikum und Forschung führte, B. habe das Theater auf neue Weise nach Friedrich Schiller als ›moralische Anstalt‹ verstanden und habe mit ihm ›Lehren‹ verkünden wollen. Dies galt ebenso wenig für das epische Theater wie für die Lehrstücke, die »sogar die Auslieferung der Filmapparate an die einzelnen Übenden« verlangten (ebd.), nur dass B. zeitlebens hartnäckig darauf beharrte, Theater bzw. Kunst überhaupt dürfe und könne bei aller Unterhaltung, allem Spaß und allem Vergnügen nicht von der »Belehrung« getrennt werden, es sei denn man wollte »Katzenjammer« verursachen: »Ich glaube nicht an die Trennbarkeit von Kunst und Belehrung. Die Freude an neuen Erfahrungen und neuen Kenntnissen, besonders Kenntnissen über das menschliche Zusammenleben, ist eine Hauptquelle des Kunstmachens und Kunstgenießens. Eine Kunst, die den Erfahrungen ihres Publikums nichts hinzufügt, die sie entläßt, wie sie kamen, die nichts will, als rohen Instinkten zu schmeicheln und unreife oder überreife Meinungen zu bestätigen, taugt nichts. Die sogenannte reine Unterhaltung ergibt nur Katzenjammer.« (GBA 23, S. 222) Terminologisch wäre es, um Missverständnisse zu vermeiden, vermutlich besser gewesen, statt von ›Belehren‹ von ›Einsichten und Kenntnisse vermitteln‹ zu sprechen, denn darauf lief B.s Theater hinaus: Es brachte mit allen künstlerischen Mitteln Realitäten (bzw. Realitätsausschnitte) in die ästhetische Anschauung, um dem Publikum neue Einsichten zu vermitteln. B. hat diesen Stand, den er am Ende der Weimarer Republik ausgebildet hatte, nie wieder – vor allem technisch nie wieder – erreicht. Im Exil blieb er weitgehend von den Apparaten abgeschnitten, nach dem Krieg galt es, eine total verrottete Kunst wenigstens ästhetisch wieder auf den Stand der 20er-Jahre zu bringen (wozu auch die ›Modelle‹ dienten), ohne an eine nachhaltige Umfunktionierung der Apparate, die von den Nazis ebenfalls total herabgewirtschaftet worden waren, auch nur denken zu können. Der zerstörerische Einbruch, den die Nazidiktatur mit sich brachte, ist gar nicht überzuwerten.

Überblick

Die Schriften des Zeitraums liegen gesammelt in Band 21 der GBA vor und werden ergänzt von Texten zu Stücken, die in Band 24 stehen (vgl. hierzu die Artikel zu den entsprechenden Dramen in BHB 1). Von den etwa 450 Texten in Band 21, meist kürzere Notizen, hat B. zeitgenössisch über 55, meist in Zeitungen, bevorzugt im *Berliner Börsen-Courier*, publiziert. Unter diesen nimmt der 1931 entstandene *Dreigroschenprozeß* eine besondere Stellung ein (vgl. *Der Dreigroschenprozeß*, BHB 4).

Über 120 Schriften, also über ein Viertel, wurden erstmals in der GBA gedruckt, sodass der Forschung bis 1992, als Band 21 erschien, ein erheblicher Anteil der Schriften unbekannt blieb, was u.a. daran lag, dass ein Teil von B.s Notizbüchern bisher nicht ausgewertet worden war. Die GBA hat die Schriften nicht mehr – wie im vorliegenden Handbuch sowie in den vorangegangenen Editionen der WA und der *Schriften* – in Rubriken (*Schriften zum Theater* etc.) eingeteilt und stattdessen eine chronologische Anordnung vorgenommen. Da etliche der Texte – in diesem Zeitraum jedoch nicht so gravierend wie bei den Schriften des Exils – nicht genauer zu datieren oder nur durch Indizien auf einen bestimmten Zeitraum zu beziehen sind, wurden ohne ausdrückliche Markierung thematische Gruppierungen gebildet, wobei freilich die Texte, die genau oder genauer datiert sind, ihren jeweiligen chronologischen Ort gefunden haben. Dass viele Schriften keine eindeutige Zuordnung zu den – hier gewählten – Rubriken zulassen, ist im mathematischen Sinn trivial, wie sich B.s Werke insgesamt durch Gattungsüberschreitungen auszeichnen. Die Rubrizierung dient lediglich der schnelleren und genaueren Orientierung und bildet keine inhaltliche bzw. genrebestimmende Festlegung der Texte.

Der größte Teil der Schriften war nicht für die Publikation bestimmt, obwohl B. gerade in diesem Zeitraum relativ viel publizierte, weil er spätestens seit 1922 ein bekannter Autor war und in der Öffentlichkeit stand, was sich mit der Umsiedlung nach Berlin entschieden verstärkte (z.B. war er für Umfragen beliebt). Die meisten Texte widmen sich Fragen des Theaters, die für B. freilich meist – um zu klären, wie mit den ›Apparaten‹ umzugehen sei – zugleich politische Fragen waren. Durch Aufzeichnungen, die z.T. für die Publikation vorgesehen waren, ist für diesen Zeitraum B.s Lektüre von zahlreichen Werken und Autoren belegt: so von Arnolt Bronnen, mit dem sich B. Ende 1921 anfreundete und teilweise zusammenarbeitete; von Alfred Döblin, den B. spätestens 1920 für sich entdeckt hatte (vgl. GBA 26, S. 167), zu dem er aber dennoch auf Distanz blieb (vgl. GBA 21, S. 157); von Rainer Maria Rilke, dem die süffisante Bemerkung galt, dass dort, wo in dessen Gedichten Gott vorkomme, es »absolut schwul« klinge: »Niemand, dem dies je auffiel, kann je wieder eine Zeile dieser Verse ohne ein entstellendes Grinsen lesen« (S. 158); von Thomas Mann, der ab 1926 als literarischer Antipode ›aufgebaut‹ wurde; von Karl Kraus, zu dem B. auf Distanz blieb, weil er in dessen Sprachkritik lediglich eine Kritik an der Verlotterung von Sprache ohne wirklichen Inhalt sah (und dies schon im Frühjahr 1925; vgl. S. 105f.); von Samuel Butler, dessen Romane *Der Weg allen Fleisches*, publiziert im *Tage-Buch*, 21.12.1929, und *Jenseits der Berge oder Merkwürdige Reise im Land Aipotu* B. ausführlich besprach (vgl. S. 360–368), und dessen *Jenseits der Berge* er als eines der »besten Bücher des Jahres« 1928 empfahl (S. 255); von Hedwig Courths-Mahler (bei B. »Kurzmaler« geschrieben), die B. ironisch als »die große Realistin« (S. 137) bezeichnete, um ihre – als Kitsch – eingestuften Romane gegen die Verlogenheit der bürgerlichen Literatur abzugrenzen; von James Joyce' *Ulysses*, den B. als eines der besten Bücher von 1928 bezeichnet mit der Begründung, »weil er [der Roman] nach Ansicht Döblins die Situation des Romans verändert hat« (S. 255). Belegt ist natürlich u.a. auch B.s Lektüre der zeitgenössischen Stücke-Produktion (von Georg Kaiser über Carl Zuckmayer bis Peter Martin Lampel, dessen Stück *Revolte im Erziehungshaus* 1928/29 Furore machte), und nicht nur deutscher Sprache (z.B. Shaw). Die Schriften zeigen insgesamt B.s gute Kenntnisse der Klassiker, die schon auf die Schulzeit zurückgehen, und zugleich sein Bestreben, die ›moderne‹ Literatur in allen Facetten international zur Kenntnis zu nehmen (meist freilich, um sie zugleich abzulehnen). Wichtig ist auch, dass er die sog. Trivialgenres nicht umging (eher im Gegenteil) und neben Romanen von Courths-Mahler oder Wassermann und Dramen Sudermanns vor allem die Lektüre von Kriminalromanen pflegte. Wenn Franz Werfel Kitsch sei, merkte B. an, müsse er zugeben, dass auch Edgar Wallace Kitsch sei: »Aber das kann mich doch höchstens abhalten, den Werfel zu lesen. Den großen Wallace laß ich mir doch nicht nehmen!« (S. 227)

Von der (angeblichen) Marx-Lektüre schlägt sich in den Schriften des Zeitraums erstaunlich wenig nieder. Abgesehen davon, dass B. Marx provokativ als den ›einzigen Zuschauer seiner Stücke‹ beschrieb: »Denn einen Mann mit solchen Interessen mußten gerade diese Stücke interessieren« (S. 256), und der Lektüre von Otto Rühles Marx-Biografie (vgl. ebd.), wird Marx nur marginal erwähnt. Freilich – wenn auch in geringen Dosierungen und nie schlagwortartig – taucht ab 1925 marxistisches Vokabular wie ›Bourgeoisie‹, ›Proletariat‹, ›Klassenkampf‹ in den Schriften auf, verbunden mit der bis Ende der 20er-Jahre offenbar uneingeschränkt vertretenen Hoffnung, dass Deutschland sozialistisch werden würde (vgl. S. 145). Im Frühjahr oder Sommer 1926 sprach B. im Zusammenhang der Lektüre von Lenin und Marx von »dieser (so kostbaren) Übergangszeit« (S. 143); Ende 1929, fortgeführt durch die Lehrstücke 1930/31, liegen B.s Überlegungen zur sog. ›Großen Pädagogik‹, deren Voraussetzung – weil das Interesse der Allgemeinheit und der Einzelnen weitgehend identisch sein muss – eine klassenlose Gesellschaft ist (vgl. z.B. S. 359, S. 396; *Zu Lehrstück und ›Theorie der Pädagogien‹*, BHB 4). Am Ende des Zeitraums stehen Schriften, deren Datierung auf »um 1932« freilich unsicher ist (vgl. GBA 21, S. 806f.), die sich konkreter – im Hinblick auf ihre Organisation – mit der ›proletarischen Revolution‹ befassen (S. 576–579); hier sind – trotz der Hoffnung, dass die Revolution organisierbar sein würde – deutlich resignative Töne zu hören. Die Gründe sah B. hauptsächlich in der mangelhaften Analyse der herrschenden Gesellschaft und der Stellung des Individuums in ihr, das heißt, dass »ohne kapitalistische Kampfmethoden und auch Praktiken [...] eine Revolution und ein sozialistischer Aufbau nicht zu denken« ist (S. 576). Der Philosoph, der im Zentrum der letzten Überlegungen zu einem möglichen Sozialismus vor der Nazidiktatur steht, ist nicht Marx, sondern bezeichnenderweise Lenin, der zugleich Revolutionär war.

Ab Ende 1930 ist eine deutliche Zunahme von Schriften zu beobachten, die sich allgemeinen, den ›großen‹ Fragestellungen der Philosophie widmen (anhand von Descartes, Kant, Hegel u.a.), was vermutlich damit zusammenhängt, dass B. ab November des Jahrs

Vorträge in der Marxistischen Arbeiterschule (MASCH) besuchte. Dieser Schriften Tendenz ist, die ›großen‹ Fragen als falsch gestellte Fragen zu entlarven und auf die gesellschaftliche Praxis zu verweisen, d.h. »Denken als ein gesellschaftliches Verhalten« (S. 423) bzw. als »eingreifendes Denken« (S. 422) zu definieren (der Begriff ist erstmals 1929 belegt; vgl. S. 331). ›Weltanschauung‹ lehnte B. immer wieder explizit ab, so wenn er um 1929 im Stil der christlichen Gebote formuliert: »Du sollst dir kein Bild von der Welt machen des Bildes willen« (S. 349) oder wenn er um 1930 unter der Frage *Wer braucht eine Weltanschauung?* Weltanschauungen höchstens als »Arbeitshypothesen« (S. 415) gelten lässt, die an der Praxis zu überprüfen sind und auf ihren Nutzen hin befragt werden müssen, ansonsten sind sie »merkwürdig besitzhafte, feste Gefüge von moralischen Maximen, Anschauungsweisen, Verhaltensmethoden« (S. 416). »Weltbildhauer« (nicht -bauer) nannte B. die Ideologen herablassend (S. 349). Und es gilt ein konsequenter Materialismus, der z.B. bei Descartes' berühmtem »Cogito, ergo sum«, das immerhin Ergebnis von Zweifel an allem ist, danach fragt, unter welchen Voraussetzungen ein solcher Satz gesagt werden kann: »So konnte auch ich zweifeln an meiner Existenz, und auch ich konnte mir eine Sicherung derselben nur erhoffen durch ein Denken, und es machte zunächst nichts aus, daß ich unter Existenz etwas ganz Profanes verstand, nämlich das, was der gewöhnliche Mann eben Existenz nennt, nämlich, daß er eine Arbeitsstelle hat, die ihn nährt, kurz, daß er leben kann.« (S. 409) B.s Schrift heißt *Darstellung des Kapitalismus als einer Existenzform, die zu viel Denken und zu viele Tugenden nötig macht.*

Sportpalast und Kriminalroman

Die weitaus meisten Texte des Zeitraums widmen sich Fragen des Theaters (weniger Fragen des Dramas) und der mit ihnen verbundenen Theaterkritik. Das hängt natürlich damit zusammen, dass B. sozusagen im Hauptberuf Stückeschreiber und Dramaturg war (B. hatte von September 1924 bis Juni 1925 eine Dramaturgenstelle am Deutschen Theater). Das hängt aber auch damit zusammen, dass B.s Gedanken immer wieder um den überalterten und gänzlich belanglosen Stand der Theaterkunst kreisen (wobei er, um seine eigene Position durchzusetzen, durchaus übertrieb), ein Stand, der durch die Theater als konservative ›Apparate‹ (vgl. GBA 21, S. 126) eingefroren war. Das heißt: für B.s Stücke gab es (angeblich) keine Theater (vgl. S. 125), die er aber benötigte, um an die Öffentlichkeit zu kommen.

Ein Denkmodell, wie das Theater zu erneuern sei, war für B. der Sport und da insbesondere der Boxsport sowie dessen Publikum (für die Uraufführung der *Hochzeit* ließ B. 1926 in Frankfurt a.M. einen Boxring auf die Bühne bauen): statt Schauspielhaus Sportpalast, was B. u.a. in der im *Berliner Börsen-Courier* (6. 2. 1926) publizierten Schrift *Mehr guten Sport* ausführte: »In den Sportpalästen wissen die Leute, wenn sie ihre Billette einkaufen, genau, was sich begeben wird; und genau das begibt sich dann, wenn sie auf ihren Plätzen sitzen: nämlich, daß trainierte Leute mit feinstem Verantwortungsgefühl, aber doch so, daß man glauben muß, sie machten es hauptsächlich zu ihrem eigenen Spaß, in der ihnen angenehmsten Weise ihre besonderen Kräfte entfalten.« (S. 120) Die möglichen Parallelen, die B. sah, waren: Boxen läuft nach Regeln ab, die den Zuschauern vertraut sind; ein Box-Kampf endet mit einem K.o. (andere Lösungen lehnte B. ab; vgl. Berg, S. 145), hat also einen klaren und zugleich ›harten‹ Ausgang; Boxen ist eine Kunst gut trainierter Leute und wird bei aller Härte als Spiel und damit auch als Spaß nach Reglement vorgeführt; das Publikum ist dabei, aber nicht durch Faszination, sondern auf Grund der Spannung des Geschehens, das ein Ergebnis benötigt; das Publikum beobachtet das Verhalten der Boxer, das ausschlaggebend für den möglichen Erfolg ist, und beurteilt es, immer wissend, dass nicht Wirklichkeit, sondern eingeübtes ›Spiel‹ stattfindet; und schließlich beachtet der Boxsport die Grundregel, die für B.s Theater gilt: »*Ein Theater ohne Kontakt mit dem Publikum ist ein Nonsens*« (GBA 21, S. 121), und zwar deshalb, weil ein Boxkampf ohne ein mitgehendes und beurteilendes Publikum nicht zu denken ist (und in damaligen Zeiten die größten Massenveranstaltungen bildete). Bezeichnend ist, dass B. auch in dieser Zeit stets den Spaß (oder das Vergnügen) im Vordergrund der Produktion sah; wenn das Publikum sehe, dass dem Darsteller sein Spiel Spaß macht, dann mache es auch »*irgend sonst jemandem Spaß*« (ebd.; vgl. Junghanns). »Die Zeitschrift [*Der Querschnitt*, die sich »Magazin für Kunst, Literatur und Boxsport« nannte] propagiert Boxen als Ästhetik, als eigene Kunstform. Der Boxer erscheint als Inbegriff des modernen Mannes: rational, selbstbeherrscht, völlig auf sich gestellt, mutig, stark und erotisch höchst attraktiv. Er ist Kämpfer und Tänzer in einem.« (Berg, S. 138)

Ein zweites Denkmodell ist der Kriminalroman, dessen Kriterien B. ausdrücklich auch für das Drama geltend machte (vgl. GBA 21, S. 130). Einen der einschlägigen Artikel, *Kehren wir zu den Kriminalromanen zurück!*, veröffentlichte B. im März 1926 in der *Literarischen Welt* mit dem Ziel, zu provozieren und sich so weit wie möglich jenseits einer bürgerlichen Kunstauffassung zu situieren. Dieser Aufsatz sagt eigentlich gar nichts Substanzielles zum Genre, sondern macht sich einerseits über die etablierte bürgerliche Literatur (vor allem am Beispiel Thomas Manns) lustig, und belässt es andererseits bei leicht anrüchigen Andeutungen, deren stärkste die ist, dass sich Kriminalromane und damit »sehr gute Literatur« (S. 129) vor allem dem Alkohol und dem Tabak verdanken, wie B. am Beispiel des Schriftsteller-Teams Sven Elvestad und Frank Heller ausführt. Indirekt lässt sich erschließen, dass B. den Kriminalroman für ›männlich‹ hält (dagegen Manns *Buddenbrooks* für ›weiblich‹; vgl. S. 128); dass er ihn schätzt, weil er sich an die Realität hält, dass er Gesetze hat, vernünftig ist und glückliche Zeiten benötigt: »Kriminalromane sind die einzige Gelegenheit, bei der ich gegen Literatur ausfällig werde. Kehren wir zu ihnen zurück!« (S. 130) In einer weiteren Aufzeichnung der Zeit betont B., was auch für sein Schreiben bedeutsam ist, dass Kriminalromane mit einem ›gesunden Schema‹ schreiben (vgl. S. 131): »Das Schema ist der beste innere Widerstand für den Schriftsteller. Er kann nicht ohne ihn auskommen. [...] das Gesündere wird es doch sein, für seinen Stoff in der Form Widerstände zu unterhalten.« (Ebd.) Mit ähnlichen Argumenten hat B. später seine Theatermodelle verteidigt, wie er zugleich auch das Neue aus dem Widerstand gegen das Alte entwickelt sehen wollte.

Apparate

In einer Schrift, welche die GBA um 1929 ansetzt, prägte B. den Neologismus »Apparaterlebnis« (GBA 21, S. 306), was in der B.-Forschung bisher nicht beachtet worden ist. Bezeichnet ist genau besehen ein Oxymoron, insofern der Apparat es ist, der Erlebnis unmöglich macht, denn er ist an die Stelle der Person getreten, die zum Erlebnis notwendig wäre, aber nicht mehr da ist. Gemeint ist das ›Kriegserlebnis‹ des ersten Weltkriegs, das der Materialschlachten, die deshalb so hießen, weil das Material die Menschen schlachtete, die an der Kriegsmaschinerie nur noch Vollzugsorgane waren und zugleich die auserkorenen Opfer eben dieser Maschinerie lieferten. B. bezieht sich auf eine »*schöne* Literatur«, die »das Apparaterlebnis des einzelnen in den Vordergrund« stellt (ebd.) – B. dachte vermutlich an Erich Maria Remarques Erfolgsroman *Im Westen nichts Neues* (1929) und ganz sicher an *Der Streit um den Sergeanten Grischa* (1928) vom ansonsten geschätzten Arnold Zweig, zu dem B. eine ganz den vorliegenden Sinn vertretende Rezension schrieb (GBA 21, S. 248f.) –, und markiert damit die Widersprüche: eine Literatur, die von der größten bisher bekannten Menschenschlächterei handelte, konnte nicht mehr schön sein, eine Literatur, die von der Kriegsmaschinerie handelte, die den Einzelnen auslöschte, konnte nicht mehr von der Persönlichkeit aus, sie in den Vordergrund stellend, schreiben, tat es aber dennoch: »Die stärksten Erleber erlebten Auflagen bis zu einer Million. Sie schilderten, wie schrecklich es war, vier Jahre lang keine Persönlichkeit gewesen zu sein.« (S. 306) »Sie hatten nicht begriffen, daß sie Kapitalisten waren (auch wenn sie persönlich kein Kapital hatten) und daß dies eine große Stunde des Kapitalismus war, seine bisher größte, gewaltigste Kollektivierung, seine konsequenteste, beinahe unpersönliche Leistung! Sie begriffen nicht, daß dies ein gesellschaftliches, nicht ein innermenschliches Phänomen war. Sie sahen die Verneinung der Person durch den Krieg und lehnten den Krieg also ab. Aber der Krieg war eine Realität, und die Person war verschwunden.« (S. 306f.)

Mit diesen Widersprüchen sind die Leitthemen der Schriften der Zeit bezeichnet, die sind: Erstens, dass der Kapitalismus Verhältnisse geschaffen hatte, die seiner Ideologie diametral widersprachen, in diesem Fall die unmenschliche ›Kollektivierung‹ im ›Menschenmaterial‹ des ersten Weltkriegs, das allem bürgerlichem Individualismus endgültig Hohn sprach und der dennoch weiterhin gepflegt wurde. »Verdun und Arras mußte die bisherige, die bürgerliche Literatur treffen wie ein Schock. Denn sie war ja gewohnt, auf das Individuum, auf sein beispielhaftes Leiden und Handeln zu schauen. Individualisierung war ihre Absicht. Was aber jetzt, durch den langen Hebel der Technik, dem Menschen zugefügt werden konnte, in welchem Ausmaß und mit wie wenig Aufwand an Gewissen, schien die moralischen Kategorien von Schuld und Sühne und damit die noch immer geglaubte Autonomie des Individuums zu zerstören.« (Baumgart, S. 12f.)

Zweitens, dass diese, wie auch alle anderen Apparate, nicht einfach ›bedient‹ werden durften, indem man ihnen die Arbeit auslieferte; denn die Apparate machten dann daraus, was sie wollten, nicht, was die Belieferer wollten. Es ging also darum, dass die Apparate ihren wirklichen Benutzern (sprich im Vokabular der Zeit: dem Proletariat) ausgeliefert wurden, was wiederum voraussetzte, dass die gesellschaftlichen Verhältnisse revolutioniert werden mussten (dass B. hier in seinen Einschätzungen offenbar ganz schief lag, lag weniger an B., als daran, dass wenige so weit gedacht hatten wie B.; die sich stattdessen etablierende Nazibarbarei kann wohl keine Entschuldigung dafür sein, dass ›es nicht so kam‹, wie B. es einschätzte).

Drittens, dass die Entmachtung des Individuums ein irreversibler Prozess ist, der es notwendig macht, das Individuum, dessen Existenz deshalb ja nicht geleugnet wird, und Individualität neu zu bestimmen.

Zu Erstens. B. wies immer wieder darauf hin, dass die kapitalistischen Gesellschaften keine zur Naturwissenschaft analoge Gesellschaftswissenschaft entwickelt hatten, die realistische Kenntnisse ermöglichte: »die ›Verhältnisse‹ selber machen eine gründliche, wirklich wissenschaftliche, also in ihren Resultaten nicht vorausbestimmbare Betrachtung der Verhältnisse, die der Mensch mit dem Menschen eingeht, zur nackten Unmöglichkeit« (GBA 21, S. 321). Dadurch wurden die wichtigsten Entwicklungen des Kapitalismus nicht erkannt, nämlich dass er mit seiner rapiden Technifizierung aller Bereiche (auch der Kunst) einer umfassenden Kollektivierung Vorschub leistete, die nichts und niemanden mehr ausnahm. Diese Entwicklung ist nicht nur zu erkennen, sondern auch als real anzuerkennen; dies wiederum ist die Voraussetzung möglicher Veränderungen, die auch diese Entwicklungen für sich nutzen werden, also sich die Apparate und Instrumente der Gegner zu eigenen Zwecken aneignen. In diesem Sinn hat B. z.B. die Neue Sachlichkeit als ›fortschrittlich‹ begrüßt (vgl. S. 352–356) oder den Behaviorismus als »eine aktive Psychologie, fortschrittlich und revolutionierend katexochen« (S. 478) gerühmt, weshalb er ihnen aber nicht leichthin als Anhänger zugeschlagen werden kann, wie es die frühere B.-Forschung getan hat (vgl. Knopf 1974, S. 80–90).

Zu Zweitens. B. insistiert darauf, dass die Apparate, die Produktionsmittel, den wirklichen Produzenten auszuhändigen sind, und verweist darauf, dass es durchaus keine Unterschiede gibt, ob es sich dabei um ein Theater oder um die Standard Oil handelt: »Die Standard Oil konnte durch Herrn Rockefeller aufgebaut werden, aber sie kann durch ihn nicht zu einem gemeinnützigen Unternehmen umgebaut werden, ohne daß sie ruiniert wird, das heißt also: sie kann *nicht* umgebaut werden. Der Schrei nach einem neuen Theater ist der Schrei nach einer neuen Gesellschaftsordnung.« (GBA 21, S. 238) B. schrieb dies 1928. In immer neuen Anläufen, denn die meisten Notizen waren nicht zur Publikation vorgesehen, machte sich B. selbst klar, dass es, angesichts der allgemeinen Verrottung des Theaters – das zugleich für alle kapitalistischen Apparate stand –, keine Hoffnung gab, es ›von innen‹ umzufunktionieren: »Die Gesamtheit des Theaters muß umgestaltet werden, nicht nur der Text oder der Schauspieler oder selbst die ganze Bühnenaufführung – auch der Zuschauer wird einbezogen, seine Haltung muß geändert werden.« (S. 440) Dies aber war nur unter geänderten gesellschaftlichen Verhältnissen möglich. B.s Warnung galt demnach den ›Kopfarbeitern‹ (vgl. S. 333), die sich ›frei‹ wähnten und dabei vergaßen, dass sie auf die Produktionsmittel, die sie ja selbst (in der Regel) nicht haben, angewiesen sind, und dass diese Produktionsmittel mit ihren ›freien Geistesprodukten‹ machten, was sie wollten, und eben gerade nicht, was die Autoren wollten. B.s künstlerischer Ausweg aus dem Dilemma – in nicht revolutionären Zeiten – war, entweder die Apparate zu meiden (wie ansatzweise und theoretisch mit den Lehrstücken) oder zu provozieren (wie z.T. sehr erfolgreich mit der Oper – hier *Mahagonny* – oder mit aufreizenden Inszenierungen): »In einer nicht revolutionären Situation tritt er [der revolutionäre Intellekt] als Radikalismus auf. Jeder Partei gegenüber, auch einer radikalen, wirkt er, wenigstens solang es ihm nicht gelingt, eine eigene Partei zu gründen, oder solang er gezwungen ist, seine Partei zu liquidieren, anarchistisch.« (S. 340)

Zu Drittens. Nach Marx (und nach den Realitäten) bestimmte B. den Menschen als Wesen, das »nicht vorstellbar [ist] ohne menschliche Gesellschaft« (S. 401). Er verweist dabei auch auf die Sprache, die in der Gesellschaft entsteht und nicht subjektiv, sondern intersubjektiv ist. Hinzu kommt, dass sich das Individuum in einem Prozess befindet (der nicht unbedingt als ›Entwicklungsprozess‹ zu verstehen ist, aber von Hegel, dem Begründer der Dialektik, so verstanden wurde), ein Prozess, der prinzipiell erst mit dem Tod abgeschlossen wird und daher ›im Leben‹ notwendig unabgeschlossen bleibt (»Neu beginnen / Kannst du mit dem letzten Atemzug«; GBA 15, S. 117), das heißt, dass ›der Mensch‹, wie B. es später im *Dreigroschenroman* formuliert, wird er als ›Charakter‹ zu einem bestimmten Zeitpunkt fixiert, immer nur ein »Vorschlag« (GBA 16, S. 273) ist, der sich später jederzeit als ein ›Anderer‹ entpuppen kann.

Dies lässt sich am besten verdeutlichen an den Differenzen der ausufernden Charakterzeichnungen Thomas Manns und B.s Figurendarstellung in seinen Geschichten und Romanen. Obwohl z.B. in Thomas Manns *Joseph und seine Brüder* der Erzähler eigentlich in Eile sein sollte, weil nämlich Rebekka die Nachricht zu überbringen ist, dass Isaak seinen Sohn Esau segnen möchte und Rebekka dafür sorgen muss, dass Jaakob ihm zuvorkommt, lässt sich der Erzähler – während der Magd, die rennend die Nachricht überbringt, die »Brüste hüpften« (Mann, S. 150) – fast eine gute halbe Seite Zeit, Rebekka, die bisher noch nicht angemessen gewürdigt worden ist, ausführlich – von oben bis unten – zu beschreiben und zu charakterisieren, ehe die Handlung fortgehen kann (S. 151). Manns Schilderungen von Menschen, so witzig sie auch häufig sind (z.B. die von Permaneder in den *Buddenbrooks*), bleiben statisch und sind dazu da, die Menschen auf bestimmtes Aussehen und bestimmte Eigenschaften zu fixieren. B. dagegen greift sich z.B. in den *Geschäften des Herrn Julius Caesar* bei der Beschreibung Spicers nur ganz wenige Details heraus, die bei späteren Auftritten der Figur wieder genannt werden, damit die Figur an ihnen erkennbar wird (»lange Kinnlade«; GBA 17, S. 174). Weiterhin liegt eine entscheidende Differenz zwischen B. und Thomas Mann hierin: Während bei Letzterem – wiederum sei beispielhaft auf die *Josephs*-Romane verwiesen – die ausufernden

Gespräche (zwischen Jaakob und Joseph zu Beginn bis zur Erkennungsszene mit den Brüdern oder Jaakobs Abrechnung mit seinen Söhnen auf dem Sterbebett) wenig Erzähltext aufweisen, Mann also auf das Gespräch und seinen ›Geist‹ selbst setzt, sorgt B. dafür, dass die Gespräche (wie im Film) stets von Handlungen begleitet sind, so etwa das ständige Feigenkauen Spicers und dessen (widerliches) Zähnesäubern, was den Ich-Erzähler ablenkt, für die Leser jedoch dafür sorgt, dass sie die Figuren in Handlungszusammenhängen (›pragmatisch‹) wahrnehmen (vgl. GBA 17, S. 193). Die Differenz ließe sich begrifflich auch als ›geistig‹ bzw. ›idealistisch‹ bei Thomas Mann und ›materialistisch‹ bei B. erfassen.

Hinzu kommt, dass der Prozess der Person nicht auf sie selbst und ihre Möglichkeiten begrenzt ist, sondern stets im Kontext mit anderen Menschen bzw. von äußeren Begebenheiten und Verhältnissen steht: »›Ich‹ bin keine Person. Ich entstehe jeden Moment, bleibe keinen. Ich entstehe in der Form einer Antwort. In mir ist permanent, was auf solches antwortet, was permanent bleibt.« (S. 404) Von daher ist es nötig, das Individuum im »Massenhaften« (S. 359) zu suchen. »Unser Massebegriff ist vom Individuum her gefaßt. Die Masse ist so ein Kompositum; ihre Teilbarkeit ist kein Hauptmerkmal mehr, sie wird aus einem Dividuum mehr und mehr selber ein Individuum. Zum Begriff ›einzelner‹ kommt man von dieser Masse her nicht durch Teilung, sondern durch Einteilung. Und am einzelnen ist gerade seine Teilbarkeit zu betonen (als Zugehörigkeit zu mehreren Kollektiven).« (Ebd.) B. spielt mit dem Begriff des ›Individuellen‹, das Unteilbarkeit bedeutet und traditionell die geschlossene, als Einheit gedachte Persönlichkeit bezeichnete. Spätestens die modernen Industriegesellschaften haben aber für die Teilung des Menschen gesorgt (Arbeitsteilung, Verkehrslenkung, Kulturindustrie etc.), sodass das Individuelle am Menschen erst dann bestimmbar wird, wenn vorher erkannt ist, was alles ›gesellschaftlich‹ an ihm ist. Es sei auf die auch von B. immer wieder bemühte Parallele zur Heisenberg-'schen Unschärferelation verwiesen, die nicht mehr Aussagen über einzelne Teilchen macht und machen kann, dagegen aber erfolgreich Massenverhalten bestimmen kann (die dazu benötigte Wahrscheinlichkeitsrechnung wird z.B. in der Demoskopie bis heute erfolgreich angewendet; vgl. *Die Prosa. Einführung*, BHB 3, S. 18f.).

Technifizierung

Bereits im Frühjahr 1925 formulierte B. eine These, welche die im *Dreigroschenprozeß* grundsätzlich formulierten Ausführungen über die Technifizierung der Literatur vorwegnahmen. Bei Gelegenheit einer Buchrezension für den *Berliner Börsen-Courier* (publiziert am 5. 5. 1925) stellte B. anhand von Louis Stevensons Romanen fest, dass die »filmische Optik auf diesem Kontinent [Amerika] vor dem Film da war. Nicht nur aus diesem Grunde ist es lächerlich, zu behaupten, daß die Technik durch den Film eine neue Optik in die Literatur gebracht hat. *Rein sprachlich gesehen hat die Umgruppierung nach dem optischen Gesichtspunkt hin in Europa schon lange begonnen*« (GBA 21, S. 107), und zwar durch eine Anglisierung der deutschen Sprache. B.s These ist insofern von großem Belang, als die Diskussion Technik/Literatur entweder zum Urteil führte, die Literatur habe mit der technischen Entwicklung nicht Schritt gehalten (zur Diskussion vgl. Segeberg, S. 1–10), oder nur Fragen gestellt wurden, ob Technisches in der Literatur vorkomme (was teilweise noch in der aktuellen Medienästhetik der Fall ist), oder ob mediale Verfahren ›nachgeahmt‹ bzw. eigens thematisiert würden. B.s These dagegen legt den Akzent auf die sprachlichen Veränderungen, die ›filmisch‹ (optisch) vorgehen (Vonaußensehen), ohne dass das ›neue Sehen‹ bereits technisch realisierbar ist; das heißt, dass die Literatur sprachlich vorwegnimmt und ästhetisch zur Anschauung bringt, was noch unsichtbar ist, weil die Technik noch fehlt (z.B. wendete Goethe in seiner *Meta-*

morphose der Pflanzen ein Vorstellungsbild an, das den Werdensprozess der Pflanze in einem filmischen Zeitraffer zur Anschauung bringt). Hieraus erklärt sich B.s Abneigung, Technisches (also z.B. Medien) auf die Bühne zu bringen, weil dies im Grund ein naturalistisches Verfahren ist, das die Medien mit ihrer Technik nur ausstellt. Vielmehr galt es, die Literatur, die Kunst so zu verändern, dass sie ohne ›fremde‹ Mittel und auf ihre Weise alles konnte, was dem jeweiligen Stand der Wissenschaften entsprach und dann auch technisch möglich würde. Denn es geht für B. in der Kunst um die Sichtbarmachung, wie er es später im *Dreigroschenprozeß* ausführte, der ›in die Funktionale gerutschten eigentlichen Realität‹ (vgl. GBA 21, S. 469); das heißt, die Kunst trägt mit ihren spezifisch ästhetischen Mitteln dazu bei, die unsichtbaren Funktionsgesetze der Gesellschaft sichtbar zu machen. Dem entspricht, dass B. immer darauf beharrte, die Realität als widersprüchlichen Prozess zu erfassen und die Dialektik als »eine Denkmethode oder vielmehr eine zusammenhängende Folge intelligibler Methoden [zu verstehen und anzuwenden], welche es gestattet, gewisse starre Vorstellungen aufzulösen und gegen die herrschenden Ideologien die Praxis geltend zu machen« (S. 519). Das ist alles weit weg von ›Weltanschauung‹ oder traditionellem ›Marxismus‹, der ohnehin wenig mit Marx zu tun hat. Wie bereits Hegel die Dialektik als ›Bewegung der Sache selbst‹ (vgl. Adorno, S. 203) sah, definierte B. sie als »die [prozessuale] Eigenschaft der Natur« (GBA 21, S. 519); der Film mit seinen ›laufenden‹ Bildern ist dazu nur das technische Pendant.

Süffisanz

Die Schriften der 20er-Jahre zeichnen sich dadurch aus, dass sie einen süffisanten bis frechen Ton ausbilden, mit dem B. nicht nur seinen Standpunkt jenseits der Konventionen verankerte, sondern auch den satirischen Stil einübte. Die ästhetischen Kategorien wurden bewusst verlagert, so wenn B., der sich mehrfach geradezu enthusiastisch über George Bernard Shaw äußerte, diesen als ›guten Mann‹ titulierte, als sei ein Boxer zu charakterisieren, und dessen Schreiben, das einfach aus Spaß geschehe, in erster Linie der ›geistigen und körperlichen Gesundheit‹ dienend qualifizierte (vgl. S. 152): »Es ist vielleicht nicht dionysisch berauschend, seine Schriften zu lesen, aber es ist unleugbar außerordentlich gesund.« (Ebd.) Oder B. amüsierte sich über seine »krankhafte Neigung«, im Theater gerade »*an unpassenden Stellen* zu lachen«, eine Neigung, die »einem metaphysischen Bedürfnis, sich selbst mitunter als *intelligenter Mensch* vorzukommen«, entspreche (S. 155). Die scheinbar mit tiefem Ernst gestellte Frage, was alles im Jahr 1900 war – man müsse »drei bis vier Jahre Germanistik studieren«, »die Lehre davon, wo's steht«, »um dergleichen herauszubringen« (S. 165) –, beantwortete B. drei Seiten später damit, dass nichts war: »Sie wissen, was für Folgen es hat, wenn nichts vorfällt. Ganze Literaturen entstehen dadurch.« (S. 167) Oder er nannte Alfred Kerrs (berühmt-berüchtigte) Kritiken »durch einstellige Zahlen leuchtend gegliederte Kritikdichtungen« (S. 174), weil für Kerr die Kunst Anderer nur Anlass sei »für die Entstehung seiner eigenen Kunstwerke«, die er »verteufelt ernst« nehme (S. 173). Der Zusammenhang zwischen ihm und Kerr sei überdies ein »äußerst vager«: »Er besteht hauptsächlich darin, daß man ihm anläßlich meiner und anderer Werke gestattet, seine Ansichten über eine Reihe von Gegenständen zu äußern, die mit diesen Werken selbst in keinerlei erkennbarem Zusammenhang stehen.« (S. 172)

Ansichten interessierten B. ohnehin nicht, weil sie, wie er in einer kurzen Notiz vom Sommer 1926 ausführte, »trügen«: »Die Ansichten der Bourgeoisie z.B. ergeben keinerlei Schlüsse auf die Bourgeoisie selber. Ein großer Teil der Bourgeoisie hält z.B. bloßen Gelderwerb für schmutzig, aber tut nichts sonst.« (S. 146) Es ist erstaunlich, wie lange es der traditionellen B.-Forschung gelang (und zum Teil noch heute; vgl. Fuegi, S. 241–324), B.s

20er-Jahre als die Zeit der Konversion zum Marxismus bzw. die Zeit des Vulgärmarxismus ideologisch festzuschreiben (vgl. Knopf, S. 80–90). B.s Schriften besagen das genaue Gegenteil. Er hat zwar ab 1926, wie er ausdrücklich festhält, Lenins *Staat und Revolution* sowie Marx' *Kapital* gelesen (GBA 21, S. 143) und begonnen, ›marxistisches‹ Vokabular (aber sehr gemäßigt) zu benutzen, ›Weltanschauungen‹ aber lehnte er entschieden ab. Über den ›Erfolg‹ seiner Lektüre von Lenin und Marx (wie immer ausgiebig sie war), durch die er begriffen habe, »wo ich, philosophisch, stand« (ebd.), hielt er fest: »Ich will nicht sagen, daß ich *gegen* diese Bücher reagierte, dies schiene mir höchst unrichtig. Ich glaube nur, daß ich hier, in *diesen* Gegensätzen, mich zu Hause fühlte. Mehr als den ›Standpunkt‹ einzunehmen, daß *hier* die fruchtbaren Gegensätze liegen, ist meiner Meinung nach der *Kunst* dieser (so kostbaren) Übergangszeit nicht gestattet.« (Ebd.) Es ging B. nicht um die Übernahme von Ansichten, sondern um die Sondierung von Widersprüchlichkeiten, die den Kern jeder Dialektik ausmachen; und es ging B. um die Kunst (die stets im Zentrum bleibt), die er auch in diesen Jahren hauptsächlich über Spaß definierte: Mit ihm, dem Spaß, würde auf ›terroristische‹ Weise (vgl. S. 150) »Unordnung« (S. 151) und »Chaos« (S. 168) produziert.

Überdies zeichnen sich B.s Schriften dadurch aus, dass sie neben der durchgängigen Materialisierung ›geistiger‹ Sachverhalte ein oft überraschendes Gegen-den-Strich-Denken bzw. ein Vom-Kopf-auf-die-Füße-Denken praktizieren, wodurch witzig-ironische Pointen erzielt und gängige Wertvorstellungen unterminiert werden. So stellte B. anhand der Lektüre der *Bekenntnisse* des Augustinus im Mai 1928 fest, dass die Religion »zweifellos das Tierische in uns« (S. 247) sei; denn das »Gebot der Keuschheit« (ebd.) entspreche der natürlichen sexuellen Schonzeit der Tiere. Zensur, die in der Weimarer Republik immer wieder ausgeübt wurde und in einigen Fällen auch B. heimsuchte, sei schon deshalb notwendig, weil, wie B. 1929 feststellte, in den Liebesgeschichten alles ausgemerzt werden müsse, »was die Geschlechtlichkeit herabsetzt und zur Enthaltsamkeit aufreizt« (S. 322); schließlich könnten die »Bücher in die Hand unserer Jugend fallen« (ebd.). In die Diskussion um den Abtreibungsparagrafen 218, die 1929/30 wieder heftiger geführt und auch etwa von Friedrich Wolf mit seinem Stück *Cyankali* (1929) literarisch bearbeitet wurde, griff B. mit der kurzen Bemerkung ein, dass sich der Staat ein Monopol darauf sichere, »unsere Nachkommen am Leben zu verhindern« (S. 373), weil er sich vorbehalte, »selber abzutreiben, und zwar erwachsene, arbeitsfähige Menschen« (ebd.).

Literatur:

Adorno, Theodor W.: Negative Dialektik. Frankfurt a.M. 1966. – Baumgart, Reinhard: Literatur für Zeitgenossen. Essays. Frankfurt a.M. 1966. – Berg, Günter (Hg.): Der Kinnhaken und andere Box- und Sportgeschichten. Frankfurt a.M. 1995. – Fuegi, John: Brecht & Co. Biographie. Autorisierte erweiterte und berichtigte deutsche Fassung von Sebstian Wohlfeil. Hamburg 1997. – Hauptmann, Elisabeth: Julia ohne Romeo. Geschichten, Stücke, Aufsätze, Erinnerungen. Hg. v. Rosemarie Eggert und Rosemarie Hill. Berlin 1977. – Hecht. – Jameson, Fredric: Lust und Schrecken der unaufhörlichen Verwandlung aller Dinge. Brecht und die Zukunft. Hamburg 1999. – Junghanns, Wolf-Dietrich: Öffentlichkeiten: Boxen, Theater und Politik. Theater der Zeit. In: BrechtYb. 23 (1998), S. 56–59. – Kebir, Sabine: Ich fragte nicht nach meinem Anteil. Elisabeth Hauptmanns Arbeit mit Bertolt Brecht. Berlin 1997. – Knopf, Jan: Bertolt Brecht. Ein kritischer Forschungsbericht. Fragwürdiges in der Brecht-Forschung. Frankfurt a.M. 1974. – Mann, Thomas: Joseph und seine Brüder. Frankfurt a.M. 1964. – Mueller, Roswitha: Bertolt Brecht and the Theory of the Media. Lincoln, London 1989. – Ritter, Hans Martin: Das gestische Prinzip bei Bertolt Brecht. Köln 1986. – Segeberg, Harro: Literatur im technischen Zeitalter. Von der Frühzeit der deutschen Aufklärung bis zum Beginn des Ersten Weltkriegs. Darmstadt 1997. – Wright, Elizabeth: Postmodern Brecht: A Re-Presentation. London, New York 1986.

Jan Knopf

Zum Theater

Die Schriften und Notate zum Theater aus den Jahren 1924 bis 1933 sind von grundlegender Bedeutung. B. entwickelte in dieser Zeit Prinzipien einer Theaterästhetik und Dramaturgie, die seinen persönlichen Beitrag zur Theatergeschichte im 20. Jh. begründeten. Nur einige der Schriften wurden damals publiziert, ein erheblicher Teil blieb Fragment oder war von vornherein nicht für die Öffentlichkeit bestimmt. Da auch nach Vorliegen der GBA für die Schriften dieses Zeitraums noch zahlreiche ungelöste editorische Probleme existieren (unentdeckte Drucke, ungesicherte Datierungen, unbekannte Quellen, ungeklärte Bezüge und Kontexte), hat ihre Darstellung zwangsläufig provisorischen Charakter.

Theater in der Krise

Nach heutigem Kenntnisstand hatte B. seit den Augsburger Theaterkritiken (Oktober 1919 bis Januar 1921) mit Ausnahme des kleinen, aber gewichtigen Beitrags *[Die Alten und die Jungen]* vom Dezember 1922 (GBA Registerband, S. 739; vgl. *Wenn der Vater mit dem Sohne mit dem Uhu ...*, BHB 4) und einer Notiz über Karl Valentin vom Oktober 1923 (GBA 21, S. 102) nichts mehr zum Thema publiziert. Inzwischen waren seine frühen Stücke *Trommeln*, *Dickicht* und *Baal*, auch die Marlowe-Bearbeitung *Leben Eduards* zur Aufführung gelangt. Die Verleihung des Kleist-Preises durch Herbert Ihering im November 1922 hatte die Aufmerksamkeit der Theaterwelt auf B. gelenkt. Er gehörte nun zu den jungen Autoren, von denen man etwas erwartete, deren Auffassungen über aktuelle Fragen des Theaters in der Öffentlichkeit Interesse fanden. Erste Notierungen und vereinzelte Publikationen der Jahre 1924/25, ausnahmslos Beiträge zu den damals beliebten Umfragen in Zeitschriften und Tageszeitungen, zeigen eine überaus kritische Einstellung zum existierenden Theater.

In der Stabilisierungsphase der Weimarer Republik trat die Krise des Theaters offen zutage. Sie hatte politisch-soziale wie geistig-intellektuelle Ursachen. Die schwierige ökonomische Situation, der inflationsbedingte Zuschauerschwund, Veränderungen in der Publikumsstruktur und in der Erwartungshaltung der Zuschauer waren die eine Seite des Problems. Während zahlreiche Privattheater dem hektischen Unterhaltungsbedürfnis der neuen Zuschauerschichten entgegenkamen, waren Häuser, die am kulturellen Auftrag festhielten, in hohem Maß von der Krise im Selbstverständnis der Künste betroffen. Die revolutionäre Bewegung der Nachkriegsjahre war zerschlagen, in Kreisen der linken Intelligenz hatte eine tiefe Ernüchterung Platz gegriffen. Das expressionistische Drama war obsolet. In einer Zeit explosionsartigen wirtschaftlichen Wachstums und eines sich entwickelnden ›sachlichen‹ Lebensgefühls und Lebensstils wirkte das idealistische Menschheitspathos expressionistischer Stücke hohl, ihre Sprache unnatürlich.

B. war damals noch weit entfernt von einer Theorie des Theaters. In einem Beitrag vom September 1925 in der Zeitschrift *Zwischenakt*, die Probleme und Möglichkeiten des aktuellen Theaters zur Diskussion gestellt hatte, zog er sich – wie mehrfach in diesen Jahren – mit paradox-ironischen Bemerkungen aus der Affäre. Die Probleme des Theaters könnten »mit Leichtigkeit gelöst werden [...]. Da es um nichts schad ist, was, um die Probleme zu lösen, über Bord geworfen werden müßte, und es vollkommen gleichgültig ist, was durch die glücklich erfolgte Lösung erreicht werden wird«, werde er sich seine Hoffnung, »daß die Probleme zur absoluten Zufriedenheit des Publikums sicher schon diesen Winter gelöst sein werden«, durch nichts rauben lassen (GBA 21, S. 110). Ähnlich ausweichend reagierte B. Anfang Dezember 1925 auf die Umfrage der *BZ am Mittag*: *Welche Stoffe liefert die Gegenwart dem Dramatiker?* (S. 113) Die Öffentlichkeit werde eher durch diese Umfrage als durch Aufführungen moderner Stücke »etwas über unsere Stoffe« erfahren, da diese sogar in hochqualifizierten Realisierungen nicht mehr identifizierbar seien. Diesen Vorwurf wurde B. nicht müde zu wiederholen: Die konventionelle Spielweise der Theater verfälschte die modernen Stücke bis zur Unkenntlichkeit. Die »unwiderstehliche Komik des Anblicks, den ein Mann bietet, der auf einem Bauplatz seinen Musterkoffer mit Komfort auspackt«, hindere B. daran, sich zu der »ungeheuer berechtigten und gewiß Interessantes zutage fördernden Rundfrage präzise zu äußern« (ebd.). Mit anderen Worten: Es hat keinen Sinn, über Details zu diskutieren, solange die grundlegenden Fragen unbeantwortet sind. Für B. war das zu diesem Zeitpunkt primär eine ästhetische Aufgabe. Der Zerfall des Theaters habe zwar politische Ursachen, notierte er 1924; dennoch müsse es »seine Revolution auf rein ästhetischem Boden auskämpfen« (S. 104).

Die Situation habe sich in den letzten fünf Jahren »doch gebessert«, heißt es an anderer Stelle (*Über den »Untergang des Theaters«*; S. 114). Damals gab es einen pompösen Ausverkauf mit fünf bis sechs Stilen; das Publikum »hielt alle Wendungen für Richtungen, fühlte viel, begriff wenig und zahlte alles«; vom Bestehen einer Weltkatastrophe war am Theater nichts bekannt. Etwa »zur Zeit der Sanierung und verschärften Reaktion« sprach es sich langsam herum, »daß alles auf dem Theater leider Pofel sei« (ebd.). In der Fixierung der geschichtlichen Zäsur liegt der ernste Kern der durchweg ironischen Notiz. Zwar habe das Theater Spitzenleistungen, unübertreffliche Schauspieler, herrliche und neue Stücke, aber »es lohne sich nicht mehr, deswegen hinzugehen. Ungefähr zu der Zeit, wo die Droschkenführer fanden, die Beförderung von Menschen sei kein Geschäft mehr, fanden die Theaterleute, mit dem Theater sei es aus.« (Ebd.) B.s Auffassung war dies nicht, Theater war nach wie vor erforderlich. Allerdings hatte es sich zu weit von den aktuellen Realitäten entfernt.

Mit seiner Kritik stand B. nicht allein, die Krisenhaftigkeit des Theaterbetriebs war ein Lieblingsthema des Feuilletons. Doch die Vorschläge, die er seit 1925/26 zu entwickeln begann, zeigen eine durchaus persönliche Handschrift. Der Ansatz einer Funktionsbestimmung aktueller Dramatik findet sich in dem Notat *Über den Zweck des Theaters*. »Die brauchbaren Dramen dieser Zeit«, heißt es da, kommen »aus dem Erstaunen ihrer Schreiber über die Vorgänge des Lebens. Die Lust, etwas Ordnung in sie zu bringen, Vorbilder und einige Tradition im Überwinden von Schwierigkeiten zu machen, ergibt die Dramen einer Zeit, die vom Einzug der Menschheit in die großen Städte erfüllt wird.« (S. 113) Das »Erstaunen« und die »Lust, etwas Ordnung« in die staunenswerten Vorgänge zu bringen und Problemlösungen zu etablieren: Im Ansatz zeichnen sich hier Aspekte der späteren Theatertheorie ab.

Mehr guten Sport

Der erste publizierte Text, der konkrete Ansprüche an das Theater formuliert, ist betitelt *An den Herrn im Parkett*. Es war B.s Beitrag zur Umfrage des *Berliner Börsen-Couriers* vom 25. 12. 1925: »Was, glauben Sie, verlangt Ihr Publikum von Ihnen?« (GBA 21, S. 635) In dieser Zeitung, deren Theaterkritiker Ihering war, erschienen in der Folge eine Reihe wichtiger Beiträge B.s zum Thema. Der Text vom Dezember 1925 formuliert das Angebot, das B. dem Publikum machen wollte, und die Erwartungs- und Rezeptionshaltung, die er beim Zuschauer voraussetzte. »Ich denke mir, *Sie wollen für Ihr Geld bei mir etwas vom Leben sehen. Sie wollen die Menschen dieses Jahrhunderts in Sicht kriegen, hauptsächlich seiner [sic] Phänomene, deren Maßregeln gegen ihre Nebenmenschen, ihre Aussprüche in den Stunden der Gefahr, ihre Ansichten und ihre Späße. Sie wollen teilnehmen an ihrem Aufstieg, und Sie wollen Ihren Profit haben von ihrem Untergang. Und natürlich wollen Sie auch guten Sport haben.« (S. 117) Die Rolle der Zuschauer wäre keine nur passiv-rezeptive: »Als *Menschen dieser Zeit* haben Sie das Bedürfnis, Ihre Kombinationsgabe spielen zu lassen, und sind steif und fest gesonnen, Ihr Organisationstalent gegenüber dem Leben, nicht minder auch meinem Bild davon, Triumphe feiern zu lassen. [...] Sie wollen ruhig unten sitzen und Ihr Urteil über die Welt abgeben sowie Ihre Menschenkenntnis dadurch kontrollieren, daß Sie auf diesen oder jenen der Leute oben setzten.« (Ebd.)

›Guter Sport‹ war das Stichwort, unter dem B. eine Zeitlang Möglichkeiten einer aktuellen Theaterpraxis diskutierte. Seine Sportbegeisterung, die Faszination, die der Boxsport damals auf ihn ausübte, ist bekannt. Die großen Sportarenen, die nach amerikanischem Vorbild in deutschen Großstädten entstanden, zogen die Massen an. Der Vorteil der Sportveranstaltung gegenüber dem Theater bestand darin, dass es die Veranstalter mit präzisen Erwartungen und einem interessierten sowie sachkundigen Publikum zu tun hatten, das »auf Grund einer gesunden Regelung von Angebot und Nachfrage« (S. 120) auch auf seine Kosten kam. Das Funktionieren des Systems erwies sich im ›Spaß‹, den Agierende wie Zuschauer empfanden. Der Sportpalast bestärkte B. in der Überzeugung, dass es ein Publikum gab, das »jung genug« war »für ein scharfes und naives Theater« (S. 134). Die Sportveranstaltung bot sich als Modell für ein neues Theater an.

Mehr guten Sport forderte B. in einem weiteren Beitrag im *Berliner Börsen-Courier* (6. 2. 1926). Das Theater habe den Kontakt zur Realität und zu den neuen, vor allem den jüngeren Zuschauerschichten verloren. Ein Theater aber »*ohne Kontakt mit dem Publikum ist ein Nonsens*« (S. 121). Das Theater bediente weder konkrete Erwartungen (»Appetite«), noch nahm es vitale Interessen irgendwelcher Art wahr. Es hatte keinen ›Gebrauchswert‹ mehr. Seine Krise zeigte sich im Missvergnügen beiderseits der Rampe: »es ist hier auf keine Weise *Spaß* herauszuholen. Es geht hier kein Wind, in kein Segel. Es gibt hier keinen ›guten Sport‹.« (Ebd.) Gegen den üblichen Krampf, den die Theater boten, setzte B. die Kriterien »Eleganz, Leichtigkeit, Trockenheit, Gegenständlichkeit« (S. 122). George Bernard Shaw habe bewiesen, »daß wirklich wichtigen Erscheinungen gegenüber nur eine *lässige* (schnoddrige) Haltung die richtige ist, da sie allein eine wirkliche Aufmerksamkeit und völ-

lige Konzentration ermöglicht« (*Ovation für Shaw, Berliner Börsen-Courier*, 25. 7. 1926; GBA 21, S. 150). Shaw »macht ausgiebigen Gebrauch von dieser Naivität. Er gibt dem Theater Spaß, soviel es verträgt. Und es verträgt *sehr* viel.« (Ebd.) Auf den anvisierten Kontakt zwischen Bühne und Zuschauer zielte auch B.s Vorschlag, den Ausschank von Getränken und das Rauchen im Theater zu gestatten: »Es ist dem Schauspieler nach meiner Meinung gänzlich unmöglich, dem rauchenden Mann im Parkett ein unnatürliches, krampfhaftes und veraltetes Theater vorzumachen.« (S. 135) Im Übrigen war B. überzeugt, »daß es eine solche Menge von Stoffen, die sehenswert, Typen, die der Bewunderung würdig sind, und Erkenntnissen, die zu erfahren sich lohnt, gibt, daß man, wenn nur ein guter Sportgeist anhebt, Theater bauen müßte, wenn nicht welche da wären« (S. 122).

Die Grenzen der Übertragbarkeit des Modells ›Sportarena‹ auf das Theater wurden B. bald deutlich. Seine Ablösung scheint allerdings nicht über die Einsicht in Funktionszusammenhänge sportlicher Großveranstaltungen geschehen zu sein. Das Ausmaß und die Konsequenzen ihrer Kommerzialisierung und die Kompensations- und Ablenkungsfunktion des Sensationellen hat B. zunächst nicht wahrgenommen. Beides hätte seine Hoffnung auf das Sportpublikum dämpfen müssen. Gleichwohl war der Zuschauer sinnvoller Ansatzpunkt der Reflexion, und B.s humorvoller Vorwurf an die Adresse des sonst geschätzten Georg Kaiser war berechtigt (*Offener Brief an Georg Kaiser*, GBA 21, S. 118). Dieser hatte die Frage des *Berliner Börsen-Couriers* nach den Erwartungen des Publikums vom 25. 12. 1925 mit dem lapidaren Satz beantwortet: »Dichter haben mit Publikum nichts zu schaffen.« (S. 635) Die Chance für ein aktuelles, lebendiges Theater entschied sich nicht zuletzt an der Frage, ob es gelingen würde, ein neues Publikum zu gewinnen, das bereit war, vom Theater die Wahrnehmung seiner vitalen Interessen zu reklamieren. Dieser »neue Zuschauertyp« war nach B.s Überzeugung »vorhanden, wenn auch bisher nicht im Theater« (S. 183). Eine um 1926 entstandene Notiz, die

Kants These von der Interesselosigkeit von Kunst zurückweist, ist bezeichnenderweise *Über die Eignung zum Zuschauer* überschrieben (S. 127). »*Große Kunst dient großen Interessen*«, heißt es da: »Geistigen Interessen (soweit sie auf materielle Interessen zurückgeführt werden können).« Deshalb kann sie nur für eine der Schichten der Gesellschaft gemacht werden. »Aber würde diese Schicht unter allen Umständen auf sie reagieren?« B.s skeptische Antwort: »Nein.« Die pauschale Feststellung, dass ein Theater ohne Kontakt zum Publikum ein Nonsens sei, schränkte B. nun dahingehend ein, dass er mit spontaner Zustimmung vorerst nicht rechnete. Es konnte nicht die Aufgabe der neuen Produktion sein, einen sich spontan artikulierenden Bedarf zu befriedigen. Beruhte das Modell ›Sportarena‹ noch auf der Voraussetzung eines gemeinsamen Erfahrungshorizonts von Autor und Zuschauer, war nun mit dem kritischen Impuls der neuen Konzeption, in der sich erste Ergebnisse der Marx-Lektüre und soziologischer sowie ökonomischer Studien niederschlagen, der Angebot-Nachfrage-Standpunkt endgültig obsolet geworden.

»Die Grundfragen müssen neu gestellt werden«

Die Krise des Theaters konnte nicht mehr auf den Mangel an geeigneten neuen Stücken zurückgeführt werden, denn inzwischen war eine aktuelle Produktion in einer Reihe von Beispielen vorhanden, wurde sogar mit einigem Erfolg gespielt. Wenn B. ihre Aufführung, insbesondere die eigener Stücke und dramatischer Arbeiten befreundeter Autoren wie Arnolt Bronnen und Emil Burri, mit zunehmender Skepsis beobachtete, so wegen der Unfähigkeit der auf naturalistische oder expressionistische Spielkonventionen fixierten Theater, einen der neuen Produktion angemessenen Theaterstil zu entwickeln. Dem Theater fehlten nicht die Stücke: »Wir glauben, daß unseren Stücken das Theater fehlt.«

(GBA 21, S. 125) Die großen Häuser waren »schwerfällige Apparate«, mit einem »unbrauchbaren, weil nicht mehr reaktionsfähigen Publikum«, »von Leuten geleitet, die tun, was sie können« (S. 126). B.s Kommentare zeigen eine zunehmende Verbitterung über diesen Zustand. Seine Hoffnung setzte er eine Zeitlang auf das neue Medium Rundfunk und wertete es als ein gutes Zeichen, wenn junge Theaterautoren sich entschlössen, »ein überlebtes, abgenutztes und appetitloses Theater« nicht mehr zu beliefern, sondern zu beseitigen (*Junges Drama und Rundfunk*, *Funkstunde*, 2. 1. 1927; GBA 21, S. 189). Es sei folgerichtig, wenn der Rundfunk »die bisherige Verpflichtung des Theaters, sich um die Kunst zu kümmern, einfach mitübernimmt« (ebd.). »Das Radio ist ein furchteinflößender lebendiger Beweis für die Schlechtigkeit des heutigen Theaters«, heißt es etwas später in einer Notiz, welche die Herausgeber der GBA mit dem unglücklich gewählten Titel *[Frische Stücke für Theater und Radio]* versehen haben (S. 263). B. lässt dort keinen Zweifel daran, dass die Übertragung von Theaterstücken im Radio lediglich eine Notlösung darstellt: »Wenn das Theater seine Schuldigkeit täte, würde sich dann nur ein Mensch finden, der auf mindestens eine Hälfte des Genusses aus einem Stück, die aus Sehen und dem Gefühl der Greifbarkeit besteht, verzichtet, um wenigstens die andere, das Hören, wirklich kultiviert bekommen zu können.« (Ebd.)

Die Aufführungen junger Dramatik hatten immerhin bewirkt, dass ganze »Stoffkomplexe des vorrevolutionären Theaters, dazu eine ganze fertige Psychologie und beinahe alles Weltanschauliche«, ungenießbar geworden waren (S. 181); das klassische Repertoire hatte sich als »brüchig und vermottet« erwiesen (S. 182), schrieb B. in seinem Beitrag zur Umfrage *Wie soll man heute Klassiker spielen?* des *Berliner Börsen-Couriers* vom 25. 12. 1926. Brauchbar waren allenfalls die Stoffe. Klassische Stücke, »deren reiner Materialwert nicht ausreicht, sind für unsere Epoche ungenießbar« (ebd.). Wollte man sie wirksam auf die Bühne bringen, bedurfte es neuer Gesichtspunkte. Der Regisseur habe die Verpflichtung, heißt es an anderer Stelle, »die alten Werke des alten Theaters rein als Material zu behandeln« und ihnen »den Stil unserer Epoche aufzudrücken« (S. 199f.). Die Reduktion klassischer Werke auf ihren ›Materialwert‹ zielte darauf ab, ihnen einen aktuellen ›Gebrauchswert‹ zu verleihen.

Dass Literatur einen Gebrauchswert haben musste, war für B. nun eine selbstverständliche Forderung. Im Winter 1926/27 von der *Literarischen Welt* zum Preisrichter in einem Lyrik-Wettbewerb bestellt, begründete er die brüske Ablehnung sämtlicher eingesandter Gedichte mit der These, Lyrik müsse man »ohne weiteres auf den Gebrauchswert untersuchen können« (S. 191). Ausdrücklich »für den Gebrauch der Leser bestimmt« und mit einer *Anleitung zum Gebrauch der einzelnen Lektionen* versehen war seine *Hauspostille*. Die erste seiner *Forderungen an eine neue Kritik* lautete: »Die ästhetischen Maßstäbe sind zugunsten der Maßstäbe des Gebrauchswerts zurückzustellen.« (S. 331) Es gibt gute Gründe, B.s theoretische und praktische Bemühungen um ein neues Theater seit Mitte der 20er Jahre insgesamt als fortgesetzten Versuch zu werten, den Gebrauchsstandpunkt in diesem Bereich durchzusetzen. Seine Polemik gegen das zeitgenössische Theater enthält im Kern immer den Vorwurf, es habe keinen Gebrauchswert mehr.

Die Wirkung, die eine Aufführung erzielte, konnte kein Maßstab sein; denn das Publikum, »diese ganze verschmockte, hilflose, denkfaule Masse« (S. 287), gewährte »keine Kontrolle. Es ist, soziologisch gesehen, völlig amorph, ästhetisch aber erstaunlich einhellig« (S. 183). Es konnte im Theater »seine eigenen Interessen nicht von denen seiner Gegner unterscheiden«, was insofern nicht erstaunlich war, als das Theater »die natürlichen Gegensätze überhaupt nicht zu Wort« kommen ließ (ebd.). Deshalb war »nichts Befremdendes in der Forderung der neuen Dramatik nach einem neuen Zuschauer, wenn anders man nicht eben unsere ganze Situation befremdend finden will des Umstandes wegen, daß sie eine Ursituation ist: Die Grundfragen müssen neu gestellt werden.« (Ebd.)

»*Das Theater von heute ist ein reines Provisorium.*« (*Theatersituation 1917–1927*, *Der neue Weg*, 16. 5. 1927; GBA 21, S. 199) B. ging jetzt davon aus, dass der neue Zuschauer »das Theaterbesuchen erst zu lernen haben wird, daß also auf seine ersten Forderungen einzugehen keinen Sinn hätte, da es einfach mißverständliche Forderungen sein werden« (ebd.). Der Gebrauchswert eines aktuellen Theaters bemaß sich nicht zuletzt nach seiner pädagogischen, die Veränderung des Zuschauers und seiner Rezeptionshaltung bewirkenden Leistung; der ›Gebrauchswert‹ implizierte den ›Lehrwert‹. In B.s Wendung zur Pädagogik kam der Protest gegen eine Kunstpraxis zum Ausdruck, die auf die Wahrnehmung aktueller Interessen und auf jedes aufklärerische Moment verzichtet hatte. Seine Polemik gegen die Volksbühne anlässlich der Auseinandersetzungen um Erwin Piscators Inszenierung von Ehm Welks Stück *Gewitter über Gottland* trägt den Titel *Tendenz der Volksbühne: reine Kunst* (Auszug: *Berliner Börsen-Courier*, 31. 3. 1927; GBA 21, S. 195). In diesem Beitrag und im zitierten Aufsatz *Theatersituation 1917–1927* fällt ein für die weitere Entwicklung der Theatertheorie B.s entscheidendes Stichwort: das vom ›großen epischen und dokumentarischen Theater‹, »das wir erwarten« (S. 196) und »das unserer Zeit gemäß ist« (S. 200).

Auf dem Weg zur Theorie des epischen Theaters

Einer Notiz Elisabeth Hauptmanns zufolge fand B. »die Formel für das ›*episches Theater*‹« bereits im Frühjahr 1926: »aus dem Gedächtnis spielen (Gesten, Haltungen zitieren)« (Hauptmann, S. 172). Auch im Gespräch mit Bernard Guillemin, am 30. 7. 1926 in der Zeitschrift *Die literarische Welt* erschienen, bekannte sich B. zum epischen Theater (Hecht 1975, S. 189). Seitdem kreisten seine Reflexionen um die Beschreibung und historische Begründung dieser Theaterform. Neue Aspekte sind in seiner Replik auf den am 12.5.1927 im *Berliner Börsen-Courier* anonym erschienenen Brief des Soziologen Fritz Sternberg erkennbar. Sternberg, den B. seinen ersten Lehrer nannte (vgl. GBA 21, S. 674), bezog sich auf ein Gespräch mit B. über den Niedergang des Dramas. Für Sternberg war der Niedergang des europäischen Dramas, das noch immer vom Erbe Shakespeares zehrte, eine historische Notwendigkeit. Shakespeares Drama war das »Drama des mittelalterlichen Menschen, der sich immer mehr als Individuum zu entdecken begann und als solches in dramatische Situationen zu seinesgleichen wie zu übergeordneten Gewalten geriet« (ebd.). Sternberg warf die Frage auf, ob man in einer Zeit, in der das Individuum »als Individualität, als Unteilbares, als Unvertauschbares immer mehr schwindet« und »im Ausgang des kapitalistischen Zeitalters wieder das Kollektiv bestimmend« sei, nicht die Konsequenz ziehen und das Drama liquidieren müsse (S. 674f.). In der Analyse und Bewertung der überkommenen Dramenform stimmte B. mit Sternberg überein, nicht jedoch in der Schlussfolgerung, die daraus zu ziehen war. Der Frage des Soziologen setzte er eine andere entgegen: *Sollten wir nicht die Ästhetik liquidieren?* (*Berliner Börsen-Courier*, 2.6.1927; GBA 21, S. 202) Nicht das Drama wollte B. beseitigt sehen, vielmehr eine Ästhetik, die seine tradierte (bürgerliche) Gestalt als verbindlich sanktionierte. Die Gegenwart verlangte ein anderes Drama. Die großen aktuellen Stoffe – Kriege, Inflation, Weltwirtschaftskrisen – und die veränderten, zunehmend politisierten menschlichen Beziehungen sprengten die alte, auf den individuellen Helden und dessen Schicksal konzentrierte Dramenform. Von der Soziologie erwartete B. den Nachweis, dass diese »keine Existenzberechtigung mehr« habe (ebd.). Nur der soziologische, nicht der ästhetische Standpunkt werde der Theaterproduktion der jungen Generation gerecht. »Der Soziologe ist unser Mann.« (S. 204) »Die neue Produktion, die mehr und mehr das große epische Theater heraufführt, das der soziologischen Situation entspricht, [...] wird die alte Ästhetik nicht befriedigen, sondern sie wird sie vernichten.«

(Ebd.) B.s Standpunkt und die traditionelle Ästhetik trafen in dem Rundfunkgespräch hart aufeinander, das er am 15.4.1928 mit Alfred Kerr, seinem erklärten Gegner, und mit dem Frankfurter Theaterintendanten Richard Weichert über die *Deutsche Welle* (Berlin) führte (*Die Not des Theaters*, S. 229–232; das Gespräch wurde von den Sendern in Frankfurt a.M. und Stuttgart übernommen; Weichert ist in GBA 21, S. 690, und bei Hecht, S. 245, falsch identifiziert: ein Rundfunkintendant Hans Weichert existiert nicht).

B.s Aufzeichnungen zu einer weiteren Rundfunkdiskussion vom 11.1.1929 mit Ernst Hardt und Sternberg über das Thema umreißen seine Auffassung der alten Dramenform noch plastischer und präziser. »Die großen Einzelnen waren der Stoff, und dieser Stoff ergab die Form dieser Dramen«, schrieb B. »Es war die sogenannte dramatische Form, und dramatisch bedeutet dabei: wild bewegt, leidenschaftlich, kontradiktorisch, dynamisch.« (*[Neue Dramatik]*; GBA 21, S. 272) Bei Shakespeare hatte der große Einzelne »im Untergang sich groß zu zeigen«; denn der Zweck des Dramas war »das große individuelle Erlebnis. Spätere Zeiten werden dieses Drama ein Drama für Menschenfresser nennen und werden sagen, daß der Mensch am Anfang als Dritter Richard mit Behagen und am Ende als Fuhrmann Henschel mit Mitleid gefressen, aber immer gefressen wurde.« (Ebd.) Die Entwicklung der Literatur laufe seit 50 Jahren auf das neue, das epische Theater hinaus. »Die Anfänge des Naturalismus waren die Anfänge des epischen Dramas in Europa.« (S. 273) Da die Stücke von Ibsen und Hauptmann als ›undramatisch‹ kritisiert wurden, kam der Vorstoß in die epische Form ins Stocken. Der letzte Vertreter dieser Entwicklung, Georg Kaiser, habe schon »in den Theatern jene ganz neue Haltung des Publikums ermöglicht, jene kühle, forschende, interessierte Haltung, nämlich die Haltung des Publikums des wissenschaftlichen Zeitalters« (S. 275). Es war auch die Haltung, die B. in seinem Rundfunk-Gespräch mit Ihering über dessen Broschüre *Reinhardt, Jessner, Piscator oder Klassikertod?* am 28.4.1929 im Kölner Sender den Klassikern gegenüber verlangte. Dass er in einer Zeit, in der die Größe des Individuums fraglich geworden war, »für Größe: Distanz« gesetzt hatte, darin sah Ihering B.s theatergeschichtliche Leistung (*Gespräch über Klassiker*; S. 313). Sie »ergab den objektiven, den epischen Stil«, wie Ihering am Beispiel der *Eduard*-Bearbeitung B.s erläuterte.

Eine in diesem Kontext wichtige Differenzierung findet sich bereits in einem Beitrag B.s in der *Frankfurter Zeitung* vom 27. 11. 1927. »Das Wesentliche am epischen Theater ist es vielleicht, daß es nicht so sehr an das Gefühl, sondern mehr an die Ratio des Zuschauers appelliert. Nicht miterleben soll der Zuschauer, sondern sich auseinandersetzen.« (*[Schwierigkeiten des epischen Theaters]*; S. 210) Die komplizierter werdende Realität konnte nicht mehr auf dem Weg der ›Einfühlung‹ vermittelt werden. Das aktuelle Theater, wenn es nach den Ursachen gesellschaftlicher Katastrophen fragte, verlangte den distanzierend-berichtenden, dokumentierenden und diskutierenden Gestus. Episches Theater beinhaltete die radikale, alle Aspekte – »Darstellung durch den Schauspieler, Bühnentechnik, Dramaturgie, Theatermusik, Filmverwendung usw.« (ebd.) – einbeziehende Veränderung des existierenden Theaters. Wie hoch der Anspruch war, den B. schon im November 1927 erhob, belegt der Satz: »Das Theater, die Literatur, die Kunst müssen […] den ›ideologischen Überbau‹ für die effektiven realen Umschichtungen in der Lebensweise unserer Zeit schaffen.« (Ebd.) Ein nicht geringerer Anspruch steckt in der berühmten, um 1928 formulierten These über die eigenen frühen Stücke: »Als ich ›Das Kapital‹ von Marx las, verstand ich meine Stücke.« (S. 256) Ohne Kenntnis der Marx'schen Theorie habe er »einen ganzen Haufen marxistischer Stücke geschrieben« (ebd.). Wie diese keineswegs einleuchtende Bemerkung verstanden werden will, zeigt der folgende Satz: »dieser Marx war der einzige Zuschauer für meine Stücke, den ich je gesehen hatte. Denn einen Mann mit solchen Interessen mußten gerade diese Stücke interessieren«, sie waren »Anschauungsmaterial« für ihn (S. 256f.).

B.s Theorie des epischen Dramas/Theaters beinhaltete eine Absage an alle Formen von ›Abbildung‹, der bloßen Reproduktion von Wirklichkeit. Auf diesen zentralen Aspekt laufen eine Reihe von Nachlass-Notaten aus dieser Zeit über das politische Theater Piscators hinaus, dem B. zweifellos wichtige Anregungen verdankte (vgl. Knust; Joost, S. 135f.). Mit Piscators technischem Vorstoß (Filmprojektionen, Verwendung des laufenden Bands, Simultanbühne usw.) sei das Theater zwar »auf dem besten Weg, die Aufführung moderner Stücke oder eine moderne Aufführung älterer Stücke zu ermöglichen« (GBA 21, S. 226). Aber die »Requirierung des Theaters für Zwecke des Klassenkampfes«, so B.s Einwand, »bietet eine Gefahr für die wirkliche Revolutionierung des Theaters. […] Die politisch verdienstvolle Übertragung revolutionären Geistes durch Bühneneffekte, die lediglich eine aktive Atmosphäre schaffen, kann das Theater nicht revolutionieren und ist etwas Provisorisches, das […] nur durch eine wirklich revolutionierte Theaterkunst abgelöst werden kann. Dieses Theater ist ein im Grund antirevolutionäres, weil passives, reproduzierendes. Es ist angewiesen auf die pure Reproduktion schon vorhandener, also herrschender Typen, in unserem Sinne also bürgerlicher Typen, und muß auf die politische Revolution warten, um die Vorbilder zu bekommen. Es ist die letzte Form des bürgerlich-naturalistischen Theaters.« (S. 233f.)

Leopold Jessners *Ödipus*-Inszenierung, am 4. 1. 1929 im Staatlichen Schauspielhaus in Berlin gezeigt, gab B. Gelegenheit, neben grundsätzlichen Überlegungen konkrete dramaturgische Details zu notieren. Die Aufführung war die vorläufig letzte Etappe »in der Bemühung um die große Form« (*Letzte Etappe: Ödipus, Berliner Börsen-Courier*, 1. 2. 1929; GBA 21, S. 278). Große Form bedeutete: »Die großen modernen Stoffe müssen in einer mimischen Perspektive gesehen werden, sie müssen Gestencharakter haben. Sie müssen geordnet werden nach Beziehungen von Menschen oder Menschengruppen zueinander.« (Ebd.) Für ein Stück, das an der Weizenbörse spielte, war die alte ›dramatische‹ (aristotelische) Form nicht mehr geeignet. Als neue große Form kam nur die epische in Betracht, denn sie »muß berichten. Sie muß nicht glauben, daß man sich einfühlen kann in unsere Welt, sie muß es auch nicht wollen. Die Stoffe sind ungeheuerlich, unsere Dramatik muß dies berücksichtigen.« (S. 279) In Jeßners *Ödipus* spielte Helene Weigel die Rolle der Magd. Über ihr Spiel, in dem B. grundlegende Prinzipien epischer Gestaltung verwirklicht sah, berichtete er Mitte Februar 1929 in einem eigenen Beitrag (vgl. *Dialog über Schauspielkunst*, BHB 4).

Am 31. 3. 1929 brachte der *Berliner Börsen-Courier* die Ergebnisse der Umfrage »Welche neuen Stoffgebiete können das Theater befruchten? Verlangen diese Stoffe eine neue Form des Dramas und des Spiels?« (GBA 21, S. 721) In seiner Antwort, überschrieben *Über Stoffe und Form*, unterscheidet B. zwei Schritte in der Arbeit des Dramatikers: »die Erfassung der neuen Stoffe« und »die Gestaltung der neuen Beziehungen« der Menschen. »Grund: die Kunst folgt der Wirklichkeit.« (S. 302) »Schon die Erfassung der neuen Stoffgebiete kostet eine neue dramatische und theatralische Form.« (S. 303) Die Beziehungen der Menschen sind »heute ungeheuer kompliziert«, sie können »nur durch *Form* vereinfacht werden« (ebd.). »Diese Form aber kann nur durch eine völlige Änderung der Zwecksetzung der Kunst erlangt werden.« (Ebd.) B.s Zweckbestimmung enthält ein für seine Ästhetik dieser Jahre zentrales Stichwort: »Erst der neue Zweck macht die neue Kunst. Der neue Zweck heißt: Pädagogik.« (S. 303f.) Die Vereinfachung der komplizierten menschlichen Beziehungen durch ›Form‹ geschieht unter pädagogischer Perspektive. Eine Zeitlang dachte B. daran, Stücke mit dezidiert pädagogischer Zielsetzung als ›Lehrstücke‹ zu bezeichnen; seit dem Frühjahr 1930 verwendete er den Begriff jedoch für einen eigenen Spieltypus anderen Ursprungs (vgl. *Die Lehrstücke*, BHB 1; *Zu Lehrstück und ›Theorie der Pädagogien‹*, BHB 4).

Die Umfunktionierung des existierenden ›Apparats‹ hat B. immer deutlicher als das Problem erkannt, das der Durchsetzung eines Theaters mit Gebrauchswert entgegenstand. Denn einen neuen Theaterstil durchzusetzen lag nicht in der Macht der Theaterleiter und Regisseure. Diese Aufgabe war nur im Zusammenhang einer Gesellschaftsveränderung zu lösen. »Der Schrei nach einem neuen Theater ist der Schrei nach einer neuen Gesellschaftsordnung«, heißt es in den Entwürfen *Über eine neue Dramatik* (GBA 21, S. 238). Hier kündigt sich eine neue Reflexionsebene an, die seit dem Winter 1929/30 deutlichere Konturen gewann.

Der ›Experiment‹-Begriff der *Versuche*

B.s politische und künstlerische Entwicklung trat um diese Zeit in eine neue Phase. Die Marx'sche Auffassung, dass die bürgerliche Gesellschaft im Proletariat notwendig ihre eigene Negation hervorbringt, wurde für B. zum Modellfall der sich geschichtlich entfaltenden Dialektik. Der Widerspruch als bewegendes Moment von Geschichte gewann nun zentrale Bedeutung, die Analyse existierender Widersprüche und die sich daraus ergebenden Möglichkeiten verändernder Praxis traten in den Vordergrund. Die auf dem Theater zu gestaltenden Wirklichkeiten müssen »als änderbare erkannt werden«, heißt es in einem Notat (S. 393). Die zeitgeschichtlichen und biografischen Anstöße sowie die Auswirkungen dieser Einsichten auf B.s künstlerische Produktion sind bekannt: das Schockerlebnis des blutigen 1. Mai 1929, die sich verschärfende Wirtschaftskrise mit ihren sozialen und politischen Folgen, die wachsende Rolle der Arbeiterparteien im politischen Spektrum der Weimarer Republik; die beginnende Zusammenarbeit mit Hanns Eisler und Slatan Dudow, damit einhergehend Kontakte zu den Kulturorganisationen der KPD; die Entstehung von Arbeiten, die Fragen der revolutionären Umgestaltung der Gesellschaft thematisierten: *Die Maßnahme*, *Die Mutter*, *Kuhle Wampe*, proletarische Chöre und Kampflieder.

Die auf Veränderung drängende Haltung hatte Konsequenzen für die Beurteilung des Kulturbetriebs und seiner Institutionen. B.s Interesse galt jetzt der Frage, auf welche Weise ästhetische Praxis einen Beitrag zur Veränderung der gesellschaftlichen und institutionellen Strukturen leisten konnte. Sie wurde erstmals umfassend in den im Frühsommer 1930 entstandenen *Anmerkungen zur Oper »Aufstieg und Fall der Stadt Mahagonny«* reflektiert (vgl. den gleichnamigen Artikel, BHB 4). Ausgangspunkt sind die Illusionen der ›Kopfarbeiter‹ über ihre Situation als Produzenten: Während ihre Produktion von den großen Apparaten (Oper, Schaubühne, Presse, Rundfunk, Film) im Interesse effizienter Auswertung der Produktionsmittel als Rohstoff verwertet wird, »besteht bei den Kopfarbeitern selber immer noch die Fiktion, es handele sich bei dem ganzen Betrieb lediglich um die Auswertung ihrer Kopfarbeit, also um einen sekundären Vorgang, der auf ihre Arbeit keinen Einfluß hat, sondern ihr nur Einfluß verschafft« (GBA 24, S. 74). B.s Vorschläge zielen auf eine Veränderung der Apparate durch Entwicklung subversiver ästhetischer Strategien. Als Autor und Regisseur traf er Vorkehrungen, welche die bisherige Form theatralischer Vermittlung über die ›Einfühlung‹ verhindern und die Vereinnahmung seiner Stücke durch das existierende Theater erschweren sollten. Diesem Zweck diente u.a. der bewusste Einsatz von Mitteln der Provokation. Die Publikumserwartungen wurden nicht bedient, sondern enttäuscht, die Rezeptionsgewohnheiten erschüttert. Der Skandal, den eine Aufführung erregte, war Indiz dafür, dass dies gelungen war. Die Erschütterung der Funktion der Apparate bedeutete eine Erschütterung der Gesellschaftsstrukturen selbst, die jene zu ihrer Reproduktion bedurften. Allerdings könnte die Veränderung der Apparate erst mit der Umwälzung der Gesellschaft vollständig gelingen.

Seinen Niederschlag fand dieses strategische Modell in der Konzeption der *Versuche*. Der Terminus, in dem sich um 1930 B.s politisch-ästhetisches Interesse konzentrierte, war der des Experiments. Dem ersten, im Juni 1930 erschienenen Heft der *Versuche* ist die programmatische Notiz vorangestellt: »Die Publikation der ›Ve r s u c h e‹ erfolgt zu einem Zeitpunkt, wo gewisse Arbeiten nicht mehr so sehr individuelle Erlebnisse sein (Werkkarakter haben) sollen, sondern mehr auf die Benutzung (Umgestaltung) bestimmter Institute und Institutionen gerichtet sind (Experimentkarakter haben)[,] und zu dem Zweck, die einzelnen sehr verzweigten Unternehmungen kontinuierlich aus ihrem Zusammenhang zu erklären.« (*Versuche*, H. 1, S. 1) Diese grundlegende Notiz, welche die Herausgeber der GBA in zwei Anmerkungen versteckt haben (GBA 22, S. 1049, mit dem Lesefehler »Experimentalcharakter«; GBA 10, S. 1118), gibt Auskunft über den Zeitpunkt und den Zweck der Publikation der *Versuche*. Ihr Zweck war es, den konzeptionellen Zusammenhang verschiedenartiger Arbeiten deutlich zu machen. Er bestand in ihrem Experimentcharakter. Der hier von B. verwendete Experimentbegriff ist angemessen nur zu verstehen, wenn man von Assoziationen aus dem Bereich der exakten Wissenschaften strikt absieht. Experimentellen Charakters sind die *Versuche* – daran lässt der Wortlaut der Notiz keinen Zweifel – wegen der auf Benutzung = Umgestaltung der Apparate abzielenden Werkintention. Experimentiert wird mit Strategien der Veränderung der kulturvermittelnden Institutionen. Deren Umfunktionierung (das ist die Aussage über den Zeitpunkt) ist das geschichtlich anstehende Problem. Diese Zwecksetzung beinhaltet einen veränderten Werk- und Kunstbegriff: die Suspendierung einer Vorstellung von Kunst als einmaliger Ausdruck ›individueller Erlebnisse‹, der als ›Werk‹ sein vermeintlich autonomes Dasein jenseits aller Verwertungszusammenhänge habe. Das Experiment dagegen hat seinen Zweck gerade als bewegendes/umwälzendes Moment im Verwertungsprozess selbst. Im Begriff des ›Experimentellen‹ war die gemeinsame Aufgabe ästhetischer Aktivitäten ganz unterschiedlicher Art definiert: des Theaters, der Oper, des Lehrstücks, der Rundfunk- und Filmarbeit. Nicht zufällig sind alle in die *Versuche* aufgenommenen Texte zumindest mit einführenden

Notaten, wichtigere Arbeiten mit umfänglichen Kommentaren versehen: die Oper *Mahagonny*, die *Dreigroschenoper* und *Die Mutter* ebenso wie das Radiolehrstück *Der Flug der Lindberghs*, *Das Badener Lehrstück vom Einverständnis* und *Die Maßnahme* (vgl. *Zu Lehrstück und ›Theorie der Pädagogien‹*, BHB 4).

Die Ende 1930 entstandenen *Anmerkungen zur »Dreigroschenoper«* verarbeiten die – trotz des großen Erfolgs – enttäuschenden Erfahrungen mit der Aufführung des Stücks, eines der »Dramen, die nicht nur den Zweck verfolgen, auf dem Theater aufgeführt zu werden, sondern auch den, es zu verändern« (GBA 24, S. 58). B. definiert die *Dreigroschenoper* als »eine Art Referat über das, was der Zuschauer im Theater vom Leben zu sehen wünscht. Da er jedoch [...] seine Wünsche nicht nur ausgeführt, sondern auch kritisiert sieht (er sieht sich nicht als Subjekt, sondern als Objekt), ist er prinzipiell imstande, dem Theater eine neue Funktion zu erteilen.« (S. 57f.) Allerdings setzt das Theater seiner Umfunktionierung Widerstand entgegen; der wirtschaftlich begründete »Primat des Theaterapparates« (»der Produktionsmittel«) »über die dramatische Literatur« verändert sofort die Stückintention (S. 58). Das Theater kann alles spielen, »es ›theatert‹ alles ›ein‹« (ebd.). B. arbeitet im Folgenden die dramaturgischen Mittel heraus, die geeignet wären, diesen Mechanismus zu unterlaufen. Hierzu gehört die »*Literarisierung des Theaters* [...], das Durchsetzen des ›Gestalteten‹ mit ›Formuliertem‹« (ebd.), etwa durch die Verwendung von Projektionstafeln. Sie erzwingen vom Schauspieler einen neuen Stil, vom Zuschauer eine veränderte Haltung: »die Haltung des Rauchend-Beobachtens« (S. 59), von der sich B. wiederum eine positive Wirkung auf die Spielweise der Schauspieler versprach. »Der Zuschauer soll nicht auf den Weg der Einfühlung verwiesen werden« (S. 62). Das Spiel hat »nicht nur die Fabel [zu] bedienen« (ebd.), es soll auch Dinge und Vorgänge neben der Handlung zeigen, beispielsweise in den Songs, die im epischen Theater eine besondere Aufgabe haben. »Indem er singt, vollzieht der Schauspieler einen Funktionswechsel« (S. 65). Er tritt aus seiner Rolle heraus. Besonders beim Liedvortrag ist es wichtig, »daß ›der Zeigende gezeigt wird‹« (S. 66). Überhaupt müssen die drei Ebenen: »nüchternes Reden, gehobenes Reden und Singen, [...] stets voneinander getrennt bleiben« (S. 65). Während die ältere »rein dynamische Dramatik [...] eine Zwangsläufigkeit in gerader Linie« brauchte, kennt die epische, materialistische Dramatik »eine andere Zwangsläufigkeit«, in der der Handlungsverlauf »auch in Kurven, ja, sogar in Sprüngen erfolgen kann« (S. 66). »Heute, wo das menschliche Wesen als ›das Ensemble aller gesellschaftlichen Verhältnisse‹ aufgefaßt werden muß«, schreibt B., die 6. Feuerbachthese von Marx frei zitierend, »ist die epische Form die einzige, die jene Prozesse fassen kann, welche einer Dramatik als Stoff eines umfassenden Weltbildes dienen. Auch der Mensch [...] ist nur mehr aus den Prozessen, in denen er und durch die er steht, erfaßbar.« (S. 67) Das epische Theater, heißt es in einem um 1930 entstandenen Notat, »ermöglicht jene Haltung des Zuschauers, welche eben eine fortschrittliche Haltung ist. Es ist die Haltung der Henry Ford, Einstein und Lenin« (GBA 21, S. 383) – drei Namen sehr unterschiedlicher Prägung, die offenbar für die technologisch-organisatorische, die wissenschaftliche und die soziale Revolution stehen.

Bemerkenswert ist, dass sich B. im Zusammenhang der Etablierung eines aktuellen Theaters immer wieder der Tradition zu vergewissern suchte; denn wenn es sich »um wirkliche, revolutionäre Fortführung« handelt, »so ist Tradition nötig. Klassen und Richtungen, die auf dem Marsch sind, müssen versuchen, ihre Geschichte in Ordnung zu bringen« (S. 379). Vorbilder waren allerdings schwer zu finden. Neben den epischen Elementen, die der Naturalismus für das Drama entwickelt hatte, verweist B. auf das »*›asiatische‹ Vorbild*« (S. 380), über das allerdings nur spärlichste Informationen zur Verfügung standen: »bei der Musterung aller Elemente, die wir zum Aufbau einer großen dramatischen Kunst verwenden könnten, finden wir nur diese: ein paar Fotos, Beschreibungen und kleine Anweisungen uns fremder Regie. Vielleicht noch, was wir an *zeremoniellem Gestus* in Wachtangows ›Dybbuk‹-Aufführung ergattert haben und [...] die ›niedrigen‹ Aufführungen des Münchner Lokalkomikers Karl Valentin« (S. 381), die B. ebenfalls dem Begriff des ›Asiatischen‹ zuordnet.

Entwürfe einer dialektischen/ nichtaristotelischen Dramaturgie

Ein Kernbegriff der Reflexionen war um 1930 der des ›Dialektischen‹. Auf den Umschlaginnenseiten der *Versuche*-Hefte 1 und 2 vom Juni bzw. Dezember 1930 wurde ein Beitrag *Über eine dialektische Dramatik* angekündigt (vgl. GBA 21, S. 763). Geplant war offenbar eine die dramaturgischen Überlegungen erstmals zusammenfassende Schrift, die jedoch nicht zu Stande kam. In der GBA findet sich ein Fragment mit dem Titel *Die dialektische Dramatik* (S. 431–443). Da es nicht als Originaltyposkript überliefert ist, vielmehr eine erheblich später »nach Brechts Angaben geordnete Zusammenstellung« darstellt, »an deren Wiederherstellung Elisabeth Hauptmann [...] mitgearbeitet hat« (S. 763), kann es nicht als historisch-authentisch gelten. Eine Analyse des Fragments, das im übrigen keine in sich völlig schlüssige Argumentation bietet, hat dies zu bedenken. Skizziert wird die sich in Widersprüchen voranbewegende Geschichte der neueren Dramatik vom Naturalismus bis in die 20er-Jahre. Es war nicht zuletzt ein Versuch B.s, die eigene frühe Produktion zu ›historisieren‹ und in einen sinnvollen Zusammenhang mit der postulierten Entwicklung der neueren Dramatik zu bringen, mit anderen Worten: der Versuch einer Begründung ihrer geschichtlichen Logik. Dabei wird die Kenntnis dessen, was ›Dialektik‹ bedeutet, »boshafterweise vorausgesetzt« (S. 432). Der Sinn des Begriffs, implizit auch der Anspruch, den B. für das eigene Frühwerk erhob, wird erkennbar, wenn B. seine Darstellung als Versuch beschreibt, »die revolutionierende Wirkung zu zeigen, welche die Dialektik überall, wo sie eindringt, ausübt, ihre Rolle als beste Totengräberin bürgerlicher Ideen und Institutionen« (ebd.).

Während es dem alten Theater um die Belieferung der Apparate zum Zwecke ihrer Verwertung ging, so lautet die Ausgangshypothese, war die neue, ›dialektische‹ Dramatik zwar »bürgerlich (und nicht etwa ›proletarisch‹) ihrer Herkunft, vielleicht auch ihrem stofflichen Inhalt nach, aber nicht ihrer Bestimmung und Verwertbarkeit nach« (S. 433). Der Fortschritt der naturalistischen Dramatik bestand darin, dass die ›dramatische‹ Form und mit ihr das Individuum als Mittelpunkt zerfiel. Die Nachkriegsgeneration übernahm vom Naturalismus die epische Struktur zunächst »als rein formales Prinzip«, ferner das »lehrhafte Element«, das erst zur vollen Geltung gebracht wurde, als die junge Dramatik »die neue epische Form nach einer Reihe rein konstruktivistischer Versuche im leeren Raum« (gemeint war Georg Kaiser, dem B. immerhin die »Entdeckung der Rolle des Gestischen« konzedierte) »nunmehr auf die Realität anwandte, worauf sie die Dialektik der Realität entdeckte und sich ihrer eigenen Dialektik bewußt wurde« (S. 435). Einführung des dialektischen Gesichtspunkts bedeutete: Bejahung der Wirklichkeit mit der Folge, dass auch »ihre Tendenzen bejaht werden« mussten, was »die Verneinung ihrer momentanen Gestalt« einschloss (S. 436). »Die Welt, wie sie ist, sollte gezeigt und anerkannt, ihre eigene Schonungslosigkeit als ihre Größe schonungslos aufgewiesen werden« (ebd.). »Es galt, die Vernünftigkeit des Wirklichen nachzuweisen«, wodurch in der jungen Dramatik »eine höchst eigentümliche Wirklichkeit« entstand (S. 437): »Sie sah eine große Zeit und große Gestalten und fertigte also Dokumente davon an. Dabei sah sie doch alles im Fluß« (ebd.), wie B. anhand des *Baal* exemplarisch erläutert. Aber die so entstandene Wirklichkeit »faßte die Wirklichkeit außerhalb nur sehr unvollständig. Die realen Vorgänge waren lediglich spärliche Andeutungen für geistige Prozesse« (S. 438).

Die dialektische Dramatik »arbeitete ohne Psychologie, ohne Individuum und löste, betont episch, die *Zustände* in *Prozesse* auf« (S. 439). »Die großen Typen [...] sollten durch ihr Verhalten zu anderen Typen gezeigt«, ihr Handeln als auffällig hingestellt, das Hauptaugenmerk »auf die Prozesse innerhalb bestimmter Gruppen hingelenkt werden. Eine fast wissenschaftliche, interessierte, nicht hingebende Haltung des Zuschauers wurde also vorausgesetzt (die Dramatiker glaubten: *ermöglicht*).« (Ebd.) Was zunächst nur ein technischer Vorstoß war, hatte die Veränderung des gesamten Theaters einschließlich des Zuschauers, den »*Funktionswechsel des Theaters* als gesellschaftliche Einrichtung« im Visier (ebd.). Vom Zuschauer erwartete B. die reflektierende und kontrollierende Haltung des modernen Wissenschaftlers; er »wünscht nicht, irgendeiner Suggestion willenlos zu erliegen [...], er will einfach menschliches Material vorgeworfen bekommen, *um es selber zu ordnen*.« (S. 440) Auf diese Weise wird der Zuschauer in das theatralische Ereignis einbezogen, er wird ›theatralisiert‹. Daraus ergab sich die Forderung, dass er »eigens für den Theater›besuch‹ ausgebildet, informiert wird! Nicht jeder Hereingelaufene kann, auf Grund eines Geldopfers, hier ›verstehen‹ in der Art von ›konsumieren‹, dies ist keine Ware mehr, die jedermann auf Grund seiner allgemeinen sinnlichen Veranlagung ohne weiteres zugänglich ist.« (S. 441)

Aufgefordert, im Theater eine interessierte und urteilende Haltung einzunehmen, schreibt B. weiter, »nahmen die Zuhörer sofort eine ganz bestimmte *politische* Haltung ein, nicht eine *über* den Interessen stehende, allgemeine, gemeinsame, wie die neue Dramatik gewünscht hätte« (S. 442). In den folgenden, sehr abstrakten Überlegungen vollzieht B. in diesem Punkt eine Kehrtwende um 180 Grad. Das bürgerliche Theater habe die technische Vorbedingung für einen Funktionswechsel des Theaters geschaffen, heißt es zunächst; da sein Klassencharakter verhinderte, dass es die Konsequenzen zog, hatte die Frage der Veränderung des Theaters die »nach der Umänderung der ganzen Gesellschaftsordnung« zur Folge (S. 443). Die neue Dramatik war auf diese Weise zu einer »heftigen Berührung mit der *Wirklichkeit* gelangt. Die Sichtung der Ökonomie hatte auf sie gewirkt wie die Entschleierung des Bildes zu Sais. Sie stand zur Salzsäule erstarrt. [...] Nunmehr wurde die Subjektivität der möglichen Sachlichkeit entdeckt: die Objektivität als Parteilichkeit. Das, was hier als Tendenz erschien, war die Tendenz der Materie selber« (ebd.). Ihre eigene Dialektik hatte die neue Dramatik »zur Ökonomie geführt, die Ökonomie führte sie zu einer höheren Stufe der Dialektik, der *bewußten* Stufe« (ebd.), heißt es lapidar. Offensichtlich ging es B. um die historische Legitimierung und Fundierung einer Dramatik vom Typus der *Mutter*. Die Anfang 1933 erschienenen *Anmerkungen* zur *Mutter* fügen das Schauspiel nach Gorkis Roman jedenfalls genau in das hier entworfene Raster ein.

Die in den beiden ersten *Versuche*-Heften angekündigte Schrift *Über eine dialektische Dramatik* ist nicht erschienen. Statt dieser kündigten die seit Herbst 1931 erscheinenden Hefte 3 bis 5 ein Projekt mit dem Titel *Über eine nichtaristotelische Dramatik* an. Nichtaristotelisch: Das war der seitdem von B. bevorzugte Terminus. Als eigenständiger Text ist auch dieses Projekt nicht realisiert worden. Allerdings wies B. die *Anmerkungen zur »Dreigroschenoper«* in Heft 3 und die zur *Mutter* in Heft 7 der *Versuche*, später noch einige weitere Schriften, dem »9. Versuch *Über eine nichtaristotelische Dramatik*« zu (GBA 24, S. 473).

»Das Stück ›Die Mutter‹, im Stil der Lehrstücke geschrieben, aber Schauspieler erfordernd«, schreibt B. einleitend in den *Anmerkungen zur Mutter*, »ist ein Stück antimetaphysischer, materialistischer, n i c h t a r i s t o - t e l i s c h e r D r a m a t i k. Diese bedient sich der *hingebenden Einfühlung* des Zuschauers keineswegs so unbedenklich wie die aristotelische« (S. 115). »Bemüht, ihrem Zuschauer ein ganz bestimmtes praktisches, die Änderung der Welt bezweckendes Verhalten zu lehren«, heißt es dann, »muß sie ihm schon im Theater eine grundsätzlich andere Haltung verleihen, als er gewohnt ist.« (Ebd.) Ein damals nicht veröffentlichter Text zum Stück, auf den B. in den *Anmerkungen* zurückgriff, formuliert noch eindeutiger: Die Aufführung der *Mutter* im Januar 1932 »verfolgte den Zweck, ihren Zuschauern gewisse Formen des politischen Kampfes zu lehren« (S. 110). Die Eindeutigkeit der politischen Zielsetzung war im Thema des Stücks begründet, auch in der politischen Situation des Jahrs 1932, die B. als eine vorrevolutionäre missverstand. Von derselben Wichtigkeit war ihm in diesem Kontext die Abgrenzung seiner Theaterkonzeption von der des ›dramatischen‹, aristotelischen Theaters. »Der Zuschauer wird als Abbildern von Menschen gegenüberstehend behandelt, deren Urbilder er in der Wirklichkeit zu behandeln [...] hat und nicht etwa als streng ausdeterminierte Phänomene auffassen darf. Seine Aufgabe seinen Mitmenschen gegenüber besteht darin, unter die determinierenden Faktoren sich selbst einzuschalten.« (S. 126f.) »Der Mensch ist in seiner Eigenschaft als des Menschen (des Zuschauers) Schicksal zu fassen.« (S. 127)

»Die Gedankengänge, die zu nichtaristotelischer Dramatik führten, waren beeinflußt von den Gedankengängen einiger Wissenschaften, wie der neueren Psychologie, der empirischen Philosophie der Physiker usw.«, heißt es in der zitierten, von B. nicht veröffentlichten Schrift über die *Mutter*, »und es ist kein Zufall, daß gerade dieser Typus der Dramatik auf dem Gebiet der Politik von jener Bewegung eingesetzt wurde, die die höchstentwickelte, am weitesten fortgeschrittene politische Bewegung unserer Zeit darstellt, der marxistisch proletarischen Bewegung.« (S. 110) Die Aufführungsgeschichte der *Mutter* im Jahr 1932, als B. sich in weitgehender Übereinstimmung mit der KP-orientierten Arbeiterbewegung zu befinden glaubte, schien in der Tat zu belegen, dass diese den Typus nichtaristotelischer Dramatik adaptiert hatte. Dies erwies sich bald als Irrtum, wie die zermürbenden Auseinandersetzungen mit dem parteioffiziellen Konzept des ›sozialistischen Realismus‹ seit Mitte der 30er-Jahre dokumentieren (vgl. *Die Expressionismusdebatte* und *Die Formalismusdebatte*, BHB 4).

Literatur:

Ewen, Frederic: Bertolt Brecht. Sein Leben, sein Werk, seine Zeit. Frankfurt a.M. 1973. – Hauptmann, Elisabeth: Julia ohne Romeo. Geschichten, Stücke, Aufsätze, Erinnerungen. Berlin 1977. – Hecht, Werner: Sieben Studien über Brecht. Frankfurt a.M. 1972. – Ders. (Hg.): Brecht im Gespräch. Diskussionen, Dialoge, Interviews. Frankfurt a.M. 1975. – HECHT. – JOOST. – Knust, Herbert: Piscator and Brecht: Affinity and Alienation. In: Mews, Siegfried/Knust, Herbert (Hg.): Essays on Brecht. Theater and Politics. Chapel Hill 1974, S. 44–68. – Voigts, Manfred: Brechts Theaterkonzeptionen. Entstehung und Entfaltung bis 1931. München 1977.

Klaus-Dieter Krabiel

Dialog über Schauspielkunst

Der *Dialog über Schauspielkunst* wurde am 17.02.1929 im *Berliner Börsen-Courier* erstmals veröffentlicht. Ebenso wie *Letzte Etappe: Ödipus* wurde er in den ersten Monaten des Jahres 1929 unter anderem als Reaktion auf Leopold Jeßners Inszenierung der *Ödipus*-Stücke am Staatlichen Schauspielhaus Berlin vom 4.1.1929 verfasst. Im zweiten Teil des *Dialogs über Schauspielkunst* hebt B. Helene Weigels Darstellung der Magd Jokastes hervor. Nur wenige zeitgenössische Kritiker hatten sich zu Weigels Spiel geäußert, unter den positiven Reaktionen waren jedoch immerhin eine Kritik von Herbert Ihering im *Berliner Börsen-Courier* (5.1.1929) und eine von Max Hochdorf im *Vorwärts* (6.1.1929).

B. hatte darüber hinaus eine Veröffentlichung des *Dialogs über Schauspielkunst* zusammen mit Reflexionen über dialektische Dramatik und Kritik in einem Band der *Versuche* geplant, der auch eine Auswahl der *Lehrstücke* enthalten sollte. Die in der GBA abgedruckte Version des *Dialogs über Schauspielkunst* (GBA 21, S. 279–282) unterscheidet sich von der in den *Schriften zum Theater I* (S. 211–217) veröffentlichten, die zwei zusätzliche Dialoge über Schauspielkunst einschließt; diese gehören nach der Überlieferung jedoch nicht zusammen. Der erste dieser Dialoge fehlt in der GBA: »In diesem Theater ...«; BBA 332/23), während der zweite (*Der Schauspieler*; GBA 21, S. 395) durch den gültigen Text (BBA 448/112) ersetzt worden und ein Jahr später datiert ist (1930). Das in der GBA weggelassene Material beschäftigt sich vorwiegend mit der praktischen Anwendbarkeit der aus dem Spiel des Schauspielers zu ziehenden Lehren (*Schriften zum Theater I*, S. 215f.).

Der *Dialog über Schauspielkunst* ist in Form einer Folge von Fragen und Antworten zwischen zwei anonymen Sprechern geschrieben, in der ›Brecht‹ auf die gelegentlich naiven Einwürfe eines wohlwollenden Gesprächspartners eingeht. Obwohl in der Sekundärliteratur kaum berücksichtigt (die wichtigste Ausnahme ist Hecht 1976, S. 72–73, S. 103–106), ist er B.s bedeutendster früher Aufsatz über Schauspielkunst und enthält seine ersten Bemerkungen über das ›Publikum eines wissenschaftlichen Zeitalters‹. Außerdem bestätigt er Werner Hechts allgemeinere Behauptung, B. habe vor 1930 einer antibürgerlichen, auf dem Prinzip eines ›Erkennens mit Schrecken‹ gegründeten Theaterkonzeption angehangen statt der eines revolutionären Theaters, das auf aktives Eingreifen in gesellschaftliche Prozesse abzielt (Hecht 1986, S. 65, S. 84f.).

Hecht vermerkt außerdem zu Recht, dass B.s Bemerkungen über die Schauspielkunst den späteren Begriff der Verfremdung vorwegnehmen. In der Tat entwickelt B. vom Beginn des Jahres 1929 an eine Ästhetik des ›Staunens‹, die den Zuschauer zwingt, eine aktive Rolle zu spielen, der Inszenierung Sinn abzugewinnen, indem er mit Vorgängen und Sachverhalten konfrontiert wird, die seltsam und unverständlich erscheinen (Giles, S. 265–267). Dies ist auch der Kern der von Walter Benjamin 1931 entwickelten Konzeption von epischem Theater, in der er die enge Verbindung zwischen bewusster Theatralik und der geschärften Wirklichkeitswahrnehmung des Zuschauers in den Vordergrund stellt (Benjamin, S. 20).

Der *Dialog über Schauspielkunst* besteht aus zwei Hauptteilen, deren erster allgemeine Überlegungen über die Schauspielkunst vorstellt, während der zweite sich spezifisch mit Weigels Spiel im *Ödipus* auseinander setzt.

B. zeigt sich zeitgenössischen Schauspielern gegenüber kritisch – nicht weil sie schlecht spielen, sondern weil ihr Stil einem wissenschaftlichen Zeitalter unangemessen ist. Sie greifen auf Techniken zurück, die der Suggestion unter Hypnose vergleichbar sind, um sich selbst und das Publikum in einen tranceartigen Zustand zu versetzen und die eigenen emotionalen Stimmungen auf das Publikum zu übertragen. Dies hat zur Folge, dass das Publikum nichts lernt. B. gibt dagegen zu bedenken, dass Schauspieler sehr viel bewusster und sogar in zeremonienhafter oder ritualisierter Weise spielen müssen, wenn sie den Zuschauern ihr Wissen über menschliche Beziehungen und Fähigkeiten vermitteln sollen. Deshalb müssen Schauspieler den Abstand zwischen sich und dem Zuschauer vergrößern, statt ihn zu verringern, und die Theatererfahrung muss die Empfindung des Schreckens vermitteln, welche eine notwendige Voraussetzung des Verstehens ist. In einem wissenschaftlichen Zeitalter muss Einfühlung durch auf empirischer Beobachtung beruhendes objektives Verstehen ersetzt werden. Beim Besuch einer Aufführung von Shakespeares *Richard III*. möchte B. sich nicht als Richard fühlen, sondern das Phänomen ›Richard‹ in all seiner Fremdheit und Unverständlichkeit wahrnehmen.

Das zeitgenössische Theater wird jedoch der Tatsache nicht gerecht, dass seine Zuschauer Geschöpfe eines wissenschaftlichen Zeitalters sind, und es ermutigt sie, vor Betreten des Zuschauerraums ihre Rationalität abzulegen. Selbst wenn Schauspieler während der Probenarbeit versuchen, sich von der hypnotischen Verzauberung des zeitgenössischen Theaters zu befreien, bleiben sie derart abhängig von der irrationalen Haltung des zeitgenössischen Zuschauers, dass sie während der Vorstellung sofort wieder in die übliche Darstellungsweise zurückfallen. B. argumentiert deshalb, dass das Theater sich grundsätzlich verändern und sich eine neue Grundlage und neue Ziele geben muss. Was Schauspieltechniken angeht, wird dieser neue Ansatz in Weigels Darstellung von Jokastes Magd in *Ödipus* sichtbar. Wenn sie vom Tod ihrer Herrin berichtet, ist es entscheidend, dass Weigels Spiel insofern von der Norm abweicht, als ihre Stimme weder Bewegung noch Schmerz verrät und ihre Gesten mechanisch sind. Ihr Entsetzen wird nicht durch ihre Stimme vermittelt, sondern durch ihr Gesicht, dessen weiße Schminke visuell auf die emotionalen Auswirkungen von Jokastes Tod verweist. Weigel wollte den Zuschauer zu einer gefühlsmäßigen und moralischen Reaktion auf Jokastes Tod ermutigen, und dies gelang ihr zum Teil dadurch, dass sie ihr eigenes Staunen über die Ereignisse, deren Zeugin sie wurde, in den Vordergrund stellte. Ihre Darstellung hatte dennoch nur mäßigen Erfolg, da das Publikum zu sehr in der Haltung befangen blieb, sich in die Charaktere auf der Bühne einzufühlen, anstatt in der von B. erwarteten Weise intellektuell zu reagieren.

Eine Schwierigkeit bei B.s Verständnis des neuen, einem wissenschaftlichen Zeitalter angemessenen Schauspielstils besteht darin, dass dieser immer noch die emotionalen Stimmungen und Reaktionen des Schauspielers (z.B. Weigels Staunen) auf den Zuschauer zu übertragen scheint und sich insofern nicht grundlegend von der herkömmlichen Schauspielkunst unterscheidet. Die Verwendung von weißer Schminke als Zeichen intensiver Gefühlsregungen – wie etwa in B.s Inszenierung des *Lebens Eduards des II.* von 1924 – unterstreicht jedoch seine Ablehnung des einfühlenden Illusionismus zugunsten einer entschieden semiotischen Auffassung von theatralischer Darstellung (vgl. White), während die B.sche Antithese von Schrecken und Einfühlen strategisch die aristotelische Verschmelzung von Mitleid und Furcht bzw. Schrecken auseinander reißt: für das Publikum eines wissenschaftlichen Zeitalters wird das Tragische durch das Komische als angemessener Modus theatralischer Wirkung ersetzt.

Literatur:

Benjamin, Walter: Was ist das epische Theater? (1). In: Ders.: Versuche über Brecht. Frankfurt a.M. 1978, S. 17–29. – Giles, Steve: Rewriting Brecht. ›Die Dreigroschenoper‹ 1928–1931. In: Literaturwissenschaftliches Jb. 30 (1989), S. 249–279. – Hecht, Werner: Brechts Weg zum epischen Theater. Beitrag zur Entwicklung des epischen Theaters 1918 bis 1933. Berlin 1976. – Ders.: Der Weg zum epischen Theater. In: Ders. (Hg.): Brechts Theorie des Theaters. Frankfurt a.M. 1986, S. 45–90. – White, John J.: Brecht and Semiotics – Semiotics and Brecht. In: Giles, Steve/Livingstone, Rodney (Hg.): Bertolt Brecht. Centenary Essays. Amsterdam 1998, S. 89–108.

Steve Giles

Anmerkungen zur Oper »Aufstieg und Fall der Stadt Mahagonny«

Die *Anmerkungen* entstanden zur Zeit der Uraufführung der Oper *Aufstieg und Fall der Stadt Mahagonny*, deren erste Fassung das Produkt intensiver Zusammenarbeit zwischen B. und Kurt Weill in den letzten Monaten des Jahres 1927 war. Die erste Druckfassung, *Aufstieg und Fall der Stadt Mahagonny: Oper in drei Akten. Text von Brecht. Musik von Kurt Weill* (das Titelblatt verzeichnete nur Weill), erschien 1929; diese Fassung diente als Grundlage der Uraufführung, die am 9.3.1930 im Neuen Theater Leipzig (Bühnenbild und Projektionen: Caspar Neher; Musikalische Leitung: Gustav Brecher; Spielleitung: Walther Brügmann) stattfand. Nach der Uraufführung schrieb B. eine erste Fassung seines Essays, der unter dem Titel *Zur Soziologie der Oper – Anmerkungen zu »Mahagonny«* in Heft 4 der in Wolfenbüttel und Berlin erschienenen Zeitschrift *Musik und Gesellschaft* im August 1930 veröffentlicht wurde. In einer Vorbemerkung wies die Redaktion darauf hin, dass B. in seinem Originalbeitrag »in ausführlicher Weise zu der Situation der Oper Stellung«

nehme und seine Ausführungen »zu einer *grundsätzlichen* soziologischen Auseinandersetzung« gestalte (zit. nach: GBA 24, S. 476). Der unmittelbare Anlass, seine Position zu präzisieren, mag für B. eine Besprechung gewesen sein, in der zum großen Missfallen B.s die »inhaltliche Aussage des Textes [...] völlig in den Hintergrund« (Dümling, S. 215) geriet.

Für den überarbeiteten Abdruck als 5. Versuch in Heft 2 der *Versuche 4–7* im Berliner Gustav Kiepenheuer Verlag im Dezember 1930 (Abweichungen von der Erstfassung: GBA 24, S. 476–478), in dem der Text von *Aufstieg und Fall der Stadt Mahagonny. Oper* mit Nehers »Tafeln« (Projektionen) als 4. Versuch publiziert wurde, existieren verschiedene Benennungen: *Über die Oper* (Umschlagseite); *Anmerkungen zur Oper* (Vorbemerkung); *Anmerkungen zur Oper »Aufstieg und Fall der Stadt Mahagonny«* (Textüberschrift in: *Versuche 4–7*, S. 107). B. und Suhrkamp zeichneten als Autoren verantwortlich. Obwohl Unklarheit besteht, welchen Anteil Letzterer an der Konzeption und Formulierung der *Anmerkungen* hatte (vgl. Weisstein 1986, S. 76), lässt die Tatsache, dass Peter Suhrkamp, ursprünglich ausgebildeter Musiklehrer, zu diesem Zeitpunkt als Lektor des Kiepenheuer-Verlags tätig war, auf seine Einflussnahme schließen (vgl. Lucchesi/Shull, S. 138). Es sind einige Bruchstücke bzw. Vorarbeiten zu den *Anmerkungen* überliefert (Abdruck in: ebd., S. 124–127).

Schon vor dem Neudruck in Band 1 der *Gesammelten Werke* (London 1938) – lediglich B. wurde als Verfasser genannt (vermutlich, um den in Deutschland gebliebenen Suhrkamp nicht zu gefährden) – verwendete B. das Schema aus den *Anmerkungen* in dem Anfang 1935 entstandenen Aufsatz *Vergnügungstheater oder Lehrtheater?*, um zu zeigen, »worin sich die Funktion des epischen von der des dramatischen Theaters unterscheidet« (GBA 22, S. 109). Dem Nachdruck (im Juliheft 1936 der Londoner *Left Review*) der wahrscheinlich von B. autorisierten englischen Übersetzung seines Essays *Das deutsche Drama vor Hitler* (Erstveröffentlichung in der *New York Times* vom 24. 11. 1935) ist eine gekürzte Gegenüberstellung der dramatischen und epischen Form des Dramas als Fußnote angefügt (vgl. GBA 22, S. 944f.). Da dieses überaus häufig zitierte Schema bereits in der Anfangsphase seiner Rezeption oft fälschlich als Postulierung eines absoluten Gegensatzes zwischen zwei Möglichkeiten des Dramas aufgefasst wurde, änderte es B. für den Druck in den *Gesammelten Werken*; die GBA, die den Erstdruck in den *Versuchen* als Textgrundlage benutzt, bringt das revidierte Schema als Anhang zu den *Anmerkungen* (GBA 24, S. 85).

Die *Anmerkungen*, obwohl sie sich vornehmlich auf *Aufstieg und Fall der Stadt Mahagonny* beziehen und für die Interpretation dieser Oper herangezogen worden sind, gehen über Aussagen zu einem – zweifellos für die Entwicklung von B.s Theater wichtigen – einzelnen Werk hinaus und »sind zu Recht als erste umfassende Formulierung einer Theorie des epischen Theaters bezeichnet worden« (Voigts, S. 162). In seinem Eingangssatz bezog sich B. auf die Situation in den 20er-Jahren, in der das durch Meinungsumfragen (vgl. Hecht, S. 282) angeregte »Schreiben neuartiger Opern [...] in der Luft« lag (Mennemeier, S. 296) und konstatierte lakonisch: »Seit einiger Zeit ist man auf eine Erneuerung der Oper aus« (GBA 24, S. 74). Die von B. angedeutete Entwicklung war Folge der seit Anfang des 20. Jh.s geführten, europaweiten Diskussion um die Rolle und Funktion der Oper, die ebenfalls Versuche von Künstlern wie Igor Strawinsky, Weills Lehrer Ferruccio Busoni und Darius Milhaud zur Erneuerung der Gattung einschloss (vgl. Dümling, S. 221), und deren gemeinsamer Nenner die Rebellion gegen das Wagnersche Gesamtkunstwerk war (vgl. Weisstein 1962, S. 143f.). Wie der ursprüngliche Titel der *Anmerkungen* zeigt, ging es B. jedoch weniger um ästhetische Belange, als vielmehr um soziologische und politische Fragestellungen, sowie implizit um programmatische Forderungen, »um grundlegende Aussagen über die Oper und über die soziale Funktion von Kunst überhaupt« (Dümling, S. 215). Letztlich zielte B. auf eine unter den herrschenden politischen und sozioökonomischen Verhältnissen in der Endphase der Weimarer Republik nicht zu erwartende Demokratisierung der kulturellen Institutionen oder der »großen Apparate wie Oper, Schaubühne, Presse usw.« (GBA 24, S. 74). Daher argumentierte er in polemischer Zuspitzung, dass alle Bestrebungen zur Reformierung der Oper lediglich auf eine inhaltliche Aktualisierung und formale Technifizierung hinausliefen, ohne dass »ihr kulinarischer Charakter« (ebd.) angetastet würde.

Die Ursache für die relativ bescheidenen »Forderungen« nach einer Erneuerung der Oper selbst unter den »Fortgeschrittensten« in Kreisen der Intellektuellen und Künstler sah B. in ihrer Selbsttäuschung, die sie ihre Funktion als »gesellschaftlich betrachtet schon proletaroider [...] Kopfarbeiter« (ebd.) und abhängige Lieferanten von Produkten, die von den Apparaten verwertet werden konnten, nicht wahrnehmen ließ. Die zwei von der Kritik an den (bürgerlichen) Intellektuellen und ihrer Abhängigkeit von den Apparaten handelnden Abschnitte übernahm B. 1935/36 mit geringfügigen Änderungen in seinen Aufsatz *Über die Verwendung von Musik für ein episches Theater* (vgl. Lucchesi/Shull, S. 138; GBA 22, S. 160f.). In B.s Intellektuellenschelte lässt sich bereits ein Ansatz zu seiner späteren Charakterisierung der ›Tuis‹ erkennen (vgl. *Der Tuiroman*, BHB 3, S. 164–166). Den sich in der zunehmenden Beschneidung des freien Schöpfertums, der »Einschränkung der freien Erfindung« (ebd.) des Einzelnen manifestierenden Prozess der Vergesellschaftung betrachtete B. als ein im Prinzip positives Phänomen; allerdings gehörten »die Produktionsmittel [noch] nicht den Produzierenden«, daher nehme die »Arbeit [Kunst] Warencharakter« an und müsse sich der »Produktionsmittel« der »Apparate« (ebd.) bedienen. Folglich könne man eine Oper »nur für die [existierende Institution] Oper machen«, um sie »als solche (ihre Funktion!) zur Diskussion« (ebd.) stellen zu können. B. »mußte – könnte man zugespitzt sagen – erst einmal eine ›bürgerliche‹ Oper schreiben, ehe er die Oper als bürgerliche kritisieren konnte, dann aber im vollen Bewußtsein der Organisation und der Mechanismen dieser Kunstform« (Voigts, S. 156). Es ging B. daher nicht so sehr darum, das Theater oder die Oper einer zwar erstrebenswerten, aber nicht unmittelbar durchsetzbaren zukünftigen Gesellschaft zu entwerfen; es handelte sich zunächst lediglich um eine Erneuerung der Oper innerhalb des bürgerlichen Kulturbetriebs und seiner Institutionen, mit deren Hilfe auf gesellschaftliche Widersprüche hingewiesen werden und Aufklärungsarbeit geleistet werden konnte.

Eben diese Funktion erfüllte *Aufstieg und Fall der Stadt Mahagonny* – ein Werk, auf das B. explizit den »Begriff Oper« (GBA 24, S. 77) angewendet wissen wollte, da es in seiner »Grundhaltung [...] kulinarisch« sei, folglich als »Genußmittel« ein »Erlebnis« vermittele und damit *»dem Unvernünftigen der Kunstgattung Oper bewußt gerecht«* werde (S. 76). Zwar ist B.s »These von der Unvernunft der Oper« (Dümling, S. 129), die sich hauptsächlich in der Aufhebung der angestrebten »Plastik und Realität« (GBA 24, S. 76) durch die Musik äußere – B. führte als Beispiel für die »Sphäre der Unvernunft« (S. 77), zu der sich die Oper versteigen könne, einen in Gesang ausbrechenden sterbenden Mann an – dann anfechtbar, »wenn man die Musik nicht als Gegensatz zur Sprache, sondern als eine eigene Sprache auffaßt, die deshalb das Wort teilweise ersetzen kann« (Dümling, S. 129), sie behielt aber unter den historischen Bedingungen des Warencharakters der vorherrschenden kulinarischen Oper und ihres Apparats, der die Oper als »*Genuß*« (GBA 24, S. 77) verkaufte, ihre Gültigkeit. Obwohl *Mahagonny* als »nichts anderes als eine Oper« (S. 78) intendiert war und B. damit ihren kulinarischen Charakter ausstellte, »übererfüllte« er gewissermaßen »das kulinarische Soll« (Dümling, S. 222) und machte so die Oper »zu einem Ärgernis, zu einer Provokation für das bürgerliche Publikum« (ebd.), wie die von Alfred Polgar in seiner Rezension der Leipziger Uraufführung berichtete, heftig abwehrende Publikumsreaktion (vgl. GBA 24, S. 78, Anm. 4) deutlich macht.

Nicht nur die Lust an der Provokation ist als B.s Triebfeder anzunehmen; vielmehr sollte sich die konventionelle Oper quasi von »innen heraus, durch die Erkenntnis ihrer Unhaltbarkeit« (Dümling, S. 222) auflösen, indem sie auf »den technischen Standard des modernen Theaters« (GBA 24, S. 78) zu bringen war, wobei B. über spezifische, »formale Gattungsfragen« (Voigts, S. 163) der Oper hinausging, indem er seine Betrachtungen auf das Theater insgesamt ausweitete und apodiktisch feststellte: »Das moderne Theater ist das epische Theater.« (GBA 24, S. 78) Das epische Theater – diesen Begriff verwendete B. 1927 erstmals in zwei kürzeren Texten über die Regietätigkeit Erwin Piscators an der Berliner Volksbühne (vgl. GBA 21, S. 195–197) – definierte B. in seinem »berühmten und oft mißverstandenen Schema« (Hecht 1972, S. 69), in dem er ausdrücklich von »Gewichtsverschiebungen vom dramatischen zum epischen Theater« (GBA 24, S. 78) sprach. Zusätzlich erläuterte er in einer Anmerkung, dass es sich bei den beiden Formen nicht um »absolute Gegensätze, sondern lediglich Akzentverschiebungen« (ebd.) handele. Zur Verkennung von B.s intendierter Schwerpunktsverlagerung mag der beim Lesen entstehende optische Eindruck der schlagwortartigen Gegenüberstellung zweier Formen des Theaters beigetragen haben. Jedenfalls lassen sich in B.s Entwurf eines zukünftigen Theaters drei Problemkomplexe unterscheiden, die sich auf die neue, von B. antizipierte aktive Rolle des Zuschauers, B.s »weltanschauliche Ausgangsposition« (Hecht 1972, S. 69) und die Dramenstruktur sowie die Dramaturgie beziehen (vgl. die etwas andere Anordnung und Gewichtung in: Hecht, S. 69–73). In B.s Schema wurde der Zuschauer »als selbständige, nicht zu bevormundende Instanz von eigenem kritischen Recht in den theatralen Gesamtentwurf einbezogen« (Bayerdörfer, S. 148), indem er »die Nicht-Identifikation von Zuschauer und Bühne zum Angelpunkt« (ebd.) erhob und den Zuschauer des epischen Theaters als einen dem Bühnengeschehen »gegenübergesetzten«, studierenden und kritisch reflektierenden »Betrachter« definierte, dem »Entscheidungen« abgezwungen und dessen »Empfindungen [...] bis zu Erkenntnissen getrieben« (GBA 24, S. 78) werden sollten. Dem Bühnengeschehen des epischen Theaters wiederum lag eine marxistische Orientierung zu Grunde, in dem der Mensch, anstatt »als bekannt vorausgesetzt« zu werden, »Gegenstand der Untersuchung« war, statt des »unveränderlichen« Menschen der »veränderliche und verändernde Mensch« im Mittelpunkt stand, der Mensch nicht als »Fixum«, sondern als »Prozeß« begriffen wurde, und nicht das »Denken« das »Sein« bestimmte, sondern umgekehrt das »gesellschaftliche Sein« das Denken (S. 79). Als Beispiel für die Umsetzung seiner Theorien im Theater durch eine darstellerische Leistung verwies B. auf das Spiel Helene Weigels, einer »Schauspielerin dieser neuen Art« (GBA 21, S. 281), die in Leopold Jessners Berliner Inszenierung des *Ödipus* die Magd der Jokaste gespielt hatte. In dem Anfang 1929 entstandenen *Dialog über Schauspielkunst* hatte B. Weigels Rolle analysiert, ihr aber »außer bei den Kennern« (S. 282) nur bescheidenen Erfolg attestiert, da beim Publikum das »Sicheinfühlen in die Gefühle der dramatischen Personen« (ebd.) vorgeherrscht habe. Eben dieser Tendenz der Einfühlung versuchte B. auch mit dramaturgischen Mitteln durch Aufbrechen der geschlossenen Form entgegenzutreten; in diesem Zusammenhang erwähnte er die Lenkung der »Spannung auf den Gang« (GBA 24, S. 79) der Handlung statt ihres Ausgangs, die Betonung der relativen Unabhängigkeit der einzelnen Szenen und die Aufhebung ihrer kausalen Verknüpfung, die Benutzung der Montage und das Abrücken vom linearen Geschehen zu Gunsten eines sich »in Kurven« (ebd.) fortbewegenden.

Für die Oper führte die Anwendung »der Methoden des epischen Theaters« zu »einer radikalen *Trennung der Elemente* [...] Wort, Musik und Darstellung« (ebd.); an anderer Stelle sprach B. von »*Musik, Wort und Bild*«, die als selbständige Elemente fungierten, und hob die »Projektionen« (S. 80) Nehers in der Leipziger Uraufführung als selbstständigen Bestandteil hervor. Als Gegenpol zur Trennung der Elemente betrachtete B. das »›Gesamtkunstwerk‹« (S. 79) Wagner'scher Provenienz, das er einer kurzen, aber fulminanten Kritik unterzog. B.s kritisches Verhältnis zu Wagner ist durch frühe Äußerungen wie etwa die Eintragung im Tagebuch vom 28.10.1921

(GBA 26, S. 256) belegt. In den *Anmerkungen* jedoch wurde der Begriff ›Gesamtkunstwerk‹ »negativer Fixpunkt des Brechtschen Denkens« (Voigts, S. 101), dessen Parallelität zur ebenfalls durch einen gewaltsamen Verschmelzungsprozess erfolgten Reichsgründung B. in einem wahrscheinlich im Frühjahr 1943 entstandenen Aufsatz hervorhob: »Bismarck hatte das Reich, Wagner das Gesamtkunstwerk gegründet, die beiden Schmiede hatten geschmiedet und verschmolzen« (GBA 23, S. 21).

Die Verschmelzung der Künste bildete für B. die Voraussetzung für den vom »Schmelzprozeß« (GBA 24, S. 79) erfassten Zuschauer, »der ebenfalls eingeschmolzen wird und einen passiven (leidenden) Teil des Gesamtkunstwerks darstellt« (ebd.). Die durch diesen Prozess erzeugte »Magie« und die ihm inhärenten »Hypnotisierversuche« (ebd.) lehnte B. scharf ab. Sein Angriff auf das Gesamtkunstwerk beruhte wahrscheinlich weniger auf genauer Kenntnis der programmatischen Schriften Richard Wagners wie *Oper und Drama* von 1851 (vgl. Brown, S. 73), als auf seiner Kenntnis des Theaters und der Aufführungspraxis; es ist daher nicht ausgeschlossen, dass er sich auf den Inszenierungsstil Max Reinhardts – wiewohl kaum ausschließlich – bezog (vgl. Hinck, S. 110, Anm. 56). Reinhardt bemühte sich, Zuschauer gerade durch Beseitigung der Schranken zwischen Publikum und Bühne in den Bann seines Illusionstheaters zu ziehen (S. 127f.). In der kurzen tabellarischen Gegenüberstellung von dramatischer und epischer Oper (vgl. GBA 24, S. 80) kam Wagner zweifellos als Hauptrepräsentant der ersteren Form in Betracht, in der die Funktion der Musik als »den Text steigernd«, »behauptend« (ebd.) und mittels eines großen Opernorchesters (vgl. ebd., Anm. 7) »unwürdige Räusche« (S. 79) erzeugend und zur absoluten Passivität des Zuschauers führend, charakterisiert wurde. Die epische Oper tendierte hingegen dazu, die Musik im Sinn der Trennung der Elemente nicht mit dem Text verschmelzen zu lassen, sondern ihn zu kommentieren und zu interpretieren und somit dem Zuschauer eine kritische Haltung zu ermöglichen, die mit den Mitteln der »alten Oper« (S. 80) nicht erreichbar war. Denn sie verhinderte die »Diskussion des Inhaltlichen« sowie seine »Diskutierbarkeit« (S. 81) und stellte damit »die gesellschaftliche Funktion des Theaters« (ebd.) nicht zur Diskussion.

Die kulinarische Oper fand freilich das ihr angemessene Publikum, dessen Erwartungshaltung B. mit satirischer Überspitzung schilderte: »Herausstürzend aus dem Untergrundbahnhof, begierig, Wachs zu werden in den Händen der Magier, hasten erwachsene, im Daseinskampf erprobte und unerbittliche Männer an die Theaterkassen. Mit dem Hut geben sie in der Garderobe ihr gewohntes Benehmen, ihre Haltung ›im Leben‹ ab« (ebd.). In einer kurzen historischen Reminiszenz gestand B. der alten Oper in der »Epoche ihres Aufstiegs« zu, »nicht rein kulinarisch« (ebd.) gewesen zu sein und führte als Beispiele für Opern, die »weltanschauliche, aktivistische Elemente« (ebd.) und damit so etwas wie einen Sinn enthielten, Mozarts *Die Zauberflöte* und *Die Hochzeit des Figaro* sowie Beethovens *Fidelio* an – ohne freilich »Zurück zu Mozart«, das »Schlagwort der antiwagnerianischen Reformbewegung« (Geuen, S. [7]), aufzugreifen. Selbst »die ursprünglichen Wagnerianer« hatten in den Opern Wagners »einen Sinn festgestellt« (ebd.), während die »heutigen Wagnerianer« sich lediglich mit der »Erinnerung« (ebd.) daran begnügten; somit sei die Sinnentleerung der bürgerlichen Oper manifest geworden.

Trotz »ihrer pointierten Überspitzung« ist B.s These vom Sinnverlust der alten Oper »im Kern richtig« (Dümling, S. 218), da sie ähnlich von anderen Zeitgenossen artikuliert wurde – wie etwa den Musikkritikern Hans Heinz Stuckenschmidt (vgl. Dümling, S. 219) und Heinrich Strobel, der 1930 die alte Oper als »museale Angelegenheit« (Strobel, S. 192) ohne »tieferen Sinn« (ebd.) abschrieb. Den potenziellen Ausweg aus dieser Situation durch die Neuerungen der zeitgenössischen Oper freilich lehnte B. kategorisch ab: Nur »vom absterbenden Sinn aus [...] werden die fortgesetzten Neuerungen verständlich, die die Oper heimsuchen – als verzweifelte Versuche, dieser Kunst hinterher einen Sinn zu verleihen, einen ›neuen‹ Sinn, wobei dann am Ende das Musikalische selber dieser Sinn wird [...]. Fortschritte, welche die Folge von nichts sind und nichts zur Folge haben, welche nicht aus neuen Bedürfnissen kommen, sondern nur mit neuen Reizen alte Bedürfnisse befriedigen, also eine rein konservierende Aufgabe haben.« (GBA 24, S. 82) Zu den Opern mit konservierenden Tendenzen zählte B. in thematischer und musikalischer Hinsicht so verschiedene Werke wie den in Zusammenarbeit mit Hugo von Hofmannsthal entstandenen, bereits 1909 uraufgeführten Einakter *Elektra* von Richard Strauss, dem ein von der deutschen Klassik abweichendes Griechenbild zu Grunde liegt, und die Elemente des Jazz verwendende, 1927 uraufgeführte paradigmatische Zeitoper *Jonny spielt auf* (vgl. Geuen, S. 141) von Ernst Krenek, die zu einem der größten Skandalerfolge der 20er-Jahre wurde.

Stoffliche Neuerungen und die Verwendung der neuesten technischen Errungenschaften wie »Lokomotiven, Maschinenhallen, Aeroplane, Badezimmer usw.« (GBA 24, S. 82) – Requisiten, die in *Jonny spielt auf* und der ebenfalls erfolgreichen Zeitoper *Maschinist Hopkins* von Max Brand (1929 uraufgeführt) verwendet wurden – »dienen als Ablenkung [...]. Das sind Fortschritte, welche nur anzeigen, daß etwas zurückgeblieben ist. Sie werden gemacht, ohne daß sich die Gesamtfunktion ändert oder vielmehr: nur damit die sich nicht ändert.« (Ebd.) Auch andere Kritiker setzten nicht auf die Verwendung neuer Requisiten als Mittel zur Erneuerung der Oper: »Auto und Lokomotive wurden auf die Opernbühne gebracht, die Maschinen fingen an zu singen. Aber was sie sangen, war die alte Deklamatorik des Musikdramas, das Orchester brodelte in den alten Rauschekstasen.« (Strobel, S. 193) In der Tat führte Krenek in seinen *Bemerkungen zu meiner Oper »Jonny spielt auf«* die Wirkung auf seinen »Griff in die Aktualität des Gegenwartslebens« (Krenek 1927, S. 188) zurück, mit dem er versucht habe, die »absonderliche Diskrepanz«, die das Publikum »in der Gleichzeitigkeit von Musik und modernem Requisit« (S. 189) zu sehen gewohnt sei, zu überwinden. Ganz anders als B. betonte Krenek, der den Text zu *Jonny spielt auf* selbst geschrieben hatte, dass die »gegenseitige Durchdringung von Wort und Ton, bzw. Szene und Musik« (S. 190) sein Ziel gewesen sei, und dass er die Tendenz, »irgendeine Gesinnung zu manifestieren« (ebd.) und die Befrachtung eines Werks mit Ideologie ablehne: »Ich persönlich halte eine solche Stellungnahme, sei es ideologischer, spekulativer, moralischer, politischer oder/sonstwie außerkünstlerischer Art, überhaupt für undramatisch, auf keinen Fall aber eignet sie sich für ein musikalisches Kunstwerk.« (Ebd.) Letztlich visierte Krenek nicht wie B. den kritisch reflektierenden Zuschauer an, sondern es ging ihm darum, die »naive Freude am Kunstwerk« durch »stofflich« interessante Gegenstände ohne »doktrinäre Langeweile« (S. 191) zu wecken. B. dagegen konstatierte das »zähe Festhalten am Genießerischen, an der Berauschung« (GBA 24, S. 83) des Opernapparats und führte die von der Oper produzierten »Illusionen« auf »gesellschaftlich wichtige Funktionen« zurück, die den »Rausch [...] unentbehrlich« (ebd.) machten, weil, wie B. mit einem längeren Zitat aus Sigmund Freuds *Das Unbehagen in der Kultur* begründete, die von der Kunst offerierten »Ersatzbefriedigungen« in der Psyche »große Energiebeträge« (vgl. ebd., Anm. 10) banden, die dann nicht zur Lösung gesellschaftlicher Aufgaben bereitständen. Abschließend fasste B. die gesellschaftliche Relevanz von *Aufstieg und Fall der Stadt Mahagonny* zusammen: »Mag ›Mahagonny‹ so kulinarisch sein wie immer – eben so kulinarisch wie es sich für eine Oper schickt –, so hat es doch schon eine gesellschaftsändernde Funktion; es stellt eben das Kulinarische zur Diskussion, es greift die Gesellschaft an, die solche Opern benötigt; sozusagen sitzt es noch prächtig auf dem alten Ast, aber es sägt ihn wenigstens schon [...] ein wenig an ...« (S. 84) B. schloss mit einer spöttischen literarischen Reminiszenz an Heinrich Heines *Ich weiß nicht, was soll es bedeuten*: »Und das haben mit ihrem Singen die Neuerungen getan.« (Ebd.) Allerdings deutete er in einem Nachsatz an, dass der mit *Mahagonny* beschrittene Weg durch seine nach Abfassung der Oper geschriebenen Werke wie den Lehrstücken *Der Flug der Lindberghs* und *Das Badener Lehrstück vom Einverständnis* sowie der Schuloper *Der Jasager*, in denen »das Lehrhafte auf Kosten des Kulinarischen immer stärker« (ebd.) hervortrat, überholt und wenig zukunftsträchtig sei.

In der B.-Forschung werden die *Anmerkungen* zwar wegen ihres hohen Stellenwerts als erste systematische Zusammenfassung von B.s Theorie des epischen Theaters häufig erwähnt. Abgesehen von der Reproduzierung des Schemas sind ausführliche Analysen aber selten, da die Beschäftigung mit dem Aufsatz gewöhnlich in den Kontext der Entwicklung von B.s Theatertheorie eingebettet ist. In der älteren Forschung herrschte die Tendenz vor, den »Anteil der Musik« (Weisstein 1986, S. 73), die »in zwei Schriften Brechts zur Oper« – neben den *Anmerkungen zum »Aufstieg und Fall der Stadt Mahagonny«* die *Anmerkungen zur »Dreigroschenoper«* – »ihren charakteristischsten Ausdruck« (ebd.) finden, nicht gebührend zu berücksichtigen. Vor allem Ulrich Weisstein lenkte in mehreren Aufsätzen (1962, 1984, 1986) das Augenmerk auf den Einfluss der gesamteuropäischen Musikentwicklung auf B.s (und Weills) Opernkonzeption, um seine These zu untermauern, dass die »epische Oper als Ausdruck des europäischen Avantgardismus« aufzufassen sei (Weisstein 1986, S. 72). Weisstein glaubte, aus den Aufführungen von Strawinskys *Histoire du soldat* (Text: Charles Ramuz; 1925 in Berlin aufgeführt), Strawinskys *Oedipus Rex* (Text: Jean Cocteau; 1928 in Berlin aufgeführt) und *Christophe Colomb* von Darius Milhaud (Text: Jean Claudel; im Mai 1930 in Berlin uraufgeführt) folgern zu können, dass »Entsprechungen« zwischen diesen Werken und den *Anmerkungen* auf »echte Einflüsse« (Weisstein 1986, S. 74) zurückzuführen seien, obwohl sich nicht nachweisen lässt, dass B. diese Aufführungen tatsächlich besuchte (vgl. ebd.). Zweifellos spielte Strawinsky eine gewichtige Rolle; er hatte das »neue musikalische Theater mit der Unerbittlichkeit des Genies [formuliert]: in der ›Geschichte des Soldaten‹, dann im ›Oedipus‹.

Anstelle der unendlichen dramatischen Bewegung trat die epische Ruhe, anstelle der klanglichen Charakteristik und der expressiven Ausschweifung trat die Stilisierung des Ausdrucks, die Bindung durch die Form« (Strobel, S. 193). B. jedoch distanzierte sich in einem Seitenhieb in den *Anmerkungen* von dem von Weill hoch geschätzten Strawinsky (vgl. Weill, S. 44), dessen ins Lateinische übersetztes Opern-Oratorium *Oedipus Rex* – ohne Namen und Werk zu benennen – er der Negierung des Operninhalts bezichtigte: »Die Besseren verneinen den Inhalt überhaupt und tragen ihn in lateinischer Sprache vor oder vielmehr weg.« (GBA 24, S. 82) B. zählte später Strawinsky zu den am Opernapparat gescheiterten Neuerern (vgl. GBA 22, S. 160) und bezeichnete ihn schließlich zusammen mit Arnold Schönberg als einen der »zwei großen Musiktuis« (GBA 17, S. 159).

Als wahrscheinlich wichtigster »Vermittler der Ideen«, welche »die französische Avantgarde entwickelt und in ihren Werken realisiert hatte« (Weisstein 1986, S. 78), gilt Weill, dessen (indirekter) Beitrag zu den *Anmerkungen* schwer feststellbar und daher umstritten ist, da er sich vermutlich in Gesprächen während der Periode seiner engen, produktiven Kooperation mit B. von 1927 bis 1930 – *Aufstieg und Fall der Stadt Mahagonny* »ist das Zentrum und der Gipfel« dieser Zusammenarbeit (Schebera, S. 124) – herauskristallisierte. Wegen der teilweisen Abhängigkeit Weills von dem von ihm verehrten Busoni und dessen theoretischem, »epische Prinzipien« (Geuen, S. 243) vorausnehmenden Hauptwerk *Entwurf einer neuen Ästhetik der Tonkunst* (1907) – ein Exemplar befand sich in B.s Bibliothek – ist Weill ebenfalls als Mittler zwischen B. und Busoni betrachtet worden (vgl. Lucchesi, S. 132–134). Obwohl Weills Verhältnis zu B.s Werk in den letzten Jahrzehnten zunehmend Aufmerksamkeit gewidmet worden ist (vgl. den knappen Überblick über den Forschungsstand in: Geuen, S. 247–256), bleibt für die Weill-Forschung weiterhin ein Desiderat, den »Anteil Weills an der Ausbildung der Brechtschen Theatertheorie« festzustellen (Schebera, S. 124), der »bisher zu

Unrecht unterbelichtet geblieben« sei (ebd.). Noch 1999 bemängelten die Herausgeber einer erweiterten und revidierten Neuausgabe von Weills *Gesammelten Schriften* nicht völlig zutreffend, dass der Anteil des Komponisten an der Herausarbeitung der Theorie des epischen Theaters »von Brecht-Adepten kaum eines Wortes gewürdigt« (Hinton/Schebera, S. 22) werde.

Die Forschung hat darauf aufmerksam gemacht, dass trotz der Übereinstimmungen zwischen B. und Weill, die eine gemeinsame Arbeit überhaupt erst möglich machten, schon die Tatsache, dass B. die *Anmerkungen* und Weill die *Anmerkungen zu meiner Oper »Mahagonny«* (1930) und sein *Vorwort zum Regiebuch der Oper »Aufstieg und Fall der Stadt Mahagonny«* (1930) »ohne Mitwirkung des jeweiligen Partners veröffentlichten« (Dümling, S. 223), auf inkompatible Standpunkte schließen lässt. Bei dem beiderseitigen Bestreben, die epische Oper zu entwickeln und theoretisch zu begründen, ergaben sich Gemeinsamkeiten in Bezug auf die Änderungsbedürftigkeit der Institution Oper, die einen Zuschauer neuen Typs zugleich forderte und voraussetzte. In *Über den gestischen Charakter in der Musik* (1929) schrieb Weill: »Das Theater der vergangenen Epoche war für Genießende geschrieben. Es wollte seinen Zuschauer kitzeln, erregen, aufpeitschen, umwerfen. Es rückte das Stoffliche in den Vordergrund und verwandte auf die Darstellung eines Stoffes alle Mittel der Bühne. [...] Die andere Form des Theaters, die sich heute durchzusetzen beginnt, rechnet mit einem Zuschauer, der in der ruhigen Haltung des denkenden Menschen den Vorgängen folgt und der, da er ja denken will, eine Beanspruchung seiner Genußnerven als Störung empfinden muß.« (Weill, S. 84) Während B. in den *Anmerkungen* das »Gestische« in der Oper als Mittel betrachtete, »etwas Direktes, Lehrhaftes hineinzubringen« (GBA 24, S. 77, Anm. 2) – B.s genauere Definition der gestischen Musik als einer »Musik, die dem Schauspieler ermöglicht, gewisse Grundgesten vorzuführen« (GBA 22, S. 159), stammt erst aus dem Aufsatz *Über die Verwendung von Musik für ein episches Theater* von 1935 –, schrieb Weill der Musik eine primäre Rolle zu: »Die Form der Oper ist ein Unding, wenn es nicht gelingt, der Musik im Gesamtaufbau und in der Ausführung bis ins einzelnste eine vorherrschende Stellung einzuräumen. Die Musik der Oper darf nicht die ganze Arbeit am Drama und seiner Idee dem Wort und dem Bild überlassen, sie muß an der Darstellung der Vorgänge aktiv beteiligt sein.« (Weill, S. 85) Weill postulierte die führende Rolle der Musik gleichfalls in seinem *Vorwort zum Regiebuch der Oper »Aufstieg und Fall der Stadt Mahagonny«*: »Die schauspielerische Führung der Sänger, die Bewegung des Chors, wie überhaupt der ganze Darstellungsstil dieser Oper, wird bestimmt durch den Stil der Musik.« (S. 104) Solche Ansichten, die den Primat der Musik zumindest implizit etablierten, entsprachen nicht B.s Forderung nach der Trennung der Elemente; außerdem hielt Weill im Gegensatz zu B. grundsätzlich an der Reformierbarkeit der Oper fest, obwohl er den Kulinarismus traditioneller Werke verurteilte. Zum offenen Bruch zwischen B. und Weill kam es schließlich während der Proben zur Berliner Produktion von *Aufstieg und Fall der Stadt Mahagonny* (Premiere am 21. 12. 1931). Der gemeinsame, allgemeinste Bezugspunkt der »Achse Brecht-Weill«, nämlich die »Vorstellung eines antiwagnerianischen Theaters« (Geuen, S. 244), hatte sich auf Dauer als nicht tragfähig erwiesen.

In der zeitgenössischen Reaktion auf die *Anmerkungen* konzentrierte man sich zunächst auf das aus dem Kontext gelöste und separat nachgedruckte Schema (vgl. GBA 24, S. 478). Der Hörspielautor und -theoretiker Arnold Schirokauer ließ es (er schrieb es Peter Suhrkamp zu) in der *Einführung* zu seinem Hörspiel *Der Kampf um den Himmel* (1931) abdrucken (vgl. Schirokauer, S. 12f.), um seine These zu begründen, dass »das wirkliche Hörspiel episches und nicht theatralisches Theater sein muß« (S. 11). Georg Lukács zitierte in seiner in der *Linkskurve* veröffentlichten Antwort an Ernst Ottwalt, dessen Roman *Denn sie wissen, was sie tun* (1931) er scharf kritisiert hatte, aus dem Schema und ignorierte B.s Intention völlig, indem er erklärte: »Mit einem

Wort: die ›neue‹ Kunst bedeutet einen *radikalen* Bruch mit allem Alten.« (Lukács, S. 17) Lukács nahm weiterhin B.s auf den Marx-'schen Feuerbachthesen beruhende Gegenüberstellung vom Primat des Denkens im dramatischen und dem des gesellschaftlichen Seins im epischen Theater zum Anlass, B.s Theorie als »mechanisch« und als »oberflächliche Vulgarisierung der Anschauungen von Marx« (S. 18) zu verunglimpfen. Im selben Heft der *Linkskurve* bezeichnete Andor Gabor B.s Schema als »starre Gegenüberstellung«, die »mit beiden Füßen auf idealistischem Postament steht« (Gabor, S. 29). Die in der *Linkskurve* geäußerten Positionen deuten bereits die Realismuskontroverse der Exiljahre an.

In seinem 1934 in Paris gehaltenen Vortrag *Der Autor als Produzent* zitierte Walter Benjamin B.s Kritik an den Apparaten und der Rolle der Intellektuellen aus den *Anmerkungen* (Benjamin, S. 697) und stellte das epische Theater als »Modell« eines Apparats vor, der »Konsumenten der Produktion« zuführe und »aus Lesern oder Zuschauern Mitwirkende zu machen imstande« sei (S. 696). Benjamins Weiterführung von B.s Gedanken unterschied sich erheblich von Kreneks auf einem fundamentalen Missverständnis beruhender Replik auf B.s Kritik an *Jonny spielt auf.* Krenek bemängelte, dass »Neuerer« wie B. »stets polemisch gegen die bloße Genußfunktion« (Krenek 1936, S. 39) aufgetreten wären, und verkannte völlig, dass B. den Kulinarismus als zentrale Kategorie seiner Opernkritik benutzt hatte.

Als fortwährender Stein des Anstoßes erwies sich das Schema, sodass B. sich veranlasst sah, in einem längeren Brief vom Juli 1939 zu erläutern: »Die Ausführungen, die gedruckt vorliegen (ursprünglich in der Reihe der ›Versuche‹ veröffentlicht), sind als Anmerkungen zu Theateraufführungen und daher mehr oder weniger polemisch geschrieben. Sie enthalten nicht komplette Definitionen und rufen deshalb bei dem sie Studierenden oft Mißverständnisse hervor, die ihn hindern, produktiv theoretisch mitzuarbeiten. Besonders der *Opernaufsatz zu ›Mahagonny‹* bedarf einiger Zusätze, damit die Diskussion fruchtbar werden kann.« (GBA 29, S. 149) B. verwahrte sich vornehmlich gegen den Vorwurf, die Rolle der Gefühle nicht zu berücksichtigen: »Die Diskussion *Gefühl oder Verstand* verdunkelt nämlich nur die Hauptsache, die sich aus meinen Arbeiten (besser Versuchen) ergibt für die Ästhetik: *daß ein bisher als konstituierend angesehenes Phänomen, die E i n f ü h l u n g, neuerdings in einigen künstlerischen Werken mehr oder weniger ausgeschaltet wurde.* (Das Gefühl ist damit ja keineswegs ausgeschaltet worden.)« (S. 150) Am 4. 3. 1941 merkte B. in einem *Journal*-Eintrag an: »Es wird mir klar, daß man von der Kampfstellung ›hie ratio – hie emotio‹ loskommen muß. Das Verhältnis von ratio zu emotio in all seiner Widersprüchlichkeit muß exakt untersucht werden, und man darf den Gegnern nicht gestatten, episches Theater als einfach rationell und konteremotionell darzustellen.« (GBA 26, S. 467) In der *Vorrede* zum *Kleinen Organon für das Theater* schließlich leitete B. den Ursprung seiner zum Teil missverständlichen und überspitzten Formulierungen aus der »Kampflage« her (GBA 23, S. 65), hervorgerufen durch die Bestrebungen, »ein Theater des wissenschaftlichen Zeitalters« (ebd.) zu schaffen. Er zitierte aus den *Anmerkungen* seine damalige Absicht, »aus dem Genußmittel den Lehrgegenstand zu entwickeln« (ebd.; vgl. GBA 24, S. 84), und widerrief seine vormalige Intention, »aus dem Reich des Wohlgefälligen zu emigrieren« (GBA 23, S. 66). Ferner distanzierte sich B. in den *Nachträgen zum ›Kleinen Organon‹* vom »Begriff ›episches Theater‹«, denn es stand »zu unbewegt gegen den Begriff des Dramatischen, setzte ihn oft allzu naiv einfach voraus« (S. 289).

Es ist zu bezweifeln, dass die Selbstverständigungs-, Erklärungs- und Schadensbegrenzungsversuche B.s allgemein zur Kenntnis genommen worden sind. Schon bei der Berliner Uraufführung von *Die Mutter* (17. 1. 1932) wurde das Schema der *Anmerkungen* separat im von B. selbst betreuten Programmheft (vgl. Hecht, S. 283) nachgedruckt. Dieser Vorgang wiederholte sich bei den Züricher Uraufführungen von *Mutter Courage und ihre Kinder* am

19.4.1941 (vgl. GBA 6, S. 393) und *Der gute Mensch von Sezuan* am 4.2.1943 (vgl. S. 442). Heute dient das schier unverwüstliche Schema als Studienhilfe für angehende Germanisten im Internet (vgl. http://www.uni-essen.de/literaturwissenschaft-aktiv/einladung.htm).

Literatur:

Bayerdörfer, Hans-Peter: Episches Theater. In: Borchmeyer, Dieter/Žmegač, Viktor (Hg.): Moderne Literatur in Grundbegriffen. Tübingen 1994, S. 110–116. – Benjamin, Walter: Der Autor als Produzent. In: Ders.: Gesammelte Schriften. Hg. v. Rolf Tiedemann und Hermann Schweppenhäuser. Bd. 2.2. Frankfurt a.M. 1977, S. 683–701. – Brown, Hilda Meldrum: Leitmotiv and Drama. Wagner, Brecht, and the Limits of ›Epic‹ Theatre. Oxford 1991. – Dümling, Albrecht: Laßt euch nicht verführen. Brecht und die Musik. München 1985. – Gabor, Andor: Zwei Bühnenereignisse. In: Die Linkskurve 4 (1932), H. 11/12, S. 27–32. – Geuen, Heinz: Von der Zeitoper zur Broadway Opera. Kurt Weill und die Idee des musikalischen Theaters. Schliengen 1997. – Hecht, Werner: Brechts Weg zum epischen Theater. Abschnitte aus einem Beitrag zur Entwicklung des epischen Theaters 1918 bis 1933. In: Grimm, Reinhold (Hg.): Episches Theater. 3. Aufl. Köln 1972, S. 50–87. – Hecht. – Hinck, Walter: Die Dramaturgie des späten Brecht. 5. Aufl. Göttingen 1971. – Hinton, Stephen/Schebera, Jürgen: Vorwort. In: Weill, Kurt: Musik und musikalisches Theater. Gesammelte Schriften. Neuausgabe Mainz 2000, S. 17–28. – Krenek, Ernst: Bemerkungen zu meiner Oper ›Jonny spielt auf‹. In: Voigts, Manfred (Hg.): 100 Texte zu Brecht. München 1980, S. 188–191. – Ders.: Ist Oper heute noch möglich? In: Ders.: Im Zweifelsfalle. Aufsätze über Musik. Wien 1984, S. 36–50. – Lucchesi, Joachim: Versuch eines Vergleichs: Kurt Weill als Mittler zwischen Brecht und Busoni. In: Musik und Gesellschaft 40 (1990), S. 132–134. – Ders./Shull, Ronald: Musik bei Brecht. Frankfurt a.M. 1988. – Lukács, Georg: Aus der Not eine Tugend. In: Die Linkskurve 4 (1932), H. 11/12, S. 15–24. – Mennemeier, Franz Norbert: Modernes Deutsches Drama. Bd. 1. München 1973. – Schebera, Jürgen: Kurt Weill 1900–1950. Eine Biographie in Texten, Bildern und Dokumenten. Mainz 1990. – Schirokauer, Arno: Frühe Hörspiele. Hg. v. Wolfgang Paulsen. Kronberg/Taunus 1976. – Strobel, Heinrich: Neues Operntheater. In: Voigts, Manfred (Hg.): 100 Texte zu Brecht. München 1980, S. 191–194. – Voigts, Manfred: Brechts Theaterkonzeptionen. Entstehung und Entfaltung bis 1931. München 1977. – Weill, Kurt: Musik und musikalisches Theater. Gesammelte Schriften. Neuausgabe hg. v. Stephen Hinton und Jürgen Schebera. Mainz 2000. – Weisstein, Ulrich: Cocteau, Stravinsky, Brecht, and the Birth of Epic Opera. In: Modern Drama 5 (1962), S. 142–153. – Ders.: Von reitenden Boten und singenden Holzfällern: Bertolt Brecht und die Oper. In: Hinderer, Walter: Brechts Dramen. Neue Interpretationen. Stuttgart 1984, S. 266–299. – Ders.: Brecht und das Musiktheater. Die epische Oper als Ausdruck des europäischen Avantgardismus. In: Schöne, Albrecht (Hg.): Kontroversen, alte und neue: Akten des VII. Internationalen Germanisten-Kongresses. Bd. 9. Tübingen 1986, S. 72–85.

Siegfried Mews

Anmerkungen zum Lustspiel »Mann ist Mann«

Die *Anmerkungen* sind eine Zusammenstellung von Texten, die B. vor allem anlässlich der zweiten Berliner Aufführung seines Stücks *Mann ist Mann* 1931 verfasst und für den Druck der *Gesammelten Werke* im Malik-Verlag 1938 revidiert hat. Sie gliedern sich in drei Abschnitte: 1. *Zur Regie*, 2. *Zur Frage der Maßstäbe bei der Beurteilung der Schauspielkunst* und 3. *Zur Frage der Konkretisierung*. Der zweite Teil wurde bereits am 8.3.1931 im *Berliner Börsen-Courier* veröffentlicht, der dritte entstand 1936 in direkter Bezugnahme auf die veränderte politische Situation im faschistischen Deutschland. Im Exil hat B. die Anmerkungen zu *Mann ist Mann* und auch zu anderen Stücken auf Einwände von Hanns Eisler hin, der sie »zu positivistisch« fand, rückblickend im *Journal* vom 11.5.1942 charakterisiert: »Nun sind die Anmerkungen zwar nur technische Hinweise für die Aufführung, nötig, weil ohne sie die Bühnen die Stücke stilmäßig einschmelzen und um ihre spezielle Wirkung bringen, andererseits aber auch Bruchstücke einer Ästhetik des Theaters, die nicht geschrieben ist. [...] Geschrieben sind sie in dem Gefühl des Beginns einer neuen Zeit, als kleine Proben einer fröhlichen Wissenschaft, in der Lust des Lernens und Probierens.« (GBA 27, S. 94)

szenierung demonstrieren (vgl. Voigts, S. 181; Müller, S. 102 und S. 105; Lyon 1994, S. 514).

Kontext

Einerseits stehen die *Anmerkungen* im direkten Zusammenhang mit den verschiedenen Fassungen des Stücks *Mann ist Mann* und einer Reihe kürzerer Texte, die B. zwischen 1925 und 1931 zu diesem »Lustspiel« geschrieben hat, u.a.: *Epischer Verlauf, Zu der Aufführung im Radio, Die Geschichte des Packers Galy Gay, Rede im Rundfunk, Dialog zu Bert Brechts »Mann ist Mann«* (GBA 24, S. 31–45). Andererseits gehen die *Anmerkungen* aber in Thematik und Anspruch über die Arbeit am Stück hinaus und bilden mit weiteren Texten B.s dieser Zeit, vor allem dem *Dialog über Schauspielkunst*, der Notizensammlung *Die dialektische Dramatik* sowie den 1930 veröffentlichten *Anmerkungen zur »Dreigroschenoper«* und *Anmerkungen zur Oper »Aufstieg und Fall der Stadt Mahagonny«*, die Grundlage für seine Theorie eines veränderten, epischen bzw. dialektischen Theaters. Diese Zwischenstellung bestimmt die Tragweite der Texte ebenso wie ihre Problematik, weder bloß Selbstverständigung und Erklärung der praktischen Erfahrungen des Stückeschreibers und Theatermachers zu sein, noch auch ein in sich konsistentes theoretisches Modell zu liefern, das dann im Stück oder in seiner Inszenierung bloß noch eine exemplarische Anwendung gefunden hätte. Weit entfernt von solchen einfachen Entsprechungen entfalten die verschiedenen Fassungen der Kommentartexte und die Versionen des Stücks mitunter gegensätzliche Tendenzen. Damit sind die *Anmerkungen* beispielhaft für den produktiven Status kommentierender Reflexion in B.s Arbeit an neuen Theaterformen. Der besonderen Bedeutung von *Mann ist Mann* als Drehpunkt für die Entwicklung des epischen Theaters entsprechen die *Anmerkungen* gerade insofern, als sie eine Rückbindung theoretischer Positionen an die Fabel des Stücks und an die Praxis seiner In-

Spaß und Verbrechen

Als zentrales Problem von *Mann ist Mann* hat B. immer wieder das Verhältnis der Masse zum Individuum markiert. Seine Haltung dazu ist aber nicht aus den Kommentaren allein abzuleiten, da diese vielfach »in einem gewissen Widerspruch zu dem Stück selbst« stehen (Wege, S. 25). Gerade die Frage, wie die in der Fabel angelegte »Ummontierung« des Subjekts und die Rolle des Kollektivs in diesem Prozess zu bewerten wären, wird von B. in den Prosatexten optimistischer beantwortet, als es die Stückfassungen nahe legen. Und auch innerhalb der Kommentartexte gibt es unterschiedliche Positionen. Im Zusammenhang mit einer Rundfunksendung des Stücks 1927 definierte B. die Figur des Packers Galy Gay noch als ein »Schaubild dafür, wie in unserer Zeit fortschreitend der oberflächliche Firnis des Individualismus sich zersetzt« und als einen »neuen Typus Mensch«, der »erst in der Masse stark wird« (GBA 24, S. 37 und S. 40f.). Diese emphatische Auffassung von Galy Gay als einem Testfall für den »Aufstieg des Marxismus« (S. 42) musste B. dann auch angesichts der Massenideologie des Faschismus immer weiter revidieren, bis hin zu seiner letzten Äußerung über das Stück für die Ausgabe der *Ersten Stücke* im Suhrkamp Verlag 1953: »Das Problem des Stückes ist das falsche, schlechte Kollektiv (der ›Bande‹) und seine Verführungskraft, jenes Kollektiv, das in diesen Jahren Hitler und seine Geldgeber rekrutierten, das unbestimmte Verlangen der Kleinbürger nach dem geschichtlich reifen, echten sozialen Kollektiv der Arbeiter ausbeutend.« (GBA 23, S. 245) Schließlich wird die Gemeinschaft, die sich den Einzelnen unterordnet und anverwandelt, selbst zum Problem, das sich auch nicht durch die Unterscheidung von ›guten‹ und ›schlechten‹, oder ›falschen‹ und ›echten‹ Kollektiven lösen lässt.

Wenn B. für die Problematik des Kollektivs vor allem durch das opportunistische Verhalten der Kleinbürger im Faschismus sensibilisiert wurde, ist die Gewalt der ›Bande‹ gegen den Einzelnen doch bereits in den frühesten Stückfassungen thematisiert. Ein kurzer Rückblick darauf kann das Fortwirken der Fragestellung auch in den *Anmerkungen* erhellen: Schon die Entwürfe zu *Galgei* schildern die Verwandlung als Verbrechen und Spaß zugleich: »Ein einfacher Mensch wird von einer zweifelhaften Sorte von Spaßvögeln getrieben, die Rolle eines andern zu spielen.« (Wege, S. 50) Inwieweit B. diesen Spaß als durchaus exemplarisch für menschliches Verhalten ansah, erhellt ein Tagebucheintrag vom 6.7.1920: »Am *Galgei* muß das Ewige, Einfache ans Licht: Anno domini ... fiel der Bürger Joseph Galgei in die Hände böser Menschen, die ihn gar übel zurichteten, ihm seinen Namen abnahmen und ohne Haut liegenließen. So möge jeder achtgeben auf seine Haut!« (GBA 2, S. 407) Ohne die Wahrnehmung dieses jede Gemeinschaft mitbegründenden Potenzials an Aggressivität sind die Bedeutung des Stücks für B.s weitere Produktion und der Einsatz seiner kommentierenden Reflexionen darüber kaum zu erfassen. Galgeis Geschichte wird aber bereits zum Anlass für eine ebenso gleichnishafte wie ironische Warnung, als wäre der Verlust von Name und Individualität in der modernen Massengesellschaft durch bloßes ›Achtgeben vor bösen Menschen‹ noch zu vermeiden.

Wie die verschiedenen Fassungen des Stücks zeigen, ging B.s Interesse an der Ummontierung des Individuums weit über ein soziologisches Experiment über die Wandlungsfähigkeit des Menschen hinaus, richtete sich zugleich auf das Theater als Ort, an dem das Politische eine Sache des Vergnügens und des Erschreckens ist. Dass die Aggressionen der Gemeinschaft am Einzelnen ebenso ausgelassen wie entfesselt werden, diese besondere Durchdringung von ›Spaß‹ und ›Verbrechen‹, kann jedenfalls als die im *Galgei*-Stoff angelegte Dynamik angesehen werden, an der B. sich unter wechselnden theatertheoretischen Perspektiven und politischen Zielsetzungen immer wieder abgearbeitet hat und die auch für die *Anmerkungen* grundlegend ist. Wenn er um 1925 die Handlung nach eingehender Lektüre der Erzählungen von Rudyard Kipling vom Kriminellen-Milieu auf dem Augsburger Jahrmarkt ›Plärrer‹ in den englischen Kolonialkrieg um Indien und Tibet verlegt hat (vgl. Lyon 1976, S. 80–97), so ist die Armee vor allem als Schauplatz einer ›asozialen‹ Gemeinschaft wichtig. Wie bereits einige Kritiker der Uraufführung von *Mann ist Mann* in der Fassung von 1926 bemerkten, war die Annahme einer neuen Identität als Soldat ein durchaus konventioneller (Theater-)Stoff: Bernard Diebold erkannte hier mit Anspielung auf das preußische Disziplinarsystem die »gute alte Militärmethode zur Köpfung des ›Charakterkopfs‹«, Alfred Kerr sah darin ein gängiges »Schwankthema« (vgl. Wege, S. 298 und S. 302). Was jedoch von diesen oberflächlichen Zuordnungen verdeckt wird, ist eben die In-Frage-Stellung der vorgeführten Verhaltensmuster. In der grotesken Zuspitzung wird der Krieg als die »gesellschaftlich repräsentative Form eines legalisierten Verbrechens« kenntlich, als »geschäftliche Unternehmung« (Müller, S. 91f.). Weder ist Galy Gay bloß ein hilfloses Opfer der Anderen, noch ist es ganz zutreffend, dass er aus freier Bestimmung den »Persönlichkeitsabbau als Spiel bewusst mitmacht« (Tabbert-Jones, S. 161; vgl. Witzler, S. 147). Entscheidend ist vielmehr der (Verwertungs-)Prozess, den das Kollektiv vorführt. Indem B. die Eingliederung des Zivilisten in die Armee als grausame Komödie durchspielt, gelangt er nicht nur zu einer realistischen Schilderung der zeitgenössischen Kolonialkriege. Mit der Darstellung der Ummontierung als eines Initiationsprozesses, der den symbolischen Tod und die Preisgabe einer früheren Identität einschließt, wird zugleich die Abhängigkeit der kriegführenden Gemeinschaft von der Freisetzung krimineller, asozialer und destruktiver Energien demonstriert.

Schon in den frühen Entwürfen, noch bevor B. das Ergebnis der Verwandlung auf den Begriff der »Kriegsmaschine« gebracht hat, erscheint der harmlose Packer im Milieu der Armee als Monster. Wie der Kamerad mit den ausgeschlagenen Zähnen (Bak bzw. Jesse Baker) feststellen muss, steckt im einfältigen Galy Gay »vielleicht sogar ein Mörder« (Wege, S. 92f.). So hebt auch der Vorspruch zum so genannten *Hauptmann-Manuskript* von 1925 die Freisetzung von Aggression gerade durch Eingliederung in die Gemeinschaft hervor: »Unter den Vielen einer von Vielen, erlangt er seine größte ihm [...] mögliche/Entfaltung, er ist gleichsam der Erste [...] von/allen der durch die Masse an Stärke wirklich gewinnt.« (S. 66; vgl. Kesting, S. 196) Wie schon die Verwandlung nicht bloß aus Not, sondern auch und vor allem ›aus Bosheit‹ (Wege, S. 141) geschah, ist die Stärke des neuen Soldaten seine Grausamkeit: »Der lässt uns noch alle köpfen!« (S. 151) In der ersten Druckfassung von 1926 bildet diese Warnung sogar den Schluss des Stücks. Und in der Neufassung von 1931 bzw. 1938 ist dieser Schlussakzent noch verstärkt: »Und schon fühle ich in mir / Den Wunsch, meine Zähne zu graben / In den Hals des Feinds / Urtrieb, den Familien / Abzukillen den Ernährer / Auszuführen den blutigen Auftrag / Ein wilder Schlächter!« (GBA 2, S. 227)

Theater als Prozess

Wenn aus Galy Gay ein »neuer Mann« wird, so führt diese Verwandlung nicht nur über das Tier (»Er ist der reinste Elefant«; GBA 2, S. 119), sondern auch über die Maschine, wie der Zwischenspruch festhält: »Hier wird heute abend ein Mensch wie ein Auto ummontiert / Ohne daß er irgend etwas dabei verliert.« (S. 123) Gerade an diesem Punkt kommt jedoch die Ambivalenz zum Ausdruck, mit der B. die Bewertung des *Montageaktes* dem Zuschauer bzw. Leser überantwortet hat. Die Schreckensvision von der Kampfmaschine wird immer wieder durchkreuzt durch einen Grundgestus der Affirmation (»der ›neue‹ Mann ist der bessere Mann«, S. 411), der wohl auch von B.s Interesse an Fordismus und Neuer Sachlichkeit zeugt, in jedem Fall aber ironische Züge trägt. Das zeigt als Vorstufe zu den *Anmerkungen* auch B.s *Rede im Rundfunk* anlässlich der Sendung einer Radiofassung des Stücks: »Sie werden sicher auch sagen, daß es eher bedauernswert sei, wenn einem Menschen so mitgespielt und er einfach gezwungen wird, sein kostbares Ich aufzugeben, sozusagen das einzige, was er besitzt, aber das ist es nicht. Es ist eine lustige Sache. Denn dieser Galy Gay nimmt eben keinen Schaden, sondern er gewinnt.« (GBA 24, S. 42) Die Sache ist »lustig«, weil Galy Gay mit seiner früheren, ›menschlichen‹ Identität nicht wirklich etwas verliert, sondern im Gegenteil: Erst als Un-Mensch wird er Teil der dargestellten Gemeinschaft. Wie diese Ummontierung zu bewerten sei, ist nun Sache des Zuschauers und Lesers: »Aber vielleicht gelangen Sie zu einer ganz anderen Ansicht. Wogegen ich am wenigsten etwas einzuwenden habe.« (Ebd.) So geht es insgesamt um ein Spiel vor Zuschauern, denen mit ihrer Identifikationsfigur nicht nur der Boden des »oberflächlichen Individualismus« entzogen wird, sondern zugleich die Gewissheit, wie der gezeigte Vorgang zu beurteilen wäre. Dass B. mit dieser Frage die Rolle des ›Publikums‹ und damit das Theater als Prozess (Vorgang und Verhandlung) kenntlich machen wollte, zeigt nicht zuletzt die Szene *Das Elefantenkalb oder Die Beweisbarkeit jeglicher Behauptung*, die zunächst als Anhang zur Fassung von 1926 erschien und schließlich für die Werkausgabe 1953 als »Zwischenspiel für das Foyer« (GBA 2, S. 414) wieder aufgenommen wurde. Dieses Spiel führt Soldaten als Zuschauer vor, die in einem absurden und demonstrativ ›schlecht gemachten‹ Beweisverfahren über die Schuld des (von Galy Gay gespielten) Elefantenkalbs Wetten einzugehen bereit sind, dann aber angesichts der Sinnlosigkeit des Geschehens ihr Eintrittsgeld zurück verlangen. Damit kommt das Zuschauen als ›aktives‹ Verhalten in den Blick, das den eigentlichen, nicht zuletzt ökonomischen ›Sinn‹ der Veranstaltung mitproduziert.

Die *Anmerkungen* reflektieren die Prozesshaftigkeit des Theaters ausgehend von den Erfahrungen der schon erfolgten Aufführungen von *Mann ist Mann*. Die Erläuterung der dabei angewandten epischen Schauspielkunst wird eng verknüpft mit neuen Anforderungen an das Verhalten der Zuschauer. Der erste, *Zur Regie* überschriebene Teil des Texts schildert einige Besonderheiten der unter B.s maßgeblicher Beteiligung entstandenen Inszenierung im Staatlichen Schauspielhaus (Premiere: 6. 2. 1931). Nachdem die Berliner Erstaufführung 1928 unter der Regie von Erich Engel großen Erfolg gehabt hatte, war diese zweite Berliner Produktion des Stücks heftig umstritten. Die ›Hinrichtung‹ des von Peter Lorre gespielten Galy Gay und seine Verwandlung in eine Kampfmaschine führten zu tumultartigem Protest. Die Inszenierung wurde nach insgesamt nur fünf Vorstellungen abgesetzt, die Kritiken waren überwiegend negativ. Der B. ansonsten eher wohlgesonnene Herbert Ihering warf ihm vor, mit der neuen, »pessimistischen« Fassung die epische Typisierung an den Soldaten als einer Gruppe zu beweisen, »die er gleichzeitig bekämpft, die er also durch die schauspielerische Form einer weltanschaulichen Kritik ausliefert« (*Berliner Börsen-Courier*, 7. 2. 1931). Dadurch sei der typische Fall wieder zum Einzelfall geworden, zu einer »verrannten Regienuance« (Ebd.). Noch abfälliger äußerte sich Alfred Kerr, der das Stück »geistig zurückgeblieben und kindisch-armselig« nannte und in der Inszenierung den »komischen Mißbrauch eines zusammenhanglosen Kleintalents« diagnostizierte (*Berliner Tageblatt*, 7. 2. 1931).

In die entgegengesetzte Richtung wies damals schon Walter Benjamin, dessen Text *Was ist das epische Theater?* (in der ersten Fassung von 1931) die Inszenierung als epochale Leistung würdigte: »Das Publikum fand seinen Zugang zu der Komödie, nachdem die schwüle Atmosphäre der Premiere sich einmal entladen hatte, unabhängig von aller Berufskritik. Denn die Schwierigkeiten, denen eine Erkenntnis des epischen Theaters begegnet, sind ja nichts anderes als der Ausdruck seiner Lebensnähe« (Benjamin, Bd. 2, S. 520). Ausgehend von der These, dass Galy Gay »ein Schauplatz von Widersprüchen unserer Gesellschaftsordnung« sei, deutete er auch die empörten Kritiken als Symptom für die Tragweite des Stücks: »Denn was hier angegriffen wird, ist die Basis, die Anschauung, dass Kunst nur ›streifen‹ dürfe, und dass die ganze Breite der Lebenserfahrung zu betreffen nur dem Kitsch zukomme, obendrein so betroffen zu werden nur für die niederen Klassen sich gehöre. Der Angriff auf die Basis aber ist zugleich Anfechtung ihrer eigenen Privilegien – das hat die Kritik gespürt.« (S. 528) Diese (in der 1939 veröffentlichten Neufassung des Texts gestrichene) Passage war wohl bereits ein Niederschlag der seit 1930 intensivierten Zusammenarbeit zwischen B. und Benjamin; ihre Argumentation entspricht weitgehend B.s eigenem Versuch, die Kritik an der Berliner Inszenierung zum Anlass für eine grundsätzliche Klärung seiner Position zu nehmen.

Beschreibung von Vorgängen

In den *Anmerkungen* verteidigt B. die Mittel des epischen Theaters gegen seine Kritiker zunächst durch konkrete Beschreibung einzelner Vorgänge: »Bei der Berliner Aufführung des Lustspiels ›Mann ist Mann‹, eines Stückes vom Parabel-Typus, wurden ungewöhnliche Mittel angewendet. Die Soldaten und der Sergeant erschienen vermittels Stelzen und Drahtbügeln als besonders große und besonders breite Ungeheuer. Sie trugen Teilmasken und Riesenhände. Auch der Packer Galy Gay verwandelte sich ganz zuletzt in ein solches Ungeheuer.« (GBA 24, S. 45) Deutlich herausgestellt wird die Verwandlung, nicht nur die des Packers in einen Soldaten, sondern ebenso die des Soldaten Jip in einen Gott (im Inneren der geplünderten Pagode), die des Sergeanten Fairchild in einen Zivilisten und auch die Verwandlung des Schauplatzes der Kantine in einen »leeren Platz« (ebd.). B. erinnert daran, wie durch Bildtafeln und Projektionen mit den Nummern/Titeln der einzelnen Verwandlungen ebenfalls der Demonstrationscharakter dieser Szenen unterstrichen wurde. Dazu kam das eigens für diese Aufführung geschriebene, den früheren *Mann-ist-Mann-Song* ersetzende *Lied vom Fluß der Dinge*, das Helene

Weigel als Leokadja Begbick zwischen den einzelnen Phasen der Verwandlung sang, während sie die Sonnensegel der Kantine herabnahm, auf dem Bühnenboden einer symbolischen Reinigung unterzog und schließlich für den Abtransport der Armee zusammenfaltete (zu den Songs vgl. Tabbert-Jones, S. 148–161).

Mit den Einzelheiten der Inszenierung wird nicht nur der Zeichen- und Spielcharakter aller Darstellungsmittel deutlich, sondern zugleich ihre Funktion, die Verwandlung auch am Theater selbst sichtbar vorzuführen: »Sämtliche Stücke der Dekoration hatten den Charakter von Requisiten. [...] Die Bühne war so gebaut, daß der Schauplatz durch Wegnahme weniger Stücke der Dekorationen ein völlig anderes Aussehen erhielt.« (GBA 24, S. 45) Durch die detaillierte Nacherzählung einzelner Vorgänge auf der Bühne stellt der Text der *Anmerkungen* nochmals den Gestus der Inszenierung aus. Die Technik der distanzierenden Demonstration kommt in der Beschreibung erst richtig zur Geltung, was ihre zeitliche Logik angeht: ›Episch‹ ist die Spielweise gerade insofern, als sie ihre eigene Historisierung, die Perspektive ihrer späteren Schilderung und Kommentierung durch Beobachter antizipiert. Diese wechselseitige Beziehung von Schrift und Theater verdeutlicht ein Abschnitt zu der »durch Fallen der Gardine vor- und nachher« (S. 46) als Einlage markierten Verwandlung des Sergeanten Five in einen Zivilisten: »Der Inspizient des Theaters trat mit dem Textbuch vor und verlas während des ganzen Vorgangs Zwischentitel. Zu Beginn: ›Als Einlage: Übermut und Abbau einer großen Persönlichkeit.‹ [...] Nach: ...damit er nicht die Kompanie demoralisiert...: ›So büßte er durch ein unverständliches Beharren auf seinen Privatangelegenheiten einen großen Namen ein, den er durch lange Dienste erworben hatte.‹« (Ebd.)

Das Auftreten des Inspizienten sollte den sonst verborgenen Theater-Apparat auf der Bühne sichtbar machen. Seine übliche Funktion, den technischen Ablauf des szenischen Geschehens zu kontrollieren, wurde auf den Vorgang des Zeigens und Beobachtens übertragen. Wie bei den damals noch gebräuchlichen Zwischentiteln im Film sorgten die Sentenzen für eine Unterbrechung des Geschehens, das damit zugleich auf Gesten hin transparent werden konnte. Auch in den *Anmerkungen zur »Dreigroschenoper«* ist diese Technik als »Durchsetzen des ›Gestalteten‹ mit ›Formuliertem‹« hervorgehoben (S. 58). Davon ausgehend hat Benjamin die Freisetzung von Gesten in B.s Theater an solche Momente der Unterbrechung gebunden: »Gesten erhalten wir um so mehr, je häufiger wir einen Handelnden unterbrechen. Für das epische Theater steht daher die Unterbrechung der Handlung im Vordergrunde. In ihr besteht die formale Leistung der Brechtschen Songs mit ihren rüden, herzzerreißenden Refrains.« (Benjamin, S. 521) Dass die gleiche Funktion der Unterbrechung auch durch die Zwischentitel erreicht wurde, hat B. in der erwähnten Passage festgehalten. Darin zeigt sich nicht zuletzt seine Gewohnheit, auch eigene Stücktexte auf die Probe zu stellen und abzuwandeln und diesen Vorgang selbst zum Dokument zu machen. Die in den *Anmerkungen* aufgezählten Zwischentitel wurden nur in der Berliner Inszenierung verwendet und in keine der gedruckten Fassungen des Stücks übernommen. Insgesamt erweist sich die sachliche, vom einzelnen Vorgang ausgehende Schreibweise dieses ersten Teils der *Anmerkungen* als Gegenmodell zum denunzierenden Stil einer ›Berufskritik‹, in der kaum eine Beobachtung ohne massive Bewertung formuliert wurde. Dagegen ging es B. eher um ein »Aufzeigen des Prozeßmäßigen«, um die Beurteilung als Aufgabe des Zuschauers zu erweisen (Tabbert-Jones, S. 148 und S. 155).

Neue Schauspielkunst

Auch der Hauptteil der *Anmerkungen* richtet sich auf Probleme der »Beurteilung« und erläutert die in der Aufführung von 1931 entfaltete »neue Schauspielkunst«. Der Konflikt um die Leistung des Schauspielers Lorre als

Galy Gay erscheint als Wendepunkt, bei dem »gewisse allgemein als gültig angesehene Maßstäbe durch eine Umwälzung in der Funktion des Theaters aus ihrer die Beurteilung des Schauspielers beherrschenden Stellung gedrängt werden können« (GBA 24, S. 47). Bei dieser »Umwälzung« werden die *Anmerkungen* selbst zum Schauplatz für die Verdrängung traditioneller Kriterien. Wieder kommt der Gegenstand des Textes, ein epischer Gestus der Darstellung, auch in seiner Schreibweise zur Geltung.

Die Argumentation zur Widerlegung der Haupteinwände gegen Lorres Spiel wird aufgebaut aus einer distanzierten Position des ›Augenzeugen‹ und der Verteidigung, während B.s Funktion als Co-Regisseur der Inszenierung ganz zurückgenommen ist. Schließlich wird die Wirkung des Spiels sogar als Indizienbeweis gegen die Zuschauer angeführt: »Hatte es der Sprechart im ersten Teil nicht geschadet, daß ihr das Gestische herausarbeitender Charakter nicht ohne weiteres erkannt wurde (als Wirkung verspürt wurde), so brachte dieses Nichterkennen dieselbe Sprechart im zweiten Teil vollkommen um ihre Wirkung.« (S. 48) Mit den großen Sprechpartien von Galy Gay, seinem Einspruch gegen das Urteil, seinen »Reklamationen an der Mauer vor der Erschießung« und dem »Identitätsmonolog auf der Sargkiste vor dem Begräbnis« (S. 47) sollte vor allem die Widersprüchlichkeit seiner Situation »möglichst objektiv« ausgestellt werden. Dazu seien beispielsweise einzelne Sätze besonders laut gerufen worden, aber nicht um den Zuschauer zu führen, sondern um ihn »seinen Entdeckungen [zu] überlassen«. Der distanzierende Eindruck sollte entstehen, »als läse hier ein Mann lediglich eine zu einem andern Zeitpunkt verfaßte Verteidigungsschrift vor, ohne sie im Augenblick ihrem Sinn nach zu verstehen« (ebd.). Auch im Hinblick auf Lorres ›episodische‹, mit Unterbrechungen arbeitende Spielweise beschreibt der Text den Versuch, »ganz neue Gesetzlichkeiten der Schauspielkunst zu konstituieren (gegen den Fluß spielen, sich durch die Mitspieler charakterisieren lassen usw.)« (ebd.). Als Beweismaterial dieses Plädoyers wird ein von der Vorstellung aufgenommener Film erwähnt, der als bloßes Bilddokument nur die »hauptsächlichen Drehpunkte der Handlung« zeige. Gerade diese technisch bedingten Einschränkungen könnten »überraschend gut« bestätigen, dass Lorre den »mimischen Sinn« seiner langen Sprechpartien getroffen hätte. Wichtiger als der bloße Wortsinn des Textes ist seine Beziehung zum Körper, sein gestisches Potenzial, das nur eine Spielweise ausstellen kann, die »Brechungen und Sprünge« zulässt (S. 49).

Der epische Schauspieler soll seine Figur gerade nicht als von Anfang an fixierten Charakter behaupten, sondern erst nach und nach, durch die Art seines Verhaltens und vor allem durch die »›Art, sich zu ändern‹« (S. 50), immer deutlicher werden lassen. Gerade die Parabel vom Umbau der Persönlichkeit verlangt den Verzicht auf die Fähigkeit von Schauspielern »alter Art«, ihre Rolle »einheitlich und ununterbrochen innerlich zu evolvieren« (S. 49). Um so wichtiger ist die Fähigkeit, Einzelvorgänge dennoch zu einem »Gesamtfluß« zu verknüpfen (S. 50). Exemplarische Bedeutung bekommen kleinste Nuancen der Darstellung, wie bei Lorres Entscheidung, nicht schon vor der Erschießung, sondern erst danach, »bis zur Aufmontierung nach der Leichenrede« (ebd.), ein weißes Schminkgesicht zu tragen, damit die Furcht vor dem neuen Leben als Jeraiah Jip deutlich würde. Um wahrnehmen zu können, dass das Verhalten des Schauspielers in ähnlichen Situationen variiert oder, dass eine bestimmte Geste mit neuen Bedeutungen wiederkehrt, soll der Zuschauer sich von seinem »›Spannungsverlangen‹« (ebd.) freimachen. Stattdessen wird von ihm eine Haltung verlangt, »die etwa dem vergleichenden Umblättern des Buchlesers entspricht« (S. 51). Ähnlich fordern die *Anmerkungen zur »Dreigroschenoper«* im Sinn einer Literarisierung des Theaters zur Verbesserung der Zuschaukunst, »die Fußnote und das vergleichende Blättern« in die Dramatik einzuführen: »Das komplexe Sehen muß geübt werden. Allerdings ist dann beinahe wichtiger als das Imflußdenken das Überdenflußdenken.« (S. 59)

Nicht nur die dargestellten Vorgänge sollen bekannt sein und in vergleichender Betrachtung beurteilt werden können, sondern auch die Darstellung selbst: »Vielleicht ist es sogar gut, wenn der Schauspieler mit anderen Schauspielern in der gleichen Rolle verglichen werden kann. Wäre all dies und noch einiges andere nötig, um dem epischen Theater zur Wirkung zu verhelfen, so müßte es eben organisiert werden.« (S. 51) So wird die Frage der Maßstäbe zur Beurteilung der Schauspielkunst von der Verteidigung von Lorres Spiel auf die neue Haltung des Zuschauers verlagert und, um diese zu ermöglichen, auf eine generelle Neuorganisation des Theaters. Insofern steht auch am Ende dieses ›Prozesses‹ um die neue Schauspielkunst – mit gewissen Ähnlichkeiten zum von B. gleichzeitig geführten *Dreigroschenprozeß* – die Forderung nach anderen gesellschaftlichen Verhältnissen.

Konkretisierung

Der dritte, erst 1938 entstandene Teil der *Anmerkungen* gilt der »Frage der Konkretisierung« (GBA 24, S. 51). Bereits im Exil, fünf Jahre nach der Machtübergabe an die Faschisten in Deutschland, hielt B. gerade die Parabel *Mann ist Mann* für »ohne große Mühe« übertragbar: »Die Verwandlung des Kleinbürgers Galy Gay in eine ›menschliche Kampfmaschine‹ kann statt in Indien in Deutschland spielen. Die Sammlung der Armee zu Kilkoa kann in den Parteitag der NSDAP zu Nürnberg verwandelt werden.« (Ebd.) Die weiteren Vorschläge zur Anwendung des Stücks auf die deutsche Gegenwart bewegen sich ebenfalls im Rahmen der Fabel: »Die Stelle des Elefanten Billy Humph kann ein gestohlenes, nunmehr der SA gehörendes Privatauto einnehmen.« (Ebd.) In der Stückfassung von 1938 ist die Realität bereits eingeholt: »Aber es ist uns mitgeteilt worden, daß es ein reiner Verteidigungskrieg wird.« (GBA 2, S. 227) Für die Beurteilung der Verwandlung ist aber selbst durch den Bezug zum Faschismus keine neue Eindeutigkeit erreicht, wie ja auch der Zweifel am Kollektiv keine plötzliche Neuerung darstellt, sondern im Stück »von Anfang an latent enthalten« war (Giese, S. 68; vgl. Müller, S. 101 f.).

B.s spätere Auffassung, dass bei einer »gut verfremdenden Darstellung« auch ohne weitere Erklärung im Text das »Wachstum ins Verbrecherische durchaus zeigbar« sei (GBA 23, S. 245), verdeutlicht nochmals das besondere Gewicht, das er der Darstellung im Sinn der *Anmerkungen* zumaß. Dem entsprechen schließlich auch seine letzten Hinweise zu möglichen Aufführungen. Auf Anfragen hin hielt er Korea für einen geeigneten Schauplatz, empfahl das Stück 1955/56 aber auch für die BRD, weil es »erschreckend aktuell« sei (vgl. GBA 30, S. 228, S. 326 und S. 448). Die Konkretisierbarkeit des Stücks, das als erstes Beispiel für den »zukunftsweisenden Typus der dramatischen Parabel« bei B. gelten kann (Müller, S. 92), liegt nicht nur an der immer wieder aktuellen Problematik von Individuum und Masse, sondern auch an der Selbstreflexion des Theaters als Prozess und Situation (mit Zuschauern). So weist *Mann ist Mann* im Kontext der *Anmerkungen* nicht zuletzt durch seine Verwandtschaft mit den Lehrstücken voraus auf die Veränderbarkeit des Theaters und sein damit verbundenes utopisches Potenzial. Dass auch B. darin den Einsatz der *Anmerkungen* sah, zeigt eine Notiz vom 15. 3. 1942 im *Journal* zu einem »Gespräch über *episches Theater*« mit der Schauspielerin Elisabeth Bergner: »Sie ist die erfolgreichste Vertreterin des herrschenden Theaters, darum ihr Reagieren interessant. Sie liebt ›Mann ist Mann‹ und verabscheut die Anmerkungen dazu. [...] Natürlich liegt das Haupthindernis darin, daß sie das Publikum nicht als eine Versammlung von Weltänderern sieht, die einen Bericht über die Welt entgegennehmen.« (GBA 27, S. 66 f.)

Literatur:

Benjamin, Walter: »Was ist das epische Theater?« In: Ders.: Gesammelte Schriften. Bd. 2. Frankfurt a.M. 1977, S. 519–539. – Giese, Peter Christian: Das »Gesellschaftlich-Komische«. Zu Komik und Komödie am Beispiel der Stücke und Bearbeitungen Brechts. Stuttgart 1974. – Kesting, Marianne: Die Groteske vom Verlust der Identität: Bertolt Brechts »Mann ist Mann«. In: Hans Steffen (Hg.): Das deutsche Lustspiel. 2. Teil. Göttingen 1969, S. 180–199. – Lyon, James K.: Bertolt Brecht und Rudyard Kipling. Frankfurt a.M. 1976. – Ders.: Brecht's *Mann ist Mann* and the Death of Tragedy in the 20th Century. In: GQu. 67 (1994), H. 4, S. 513–520. – Müller, Klaus-Detlef: »Mann ist Mann«. In: Hinderer, Walter (Hg.): Brechts Dramen. Neue Interpretationen. Stuttgart 1984, S. 89–105. – Tabbert-Jones, Gudrun: Die Funktion der liedhaften Einlage in den frühen Stücken Brechts. Frankfurt a.M. [u.a.] 1984. – Voigts, Manfred: Brechts Theaterkonzeptionen. München 1977. – Wege, Carl (Hg.): Brechts »Mann ist Mann«. Frankfurt a.M. 1982. – Witzler, Ralf: Bertolt Brechts »Mann ist Mann« oder von der Lust, die Identität zu verlieren. In: Gier, Helmut/Hillesheim, Jürgen (Hg.): Der junge Brecht. Aspekte seines Denkens und Schaffens. Würzburg 1996, S. 144–165.

Patrick Primavesi

Zu Lehrstück und ›Theorie der Pädagogien‹

B.s Schriften zu den Lehrstücken sind nicht Teile einer systematisch angelegten Theorie. In der Mehrzahl handelt es sich um erläuternde Notate zu Aufführungen oder Textdrucken. Sie dokumentieren den Prozess der Entstehung und die Entwicklung experimenteller Arbeiten, die B. seit dem Frühjahr 1930 als eigenen Spieltypus aufgefasst und dem Genrebegriff ›Lehrstück‹ zugeordnet hat. Daneben existieren drei Fragmente einer ›Theorie der Pädagogien‹, entstanden um 1929 im Zusammenhang mit Projekten anderer Typuszugehörigkeit. Reiner Steinweg hat sie 1976 in seine verdienstvolle Textsammlung zu den Lehrstücken aufgenommen (Steinweg 1976). Seine Darstellung der Lehrstücktheorie als Form sozialpädagogischen Theaters beruht zu einem erheblichen Teil auf diesen Fragmenten (Steinweg 1972).

Der Ursprung des Lehrstücks liegt jedoch nicht in theatertheoretischen Reflexionen, sondern im Kontext von Entwicklungen der Neuen Musik und des Musiklebens in der zweiten Hälfte der 20er-Jahre (vgl. *Die Lehrstücke*, BHB 1, S. 28–30). Im Juli 1929 gelangten im Rahmen des Baden-Badener Kammermusikfestes zwei Arbeiten zur Aufführung, für die B. in enger Abstimmung mit den Komponisten die Texte geliefert hatte: das Radiohörspiel *Der Lindberghflug* in der Vertonung von Kurt Weill und Paul Hindemith, ein Beitrag für den Programmpunkt ›Originalkompositionen für den Rundfunk‹, und die von Hindemith komponierte ›Gemeinschaftsmusik‹ mit dem Titel *Lehrstück*. Der Begriff ›Lehrstück‹ war zu diesem Zeitpunkt nichts als ein Werktitel; an einen nach Form und Verwendungszweck eigenständigen Spieltypus dachte B. zunächst nicht.

Vor dem Hintergrund der sich seit Mitte der 20er-Jahre abzeichnenden Krise der aktuellen Musikproduktion hatte sich im Umkreis des Baden-Badener Musikfestivals eine von jüngeren Komponisten und Kritikern getragene Bewegung versammelt, die musikalische Variante einer breiteren Strömung im Kulturleben der Weimarer Republik (vgl. Krabiel 1993, S. 7–15). Dabei spielte der Begriff ›Gebrauchsmusik‹ bald eine beherrschende Rolle. Er entstand als Antwort auf die Krise der Neuen Musik, ihrer Isolierung, Esoterik und mangelnden Resonanz, und meinte die Gesamtheit der Versuche, die auf eine Musikpraxis außerhalb des traditionellen Konzertbetriebs hinausliefen. Die Kluft zwischen Schaffenden und Musikverbrauchern sollte überbrückt, die Musikbedürfnisse breiterer Bevölkerungsschichten berücksichtigt werden. Wichtige Impulse erwartete man zum einen von der Förderung der aktiven Musikrezeption, vor allem des Laienmusizierens (hierfür stand der Begriff ›Gemeinschaftsmusik‹), zweitens von der Komposition für die neuen technischen Medien Rundfunk und Schallplatte, zu denen bald auch der Tonfilm trat. Beiden Tendenzen war die Orientierung auf ein breiteres, vom traditionellen Musikbetrieb nicht erreichtes Publikum gemeinsam.

B. hatte aus der krisenhaften Entwicklung des Kulturbetriebs, die im Bereich der Musik wie der Literatur und des Theaters vergleichbare Probleme aufwarf, zunächst ganz ähnliche Konsequenzen gezogen wie die Protagonisten des Baden-Badener Kreises. Grundlagen seiner Zusammenarbeit mit der Gebrauchsmusikbewegung waren das gemeinsame Interesse an einer aktuellen Produktion für ein neues Publikum und der Versuch der Erneuerung ästhetischer Praxis unter dem Aspekt ihrer Brauchbarkeit (vgl. *Zum Theater* [1924–1933], BHB 4).

›Radiokunst‹ / ›Kollektive Kunstübung‹: Die Baden-Badener Experimente 1929

Mit dem Rundfunk und der Frage seiner sinnvollen Nutzung hatte sich B. seit längerem beschäftigt (vgl. Krabiel 1993, S. 27–31). Die Gelegenheit, sich in die Radiodebatten einzuschalten, war günstig, die Aufmerksamkeit der Fachwelt war auf Baden-Baden gerichtet; man erwartete wichtige Impulse zur Lösung der Probleme einer speziell für den Rundfunk geeigneten Musik. Einige Wochen vor der Aufführung des *Lindberghflugs* teilte B. dem Generalintendanten des Kölner Senders Ernst Hardt, der die Regie der musikalischen Hörspiele in Baden-Baden übernommen hatte, anlässlich der Übersendung des Manuskripts Überlegungen zu einem Radioexperiment mit. Seine Absicht war, eine neue Art der Verwendung des Hörspiels zu demonstrieren, die zugleich eine neue Verwendung des Rundfunks wäre: »Es könnte wenigstens optisch gezeigt werden, wie eine Beteiligung des Hörers an der Radiokunst möglich wäre. (Diese Beteiligung halte ich für notwendig zum Zustandekommen des ›Kunstaktes‹.)« (GBA 28, S. 322) B.s Vorschlag zielte auf eine medienspezifische Kunstform ab: Radiokunst, ›radiophonisches‹ Musizieren, war nach seiner Auffassung ohne die Mithilfe des Hörers nicht realisierbar. Wie der Hörer beteiligt werden könnte, wollte B. auf einem zweigeteilten Podium demonstrieren: Auf der einen Seite sollte der »Radioapparat« (Sänger, Musiker, Sprecher usw.) platziert werden, auf der anderen Seite »sitzt ein Mann in Hemdärmeln mit der Partitur und summt, spricht und singt den Lindberghpart. *Dies ist der Hörer.*« (Ebd.) Der Hörer hätte den Lindberghpart auszuführen, der Rundfunk die anderen Teile des Hörspiels zu liefern. Die gemeinsame Aufführung des *Lindberghflugs* durch Rundfunk und Hörer wäre eine dem Medium eigentümliche Form musikalischer Praxis.

Die Notwendigkeit und den Zweck gemeinsamen Musizierens von Rundfunk und Hörer erläuterte B. in den »Grundsätzen über die Radioverwendung« (ebd.), die dem Schreiben an Hardt beigefügt waren. In dem von B. mehrfach leicht variierten Text wird der Staat als Instanz angesprochen, die über den (privatwirtschaftlich organisierten, aber staatlich kontrollierten) Rundfunk und dessen kommunikationstechnische Mittel verfügt. Die reklamierte Verpflichtung des Staates, »vieles zu können« (S. 323), nimmt die kulturelle Verantwortung beim Wort, die von den Sendeanstalten von Anfang an beansprucht wurde, und berücksichtigt die Konzentration von Spezialisten (Berufsmusikern und technischen Fachkräften) beim Rundfunk. Der musikalische Laie dagegen, der Hörer, »soll alles das lernen, was zum Genuß nötig ist« (ebd.). Die Notwendigkeit der »Beteiligung des Hörers an der Radiokunst« wird rezeptionspsychologisch begründet: Der »Genuß« an der Musik verlange die volle Konzentration auf das Werk, die vor dem Empfangsgerät, in der Alltagsumgebung mit ihren Ablenkungen und Störungen, nicht ohne weiteres möglich ist. In der Konzentration auf das Werk liegt der ästhetische Nutzen (»Genuß«) des Mitwirkens.

In Baden-Baden fanden zwei Aufführungen des *Lindberghflugs* statt (vgl. Krabiel 1993, S. 43–48), zunächst am 27. 7. 1929 als Rundfunk-Kantate. Wie die anderen Rundfunkmusiken des Programms wurde das Hörspiel in einem als Aufnahmestudio hergerichteten Raum des Kurhauses produziert und über Lautsprecher in mehrere umliegende Säle übertragen. Absicht der Veranstalter war es, die Komponisten und reproduzierenden Musiker auf die elektro-akustischen Probleme der Klangwiedergabe im Rundfunk aufmerksam zu machen. B., der funkspezifisches Musizieren nicht auf das übertragungstechnische Problem reduziert sehen wollte, setzte am Tag darauf, am 28. 7., eine zweite, diesmal konzertante Aufführung auf dem Podium im großen Saal des Kurhauses durch. Auf dem zweigeteilten Podium demonstrierte er die im Schreiben an Hardt angekündigte Beteiligung des Hörers an der Rundfunkmusik: Während das ›Radio‹ (Instrumentalisten und Sänger) auf der einen Seite den Teil der Partitur produzierten, der über den Sender gehen sollte, steuerte der ›Hörer‹ (der Sänger des Lindbergh), auf der anderen Seite des Podiums sitzend, seinen Teil an der Produktion bei. Der Hörer sollte zu Hause mit der Partitur vor seinem Empfangsgerät sitzen – als Hörer der vom Radio gesendeten Partien und als Sänger des Lindberghparts, den der Rundfunk aussparte. ›Das Radio‹ und ›Der Hörer‹ waren durch große Schrifttafeln kenntlich gemacht. Auf einer Leinwand im Hintergrund stand in großen Lettern die Theorie, die der Demonstration zu Grunde lag, die zitierten »Grundsätze über die Radioverwendung«. In einer Einführungsrede erläuterte B. diese Art der Verwendung des *Lindberghflugs*; er war auch während der Demonstration auf dem Podium anwesend, fungierte als Ansager und griff mit zusätzlichen Hinweisen ein (es existiert ein von B. und Elisabeth Hauptmann gemeinsam verfasster, in der GBA nicht enthaltener Bericht: Steinweg 1976, S. 64f.; vgl. Krabiel 1993, S. 45–47).

In der im Entwurf überlieferten Einführungsrede (in der GBA nicht enthalten; vgl. Steinweg 1976, S. 39–41; dazu Krabiel 1993, S. 335, Anm. 18) setzte B. die Akzente etwas anders als im Schreiben an Hardt. Einleitend wird die »Wiedergabe durch den Rundfunk«, d.h. die per Lautsprecher übertragene Uraufführung vom Vortag, als »künstlerische Suggestion [...] auf den Hörer« zu dem Zweck, »in ihm Illusionen zu erzeugen« (Steinweg 1976, S. 39), einer – mit Rücksicht auf Hardt – maßvollen, aber unüberhörbaren Kritik unterzogen. Demonstrieren wollte B. »eine andere Verwendungsmöglichkeit« des Hörspiels, »die zugleich auch eine andere Verwendung des Rundfunks bedeuten würde« (ebd.). Bemerkenswert ist, dass die Beteiligung des Hörers jetzt nicht mehr ästhetisch und rezeptionspsychologisch, sondern pädagogisch motiviert wird: Der Hörer übernimmt »jenen Part, der geeignet ist, ihn zu erziehen« (S. 40). Die Akzentverschiebung machte Korrekturen an den »Grundsätzen über die Radioverwendung« erforderlich. Gestrichen werden musste insbesondere der Hinweis auf das ästhetische Vergnügen (»Genuß«) als Zweck und Motiv einer Partizipation des Hörers. Das Mittun hatte seinen Sinn jetzt im pädagogischen Zweck der Übung vor dem Empfangsgerät. Damit hatten B.s radio- und musiktheoretische Überlegungen Anschluss an seine theaterästhetischen Reflexionen gefunden, in denen pädagogische Interessen eine Zeitlang dominierten (»Kunst und Radio sind pädagogischen Absichten zur Verfügung zu stellen.« GBA 21, S. 219; vgl. *Zum Theater* [1924–1933], BHB 4).

Neben den organisatorischen und musikpädagogischen Problemen sprach B. in seiner Einführung die Frage an, wer den Hörer »zwingen könne, mitzutun und erzogen zu werden« (Steinweg 1976, S. 40). Seine lapidare Antwort war: »nur der Staat« (ebd.). Damit kam in erster Linie die Schule als institutioneller Rahmen einer solchen ›Kunstübung‹ in Betracht. Ihr pädagogischer Wert »für den Staat« leuchte ein, wenn man sich vorstelle, »daß die Knabenschulen mit dem Rundfunk zusammen solch ein Werk aufführten. / Tausende junge Leute würden in ihren Klassenzimmern angehalten werden, jene heroische Haltung einzunehmen, die Lindbergh in diesem Werke auf seinem Fluge einnimmt.« (Ebd.) Diese Lernzielbestimmung rief die Reformpädagogik auf den Plan, die ihr Ideal einer Erziehung zur Gemeinschaft tangiert sah und sich angesichts der »Glorifizierung des Fliegerhelden« und der »neuen Form von Heldenanbetung« enttäuscht zeigte (Preußner, S. 119). B.s spätere Korrekturversuche am Text und an der Verwendungstheorie setzten an diesem Punkt an (vgl. *Der Lindberghflug / Der Flug der Lindberghs / Der Ozeanflug*, BHB 1, S. 223–225).

Das *Lehrstück*, B.s zweite in Baden-Baden aufgeführte Arbeit, war thematisch als Gegenstück zum *Lindberghflug* konzipiert: Dem strahlenden Helden des Hörspiels steht ein abgestürzter Flieger gegenüber, ein Gescheiterter, der der Hilfe bedarf und nun über sein Tun Rechenschaft ablegen muss. Über Zweck und Funktion des *Lehrstücks* gaben sowohl der Autor wie der Komponist im Programmheft des Festivals Auskunft. Hindemith verstand das *Lehrstück* als große Form einer Gemeinschaftsmusik für musizierende Laien, deren Zweck in der musikalischen Übung lag. Diesen Punkt sprach auch B. in seiner Anmerkung *Zum »Lehrstück«* an, setzte allerdings andere Akzente. Die kleine, in der zeitgenössischen Kritik vielfach zitierte Notiz enthält in komprimierter Form die Aspekte, die dem Textautor wichtig waren. B. nahm präziser und im Ton schärfer als Hindemith auf den Zweck der Badener Aufführung Bezug. »Das ›Lehrstück‹, gegeben durch einige Theorien musikalischer, dramatischer und politischer Art, die auf eine kollektive Kunstübung hinzielen, ist zur Selbstverständigung der Autoren und derjenigen, die sich dabei tätig beteiligen, gemacht und nicht dazu, irgendwelchen Leuten ein Erlebnis zu sein. Es ist nicht einmal ganz fertig gemacht. Das Publikum würde also, *sofern es nicht bei dem Experiment mithilft*, nicht die Rolle des Empfangenden, sondern eines schlicht Anwesenden spielen.« (GBA 24, S. 90) B. bestätigte die fragmentarische Gestalt des *Lehrstücks* und unterstrich den experimentellen Charakter der Aufführung. ›Experiment‹ bedeutet: Erprobung einer neuen Form ästhetischer Praxis, einer ›kollektiven Kunstübung‹. Dieser liegen »einige Theorien musikalischer, dramatischer und politischer Art« zu Grunde, wie es vage und vielsagend heißt. B. dachte wie Hindemith an eine Kunstpraxis musizierender Laien im Sinn der Gemeinschaftsmusik. Seine weitergehenden Ambitionen kamen in den beiden folgenden Punkten zur Geltung. Selbstverständlich gehen in das oratorienartig angelegte Werk Elemente der epischen Dramaturgie ein; sie prägt sich in der Textstruktur, in der episch lockeren Folge relativ selbstständiger Nummern, ebenso aus wie im reflektierenden, untersuchend-demonstrierenden Gestus des *Lehrstücks*. Am entschiedensten ging B. im Hinblick auf den politischen Gehalt über die Intentionen des Komponisten hinaus. Der im Begriff ›kollektive Kunstübung‹ steckende Anspruch wurde zum Thema der Übung: Ein Kollektiv untersucht seine eigenen Voraussetzungen, die Bedingungen seiner Möglichkeit, vor dem geschichtlichen Hintergrund einer durch stürmischen technischen Fortschritt gekennzeichneten sozialen Entwicklung (vgl. *Lehrstück / Das Badener Lehrstück vom Einverständnis*, BHB 1, S. 227–232).

Die Badener Aufführung war nicht Kunstproduktion im Sinn konzertanter Darbietung, die einem lediglich ›anwesenden‹ Publikum ein künstlerisches ›Erlebnis‹ vermittelt. Als Experiment diente sie der Selbstverständigung der Autoren und der daran aktiv Beteiligten. B.s Absicht war es, den Widerspruch zwischen dem Zweck der Übung und ihrer öffentlichen Präsentation aufzuklären: Sofern die anwesenden Zuhörer nicht – als potenzielle Laiensänger – beim Experiment durch aktives Mittun beiträgen, seien sie als ›schlicht Anwesende‹ zu betrachten. Womit Reaktionen und Urteile eines in der Erwartungshaltung von Konzerthörern sich einfindenden Publikums – dies ist der polemische Hintersinn des Satzes – von vornherein als irrelevant, der ›kollektiven Kunstübung‹ nicht angemessen disqualifiziert werden.

Weill hatte sich noch vor der Baden-Badener Uraufführung des *Lindberghflugs* zu einer eigenen Vertonung des gesamten Werks entschlossen. Sie wurde am 5.12. des Jahrs von Otto Klemperer in der Berliner Krolloper in konzertanter Form aufgeführt. Die neue Komposition, die Weill als »Kantate für Soli, Chor und Orchester« bezeichnete (Programmheft der Uraufführung: *Staatstheater Berlin / Staatsoper am Platz der Republik: 3. Sinfonie-Konzert. Donnerstag, den 5. Dezember 1929.* Berlin, [S. 1]), war kein Hörspiel mehr, ihre Bestimmung lag in der schulischen Verwendung. Den pädagogischen Zweck der Neuvertonung erläuterte der Komponist in einer *Notiz zum »Lindberghflug«* (ebd.). Auch B., für den das Projekt Teil seiner radiotheoretischen Reflexionen blieb, formulierte anlässlich der neuen Vertonung seine Überlegungen zur Verwendung erneut: in *Anmerkungen* zum Textbuch, das aus diesem Anlass erschien (*Lindberghflug*. Vorabdruck aus Brecht, *Versuche* 1–3, Berlin 1929; danach die folgenden Zitate).

Die *Anmerkungen* (in dieser Textfassung in der GBA nicht berücksichtigt) greifen die in Baden-Baden vorgetragene Konzeption auf und schreiben sie partiell fort. Gegenüber der Einführungsrede ist eine Akzentverschiebung unübersehbar. Noch entschiedener wird der *Lindberghflug* als ›Lehrmittel‹ und ›Lehrgegenstand‹ deklariert und der Schulungszweck seiner Verwendung unterstrichen. Der erste Absatz, *Der ›Lindberghflug‹ nicht Genuß-, sondern Lehrmittel* überschrieben, beginnt mit den Sätzen: »Der ›Lindberghflug‹ hat keinen Wert, wenn man sich nicht daran schult. Er besitzt keinen Kunstwert, der eine Aufführung rechtfertigt, die diese Schulung nicht bezweckt. Er ist ein Lehrgegenstand« (S. [7]). Der Nachdruck, den B. auf diesen Punkt legt, ist als Reaktion auf die Pressekritik am Badener Hörspiel zu interpretieren. Der *Lindberghflug* war zum ›Heldenlied‹ geraten; der Vollzug der heroischen Haltung Lindberghs als pädagogisches Motiv der Kunstübung war scharf kritisiert worden. Die Vermutung liegt nahe, dass B. die Problematik des Hörspiels, auch seine kulinarische Rezipierbarkeit, nun durch besonders unmissverständliche Anweisungen zu kompensieren versuchte und einen Kunstwert außerhalb einer Verwendung als Lehrgegenstand entschieden bestritt.

Die Schulung soll in der in Baden-Baden demonstrierten Form einer »Zusammenarbeit zwischen Apparat und Übenden« stattfinden; der *Lindberghflug* besteht aus zwei Teilen: dem vom Apparat (Rundfunk) zu liefernden Teil (er hat »die Aufgabe, die Übung zu ermöglichen, d.h. einzuleiten und zu unterbrechen«) und dem Lindberghpart, der als pädagogischer Teil »der Text für die Übung« ist. Eine emotionale Identifikation »mit dem Gefühlsinhalt des Textes« soll nach Möglichkeit ausgeschlossen werden, indem der Text mechanisch, »in der Art einer Ü b u n g« (S. [8]), gesprochen und gesungen wird. Es folgt die der Übung zu Grunde liegende Theorie: eine leicht veränderte Fassung der in Baden-Baden projizierten »Grundsätze« (vgl. Krabiel 1993, S. 335f., Anm. 19). Das gemeinsame Musizieren von Rundfunk und Hörer, in Baden-Baden als noch nicht erprobte Verwendungsart des Mediums gewertet, wird nun als Hebel zu dessen Veränderung interpretiert: »Dem gegenwärtigen Rundfunk soll der ›Lindberghflug‹ nicht zum Gebrauch dienen, sondern e r s o l l i h n v e r ä n d e r n.« (Vorabdruck aus Brecht, *Versuche* 1–3, Berlin 1929, S. [8]) Die Notwendigkeit seiner Veränderung wird mit der »zunehmenden Konzentration der mechanischen Mittel« und der »zunehmenden Spezialisierung in der Ausbildung« begründet, »Vorgänge, die zu beschleunigen sind«. Die im Bereich materieller Produktion zu beobachtende Entwicklung hatte im Medienbereich ihre Entsprechung in der Monopolisierung der kommunikationstechnischen Mittel in staatlicher Verfügungsgewalt, in der Zementierung einer bestimmten (einseitigen) Kommunikationsstruktur, in der Verkümmerung der Musikrezeption zum passiven Konsum. Diese Situation erforderte »eine Art A u f s t a n d d e s H ö r e r s, seine Aktivierung und seine Wiedereinsetzung als Produzent«. Eine Veränderung des Rundfunks beinhaltet B.s Vorschlag insofern, als er das Medium zur Veranstaltung pädagogischer Übungen in Anspruch nimmt, wobei der Hörer als Übender Produzent und aktiver Partner des Rundfunks würde. Erreicht wäre eine Veränderung sowohl der Kommunikationsstruktur als auch der Funktion des Mediums.

B. war Realist genug, eine – gemessen am theoretischen Anspruch – falsche Verwendung des *Lindberghflugs* nicht völlig auszuschließen. Für den Fall einer konzertanten (also falschen) Aufführung bestand er darauf, dass der Lindberghpart von einem Chor gesungen werden müsse, weil die Figur des öffentlichen Helden die Hörer veranlassen könnte, »sich durch Hineinfühlen in den Helden von der Masse zu trennen«. »Nur durch d a s g e - m e i n s a m e I c h - S i n g e n [...] kann ein weniges von der pädagogischen Wirkung gerettet werden.« Angesichts der Entschiedenheit, mit welcher der Schulungszweck einer Übung mit dem *Lindberghflug* in den Vordergrund gerückt wird, fällt auf, dass ein Übungsziel, das geeignet wäre, den Vollzug der heroischen Haltung des Fliegers zu ersetzen, nicht erkennbar ist. In diesem Punkt befand sich B. in offenbarer Verlegenheit. Er suchte ein Lernziel im Übungsprozess selbst, da sich ein neues pädagogisches Motiv inhaltlicher Art nicht anbot.

Versuche: Der Spieltypus ›Lehrstück‹ / Neukonzeption des ›Experiment‹-Begriffs

Erst seit dem Frühjahr 1930 hatte B. die beiden in Baden-Baden aufgeführten Werke dem nun als Genrebezeichnung verstandenen Terminus ›Lehrstück‹ zugeordnet. Der Werktitel war zur Typusbezeichnung avanciert. Für diese Entwicklung war ausschlaggebend, dass das *Lehrstück* trotz des Skandals, den seine Badener Aufführung ausgelöst hatte (vgl. Krabiel 1993, S. 64–70), in der Öffentlichkeit sofort als Prototyp einer neuen Form musikalischer Praxis aufgefasst wurde. Die Formidee ›Gemeinschaftsstück‹ im Sinn kollektiver Kunstübung wurde als fruchtbar und zukunftsweisend angesehen. Es war daher naheliegend, dass die Festivalleitung als Programmpunkt der Folgeveranstaltung, der ›Neuen Musik Berlin 1930‹, Musiken nach dem Muster des *Lehrstücks* – kurz: ›Lehrstücke‹ – vorsah.

Für B. waren die Baden-Badener Texte keine abgeschlossenen Kapitel. Die Hefte 1 und 2 der *Versuche* vom Juni bzw. Dezember 1930 brachten erheblich veränderte Fassungen beider Arbeiten: den *Flug der Lindberghs*, der im Untertitel – *Ein Radiolehrstück für Knaben und Mädchen* – erstmals als ›Lehrstück‹ bezeichnet wird, und das *Badener Lehrstück vom Einverständnis*. Beide Lehrstücke waren mit erläuternden Texten versehen. B. schrieb hier die Verwendungstheorien fort und verknüpfte sie mit der Konzeption der *Versuche*, formuliert in einer programmatischen Notiz im ersten Heft der Reihe. Darin wird der ›Experiment‹-Begriff (für diesen besonderen Zweck) neu definiert: Als experimentell verstand B. die *Versuche* auf Grund ihrer auf die Benutzung = Umgestaltung der Apparate abzielenden Werkintention. Experimentiert wird mit Strategien der Veränderung der kulturvermittelnden Institutionen. Das Experiment hatte seinen Zweck als bewegendes/umwälzendes Moment im Verwertungsprozess; dies begründete jetzt seinen ›Gebrauchswert‹ (vgl. *Zum Theater* [1924–1933], BHB 4; Krabiel 1993, S. 98–101).

Im *Flug der Lindberghs* ist ein deutlicher Wechsel der Perspektive vollzogen (vgl. *Der Lindberghflug / Der Flug der Lindberghs / Der Ozeanflug*, BHB 1, S. 223–225). Das Radiolehrstück ist nicht mehr die Beschreibung der individuellen Leistung des Fliegerhelden; im Mittelpunkt steht der in kollektiver Anstrengung erreichte Fortschritt in der Naturbeherrschung. Eingeführt wird auch, was mit den Begriffen Kapitalismus- und Ideologiekritik zu bezeichnen ist. Wichtiger als der singuläre Flug sind die Übenden: die Erfahrungen und Erkenntnisse, die sie im Vollzug der Übung erwerben können, im Nachvollzug des Lindberghparts, der jetzt konsequenterweise im Titel und in der Rollenbezeichnung im Plural erscheint. In den Vordergrund treten die Übenden als Subjekte eines pädagogischen Unternehmens, der (vokalmusikalischen) Übung vor dem Empfangsgerät. »Der erste Versuch: ›F l u g d e r L i n d b e r g h s‹, ein Radiolehrstück für Knaben und Mädchen«, lautet eine einführende Notiz, »nicht die Beschreibung eines Atlantikflugs, sondern ein pädagogisches Unternehmen, ist zugleich eine bisher nicht erprobte Verwendungsart des Rundfunks, bei weitem nicht die wichtigste, aber einer aus einer Reihe von Versuchen, welche Dichtung für Übungszwecke verwenden.« (GBA 3, S. 8) »Dichtung für Übungszwecke« ist die allgemeine Bestimmung jenes Typs von

›Versuchen‹, den B. jetzt unter dem Genrebegriff ›Lehrstück‹ subsumierte. Die neue Verwendungsart des Rundfunks, das Zusammenwirken von technischem Medium und Übenden, stellt die Besonderheit des Radiolehrstücks dar; dessen Experimentcharakter wird in *Erläuterungen* ausführlicher reflektiert (GBA 24, S. 87–89; als Mitautor wird Peter Suhrkamp genannt). Sie bestehen zum überwiegenden Teil aus den *Anmerkungen* vom Dezember 1929. Dort hatte B. Notwendigkeit und Sinn der Partizipation an funktechnisch reproduzierter Musik erläutert und das gemeinsame Musizieren von Rundfunk und Hörer als Hebel zur Veränderung des Rundfunks interpretiert. In einem neu eingefügten Passus vollzog B. nun eine überraschende Kehrtwende, indem er die Frage aufwarf: »*Warum ist der ›Flug der Lindberghs‹ nicht als Lehrgegenstand zu verwenden und der Rundfunk nicht zu verändern?*« (S. 88) Die Antwort besteht aus einer Kette von Argumenten, deren logischer Konnex nicht leicht zu erkennen ist.

»Diese Übung dient der Disziplinierung, welche die Grundlage der Freiheit ist« (ebd.), heißt es zunächst. Unter welcher Voraussetzung könnte Disziplinierung »Grundlage der Freiheit« sein? Und warum sollte sich jemand einer disziplinierenden Übung unterziehen? Wird doch der Einzelne »zwar nach einem Genußmittel von selber greifen, nicht aber nach einem Lehrgegenstand, der ihm weder Verdienst noch gesellschaftliche Vorteile verspricht« (ebd.). Unter welcher Bedingung wäre eine der Disziplinierung dienende Übung auch für den Einzelnen von Nutzen? B.s Antwort ist: »Solche Übungen nützen dem einzelnen nur, indem sie dem Staat nützen, und sie nützen nur einem Staat, der allen gleichmäßig nützen will.« (Ebd.) Differenziert wird zwischen dem existierenden und einem (denkbaren) zukünftigen Staat, in dem eine grundsätzliche Identität der Interessen von Einzelnem und Staat existierte. Die Verwendung des Übungstexts als Radiolehrstück, schreibt B. in den *Erläuterungen*, könne nur der Staat organisieren, jene Instanz, die Verfügungsgewalt über den Rundfunk wie über die Schule hat.

»Seine richtige Anwendung aber macht ihn immerhin so weit ›revolutionär‹, dass der gegenwärtige Staat kein Interesse hat, diese Übungen zu veranstalten.« (Ebd.) ›Revolutionär‹ wäre die richtige Anwendung des *Lindberghflugs*, weil sie die gegenwärtige Funktion und Kommunikationsstruktur des Mediums in Frage stellte. Ihre Veränderung wäre nur möglich im Kontext einer Veränderung der Gesamtgesellschaft.

Voraussetzung und Ziel des Radiolehrstücks ist die Veränderung des Rundfunks; die Theorie seiner Verwendung führt den Nachweis, dass es als strategisches Konzept im Dienst der Veränderung des Mediums nicht einsetzbar ist. Führt sich B. hier selbst ad absurdum? Das Radiolehrstück nimmt seine ›experimentelle‹, auf die Benutzung = Umgestaltung des Rundfunks abzielende Aufgabe jedenfalls nicht auf dem Weg seiner praktischen Realisierung wahr, sondern allenfalls als publizierter Vorschlag zur besseren Verwendung des Rundfunks. Es ist daran zu erinnern, dass B.s *Erläuterungen* das letzte Glied einer Kette konzeptioneller Überlegungen sind, an deren Anfang ganz andere Absichten standen. Sie sind das Produkt einer Reihe von Korrekturversuchen am Text und an der Theorie seiner Verwendung, die auf beiden Ebenen zu in sich schlüssigen Ergebnissen kaum führen konnten. Auch die abschließende, bereits in den *Anmerkungen* vom Dezember 1929 enthaltene Anweisung, bei »einer konzertanten, also falschen Aufführung« müsse der Lindberghpart »von einem *Chor* gesungen werden« (S. 89), ist offensichtlich damit befasst, nicht korrigierbare, in seinem Motiv begründete Gegebenheiten des Texts durch eine bestimmte Art der Verwendung zu kompensieren. Ob sich das ›Heldenlied‹ »durch das gemeinsame Ich-Singen« (ebd.) in eine Übung kollektiven Denkens und Verhaltens verwandeln lässt, daran sind Zweifel angebracht.

Unter den Lehrstücken war das Radiolehrstück insofern ein Ausnahmefall, als seine Realisierung vom Staat abhing, der über den Rundfunk verfügte. Nicht so das *Badener Lehrstück vom Einverständnis*, das im Dezember 1930 im 2. Heft der *Versuche* erschien.

Wenn die neue Fassung damals keine Aufführung erlebte, so deshalb, weil Hindemith die erforderliche Neuvertonung ablehnte. Differenzen zwischen Autor und Komponist über die Verwendung des *Lehrstücks* waren bereits wenige Wochen nach der Baden-Badener Uraufführung zu Tage getreten (vgl. Krabiel 1993, S. 71–73). In einer Spielanleitung zur Partitur (*Lehrstück.* Text: Bertolt Brecht, Musik: Paul Hindemith. Mainz 1929, S. [III]) hatte Hindemith den Aufführenden sehr weitgehende Eingriffsmöglichkeiten in die Werkstruktur eingeräumt. In einer *Anmerkung* zur Neufassung wies B. die Anweisungen des Komponisten, die auf die Empfehlung hinausliefen, das unbequeme und anstößige Werk den Bedürfnissen unverbindlichen Musizierens anzupassen, entschieden zurück. Er führte dieses Missverständnis auf seine Bereitwilligkeit zurück, »einen unabgeschlossenen und mißverständlichen Textteil, wie es die in Baden-Baden aufgeführte Fassung des Lehrstücks war, zu rein experimentalen Zwecken auszuliefern [...], so daß tatsächlich der einzige Schulungszweck, der in Betracht kommen konnte, ein rein musikalisch formaler war« (GBA 24, S. 91). Den Lehrwert einer solchen Übung schätzte B. nicht sehr hoch ein. »Selbst wenn man erwartete, daß der einzelne ›sich in irgendwas dabei einordnet‹ oder daß hier auf musikalischer Grundlage gewisse geistige formale Kongruenzen entstehen, wäre eine solche künstliche und seichte Harmonie doch niemals imstande, den die Menschen unserer Zeit mit ganz anderer Gewalt auseinander zerrenden Kollektivbildungen auf breitester und vitalster Basis auch nur für Minuten ein Gegengewicht zu schaffen.« (Ebd.) B.s Haltung hatte sich seit dem Sommer 1929 insofern verändert, als er den im Begriff ›Gemeinschaftsmusik‹ steckenden Anspruch nun definitiv politisch interpretierte. Seine *Anmerkung* enthält implizit die Forderung, »den die Menschen unserer Zeit [...] auseinander zerrenden Kollektivbildungen« (ebd.) ein Gegengewicht zu schaffen, auch mit den Mitteln einer politisch reflektierten Gebrauchs- und Gemeinschaftsmusik. Ästhetische Neuerungen ließ B. jetzt nur in dem Maß als Fortschritte gelten, in dem sie »einen grundsätzlichen *Funktionswechsel*« der kunstvermittelnden Institutionen (S. 83), d.h. die ›experimentelle‹ Umwandlung der »Vergnügungsstätten in Publikationsorgane« (S. 84) beförderten, wie es in den *Anmerkungen zur Oper »Aufstieg und Fall der Stadt Mahagonny«* im selben Heft der *Versuche* heißt (vgl. *Zum Theater* [1924–1933], BHB 4). B.s Replik auf Hindemiths Spielanweisung wird erst im Kontext der grundsätzlicheren Auseinandersetzung mit der Gebrauchsmusikbewegung ganz verständlich, der das 2. Heft der *Versuche* unterschwellig zu einem nicht unerheblichen Teil gewidmet war.

Bedenken hatte B. auch gegen die neue Textfassung. In einer Vorbemerkung zum Abdruck in den *Versuchen* heißt es: »Das Lehrstück erwies sich beim Abschluß als unfertig: dem Sterben ist im Vergleich zu seinem doch wohl nur geringen Gebrauchswert zuviel Gewicht beigemessen. Der Abdruck erfolgt, weil es, aufgeführt, immerhin einen kollektiven Apparat organisiert.« (GBA 3, S. 26) Auch das *Badener Lehrstück* war ein auf die Verwendung/Umgestaltung bestimmter Institutionen abzielendes ›Experiment‹. Klangkörper, Figuren, Rollenträger, die traditionellerweise in verschiedenen Institutionen bestimmte Funktionen wahrnehmen (Solisten, Laienorchester, Blaskapelle, Laienchor, Clowns, Sprecher, Publikum), werden zum Zweck einer kollektiven Kunstübung zusammengeführt. Indem das Lehrstück diese Übung organisiert, trägt es ein Stück weit jenes Lernziel ›kollektives Denken und Verhalten‹, das sein Text, für sich betrachtet, nicht mit hinreichender Deutlichkeit vermitteln konnte.

Schuloper, politisches Lehrstück, Schulstück

Anfang April 1930 erschien in einer Musikzeitschrift das *Lehrstück vom Jasager*, eine »Schuloper von Kurt Weill. Text nach einem japanischen Märchen von Bert Brecht« (*Die Musikpflege* 1 [1930/31], H. 1, S. 53–58). Der

Jasager, so der spätere Titel, entstand als Beitrag für die Tage der ›Neuen Musik Berlin 1930‹, die Folgeveranstaltung des Baden-Badener Musikfests, deren Programmschwerpunkt Musik für pädagogische Zwecke war (vgl. *Die Lehrstücke*, BHB 1, S. 33f.). Nach Auseinandersetzungen mit der Festivalleitung wegen der *Maßnahme* (vgl. Krabiel 1993, S. 164–167) zog Weill die Schuloper aus Solidarität mit B. und Eisler zurück. Die Aufführung fand deshalb im Rahmen der Veranstaltung *Neue Musik und Schule* der Musikabteilung des Zentralinstituts für Erziehung und Unterricht in Berlin statt. Der Komponist äußerte sich mehrfach über den *Jasager*. Dem ersten Textdruck war das *Aktuelle Zwiegespräch über die Schuloper* zwischen Weill und dem Musikpädagogen Hans Fischer vorangestellt (Weill, S. 63–70). Auch im Programmheft der Uraufführung erläuterte Weill die Theorie der Verwendung der Schuloper (*Über meine Schuloper »Der Jasager«*, S. 61–63). Dass von B. kein Kommentar existiert, ist vermutlich auf die herbe Kritik zurückzuführen, die im engsten Freundeskreis über den *Jasager* geäußert wurde. Sie veranlasste B., sofort ein ›Gegenstück‹ zu entwerfen. So entstanden bereits im Frühjahr 1930, noch vor der Aufführung des *Jasagers*, Plan und erste Entwürfe zum Lehrstück *Die Maßnahme*. Auch die Reaktion der Presse nach der Uraufführung der Schuloper war dazu angetan, Zweifel an der *Jasager*-Fabel zu nähren (vgl. Krabiel 1993, S. 147–150). B. entschloss sich nun, das kleine Werk von Schülern einer Berliner Schule erproben und diskutieren zu lassen. Auf Grund der Diskussionsprotokolle, auszugsweise mitgeteilt im 4. Heft der *Versuche* (vgl. GBA 24, S. 92–95), schrieb er Anfang 1931 eine neue Textfassung, die die Einwände und Änderungsvorschläge der Schüler aufgriff. Außerdem stellte er dem *Jasager* (2. Fassung) den *Neinsager* gegenüber, beruhend auf der Fabelkonstruktion der ersten *Jasager*-Fassung (vgl. *Der Jasager / Der Neinsager*, BHB 1, S. 248–252).

In einer Vorbemerkung zu *Jasager* (2. Fassung) und *Neinsager*, die im Herbst 1931 im 4. Heft der *Versuche* erschienen, schrieb B.: »Die zwei kleinen Stücke sollten womöglich nicht eins ohne das andere aufgeführt werden.« (GBA 3, S. 58) Die Empfehlung unterstreicht ihre Zusammengehörigkeit; sie sind komplementär aufeinander bezogen. Ihr gemeinsames Lern- und Übungsziel ist ›Einverständnis‹. Der Übende soll lernen, sich als mitverantwortlichen Teil der Gemeinschaft zu begreifen. Darin steckt eine doppelte Anforderung: die Unterordnung des individuellen Interesses unter die legitimen Ansprüche der Gemeinschaft (*Jasager*, 2. Fassung) und die Überprüfung der Legitimität (d.h. Vernünftigkeit) der Ansprüche, die an den Einzelnen gestellt werden (*Neinsager*).

Der erste Entwurf zur *Maßnahme* ist überschrieben *Der Jasager (Konkretisierung)* (GBA 3, S. 432). Der Text entstand in enger Zusammenarbeit mit Eisler, dessen Engagement damals der Aktualisierung der Musik der Arbeiterbewegung galt, der ›Revolutionierung des Arbeiterchorgesangs‹, wie das Schlagwort lautete. Die großen Formen der klassischen Vokalmusik mussten durch eine für die Zwecke des Arbeitergesangs geeignete Musikliteratur ersetzt werden. Neue Kompositionen waren erforderlich, auch neue Vermittlungsformen außerhalb des traditionellen Konzertbetriebs (vgl. Krabiel 1993, S. 160–163 und S. 180–182). In der *Maßnahme*, deren Struktur komplizierter und vielschichtiger ist als die der Schuloper, trafen zwei Traditionslinien zusammen. Den dramaturgisch-organisatorischen Rahmen, die oratorische, pädagogisch motivierte Form von Gebrauchs- und Gemeinschaftsmusik für Laien, lieferte das *Lehrstück*-Modell von B. und Hindemith; die kleinen agitatorisch-kämpferischen Formen (Kampflieder, Sprechchöre, aggressive Chansons und Balladen) stammten aus der Praxis der Agitprop-Truppen. Der agitierende Gestus der *Maßnahme* richtete sich primär an die Singenden/Spielenden selbst; insofern war das Lehrstück ›Gebrauchsmusik‹. Da es einen Grundkonsens voraussetzte, war es ›Gemeinschaftsmusik‹, d.h. Gebrauchsmusik für eine Gemeinschaft Gleichgesinnter. Es bot zugleich die Voraussetzung für die Verwandlung des Konzerts in einen Veranstaltungstyp neuer Art, indem es die traditionelle Rollenzuweisung von Ausführenden und Publikum veränderte: Die Arbeitersänger wurden nicht nur als Interpreten, sondern zugleich als Lernende betrachtet, die Zuhörer nicht länger in eine passiv-genießende Haltung gedrängt, sondern mittels agitatorischer Musik aktiviert. »Das Zusammenwirken von Agitproptruppen, Arbeiterchören, Arbeiterorchestern und projizierten Schriften«, schrieb Eisler, »bot die technischen Möglichkeiten der Veränderung eines Konzertes in ein politisches Meeting.« (Eisler, S. 224)

Auf dem Programmzettel der Uraufführung vom 13. 12. 1930 kündigte B. das Lehrstück als »eine Veranstaltung von einem Massenchor und 4 Schauspielern« an (GBA 24, S. 96). Aus dem Schulchor des *Jasager* wurde ein proletarischer Massenchor. »Den Part der Spieler haben bei unserer heutigen Aufführung, die mehr eine Art Ausstellung sein soll, 4 Schauspieler übernommen, aber dieser Part kann natürlich auch in ganz einfacher und primitiver Weise von jungen Leuten ausgeführt werden, und gerade das ist sein Hauptzweck.« (Ebd.) Der Zweck des Lehrstücks sei, »politisch unrichtiges Verhalten zu zeigen und dadurch richtiges Verhalten zu lehren. Zur Diskussion soll durch diese Aufführung gestellt werden, ob eine solche Veranstaltung politischen Lehrwert hat.« (Ebd.) Dem Programmzettel war ein *Fragebogen* angefügt. Gefragt wurde nach dem politischen Lehrwert der Veranstaltung für den Zuschauer und für die Ausführenden, nach eventuellen Einwänden gegen die »Lehrtendenzen« der *Maßnahme*, nach der Zweckmäßigkeit des Veranstaltungstyps und nach möglichen Alternativen (ebd.). Diese Fragen waren auch Gegenstand einer öffentlichen Diskussion über das Lehrstück (vgl. Krabiel 1993, S. 184f.). Auf Grund der Pressediskussion nach der Uraufführung und der Auswertung der Fragebogen stellte B. eine wesentlich veränderte Fassung des Lehrstücks her. Sie erschien zusammen mit *Jasager* und *Neinsager* im 4. Heft der *Versuche*. In *Anmerkungen* zum Textdruck erläuterten B. und der Komponist politische und musikalische Fragen und formulierten Hinweise für die Arbeit mit dem Lehrstück.

Eingangs wird der *Offene Brief an die künstlerische Leitung der Neuen Musik Berlin 1930* noch einmal zitiert, in dem B. und Eisler im Mai 1930 zur Ablehnung der *Maßnahme* durch die Festivalleitung Stellung genommen hatten (GBA 24, S. 97f.; vgl. Krabiel 1993, S. 164–167). Der Brief klärt Verständnisvoraussetzungen, indem er an die musikalische Tradition erinnert, welcher der Spieltypus ›Lehrstück‹ seine Entstehung verdankt; er markiert zugleich den Punkt, an dem sich die Wege B.s und Eislers von denen der bürgerlichen Gebrauchsmusik trennten. »*Wir nehmen diese wichtigen Veranstaltungen aus allen Abhängigkeiten heraus und lassen sie von denen machen, für die sie bestimmt sind und die allein eine Verwendung dafür haben: von Arbeiterchören, Laienspielgruppen, Schülerchören und Schülerorchestern, also von solchen, die weder für Kunst bezahlen noch für Kunst bezahlt werden, sondern Kunst machen wollen.*« (GBA 24, S. 98) In einem zweiten Kapitel, das verschiedene Funktionen der Musik in der *Maßnahme* erläutert, werden neben der disziplinierenden und organisatorisch-kämpferischen Funktion einiger Teile der Partitur heroisch-pathetische Momente hervorgehoben, auch auf Möglichkeiten hingewiesen, die Gefahr der Ritualisierung bestimmter Vorgänge zu vermeiden. Insgesamt ist das Bestreben erkennbar, den proletarisch-revolutionären Stoff durch die musikalische Diktion auf eine hohe Stilebene zu heben. Eisler hat wenig später ergänzend *Einige Ratschläge zur Einstudierung der Maßnahme* publiziert (Eisler, S. 168), welche die Eigenart der Musik im Lehrstück und einige Besonderheiten des musikalischen Vortrags verdeutlichen. Vor allem sei der ›schöne‹, ›gefühlvolle‹, ›schmelzende‹ Vortrag des üblichen Chorgesangs durch »ein sehr straffes, rhythmisches, präzises Singen« zu ersetzen. Der Sänger solle »seine Noten referierend bringen, wie ein Referat in einer Massenversammlung, also kalt, scharf und schneidend«. Deutliche Darstellung sei wichtig, weil der Text »in jedem Moment von sämtlichen Zuhörern verstanden werden« soll.

Die Erläuterungen zur Spielweise der vier Spieler präzisieren die spieltypische Didaktik des Lehrstücks. Einfach und nüchtern müsse die dramatische Vorführung sein, »besonderer Schwung und besonders ›ausdrucksvolles‹ Spiel sind überflüssig«; denn Aufgabe der Spieler sei es lediglich, »das jeweilige Verhalten der Vier [zu] zeigen, welches zum Verständnis und zur Beurteilung des Falles gekannt werden muß« (GBA 24, S. 100). Nicht begründet wird die Anweisung, jeder der vier Spieler solle die Gelegenheit haben, »einmal das Verhalten des jungen Genossen zu zeigen« (ebd.). Vermutlich sollte der junge Genosse keine Identität gewinnen; zugleich konnte auf diese Weise die Identifikation eines der Spieler mit der Rollenfigur verhindert werden. »Die Vorführenden (Sänger und Spieler) haben die Aufgabe, lernend zu lehren. Da es in Deutschland eine halbe Million Arbeitersänger gibt, ist die Frage, was im Singenden vorgeht, mindestens so wichtig wie die Frage, was im Hörenden vorgeht.« (S. 101) Der Satz spricht beide Adressaten des Lehrstücks an: die lernenden Arbeitersänger und -spieler und das zu belehrende Publikum, d.h. die Massen, denen – nach Eislers Wort – ein bestimmter politischer Inhalt referiert wird. Gleichwohl ist das Ziel des Lehrstücks nicht Indoktrination. In seinen *Ratschlägen* bestand der Komponist darauf, »daß die Sänger den Text nicht als selbstverständlich annehmen, sondern in den Proben diskutieren. [...] Jeder Sänger muß sich über den politischen Inhalt seines Gesanges völlig im klaren sein und ihn auch kritisieren.« (Eisler, S. 168)

Das Lernziel des Lehrstücks wird zurückhaltender formuliert als anlässlich seiner Uraufführung. Der Anspruch, »politisch unrichtiges Verhalten zu zeigen und dadurch richtiges Verhalten zu lehren«, so B. auf dem Programmzettel (GBA 24, S. 96), wird nicht mehr explizit erhoben. Die *Maßnahme* sei »der Versuch, durch ein Lehrstück ein bestimmtes eingreifendes Verhalten einzuüben«, heißt es jetzt in einer Vorbemerkung im 4. Heft der *Versuche* (GBA 3, S. 100). In den *Anmerkungen* hatten B. und Eisler betont, dass »Versuche, aus der ›Maßnahme‹ Rezepte für politisches Handeln zu entnehmen, ohne Kenntnis des Abc des dialektischen Materialismus nicht unternommen werden« sollten (GBA 24, S. 101). Diese Mahnung, die wohl im Kontext der Abstraktheit der Fabel, ihrer Distanz zu tagespolitischer Aktualität, gesehen werden muss, zielte unterschwellig auch auf marxistische Kritiker ab, die Zweifel an der ethischen Zulässigkeit gewisser Positionen im Lehrstück geäußert hatten. Der lapidare Verweis auf Lenin ist in diesem Zusammenhang ohne weiteres als Belehrung der Kritiker zu deuten: »Für einige ethische Begriffe wie Gerechtigkeit, Freiheit, Menschlichkeit usw., die in der ›Maßnahme‹ vorkommen, gilt, was Lenin über Sittlichkeit sagt: ›Unsere Sittlichkeit leiten wir aus den Interessen des proletarischen Klassenkampfes ab.‹« (Ebd.) In dieselbe Richtung weist der aus einem Lenin-Zitat bestehende letzte Passus der *Anmerkungen*. Es gebe »noch keine Antwort auf die wichtigste, wesentlichste Frage: Wie und was soll man lernen?«, die Erziehung der neuen Generationen könne »nicht nach den alten Methoden betrieben werden« (ebd.). Angesichts orthodoxer Kritik an der *Maßnahme* sollte die Berufung auf die unbestrittene Autorität jeden Zweifel an der Notwendigkeit der experimentellen Erprobung neuer Methoden politisch-didaktischer Arbeit in der Arbeiterkulturbewegung ausräumen.

Das seit 1930 entstandene, mehrfach bearbeitete Lehrstück *Die Ausnahme und die Regel*, 1937 zuerst veröffentlicht und 1948 von Paul Dessau vertont, hat B. nie zur Aufführung gebracht (vgl. *Die Ausnahme und die Regel*, BHB 1, S. 288–294). Im Nachlass finden sich fragmentarische *Anmerkungen*, die offensichtlich um 1934 im Zusammenhang mit einer Stückfassung entstanden, die einen zweigeteilten Chor vorsah (vgl. Krabiel 1993, S. 242). Sie empfehlen, »einen der beiden Chöre ein Beispiel aus der Geschichte angeben zu lassen« (GBA 24, S. 109). Ein weiteres Nachlassfragment, das hier anzuknüpfen scheint, berichtet von der Machtübergabe an die Nazis im Jahr 1933 (S. 490). Im Spiel- und Übungsprozess konnte ein Beispiel aus der Geschichte eine zweifache didaktische Funktion erfüllen: Konkretisierung des parabelhaften Spielvorgangs und analytische Durchdringung des geschichtlichen Vorgangs mit den Mitteln der

Reflexion, welche die abstrakte Lehrstückfabel zur Verfügung stellt.

Die Horatier und die Kuriatier, das einzige in den Jahren des Exils verfasste Lehrstück, ist im Spätsommer 1935 entstanden. Obwohl die geplante Vertonung durch Eisler nicht zu Stande kam (vgl. *Die Horatier und die Kuriatier*, BHB 1, S. 320–322), hielt B. an der Typusbezeichnung ›Lehrstück‹ fest. *Ein Lehrstück* lautete der Untertitel im Erstdruck in der Moskauer Zeitschrift *Internationale Literatur* vom März 1936. In der Malik-Ausgabe (Bd. 2, London 1938) lautet die Genrebezeichnung »Schulstück«. In den *Versuchen* (1955) wurden beide Begriffe kombiniert: »*Die Horatier und die Kuriatier* ist ein Lehrstück über Dialektik für Kinder«, gehörend »zum 24. Versuch (Stücke für Schulen)« (H. 14, S. 120), dem B. auch *Die Ausnahme und die Regel* zuordnete. Das Stück ist ähnlich strukturiert wie die Chorfassung des Lehrstücks *Die Ausnahme und die Regel*. Zwei Chöre, die beiden verfeindeten Völker repräsentierend, verfolgen das Geschehen, mit Kommentaren, Ratschlägen und Appellen eingreifend. In seiner *Anweisung für die Spieler*, die dem Erstdruck beigefügt war, empfahl B. szenisch-dramaturgische und darstellerische Mittel, die ein äußerstes Maß an Abstraktion und Stilisierung bedeuten. So stellen die drei Kämpfer beider Seiten als Heerführer »zugleich ihre Heere dar. Nach einer Gepflogenheit des chinesischen Theaters können die Heeresteile durch kleine Fahnen angedeutet werden, welche die Heerführer auf einer Holzleiste im Genick tragen. [...] Die Spieler deuten die Vernichtung ihrer Heeresteile dadurch an, daß sie mit großer Geste eine Anzahl der Fahnen aus der Leiste ziehen und wegwerfen.« (GBA 24, S. 221) Die Bewegungen der Spieler sollen »langsam sein und aus dem Gefühl des Tragens der Schulterleisten und einer gewissen Breite erfolgen« (ebd.). Spielfläche ist eine auf dem Bühnenboden fixierte, von Spielern und Zuschauern einsehbare Landschaft, mit Kreide aufgezeichnet oder als kniehohe Bühnendekoration – »wie auf alten Landkarten« (ebd.) – angelegt. Die Hindernisse in der Szene *Die sieben Lanzenverwertungen* können »auf kleinen Tafeln am nackten Spielgerüst bezeichnet werden« (ebd.). Die Positionen der Schritte sollen fixiert werden, sodass die Spieler gewissermaßen in Fußstapfen treten. »Das ist nötig, weil die Zeit gemessen werden muß« (ebd.), da mehrere Spielvorgänge präzise synchron geführt werden müssen. Der Musik war hier eine wichtige Aufgabe zugedacht. Überall sei Musik nötig, hatte B. Anfang September 1935 Eisler gegenüber betont, »da auch die Bewegung der ›Heere‹ [...] genau fixiert werden muß« (GBA 28, S. 524). Da die Vertonung damals nicht zu Stande kam, musste die Aufgabe anders gelöst werden: »In der ersten Schlacht ist der Sonnenträger die Uhr. In der zweiten Schlacht ist während der ›sieben Lanzenverwertungen‹ der Kuriatier die Uhr.« (GBA 24, S. 221) Der konsequente Verzicht auf illudierende Effekte dient der Konzentration auf den demonstrierten Spielvorgang. Hierzu gehören die Andeutung eines Schneetreibens durch ein paar Hände Papierschnitzel (ein Mittel des chinesischen Theaters), der Verzicht auf Pfeile in der Schlacht der Bogenschützen, projizierte oder auf Transparente aufgemalte Szenentitel. Lehrstückspezifisch ist die vorgesehene Sprechweise: »Was das Sprechen der Verse betrifft: die Stimme setzt mit jeder Verszeile neu ein. Jedoch darf das Rezitieren natürlich nicht abgehackt wirken.« (S. 222)

Fragmente einer ›Theorie der Pädagogien‹ (um 1929)

In seiner *Anmerkung* zum *Badener Lehrstück vom Einverständnis* hatte B. eine »Theorie der Pädagogien« angekündigt, welche »die besonderen Gesetze des Lehrstücks« formulieren werde (GBA 24, S. 90). Die Ankündigung und der Umstand, dass sich im Nachlass ein Fragment dieses Titels und zwei weitere einschlägige Notate fanden, haben Interpreten veranlasst, diese als authentische Bestandteile der Lehrstücktheorie in Anspruch zu nehmen. In seiner Konstruktion einer Theorie des Lehrstücks stützte sich Steinweg ganz wesentlich auf diese drei Fragmente (Steinweg 1972, passim). Wahrscheinlich um 1929 im Zusammenhang mit Stückprojekten anderer Typuszugehörigkeit entstanden (*Fatzer, Aus Nichts wird Nichts*), weisen die Fragmente einer ›Theorie der Pädagogien‹ zwar gewisse Berührungspunkte zum Lehrstückkonzept auf, gehen jedoch von anderen Voraussetzungen aus. Der Begriff ›Lehrstück‹ wird an keiner Stelle erwähnt. Musikalische Aspekte spielen keinerlei Rolle. Zu fragen ist, worauf die Fragmente abzielen und in welchem Verhältnis sie zur Lehrstücktheorie und Lehrstückpraxis stehen.

Das unter dem Titel *Theorie der Pädagogien* überlieferte, zum *Fatzer*-Material gehörende Fragment (GBA 21, S. 398) entwickelt Momente einer politisch-pädagogischen Spieltheorie, in B.s Worten: »die Grundlage des Gedankens, das Theaterspielen in Pädagogien zu verwenden«. Gegenstand ist das Theaterspielen, d.h. darstellendes, imitierendes Spielen, und seine Verwendung im Rahmen eines pädagogischen Konzepts. Ausgangspunkt der Überlegungen ist die von B. als ›bürgerlich‹ klassifizierte Unterscheidung von Tätigkeit und Betrachtung, von Aktion und Reflexion, von Politik und Philosophie, welche »die Politik dem Tätigen und die Philosophie dem Betrachtenden« überlässt. Ihr wird die These entgegengesetzt, dass zwischen wahrer Philosophie und wahrer Politik kein Unterschied sei. »Auf diese Erkenntnis folgt der Vorschlag des Denkenden, die jungen Leute durch Theaterspielen zu erziehen, d.h., sie zugleich zu Tätigen und Betrachtenden zu machen, wie es in den Vorschriften für die Pädagogien vorgeschlagen ist.« Erziehung junger Leute durch Theaterspielen: Damit ist nicht zuletzt die Schule als institutioneller Rahmen angesprochen. Das pädagogische Konzept ist ganz auf den Nutzen für den Staat abgestellt. B.s Text lautet weiter: »Die Lust am Betrachten allein ist für den Staat schädlich; ebenso aber die Lust an der Tat allein. Indem die jungen Leute im Spiele Taten vollbringen, die ihrer eigenen Betrachtung unterworfen sind, werden sie für den Staat erzogen. Diese Spiele müssen so erfunden und so ausgeführt werden, daß der Staat einen Nutzen hat. Über den Wert eines Satzes oder einer Geste oder einer Handlung entscheidet also nicht die Schönheit, sondern: ob der Staat Nutzen davon hat, wenn die Spielenden den Satz sprechen, die Geste ausführen und sich in die Handlung begeben.« (Ebd.)

Allgemeines Lernziel wäre danach die im Spiel zu erwerbende Fähigkeit, Tätigkeit und Betrachten, Aktion und Reflexion als Einheit zu realisieren. Eines eigenen Spieltypus bedürfte es hierfür offenbar nicht; geeignet wäre grundsätzlich jede dramatische Szene, sofern sie das Kriterium ›Nützlichkeit für den Staat‹ erfüllte. Konkretes Lernziel ist soziales Verhalten: die Verbesserung der »asozialen Triebe der Menschen«, deren Existenz B. übrigens ein Jahrzehnt später in einer *Journal*-Notiz zum Lehrstückprojekt *Der böse Baal der asoziale* vom 4. 3. 1939 entschieden bestritt (GBA 26, S. 331). Als Lerngegenstand wird keineswegs vorzugsweise soziales Verhalten empfohlen, im Gegenteil: Das Lernziel ›soziales Verhalten‹ soll erreicht werden durch die Darstellung vornehmlich asozialer Verhaltensweisen; denn »gerade die Darstellung des Asozialen durch den werdenden Bürger des Staates ist dem Staate sehr nützlich« (GBA 21, S. 398). An diesem Punkt berührt sich B.s Konzept mit dem sozialtherapeutischen Rollenspiel von Asja Lacis (vgl. Lacis, S. 28f.). B. fährt fort: Die Darstellung des Asozialen sei »dem Staate sehr nützlich, besonders wenn sie nach genauen und großartigen Mustern ausgeführt wird« (GBA 21, S. 398). Der Nebensatz formuliert einen Gedanken, der in diesem und einem weiteren Fragment aus dem *Fatzer*-Material erstmals auftaucht und später in den Entwurf einer *Theorie des Lehrstücks* übernommen wurde: die Orientierung an ›Mustern‹ im Spielvorgang, d.h. die Nachahmung darstellerischer Vorbilder. Steinwegs Verwendung des Begriffs ›Muster‹ im Sinne des englischen Worts ›pattern‹ und seine Auffassung, es seien die im Lehrstücktext fixierten Handlungs- und Redeweisen gemeint, konnte durch lexikalische und sprachlogische Argumente widerlegt werden (Krabiel 1993, S. 279–281; dazu Steinweg 1995a, S. 219 und S. 226f.). Von der

»Nachahmung hochqualifizierter Muster« und der »Kritik, die an solchen Mustern durch ein überlegtes Andersspielen ausgeübt wird«, ist in der *Theorie des Lehrstücks* die Rede (GBA 22, S. 351). Der besondere pädagogische Wert dieser Lernmethode bei der Verfolgung des Lernziels ›Einheit von Tätigsein und Reflexion‹ liegt offenbar darin, dass der Prozess der Nachahmung eines ›genauen und großartigen Musters‹ eine intensivere Beobachtung und spielerisch-darstellerische Anstrengung erfordert als der in der Regel dilettantische Vollzug selbstgefundener Gesten und Haltungen. Als weiteres Motiv kommt hinzu: »Der Staat kann die asozialen Triebe der Menschen am besten dadurch verbessern, daß er sie, die von der Furcht und der Unkenntnis kommen, in einer möglichst vollendeten und dem einzelnen selbständig beinah unerreichbaren Form von jedem erzwingt.« (GBA 21, S. 398) Die ›asozialen Triebe‹ sind erst dann optimal (auch in ihren Ursachen ›Unkenntnis‹ und ›Furcht‹) erkannt und damit beherrschbar, wenn sie in einer möglichst vollendeten, dem Laien ohne ›Muster‹ kaum erreichbaren Weise darstellerisch bewältigt sind.

Irritierend bleibt das Moment von Disziplinierung, von Zwang, ausgeübt von einem Staat, zu dessen Nutzen dies alles geschehen soll. Irritierend nicht zuletzt deshalb, weil unklar bleibt, welcher Staat gemeint ist. Die eingangs formulierte Kritik an der Unterscheidung von Tätigsein und Betrachten scheint darauf hinzuweisen, dass B. ein klassenloses, ›kollektivistisches‹ Gemeinwesen im Blick hatte, in dem eine grundsätzliche Interessenidentität von Einzelnem und Gesamtgesellschaft existierte. Dem steht entgegen, dass als pädagogisches Ziel des Spielens die Korrektur asozialen Verhaltens definiert wird, das es nach den gesetzten Prämissen in der klassenlosen Gesellschaft nicht mehr geben soll. Es gibt dieses allenfalls in einer Phase des Übergangs. Dies legt die Vermutung nahe, dass B. bei der Formulierung des Texts die damalige Situation Sowjetrusslands im Blick hatte, was auch die Nähe zum Spielkonzept von Lacis erklärte.

Dass zwischen der Theorie der Pädagogien und dem Lehrstück differenziert werden muss, bestätigt ein weiteres Fragment aus dem *Fatzer*-Material. Es belegt auch, dass die Theorie der Pädagogien selbst kein in sich einheitliches Konzept darstellt. Das *Theater* überschriebene Notat hat folgenden Wortlaut:

> Um seine Gedanken zu ordnen, liest der Denkende ein Buch, das ihm bekannt ist. In der Schreibweise des Buches denkt er.
> Wenn einer am Abend eine Rede zu halten hat, geht er am Morgen in das Pädagogium und redet die drei Reden des Johann Fatzer. Dadurch ordnet er seine Bewegungen, seine Gedanken und seine Wünsche.
> Weiter: wenn einer am Morgen einen Verrat ausüben will, dann geht er am Morgen in das Pädagogium und spielt die Szene durch, in der ein Verrat ausgeübt wird. Wenn einer abends essen will, dann geht er abends in das Pädagogium und spielt die Szene durch, in der gegessen wird. (GBA 10, S. 517)

Der erste Absatz, in dem vom ›Denkenden‹ die Rede ist (eine bei B. damals häufig auftauchende, vielfach mit der des ›Herrn Keuner‹ identifizierte Figur), beschreibt einen Vorgang, der als Selbstkonditionierung bezeichnet werden kann: das Ordnen der Gedanken durch die Lektüre eines vertrauten Buches, die Prägung der Denkweise durch die Schreibweise des Buchs. Die folgenden Absätze übertragen dieses Verfahren in den Bereich darstellenden Spielens und führen eine eigene Institution als Ort solchen Spielens ein: das ›Pädagogium‹. Ein Theater-Pädagogium also. Es soll das existierende Theater nicht ersetzen, es stellt keine alternative oder progressivere Theaterform dar. Reflektiert wird lediglich eine denkbare Verwendung imitierenden Spielens zu bestimmten Zwecken. Offensichtlich sind seine Benutzer nicht Schüler, sondern Erwachsene. Sie suchen das Pädagogium nicht auf, um ›soziales‹ Verhalten zu erlernen, sondern um konkrete, unmittelbar verwertbare Verhaltensweisen einzuüben. Der Einzelne spielt allein und für sich, nicht in der Gruppe, gemeinsam mit anderen; Spielpartner werden jedenfalls nirgends erwähnt (anderer Auffassung ist Steinweg: Steinweg 1995a, S. 228f.;

vgl. Krabiel 1996, S. 281f.). Weder von Disziplinierung oder Zwang ist die Rede wie in der *Theorie der Pädagogien* noch vom Nutzen für den Staat. Die spielerische Selbstkonditionierung dient höchst subjektiven, ja eigennützigen Zwecken. Spielvorlage kann jede beliebige dramatische Szene sein, sofern sie dem selbstgesetzten Übungsziel dienlich ist. Zweck der Übung scheint die Erlangung einer gewissen Sicherheit, Routine, Perfektion im körperlich-gestischen und rhetorischen Vollzug bestimmter Handlungen, Verhaltens- und Redeweisen zu sein.

Gegen diesen Übungszweck (Krabiel 1993, S. 282) wendet Steinweg ein, es gehe weder »um die Erlangung von Routine noch um Perfektion [...], sondern um Distanzgewinnung, immer neue (selbst-)kritische Überprüfung des eigenen Denkens auf ideologisch gewordene Elemente sowie um die Erprobung und Untersuchung möglicher grundsätzlicher Alternativen g e g e n Routine« (Steinweg 1995a, S. 229). In B.s Fragment ist davon allerdings nicht die Rede; vielmehr heißt es dort, derjenige, der im ›Pädagogium‹ »die drei Reden des Johann Fatzer« rede, ordne dadurch »seine Bewegungen, seine Gedanken und seine Wünsche« (GBA 10, S. 517). Steinweg übersieht die beiden ersten Sätze des Fragments, die das Modell vorgeben für Zweck und Ziel des Spielens in den folgenden Absätzen: »Um seine Gedanken zu ordnen«, liest der Denkende ein ihm bekanntes Buch und denkt dann in »der Schreibweise des Buches« (ebd.). Unklar bleibt in der Argumentation Steinwegs auch, welche Rolle die »selbstkritische Überprüfung des eigenen Denkens auf ideologisch gewordene Elemente« (Steinweg 1995a, S. 229) bei der Ausübung eines Verrats oder der Vorbereitung auf ein Abendessen spielen könnte.

Für B.s Notat *Theater* ist die Frage, ob sich das Spielkonzept auf den gegenwärtigen (bürgerlichen) oder einen künftigen Staat bezieht, anders zu beantworten als im Fall der *Theorie der Pädagogien*. Dass B. davon ausgegangen sei, ein kollektivistischer Staat werde Institutionen zur Einübung eines Verrats oder eines Abendessens zur Verfügung stellen oder benötigen, ist nicht sehr wahrscheinlich (vgl. dagegen Steinweg 1995a, S. 231; Speirs, S. 272). Solche von B. nicht ohne Ironie formulierten Notate sollten als das behandelt werden, was sie sind: Gedankenspiele, denen volles theoretisches Gewicht nicht zukommen kann. B. hatte gute Gründe, sie weder zur Druckreife zu bringen noch in irgendeiner Form weiterzuentwickeln. Das gilt auch von einer Notiz, die vermutlich zum fragmentarisch überlieferten Aufsatz *Die dialektische Dramatik* gehört (GBA 21, S. 431–443; vgl. *Zum Theater* [1924–1933], BHB 4). Die Rede ist dort von einem »aktiven Lehrtheater, einem neuartigen Institut ohne Zuschauer, deren Spieler zugleich Hörende und Sprechende sind und dessen Verwirklichung im Interesse eines kollektivistischen, klassenlosen Gemeinwesens liegt« (GBA 21, S. 320). Auch dieser Gedanke wird fallengelassen; im Unterschied zu anderen Überlegungen der Notiz taucht er in dem Fragment *Die dialektische Dramatik* nicht auf.

Noch mehr Aufmerksamkeit als die *Theorie der Pädagogien* hat in der Lehrstück-Diskussion das ebenfalls um 1929 entstandene Fragment *Die Große und die Kleine Pädagogik* gefunden (S. 396; der Text ist zusammen mit den Fragmenten *Aus Nichts wird Nichts* überliefert). Gegenstand des Entwurfs sind zwei ›Pädagogien‹: pädagogische Theorien, die Möglichkeiten einer politisch-pädagogischen Verwendung von Formen darstellenden, imitierenden Spielens entwerfen. Sie sind auf unterschiedliche sozialgeschichtliche Gegebenheiten zugeschnitten; entsprechend verschieden sind Art und Funktion des Spielens. Betroffen sind ganz unterschiedliche Institutionen.

»Die Große Pädagogik«, heißt es eingangs, »verändert die Rolle des Spielens vollständig. Sie hebt das System Spieler und Zuschauer auf. Sie kennt nur mehr Spieler, die zugleich Studierende sind.« (Ebd.) Es ist im Prinzip die Spielsituation, die auch der *Theorie der Pädagogien* zu Grunde lag. Ausdrücklich, wenn auch in einer für B. damals typischen Verklausulierung, wird im folgenden der sozialgeschichtliche Bezugsrahmen fixiert: »Nach dem Grundgesetz: ›Wo das Interesse des einzelnen das Interesse des Staates ist, bestimmt die begriffene Geste die Handlungsweise des einzelnen‹, wird das imitierende Spielen zu einem Hauptbestandteil der Pädagogik.« (Ebd.) Wie in der *Theorie der Pädagogien* sind damit die Schulen oder vergleichbare Institutionen angesprochen, nicht das Theater. Diese Zuordnung und die Feststellung, nicht zwei mehr oder weniger progressive Theaterformen, sondern zwei Pädagogien seien Gegenstand des Fragments (Krabiel 1993, S. 283), glaubt Steinweg mit dem Hinweis auf die bekannte Tatsache widerlegen zu können, alle theoretischen Überlegungen B.s seit den späten 20er-Jahren liefen darauf hinaus, dass der neue Zweck des Theaters ›Pädagogik‹ heiße (Steinweg 1995a, S. 230f.; vgl. hierzu *Zum Theater* [1924–1933], BHB 4). Im Umkehrschluss folgert Steinweg, dass stets auch Theater gemeint sei, wenn bei B. von Pädagogik die Rede ist. Im Fall der ›Großen Pädagogik‹ ist der Wortlaut jedoch eindeutig: Das imitierende Spielen wird »zu einem Hauptbestandteil der Pädagogik« (GBA 21, S. 396).

Voraussetzung darstellenden Spielens im Sinn der ›Großen Pädagogik‹ wäre die Interessenidentität von Einzelnem und Gesamtgesellschaft, d.h. die Existenz eines ›kollektivistischen‹ (klassenlosen) Gemeinwesens. Sie wäre insbesondere Voraussetzung dafür, dass »die begriffene Geste die Handlungsweise des einzelnen« bestimmen könnte. Die Formulierung »begriffene Geste« (ebd.) weist auf die in der *Theorie der Pädagogien* geforderte, im Spiel erfahrbare und erlernbare Einheit von Tätigsein und Betrachten, von Aktion und Reflexion. Da in der klassenlosen Gesellschaft diese Einheit realisierbar sein soll, könnte imitierendes Spielen »zu einem Hauptbestandteil der Pädagogik« (ebd.) werden. Der spielerische Vollzug ›begriffener Gesten‹ wäre für die jungen Menschen eine Art Propädeutikum für die gesellschaftlich zu realisierende Einheit von Theorie und Praxis.

Entwirft die ›Große Pädagogik‹ ein Konzept imitierenden Spielens als Hauptbestandteil der Pädagogik in einem antizipierten klassenlosen Gemeinwesen, so entwickelt die ›Kleine Pädagogik‹ Möglichkeiten der politisch-pädagogischen Verwendung darstellenden Spielens unter den im Vorfeld einer sozialen Revolution gegebenen Bedingungen. Da in der bürgerlichen Gesellschaft die institutionalisierte Form imitierenden Spielens das Theater ist, bezieht sich die Kleine Pädagogik auf das Theater, mit dem Ziel der Veränderung seiner gesellschaftlichen Funktion. Die Kleine Pädagogik, heißt es in B.s Fragment, führt »in der Übergangszeit der ersten Revolution [gemeint ist vermutlich die Gegenwart der Weimarer Republik] lediglich eine Demokratisierung des Theaters durch« (ebd.). Sie verändert zwar die Institution mit ihrer »Zweiteilung«, dem »System Spieler und Zuschauer«, nicht wesentlich, sieht jedoch einen einschneidenden Funktionswechsel vor. Das neue Theater hat neben der ideologiekritischen Funktion insbesondere die Aufgabe, die Rezeptionshaltung des Publikums zu verändern: Das Publikum soll »aktiviert werden. Stücke und Darstellungsart sollen den Zuschauer in einen Staatsmann verwandeln«, in einen politisch Denkenden und Handelnden; »deshalb soll im Zuschauer nicht an das Gefühl appelliert werden, das ihm erlauben würde, ästhetisch abzureagieren, sondern an seine Ratio. [...] Der Zuschauer muß Partei ergreifen, statt sich zu identifizieren.« (Ebd.) Die dramaturgischen und darstellerischen Mittel des umfunktionierten Theaters sind bekannt, es sind die des epischen Theaters, die B. seit Ende der 20er-Jahre mit ähnlichen Formulierungen wiederholt beschrieben hat (vgl. *Zum Theater* [1924–1933], BHB 4). In dem Fragment findet sich auch eine frühe – terminologisch noch abweichende – Beschreibung der schauspielerischen Technik, die B. seit Mitte der 30er-Jahre mit dem Begriff ›Verfremdung‹ präzisiert hat: »*Die Schauspieler müssen dem Zuschauer Figuren und Vorgänge entfremden, so daß sie ihm auffallen.*« (GBA 21, S. 396)

Die Theorie der Pädagogien ist nicht die Theorie des Lehrstücks. B.s Lehrstücke sind weder Spielvorlagen im Sinne der Theorie der Pädagogien noch der Großen Pädagogik. Während letztere utopisch-antizipatorische Momente beinhaltet, waren die Lehrstücke als Werke (vokal)musikalisch-szenischer Gebrauchskunst für die unmittelbare Verwendung bestimmt. Aus der Ankündigung einer »Theorie der Pädagogien«, die »die besonderen Gesetze des Lehrstücks« formulieren werde (GBA 24, S. 90), könnte geschlossen werden, dass B. daran dachte, beide Ansätze miteinander zu verbinden. Tatsache ist jedoch, dass dies nicht geschah. Zwar gibt es einige Berührungspunkte zwischen den lehrstücktheoretischen Reflexionen und der Theorie der Pädagogien, diese selbst wurde jedoch bald aufgegeben. Die einschlägige Terminologie verschwand aus B.s Überlegungen nach 1930 vollständig. Spätestens seit der *Maßnahme*, mit der das Lehrstückkonzept Anschluss an eine existierende politische Bewegung gefunden hatte, waren die Ansätze einer Theorie der Pädagogien obsolet. Dass die möglicherweise als Spielvorlagen gedachten Texte (*Fatzer, Aus Nichts wird Nichts*) Fragmente blieben, erscheint insofern konsequent. Eine Notiz B.s zum *Fatzer*-Projekt lautet: »Das ganze Stück, *da ja unmöglich*, einfach zerschmeißen für Experiment ohne Realität! Zur ›Selbstverständigung‹« (GBA 10, S. 1120). Deshalb überzeugt die Auffassung von Ronald Speirs nicht, es sei kein Anlass, so nachdrücklich auf den Differenzen zwischen Lehrstück und Theorie der Pädagogien zu bestehen (Speirs, S. 271), zumal er die zahlreich vorliegenden Argumente unbeachtet lässt (Krabiel 1993, S. 277–285).

Kontinuität und Entwicklung / Lehrstück und episches Theater

Während B. die Überlegungen zu einer Theorie der Pädagogien sehr bald und endgültig zu den Akten legte, hielt er am Lehrstückkonzept auch in den Jahren des Exils und nach seiner Rückkehr nach Berlin fest. Zahlreiche Fakten und Zeugnisse belegen sein fortdauerndes Interesse am Spieltypus. *Die Horatier und die Kuriatier* entstanden und wurden publiziert, *Die Ausnahme und die Regel* wurde bearbeitet und veröffentlicht, wiederholt bemühte sich B. um ihre Vertonung und Aufführung (vgl. *Die Ausnahme und die Regel*, BHB 1, S. 293; *Die Horatier und die Kuriatier*, BHB 1, S. 321f. und S. 324f.). Eine große Zahl theoretischer Belege dokumentiert die Kontinuität in der konzeptionellen Bestimmung des Lehrstücks. Wenn B.s Lehrstückarbeit im Exil gegenüber der Produktion für das Theater in den Hintergrund trat, so deshalb, weil alle Voraussetzungen für eine Fortführung der Lehrstückexperimente fehlten. In den Exilländern war Gebrauchskunst als Begriff und Sache nicht vertraut, ihr Sinn und Zweck nur schwer zu vermitteln. Da die Lehrstücke als Auftragsarbeiten entstanden, auf einen bestimmten Bedarf zugeschnitten und für spezielle Zielgruppen gedacht waren, kam auch ihre Produktion ›auf Vorrat‹ und für die Schublade nicht in Betracht.

Trotzdem kann keine Rede davon sein, B. habe das Lehrstück zu Gunsten des epischen/ nichtaristotelischen Theaters aufgegeben oder jenes in diesem aufgehen lassen (so Mittenzwei, S. 253; zur ›Materialästhetik‹, die Mittenzwei konstruiert, um B.s ›Lehrstück-Phase‹ zu erklären, S. 241–245; vgl. Krabiel 1993, S. 305–312). Richtig ist, dass die theoretischen Belege seit 1931, nach dem Abbruch der Lehrstückexperimente, zunächst etwas spärlicher, teilweise auch unpräziser wurden. Gelegentlich griff B. jetzt sogar auf den in der zeitgenössischen Diskussion sich durchsetzenden Wortgebrauch ›Lehrstück‹ = ›Lehrtheater‹ zurück (vgl. Krabiel 1993, S. 95–98). In einem um 1932 entstandenen Fragment beispielsweise verteidigte er »den Begriff des Lehrstücks, der erkennbar pädagogischen Dramatik«, gegen gewisse Kritiker, die zwar ein ›belehrendes‹ Theater grundsätzlich befürworteten, sich jedoch »mehr pädagogische Wirkung von einer ganz konkreten, im rein Anschaulichen bleibenden, auf die Abstrahierung verzichtenden Lehrart« versprachen (GBA 22, S. 118; der irreführende Titel *Mißverständnisse über das Lehrstück* stammt nicht von B.; vgl. Steinweg 1976, S. 130). Gemeint waren Vertreter eines politisch-didaktischen Theaters, die an der (aristotelischen) Einfühlungs-Dramaturgie festhielten: »sie wollen es auf dem Weg der Erfahrung wissen, und zwar der sensuellen Erfahrung, auf dem Weg des Erlebnisses. Sie wollen hineingezogen werden, nicht gegenübergestellt.« (GBA 22, S. 118) Der erste Satz des Fragments belegt eindeutig, dass B. nicht den Spieltypus Lehrstück meint, sondern epische Dramatik, dass er sich mit dem zitierten Lehrstückbegriff nicht identifiziert: »Einige Versuche der neueren Dramatik, die sich auf der Bühne einer ›epischen‹ (erzählenden) Darstellungsweise bedient, einer antimetaphysischen dialektischen nichtaristotelischen Dramatik, sind unter der Bezeichnung ›Lehrstücke‹ in der Öffentlichkeit diskutiert, mißverstanden und in ihrer äußeren Form sofort imitiert worden.« (S. 117) Dieselbe Einschränkung gilt für einen Satz in der um 1936 entstandenen Schrift *Vergnügungstheater oder Lehrtheater?*: »Alles, was man Zeitstück oder Piscatorbühne oder Lehrstück nannte, gehört zum epischen Theater.« (S. 107)

Eine Formulierung in den *Anmerkungen* zur *Mutter* ist wiederholt zu Unrecht als Beleg für die Zugehörigkeit dieses Stücks zum Typus Lehrstück bzw. für die Existenz eines erweiterten Lehrstückbegriffs bei B. in Anspruch genommen worden. »Das Stück ›Die Mutter‹, im Stil der Lehrstücke geschrieben, aber Schauspieler erfordernd, ist ein Stück antimetaphysischer, materialistischer, **nichtaristotelischer Dramatik**.« (GBA 24, S. 115; vgl. *Zum Theater* [1924–1933], BHB 4) Ausdrücklich wird nur auf den Stil der Lehrstücke Bezug genommen. Der Hinweis auf die Notwendigkeit des Einsatzes professioneller Schauspieler schließt die Verwendung als Gebrauchskunst für Laien aus; durch diesen Verwendungszweck aber ist der Spieltypus definiert. Vor allem weisen die *Anmerkungen* das Stück *Die Mutter* unmissverständlich als ein Werk nichtaristotelischer Dramatik, d.h. als Theaterstück aus. Der Aufsatz *Einige Probleme bei der Aufführung der »Mutter«* aus dem Jahr 1951 bestätigt diese Zuordnung. B. teilt dort mit, die Aufführung vom Januar 1932 habe »Züge des Agitproptheaters dieser Zeit« enthalten, und fährt dann fort: »Jedoch zeigte dieses Stück und seine Aufführung, was Agitproptheater nicht tat, wirkliche Menschen mit einer Entwicklung, eine durchgehende echte Fabel. Die Züge des Agitproptheaters waren verwoben mit legitimen Formen des klassischen deutschen Theaters« (GBA 24, S. 199).

Es gibt zahlreiche Fakten und Zeugnisse, die belegen, dass B. an der Unterscheidung von Theater und Lehrstück strikt festhielt und das Lehrstück nach wie vor als eigenständigen Spieltypus verstanden wissen wollte. Eine um 1935 entstandene Retrospektive auf das Theater der Weimarer Republik erinnert ebenfalls an die Berliner Aufführung der *Mutter* von 1932: »Zu dieser Zeit führte eine andere Kette von Versuchen, die sich zwar theatralischer Mittel bedienten, aber die eigentlichen Theater nicht benötigten, zu gewissen Resultaten. Es handelte sich um pädagogische Versuche, um das Lehrstück. / Während einer Reihe von Jahren versuchte Brecht mit einem kleinen Stab von Mitarbeitern abseits des Theaters, [...] einen Typus theatralischer Veranstaltungen auszuarbeiten, der das Denken der daran Beteiligten beeinflussen könnte. [...] Es handelte sich um theatralische Veranstaltungen, die weniger für die Zuschauer als für die Mitwirkenden stattfanden. Es handelte sich bei diesen Arbeiten um Kunst für den Produzenten, weniger um Kunst für den Konsumenten.« (GBA 22, S. 167) Im Folgenden werden die vier in den Jahren 1929/30 aufgeführten Lehrstücke charakterisiert. Die Differenzierung zwischen Theaterarbeit und Lehrstückexperimenten, die Kennzeichnung der Lehrstücke als pädagogische Versuche, als Typus theatralischer Veranstaltungen, die das Denken der daran Beteiligten beeinflussen könnte, die Definition als Kunst für den Produzenten, d.h. den an der Ausführung aktiv Beteiligten: An diesen Bestimmungen hielt B. auch weiterhin fest.

Als er im Brief an Eisler vom 29. 8. 1935 seinen Standpunkt im Streit um *Die Horatier und die Kuriatier* darlegte, differenzierte B. mit derselben Selbstverständlichkeit zwischen Lehrstück und Theaterstück (»Die Arbeit an dem Lehrstück wurde auf Deine Initiative hin begonnen, obwohl ich mitten in der Arbeit an meinem Theaterstück war«; GBA 28, S. 518), mit der er in einer den »Gesamtplan für die

Produktion« betreffenden Notiz im *Journal* vom 16.8. 1938 den Dramen die Lehrstücke als eigenen Typus gegenüberstellte: »Zu den Dramen [treten] die Lehrstücke.« (GBA 26, S. 319) »Als ich für das Theater mit der Einfühlung mit dem besten Willen nichts mehr anfangen konnte«, heißt es in dem um 1939 entstandenen Notat *Über Fortschritte*, »baute ich für die Einfühlung noch das Lehrstück.« (GBA 22, S. 447) In einem Bericht über Erfahrungen mit neuen Spielformen schrieb B.: »Wir spielten (in den *Lehrstücken*) ohne Zuschauer; die Spieler spielten für sich selber.« (S. 679; um 1937) Dass im Lehrstück »die Spieler für sich selber spielen«, bekräftigt eine Notiz im *Journal* vom 27.3. 1942 (GBA 27, S. 75). Einige Wochen später, am 15.5., zitierte B. Max Reinhardt mit folgender Bemerkung über die Bayern: »Sie wollen nicht Theater sehen, sie wollen nur Theater spielen«, und fügte scherzhaft-selbstironisch hinzu: »Dies für die Historiker, die das Lehrstück anthropologisch zu begründen wünschen!« (S. 95)

Obwohl dieser Aspekt in den zitierten Bemerkungen keine Erwähnung findet, blieb für B. auch der musikalische Kontext wichtig. Im Aufsatz *Über die Verwendung von Musik für ein episches Theater* heißt es: »Eine Aussicht für die moderne Musik eröffnet meiner Meinung nach außer dem epischen Theater das *Lehrstück*. Zu einigen Modellen dieses Typus haben Weill, Hindemith und Eisler äußerst interessante Musik geschrieben.« (GBA 22, S. 164; um 1935) Dass es sich bei den ersten Lehrstücken um Auftragsarbeiten zum Zweck der Vertonung handelte, bestätigte B. implizit in der 1939 veröffentlichten Schrift *Über reimlose Lyrik mit unregelmäßigen Rhythmen*. Er habe Metrum und Rhythmus vollkommen frei behandeln können, als er »für moderne Musiker Oper, Lehrstück und Kantate schrieb«, berichtete er dort (S. 359), das Lehrstück ganz selbstverständlich den großen Formen der Vokalmusik zuordnend.

Sehr aufschlussreich, nicht nur für B.s Verständnis des Lehrstücks als Typus, ist der kleine Text von 1937 *Die Avantgarde* (S. 322). Überwiegend aus Stil- und Genrebegriffen bestehend, enthält er einen Abriss der Entwicklung avantgardistischer Kunstformen in der Weimarer Republik, in nuce auch eine Avantgarde-Theorie. In drei Reihen wird retrospektiv die Entwicklung künstlerischer Richtungen, Genres und Ausdrucksformen thematisiert. Die erste, vertikal angeordnete Reihe nennt die Abfolge der bedeutendsten literarischen Richtungen seit dem Weltkrieg, als Höhepunkt und Abschluss das »Zeitstück« der späten 20er-Jahre. Die zweite Reihe, die der musikalischen Stil- und Genrebegriffe, bestätigt die historische Genese des Lehrstücks: »Die gefrorene Musik, die konzertante Musik, die Gebrauchsmusik, das Massenlied, das Lehrstück«. Über Formen (bürgerlicher) Gebrauchsmusik, entstanden als Reaktion auf die Krise der Neuen Musik und der traditionellen Konzertform, führte die Entwicklung zu politischen Gebrauchsformen (»Massenlied«) und zum Lehrstück, der Großform einer politischen Gebrauchsmusik. Ganz selbstverständlich schließt das Lehrstück die musikalische Reihe ab, nicht die folgende dritte, die Formen eines politisch-agitatorischen Theaters aneinander reiht, von der »Revue« (etwa Piscators) bis zur ›gespielten Losung‹ des Agitproptheaters. Der abschließende Satz – »Wir kritisierten die Zeit, und die Zeit kritisierte uns« – billigt jeder der Erscheinungsformen avantgardistischer Kunstpraxis ihre historische Berechtigung als Kritik an der Zeit zu, bis sie selbst der Kritik verfällt und durch andere Praxis aufgehoben wird. Er formuliert das Prinzip einer auf die Realität bezogenen ästhetischen Praxis als dialektischen Prozess fortschreitender Aufhebungen, als dessen Modell die Entwicklung der Lehrstücktheorie und -praxis vom *Lindberghflug* bis zu den *Horatiern* selbst gelten kann, nicht anders als die Entwicklung im Bereich des epischen/nichtaristotelischen Theaters.

Das etwa 1937 entstandene Fragment *Zur Theorie des Lehrstücks* ist der einzige Text, der als Entwurf einer Theorie des Spieltypus angesprochen werden kann. Er bestätigt die Eigenständigkeit des Genres wie die bisher dargestellte Typusauffassung. Für diese ist entscheidend, dass das Lehrstück von seinem Verwendungszusammenhang her definiert wird, als pädagogisch motivierte Gebrauchskunst für Laien: »Das Lehrstück lehrt dadurch, daß es gespielt, nicht dadurch, daß es gesehen wird. Prinzipiell ist für das Lehrstück kein Zuschauer nötig, jedoch kann er natürlich verwertet werden.« (GBA 22, S. 351) ›Verwertung‹ des Zuschauers ist eine absichtsvoll provokant formulierte Bemerkung. Die Frage konzertanter Aufführungen vor Zuschauern/ Zuhörern haben B. und seine musikalischen Mitarbeiter zwar stets undogmatisch behandelt, aber sie stimmten darin überein, dass der primäre Zweck des Lehrstücks in der Realisierung durch die Spielenden/Singenden selbst liegt. Denn: »Es liegt dem Lehrstück die Erwartung zugrunde, daß der Spielende durch die Durchführung bestimmter Handlungsweisen, Einnahme bestimmter Haltungen, Wiedergabe bestimmter Reden usw. gesellschaftlich beeinflußt werden kann.« (Ebd.) Der psychologische Mechanismus, auf dem diese Erwartung beruht, wird hier nicht näher beschrieben. Es ist derselbe, den B. im Zusammenhang mit der Theorie der Pädagogien mehrfach skizziert hat (einer der Berührungspunkte zwischen beiden Konzepten); auch Sinn und Funktion der »Nachahmung hochqualifizierter Muster« und der »Kritik, die an solchen Mustern durch ein überlegtes Andersspielen ausgeübt wird« (ebd.), sind als Lernmethode bereits dargestellt worden. B. hält auch an dem im selben Kontext apostrophierten didaktischen Wert der Darstellung des Asozialen fest: »Es braucht sich keineswegs nur um die Wiedergabe gesellschaftlich positiv zu bewertender Handlungen und Haltungen zu handeln; auch von der (möglichst großartigen) Wiedergabe asozialer Handlungen und Haltungen kann erzieherische Wirkung erwartet werden.« (Ebd.) B.s Formulierungen belegen im Übrigen sein noch unbefangenes Verhältnis zur Frage des Lehrens und Lernens. Der Vorwurf, es werde B. ein ›autoritäres Lernmodell‹ unterstellt, den Steinweg gegen die neuere Lehrstück-Forschung richtet (Steinweg 1995a, S. 228), die B.s Reflexionen textnah darstellt (Krabiel 1996, S. 279f.), ist schon deshalb fragwürdig, weil die von Steinweg verwendete Terminologie deutlich jüngeren Ursprungs ist.

Die von der zeitgenössischen Kritik wie in der B.-Forschung gelegentlich beanstandete Abstraktheit und Typenhaftigkeit der Lehrstück-Figuren wird als typusspezifisch ausdrücklich hervorgehoben, die Differenz zwischen Lehrstück und epischem Schaustück in diesem Punkt betont: »Ästhetische Maßstäbe für die Gestaltung von Personen, die für die Schaustücke gelten, sind beim Lehrstück außer Funktion gesetzt. Besonders eigenzügige, einmalige Charaktere fallen aus, es sei denn, die Eigenzügigkeit und Einmaligkeit wäre das Lehrproblem.« (GBA 22, S. 351)

»Die Form der Lehrstücke ist streng, jedoch nur, damit Teile eigener Erfindung und aktueller Art desto leichter eingefügt werden können.« (Ebd.) Wenn in den *Horatiern* »vor jeder Schlacht ein freies Rededuell der ›Feldherrn‹ stattfinden« kann (ebd.), so wird es allerdings in einer erkennbaren Beziehung zur folgenden Spielszene stehen müssen. Wenn in der *Maßnahme* »ganze Szenen frei eingefügt werden« können (ebd.), so findet diese Freiheit an der Gesamtkonstruktion des Lehrstücks ihre Grenze. Denn: »Die Form der Lehrstücke ist streng«. Nach den referierten Prämissen fielen solche Einfügungen eher in die Kompetenz des Spiel- und Übungsleiters als der Spielenden selbst. Dass ein Spielleiter vorgesehen war, ist folgenden Sätzen zu entnehmen: »Die geistige Beherrschung des ganzen Stücks ist unbedingt nötig. Jedoch ist es nicht ratsam, die Belehrung darüber vor dem eigentlichen Spielen abzuschließen.« (S. 352) Wo eine Belehrung über das Stück stattfinden soll, bedarf es eines Belehrenden.

In sich widersprüchlich scheinen B.s Bemerkungen zur Spielweise. Der Satz, dass für die Spielweise »Anweisungen des *epischen Theaters*« gelten und das »Studium des V-Effekts [...] unerlässlich« sei (S. 351), steht zumindest in einem ungeklärten Verhältnis zu dem zitierten, wenig später entstandenen Notat, das ausgerechnet die inkriminierte ›Einfühlung‹ zum Prinzip des Lehrstücks erhebt: »Als ich für das Theater mit der Einfühlung mit dem besten Willen nichts mehr anfangen konnte, baute ich für die Einfühlung noch das Lehrstück. Es schien mir zu genügen, wenn die Leute sich nicht *nur* geistig einfühlten, damit aus der alten Einfühlung noch etwas recht Ersprießliches herausgeholt werden konnte.« (S. 447) Dass dem Spielenden bei der Lehrstückübung ein gewisses Maß an ›Einfühlung‹ abverlangt wird, leuchtet ein, soll er doch durch den geistigen und körperlichen Vollzug von Handlungen und Haltungen ›gesellschaftlich beeinflusst‹ werden. Aber in dem Maß, in dem er diese im Prozess der Lehrstückübung beherrschen lernt, wird er sie mit darstellerischen Mitteln – auch der ›Verfremdung‹ – zu realisieren versuchen, zumal wenn an eine Aufführung vor Publikum gedacht ist.

Solche Überlegungen sind nicht nur höchst abstrakt, sie dürfen vor allem nicht generalisiert werden. In einem Fragment, das die Herausgeber der Werkausgabe mit dem Titel *[Über die Aufführung von Lehrstücken]* versehen und um 1930 datiert haben (GBA 21, S. 397 und S. 752), sieht B. drei verschiedene Spiel- und Sprechweisen vor. »Wenn ihr ein Lehrstück aufführt, müßt ihr wie Schüler spielen« (S. 397), heißt es zunächst. »Durch ein betont deutliches Sprechen versucht der Schüler, immer wieder die schwierige Stelle durchgehend, ihren Sinn zu ermitteln oder für das Gedächtnis festzuhalten. Auch seine Gesten sind deutlich und dienen der Verdeutlichung.« Andere Stellen, in denen für das Verständnis der folgenden Vorgänge wichtige Informationen gegeben werden, könnten dagegen »schnell und beiläufig« und wie »rituelle, oft geübte Handlungen« gegeben werden. »Dann gibt es Teile, die Schauspielkunst benötigen ähnlich der alten Art. So, wenn typisches Verhalten gezeigt werden soll. [...] Um etwa die typischen Gesten und Redensarten eines Mannes zu zeigen, der einen andern überreden will, muß man Schauspielkunst anwenden.« (Ebd.)

B.s differierende Äußerungen zur Spielweise tragen den unterschiedlichen Erfordernissen seiner Lehrstücke Rechnung. Nicht jede Spielanweisung ist in jedem der Lehrstücke in gleicher Weise anwendbar, zumal jedes Lehrstück eine individuelle formale Gestalt und seine eigene Zielgruppe hat (zu den Details vgl. die Lehrstück-Artikel, BHB 1). Erfordern die ›Nachahmung hochqualifizierter Muster‹ und der Einsatz der Verfremdungstechnik differenziertere darstellerische Mittel, so teilte der Programmzettel der *Maßnahme* mit, der Part der vier Spieler könne »in ganz einfacher und primitiver Weise« ausgeführt werden (GBA 24, S. 96); gerade dies sei sein Hauptzweck. Heißt es in der *Theorie des Lehrstücks*, dass, »innerhalb des Rahmens gewisser Bestimmungen, ein freies, natürliches und eigenes Auftreten des Spielers angestrebt« werde (GBA 22, S. 352), so waren für die *Horatier* hochgradig stilisierte, zeitlupenhaft gedehnte Bewegungen in fixierten Positionen vorgesehen. Dass *Die Ausnahme und die Regel*, ein Lehrstück, in dem in gleichnishaften Spielvorgängen typische Verhaltensweisen vorgeführt werden, eine differenziertere Figurengestaltung verlangt und ermöglicht als der *Jasager* oder die *Maßnahme*, liegt auf der Hand. Das Radiolehrstück wiederum enthält überhaupt keine, das *Badener Lehrstück* nur eine einzige mit darstellerischen Mitteln zu realisierende Szene. Nicht ohne Grund machte B. auf die »ungeheure Mannigfaltigkeit« (ebd.) aufmerksam, die im Lehrstück möglich sei. Sie betrifft Umfang und Art des Einsatzes darstellerischer Mittel ebenso wie die Verwendung von Film und Musik, die Gewichtung musikalischer und szenischer Partien, die Art und Weise öffentlicher Aufführungen usw.

Eine vergleichsweise geringe Beachtung scheint das Fragment *Zur Theorie des Lehrstücks* der Musik zu schenken. Angesichts der Tatsache, dass der Typus als vokalmusikalische Übungs- und Gebrauchsform entstand, nimmt sich der Hinweis auf »Begleitmusik«, die im übrigen »auf mechanische Weise erstattet werden« könne (ebd.), recht bescheiden aus. Allerdings ist auch die Möglichkeit ausschließlich oder vorwiegend musikalischer Lehrstückübungen vorgesehen, wobei die Spielhandlung den Musizierenden per Filmprojektion geliefert werden müsste: »Andrerseits ist es für Musiker lehrreich, zu mechanischen Vorstellungen (im Film) die Musik zu erstellen; sie haben dann die Möglichkeit, innerhalb des Rahmens des für das Spiel Benötigten, Variationen eigener Erfindung zu erproben.« (Ebd.) Das an die musikalische Begleitung von Stummfilmen erinnernde Übungsverfahren stellt eine der Einsatzmöglichkeiten technischer Apparaturen in der Lehrstückpraxis dar. Eine zweite wäre die (nicht leicht zu realisierende) Übungsform, bei der »der Spielende als Partner im Film Auftretende hat« (ebd.).

Bemerkenswert und für die Unterscheidung von Lehrstücktheorie und Theorie der Pädagogien von Interesse ist, dass jeder utopisch-antizipatorische Aspekt fehlt. Der Anspruch, auf dem Weg darstellenden Spielens die bürgerliche Trennung von Tätigsein und Betrachten, von Theorie und Praxis aufzuheben, wird hier nicht erhoben. Von Disziplinierung, gar von Zwang ist sowenig die Rede wie vom Nutzen für den Staat. Es gibt nicht den geringsten Hinweis darauf, der Spieltypus Lehrstück sei als Modell des Theaters einer zukünftigen Gesellschaft konzipiert, eine Lehrstückpraxis in der bestehenden Gesellschaft sei nicht oder nur in eingeschränkter Form möglich (vgl. Steinweg 1972, S. 196 und passim). Hätte B. solche Vorstellungen gehegt, es hätte keinen geeigneteren Text als die *Theorie des Lehrstücks* gegeben, sie zur Sprache zu bringen.

Zur neueren Diskussion der Lehrstücktheorie

In den 50er- und 60er-Jahren des 20. Jh.s galt das Lehrstück als Produkt einer kurzen Übergangsphase im Schaffen B.s, das im Zug der weiteren Entwicklung des epischen/nichtaristotelischen Theaters obsolet geworden sei. Anfang der 70er-Jahre legte Steinweg eine Lehrstücktheorie vor, die dieser Auffassung diametral entgegenstand. Seine These: »Nicht das *epische Schaustück*, sondern das *Lehrstück*« sei die am weitesten entwickelte Theaterform; das Lehrstück, nicht das Schaustück, komme »als Modell für ein sozialistisches Theater in einer sozialistischen Gesellschaft in Frage« (Steinweg 1971, S. 103). Ausgehend von der »Basisregel: Spielen für sich selber« und gestützt weitgehend auf die Theorie der Pädagogien, bot Steinweg eine systematisch angelegte Spieltheorie, die als progressivstes Modell einer politisch-ästhetischen Erziehung und als utopischer Entwurf für ein künftiges sozialistisches Theater verstanden wurde (S. 116; vgl. Steinweg 1972, passim). Ein Kernstück dieser Theorie war die Auffassung, die Lehrstücke belehrten nicht selbst, das Lehrziel ›kritische Haltung‹ werde vielmehr »durch die Handhabung der Kritik« erreicht (Steinweg 1972, S. 145): durch Kopie und Negation der im Lehrstücktext enthaltenen Handlungsweisen, Haltungen, Reden usw. Einer der Zwecke der Lehrstückübung sei demnach die »*Negation* der mit dem Text vorgegebenen Muster durch das bewußte bzw. daran bewußt werdende Subjekt« (S. 142), eine These, die, wie oben erläutert, auf einem lexikalischen Irrtum beruht.

Wie die ältere Forschung ging Steinweg von der Auffassung aus, es handle sich beim Lehrstück um eine besondere Form von Theater. Tatsächlich sind die Lehrstücke anderen Ursprungs und anderer Typuszugehörigkeit. In einer historisch-genetischen Analyse der Lehrstücktheorie und -praxis B.s, die die Entstehungszusammenhänge, Entwicklungsmomente und Prozessverläufe umfassend rekonstruiert, hat Klaus-Dieter Krabiel 1993 den Nachweis geführt, dass weder für die Abwertung der Lehrstückarbeit als Zwischenphase auf dem Weg zur späteren Theaterproduktion noch für eine Aufwertung zum ›progressiveren‹ Theatermodell Anlass besteht (Krabiel 1993, passim; zu Steinweg: S. 295–304). Dem Lehrstückkonzept B.s liegt keine einheitliche, in Form eines Regelsystems beschreibbare Theorie zu Grunde. Seine praktischen und theoretischen Bemühungen um den Spieltypus stellen sich vielmehr – nicht anders als die Arbeit für das Theater – als ›work in progress‹ dar: als kompliziert sich bewegender, von Widersprüchen nicht freier Prozess, der den Lern- und Erfahrungsprozess des Autors reflektiert. Als anspruchsvolle Form musikalisch-szenischer, politisch-pädagogischer Gebrauchskunst für Laien (Sänger, Musiker und Laienspieler), in wechselnden Kontexten entstanden (Rundfunkmusik, Gemeinschaftsmusik, Schulmusik, Arbeitermusik) und an unterschiedliche Adressaten gerichtet, ist das Lehrstück ein eigenständiger Spieltypus neben dem Theater, ein Genre sui generis.

Die Untersuchung von Krabiel ist überwiegend mit Zustimmung aufgenommen worden (vgl. Schaal, Valentin, Maier, Schoeps). Auch Steinweg hat die wesentlichen Ergebnisse der Arbeit akzeptiert und methodische und sachliche Fehler der eigenen Darstellung eingeräumt (Steinweg 1995a, S. 218–220), zugleich aber auch Einwände vorgetragen (S. 223ff.; vgl. Krabiel 1996). Am Lehrstück mehr spielpraktisch als wissenschaftlich interessiert, versucht Steinweg erneut gegen alle Evidenz, ein einheitliches Spielkonzept zu konstruieren. Das gelingt nur auf methodisch fragwürdigem Weg. B. habe 1937 versucht, schreibt Steinweg, »ihm wesentlich erscheinende Elemente« seiner Lehrstücktheorie »in verallgemeinerter Form festzuhalten«; die politischen Zeitumstände hätten »eine gelassene und differenzierte Ausformulierung der Theorie« jedoch nicht mehr zugelassen, »weder vor noch nach Krieg und Exil« (Steinweg 1995a, S. 234). Daraus leitet Steinweg die Aufgabe ab, »die 1937 nicht geschriebenen Teile dieser Theorie gewissermaßen wiederherzustellen« (ebd.). Der Versuch einer solchen ›Wiederherstellung‹ sei »auf eine Analyse der Gesamtentwicklung seines Denkens über die Funktionen von Bühne, Theaterapparat, Zuschauer- und Schauspielkunst sowie Theatermusik einerseits [...] und eine vorsichtige Einbeziehung der frühen Ansätze zu einer Theoriebildung im unmittelbaren Umfeld der Lehrstücke andererseits angewiesen. Zu diesem Umfeld gehören auch die Überlegungen zu einem umfassenderen, die schon vorhandenen Lehrstücke einschließenden, sich darin aber nicht erschöpfenden theaterpädagogischen Gesamtkonzept (›Theorie der Pädagogien‹)« (S. 234f.). Die Fiktion eines ›theaterpädagogischen Gesamtkonzepts‹ zielt ab auf eine für aktuelle Zwecke brauchbare Spielkonzeption.

Bei Steinweg ist sie das Produkt einer Verbindung willkürlich ausgewählter Teilaspekte von Lehrstücktheorie, Theorie der Pädagogien und Theatertheorie mit pädagogischen und spieltheoretischen Überlegungen der 70er- und 80er-Jahre (vgl. Steinweg 1995b, S. 17–21 und S. 32–54). Das Ergebnis ist nach wissenschaftlichen Kriterien nicht diskutierbar. Steinweg ignoriert nicht nur den vokalmusikalischen Ursprung des Lehrstücks und sämtliche Entwicklungsmomente in Lehrstücktheorie und -praxis (Stichwort: ›Avantgarde-Theorie‹); sein Konzept wirft auch die Frage nach dem Verhältnis von Lehrstück und epischem Theater erneut auf, zu der er in den 70er-Jahren dezidiert Stellung bezogen hatte. War das Lehrstück, insbesondere die ›Große Pädagogik‹, damals die »Form des Theaters der kommunistischen Zukunft« (Steinweg 1976, S. 507, Anm. 46), so wird es nun »als eine besonders hohe Form von Theater« definiert (Steinweg 1995a, S. 231). Auf B. kann sich auch diese Auffassung nicht berufen. Lehrstücke seien lediglich besonders gut für theaterpädagogische Zwecke geeignet, schreibt Steinweg an anderer Stelle; sie leisteten die »Evokation tiefliegender sozialer Erfahrung« eher als die Texte für die Schaubühne (S. 227). Da es das Ziel dieser Evokation sein soll, andere Haltungsalternativen zu finden, als in B.s Texten vorgegeben, kann Steinweg mit den Lehrstück-Vertonungen logischerweise wenig anfangen (vgl. Steinweg 1995b, S. 101–104). – Die jüngste Publikation zum Thema, die Dissertation von Taekwan Kim, referiert im theoretischen Teil lediglich vorhandene Forschungsliteratur (vor allem Steinweg und Krabiel); sie vermittelt keine neuen Erkenntnisse über das Lehrstück.

Ein ungelöstes Abgrenzungs- und Definitionsproblem wirft auch die Beschreibung des Lehrstücks als »spezielle Form eines musikalischen Theaters« auf (Lucchesi, S. 114; vgl. Krabiel 1995, S. 93). Offen bleibt, wodurch sich das Lehrstück von anderen Formen des Musiktheaters unterscheidet. B. hat die Werke des Musiktheaters, seine epischen Opern, stets dem Theater zugerechnet. Nicht so die

Lehrstücke. Das Interesse an einer bruchlosen Einfügung des Lehrstücks in das vertraute Schema der Gattungen und Institutionen ist verständlich. Übersehen wird dabei, dass der Spieltypus Ergebnis experimenteller, gegen die tradierten Gattungen und Institutionen gerichteter Kunstpraxis war (vgl. oben zum ›Experiment‹-Begriff der *Versuche*). Die Lehrstücke B.s und seiner musikalischen Mitarbeiter sind Beispiele eines eigenständigen Spieltypus neben dem Theater, auch neben dem Musiktheater.

Denn der Bezugs- und Ausgangspunkt aller theatertheoretischen Reflexionen B.s vom ersten publizierten Beitrag zum Thema (*An den Herrn im Parkett*; GBA 21, S. 117f.) bis zum *Messingkauf* und zum *Kleinen Organon für das Theater* ist der Zuschauer, das Publikum. »*Ein Theater ohne Kontakt mit dem Publikum ist ein Nonsens*«, heißt es im Aufsatz *Mehr guten Sport* vom Februar 1926 (S. 121). Gegenstand der Theatertheorie ist »der Verkehr zwischen Bühne und Zuschauerraum, die Art und Weise, wie der Zuschauer sich der Vorgänge auf der Bühne zu bemächtigen hat« (GBA 22, S. 697), wie B. in Reflexionen zum *Messingkauf* notiert. Dieser Verkehr zwischen Bühne und Zuschauerraum, in dem es der Schauspielkunst wie der ›Zuschaukunst‹ bedarf (vgl. S. 124), konstituiert die Institution ›Theater‹. Ganz andere Modalitäten gelten für das Lehrstück. Es ist auf Zuschauer/Zuhörer nicht nur nicht angewiesen; »das *Lehrstück* entfernte den Zuschauer und duldete nur Ausübende«, schrieb B. Mitte der 30er-Jahre in einer Retrospektive auf künstlerische Aktivitäten vor 1933 (S. 121). Seit den Baden-Badener Experimenten war der Spieltypus als musikalisch-szenische Gebrauchskunst für Laienmusiker und Laienspieler definiert, als eine im vokalmusikalischen Kontext entstandene Übungsform, die die Aneignung der Lehrstücke durch die Spielenden und die Auseinandersetzung mit Text und Musik im Übungsprozess beinhaltete. Als Gebrauchskunst für Laien, deren primärer Zweck im übenden Gebrauch, nicht im konzertanten Vortrag lag, hat das Lehrstück seine eigene Entwicklung und seine charakteristische Varianzbreite. Der Einwand, diese Typusauffassung verabsolutiere den vokalmusikalischen Ansatz, sie wechsle lediglich »von einer theaterzentristischen zu einer musikzentristischen Argumentationsebene« hinüber (Lucchesi, S. 114), verkennt den entscheidenden Punkt: die Eigenständigkeit des Spieltypus neben den Formen des Musik- und des Sprechtheaters.

Literatur:

Eisler, Hanns: Gesammelte Werke. Bd. III/1: Musik und Politik. Schriften 1924–1948. Hg. von Günter Mayer. Leipzig 1973. – Kim, Taekwan: Das Lehrstück Bertolt Brechts. Untersuchungen zur Theorie und Praxis einer zweckbestimmten Musik am Beispiel von Paul Hindemith, Kurt Weill und Hanns Eisler. Frankfurt a.M. [u.a.] 2000. – Krabiel, Klaus-Dieter: Brechts Lehrstücke. Entstehung und Entwicklung eines Spieltyps. Stuttgart 1993. – Ders.: Brechts Lehrstücke. Eine Replik. In: Korrespondenzen (1995), H. 23–25, S. 91–93. – Ders.: Literaturwissenschaft oder Weltveränderung: Bemerkungen zu Reiner Steinwegs Kritik. In: BrechtJb. 21 (1996), S. 274–287. – Lacis, Asja: Revolutionär im Beruf. Berichte über proletarisches Theater, über Meyerhold, Brecht, Benjamin und Piscator. Hg. von Hildegard Brenner. 2. Aufl. München 1976. – Lucchesi, Joachim: [Rez. von: Krabiel 1993]. In: Korrespondenzen (1994), H. 19–21, S. 113f. – Maier, Francine: [Rez. von: Krabiel 1993]. In: Études Germaniques 51 (1996), H. 4, S. 876. – Mittenzwei, Werner: Die Spur der Brechtschen Lehrstück-Theorie. Gedanken zur neueren Lehrstück-Interpretation. In: Steinweg 1976, S. 225–254. – Preußner, Eberhard: Deutsche Kammermusik Baden-Baden. In: Musik im Leben 5 (1929), S. 118–120. – Schaal, Susanne: [Rez. von: Krabiel 1993]. In: Musiktheorie 11 (1996), H. 3, S. 259–262. – Schoeps, Karl-Heinz: [Rez. von: Krabiel 1993]. In: Monatshefte 89 (1997), H. 4, S. 572–575. – Speirs, Ronald: [Rez. von: Krabiel 1993 und Steinweg 1995b]. In: Arbitrium 14 (1996), H. 2, S. 270–273. – Steinweg, Reiner: Das Lehrstück – ein Modell des sozialistischen Theaters. Brechts Lehrstücktheorie. In: Alternative 14 (1971), H. 78/79, S. 102–116. – Ders.: Das Lehrstück. Brechts Theorie einer politisch-ästhetischen Erziehung. Stuttgart 1972. – Ders. (Hg.): Brechts Modell der Lehrstücke. Zeugnisse, Diskussion, Erfahrungen. Frankfurt a.M. 1976. – Ders.: Re-Konstruktion, Irrtum, Entwicklung oder Denken fürs Museum: Eine Antwort auf Klaus Krabiel. In: BrechtJb. 20 (1995), S. 216–237 [=Steinweg 1995a]. – Ders.: Lehrstück und episches Theater. Brechts Theorie und die theaterpädagogische Praxis. Frankfurt a.M. 1995 [=Steinweg

1995b]. – Valentin, Jean-Marie: [Rez. von: Krabiel 1993]. In: Études Germaniques 51 (1996), H. 3, S. 558f. – Weill, Kurt: Ausgewählte Schriften. Hg. mit einem Vorwort v. David Drew. Frankfurt a.M. 1975.

Klaus-Dieter Krabiel

Zu Literatur und Kunst

Überblick

Die Schriften zur Literatur und Kunst des Zeitraums 1924 bis 1933 verteilen sich sporadisch und durchaus vereinzelt über die Jahre und bilden außer in der Frage des Plagiats und der ständigen, gängiges Kunstverständnis herausfordernden Feststellung, Kunst vertrete Interessen und müsse sich der Frage stellen, wem sie nützt, keine thematischen Zentren. Die meisten einschlägigen Schriften sind Glossen, Notizen zur Selbstverständigung und Abgrenzung – wie z.B. die von den Literaten, den ›Alten‹, der letzten Generation, von der B. sich distanziert (GBA 21, S. 137) –; Antworten auf Umfragen, die B. fast immer sehr kurz zu halten pflegte – wie am prägnantesten seine Antwort auf die Frage »Welches Buch hat Ihnen in Ihrem Leben den stärksten Eindruck gemacht«: »Sie werden lachen: die Bibel« (S. 248; vgl. S. 697) –; Adressen zu bestimmten Anlässen – wie z.B. eine süffisante Würdigung Stefan Georges zu dessen 60. Geburtstag (S. 247) – oder Rezensionen, die B. offenbar zur Publikation schrieb, die aber nur zu Teilen auch gedruckt wurden – wie z.B. die umfangreichere Würdigung von George Bernard Shaw, *Ovation für Shaw*, publiziert am 25. 7. 1926 im *Berliner Börsen-Courier*, oder die unpublizierte Besprechung von Arnold Zweigs Roman *Der Streit um den Sergeanten Grischa* von 1928 (S. 248f.), die zum Schluss kommt, das Buch sei abzulehnen, weil es einem uninteressanten Individualismus fröne. Hinzu kommen Überlegungen zur Neubestimmung des Romans, mit denen B. die Konsequenzen aus dem Verlust der Individualität in der kapitalistischen Gesellschaft zieht, sowie wenige Notate zur bildenden Kunst (vgl. S. 429–431), zur Musik (vgl. S. 267f.), zur Fotografie (vgl. S. 176, S. 187f., S. 223, S. 264f.), zur Mode (vgl. S. 300) und zum Kitsch (vgl. S. 227f., S. 348).

Ein Beitrag zur bildenden Kunst, *[Über die Notwendigkeit von Kunst in dieser Zeit]*, wurde am 3. 12. 1930 in der Zeitschrift *Uhu* publiziert und stellt eine Reaktion auf einen Bericht des *Uhu* über eine Kunstauktion dar, auf der insgesamt 6 Millionen Reichsmark erzielt wurden (vgl. S. 762f.) und z.B. Hieronymus Boschs *Verlorener Sohn* für 385000 Mark den Besitzer wechselte. B. stellte, wie kaum anders zu erwarten, einen Bezug zu den hungernden Kindern her, die keine Milch haben, und wertete die hohen Preise als Ausdruck von Persönlichkeitskult: »Wenn Ausnahmepersönlichkeiten eben der Welt ihre Preise diktieren – Preise von solcher Höhe, daß an die Speisung ganz unbedeutender, vielfach vorhandener Kinder nicht mehr zu denken ist.« (S. 430) Mit dem Zusammenhang von Kunst (›Kultur‹) und Milch (›Barbarei‹) nahm B. 1930 eine bekannte These Walter Benjamins vorweg, die dieser in seinen *Geschichtsphilosophischen Thesen* von 1939 so formulierte: »Es ist niemals ein Dokument der Kultur, ohne zugleich ein solches der Barbarei zu sein.« (Benjamin 1965, S. 83) B.s Fassung lautet: »*Der gleiche Geist, der jene Kunstwerke geschaffen hat, hat diesen Zustand* [des Hungers] *geschaffen.*« (GBA 21, S. 430)

B.s Reflexionen über ein »nichtaristotelisches Romanschreiben« (S. 541), die um 1931 liegen, gelten vor allem der Rolle des Individuums, das für die aristotelische Romanform kennzeichnend ist, insofern sie den Satz »Die Justiz ist ungerecht« automatisch umwandelt in »Ein Richter tut etwas Ungerechtes« (S. 539). Auf diese Weise wird klar, dass »*dieser* Totalsatz [Die Justiz ist ungerecht] vom aristotelischen Roman mit einer Fabel *nicht* behandelt werden kann« (ebd.; vgl. Jeske, S. 50f.). Für den Roman galt, was für das Individuum der Zeit galt: es gab keine Charaktere mehr. Bereits um 1926 hielt B. fest: »Sie schildern keine Charaktere von der bisher üblichen Festigkeit, Übersichtlichkeit und Eindeutigkeit. Die betreffenden Romanschreiber behaupten, in der sie umgebenden Welt Modelle für solche Charaktere nicht mehr finden zu können.« (GBA 21, S. 132; vgl. Bergheim, passim) Auch hier wird deutlich, wie grundsätzlich B.s Überlegungen waren und warum er keine Kompromisse schließen konnte: Wenn die Literatur die herrschenden Funktionsgesetze der Gesellschaft ästhetisch zur Anschauung bringen will, dann versagen die alten Formen grundsätzlich.

Den Film schätzte B. schon früh als ›Kunst‹ ein – 1922 schrieb er über den ›großen Charlie‹ im Zusammenhang mit Karl Valentin, dem er ähnliches Talent bescheinigte (S. 102) –, und zwar zu einer Zeit, als die Debatten über die Frage noch in vollem Gang waren, ob der Film denn überhaupt Kunst sein könnte. Thomas Mann z.B. sprach noch 1928 von ›musikalisch gewürztem Schauvergnügen‹ (Kaes, S. 164) und billigte dem Film, den er doch sehr gern und stundenlang besuche, allenfalls zu, »Leben und Wirklichkeit« zu ›sein‹ (ebd.). Eine ›niedrig und wild demokratische Massenunterhaltung‹ könne nicht als Kunst eingeschätzt werden (vgl. ebd.). Auch B. stand dem Film insofern nicht unkritisch gegenüber, als er anhand von Chaplins *Goldrausch* (1925) zwar konstatierte: »Dieser Künstler ist ein Dokument, das heute schon durch die Kraft historischer Ereignisse wirkt« (S. 135), dann aber feststellte, dass die Fabeln der Filme in ihrem »Ideengehalt« (ebd.) für ein Theaterpublikum keineswegs ausreichten. Die Konsequenz war für B., nachdem ein Versuch, mit Karl Valentin am Filmgeschäft teilzunehmen, nämlich mit *Mysterien eines Frisiersalons* (1923; vgl. Hecht, S. 154), kläglich gescheitert war, das Hauptgewicht seiner Arbeit auf die ›Umfunktionierung‹ des Theaters zu legen und die Frage zu stellen (so schon 1920), ob nicht »Filme als Bücher« zu schreiben wären (vgl. Jeske, S. 31) – eine Überlegung, die dazu führte, dass B. in der Prosa der Weimarer Zeit sowie im *Dreigroschenroman* eine neue technifizierte Prosa ausprägte (vgl. die entsprechenden Artikel in BHB 3).

Spaß am Schreiben / Interesse

Dass sich Schreiben vor allem dem Spaß und der Heiterkeit verdanke und diese auch an die Leser zu vermitteln habe, ist für B. Grundvoraussetzung für das Schreiben und für Kunst überhaupt. In seiner *Ovation für Shaw* lobt er vor allem dessen ›Terrorismus‹: »Der Shawsche Terror besteht darin, daß Shaw es für das Recht jedes Menschen erklärt, in jedem Fall anständig, logisch und humorvoll zu handeln, und für die Pflicht, dies auch zu tun, wenn es Anstoß erregt.« (GBA 21, S. 150) Immer wieder betont B., dass Schreiben leicht sein kann, »ohne etwas von Wert über Bord gehen lassen zu müssen« (S. 116), anstatt sich angestrengt um Originalität zu bemühen: »unser einziges Kriterium ist unser eigener Spaß, den wir verspüren« (S. 174).

Dem widerspricht durchaus nicht, dass B. zugleich forderte, dass Kunst Interessen zu vertreten habe; 1926 heißt es: »*Große Kunst dient großen Interessen. Wollen Sie die Größe eines Kunstwerkes feststellen, fragen Sie: Welchen großen Interessen dient es? Zeitläufte ohne große Interessen haben keine große Kunst.*« (S. 127) Und 1931 heißt es: »Sie [die herrschenden Schichten] tun, als müßten sie so eine Kunst, die Interessen vertritt, selbst wenn es zufällig gerade die ihren wären (denn wir meinen natürlich Klasseninteressen, denen andere Klasseninteressen entgegenstehen), mit Entrüstung ablehnen.« (S. 528) Sie berufen sich auf Gefühle allgemein-menschlicher Art, erkennen aber nicht, dass sie auch mit diesen Gefühlen Interessen vertreten (vgl. S. 530f., S. 531–533), die sich dazu die Meisten nicht leisten konnten, weil ihnen die materiellen Grundlagen dazu fehlten. Über die Literaten habe sich, so merkte B. höhnisch an, »ein lächerlicher Aberglauben erhoben, als seien ihre Stücke nicht mit Tinte, sondern ›mit Herzblut‹ geschrieben und als beschrieben sie weit weniger die Welt als ihre Schreiber« (S. 407).

B. polemisiert implizit und auch explizit (S. 533) gegen die Kant'sche Ästhetik des ›reinen interesselosen Wohlgefallens‹: »Das Wohlgefallen, welches das Geschmacksurteil bestimmt, ist ohne alles Interesse.« (Kant, S. 40) Danach ist die Kunst gegenüber allen anderen Bereichen des Menschen autonom und steht insofern außerhalb von gesellschaftlichen Bezügen oder historischen Entwicklungen. Garant dafür ist das Genie, das zur (göttlichen) Natur eine Kunst-Natur aus sich heraus – wie ein göttlicher Schöpfer – schafft, die, obwohl Kunst, sich neben der ersten Natur dieser gleich etabliert (vgl. Böhme, S. 116–120) und wie diese ästhetisch ›erfahren‹ wird. Also kann sie gar nicht menschlich-gesellschaftlichen Veränderungen und Entwicklungen unterliegen.

In seinen *Forderungen an eine neue Kritik* (um 1929), die B. im Zusammenhang mit dem Plan, eine neue Zeitschrift, *Kritische Blätter* genannt, zusammen mit Walter Benjamin, Bernard von Brentano und Herbert Ihering zu gründen, formulierte, empfahl B. die ästhetischen Maßstäbe zu Gunsten der »Maßstäbe des Gebrauchswert« (GBA 21, S. 331) zurückzustellen. Es sei stets die Frage zu stellen »*Wem nützt sie?*« (S. 332). Dies ist nicht dahingehend misszuverstehen, dass B. sich gegen Kunst gewendet habe, vielmehr war das interesselose ›Schöne‹ suspekt geworden, weil es nur vorgab, nichts mit Politik etc. zu tun zu haben, in Wahrheit aber an der Zementierung von Klasseninteressen (der herrschenden Klassen) mitwirkte. Welche fatalen Folgen diese Ästhetik in der Politik zeitigte, wurde mit der »Ästhetisierung der Politik« (Benjamin 1963, S. 51) durch den Nationalsozialismus brutalste Wirklichkeit.

Plagiat

Über ein halbes Jahr nach der Uraufführung der *Dreigroschenoper* und Monate nach dem Erscheinen der *Songs aus der Dreigroschenoper* und offenbar auch erst durch diese hatte Alfred Kerr bemerkt, dass einige der Songs weitgehend auf den Übersetzungen der Gedichte François Villons durch K.L. Ammer beruhten, was B. übrigens nie verleugnet hatte; denn bereits auf dem Programmzettel der Uraufführung war zu lesen: »Eingelegte Balladen von François Villon und Rudyard Kipling« (zit. nach: Hecht, S. 251); dass es sich nicht um die Originaltexte, sondern um deutsche Übersetzungen handeln würde, war von vornherein ausgemacht. Kerr beschuldigte B. in seinem Artikel *Brechts Copyright* (*Berliner Tageblatt*, 4.5.1929) insofern des Plagiats, als er ihm vorwarf, in der Ausgabe der *Songs* lediglich »Nach F. Villon« vermerkt, den eigentlichen Textdichter, den deutschen Übersetzer Ammer aber – mit indirektem Vorwurf des Vorsatzes – verschwiegen und damit dessen Texte als eigene ausgegeben zu haben; den ›Beweis‹ führte Kerr mit Gegenüberstellungen.

Es ist bezeichnend, dass B. auf den eigentlichen Vorwurf gar nicht einging, sondern in seiner Entgegnung, die er am 6.5. im *Berliner Börsen-Courier* publizierte, kurzerhand festhielt: »Ich erkläre also wahrheitsgemäß, daß ich die Erwähnung des Namens Ammer leider vergessen habe. Das wiederum erkläre ich mit meiner grundsätzlichen Laxheit in Fragen geistigen Eigentums.« (GBA 21, S. 316) In einem Entwurf zur Erklärung hatte B. noch angemerkt: »Geistiges Eigentum ist eben so eine Sache, die zu Schrebergärtchen- und dgl. Angelegenheiten gehört.« (S. 315)

Plagiatsvorwürfe begleiteten B. in diesem Zeitraum seit dem 31.10.1924, als Herwarth Walden in der Zeitung *Die Republik* B. vorgeworfen hatte, in seinem Stück *Im Dickicht* Verse Arthur Rimbauds zitiert und damit als die eigenen ausgegeben zu haben. Auch hier entgegnete B. nur lapidar: »Eine Figur meines Dramas ›Dickicht‹ zitiert an einigen Stellen Verse von Rimbaud und Verlaine. Im Buch sind diese Stellen durch Anführungszeichen als Zitate kenntlich gemacht. Die Bühne besitzt anscheinend keine Technik, Anführungszeichen auszudrücken.« (S. 103) Die Plagiatsvorwürfe endeten vorläufig mit Walter Gilbricht, der B.

vorwarf, mit seiner *Mahagonny*-Oper sein Stück *Die Großstadt mit einem Einwohner* von 1927 abgeschrieben zu haben, ein Stück, das B. angeblich im Frühjahr 1928 über die Piscator-Bühne (die es inszenieren wollte) kennen gelernt hätte. Tatsächlich sind die Parallelen, die *Der Montag Morgen* am 2. 6. 1930 publizierte, auf einen ersten (und ungenauen) Blick z.T. verblüffend und haben wohl auch beim flüchtig lesenden Publikum diesen Eindruck hinterlassen. Der Vorwurf aber war schon deshalb völlig haltlos, weil B.s Text bereits Ende 1927 der Universal-Edition (Wien) vorlag und dann wegen der *Dreigroschenoper* von Kurt Weill und B. zurückgestellt wurde, was in der Forschung zum Missverständnis führte (so auch in der GBA, im Registerband richtig gestellt), dass B.s *Mahagonny* erst auf die *Dreigroschenoper* folgte und nicht ihr voranging. In diesem Fall reagierte B. nur mit einer kleinen Notiz, die endet: »*Gilbrichte sind nicht plagiierbar*« (GBA 21, S. 399; zit. in einer Mitteilung der Zeitschrift *Melos*, 1930, S. 381), und zwar auf Grund ihrer mangelnden Qualität.

Während die Vorwürfe unter moralischem Verdikt standen und den Autor als Nicht-Könner, der sich über Fremdes definierte, entlarven sollten, hatte B. schon beim ersten Plagiatsvorwurf seine Definition von Kunst im Hintergrund: »Kunst ist«, schrieb B. im Frühjahr/Sommer 1926, »sowohl was ihre Entstehung als auch was ihre Wirkung betrifft, etwas Kollektivistisches.« (S. 144) B. war längst zur Überzeugung gelangt, wie er 1929 in der Geschichte *Herr Keuner und die Originalität* klassisch ausformulierte, dass durch die Entwicklung der gesellschaftlichen Verhältnisse, die u.a. Arbeitsteilung bedeutete, auch die Kunst vom längst real zu Grabe getragenen bürgerlichen Individualismus gelöst und der Künstler als Schöpfer durch den Organisator von Kunst und Produzenten von Kunst ersetzt worden war. Es ging nicht mehr ums Erfinden, sondern ums Finden. Es ist kennzeichnend für B., dass er die Notwendigkeit des Plagiats im wissenschaftlichen Zeitalter aus den Widersprüchen der bürgerlichen Gesellschaft selbst entwickelte. So führte er unter dem Titel *Materialwert* zu den Regiemethoden Leopold Jessners aus, dass dieser durch »wohlüberlegte Amputationen und effektvolle Kombinationen mehrerer Szenen« (S. 285) den klassischen Werken ›neuen Sinn‹ verleihe: »Er hält sich dabei also an den Materialwert der Stücke. Die Besitzfrage, die in der Bourgeoisie, sogar was geistige Dinge betrifft, eine (überaus komische) Rolle spielt, wird in dem erwähnten Fall dadurch geregelt, daß das Stück dann durch den genetivus possessivus jenem zugesprochen wird, der die Verantwortung als Gegenleistung für das Prädikat ›kühn‹ gern übernommen hat. So wird Goethes ›Faust‹ zu Jessners ›Faust‹ [Jessner inszenierte *Faust I* am Staatlichen Schauspielhaus Berlin; Premiere: 13. 4. 1923], und dies entspricht etwa in moralischer Beziehung dem literarischen Plagiat.« (Ebd.) B. sprach unverhohlen von ›Vandalentum‹, das sich zur Zeit – in der GBA um 1929 eingeordnet, aber möglicherweise viel eher; die Aneignung der Klassiker durch ›Regietheater‹ begann spätestens mit Max Reinhardts Tätigkeit am Deutschen Theater in Berlin ab 1905 – bei der Presse allgemeiner Beliebtheit erfreute: »Diese unbedenkliche praktische Anwendung eines neuen kollektivistischen Besitzbegriffs ist einer der wenigen, aber entschiedenen Vorzüge, die das bürgerliche Theater seiner Literatur voraushat.« (Ebd.) Die Crux war nur, dass diese Entwicklungen und neuen Tatsachen niemand bemerkte bzw. in ihrer Bedeutung reflektierte. Auch die traditionellen Diskussionen der Forschung über die angebliche ›Materialwerttheorie‹, die B. zu dieser Zeit praktiziert habe, hatten die wahren Hintergründe völlig ignoriert (vgl. Mittenzwei, S. 22–38). Es war der Widerspruch, dass sich die Kunst längst (in diesem Fall das Theater) zur kollektiven Produktion entwickelt hatte, dass aber ideologisch weiterhin der individualistische Kunstbegriff vertreten wurde (was sich auch in der Verschiebung des genetivus possessivus zeigt). B. markierte – bei materialistischer Argumentation – den Selbstwiderspruch: das Material erhielt lediglich einen neuen Namen und wechselte so seinen Besitzer, ohne dass dabei jemand an ein Plagiat dachte oder bemerkte, dass ›Jessners‹ *Faust* eine Kollektivproduktion war. B. betonte im Rahmen der Debatte mit Kerr, dass »*ziemlich jede Blütezeit der Literatur [...] charakterisiert [ist] durch die Kraft und Unschuld ihrer Plagiate*« (GBA 21, S. 323), und verwies u.a. auf Shakespeares kollektive Arbeitsweise. B. erinnerte damit an die Tatsache, dass die Literatur, die Kunst überhaupt, schon immer über ein Arsenal von Stoffen, Motiven, Topoi etc. verfügte, die in stets neuen Bearbeitungen durch die Jahrhunderte und Jahrtausende tradiert wurden (z.B. die antiken Tragödienstoffe). Dadurch, dass B. diese Tatsache, zu der ergänzend auf die prinzipielle Intersubjektivität von Sprache hinzuweisen wäre, mit dem Untergang des bürgerlichen Individualismus verband, stellte er längst, ehe die Literaturwissenschaft dies wissenschaftlich entdeckte, auf indirekte Weise eine Theorie der Intertextualität auf, die heute bzw. in der noch z.T. aktuellen theoretischen Debatte im »Tod des Autors« (Barthes) gipfelte, den B. aber auch schon vorweggenommen hatte. In einer Reflexion über die Bedeutung von Bearbeitungen notierte B. 1929: »Die Zitierbarkeit. ›Plagiate‹ ausfindig zu machen, bedeutet hier Kunst. Es ist gesellschaftlich wertvolle ›Arbeit‹. Der ›Urheber‹ ist belanglos, er setzt sich durch, indem er verschwindet. Wer es erreicht, daß er umgearbeitet, also im Persönlichen entfernt wird, der hält ›sich‹.« (GBA 21, S. 318) Tatsächlich hatten es Kurt Weill und B. schon zu Beginn der 30er-Jahre geschafft, dass ihre Songs der *Dreigroschenoper* und von *Mahagonny* das wurden, was B. intendiert hatte: »anonymes Volksgut« (Dümling, S. 169).

B. attackierte Kerr über den ganzen Zeitraum immer wieder, aber nicht auf Grund persönlicher Vorbehalte – die bei B. ohnehin (auch gegenüber Thomas Mann nicht) kaum bestehen – sondern vielmehr, natürlich auch herausgefordert durch Kerrs zahlreiche Verrisse von B.-Inszenierungen, weil B. Kerrs Plagiats-Vorwurf gegenüber der Bedeutung seiner Arbeiten und Arbeitsweise einfach als borniert einschätzte, zumal dieser durchaus an einem traditionellen, von B. längst als anachronistisch qualifizierten Kunstverständnis festhielt und dieses zum Maßstab seiner Kritik neuer Werke machte (die Kerr nach B. gar nicht verstehen und entsprechend kritisieren konnte, weil er den falschen Maßstab anlegte): »Was ich nicht gern sehe. / Wenn in einer Kritik (ins Deutsche übersetzt) steht: Die Farbe meines Hutes sei zu dunkelblau und wäre besser hellblau, *wenn die Farbe meines Hutes gelb ist.*« (GBA 21, S. 325) Und, so formulierte B. bereits Frühjahr/Sommer 1926: »Das Schlimmste, was durch eine solche Ansicht [dass Kunst nichts Individuelles mehr ist] passieren könnte, wäre höchstens: daß ein ganzer Haufen bisher Kunst genannten Krempels von jetzt ab nicht mehr Kunst genannt würde.« (S. 144)

Kunst ist sozialistisch

1926 war das Jahr, das B. für sich, aber auch für seine Zeit als Umbruchsjahr ansah. In einer Gegenüberstellung von 1900 und 1926 weist er dem erstgenannten Jahr zu, dass in ihm womöglich »gar nichts vorgefallen« (S. 167) sei, 1926 aber das Jahr sei, wo es nicht mehr um Meinungen gehe, sondern um die Forderung, dass seiner Generation gefälligst die Produktionsmittel auszuhändigen seien. In den Schriften dieses Jahrs nimmt der (durchaus witzige) aggressive Ton zu, wie auch die Äußerungen, dass das Theater dem Untergang entgegen gehe (und dieser zu befördern sei), in penetranter Wiederholung auftauchen. Bei einer Umfrage der *Münchener Neuesten Nachrichten*, gedruckt am 26. 2. 1928, »Was halten Sie für Kitsch?« (vgl. S. 689), schrieb B., dass er, um eine »einigermaßen erschöpfende Auskunft« (S. 227) geben zu können, mehrere Nummern der Zeitung benötigte, um auch nur die Namen aufzuzählen, worauf er aber »nur schwer Anspruch erheben« könnte (ebd.). In einem Postscriptum merkte er noch an, wenigstens eine Nummer für ihn zu reservieren. In ihr könnte einfach der Kürschner (*Kürschners Deutscher Literaturkalender*, in dem Jahr für Jahr die deutschen Schriftsteller aufgeführt wurden) abgedruckt werden; die Namen, die zu streichen seien, könne er in einem dreiminütigen Telefongespräch mitteilen.

1926 ist das Jahr, in dem B. notierte: »In einer deutlich von allen Menschen gefühlten Zeitwende angekommen, sehen wir verhältnismäßig naiv die Institutionen einer gezeichneten Epoche. Wir erleben noch den Zusammenstoß unserer ersten Stücke mit den letzten Theatern der untergehenden herrschenden Klasse der Bourgeoisie.« (S. 110f.) Und wenig später (Frühjahr/Sommer 1926) schrieb er im Zusammenhang mit *Mann ist Mann*, in dem B. offenbar sein erstes ›sozialistisches‹ Stück sah: »Nach meiner Ansicht ist es sicher, daß der Sozialismus, und zwar der revolutionäre, das Gesicht unseres Landes noch zu unseren Lebzeiten verändern wird. Unser Leben wird mit Kämpfen gerade dieser Art ausgefüllt sein. Was die Künstler betrifft, so halte ich es für sie am besten, wenn sie unbekümmert darum machen, was ihnen Spaß macht: Sie können sonst nicht gute Arbeit liefern.« (S. 145) Die Erwartungen waren groß, und offenbar sah sich B. schon als 28jähriger in der Rolle derer, die in ›großer Zeit‹ ›große Werke‹ produzieren werden, und zwar dadurch, dass sie bemerkt haben, eine neue Zeit müsse kommen und sie – als Künstler – schlügen sich auf ihre Seite. Da die Bourgeoisie abgewirtschaftet hatte, kam als Interessenpartner nur das Proletariat in Frage, dem B. allerdings »Gleichgültigkeit« (S. 142) bescheinigte sowie den überaus »schreckeneinflößenden Standpunkt, Kunst sei schädlich, da sie die Massen vom Kampf ablenke« (S. 144). Dennoch: Wem nützt sie, die Kunst? Wenn schon, dann dem Proletariat.

In diesem Zusammenhang ist es nicht verwunderlich, wenn B. die Literatur bzw. die Kunst überhaupt mit den Attribut ›sozialistisch‹ versieht: »Tatsächlich ist Literatur etwas sehr Sozialistisches.« (S. 177) Eine »rein ästhetische Reizkritik« (ebd.), wie Kerr sie betreibe, müsse versagen: »Die Kritik ist wie die übrige Literatur etwas Sozialistisches, als sie kollektivistisch ist, und die Kollektion hat sich jetzt geändert.« (Ebd.) Das Attribut ›sozialistisch‹ ist also nicht ideologisch gemeint, es bezeichnet vielmehr die neuen Tatsachen einer allgemeinen Kollektivierung, die vor der Kunst nicht halt macht. Wie in der gesellschaftlichen Realität Arbeitsteilung etc. üblich geworden ist, so gilt dies auch für die Kunst, will sie die Gesellschaft nicht verlassen (was sie gar nicht kann) und in einen illusionären Raum der Autonomie fliehen.

»Silvester 1928«

»Es gibt einen Grund, warum man Berlin anderen Städten vorziehen kann: weil es sich ständig verändert. Was heute schlecht ist, kann morgen gebessert werden. Meine Freunde und ich wünschen dieser großen und lebendigen Stadt, daß ihre Intelligenz, ihre Tapferkeit und ihr schlechtes Gedächtnis, also ihre revolutionärsten Eigenschaften, gesund bleiben. Meinen Freunden wünsche ich natürlich alles, was sie meiner Ansicht nach brauchen.« (S. 267)

Literatur:

Barthes, Roland: »The Death of the Author«. In: Ders.: Image – Music – Text. London 1987, S. 142–148. – Benjamin, Walter: Das Kunstwerk im Zeitalter seiner technischen Reproduzierbarkeit. Drei Studien zur Kunstsoziologie. Frankfurt a.M. 1963. – Ders.: Zur Kritik der Gewalt und andere Aufsätze. Frankfurt a.M. 1965. – Bergheim, Brigitte: Das gesellschaftliche Individuum. Untersuchungen zum modernen deutschen Roman. Tübingen, Basel 2001. – Böhme, Gernot: Natürlich Natur. Über Natur im Zeitalter ihrer technischen Reproduzierbarkeit. Frankfurt a.M. 1992. – Dümling, Albrecht: Laßt euch nicht verführen. Brecht und die Musik. München 1985. – Hecht. – Jeske, Wolfgang: Bertolt Brechts Poetik des Romans. Arbeitsweisen und Realitätsdarstellung. Frankfurt a.M. 1984. – Kaes, Anton (Hg.): Kino-Debatte. Texte zum Verhältnis von Literatur und Film 1909–1929. Tübingen 1978. – Kant, Immanuel: Kritik der Urteilskraft [1790]. Hg. v. Karl Vorländer. Hamburg 1968. – Mittenzwei, Werner: Brechts Verhältnis zur Tradition. Berlin 1973.

Jan Knopf

Kurzer Bericht über 400 (vierhundert) junge Lyriker

Anlässlich ihres einjährigen Bestehens schrieb am 24.9.1926 die *Literarische Welt*, die von Willy Haas herausgegebene Wochenschrift des Rowohlt-Verlags, einen künstlerischen Wettbewerb aus mit dem Ziel, die »miserablen« Chancen der »künstlerischen Jugend« zu verbessern. Unter dem Aufmacher *Ein Geschenk an die Jugend* (S. 1) wurden junge Künstler aus acht Kunstsparten zur Teilnahme aufgefordert. Neben den drei literarischen Gattungen waren auch Journalistik, Theater- und Filmschauspielkunst, Malerei/Grafik sowie Bildhauerei vertreten. Als Preisrichter fungierten prominente Persönlichkeiten, so für das Theater Erwin Piscator, das Drama Herbert Ihering, die Erzählprosa Alfred Döblin und für die Lyrik B. Als Prämien wurden Hilfen bei der Veröffentlichung bzw. Vermittlung von Engagements in Aussicht gestellt. Im Fall der Lyrik würde B. »über die Verfasser der drei besten lyrischen Gedichte einen Artikel in der ›*Literarischen Welt*‹ schreiben und sie an einen *Verleger empfehlen*« (ebd.).

Am 4.2.1927 wurden die ersten drei Entscheidungen dieses sich großen Zuspruchs erfreuenden Preisausschreibens veröffentlicht, darunter auch diejenige über die Lyrik. B. entschied, keine einzige der Gedichteinsendungen zu prämieren, äußerte sich dabei allgemein über Lyrik und unterbreitete abschließend den »Vorschlag«, den »Song« (GBA 21, S. 192) *He, He! The Iron Man!* von Hannes Küpper auszuzeichnen, obwohl sich der Autor am Wettbewerb gar nicht beteiligt hatte.

Zum überraschenden Votum B.s bemerkte die Redaktion vorsorglich, dass der Juror durchaus seiner »kameradschaftlichen Verpflichtung« als Preisrichter nachgekommen wäre, da er ja regelrecht das Gedicht eines »unbekannten jungen Dichters« (S. 667) ausgewählt hätte. Bereits diese Bemerkung und die Beteuerung der Redaktion, sie habe auf B.s Entscheidung keinerlei Einfluss genommen, verwies auf die Einzigartigkeit des Vorgangs. Während der Epik-Preisrichter Döblin wenig später gleich acht junge Erzähler und Erzählerinnen auszeichnete und mit teilweise ausführlichen Gutachten den Verlegern zum Druck anempfahl (Döblin, S. 1), nutzte B. seine Preisrichterrolle zu einer exzessiven Selbstdarstellung in der literarischen Öffentlichkeit. Zugleich aber bot er auch eine erste größere öffentliche Reflexion über Lyrik, in der sich bereits wichtige Elemente seiner ästhetischen Theorie dieser Jahre finden. Sein Vorgehen bestand also darin, sich einerseits an der Auslobung der *Literarischen Welt* institutionell zu beteiligen, sich aber andererseits kategorial allen lyrischen Einsendungen und damit den Spielregeln der Aktion zu verweigern und nach eigenem Gutdünken ein Gedicht von außerhalb zu prämieren – womit er seine eigenen Spielregeln aufstellte. Diese akzeptierte wiederum die *Literarische Welt*, indem sie das Gedicht, obwohl nicht eingesandt und keine Erstveröffentlichung, in der betreffenden Ausgabe abdruckte. B. hätte die Zeitschrift »düpiert«, bemerkte ein Kritiker (Nelissen-Haken, S. 178).

In einer Vorarbeit finden sich bereits die Grundgedanken des Texts (GBA 21, S. 667). In zwei weiteren Texten, einem zu Lebzeiten unveröffentlichten Artikel (*[Weder nützlich noch schön]*; S. 193f.) und der Antwort auf den öffentlichen Einwurf eines der nicht berücksichtigten Lyriker (*[Bert Brechts Erwiderung]*; S. 200f.), setzte sich B. mit Kritikern seines Vorgehens auseinander.

Wie auch in anderen Texten dieser Zeit übte B. einen provokanten, kraftmeierischen Gestus, er selbst sprach in diesem Zusammenhang spöttisch von einer »gewissen Leichtigkeit des Tones« (S. 194). Gerade weil er als allein entscheidender Juror bereits zur etablierten Literaturszene gerechnet wurde, konnte er seine Position zur Destruktion von Erwartungshaltungen nutzen. Bereits die Überschrift legt bei der ausgeschriebenen Wiederholung der Ziffer 400 – es war eine in der Tat auffällig große Zahl von Einsendern – eine despektierliche Nähe zur Ausstellung eines Schecks oder einer Rechnung nahe (›in

Worten‹), eine Nähe, die man bei Lyrik und Lyrikern gerade nicht erwartet. Und schon der Auftaktsatz – »Ich muß zugeben, daß ich, als ich einwilligte, einen Haufen jüngster Lyrik auseinanderzuklauben ...« (S. 191) – signalisiert mit seiner rhetorisch gefeilten, pseudoselbstkritischen Haltung und dem wiederholten, einen sarkastisch-ordinären Ton anschlagenden Reden von einem »Haufen« Lyrik einen abschätzigen Umgang mit diesem traditionell hoch angesehenen Genre in der Gattungstrias. Noch gehäuft findet sich das Wort in der Vorstudie, aber auch in anderen B.-Texten dieser Zeit, so beim Reden von einem »Haufen von Klassikern« (S. 195).

Das Schiedsrichter-Rollenspiel dessen, der es besser weiß, grundiert den herrschaftlichen, dabei schnodderig daher kommenden Duktus des Textes bis hin zu seiner doppelten Schlussvolte: »Ich empfehle Küpper, mehrere Songs dieser Art herzustellen, und ich empfehle der Öffentlichkeit, ihn durch Ablehnung dazu zu ermuntern.« (S. 193) Das anaphorisch gereihte und entsprechend aufgeladene »Ich empfehle ...«, mit dem B. dem von ihm favorisierten Lyriker sowie dem Publikum gute Ratschläge mit auf den Weg gibt, mündet in ein nicht aufgelöstes Paradoxon, nämlich einen Lyriker ausgerechnet durch Ablehnung zur weiteren Gedichtproduktion zu ermuntern. Diese Haltung von oben herab – »Ihr Kritisieren«, schrieb der abgewiesene Lyriker Hellmut Schlien, »ist ein Übermut« (S. 673), Klaus Mann polemisierte, B. wolle »seine freche Person in Szene setzen« (Mann 1927b, S. 121) – signalisierte die Bereitschaft, sich mit gängigen Lyrikauffassungen und ästhetischen Standards prinzipiell anzulegen. Spätestens hier dementierte B. auch explizit die Rolle des Ignoranten, mit der er zuvor gespielt hatte, wenn er von seiner »Unfähigkeit« spricht, Gedichte »irgendwie zu beurteilen« (GBA 21, S. 192). Aber über die bedachtsam konstruierte Rolle des Enfant terrible hinaus, mit der B. hier seine Stellung im Literaturbetrieb ersichtlich zu festigen suchte, gibt der Text Aufschluss über B.s Ansichten über Lyrik während der *Hauspostillen*-Zeit.

Lyrik wird nicht grundsätzlich verworfen, wohl aber ihre Institution einer Kritik unterzogen: Es wird eine bestimmte Art von Gedichten verurteilt und eine andere als Vorbild dagegen gesetzt. B.s Jurorentext ist also alles andere als liquidatorisch, sondern durch seine Polemik hindurch ganz und gar konstruktiv und produktiv. Hat B. durch seine Selbstinszenierung in dem Wettbewerb deutlich gemacht, dass er Herr des Verfahrens ist, so kann er seine Auffassung von Lyrik um so unverblümter notieren. Dabei geht es nicht allein um die Kategorisierung von Lyrik nach Qualitätskriterien: In Volksschullesebüchern massenhaft verbreitete Kriegslyrik steht neben der Lyrik Rainer Maria Rilkes, Stefan Georges und Franz Werfels, die – Inbegriff für Höhenkammlyrik – als einzige Dichter namentlich genannt werden. Diese Autoren werden zwar in toto verworfen, dennoch werden »Im- und Expressionismus« doch gelegentliche »Glückstreffer« zugestanden, auch wenn derartige »Ausnahmen [...] überschätzt« würden (GBA 21, S. 191). Zudem ist davon die Rede, dass »jeder halbwegs normale Deutsche ein Gedicht schreiben kann« (S. 192). Es geht also produktionsästhetisch um eine ungemein weit verbreitete Gattung der unterschiedlichsten Autoren. Dass die Lyrik als Gattung eine hochangesehene Einrichtung ist, eine Institution von großem sozialen Prestige und enormer Autorität, durchzieht dabei den gesamten Text als eine unausgesprochene Prämisse, die B. variationsreich zu demontieren sucht. Eben dazu setzt B. auch die schnodderige Tonlage ein, die gerade beim Reden über Lyrik besonders deplatziert wirken muss. Freilich spricht auch er an einer Stelle uneingeschränkt von »großen Gedichten« (ebd.), entzieht diese Gattung also gar nicht prinzipiell seiner Wertschätzung – was auch nicht in seinem Interesse als einem lyrischen Praktiker, der seinen Artikel demonstrativ mit einem lyrischen Selbstzitat als Motto (*Der Song von Mandelay*) eröffnet, liegen könnte.

Bei diesen produktionsästhetischen Überlegungen fällt auf, wie energisch B. darauf insistiert, dass Lyrik etwas sei, das ›gemacht‹ wird. Zu diesem Wortfeld zählen die Wendungen »eigene Produktion« (S. 191), »lyrische

Produkte« (ebd.), ›Gedichte herstellen‹ (vgl. ebd.), »Songs dieser Art herzustellen« (S. 193), »Erzeugnisse dieser oder verwandter Art« (S. 192) – alles Formulierungen, die nicht allein auf die wörtliche Bedeutung von Poesie als ›machen‹ zurückweisen, sondern vor allem die in Deutschland mächtige Genie- und Schöpferästhetik konterkarieren.

Mit dieser Entzauberung von Lyrik und ihrer Rückführung auf etwas ›Gemachtes‹ korrespondiert die Kritik an herrschenden Beurteilungskriterien. B. akzeptiert allein das rezeptionstheoretische Kriterium des ›Gebrauchswerts‹ (vgl. S. 191). Es solle allein darum gehen zu prüfen, ob man Gedichte »brauchen kann« (ebd.) – und gerade darauf nehme »ein ganzer Haufen sehr gerühmter Lyrik keine Rücksicht« (ebd.). Das Kriterium ›Gebrauchswert‹ wird zwar hier nicht weiter ausgeführt, es steht aber in einem ersichtlichen Kontext von ästhetischen Innovationen in der Weimarer Republik und entsprechenden Debatten über eine Neubestimmung von Kunst und Literatur.

So lässt sich mit dem Ende der expressionistischen Dominanz seit Mitte der 20er-Jahre ein Paradigmenwechsel in der Lyrik bemerken, der durch Umschichtungen im Lesepublikum und durch Veränderungen zumal im Medienbereich erklärt werden kann. Eine auch von B. attackierte Lyrik der Innerlichkeit gerät in die Defensive zu Gunsten einer Öffentlichkeitslyrik, die gegen lyrische Ewigkeitswerte und zum raschen Ge- und Verbrauch gedacht ist. Gerade die Neue Sachlichkeit und die politische Lyrik der 20er-Jahre haben mit ihrer Orientierung an lyrischer Klein- und Kabarettkunst, an Chansons, Songs, vor allem aber auch an den neuen Massenmedien Radio und Film Pionierarbeit geleistet. Entsprechend plädiert B.s Wettbewerbsentscheidung ausdrücklich für den »Song« (GBA 21, S. 192, vgl. S. 193) und markiert die Verlagerung der Lyrik-Rezeption vom Lesen auf das Hören, damit auch von der stillen und stummen Individualrezeption, für die wie kein anderer Rilke steht, auf eine performative, öffentliche, oft kollektive Rezeption. Dem entsprechen neue ›sachliche‹ Sujets des urbanen Lebens wie Großstadt, Alltag, Sport, Amerika, Industrie etc. 1928 spricht Kurt Tucholsky in der *Weltbühne* wohl erstmals von »Gebrauchslyrik« (Tucholsky, S. 808). Seither ist der Terminus, u.a. angewandt auf Erich Kästner oder Walter Mehring, recht geläufig. Literatur, Lyrik eingeschlossen, soll einen nachweisbaren, am liebsten messbaren Gebrauchswert für die Leser haben: »Diese Hauspostille ist für den Gebrauch der Leser bestimmt« und solle »nicht sinnlos hineingefressen werden«, schreibt in diesem Sinn B. 1927 in der *Anleitung zum Gebrauch der einzelnen Lektionen* in seiner *Hauspostille* (GBA 11, S. 39). Auch Lion Feuchtwanger, Erik Reger u.a. versehen ihre literarischen Werke mit expliziten Lektüreanweisungen.

In diesem weiteren Kontext steht B.s Begünstigung des Gedichts über den derzeit berühmten »Sechstage-Champion Reggie Mac Namara« (GBA 21, S. 192) von Hannes Küpper, der zu dieser Zeit als Dramaturg und Herausgeber der neusachlichen Zeitschrift *Der Scheinwerfer* in Essen tätig war. B. fand sich dabei im Verein eines zeittypischen Sportinteresses wieder, das sich im neusachlichen Kult ums Boxen niederschlug, dem B. ebenso anhing wie eine Exponentin der Neuen Sachlichkeit, Vicki Baum, die Boxunterricht nahm. Dazu zählte auch das gerade bei Intellektuellen beliebte Sechstagerennen, eine »interessierende Sache« (ebd.), wie es im Text auf den Champion Reggie Mac Namara bezogen heißt. B. posierte sogar in der sportbegeisterten Attitüde des Fans, der sich nach eigenen Worten nicht nur die »Urschrift« des Gedichts, sondern auch die »Photographie seines Verfasser verschafft« (ebd.) hatte. Dabei dürfte es sich ebenso um eine – allerdings signifikante – Mystifikation handeln wie bei B.s Behauptung, das von ihm prämierte Gedicht habe er in einem »Radsportblatt« gefunden (vgl. S. 669). Derartige Aussagen stehen im Kontext zeitgemäßer Themenpräferenzen der ›schnellen‹ 20er-Jahre mit ihrer Vorliebe für unsentimentale, aktuelle, gegenwärtige lyrische Gegenstände und Haltungen. B. bedient sich hier aus dem Arsenal neusachlicher Positionen, soweit diese seinem Interesse an einer bestimmten

Lyrik und Lyrikauffassung entsprechen (Songs, Gebrauchswert). B. benutzt derartige Positionen auch deshalb, weil sie ihm in seiner Polemik gegen eine bestimmte »Sorte von Jugend« (S. 192) nützen.

Denn B.s Text steht in einem weiteren Kontext. Er ist Teil und Fortsetzung seiner Auseinandersetzung mit Klaus Mann. Gegen diesen und gegen Thomas Mann hat B. im August 1926 eine scharfe Satire veröffentlicht (vgl. *Wenn der Vater mit dem Sohne mit dem Uhu ...*, BHB 4). Spuren ihrer Fortführung lassen sich im Preisausschreiben erkennen, wenn B. eben über jene »Jugend« herzieht, der er »Sentimentalität, Unechtheit und Weltfremdheit« attestiert und die er als »empfindsamen Teil einer verbrauchten Bourgeoisie« abtut (GBA 21, S. 192). Auch die polemische Formulierung in der Vorstudie, die sich gegen die Besetzung der »Marke ›Jugend‹« durch derartige Gedichteschreiber (S. 667) richtet, zielt in diese Richtung. Damit ist erneut Position bezogen gegen eine bestimmte Richtung zeitgenössischer Lyrik – wie dann auch die anschließende Polemik von Klaus Mann zeigen sollte –, aber auch erneut ein markanter ästhetischer Ansatz formuliert. Auch hier bedient sich B. einer ›sachlichen‹ Argumentationslinie, indem er auf dokumentarisch-fotografische Verfahrensweisen rekurriert: »Was nützt es, [...] die Photographien großer Städte zu veröffentlichen, wenn sich in unserer unmittelbaren Umgebung ein bourgeoiser Nachwuchs sehen läßt, der allein durch diese Photographien vollgültig widerlegt werden kann?« (S. 192) Auch die Betonung des »dokumentarischen Werts«, den die von B. favorisierte Lyrik haben soll, liegt auf dieser Ebene und verweist auf eine Kategorie, die in den Literaturdebatten der späteren Jahre ebenfalls eine wichtige Rolle einnehmen sollte. Dabei geht es um dokumentarische Verfahren, um Reportageliteratur, um die Kraft des Faktischen, die ästhetischer, etwa epischer ›Gestaltung‹, wie Georg Lukács gesagt haben würde, an Wirklichkeitsabbildung überlegen sei. Die Hoffnung auf die unschlagbar scheinende Kraft fotografischer Realitätswiderspiegelung, wie sie neusachliches Gemeingut war, hat B. so nie geteilt: Hier setzt er sie argumentativ gegen jene lyrischen Traditionalisten ein, deren Vorliebe für Sentiment und Innerlichkeit er mit einem Abbild gegenwärtiger Realität zu widerlegen sucht.

B.s Vorgehen zog Kreise. Gut zwei Monate nach seiner Entscheidung erschien die von seinem Antipoden Klaus Mann zusammen mit Willi R. Fehse herausgegebene *Anthologie jüngster Lyrik*, deren Erscheinen B.s Polemik zwar nicht »angeregt« (GBA 21, S. 668; vgl. Krabiel, S. 78f.) hatte, die aber eine deutliche Antwort auf B. enthielt. In seinem *Nachwort* hält Klaus Mann an seiner durchaus traditionellen Lyrikauffassung fest – er spricht von »Bekenntnisbuch«, von »Muße«, vom »Geistigen«, vom »Geist« –, welche er gegen »irgendeine Mode, die sich in bösartiger Dummheit, in brutaler Muskel-Protzerei gefällt«, verteidigt (Mann 1927a, S. 120). Explizit gegen B. gerichtet, polemisiert er in einem Kommentar zum Erscheinen seiner Anthologie für die *Neue Zürcher Zeitung* vom 17. 4. 1927. Darin setzt er sich mit B.s »schönem Amt« als Preisrichter auseinander, verurteilt das »wahrhaft spießbürgerlich-halbamerikanische Liedchen«, das B. prämiert hat, und den Maßstab des ›Zeitgemäßen‹, den B. – der diesen Terminus selbst nicht benutzte – als Beurteilungskriterium zu Grunde gelegt habe (Mann 1927b, S. 121). Ob B. diese Polemik wahrgenommen hat, ist nicht bekannt; sie bedeutet allerdings den »vorläufigen Endpunkt« der Auseinandersetzung mit Klaus Mann (Krabiel, S. 79).

Dass hier grundsätzliche Fragen erörtert wurden, zeigten weitere Stimmen zum Preisausschreiben (vgl. Klutmann; Nelissen-Haken; Palitzsch; GBA 21, S. 668). Dieses wird als »Kampf um die Lyrik« (Palitzsch, S. 243) verstanden, bei dem es um die Lyrik der jungen Generation Mitte der 20er-Jahre geht, um den Konflikt zwischen ästhetischer Innovation und lyrischem Traditionalismus. Dabei ging B.s provokatorisches Spiel insofern auf, als sein Vorgehen ausnahmslos als »völlig indiskutabel« (Klutmann, S. 243) kritisiert, er selbst als Lyriker aber interessanterweise gelobt und gegen den *Iron Man*-Verfasser ausgespielt wurde. Aber dahinter stand die Auseinandersetzung um die richtige »Richtung« (Nelissen-Haken, S. 177) und um die Behauptung des literarischen Felds in diesen Jahren. Über alle taktische Provokationslust in B.s Jurorentext hinaus ist mit dem Hinweis auf die ›Gemachtheit‹ von Lyrik und auf das mögliche Kriterium ihres Gebrauchswertes ein ästhetischer Ansatz formuliert, der auf wichtige Literaturdebatten auch über das Erscheinungsjahr 1927 hinaus verweist.

Literatur:

[Anonymus]: Ein Geschenk an die Jugend. In: Die literarische Welt 2 (1926), Nr. 39, S. 1. – Döblin, Alfred: Unbekannte junge Erzähler. In: Die literarische Welt 3 (1927), Nr. 11, S. 1. – Klutmann, Rudolf: Bert Brecht – Praeceptor Germaniae!? In: Der Kreis. Zeitschrift für künstlerische Kultur 4 (1927), H. 4, S. 242–243. – Krabiel, Klaus-Dieter: ›Die Alten und die Jungen‹. Publizistische Kontroversen Bertolt Brechts mit Thomas Mann und Klaus Mann in den zwanziger Jahren. Mit einem unbekannten Text von Brecht. In: WW. 49 (1999), H. 1, S. 63–85. – Mann, Klaus: Nachwort zur Anthologie jüngster Lyrik [1927a]. In: Ders.: Die neuen Eltern. Aufsätze, Reden, Kritiken 1924–1933. Hg. v. Uwe Naumann und Michael Töteberg. Reinbek 1992, S. 119–121. – Ders.: Zum Erscheinen der Anthologie jüngster deutscher Lyrik [1927b]. In: Ders.: Die neuen Eltern. Aufsätze, Reden, Kritiken 1924–1933. Hg. v. Uwe Naumann und Michael Töteberg. Reinbek 1992, S. 121f. – Nelissen-Haken, Bruno: Bert Brechts »Geschenk an die Jugend« In: Der Kreis. Zeitschrift für künstlerische Kultur 4 (1927), H. 3, S. 176–178. – Palitzsch, Otto Alfred: Verteidigung Bert Brechts gegen sich selbst. In: Der Kreis. Zeitschrift für künstlerische Kultur 4 (1927), H. 3, S. 243–244. – Tucholsky, Kurt: Gebrauchslyrik. In: Die Weltbühne 24 (1928), H. 48, S. 808–811.

Walter Fähnders

Wenn der Vater mit dem Sohne mit dem Uhu ...

Anfang August 1926 erschien im *Uhu*, dem Monatsmagazin des Ullstein-Verlags, in dem auch B. gelegentlich publizierte, ein Aufsatz von Klaus Mann mit dem Titel *Die neuen Eltern*, dazu die Wiedergabe eines Gesprächs mit Thomas Mann über den Aufsatz des Sohns, überschrieben *Die neuen Kinder*. Auf diese Beiträge reagierte B. umgehend mit der Satire *Wenn der Vater mit dem Sohne mit dem Uhu ...*, die am 14. 8. 1926 in der Berliner Wochenschrift *Das Tage-Buch* erschien. Die Kontroverse hatte ihre Vorgeschichte; sie macht B.s rasche Reaktion, auch die Schärfe seiner Replik verständlich.

Das von Misstrauen und Aversionen belastete Verhältnis zwischen B. und Thomas Mann ist häufig analysiert worden. Aus der Retrospektive erscheint die Feindschaft in den unterschiedlichen literarischen und politischen Profilen und Temperamenten beider Autoren begründet und unmittelbar einleuchtend. Die zur Schau getragene Bürgerlichkeit Thomas Manns und der forciert antibürgerliche Affekt des jungen B. schlossen ein Einvernehmen von vornherein aus. Es gab jedoch sehr früh auch konkrete Konfliktpunkte; es existierte ein strittiges Thema, das für beide von erheblicher Bedeutung war, da es den sensiblen Nerv ihres Selbstverständnisses als Schriftsteller berührte. Ein kürzlich aufgefundener Text B.s vom Dezember 1922, der sich noch nicht auf Thomas Mann bezog, jedoch den späteren Streitpunkt vorwegnahm, wirft ein neues Licht auf den Konflikt, in den der junge Klaus Mann bald einbezogen wurde.

Thomas Mann und B. haben einander bereits in den frühen 20er-Jahren zur Kenntnis genommen. Am 26. 4. 1920 erschien in der Augsburger Zeitung *Der Volkswille* B.s Artikel *Thomas Mann im Börsensaal* (GBA 21, S. 61f.), entstanden anlässlich einer Lesung des Dichters aus dem entstehenden *Zauberberg* in Augsburg. Der Artikel, liest man ihn unvoreingenommen und im Kontext der Augsburger Theaterkritiken, überrascht durch die unzweideutig positiven, um Verständnis bemühten Urteile über den Roman, den B. später nie anders als abfällig kommentiert hat (vgl. GBA 21, S. 128 und S. 168; GBA 11, S. 241). Herbe Kritik war an die Adresse der Veranstalter gerichtet, die einen wegen seiner Größe und schlechten Akustik ganz ungeeigneten Saal zur Verfügung gestellt hatten. Die erste Erwähnung B.s durch Thomas Mann hatte die Münchner Uraufführung des Stücks *Im Dickicht* vom 9.5. 1923 zum Anlass. Im dritten seiner *German Letters*, im Oktober 1923, auf dem Höhepunkt der Inflation in Deutschland, in der New Yorker Zeitschrift *The Dial* erschienen, beschrieb Thomas Mann den Verfall des Theaters als Symptom des allgemeinen Niedergangs. Sein Maßstab war eine Vorstellung von Kultur, die von gutem Geschmack, von Stil, Geist, Formwillen und künstlerischer Disziplin geprägt war. Erwähnt wird Arnolt Bronnens Stück *Vatermord*, das heftiges Aufsehen erregt habe. »Auf verwandte Art stürmt und drängt es in den Dramen des jungen Bert *Brecht*«, heißt es dann, dessen *Trommeln in der Nacht* »zwei gute Akte besitzt, dann aber zerflattert«, dessen zweites Stück *Dickicht* »bei aller Begabung, im Punkte künstlerischer Disziplin und geistiger Gesittung gegen das erste eher einen Rück- als Fortschritt« bedeute (T. Mann 1986, S. 387). Im fünften der *German Letters* vom November 1924 stellte Thomas Mann B.s *Leben Eduards* anlässlich der Münchner Premiere (19. 3. 1924) als die Arbeit »eines glückhaft früh arrivierten Bühnendichters der expressionistischen oder eigentlich wohl nachexpressionistischen, neonaturalistischen Schule« vor, »welcher, ein starkes, aber einigermaßen nachlässiges Talent, in Deutschland sehr verwöhnt wird und mit dem auch das Ausland sich zu beschäftigen beginnt« (S. 450). Von einem sonderbaren Theaterereignis, das »den Stempel des Literaturexperimentes« getragen habe (S. 449), gleichwohl nicht »der schauspielerischen Verdienste entbehrte« (S. 452), berichtet der Verfasser, der die Aufführung unverhohlen »zu den unangenehmsten Visionen« zählt, die ihm zeitlebens untergekommen seien (S. 451).

Die beiden Artikel, die Thomas Manns ablehnende Haltung gegenüber der jungen Avantgarde der frühen 20er-Jahre insgesamt belegen, kannte B. damals vermutlich nicht. Seit dem Frühjahr 1926 gab es dann gezielte wechselseitige Attacken beider Autoren in Zeitschriften und Tageszeitungen. Die erste publizistische Konfrontation geschah jedoch bereits im Dezember 1922, allerdings ganz zufällig, als Ergebnis redaktioneller Vorkehrungen. Das *Berliner Tageblatt* hatte sich in seiner Weihnachts-Ausgabe 1922 eines alten, erneut aktuellen Themas angenommen: des Verhältnisses der Generationen zueinander. Nach der Katastrophe des Weltkriegs und der gescheiterten Revolution, für welche die Jüngeren die Generation der Väter verantwortlich machten, war der Konflikt zwischen den Alten und den Jungen ins Zentrum intellektueller Debatten gerückt. Bronnens Stück lieferte das Schlagwort: Von der *Vatermord*-Generation war allenthalben die Rede. Unter dem Obertitel *Die Alten und die Jungen* widmete das Berliner Blatt dem Thema eine ganze Seite. Neben Beiträgen der Maler Lovis Corinth und Max Pechstein, der Schriftsteller Arno Holz und B. und des Kulturpsychologen Emil Utitz war Thomas Manns Vorwort zur Rede *Von deutscher Republik* abgedruckt, die ein entschiedenes Bekenntnis zur Weimarer Republik enthielt und einen Wendepunkt in seiner politischen Entwicklung markierte. Mit seiner Rede, die großes Aufsehen erregt hatte, habe sich Thomas Mann mitten hineingestellt in den »Kampf der Generationen, zwar nicht um noch mehr zu trennen, sondern zu versöhnen«, wie es in einer Vorbemerkung der Redaktion hieß. Der Beitrag B.s (*[Die Alten und die Jungen]*; GBA Registerbd., S. 739; vgl. Krabiel, S. 67f.), dessen Name seit der Verleihung des Kleist-Preises durch Herbert Ihering Ende November 1922 ins Rampenlicht der Öffentlichkeit gerückt war, ist von jener pointierten Ironie, die bald zum Markenzeichen seiner Stellungnahmen zu Fragen der Literatur und des Theaters werden sollte. In den süffisant-polemischen Zeilen findet die inzwischen eingetretene Radikalisierung in seinem Denken ihren Niederschlag. Es war nach heutigem Kenntnisstand B.s erste publizierte Äußerung zum ›Kampf um das Theater‹. Die Auseinandersetzung zwischen Alt und Jung, zwischen Alt und Neu in der Kunst, hatte für B. wenig mit der Zugehörigkeit zu einer Generation zu tun, viel dagegen mit der Einstellung zur aktuellen, durch geschichtliche Katastrophen gezeichneten Realität. Nach seiner Überzeugung hatte sich die bürgerliche Kultur, für die der Name Thomas Manns stand, im Weltkrieg endgültig ad absurdum geführt. Daran festzuhalten bedeutete, sich dem Alten zuzuordnen. Das Neue hatte sich im Ausdruck des radikal veränderten Lebensgefühls zu bewähren. Was sich erledigt hatte, umreißen die Stichworte ›gefällige Form‹ und ›Kulinarik‹. Nicht einmal als Gegner oder Konkurrenten, mit denen eine Auseinandersetzung lohnte, kamen die Alten in Betracht: Hierin liegt die polemische Pointe der Notiz. B.s Zeilen stecken das Konfliktfeld ab, sie nehmen den Kernpunkt der Kontroversen mit Thomas Mann vorweg, die sich in dessen *German Letters* ankündigten und seit dem Frühjahr 1926 öffentlich ausgetragen wurden.

Den Anfang machte B. mit polemischen Glossen über die *Buddenbrooks* und den *Zauberberg* in seinem Artikel *Kehren wir zu den Kriminalromanen zurück!* vom 2. 4. 1926. Er enthält ironische Reflexionen über die deutsche Romanliteratur, wobei das Genre Kriminalroman als Kontrastfolie dient. Dem Leser wird empfohlen, »die Haltung zu studieren, in der einer ein Buch schreibt« (GBA 21, S. 128). Verdächtig am *Zauberberg* sei die billige Ironie: »Da erfindet einer im Schweiße unseres Angesichts lauter Dinge, über die er ironisch lächeln kann. Vor irgend etwas anderes auf dem Papier steht, ist dieser Herr schon für alle Fälle einmal ironisch.« (Ebd.) Unterstellt wird, es werde etwas lediglich zum Zwecke ironischer Präsentation und eitler Selbstpräsentation erfunden. Das literarische Verfahren Thomas Manns gehöre unbedingt in die »Literaturgeschichte« (ebd.), d.h. es gehört der Vergangenheit an.

Das Verhältnis der Jungen zur älteren Generation war ein Spezialthema von Klaus Mann (Jahrgang 1906), ihm zugefallen als schreibender Sohn dieses Vaters. Da sein Name häufig als Repräsentant der Jungen neben dem B.s genannt wurde, ergaben sich zwangsläufig Reibungspunkte. Im März 1926 erschien in der *Neuen Rundschau* das *Fragment von der Jugend* des 19jährigen Klaus Mann, mit einer beiläufigen, ganz unpolemischen Erwähnung B.s. Klaus Mann, von der bürgerlichen Kultur des Elternhauses geprägt, artikuliert die Ratlosigkeit der ganz Jungen angesichts der überwältigenden Leistung der Väter-Generation, die jedoch in der Gegenwart radikal in Frage gestellt schien. Alle Kunst sei fragwürdig geworden, sie finde kein Interesse mehr: »Was ist heute die Kunst? [...] Wer regt sich darüber auf, wenn wir Goethe spielen oder Bertolt Brecht?! Die Theater machen bald zu – man verdient auch beim Filmen viel mehr.« (K. Mann, S. 62)

Zur ersten Konfrontation mit B. kam es Anfang April 1926 anlässlich einer Umfrage der Wiener *Neuen Freien Presse*. Unter der Überschrift *Die Jungen über die Alten* druckte das Blatt in seiner Oster-Ausgabe »Äußerungen von Klaus Mann, Arnolt Bronnen und Bert Brecht« ab (Morgenblatt vom 4. 4. 1926, S. 43). Klaus Mann schrieb, die Zeit der expressionistischen Jugend, die gegen den Vater kämpfte, sei vorüber; seine Generation sei von der der Väter bereits so weit entfernt, dass das Verhältnis zu dieser »*eigentlich kein Problem mehr*« darstelle. B. dagegen ging auf Konfrontationskurs. Die »*Werke der letzten ›Generationen‹*« machten ihm »*mit wenig Ausnahmen wenig Eindruck*«: »Ihr Horizont scheint mir sehr klein, ihre Kunstform roh und blindlings übernommen, ihr kultureller Wert verschwindend.« (GBA 21, S. 137) Dieser von vielen geteilte Eindruck sei so niederdrückend gewesen, »daß man schon anfing, *an Theater und Kunst überhaupt zu zweifeln. / Es ist doch eine* ziemlich beschämende Erledigung für ganze Generationen, wenn an ihrem Ende [...] die Frage auftaucht, ob *denn Kunst überhaupt noch möglich* sei.« (Ebd.) B.s Attacken wirken wie eine Replik auf Klaus Manns *Fragment von der Jugend*. Verständlich, dass dieser B.s Bemerkungen in scharfer Form zurückwies. In seinem Aufsatz *Jüngste deutsche Autoren* spricht er von »jener krassen Zwischengeneration der Brecht und Bronnen«; er glaube nicht, dass diese, »so verblüffend und faszinierend sie als Talente sind, ihrer extremen, polternden geistigen Orientierung wegen, für die Jugend die eigentlichen Sprecher und Stellvertreter noch heute bedeuten können« (K. Mann, S. 101). Er zitiert aus B.s Beitrag in der *Neuen*

Freien Presse und kommentiert: »Ich glaube nicht, daß in solchen Pöbelsätzen eine deutsche oder europäische Jugend ihre Meinung ausgesprochen findet.« (Ebd.)

Dass die bürgerliche Öffentlichkeit nicht B., sondern Klaus Mann als typischen Vertreter der jungen Generation präsentieren mochte, kann nicht überraschen. Die redaktionelle Vorbemerkung zu den beiden Artikeln im *Uhu* lautet: »Es sind wenige Jahre her, da die junge Generation, die ›Söhne von heute‹, begeistert Beifall klatschte, wenn auf der Bühne Vatermord aus Weltanschauung verübt wurde. Die ›Väter‹ schienen die Ursache aller Übel zu sein, unter denen die junge Generation litt. Ohne jedes Zutun der am Leben gebliebenen Väter scheinen die Söhne abzurüsten. Wie man aus der Unterhaltung zwischen Thomas und Klaus Mann [...] ersehen kann, kommt die junge Generation, als deren typischer Vertreter der Sohn des Dichters vom ›Zauberberg‹ gelten darf, der älteren mehr als auf halbem Wege entgegen, während Thomas Mann als Vater sieht, welche schweren Schicksale dieser jungen Generation noch harren.« (Mann/Mann, S. 4f.)

In seinem Aufsatz *Die neuen Eltern* differenziert Klaus Mann zwischen dem ›braven‹ und dem ›revolutionären Kind‹. Letzteres neige »zu krassen Ausbrüchen«, es »hat große Worte und ruft den Eltern ›Altes Gerümpel!‹ zu – und: ›Unnützes Zeug! Wir sind dran! Mit euch in die Ecke!!‹« (S. 5) Angespielt wird hier auf B.s Beitrag für die *Vossische Zeitung* vom 4. 4. 1926, die einigen Theaterleuten die Frage vorgelegt hatte: »Stirbt das Drama?« B. hatte u. a. geschrieben: »Zeiten, die sich mit so schrecklichem Gerümpel wie ›Kunstformen‹ (aus wieder anderen Zeiten) herumschleppen, können weder ein Drama noch sonst etwas Künstlerisches zuwege bringen.« (GBA 21, S. 133) Für Klaus Mann war die Blütezeit der revolutionären Jugend vorüber; die brave, angepasste Jugend sei gegenwärtig von einer bösartigen und aggressiven Bravheit, nämlich reaktionär und antisemitisch. Klaus Mann distanziert sich von beiden Gruppierungen; er vertritt die These von der Existenz einer neuen Jugend wie einer neuen Elterngeneration. Bei den »›neuen Eltern‹« sei »ebensowenig Aggressivität und strenger Tadel [...] wie bei der besseren Jugend Auflehnung und krasse Rebellion« (Mann/Mann, S. 7). Die neue Jugend, meint der Verfasser, offensichtlich die eigene Situation beschreibend, wolle nicht mehr alle Brücken hinter sich abbrechen, sie verdanke der väterlichen Generation, den 50- und 60jährigen, sehr viel. »Das Werk des Vaters steht vor uns, und wir bilden uns und lernen von ihm.« (Ebd.)

Zur These, die Eltern hätten sich verändert, gibt Thomas Mann im Gespräch mit Wilhelm Emanuel Süskind, Autor aus dem Freundeskreis um Klaus Mann, zu bedenken, »ob nicht vielmehr die Kinder neu, d. h. älter und einsichtiger geworden seien, und ihre Eltern richtiger sähen« (S. 8). Die literarische Jugend habe ein paar Jahre lang von der Fiktion des tyrannischen Vaters gelebt. Zur Frage, ob die Väter der jungen Generation hilfreich zur Seite stehen könnten, äußert sich Thomas Mann skeptisch; für die Eltern sei es heute schwerer, Rat zu wissen. Die Veränderung der Welt – über Krieg und Kriegsfolgen hinaus – habe auch die Elterngeneration erfasst, sie »revolutioniert« (S. 9). Auf die gelockerten Moralbegriffe der jungen Generation angesprochen, beklagt er den generellen »Zug zum Immoralismus, zur selbstgefälligen Unordnung«, die »Lust am Exzeßhaften«; »eine Welle analytischer Revolution«, von Russland kommend, sei durch Europa gegangen (ebd.). Russland, Bolschewismus, Kollektivismus sind dann die Stichworte. »Thomas Mann glaubt an die Mächte, die jener Bewegung entgegenstehen (›die Bolschewisten, sie hassen die Seele‹, sagt er). Der Amerikanismus, selber seelenlos, könne nicht Widerstand leisten. Deutschland und Frankreich, diese beiden fast allein, seien Hüter der Seele geblieben.« (S. 10) Thomas Mann »geht auf sein Jahrhundert zurück, das neunzehnte – und bekennt sich zu ihm« (ebd.), berichtet der Gesprächspartner. Die Generationen würden immer schmächtiger. »Sind wir nicht alle schmächtig geworden, seit die letzten Alten tot sind, Björnson und Tolstoj?« (Ebd.)

B., der sich angesprochen fühlen musste, bat

bereits am 2.8. Willy Haas, »einer kleinen melancholischen Meditation« über die *Uhu*-Artikel in dessen Zeitschrift *Die literarische Welt* Raum zu schaffen (GBA 28, S. 277). Was am 14.8. dann im *Tage-Buch* erschien (Haas hatte offenbar abgewinkt), war eine Satire, die sich schon in der Art der Verwendung von Zitaten als überaus boshaft erweist. So bereits die beiden Mottos, zwei im ursprünglichen Kontext völlig unverfängliche Sätze. Neben der Tatsache, dass wieder einmal Klaus Mann als typischer Vertreter der Jungen präsentiert wurde, war für B. die These anstößig, die Zeit der revolutionären Jugend sei vorüber. Angesichts der Eintracht zwischen Vater und Sohn gehe »ein Aufatmen durch den Blätterwald« (GBA 21, S. 159). Es sei jedoch »kein Grund zur Beruhigung« (ebd.), der Vatermord könne jederzeit wieder aufgenommen werden. B.s Polemik richtet sich gegen den Versuch, die Zeit zurückzudrehen, sich am Überkommenen zu orientieren, als sei inzwischen nichts geschehen. Ob »nicht die Kinder neu, d. h. älter« geworden seien, hatte Thomas Mann gefragt. B.s Kommentar: »das könnte ihm passen!« (Ebd.)

Ein Missverständnis sei die Behauptung, die Jungen hätten von der Fiktion gelebt, die Väter seien tyrannisch. Man habe die Väter »nicht erschlagen, weil sie hart und gewaltig«, sondern »weil sie weich und musig waren« (ebd.). »Wenn ich bedenke [...], was für ein Revolutionär Thomas' Vater Spielhagen war, dann beginne ich [...] zu begreifen, was für ein Reaktionär mein Sohn Klaus sein wird.« (Ebd.) Selbst die Schwächsten seiner Generation ragten über »diese unsere Nachgeburt von Feuilletonschlieferln hinaus, deren größte Erlebnisse eingestandenermaßen die Sechzigjährigen sind« (ebd.). Als »letzte Revolutionäre«, schreibt B., Formulierungen von Klaus und Thomas Mann aufgreifend, blieben »wir paar bösen halsstarrigen Erzvatermörder inmitten eines gerührten Locarnos von Mumien und Nachgeburten als würdige Vertreter des ›strengen Prinzips‹ und [...] als ›Schreckgespenst‹ (die Bolschewisten, sie haben keine Seele)« (S. 160; vgl. auch GBA 18, S. 309). Knaben wie Klaus Mann seien »schon müde vom Zusehen«, heißt es weiter, anspielend auf Äußerungen Thomas Manns, »wo wir kaum die ersten rein technischen Vorbereitungen zu den uns vorschwebenden Ausschweifungen in Angriff genommen haben« und »eine auch nur einigermaßen befriedigende Unordnung noch nicht einmal in Sicht« sei (GBA 21, S. 160). Man werde, falls die Söhne »etwa gar ebenso stille und feine Menschen« würden »wie ihre Opapas«, »unserem umstrittenen Ruhm als Vatermörder den ganz unbestreitbaren als Kindesmörder hinzufügen« (ebd.).

Die Gelegenheit zu einer Replik ergab sich für Thomas Mann Anfang Oktober 1926, als das *Berliner Tageblatt* ihn um eine Stellungnahme zu dem Plan bat, jungen, noch unbekannten Autoren durch Präsentation in einer Debütantenschau Resonanz zu verschaffen. Sein Beitrag, *Die Unbekannten*, am 10. 10. 1926 erschienen, zeigt bei genauer Lektüre, daß B.s Attacken ihn tiefer berührten, als die ostentative Abgeklärtheit seiner Ausführungen zu erkennen gibt. Im Verhältnis der Generationen, meint Thomas Mann, habe »der Haß sich gesunderweise auf seiten der Jungen zu halten«; ihn erwidern hieße, sich »in die völlig unmöglich gewordene Rolle des bakelnd bedrückenden Tyrannen drängen« zu lassen, »die uns selber ein Spott ist und der die ebenfalls schon etwas demolierte Rolle des patriziden Sohnes entspricht: ein Verhältnis, über das ich neulich von einem Berliner Magazin ausgeholt wurde und über das ich mich [...] gesprächsweise mit so eklatantem Ungeschick geäußert habe, daß es für den wachsamen Bert Brecht allzu schwer war, keine Satire zu schreiben.« (T. Mann 1974, S. 752) Thomas Mann, der B.s als Provokation gemeinte Bemerkung von der Vaterschaft Spielhagens entschieden zurückweist, meint, man habe die Kluft zwischen seiner und der jungen Generation »eine Zeitlang in kopfloser Weise überschätzt« (S. 753). Er glaube, »daß beispielsweise der Bruch zwischen dem Naturalistengeschlecht von 1890 und dem der Epigonen unserer klassisch-romantischen Epoche [...] schärfer, wirklicher, entscheidender war« (ebd.), eine Bemerkung, die folgendermaßen präzisiert wird: »Die Psychologisierung und

Europäisierung der deutschen Prosa durch den Naturalismus und durch Nietzsche; die Wiederentdeckung des Dichterischen überhaupt; das Sprachwerk George's; schließlich auch all das, was durch die deutsche Erzählung für die Kultur des bürgerlichen Ausdrucks geleistet ist [...]: mir scheint, das war mehr Erneuerung, Schollenumbruch, Revolution als das bißchen Tempo, Dynamik, Kinotechnik und Bürgerfresserei, womit unser Nachwuchs uns vergebens in bleiche Wut zu treiben sucht.« (S. 754) Nicht um ihrer Bürgerlichkeit willen fänden die Jungen die ältere Generation unausstehlich, heißt es weiter, »sondern weil sie uns mehr schulden, als ihnen lieb ist« (ebd.). An der allgemeinen »Weltrevolution« habe nicht nur die junge Generation, sondern »jeder geistig Lebendige teil« (ebd.). »Revolutioniert sind auch wir«; dies begründe »das Recht, im Neuen noch eine Weile mitzutun« (S. 755). Thomas Mann glaubte Anzeichen dafür zu erkennen, »wie das Nachbürgerliche mit dem Vorbürgerlichen sich findet. So war es bei Nietzsche, so war es bei den ›Sechzigjährigen‹«, schrieb er, auf Formulierungen B.s anspielend, »die von ihm kamen und bei denen freien Sinnes in die Schule zu gehen einen jungen Heutigen [wie den Sohn Klaus] weniger schändet, als Radikalisten der Voraussetzungslosigkeit [wie B.] wahrhaben wollen.« (Ebd.)

Die zitierten Passagen artikulieren einen der Kernpunkte des Konflikts mit B. Danach ist der Epochenumbruch, somit der Beginn der Moderne in der Literatur, erheblich früher anzusetzen, als von B. unterstellt. Für Thomas Mann begann die literarische Moderne mit dem bis in die Gegenwart fortwirkenden Umbruch, den der Naturalismus vollzogen hatte. Die These impliziert sowohl die Abhängigkeit der Jungen von den Alten, da sie es sind, die den Beginn der Moderne repräsentieren, als auch die Nivellierung der Differenz zwischen beiden Generationen. Dass beides für B., der wenig später von der »aktiven Feindschaft« zwischen seiner Generation »und allem Vorangegangenen« sprach (GBA 21, S. 204), nicht akzeptabel war, liegt auf der Hand. In seinem Nachlass fanden sich sieben Entwürfe aus dem Spätjahr 1926, die sich auf Thomas Manns Artikel beziehen (S. 160–170). Publiziert hat B. dazu nichts, sieht man von einer spitzen, ins Zentrum der Kontroverse zielenden Bemerkung im *Neuen Wiener Journal* ab. Das Blatt hatte einigen »Humoristen von Beruf« die Frage gestellt: »Worüber haben Sie in Ihrem Leben am meisten gelacht?« B.s Antwort: Er habe u.a. »schallend« gelacht »über Thomas Manns (einzige naive) Ansicht, daß der Unterschied zwischen seiner und meiner Generation nicht so groß sei, wie ich glaubte« (*Fünfmal*, in: *Neues Wiener Journal*, 5.6. 1927, S. 15; GBA 21, S. 207; Titel und Erstdruckangabe auf S. 678 sind zu korrigieren). B. musste Thomas Manns Thesen als Provokation empfinden, zumal dieser ausgerechnet im *Berliner Tageblatt* – bei dem es »gegen uns gewisse Strömungen gibt« (GBA 21, S. 161) – und im Kontext einer Debütantenschau zu Wort kam. B. kommentiert sarkastisch: »Es ist ihnen unangenehm, daß sie ihrem natürlichen Hang zu selbstloser Förderung der Jugend in unserm speziellen Fall aus gewissen Gründen, die ausschließlich bei uns liegen, nicht die Zügel schießen lassen können.« (Ebd.) Angekündigt wird ein Vorschlag, »wie man die Geschichte der vorigen und dieser Generation auffassen müßte« (ebd.).

In den erwähnten Entwürfen finden sich mehrfach Überlegungen, die in diese Richtung zielen und die – jenseits aller Polemik, aller dialektisch-witzigen, gelegentlich auch spitzfindigen Pointen – durchaus ernst zu nehmen sind. Mit Bezug auf Thomas Manns These von der prägenden Wirkung des naturalistischen Umbruchs bis in die Gegenwart heißt es: »Das heroische Naturalistengeschlecht hat [...] eine Nachgeburt hinterlassen, die rein ästhetisch eingestellt war, eine Art Ebbezeit (Kerr), man hielt sich an die ästhetischen Reize der von der Flut zurückgelassenen Algen.« (S. 162) Während die Epigonen die naturalistische Ästhetik verabsolutierten, habe längst ein erneuter Umbruch stattgefunden: »Eine neue Welle von Inhalten, datierend von der russischen Revolution (wir), mußte natürlich von diesen Vertretern der Ebbe rein ästhetisch gewürdigt werden.« (Ebd.) Die Literatur seiner Generation gründe auf neuen Inhalten, deren Darstellung neue Methoden und Techniken erfordere und hervorbringe. »Zweifellos wird unsere Nachgeburt, *von der jüngst die Rede war,* nur ein bißchen Tempo, Dynamik, Kinotechnik aufzuweisen haben« (ebd.; vgl. die Textkorrekturen GBA Registerbd., S. 794) – nur dies hatte Thomas Mann der Generation B.s konzediert –, d.h. sie wird sich wiederum nur an die »ästhetischen Reize« halten.

Das Interesse der Jungen sei »auf die Kreierung von ›Formschlüsseln‹ gerichtet [...], die neue Stoffe erschließen könnten«, schreibt B. an anderer Stelle (GBA 21, S. 168). In den folgenden Versuchen, die Differenz zwischen älterer und neuer Literatur, auch Leistung und Grenzen des Naturalismus zu konkretisieren, finden sich ansatzweise alle wichtigen Elemente der ästhetischen Theorie, die B. in diesen Jahren entwickelte (vgl. *Zum Theater* [1924–1933], BHB 4). An die Stelle naturalistischer Reproduktion einer amorphen Realität setzte B. die Auswahl dokumentarischen Materials und dessen literarische Darstellung »von typischen Gesichtspunkten aus« und unter dem Aspekt der »Verwendbarkeit« (GBA 21, S. 165). Der ›Gebrauchswert‹ von Kunst wurde für B. ein wichtiges Kriterium ihrer Aktualität. Den Vorwurf, die junge Dramatik produziere Unordnung und Chaos auf dem Theater, konterte er mit der Bemerkung, man verfahre nicht anders als die moderne Wissenschaft: Wie diese habe die moderne Dramatik »ausschließlich zu dem Zweck, die Ordnung aufzulösen, zu übersichtlicheren und einfacheren Formen gegriffen« (S. 169). Der Kampf zwischen den Generationen werde in Zukunft primär »nicht ein Kampf um Meinungen, sondern ein Kampf um die Produktionsmittel sein« (S. 166): um Einfluss in den Theatern, Rundfunksendern, Presseorganen und Verlagen. Thomas Manns Meinungen seien harmlos, seine ästhetischen Formen unschädlich, seine politische Stellung unauffällig; gefährlich an ihm und seinen »seligen Geistesriesen« sei, »daß sie uns die so wichtigen Produktionsmittel versauen« (ebd.). Die drastische Formulierung beinhaltete den Vorwurf, ihr Wirken habe die Literatur insgesamt diskreditiert: »Ist es nicht, nachdem ihr zwei Jahrzehnte daran saßet, schon geradezu verächtlich geworden, ein Gedicht zu schreiben, statt die Südsee mit Autos zu versorgen?« (S. 166f.)

Sarkastische Kommentare, in denen B. brillierte, das Moment geistreichen Spiels, die Lust an der satirisch-pointierten Formulierung, auch die genüsslich zur Schau gestellte Überhebung über beinahe alles, was in der etablierten Szene als bedeutend galt, sind die eine Seite der Auseinandersetzung; eine andere ist die Auskunft über die Modernität der eigenen Mittel. B. argumentierte zu diesem Zeitpunkt noch nicht aus der gesicherten Position einer bereits verfügbaren Ästhetik, obwohl seine öffentlichen Stellungnahmen vielfach diesen Anschein zu vermitteln versuchten. Im Prozess der Selbstvergewisserung erweisen sich die Kontroversen mit Thomas Mann durchaus als produktiv: Sie lieferten B. einen wichtigen Anstoß zur Formulierung der eigenen Ästhetik und zur Reflexion ihrer historischen Angemessenheit im Entwicklungsprozess der literarischen Moderne.

Der dokumentarische und der Gebrauchswert von Literatur waren auch B.s Kriterien, als er im Frühjahr 1927 zum Preisrichter im Lyrik-Wettbewerb der *Literarischen Welt* bestellt war (vgl. *Kurzer Bericht über 400 (vierhundert) junge Lyriker,* BHB 4). Auf sein Urteil (er hatte sämtliche eingesendeten Gedichte mit schroffen Worten zurückgewiesen) reagierte Klaus Mann mit ungewöhnlicher Schärfe (vgl. K. Mann, S. 120; Krabiel, S. 78f.). Ob B. von den Attacken Kenntnis hatte, ist nicht bekannt, eine Reaktion darauf gibt es nicht. Es war hier ein verbaler Höhepunkt in der Auseinandersetzung erreicht, auch ein vorläufiger Endpunkt. Das zwischen den drei Autoren strittige Thema verlor zwar gegen Ende der 20er-Jahre nicht an Gewicht; im Zuge der Radikalisierung des öffentlichen Lebens in Deutschland flossen jedoch politische Aspekte in die bislang mit primär literarischen Kategorien geführte Debatte ein. Wie diffus solche Kontroversen unter Literaten damals sein konnten, zeigt eine Polemik Klaus Manns, der im Übrigen wie sein Vater frühzeitig sehr klar die Bedrohung der Weimarer

Republik durch den Nazismus erkannte. Allerdings geriet in diesem Zusammenhang auch B. ganz zu Unrecht in die Schusslinie seiner Kritik. In seinem Vortrag *Die Jugend und Paneuropa* vom Frühjahr 1930 beklagte Klaus Mann die »*Sympathie der Jugend mit dem Terror*« und meinte, diese Faszination komme »aus dem tiefen und verhängnisvollen Reiz, den die Gewalt als solche, die Brutalität als Prinzip vor dem Geiste voraus haben« (K. Mann, S. 254f.). »Diese Perversion des Instinktes« habe sich »bis in die Reihen der Literatur selber eingeschlichen«; »auch der doch leider nicht unbegabte, wenngleich so ungewöhnlich fatale *Bertolt Brecht* begeistert sich nur für die nackte Brutalität« (S. 255), wie der Verfasser mit Zitaten zu belegen versucht (vgl. Krabiel, S. 80). B.s subtil-ironische Kritik an Gewaltverhältnissen wird als Verherrlichung der Gewalt aufgefasst, ein Missverständnis, das heute nicht mehr aufgeklärt zu werden braucht. Ebenso erübrigt sich der Nachweis, dass die politischen Vorgänge jener Jahre mit dem Begriffspaar Geist/Gewalt nicht adäquat erfasst werden können. Die grundlegende Differenz im Verständnis gesellschafts- und kulturpolitischer Prozesse ist unübersehbar; man stand in verschiedenen, sich voneinander noch weiter entfernenden Lagern.

Die nazistische Machtübergabe in Deutschland veränderte die Voraussetzungen der Kontroverse zwischen den drei Autoren grundlegend. Die sich eben noch bekämpften, fanden sich plötzlich auf derselben Seite der Barrikade. Angesichts des gemeinsamen Feinds kam es zu gewissen Annäherungen zwischen den Kontrahenten. Erinnert sei an B.s Schreiben an Thomas Mann von Ende März 1933, in dem er diesen »von dem großen und ehrlichen Respekt« unterrichtete, mit dem die Verlesung der Botschaft Thomas Manns an den (dann verbotenen) Kongress ›Das freie Wort‹ in Berlin Mitte im Februar 1933 aufgenommen worden sei (GBA 28, S. 350); an die Begegnung zwischen Klaus Mann und B. im November 1933 in Paris; an die Beiträge B.s in Klaus Manns Zeitschrift *Die Sammlung* und in Thomas Manns *Maß und Wert* (vgl. Krabiel, S. 85, Anm. 58–61). Freilich blieben Misstrauen, Ressentiments und Fehleinschätzungen auf beiden Seiten, auch unüberbrückbare Differenzen in politischen Fragen. Die Kontroverse des Jahrs 1943, als eine Gruppe von Exilautoren in den USA eine gemeinsame Haltung zu Deutschland und den Deutschen zu formulieren versuchte, ist gründlich untersucht worden, auch die unterschiedliche Haltung zum Nachkriegsdeutschland (vgl. Lehnert; Mayer; Lyon; Koopmann; Kienast; Fischer). Satirische Attacken B.s gegen Werke von Thomas Mann gab es auch nach dem Weltkrieg (vgl. Hillesheim).

Die Ende der 20er-Jahre ad acta gelegte Auseinandersetzung über das ›Alte‹ und das ›Junge‹ in der Literatur erlebte eine unverhoffte Neuauflage, der Konflikt zwischen B. und Thomas Mann bekam eine überraschende Aktualität und seine historische Pointe: in der Expressionismusdebatte der Jahre 1937/38 in der Moskauer Exilzeitschrift *Das Wort*, die sich an der Frage entzündete, ob der Expressionismus zum ›kulturellen Erbe‹ zu zählen sei. Der Zufall wollte es, dass an ihrem Beginn neben einem Artikel von Bernhard Ziegler (d.i. Alfred Kurella) ein Beitrag von Klaus Mann stand (vgl. *Zur Expressionismusdebatte*, BHB 4). Die Debatte, die im Kern eine Abrechnung mit der Ästhetik der Moderne war, mündete in eine Realismusdiskussion, in der Georg Lukács am Ende das entscheidende Wort erhielt. Doch die sich als marxistisch begreifende Realismustheorie von Lukács berief sich nicht auf die realistische Schreibweise des Marxisten B., sondern auf Thomas Mann. Deren Kontroverse erhielt nun die Weihen einer grundlegenden Literaturdebatte, und zwar mit umgekehrten Vorzeichen: Was B. und seine Mitstreiter als das Alte, Abgelebte, dem 19. Jh. Zugehörige kritisierten, wurde ihnen nun als fortschrittlich und als verbindlicher Maßstab vorgehalten, während das, was bislang als Ausdruck der Moderne galt, sich mit dem Dekadenzvorwurf konfrontiert sah. So auch nach dem Weltkrieg im östlichen Teil Deutschlands: Nicht der Marxist B., sondern der Bürger Thomas Mann setzte dort für die Ästhetik des ›sozialistischen Realismus‹ Maßstäbe (vgl. *Zur Formalismusdebatte*, BHB 4).

Dies war nicht nur für B. persönlich eine schmerzliche Erfahrung, der Umstand belegt auch die Irrealität der ästhetischen Debatten und jener Ideologie, in deren Namen sie geführt wurden.

Der Konflikt zwischen beiden Autoren ist in historische Distanz gerückt. Thomas Mann wie B. gehören heute längst zu den ›Alten‹, zu den Klassikern des 20. Jh.s. Die je eigentümliche Verbindung von Tradition, Traditionsbruch und Traditionsbildung bei beiden Autoren ist längst erkannt, auch ihre Zeitgebundenheit. Damit sollte der Zwang zur Parteilichkeit entfallen, von der sich noch mancher Literarhistoriker (Oellers; Fuegi, passim) fasziniert zeigt.

Literatur:

Fischer, Michael: Von Ironie bis Polemik. Zum Verhältnis zwischen Thomas Mann und Bertolt Brecht in persönlicher, literarischer und politischer Dimension. In: WB. 46 (2000), H. 3, S. 409–429. – Fuegi, John: Brecht & Co. Biographie. Autorisierte erweiterte und berichtigte deutsche Fassung v. Sebastian Wohlfeil. Berlin 1999. – Hillesheim, Jürgen: Über die Verführung Adrian Leverkühns. Bertolt Brechts »pornographisches« Sonett und Thomas Manns *Faustus*-Roman. In: Thomas-Mann-Jb. 15 (2002). – Kienast, Welf: Über Goethe-Deutsche und Brecht-Deutsche. Brecht und Thomas Mann nehmen Stellung zu Deutschland. In: Detering, Heinrich/Krämer, Herbert (Hg.): Kulturelle Identitäten in der deutschen Literatur des 20. Jahrhunderts. Frankfurt a.M. 1998, S. 45–58. – Koopmann, Helmut: Bertolt Brecht und Thomas Mann: eine repräsentative Gegnerschaft. Spuren einer dauerhaften, aber nicht sehr haltbaren Beziehung. In: Heinrich-Mann-Jb. 13 (1995), S. 101–126. – Krabiel, Klaus-Dieter: ›Die Alten und die Jungen‹. Publizistische Kontroversen Bertolt Brechts mit Thomas Mann und Klaus Mann in den zwanziger Jahren. Mit einem unbekannten Text von Brecht. In: WW. 49 (1999), H. 1, S. 63–85. – Lehnert, Herbert: Bert Brecht und Thomas Mann im Streit über Deutschland. In: Spalek, John M./Strelka, Joseph (Hg.): Deutsche Exilliteratur seit 1933. Bern, München 1976. Bd. I, Teil 1, S. 62–88. – Lyon, James K.: Bertolt Brecht in Amerika. Frankfurt a.M. 1984. – Mann, Klaus/Mann, Thomas: Die neuen Eltern / Die neuen Kinder. Ein Gespräch. In: Uhu. Monatsmagazin des Ullstein-Verlags 2 (1925/26), H. 11 (August 1926), S. 4–10. – Mann, Klaus: Die neuen Eltern. Aufsätze, Reden, Kritiken 1924–1933. Hg. v. Uwe Naumann und Michael Töteberg. Reinbek bei Hamburg 1992. – Mann, Thomas: Gesammelte Werke in 13 Bänden, Bd. XI: Reden und Aufsätze 3. Frankfurt a.M. 1974. – Ders.: Aufsätze, Reden, Essays. Hg. von Harry Matter. Bd. 3: 1919–1925. Berlin, Weimar 1986. – Mayer, Hans: Thomas Mann. Frankfurt a.M. 1980. – Oellers, Norbert: Mehr Haß als Spaß. Bert Brecht und Thomas Mann, vor allem 1926. In: Gier, Helmut/Hillesheim, Jürgen (Hg.): Der junge Brecht. Aspekte seines Denkens und Schaffens. Würzburg 1996, S. 166–180.

Klaus-Dieter Krabiel

Zu Film und Radio

Medientheoretischer Zusammenhang

Wenn man heute von B. als einem frühen Medientheoretiker und -praktiker der Weimarer Republik sprechen kann, so wurde dies erst möglich durch den Paradigmenwechsel, den die Medientheorie für die Literatur-, Film- und Theatergeschichtsschreibung eröffnet hat. Inzwischen liegen entsprechende Untersuchungen vor, die den Zusammenhang von künstlerischer Produktion mit Medien und medientheoretischer Reflexion herausarbeiten (Wöhrle 1988; Herrmann; vgl. auch den Diskussionsband Gellert/Wallburg). Damit wurde der durch Gerschs umfangreiche Darstellung vorgegebene Focus auf den Film bei B. grundsätzlich erweitert.

Eine umfassende Rekonstruktion der B.schen Medientheorie und -praxis mit ihrem Schwerpunkt in der Weimarer Republik steht freilich noch aus. Die Rekonstruktion müsste sehr verschiedene, heterogene Texte (auch Gedichte, Tagebuchnotizen, die zahlreichen Filmskripte, einzelne Erzählungen usw.) einbegreifen. Und sie hätte vor allem die praktische Theaterarbeit einer genauen Analyse zu unterziehen über die sogenannten Lehrstücke hinaus, die bereits als genuin medienexperimentelle Versuche im Zusammenhang mit der Gebrauchsmusikbewegung und der Musikproduktion des Rundfunks (Krabiel) und des Arbeitens mit Apparaten (Steinweg) analysiert wurden. Weiter wären (über Groth/Voigts 1976, S. 33–35, und Wöhrle 1988, S. 45–60 hinausgehend) auch die B.schen Rundfunkauftritte, die Funkbearbeitungen und anderen Texte im Rundfunk noch genauer zu recherchieren, einschließlich des programmpolitischen Kontexts, wie ihn Lerg (1980, S. 400–402) für die Kantate *Das Berliner Requiem* (von Weill nach Texten von B.) beschrieben hat.

Mit dem Begriff Medien wird ein Zusammenhang erschlossen, der zu jener Zeit erst am Anfang stand. Der Begriff selbst hatte in den 20er-Jahren noch keine diskursbildende Funktion, auch wenn sich bei B. im *Dreigroschenprozeß* schon die erstaunliche Formulierung findet, die Literatur werde durch »immer dichtere Medien« (GBA 21, S. 464) bedrängt. Die Epoche reflektierte das, was heute als Geschichte der Kommunikations- und Darstellungsmedien rekonstruiert wird, in einem anderen, übergreifenden Begriff: *Mechanization Takes Command* (Giedion). Während das 19. Jh. vor allem die Ablösung der Pferdekutsche durch die Eisenbahn gesehen hatte, hielten nun in allen Bereichen der sozialen Lebenswelt – in der Fließbandproduktion der Fabrik, im Straßenverkehr, im Haushalt, in der Nachrichtenkommunikation, auf dem Wasser und in der Luft – neue technische Maschinen Einzug. Stimme und Bewegung wurden fixierbar, reproduzierbar und versendbar. Chaplins Film *Modern Times* (1936) hat, bereits im Gestus einer abgründig komischen Verabschiedung, dieses überwältigend Neue in genialen Filmerfindungen noch einmal nachgestellt.

Ehe die Erfahrung der Mechanisierung in der allgemeinen Technisierung der Lebenswelt zur Selbstverständlichkeit wurde und damit ihren Schockcharakter verlor, verband sich mit ihr die Vorstellung einer epochalen Umwälzung. Mechanisierung konnte als radikale Erschütterung der gesellschaftlichen und kulturellen Verhältnisse begriffen werden, die, dies war allgemeine Überzeugung, die bürgerliche Welt des Individuums sprengte. Überkommene Ganzheitsvorstellungen vom Menschen als individueller körperlich-seelisch-geistiger Entität gerieten in eine Krise; die Massen, das Kollektive, die wissenschaftlich-technische Durchdringung des Sozialen bildeten neue Leitvorstellungen. Mechanisierung wurde dabei als ein übergreifender, trans-ideologischer Vorgang rezipiert, der ebenso Amerika wie das revolutionäre Russland betraf. Tailors Rationalisierung der kapitalistischen Betriebsführung oder Watsons Behaviorismus hatten ihr Pendant in Gastevs Moskauer Institut für Arbeit oder den Biomechanik-Experimenten der russischen Theateravantgarde.

B. hat diese Tendenzen positiv aufgenommen und provokatorisch zugespitzt. In einem Rundfunkgespräch mit Ernst Hardt und Fritz Sternberg behauptet er: »Die Fordsche Fabrik ist, technisch betrachtet, eine bolschewistische Organisation, paßt nicht zum bürgerlichen Individuum« (GBA 21, S. 274). An anderer Stelle notiert er: »Die Fehler des Materialismus [...] kündigen sich durch Furchtgefühle an. Ein Beispiel: Die Mechanik hat den Idealismus geschädigt. (Amerika ist ein idealistisch tendiertes Land, das sich schwer gegen den anstürmenden Materialismus hält.) Trotzdem gibt es nicht wenige Materialisten, und vor allem viele Revolutionäre, die gegen Mechanik sind. Warum?« (S. 336f.) Das Konzept der Mechanisierung wird von ihm durchgehend verwendet als Gegenkonzept zu einer dem Erlebnishaften und Innerlichen verhafteten Kunstvorstellung. Für die künstlerische Produktion erhält die Kategorie der Übung größtes Gewicht.

Es kennzeichnet B.s spezifisches Interesse an der »Technifizierung der literarischen Produktion« (S. 464), dass er ohne Vorbehalt (aber auf Umfunktionierung bestehend) sein literarisches Schaffen an den neuen Medien des Stumm- und Tonfilms, des Grammofons und des Rundfunks orientierte. Die Schallplattenlyrik des *Lesebuchs für Städtebewohner* und die Schallplatten zur *Dreigroschenoper* bildeten einen eigenen Teil des lyrischen Werks. Das Theater sollte als ein Apparat betrachtet werden, der mit anderen massenmedialen Apparaten in Beziehung gerät, dadurch aber auch neue Eigenheit gewann. Der Primat der dichterischen Handschrift wurde durch die Schreibmaschine abgelöst. B. benutzte sie ab 1922 bzw. ließ sie von Elisabeth Hauptmann benutzen, wodurch sich eine neuartige Produktionsweise ergab. Von Alfred Braun (Funkstunde Berlin) ist überliefert: »Ich weiß noch heute genau, wie bei Brecht gedichtet wurde. Da saß eine Dame an der Schreibmaschine, die mithalf. Zuerst legte sie eine Schallplatte auf und machte Musik, und Brecht rannte im Zimmer auf und ab und hatte eruptive Ideen.« (Zit. nach: Herrmann, S. 57)

Der zentrale Begriff (oder besser: Vorstellungskomplex), mit dem B. den Umwälzungsprozess der Mechanisierung näher zu erfassen suchte, war der des Apparats. Apparat meinte weniger das einzelne Gerät als eine Art übergreifendes Gefüge, das technische und organisatorische Strukturen einander anglich. In politischer, fast müsste man sagen: biopolitischer Perspektive schien es möglich, den aus dem 19. Jh. überkommenen ideologischen Gegensatz zwischen dem autonomen Individuum und der amorphen Masse in nach Produktionsinteressen gebildeten Organisationsformen zu überwinden. »Der Kollektivist«, notierte B., »sieht die Menschheit als einen Apparat, der erst teilweise organisiert ist« (GBA 21, S. 518).

B.s Überlegungen zu den Apparaten und ihre Konkretisierung im Blick auf einzelne Medien sind eher fragmentarisch geblieben, zumeist angestoßen durch bestimmte Projekte. Ihren größeren theoretischen Zusammenhang haben B.s medientheoretische Reflexionen in der umfangreichen Abhandlung *Der Dreigroschenprozeß* gefunden (Ende 1931). Erstmals wird hier, bezogen auf den Film, eine systematische Verknüpfung der Apparatetheorie mit der Marx'schen Analyse der Waren und der Ideologiekritik (Kritik der Vorstellungen) hergestellt. Die übrigen Texte zum Film und zum Rundfunk sind relativ unabhängig voneinander entstanden. Sie berühren sich insofern, als in beiden Bereichen der Gedanke der Umfunktionierung der Apparate im Mittelpunkt steht und ausgegangen wird von den eigenen künstlerischen Produktionsinteressen.

Film

B.s schon früh begonnenen, immer wieder unternommenen, aber weitgehend erfolglosen Versuche, mit Filmmanuskripten ins Geschäft zu kommen, waren, wie der 1922 im Rahmen einer Zeitungsbefragung *Deutsche Dichter über den Film* publizierte Text *Über den Film* (GBA 21, S. 100f.; vgl. auch *Der deutsche Kammerfilm*; S. 105) zeigt, mit einer erstaunlich illusionslosen Einschätzung verbunden. Registriert wurde hier bereits die Ausgeliefertheit des Drehbuchautors an die an Kitsch orientierte Filmindustrie, die B. später dann grundlegend im *Dreigroschenprozeß* erörterte. Dennoch war es nicht bloße Provokation, wenn B. die schlechten Filme immer noch besser fand als das etablierte Theater (vgl. *Aus dem Theaterleben*; S. 40f., 1919 in Augsburg publiziert). Was ihn am neuen Medium faszinierte, waren, wie er mit Blick auf Chaplins *Goldrausch* (*Weniger Sicherheit!!!*; S. 135f.) darlegt, Möglichkeiten der Darstellung, die ohne die Dramaturgie des klassischen Dramas auskommen.

Das Verhältnis von Film und Theater bestimmte auch im Weiteren B.s Interesse am Film. Hier wurde gerade die Differenz zu Erwin Piscators Totaltheater klärend. Piscator war als Experimentator der Bühne hervorgetreten. Für ihn bildete der Film einen notwendigen Bestandteil des neuen Theaters, um Massenvorgänge und neue technische Strukturen auf die Bühne zu bringen. Über die Revue *Hoppla, wir leben* berichtet Piscator: »Eine der film- und spieltechnisch interessantesten Szenen war die Szene des Radiotelegraphisten im Hotel-Akt. Hier koppelte ich Lautsprechermeldung, Schauspielertext und Filmbild zusammen. [...] Das Röntgen-Filmbild des schlagenden Herzens [...] ging zurück auf den damals aktuellen Versuch der radiotelegraphischen Herzdiagnose« (Piscator 1968, S. 151). Grundsätzlich standen diese Experimente im Dienst einer erweiterten Realitätsdarstellung auf der Bühne: »eine noch so gut ausgeführte Dekoration kann diese Realität nicht geben [...]. Dabei kann der Film verwandt werden als ein die dramatische Handlung unterstützender, weiterführender oder vorauseilender Faktor oder berichterstattender (Reportage), und er kann auch ganz einfach als lebende Filmkulisse (Fotomontage) dienen (Meer, Betrieb, Straße).« (Piscator 1977, S. 52f.)

Der Gedanke, dass die neuen Medien und das Theater sich einer wechselseitigen kritischen Überprüfung aussetzen müssten, war Piscator fremd. B. hingegen lehnte es ab, den Film zu nutzen, um den Realitätscharakter der Bühnenillusion zu erweitern. Gemäß dem in den Anmerkungen zu *Mahagonny* formulierten Prinzip der »*Trennung der Elemente*« (GBA 24, S. 79) wurde der Film als eigenes Montage-Element (wie Szenentitel und Bildprojektionen) vielmehr kalkuliert und sparsam eingesetzt. Wenn z.B. bei der Baden-Badener Aufführung des *Lehrstücks* anstelle einer Tanzpantomime der Film *Totentanz* mit Valeska Gert auf der Leinwand im Hintergrund gezeigt wurde, so hatte dies die Funktion, die Bühnendarstellung zu unterbrechen und die Differenz der verschiedenen Darstellungsmedien herauszustellen.

Eine weitere Funktion gewann der Film für die praktische dramaturgische Arbeit. Zur Aufführung von *Mann ist Mann* (1931) notierte B.: »Ein sehr interessantes Experiment, ein kleiner Film, den wir von der Vorstellung aufnahmen, indem wir mit Unterbrechungen die hauptsächlichen Drehpunkte der Handlung filmten, so daß also in großer Verkürzung das Gestische herauskommt, bestätigt überraschend gut, wie treffend Lorre gerade in diesen langen Sprechpartien den allen (ja unhörbaren) Sätzen zugrunde liegenden mimischen Sinn wiedergibt.« (S. 49; der Film ist erhalten, vgl. S. 469) Die Filmaufzeichnung ohne Tonspur konzentriert das Augenmerk rein auf die gestische Wirkung. Gerade die stumme Aufzeichnung bot eine Optik, die B.s zentrale Kategorie des Gestus technisch-reproduktiv erzeugte. Der Darsteller wurde in seiner Darstellung einem von ihm nicht kontrollierbaren optischen Test unterworfen.

Als theoretischer Schlüsseltext für B.s Filmästhetik ist inzwischen die Kurzgeschichte *Die Bestie* (1928) entdeckt worden. Die eingehenden, materialreichen Analysen (Dyck; Wöhrle 1988, 1991, 1994) haben seine Bedeutung gerade in medientheoretischer Hinsicht, nämlich im Blick auf das Verhältnis von Erzählung und Film, freigelegt. Hier ergeben sich noch weitere Einsichten. Denn unbeachtet blieb bisher, dass die Erzählung nicht nur die Produktionsweise des Kinofilms kritisch reflektiert, sondern darüber hinaus zu einer grundsätzlichen Bestimmung des Films als fotografisch-abbildenden Mediums gelangt.

Angeregt wurde B. zu der Erzählung durch eine Zeitungsnotiz und durch Sternbergs Film *His Last Command*. Der Zeitungs-Anekdote wie dem Film liegt der gleiche Plot zu Grunde. Ein unbekannter Filmstatist wird wegen seiner großen Ähnlichkeit mit der darzustellenden Figur eines zaristischen Bluthunds für Probeaufnahmen engagiert. Durch sein Spiel wird er von denen, die er damals gequält hatte, wiedererkannt.

B. verändert diese Pointe grundlegend. Der Statist (Muratow) tritt nach den Proben die Rolle an den berühmten Schauspieler (Kochalow) wieder ab und bleibt bis zuletzt unerkannt. Nur die Leser der Erzählung erfahren am Ende, dass der Statist (»der Ähnliche«) und Muratow identisch sind. Es kommt nicht (wie in Sternheims Film) bei Muratow im Nachspielen zu einer Überwältigung durch die Erinnerung und ebenso bleibt (anders als in der Anekdote) das entsetzte Wiedererkennen durch die anwesenden Juden, die das Pogrom überlebt haben, aus.

Indem B. den Akt des Wiedererkennens in der Geschichte streicht, steigert er für die Leser den beklemmenden Effekt der Erzählung enorm. Hinsichtlich des Mediums Film ergibt sich indes nun aber ein recht trübes Fazit: »Es hatte sich eben wieder einmal gezeigt, daß bloße Ähnlichkeit mit einem Bluthund natürlich nichts besagt, und daß Kunst dazu gehört, um den Eindruck wirklicher Bestialität zu vermitteln.« (GBA 19, S. 299) Dass am Ende die erfundene Szenerie (Apfel) und der professionelle, berühmte Schauspieler über den wahren Muratow triumphieren, während das Urteil der beiden jüdischen Augenzeugen, Muratows erstes »mechanisches« Spiel sei historisch getreu gewesen, beiseite gefegt wird, bestätigt einmal mehr die Herrschaft der konventionellen Kunst-Klischees im üblichen Film.

Aber: das Fazit, dass bloße Ähnlichkeit nichts besage und Kunst dazu gehöre, um eine Bestie zu zeigen, ist keineswegs nur ironisch zu verstehen. Dieser Satz wird von der Erzählung nicht nur nicht widerlegt, sondern soll vielmehr gerade erhärtet werden. Dem Leser, der die Erzählung nicht nur als Erzählung, sondern auch als Geschichte einer Verfilmung liest, drängt sich allerdings zunächst der Eindruck auf, er habe der Entstehung eines lügenhaften Films (Kochalow) und der Verhinderung eines wirklichkeitsgetreuen Films (Muratow) beigewohnt. Diese Gegenüberstellung funktioniert aber nur so lange, wie der Leser überliest (und so verfuhren auch die Interpretationen), dass die ganze Zeit überhaupt nicht gefilmt wird.

An ihrer entscheidenden Stelle lässt darüber die Erzählung keinen Zweifel: »Kochalow [...] begann ihnen die Szene vorzuspielen, und zwar so, daß ihnen das Herz im Leibe stockte. Das ganze Atelier brach, als Kochalow schweißtriefend das Todesurteil unterzeichnet hatte, in Händeklatschen aus. / Die Lampen wurden herbeigeschafft. Die Juden informiert. Die Apparate eingestellt. Die Aufnahme begann.« (S. 298f.) Während des Ablaufs der Proben waren die Kamera und die Scheinwerfer nicht in Betrieb und als die beste ›Einstellung‹ erwies sich ein Auftritt, der nun wirklich noch nicht filmgerecht war. Ein »schweißtriefender« Kochalow ergäbe filmisch keine Bestie. Seinem Spieleinsatz könnte ein Theaterpublikum applaudieren; was ja auch geschieht: »Händeklatschen« des Regiestabs. Die Erzählung über die Filmproduktion bricht also genau an der Stelle ab, an der die eigentliche Aufnahme einsetzt. (»Die Lampen wurden herbeigeschafft. [...] Die Apparate eingestellt.«) Jetzt erst beginnt die Arbeit des Regisseurs, nämlich unter Filmbedingungen vom überwältigenden Theatereindruck das »naturgetreue Abbild zu geben« (GBA 21, S. 481).

Indem derart die Differenz zwischen Filmapparatur und Theaterspiel genau markiert wird, problematisiert die Erzählung die mehrfache Rede von Naturgetreuheit und die Vorstellungen von fotografischer Abbildbarkeit überhaupt. Davon ist aber nun auch das erste Spiel Muratows betroffen. Es ist keineswegs einfach das richtige, weil es ›echt‹ ist und in dieser Echtheit fotografisch abbildbar wäre. Wenn die Juden als Zeugen das Bürokratische, Gewohnheitsmäßige und Mechanische des ersten Spiels als »ziemlich naturgetreu« hervorheben, so ist mit dieser Spielweise nicht schon eine in B.s Sinn ›richtige‹ Filmdarstellung gemeint. Damit bliebe man weiter im ideologischen Zirkel des Naturgetreuen gefangen, nämlich genau abgebildet sehen zu wollen, wie eine Bestie aussieht. Was B. *Zum zehnjährigen Bestehen der »A-I-Z«* (S. 515) als deren Widerstandsleistung gegen Pressefotografie und Wochenschau hervorhebt, gilt ebenso hier: »Die ungeheure Entwicklung der Bildreportage ist für die *Wahrheit* über die Zustände, die in der Welt herrschen, kaum ein Gewinn gewesen: [...] Der Photographenapparat kann ebenso lügen wie die Setzmaschine.« (Ebd.) Ein getreu abgefilmter, sich mechanisch verhaltender Muratow ergäbe wieder nur eine psychologische Wahrheit über die Bestie. Aber die »Haltung eines Menschen« ist, wie die ersten Sätze der Erzählung sehr deutlich sagen, beunruhigend »vieldeutig«. Der Film soll dies nicht visuell vereindeutigen, sondern herausstellen, dass man auch im Film seinen Augen nicht trauen kann.

Im *Dreigroschenprozeß* heißt es über den Film, er verwende Personen, »die in bestimmte Situationen kommen und in ihnen bestimmte Haltungen einnehmen«, wobei gerade »Jede Motivierung aus dem [...] Innenleben der Personen« unterbleibe (S. 465). Um dieser Entmotivierung willen ist tatsächlich »›etwas aufzubauen‹«, etwas »›Künstliches‹«, »›Gestelltes‹«, ist »also ebenso tatsächlich Kunst nötig« (S. 469). Mit Mitteln des Films zu zeigen wäre die Vieldeutigkeit, also Nichtreduzierbarkeit der Haltung auf das Bild einer Bestie. Und diese wiederum als eine Funktion für das Verhalten des Gouverneurs, der die »Haltung der damaligen Polizei« (GBA 19, S. 294) deckt. Die Aufgabe des Kinofilms besteht in der Destruktion des ›Naturgetreuen‹, das die Bilder suggerieren. Statt die fotografische Illusion der Authentizität und Abbildbarkeit filmtechnisch zu perfektionieren, soll das Kino im Medium des Films selbst die Evidenz des Sichtbaren aufrufen und problematisieren. Nach diesem Prinzip wurde *Die Beule* als ›Dreigroschenfilm‹ konzipiert und *Kuhle Wampe* gedreht (vgl. *Der Dreigroschenprozeß*, BHB 4; *Kuhle Wampe*, BHB 3, S. 446–450).

Radiotheorie

Die ausführlichen, einschlägigen Darstellungen (Krabiel; Wöhrle; Voigts; Groth/Voigts) haben sich bemüht, verschiedene Phasen einer B.schen Radiotheorie gegeneinander abzugrenzen, obschon die Texte insgesamt nur einem kurzen Zeitraum entstammen und nicht eben umfangreich sind. Demgegenüber legt die folgende Darstellung den theoretisch wichtigsten Text *Der Rundfunk als Kommunikationsapparat. Rede über die Funktion des Rundfunks* zu Grunde. An seinem Argumentationszusammenhang entlang lässt sich, zusammen mit Überlegungen und Formulierungen aus anderen Texten, tatsächlich so etwas wie eine Radiotheorie rekonstruieren.

Der als vollständiges Typoskript überlieferte Vortrag wurde im November 1930 auf einer Arbeitstagung des Südwestdeutschen Rundfunks gehalten (nicht wie GBA 21, S. 800: Sommer 1932; vgl. Krabiel, S. 108 und S. 365). Er wurde auszugsweise publiziert in den *Blättern des Hessischen Landestheaters* (H. 16, Juli 1932). Dort war auch ein Gespräch zwischen Ernst Schoen und Kurt Hirschfeld über Rundfunk und Theater abgedruckt sowie Walter Benjamins Aufsatz *Theater und Rundfunk. Zur gegenseitigen Kontrolle ihrer Erziehungsarbeit* (Benjamin, S. 97–100). Dieser Text bezieht sich nachdrücklich auf B.s episches Theater, das den falschen Weg, durch technische Spektakel mit Kino und Radio zu konkurrieren, vermeide, und stattdessen eine Ernüchterung des Technischen betreibe.

Das zentrale, bereits durch den Titel angekündigte Konzept B.s ist das der ›Umfunktionierung‹ des Rundfunks von einem Distributions- in einen Kommunikationsapparat. Damit wird präzisiert, was der Text *Vorschläge für den Intendanten des Rundfunks* vom Dezember 1927 (im Kontext der Funkstunde Berlin und der Kooperation mit Alfred Braun entstanden) skizzenhaft enthielt. B.s Überlegungen zum Rundfunk als Kommunikationsapparat gruppieren sich um zwei Schwerpunkte: zum einen um den Rundfunk als neues öffentliches Verbreitungsmedium und zum andern um Produktionsbeziehungen zwischen epischem Theater und Rundfunk.

Grundsätzlich thematisiert B. den Rundfunk als eine Erfindung, die »*nicht bestellt*« wurde. »So konnte die Technik zu einer Zeit soweit sein, den Rundfunk herauszubringen, wo die Gesellschaft noch nicht soweit war, ihn aufzunehmen. [...] *Man hatte plötzlich die Möglichkeit, allen alles zu sagen, aber man hatte, wenn man es überlegte, nichts zu sagen.*« (GBA 21, S. 552) Dieser Ausgangspunkt war schon in dem (unpublizierten) Text *Radio – eine vorsintflutliche Erfindung?* eingenommen worden. Aber dort diente er nur zur ironischen Verspottung der Bourgeoisie, die das Radio erfand, um dem ganzen Erdball zu sagen, dass sie nichts zu sagen hatte.

Über das ›Nicht-Bestelltsein‹ stieß B. auf das Problem, dass der Fortschritt der Erfindungen und Technologien sich nicht mehr in der Metaphorik der Mechanisierung begreifen ließ. Die Mechanisierung konnte als maschinelle Ersetzung menschlicher oder tierischer Arbeitskraft und damit als Verbesserung und Effektivierung menschlicher Zwecksetzungen interpretiert werden. Auch der Kinofilm konnte in diesem Sinne als lang erträumte Fixierung des Gesehenen in der fotografischen Bewegungsabbildung verstanden werden, ebenso die Schallplatte als Fixierung der

Stimme. Selbst Telefon und Telegrafie blieben in dieser Hinsicht nur technische Effektivierungen des Briefverkehrs.

Mit dem Rund-Funk als einem adressatenunabhängigen und nicht-interaktiven Verbreitungsmedium gerät das einfache anthropomorphe Steigerungsmodell der Mechanisierung in Erklärungsschwierigkeiten. Was für ein Interesse verbirgt sich dahinter, dass man nun technisch die Möglichkeit hat, allen alles zu sagen? Wer ist dieses ›Man‹? Was meint alles und alle? Um B.s Beunruhigung zu verstehen, muss man sich die damalige Rundfunk-Faszination vorstellen, wie sie etwa in den euphorischen Sätzen Paul Valerys zum Ausdruck kommt: »Wie das Wasser, wie das Gas, wie der elektrische Strom von weit her in unseren Wohnungen unsere Bedürfnisse befriedigen, ohne daß wir mehr dafür aufzuwenden hätten als eine so gut wie nicht meßbare Anstrengung, so werden wir mit visuellen und auditiven Bildern versorgt werden, die auf eine Winzigkeit von Gebärde, fast auf ein bloßes Zeichen hin entstehen und vergehen.« (Valéry, S. 480)

Für B. wäre ein derartiger, ubiquitärer Versorgungszauber der Horror gewesen. Entsprechend lautete seine Gegenforderung: »Der Rundfunk ist aus einem Distributionsapparat in einen Kommunikationsapparat zu verwandeln. Der Rundfunk wäre der denkbar großartigste Kommunikationsapparat des öffentlichen Lebens, ein ungeheures Kanalsystem, d.h., er wäre es, wenn er es verstünde, nicht nur auszusenden, sondern auch zu empfangen, also den Zuhörer nicht nur hören, sondern auch sprechen zu machen und ihn nicht zu isolieren, sondern ihn in Beziehung zu setzen.« (GBA 21, S. 553)

Der Widerspruch zwischen medialer Öffentlichkeit und verstärkter Isolierung des Hörers ist genau das Problem, das einige Zeit später mit der Etablierung des Fernsehens sich potenzieren sollte. Denn der an eine potenziell unbegrenzte Hörerschaft ausgestrahlte Rundfunk bewirkt paradoxerweise eine Singularisierung des Empfangs. B. hebt hervor: »am Empfänger wird der einzelne und Vereinzelte anstatt eine Menge im Kontakt dazu gebracht, Gefühle, Sympathien und Hoffnungen zu investieren« (S. 556).

Während der Film als Kinoerlebnis noch analog zum Theater einen leibhaftig-kollektiven Charakter der Versammlung bewahrt, erzeugt der Rundfunk eine Zersetzung derartiger Kollektiva. Dagegen wendet sich die Forderung: »Der Rundfunk müßte [...] aus dem Lieferantentum herausgehen und den Hörer als Lieferanten organisieren. Deshalb sind alle Bestrebungen des Rundfunks, öffentlichen Angelegenheiten auch wirklich den Charakter der Öffentlichkeit zu verleihen, absolut positiv.« (S. 553f.) Öffentlichkeit ist hier das entscheidende Stichwort. Der Begriff der Öffentlichkeit ist keineswegs bloß formal als Zugänglichkeit für jedermann zu verstehen; er enthält zugleich die Vorstellung der Repräsentierbarkeit der faktisch und kollektiv nicht Anwesenden.

B. machte nicht, wie dies durchgehend falsch verstanden wurde, den Vorschlag, der Reichskanzler hätte »regelmäßig durch den Rundfunk die Nation von seiner Tätigkeit und der Berechtigung seiner Tätigkeit zu unterrichten« und der Rundfunk solle »die großen Gespräche der Branchen und Konsumenten über die Normung der Gebrauchsgegenstände veranstalten, die Debatten über die Erhöhung der Brotpreise« usw. (S. 554). Was wäre daran unrealisierbar gewesen? All dies fand durchaus schon im Rundfunk statt (vgl. Lerg, S. 386–394, S. 421–437). B. fragte vielmehr: Wie gäbe es anders als bloß im Modus des utopischen Wunsches die Möglichkeit, derartige Sendungen in Auftrags- und Kontrolleinrichtungen der Hörer umzufunktionieren?

Es handelt sich um eine genuin technische oder technopolitische Frage. Ihr gegenüber ist sekundär, dass die Rundfunkentwicklung in der Weimarer Republik von vornherein den Weg über die Verstaatlichung des Sendemonopols genommen hat und privatwirtschaftliche Formen einschließlich der politischen Organisation von Funkamateur-Sendeanstalten strikt unterbunden hat. Zu weitergehenden politischen Vorschlägen sah sich B. nicht veranlasst, sondern kam in dem Vortrag auf die eigene Theaterproduktion zurück. Sie war inzwischen darüber hinausgelangt, den Rundfunk als bloßes Übertragungs- oder Verbreitungsmedium aufzufassen.

Auf eine derartige Funktion hatten sich noch die ersten Erwartungen bezogen. Im Zusammenhang mit dem Stück *Mann ist Mann*, das zunächst (März 1927) als Hörspiel in der Berliner Funkstunde ausgestrahlt wurde, verstand B. die Rundfunkübertragung als Mittel zur Attacke gegen den herrschenden Theaterbetrieb. »Tatsächlich ist unsere Produktion für dieses Theater nur tödlich. [...] Jede andere Reproduktion unserer Theaterstücke ist für sie besser als die des Theaters. Schon in einer Verfilmung wären sie einfach verständlicher und eindrucksvoller. Deshalb ist der Rundfunk [...] eine große und fruchtbare Chance für unsere Stücke.« (GBA 21, S. 189)

Der Vortrag *Der Rundfunk als Kommunikationsapparat* hält davon nichts mehr. Er erteilt der Medienkonstellation Theater/Rundfunk eine spezifische Aufgabe. Neben dem *Lindbergh*-Radiostück führt er *Das Badener Lehrstück vom Einverständnis* an. »Als Beispiel solcher möglichen Übungen, die den Rundfunk als Kommunikationsapparat benutzen, habe ich schon bei der Baden-Badener Musikwoche 1929 den ›Flug der Lindberghs‹ erläutert. Dies ist ein Modell für eine neue Verwendung Ihrer Apparate. Ein anderes Modell wäre das ›Badener Lehrstück vom Einverständnis‹. Hierbei ist der pädagogische Part, den der ›Hörer‹ übernimmt, der der Flugzeugmannschaft *und* der Menge. Er kommuniziert mit dem vom Rundfunk beizusteuernden Part des gelernten Chors, dem der Clowns, dem des Sprechers.« (S. 555) Ohne hier auf die verschlungene Geschichte der Textfassungen und der verschiedenen Arten der Aufführungen beider Lehrstücke einzugehen und auch ohne die spezifischen musikalischen Aspekte näher zu berücksichtigen, lassen sich aus diesem Hinweis B.s Vorstellungen von einer Aktivierung des Radio-Hörers verdeutlichen.

B. bezieht sich auf eine Art von simuliertem Radioexperiment, das er 1929 beim Baden-Badener Musikfest bei einer konzertanten Aufführung des *Lindberghflugs* selbst mitveranstaltete. Die Grundidee war, wie auch im späteren *Versuche*-Abdruck, der im Inhaltsverzeichnis den Ausdruck *Radiotheorie* einführt, typografisch deutlich gemacht wird, dass ›DAS RADIO‹ und ›DER HÖRER‹ einen eigenen Part erhalten (*Versuche*, H. 1, zwischen S. 20 und S. 21). Es ging also nicht um die Version als Radio-Hörspiel, die dort ebenfalls (mittels Studio und Lautsprecheranlage) demonstriert wurde. Warum die Abgrenzung vom Hörspiel wichtig ist, ist nachvollziehbar, wenn man den Überblick über die zeitgenössische Produktion in Hermann Pongs Schrift *Das Hörspiel* heranzieht. Zum einen wird hier deutlich, wie sehr die Vorstellung vom »Funk als Erzieher zum Kollektiven« (Pongs, S. 30) damals eine allgemein verbreitete Auffassung darstellte, zugleich aber auch, dass die B. verhasste Ideologie vom Schöpferischen, Einmaligen, Dichterischen, Innerseelischen usw. durch das neue Medium überhaupt nicht gebrochen wird.

Es waren also alle Formen der bloßen Übermittlung oder Sendung vorgegebener Produkte zu destruieren. Was B. als Radioexperiment für beide Lehrstücke vorschlug, war eine Art textverteilter Dialog zwischen Hörer und Radio. Er stellte sich dabei durchaus auch eine reale Rundfunkübertragung vor, bei der Hörer zu Hause mit einer Partitur versehen den Part ›Des Hörers‹ einnimmt oder eine entsprechende Übung mit Schulklassen. Die Differenz zwischen *Lindberghflug* und *Lehrstück* bestünde darin, dass im ersten Fall die Rolle des Einzelnen, im zweiten die der Kollektive vom Hörer geübt wird.

Noch ein weiteres Beispiel führt der Vortrag *Der Rundfunk als Kommunikationsapparat* an. »Auch eine direkte Zusammenarbeit zwischen theatralischen und funkischen Veranstaltungen wäre organisierbar. Der Rundfunk könnte die Chöre an die Theater senden, so wie er aus den meetingsähnlichen Kollektivveranstaltungen der Lehrstücke die Entscheidungen und Produktionen des Publikums in die Öffentlichkeit leiten könnte« (GBA 21, S. 556). Warum B. dieses Zusammentreffen von technischem Rundfunk und techniklosem Sprechen/Singen so wichtig war, geht aus den Erläuterungen zum Lindbergh-Radiolehrstück hervor, wo es unter der Überschrift heißt, dass der »*Rundfunk nicht zu beliefern, sondern zu verändern*« sei: »Dem gegenwärtigen Rundfunk soll der ›Flug der Lindberghs‹ nicht zum Gebrauch dienen, sondern er *soll ihn verändern.* Die zunehmende Konzentration der mechanischen Mittel, sowie die zunehmende Spezialisierung in der Ausbildung – Vorgänge, die zu beschleunigen sind – erfordern eine Art *Aufstand* des Hörers, seine Aktivierung und seine Wiedereinsetzung als Produzent.« (GBA 24, S. 88)

Diese Vorstellung vom Aufstand des Hörers scheint gegen die zunehmende Mechanisierung gerichtet. Die Anleitungen für den Part des Hörers (den Lindberghpart) besagen aber genau das Gegenteil. Der »Übende ist Hörer des einen Textteiles und Sprecher des anderen Teiles. Auf diese Art entsteht eine Zusammenarbeit zwischen Apparat und Übenden, wobei es mehr auf Genauigkeit als auf Ausdruck ankommt. Der Text ist mechanisch zu sprechen und zu singen, am Schluß jeder Verszeile ist abzusetzen, der abgehörte Teil ist mechanisch mitzulesen.« (S. 87)

Was zudem irritiert, ist der kollektive Charakter dieser Übung. Denn die Position ›Des Hörers‹ soll ja nicht die eines Vereinzelten sein, sondern die technische Vereinzelung aufheben. Das läuft auf eine befremdliche Konsequenz hinaus, wie sie sich auch in einer anderen Notiz findet: »Die individuelle Geste erliegt der Mechanisierung, welche zur kollektiven Gestik werden muß.« Dieses wiederum soll bewirken, dass »die Mechanisierung gestisch wird« (GBA 21, S. 357). Handelt es sich um ein Training in Uniformismus und kollektiver Stereotypie? Wie hängt das zusammen mit der generellen Forderung, »den Zuhörer nicht nur hören, sondern auch sprechen zu machen« (S. 553)? Wo ist noch ein Aufstand des Hörers wirksam?

Man wird B.s Überlegungen nur gerecht, wenn man sie, gerade in dem Beharren auf dem Lehrhaften und der Übung, als ästhetische Experimente begreift. Den Hörer zum Sprechen zu bringen, heißt hier nicht, dass der Hörer irgendwie im Funk ›zu Wort kommen‹ soll, sondern dass er eingeübt wird in die Diskrepanz zwischen technisch reproduzierter, gesendeter Stimme und der eigenen, mit andern in bestimmter Haltung gesprochenen Stimme. Das mechanische Sprechen oder Singen des Einzelnen und das Sprechen im Chor soll nicht auf eine Dressur hinauslaufen, die den Einzelnen besser an die Maschine anpasst, sondern eine Korrektur gegenüber der Übermacht des Apparats bewirken. Wenn der Einzelne die Mechanisierung mittels des eigenen Körpers im Lehrstück einübt, erfährt er sich als ein Gegengewicht. Und mehr noch: nur so kann er überhaupt das Mechanische erfahren. Denn die Übermacht des Apparats besteht nicht in seiner bloßen Gegebenheit, sondern darin, dass das Technische erstaunlich schnell den Charakter des Fremden verliert, indem es anthropomorphe Anpassungen produziert und die Qualität des Natürlichen annimmt. B.s Überlegungen zur Mechanik richten sich gerade gegen ein Vergessen des Technischen.

Diese Überlegungen verdienten heute unter den Bedingungen gesteigerter Technisierung und elektronisch-digitaler Medien ein neues Interesse. Hier ist einzubeziehen, dass das Lehrstück als kollektive Übung keineswegs nur auf den Rundfunk ausgerichtet war, demgegenüber es nur die Position des Hörers und nicht des Funkers beansprucht. B. verweist im *Dreigroschenprozeß* auf das »Lehrstück, das sogar die Auslieferung der Filmapparate an die einzelnen Übenden verlangt!« (S. 466) Hier erhält die Differenz zwischen Wahrgenommenem und Aufgezeichnetem, zwischen leibhafter Wiederholung und technisch Reproduzierbarem ein größeres Gewicht, sodass entsprechend der zitierten Forderung jeder Beteiligte in die Rolle des Filmenden und des Gefilmten gerät.

B. nennt am Schluss der Rede seinen »prinzipiellen Vorschlag [...], aus dem Rundfunk einen Kommunikationsapparat des öffentlichen Lebens zu machen« ausdrücklich »utopisch« und »Undurchführbar« (S. 557). Aber er nimmt damit nichts zurück. Er fordert vielmehr – wobei die Rede vom ich zum appellativen ›wir‹ übergeht – »*immer fortgesetzte, nie aufhörende Vorschläge*« (ebd.). Der B.sche Ausdruck ›Vorschläge‹ ist keineswegs so harmlos wie er klingt. Die Vorschläge sind nicht zur weiteren Behandlung irgendwo einzureichen, sondern stellen kleine Attacken dar. Sie fordern ein, dass es einen öffentlich-medialen Raum der Allgemeinheit gibt, in dem Vorschläge ausprobiert werden können. Und sie schließen eine gewisse List ein: wenn die Apparate sich gegen ein bestimmtes Projekt versperren, so kann der Autor auch diese Sperrung noch zum produktiven Vorgang umfunktionieren (vgl. *Der Dreigroschenprozeß*, BHB 4).

Indem B. seine Art des Schreibens als eine Produktionsweise begriff, welche die medialen, apparativen, institutionellen Bedingungen des Schreibens als Teil des Schreibens selbst auffasste, hatte er sein Autorprojekt auch an diese Bedingungen gebunden, anders als etwa die Gebrüder Mann, Gottfried Benn oder Ernst Jünger, die sich primär als geistige Repräsentanten und nicht als Produzenten verstanden. Was damit als Spielraum der literarischen Produktion erreicht war, wurde durch die nazistische Diktatur mit einem Schlag vernichtet. B. musste konstatieren, wie Benjamin aus einem Gespräch in Svendborg vom August 1938 überliefert: »Sie haben mir nicht nur mein Haus, meinen Fischteich und meinen Wagen abgenommen, sie haben mir meine Bühne und mein Publikum geraubt. Von meinem Standort kann ich nicht zugeben, daß Shakespeare grundsätzlich eine größere Begabung gewesen sei. Aber auf Vorrat hätte er auch nicht schreiben können«. (Benjamin 1978, S. 170) Das Exil bedeutete für B. eine Absperrung der künstlerischen, politischen, publizistischen Wirkungsmöglichkeit, auf die seine produktionsästhetischen Konzepte ausgerichtet waren. Ihm blieb lediglich der kleine Radioapparat, um seine Feinde weiter sprechen zu hören (vgl. GBA 12, S. 109). Die Weimarer Republik hatte einen kulturrevolutionären Horizont und medialen Experimentierraum eröffnet, während das Exil in Skandinavien und in den USA, aber auch die Verhältnisse in der DDR nach 1949 den Horizont radikal beschnitten.

Literatur:

Benjamin, Walter: Versuche über Brecht. Hg. v. Rolf Tiedemann. Frankfurt a.M., 2. Aufl. 1978. – Dyck, Joachim: Ideologische Korrektur der Wirklichkeit. Brechts Filmästhetik am Beispiel seiner Erzählung ›Die Bestie‹. In: Ders. [u.a.]: Brechtdiskussion. Kronberg/Taunus 1974, S. 207–260. – Enzensberger, Hans Magnus: Baukasten zu einer Theorie der Medien. In: Kursbuch 20 (1970), S. 159–186. – Gersch, Wolfgang: Film bei Brecht. Bertolt Brechts praktische und theoretische Auseinandersetzung mit dem Film. München 1975. – Giedion, Sigfried: Die Herrschaft der Mechanisierung. Ein Beitrag zur anonymen Geschichte. Frankfurt a.M. 1982. – Groth, Peter/Voigts, Manfred: Die Entwicklung der Brechtschen Radiotheorie 1927–1932. Darstellung unter Benutzung zweier unbekannter Aufsätze von Brecht. In: BrechtJb. (1976), S. 9–42. – Herrmann, Hans-Christian von: Sang der Maschinen. Brechts Medienästhetik. München 1996. – Krabiel, Klaus-Dieter: Brechts Lehrstücke. Entstehung und Entwicklung eines Spieltyps. Stuttgart 1993. – Lerg, Winfried B.: Rundfunkpolitik in der Weimarer Republik. München 1980. – Mueller, Roswitha: Bertolt Brecht and the Theorie of Media. Lincoln 1989. – Piscator, Erwin: Das politische Theater. Faksimiledruck der Erstausgabe 1929 mit zahlreichen Abbildungen. Hg. v. Ludwig von Hoffmann. Berlin 1968. – Ders.: Theater und Kino, 1933. In: Piscator, Erwin: Theater der Auseinandersetzung. Ausgewählte Schriften und Reden. Hg. v. Ludwig von Hoffmann. Berlin 1986, S. 51–55. – Pongs, Hermann: Das Hörspiel. Heftreihe »Zeichen der Zeit«, H. 1. Stuttgart 1930. – Schneider, Irmela (Hg.): Radio-Kultur in der Weimarer Republik. Eine Dokumentation. Tübingen 1984. – Steinweg, Reiner: Das Lehrstück. Brechts Theorie einer politisch-ästhetischen Erziehung. Stuttgart 1972. – Valéry, Paul: Die Eroberung der Allgegenwärtigkeit. In: Ders.: Werke. Bd. 6. Hg. v. Jürgen Schmidt-Radefeld. Frankfurt a.M. 1995, S. 479–483. – Voigts, Manfred: Brechts Theaterkonzeptionen. Entstehung und Entfaltung bis 1931. München 1977. – Wöhrle, Dieter: Bertolt Brechts medienästhetische Versuche. Köln 1988. – Ders.: Die Erzählung ›Die Bestie‹ – Oder: wie Brecht den Leser zum ›Regisseur‹ macht. In: Brecht 90. Schwierigkeiten mit der Kommunikation? Kulturtheoretische Aspekte der Brechtschen Medienprogrammatik. Hg. v. Inge Gellert und Barbara Wallburg. Berlin 1991, S. 141–149. – Ders.: Bertolt Brechts Geschichte ›Die Bestie‹. Ein Plädoyer für eine ›mehräugige Wahrnehmung‹. In: DD. (1994), H. 139, S. 329–335.

Burkhardt Lindner

Zur Philosophie

B.s Schriften zur Philosophie von 1924–1933 finden sich in Band 21 (*Schriften 1*) der GBA in einer losen Folge von Notizen, Kommentaren, Selbstverständigungen und kritischen Auseinandersetzungen zusammen mit anderen Schriften über Theater, Kritik, Gesellschaft usw. Die Zusammenstellung zeigt deutlich, wie sehr B. sein philosophisches Denken aus der Theaterpraxis heraus entwickelt hat. Zur besseren Übersicht lassen sich diese Texte zunächst in unterschiedliche Gruppen einteilen: Eine Gruppe besteht aus B.s Kommentaren zur bürgerlich-aufklärerischen Philosophie, in denen Descartes und Kant als deren Begründer sowie Einstein und Freud als deren Vollender angesehen werden. Die zweite Gruppe umfasst B.s Auseinandersetzungen mit dem Marxismus, die sich in wenigen Notizen zu Marx, Lenin und Korsch niederschlagen. Der Philosoph Karl Korsch und der Soziologe Fritz Sternberg waren auch diejenigen, mit denen B. über Marxismus diskutierte. Bereits 1926 in der nachweislich frühesten Bemerkung zu Lenin zeigt sich, dass B. auch nach einer radikalen Neubestimmung der Subjektivität suchte (vgl. GBA 21, S. 179). Wichtig sind deshalb die Texte, die sich in einer dritten Gruppe zusammenfassen ließen: das B. eigene Konzept des »eingreifenden Denkens« sowie innovative Bemerkungen zur Dialektik, zum Historischen Materialismus und zur Sprachkritik. Hier kommt es zu einer völlig neuen Bestimmung des Subjekts in der Geschichte und damit zu einer neuen Bewertung der Philosophie als nicht geistige, sondern als körperlich-soziale Tätigkeit. Denken wird damit zum Verhalten, das sich aus der Wirklichkeit zusammensetzt und in seiner Wirksamkeit überprüfbar ist.

Innnerhalb der jüngeren Forschung betrachtet Helmut Fahrenbach in seinem Buch *Brecht – Zur Einführung* B.s Gesamtwerk aus philosophischer Perspektive: »Das Überraschende ist die zentrale Rolle, die der Philosophie bzw. einer bestimmten Konzeption des Philosophierens darin zugesprochen wird« (Fahrenbach, S. 17). Wolfgang Fritz Haug hebt in *Philosophieren mit Brecht und Gramsci* besonders B.s eigene Form der Dialektik hervor, indem er, B. zitierend, folgenden Kernsatz ins Zentrum stellt: Dialektik sei eine »Denkmethode oder vielmehr eine zusammenhängende Folge intelligibler Methoden, welche es gestattet, gewisse starre Vorstellungen aufzulösen und gegen herrschende Ideologien die Praxis geltend zu machen« (GBA 21, S. 519; vgl. Haug, S. 62). Christof Šubik erweitert diesen Ansatz zur postmodernen Lesart, in der B.s Philosophie zum theatralischen Ereignis innerhalb eines Referentensystems wird, das unter anderen auch Hegel, Nietzsche, Döblin und Wittgenstein einschließt. Die vielfältigen Beiträge zu B. im *Historisch-kritischen Wörterbuch des Marxismus* (u.a. dialektisches Theater, Gestus, Philosophie der Praxis) machen deutlich, dass B.s Philosophie sowie sein Theater in Theorie und Praxis zum Verständnis des Marxismus im 20. Jh. unentbehrlich geworden sind.

Wie die Schriften deutlich machen, entstanden die Aufzeichnungen zur Philosophie immer im Zusammenhang mit anderen Fragen zu Gesellschaft, Politik und Theater. In der älteren B.-Forschung, die sich hauptsächlich auf die überblicksartige Auswahl ›Philosophie‹ der WA stützte, gab es immer wieder Versuche, Konsistenzen zwischen B. und marxistischen Philosophien, insbesondere der Erkenntnistheorie Korschs, herzustellen (zur Diskussion dieser Kontroversen vgl. Knopf, S. 149–164). Solche Konsistenzannahmen scheiterten aber an B.s Praxisbezug, wie Jan Knopf ausführlich in seinem Vergleich von B. und Korsch dargelegt hat: »Brechts Verfremdung macht die Veränderung nicht im Erkennen fest, sondern läßt auf die Erkenntnis die Veränderung folgen, weil die Erkenntnis den falschen Schein einer unveränderlichen Wirklichkeit und Natur zerstört, und dialektisch die Veränderbarkeit der ›Welt‹ bloßlegt.« (S. 163) Gegen theoretische Konsistenz macht B. die sich verändernde Wirklichkeit geltend. Hierin liegen die vielfältigen Ansatzpunkte für die heutige B.-Forschung.

B.s Interesse an der Philosophiegeschichte (hier sind es die Schriften von Descartes und Kant sowie zu einem geringeren Teil von Augustinus) richtet sich besonders auf die Beurteilung von großen, umfassenden Denkmodellen in einer materialistischen Retrospektive. Die Begründung der Wirklichkeit im Materialismus ist auch der Hauptberührungspunkt zwischen B. und Marx. »Das Bewußtsein kann nie etwas Anderes sein als das bewußte Sein, und das Sein der Menschen ist ihr wirklicher Lebensprozeß« (Marx/Engels, Bd. 3, S. 26). In Augustinus' Schriften sieht B. vor allem »den Bericht eines Mannes, der eben den ungeheuren Erfolg einer Lehre zu ahnen beginnt«, während B. »schon klar das Ende« sieht (GBA 21, S. 246). Es geht hier nicht nur um den Erfolg der Augustinischen Lehre, sondern darum, dass es Augustinus möglich war, diesen Erfolg zu antizipieren, das heißt, sein Denken wurde von historischen Entwicklungen gestützt, die dann ihrerseits die Verwirklichung dieser Gedanken gefördert haben. In Descartes und Kant sieht B. vor allem Hauptvertreter der bürgerlich-aufklärerischen Philosophie mit ihrem modernen Subjektivitätsbegriff, der sich nach B. im Kapitalismus nicht mehr aufrechterhalten lässt. Dies wird deutlich in seiner Kritik an Albert Einsteins Schrift *Warum Krieg?*, in der Einstein einen »dunklen Trieb der Menschheit« (S. 588) für das Vergessen der Zivilisation und kriegerische Ausschreitungen verantwortlich macht. Nach B. ist es Einsteins Unfähigkeit, den Klassenkampf wahrzunehmen, die ihn in diesen intellektuellen Nihilismus führt.

B. nähert sich den Schriften Descartes' aus einer historisch-materialistischen Perspektive, wenn er sie in ihrem historischen Kontext der bürgerlichen Emanzipation interpretiert. Die Kritik an Descartes' Philosophie wird zu einer »Darstellung des Kapitalismus als einer Existenzform, die zu viel Denken und zu viele Tugenden nötig macht« (S. 408). B. versteht Descartes' Philosophie als symptomatische Folge des aufsteigenden Bürgertums und sich selbst als Leser dieser Philosophie in der Endphase des bürgerlichen Kapitalismus. Mit dem Auf- und Abstieg des bürgerlichen Zeitalters verändert sich die Funktion des subjektzentrierten Denkens. Descartes' Privileg als Philosoph bestand zur Hauptsache darin, an allem zu zweifeln, jedoch seine eigene Existenz aus diesem Zweifel herauszulassen. Historisch gesehen lebte Descartes damit in einer Zeit, in der »er vielleicht auf keine andere Art als durch Denken existieren konnte, aber durch Denken doch eben existieren konnte« (S. 408f.). Demgegenüber sieht B. seine eigene historische Position bestimmt durch ein Denken, das »unter Existenz etwas ganz Profanes verstand, nämlich das, was der gewöhnliche Mann eben Existenz nennt, nämlich, daß er eine Arbeitsstelle hat, die ihn nährt, kurz, daß er leben kann« (S. 409). In diesem historischen Gegensatz siedelt B. seine Lesart Descartes' an und zeigt so, wie experimentelle Theaterpraxis zu einem neuen Philosophieverständnis beitragen kann: »Damit sprang ich natürlich ganz aus dem Denken des Descartes, und was ich dachte, hat nur wenig mehr von seinem Denken; es steht sozusagen quer zu seinem Denken. Das sage ich, damit man nicht meint, ich wolle etwas darüber aussagen, was er eigentlich gesagt habe, worauf man aber bisher nicht gekommen sei. Ich springe aber mit ihm nur um, wie einer, der, wenn er liest, Galilei habe in der Kirche, das Schwanken eines Leuchters betrachtend, das Pendelgesetz entdeckt, anfängt zu fragen: warum ging er in die Kirche, oder: warum sah er dort nach den Leuchtern?« (Ebd.) B. springt aus der Allgemeinheit der denkenden Subjektivität heraus und lokalisiert Descartes' Denken als Verhalten in der spezifischen Geschichtlichkeit des Alltäglichen. Die Hindernisse des Alltags werden durch Denken in Angriff genommen und durch Änderung des Verhaltens überwunden. Dieser Änderbarkeit des Verhaltens steht Descartes' universaler Subjektivitätsbegriff, der sich einzig auf das Denken beruft, entgegen. B. wendet sich damit gegen ein philosophisches Denken, das andere Tätigkeiten ausschließt und sucht damit ein Denken zu etablieren, das sich aus der widersprüchlichen Wirklichkeit zusammensetzt.

In *Über den Erkennungsvorgang* wendet B. den intendierten Effekt seines experimentellen Theaters auf das Denken selbst an: »Das ›Es ist so‹ wird *staunend* aufgenommen als ein ›Es ist also nicht anders‹.« (GBA 21, S. 410) Nach B. wird Erkenntnis durch Vergleichen produziert, indem der Intellekt Erfahrungen organisiert, Vorgänge auffallend macht und dann nach Alternativen sucht. Die »Wahrheit«, die dabei herauskommt, ist also relativ, sie existiert nur »vergleichsweise« (ebd.). Damit wendet sich B. vor allem gegen Descartes' »Cogito, ergo sum« (Ich denke, also bin ich) in seinen *Betrachtungen über die Grundlagen der Philosophie* als definitiven Satz, der die Existenz der eigenen Person durch das Denken beweisen soll (ebd.). B. kritisiert besonders die Ausschließlichkeit des Denkens als Nachweis der Person: »Das Nachweisen und das Den-Nachweis-Aufnehmen ist ein Denken. Ist also der Selbstnachweis der Person gelungen? Es ist nur Denken als eine Art des Seins behauptet; es gibt aber noch mehr Arten des Seins.« (S. 411) Was B. an Descartes kritisiert, ist nicht nur die Reduktion des Seins auf das Denken, sondern auch die Unbegrenztheit einer Subjektivität, die sich allein aus dem Denken erklärt. Vom Massenmenschen ausgehend, bestimmt B. das »Dividuelle« (anstelle des Individuellen), um »vom Erträglichen zum Lustvollen zu kommen« (S. 179), ein Konzept, das die Spaltung von Denken und Sein in der Person aufheben soll. Es geht B. weniger darum, dass man existiert, als darum, wer man ist im Verhältnis zu anderen: »Nur aus dem Verhalten der anderen« (GBA 10, S. 716) erfährt man, wer man ist, heißt es im Stückfragment *Aus Nichts wird Nichts*. Existenz und Identität werden durch Andere bestimmt, was auch besonders in den Lehrstücken deutlich wird, wenn dort der organische Tod als sozialer Tod behandelt wird (vgl. *Das Lehrstück / Das Badener Lehrstück vom Einverständnis*, BHB 1, S. 235f.).

Die Begründung des Selbst durch das reine Denken schafft nicht nur die Vorstellung einer unbegrenzten Subjektivität, sondern hat auch einen starren Begriff der Objektwelt zur Folge. Hier verbindet B. seine Kritik an Descartes mit seiner Kritik an Kant. In den Notizen *Über »das Ding an sich«* (GBA 21, S. 412f.) bezieht sich B. auf *Die Kritik der reinen Vernunft* (1781, veränd. 2. Aufl. 1787), in der Kant die Trennung von »Ding an sich« und »Erscheinung« vollzieht. Philosophisches Denken vor Kant suchte durch die »Erscheinung« hindurch deren »Wesen« erkennbar zu machen, wobei es das »Phänomen« als die umgebende Welt definierte und das »Noumen« (Wesen, Ding an sich) als das eigentliche Sein, das sich hinter der Erscheinungswelt in der metaphysischen Welt befindet. Nach Kant kann der Mensch die Dinge lediglich als »Phänomene« seiner Umgebung wahrnehmen, nicht aber in seiner metaphysischen Existenz. Es ist dem Menschen, der nur der Erscheinungswelt angehört und dessen Erkenntnis- bzw. Anschauungsformen auf diese Welt hin eingerichtet sind, nicht möglich, durch seine Vernunft das ›Ding an sich‹ zu erfassen. Realität wird damit zum Produkt einer subjektiven Wahrnehmung, die nichts mit der Erkenntnis der eigentlichen Welt zu tun hat. Damit ist auch jeder Versuch, die eigentliche Welt handelnd beeinflussen zu können, von vornherein zum Scheitern verurteilt.

Aus diesem Grund lässt sich B. auf eine philosophische Auseinandersetzung mit Kant gar nicht mehr ein, sondern fragt nach den historisch-materialistischen Bedingungen für Kants Auffassungen am Ende des 18. Jh.s. Er kritisiert Kants »Ding an sich« vom marxistischen Begriff der Verdinglichung ausgehend, nach welchem der bürgerliche Kapitalismus die Objektwelt und die subjektive Wahrnehmungsweise grundlegend verändert hat. »Es entstanden dem Betrachtenden Dinge, welche eigentlich Verhältnisse waren, und Beziehungen zwischen Menschen oder Dingen nahmen Dingcharakter an.« (GBA 21, S. 412) Die Verdinglichungen sind das Resultat entfremdeter Verhältnisse unter den Menschen, und für B. besteht die Aufgabe einer kritischen Philosophie darin, diese Verhältnisse erkennbar zu machen.

B. wendet sich vor allem gegen Kants Unterscheidung »zwischen erkennbar und unerkennbar« (S. 413): »Heute kann überhaupt kein Ding mehr genannt werden von der Art, wie Kant es behandelte: anderes als das Kantische Ding ist unkennbar« (S. 412). Nach B. kann sich produktive Kritik nur am Wahrnehmbaren orientieren und zu diesem Zweck sucht er – seine gesamte Theaterarbeit ist darauf ausgerichtet – den Begriff der Wahrnehmung zu erweitern und das Wahrnehmen zu einer produktiven Tätigkeit zu machen. Dabei kommt es nicht nur zu einer neuen Wahrnehmung der Dinge, sondern vor allem zu einer veränderten Wahrnehmung des Subjekts und seines Denkens: »Das Leben selber ist ein Erkenntnisprozeß. Ich erkenne einen Baum, indem ich selber lebe.« (S. 413) Keine Erkenntnis ohne Prozess, das heißt Herausforderungen, welche die selbstbestimmte Subjektivität in Frage stellen. So kommt B. zu einer Konzeption der Subjektivität als eine ständig wechselnde Größe, die sich aus der Interaktion mit der Außenwelt ergibt und in ihr manifestiert. Demgegenüber stellt B. Denken und Sein als »Vergleichsweises und Ungleiches (– Steigerbares)« (S. 410) dar. Er führt damit eine ökonomische Betrachtungsweise in die menschliche Existenz und ihr Denken ein. Der Mensch ist keine absolute Größe, sondern mehr oder weniger abhängig von der Nachfrage durch andere Menschen. Gegen das dramatische ›Sein oder Nichtsein‹ setzt B. eine sich ständig verändernde soziale Ökonomie des »Mehroderwenigerseins« (S. 425), in welcher der Mensch an sich nichts ist und sein Denken und Handeln sich entsprechend der Nachfrage anderer Menschen entwickelt. So heißt es in den Notizen zur Dialektik: »›Ich‹ bin keine Person. Ich entstehe jeden Moment, bleibe keinen. Ich entstehe in der Form einer Antwort.« (S. 404) Im Fragment *Aus Nichts wird Nichts* ist es der Philosoph auf dem Theater, der die ihm durch die Schauspieler abverlangten Maxime »aus Nichts wird Nichts« formuliert und als Grund angibt, »Da der Mensch nichts ist, kann er alles werden« (GBA 10, S. 693).

Auch B.s Lektüre des *Kapitals* ist Teil einer umfassenden Auseinandersetzung mit dem Theater. So bezeichnet er Marx als den »einzigen Zuschauer« seiner Stücke, und zwar nicht »wegen ihrer Intelligenz, sondern wegen der seinigen. Es war Anschauungsmaterial für ihn.« (GBA 21, S. 256f.) Marxismus ist damit die Philosophie, die sich aus der Beobachtung des menschlichen Verhaltens speist, und B.s Auseinandersetzungen mit dem Marxismus sind darauf ausgerichtet, Denken als Verhalten beobachtbar zu machen und damit zu sozialisieren. B. befindet sich damit in Übereinstimmung mit der 11. Feuerbach-These, nach der es nicht nur darum geht, die Welt verschieden zu interpretieren, sondern sie zu verändern. In B.s Worten: »Ich wollte auf das Theater den Satz anwenden, daß es nicht nur darauf ankommt, die Welt zu interpretieren, sondern sie zu verändern.« (GBA 25, S. 401) In seinen Thesen zur Theorie des Überbaus zeigt B., wie Denken als Verhalten dazu geeignet ist, das Denken zu proletarisieren. Der Begriff »Überbau« geht auf Marx' Modell von Basis und Überbau zurück, wie er es in *Der achtzehnte Brumaire des Louis Bonaparte* entwickelt. Nach Marx schafft sich jede Klasse einen »Überbau verschiedener und eigentümlich gestalteter Empfindungen, Illusionen, Denkweisen und Lebensanschauungen. Die ganze Klasse schafft und gestaltet sie aus ihren materiellen Grundlagen heraus und aus den entsprechenden gesellschaftlichen Verhältnissen« (Marx/Engels, Bd. 8, S. 139). In Anlehnung hieran sieht B. die Sitten und Gebräuche, die das Proletariat aus seinen ökonomischen Notwendigkeiten entwickelt hat, als kulturellen Ausdruck der Massen und zugleich als dialektisches Denken mit revolutionärer Funktion. Dieses Denken hat nichts mehr mit individuellem Intellekt zu tun, sondern ist im Wesentlichen »Denktechnik« (GBA 21, S. 571), die aus der automatisierten Produktionsweise entspringt, auf andere Gebiete übergreift, im Wesentlichen jedoch eine proletarische Denkweise bleibt.

Von zentraler Bedeutung für das Denken als Verhalten ist die Offenlegung der Klassengegensätze, durch die die Menschen den Standpunkt ihrer Klasse bestimmen und vertreten. Diesen Ansatz Lenins verfolgt B. auch in seinem *Dreigroschenprozeß* (vgl. S. 513), wo er vom Einnehmen eines parteilichen und absolut subjektiven Standpunkts spricht, der dazu dient, das Repräsentationsprinzip im demokratischen Kapitalismus als Harmonisierung der Klassengegensätze offenzulegen. In seinen Auseinandersetzungen mit den Schriften Korschs schreibt B.: »Wenn du von einem Prozeß sprichst, so nimm von vornherein an, daß du als ein handelnder Behandelter sprichst. Sprich im Hinblick auf das Handeln! Du bist immer Partei: organisiere sprechend die Partei, zu der du gehörst! Wenn du davon sprichst, was einen Prozeß determiniert, so vergiß nicht dich selbst als einen der determinierenden Faktoren!« (S. 574) Wie fremd selbst B.-Forschern dessen Einsicht in die politische Intersubjektivität immer noch ist, lässt sich an den zahlreichen schockierten Reaktionen auf die Lehrstücke sehr genau ablesen (vgl. Kaiser; Eibl; Gellert, S. 83–100). Die Lehrstücke bilden einen Spieltypus, mit dem nicht nur das Handeln, sondern auch das Behandeltwerden eingeübt wird. In lebensgefährlichen Grenzsituationen wird die Einnahme des eigenen Standpunkts zeitgleich mit direkten sozialen Konsequenzen konfrontiert. Hier wird besonders deutlich, wie sehr B.s Philosophie sich aus seinen Erfahrungen mit dem Theaterspiel gestaltet.

Die gleichzeitige Wahrnehmung des Handelns und Behandeltwerdens bestimmt auch auf spezifische Weise B.s Konzeptionen des »eingreifenden Denkens«, das nicht nur in B.s Philosophie eine Rolle spielt, sondern zum formativen Element seines Theaters geworden ist. »Wir können den andern nur begreifen, wenn wir in ihn eingreifen können. Auch uns selbst können wir nur begreifen, indem wir in uns eingreifen.« (GBA 24, S. 182) Aus der Forderung der nachprüfbaren Veränderung durch Verhalten ergibt sich B.s tiefes Misstrauen gegen ideologisch optimistische Fortschrittsbegriffe. In *[Über die Funktion des Denkens]* entlarvt B. den Begriff des Fortschritts als apologetische Umschrift des ›Vorsprungs‹, den die Intellektuellen zu den ausgebeuteten Massen zu haben meinen (vgl. GBA 21, S. 418f.). »Für diese sind die Philosophen wie Flieger, die in immer die gleiche Luft aufsteigen und dort des Sportes willen Rekorde aufstellen, welche nichts anderes bezielen als eine Befriedigung der menschlichen Eitelkeit« (S. 563f.). Es geht also darum, den Vorsprung des reinen Denkens aufzuhalten und in soziales Handeln umzusetzen. Das *Badener Lehrstück* demonstriert, wie die fortgeschrittenen Flieger auf dem Boden liegend von der Masse unterrichtet werden. Die Massen nehmen den Vorsprung zurück und verlangen den Fliegern soziales Verhalten ab. Aus diesem Bezug zur Wirklichkeit erhält das Fliegen eine neue Legitimation, wenn es dem Fortschritt aller dient. Den Denkenden im Fortschritt aufzuhalten, ihn sinken, wie es im Fatzer-Chor heißt (GBA 10, S. 512), und damit auf den Grund der Dinge gelangen zu lassen, darin besteht für B. die Dialektik zwischen Lehre und Leben.

Dies hat weitreichende Konsequenzen für B.s Freiheitsbegriff, denn hier wird die Freiheit aus der Begrenzung definiert. Der Wunsch nach Freiheit entspringt der konkreten Erfahrung der Unfreiheit. Davon gehen auch Oskar Negt und Alexander Kluge in ihrer Kritik des bürgerlichen Freiheitsbegriffs aus: »Ein Mensch im Gefängnis hat soviel Freiheit, wie er sich bewegen kann. Seine Gedanken mögen ihn trösten, sie geben ihm keinen Schritt mehr Freiheit. Der Schillersche Satz ›Der Mensch ist frei geschaffen, ist frei und wär er in Ketten geboren‹ ist für die Massen absolut unverständlich, sobald sie sich auf ihre eigene Erfahrung stützen. Er drückt lediglich die Trennung von geistiger und körperlicher Arbeit aus.« (Negt/Kluge, S. 84) Negt und Kluge greifen damit auf einen Freiheitsbegriff zurück, »der als Freiheit den tatsächlichen Bewegungsspielraum des Menschen bezeichnet« (ebd.). Einengung des Bewegungsspielraums konstituiert auch den Konflikt in der *Maßnahme*, der sich aus der Weigerung des jungen Genossen ergibt, sich auf einen begrenzten Bereich der revolutionären Arbeit zu beschränken. Die Agitatoren belehren ihn: »Die Wege der Revolution zeigen sich. Unsere Verantwortung wird größer« (GBA 3, S. 90). Die Wege der Revolution sind also nicht ideologisch vorgegeben, sondern bestimmt von der konkreten Situation, in der sich das Kollektiv befindet.

B. scheint von genau diesem Freiheitsbegriff auszugehen, wenn in den Lehrstücken der

Spielraum zu einem »*in seinen Abmessungen der Anzahl der Mitspielenden entsprechenden Podium*« (GBA 3, S. 27) wird. So versteht B. eingreifendes Denken als »Definitionen, die die Handhabung des definierten Feldes gestatten. Unter den determinierenden Faktoren tritt immer das Verhalten des Definierenden auf.« (GBA 21, S. 422) Erkenntnis ist an einen begrenzten Bereich gebunden und wird von allen Teilnehmern gemeinsam produziert. Um eine Umverteilung des Wissens und des Fortschritts zu erreichen, bedarf es der Begrenzungen, die den tatsächlichen Spielraum der Beteiligten bezeichnen. Das Theaterspiel demonstriert also die historisch-sozialen Produktionsbedingungen der Erkenntnis und damit ihre Relativität. In diesem Sinn ist B.s Philosophie weniger eine des Marxismus als Ideologie, sondern eine materialistische Denkweise, die auf das momentane Erfassen historischer Veränderungen ausgerichtet ist.

Mit Erzeugung von Veränderung durch soziales Eingreifen sucht B. auch die Konsistenz in der Theorie, der des Marxismus eingeschlossen, zu brechen. Der gedankliche Fortschritt soll so aufgehalten und in der Praxis überprüft werden. B. sucht die Dialektik aus der Geschichtsphilosophie mit ihrer Ideologie des Fortschritts zu befreien und auf das Leben anzuwenden: »Es ist psychologisch erklärlich, daß die Sozialisten erlebnismäßig einen sehr schneidigen Fortschrittsbegriff haben. Der Fortschritt besteht im Sozialismus, und ohne Fortschritt ist Sozialismus nicht möglich. Dieser Begriff Fortschritt hat große Annehmlichkeiten politischer Art, aber für den Begriff Dialektik hat er nachteilige Folgen gehabt. Dialektik ist, unter dem Gesichtswinkel des Fortschritts gesehen, etwas, was die Natur hat (immer gehabt hat), eine Eigenschaft, die aber erst Hegel und Marx entdeckt haben.« (GBA 21, S. 519) Dialektik ist weniger Denkmethode als Lebensprinzip. Aus dieser materialistischen Position erklärt sich B.s kritische Haltung gegenüber grandiosen Ideen, aber auch seine unerschöpfliche Lust am Denken, eine Lust, die er mehr als alles andere in seinem Werk propagiert – vom ›metaphysischen Kampf‹ Shlinks zur Erzeugung menschlicher Nähe in *Im Dickicht der Städte* bis zu Galileis Verführung durch den Beweis.

Der Substanz des Körpers steht die Leere des Gedankens, wenn nur gedacht wird, entgegen. In der Keuner-Geschichte *Weise am Weisen ist die Haltung* führt B. aus, dass das Denken dann »keinen Inhalt« hat, wenn es sich nicht zugleich in einer bestimmten Haltung äußert (GBA 18, S. 13). Keuner antwortet auf den Vortrag des Philosophen über Weisheit im Hinblick auf dessen ›täppisches‹ und ›zielloses‹ Auftreten: »Ich sehe dein Ziel nicht, ich sehe deine Haltung« (ebd.). Der Körper in seiner Substanz ist historisch, seine Haltung bezeichnet den Gedanken in der Ausführung. Durch Gestik und Haltung tritt der Gedanke in ein anderes Zeichensystem ein, das ebenso durch die Anwesenheit anderer Körper/Gedanken bestimmt ist wie durch den Denker selbst. B. beschreibt diesen Vorgang in einer Anmerkung über Lenin: »Er dachte in andern Köpfen, und auch in seinem Kopf dachten andere. Das ist das richtige Denken.« (GBA 21, S. 420) Denken als Verhalten ist sozial und kann durch alle vom eigenen Klassenstandpunkt aus beurteilt werden, ein Vorgang, der dem Theaterspiel eine essenzielle Vermittlerrolle zuweist.

Die gedankliche Maxime »Aus Nichts wird Nichts«, wenn durch Schauspieler in Aktion versetzt, nimmt Sinn an. Am Ende des Spiels ist dann auch der Denker der Belehrte, der sein Wissen durch das Theater demonstriert sieht und in dieser Demonstration unerwartete Verschiebungen wahrnimmt. Der Philosoph fasst sein Lernen dem Schauspieler gegenüber so zusammen: »Was ich weiß ist: daß aus Staub Staub wird. Was ich aber gesehen habe ist: daß dazwischen ein Körper ist, also höre ich den Staub zum Staub sprechen: Wer bist du? Und der Staub antwortet dem Staub: Etwas ist gewesen mit mir, bevor ich Staub wurde.« (GBA 10, S. 705f.) Die Bemerkung des Philosophen ist der retrospektive Bericht eines unbestimmten Ereignisses. Die Zuschauer erfahren nicht, was geschah, bevor der Staub zu Staub wurde. Ebenso bleibt die Frage »Wer bist du?« (S. 705) unbeantwortet, und die Bemerkung »Etwas ist gewesen mit mir«

(S. 706) bestimmt das Etwas als soziales Ereignis, wie die Präposition »mit« nahelegt. Theaterspiel, in diesem Fall das Zusammenspiel von Philosoph und Schauspielern, demonstriert die Einfügung des menschlichen Körpers in das Wissen und damit seine historische Veränderung. Die theoretische Einsicht wird in den sozialen Konflikt entlassen, das Wissen wird unsicher und änderbar. In diesem Erkenntnisprozess ist das Theaterspiel unentbehrlich, denn es demonstriert im begrenzten Zeit-Raum, dass Erkenntnis nicht ahistorisch ist, sondern von verschiedenen erkennenden Menschen produziert wird. Damit erklärt sich auch die Widersprüchlichkeit jeder Erkenntnis.

Denken als Verhalten unterwirft die Theorie einer ständigen Unsicherheit durch die Einbeziehung des Körpers (und damit des Todes) und anderer Menschen (und damit der Geschichte). Philosophie gehört dann nicht mehr in die Akademie, sondern auf die Straße, und eben dort sollte auch bestimmt werden, was unter Philosophie zu verstehen ist: »Wenn das Volk einem eine philosophische Haltung zuschreibt, so ist es fast immer die Fähigkeit des Aushaltens von etwas.« (GBA 22, S. 512) Philosophische Erkenntnis ist keine intellektuelle Leistung, sondern das Einnehmen einer Haltung, die sich dem Prozess der historischen Veränderung anpasst. »Haltung« bei B. ist eine körperlich-intellektuelle Position, die durch soziale und historische Auseinandersetzungen Substanz annimmt: »Es soll nicht bestritten werden, daß Bürger sich wie Adelige benehmen können zu einer Zeit, wo sich Adelige schon nicht mehr wie Adelige benehmen oder wie Bauern, die sich niemals so benähmen wie Bauern, wenn sie nicht Felder bearbeiteten, der bürgerliche Mensch löst den adeligen, der proletarische den bürgerlichen nicht nur ab, sondern er enthält ihn auch« (GBA 21, S. 522). Diese Beschreibung des Klassenkampfs relativiert jede philosophische Beurteilung der Geschichte: Statt des dialektischen Fortschritts in der historischen Entwicklung wird die Geschichte am Körper deutlich, und die menschliche Haltung macht diese Geschichte lesbar. Wenn sich Siege und Niederlagen im Klassenkampf körperlich niederschlagen (»Auch der Haß gegen die Niedrigkeit / Verzerrt die Züge«; GBA 12, S. 87), dann werden philosophische Beurteilungen von Ursache und Wirkung einer ständigen Unsicherheit ausgesetzt. Im Aushalten dieser Unsicherheit besteht für B. die Funktion der Philosophie.

B.s Philosophie war von Anfang an von seiner praktischen Theaterarbeit beeinflusst, woraus sich erklärt, dass für B. die sinnliche Wahrnehmbarkeit der Denkmodelle immer wichtiger war als deren theoretische Konsistenz: »Das Denken als *gesellschaftliches* Verhalten. Aussichtsreich nur, wenn es um sich selbst und das Verhalten der Umwelt Bescheid weiß. Aussichtsreich nur, wenn es imstand ist, die Umwelt zu beeinflussen.« (GBA 21, S. 422) Hieraus erklärt sich die Frustration, die B. bei denen auslöst, die auf Konsequenz und Folgerichtigkeit ausgerichtet sind, eine Frustration, welche die B.-Rezeption während des Kalten Krieges auf beiden Seiten des Eisernen Vorhangs beeinflusste. Denen, die auf spielerischere Interpretationsmuster setzen, (die in den letzten 20 Jahren in der Literaturtheorie zur Geltung gekommen sind), ist B.s Inkonsequenz willkommen, weil sie einen Autor, der lange auf den Marxismus festgelegt wurde, von ideologischer Teleologie loslöst und neuen Lesarten zuführt (vgl. Tatlow; Wright).

B.s Beiträge zur Philosophie sind früh in ihrer Bedeutung erkannt worden. Sein Zeitgenosse Walter Benjamin begriff bereits das epische Theater als wirkungsvolles Medium einer neuen Geschichtsphilosophie (Benjamin, S. 23 f.). In den 50er-Jahren waren es vor allem Hans Mayer und Roland Barthes (Barthes, S. 71–76), die B.s Fähigkeit zum philosophischen Denken gewürdigt haben. Mayer hat in *Brecht in der Geschichte* festgestellt, dass B.s Negativismus eigentlich keine revolutionäre Teleologie zulässt, und gezeigt, dass B.s Marxismus sich im Wesentlichen auf den historischen Materialismus beschränkt. B. beuge sich trotz seines revolutionären Engagements dem säkularisierten Bilderverbot. B.s Historischer Materialismus, so Mayer, sei deshalb mit Theodor W. Adornos *Negativer Dialektik* vergleichbar (Mayer, S. 281 f.).

In den letzten 20 Jahren hat sich in der Literaturtheorie immer mehr eine gemeinsame Rezeption von B. und Mitgliedern der Frankfurter Schule, besonders Theodor W. Adorno und Ernst Bloch, herauskristallisiert (Suvin, S. 1–18; Wright, S. 75–85). Rückblickend wird deutlich, wie sehr B.s theatralischer Materialismus eine produktive Unbequemlichkeit in theoretische Konzepte, einschließlich die des Marxismus, gebracht hat. Der B.-Adorno-Konflikt, der sich zu Lebzeiten der Beteiligten als unversöhnlich erwies, hat mit der Zeit seine theoretische Produktivität entwickelt, die sich von der Literaturwissenschaft auf die Philosophie erstreckt und deren Ende nicht abzusehen ist. Daneben ist die B.-Benjamin-Adorno-Konstellation in ihrem Zusammendenken von Marxismus, Praxis und Kritik längst zu einem Paradigma der internationalen Literaturtheorie geworden. Dies wird besonders deutlich in Fredric Jamesons *Brecht and Method*, in dem Jameson B. als innovativen marxistischen Denker feiert, der sich jenseits der Systeme auf Methode und Praxis beschränke. »I want to suggest that ›productivity‹ is the deeper meaning for progress in Brecht, and that it has to do with activity as such. [...] ›Intellectual‹ will now gradually become ›collective‹, and activity will come to take on a historical dimension: this is the point at which Brechtian productivity takes its place as an exemplary and still actual form of praxis itself.« (Jameson, S. 177f.) Damit erzeugt B.s Werk eine Produktivität, die dazu beitragen kann, den globalen Kapitalismus einer neuen Prüfung auszusetzen und kreative Möglichkeiten der sozialen Veränderung zu entwickeln.

Die philosophischen Schriften zeigen B. weniger als einen Philosophen des Marxismus, sondern mehr als einen der marxistischen Kritik. Aus diesem Grund kann B.s Bedeutung als Philosoph in Zukunft nur zunehmen. Wie sich bereits in den letzten zehn Jahren herausgestellt hat, haben B.s Beiträge zum Marxismus mit dem Fall des Kommunismus in Europa keineswegs an Bedeutung verloren. Im Gegenteil: B.s Werke stellen einen Ansatzpunkt für eine produktive Auseinandersetzung mit dem Marxismus in Theorie und Geschichte dar. Was aber noch wichtiger ist: B.s Bedeutung für die Wahrnehmung notwendiger gesellschaftlicher Veränderungen und für die Einübung differenzierter Formen des Widerstands bleibt ungebrochen.

Literatur:

Adorno, Theodor W.: Engagement. In: Ders.: Noten zur Literatur. Frankurt a.M. 1981, S. 409–430. – Ders.: Negative Dialektik. Frankfurt a.M. 1988. – Barthes, Roland: The Tasks of Brechtian Criticism. In: Ders.: Critical Essays. Evanston 1972, S. 71–76. – Benjamin, Walter: Versuche über Brecht. Frankfurt a.M. 1966. – Descartes, René: Betrachtungen über die Grundlagen der Philosophie (Meditationes de prima Philosophia. In quibus Dei Existentia & Animae humanae a corpore Distinctio, demonstratur, 1641). Leipzig 1926. – Einstein, Albert: Warum Krieg? Paris 1933. – Fahrenbach, Helmut: Brecht – Zur Einführung. Hamburg 1986. – Gellert, Inge [u.a.] (Hg.): Maßnehmen. Bertolt Brecht/Hanns Eislers Lehrstück *Die Maßnahme*. Kontroverse, Perspektive, Praxis. Köthen 1999. – Haug, Wolfgang Fritz (Hg.): Historisch-kritisches Wörterbuch des Marxismus. Berlin, Hamburg 1995. – Ders.: Philosophieren mit Brecht und Gramsci. Berlin, Hamburg 1996. – Jameson, Fredric: Brecht and Method. London, New York 1998. – Kant, Immanuel: Critik der reinen Vernunft. Riga 1781, 2. veränd. Aufl. 1787. – Knopf, Jan: Bertolt Brecht. Ein kritischer Forschungsbericht. Fragwürdiges in der Brecht-Forschung. Frankfurt a.M. 1974. – Marx, Karl/Engels, Friedrich: Die deutsche Ideologie (= Werke. Bd. 3). Berlin 1962. – Marx, Karl: Der achtzehnte Brumaire des Louis Bonaparte. In: Marx, Karl/Engels, Friedrich: Werke. Bd. 8. Berlin 1960, S. 111–194. – Mayer, Hans: Brecht in der Geschichte. In: Ders.: Brecht. Frankfurt a.M. 1996, S. 242–305. – Negt, Oskar/ Kluge, Alexander: Öffentlichkeit und Erfahrung: Zur Organisationsanalyse bürgerlicher und proletarischer Öffentlichkeit. Frankfurt a.M. 1972. – Schramm, Helmar: Haus der Täuschungen (Bacon). In: Heise, Wolfgang (Hg.): Brecht 88: Anregungen zum Dialog über die Vernunft am Jahrtausendende. Berlin 1989, S. 48–68. – Suvin, Darko: To Brecht and Beyond: Soundings in Modern Dramaturgy. Sussex 1984. – Tatlow, Antony: Shakespeare, Brecht and the Intercultural Sign. Durham 2001. – Wright, Elizabeth: Postmodern Brecht: A Re-Presentation. London, New York 1986.

Astrid Oesmann

Zu Politik und Gesellschaft

Überblick und Gattungen

B.s *Schriften zu Politik und Gesellschaft* (GBA 21) von 1924 bis 1933 sind Aussagen eines Autors im Alter zwischen 26 und 35 Jahren. Als Theaterautor hatte er reüssiert. Herbert Ihering wählte ihn 1922 für den Kleistpreis aus. Ihering, Karl Korsch, Fritz Sternberg sowie Hanns Eisler waren u. a. Gesprächspartner B.s in politisch-gesellschaftlicher Hinsicht.

B.s Aussagen zur Politik und Gesellschaft erschienen in den folgenden Zeitungen: an der Spitze steht der *Berliner Börsen-Courier* (dem Blatt ist B.s Förderer Ihering verbunden) gefolgt von der *Literarischen Welt*. Weitere journalistische Publikationsorte waren: *BZ am Mittag, Vossische Zeitung, Neue Freie Presse, Die Scene, Das Tage-Buch, Funkstunde, Der neue Weg, Die Neue Zeit, Filmkurier, Uhu, Frankfurter Zeitung, Das Theater, Münchener Neueste Nachrichten, Der Scheinwerfer, Die Dame/Die losen Blätter, Die Weltbühne, Das Prisma, Die Rote Fahne/Feuilleton der Roten Fahne, Arbeiter-Illustrierte-Zeitung, Internationale Literatur* sowie einige Blätter, die von Theatern herausgeben wurden (vgl. GBA 21, S. 676, S. 680, S. 714, S. 720, S. 745, S. 800). Es waren Beteiligungen an Umfragen und Diskussionen oder auch Rezensionen (z.B. ausführlich zum gesellschafts- und verhaltensutopischen Roman *Jenseits der Berge oder Merkwürdige Reise ins Land Aipotu* von Samuel Butler: S. 360–368, vgl. S. 255f.). Eine Fachpresse zu Politik und Gesellschaft wurde von B. nicht bedient.

Die in GBA 21 veröffentlichten Schriften zu Politik und Gesellschaft stammen zum größten Teil aus dem Nachlass, bestehen aus Manu- oder Typoskripten, stellen häufiger Arbeitsnotizen B.s dar und sind zu einem nicht geringen Teil in der GBA Erstdrucke, das heißt, die meisten der hier versammelten Texte sind während ihrer Entstehungszeit nicht veröffentlicht worden und waren auch nicht für die Veröffentlichung gedacht.

B.s Zeitgenossenschaft verbindet sich gesellschaftspolitisch mit den neuen (oder vermeintlich neuen, nun deutlich ins Blickfeld geratenen) Phänomenen Sozialismus, Bolschewismus, Revolution, Materialismus, Klassenkampf. Geografisch liegt das Neue sowohl in den USA wie in der (jungen) Sowjetunion.

Zwei Argumentationsstrategien, die unterschiedlich begründet sind, liegen B.s Meinungsäußerungen zu Grunde. Die Rede von Jugend, Jungsein und junger Generation fußt auf vitalistischem, biologi(sti)schem Grund. Die Rede von Klassenkampf und Bolschewismus aber ist sozial und/oder politisch-ökonomisch fundiert. Hier kommt für B. eine ebenfalls junge Wissenschaft zur theoretischen und perspektivischen Grundierung von Kritik ins Gespräch, und zwar die Soziologie – eine Gegenwartswissenschaft, eine Wissenschaft für die ›Natur‹ oder Ökonomie einer Gesellschaft. Es ist nicht primär die sich etablierende akademische Soziologie gemeint. Forschung und Eingriff (in heutiger Begrifflichkeit: action research) sollen durch soziologische Herangehensweisen experimentell verbunden werden.

Neben B.s politisch-soziologischen Schriften gibt es eine Reihe von Äußerungen, die aus dem Beobachten von Verhalten stammen und mentalitäts-soziologisch zu rezipieren sind. Folgende Stichworte stiften diesen Kontext: Generationen-Streit, Neue Sachlichkeit, Freiheit der Kunst, Zensur, Urbanität, Kriegserleben, Religion.

Häufig spricht B. das Rechtswesen an. Es liegt auf der Schnittlinie von Gerechtigkeit und formeller Rechtsprechung als Teil staatlicher und politisch-ökonomischer Gewalt.

Ein Sprung in ein anderes gesellschaftliches Mentalitätsfeld, das richtigerweise in B.s Schriften zu Politik und Gesellschaft aufgenommen wurde: Sport – auch als Sportpolitik und als ästhetisches und/oder massenmediales Verhalten und subjektives Verhaltensmodell – wird von B. des Häufigeren kommentiert und kann als weitere Explikation des Zusammenhangs von Gesellschaft und Politik (auch von öffentlich und privat) verstanden werden.

›Soziologie‹ und ›Philosophie‹

Um 1926 notierte B. zum Politischen: »nur weil nichts genügt auf der Erde, darum wird immer Politik gemacht« (GBA 21, S. 177). Sie ist »eine Aktion gegen die Mangelhaftigkeit des Planeten« (ebd.), jedoch nicht unbedingt eine vernünftige: »Eher sind es Gewohnheiten, die Einfluß auf Ereignisse ausüben«, als »daß vernünftiges Handeln [...] irgendwie Folgen hat« (S. 154). Aber: »Nichts vielleicht, nicht einmal die Geheimniskrämerei der Ärzte, wird vom Volk so überschätzt wie die Politik.« (Ebd.) Politiker »meinen immer: sie machen Politik. Sie sagen zueinander: wir sind gefährliche Leute. 1) Sie verwechseln das mit Karriere, 2) sie verwechseln das mit schädlichen Leuten.« (S. 156)

Um 1931 heißt es, dass »die deutsche Politik [...] nicht der Welt verheimlicht [wird], sondern – Deutschland« (S. 535). Wäre sie innerhalb des »in Klassen« gespaltenen Lands bekannt, so wäre »eine riesige Mehrheit aller Deutschen [...] aus Überzeugung und nacktem Interesse Verräter« (ebd.). In klassengespaltenen Gesellschaften können auch Schriftsteller »als [...] Funktionäre in gesellschaftlicher Hinsicht« (S. 542) verstanden werden, die »bestimmte Schichten vertreten oder beeinflussen, die Verantwortung für gesellschaftsändernde oder gesellschaftsbestätigende Vorgänge übernehmen oder mit dieser Verantwortung zu belasten sind« (S. 542). Ihre Äußerungen können »aus einem Werkzusammenhang gerissen und in einen sozialen Zusammenhang gebracht werden« (ebd.).

Methodologisch empfahl B. um 1929/30 »Jene (äußerst erfolgreiche) Haltung« einzunehmen, die »bei der Betrachtung der *Natur* und der Diskussion ihrer Beziehungen« (S. 321) zwischen Menschen und Natur eingenommen wurde. Beobachtung statt Introspektion, Physik statt Metaphysik, Erklärung statt Verstehen sollte gelten. Und es wären Blicke nötig, die vom gesellschaftlichen »Massebegriff« (S. 359) das Individuum zu fassen versuchen und nicht umgekehrt (ebd.). B. beschrieb 1929/30 die *[Zertrümmerung der Person]*.

1927 rief B. aus: »Der Soziologe ist unser Mann« (S. 204), denn: »Der Mensch ist nicht vorstellbar ohne menschliche Gesellschaft« (S. 401). »Keine andere Wissenschaft [...] besitzt genügend Freiheit des Denkens, jede andere ist allzusehr interessiert und beteiligt an der Verewigung des allgemeinen zivilisatorischen Niveaus unserer Epoche.« (S. 202f.) Namentlich B.s Kontakte zu Fritz Sternberg und Karl Korsch hatten diese Erkenntnis- und Denkfigur geprägt; Sternbergs (vgl. S. 271–275) und Korschs Respekt galten den empirisch ermittelten Tatsachen ebenso wie den systematischen, dialektischen und historischen Zusammenhängen: Beides musste sich wechselseitig prüfen (Koch 2002, S. 255–257). B. zeigt hier, dass »die Anschauung aus dem Verhalten« (GBA 21, S. 402), »soziologisch-ökonomisch gemeint« (S. 331), kommt – eine Erkenntnis, die sozialwissenschaftlich fundiert ist: »wir [wählen] den soziologischen Standpunkt« (S. 203), »die Soziologie, d.h. die Lehre von den Beziehungen der Menschen zu den Menschen, also die Lehre vom Unschönen« (S. 270), »Bewußt darbietend. Schillernd« (S. 279).

Soziologie ist für B. weitgehend eine »dialektische Kritik« (S. 334), eine »dialektische Denkweise« (S. 333), die sich einem Materialismus Marx'scher Herkunft verpflichtet fühlt und damit sich einer puren, positivistischen Erkenntnis ohne interessenbedingte Handlungsrelevanz (»eingreifendes Denken«; S. 331) entschlägt: »In Wirklichkeit ist die Dialektik eine Denkmethode oder vielmehr eine zusammenhängende Folge intelligibler Methoden, welche es gestattet, gewisse starre Vorstellungen aufzulösen und gegen herrschende Ideologien die Praxis geltend zu machen.« (S. 519)

B.s politisch-gesellschaftliches Denken findet in der angewandten Sozialwissenschaft als »Theorie-Praxis-Manöver« statt (so bezeichnet Ernst Bloch, S. 363, B.s *Lehrstücke*), vermittelnd zwischen amorpher Gesellschaft und eindeutiger interessengeleiteter Politik – jeweils in (theoretischer) Analyse und (praktischer) Kritik.

1927 schätzte B. die soziologische Denkweise als nicht nur nützlich für die Literatur ein, sondern auch darüber hinaus (vgl. GBA 21, S. 330f., S. 402–404). Dieser generelle, umfassende Ansatz wurde von B. auch Philosophie genannt, wobei das Wort hier nicht die eine Fachphilosophie meinte, sondern eine sozial-materiale Weisheit(slehre) in praktischer Absicht (vgl. zu »Konfutse«, S. 369f.; ferner S. 360, S. 408f., S. 405–427; vgl. Koch 1988, S. 88f.). Für sie gilt in erkenntnismethodischer Hinsicht, was B. der Ökonomie zuschrieb (in ihrer Rolle für die Kunst): »Die Ökonomie ist weder das Hauptstoffgebiet der Kunst, noch ist ihre Umformung oder Verteidigung eines ihrer Ziele: sie ist, sowohl mehr als auch weniger: ihre Voraussetzung.« (GBA 21, S. 376)

Ausgewählte Texte zu Politik und Gesellschaft

Dass die Menschen nicht wissen, »welcher Diebstahl unrecht ist« (GBA 21, S. 258), hält B. für schlecht; dass überhaupt diese Frage aufkommt, ist eine Folge davon, dass Eigentum und Besitz besteht und dass darüber ein Tabu herrscht (ebd.). Es geht nicht um die gesetzliche Disziplinierung von Appetiten, sondern darum: »Der Besitz muß *überhaupt* aufgehoben werden. Und das, [...] weil es von einem bestimmten Zeitpunkt an nicht mehr möglich war [...] eine Übereinkunft zwischen den Leuten mit Appetit herzustellen. Diebstahl ist unrecht? Gut. Aber nicht aller Diebstahl ist unrecht? Gut.« (Ebd.)

Die Aufhebung von Besitz und Eigentum als Struktur ist mehr als eine tagespolitisch und gesellschaftlich-moralisch zu leistende Aufgabe. »Die wirklichen Revolutionen werden nicht (wie in der bourgeoisen Geschichtsschreibung) durch Gefühle, sondern durch Interessen erzeugt.« (S. 339) Sozialer Träger solcher Revolutionen ist das Proletariat, das einer differenzierten Klassen- und eventuell Schichten-Analyse bedarf: Man braucht, schrieb B. (1930/31), zur »Bekämpfung des Reformismus in den Reihen der Arbeiter [...] eine quantitative Analyse der klassenmäßigen Zusammensetzung der Volksmassen in Deutschland. Es würde sich dann ergeben, daß die Arbeiterklasse Bündnisse braucht, um die Mehrheit zu gewinnen. Diese Bündnisse würde sie aber niemals zustande bringen, da nur eine vollständige Arbeiterpolitik, d.h. der Sozialismus, Lösungen böte. Je mehr aber diese vollsozialistische Tendenz sichtbar würde, desto weniger würde sie die Bündnisse bekommen, je nötiger diese Tendenz erschiene (und erschien), desto mehr drängte sie die Kleinbürger- (Bauern-)schichten in Bündnisse mit der herrschenden Klasse.« (S. 408) Auch marxistisch begründete Kämpfe des Proletariats gegen den Kapitalismus haben eine logische »größte und unumgänglichste Schwierigkeit: festzustellen, wieviel der Marxismus vom Kapitalismus abhängt. Wie viele seiner Methoden kapitalistische sind oder nur auf kapitalistische Zustände passen. Sie verändern den Kapitalismus, ihn erfassend? Die Dialektik erklärt ihn, erledigt ihn? Ist also kapitalistisch in ihrem Bezirk bestimmt? Auftauchte sie als Überbauerscheinung zu ihm. Gibt sie ihm seinen Sinn?« (S. 407) Hieraus leiten sich Führungsfunktionen für Intellektuelle ab: »Die Wichtigkeit dieser Funktion ergibt sich schon aus der Tatsache, daß es in den historischen Fällen zumindest sehr schwierig ist, zu entscheiden, ob diese Individuen wie Marx, Lenin usw. vom Proletariat eine Funktion zugewiesen erhalten haben oder ihrerseits dem Proletariat eine Funktion zuwiesen. Die Luxemburg hat Lenin etwa eine Reihe von Äußerungen und, was mehr ins Gewicht fällt, von Handlungen angekreidet, die zu beweisen scheinen, daß Lenin, dessen Brauchbarkeit für das Proletariat nicht angezweifelt werden kann, zu der letzteren Ansicht neigte.« (S. 339) Das Problem der sog. »organischen« Intellektuellen (Georg Lukács) fasst B. so: »Das Proletariat beweist starken Kampfinstinkt, indem es die Intellektuellen, mit einer Reihe historischer Brauchbarkeiten im Auge, mit äußerstem Mißtrauen behandelt. Die Intellektuellen, welche gehorchen, indem sie ihr Denken aufgeben, und welche der herrschenden Klasse nicht fehlen, fehlen in einem anderen Sinne auch dem Proletariat nicht: dem Proletariat die Intellektuellen, welche denken.« (Ebd.)

1926/27 schrieb B. *Über den Sozialismus* als vitalistische Herausforderung, nachdem »die kapitalistische Klasse in Europa verbraucht ist« (S. 140): Sie gebe »nichts mehr her, vor allem keine Begierden mehr« (ebd.). Die sie ablösende Klasse, »die Menge links« (ebd.), »ist gut, solang sie kämpft« (ebd.). Nach ihrem Sieg müsse sie ersetzt und weiter aktiviert werden, statt es sich auf dem Erreichten »in ihren frischgestrichenen Einheitshütten [...] zwischen Grammophonen und Hackfleischbüchsen und neben fix gekauften Weibern und vor Einheitspfeifen« (ebd.) gemütlich zu machen. Das wäre »kein Glück, denn es fehlt die Chance und das Risiko [...], das Größte und Sittlichste, was es gibt. [...] Und das Leben ohne Härte, das ist dummes Zeug!« (S. 140f.)

Um 1932 notierte B. auf diesem Hintergrund revolutionspraktische Gedanken: »Jener abstrakte theoretische Sozialismus, den man Idiosozialismus nennen muß, kann eine große Gefahr für die Revolution sein, da er die Revolutionäre entmannt. Aber er ist immer noch besser als die Anpassungspraktiken von Leuten, die keine Linie haben.« (S. 576) Für solche Revolutionen wird wichtig »ein Stoßtrupp von wirklichen Männern, die für ihre Sache die Mittel und die Ansichten von Männern zur Verfügung stellen« (ebd.). Zugleich aber notierte B. in seinen *Voraussetzungen für die erfolgreiche Führung einer auf soziale Umgestaltung gerichteten Bewegung*, dass »Aufgabe und Bekämpfung des Führergedankens innerhalb der Partei« (S. 577) nötig sei und zugleich die »scharfe Trennung zwischen Zentralismus und Einzelinitiative« (ebd.) aufgegeben werden müsse – aber dem Zentralismus gebühre »Betonung« (ebd.).

Im Zuge seiner intensiven Debatten mit Karl Korsch und den Ideen von Sorelisierung und *Brechtisierung* (S. 572) um 1932 entwirft B., als Nicht-Mitglied einer kommunistischen Partei, ein revolutionäres Kampfmodell »als auslösendes Moment der proletarischen Diktatur« (S. 576f.). B. betonte »räteähnliche Körperschaften« (S. 577), die »Schaffung von festgeschmiedeten Gruppen mit der Fähigkeit, organisierend zu wirken« (ebd.) und notierte, das »Verbreiten von Erkenntnissen ist schwächer als Aufrichten von Kampfgruppen« (ebd.). Der »organisierende Charakter« (ebd.) eines revolutionären Unternehmens solle der Kontemplation (»Untätigkeit, bloßen Selbstverständigung«; ebd.) entgegenstehen. B. lehnte sowohl eine »menschewistische ›Demokratie‹« (S. 576) ab, weil sie der Produktion fernstehe, als auch die »bolschewistische ›Disziplin‹« (ebd.), weil dort »ein staatliches Element (Staatsersatz) Maßnahmen trifft« (ebd.). Hieraus wird sichtbar, dass B. durchaus parteisoziologisch fundiert kritisch in die Widersprüche des Proletariats und seiner Parteiführungen blickte. »Nicht herauskommen dürfen als entscheidend jene Züge des Verhaltens, die ein Eingreifen nicht ermöglichen würden (personelle Fehler usw.). Warum ist freie Diskussion unmöglich? Oder: warum kann die Parteileitung nicht die Exekutive der Massen sein, die gleichzeitig die Massen über ihre Interessen genauest aufklärt? / Weil die Interessen der Massen divergieren. Mit divergierenden Interessen, also widerspruchsvollen Fakten und Sätzen können die Leitungen aber nicht operieren. Die Partei würde zerfallen. / Widerspruchsvolle Fakten sind: Arbeitslose und Arbeitsbesitzer (die ausgebeutet werden und denen dies nicht gelingt) verlangen jeweilig eine andere Konstruktion der Partei als Kampforganisation. Diejenigen, die von der Produktion zwangsweise entfernt sind, neigen zu (parlamentarischer Politik (?) ökonomischer (?) usw.« (S. 578) Bei gleichzeitiger Würdigung des Zentralismus bei Entscheidungen innerhalb revolutionärer Prozesse musste »die proletarische Masse« (S. 579) das »Operierenkönnen mit Antinomien« (ebd.) beherrschen lernen. »Der Kampf verlangt, daß wir Leute aus dem proletarischen Arbeiten in den Betrieben herausziehen und aus ihnen Politiker machen, Spezialisten für den Kampf. [...] Aber vielleicht werden die Leute in den Fabriken Politiker werden? Und das Herausgehen wird nicht mehr nötig sein nach dem Kampf? Das wäre eher eine Lösung« (S. 581); denn »das Proletariat kann den Staatsapparat nicht in die Hand nehmen, ohne die Produktion in seiner Weise in die Hand zu nehmen« (ebd.) und eine »Regierung hört auf, wenn alle regieren« (ebd.).

Die Wechselwirkung von Allgemeinem und Besonderem im revolutionären Prozess machte B. in Gedanken *Über die Freiheit* deutlich: »Der Wunsch nach Freiheit ist die Folge von Unterdrückung. Die Freiheit ist die Folge der Befreiung.« (S. 579) »Entsteht der allgemeine Wunsch nach Freiheit durch wirtschaftliche Bedrückung (Fall des wirklichen Wunsches in unserer Zeit), dann muß man wissen, daß nur durch wirtschaftliche Befreiung die Freiheit eintritt, aber der Wunsch geht nach vielen Dingen, und mancher davon ist der wirtschaftlichen Befreiung nicht günstig.« (S. 580)

Die bourgeoise Freiheit namentlich des Gedankens geißelte B. mit Bezug auf Engels *Anti-Dühring*. Dort »werden die ökonomischen Zwecke aufgezeigt [...]. Der Gedanke ist frei, d.h., er ist einflußlos, er ist so lange frei, als er von seiner Einflußlosigkeit Gebrauch macht und die Dinge läßt, wie sie sind. Er ist juristisch frei und frei von – Produktionsmitteln. Denn die Produktionsmittel des Gedankens sind Wirklichkeiten« (S. 559). In *Über die Justizskandale* schrieb B. rechtspolitisch (»In den Zeiten, wo die Revolution vor der Tür steht«; S. 260), dass die »Gerichte, um ihre wankende Autorität zu festigen, ihre Ungerechtigkeiten übertreiben« müssen (S. 260f.) und: »Die Sorge der Bourgeoisie ist es, die groben Ungerechtigkeiten zu beseitigen, um diejenige ständige jahrhundertalte und daher gewohnte Ungerechtigkeit zu erhalten« (S. 261). B. band die formale Rechtsprozedur an einen Gerechtigkeitsdiskurs (vgl. S. 448). Unter der Weimarer Verfassung arbeiteten wilhelminische Richter und bei politischen Prozessen (bzw. Prozessen mit politischen Tatbeständen) wurde das Recht zu Ungunsten der politisch Linken ausgelegt. So gab es nach B. »unendlich mehr Richter in Deutschland, die Unrecht tun, indem sie Gesetze ausführen, als solche, die Unrecht tun, indem sie sie verletzen« (S. 261). Und der Gerichtsprozess war nach B. »auch eine Ware. Das Rechtswesen kostet schon nach dem Advokaten Cicero entweder das Recht oder das Geld« (S. 444).

Der Nationalsozialismus ist verschwindend wenig Thema in B.s politisch-gesellschaftlichen Schriften bis Anfang 1933 (vgl. zur Politik der damaligen KPD-Führung in Bezug auf die NSDAP und im Kontext der Komintern-Generallinie: Weber, S. 70–79). In einer Auseinandersetzung mit der (Kunst-)Philosophie Ungers erwähnt B. unspezifisch die Sehnsucht nach einem ›Dritten Reich‹ (vgl. GBA 21, S. 347). Notverordnungen, die zur Zerstörung der Weimarer Republik beitrugen (vgl. Rosenberg, S. 188–211) und zumeist die politische Rechte nicht tangierten, werden vereinzelt erwähnt (vgl. GBA 21, S. 540, S. 548). Der Text *Einstein – Freud* entstand Ende 1932/Anfang 1933 und kommentierte Einsteins triebgestützte Erklärung der Frage »Warum Krieg?« B. gab seine Antworten aus politökonomischer Analyse heraus: Da Einstein den »Klassenkampf« und die mit ihm verbundenen »materiellen Interessen« (S. 588) nicht wahrnehme, entstehe seiner Meinung nach Krieg durch »verhältnismäßig wenig bedrucktes Papier und wildes Reden. Reale Gründe braucht er [der Krieg] zum Losbrechen nicht« (ebd.). B. argumentierte dagegen: »Der Kampf der Klassen, Folge der Nichtübereinstimmung der materiellen Interessen der verschiedenen Klassen, verdeckt den wahren, immer höchst realen, materiellen Kriegsgrund (der einer der herrschenden Schichten ist); andererseits liefert er ihn sogar« (S. 589). B. unterlegte der unterdrückten Klasse eine dunkle Motivationslehre in Bezug auf eine Kriegsbeteiligung: »Für die unterdrückte Klasse bietet der Krieg, solange sie sich ihrer Peinigerin nicht entledigen kann, die einzige Aussicht, ihr Los zu verbessern – manchmal sogar die Aussicht, sich ihrer Peinigerin selber zu entledigen. Sie hofft [...], doch im großen und ganzen teilnehmen zu können am eventuellen Raub, wenn auch als der selbstverständlich betrogene Partner.« (Ebd.) Man mag Einstein wie B. zugute halten, dass sie ihre Erklärungsversuche »Warum Krieg?« vor dem zweiten Weltkrieg geschrieben haben und noch andere, ältere Modelle der Kriegsführung in Erinnerung hatten (vgl. zu den

»neuen Kriegen«: Münkler, S. 91–97, S. 131–142).

Um 1932 wendete B. sich der *Darstellung der geistigen Situation der Berliner Universität* (GBA 21, S. 586) zu: »Welche Aussprüche oder in Sätzen zusammenfaßbaren Verhaltensweisen von Dozenten oder Studenten führen direkt oder indirekt zum Faschismus?« (Ebd.) Es müssten daraus »Vorschläge, Argumente und Argumentationsmethoden gegen die Faschisierung der Universitäten« (S. 587) gefunden werden. B. sah hier die Kriegsmetapher für angebracht: Der faschistische Gegner sei einheitlich ideologisch stabil (vgl. S. 587); deshalb müsse ebenso gegen ihn gekämpft werden. Und es müsse die »Umwandlung des Guerillakrieges in den modernen organisierten, auf Arbeitsteilung basierten Krieg« (ebd.) geschehen. – B.s Text *Neuer Strohhalm der bourgeoisen Kunst: der Faschismus* (S. 284) von 1929 ist keine kulturpolitische Analyse, sondern eine literatur-strategische Polemik in Anekdoten-Form.

Mentalitäts-soziologische Schriften

Namentlich in Zusammenhang mit seiner (und anderer) kulturellen Produktion strukturiert B. Themen mittels des Generationenkonflikts in der Zeit nach dem ersten Weltkrieg. Um 1926 heißt es, dass sich »jetzt [...] Enkel und Großväter in die Augen« (S. 119) blicken; denn die Vätergeneration »dazwischen ist vom Erdboden verschluckt worden beim Versuch, die Erzgruben von Briey zu stehlen« (ebd.). B. zählte sich 1926 (mit Recht) zu den »jüngeren Schriftstellern« (S. 643). Er polemisierte gegen das 1926er Treffen des PEN-Klubs: »Über das, was sie alten Leute erreichen könnten, habe ich gar nicht erst nachgedacht. Sie haben *so bewußt alles Junge ausgeschlossen,* daß diese Tagung, jedenfalls was die deutsche Gruppe anbetrifft, *absolut hoffnungslos, überflüssig und schädlich ist.«* (S. 136) »Ich gebe zu, daß mir die *Werke der letzten* ›*Generationen*‹ *mit wenigen Ausnahmen wenig Eindruck* machen. Ihr Horizont scheint mir sehr klein, ihre Kunstform roh und blindlings übernommen, ihr kultureller Wert verschwindend.« (S. 137) B.s Generationen-Auseinandersetzung kulminierte im Streit mit Thomas Mann: »Ich habe [...] gelacht [...] über Thomas Manns (einzige naive) Ansicht, daß der Unterschied zwischen seiner und meiner Generation nicht so groß sei, wie ich glaubte (schallend)« (S. 207). Nicht nur mit einem Lachen begegnete B. dieser Autorengeneration, sondern mit »durch und durch wahrhaftigem, ganz einfach physischem Ekel« (S. 164), und er hatte »etwas dagegen, daß Manns Bücher (und viele andere) gedruckt werden. (Ich greife Mann lediglich heraus, weil er der erfolgreichste Typ des bourgeoisen Herstellens künstlicher, eitler und unnützlicher Bücher ist.)« (Ebd.) »Geldopfer« und »direkten Terror« (ebd.) würde B. aufwenden, um das Herauskommen solcher Bücher zu verhindern, und sich darin eins finden mit der »Einstellung des gesunden Teils der Jugend« (ebd.). Sie »bedroht Eure Literatur mehr als das Schundgesetz, daß doch lediglich unsere Literatur bedroht« (ebd.). B. differenzierte hier deutlich zwischen einem (feindlichen) Generationen-›Ihr‹ und einem (freundlichen) Generationen-›Wir‹, dem er sich zugehörig weiß (vgl. Schmitt, S. 26–38): »Gefährlich ist an Ihnen und Ihren seligen Geistesriesen nur: daß sie uns die so wichtigen Produktionsmittel versauen.« (GBA 21, S. 166) B. spricht von »Arbeiten meiner Generation« (S. 110) und von »Rüpeleien ältlicher Feuilletonisten« (S. 144).

B. griff 1926 unter dem Titel *Wenn der Vater mit dem Sohne mit dem Uhu* polemisch die vermeintlich neue, demokratische Vater-Sohn- bzw. Eltern-Kind-Dynamik auf, die Klaus Mann mit *Die neuen Eltern* und Thomas Mann mit *Die neuen Kinder* zu beschreiben suchten: »So bleiben als letzte Revolutionäre wir paar bösen halsstarrigen Erzvatermörder [...]. Damit wir jung bleim« (S. 160). »Es ist natürlich nur deswegen wichtig, jung zu sein, weil es ein Vorteil ist« (S. 354), heißt es um 1929. Doch der Generationenschnitt geht nach B. auch durch die ›eigene‹ Generation: »Das ganze Gesindel der Werfel, Unruh, Zuckmayer, korrupt bis zur Marktgängigkeit, hat mit uns nichts zu tun. Ihre demokratische Seichtheit, Geistesschwäche und Harmlosigkeit sind für uns keineswegs [...] die Folgen von Talentmangel, sondern von angeborener Bestechlichkeit, Trägheit und Willensschwäche.« (S. 169) Sie halten sich unberührt vom neuen Blick der Wissenschaft, die den Idealismus hinter sich gelassen hat und »daranging, Chaos zu schaffen. [...] Ich bin mir bewußt, daß man das Wort Chaos hier nicht so oft liest«, »*wir [sehen] erst die schwachen Beginne jeder Unordnung von Ausmaß verwirklicht, die uns vorschwebt.* Alle diejenigen, die heute schon zu einer Art Harmonie gekommen sind, haben mit uns nichts mehr zu tun« (S. 168f.). Das, was hier 1926 positiv als Chaos in Erkenntnis, sozialer Welt und Kultur reklamiert wurde, hatte Folgen für das Bild vom Menschen und für die Konstruktion von Persönlichkeit, für den sogenannten Einzelnen, wie B. 1929 unter *Individuum und Masse* (S. 359) notierte: »Zum Begriff ›einzelner‹ kommt man [...] durch Einteilung. Und am einzelnen ist gerade seine Teilbarkeit zu betonen (als Zugehörigkeit zu mehreren Kollektiven).« (Ebd.) Und um 1926 heißt es: »Da es unerträglich ist, in großen Massen individuell zu leben, wird der Massenmensch es aufgeben. Um vom Erträglichen zum Lustvollen zu kommen, wird er das Dividuelle ungeheuer ausbauen müssen. Er tut es.« (S. 179) »Ein reiner Individualist wäre schweigsam« (S. 180, vgl. S. 273, S. 320, S. 374, S. 435). Heutiges konstruktivistisches, aber auch interaktionistisches Denken kann sich in Anmerkungen B.s von 1930 *Über die Person* wiedererkennen: »›Ich‹ bin keine Person. Ich entstehe jeden Moment, bleibe keinen. Ich entstehe in der Form einer Antwort. In mir ist permanent, was auf solches antwortet, was permanent bleibt.« (S. 404)

Um 1932 fasste B. dialektisch Erscheinungsweisen von Ausbeutung zusammen: »Denn wo der Zustand der Ausbeutung herrscht, werden auch die Ausbeuter ausgebeutet; dies ist nämlich dann die einzig mögliche Form des Verkehrs zwischen den Menschen.« (S. 584) Das hatte Folgen für die mentalen Verhältnisse: »Wo der Zustand der Ausbeutung herrscht, wird die Liebe die Form der Ausbeutung annehmen, ebenso aber auch der Haß, und sowohl die Lehre als auch die Entgegennahme der Lehre werden das Siegel der Ausbeutung auf der Stirn tragen.« (Ebd.) Das Ausbeutungsverhältnis ist ein struktureller Gewaltzusammenhang, der alle menschlichen Tätigkeiten einfärbt und ihnen das Widerständige nehmen will. B. erhoffte sich, dass »die Massen [...] den Zustand« (ebd.) änderten, was – historisch gesehen – eher einem Wunsch denn einer Tatsache entsprochen hat.

Die Funktionalisierung des Erlebnisfeldes »Sport« ging B. ähnlich kritisch an. Dass eine »Körperkultur [...] die Voraussetzung geistigen Schaffens« (S. 122) sein sollte, hielt B. nicht für akzeptabel. Diesem sportpolitischen Argumentationsrahmen stellte B. sein sportpolitisches Credo entgegen: »Der große Sport fängt da an, wo er längst aufgehört hat, gesund zu sein. Das Scheußlichste [...] ist Sport als Äquivalent« (S. 223). »Kurz: ich bin gegen alle Bemühungen, den Sport zu einem Kulturgut zu machen, schon darum, weil ich weiß, was diese Gesellschaft mit Kulturgütern alles treibt, und der Sport dazu wirklich zu schade ist. Ich bin für den Sport, weil und solange er riskant (ungesund), unkultiviert (also nicht gesellschaftsfähig) und Selbstzweck ist.« (S. 224) Die sportiven großen Appetite galt es, als vermeintliche Störung zu wahren und nicht zu domestizieren: Ein vitalistisches und zugleich gesellschaftskritisches Argumentieren zeichnete B. hier aus: »Ich weiß sehr gut, warum die Damen der Gesellschaft heute Sport treiben: weil ihre Männer in ihrem erotischen Interesse nachgelassen haben. Ohne diesen Damen besonders wohl zu wollen – je mehr sie Sport treiben, desto mehr werden diese Herren nachlassen.« (Ebd.) Wenn Wollust, Sexualität, »›vernünftiger‹, ›feiner‹ und ›gesellschaftsfähiger‹« (S. 225) werden, dann werden sie, wie die starke Tendenz im Sport, »desto schlechter« (ebd.), ließe sich mit B. schlussfolgern.

Das, was seit 1923 *Neue Sachlichkeit* genannt wird (S. 738), griff B. auf und diskutierte es kritisch. Er jonglierte hier mit einem zeitgenössischen Begriff, den er als kritischen seiner Gesellschafts- und Menschensicht und seiner Erkenntnisweise zuschlagen wollte: »es gab eine *Sachlichkeit* der Menschen im Praktischen, indem diese den Sachen absolut untergeordnet, willenlos in diesen Sachen handelten, nur durch die Sachen durch sichtbar als Menschen wurden – es gab auf diese Art keine Menschen mehr als selbständiges Wesen, die über Sachen verfügten, es gab vor allem *den* Menschen nicht mehr, den Menschen als kompletten Begriff« (S. 321). Entfremdung, Vergegenständlichung wurde die Regel; aber »es gab [...] keine Sachlichkeit im Theoretischen. ›Der Mensch‹ war eine Funktion, Grund sachlicher Interessen, und spaltete sich danach in riesige Gruppen, die auch unter sich *den* Menschen völlig auflösten und jede Sache ihren Interessen gemäß unsachlich, unphilosophisch, kämpfend, klassenmäßig beurteilten« (ebd.). Wo die Sachlichkeit wächst, scheint auch ein religiöses Bedürfnis zu wachsen (vgl. S. 339, S. 336, S. 407, S. 531, S. 574f.). B. deutete es an: die Metaphysik der Verhältnisse wurde zu »einer Physik [...], wenn man auf sie näher einging« (S. 321; vgl. Lethen, S. 170–176).

Im schriftstellerischen Werk, aber auch in seinen Schriften zu Gesellschaft und Politik, spielen Fragen von Urbanität und Leben in großen Städten eine Rolle: »Wir betrachten sie [die großen Städte in ihrem Wachstum], wie der erste Mensch den ersten Regenguß betrachtete: er glaubte an eine Sintflut. Diese Naivität beweist besser als sonst etwas die Potenz und Frische unseres Zeitalters. [...] ich glaube, daß noch zu unseren Lebzeiten der Punkt erreicht wird, wo ein Überblick über die Entwicklung der großen Städte möglich ist. (Ich glaube, sie werden verfallen, wenn sie aufhören zu wachsen.)« (GBA 21, S. 187) »Das einzige, was diese Städte bisher als Kunst produzierten, war Spaß: die Filme Charlie Chaplins und den Jazz. Davon ist der Jazz das einzige Theater, das ich erblicke.« (S. 188)

Neue Formen der Kunst und ihre Themen treffen nicht nur in ihrem eigenen, unmittelbaren Feld auf Kritik und Ablehnung. Auch in der politisch-gesellschaftlichen und ökonomischen Sphäre wird Kunst zum Gegenstand – nämlich der Distribution und der Zensur. Im Zuge der Notverordnungspolitik während der Weimarer Republik wurden vornehmlich kommunistische Zeitungen mit Erscheinungsverbot belegt. Etwa um 1932 (vgl. zum historischen Kontext Weber, S. 125–129, S. 67–79) wehrte sich B. gegen »das Verbot der 14 kommunistischen Zeitungen« (GBA 21, S. 551): Bevor »das welthistorische Attentat auf die deutsche Arbeiterklasse, das für diese Herbstwochen geplant ist« (ebd.), geschah, wurden »die letzten Kampfmittel entzogen: das freie Wort« (ebd.). Verboten wurden Zeitungen, die zum Ausdruck brachten, dass »die wirklichen Interessen der breitesten Schichten [...] nicht mehr befriedigt werden« (S. 800) konnten. Andere Zeitungen brauchte man nicht zu verbieten, sie würden sowieso schweigen und »die Schlächterei nicht stören« (S. 551). Die *Arbeiter-Illustrierte-Zeitung* (A-I-Z) war für B. 1931 ein Blatt zur Wiederherstellung der »wirklichen Tatbestände« (S. 515) mittels gekonnter »Bildreportage« (ebd.). Über den *Deutschlandsender* bemerkte B. im selben Jahr, dass der ihn nicht sonderlich interessiere, sondern langweile. Verlangen aber müsste man von ihm zum Mindesten, »daß die Möglichkeit gegeben wird, auf diese *subjektiv hetzerischen* Reden gegen die Sowjetunion von derselben Stelle aus zu *antworten!*« (Ebd.) Könnte nicht widersprochen werden, so wäre das »ein Mißbrauch des Rundfunks, der nur durch Zulassung von Diskussionen der Vertreter verschiedener Richtungen verhindert werden kann« (ebd.), womit dieser wieder zum »Kommunikationsapparat« (S. 552, vgl. S. 217–219, S. 263) werde.

Politische Zensur im Film hatte B. am Fall von *Kuhle Wampe* (S. 544–550) erlebt; wirtschaftlich-politische Eingriffe im *Dreigroschenfilm* (S. 448–514). 1928 wehrte sich B. gegen die Verstümmelung von Lotte Reinigers Film *Die Abenteuer des Prinzen Achmed*: der Film sei von »keineswegs der Filmindustrie zuzuzählenden Leuten mit großem Talent und fast asiatischem Fleiß hergestellt« (S. 248) worden und man könne sich nun des Gefühls nicht erwehren, »man führe ihn lediglich auf, um ihn abzustoppen« (ebd.) – ein doppeltes

Fiasko: künstlerisch und wirtschaftlich. Und B. fügte hinzu, man würde sich wohl lächerlich machen, »wenn man eine kleine Untersuchung solcher Vorfälle anregen möchte – da es sich ja nur um eine rein künstlerische Angelegenheit handelte, also um etwas äußerst Seltenes, Ausgefallenes und niemand Angehendes« (ebd.). 1929 schrieb B. paradox intervenierend in ein Notizbuch »Ganz ohne Zensur wird's nicht gehen. Zu der Literatur gehört der Blaustift. In den Liebesgeschichten *muß* ausgemerzt werden, was die Geschlechtlichkeit herabsetzt und zur Enthaltsamkeit aufreizt. Besonders da man damit rechnen muß, daß die Bücher in die Hand unserer Jugend fallen können.« (S. 322, vgl. S. 373)

B.s Handeln war (auch) literaturstrategisch ausgerichtet: Es galt, die neuen Mentalitäten und Potenzen zu organisieren, zu kollektivieren: »Die meisten unserer Literaten befinden sich in einem sie sehr befriedigenden Irrtum über ihre Stellung zur Gesellschaft [...]: Sie halten sich für unabhängig, [...] schlimmstenfalls für den ›Ausdruck‹ der ›(unteilbaren) Gesellschaft‹. Sie halten sich für die Avantgarde, für (wenigstens geistig) Herrschende, glauben an ihren Einfluß und vor allem: an die Möglichkeit, sich Informationen zu verschaffen. Das kommt, weil sie nicht wissen, was ihre Funktion als Kopfarbeiter ist, die keine Produktionsmittel haben.« (S. 333, vgl. S. 542f.) Und zur *Freiheit der Kunst* heißt es bei B. um 1929: »Jene Freiheit kann ihr nicht gegeben werden, die sie sich nicht nimmt ...« (S. 347) Dieses ›Nehmen‹ musste organisiert werden. B. war 1929/30 beteiligt an einem Zeitschriftenprojekt, das er *Kritische Blätter* (S. 316, S. 330) nannte und das unter dem Titel *Krisis und Kritik* im Rowohlt Verlag herauskommen sollte. »1931 scheitert das Projekt endgültig« (S. 732). Eine von B.s grundlegenden Überlegungen zu dieser eher wissenschaftlich-formal verfassten Zeitschrift lautete: »Die ›K.B.‹ müßten kritisch in umfassender Weise sein, indem sie nicht nur Kritik zur Anwendung bringt, sondern sie vor allem zuerst schafft. Sie hat als erstes Kritik zu *ermöglichen*. Weitergehend nimmt sie ›Kritik‹ in seiner doppelten Bedeutung, indem sie *dialek-tisch* das ganze Stoffgebiet in eine *permanente Krisis* umdenkt, also die Zeit als in zweifacher Bedeutung ›kritische Zeit‹ auffaßt. Die Wiedereinsetzung der *Theorie* in ihre produktiven Rechte ist hiermit notwendig geworden.« (S. 330) Zu »einer dialektischen Kritik« (S. 334) formulierte B. fünf Punkte: »1) Nachweis einer wirklichen Literatur – der marxistischen / 2) als einer kritisch didaktischen / 3) eingreifenden (siehe Stalin contra Bucharin) / 4) kontinuierlichen / 5) Verwandlung der Kunst in Erziehungswissenschaft (statt der Kritik in Kunst).« (S. 334, vgl. S. 520) »Sie verficht und erläutert den Grundsatz, daß die üblichen Gefühle der Sympathie oder Antipathie zu Kunstwerken [...] gar keinen Wert haben und daß auch ein Urteil keinen Wert hat, das nicht formuliert und fordernd ist. Sie lehrt also ›eingreifendes Denken‹« (S. 331). »Die ästhetischen Maßstäbe sind zugunsten der Maßstäbe des Gebrauchswerts zurückzustellen« (ebd.). »Die neue Kritik erkennt die ungeheure Belastungsprobe, die sie von seiten der Institute Presse und Theater ausgesetzt ist, und stellt sich auf die Seite der Produktion, da dem Wesen des Kapitalismus nach nur von der reinen Produktion etwas zu erwarten ist.« (S. 332) Die *»Folgen der Folgenlosigkeit«* (S. 403) in der sog. ›schönen Literatur‹ sollen organisiert angegangen, d.h. mit den »Errungenschaften der Soziologie« (ebd.) aufgehoben werden. »Man ziehe zum Vergleich heran die Sätze, mit denen die Physiker ihre Wahrnehmungen mitteilen oder Versuche anmerken, oder jene der Juristen! Da hier jedes Wort praktische Folgen hat, ist jedes Wort überlegt. *Jedem Wort liegt eine Entscheidung zugrund!«* (S. 403f.)

Um 1931 dachte B. nach über »eine Organisation der Dialektiker« (S. 526), auch »Gesellschaft für Dialektiker« (S. 527) und »G.M.F.H.D.« (S. 528) genannt – (= Gesellschaft materialistischer Freunde der Hegelschen Dialektik) –, ein Gedanke Lenins wurde aufgegriffen (S. 790). Die Organisation der Dialektiker arbeitete mit und an dem »Wissen der aufsteigenden Klasse« (S. 526) und für sie: Zwar erfolgte die Organisation »außerhalb der kommunistischen Arbeiterpartei«, fand aber

»ihren Abschluß [was immer das sei] mit der organisatorischen Vereinigung mit dieser« (ebd.). In der *Grundlinie für eine Gesellschaft für Dialektiker* (S. 527) heißt es gleich im 1. Punkt, dass man »sich mit *materialistischer* Dialektik« (ebd.) beschäftigt; »um ihren Mitgliedern keine Schwierigkeiten zu bereiten« (ebd.), werde »dies aber nicht öffentlich« (ebd.) betont. Man werde sich etwa als dialektischer Biologe oder Mediziner »in direkte Kämpfe mit der – Polizei verwickeln« (S. 526), möglicherweise beim Kampf um den § 218 (vgl. S. 582). Einer Akademie ähnlich wird es Fachgebiete geben und »die Facharbeiten beschäftigen sich vorzüglich mit der Entwicklung ihrer Wissenschaft, sie arbeiten an der Grenze derselben« (S. 527), Inter- und Transdisziplinarität also und ein forschendes Lernen und Lehren: »Jedes ihrer Mitglieder beginnt seine Lerntätigkeit zugleich mit einer Lehrtätigkeit; es organisiert sofort.« (Ebd.) Und diese Dialektiker bringen »Ordnung, d.h. Übereinstimmung in alle Meinungen, die das Verhalten der Menschen bestimmen, indem sie untersuchen, wieweit sie die Entwicklung ermöglichen oder hindern« (ebd.). Weitere *Ziele der Gesellschaft der Dialektiker* sollten sein: »Bereitstellung der Zitate. Lehre des Zitierens. Lehre der eingreifenden Definition. Die Interessenangleichung.« – also Fragen der Rhetorik wurden angegangen. »*Was* greift *wo* ein?« war ein weiteres Fragefeld: Das »Operieren mit widerspruchsvollen Fakten und Sätzen« (ebd.) sollte geübt werden, dabei aber sollte der »Widerspruch [...] nicht entfernt, wohl aber synthetischen höheren Begriffen untergeordnet werden« (ebd.). Subtext des Unternehmens der Dialektiker-Gesellschaften war das »axiomatische Feld« (S. 536), das vom »revolutionären Proletariat konstruiert« (ebd.) würde. Solche Intellektuellen-Organisation würde nicht interesse-neutral arbeiten, sondern parteilich. Das stand im Gegensatz zu bürgerlichen Vereinigungen, die sich als idealistische, klassenneutrale Unternehmen verstehen lassen wollten. B. entwickelte ein produktives Handlungsmodell: Kollektives Handeln und eingreifendes Denken sollten eine bewegliche, widersprüchliche Einheit bilden.

Literatur:

Bloch, Ernst: Vom Hasard zur Katastrophe. Politische Aufsätze 1934–1939. Frankfurt a.M. 1972. – Koch, Gerd: Lernen mit Bert Brecht. Bertolt Brechts politisch-kulturelle Pädagogik. Frankfurt a.M. 1988 (Erw. Neuausgabe). – Ders.: Politisch-kulturelle Bildung nach Brecht. In: Claußen, Bernhard/Zschieschang, Susan (Hg.): Politik – Bildung – Gesellschaft. Studien zur exemplarischen Verhältnisbestimmung in sozialgeschichtlicher und zeitdiagnostischer Perspektive. Glienicke/Berlin, Cambridge 2002 [zit. nach Ms.]. – Lethen, Helmut: Verhaltenslehren der Kälte. Lebensversuche zwischen den Kriegen. Frankfurt a.M. 1994. – Münkler, Herfried: Die neuen Kriege. Reinbek bei Hamburg 2002. – Rosenberg, Arthur: Geschichte der Weimarer Republik. Frankfurt a.M. 1972. – Schmitt, Carl: Der Begriff des Politischen. Text von 1932 mit einem Vorwort und drei Corollarien. Berlin 1996. – Weber, Hermann: Hauptfeind Sozialdemokratie. Strategie und Taktik der KPD 1929–1933. Düsseldorf 1982.

Gerd Koch

Der Dreigroschenprozeß

Der Dreigroschenprozeß – Ein soziologisches Experiment (GBA 21, S. 448–514) nimmt innerhalb der publizistischen Schriften und theoretischen Fragmente bis 1933 eine Sonderstellung ein. Es handelt sich um B.s einzige große abgeschlossene kunsttheoretische Schrift der 20er-Jahre. Sie erschien im Heft 3 der *Versuche*, jener bei Kiepenheuer verlegten neuartigen Publikationsform, mit der sich B. die Möglichkeit schuf, wichtige Arbeiten mit experimentellem Charakter laufend zu veröffentlichen.

In der Vorbemerkung zum ersten Heft der *Versuche* hatte B. geschrieben: »Die Publikation der ›Versuche‹ erfolgt zu einem Zeitpunkt, wo gewisse Arbeiten nicht mehr so sehr individuelle Erlebnisse sein (Werkkarakter haben) sollen, sondern mehr auf die Benutzung (Umgestaltung) bestimmter Institute und Institutionen gerichtet sind (Experimentkarakter haben) und zu dem Zweck, die einzelnen sehr weit verzweigten Unternehmungen kontinuierlich aus ihrem Zusammenhang zu erklären«. (*Versuche*, H. 1, S. 1) B. war die Publikationsform der *Versuche* so wichtig, dass er sie nach der Rückkehr aus dem Exil neu auflegen ließ und weiterführte.

Das Heft 3 der *Versuche* enthielt neben dem *Dreigroschenprozeß* außerdem die Texte: *Die Dreigroschenoper* und *Anmerkungen zur Dreigroschenoper* sowie die Drehbuchskizze *Der Dreigroschenfilm – Die Beule*. Die drei Texte werden als 8. Versuch (Oper und Anmerkungen), 9. Versuch (Film) und 10. Versuch (Prozeß) nummeriert. Damit bot das Heft ein breites Spektrum von Versuchen, das vom literarischen Text über den Kommentar, das Filmskript bis zur theoretischen Abhandlung reichte.

Ausgangspunkt des *Dreigroschenprozesses* ist die von B. (und Kurt Weill) angestrengte Klage gegen die Nero-Film-AG, die B. wegen mangelnder Vertragserfüllung von der weiteren Einflussnahme auf die Verfilmung ausgeschlossen hatte. Der Text stellt freilich alles andere dar als die Nacherzählung eines Rechtsprozesses: er unternimmt ein »soziologisches Experiment«. Mit diesem Anspruch wird die programmatische Ankündigung der *Versuche* ausdrücklich wieder aufgenommen, die Arbeiten B.s seien auf die Benutzung und Umgestaltung bestimmter Institutionen gerichtet. Aus der Praxis »der ständig funktionierenden Wirklichkeit, der immerfort rechtsprechenden Justiz, der öffentliche Meinung ausdrückenden oder erzeugenden Presse, der unaufhörlich und unhinderbar Kunst produzierenden Industrie« sollen »einige Vorstellungen« abgezogen werden und in ihrer ideologischen Funktion für diese Praxis »beobachtet« werden (GBA 21, S. 448f.).

Der Dreigroschenprozeß erschien um die Jahreswende 1931/1932. Vorher hatte B. mit zwei kurzen Texten, die in der Essener Zeitschrift *Der Scheinwerfer* erschienen, zum Prozess Stellung genommen: In *Zur Tonfilmdiskussion* (Dezember 1930; S. 444) und in *Die »geldliche« Seite des Dreigroschenprozesses* (April 1931; vgl. S. 778). Der zweite Text ist weitgehend in den *Dreigroschenprozeß* aufgenommen. Außerdem gibt es zwei kleine Fragmente: *Eingriffe in die dichterische Substanz* und *§ 2 Das Experiment ist tot, es lebe das Experiment!* (S. 445–447). Der erste Text, als fiktives Interview geschrieben, ist insofern wichtig, als hier B. deutlicher als im *Dreigroschenprozeß* den eigentlichen Ursprung des Konflikts angibt: »Die wenigen Besprechungen mit dem Regisseur Georg Wilhelm Pabst ergaben überhaupt keine künstlerischen Gesichtspunkte, sondern beschränkten sich auf Kompetenzstreitigkeiten (ob Brecht das Manuskript bestimmend beeinflussen könne oder nicht usw.)« (S. 445).

Der Dreigroschenprozeß operiert durchgehend mit den Mitteln der Polemik, der Satire und der rhetorischen Sentenz. Alles andere als ein trockenes Stück Theorie bietet er ein glänzendes Beispiel pointenreicher intellektueller Prosa dar, das den Streitschriften eines Lessing, Heine, Karl Kraus ebenbürtig ist.

Um den Text in der von B. intendierten Gestalt lesen zu können, muss man den Abdruck der *Versuche* zur Hand nehmen. B. verwendet für die Titel und Titelzitate Kapitälchen und benutzt für Hervorhebungen, wie Kraus, den Sperrdruck, der bestimmte Formulierungen in die Augen springen lässt. Im Übrigen wird hier der ›einzelne‹ mit großem E geschrieben. (Die posthumen Werkausgaben haben leider auf die besondere Typografik keine Rücksicht genommen.)

Der Streitfall

Die Produktionsfirma Nero-Film-AG schloss am 21. 5. 1930 mit dem Verlag Felix Bloch Erben (dem B. und Weill als Komponist dazu die Vollmacht erteilten) einen Vertrag über die Verfilmungsrechte an der *Dreigroschenoper*. Das Interesse der Filmgesellschaft bestand darin, wie auch im Prozess geltend gemacht, den weltweiten Erfolg der *Dreigroschenoper* als Film zu vermarkten und eine möglichst publikumswirksame Filmversion zu produzieren (GBA 21, S. 773). B. wollte dieses ökonomische Interesse dahingehend auszunutzen, seine eigenen Vorstellungen von einer Verfilmung des Stücks durchzusetzen. Indem die Filmgesellschaft zugestand, dass B. zusammen mit Slatan Dudow und Caspar Neher die Textgrundlage für das kurbelfertige Drehbuch erarbeiten sollten und in Zusammenarbeit mit Leo Lania das Drehbuch verfasst würde, war schon der Grund für das baldige Zerwürfnis gelegt. Denn B. nahm den Vertrag, dass der Film nur auf Grund eines im Benehmen mit dem Autor ausgearbeiteten kurbelfertigen Manuskriptes hergestellt werden dürfe, als Absicherung, bis zuletzt in die Produktion des Films einwirken zu können. Seine Intention war keine bloße Verfilmung der *Dreigroschenoper*, sondern ein mit dem neuen Medium experimentierender *Dreigroschenfilm*. – Wie sehr anders B.s Vorstellungen aussahen, lässt sich dem Drehbuch-Exposé *Die Beule* entnehmen.

Der Text des Vertrags ist nicht publiziert, lässt sich aber in wesentlichen Punkten aus den von B. im *Dreigroschenprozeß* zitierten Passagen sowie aus der Urteilsbegründung (Nachweis und Teilabdruck: GBA 21, S. 770ff.; vgl. auch die Kurzversion der Rechtsanwälte, S. 769f.) erschließen. – Über die Klageerhebung informierte B. durch seine Anwälte die Öffentlichkeit mit folgender Notiz im *Berliner Börsen-Courier* (2. 10. 1930):

Unsere Mandanten, Brecht und Weill, haben die Tonverfilmungsrechte der ›Dreigroschenoper‹ einer Berliner Filmgesellschaft übertragen und sich im Hinblick auf die Erfahrungen bei der Verfilmung bekannter Bühnenwerke ausdrücklich im Vertrag vorbehalten, daß der Film nur auf Grund eines im Benehmen mit dem Autor ausgearbeiteten kurbelfertigen Manuskriptes hergestellt werden dürfe. Der eigenartige Stil der ›Dreigroschenoper‹ erforderte diesen Vorbehalt, durch den, auch vertraglich, verhindert werden sollte, daß im Wege üblicher Schablone das Werk, seiner Eigenheit entkleidet, lediglich die stoffliche Unterlage für einen vielleicht netten Unterhaltungsfilm bildet. Die Autoren halten es für unverantwortlich, eine Vorzensur gewisser Verleiher und Lichtspieltheaterbesitzer in künstlerischen Fragen zu dulden und sich deren Unterschätzung des Publikums zu eigen zu machen. Sie halten sich der Öffentlichkeit gegenüber für berechtigt und verpflichtet, die inhaltlichen und stilistischen Eigenarten der ›Dreigroschenoper‹ auch bei einer Verfilmung des Werkes zu wahren. Die grundsätzlich entgegengesetzte Einstellung der Filmfirma zwingt die Autoren zur gerichtlichen Klarstellung. (GBA 21, S. 769f.)

B. war, wie die Formulierungen zeigen, von vornherein daran interessiert, den privatrechtlichen Prozess zu einem Kunst-Skandal und zu einem Zensurprozess umzufunktionieren. Er setzte auf Publizität, auf die Öffentlichkeit als Verbündete bei der Wahrung der Integrität seines Werks, um das Gericht und die Filmgesellschaft unter Druck zu setzen. Dieser Prozess unterschied sich, was nicht übersehen sein sollte, von dem Prozess um *Kuhle Wampe*, den B. fast zeitgleich mit der Abfassung des *Dreigroschenprozesses* geführt hat. Bei *Kuhle Wampe* entstand das Problem, dass der fertige Film nach Vorlage bei der Zensurbehörde verboten wurde. Es handelte sich also um einen ganz anderen, für das Öffentliche Recht oder das Staatsrecht relevanten Fall, der nach dem Lichtspielgesetz zu beurteilen war. Hier hingegen ging es um einen privatrechtlichen Fall eingehaltener oder nichteingehaltener Verträge.

B.s Klage (30. 9. 1930) erfolgte, nachdem die Filmfirma ihn wegen mangelnder Vertragserfüllung von der weiteren Mitarbeit ausgeschlossen und mit den Dreharbeiten (ab 19. 9. 1930) begonnen hatte. Dieser Klage widersprach die Filmfirma; das Gericht gab ihr Recht (Urteil vom 4. 11. 1930), ließ aber eine Revision zu. B. verzichtete auf die Revision und schloss am 19. 11. einen außergerichtlichen Vergleich mit der Filmfirma, die ihm 21000 Reichsmark Honorar zahlte und ihm eine nochmalige Verfilmung der *Dreigroschenoper* nach einigen Jahren freistellte. Die Firma zahlte im Übrigen auch freiwillig die Prozesskosten, um weiteres öffentliches Aufsehen durch den Prozess zu vermeiden (vgl. Casparius, S. 174 und S. 176).

»Die Dreigroschenoper«, Regie Georg Wilhelm Pabst, hatte am 19. 2. 1931 Premiere. Auf den Plakaten stand: »Frei nach Brecht, Musik: Kurt Weill, Manuskript: [Leo] Lania, [Ladislaus] Vajda, [Bela] Balász.« (GBA 21, S. 785) Der Tonfilm, der auch in einer französischen Version gedreht wurde, war, anders als es der *Dreigroschenprozeß* nahelegt, sehr erfolgreich und künstlerisch keineswegs niveaulos (das Drehbuch von Pabst ist komplett abgedruckt bei Casparius, S. 275–389).

Die Frage nach der juristischen Korrektheit des Gerichtsverfahrens kann im Weiteren außer Betracht bleiben, zumal B. im *Dreigroschenprozeß* auf nichts anderes hinauswill, als dass das Gericht ablehnend entscheiden musste. Eingegangen wird auch nicht auf die zusätzliche Komplikation, dass sowohl B. als Autor wie auch Weill als Komponist klagten (das Gericht trennte die Klage Weills ab und kam zu einem anderen Urteil; vgl. GBA 21, S. 782; Casparius, S. 214f.).

Wesentlich ist aber, wie die unterschiedlichen Interessen sich auf der rechtliche Ebene des Prozesses abspiegelten. B. wollte als Autor der *Dreigroschenoper* sein im Vertrag verankertes Mitbestimmungsrecht an der Verfilmung erstreiten. Die Paradoxie, die der Prozess von Anfang an hatte, bestand nun aber darin, dass die Filmgesellschaft ihm gerade wegen mangelnder Vertragserfüllung gekündigt hatte und das Gericht sich im Wesentlichen darauf konzentrierte, ob diese Vertragsaufkündigung durch die Firma rechtens gewesen sei. B.s Veränderungsabsichten und die grundsätzliche urheberrechtliche Dimension des Streits bildeten nicht den Kern des Prozesses, blieben also im Prozess selbst und auch in der höchst windigen Urteilsbegründung (vgl. GBA 21, S. 770–776; vollständiger: Casparius, S. 211–214) eher am Rande.

In der Presse fanden diese Aspekte hingegen die größere Aufmerksamkeit, was *Der Dreigroschenprozeß* durch entsprechende Zitate herausstellt. B. zitiert z.B. den Prozessbericht der Zeitschrift *Kinematograph*: »Die herstellende Firma behauptet, daß Brecht eine politische Kampftendenz in den Film hineintragen wollte. Nach der ganzen Einstellung des Dichters ist das auch als wahrscheinlich anzunehmen.« (GBA 21, S. 455) Was man sich darunter vorzustellen habe, sagt der Text später knapp und deutlich: »Die ›Dreigroschenoper‹ konnte [...] in einen Dreigroschenfilm verwandelt werden, wenn ihre soziale Tendenz zur Grundlage der Bearbeitung gemacht wurde. Das Attentat auf die bürgerliche Ideologie mußte auch im Film veranstaltet werden können. Intrige, Milieu, Figuren waren vollkommen frei zu behandeln. Diese Zertrümmerung des Werks nach dem Gesichtspunkt der Beibehaltung seiner gesellschaftlichen Funktion innerhalb einer neuen Apparatur wurde von der Filmgesellschaft abgelehnt.« (S. 485)

Unterstellt man diese Charakterisierung als Intention, die B. von Anfang an hatte – und sie deckt sich mit dem Skript der *Beule* –, so bleibt umso unklarer, warum sich die Filmfirma und B. überhaupt auf diesen Mitbestimmungsvertrag eingelassen haben, zumal von Anfang an zwischen B. und dem Regisseur Pabst keine Kooperationsbasis gefunden wurde. Auch Siegfried Kracauers um sorgfältigen Bericht bemühte Darstellung des Prozesses (*Der Prozeß um die Dreigroschenoper*, 8. 11. 1930) begnügt sich damit festzustellen, die Vorgeschichte sei ein »vielverschlungener [...] Roman, der mehrere hundert Seiten umfassen würde. [...] Die Ereignisse, in die eine Menge von Personen verwickelt waren, spielten sich, wie es sich für einen modernen Gesellschaftsroman gehört, in einem wahrhaft internationalen Rahmen ab: an der französischen Riviera, am Ammersee, in Berlin und in London.« (Kracauer 1960, S. 209)

Was sich im Nachhinein halbwegs rekonstruieren lässt (vgl. Gersch, S. 58–71), legt die Vermutung nahe, dass B. das Skript *Die Beule* der Firma vorenthalten hat, weil er die Ausarbeitung des Drehbuchs mit dem vorgesehenen (und von ihm vorgeschlagenen) Drehbuchschreiber Leo Lania allein betreiben wollte. Dies schien ihm durch den Vertrag möglich. »Wie man sieht«, heißt es im *Dreigroschenprozeß* dazu, »hatte der Autor eine Arbeitsorganisation durchgesetzt, nach der die

Firma erst nach Fertigstellung des Manuskripts Wünsche auf Abänderung anmelden konnte.« (GBA 21, S. 450) Die Filmgesellschaft hingegen hatte, als sich zeigte, dass B.s Mitarbeit eine rasche Verfilmung durch Pabst aufhielt, daran kein Interesse mehr. Vertragskündigung wegen mangelnder sachlicher Ausübung des Mitbestimmungsrechts war der einfachste juristische Vorwand. Zugleich fand sie sich nach dem Gerichtsurteil zur finanziellen Abfindung bereit, um weitere Schwierigkeiten von Seiten des Autors auszuschließen.

Nun hatte sich B. durch das große Presse-Echo und die Solidarisierung, die er vielfach erfuhr, in Zugzwang gebracht. Dass er nach der Abweisung seiner Klage nicht weiter prozessierte, sondern sich auf einen finanziellen Vergleich einließ, hinterließ in der Öffentlichkeit den fatalen Eindruck, er habe sich am Ende von der Filmindustrie kaufen lassen. Gerade diese publizistischen Zusammenhänge gaben einen wichtigen, wenn auch nicht den einzigen Anstoß zur Abfassung des *Dreigroschenprozesses*.

Textstrategie und Rezeption

Als der *Dreigroschenprozeß* erschien, lag der Prozess über ein Jahr zurück, und auch der Film hatte seinen Erfolg gehabt. Es ist also irritierend, wenn der Text mit der Zeitangabe »In diesem Winter gab uns die Verfilmung des Theaterstücks ›Die Dreigroschenoper‹ Gelegenheit [...]« einsetzt (GBA 21, S. 448). Mit dieser Rückdatierung nahm B. die Haltung eines noch frisch Gekränkten ein, der um sein Recht gebracht wurde, sich aber auch von der Öffentlichkeit missverstanden sieht.

Deshalb suchte er die Möglichkeit, sozusagen den Gerichtsprozess, in dem er keine eindeutige Figur gemacht hat, als kalkuliertes Unternehmen auszugeben. In der Tat stellt B. den Gerichtsprozess ausdrücklich so dar, als habe er ihn nur angestrengt, um ihn demonstrativ zu verlieren. Diese Behauptung klingt nicht sehr überzeugend und erklärt zudem nicht seine Bereitschaft zur gütlichen Einigung nach dem Prozess. Dass es nicht um die Sache, sondern ums Geld gegangen sei, hatte bereits Ludwig Marcuses Satire *Brecht ist Brecht* gespottet, gegen die B. wiederum eine anwaltliche Richtigstellung abdrucken ließ (vgl. S. 779f.). Er griff damit nur das verbreitete Bild vom geschäftstüchtigen Nachwuchsautor auf, das B. selbst provokativ gepflegt hatte. Piscator überliefert die Anekdote, B. habe gegen eine kostenlose dramaturgische Mitarbeit am Theater am Nollendorfplatz mit den Worten protestiert: »Mein Name ist eine Marke, und wer diese Marke benutzt, muss dafür zahlen« (Piscator, 1968, S. 281). Eine böse Karikatur (Casparius, S. 221) zeigt B. und Weill, wie sie vor dem Kadi »Kunst« brüllen, um anschließend vor dem Mammon zu kuschen.

B. löste das Dilemma, indem er einfach sagte, dass alles durchaus zutrifft. Sein Prozessverhalten habe notwendig widersprüchlich bleiben müssen. Es sei unvermeidlich, dass er in mehreren Rollen habe auftreten müssen. Derselbe Autor, der in der *Dreigroschenoper* fremde Literatur bedenkenlos plünderte und dies mit ›Laxheit in Fragen des geistigen Eigentums‹ begründete, zeigte hinsichtlich des eigenen Werks keine Laxheit. Prozessierend um geistiges Eigentum und Urheberrecht beharrte er einerseits wie ein Kohlhaas oder Shylock auf der besonderen, von ihm durchgesetzten Vertragsregelung über die Mitbestimmung bei der Verfilmung. Zugleich gab er zu verstehen, dass er immer schon von ihrer Undurchsetzbarkeit und Haltlosigkeit überzeugt war. Er berief sich auf das Recht auf Urheberschutz und wollte zugleich dessen Unwirksamkeit aufzeigen. Er wollte den Film verhindern, beanspruchte aber auch Geld für das Manuskript usw. Auf diese Weise ließ sich alles, was ihm vorgehalten wurde, offensiv auffangen. Es musste gar nichts verschwiegen oder bemäntelt werden. Er zitierte z.B. aus einem Prozessbericht der *Neuen Zeit des Westens*: »Rechtsanw. Dr. Fischer erklärt, daß die ›Dreigroschenoper‹ überhaupt kein Originalwerk sei. Brecht habe ja die Ammersche Übersetzung von Villons Gedichten ohne Verletzung des Stilgedankens in sein Werk ›hineingetragen‹. Als man ihn deswegen [zur Rede] stellte, erklärte er das ganze Urheberrecht für mittelalterlich und überholt ... / Brecht lehnte es ab, über Eigentum und Eigentumsrechte zu diskutieren. Er, der Kläger, würde sein Eigentum an diesem Werk nur aus rein juristischen Gründen verteidigen« (GBA 21, S. 454).

Mit diesem taktischen Rollenspiel ist aber die Strategie des Textes noch nicht erfasst. B. sieht die Chance, dass sich aus dem Material des Prozesses noch etwas ganz anderes machen ließe. Er findet in den juristischen Schriftsätzen und den Diskussionen im Feuilleton ein ausgezeichnetes Material zur Neubearbeitung. Diese Neubearbeitung ist durch und durch strategisch. Sie operiert mit raffinierten Zitatmontagen und polemischer Kommentierung. Die Zitate sind undatiert und geben nur das Publikationsorgan an. Teilweise scheinen Zitate auch ›sinngemäß‹ erfunden zu sein; jedenfalls vermerkt die GBA mehrfach: »Das Zitat konnte in der genannten Zeitung nicht ermittelt werden.« (Vgl. z.B. S. 785)

B. ging es nicht primär um eine nachträgliche Dokumentation. Er wollte mit dem *Dreigroschenprozeß* seine Rolle als unabhängiger kritischer Intellektueller in der politisch-literarischen Öffentlichkeit der Weimarer Republik befestigen.

Der Text gibt von vornherein deutlich zu verstehen, dass den Lesern keine neutrale Darstellung geboten wird, auf deren Basis sie sich dann ›ihre‹ Meinung bilden sollen. So heißt es: »Die Pressestimmen sind im Großen und Ganzen chronologisch geordnet, aber die Anordnung zieht ihren Humor daraus, daß die Auszüge aus verschiedenen Zeitungen so stehen, wie sie auch in einer einzigen hätten stehen können, ohne daß die Leser besonders erstaunt gewesen wären.« (S. 489) In der Tat sind die verschiedenen Zitatmaterialien so ›buntscheckig‹ angeordnet, dass geradezu der Eindruck verhindert wird, es gäbe ausmachbare Fronten und klar unterscheidbare Lager. »Tatsächlich ist die Verteilung von Ansichten nur die dramatische Entfaltung einundderselben Grundhaltung, der bürgerlichen.« (Ebd.) Um genau diesen Eindruck zu erreichen, sortiert, ordnet und ›frisiert‹ der Autor sein Material.

Er zeigt: Die Vorstellungen des bürgerlichen Intellektuellen bleiben schwankend und tautologisch, »die eine bezieht er aus der großen bürgerlichen Idealität, welche das Individuum, die Gerechtigkeit, die Freiheit usw. gegen die Wirklichkeit durchsetzen wird, die andere aus der Wirklichkeit selber, die sich in allen ihren Tendenzen gegen die Idealität durchsetzt, sie umbiegt, hörig macht, *aber am Leben läßt.*« (S. 490)

Dagegen setzte er – zweite Textstrategie – eine analytische (›marxistische‹, ›soziologische‹) Position, von der aus ausgemacht werden kann, worin die wirklichen Widersprüche bestehen. Sie resultieren aus der Diskrepanz zwischen fortwirkenden Ideologien und tatsächlicher Praxis. Die wirklichen Widersprüche zeigen auf, dass die gegebene Gesellschaft in ihren Fundamenten erschüttert ist und jedenfalls Tendenzen zu ihrer eigenen Überwindung zeigt. Damit kann B. sozusagen einen Prozess in zweiter Instanz führen und die einzelnen Vorstellungen objektiv gesellschaftlich bewerten (»richtig«, »fortschrittlich«, »schädlich« usw.).

Aber genau diese Positionierung einer objektiven Instanz wird nicht dogmatisch abgesichert, sondern auf eigene Rechnung geführt – dritte Textstrategie. Denn der Autor legitimiert seine Analysen nicht im Namen irgendwelcher Autoritäten, Theorien oder Parteiinstanzen, sondern im eigenen Namen und auf eigene Rechnung (als literarisch kooperativ produzierender Autor: »Wir«). Er erlaubt sich mit seinen Gegnern eine Art ›Hase-und-Igel‹-Spiel, das die Position des Lesers, der einer stringenten Argumentationslogik folgen möchte, narrt.

Während der Prozess und das Urteil in der Presse ein außerordentliches Echo fanden, blieb das zeitgenössische Echo auf die Publikation von *Der Dreigroschenprozeß* demgegenüber schwach. Die einzige grundsätzliche Auseinandersetzung kam von Kracauer. Aber auch hinsichtlich der B.-Forschung kann man nicht von einer wirklich intensiven Diskussion des *Dreigroschenprozesses* sprechen. Die Bedeutung des Texts wurde keineswegs geleugnet, im Gegenteil, doch zumeist eher in respektvoller Vermeidung näherer Befassung. Zumeist wurde er reduziert auf bestimmte Schlagworte, die dann als autoritative Zitate immer weiter kursierten.

Größere Wirkung hatte der Text im Kontext übergreifender Debatten, insbesondere mit Walter Benjamins Kunstwerkaufsatz oder dem Kulturindustriekapitel der *Dialektik der Aufklärung* von Max Horkheimer und Theodor W. Adorno. Dabei wurde zwar über die Differenzen der Textformen großzügig hinweggegangen, und Theoreme wurden eher plakativ zusammengestellt. Immerhin konnte, solange marxismustheoretische Frontlinien (z.B. Adorno versus B.) sich heftig bekriegten, die polemische Kraft des Texts wirksam werden. Oder er konnte, wie in Hans Magnus Enzensbergers *Baukasten*, der das Potenzial der Vorkriegsavantgarden mit Marshall McLuhan zusammenbastelte, sogar ein stilistisches Vorbild abgeben. Dieser Schwung unmittelbarer Aktualisierbarkeit war an eine bestimmte Phase der Wiederentdeckungen gebunden; er lässt sich nicht neu herstellen (vgl. Gellert/ Wallburg). Erst recht führt ein zu weit gefasstes Theoriepanorama, wie es Steven Giles' Monografie zum *Dreigroschenprozeß* von Benjamin und Adorno über Roland Barthes und Louis Althusser bis zu Jean-François Lyotard zur Postmoderne-Debatte und zur Diskussion des Urheberrechts ausbreitet, zu keiner Profilierung des B.schen Texts. Auch bleibt es unproduktiv, Lektüreschwierigkeiten dadurch auszuräumen, dass durchgehend von B.s fundamentalen Ambivalenzen die Rede ist (Giles 1998, S. 54 u.ö.).

Selbst da, wo eine intensivere Lektüre des *Dreigroschenprozesses* stattfand, geschah dies eher mit der Absicht, den Text in die Entwicklung des B.schen Werks einzuordnen oder aus ihm einzelne, als eindeutig verifizierbare Kernaussagen und Theoreme herauszulösen (Gersch; Voigts; Jürgens). Die Form und Argumentationsweise des Texts selbst trat kaum in den Blick, weil beides durch eine inhaltliche Zusammenfassung schon wieder verloren geht. Dies zeigt gerade die sorgfältige Darstellung bei Wöhrle (1980 und 1988). Der *Dreigroschenprozeß* bereitet in seiner Form wie seiner Argumentationsweise einer analytischen Lektüre ungewöhnliche Schwierigkeiten. Die Schwierigkeit besteht in der außerordentlichen Souveränität der Darstellungsweise, die alles das zusammenhält, was sich eigentlich nicht zusammenhalten lässt: dass der Text zusammengestückelt ist aus Zitaten, Kommentaren, Thesen, dass er mit Gedankensprüngen und Wortspielen arbeitet, dass er durch die Aufteilung in viele kleine Unterabschnitte sich ständig unterbricht, und dass er unbekümmert der Pointe den Vorzug gegenüber dem Beweis gibt. Ohne die Inszenatorik des Texts als dessen Qualität zu begreifen, bleiben seine Leser in einem Zwiespalt stecken. So spricht Wolfgang Gersch von einem »Schlüsseltext«, nennt ihn zugleich aber »schwer durchschaubar«. »Zudem erschwert eine mitunter widersprüchsvolle Beweisführung die Bewertung der Aussagen, die durch Polemik gekennzeichnet und entsprechend verengt sind. Auch eine gewisse Laxheit ist bei aller Größe der Formulierungen nicht zu übersehen.« (Gersch, S. 75)

Man kann also ohne Übertreibung behaupten, dass *Der Dreigroschenprozeß* ein unentzifferter Text geblieben und jetzt überhaupt erst ins Stadium seiner Lesbarkeit getreten ist. Losgelöst von vorschnellen Erwartungen an eine unmittelbare Aktualisierbarkeit wird er lebendig: als eine frühe Filmtheorie unter den Bedingungen der neuen Medien und der Kulturindustrie, als eine erste Reflexion über das Verhältnis von juristischem und ästhetischem Diskurs und als ein Meisterstück satirischer Polemik und literarischer Denkprosa.

Der Autor und die Apparate

Der Hauptteil des *Dreigroschenprozesses* (*Kritik der Vorstellungen*) beginnt mit einem starken Auftritt. B. attackiert vorweg alle, die seinen Prozess (und sein jetziges Nachkarten) absurd finden. Wer sein Werk der Filmindustrie verkauft, so sieht er sich von der gängigen Meinung belehrt, habe das weitere Recht daran verloren; sonst solle er es eben zur Verfilmung nicht zulassen. Empört entgegnet er: »Die uns so abraten, diese neuen Apparate zu benützen, bestätigen diesen Apparaten das Recht, schlecht zu arbeiten [...]. Uns aber nehmen sie von vornherein die Apparate weg, derer wir zu unserer Produktion bedürfen«. (GBA 21, S. 464) ›Uns‹, das sind die Autoren. ›Sie‹: das sind die Feuilletonintellektuellen, die Gerichte und die Filmfabrikanten. Dass sie den Autoren die Apparate ›wegnehmen‹, welche diese gar nicht besitzen, ist natürlich eine blanke Übertreibung. Und doch läuft die ganze Argumentation darauf hinaus, diese plausibel zu machen.

›Wegnehmen‹ heißt, dass die Forderung nach der Auslieferung der Apparate an die Autoren nicht als berechtigt gelten gelassen wird, obschon die neuen Verhältnisse genau diese Konsequenz abverlangen. Der bereits zitierte Satz geht, was nicht überlesen werden darf, folgendermaßen weiter: »immer weiter doch wird diese Art des Produzierens die bisherige ablösen, *durch immer dichtere Medien werden wir zu sprechen, mit immer unzureichenderen Mitteln werden wir das zu Sagende auszudrücken gezwungen sein* [Hv. v. Vf.]« (ebd.). Mit dieser Formulierung wird deutlich, wie wenig B., entgegen dem verbreiteten Vorurteil, als naiver Bewunderer der technischen Medien einzuschätzen ist. Er konstatiert die Unabwendbarkeit der neuen Darstellungs- und Kommunikationsmedien, und er beurteilt sie vom Standpunkt des literarischen Autors (›sagen‹) als ›dicht‹ (jedenfalls nicht dichterisch) und ›unzureichend‹ (also dem Wort entgegenstehend).

Diese Diagnose klingt heute, nachdem die elektronisch-audiovisuellen Medien die Kultur restlos durchdrungen haben, gänzlich anachronistisch. Man muss diesen Anachronismus unterstreichen, weil immer noch die weiter folgenden Sätze als Beleg für eine frühe progressive Einsicht in die neuen Medienverhältnisse zitiert werden. »Die alten Formen der Übermittlung nämlich bleiben durch neu auftauchende nicht unverändert und nicht neben ihnen bestehen. Der Filmesehende liest Erzählungen anders. Aber auch der Erzählungen schreibt, ist seinerseits ein Filmesehender. Die Technifizierung der literarischen Produktion ist nicht mehr rückgängig zu machen. Die Verwendung von Instrumenten bringt auch den Romanschreiber, der sie selbst nicht verwendet, dazu das, was die Instrumente können, ebenfalls können zu wollen.« (Ebd.)

Mit der Formel »Technifizierung der literarischen Produktion« ist keine bloße Anpassung, sondern ein Anspruch bezeichnet. B. zieht damit eine deutliche Grenze zu Autoren wie Thomas und Heinrich Mann, Alfred Döblin, Gerhart Hauptmann usw., die den Film als neues Massenmedium liberal gelten lassen, eben als unterhaltendes, musikalisch gewürztes Schauvergnügen.

Sie verstehen nach B. die Lage nicht. »Um die Lage zu verstehen, muß man sich eben von einer verbreiteten Auffassung freimachen, nach der bei diesen Kämpfen um die modernen Institutionen und Apparate nur ein Teil der Kunst interessiert ist. Nach dieser Auffassung gibt es einen Teil der Kunst, den eigentlichen, der ganz unberührt von den neuen Übermittlungsmöglichkeiten (Radio, Film, Buchgemeinschaft usw.) die alten (das gedruckte Buch, das frei auf den Buchmarkt kommt, die Bühne usw.) benützt, also von jeder Einflußnahme der modernen Industrie völlig frei ist. [...] In Wirklichkeit gerät natürlich die ganze Kunst ohne jede Ausnahme in die neue Situation« (S. 466f.).

Mit dieser Bestimmung der Lage ist also ein Anspruch verbunden, der den literarischen Primat des Autors (und Stückeschreibers) sehr viel weitgehender als damals üblich aufrechterhält. Er ist es, der weiß, was Kunst ausmacht. Dem Filmregisseur, als produktionstechnischer Instanz, wird dies abgesprochen: »Was Kunst soll, wird er nicht wissen. [...] Auf dem Gebiet der Kunst betätigt er den Verstand einer Auster« (S. 468). Wenn B. Chaplin und auch Eisenstein bewundert, beruht dies darauf, dass sie anderes als bloße Regisseure leisten. Nur so ist das Fazit zu verstehen: »Die Literatur braucht den Film nicht nur indirekt. Sie braucht ihn auch direkt.« (S. 465)

Der Anspruch des Autors auf die neuen kunstproduzierenden Reproduktionsapparate wird gleichzeitig aber noch von einer anderen Seite vorangetrieben, die weniger leicht zu erfassen ist. Denn die Feststellung, dass in Wirklichkeit die ganze Kunst ohne jede Ausnahme in die neue Situation gerät, bezieht sich nicht allein auf die neuen Formen der Übermittlung, sondern in gleichem Maß auf die Umwandlung der Kunst zur Ware. Die Kunst, und zwar nicht nur die durch die neuen Apparate produzierte, wird »als Ganzes [...] zur Ware« (S. 467).

Damit kompliziert sich das rein medientheoretische Schema der Technifizierung der künstlerischen Produktion; es wird mit den ökonomischen Produktionsbedingungen verknüpft. Sind »die Produktionsmittel der Filmschreiber [...] durchkapitalisiert« (S. 465), so gilt dieser Standard für alle Schreiber und Kunstproduzenten. Die Kunstwerke unterstehen nunmehr neuen Gesetzen der »Abbauproduktion« (S. 486), sind der allgemeinen »Umschmelzung geistiger Werte in Waren« (S. 508) ausgesetzt.

Dieser Gedanke wird erstmals in den Anmerkungen zu *Mahagonny* ausgeführt: »Die Produzenten [...] sind völlig auf den Apparat angewiesen, wirtschaftlich und gesellschaftlich, er monopolisiert ihre Wirkung, und zunehmend nehmen die Produkte der Schriftsteller, Komponisten und Kritiker Rohstoffcharakter an: das Fertigprodukt stellt der Apparat her. [...] Der Fehler ist nur, daß die Apparate heute noch nicht die der Allgemeinheit sind, daß die Produktionsmittel nicht den Produzierenden gehören, und daß so die Arbeit Warencharakter bekommt« (GBA 24, S. 75 f.).

Die Konsequenzen, die B. aus dieser Umwandlung zog, klingen nun einigermaßen dunkel und verwirrend: »Ist der Begriff Kunstwerk nicht mehr zu halten für das Ding, das entsteht, wenn ein Kunstwerk zur Ware verwandelt ist, dann müssen wir vorsichtig und behutsam, aber unerschrocken diesen Begriff weglassen, wenn wir nicht die Funktion dieses Dinges selber mitliquidieren wollen, denn durch diese Phase muß es hindurch, und zwar ohne Hintersinn, es ist kein unverbindlicher Abstecher vom rechten Weg, sondern was hier mit ihm geschieht, das wird es von Grund auf ändern, seine Vergangenheit auslöschen, so sehr, daß, wenn der alte Begriff wieder aufgenommen werden würde – und er wird es werden, warum nicht? – keine Erinnerung mehr an das Ding durch ihn ausgelöst werden wird, das er einst bezeichnete. Die Phase der Ware wird ihr heutiges Spezifikum aufgeben, aber das Kunstwerk mit einem andern ihr innewohnenden Spezifikum beladen haben.« (GBA 21, S. 508)

Was die Formulierung auch bei mehrfachem Lesen schwierig bleiben lässt, sind ihre Paradoxien. Wie kann ein Weglassen vorsichtig und behutsam geschehen? Wie verhält sich ›nicht mehr zu halten‹ zu ›weglassen‹ und dieses wieder zu ›liquidieren‹? Eine erste Klärung kommt zu Stande, wenn man die Opposition von Begriff (bzw. Vorstellung) Kunst versus Funktion Kunst näher beachtet. Diese Opposition wird im Text durchgängig verwendet.

B., der sich in dieser Zeit seine eigene materialistische Dialektik zusammenbaut, operiert auch sonst mit der Unterscheidung Ding, Funktion und Begriff. Der philosophische Begriff ist interessiert an der Bestimmung des Wesens. Aber mit der Bestimmung des Wesens werden Allgemeinbegriffe (Natur, Geist, Kunst oder Mensch) festgeschrieben. Indem das Wesen als zeitlose und voraussetzungslose Gegebenheit gedacht wird, gerinnt es zur Ideologie. »Vor allem ist eine gewisse Erforschung des ›Wesens‹ zu unterlassen oder zu bekämpfen«, heißt es in Notizen zu Erkenntnistheorie und Dialektik aus dieser Zeit (S. 567). Ding ist hingegen das nicht rein gedanklich Bestimmbare, sondern das in praktischen Zusammenhängen (Funktionen) verschieden Auftretende. Dialektik heißt, »gewisse starre Vorstellungen aufzulösen« und gegen bürgerliche Ideologie ebenso wie gegen marxistischen Fortschrittsglauben »die Praxis geltend zu machen« (S. 519).

Die dabei in Anspruch genommene Terminologie des ›Funktionswechsels‹ und der ›Umfunktionierung‹ bezeichnet das Moment der praktischen Veränderung, z.B. die »Umfunktionierung der Kunst in eine pädagogische Disziplin« (S. 466). Diese Umfunktionierung wird behindert durch überkommene »Vorstellungen« von »Kunst« und vom »Kunstwerk« als Teil »der großen bürgerlichen Ideologie« (S. 507). Sie schreibt die Auffassung fest, Kunst sei etwas, das von allem Pädagogischen, Didaktischen, Lehrhaften prinzipiell geschieden sei. Einer darauf gerichteten Umfunktionierung steht das »zähe Beibehalten des alten Begriffsmaterials« (S. 508) entgegen. Die gängige Rede von Kunst hat also zur Folge, den »Ausblick auf die Funktion [zu] verbauen und somit die Handhabung der Kunst [zu] erschweren« (S. 507). Man muss deshalb den Begriff der Kunst suspendieren, um verschiedene Möglichkeiten neuer künstlerischer Handhabung zu gewinnen.

Wie verhält sich nun aber diese Programmatik der Umfunktionierung der Kunst und der Suspendierung des Kunstbegriffs zum Prozess der Durchkapitalisierung der Kultur, zur Verwandlung des Kunstwerks in bloße Ware? Handelt es sich ebenfalls um eine Umfunktionierung? Ist diese Umfunktionierung mit der von B. propagierten identisch oder ihr entgegengesetzt? Greifen beide irgendwie ineinander? Es gibt auf diese Fragen keine definitive Antwort, jedenfalls keine, die *Der Dreigroschenprozeß* selbst findet. Vielmehr ist es so, dass gerade dieser unaufgelösten Spannung sich die verschiedenen produktiven Perspektiven des Texts verdanken.

Film als neues Kunstmedium

Was will der Autor, wenn er sie denn hätte, mit den neuen Apparaten anfangen? *Der Dreigroschenprozeß* sagt darüber wenig. Die wichtigsten Formulierungen über den Film lauten hier: »Der Film, der keine Welt gestalten kann (das Milieu bei ihm ist etwas ganz anderes), der auch niemandem gestattet, sich (und nichts sonst) durch ein Werk auszudrücken, und keinem Werk, eine Person auszudrücken, gibt (oder könnte geben): verwendbare Aufschlüsse über menschliche Handlungen im Detail. [...] Er verwendet zur Verlebendigung seiner Personen [...] einfach bereitstehende Typen [...]. Jede Motivierung aus dem Charakter unterbleibt, das Innenleben der Personen gibt niemals die Hauptursache und ist selten das hauptsächliche Resultat der Handlung, die Person wird von außen gesehen.« (S. 465)

Nun musste aber der *Dreigroschenprozeß* den Leser nicht konkreter über die Möglichkeiten des Films unterrichten, da im Heft 3 der *Versuche* der Abdruck des Filmskripts *Die Beule* vorangestellt war und seine Kenntnis vorausgesetzt werden konnte. Was im obigen Zitat das Von-Außen-Sehen, was Motivierung und was Milieu (vs. Welt) konkreter bedeuten soll, ließ sich an der *Beule* genauer studieren (vgl. Fischetti; Gersch; Wöhrle 1988).

Die Beule (GBA 19, S. 307–320) ist als doppelter Text zu lesen. Zum einen handelt es sich um eine Erzählung, die den Stoff der *Dreigroschenoper* neu erzählt. Zum anderen macht sie in zahlreichen Fußnoten konkrete Vorschläge zur Filmgestaltung für jene, »die die Ratschläge befolgen und den Film ausführen sollten« (S. 313). An dieser Konzeption wird erkennbar, dass auch schon die Erzählung bereits deutlich filmisch verfasst ist. Sie ist im Präsens geschrieben (und nicht im epischen Präteritum) und akzentuiert bestimmte Details und Gesten, die nur filmisch zu realisieren sind. Die »Zertrümmerung des Werks« – *Die Dreigroschenoper* – sollte der Filmapparatur zu ihren besten Zwecken gereichen: zum »Attentat auf die bürgerliche Ideologie« (GBA 21, S. 485).

Als besonderes Mittel, das nur der Film kennt, wird die Großaufnahme eingesetzt, um bestimmte visuelle Objekte und Gesten herauszustellen. Pollys erstes Erscheinen (aus Macheath' Perspektive) besteht in einer Großaufnahme: »Er sieht sie nur von hinten [...] und weiß: diesen entzückenden Hintern wird er heiraten.« (GBA 19, S. 307) Um sie gefügig zu machen, vollzieht er einen Griff: »hinter dem bewunderten Mädchen stehend, faßt er plötzlich über den Nacken den schmalen Hals mit Daumen und Mittelfinger« (ebd.). Auch das neue Titelmotiv, der blinde Bettler mit der Beule (»Gleichzeitig zeigt er eine ungeheure Beule auf seinem Kopf«; S. 311), wäre für die Bühne untauglich, kann hingegen als satirisches Filmmotiv durch die Kamera gebührend herausgestellt werden. Der visuelle Kontrast zwischen Panorama- und Großaufnahme wird ausgenutzt, um jede Bühnenartigkeit und Nähe zur bloßen Opernverfilmung zu vermeiden. So wird die Hochzeitsfeier, die in der Oper Kammerspielcharakter hat, in einer Festhalle, »die 150 Personen faßt« (S. 309), gezeigt; »im Hof ist während der ganzen Dauer eine eigene Schlächterei etabliert, die nicht weniger als drei Ochsen verarbeitet« (S. 310); die Braut bei ihrem Soloauftritt »steht [...] isoliert und klein in dem riesigen Raum« (ebd.).

Weiter geht es um Effekte, die nur durch Filmmontage zu realisieren sind, z.B. der Familienkrach bei Peachums: »Polly mault in ihrem Zimmer, dessen Tür sie hinter sich zugehauen hat, ihre Mutter jammert auf dem Treppenabsatz, und Herr Peachum argumentiert unten im Stiegenhaus« (S. 311). Später ist ein Autopicknick mit anschließender Verfolgungsjagd (im Slapstick-Stil) vorgesehen (S. 316). Über die Montage hinaus sollen Filmtricks und visionäre Überblendungen verwendet werden. Hierzu gehört insbesondere der großartig surrealistische »Traum des Polizeipräsidenten« (S. 319f.) oder die Inbesitznahme der National Deposit Bank, wo bärtige Räuber sich mit einem Schritt in Manager verwandeln (S. 315).

Größtes Gewicht legt der Text schließlich auf die Gliederung des Films in Teile, die als verschiedene voneinander abgehoben sind. »Der erste Teil ›Liebe und Heirat der Polly Peachum‹ zerfällt also in drei Kapitel, die eigene Titel haben. Jedes dieser Kapitel erfordert natürlich eine eigene Technik, was Art der Photographie, Rhythmus der Vorgänge und Bildstreifen und die besondere Apparateinstellung, die durch sie bedingt ist, usw. betrifft.« (S. 310) Diese Polyphonik, die auch *Kuhle Wampe* auszeichnet und die durch die Songs noch erweitert wird, soll der Geschlossenheit der Filmfiktion (›Welt‹) entgegenwirken. Montage und Kameraführung ist je nach den Teilen unterschiedlich zu handhaben. »Das erste Kapitel soll gleiten, ohne Bildschnitt und ohne Sprung. (Das Gesicht der Polly Peachum sieht der Zuschauer nicht, bevor Macheath es sieht.) Das zweite Kapitel bringt regelmäßig alternierend als zwei einander bedingende Handlungen den Liebesgang und die Beschaffung der Ausstattung, beide verschieden photographiert, die eine weich und ausschwingend, die andere scharf und montageartig. Das dritte Kapitel zeigt einzelne, miteinander nicht verbundene Stilleben; der Apparat sucht sich sozusagen Motive, er ist ein Soziologe.« (Ebd.) Es liegen hiermit höchst subtile und von eigener Erfahrung als Filmzuschauer gesättigte Verfilmungsvorschläge vor.

Aus der *Beule* lässt sich eine grundsätzliche Tendenz erschließen. Es soll, gegen den neuen Trend, an bestimmten, insbesondere literarischen Errungenschaften des Stummfilms festgehalten werden. Ausdrücklich heißt es in der ersten Fußnote: »Es besteht beim Tonfilm die Unsitte, prinzipiell auf Titel zu verzichten. Die Titel des Dreigroschenfilms sind Totalaufnahmen der geistigen Schauplätze ganzer Abschnitte. [...] Außerdem gewährleisten sie, indem sie den Film in Kapitel einteilen, den epischen Fluß. Sie wegzulassen, wäre idiotisch.« (S. 307)

Mit der Beschriftung und der Einteilung in Kapitel ist verbunden, dass die Kameratechnik den Primat des ›Von-Außen-Sehens‹ bewahrt. B. wendet sich gegen die mit dem Tonfilm einsetzende Tendenz, die Kameraführung und die Montage in der Darstellung des Dialogs bzw. im subjektiven Blick der Hauptfiguren aufgehen zu lassen. Er will vielmehr erreichen, dass der fotografisch-abbildende Charakter des Films wahrnehmbar bleibt (bis hin zur Verwendung von Standfotos; vgl. S. 308). Wenn B. das ›Von-Außen-Sehen‹ der Kamera hervorhebt, so ist damit gerade kein Dokumentarismus im Sinn von fotografischer Objektivität gefordert, sondern ein Zeige- und Lesevorgang gemeint.

Diese Haltung wird nämlich durch die Fortschritte des Films wie der Fotografie zunehmend unterbunden. Genau auf diesen Punkt bezieht sich die Kritik des Dokumentarischen. »Die Lage wird dadurch so kompliziert, daß weniger denn je eine einfache ›Wiedergabe der Realität‹ etwas über die Realität aussagt. Eine Fotografie der Kruppwerke oder der AEG ergibt beinahe nichts über diese Institute. Die eigentliche Realität ist in die Funktionale gerutscht. Die Verdinglichung der menschlichen Beziehungen, also etwa die Fabrik, gibt die letzteren nicht mehr heraus.« (GBA 21, S. 469; vgl. S. 441) In der ersten Version galt diese Formulierung »der (gewissenhaften) *Fotografie* einer Fordschen Fabrik« (S. 444). Der Befund lautete: »Die Fotografie ist die Möglichkeit einer *Wiedergabe*, die den Zusammenhang wegschminkt.« (S. 443)

Auf der Hitliste der B.-Zitate stand das Zitat über die in die Funktionale gerutschte eigentliche Realität lange Zeit ganz oben. Es diente als unreflektierte Begründung dafür, dass B. als neuen fortschrittlichen Standard für die Kunst die Montage fordere, so als sei Montiertes eo ipso eine Widerlegung des bürgerlichen organischen Kunstwerks. Es geht aber um ganz etwas anderes: um den Umgang mit Verlusten.

Die neusachliche Industriefotografie zeigt, was gemeint ist. Die Schwarzweißfotografie erfasst grafisch gerade das, was die modernen Fabrikbauten als reine Funktionsarchitektur auszeichnen. Menschen kommen hier, im Gegensatz zu den alten Gruppenfotos vor Werksgebäuden, gar nicht vor. Der Fortschritt der industriellen Produktionsweise zu großen Fabrikkomplexen wird durch eine ihm entsprechende fotografische Abbildungsästhetik bestätigt. Das heißt wiederum, die neuen technischen Reproduktionsmedien Fotografie, Film, Grammofonie tragen gerade eine immanente Tendenz in sich, die Verdinglichung zu befördern.

Damit stellt sich die Frage, wie man den ›Rückschritten‹ im ›Fortschritt‹ begegnet. Als Beispiel kommt B. wiederum auf die Fotografie zurück. Die »Vervollkommnung der Photographenapparate« gegenüber der alten Daguerreotypie sei eigentlich kein Fortschritt, sondern ein Wegschritt gewesen. Er erläutert das am Porträt. »Bei den alten lichtschwachen Apparaten kamen mehrere Ausdrücke auf die ziemlich lange belichtete Platte; so hatte man auf dem endlichen Bild einen universaleren und lebendigeren Ausdruck, auch etwas von Funktion dabei.« (S. 480) B. erwägt nun wie die (schlechteren) neuen Kameras, die eigentlich keine Portraits mehr hergeben, Gesichter auf andere nicht porträthafte Weise erfassen könnten (S. 480f.), um damit ein Analogon zu den Erfahrungen der früheren Technisierung herzustellen. Es kommt ihm darauf an, sich durch den bloß technischen Fortschritt nicht die Funktion vorgeben zu lassen, sondern Umfunktionierungen zu erproben, die den alten Standard – den des Stummfilms z.B. – in den neuen hinein kopieren.

Die Revolution der Ware

Wenn im obigen Zitat zur Fotografie der Kruppwerke der Begriff der »Verdinglichung« fällt, so nimmt B. ohne direkten Hinweis, aber für damalige Leser leicht erkennbar, einen zentralen Begriff aus *Geschichte und Klassenbewußtsein* von Georg Lukács auf. Dieses Buch, und hier insbesondere der Aufsatz *Die Verdinglichung und das Bewußtsein des Proletariats*, war in den 20er-Jahren für ein neues theoretisches Interesse am Werk von Marx wegweisend und höchst folgenreich. Dies geschieht bei Lukács darin, dass er das ungelöste Praxisproblem der klassischen idealistischen Philosophie mit der Marx'schen Analyse der Warenform verknüpft. Erst mit dem Verdinglichungsaufsatz wird *Das Kapital. Kritik der Politischen Ökonomie* als philosophischer Text wieder entdeckt.

Unabhängig davon, wie intensiv B. Lukács' viel diskutiertes Buch gelesen hat oder nur aus zweiter Hand, etwa durch Karl Korsch, kannte, entstammt die Aufmerksamkeit auf die Analyse der Warenstruktur diesem Zusammenhang. Zugleich lassen sich gerade dort, wo B. von Lukács abweicht, zwei für die theoretische

Ausrichtung des *Dreigroschenprozesses* zentrale Punkte hervorheben.

Zum einen ist B. an Lukács' philosophischer Herleitung der im Idealismus vergeblich gesuchten und im Marxismus gefundenen Lösung des Subjekt-Objekt-Problems und damit der Konstruktion des Proletariats als praktisches Erkenntnis-Subjekt, das die Warenform überwindet, völlig desinteressiert. Für diese Art marxistisch-hegelianischer Philosophie gilt das erst recht, was Lukács dem Idealismus vorwirft: das Verharren in der Kontemplation, in der Betrachtung oder Anschauung des Resultats. B. misstraute geradezu jeder philosophischen Begründung des Proletariats als welthistorischem Subjekt. Im *Dreigroschenprozeß* ist nirgendwo vom Proletariat (und seiner Partei), wohl aber von den Massen, von Kollektiven, vom Publikum und von den Konsumenten die Rede.

Zum anderen übernimmt B. zwar das Verdinglichungstheorem in dem Sinn, dass die Warenform die Totalität der bürgerlichen Gesellschaft durchdringt und herstellt. Aber er erweitert oder verschiebt das, was bei Lukács wesentlich am kapitalistischen Industrieproletariat und der tailorisierten Fabrikproduktion entwickelt wird, auf die Produktionsbedingungen kultureller und geistiger Gebilde. Dies ist ein Gedanke, der sich bei Lukács nicht findet.

Mit der These von der Transformation der Kultur in eine Kulturwarenproduktion stellt tatsächlich *Der Dreigroschenprozeß* die erste Schrift dar, die über ein Jahrzehnt vor Horkheimer und Adorno thematisiert, was die *Dialektik der Aufklärung* im Kapitel *Kulturindustrie* analysiert. Es wird Zeit, den von beiden geschmähten B. endlich als ›Erfinder‹ dieser Problematik anzuerkennen. Und zwar nicht, um ihm den mediokren Rang eines Vorläufers oder Vorwegnehmers einzuräumen, sondern um die Rücksichtslosigkeit seiner Fragestellung wahrzunehmen. Denn die Frage, die hier in aller Schärfe aufgeworfen wird, wie dies später nicht mehr geschieht, ist die nach der selbstzerstörerischen Progressivität des Kapitalismus. Nur ein künstlerischer und politischer Außenseiter wie Guy Debord hat sie noch einmal theoretisch aufgenommen, indem er die Warenkategorie mit der Universalität des Spektakels identifizierte.

B. vergleicht, keineswegs bloß metaphorisch, die Zerlegung, Mechanisierung und Ökonomisierung aller gegebenen Verhältnisse mit der »ungeheuerlichen Gewalt« eines »revolutionären Prozesses« (GBA 21, S. 474). Sie betrifft in besonderer Weise die Kultur. Alte bürgerliche Praxisbereiche, die viele moralische und ideelle Vorgaben (Vorstellungen) beherbergen, werden nun hineingerissen in die technologisch entwickelte kapitalistische Produktion.

Wenn diese Durchkapitalisierung der Kultur selbst ein revolutionärer Prozess ist, kann es nicht die Aufgabe sein, ihn zu attackieren. Viel eher müsste es darum gehen, ihn zu begrüßen und zu befördern. Damit wäre der Marxismus als Theorie der weltökonomischen Universalität der Ware gewissermaßen als ein Komplize des Kapitalismus zu begreifen. In einer Notiz hat B. diese Komplikation deutlich benannt. »Die größte und unumgänglichste Schwierigkeit: festzustellen, wieviel der Marxismus vom Kapitalismus abhängt. Wie viele seiner Methoden kapitalistische sind oder nur auf kapitalistische Zustände passen.« (S. 407)

Der Dreigroschenprozeß löst diese Schwierigkeit nicht. Aber er zeigt sie auf. Sein Grundaxiom lautet: »Die kapitalistische Produktionsweise zertrümmert die bürgerliche Ideologie.« (S. 509) Was aber kann das heißen? B.s Überlegungen zur progressiv-destruktiven Funktion des Kapitalismus hatten zur Voraussetzung, dass hier ein kurzfristiger, geradezu explosiver, enorm beschleunigter, in einer Generation ablaufender Prozess erwartet wird. Deshalb spricht er von der »ungeheuerlichen Gewalt jenes revolutionären Prozesses, der alle Dinge dieser Welt in die Warenzirkulation reißt, ohne jede Ausnahme und ohne jede Verzögerung« (S. 474). In der Perspektive der Beschleunigung und historischen Dynamisierung bleiben die zu unterstreichenden Extreme und Krassheiten des Kapitalismus Transformationselemente. »Die Tatsache, daß im Kapitalismus die Welt *in der Form der Ausbeutung und der Korruption* in eine Produktion verwandelt wird, ist nicht so wichtig, wie eben die Tatsache dieser *Verwandlung*.« (Ebd.) Die Welt als Welt unbegrenzter Produktion (also nicht kapitalistisch beschränkter Produktion) ist das, was im Prozess der Durchkapitalisierung zu Stande kommt. Und zwar vollzieht es sich jetzt. In dieser Generation soll die Bahn des Kapitalismus ausgeschritten sein. Auf solches Pathos beziehen sich die Sätze, die sein Ende bezeichnen. Sie sind von diesem Umschlagspunkt aus konstruiert. »Die Wirklichkeit kommt dann an den Punkt, wo das einzige Hindernis für den Fortschritt des Kapitalismus der Kapitalismus ist.« (S. 509) »Der Weg geht [...] über die Leiche des Kapitalismus« (S. 478). »Er kann nicht sterben, sondern er muß getötet werden.« (S. 491)

Diesen geschichtlichen Umschlagspunkt können die künstlerischen Experimente nicht dar-stellen; sie können ihn nur in Modellen der Zerreißung künstlich vor-stellen. Was wiederum erklärt, warum zu dieser Zeit Bilder des Todes, Modelle der Tötung und Figuren des Sterbens derart obsessiv im Zentrum der B.schen Produktion standen.

Auswege aus der Kulturindustrie?

Durchgängig diskutiert B. die von der Warenform hervorgerufenen Veränderungen am privatkapitalistischen Film als dem neuen Massenmedium. Nur in dieser Hinsicht hat die Rede von der Ware ihren genauen Sinn: Der Film wird zum Objekt von Großinvestitionen (und industrieller Produktion, Massenabsatz) wie das Automobil oder Dosenfleisch. Dadurch unterscheidet sich die neue Massenkultur von den vorangegangenen Formen des Buchmarkts und des Kunstmarkts. Was nun möglich wird, besteht darin, dass »jeder Hereingelaufene [...] auf Grund eines Geldopfers, hier ›verstehen‹ in der Art von ›konsumieren‹« kann und eine »Ware«, »die jedermann auf Grund seiner allgemeinen sinnlichen Veranlagung ohne weiteres zugänglich ist«, produziert wird (GBA 21, S. 441). Damit

bestätigt sich: »der der kapitalistischen Produktionsweise eigentümliche scharfe Gegensatz zwischen Arbeit und Erholung trennt alle geistigen Betätigungen« (S. 475) in produktive und reproduktive. Der Arbeiter, der sein Billett gekauft hat, »verwandelt sich vor der Leinwand in einen Nichtstuer und Ausbeuter« (S. 476), d.h. er lässt andere für sich arbeiten (die an der Filmproduktion Beteiligten), und ist, da er Ausgebeuteter bleibt, »sozusagen ein Opfer der Einbeutung« (ebd.). Diese Darstellung unterscheidet sich in nichts von der Beschreibung der amerikanischen Massengesellschaft in der *Dialektik der Aufklärung*. Kunst ist im universellen Konsumismus untergegangen. Und von jener, im letzten Abschnitt erörterten revolutionären Veränderung durch die Warenform ist nichts mehr übriggeblieben.

Aber gerade dieses Bild eines restlosen Konsumismus wird von B. zugleich zurückgewiesen. Denn es wird behauptet, dass in der Massenkultur weiterhin bestimmte Vorstellungen von Kunst erhalten bleiben und neue Macht gewinnen. »Die ›Kunst‹ hat sich jedenfalls gegen die Apparate mit Macht durchgesetzt. Beinahe alles, was wir heute auf der Leinwand sehen, ist ›Kunst‹. Es muss ja ›Kunst‹ sein.« (S. 468) Diese depravierte, in ironische Anführungszeichen gesetzte Kunst wird vom Regisseur exekutiert, der mit dem »Verstand einer Auster« operiert und den Apparat mit seiner ›Kunst‹ vergewaltigt. »Um mit den neuen Apparaten die Wirklichkeit zu fassen, müßte er Künstler sein [...]. Als ob man von Kunst etwas verstehen könnte, ohne von der Wirklichkeit etwas zu verstehen!« (Ebd.)

Es gibt also einen Kampf zwischen der Kunst mit und ohne Anführungszeichen. Das ist der Sinn des Satzes: »Es ist nicht richtig, daß der Film die Kunst braucht, es sei denn, man schafft eine neue Vorstellung Kunst.« (S. 469) (B. gibt zu verstehen, dass er daran arbeitet.)

Die »Kritik der Vorstellungen« veranstaltet in der Tat durchgängig ein doppeltes Spiel zwischen diesen beiden Versionen von Kunst, wobei der Autor für die sozusagen entkunstete neue Kunst einsteht, seine Kontrahenten hingegen für die betriebsblinde Rettung des alten Kunstanspruchs. Letzterem entsprechen die

Gemeinplätze: »Der Film braucht die Kunst«; »Man kann den Publikumsgeschmack verbessern« und »Im Film muss das Menschliche eine Rolle spielen.« Diese konservative Rhetorik, die sich im Dienst einer Veredelung der Massenkultur versteht, kaschiert nicht nur die Niveaulosigkeit der Durchschnittsproduktion, sondern lässt sich als Abwehr einer ganz anderen Vorstellung interpretieren, die lauten würde: »die Massen haben weniger ästhetische und mehr politische Interessen« (S. 472).

Deshalb müsse der Zensur weit mehr zugetraut werden, als denen, die sich um höheres Filmniveau sorgen: »Ganz unglücklich ist der Kampf der Intellektuellen um einen bessern Film, wo er gegen Staat und Zensur geführt wird. Hier [...] werden endlich die wirklichen Interessen der Zuschauermassen sichtbar, [...] und die Zensur ist es, die Bescheid weiß.« (S. 482) Die staatliche Zensurbehörde, welche die gesellschaftliche Verträglichkeit der kulturellen Massenprodukte kontrolliert, ist näher an der Wirklichkeit. Sie lässt nicht nur »die Gemüts- und Humorschätze der Filmkasernenhöfe und Filmstudentenkneipen« (ebd.) ungehindert passieren, sondern reagiert aufs Empfindlichste auf jede politische Verletzung der herrschenden Ideologien. (Die Zensurgeschichte der Weimarer Republik, und nicht nur die des Films, bietet in der Tat einen Schlüssel zur Analyse der verdeckten Machtverhältnisse.)

Allerdings: was wäre mit dem Verweis auf die Zensur schon über die »wirklichen« und »politischen« Interessen der Massen bewiesen? Gar nichts, genauso wenig wie durch die Sentenz: »Die Geschmacklosigkeit der Massen wurzelt tiefer in der Wirklichkeit als der Geschmack der Intellektuellen.« (S. 473) In der Tat stellt der *Dreigroschenprozeß* sehr ›fromme‹ Behauptungen über die Massen auf, die durch nichts anderes ausgewiesen sind, als dass sie behauptet werden. In der Strategie des Texts sind sie als Provokation eingesetzt sowohl gegen jedes damals dominierende parteipolitische Sprechen, das sich als Stimme des Wollens, Denkens und Fühlens der Massen ausgibt, und ebenso gegen jede kontemplative Haltung, welche die bedrohliche Realität der Massen meint bloß reflektierend bewältigen zu können.

Der Dreigroschenprozeß wendet sich an die Spezialisten des Kulturbetriebs, an die Intellektuellen. Dass die Adressaten des Texts zugleich auch das Objekt seiner Kritik sind – zumeist herablassend »unsere Intellektuellen« genannt –, ändert an dieser Adressierung nichts. Denn auch der Absender des Texts ist Intellektueller, der diese Position nicht aufgeben will.

Als »Kopfarbeiter« meinen die Intellektuellen »außerhalb des Produktionsprozesses« zu stehen (S. 466), obschon sie längst von ihm erfasst sind. B. konstatiert: »Die Abwanderung der Produktionsmittel vom Produzierenden bedeutet die Proletarisierung des Produzierenden, wie der Handarbeiter hat hier der Kopfarbeiter im Produktionsprozeß nur mehr seine nackte Arbeitskraft einzusetzen, seine Arbeitskraft aber, das ist er selber, er ist nichts außer dem, und genau wie beim Handarbeiter benötigt er zunehmend (da die Produktion immer ›technischer‹ wird) zur Ausnutzung seiner Arbeitskraft eben die Produktionsmittel: der grauenvolle circulus vitiosus der Ausbeutung hat auch hier eingesetzt!« (S. 466; vgl. S. 489)

Solange man das Stichwort Proletarisierung als politisches KPD-Signal versteht, entsteht der irritierende Eindruck, es sei unklar, ob B. diesen Prozess gutheiße oder konterkariere will. Doch nicht darum geht es, sondern um die Unterscheidung zwischen kreativen, autonomen Produktionskollektiven und einer technisch erzwungenen, unproduktiven Kollektivierung.

Letztere besteht in der zunehmenden Enteignung der einstmals im Autor gebündelten intellektuellen und künstlerischen Produktivkraft durch Apparate, deren arbeitsteilige Strukturen sich als bornierte Spezialisierung ausprägen und auf konformistische Belieferung hinauslaufen. »Was für ein Kollektiv haben wir heute im Film? Das Kollektiv stellt sich zusammen aus dem Finanzier, den Verkäufern (Publikumsforschern), dem Regisseur, den Technikern und den Schreibern. Ein Regisseur ist nötig, weil der Finanzier nichts mit der Kunst zu tun haben will, der Verkäufer, weil der Regisseur korrumpiert werden muß, der Techniker, nicht weil die Apparatur kompliziert ist (sie ist unglaublich primitiv), sondern weil der Regisseur von technischen Dingen auch nicht die primitivste Ahnung hat, der Schreiber endlich, weil das Publikum selber zu schreibfaul ist.« (S. 479)

Diese satirische Beschreibung enthält eine durchaus weitsichtige Diagnose. Sie lässt sich mühelos auf heutige Verhältnisse der Unterhaltungsproduktion übertragen. Und auch die Ideologie, die dieses Team zusammenhält, ist die gleiche geblieben: die Vorstellung, im Dienst des Menschen zu stehen und sein Bedürfnis nach Erlebnissen auf der Höhe neuester Technik zu beliefern. B. leitet diese Ideologie wiederholt aus der Klasse der Kleinbürger ab. Sie gilt ihm als die einzige Klasse, »in der noch der Begriff ›der Mensch‹ angesiedelt ist (*der Mensch ist der Kleinbürger*)« (S. 484) und von der »die ideologische Konstruktion ›*DER MENSCH*‹ überhaupt stammt« (S. 509). Als soziologischer oder sozialgeschichtlicher Befund macht diese Ableitung wenig Sinn, wohl aber als Kritik der idealistischen Philosophie.

Die, die mit den neuen Apparaten die alte Kunst produzieren, reproduzieren ›den Menschen‹ als universelle Ideologie im Massenmaßstab. Sie verstellen damit, dass sich die neue Realitäten der Massen und der Technik nicht länger mit den philosophischen Prinzipien eines vernunftbestimmten Gattungssubjekts oder der Moralität und Würde der Menschheit erfassen lassen, sondern ökonomischen Zwangsgesetzen unterliegen, die immer unkenntlicher werden lassen, was ein Mensch ist.

B. schreibt: »Wir nähern uns dem Zeitalter der Massenpolitik. [...] Was unsere, keine Masse, sondern eine Zerstreuung von Individuen bildenden Intellektuellen unter Denken verstehen, ist gerade, weil es keine Kontinuität nach hinten, vorn und seitwärts hat, nur folgenlos reflexhaft. Jeder, der wirklich zu einer Masse gehört, weiß, er kann nicht weiter kommen, als die Masse kommen kann. [...] Die von gemeinsamen Interessen dirigierten, sich nach ihnen ständig umorganisierenden, aber einheitlich funktionierenden Massen unseres Zeitalters bewegen sich nach ganz bestimmten Denkgesetzen, die nicht Verallgemeinerung des Einzeldenkens sind. Die Gesetze sind erst mangelhaft erforscht. *Man kann sie zum Teil dort von dem denkerischen Verhalten der einzelnen ableiten, wo diese als Vertreter oder Beauftragte von Masseneinheiten denken* [Hv. v. Vf.].« (S. 484)

Diese sehr befremdlichen Sätze scheinen zunächst nur den überstürzten Versuch darzustellen, die politische Folgenlosigkeit des Intellektuellen durch Identifikation mit den Interessen der Massen zu überwinden. Sofern von Gemeinsamkeit und Einheitlichkeit die Rede ist, bleibt die Ausdrucksweise auch prekär. Aber genauer betrachtet, enthalten die Sätze eine weit kühnere Vorstellung, indem sie nämlich von ›Denkgesetzen‹ sprechen. Nicht Masseninstinkte oder statistische Daten sind gemeint, sondern Gedanken. Und dieses Denken kann sich, da es keinen Massenkopf gibt, nur in Sätzen und Texten artikulieren. So lässt sich auch hier B.s Utopie von der Literarisierung der Massen im Zeitalter der Medienapparate und Waren erkennen.

Vom Rechtsfall zum Kunstfall

Der eigentliche Trick des *Dreigroschenprozesses*, und von einem äußerst wirkungsvollen Trick ist zunächst durchaus zu sprechen, besteht in der Art, wie er durchgängig die juristische Auseinandersetzung mit einer Debatte über Kunst unter Bedingungen von Ware und Apparat zusammenknüpft. Der Streit um einen Privatvertrag mit dem Inhalt, »daß nur ein von Lania hergestelltes, vom Autor bestätigtes Manuskript gedreht werden dürfte« (S. 504), wird unter B.s listiger Dramaturgie als Krise der bürgerlichen Kunstideologie inszeniert. Um zu verstehen, wie dieser Trick funktioniert, muss man das von B. kunstvoll Verschlungene wieder auseinander wickeln.

Im Gerichtsurteil, das der erste Abschnitt des *Dreigroschenprozesses* in den wesentlichen Auszügen korrekt abdruckt (S. 451f.), wurde über die eher spitzfindigen arbeits- bzw. vertragsrechtlichen Klärungen hinaus die Klage auch nach dem Literatururhebergesetz (LitUG.) geprüft. »Unabhängig von allen vertraglichen Vereinbarungen bleibt aber das im § 9 LitUG. anerkannte Recht des Urhebers, Änderungen des Werkes durch den Erwerber des Urheberrechts zu widersprechen.« (S. 775). Zugleich gilt »§ 9 Abs. 2, wonach Änderungen an dem Werk zulässig sind, für die der Berechtigte seine Einwilligung nach Treu und Glauben nicht versagen kann« (S. 776). Vorausgesetzt wird dabei, dass bei der filmischen Bearbeitung eines Bühnenwerks erhebliche Veränderungen des Originalwerks nötig seien. Das Ergebnis dieser Prüfung lautete: »Da sich die Beklagte, wie das vorgelegte Manuskript ergibt, um Stilwahrung bemüht hat, wenn auch im einzelnen die Grundlagen des Klägers besonders für die Anfangsszenen bessere Vorschläge enthalten mögen, hat sie Änderungen nur im Rahmen des § 9 Abs. 2 LitUG. vorgenommen«. Sie war nach »Treu und Glauben« um »Stilwahrung« bemüht (ebd.).

B. findet diese Würdigung des vorgelegten Manuskripts (*Die Beule*) absurd und die Rede von der Stilwahrung vollkommen lächerlich. »Zwei Literaten geringen Ranges, Béla Balázs und L. Vajda, haben sich bemüht [...], die Schreibweise des Verfassers nachzuahmen, also mit verstellter Handschrift zu schreiben.« (S. 492) Derartiges zu würdigen, ist eine richterliche Verrenkung, die gar nicht nötig gewesen wäre.

Um dies zu zeigen, bezieht er sich auf eine Reichsgerichtsentscheidung von 1923, die er in vollem Umfang abdruckt und »genau durchzulesen« (S. 493) empfiehlt. Hier klagte der Autor eines Filmmanuskripts (*Nur eine Tänzerin*) gegen eine Filmfirma, die sein Werk nicht herausbrachte, und verlor. Das Gericht stellte klar, dass es nicht angehe, die Grundsätze des Verlagswesens auf das Filmrecht zu übertragen. Unterschieden wurde (wenn man die Ausführungen zum Theaterbereich einmal weglässt, bei dem »kein Warenvertrieb« stattfindet; S. 496) zwischen der mechanischen Vervielfältigung der Urschrift durch den Verleger im Buchdruck und der Verfilmung einer Urschrift (Buch, Filmskript oder auch Drehbuch). »Der Film hat seine eigenen Gesetze« (S. 497). Diese Besonderheiten »sind in der Filmurschrift nur im Keim enthalten« (ebd.) und bedürfen des Regisseurs. Erst »bei der Aufnahme des Films ergibt sich für denjenigen, der förmlich aus dem Objektiv des Kurblers heraus zu sehen genötigt ist, das, was sich als Erfordernis für einen guten Film darstellt« (ebd.). Dem Interesse des Autors auf Realisierung seines Geisteserzeugnisses steht auf der anderen Seite »das Interesse des Fabrikanten gegenüber, der durch seinen Regisseur das Werk erst mitschafft und das große wirtschaftliche Risiko der Herstellung und ihrer Ausnutzung trägt« (S. 499).

Das Reichsgericht war also Jahre vorher schon zu einer viel rigoroseren Beurteilung gelangt. Der Autor eines Filmmanuskripts muss es der Produktionsfirma überlassen, ob und wie sie das Manuskript für verfilmbar hält. Hier ist von Stilwahrung und Treue und Glauben gar nicht erst die Rede. B. preist dieses Urteil als ein »Dokument des entschlossensten Materialismus« (S. 500). Tatsächlich konnte für die Urteilsbegründung, auch in B.s Fall, die Frage der Kunst keine grundsätzliche Bedeutung haben. Denn es ging im Kern um das literarische Urheberrecht (und dessen Übertragung als Verfilmungsrecht an eine Filmfirma). Und das Urheberrecht besagt über den Kunstwert oder Kunstanspruch des Werks nichts. Die gesetzlichen Regelungen, die durch den bürgerlichen Buchmarkt sich etabliert haben, betreffen »das geistige Eigentum«, die Autorschaft eines Texts (Manuskript). In der Kategorie des Autors ist rechtlich ein Kunstanspruch nicht vorhanden, wohl aber der Anspruch, dass ohne den Willen des Autors sein Werk nicht vervielfältigt werden darf (copyright).

Was ändert sich für das literarische Urheberrecht durch den Film? Legt man nämlich den Begriff »geistiges Eigentum« weiter zu Grunde, so wird es erstens schwierig überhaupt zu bestimmen, wessen geistiges Eigentum ein Film sei. (Der des Produzenten, des

Regisseurs, des Kameramanns, des Drehbuchautors usw.?) Und zweitens wird es noch schwieriger, wenn man fragt: was für eine Art von Reproduktion stellt die Verfilmung eines Romans oder eines Dramas dar? Für den Buchdruck ergaben sich keine Schwierigkeiten, da im Begriff geistiges Eigentum gerade der rechtliche Unterschied zwischen Manuskript als Original und drucktechnischer Vervielfältigung fixiert war. Geregelt wurde die kaufmännische Seite der Vervielfältigung. Die Differenz zwischen Manuskript und Druck spielte keine Rolle, da der Text identisch blieb. Was stellt nun gegenüber der drucktechnischen Reproduktion die filmische Reproduktion eines Texts dar? Die filmische Reproduktion eines Druckwerks oder eines geistigen Eigentums oder eine Kunstleistung? Doch Letztere blieb, wie das Kammergerichtsurteil bei der rechtlichen Anpassung (Novellierung) literarischen Urheberrechts an die neuen Reproduktionsmedien (Grammofon, Schallplatte usw.) zeigte, weiterhin prinzipiell ausgeklammert.

B. interessierten diese urheberrechtlichen Probleme nicht. Im Gegenteil. Er verdeckte und verschob sie, indem er absichtsvoll und von Anfang an den Begriff der Kunst mit dieser Problematik vermengte. Zunächst unterstellte er sowohl der Mitbestimmungsklausel des Vertrags wie dem Begriff des geistigen Eigentums, dass es um die Wahrung der künstlerischen Eigenart und des Kunstanspruchs gehe. Daraus ergab sich ein doppelter Effekt. Er funktionierte die Unzuständigkeit des Gerichts in Kunstfragen um zur skandalösen Begriffsstutzigkeit in Kunstfragen. Und zugleich bescheinigte er dem Gericht eine sozusagen unfreiwillige, auf die neuen Produktionsbedingungen (Ware, Apparate) reagierende große Kompetenz in Kunstfragen. »Außerstande, selber zu begreifen, unter welchen Bedingungen ein Kunstwerk herzustellen war, verzichtete das Gericht darauf, der Firma zuzumuten, ein Kunstwerk herzustellen. Imstande jedoch zu begreifen unter welchen Bedingungen ein Film (als Mengenware) herzustellen war, verzichtete das Gericht darauf, der Firma zuzumuten, ihre Verträge einzuhalten.«

(S. 504) Denn das Gericht musste die Produktion ermöglichen, eine Produktion, die unter den Bedingungen der Ware und der Apparate die traditionelle Kunstideologie zersetzte.

Was hier sich zunächst als ein Trick darstellte – die Verknüpfung von Urheberrecht und Kunstdebatte – war allerdings auch mehr. Denn dass dieser Trick funktionieren konnte, beruhte darauf, dass der Begriff des Autors oder Urhebers nicht einfach mit der eigentumsrechtlichen Definition zusammenfällt, die ihm im Zuge der historischen Herausbildung des literarischen Marktes seit der Erfindung des Buchdrucks gegeben wurde. Tatsächlich bildeten die rechtlichen Begriffe vom freien Schriftsteller, vom Werk, von der Originalität und Authentizität seiner Hervorbringung wiederum nur die ›ideologische Basis‹ für einen neuen philosophischen Diskurs des Ästhetischen, der über diesen Ursprung weit hinausreichte und den gesamten Bereich der Künste umfasste. Diese Formation der klassisch-idealistischen Ästhetik hat in Hegels *Ästhetik* ihre geschlossenste Formulierung gefunden.

Ihr liegen drei Axiome zu Grunde. Die verschiedenen Künste bilden erstens ein zusammenhängendes System und unterstehen also alle einem übergreifenden Begriff der Kunst. Kunst ist das »Kunstschöne« oder das »sinnliche Erscheinen der Idee« (Hegel, S. 72, S. 95). Kunst realisiert sich zweitens in der individuellen und originären Form des singulären ›Kunstwerks‹. Und drittens erlangt Kunst in der Poesie oder Dichtung, und zwar auf Grund des zeichentheoretischen Primats der Sprache, ihre höchste geistige Bestimmung. Diese Axiome der idealistischen Ästhetik regulieren, in welchen Variationen auch immer, den Diskurs über ›die Kunst‹.

B. registrierte sehr klar, wenn auch nicht historisch reflektiert, dass unter den Bedingungen der neuen audiovisuellen Reproduktionsapparate der technische Primat des Buchdrucks, der ökonomische des Buchmarkts und der mediale der Dichtung erschüttert wird. Und dass damit die ideelle Einheit des Systems Kunst zerfällt. So besehen hat die Konsequenz, die er daraus zog, etwas von einem

Geniestreich. Er beharrte auf dem Produktionsstandpunkt des literarischen Autors und erhob nachdrücklich den Anspruch, dass der Schreibende auch der Apparatebenützende werden müsse und könne. Zugleich verband er dieses Beharren mit der Forderung, dass der alte Begriff Kunst suspendiert wird und die alten künstlerischen Funktionen (pädagogisch, wissenschaftlich, politisch) umfunktioniert werden, dass der Werkbegriff sich ändert (Versuch, Experiment) und der Autorbegriff sich vom Schöpfungsmythos ablöst (Produzent, Kollektiv).

B. hatte damit eine keineswegs widerspruchslose, aber enorm starke Position im damaligen Literatur- und Kulturbetrieb formuliert. Jenseits normativer oder objektiver Geltung bildete sie ein weitreichendes und ausbaufähiges ›autopoetisches‹ Projekt, von dessen Möglichkeiten man nur deshalb im Konjunktiv sprechen muss, weil das Ende der Weimarer Republik auch dafür das Ende bedeutete.

Es besteht allerdings kein Grund, dies bloß historisch rückblickend zu konstatieren. So wenig die Bedingungen, unter denen B. den *Dreigroschenprozeß* schrieb, den heutigen entsprechen, so sehr erweisen sich die Diagnosen, gerade unter den Bedingungen der Medienentwicklung, als überraschend weitsichtig. Seine Einsicht in den Zerfall des Systems Kunst ist unüberholt. Dass das, was Kunst ist, kann und soll, zunehmend diffus geworden ist und ganz neue, medial und performativ hybride ästhetische Ereignisse produziert, wird sich nicht bezweifeln lassen. Umso bedeutsamer ist, dass gerade in diesen Diffusionsprozessen die Kategorie des Autors nicht etwa immer weiter geschwunden ist, sondern ein besonderes Gewicht erlangt hat. Schon die Nachwirkungen der poststrukturalistischen Debatte über den »Tod des Autors« (Barthes; Foucault) haben paradoxerweise das Interesse an dem, was da verschwindet, neu geweckt. Und gerade da, wo die alten Grenzziehungen der Künste aufgehoben sind – in den bildenden Künsten (Autorfotografie, Autorenfilm, Autor der Concept Art) wie in den neuen Computermedien (Hypertextformen) und multimedialen Installationen –, kommt der Autor als Bezugspunkt der ästhetischen Aktivität neu ins Spiel (Wetzel).

Das soziologische Experiment

Dem Erstabdruck war im Inhaltsverzeichnis des Hefts 3 der *Versuche* eine kurze Bemerkung vorangestellt: »›Der Dreigroschenprozeß‹ war ein Versuch, auf Grund eines Vertrages Recht zu bekommen. Die Abhandlung über ihn zeigt eine neue kritische Methode, das soziologische Experiment.« Von den zeitgenössischen Diskutanten hat niemand schärfer diesen Anspruch auf eine »neue kritische Methode« zurückgewiesen als Kracauer, der während des Prozesses sehr deutlich B.s Klageerhebung unterstützt hatte.

Was Kracauer bei der Lektüre besonders schmerzte, war B.s Arroganz. Er zeigte sich gekränkt darüber, dass B. gegen ihn polemisiert, ohne ihn namentlich zu nennen, und überhaupt andere, einschlägige Arbeiten nicht anerkannte. Das sei »mild ausgedrückt, extrem individualistisch und bekundet einen erstaunlichen *Mangel an Solidarität*; während die Gehalte [des *Dreigroschenprozesses*] antiindividualistisch sind und sich auf Solidarität ausrichten« (Kracauer 1990, S. 38). Man wird diesem Schmerz Kracauers über die zunehmend agonaler werdenden Umgangsweisen in der intellektuellen Linken die Berechtigung nicht absprechen können.

Unabhängig davon muss die Kritik, die hier gegen B.s Methode geltend gemacht wird, als symptomatisch für eine bestimmte Irritierung gelten, die von der Begriffswahl des »soziologischen Experiments« ausgeht. Kracauer schreibt, B. habe zunächst den Prozess angefangen, um sein »Recht zu suchen, und faßte ihn erst später als eine Veranstaltung auf, die dazu dienen konnte, das Spiel der gesellschaftlichen Kräfte, das Ineinander der verschiedenen Vorstellungen sichtbar zu machen. [...] Diese Verwandlung eines naiv begonnenen Prozesses in ein bewußtes Experiment wäre außerordentlich nützlich, wenn das Experiment auf eine sonst nicht zu erreichende Weise gewisse gesellschaftliche Zustände und die durch sie bedingten Vorstellungen erschlösse.« (S. 33f.) Genau dies scheint Kracauer nicht gegeben. Alle jene »Vorstellungen und Ideologien«, die *Der Dreigroschenprozeß* untersucht, »hätten sich vielmehr aus der vor dem Dreigroschen-Prozeß gegebenen Realität ziehen lassen« (S. 34). Der Anspruch, allererst durch den Prozess und dessen Analyse bestimmte widersprüchliche Ideologien aufgedeckt und damit eine neue kritische Methode entwickelt zu haben, sei hinfällig. »In Wahrheit ist also das sogenannte soziologische Experiment *gar kein soziologisches Experiment.*« (Ebd.)

Ganz falsch ist dieser Vorwurf nicht, B. hätte das alles auch ohne den Prozess, durch bloße Analyse des gesellschaftlich Gegebenen herausfinden können. Der Vorwurf stimmt aber nur, wenn man von der Form des Textes absieht, also das Soziologisch-Methodologische von der Inszenierung ablöst.

Kracauer argumentierte als Soziologe, der selbst, von Simmel herkommend, im Angestelltenbuch, in den Filmkritiken und anderen Essays zur Unterhaltungskultur den verdeckten Ideologien und Mentalitäten auf der Spur war. Sein Verfahren war das eines ideologiekritischen Beobachters, der einzelnen Alltagsphänomenen, massenkulturellen Gebilden und gängigen Phrasen auf der Spur war und dabei verdeckte, ungewusste Tendenzen des kollektiven Denkens und Fühlens aufdeckte. Sein Misstrauen gegenüber B.s unerwarteter Inanspruchnahme der Soziologie sieht sich darin bestätigt, dass dieser einen ungeklärten Experimentbegriff verwende. Von einem soziologischen Experiment im strikten Sinne lasse sich gar nicht sprechen, man könne nur nachträglich, quasi experimentell, z.B. aus dem Massenerfolg eines Buchs oder Films, soziologische Strukturen und unbewusste kollektive Mentalitäten erschließen. Vorausgesetzt für eine derartige Auswertung sei aber, dass sich die gesellschaftlichen Abfolgen »*ohne Eingreifen des Bewußtseins*« (durch den Analytiker) vollziehen. Demgegenüber sei in Konsequenz einer planmäßigen und bewussten Inszenierung soziologischer Experimente, wie sie B. fordere, »damit schon die Entwicklung der Wirklichkeit gestört, die es zu erkennen gilt« (S. 38).

Hiermit ist nun ein Punkt bezeichnet, wo in der Tat die Andersartigkeit des Konzepts B.s unübersehbar wird. Er wendet sich gegen jede Analogie zum kontemplativ-objektivistischen, naturwissenschaftlichen Experiment, das Beobachter und Beobachtetes strikt trennt. Sein ›soziologisches‹ Experiment soll den Schein der Faktizität, die eine positivistische Methode oder Dokumentation erzeugt, unterminieren. B. spricht sehr deutlich davon, dass sich »das soziologische Experiment wesentlich von andern Methoden der Untersuchung, die einen möglichst objektiven, uninteressierten Standpunkt des Untersuchenden voraussetzen«, unterscheide. »Nur das beteiligte, mittätige Subjekt vermag hier zu ›erkennen‹. Diese Subjektivität [wird] vorausgesetzt« (GBA 21, S. 513). Und er verspricht sich davon, dass »viele scheinbar private Anlässe« sich zu soziologischen Experimenten entwickeln ließen.

Der Dreigroschenprozeß will die Spannungen und Kräfte anheizen, die im immerfort Kultur produzierenden Betrieb wirksam sind, wobei die methodologische Frage, ob dies ein ›objektives‹ oder ein ›subjektives‹ Vorgehen sei, eben gerade gegenstandslos werden soll. Es handelt sich um die Verwandlung einer Privatangelegenheit in eine öffentliche. B. nimmt das bürgerliche Gericht/Privatrecht in Anspruch, um Recht zu bekommen. Aus diesem privaten Anlass ergibt sich, nicht ohne sein Zutun, ein öffentliches Presseereignis mit Skandalmomenten. Die dadurch hervorgerufenen Texte des Gerichtsprozesses und der Presse benutzt B. als Material für eine Bearbeitung, um durch die Bearbeitung selbst »eine Interessentenstellung ein[zu]nehmen, einen durchaus subjektiven, absolut parteiischen Standpunkt« (S. 512f.). *Der Dreigroschenprozeß* als soziologisches Experiment ist deshalb erst einmal eine literarische Methode der Textauswahl, des Arrangements, der Zuspitzung usw. (Was im Übrigen auch die Möglichkeit einschließt, gewisse Dokumente oder Zitate zu fälschen, sie in einen andern Kontext zu rücken usw.). Ziel ist nicht Objektivität, sondern Öffentlichkeit. Das Experiment »endet nicht mit dem Zustandekommen einer Anschauung« (S. 513), sondern mit der Aufforderung zu weiteren praktischen Unternehmungen.

Zudem, und hier läuft Kracauers Kritik sozusagen offene Türen ein, behauptete der Autor des *Dreigroschenprozesses* gar nicht, irgend etwas Neues durch soziologische Beobachtung herausgefunden zu haben. Die zitierten Texte waren allen bekannt; jedermann wusste, um Kracauers Feststellung zu zitieren, »daß die künstlerischen und die wirtschaftlichen Kräfte in einen Konflikt geraten sind« (Kracauer 1960, S. 452). Aber so, wie B. ihm diesen Konflikt um die Ohren haut, wusste er es nicht.

Denn dies geschah in einer ungewöhnlichen und darin auch unwiederholbaren Form. Nicht nur die Auswahl der Pressestimmen, sondern die ganze Anordnung zeigt einen besonderen »Humor« (GBA 21, S. 489), der dem Vorbild einer mustergültig aufgebauten wissenschaftlichen Abhandlung entspringt. B. muss daran lange gefeilt haben, was ihm vermutlich Spaß gemacht hat, in der Hoffnung, dass sich etwas davon auf die Leser überträgt. Nur wenn man von B.s ›Marxismus‹ die Lust am Denken und Formulieren abzieht, gerinnt der Text zum soziologischen Schematismus, den der Untertitel – *Ein soziologisches Experiment* – anzukündigen scheint, als entstamme er einem Lehrbuch. Ihren Gipfel erreicht die Mimikry exakter Objektivität im grafischen »Schema der Abbauproduktion« (S. 486f.). Wer hier ernstlich ein wissenschaftliches Diagramm erkennen möchte, muss einigermaßen blind sein, zumal noch dem Benutzer erläutert wird, das Schema sei »nicht nur von oben nach unten, sondern auch umgekehrt lesbar« (S. 489), wodurch sich eine Methode ergäbe, aus der Pabst-Verfilmung den Autor B. synthetisch herzustellen.

Trotzdem hat die Rede vom ›soziologischen Experiment‹ zum Missverständnis geführt, jedenfalls eine produktive Rezeption nicht befördert – bis heute. Die Vorstellung war: Von einem Autor, der begonnen hatte, den Marxismus zu studieren und wissenschaftliches Denken nicht für unvereinbar mit Kunst zu halten, muss man erwarten, dass er es ernst meint, wenn er von einer neuen kritischen Methode spricht. Aber wenn nun das Neue dieser kritischen Methode gerade darin bestünde, sich von der Wissenschaftlichkeit nicht den Witz verbieten zu lassen? Wiederholt spricht B. von einem »induktiven« Verfahren (S. 510), nach dem hier vorgegangen werde. Nur: worin besteht es? »Wir haben Vorstellungen aus der Praxis abgeleitet, eigentlich sie der Praxis unterlegt.« (S. 506) ›Unterlegen‹ ist eine Praxis des literarischen Texts. Denn worin anders ergeben sich die Vorstellungen als in Sätzen? In Sätzen, denen, indem sie Handlungen unterlegt werden, selbst wieder ein bestimmter Sinn unterlegt werden muss, sofern keine sprachunabhängigen Methoden der Messung gelten. Das »soziologische Experiment« ist damit ein literarisches Experiment über die Möglichkeit soziologischer Experimente. Und das heißt nichts anderes, als sich auf den Weg einer Lektüre einzulassen, die den Wortspielen des Schritts, des Wegs, des Fort-, Rück- und Wegschritts, die den ganzen Text durchziehen, nicht bloß misstraut. Was den Text in Gang hält, verdankt sich gerade nicht einer logischen Schrittfolge, sondern den ironischen und polemischen Pointen, den Kurz-Schlüssen und verblüffenden Behauptungen, eben jenem Spielraum der Subjektivität, der im Deutschen – nochmals: siehe Lessing, Heine, Karl Kraus – offenbar als unvereinbar mit gedanklichem Ernst gilt. Das Motto »Die Widersprüche sind die Hoffnungen« (S. 448) steht über dem Text als Testament für künftige Texte.

Literatur:

Adorno, Theodor W./Horkheimer, Max: Dialektik der Aufklärung. Philosophische Fragmente. Frankfurt a.M. 1969. – Benjamin, Walter: Das Kunstwerk im Alter seiner technischen Reproduzierbarkeit. In: Ders.: Gesammelte Schriften. Bd. VII. Hg. v. Rolf Tiedemann und Hermann Schweppenhäuser. Frankfurt a.M. 1974, S. 350–384. – Ders.: Versuche über Brecht. Hg. v. Rolf Tiedemann. 2. Aufl. Frankfurt a.M. 1978. – [Casparius] Stiftung Deutsche Kinemathek (Hg.): Photo: Casparius. Berlin 1978. – Debord, Guy: Die Gesellschaft des Spektakels. Berlin 1996. – Fischetti, Renate: Über die Grenzen der List oder Der gescheiterte Dreigroschenfilm. Anmerkungen zu Brechts Exposé ›Die Beule‹. In: BrechtJb. (1976), S. 43–60. – Gellert, Inge/Wallburg, Barbara (Hg.): Brecht 90. Schwierigkeiten mit der Kommunikation? Kulturtheoretische Aspekte der Brechtschen Medienprogrammatik. Berlin 1991, S. 141–149. – Giles, Steve: Bertolt Brecht and Critical Theory. Marxism, Modernity and the Threepenny Lawsuit. Bern 1997. – Ders.: Marxist Aesthetics and Cultural Modernity in ›Der Dreigroschenprozeß‹. In: Bertolt Brecht. Centenary Essays. German Monitor No. 41. Hg. Steve Giles und Rodney Livingstone. Amsterdam, Atlanta 1998, S. 49–61. – Hegel, Georg Friedrich Wilhelm: Ästhetik. Hg. v. Friedrich Bassenge. Bd. 1. Frankfurt a.M. 1965. – Jürgens, Martin: Zum Prinzip der Montage in Bertolt Brechts ›soziologischen Experimenten‹. In: Zeitschrift für Literaturwissenschaft und Linguistik 12 (1982), S. 88–103. – Koehne, Fritz: Verfilmungsrechtsverträge. Ein Beitrag zu der Lehre von den urheberrechtlichen Lizenzverträgen außerhalb des Verlagsnetzes. In: Archiv für Urheber-, Film- und Theaterrecht 4 (1931), Nr. 5–6, S. 483–515. – Kracauer, Siegfried: Der Prozeß um die Dreigroschenoper. Einige nachträgliche Randbemerkungen. In: Unseld, Siegfried (Hg.): Bertolt Brechts Dreigroschenbuch. Texte, Materialien, Dokumente. Frankfurt a.M. 1960, S. 208–211. – Ders.: Ein soziologisches Experiment? Zu Bert Brechts Versuch: ›Der Dreigroschenprozeß‹. In: Ders.: Schriften. Bd. 5,3. Hg. v. Inka Muelder-Bach. Frankfurt a.M. 1990, S. 33–39. – Lindner, Burkhardt: Brecht/Benjamin/Adorno – Über Veränderungen der Kunstproduktion im wissenschaftlichtechnischen Zeitalter. In: Text+Kritik. Sonderbd. Bertolt Brecht I. München 1972, S. 14–36. – Ders.: Der Begriff der Verdinglichung und der Spielraum der Realismus-Kontroverse. Ausgehend von der frühen Differenz zwischen Lukács und Bloch. In: Der Streit mit Georg Lukács. Hg. v. Hans-Jürgen Schmitt. Frankfurt a.M. 1978, S. 91–123. – Lukács, Georg: Geschichte und Klassenbewußtsein. Neuwied 1968. – Piscator, Erwin: Das politische Theater. Faksimiledruck der Erstausgabe 1929 mit zahlreichen Abbildungen. Hg. v. Ludwig Hoffmann. Berlin 1968. – Schlaffer, Hannelore: Kritik eines Klischees: ›Das Kunstwerk als Ware‹. In: Erweiterung der materialistischen Literaturtheorie durch Bestimmung ihrer Grenzen. Hg. v. Heinz Schlaffer. Stuttgart 1974, S. 265–287. – Voigts, Manfred: Brechts Theaterkonzeptionen. Entstehung und Entfaltung bis 1931. München 1977. – Wetzel, Michael: Autor/Künstler. In: Ästhetische Grundbegriffe. Bd. 1. Hg. v. Karlheinz Barck [u.a.]. Stuttgart 2000, S. 480–544. – Wöhrle, Dieter: Bertolt Brechts ›Dreigroschenprozeß‹ – Selbstverständigung durch Ideologiezertrümmerung. In: Sprachkunst. Beiträge zur Literaturwissenschaft 11 (1980), S. 40–62. – Ders.: Bertolt Brechts medienästhetische Versuche. Köln 1988.

Burkhardt Lindner

Schriften 1933–1941

In Svendborg und andernorts

In der mit dem Sammelnamen *Schriften* versehenen Abteilung der GBA ist für die Jahre 1933–1941 ein eigener Band in zwei Teilen eingerichtet worden. Die Herausgeber nahmen so mit Blick auf diese Zeit eine deutlich abzugrenzende Arbeitsphase im Leben B.s an, obwohl die hierher gehörenden Äußerungen mit früheren und späteren stark verbunden sind. Der Übergang zu einer materialistisch dialektischen Weltsicht, zu einer auf Klassenverhältnisse und Klassenkämpfe orientierten Gesellschaftskritik und künstlerischen Tätigkeit wirkte in B.s Denken seit Ende der 20er-Jahre; wie diese Ansätze weitergeführt wurden, zeigt sich in den Aufzeichnungen nach 1933. Die Erfahrung der Fortdauer des Exils wiederum, der sich ausbreitenden Naziaggressionen, des Kriegs und des problematisch werdenden Verhältnisses zur Sowjetunion setzte sich in der ersten Hälfte der 40er-Jahre fort und schlug sich in Notierungen dieser Zeit nieder. Frühere Präsentationen von B.-Texten rechneten mit solchen Zusammenhängen: Es finden sich Rubriken wie *Marxistische Studien 1926–1939*, *Notizen zur Philosophie 1929–1941* oder *Notizen über die Zeit 1939–1947* (WA 20, S. 45, S. 125, S. 267). Die Eigenheit des ersten Abschnitts der Emigration ist aber ausgeprägt genug, ihn gesondert zu betrachten.

Fredric Jameson hat vorgeschlagen, bei B. von »Schichten der Geschichte« zu sprechen, von »chronologischen Monaden, ›Pyramiden von Welten‹ (Leibniz)« mit je unterscheidbarer Art von Gehalt: »Jede prägt ihren eigenen spezifischen Gelegenheitscharakter«, wie ihn jeweils Geschichte gibt. Diese kristallisierte eine je spezifische »Reihe von Werken und Ausdrucksformen«, »mit einem Strom von Fragmenten« um sie herum (Jameson, S. 9f.). Als eine erste historische Schicht werden »Weimar und die Wendungen des Zynismus« (S. 12) angesetzt, zu ihr gehören schmalere Schichten: so B. als ›Schauplatz‹ kollektiver Arbeit, B. als Theatermann, der chinesische B., der experimentelle B., der Marx lernende B. Eine zweite geschichtlich begründete Schicht sieht Jameson durch Hitler und das Exil, durch den Widerstand gegen den Faschismus gebildet. In ihr macht er zwei unterschiedliche schmalere Schichten aus: Zum einen »die verallgemeinerte Figur eines Brecht-in-Bewegung, eines Brecht-im-Exil, der durch Dänemark und Schweden reist, Finnland, das riesige Rußland Stalins, und in Wladiwostok die S.S. Annie Johnson besteigt, die er einige Monate später mit seiner Familie im sonnigen Hafen von San Pedro verlassen wird«; und zum anderen, ihm deutlicher, die »Figur Brechts im amerikanischen Exil, einen Brecht-in-Amerika« (S. 17) – mit aufregenden Rückbezügen auf das Amerika-Bild der 20er-Jahre, mit der unversöhnlichen Kritik, wie hinzuzufügen ist, an der nun forciert erfahrenen Kunstwaren-Welt. Sie gab B. das Gefühl, es sei z.B. sein *Galilei* nur die Erinnerung an ein »versunkenes Theater alter Zeiten in untergegangenen Kontinenten«, er lebe in einer Gegend, wo es sich statt um das, was er mit Kunst verband, um den »Verkauf von Abendunterhaltung« handelt, wo sich zwischen Verkäufer und Käufer solcher Ware »ganze Hierarchien von Experten und Agenten [drängen], die Bedürfnis und Wunsch des Käufers zu kennen vorgeben«, wo jedes direktere Wirken des Künstlers zunichte gemacht ist, nur die Ware sich verkrüppelt und geschändet vorstellt und wo gilt: »Die Idee, daß auf dem Theater die Angelegenheiten eines Volkes behandelt werden könnten, ist ganz aus der Luft gegriffen, da das auch bei sonstiger Unterhaltung nicht geschieht.« (GBA 27, S. 39) Die angegebene Differenz ist für die Schriften bedenkenswert.

Der B.-in-Bewegung war ein Mann-der-Flucht zuerst. Auf die Flucht nahm er, in nicht wenigen Äußerungen scheinbar ungebrochen, eine Idee der Repräsentanz mit, die Kämpfe und gemeinsames Leid ermögliche, die nun gegen die Nazis als Usurpatoren des Anspruchs, das Volk zu vertreten, gewendet werden konnte. Von den Emigranten sagte er so z.B. um 1938: »Denn wir repräsentieren ja das Volk [...]. Wir sind vertrieben worden, weil wir es vertraten. Wir betraten die Nachbarländer, geschändet im Namen der Ehre, auf der Flucht vor den Horden, die uns auf dem Fuße dahin folgen werden.« (GBA 22, S. 495) Bestätigende Erfahrung äußerte sich um 1940: »Das Thema der Kunst ist, daß die Welt aus den Fugen ist. Wir können nicht sagen, daß es keine Kunst gäbe, wenn die Welt nicht aus den Fugen wäre, noch daß es dann eine Kunst gäbe. Wir kennen keine Welt, die nicht aus den Fugen war. Die Welt des Aischylos, was immer die Universitäten von Harmonie murmeln mögen, war erfüllt mit Kampf und Schrecken und so die des Shakespeare und die des Homer, des Dante und des Cervantes, des Voltaire und des Goethe. Wie friedlich immer der Bericht erschien, er handelt von Kriegen, und wenn die Kunst ihren Frieden mit der Welt macht, so machte sie ihn mit einer kriegerischen Welt.« (S. 613f.) Seinen Frieden wollte B. nicht machen, nicht mit den Nazis und nicht mit der ganzen kriegerischen Welt.

Neuorientierung dafür schien ihm nach den Veränderungen in Deutschland, der Machtübergabe an die Nazis, dringend nötig. Von dieser Suche sprechen vielfach die Ausführungen dieser Zeit; sie wurde vorangetrieben vom Gefühl der Niederlage und vom Willen, Widerstand zu leisten. Über die Kunst hinaus galt der Satz: »Die Welt ist nicht zur Sentimentalität verpflichtet. Aber man darf aus den Niederlagen, die festgestellt werden müssen, nicht die Folgerung ziehen, daß keine Kämpfe mehr stattfinden sollen.« (S. 443) Zur Weiterführung des Kampfs, meinte B., auch gegen damals wirksame Ansichten von Kommunisten wie Fritz Heckert gerichtet, ist die ganz und gar nicht glückliche Einsicht wichtig, »daß man eine Niederlage erlitten hat, sie muß in ihrem ganzen Umfang erkannt werden« (S. 19).

In der Arbeit spielten nun spezifische ›Gelegenheiten‹ eine Rolle, wie die Zeit sie gab. Nach Aufenthalten in Wien, in der Schweiz und in Paris traf B. im Juni 1933 in Dänemark ein. Die Flucht führte ihn, so heißt es in den *Svendborger Gedichten*, »unter das dänische Strohdach« (GBA 12, S. 7) – was nicht eine Metapher für Armut, sondern Bild ist für ländliches, wie immer landschaftlich schönes Fernab, für eine Gegend weit weg von den Zentren des frühen Exils, von Prag und Moskau, von Paris und der Mittelmeerküste.

Der B.-in-Svendborg, in der Art von Jameson gesprochen, sorgte sich um Ausweitung des plötzlich beschränkten Lebensraums. Gespräche im Haus von Karin Michaelis könnten Anregungen zu dem Text *Von der Liebe* gegeben haben (vgl. GBA 22, S. 28f.; Gellert, S. 6). B. lud immer wieder, im heftigen Wunsch nach Austausch, Überprüfung des Eigenen, Anregung von Anderen, ältere Diskussionspartner und Freunde ein. Hanns Eisler war Ende Februar/Anfang März 1934 Gast im Haus Skovsbostrand, Nr. 8; sie arbeiteten an der Neufassung von *Die Rundköpfe und die Spitzköpfe*. Mit Eisler gab es auch später wieder vielfältige Gespräche; Anregungen daraus schlugen sich nieder z.B. in dem Text *Über die Verwendung von Musik für ein episches Theater*. Ende Juni 1934 kam Walter Benjamin, er blieb mehrere Monate. Reaktionen auf Gespräche dieser Zeit sind Kafka betreffende Notate (wie Notierungen von Einfällen und Überlegungen B.s in Edition und Forschung gern genannt werden). Von Anfang August bis Mitte September 1936 dauerte ein zweiter Besuch, ein dritter folgte von Juni bis Oktober 1938 – Benjamins Baudelaire-Studien regten B. zu eigenen Notizen über Baudelaire an. Im Januar 1935 traf Karl Korsch ein, er blieb bis März (schon vorher resultierte Ende 1934 aus Gesprächen mit dem Philosophen, den B. seinen »Lehrer« nannte – vgl. *Über meinen Lehrer*, GBA 22, S. 45f. –, und aus dem Kennen-Lernen neuer Arbeiten von ihm eine ganze Reihe von Korsch-Notaten).

Und immer wieder bewegte sich B. fort aus drohendem Abseits zu Begegnungen der Emigration und zur Realisierung seiner Stücke auf dem Theater. Er ist der B.-im-Exil-unterwegs. Diese Existenzweise vermittelte vielfältige Anregungen zu Aufsätzen und anderen Aufzeichnungen. Er war von September bis Dezember 1933 in Frankreich – Paris, Südfrankreich, dann wieder in Paris. In diese Zeit fallen vermutlich die Arbeiten und Entwürfe für das zweite *Braunbuch* zum Reichstagsbrand, das mit dem Titel *Dimitroff contra Goering. Enthüllungen über die wahren Brandstifter* 1934 in Paris erschien. Zwischen dem 3. 10. und 20. 12. 1935 war B. in London; der Aufenthalt bot Anlässe für eine Auseinandersetzung mit dem englischen Schriftsteller Herbert George Wells, mit dessen ideologisch hervorgetriebenen Illusionen von »Ehrlichkeit« (S. 51) und »Meinungsfreiheit« (S. 53). Am 12. 3. 1935 begann eine Reise nach Moskau. B. traf Sergej Tretjakow, Carola Neher, Asja Lacis, Bernhard Reich u. a. Begegnungen mit dem Schauspieler Mei Lan-fang wurden Auslöser für Schriften über chinesische Schauspielkunst (so *Über das Theater der Chinesen, Verfremdungsaspekte in der chinesischen Schauspielkunst*). Am 21. 5. zurück in Svendborg brach B. schon am 15. 6. für zehn Tage nach Paris auf, zur Teilnahme am Internationalen Schriftstellerkongress zur Verteidigung der Kultur. Hier hielt er die Rede, die unter dem Titel *Eine notwendige Feststellung zum Kampf gegen die Barbarei* im August 1935 zuerst in den *Neuen Deutschen Blättern* (Prag) veröffentlicht wurde. Öfter fuhr B. nach Kopenhagen. Von Ende September bis zum 6. 10. 1935 z.B. war er dort zur Vorbereitung der Aufführung der *Mutter*; Anfang September bis zum 9. 11. 1936 nahm er an Proben zu *Die Rundköpfe und die Spitzköpfe* teil – eine Reihe von Schriften steht damit im Zusammenhang: so theoretische Texte zum Verfremdungseffekt und vor allem die *Anmerkung zu ›Die Spitzköpfe und die Rundköpfe‹* - eine Studie, mit der die Beschreibung von Probenabschnitten und praktischen Theatererfahrungen begann, die zu den späteren *Theatermodellen* führte. Vom 7. 10. 1935 bis zum 16. 2. 1936 erfolgte die wichtige Reise nach New York; B. beteiligte sich an Proben zur Aufführung der *Mutter* durch die linke Truppe *Theatre Union*. Eine Reihe von Notierungen (so *Memorandum über die Verstümmelung und Entstellung des Textes* oder *Anmerkungen zur »Mutter«*) bezieht sich auf diese Aufführung, die B.s Intentionen in wichtigen Hinsichten zuwider lief. Vom 6.3. an hielt er sich bis Ende Juli 1936 wieder in London auf, er arbeitete – letztlich vergeblich – am Drehbuch für einen *Bajazzo*-Film mit Richard Tauber. Mit Korsch und Eisler gab es vielfältige Gespräche. Aus dieser Zeit stammen vermutlich die fragmentarischen Texte *Aus den englischen Briefen* oder *Resignation eines Dramatikers*, die Aspekte des politischen und kulturellen Lebens in England, problematische Züge des Verhaltens gegenüber Hitler und dem Faschismus oder, am Beispiel Somerset Maughams, die Situation des Theaters vorstellen. Im Juli 1937 nahm B. an der Pariser Schlusssitzung des II. Internationalen Schriftstellerkongresses zur Verteidigung der Kultur teil; hier hielt er eine Rede, die im Juli 1937 in der von ihm mitherausgegebenen Exilzeitschrift *Das Wort* (Moskau) veröffentlicht wurde (vgl. GBA 22, S. 323–325). Zwischen dem 12. 9. und 19. 10. war B. wieder in Paris, in Sanary-sur-Mer bei Lion Feuchtwanger; dort nahm er an Proben zur *Dreigroschenoper* teil und dann an den Endproben zu *Die Gewehre der Frau Carrar*. Das Stück hatte am 16. 10. seine Uraufführung, wurde danach mehrfach gespielt, so Anfang März 1938 in Stockholm, wohin B. zu Proben aufbrach. In seinen Schriften finden sich Zeugnisse von diesen neuen Theatererfahrungen. Im Mai 1938 war B. wieder in Frankreich, zu Proben und zur Uraufführung von *Furcht und Elend des III. Reiches*.

Im April 1939 begann eine neue Etappe des Exils. Es wurde die Übersiedlung nach Schweden dringlich und möglich. Im Rahmen eines Plans zu einer Vorlesungsserie, welche die Hindernisse für eine Einwanderung überwinden helfen sollte, entstand der Vortrag *Über experimentelles Theater*, den B. im Mai an der Studentenbühne in Stockholm hielt. Die Aufsätze *Lyrik und Malerei für Volkshäuser* und *Die Kunst dem Volke* von 1939 nehmen Bezug auf schwedische Kultureinrichtungen und auf den Gedankenaustausch mit dem Maler Hans Tombrock, den B. in Stockholm kennen lernte. Auf in Schweden veröffentlichte Berichte über den finnisch-sowjetischen Winterkrieg 1939/1940 bezog sich die politische Satire *Das finnische Wunder*. Nach dem schwedischen Jahr ging B. am 16. 4. 1940 weiter nach Finnland, wo er sich bis zum Erlangen von USA-Visa und von Reisemöglichkeiten durch die Sowjetunion bis zum 3. 5. 1941 aufhielt. Nach der Niederschrift des von Arbeiten der finnischen Autorin Hella Wuolijoki angeregten Stücks *Herr Puntila und sein Knecht Matti* schrieb B. im September 1940 als Nachwort die *Anmerkungen zum Volksstück*.

Wie wichtig die Gelegenheiten waren, die B. zur Niederschrift seiner Überlegungen brachten, zeigt sich immer wieder. Keineswegs spielten dabei allein die Begegnungen mit seinen engeren Freunden eine Rolle und auch nicht nur die Anforderungen und Anregungen, welche die Reisen brachten oder die eigene Arbeit am Theater, an Stücken, Gedichten, Prosa. Der Ärger über Gottfried Benns Ja zu den Nazis 1933 wollte formuliert sein. Heinrich Manns Schrift *Mut* von 1938 fand Bewunderung in einer (nicht zu Ende geführten) Rezension. Äußerungen von Karl Kraus oder von André Gide wurden schriftlich bedacht, an offenen Briefen an Heinrich George und an Paul Hindemith wurde gearbeitet. Der Text *Fünf Schwierigkeiten beim Schreiben der Wahrheit* entstand in der Nachfolge eines Beitrags zu einer Umfrage des *Pariser Tageblatts* unter dem Titel *Die Mission des Dichters 1934*, an der auch Döblin, Feuchtwanger, Heinrich Mann, Klaus Mann, Toller, Arnold Zweig u.a. teilnahmen; Johannes R. Bechers Interesse, sein Vorschlag, den Text in der *Internationalen Literatur* abzudrucken, führte B. zum Ausbau seiner Umfrage-Antwort. Der sowjetische Schriftstellerkongress von 1934 regte ihn zur Fixierung von Überlegungen an wie die Bemühungen des SDS in Paris 1937, die Gemeinsamkeit der Exilliteratur zu erhalten. Der Essay *Weite und Vielfalt der realistischen Schreibweise* vom Juli 1938 war ein Beitrag zur Expressionismusdebatte, die 1937/38 im *Wort* geführt wurde.

Es war ein exemplarischer Vorgang dieser Jahre: Der Aufsatz sollte sich gegen die im dogmatisierten kommunistischen Denken beobachtete Tendenz wenden, »der realistischen Schreibweise vom Formalen her Grenzen zu setzen« (*Versuche*, H. 13, S. 97). Bezeichnenderweise wurde er nicht veröffentlicht. B. verabscheute das Indoktrinäre einer im Umkreis von Georg Lukács und Julius Hay wahrgenommenen »Moskauer Clique« (*Journale*, 27. 7. 38; GBA 26, S. 316; vgl. Brief an Willi Bredel, Juli/August 1938; GBA 29, S. 106f.). Er sah es als Gefahr an, dass antifaschistische Schriftsteller sich »vor der feindlichen Front in ein Formengezänk verwickeln«; im Interesse einer »breiten Antihitlerfront« wurde dafür plädiert, dass »wir (und ohne öffentlichen, verbitternden, zeitraubenden Streit) den Realismusbegriff weiter, großzügiger und eben realistischer auffassen« (GBA 22, S. 433f.). In der Öffentlichkeit gebrauchte B. konstruktiv-kritisch, wie er sagte, eine »positive Form [s]einer Ausführungen«(S. 434). In Briefen und im *Journal* äußerte er seinen Zorn und in zunehmendem Maß Resignation: Er spürte, wie die Zusammenarbeit mit der *Wort*-Redaktion im Sommer 1938 »immer problematischer« (Brief an Bredel, Juli/August 38; GBA 29, S. 106), ja schier unmöglich wurde. Ob der versprochene Aufsatz *Volkstümlichkeit und Realismus* noch an die Zeitschrift ging, ist ungewiss. Zu den Spannungen trug nicht zuletzt das Fehlschlagen des Versuchs bei, abfällige Äußerungen Lukács' zu Eisler im *Wort* zurückzuweisen (vgl. *Kleine Berichtigung, Hanns Eisler*). Briefe an Maria Osten und Fritz Erpenbeck vom Herbst 1938/Anfang 1939 (die erst in den letzten Jahren bekannt wurden) monierten die sich ausbreitende »starre, einseitige, unversöhnliche, sehr formal betonte dogmatik« (Brief an Erpenbeck, 7. 9. 38; zit. nach: Barck, S. 508), das Fehlen einer »demokratischen grundlage unserer redaktionsarbeit«, das Gefühl, als »strohmann« behandelt zu werden (vgl. Brief an Erpenbeck, 25. 11. 38; zit. nach: Barck, S. 509; vgl. Schiller, S. 37). Tatsächlich wurde B. von der Moskauer Clique misstrauisch beobachtet: Alfred Kurella bezeichnete ihn metaphorisch als eine Katze, die bereits den Kopf aus dem Sack gesteckt habe, die schon aus der Höhle gelockt sei, er dachte, man könne nun auf »die ›allerweitherzigste‹ Interpretation des Realismus« gespannt sein, die aus der »Ecke« mit Bloch, mit Eisler zu erwarten sei (Kurella an Erpenbeck, 8. 6. 38; zit. nach: Schiller, S. 47f.). Es waltete so die intrigante Zuversicht, dass man B.

bald einer verschärften Polemik zuführen könne.

Und auch in politischer Hinsicht ist das Gelegenheitliche in B.s Äußerungen bestimmend. Reaktionen auf Artikel und Reden von Hitler, Göring und anderen Nazigrößen von 1933 und aus späterer Zeit finden ihren Niederschlag. Die Appeasement-Politik von Neville Chamberlain, die den faschistischen Mächten, auch dem Nazireich in Deutschland, seit 1935 Zugeständnisse entgegenbrachte, forderte B.s Kritik heraus. Nach dem Beginn der stalinistischen Terror-Prozesse und Massenrepressionen in der Sowjetunion, die auch Menschen betrafen, mit denen B. verbunden war, die er kurz vorher in Moskau getroffen hatte, gibt es 1937 und wieder 1938 eine Häufung von Notierungen, die sich auf verschiedene Aspekte des sozialistischen Regimes dieser Jahre erörternd beziehen. Deutlicher äußerte sich B. im Januar 1939 im *Journal* so: »Auch Kolzow verhaftet in Moskau. Meine letzte russische Verbindung mit drüben. Niemand weiß etwas von Tretjakow, der ›japanischer Spion‹ sein soll. Niemand etwas von der Neher, die in Prag im Auftrag ihres Mannes trotzkistische Geschäfte abgewickelt haben soll. Reich und Asja Lacis schreiben mir nie mehr. [...] Auch Béla Kun ist verhaftet, der einzige, den ich von den Politikern gesehen habe. Meyerhold hat sein Theater verloren« (GBA 26, S. 326f.; vgl. Koljasin).

Brouillon und Essays

In der GBA ist den Bänden mit Stücken, mit Gedichten, mit Prosa-Arbeiten eine Abteilung angeschlossen, die B. als Verfasser reflektierender, diskutierender, programmatischer Texte vorstellt. Sie heißt *Schriften*, mit einer Benennung, die zunächst in der Nachfolge früherer Editionen nach B.s Tod steht: mit den siebenbändigen *Schriften zum Theater* (Suhrkamp 1963/64; Aufbau 1964) sowie mit den jeweils zweibändigen *Schriften zur Literatur und Kunst* (Aufbau 1966; Suhrkamp 1967) und mit den *Schriften zur Politik und Gesellschaft* (Suhrkamp 1968; Aufbau 1969). Charakteristisch war hier die differenzierte Materialauswahl, die Bindung an bestimmte Gegenstandsbereiche, die wohl auch auf verschiedene Leserinteressen zielte. Bei der GBA wurde ein anderes Verfahren gewählt, das dem »Strom der Fragmente« (Jameson, S. 9) gemäß war: Man fasste das Material der früheren Ausgaben von ›Schriften‹ und weiteres im Nachlass liegendes ähnliches Material zusammen, ordnete es chronologisch und gab dabei – im Prinzip, so nur zum großen Teil – die früher geübte gegenstandsbezogene Sortierung der Texte weitgehend auf. Der andere Grund für den Namen *Schriften* liegt hier: Er ergab sich als ein terminologisches Nebenprodukt der Loslösung des Ausdrucks von den früheren näheren Bestimmungen, die auf verschiedene Lebens- und Kunstbereiche, auf das Theater, Literatur, Kunst, Politik und Gesellschaft wiesen.

Freilich gilt die chronologische Anordnung (die bei Zeitgleichheit oder unsicherer Datierung durch Einführung thematischer Bezüge ergänzt wird – ohne damit einen unmittelbaren Arbeitszusammenhang bei B. zu behaupten) nur für den ersten Teil der fünfbändigen Abteilung, für die Bände 21 bis 23. Die Bände 24 und 25 bleiben, jeweils mit chronologischer Binnengliederung, der früher üblichen themenbezogenen Sortierung unterworfen (auf sie verweisen die Untertitel: *Texte zu Stücken* und *Theatermodelle. ›Katzgraben‹-Notate*). Soll es um die ›Schriften‹ von 1933 bis 1941 gehen, so sind sie heute im Band 22 mit seinen zwei Teilen und in den zeitlich zugehörigen Ausschnitten des Bandes 24 zu finden.

Die Vielzahl und Vielfalt der notizenhaften, publizistischen, theoretischen Texte gerade dieser Zeit im skandinavischen Exil, das Disparate auch der in dieser Periode aus einer großen Unterschiedlichkeit von Gelegenheiten herrührenden Arbeiten, die differierenden Schreibweisen, die der Selbstverständigung, der Diskussion, der Polemik dienten, lassen das Problematische des Kollektivbegriffs ›Schriften‹ deutlich hervortreten. Es ist deshalb hier noch einmal ausdrücklich darauf hinzuweisen.

Wiewohl der Ausdruck ›Schriften‹ auf nichts anderes als auf eine Entscheidung im editorischen Verfahren verweist, waren die GBA-Herausgeber so kühn, die von ihnen ausgewählte Menge von Texten als ein Genre, eine Gattung aufzufassen (vgl. GBA Registerbd., S. 808f.). Im Bericht *Zu den Bänden 21-25* wird sie näher bestimmt: »Als *Schriften* werden in der vorliegenden Ausgabe alle in nicht künstlerischer Prosa geschriebenen Äußerungen angesehen, die zur Auseinandersetzung mit Werk, Zeit und Personen sowie über die öffentliche Diskussion von Ereignissen und Kunstwirkungen Auskunft geben, sofern diese Texte nicht als Briefe oder als Notierungen in den *Journalen* überliefert sind.« (GBA 25, S. 583f.) Dieser über Negationen festgesetzten Definition wird flüchtig noch hinzugefügt, es sollten auch publizierte oder als theoretische Äußerungen aufzufassende Briefe ›Schriften‹ sein, hingegen in künstlerischer Prosa geschriebene oder lyrische oder dramatische Texte mit »theoretischen Überlegungen«, mit »theoretischem Gehalt« zur Prosa, zu den Gedichten, den Stücken gerechnet werden – mit der Ausnahme nun wieder der Szenen und Gedichte, die B. »in eigener Zusammenstellung einem theoretischen Komplex zugewiesen« hat (S. 584). Unversehens erscheint hier nun »Theorie« als Kriterium für die Aufnahme in die *Schriften*, wiewohl ja die Texte durchaus als Programm, publizistische Kritik, Satire usw. sich darbieten können.

Auf B. selbst kann der Gebrauch des Ausdrucks ›Schriften‹ im Sinn der GBA nicht zurückgeführt werden. Aufschlussreich ist eine Passage in einer autobiografischen Skizze von 1937, wo »Veröffentlichte Schriften vor 1933« vermerkt sind und dabei Schauspiele, Gedichte, Geschichten ebenso wie die »Radiotheorie«, die *Anmerkungen zur Oper »Aufstieg und Fall der Stadt Mahagonny«*, die Aufzeichnungen vom soziologischen Experiment *Der Dreigroschenprozeß* (GBA 26, S. 305). ›Schriften‹ war hier gleichbedeutend mit ›Texten‹ oder ›Arbeiten überhaupt‹. Und wie gleichgültig B. gegenüber einem zusammenfassenden Begriff für das war, was in der GBA unter die *Schriften* fällt, zeigt sich darin, dass auch kein anderes Wort erscheint, unter dem man eine dahingehende Intention vermuten könnte. Für B. gehörte die Frage, »wie sich die Begriffe miteinander vertragen«, auf Grund seiner kritischen Distanz gegenüber ›Metaphysik‹ zu den »spanischen Dörfern«, und sie interessierte ihn nur »soweit die Begriffe der akademischen und gelehrten Philosophie Griffe sind, an denen sich die Dinge drehen lassen, Dinge und nicht wieder Begriffe« (GBA 22, S. 512f.). Im Fall seiner Notierungen beließ er es bei einer Fülle von Spezialausdrücken für die Vielfalt der auf einem offenen Feld sich tummelnden Formen.

Zu Gedrucktem und/oder zu (wie immer relativ) fertig Geschriebenem konnte er »Prosa« sagen (GBA 29, S. 79), »Essay« (GBA 26, S. 306), »Studie« (GBA 22, S. 1014), »Aufsatz« (S. 1015), »Traktat« (S. 67), »Beitrag« (GBA 26, S. 306), »Anmerkungen« (GBA 23, S. 65), »Thesen« (GBA 22, S. 391); im Texttitel konnte die Formel ›Über XYZ‹ stehen (S. 58) oder, wenn es sich darum handelte, »Offener Brief« (S. 21) oder »Interview« (auch wenn es da um ein fiktives Interview ging; vgl. S. 25), und er konnte in vielen Fällen einfach Aufgeschriebenes, Liegengelassenes, Unfertiges titellos lassen oder von »Notizen« reden (GBA 23, S. 296) bzw. von »Notaten« (GBA 24, S. 412). Die GBA mischt dies alles und nivelliert es dabei, weil sie zu einem bestimmten Ende Geführtes, zum Druck Gebrachtes oder Bestimmtes auf eine Stufe stellt mit in aller Vorläufigkeit Notiertem, mit Niederschriften von Einfällen, Entwürfen usw. (von dem einiges nun wieder nicht im Textteil, sondern im Kommentar der Ausgabe übermittelt wird). Wird in solchem Zusammenhang von ›Gattungen‹ geredet, wäre es wohl klarer gewesen, zwischen einer Abteilung mit Essays und einer Abteilung zu unterscheiden, die »Aus den Notaten« oder – mit der auf Konzepte oder Schmierhefte zeigenden, von Novalis her längst auch in Editionen bekannten französischen Formel – »Brouillons« oder »Cahiers de brouillon« hätte heißen können (vgl. Novalis; Müller-Funk, S. 136–140) – auch wenn das meiste im Zeitraum, nicht zuletzt dank der

Arbeit von Margarete Steffin, in säuberlicher Typoskriptform überliefert ist.

Überdies ist mit der Angabe »künstlerische Prosa«, die bei den Editoren einen Gegensatz zu »Schriften« markieren soll, gar nichts Bestimmtes aufgerufen. Da die Herausgeber den Ausdruck »künstlerisch« bei B. unmöglich im Sinn von Selbstbezüglichkeit oder im Sinn von formaler Artifizialität gebrauchen konnten, dachten sie hier womöglich an das Bestimmungsmerkmal des Fiktionalen. So heißt es auch, »daß bei überwiegend fiktionalen Texten eine Zuordnung zu den poetischen Gattungen, bei überwiegend Sachverhalte besprechenden Texten eine Zuordnung zu den Schriften erfolgt ist« (GBA Registerbd., S. 809). Für B. war das Fiktionsproblem, wie seine Essays und Brouillons zeigen, bei der Diskussion von Kunstphänomenen nicht entscheidend, und wie unsicher die Verwendung dieses Kriteriums ist, zeigt sich schon darin, dass die früher zu den *Schriften zu Politik und Gesellschaft* gerechnete *Horst-Wessel-Legende* jetzt in der GBA-Abteilung *Prosa* erscheint, oder dass man die Textfolge *Messingkauf* – B.: »Viel Theorie in Dialogform [...] (angestiftet zu dieser Form von Galileis *Dialogen*)« (GBA 26, S. 327) –, die zu einer einzigen Gattung nicht gezählt werden kann, die in Teilen unübersehbare fiktionale Züge trägt, ohne weiteres zu den ›Schriften‹ rechnete. Und tatsächlich sind scharfe Grenzen hier nicht zu ziehen. In der künstlerischen wie auch in weiten Strecken der wissenschaftlichen Arbeit geht es um den Vorgang und die Ergebnisse eines mehr oder weniger durchgeführten Fiktionalisierens, und es ist durchaus Sache bloß der Konvention, wo der Unterschied zwischen Fiktivem und Nicht-Fiktivem und damit auch der Unterschied zwischen dem dokumentarisch und poetisch Authentischen zu setzen ist. Bei B. ist der Unterschied zwischen dem, was in der Abteilung *Prosa* beim *Buch der Wendungen* oder beim *Tuiroman* begegnet, und dem, was unter die *Schriften* fallen soll, oft nicht so groß. Benjamin, der selbst ein Mann ästhetisch formierter Prosa war, konnte daher nach der Lektüre von *Fünf Schwierigkeiten beim Schreiben der Wahrheit* sagen, die Ausführungen hätten die »Trockenheit und daher die unbegrenzte Konservierbarkeit durchaus klassischer Schriften«, sie seien »in einer Prosa geschrieben, die es im Deutschen noch nicht gegeben hat« (Benjamin, S. 658). B.s mehr oder weniger durchgeführtes Verfahren, sich historisch zu sehen und aus einer erlangten Distanz, manchmal auch wie aus ferner Zeit zu berichten, ist vielleicht nicht ›künstlerisch‹ in traditionellem Sinn, wohl aber eine Art ästhetischer Formierung; es findet sich im *Buch der Wendungen* wie nicht viel anders in manchen Stücken der *Schriften*. Wenn B. davon spricht, es wäre gut, Lebensabschnitte wie unter einem Titel aufzufassen und zu beschreiben, so gibt er selbst in seinen Notierungen ein Beispiel. Der Tbc-kranken Steffin im Sanatorium von Agra rät er das Verfahren, sich geschichtlich zu sehen und mit einer auf den Sozialkonnex der Krankheit weisenden Marke zu kennzeichnen, als Mittel des Widerstands: »Das historische Bild heißt: M.S. unter den kranken Bourgeois von Agra.« (GBA 22, S. 7)

Am Verfahren der GBA ist energische Kritik geübt worden. »Die editorische Abteilung nach Stücken, Gedichten, erzählender Prosa und Briefen leuchtet ein. Bei den Journalen wird es schwieriger, bei den ›Schriften‹ regiert das Allerlei des Resteprinzips.« (Haug 1996, S. 13) Wolfgang F. Haug meint, es sei alles, was man sonst nicht habe zuordnen können, »unter dem Verlegenheitstitel *Schriften* zusammengewürfelt worden«. Schärfe erhielt die Kritik durch die (von einem Philosophen im Hinblick auf die erwünschte Sichtbarkeit der philosophischen Reflexion in B.-Ausgaben vorgetragene) Anmerkung, dass diese »Verlegenheitslösung, die mehr Verlegenheit als Lösung ist, [...] die Rezeption nachhaltig« behindere: So werde etwa auch »genuin Theoretisches wie das *Buch der Wendungen*, ein Meisterwerk dialektischer Ethik, unter ›Geschichten (Sammlungen) und Dialoge‹ [gemeint ist: *Prosa 3. Sammlungen und Dialoge*] versteckt. Dialoge und Stücke aus dem *Me-ti*-Komplex finden sich aber wiederum unter den ›Schriften‹. Kurz, der ›Messingkauf‹, mit dem Brecht sich als Philosoph auf dem Theater artikuliert [...], wird editorisch zurückgenommen.« (Ebd.)

Eine ähnliche Kritik äußert Haug auch an den früheren Editionen der Schriften und der ihnen folgenden WA: »Editorisch werden die allgemeintheoretischen Schriften nach hinten gestellt; ihr Interesse wird systematisch verkleinert. Die 20bändigen *Gesammelten Werke* von 1967 (WA) führen als Band 20 *Schriften zur Politik und Gesellschaft*. Der Herausgeber, Werner Hecht, warnt: ›Eine isolierte Betrachtung der Schriften birgt den Keim zu Mißverständnissen in sich.‹« (Haug 1999, S. 11; Hecht 1967, S. 51*)

Es wird zu beachten sein, dass es nicht angeht, den Philosophen im *Messingkauf* mit B. einfach zu identifizieren. Schon dadurch, dass er seine Person hier auch als den »Augsburger« oder den »Stückeschreiber« vorkommen ließ, dass er demonstrieren wollte, wie sich die Wünsche des Philosophen auf dem Theater auflösen, »da sie vom Theater verwirklicht werden« (GBA 26, S. 328), freilich nur von einem neuen Theater, und dass er andernorts durchaus distanziert vom Philosophen im Theater sprechen konnte (vgl. *Der Philosoph im Theater*, *Das Theater unserer Philosophen*, *Theater der Philosophen*, *Das Vergnügen in den Theatern der Philosophen*; GBA 22, S. 512–515), stellte er klar, dass der Philosoph nur ein Teil, ein mitunter isolierbares Element in der widersprüchlichen Vielheit ist, als die B. sich sah, wie überhaupt als zusammengesetzt das betrachtete, was gemeinhin als ›Individualität‹ im Umlauf war. Kein Zweifel aber besteht an der Berechtigung der der zitierten Forciertheit vorausliegenden Frage, die das Verhältnis der ›Schriften‹ oder der ›Theorie‹ im B.-Komplex erkunden will: Sind sie als eigenständig-selbstständig zu denkender Teil in B.s Denken und Werk anzusehen (zu welcher Antwort Haug zu tendieren scheint) oder als ein unselbstständig-nichtisolierbarer Teil, (zu welcher Ansicht Hecht neigt, wenn er ausruft: »Wie könnte man überhaupt die theoretischen Schriften losgelöst von den literarischen Arbeiten begreifen!«; Hecht 1967, S. 51*)

Es ist zu vermuten, dass in Hinblick auf die Stellung der ›Schriften‹ bei B. etwas vorliegt, was die Postmoderne Différance nennen könnte, ein Verhältnis nicht aufgehobenen und nicht aufhebbaren Widerspruchs, hier: zwischen Unselbstständigkeit und Eigenheit. Ein Theater soll gemacht, eine politische Praxis verfolgt werden, die einen Philosophen zufrieden stellen kann und die zu ihrer Orientierung philosophisches und in engerer Hinsicht ästhetisches Wissen braucht und gebraucht. Durchaus kann so in solchem Denken ein Wissen entstehen, das sich von den Gelegenheiten und der Person des Denkens löst, das allgemein und allgemeiner anwendbar wird.

B. selbst hat das Verhältnis auf ähnliche Weise bestimmt. Theorie gehörte für ihn seit der zweiten Hälfte der 20er-Jahre zum Handeln in kritischer Haltung, sie ist auf diese Weise eingebunden in eine Poesie und Praxis, die gesellschaftlich weit gefasst ist. Während er auf dem Theater tätig war, Stücke schrieb und inszenierte, versuchte er, so heißt es in *Einige Andeutungen über eine nichtaristotelische Dramatik*, »auch theoretisch einiges über das Theater herauszufinden« (S. 680). Oder er erklärte, der Aufsatz *Über reimlose Lyrik* betreffe Praktiken in seinen *Deutschen Satiren*, gehöre so zum »theoretischen Teil des 23. Versuchs, der Probleme der Lyrik behandelt« (GBA 22, S. 1015). In der *Vorrede* zum *Kleinen Organon für das Theater* (1948), das »eine kurze Zusammenfassung des ›Messingkauf‹« bieten sollte (GBA 27, S. 272), wurde das Verhältnis explizit benannt: Es ging B. um eine »Ästhetik [...] bezogen von einer bestimmten Art, Theater zu spielen, die seit einigen Jahrzehnten praktisch entwickelt wird« und zuerst in »gelegentlichen theoretischen Äußerungen, Ausfällen, technischen Anweisungen, publiziert in der Form von Anmerkungen zu Stücken des Verfassers« vorgestellt wurde (GBA 23, S. 65). Von »theoretischen Aufsätzen« (GBA 29, S. 111), von »Theoretischem« (GBA 23, S. 460) war in solchem Zusammenhang die Rede – B. war sich aber bewusst, dass das, was er als Horizont der »neuen Technik des Stückebaus« ansehen konnte, eine »Theorie der nichtaristotelischen Dramatik«, nur »in Bruchteilen fixiert« war (GBA 22, S. 166), und es ist sicher so, dass er auf eine Theorie als System nicht hinaus wollte. Methode, Weise des Anschauens von Welt und ihrer Behandlung war ihm allgemeiner auch am Marxismus wichtig, das Auffinden von »Winken für die Praxis«, Lehre des »eingreifenden Denkens gegenüber der Wirklichkeit, soweit sie dem gesellschaftlichen Eingriff unterliegt«, nicht aber – so der Philosoph im *Messingkauf*–, »was man gemeinhin eine Weltanschauung nennt«: »die eigentlichen Weltanschauungen [...] sind Weltbilder, vermeintliches Wissen, wie alles sich abspielt, meist gebildet nach einem Ideal der Harmonie« (S. 716f.). Und auch die Methode wurde in Bewegung gedacht: Statt von Realismus sollte man, so B. in der Expressionismus-Realismus-Diskussion 1938, »besser, d.h. praktischer, d.h. realistisches Schreiben förderner, von Realisten [...] sprechen« (S. 422). Es war ihm dies kein neuer Einfall. Schon 1934 hatte er bei »Realismus« von »Realisten« geredet, ein »realistisches Verhalten« gefordert (S. 38f.) und so die Praxisgebundenheit und Dynamik seines Denkens verdeutlicht.

Auch theoretisch wollte B. einiges über das herausfinden, was er praktisch und poetisch tat. Es ging ihm um Selbstverständigung, wie schnell mitunter die in ein belehrendes Verhalten umschlagen konnte: Aufschlussreich ist der Gedankengang in *Liebe zur Klarheit* (in einem Text, der in GBA 22, S. 447f. das Datum 1938 trägt, freilich mit dem Vermerk »unsicher«; in GBA 27, S. 353 aber, hier nach dem *Journal*, 1942 datiert ist):

> Meine Liebe zur Klarheit kommt von meiner so unklaren Denkart. Ich wurde ein wenig doktrinär, weil ich dringend Belehrung brauchte. Meine Gedanken verwirren sich leicht, das auszusprechen beunruhigt mich gar nicht. Die Verwirrung beunruhigt mich. Wenn ich etwas gefunden habe, widerspreche ich sogleich heftig und stelle unter Kummer gleich wieder alles in Frage, dabei freute ich mich eben vorher noch kindisch, daß wenigstens etwas mir einigermaßen gesichert schien, wie ich mir sagte, für bescheidene Ansprüche. Solche Sätze wie der, daß der Beweis für den Pudding im Essen liege, oder der, daß das Leben die Daseinsweise des Eiweißes sei, beruhigen mich ungemein, bis ich von neuem in Ungelegenheiten gerate. Auch Szenen, die zwischen Menschen vorfallen, schreibe ich eigentlich nur auf, weil ich mir sie sonst nur so sehr undeutlich vorstellen kann.

Aus solcher Art Selbstverständigung erklärt sich vielleicht das Verfahren, Gedankengänge im Prozess der Formulierung auszuprobieren, dabei Überlegungen immer wieder aufzunehmen, sie sozusagen, sich durchaus wiederholend, zu umkreisen. »B. hatte die Kunst des Vergessens entwickelt«, meint Manfred Wekwerth mit Blick auf diese Verfahren, »er verhielt sich dem Bekannten gegenüber so fremd, dass es ihn immer wieder von neuem überraschen konnte.« (Wekwerth 1957, S. 262) Die Vielzahl der von B. nicht veröffentlichten ›Schriften‹ ergab sich nicht nur aus der ihm aufgezwungenen Publikationssituation des Exils und aus der Rücksicht auf das, was er als dessen Kampfbedingungen erachtete, sondern auch aus dem Unfertigen, aus der immer wieder in neuen Anläufen erfolgenden Reflexion, ihrer zweifachen Art von Vorarbeit und Zusammenfassung.

Bruchstücke einer Ästhetik

Das Gelegenheitliche des Denkens, das zu beobachten ist, das Bestreben, auf Zeitereignisse und andere Menschen zu reagieren, sich auf Diskussionen vorzubereiten, sie nachzubereiten, ist nur die eine Seite des Schreibvorgangs. Seine andere Seite besteht in der Permanenz des Nachdenkens über eine Gruppe von Problemen, mit denen sich B. über die Jahre hinweg herumschlug, im Zwang, Vergessenes wieder aufzunehmen, im Versuch, in der Selbstverständigung voranzukommen. Die Frage, welchen Stellenwert das theoretische Denken im Leben B.s einnahm, erhält mit Blick auf dieses Verhältnis eine weitere Teilantwort. Die *Schriften* geben davon freilich nur ein unvollständiges Bild. Wer sich der

›Theorie‹ B.s nähern will, wird sich auch den *Journalen* und den *Briefen* zuwenden müssen.

Die *Schriften* nun lassen das Nach- und Nebeneinander in B.s Denken hervortreten, einen Prozess geschichteter Gleichzeitigkeit, herrührend aus dem Versuch, in verschiedenen Lebensbereichen sich umzusehen. Sichtbar wird eine geistige Beweglichkeit, die bei Problemen der Kunstarbeit Nachfrage bei der Philosophie hält, die von Physikern Gehörtes in philosophischer Verallgemeinerung mit Kunstarbeit kurzschließt, die ästhetische Phänomene in der Politik beobachtet, die politische Kritik als Sprachkritik führt, die viele solcher Querbezüge offen hält. (Es ist deshalb geradezu zu bedauern, dass der Band 24 der GBA wieder thematisch geordnet wurde: Die Texte zu Stücken werden so isoliert, aus dem Zeitablauf herausgenommen, den die Bände 21–23 geben, und machen ihn wieder unvollständig.) Zugleich aber sind in B.s Denken Stränge erkennbar. Ein Strang lässt sich als ›Philosophie‹ herausheben. Neben ihm und mit ihm zum Zopf geflochten laufen aber die Themen-Stränge Kulturkritik und politische Theorie und am mächtigsten – zum ersten Mal wird in der GBA das ästhetische Gesamtkonzept B.s editorisch verdeutlicht –: Kunsttheorie – Kunstprogrammatik.

Aufschlussreich sind die Problemknoten, die in diesen Strängen entstehen. In der immer wieder sich einstellenden Neuaufnahme bestimmter Fragen und Lösungen offenbaren sie eine Dringlichkeit, welche durchaus den Charakter von Obsession erhält. Dazu gehören in den ersten Jahren des Exils vor allem zwei Umkreise: B. sah sich veranlasst, immer wieder und in wechselnden Zusammenhängen darauf zu insistieren, dass nicht das politische, sondern das ökonomische System der Gesellschaft, im Fall des Faschismus nicht die Brutalitäten des politischen Terrors, sondern die Eigentumsverhältnisse als primär anzusehen seien, dass so Faschismus sich aus Notwendigkeiten des Kapitalismus erklärte. Er blieb bei dieser Ansicht, obwohl geschichtlich immer deutlicher wurde, dass Bedingungen und Möglichkeiten vorhanden waren, die diese Thesen zu korrigieren oder beiseite zu stellen aufforderten. Der Text *Die Kommunisten und die deutschen Religionskämpfe* (GBA 22, S. 588f.) von 1939, nach dem Ausbruch des Kriegs, ist jedoch ein Beispiel für die Lernfähigkeit B.s, sein Vermögen, differenziertere Kampffronten wahrzunehmen. – Und auch im Kunstzusammenhang lässt sich durchaus Obsession beobachten. Stets erneut (wie »gebannt«, um eine Kritik B.s auf ihn zurückzubeziehen) wurde die Kritik an der Einfühlung in Kunstgestalten repetiert, als Kritik an einem Irrationalismus, der eine produktive, auf Einsichten und Realitätsveränderung gerichtete Kunstwirkung verhindere und deshalb zu überwinden sei in einem kritischen Verhalten, das dem wissenschaftlichen Zeitalter gemäß sein könnte. B. hielt hieran fest, obwohl er an Gegenwartskunst, im Rahmen seines Verlangens nach »Weite und Vielfalt der realistischen Schreibweise«, die Produktivität auch einer Katharsis durch Evokation des Menschenmöglichen hätte ausmachen können. Lernbereitschaft ist auf diesem Feld ebenfalls unübersehbar. Die Stanislawski-Studien um 1935 lassen B. z.B. anmerken, dass es bei der Differenz von Spielweisen, die auf Identifizierung hinauswollen, und solcher, die sie nicht anstreben, nur um Tendenzen und Dominanzakzente gehen kann: »Es handelt sich nicht um ›reine‹ Kategorien, wie die Metaphysik sie kennt, wenn die beiden Spielweisen unterschieden werden sollen.« (S. 179)

Das Bestreben, zu einer neuen Ästhetik beizutragen (zuerst im Sinn einer allgemeinen Kunsttheorie, die aber offen bleibt für ästhetische Phänomene im Alltag und im politischen Leben), bildet einen entscheidenden Zusammenhang der spezielleren Stränge. B. hat sein Tun selbst aufhellend kommentiert. Er notierte 1942 aus einem Gespräch, Eisler habe die in den *Gesammelten Werken* zu lesenden *Anmerkungen* zu den Stücken als zu positivistisch »attackiert« (GBA 27, S. 94). Für B. ging es da sehr wohl um »technische Hinweise für die Aufführung«, zugleich aber um »Bruchstücke einer Ästhetik des Theaters, die nicht geschrieben ist« (ebd.). Die Spielvorschriften, räumte er ein, könnten doktrinär und dürr anmuten. Für ihren Verfasser seien sie aber Zeugnisse eines Anfangs gewesen: »Geschrieben sind sie in dem Gefühl des Beginns einer neuen Zeit, als kleine Proben einer fröhlichen Wissenschaft, in der Lust des Lernens und Probierens [...] für ein irdisches (säkularisiertes), produktives, humanes und weises Theater mit dem Zuhörer als Vertreter des ›Schicksals‹« (ebd.). In der leicht gesetzten Formel von einer »fröhlichen Wissenschaft« zitierte B. Nietzsche, den Titel eines Buches von 1882, vielleicht in Erinnerung an die dort sich zeigende Struktur von »Lustbarkeit« eines Aufbruchs, »des neuerwachten Glaubens an ein Morgen und Uebermorgen, des plötzlichen Gefühls und Vorgefühls von Zukunft« (Nietzsche, S. 346), vielleicht spezieller in der Erinnerung an die dort geäußerte Polemik gegen das gängige Theater, seine »Nachäffung der hohen Seelenfluth«, seine »rauscherzeugenden Mittel und idealischen Peitschenschläge« (S. 443f.). Kerne der intendierten Ästhetik waren dabei, so wird betont, in einer Zeit der Unruhe und der Experimente »nicht nur ideologisch spekulativer Herkunft, sondern auch einfach vom Geschmack diktiert«, orientiert an den »neuen Bauwerken, Maschinen, Sprachformen, öffentlichen Veranstaltungen usw.« (GBA 27, S. 94). Als ein Drehpunkt dieser Ästhetik, zugleich Klammer der in den ›Schriften‹ aufbewahrten Beobachtungen an nicht nur einer Kunst, sondern vieler Künste, am Theater – an Stücken, Inszenierungen, Schauspielern, Bühnenbauweisen –, an Romanen und Gedichten, an der Malerei und Musik, erweist sich, was man verallgemeinernd ›Darstellungstheorie‹ nennen könnte. Diese Theorie eines auf sinnliche Wahrnehmung gerichteten Zeigens umgreift Möglichkeiten eines modellierenden, einsicht- und aktivitätsfördernden Präsentierens.

Ein Ausgangspunkt lässt sich in *Einige Andeutungen über eine nichtaristotelische Dramatik* finden. B. verwies auf seine Herkunft von den Naturwissenschaften, wenn er berichtete, er habe nie aus den Augen verloren, »daß im Theater die Kunst, ganz und gar auf ihre Art, Probleme löste, welche auch die Wissenschaften in Angriff nahmen« (GBA 22, S. 680).

Selbst künstlerisch tätig, habe er immer zugleich die ganz anders geartete Bemühung gesehen. Auf zwei verschiedenen Wegen – B.s Wissenschaftsvertrauen war niemals eine Aufkündigung der Autonomie der Kunst – sah er die verschiedenen Aneignungssysteme an der »großen Aufgabe« arbeiten, »das Zusammenleben der Menschen darzustellen«, die »Darstellung des menschlichen Zusammenlebens« zu leisten (ebd.).

›Darstellung‹ meint in B.s Schriften der 30er-Jahre zunächst ›Abbildung‹, die Herstellung von »Bildern«, genauer: »kleiner Modelle« (S. 10), die den Menschen verraten, wie die Dinge und Verhältnisse funktionieren, mit denen sie in Berührung kommen, die Beobachtungen der Vergangenheit festhalten, hypothetisch verallgemeinern und Aussagen über Künftiges ermöglichen, die Strukturen, Gesetzmäßigkeiten im Material der Kunst plastisch vorführen. Die philosophischen Prämissen dieser in Kunst für möglich und notwendig angesehenen Beziehungen haben materialistischen Charakter: Sie schließen das Wissen von einer dem Einzeldenken gegenüber objektiven Wirklichkeit, von deren Strukturiertheit und Gesetzlichkeit ebenso ein wie die Überzeugung, dass ideelle Produktion fähig ist, sie zu durchdringen und vorzustellen.

Und die wirkenden Prämissen haben dialektischen Charakter. Die erzählenden, mit Verfremdungstechnik arbeitenden Gemälde des älteren Breughel waren B. ein bedeutendes Beispiel. Er sah sie von Gegensätzen durchzogen: »Geht man den malerischen Kontrasten des Breughel auf den Grund, so gewahrt man, daß er Widersprüche malt« (S. 270) – etwa die unaufgehobenen Widersprüche von Katastrophe und Idylle, von Tragischem und Komischen zum Vorschein bringt und nicht »nur eine Stimmung [...], sondern eine Vielfalt von Stimmungen« auslösen kann (S. 271). Die Abbilder als Modelle konnten für B. auf diese Weise nicht einfach aus dem Leben gegriffen sein, sie sind Ergebnisse von »Montage«, von Konstruktion – z.B. einer »Gestentafel«, die etwa in *Furcht und Elend des III. Reiches* die »Gesten des Verstummens,

Sich-Umblickens, Erschreckens«, die »Gestik unter der Diktatur« zeigen kann (GBA 26, S. 318). Entfernt von Naturalismus, vereinfachen die Kunstgestalten die Realität in dem Bemühen, sie auf das in ihr Bestimmende und Wirkende hin ansichtig und einsehbar zu machen. Vereinfachung war dabei bewusst angestrebte Komplexitätsreduktion. B. wehrte sich gegen den Vorwurf der Primitivität. Er wusste, dass er »teilweise sehr komplizierte neue Methoden« einzusetzen hatte, eine Art der »Vereinfachung in der Darstellung der großen Vorgänge« zu erreichen, »daß der Zuschauer sich auskennt«. Darstellungsverfahren der Physik waren ihm Bestätigung und zugleich Hinweis darauf, wie kompliziert es sein kann, über Modellierungen »halbwegs einfache Beschreibungen von den Vorgängen im Atom zu geben« (GBA 22, S. 166f.). Die Kategorie der Einfachheit, auch der Kargheit ist im Zusammenhang mit einer neuen Aufmerksamkeit auf das Moment von Naivität von B.s künstlerischem Verhalten in neuerer Zeit wiederholt erörtert worden (vgl. Schöttker 1989).

B., der den so aufgefassten Abbildvorgang in die sozialen Kämpfe gestellt sah und stellen wollte, reichte die umschriebene Relation der Modellierung nicht. Die Widersprüche der sozialen Welt, auf die er Hoffnung setzte, sollten auch in der Wirkung von Kunst zum Tragen kommen. Er verlangte, die Veränderlichkeit des Gegebenen zu zeigen oder das Begreifen ihrer Möglichkeit nahe zu legen, damit die Darstellung zur Weltveränderung anregen könnte. »Eingreifendes Denken« (GBA 21, S. 524f.) war das Stichwort für ein Programm des Engagements, das »Kritik und Veränderung, Ideologiekritik und Bindung an das politische Projekt der Veränderung der Wirklichkeit« verband (vgl. Peitsch, S. 365). Er wollte darauf bestehen, dass Darstellungen einem Kriterium der Wahrheit unterliegen, weil das Verfahren der Produktion von »nur vorgestellten, erschlossenen (nicht beobachteten) vermutlichen Verhaltensarten« zu »falschen Bildern«, täuschenden »Illusionen« führen kann (GBA 22, S. 10). Doch betonte er in einem Brief an Korsch von Anfang November 1941, hier freilich im politischen Zusammenhang:

»Nun liegt mir ja ›seit alters‹ die Praktikabilität der Analyse am Herzen, und die Verifizierbarkeit genügt mir nicht recht.« (GBA 29, S. 217) Die Vereinfachung ist ihm als ästhetisches Verfahren eine Weise, die darauf abzielt, das Zusammenleben der Menschen durchsichtig zu machen, Erkenntnisgewinn und damit Praxisanregung, eine kritische Haltung zu ermöglichen. Die Modellierung in Kunst wird so selbst zum Moment von Praxis. Der Beweis des Puddings – ein englisches Sprichwort, das B. mehrfach anführte – liegt im Essen.

Diese Funktion zu garantieren oder doch zu ermöglichen ist für B. Motiv, einen weiteren Zug der künstlerischen Darstellung zu denken und zu etablieren: Sie soll eine Distanz gewähren, die geistige Arbeit an ihr erlaubt, und sie soll dafür selbst schon aus der Distanz kommen. So heißt es auch: »Bemüht, ihrem Zuschauer ein ganz bestimmtes praktisches, die Änderungen der Welt bezweckendes Verhalten zu lehren, verleiht [die nichtaristotelische Dramatik] ihm schon im Theater eine grundsätzlich andere Haltung [als die eines suggestiven Theatererlebens], er wird in die Lage versetzt, eine kritische kontrollierende Haltung einzunehmen.« (GBA 22, S. 169) ›Verfremdung‹ ist in beiden Dimensionen als Technik und Effekt das Mittel zur Herstellung ästhetischer Distanz. B. wusste, dass sie in komödischen Formierungen immer schon verwandt wurde. Es gehört zu den Grotesken der Geschichte, dass er dem Verfahren in einer Früheres übertreffenden Deutlichkeit ausgerechnet im Moskau des Jahrs 1935 begegnete, einem Ort, wo nach den Grundsatzerklärungen zum Sozialistischen Realismus, die mit dem Allunionskongress der Sowjetschriftsteller 1934 durchgesetzt worden waren, der Kampf gegen Formalismus und für Volkstümlichkeit geführt wurde. Dazu gehörte das Verlangen nach der Herstellung ästhetischer Distanz gewiss nicht. Tretjakow dagegen ermöglichte ihm einerseits das Kennen-Lernen einer (mit B. durchaus nicht identischen) Theorie der Verfremdung, wie sie im Russischen Formalismus als Theorie des künstlerischen Verfahrens eines Fremd-Machens (ostranenije) von Schklowski schon ausgearbeitet worden war (vgl. Helmers 1984), und die Erfahrung andererseits chinesischer Schauspielkunst, einer in hoch konventionalisierter Art zeigenden Kunst, wie sie bei Aufführungen und Demonstrationen des Peking-Oper-Artisten Mei Lanfang beobachtet werden konnte. Der Terminus ›Verfremdungseffekt‹ fällt zuerst 1936 in dem Aufsatz *Verfremdungseffekte in der chinesischen Schauspielkunst*, in dem an Mei Lanfang gewonnene Eindrücke wiederum vorgestellt wurden – in der englischen Übersetzung als »effect of disillusion« (in einer Form, welche die Schwierigkeiten des Begriffstransports in andere Sprachen anzeigt; noch heute wird die Frage diskutiert, ob man Englisch besser ›estrangement‹ oder ›defamiliarization‹, so Jameson, S. 80, ›distanciation‹ oder ›alienation‹, so GBA 22, S. 968, sagen sollte).

Nicht zuletzt gehören zur Theorie der Darstellung im Kontext eines Programms, das auf der Aufklärung des sozialen Kausalkomplexes besteht, Antworten auf die dringlich werdenden Fragen nach einer den wirklichen Verhältnissen adäquaten Vorstellung von Individualität und Kausalität. Mit Blick auch auf die von Psychologen und Physikern beobachteten Relationen von Unbestimmtheit und Unsicherheit setzte B. Warnzeichen vor einer Vereinfachung, die, wie gerade im Modellierungsverfahren nahe liegen kann, zur Verzerrung wirklicher Verhältnisse wird. Das Individuum erscheint ihm »als widerspruchsvoller Komplex in stetiger Entwicklung«, als etwas, was nach außen als Einheit auftreten, nach innen aber eine »kampfdurchtobte Vielheit« (S. 691) sein kann. Weil deren Handlungen sich immer nur in der Folge von Kompromissen in vielfältigen Bedingungsfeldern, so auch in einer Vielfalt von Möglichkeiten ergeben, werden Aussagen über Gesetzmäßigkeiten des Verhaltens von Individuen, damit auch Voraussagen und folglich alle Modellierungen schwierig. B. setzte an die Stelle mechanischer (einlinear vorherberechenbarer) Kausalität die andere, die »von den Physikern die statistische genannte« (S. 692). Wie immer in der Übertragung quantenmechanischer Erkenntnisse auf Gesellschaft und Kunst eine nur metaphorische Inspiration wirkte (vgl. Uludag), konnte sie bei B. in der Bildung bestimmter Theorie doch produktiv sein. Es wird zur Aufgabe der Erkenntnis, im Leben wie in der Darstellung, dem Individuum »nicht völlig ausdeterminierte Eigenbewegungen zu[zu]erkennen, einen gewissen Spielraum«; es gelte, »dem zu erwartenden Verhalten eine gewisse Unsicherheit zu verleihen, d.h. das typische Verhalten jeweils mit einem Fragezeichen zu versehen, wenigstens in der Rückhand noch ein anderes mögliches Verhalten zu halten«; der Realist habe zu beachten: »Der ›Durchschnitt‹ ist eine wirklich nur gedachte Linie, und daher ist kein einziger Mensch in Wirklichkeit ein Durchschnittsmensch. Die völlige Totheit der Type, ihre Billigkeit, Falschheit, Unlebendigkeit ist notorisch.« (GBA 22, S. 692) Die Darstellung, die B. wünschenswert erschien, schloss Zufall, chaotische Prozesse und deshalb bewusst auch Unbewusstes und nicht vom vorhandenen Wissen durchdrungenen, unbearbeiteten Stoff ein.

Stufen in die Öffentlichkeit

Das Leben im Exil brachte für den Autor ein Leben mit dem Widerspruch zwischen Schreiben und öffentlichem Wirksamwerden durch das Geschriebene. Stärker noch als bei den Dramen traf dies bei ihm auf die Schriften zu. Nur ein geringer Bruchteil dessen, was niedergeschrieben wurde, konnte im Zeitraum des skandinavischen Exils zum Druck gebracht werden. Und dasjenige, was zur Publikation gelangte, entsprach keineswegs B.s eigenen Prioritätssetzungen bei den Niederschriften zeitgeschichtlich aktueller Einsichten, produktions- und wirkungsästhetischer Überlegungen und programmatischer Vorschläge. Nicht nur waren die Publikationsorgane der antifaschistischen Emigration beschränkt (und ihre Zahl verringerte sich noch seit der zweiten Hälfte der 30er-Jahre), sondern auch B.s Möglichkeiten, die Entscheidungen von Periodica mitzubestimmen; selbst bei der Zeitschrift, zu deren drei Herausgebern er gehörte, *Das Wort*, hatte er keinen entscheidenden Einfluss auf die Publikationsstrategie.

Überschaut man Umfang und Charakter des 1933–1941 Gedruckten, wird der genannte Widerspruch überdeutlich. Abgesehen vom *Messingkauf* vereinigt der Bd. 22 der GBA 450 Stücke auf über 680 Seiten bzw. der Bd. 24 35 Stücke auf ca. 110 Seiten aus diesem Zeitraum. Davon wurden 18 Stücke auf ca. 90 Seiten bzw. 5 Stücke auf ca. 20 Seiten veröffentlicht. Dazu gehörten: 1. Kurze Wortmeldungen aus Anlass eines Geburtstags von Kollegen (Feuchtwanger und Kisch zum 50.) und aus Anlass von Auseinandersetzungen innerhalb der literarischen Emigration (der Brief an die Generalversammlung des SDS 1937 *Hauptaufgabe der antifaschistischen Schriftsteller*). 2. Vereinzelte publizistische Beiträge aktuellen Charakters (*Eine Befürchtung*, 1935; *Der größte aller Künstler*, 1938, ein Prosastück im Umkreis der *Deutschen Satiren*). 3. Reden auf internationalen Schriftstellerkongressen 1935 und 1937. 4. Eine Stellungnahme zur Arbeit des antifaschistischen Schriftstellers im Rahmen einer der frühen Debatten in der Exilpresse: *Dichter sollen die Wahrheit schreiben*, und, darauf aufbauend und generalisierend, der programmatische Traktat *Fünf Schwierigkeiten* 1935. 5. Programmatische Bilanzen der Theaterarbeit vor 1933 (der kurze Radiovortrag Moskau 1935, *Das deutsche Drama vor Hitler*, in englischer Sprache 1935, *Verfremdungseffekte in der chinesischen Schauspielkunst*, der einzige grundlegende Text mit Bestimmungen von V-Technik und V-Effekt, der in all diesen Jahren erschien, freilich ebenfalls Englisch in einer Londoner Zeitschrift 1936). 6. Eine Reihe von meist kurzen Begleittexten zu dramatischen Arbeiten, fast alle den jeweiligen Stücken in der GBA beigegeben (*Anweisung für die Spieler*, *Anmerkungen zur »Heiligen Johanna der Schlachthöfe«*, *»Die Rundköpfe und die Spitzköpfe«*, *Anmerkung zu »Die Spitzköpfe und die Rundköpfe«* und *Anmerkungen zu »Die Gewehre der Frau Carrar«*) sowie als Begleittext bei deren Publikation im *Wort* die *Anmerkungen zu den chinesischen Gedichten*. 7. Ein theoretischer Beitrag zu einer der Debatten im Exil (um Formalismus und Volkstümlichkeit): *Über reimlose Lyrik mit unregelmäßigen Rhythmen*, entstanden 1938, gedruckt 1939 erst nach dem verkündeten Abschluss der Expressionismusdebatte (von den zahlreichen Ausarbeitungen, kritischen und programmatischen Notierungen, die während der Debatten entstanden, wurde einzig dieser Aufsatz publiziert; keine der später Aufsehen erregenden Voten zum Expressionismus/Realismusstreit gelangte an die Öffentlichkeit). 8. Einige Beiträge in schwedischer Sprache zu diversen Gegenständen (*Über die Popularität des Kriminalromans*, *Lyrik und Malerei für Volkshäuser*, *Konst för Folket*, *Det finska undret*).

Das geringe und keineswegs für die Gesamtmasse der entstandenen Schriften repräsentative Ausmaß der zeitgenössischen Veröffentlichungen hatte auch zur Folge, dass das Bild von B. in der Öffentlichkeit nur sehr begrenzt von seinen aktuellen Hervorbringungen bestimmt sein konnte. Wie auf dem Feld des Theaters er in den 30er- und 40er-Jahren zu seinem Leidwesen weithin vor allem als Textautor der *Dreigroschenoper* galt, so konnte er damals kaum wahrgenommen werden als ein Lehrer der Schauspielkunst, ein Vordenker des Bühnenbaus, ein Verfasser mit einem dezidierten Konzept realistischer Kunst, eingreifender Literatur, das sich in seinen beiden Richtungen auf Realismus und auf kämpferische Kunst von den unter Kommunisten und Marxisten dominierenden Vorstellungen nicht nur unterschied, sondern zu ihnen auch eine avancierte Alternative entwickelte.

Die Editionssituation änderte sich nach 1945. B. konnte viele ältere theoretische Arbeiten durch die Wiederaufnahme der *Versuche*, ihre Reproduktion und ihre Fortsetzung an die Öffentlichkeit bringen. Auch der Band *Theaterarbeit* (1952) machte theoretische Überlegungen B.s bekannt. Doch präsentierten diese Publikationen die geistige Kontur des Dichter-Denkers B. nur höchst annäherungsweise. Aus dem Zeitraum 1933–1941 wurden nach 1945 bis zu B.s Tod aus dem, was jetzt die Bände 22 bzw. 24 geben, 5 bzw.

2 Stücke auf ca. 44 bzw. 9 Druckseiten veröffentlicht, nämlich 1948: *Über experimentelles Theater*; 1949: *Bemerkungen über die chinesische Schauspielkunst*; 1950: *Anmerkungen zum Volksstück* und *Die Straßenszene* (zuerst: *Grundmodell einer Szene des epischen Theaters*); 1951: *Die Sichtbarkeit der Lichtquellen* (1936); 1952: *Ein alter Hut* [im Kontext von *Dreigroschenoper*]; 1954: *Weite und Vielfalt der realistischen Schreibweise*. Und auch aus *Messingkauf* veröffentlichte er einiges (so z. B. *Übungsstücke für Schauspieler*, 1951; *Rede des Stückeschreibers über das Theater des Bühnenbauers Caspar Neher*, *Rede des Dramaturgen* in *Theaterarbeit*, 1952; Gedichte aus dem *Messingkauf* erschienen ebenfalls in diesem Buch und in *Versuche*, H. 14, 1955).

Eine ganz neue Lage entstand erst nach B.s Tod durch Ausgaben von anderen, in denen nun nach und nach ein großer Umfang von Notizen, Entwürfen, Fragmenten, Rezensionen, Stellungnahmen, Aufsätzen publiziert wurde. Es erschien 1957 die erste Zusammenstellung von *Schriften zum Theater*, seit 1963 kamen dann die bereits genannten *Schriften* heraus. Ihr Materialbestand wurde durch die GBA erweitert, z. T. zeitlich und in der Zusammenhangsbildung von Miszellen neu geordnet, mit korrigierten, neuen Wissensstand wiedergebenden Datierungen, präzisierten Anmerkungen, veränderten Titeln ausgestattet. Vom *Messingkauf* wieder abgesehen, finden sich hier für die Zeit 1933–1941 in den Bänden 22 und 24 die Erstdrucke von 142 Stücken (auf ca. 115 Seiten). Man wird künftig auch im Blick auf die ›Schriften‹ des Zeitraums mit dieser Ausgabe arbeiten müssen – wenngleich die *Schriften*-Bände und die WA eine größere Verbreitung haben. Allerdings macht die GBA, die prinzipiell nur die Dinge zu Lebzeiten B.s berücksichtigt, die Wirkungsgeschichte seiner Theorie nicht umfassend deutlich. Sie vermerkt die Erstdrucke, die unter B.s Regie zu Stande kamen, sowie die, die nun durch sie realisiert werden, sie gibt aber nicht an, wann und wo der ›Rest‹ – die größere Menge der ›Schriften‹ – zuerst erschienen ist. Klar jedoch wird, dass unter allen Lebensabschnitten B.s die Zeit von 1933–1941 die mit dem größten Umfang von ›Schriften‹ ist und dass darin die Jahre 1937 und 1938 einen Schwerpunkt bilden. Die Titel *Praktisches zur Expressionismusdebatte* und *Über meine Stellung zur Sowjetunion* deuten Zusammenhänge an, die diesen Schub an Niederschriften zur Selbstverständigung bewirkten. Es scheint kein Zufall, dass gerade diese Phase und diese Problematiken in jüngster Zeit besondere Aufmerksamkeit in der Forschung und Literatur zu B. fanden (vgl. Barck; Cohen; Holtz; Schiller).

Erkennbar ist, dass B. nach dem *Kleinen Organon für das Theater* (1949) erst durch die *Schriften*-Bände bzw. die WA einem weiteren Kreis von Kunstinteressierten als Mann einer über das philosophische Denken und die Künste reichenden Theorie bekannt werden konnte und bekannt wurde. Das hatte Auswirkungen im Westen wie im Osten. Zeugnisse von der anregenden Wirksamkeit der ›Schriften‹ lieferten die 1968 in New York gegründete Internationale Brecht-Gesellschaft, ihre bis heute – von 1974 an für eine Zeitlang vom Suhrkamp Verlag – herausgegebenen Jahrbücher und die Kolloquien der B.-Tage, ihre Dokumentation in den Bänden des *Brecht-Dialogs*. Aber auch Einzelstudien, wie sie sich im Westen im Kontext einer linken, aus dem Umkreis der 68er-Bewegungen mit Versuchen zu einer ›historisch-materialistischen Theoriebildung‹ herstellten, dabei in durchaus unterschiedlicher Art auf Benjamin, Eisler und eben B. zurückgriffen und auch »die einsame Stellvertretung materialistischer Kunsttheorie [ablösen wollten], die von der kritischen Theorie der Frankfurter Schule behauptet wurde« (Claas, S. 7). Im Osten erhielten B.s ›Schriften‹, dabei gerade die aus der Zeit 1933–1941, eine durchaus entscheidende Wichtigkeit im Zuge der Entdogmatisierung des kunsttheoretischen Denkens, wie es sich etwa in der Pluralisierung von Traditionen auf diesem Feld deutlich seit Ende der 60er-Jahre, so in dem Band *Positionen* oder in neuen Erinnerungen an die (nun oft ›Brecht-Lukács-Debatte‹ genannten) Meinungsverschiedenheiten zwischen B. und Lukács zeigte.

Um die Aktualität seiner Schriften und um

die Aktualisierung Brechts ging es seither in Stufen immer wieder. 1980 konnte der – die poetische Traditionsbildung übertreffende – »enorme Einfluß B.s auf die Literaturtheorie« konstatiert werden (Nemitz, S. 43). Die B.-Tage 1989 widmeten sich den »Theoretischen Schriften Brechts«; kennzeichnende Titel in der Berichterstattung waren: *Brechts Schriften: Texte zu unserer Selbstverständigung?* oder: *Provokationen für den Tag und fürs Leben* (vgl. Notate, S. 1f.). Der 100. Geburtstag B.s 1998 brachte eine Vielfalt von neuen Befragungen und Diskussionen, in denen Aspekte der *Ästhetischen Theorie und Philosophie* (vgl. Hörnigk, S. 216–243) eine wichtige Rolle spielten.

Wie heute mit dem Dichter, Theatermann und Denker produktiv umgegangen werden kann, zeigte sich in der großen Rede von Adolf Dresen im Berliner Ensemble *Brechts Jahrhundert. Dialektik von künstlerischer und sozialer Revolution, von Kommunismus und Moderne.* Er gab ein vieldimensionales Bild der Widersprüche des 20. Jh.s und des Wirkens B.s in ihnen. Dabei wurde B. wahrgenommen als einer, der »seine Dichtung von einer Philosophie abhängig gemacht [hat] wie kaum ein Dichter vor ihm, selbst Schiller nicht von der Immanuel Kants« (*Brecht Dialog 1998*, S. 12) und der doch als Künstler Naivität bewahrte. An B.s selbstkritisch ironisches Urteil zur eigenen Arbeit wird erinnert: »Sähen sich die Kritiker mein Theater an, wie es die Zuschauer ja tun, ohne meinen Theorien zunächst dabei Gewicht beizulegen, so würden sie wohl einfach Theater vor sich sehen, Theater, wie ich hoffe, mit Phantasie, Humor und Sinn, und erst bei einer Analyse der Wirkung fiele ihnen einiges Neue auf – das sie dann in meinen theoretischen Ausführungen erklärt finden könnten. Ich glaube, die Kalamität begann dadurch, daß meine Stücke richtig aufgeführt werden mußten, damit sie wirkten, und so mußte ich, für eine nichtaristotelische Dramatik – o Kummer! – ein episches Theater – o Elend! – beschreiben.« (GBA 25, S. 401f.) Der nicht weniger ironische Kommentar, den Dresen an den Schluss seiner Analyse des Verhältnisses von Naivität und Bewusstsein in B.s Tun setzte, lautete: »Und so halten wir uns denn bis heute – o Kummer! – lieber an seine Philosophie und nicht – o Elend! – an seine Stücke.« (*Brecht Dialog 1998*, S. 49) Setzte Volker Braun während der Tagung zu B.s Geburtstag dagegen: »Texte sind oft avancierter als die Theorien, und was in den Theorien deponiert ist, ist in den Lösungen nicht abgegolten« (S. 295), so zeigt der Widerspruch in den Bewertungen eine bis heute nicht erledigte Anregungskraft des B.schen Denkens.

Literatur:

Barck, Simone: ›Dabei ist es wirklich wichtig, diese Zeitschrift zu haben ...‹. Zur redaktionellen und kommunikativen Spezifik der kommunistisch geführten Literaturzeitschrift *Das Wort*. In: Grunewald, Michel/Bock, Hans Manfred (Hg.): Das linke Intellektuellenmilieu in Deutschland, seine Presse und seine Netzwerke (1890–1960). Bern 2002, S. 499–521. – Barthes, Roland: Essais Critiques. Paris 1971. – Benjamin, Walter: Briefe. Bd. 2. Hg. v. Gershom Scholem und Theodor W. Adorno. Frankfurt a.M. 1966. – Berg, Günter: Hundert Schwierigkeiten beim Schreiben von Kommentaren. Zur Diskussion um Band 22: Schriften 2. In: Notate, S. 6f. – Claas, Herbert: Die politische Ästhetik Bertolt Brechts vom Baal zum Caesar. Frankfurt a.M. 1977. – Cohen, Robert: Expressionismus-Debatte. In: Haug, Wolfgang Fritz (Hg.): Historisch-kritisches Wörterbuch des Marxismus. Bd. 3. Berlin 1991, S. 1168–1184. – Diaz, Victor Rego [u.a.] (Hg.): Brecht – Eisler – Marcuse 100. Fragen kritischer Theorie heute. Hamburg 1999. – Gellert, Inge: Vergeßlicher Aufklärer. In: Notate, S. 4–6. – Giles, Steve: Bertolt Brecht and Critical Theory. Bern 1997. – Haug, Wolfgang Fritz: Philosophieren mit Brecht und Gramsci. Hamburg 1996. – Ders.: Brecht – Philosoph unter der Maske des Poeten? In: Diaz, S. 9–20. – Hecht, Werner: Zur Ausgabe der »Schriften«. In: WA, Bd. 20, S. 51*-57*. – Helmers, Robert (Hg.): Verfremdung in der Literatur. Darmstadt 1984. – Holtz, Günter: Expressionismuskritik als antifaschistische Publizistik? Die Debatte in der Zeitschrift ›Das Wort‹. In: Monatshefte 92 (2000), No. 2, S. 164–183. – Hörnigk, Therese/Literaturforum im Brecht-Haus (Hg.): Berliner Brecht Dialog 1998. Frankfurt a.M. 1999. – Jäger, Christian: Penser Brecht. Zur Deutung Brechts bei Barthes, Althusser und Deleuze. In: Delabar, Walter/Döring, Jörg (Hg.): Bertolt Brecht (1898–1956). Berlin 1998, S. 325–340. – Jameson, Fredric: Lust und Schrecken der unaufhörlichen Verwandlung aller Dinge: Brecht und die Zukunft. Hamburg 1999. – Koljasin, Wladimir F.: Vernite mne svobodu! Memorial'nyj Sbornik dokumentov is archivov byvschego KGB. Moskau 1997. – Mittenzwei, Werner: Die Brecht-Lukács-Debatte. In: Sinn und Form 19 (1967), H. 1, S. 235–269. – Ders. (Hg.): Positionen. Beiträge zur marxistischen Literaturtheorie in der DDR. Leipzig 1969. – Ders. (Hg.): Wer war Brecht? Wandlung und Entwicklung der Ansichten über Brecht. Sinn und Form. Berlin 1977. – Müller-Funk, Wolfgang: Erfahrung und Experiment. Studien zu Theorie und Geschichte des Essayismus. Berlin 1995. – Müller-Schöll, Nikolaus: Theater im Text der Theorie: Zur rhetorischen Subversion der Lehre in Brechts theoretischen Schriften. Waterloo 1999. – Nemitz, Rolf: Die Widerspruchskunst des Volker Braun. In: Haug, Wolfgang/Pierwoß, Klaus/Ruoff, Karen (Hg.): Aktualisierung Brechts. Berlin 1980, S. 43–56. – Nietzsche, Friedrich: Sämtliche Werke. Bd. 3. Hg. v. Giorgio Colli und Mazzino Montinari. München 1999. – Notate 12 (1989), H. 2. – Novalis: Schriften. Bd. 3. Das philosophische Werk. Hg. v. Samuel, Richard [u.a.]. Darmstadt 1968. – Peitsch, Helmut: ›In den Zeiten der Schwäche ...‹. Zu Spuren Brechts in der europäischen Debatte über engagierte Literatur. In: Monatshefte 90 (1998), No. 3, S. 358–372. – Schiller, Dieter: Expressionismus-Debatte 1937–1939. In: Barck, Simone/Schlenstedt, Silvia [u.a.](Hg.): Lexikon sozialistischer Literatur. Ihre Geschichte in Deutschland bis 1945. Stuttgart, Weimar 1994, S. 141–143. – Ders.: Die Expressionismus-Debatte 1937–1939. Aus dem redaktionellen Briefwechsel der Zeitschrift ›Das Wort‹. Berlin 2002. – Schöttker, Detlev: Bertolt Brechts Ästhetik des Naiven. Stuttgart 1989. – Ders.: Vereinfachung und Verfremdung. Zum Status poetischer Grundprinzipien im Werk Brechts. In: DU. (1994), H. 6, S. 53–64. – Schutte, Jürgen: ›Die Wiederherstellung der Wahrheit‹. Vorüberlegungen zu Brechts ›Aufsätzen über den Faschismus‹. In: Wucherpfennig, Wolf/Schulte, Klaus (Hg.): Die Widersprüche sind die Hoffnungen. Text und Kontext. Sonderreihe Bd. 26. Kopenhagen, München 1988. – Uludag, Kamil: Brechts Übertragungen aus physikalischen Theorien. In: Diaz (Hg.), S. 21–32. – Wekwerth, Manfred: Auffinden einer ästhetischen Kategorie. In: Sinn und Form. Zweites Sonderh. Bertolt Brecht (1957), S. 260–268. – Ders.: Brecht lesen im Jahre '94. In: Neues Deutschland (1994), Nr. 48, S. 14.

Dieter Schlenstedt

Zum Theater

Ein gedrängter Überblick über die Entwicklung der Theatertheorie B.s von der Endphase der Weimarer Republik bis zum Ende des skandinavischen Exils hat trotz der Fülle des Materials mit denselben Schwierigkeiten bzw. Problemen zu rechnen, die Werner Hecht in seinem 1962 erstmals veröffentlichten, grundlegenden Beitrag *Brechts Weg zum epischen Theater* benannt hat (in späteren Auflagen: *Der Weg zum epischen Theater*). Sie sind in der Komplexität des Gegenstands begründet, d.h. durch den Zusammenhang und die Wechselwirkung von Theatertheorie und -kritik einerseits, der dramatischen und dramaturgischen Praxis andererseits. »Brechts literarische, theoretische und theaterpraktische Arbeiten bilden ein Ganzes und sind schwer verständlich, wenn ein Teil davon isoliert betrachtet wird. [...] Eine Einzeluntersuchung über die Entwicklung der Brechtschen Theatertheorie wäre demnach ein fragwürdiges Unternehmen.« (Hecht, S. 45) Die im Titel des Aufsatzes thematisierte Prozessualität, die Entwicklung und Veränderung der Ansichten B.s zum Theater, fordern ein diachrones Darstellungsverfahren, das ohne synchrone Seitenblicke allerdings kaum auskommen kann und über die gesetzten Eckdaten hinaus auch auf sporadischen Rückblick und punktuelle Vorausschau auf die umfangreichen systematischen Abhandlungen wie die Dialoge aus dem *Messingkauf* und *Kleines Organon für das Theater* angewiesen ist. Angesichts der von Hecht betonten Veränderung der theoretischen Orientierung B.s in den 20er-Jahren ist mit dem Autor aber auch daran zu erinnern, dass die Theorie des epischen Theaters in ihrer zweiten Fassung am Beginn der 30er-Jahre bereits alles ›Wesentliche‹ enthalte. »Was später noch an theoretischen Arbeiten entstand, war vor allem eine Ausbildung, eine Vervollkommnung dieser zweiten Fassung (in einigen Details freilich auch eine Fortentwicklung).« (S. 84) Der im Überblick zu bietende Rekonstruktionsversuch der in den 30er-Jahren entstandenen Beiträge B.s zum Theater kann also an Hechts Darstellung anknüpfen: Er wird auf ein kurzes Resümee dieser Konzeption des epischen Theaters, wie sie von Hecht, Voigts u.a. vor allem für die Phase von 1926 bis 1931 dargestellt worden ist, schon deswegen nicht verzichten, weil B.s kritische Stellungnahmen zum Theater sich auf bestimmte theatralische Darbietungsformen und -verfahren konzentrieren, von denen Innovationen der Spielweise abgehoben werden; in die Betrachtung sind aber auch die Stoffe und Formen des konventionellen Theaters (Individualdramatik) und die Erwartungen des Publikums einzubeziehen. Die Aufmerksamkeit soll sich nicht zuletzt auf das Theater als Institution richten, das im Interesse eines ›fortschrittlichen‹ Publikums umfunktioniert werden müsse.

Es handelt sich um Argumente, die B. in der Folgezeit weiter vertiefte, aber auch kontextbedingt modifizierte. Trotz der Einschränkung seiner Bewegungsfreiheit und seiner Publikationsmöglichkeiten entfaltete B. in den 30er-Jahren eine rege Reise- und Vortragstätigkeit, deren Erträge zum Teil in amerikanischen, britischen und skandinavischen Publikationsorganen veröffentlicht wurden. Gleichwohl war diese Vortragstätigkeit von begrenzter Wirkung, weil die Ausführungen B.s nur einem kleinen Publikum zugänglich und zudem Missverständnissen ausgesetzt waren. In anderen Fällen unterblieb die Publikation, obwohl sie bereits verabredet war, oder wurde von B. zurückgestellt, wie der Vortrag über *Vergnügungstheater oder Lehrtheater?* (1935), den B. Sergej Tretjakow anlässlich seiner Moskaureise zur Publikation überlassen, dann aber wieder entzogen hatte (vgl. GBA 22, S. 921). Der Überblick stützt sich hauptsächlich auf die Texte *Über die Versuche zu einem epischen Theater* (1935), *Radiovortrag Bertolt Brecht* (1935), *Bemerkungen über die chinesische Schauspielkunst* (1935), *Das deutsche Drama vor Hitler* (1935), *Verfremdungseffekte in der chinesischen Schauspielkunst* (1936), *Vergnügungstheater oder Lehrtheater?* (1936), *Die Straßenszene* (1938), *Über experimentelles Theater* (1939) und *Anmerkungen zum Volksstück* (1940).

Das Spektrum der poetologischen und dramaturgischen Reflexionen B.s ist denkbar weit gespannt. Es geht B. um ein neues Drama und um ein neues Theater, das er unter den Begriff eines ›anti-aristotelischen Theaters‹ fasst und bei wechselnder Schwerpunktsetzung im Zusammenhang von produktions-, darstellungs- und wirkungsästhetischen Aspekten erörtert. Er verbindet dabei meist eine geschichtliche mit einer systematischen Betrachtung, lässt sich von fremden Darstellungstechniken wie etwa der chinesischen Schauspielkunst zu Überlegungen anregen, welche die Übertragbarkeit dieser Techniken auf das Theater des wissenschaftlichen Zeitalters prüfen. Es geht schließlich auch im Kontext seiner Tätigkeit als Dramatiker im Exil um gattungsgeschichtliche und theoretische Überlegungen zur Komik und zur Komödie, die B. unmittelbar nach der Niederschrift des Volksstücks *Herr Puntila und sein Knecht Matti* in den *Anmerkungen zum Volksstück* anstellte.

Der thematischen Vielfalt der Reflexionen B.s entsprechen deren Darstellungsformen. Unter den in den Bänden der GBA publizierten Texten ist der Anteil der Fragmente aus dem Nachlass erheblich. Es handelt sich dabei überwiegend um Skizzen, Entwürfe und Notizen, die in Form von Varianten die zentralen Themen und Begriffe der aristotelischen Dramaturgie umkreisen (Kritik an der ›Katharsis‹, Bereitung/Unterbindung der Illusion, Bau der Fabel, Entwicklung einer neuen Zuschaukunst). Die Abwandlung von Schemata durch Differenzierungen und ergänzende Anmerkungen lässt vermuten, dass Konvolute fragmentarischer Aufzeichnungen einer späteren Ausarbeitung vorbehalten waren, wie sie dann nach dem Exil in den Aphorismen des *Kleinen Organons für das Theater* in systematischerer Form zusammengestellt worden sind oder noch im skandinavischen Exil zu Vorträgen zusammengefasst und ausgearbeitet wurden. Viele der aus dem Nachlass publizierten Texte wurden erst von den Herausgebern mit Titeln versehen, was den fragmentarischen Charakter auch der Auftrags- und Gelegenheitspublikationen unterstreicht. Die für den mündlichen Vortrag bestimmten gelegentlich auch für die Veröffentlichung vorgesehenen Texte haben Essaycharakter, nicht den Status wissenschaftlicher Abhandlungen, sind Prosa der offenen, nicht der geschlossenen Form, Bausteine in einem Erkenntnisprozess, der wie in der Theaterarbeit nach dem Exil als kollektiver Prozess der Erkundung und Entdeckung eines zwar abgesteckten, aber noch nicht in allen Einzelheiten vermessenen Geländes und systematisch geordneten Felds zu bewerten ist. Das lässt die Bezeichnung dieser Überlegungen als ›Theorie‹, wie sie in älteren Abhandlungen, Handbüchern und Lexika fast durchweg begegnet, als problematisch erscheinen. Erst die Veröffentlichung der Typoskripte aus dem Nachlass bietet einen Überblick über die beeindruckende Zahl schriftlich fixierter Überlegungen, erlaubt verlässliche Rückschlüsse auf die Gewichtung der Argumente und ermöglicht die Überprüfung von Annahmen, welche die Kontinuität der theoretischen Überlegungen des Stückeschreibers betreffen. Eine Einschätzung der Entwicklung der dramaturgischen Anschauungen B.s ist daher entschieden auf die Kommentare der GBA angewiesen, die Querverweise geben, Hypothesen über Zusammenhänge und Datierungsfragen entwickeln, frühere Annahmen revidieren und eine Akzentuierung auf Probleme der Darstellung erkennen lassen (Schwerpunktverschiebung), die dann im *Kleinen Organon* manifest wurde.

B.s kritischer Bezug auf die Individual- und Einfühlungsdramatik wird im Zeichen der Auseinandersetzung mit der Poetik des Aristoteles, dem ›aristotelischen Theater‹ und seiner spezifischen Wirkungsästhetik geführt. Sein Konzept einer nichtaristotelischen Dramaturgie bewege sich »im Horizont der Aristotelischen oder jedenfalls der antiken Poetik«, stellt Flashar fest (Flashar, S. 19). In allen wesentlichen Punkten lasse sich »eine Aristotelesnähe und -ferne Brechts zugleich aufweisen« (ebd.). Eine Einschätzung, die durch B.s Kommentar in einer Ausgabe der aristotelischen *Dichtkunst* bestätigt wird, der vermutlich Mitte der 30er-Jahre entstanden ist und ein intensives Studium der Poetik bezeugt. Darin heißt es: »mit recht hat LESSING die in der POETIK des A. aufgestellten lehrsätze für so unfehlbar gehalten wie die elemente des EUKLID. Die herrschaft beider doktrine erstreckt sich über 2 jahrtausende und für bestimmte funktionen haben die lehrsätze heute noch gültigkeit. Jedoch kann man und muss man ebenso wie eine NICHTEUKLIDISCHE GEOMETRIE heute eine NICHTARISTOTELISCHE DRAMATURGIE aufstellen.« (Zit. nach: Wizisla, S. 171) Das hochgesteckte Ziel zeigt vor allem, dass für B. die Autorität des Aristoteles zwar unbestritten, die Gültigkeit seiner Lehrsätze aber im veränderten historischen Kontext und im kritischen Blick auf deren Wirkungsgeschichte fragwürdig geworden ist. »Mit dem Namen des Aristoteles und seiner ›großartigen Poetik‹ verbindet sich die bis zum Mittelalter gültige [...] Auffassung, wonach die Kunst in erster Linie das Gefühl anspreche (›Reinigung von Leidenschaften‹ = Katharsis), indem sie beim Zuschauer ›Furcht‹ und ›Mitleid‹ wecke. Daß Brecht von ›Anti-Aristoteles‹ spricht, ist darin begründet, daß er die [...] Quelle – und das heißt auch: die von ihr gestiftete Tradition – aufsucht und benennt. [...] Der Name erhält Sinn auch dadurch, daß Brechts Theater des ›wissenschaftlichen Zeitalters‹ die neuen, für die Neuzeit typischen wissenschaftlichen Haltungen auf die Kunst übertragen will. [...] Brecht empfiehlt, für die aristotelischen Kategorien ›Furcht‹ und ›Mitleid‹ ›Wissensbegierde‹ und ›Hilfsbereitschaft‹ zu setzen.« (Knopf 1986, S. 106f.; vgl. Mittenzwei, S. 267–269; Fontius, S. 138–141)

Das Konzept einer nichtaristotelischen Dramaturgie bezieht seine Legitimation auch aus der kritischen Untersuchung der modernen Theatertechnik und ihrer Wirkungsweise, deren Mängel nicht durch ein Kurieren an den Symptomen behoben werden können, sondern die von Grund auf verändert werden müssen. B.s »dialektisches Theater, das sich des Kunstcharakters in seiner Spannung zur Wirklichkeit bewußt bleibt«, ist Ausdruck einer grundsätzlichen »Kritik an einer in sich geschlossenen Scheinwelt der Kunst« (Flashar, S. 20). Seine Kritik am Stilpluralismus, d.h. am Verfall der Theaterästhetik reicht in die 20er-

Jahre zurück. Sie ist auch in den größeren Schriften zum Theater wie *Vergnügungstheater oder Lehrtheater?* (1936), *Die Straßenszene* (1938), *Über experimentelles Theater* (1939) thematisiert und weitergeführt worden, nur dass sich dort mit der differenzierteren Ausformulierung der Prinzipien des epischen Theaters und der veränderten Prämissen auch ein Syntheseversuch abzeichnet, der die Entlastungsfunktion des Theaters neben dessen erkenntnisstiftenden Funktionen gelten lässt. B.s in den 20er-Jahren von Polemik geprägte Kritik erfährt Mitte der 30er unter der Dichotomie von Vergnügungs- und Lehrtheater einerseits und unter dem Aspekt des Experimentellen andererseits, also im Rückbezug auf fremde Darstellungsformen, aber vor allem auf eigene theaterpraktische Experimente, die unmittelbar vor dem Exil lagen, im Exil erneut reflektiert und theoretisch weiterentwickelt wurden, eine Modifikation der pädagogischen Zielsetzung. Seine früheren Überlegungen zum epischen Theater wurden in den genannten Vorträgen retrospektiv referiert, wobei auf Systematisierungsversuche wie in den *Anmerkungen zur Oper »Aufstieg und Fall der Stadt Mahagonny«* immer wieder zurückgegriffen wurde. Erst in den Schriften der späteren 30er-Jahre wie *Die Straßenszene* und den ersten Dialogen aus dem *Messingkauf* erfolgt die Fundierung des epischen Theaters in systematischer und veränderter Form. Der Diskursivität der Argumentation in der *Straßenszene* folgt im *Messingkauf* die von B. später bevorzugte Form des Dialogs. Von der Folie des von Hecht skizzierten Phasenmodells lassen sich die Ausformulierungen früherer theoretischer Überlegungen anschaulich abheben.

Eine Dramatik für ›Menschenfresser‹

An die erste Phase der Kritik am herkömmlichen Theaterbetrieb, die bis zur Mitte der 20er-Jahre reicht, schließt eine Phase an (1926–1930), in der B. sich durch soziologische und ökonomische Studien neu zu orientieren versucht und ein »zeitgemäßes episches Theater postuliert« (Hecht, S. 48). In Abhandlungen wie *Über Stoffe und Form* (1929) betont B. den »Primat des Stoffs« vor der Form, weil die modernen ökonomischen Sachverhalte (die Weizenbörse, das Petroleum) die Verkehrsformen der Menschen untereinander entscheidend prägen, die Menschen in neuartige Beziehungen zueinander bringen, die in der herkömmlichen dramatischen Form nicht dargestellt werden können. In *Letzte Etappe: Ödipus* (GBA 21, S. 278–279) stellt B. fest: »Die Bemühungen im Stofflichen und die Bemühungen im Formalen ergänzen sich« (S. 278). Fortschrittlich könne eine ›Theatertechnik‹ aber nur dann sein, wenn sie auf die ›große Form‹ (ebd.), d. h. auf die ›dramatische Form‹ (S. 279) verzichte, da diese darauf beruhe, »daß der Zuschauer mitgeht, sich einfühlt, verstehen kann, sich identifizieren kann. [...] Ein Stück, das etwa auf der Weizenbörse spielt, kann in der großen Form, in der dramatischen, nicht gemacht werden« (ebd.). Die für die zeitgemäßen, ökonomischen Stoffe erforderliche Form müsse ›episch‹ sein: »Sie muß berichten. Sie muß nicht glauben, daß man sich einfühlen kann in unsere Welt, sie muß es auch nicht wollen. Die Stoffe sind ungeheuerlich, unsere Dramatik muß dies berücksichtigen.« (Ebd.) Diese Kritik auch an Piscators politischem Theater, das bei aller Radikalität der Thematik und trotz der epischen Elemente und der Intention der direkten politischen Agitation im Prinzip an der Einfühlungsdramatik festhält (vgl. Voigts, S. 105–110), ging in dem mit *Neue Dramatik* überschriebenen Gespräch zwischen B., Hardt, Ihering und Sternberg eine radikale Kritik an den konventionellen Stoffen voraus. In dem am 11. 01. 1929 vom Sender Köln ausgestrahlten Gespräch, das eine Rundfunksendung von B.s Komödie *Mann ist Mann* einleitete, plädierte B. für die Soziologie und gegen die Ästhetik, die sich als ohnmächtig erweise, »das bestehende Theater zu liquidieren« (GBA 21, S. 271). Iherings Frage nach den Ewigkeitswerten in der Kunst, sein in Frageform vorgebrachter Einwand »Wollen Sie, daß alle Dramen, die Schicksale der Individuen behandeln, die also Privattragödien sind, abgebaut werden sollen?« (ebd.), wird verneint, mit dem Hinweis auf die Historizität der Konfliktsituation von B. aufgenommen und unter Bezug auf Shakespeares ›Stoffe‹ beantwortet. »Die großen Einzelnen waren der Stoff, und dieser Stoff ergab die Formen dieser Dramen. Das war die sogenannte dramatische Form, und dramatisch bedeutet dabei: wild bewegt, leidenschaftlich, kontradiktorisch, dynamisch. [...] Dies ergibt die Form [...] eines Haferfeldtreibens. [...] Die Leidenschaft ist es, die dieses Getriebe im Gang hält, und der Zweck des Getriebes ist das große individuelle Erlebnis. Spätere Zeiten werden dieses Drama ein Drama für Menschenfresser nennen.« (S. 272)

Dieser Menschenfresser-Dramatik erteilte B. eine Absage. Im *Dialog über Schauspielkunst* plädierte er für die neuen, zeitgemäßen Stoffe, forderte eine deiktische Darstellungstechnik, argumentierte jedoch nicht werkästhetisch, d.h. stoffbezogen, sondern wirkungsästhetisch, d.h. vom Interesse des Zuschauers ausgehend. Die Spielweise habe sich nach den antizipierten Erwartungen eines Publikums mit virtuell fortschrittlichem Bewusstsein, eines Publikums »des wissenschaftlichen Zeitalters« zu richten (S. 279). An die Gegenstandsbestimmung, die Darstellung der ›Beziehungen‹, ›Haltungen‹ und ›Kräfte‹, schließen dialogische Ausführungen zur Spielweise an: »Ihr Wissen zeigend. [...] Bewußt darbietend. Schildernd« sollen die Schauspieler spielen (ebd.). Der knappe Dialog verweist mit der Antithese von ›falsch‹ und ›richtig‹ auf die späteren, systematischen Gegenüberstellungen in den Anmerkungen zu *Mahagonny* und zur *Dreigroschenoper*. B. rekurrierte hier bereits auf den Gegensatz von ›Gefühl‹ und ›Erkenntnis‹ und klärte den Sachverhalt am Beispiel von Helene Weigels Darstellung eines Botenberichts im *Ödipus*: Den »Tod ihrer Herrin berichtend« rief sie »ihr ›tot, tot‹ mit ganz gefühlloser, durchdringender Stimme, ihr ›Jokaste ist gestorben‹ ohne jede Klage [...]. Mit Staunen beschrieb sie in einem klaren Satz das Rasen und die scheinbare Unvernunft der Sterbenden [...]. Und während sie die Arme mechanisch klagend hochhielt, bat sie gleichsam um Mitleid mit ihr selbst, die das Unglück gesehen hatte und durch ihr lautes ›jetzt klaget‹ bestritt sie wohl die Berechtigung jedes früheren und unbegründeteren Jammers« (S. 281f.). Dieser, den Vermittlungscharakter des Spiels betonenden Beschreibung von 1929/30 folgten weitere Beispiele einer gestischen Spielweise, u.a. Helene Weigels Darstellung der *Mutter*. Sie nahmen bereits die spätere im *Antigonemodell 1948* gebotene Beschreibung des deiktischen Spiels der Weigel vorweg. Auf das gestische Spiel anderer B.-Schauspieler wie Peter Lorre, Ernst Busch, Fritz Kortner und Carola Neher, Lotte Lenja, Alexander Granach und Oskar Homolka hat B. in späteren Jahren summarisch hingewiesen (vgl. *Das deutsche Drama vor Hitler*).

Das epische Theater: »Mehr als eine bloße Antithese gegen das aristotelische«

Eine Revision der »behavioristischen Betrachtung und Darstellung des Menschen« (Hecht, S. 66; vgl. Knopf 1974, S. 80–90) erfolgte, wie Hecht ausführt, in den Anmerkungen zur *Mutter*, die zugleich zu einer Infragestellung der monokausalen Determiniertheit menschlichen Verhaltens durch ökonomische Verhältnisse führte, wie sie im Drama des Naturalismus dargestellt wurde. Dem dort aufgezeigten Bild des Menschen, der unter das ›Diktat‹ anonymer und daher von ihm nicht zu durchschauender ökonomischer Prozesse gerät (vgl. Hauptmanns *Vor Sonnenaufgang*, *Die Weber*), die ihn zu einer resignativen Hinnahme des als naturwüchsig dargestellten, quasi schicksalhaften Geschehens veranlassen, wurde von B. kritisiert, weil dadurch die Subjekt/Objekt-Relation pervertiert werde. »Wenn sich Brecht früher auf die Naturalisten als die Initiatoren einer Entwicklung berief, die zum epischen Theater führte, so betrachtete er sie gerade jetzt durch die dialektische Einbeziehung des

Menschen in die determinierenden Faktoren viel kritischer: ›Das Wort Naturalismus ist selber schon ein Verbrechen. Die bei uns bestehenden Verhältnisse zwischen den Menschen als natürliche hinzustellen, wobei der Mensch als ein Stück Natur, also unfähig, diese Verhältnisse zu ändern, betrachtet wird, ist eben verbrecherisch. Eine ganz bestimmte Schicht versucht hier unter dem Deckmantel des Mitleids den Benachteiligten die Benachteiligung als natürliche Kategorie menschlicher Schicksale zu sichern.‹« (Hecht, S. 67; vgl. GBA 21, S. 232) Gerhart Hauptmann macht in der Anmerkung zum ersten Akt der *Weber* die Menschen als Angehörige eines willenlosen und handlungsunfähigen Kollektivs zu Trägern entfremdeten Bewusstseins: Sie erscheinen als »Geschöpfe des Webstuhls«, Objekte, nicht als selbstbewusste, d. h. handlungsfähige Geschöpfe des Prometheus, den B. in seinen späteren Schriften als einen ›zu befreienden Prometheus‹ zitiert (vgl. GBA 25, S. 418). Die Selbstbefreiung des Menschen im Klassenkampf durch die Veränderung seines Bewusstseins ist um 1930 bereits die Grundlage von B.s Anschauungen über das Theater. Im Kontext des 1935 entstandenen Aufsatzes *Über die Versuche zu einem epischen Theater* (GBA 22, S. 121–124) hat B. in einer aus dem Nachlass veröffentlichten Passage folgende Anmerkung über das epische Theater gemacht: »Es handelte sich um eine sehr realistische Spielweise, welche versuchte, Tiefenschnitte durch den Organismus der Gesellschaft zu legen und die unter der Oberfläche des menschlichen Zusammenlebens versteckten gesellschaftlichen Gesetzlichkeiten aufzudecken, zu denen die gewöhnliche, naturalistische Spielweise nur die Symptome erstellte. Die von den Naturalisten in ihrem ›Milieu‹ fetischisierten gesellschaftlichen Beziehungen von tätigen Menschen sollten bloßgelegt werden«. (GBA 22, S. 921) Die Forderung nach einer ›Revolutionierung‹ des Theaters hatte die »dialektische Betrachtung der Subjekt/Objekt-Relation« zur Voraussetzung (Hecht, S. 68). Die Erkenntnis, dass die Realität nicht einseitig determinierend, sondern ihrerseits veränderbar sei, hatte Konsequenzen für deren Abbild im Theater. Sie wurde 1930 in den *Anmerkungen zur Oper »Aufstieg und Fall der Stadt Mahagonny«* in einem Schema fixiert, wobei das Subjekt des epischen Theaters als der »veränderliche und verändernde Mensch« bestimmt wird (GBA 24, S. 79). Dieses Schema wurde in den großen Theaterschriften der 30er-Jahre zitiert und modifiziert. Der Mensch wurde darin, im Gegensatz zum Menschenbild des herkömmlichen Theaters, nicht als konstante, unveränderliche Größe vorausgesetzt, sondern unter der Prämisse, dass der Mensch das Schicksal des Menschen sei, zum »Gegenstand der Untersuchung« erhoben, also unter quasi wissenschaftlichen, experimentellen Versuchsanordnungen und unter veränderten Produktions- und darstellungsästhetischen Prinzipien zum Demonstrationsobjekt gemacht. Der schematischen »Gegenüberstellung [...] von der dramatischen und der epischen Form des Theaters [...] hat Brecht ein Leben lang angehangen. Dort sind u.a. ›Gefühl‹ und ›Ratio‹ einander gegenübergestellt [...]. Obwohl Brecht in einer Fußnote betont: ›Dieses Schema zeigt nicht absolute Gegensätze, sondern lediglich Akzentverschiebungen‹, ist es im absoluten Sinn rezipiert worden. Brecht plädierte grundsätzlich gegen das Gefühl und für (›kalte‹) Ratio, seine Personen seien keine richtigen Menschen [...], sondern nur Gedankenträger« (Knopf 1986, S. 105). Knopf berichtigt dieses Fehlverständnis; B. habe stets betont: »Das epische Theater bekämpft nicht die Emotionen, sondern untersucht sie und macht nicht halt bei ihrer Erzeugung. Der Trennung von Vernunft und Gefühl macht sich das durchschnittliche Theater schuldig, indem es die Vernunft praktisch ausmerzt. Seine Verfechter schreien beim geringsten Versuch, etwas Vernunft in die Theaterpraxis zu bringen, man wolle die Gefühle ausrotten« (GBA 22, S. 315f.). Knopf erläutert diese Stellungnahme: »Brechts Wendung gegen das Gefühl meint ein Gefühl, das unkontrolliert, bloß subjektiv, assoziativ ist. Wie er sein Theater auf die Höhe der Zeit (des wissenschaftlichen Zeitalters) bringen wollte, so war er auch überzeugt, daß das Gefühl wandelbar ist und mit der Zeit geht« (Knopf 1986,

S. 106; vgl. Hecht, S. 68f.). B.s Gegenüberstellung des epischen und des dramatischen Theaters hatte ein Veränderung der theatralischen Mittel und der Wirkungsabsicht zur Folge, auf die B. in der Folgezeit immer wieder rekurriert. Sie lässt sich systematisch darstellen (vgl. Knopf 1986, S. 105) und auf die Formel bringen, »daß das Subjekt im Zuschauerraum das Objekt auf der Bühne erfaßt, indem es dessen Bedingungen zur praktischen Kritik ausgeliefert bekommt« (Hecht, S. 69). In der Konsequenz dieser Funktionsbestimmung des Theaters lag auch das Konstrukt des Lehrtheaters, auf das B. sich in den Rückblicken in den Aufsätzen und Vorträgen der 30er-Jahre bezog. »Das neue Theater wurde, was die Darstellung betraf, als Antithese des ›kulinarischen‹ Theaters, und, was die Form betraf, als Antithese des ›aristotelischen‹ Dramas hingestellt. Aber es hob diese alten Formen nicht nur auf, sondern es bewahrte sie zu einem guten Teil auf, indem es sie auf eine höhere Stufe hob.« (S. 85)

Vergnügungstheater oder Lehrtheater?

Dem scheinbar prinzipiellen Gegensatz des traditionellen, ›aristotelischen‹ und des epischen Theaters widmete B. Mitte der 30er-Jahre eine Reihe von Aufsätzen, Vorträgen und Skizzen. In dem wahrscheinlich Februar/März 1935 entstandenen Text *Vergnügungstheater oder Lehrtheater?* gibt B. eine »erste Zusammenfassung bisheriger Überlegungen zum Lehrwert des Theaters« (GBA 22, S. 915). B. thematisiert einleitend die technischen und artistischen Neuerungen des modernen Theaters in den Metropolen Moskau, New York und Berlin und betont die avancierte Position des epischen Theaters, das die »Entwicklungstendenz des modernen Theaters am reinsten« repräsentiere (S. 107). Die vermeintlich widersprüchliche Bezeichnung ›episches Theater‹ veranlasste B. unter Bezug auf Aristoteles zu einer Begriffsbestimmung, die auf die übliche Differenzierung der unterschiedlichen Vermittlungsformen einer Fabel hinaus läuft. Dies sei, so B., ein irreführendes Verständnis, weil es primär nicht auf die Darstellung, sondern auf die ›Bauart‹ der Fabel ankomme. Gegen eine falsche darstellungsästhetische setzt B. also eine zutreffende werkästhetische Begründung und verweist in diesem Zusammenhang auf die moderne Bühnentechnik, die den starren Gegensatz der Gattungen/Formen durch Integration erzählender Elemente in ›dramatische Darbietung‹ aufgehoben habe. »Die Möglichkeit der Projektion, der größeren Verwandlungsfähigkeit der Bühne durch Motorisierung, der Film vervollständigten die Ausrüstung der Bühne, und sie taten dies in einem Zeitpunkt, wo die wichtigsten Vorgänge unter Menschen nicht mehr so einfach dargestellt werden konnten, indem man die bewegenden Kräfte personifizierte oder die Personen unter unsichtbare, metaphysische Kräfte stellte. [...] *Die Bühne begann zu erzählen.*« (S. 108) Durch die Distanz der Schauspieler zur Bühnenfigur, die der Kritik des Publikums anheim gestellt wird, werde die folgenlose Einfühlung des Zuschauers in »dramatische Personen« unterbunden (ebd.). »Die Darstellung setzte die Stoffe und Vorgänge einem Entfremdungsprozeß aus. Es war die Entfremdung, welche nötig ist, damit verstanden werden kann.« (S. 109)

B. kannte zum Zeitpunkt der Entstehung des Aufsatzes (1935), also vor seiner Abreise nach Moskau, den Begriff der ›Verfremdung‹ noch nicht. Er brachte ihn von seiner Moskau-Reise mit, lernte ihn dort vermutlich durch Sergej Tretjakow bei Gesprächen über das chinesische Theater und das Theater Ochlopkows kennen. Tretjakow »beruft sich auf den russischen Literaturwissenschaftler Viktor Schklowski, der in seinem Aufsatz *Kunst als Kunstgriff* (1917) den Begriff ›ostranenije‹ (Verfremdung) gebraucht« hat (GBA 22,2, S. 934). Der Kommentar zu den *Bemerkungen über die chinesische Schauspielkunst*, die im Herbst 1935 entstanden sind, äußert die Vermutung, B. habe den Begriff seitdem »mündlich – oder [...] umschrieben – verwendet« (ebd.). Hecht bezieht sich hier auf eine These von Gisela Debiel, die 1960 diese Herkunft des

Begriffs erstmals in die Forschungsdiskussion eingebracht hat. Bereits 1974 hat Knopf sich mit den Befürwortern und den Gegnern dieser These eingehend auseinander gesetzt (vgl. Knopf 1974, S. 17–20). Knopf datiert die erste Verwendung des Begriffs ›Verfremdung‹ auf Ende 1936 und nennt als Beleg die *Beschreibung der Kopenhagener Uraufführung* von *Die Spitzköpfe und die Rundköpfe*, wo ›Verfremdung‹ von B. »sowohl als Substantiv als auch verbal benutzt« worden sei, »um damit ein bestimmtes Verfahren seines Theaters zu kennzeichnen« (Knopf 1986, S. 93).

Der Begriff ›Verfremdung‹ hat bei B. die Bedeutung des ›Fremdmachens gesellschaftlicher Phänomene‹. Mit diesem Verständnis steht er, wie Knopf nachgewiesen hat, in der Tradition Hegels, der die Negation der unmittelbaren Apperzeption als Bedingung der Erkenntnis definierte und in diesem Zusammenhang den Begriff der ›Entfremdung‹ verwendete. B. rekurrierte auf die durch Marx reformulierte, der Sache nach auf Rousseau und Hegel zurückgehende Theorie der Entfremdung, ohne allerdings unmittelbar an Marx anzuschließen. Die Ableitung der Entfremdung aus der Ungleichheit unter den Menschen (vgl. Rousseau), die von Hegel am Verhältnis von Herrschaft und Knechtschaft erläutert wird (vgl. Giese; Ullrich), wird von Marx (vgl. *Ökonomisch-philosophische Manuskripte* von 1844) »als Folge der modernen Eigentums- und Arbeitsverhältnisse« begriffen und dargestellt (Ullrich, S. 119). Die Fremdbestimmtheit des Proletariers in arbeitsteiligen Produktionsprozessen, in denen ihm das Produkt seiner Arbeit als ›fremdes Wesen‹ gegenübertritt, führt zu einer Entfremdung vom Prozess der Arbeit, zur Selbstentfremdung und zur Entfremdung gegenüber der Gesellschaft, dem zur Ware ›Arbeitskraft‹ verdinglichten Mitmenschen. Bei Marx kann nur die revolutionäre Beseitigung des Klassenantagonismus, d.h. die Aufhebung der Spaltung der Gesellschaft in Kapitalisten und Arbeiter, die Totalität der Entfremdung überwinden. Bei Hegel ist sie notwendig an den historischen Prozess gebunden und erscheint in dreifacher Bedeutung. Sie bedeutet ›Entäußerung‹ durch Arbeit als Negation des ursprünglichen ›Selbst‹, bezeichnet zweitens ›das entäußerte Werk‹ der durch menschliche Arbeit entstandenen gesellschaftlichen Objektivität als einer entfremdeten und drittens die als ›geistiges Tun‹, Bildung bestimmte Arbeit, »so daß alles, was den Menschen ›äußerlich‹ ist – Natur, Welt –, nur als ›Gestalt des Bewusstseins‹ Gegenstand wird, also grundsätzlich als Produkt des Menschen bestimmt ist; alle Gegenständlichkeit wird somit selbst ›Entäußerung‹ (Selbstentfremdung) des Geistes, und diese wird, insofern der Mensch nur über sie sich selbst finden kann, zum ›wahren Dasein‹ des Menschen« (Knopf 1986, S. 94; vgl. Knopf 1998, S. 552f.; Knopf 1974, S. 21–27; Hegel, S. 299, S. 565).

Knopf betont, dass diese Bedeutungen des Begriffs ›Entfremdung‹ »den von Brecht gemeinten Sachverhalt *nicht*« träfen, weil sie als »real gedachte Prozesse« in Erscheinung treten, nicht aber, wie bei B., Voraussetzungen des Erkennens benennen, »Bedingungen für Produktion und Rezeption der Kunst« (Knopf 1986, S. 94f.). Die erkenntnistheoretische Bedeutung des Begriffs ›Entfremdung‹ ist aber, wie Knopf unter Bezug auf die ältere B.-Forschung mitteilt, erstmals in Hegels *Gymnasialrede* von 1809 genannt und erläutert und später in der *Phänomenologie des Geistes* auf den für B. maßgeblichen Begriff gebracht worden: »Das Bekannte überhaupt ist darum, weil es *bekannt* ist, nicht erkannt.« (S. 95; vgl. Knopf 1998, S. 552) Den so erläuterten Begriff verwende B. sinngemäß erstmals 1930: »Die Schauspieler müssen dem Zuschauer Figuren und Vorgänge entfremden, so daß sie ihm auffallen. Der Zuschauer muß Partei ergreifen, statt sich zu identifizieren« (GBA 21, S. 396; vgl. Knopf 1986, S. 96; auch Steinweg, S. 51).

Zwischen 1936 und 1940 verwendete B. die Begriffe ›Entfremdung‹ und ›Verfremdung‹ parallel. Eine explizite Verwendung im Sinn der Hegel'schen Phänomenologie ist in der *Kurzen Beschreibung einer neuen Technik der Schauspielkunst, die einen Verfremdungseffekt hervorbringt* (1940) nachzuweisen. »Die ständige Entwicklung entfremdet uns das Verhalten der vor uns Geborenen. Der Schauspieler nun hat diesen Abstand zu den Ereignissen und Verhaltensweisen, den der Historiker nimmt, zu den Ereignissen und Verhaltensweisen der Jetztzeit zu nehmen. Er hat uns diese Vorgänge und Personen zu verfremden.« (GBA 22, S. 646; vgl. Knopf 1974, S. 15–60; Knopf 1986, S. 96) Das Nebeneinander der Begriffe ›Entfremdung‹ und ›Verfremdung‹ im Kontext der Hegel'schen Phänomenologie, so Knopfs Vermutung, lasse erkennen, dass ›Entfremdung‹ von B. »erkenntnistheoretisch fixiert« sei, dagegen ›Verfremdung‹ den Aspekt der ästhetischen Vermittlung begrifflich fasse: »der Schauspieler ›verfremdet‹, um die ›Entfremdung‹ zu ermöglichen« (Knopf 1986, S. 96).

Er bedient sich zu diesem Zweck der Verfremdungseffekte (vgl. Knopf 1974, S. 27–60; Knopf 1998, S. 553; Kühnel, S. 519). Das erste datierbare schriftliche Zeugnis für die Verwendung des Begriffs ›Verfemdungseffekt‹ ist in dem Aufsatz *Verfremdungseffekte in der chinesischen Schauspielkunst* (1936) belegt. Im Konzept zum Aufsatz wird auch die Abkürzung ›V-Effekt‹ gebraucht (vgl. GBA 22, S. 959).

In *Vergnügungstheater oder Lehrtheater?* argumentierte B. noch mit dem Begriff der ›Entfremdung‹ zur Beschreibung der Darstellungstechnik, welche die Kritik des Zuschauers an den Sachverhalten, den Vorgängen und den Verhaltensweisen, ermögliche, indem sie diesen die ›Selbstverständlichkeit‹ nehme (vgl. GBA 22, S. 109). »Das ›Natürliche‹ mußte das Moment des *Auffälligen* bekommen«, um die »Gesetze von Ursache und Wirkung zutage treten« zu lassen (ebd.). In dem *Radiovortrag Bertolt Brecht* (GBA 22, S. 119–122) konkretisierte B. diesen Zusammenhang für ein sowjetisches Publikum unter Bezugnahme auf die revolutionäre Dramatik vor dem Machtwechsel: »Nur in ganz bestimmter Beleuchtung wurden die wahren Zusammenhänge zwischen dem entsetzlichen Wachstum des Elends und der Herrschaft der Bourgeoisie erkennbar« (S. 120). Die von B. zu diesem Zwecke aufgestellten (plakativen) Schemata zur Differenzierung der Funktionen des epischen und des dramatischen Theaters fixierten eine Folge von Gegensatzpaaren, die den Polen von ›Statik‹ und ›Dynamik‹, ›Beharrung‹ und ›Veränderung‹/›Prozesshaftigkeit‹ zugeordnet werden (vgl. ebd., S. 109). Der Status sowohl der Vorgänge (Objekte) als auch der Rezipienten (Subjekte) wird in diesem Bezugssystem fundamental verändert:

Dramatische Form	*Epische Form*
Die Bühne ›verkörpert‹ einen Vorgang	Sie erzählt ihn
Verwickelt den Zuschauer in eine Aktion	Macht ihn zum Betrachter, aber
verbraucht seine Aktivität	weckt seine Aktivität
ermöglicht ihm Gefühle	erzwingt von ihm Entscheidungen
Der Zuschauer wird in eine Handlung hineinversetzt	Er wird ihr gegenübergesetzt
Es wird mit Suggestion gearbeitet	Es wird mit Argumenten gearbeitet
Die Empfindungen werden konserviert	bis zu Erkenntnissen getrieben

Der Dreh- und Angelpunkt der Argumentation B.s, der Gegensatz der auf die Begriffe von ›Emotionalität‹ und ›Rationalität‹ bezogenen Wirkungsweisen, wird hier jedoch nicht als ausschließender, starrer Gegensatz aufgeführt (vgl. Knopf 1986, S. 105). Die auf den Zuschauer bezogenen Gegensatzpaare haben Prozesscharakter, zeigen eine Entwicklung auf: Der ›emotionalen‹ Seite (›Gefühle‹, ›Erlebnisse‹, ›Empfindungen‹) wird auf der durch ›Rationalität‹ bestimmten Wirkungsebene nicht einfach die Komplementärbegrifflichkeit (›Entscheidungen‹, ›Kenntnisse‹, ›Erkenntnisse‹) entgegengesetzt. Vielmehr werden Empfindungen nicht nur zugelassen, sondern als Bedingung der Möglichkeit, zu Erkenntnissen zu kommen, vorausgesetzt. Das epische Theater verzichtet im Blick auf die Wirkung keineswegs auf die Emotionalität, die Affizierbarkeit des Zuschauers. Aber die Hervorbringung von emotionalen Zuständen dient nicht dem Zweck der Identifikation mit dem leidenden Helden, sondern ist funktional bestimmt, Mittel zum Zweck der Erkenntnis. In diesem Zusammenhang gibt B. in dem das

Schema erläuternden Abschnitt die folgende Erklärung: »*Der Zuschauer des dramatischen Theaters sagt*: [...] – So bin ich. – Das ist natürlich. – Das wird immer so sein. – Das Leid dieses Menschen erschüttert mich, weil es keinen Ausweg für ihn gibt. – Das ist große Kunst: Da ist alles selbstverständlich. – Ich weine mit den Weinenden, ich lache mit den Lachenden. *Der Zuschauer des epischen Theaters sagt*: [...] Das ist höchst auffällig, fast nicht zu glauben. – Das muß aufhören. – Das Leid dieses Menschen erschüttert mich, weil es doch einen Ausweg für ihn gäbe. – Das ist große Kunst, da ist nichts selbstverständlich. – Ich lache über den Weinenden, ich weine über den Lachenden.« (GBA 22, S. 110) Diese Sentenz ist ein Horaz-Zitat, das B. für das epische Theater umkehrt: »ut ridentibus adrident, ita flentibus adflent / humani voltus. Si vis me flere, dolendum est / primum ipsi tibi: tum tua me infortunia laedent, / Telephe vel Peleu« (V. 101-104; »Mit den Lachenden lacht, mit den Weinenden weint das Antlitz des Menschen. Willst Du, daß ich weine, so traure erst einmal selbst; dann wird Dein Unglück mich treffen, Telephos und Peleus«; Horaz, S. 11). Der Aufsatz *Das deutsche Drama vor Hitler* (GBA 22, S. 164-169), der am 24. 11. 1935 in der Theaterbeilage der *New York Times* als *The German Drama: pre-Hitler* in englischer Sprache erschien und im Juli 1936 in einem erweiterten Nachdruck in *Left Review, London* erneut abgedruckt wurde, reproduziert in der englischen Fassung das Schema aus den *Anmerkungen zur Oper »Aufstieg und Fall der Stadt Mahagonny«* und fügt die folgende Fußnote ein, die der Kommentar der GBA in Übersetzung mitteilt: »Brecht wünscht, daß Schauspieler wie Publikum außerhalb des Charakters und der Vorfälle stehen, die auf der Bühne dargestellt werden. Der Schauspieler soll nicht in den wirklichen Gefühlen eines Hamlet oder Lear versinken, sondern sie vorführen, wiedergeben, und dabei seine eigene Unabhängigkeit als Kommentator und Beobachter behalten. Ähnlich bewahrt der Zuschauer sein Recht, Hamlet oder Lear zu kritisieren und sich nicht wegschwemmen zu lassen von der Emotionsflut, die der Dichter um solche Charaktere erzeugt hat« (GBA 22, S. 944f.).

In gleicher Weise wie B. die Antithese von aristotelischem und epischen Theater modifizierte, hob er den falschen Gegensatz von ›lernen‹ und ›sich amüsieren‹ im Begriff des ›amüsanten Lernens‹ auf (S. 112), auf den er im Zusammenhang des Aufsatzes *Über experimentelles Theater* erneut eingeht. Er bezeichnet mit diesem Begriff zugleich den sozialen Ort des ›Lehrtheaters‹ als einer Institution des Klassenkampfs: »Für die verschiedenen Volksschichten spielt das Lernen eine sehr verschiedene Rolle. [...] Es gibt Schichten, die sich eine Verbesserung der Zustände nicht mehr denken können; die Zustände scheinen ihnen gut genug für sie. Wie immer es mit dem Petroleum zugehen mag: sie gewinnen dadurch. [...] Aber es gibt auch Schichten, die ›noch nicht dran waren‹, die unzufrieden mit den Verhältnissen sind, ein ungeheures praktisches Interesse am Lernen haben, sich unbedingt orientieren wollen, wissen, daß sie ohne Lernen verloren sind – das sind die besten und begierigsten Lerner« (S. 111–112).

Über experimentelles Theater (1939/40)

Der Vortrag *Über experimentelles Theater* entstand aus der Zusammenfassung mehrerer kleinerer Texte und Notizen im März/April 1939 in Dänemark. B. hatte sich zu einer Reihe von Vorträgen über die Themen »*Volkstheater, Laientheater und experimentelles Theater*« verpflichtet (GBA 22, S. 1069), um sich und seiner Familie die Einreise nach Schweden zu erleichtern. Die Vorträge sollten durch »praktische Demonstrationen Helene Weigels anschaulich gemacht werden« (ebd.). Der Vortrag fand am 4. 5. 1939 in der Studentenbühne Stockholm statt und eignete sich nach B.s Auffassung als eine zwar allgemein gehaltene, aber brauchbare Einleitung zum Aufsatz *Über eine neue Technik der Schauspielkunst (Journale*, 4. 5. 1939; GBA 26, S. 337), weil er »ein erstes Verständnis des Prinzipiellen« (Brief an Fredrik Martner, Mai 1939; GBA 29, S. 144; vgl. GBA 22, S. 1069) ermögliche. Der Vortrag wurde im Mai ein weiteres Mal im Reichsverband der Amateurtheater gehalten und am 18. 11. 1949 in Helsinki vor dem Ensemble des Studententheaters wiederholt. B. kommentierte die Veranstaltung: »Ein Grauen, zu denken, vor dieser Schicht so etwas wie nichtaristotelisches Theater etablieren zu wollen« (*Journale*, 18. 11. 1940; GBA 26, S. 443; vgl. GBA 22, S. 1069f.). Anlässlich seines Aufenthalts in Zürich überließ B. den Text dem schweizerischen Verband sozialistischer Studenten zur Publikation in dessen Organ *Bewußtsein und Sein* (Nr. 3/4, Juli/November 1940).

B. lässt im Vortrag die Experimente der europäischen Theater-Avantgarde Revue passieren und konstatiert die Bereicherung der Ausdrucksmöglichkeiten des Theaters. Der Rückblick auf ein halbes Jahrhundert Theatergeschichte ergibt für das europäische Theater den Befund einer Epoche der Experimente. Es zeichnen sich für B. zwei ›Entwicklungslinien‹ ab, die durch die Funktion von ›Unterhaltung‹ und ›Belehrung‹ bestimmt seien, »das heißt, das Theater veranstaltete Experimente, die seine Amüsierkraft, und Experimente, die seinen Lehrwert erhöhen sollten« (GBA 22, S. 540). Die von B. bezeichnete Dichotomie ist ein Topos der antiken Dichtungstheorie, welcher der Sache nach auf die griechische Antike zurückgeht, seine für die Rezeptionsgeschichte maßgebliche topische Prägung aber durch Horaz' *Ars Poetica* erfuhr. Dort heißt es: »aut prodesse volunt aut delectare poetae / aut simul et iucunda et idonea dicere vitae« (V. 333f.; »entweder nützen oder erfreuen wollen die Dichter oder zugleich, was erfreut und was nützlich fürs Leben ist, sagen«; Horaz, S. 25). Horaz folgte mit dieser Maxime dem Neoptolemos von Parion, der von einer vollkommenen Dichtung sowohl Unterhaltung als auch Nutzen verlangt und sich mit dieser Forderung gegen Eratosthenes gewendet hatte. »Die Alexandriner [...] vertreten eine ästhetisch-hedonistische Auffassung der Poesie. Eratosthenes erklärte, die Absicht jedes wahren Dichters sei die, seine Hörer zu unterhalten, nicht Geographie oder Geschichte oder irgendetwas anderes zu lehren. In einer viel vorsichtigeren Weise war die Frage, ob die Dichtung nur belehren (nützen) oder auch erfreuen solle, [...] von Herakleides vom Pontos [...] durch ein schwächliches Sowohl-Als-Auch beantwortet worden. Das hat dann Horaz übernommen.« (Curtius, S. 471; vgl. Flashar, S. 23–25; Fuhrmann, S. 99–134) Bei Horaz wird sowohl die Alternative der komplementären Intentionen (Unterhaltung, Belehrung) als auch deren Verbindung zugestanden. Seine Forderung führt zur Erkenntnis, »omne tulit punctum, qui miscuit utile dulci / lectorem delectando pariterque monendo« (V. 343–344; Horaz, S. 26; »Jede Stimme erhielt, wer Süßes und Nützliches mischte, indem er den Leser ergötzte und gleicherweise belehrte«; S. 27). In der Rezeptionsgeschichte des Horaz wurde bereits in den Renaissance-Poetiken und später bei Opitz, Gottsched und den Zeitgenossen das ›Entweder-Oder‹ zu einem ›Sowohl-Als-Auch‹ verfestigt, d.h. das Prinzip des ›prodesse‹ mit dem des ›delectare‹ fest verknüpft. Im antiken Topos von der ›überzuckerten Pille‹ – der reizvollen Einkleidung der (bitteren) Wahrheit – war diese Verbindung bereits manifest. Der Horaz-Leser/-Kenner B. bezieht sich bei der Trennung der Funktionen von ›Vergnügen‹ und ›Lehrhaftigkeit‹ auf das in der romantischen Ästhetik aufgestellte Postulat der Autonomie der Dichtung und die Abwehr didaktischer Funktionen, eine Auffassung, die B. im Geist der Aufklärung revidiert hat. Ihm geht es um die Verbindung beider Funktionen, ihre Synthese. B.s Forderung, dass die Lehrhaftigkeit des Theaters so wenig unterschlagen werden dürfe wie sein Unterhaltungswert, kann daher als Einlösung der Horaz'schen Forderung des »miscere utile dulci« verstanden werden, wenn er für das Theater die Verbindung der Tendenzen postuliert, die sich in der Neuzeit zu gegensätzlichen Positionen entwickelt hatten.

Für die bewusste Anknüpfung an Traditionen der Aufklärung spricht vor allem der Passus des Vortrags, in dem B. sich auf das kulturelle Verständnis der europäischen Aufklärung bezieht, das die Synthese von Kunst und Wissenschaft vertreten habe. Wenn B. später in der Vorrede zum *Kleinen Organon* den »Wiedereintritt in eine ›Ästhetik‹« (Flashar, S. 24) durch einen ausdrücklichen, aber ironischen Widerruf manifestiert – »Widerrufen wir also, wohl zum allgemeinen Bedauern, unsere Absicht, aus dem Reich des Wohlgefälligen zu emigrieren, und bekunden wir, zu noch allgemeinerem Bedauern, nunmehr die Absicht, uns in diesem Reich niederzulassen« (GBA 23, S. 66) –, so zeichnet sich diese Tendenz bereits in den 30er-Jahren ab: »In der betonten Opposition gegen die ›barbarischen Belustigungen‹ der traditionellen Ästhetik« grenze B. seine Vorstellungen von »Vergnügen und Unterhaltung [...] vor allem durch deren gesellschaftlichen Bezug« deutlich ab (Flashar, S. 24).

B. sieht die Entwicklung des ›Vergnügungstheaters‹ unter dem Diktat der Reizerneuerung. »Der zunehmenden Abstumpfung des Publikums muß durch immer neue Effekte entgegengetreten werden. Um seinen zerstreuten Zuschauer zu zerstreuen, muß das Theater ihn zuerst konzentrieren.« (GBA 22, S. 540) Seine Argumentation berührt sich hier mit den Überlegungen Walter Benjamins zum Phänomen der Zerstreuung im Aufsatz *Das Kunstwerk im Zeitalter seiner technischen Reproduzierbarkeit*. B. rühmt das Wachstum der Ausdrucksmöglichkeiten des Theaters, die Fortschritte der Ensemblekunst und der Massenregie (Stanislawski, Reinhardt, Jessner), würdigt die Entwicklung der Bühnentechnik und äußert sich in zweideutiger Form und mit kaum verhohlener Ironie über die »Experimente [...] mit dem alten, klassischen Repertoire« (S. 541), d.h. über die Aktualisierung der Klassiker: »Man hat den Klassikern schon so viele Seiten abgewonnen, daß sie beinahe keine mehr zurückbehalten haben. Man hat Hamlet im Smoking, Cäsar in Uniform erlebt, und zumindest Smoking und Uniform haben davon profitiert und an Respektabilität gewonnen.« (Ebd.) In diesem Zusammenhang betont B. die Ungleichwertigkeit der Bühnenexperimente.

Die Straßenszene
Grundmodell einer Szene des epischen Theaters

Bevor B. mit der für sein Spätwerk maßgeblichen Konzeption der Theater-Modelle sein Theaterkonzept am klassischen Repertoire und an den im Exil entstandenen Stücken darstellte und seine theaterpraktischen Intentionen präzisierte, entwickelte er 1938 im Exil in einer dem *Messingkauf*-Komplex zugehörigen Schrift *Die Straßenszene* das *Grundmodell einer Szene des epischen Theaters*. Die aus dem Alltag gewählte Situation, wie der Augenzeuge eines Verkehrsunfalls einer Menschenansammlung die Ursachen des Vorfalls demonstriert, hat angesichts der zu erwartenden materiellen Folgen soziale Relevanz. Die Vorführung des Vorgangs, »wie das Unglück passierte« (GBA 22, S. 371), soll dem Publikum ein Urteil ermöglichen. B. betont, dass eine solche Demonstration die »Grundform großen Theaters [...] eines wissenschaftlichen Zeitalters« sei (ebd.), und entwickelt daran die Hauptelemente des epischen Theaters – immer unter der Leitvorstellung, dass der Vorgang der Demonstration in pragmatischen und theatralischen Situationen identisch sei. Hier wie dort wird auf »die Bereitung der *Illusion*« verzichtet, dadurch dass die Vorführung den »Charakter der Wiederholung« habe (S. 372): »Das Ereignis hat stattgefunden, hier findet die Wiederholung statt. Folgt die *Theaterszene* hierin der *Straßenszene*, dann verbirgt das Theater nicht mehr, daß es Theater ist, so wie die Demonstration an der Straßenecke nicht verbirgt, daß sie Demonstration (und nicht vorgibt, daß sie Ereignis) ist. Das Geprobte am Spiel tritt voll in Erscheinung, das auswendig Gelernte am Text, der ganze Apparat und die ganze Vorbereitung.« (Ebd.) Durch den Fortfall des Erlebnisses wird die Emotionalisierung im Nacherleben des Publikums ausgeschlossen. In der *Straßenszene* unterscheidet die gesellschaftlich-praktische Bedeutung der Demonstration das epische vom traditionellen Theater. Die Weite und Begrenzung des »sozialen Feldes«, in/auf dem die Charaktere situiert werden, werde im Alltag wie auf dem Theater ausschließlich durch die pragmatische Funktion der Demonstration bestimmt. Im herkömmlichen Theater erfolge die Genese der Handlung ›naturgesetzlich‹ aus den Charakteren, mit der Konsequenz, dass die Handlungen dadurch der »Kritik« entzogen würden. Das epische Theater leite dagegen »seine Charaktere ganz und gar aus ihren Handlungen« ab (S. 374f.). Der »größere Reichtum« der Theaterszene sei nur als »Anreicherung«, also als quantitative Erweiterung, nicht jedoch als qualitative Veränderung zulässig (S. 375). Die Funktion, dem Publikum mittels theatralischer Bilder Aufschlüsse über gesellschaftliche Interaktionen zu geben und »eine fruchtbare Kritik vom gesellschaftlichen Standpunkt« zu ermöglichen, fordere die Entwicklung und den Einsatz einer Technik von Verfremdungseffekten, mit der den Vorgängen »zwischen Menschen der Stempel des Auffallenden, des der Erklärung Bedürftigen, nicht Selbstverständlichen, nicht einfach Natürlichen verliehen werden« könne (S. 377). Der »unvermittelte Übergang von der Darstellung zum Kommentar« (S. 378), die Unterbrechung der »Imitation mit Erklärungen« charakterisiere das epische Theater ebenso wie die Chöre und projizierten Dokumente und die Ansprache an das Publikum durch die Schauspieler. Der Fortschritt von der »›natürlichen‹ Demonstration zur ›künstlichen‹« (S. 379) benötige keine »Vervollständigung« der aufgeführten Elemente, um den Kunstcharakter des epischen Theaters unter Beweis zu stellen.

Aufhebung der Gegensätze

Das Argument der »Profanisierung, Entkultisierung, Säkularisierung der Theaterkunst« (GBA 26, S. 443), von der B. in einem vom 6. 12. 1940 datierten Eintrag im *Journal* im Zusammenhang der *Straßenszene* spricht, zielt kritisch auf den Funktionswandel des bürgerlichen Theaters im 19. und 20. Jh., das seine in der Aufklärung entwickelten didaktischen und ästhetischen Funktionen im Übergang zur bürgerlich-autonomen Institutionalisierung der Kunst eingebüßt hatte, ein Prozess, der zu einem Verlust des lebenspraktischen Bezugs führte. Gegen diese Funktionsveränderung und den auf breiter Front einsetzenden Niveauverlust des Theaters unter dem Druck der Rentabilität privatwirtschaftlich betriebener Stadttheater opponierte im ausgehenden 19. Jh. auch die bürgerliche Reformbewegung, die sog. ›Kulturtheaterbewegung‹ (vgl. Martersteig). Erst mit dem Theater Max Reinhardts und den in *Über experimentelles Theater* von B. beifällig referierten vergleichbaren Experimenten »zur Hebung der Amüsierkraft des Theaters« konnte auch nach Meinung B.s das ästhetische Niveau wiederhergestellt werden, über welches das bürgerliche Theater im 18. Jh. verfügte, allerdings um den Preis des Verlusts seiner politisch-aufklärerischen Funktionen. »Die revolutionäre bürgerliche Ästhetik, begründet von den großen Aufklärern Diderot und Lessing, definiert das Theater als eine Stätte der Unterhaltung und der Belehrung. Das Zeitalter der Aufklärung, welches einen gewaltigen Aufschwung des europäischen Theaters einleitete, kannte keinen Gegensatz zwischen Unterhaltung und Belehrung. Reines Amüsement, selbst an tragischen Gegenständen, schien den Diderots und Lessings ganz leer und unwürdig, wenn es dem Wissen der Zuschauer nichts hinzufügte, und belehrende Elemente, natürlich in künstlerischer Form, schienen ihnen das Amüsement keineswegs zu stören; nach ihnen vertieften sie das Amüsement. / Wenn wir nun das Theater unserer Zeit betrachten, so werden wir finden, daß die beiden konstituierenden Elemente des Dramas und des Theaters, Unterhaltung und Belehrung, mehr und mehr in einen scharfen Konflikt geraten sind. Es *besteht* heute da ein Gegensatz.« (GBA 22, S. 546) Die Zielsetzung, die B. mit dem epischen Theater verfolgte, bestand in der Aufhebung dieses Gegensatzes.

In den *Anmerkungen zum Volksstück*, die im Anschluss an die Niederschrift des Dramas *Herr Puntila und sein Knecht Matti* verfasst worden sind (vgl. Neureuter 1987; BHB 1,

S. 440–456), greift B. die schon in *Vergnügungstheater oder Lehrtheater?* formulierte Beobachtung einer »babylonischen Verwirrung der Stile« (GBA 24, S. 295) und die Überlegungen zu den Haupttendenzen der modernen Theaterentwicklung erneut auf.

Das alte Volksstück repräsentierte für B. eine alte und daher zu Recht erledigte konventionelle Form des Theaters. Es sei »krudes und anspruchloses Theater«, monoton in der Handlungsführung, stereotyp in der Gestaltung der Situationen und Figuren, dilettantisch und routiniert in der Spielweise: »Da gibt es derbe Späße gemischt mit Rührseligkeiten, da ist hanebüchene Moral und billige Sexualität. Die Bösen werden bestraft und die Guten werden geheiratet, die Fleißigen machen eine Erbschaft und die Faulen haben das Nachsehen.« (S. 293)

Die Wiederbelebung des alten Volksstücks, das von der modernen Revue abgelöst worden war, erschien B. aus dramaturgischen, aber wohl auch aus ideologischen Gründen weder möglich noch wünschenswert. »Daß ein derartiges Handlungsschema affirmativ auf den Zuschauer wirkt und bestehende Herrschaftsverhältnisse befestigt, erwähnt Brecht nicht ausdrücklich, liegt aber auf der Hand« (Poser, S. 188). Dem erkennbaren »Bedürfnis nach naivem, aber nicht primitivem, poetischem, aber nicht romantischem, wirklichkeitsnahem, aber nicht tagespolitischem Theater« (GBA 24, S. 294) könne durch Integration von realistischen Elementen und artistischen Formen entsprochen werden. Unter drei dramaturgischen Gesichtspunkten entwirft B. in der Schrift die Struktur eines ›neuen Volksstücks‹, das zugleich naiv, poetisch und realistisch sei, dadurch dass es Elemente des Volksstücks und der modernen Revue verbindet. Sie betreffen die Fabel, den lyrischen Ausdruck und den Darstellungsstil. Der Verzicht auf die einheitliche und durchgehende Fabel zu Gunsten selbstständiger ›Nummern‹, »lose miteinander verknüpfte Sketche« (ebd.), ist eine bedeutsame Innovation, ebenso wie die ›Poesie‹ bestimmter Passagen, die aber »mehr in den Situationen [...] als im Ausdruck der Figuren« liegen solle (ebd.). Für die Spielweise postuliert B. einen Stil der Darstellung, der »zugleich artistisch und natürlich« ist (ebd.), und reflektiert in diesem Zusammenhang die Koexistenz zweier ursprünglich streng geschiedener Darstellungsstile, die in seiner Argumentation den Polen ›Kunst‹ und ›Natur‹ zugeordnet werden. Die ›gehobene‹ (stilisierte) und die naturalistische Spielweise seien auf der zeitgenössischen Bühne eine »Synthese der Schwäche« eingegangen (S. 295). Die Synthese von Kunst und Natur wird zu einer dialektischen Einheit, in der ihr Gegensatz aufgehoben, aber nicht beseitigt, »zur Einheit gebracht, aber nicht ausgetilgt« sei (ebd.) – eine für B. erstrebenswerte Lösung, weil dadurch die Einseitigkeit der gegensätzlichen ästhetischen Orientierungen – die klassisch-romantische Autonomisierung der Kunst zu einer fantasiebestimmten ›eigenen Welt‹ (ebd.) und die fantasielose naturalistische Wirklichkeitskopie – überwunden werden könne.

Wie diese Synthese von Realismus und Stilisierung auf dem Theater, d.h. die Vermittlung der ›realistischen‹ mit der ›stilisierenden‹ Darstellung, auszusehen habe, entwickelt der Text an den Gegenständen und der Spielweise der Komödie, wobei die Argumentation sich von der Ebene der ästhetischen Vermittlung zunehmend auf den Inhaltsbereich, die Ebene der zu vermittelnden Gegenstände, verlagert. »Faktum ist, daß der Schauspieler, wenn er Grobheit, Gemeinheit und Häßlichkeit darzustellen hat [...], keineswegs ohne Feinheit, Billigkeitssinn und Gefühl für das Schöne auskommen kann. Das wirklich kultivierte Theater wird seinen Realismus nicht mit der Preisgabe der künstlerischen Schönheit erkaufen müssen. Die Realität mag unschön sein, das verbannt sie durchaus nicht von einer Stilbühne. Gerade ihre Unschönheit kann der Hauptgegenstand der Darstellung sein – niedere menschliche Eigenschaften wie Habsucht, Prahlerei, Dummheit, Unwissenheit, Streitsucht in der Komödie, das entmenschte soziale Milieu im ernsten Drama.« (S. 296) Die Argumente B.s lassen sich sowohl im Zusammenhang des modernen Diskurses über die Ästhetik des Hässlichen (vgl. Kliche), aber auch im historischen Kontext der Verfemung der Avantgarde-Kunst zur ›entarteten‹ Kunst diskutieren.

Auffällig ist die stilistische Veränderung der Ausführungen B.s. An die Stelle der Diskursivität treten Thesen und Sentenzen, die mit Emphase vorgetragen werden und die für B. fundamentalen ästhetischen Grundsätze des Theaters formulieren, das Besondere des Theaters im Allgemeinen der Kunst verankern. »Die Kunst vermag das Häßliche des Häßlichen in schöner Weise, das Unedle des Unedlen in edler Weise darzustellen, denn die Künstler können ja auch das Ungraziöse in graziöser, das Schwache in kraftvoller Weise darstellen. Die Gegenstände der Komödie, die das ›gemeine Leben‹ schildert, entziehen sich durchaus nicht der Veredelung. Das Theater hat die delikate Farbe, die angenehme und bedeutende Gruppierung, die originelle Gestik, kurz den *Stil* zur Verfügung, es hat Humor, Phantasie und Weisheit, um das Häßliche zu meistern.« (GBA 24, S. 296f.)

Für die missachtete Gattung des Volksstücks im Allgemeinen und den *Puntila* im Besonderen resultieren aus B.s ästhetischen Prämissen Konsequenzen für die angemessene Spielweise. Beispielbezogen reklamiert B. für das neue Volksstück »echte Artistik« (S. 298), um der Gefahr vorzubeugen, die Vorgänge unter dem Aspekt der Primitivität zu erfassen und misszuverstehen. »Die Ausweisung der vier Frauen aus Kurgela […] ist […] kein primitiver, sondern ein einfacher Vorgang, und er muß […] poetisch gespielt werden, das heißt die Schönheit des Vorgangs […] muß im Bühnenbild, in der Bewegung, im sprachlichen Ausdruck zur Geltung kommen.« (Ebd.) Es geht B. um »eine völlig neue Kunst der theatralischen Darstellung«, die »Elemente der alten Commedia dell'arte und Elmente des realistischen Sittenstücks« zur Synthese bringen möchte (ebd.).

Der emphatische Schlussabsatz entwickelt erste Überlegungen, die im Zusammenhang mit den hier bereits erörterten Formen der angemessenen Darstellung komischer Inhalte (Artistik) anlässlich der Zürcher Inszenierung des *Puntila* wiederaufgenommen wurden und den Auftakt zur Entwicklung des Begriffs des ›gesellschaftlich Komischen‹ bilden, den B. allerdings erstmals 1951 im Zusammenhang mit der Erarbeitung der Rolle des Puntila durch Leopold Steckel verwendet hat. Es handelt sich um die Texte *Die Betrunkenheit des Puntila* und *Steckels zwei Puntilas*. In dem *Das gesellschaftlich Komische* überschriebenen, 1951 entstandenen Text bringt B. erstmals den Gegensatz zwischen dem ›ewig Komischen‹ und dem ›gesellschaftlich Komischen‹ zur Sprache: »Für Stücke wie den ›Puntila‹ wird man nicht allzu viel in der Rumpelkammer des ›Ewig Komischen‹ finden. Zwar hat auch das ›Ewig Komische‹ – der mit großem Aplomb ausmarschierende Clown fällt auf die Nase – ein gesellschaftliches Element, jedoch ist dieses verlorengegangen, so daß der Clownsturz als etwas schlechthin Biologisches, als bei allen Menschen in allen Situationen Komisches erscheint. Die Schauspieler, die ›Herr Puntila und sein Knecht Matti‹ spielen, müssen die Komik aus der heutigen Klassensituation ziehen, selbst wenn dann die Mitglieder der oder jener Klasse nicht lachen.« (GBA 24, S. 312) Aus dieser Textstelle lässt sich die für B.s spätere Theaterarbeit maßgebliche Kategorie des ›gesellschaftlich Komischen‹ als eine ästhetische Kategorie des point-of-view herleiten, die in B.s dialektischer Geschichtsauffassung begründet ist und den Anachronismus überholter, aber noch fortwirkender Gesellschaftsstrukturen zum Gegenstand sowohl der Untersuchung als auch der Darstellung macht (vgl. Giese; Knopf 1974, S. 32–37; Knopf 1986, S. 134–137).

Die theatralische Darstellung bringt die Überlegenheit der Angehörigen des Proletariats dadurch zur Geltung, dass das Verhalten der Herrschaftsklasse (der Gutsbesitzer Puntila, der Großbauer Großmann in *Katzgraben*) der Kritik eines fortschrittlichen Publikums anheim gestellt wird, das aus signifikanten Gesten und Verhaltensweisen die Ohnmacht der Herrschenden/der Besitzenden in aktuellen Klassenkonflikten wahrnehmen und ihre Herrschaftsstellung als überwunden oder erschüttert erkennen kann. Komik manifestiert sich folglich nicht mehr primär (und/oder ausschließlich) in der Wiedergabe von Unzulänglichkeiten, Fehlleistungen, Missverständnissen und Missgeschicken und der aus ihnen resultierenden Lachwirkungen, d.h. aus der ästhetischen Struktur des komischen Textes, sondern bestimmt sich aus dessen gesellschaftlicher Intentionalität, d.h. aus der das Spiel und den guten/glimpflichen Ausgang der Handlung bestimmenden Dialektik von Kritik und Utopie (vgl. Giese, S. 7; Arntzen, Greiner, Hinck). Giese betont daher, dass »das Komische bei Brecht nicht primär ästhetisch begründbar ist« (Giese, S. 12). Zu seiner Fundierung sei in sozialistischer Perspektive »viel mehr von einer anderen Geschichtsauffassung auszugehen, in der die bürgerliche Vergangenheit bzw. die zur Vergangenheit stilisierte bürgerliche Gegenwart [...], die alte Gesellschaftsordnung, *komisch geworden*« sei (ebd.). »Das heißt keineswegs die Probleme verharmlosen, wohl aber ihren Absolutheitscharakter zu bestreiten, heißt nicht, ihre Bedrohlichkeit zu leugnen, wohl aber die gesellschaftliche Lösbarkeit in der Weise geltend zu machen, daß das objektiv Überholte als solches sichtbar wird.« (Ebd.)

Die geschichtsphilosophische Interpretation des Gegensatzes von Tragödie und Komödie, auf die sich Giese bei seiner Herleitung des Gesellschaftlich-Komischen bezieht (vgl. Knopf 1986, Schwind, Hinck), geht von einem zeitlichen Nacheinander der Gattungen aus, »so daß die Komödie nicht einfach mit der Tragödie im Kampf liegt, sondern *nach* dieser erscheine, als deren notwendige Ablösung« (Giese, S. 15), sofern nämlich die Komödie bei Hegel in der *Phänomenologie des Geistes* »als eine gegenüber der Tragödie entwickeltere Ausdrucksform der menschlichen Selbstbewegung in der Geschichte« verstanden werde (ebd.). Die »Alternative zum Versöhnungsdenken ästhetischer Erscheinungen, die sich auch geschichtsphilosophisch erklären lassen« werde von Marx in der Einleitung zur *Kritik der Hegelschen Rechtsphilosophie* (1844) auf Grund seines Interesses »an geschichtlichen Prozessen« vorgetragen, »die mit ästhetischen Kategorien anschaulich gemacht werden. Einen Satz Hegels aus den Vorlesungen über die Philosophie der Geschichte ergänzend bemerkt Marx, dass sich ›alle großen weltgeschichtlichen Tatsachen und Personen sozusagen zweimal ereignen, [...] das eine Mal als Tragödie, das andere Mal als Farce‹« (Schwind, S. 371). In der Einleitung zur *Kritik der Hegelschen Rechtsphilosophie* werde »die historische Reprise des Ancien régime«, das in Frankreich seine Tragödie erlebt habe, als deutscher Revenant (Wiedergänger, Gespenst) im Vormärz-Regime, als ›Anachronismus‹ verstanden, und sei »nur mehr der Komödiant einer Weltordnung, deren *wirkliche Helden* gestorben sind. Die Geschichte ist gründlich und macht viele Phasen durch, wenn sie eine alte Gestalt zu Grabe trägt. Die letzte Phase einer weltgeschichtlichen Gestalt ist ihre *Komödie*. Die Götter Griechenlands, die schon einmal tragisch zu Tode verwundet waren im gefesselten Prometheus des Äschylus, mussten noch einmal komisch sterben in den Gesprächen Lukians. Warum dieser Gang der Geschichte? Damit die Menschheit *heiter* von ihrer Vergangenheit scheide« (Marx, S. 382; vgl. Giese, S. 16). An dieser geschichtsphilosophischen Konstruktion knüpft B.s Konzept des Gesellschaftlich-Komischen unmittelbar an.

Literatur:

Arntzen, Helmut: Die ernste Komödie: Das deutsche Lustspiel von Lessing bis Kleist. München 1968. – Curtius, Ernst Robert: Europäische Literatur und lateinisches Mittelalter. 2. Aufl., Bern 1954. – Eckhardt, Juliane: Das Epische Theater. Darmstadt 1983. – Flashar, Hellmut: Aristoteles und Brecht. In: Poetica 6 (1974), S. 17–37. – Fontius, Martin: Einfühlung/Empathie/Identifikation. In: Barck, Karlheinz [u.a.] (Hg.): Ästhetische Grundbegriffe. Bd. 2. Stuttgart, Weimar 2001, S. 121–142. – Giese, Peter Christian: Das »Gesellschaftlich-Komische«. Zu Komik und Komödie am Beispiel der Stücke und Bearbeitungen Brechts. Stuttgart 1974. – Greiner, Bernhard: Die Komödie. München 1994. – Hecht, Werner: Der Weg zum epischen Theater. In: Ders. (Hg.): Brechts Theorie des Theaters. Frankfurt a.M. 1986, S. 45–90. – Hinck, Walter (Hg.): Die deutsche Komödie vom Mittelalter bis zur Gegenwart. Düsseldorf 1977. – Horaz: Ars Poetica/Die Dichtkunst. Übersetzt und hg. v. Eckhart Schäfer. Stuttgart 1972. – Kliche, Dieter: Hässlich. In: Barck, Karlheinz [u.a.] (Hg.): Ästhetische Grundbegriffe. Bd. 3. Stuttgart, Weimar 2001, S. 25–66. – Knopf, Jan: Bertolt

Brecht. Ein kritischer Forschungsbericht. Fragwürdiges in der Brecht-Forschung. Frankfurt a.M. 1974. – Ders.: Verfremdung. In: Hecht, Werner (Hg.): Brechts Theorie des Theaters. Frankfurt a.M. 1986, S. 93–141. – Ders.: Verfremdung. In: Nünning, Ansgar (Hg.): Metzler Lexikon Literatur- und Kulturtheorie. Ansätze – Personen – Grundbegriffe. Stuttgart, Weimar 1998, S. 552f. – Ders.: Verfremdungseffekt. In: Nünning, Ansgar (Hg.): Metzler Lexikon Literatur- und Kulturtheorie. Ansätze – Personen – Grundbegriffe. Stuttgart, Weimar 1998, S. 553. – Kühnel, Jürgen: Verfremdung/V-Effekt. In: Schnell, Ralf (Hg.): Metzler Lexikon Kultur der Gegenwart. Stuttgart, Weimar 2000, S. 519. – Marx, Karl: Zur Kritik der Hegelschen Rechtsphilosophie. In: Ders./Engels, Friedrich: Werke. Bd. 1. 7. Aufl. Berlin 1970, S. 378–391. – Mittenzwei, Werner: Katharsis. In: Barck, Karlheinz [u.a.] (Hg.): Ästhetische Grundbegriffe. Bd. 3. Stuttgart, Weimar 2001, S. 245–272. – Neureuter, Hans Peter (Hg.): Brechts Puntila. Frankfurt a.M. 1987. – Poser, Hans: Brechts »Herr Puntila und sein Knecht Matti«. Dialektik zwischen Volksstück und Lehrstück. In: Hein, Jürgen (Hg.): Theater und Gesellschaft. Das Volksstück im 19. und 20. Jahrhundert. Düsseldorf 1973, S. 187–200. – Schwind, Klaus: Komisch. In: Barck, Karlheinz [u.a.] (Hg.): Ästhetische Grundbegriffe. Bd. 3. Stuttgart, Weimar 2001, S. 332–384. – Steinweg, Reiner (Hg.): Brechts Modell der Lehrstücke. Frankfurt a.M. 1976. – Voigts, Manfred: Brechts Theaterkonzeptionen. Entstehung und Entfaltung bis 1931. München 1977. – Wizisla, Erdmut (Hg.): »... und mein Werk ist der Abgesang des Jahrtausends«. 22 Versuche, eine Arbeit zu beschreiben. Berlin 1998.

Jörg Wilhelm Joost

Verfremdungseffekte in der chinesischen Schauspielkunst

Der Verfremdungseffekt gewährt am schnellsten Zugang zu B.s Theater. B. erwähnte den »V-Effekt« zuerst in einem Aufsatz über die traditionelle chinesische Schauspielkunst, und zwar als einen zentralen Effekt ihrer Technik (GBA 22, S. 200–210). Selbst wenn er Recht hatte, bleibt zunächst zu klären, was bzw. ob B.s innovatives, auf politische Wirkung bedachtes, aber keineswegs zufriedenstellend entwickeltes Theater von dieser alten asiatischen Form gelernt haben könnte. B.s Aufsatz beruht jedoch auf mehr als einem zufällig entstandenen Zusammendenken des vermutlich durch Sergej Tretjakow vermittelten, formal erkenntniskritischen Begriffs »ostranenije« der russischen Formalisten (GBA 22, S. 934; Reich, S. 372f., der »otchuzhdeniye« vorzieht; Willett, S. 99) mit dem ungewöhnlichen, schon daher verfremdenden Stil der gerade in Moskau gastierenden Truppe des in China hoch geschätzten, neuen Entwicklungen aufgeschlossenen Schauspielers Mei Lan-fang. Freilich dachte B. nicht an rein Formales, aber er suchte eine ästhetisch überzeugende Methode, um den von Hegel philosophisch-idealistisch ausgelegten und von Marx materialisierten Zustand der gesellschaftlich verursachten Entfremdung des Menschen vor Augen zu führen. Um diesen Vorgang und seine Konsequenzen zu verstehen, ist zunächst darzustellen, was B. gesehen hat, welches Interesse er damit verband, wie er dazu Stellung nahm und ob Auswirkungen auf seine Vorstellung vom Theater festzustellen sind.

Im Aufsatz hebt B. hervor, dass der westliche Schauspieler Einfühlung immer voranstellt, womit sich seine Kunst erschöpfe. Beim Jahrmarkt etwa könne man primitive, im chinesischen Theater hingegen sehr raffinierte V-Effekte erleben. Bei aller ästhetischen Raffinesse falle jedoch die Leichtigkeit und Natürlichkeit des Vortrags auf. Durch den Verzicht auf restlose Verwandlung werde die Kunstdarbietung gewissermaßen unterbrochen. Diese Kunst könne daher Gegensätze, etwa Schrecken und Fassung zugleich zeigen und somit ein höheres Bewusstsein erlangen. B. stellt eine gewisse Preziosität sowie eine starre Gesellschaftsauffassung fest und spricht seiner damaligen Rhetorik gemäß sogar von einer »Urstufe der Wissenschaft« (GBA 22, S. 207). Aber er sieht etwa im Ausdruck des Staunens des, das jeweils Besondere der Figur vom Typischen sorgfältig abhebenden, Schauspielers über das vorgeführte ›Selbstverständliche‹ vor allem eine Handhabe, das geschichtslose (bürgerliche) Theater von dieser unterstellten Selbstverständlichkeit bei der Darstellung menschlichen Verhaltens zu befreien und somit die Figuren zu den vernachlässigten, sie jedoch mitbestimmenden geschichtlichen Kräften in Beziehung zu setzen.

Mei Lanfang kam in Moskau am 12. 3. 1935 an. Am 19. 3. demonstrierte er vor dem chinesischen Botschafter seine Gestik, gastierte nach einer Sonderveranstaltung für Theaterleute am 20. 3. mit seiner Truppe drei Wochen in Moskau sowie in Leningrad und reiste Ende April nach Berlin und London weiter (Scott, S. 116–118; Mei Shaowu, S. 60–63). B., der sich vom 14. 3. bis zum 17. 5. 1935 ebenfalls in Moskau aufhielt, hat die dort gesehenen Stücke nicht eigens benannt, auch nicht in den Briefen an Helene Weigel, die an solcher Schauspieltechnik interessiert war. Er war auch in der fraglichen Zeit »über zwei Wochen« bettlägerig und beklagte sich, Vieles verpasst zu haben (GBA 28, S. 497). Dennoch erlauben seine Beschreibungen, Schlüsse zu ziehen. Er muss der Demonstration am 19. 3., vermutlich auch der Aufführung am 20., und der abschließenden Diskussion am 14. 4. beigewohnt haben. Er meldete am 13. 4.: »Jetzt ist es wieder in Ordnung bis auf einen Rest gelegentlichen Kopfwehs.« (Ebd.) Das angebliche ›Protokoll‹ dieser Diskussion ist jedoch fingiert und irreführend (Kebir, S. 142–145).

Mei wurde 1930 in den USA – in Los Angeles von Chaplin begrüßt – überschwänglich gefeiert (Scott, S. 98–113; Mei Shaowu, S. 50–60). In Moskau teilten progressive Künstler, auch Stanislawski, B.s Interesse. Eisenstein hat ihn gefilmt (Mei Shaowu, S. 61–63). Aber nur B. wertete diese Begegnung über längere Zeit aus. In Moskau wurden unter dem Stalin hörigen Funktionär Shdanow alle als formalistisch verschrieenen, vom Dogma des sozialistischen Realismus abweichenden Kunstmethoden brutal untersagt. Da B. den Sowjetbehörden nicht verstand, war seine Reaktion in der Konsequenz einmalig.

Davon zeugen zuerst skizzenhafte Beobachtungen, die er in Dänemark als *Bemerkungen über die chinesische Schauspielkunst* zusammenfasste (GBA 22, S. 151–155), die aber erst 1949 veröffentlicht wurden (Ihering 1949, S. 76–79). Der Aufsatz *Verfremdungseffekte in der chinesischen Schauspielkunst* nimmt Teile der *Bemerkungen* auf und fragt genauer, wie das Beobachtete sein keinesfalls ausgearbeitetes, schon gar nicht vom Publikum wirklich verstandenes episches Theater befruchten könnte. Der Aufsatz wurde zu B.s Lebzeiten nie gänzlich auf Deutsch veröffentlicht – Auszüge erschienen zuerst Januar 1954 (vgl. *Schriften zum Theater V*, S. 310) –, aber B. muss ihn relativ bald nach den *Bemerkungen* ausgearbeitet haben, denn er lag schon Ende 1936 mit unwesentlichen Änderungen in einer etwas freien englischen Übersetzung vor (Brecht, S. 116–123). Dies festzuhalten ist insofern wichtig, als diese Ausarbeitung als Reaktion auf B.s kritisierte New Yorker Aufführung von *Die Mutter* im Dezember 1935 verstanden werden kann – für Eisler eine »reine Katastrophe«, »ohne alle Poesie« (Eisler/Bunge, S. 99, S. 100) – und Rückschlüsse auf die Kopenhagener Aufführung von *Die Rundköpfe und die Spitzköpfe* im November 1936 erlaubt.

Dass B. die ohne Schminke oder Kostüm und selbst im westlichen Smoking überzeugend vorgeführte Demonstration Meis sah, geht aus seiner Schilderung hervor. Dass er sie nicht nur mit den Augen eines an einer nochmals verfremdenden Nutzbarmachung Interessierten betrachtete, lässt sich durch eine Bemerkung Meis erhärten, der sich über die Wirkung eines ähnlich vordemonstrierenden Kollegen in China wunderte, der dennoch im Stande war, die Zuschauer vollkommen zu überzeugen (Mei Lanfang, S. 44). Nicht nur wird die perfekt gehandhabte Technik, sondern die auch ohne eine volle ästhetische Einkleidung erzielte Wirkung bewundert. Über alle stilistischen und kulturellen Unterschiede hinweg, und trotz einiger skeptischer Einwände oder schlichter Missverständnisse in der Einschätzung des anderen ästhetischen Systems, können hier über einen notwendigen Abstraktionsprozess bemerkenswerte Berührungspunkte festgestellt werden.

B. war auf diese Begegnung vorbereitet. Seine Ungeduld mit der üblichen Reaktion auf

Ostasiatisches verrät eine Bemerkung: »Die Ethnographie der Bühne ist relativ einfach: Auf dem Theater kennt man einen Chinesen daran, daß er gelb geschminkt [ist].« (GBA 21, S. 326) B. suchte nach einer großen Form, um die Themen seiner Zeit unvergesslich darzubieten. Er war mit den Konventionen des Theaters derart unzufrieden, dass er sich Anfang der 30er-Jahre nach dem Besuch einer japanischen Truppe in Berlin eine Zeitlang einzig aus Ostasien die notwendige Anregung vorzustellen vermochte: »Wir müssen [...] auf Vorbilder bedacht sein. Sie sind nur schwer zu finden, und bestimmt nicht in unserer räumlichen oder zeitlichen Umgebung.« (S. 379) B. überlegte, wie der »Transport einer fremden Technik« auszuführen sei. In der Kunst gäbe es »so etwas wie einen technischen Standard«, weswegen »das Japanische an ihr [...] irrelevant« sei (S. 392). Die GBA verweist auf die über Arthur Waley vermittelten *Texte* des Nô-Spiels, aber B.s Aufzeichnung heißt *Über die japanische Schauspieltechnik*, die er bei den damals gastierenden Kabuki-Schauspielern unmittelbar erlebt hatte (vgl. GBA 21, S. 750; Ihering 1961, S. 128f.; Tatlow 1977, S. 231-40).

Nach offiziellen Aufzeichnungen hat Meis Truppe Szenen aus mehreren Stücken und Tänze aufgeführt (Ding, S. 33). Abgesehen von der Demonstration erwähnt B. Details aus zwei Opern: *Dayu Shajia* oder *Die Rache des Fischers*, wo eine pantomimisch dargestellte Kahnfahrt vor den Augen der Zuschauer beinahe realer entsteht, weil jede Veränderung der Strömung durch subtil abgestimmte Körperbewegungen der zwei vorn und hinten im Kahn stehenden Gestalten suggeriert wird, und weil sich diese lange Fahrt erst in der Fantasie voll entfaltet. Und er sah *Guifei Zuijiu* oder *Die betrunkene Konkubine*, wo tiefste Leidenschaft nicht etwa, wie im westlichen Theater, durch ein Toben und Schreien, sondern durch ein symbolhaft dargestelltes, lautloses Durchbeißen einer einzelnen Haarsträhne gezeigt wird. Durch die verhaltene Andeutung eines erruptiven Vorgangs – die bekannte Geste heißt *yaofa* (Huang, S. 102) – wird die innere Erregung hervorgehoben, zumal eine gesellschaftlich erzwungene Verdrängung sie eindeutig verstärkt. Mei wusste, unter welchen Zwängen vor allem die Frauen in China gelebt haben (Mei Lanfang, S. 32).

Der V-Effekt soll die Zuschauer daran hindern, »sich in die Figuren des Stückes lediglich einzufühlen« (GBA 22, S. 200). Statt »wie bisher« im Unterbewusstsein sollen sie »im Bereich des Bewußtseins« reagieren. Dies unterbindet die durch »creative mood« und eine »restlose Verwandlung« in die Figur erzeugte Einfühlung, verhindert aber keineswegs starke Gefühle. Im Gegenteil verstärkt die erzeugte Distanz die emotionelle Wirkung. Der Vorgang kommt auf ein höheres Niveau, was freilich eine von B. im chinesischen Theater zu Recht gelobte und für sein Theater erwünschte Zuschaukunst voraussetzt. Der Schauspieler geht nicht in der Figur auf. Er schaut zu, wie Fabel und Figur durch sein Spiel entstehen. B. erkennt: »Der Artist hat sein Gesicht als jenes leere Blatt verwendet, das durch den Gestus des Körpers beschrieben werden kann.« (S. 201) Tadashi Suzuki sieht im westlichen Theater hingegen Gesten durch Wörter dargestellt (Suzuki, S. 5). Kommt für B. Einfühlung zu Stande, dann in einen betrachtenden Schauspieler, der auf dem Grund des Typischen das Besondere hervorhebt. Aus der dadurch entstehenden Spannung zwischen Intensität und Distanz lebt überhaupt diese Schauspielkunst. B. erwähnt eine andere Technik – auf Chinesisch *bianlian*, ›Gesicht verändern‹ –, bei der ein Gesichtswechsel plötzlich durch die in der Hand verborgene weiße Schminke entsteht. B.s Kommentar dazu: »Trägt der Schauspieler zu gleicher Zeit ein anscheinend gefaßtes Wesen zur Schau, dann wird sein Erschrecken gerade bei dieser Stelle (auf Grund dieser Nachricht oder dieser Entdeckung) den V-Effekt auslösen. So zu spielen ist gesünder und wie uns scheint würdiger eines denkenden Wesens, es erfordert ein großes Maß von Menschenkenntnis und Lebensklugheit und ein scharfes Erfassen des gesellschaftlich Wichtigen.« (GBA 22, S. 205) Der Schauspieler »spielt so, daß fast nach jedem Satz ein Urteil des Publikums erfolgen könnte, daß beinahe jede Geste der Begutachtung des Publikums unterworfen wird« (S. 205f.). Dass Gefühle gesellschaftlich verursacht sein können und meist verdrängt werden mussten, wusste das chinesische Theater.

Doch B. übt Kritik, wenn der V-Effekt dieser Kunst als »*transportables Technikum*« (S. 206) genauer betrachtet wird. Einwände entstehen, die in der englischen Fassung teilweise fehlen und womöglich eine im kleinen Kreis erörterte und im größeren Kreis leicht voraussehbare Kritik abfangen sollen, denn sie werden ihrerseits auch relativiert. B. scheinen Motive und Zwecke des V-Effekts »fremd und verdächtig« (ebd.), als entstünden sie »aus dem Zeugnis der Magie«, als der künstlerische »Ausdruck einer primitiven Technik«. Diese sorgsam gehütete Kunst sei »noch das Wissen von Tricks«, damit die Künstler »aus ihrem Geheimwissen Gewinn ziehen.« Auch seien die V-Effekte im deutschen Theater »ganz und gar selbständig« und ohne »Beeinflussung durch die asiatische Schauspielkunst« entstanden (S. 207). Im letzten Absatz erwähnt B. Aufführungen von Piscator und des Jiddischen Theaters in New York, wo eine gezielte Verwendung des V-Effekts geholfen hätte. Abschließend heißt es, dass der V-Effekt »nur nach langem Studium hervorzubringen« sei (S. 208f.).

Obwohl B. natürlich keine Gesten direkt übernahm, hat ihn diese Kunst mehrfach beeinflusst. In der Kritik eines Stücks von Hella Wuolijoki bemerkt er, auf die chinesische Technik anspielend: »es kommt alles nur vor, es kommt nichts nach vorn« (zit. nach: Tatlow 1977, S. 326). In der Beschreibung der Aufführung von *Die Spitzköpfe und die Rundköpfe* fordert er nach Meis Vorbild die Beachtung und Umsetzung jeder einzelnen Geste im dramatischen Text: »Bei einer Dramatik wie der vorliegenden ist es jedoch unerläßlich, Satz für Satz auf seinen gesellschaftlichen Gestus zu prüfen.« (GBA 24, S. 208) In *Theaterarbeit* legt er Wert auf die Ausarbeitung vom jedem noch so »winzigen« Detail, »eins nach dem anderen« (Theaterarbeit, S. 232). Besonders Helene Weigel verstand es, aus vielen möglichen Gesten einige wenige auszusuchen, die am besten »nach vorn« bringen, wie Mei es empfahl, ohne dass sie davon theoretische Kenntnis hatte (vgl. Mei Lanfang, S. 42). In *Mutter Courage* wollte B. den hinter dem oberflächlichen »Zeremoniencharakter der Verzweiflung« liegenden tieferen Schrecken der Bauersfrau in Szene 11 zeigen und das Versteckte oder Unbewusste in den Vordergrund stellen (*Schriften zum Theater VI*, S. 124). Für Sabine Kebir ist Weigel überhaupt diejenige, die wegen eines anhaltenden Interesses die ›chinesische‹ Gestik am erfolgreichsten für das epische Theater umsetzte. Einiges spricht dafür, obwohl Kebir zu Unrecht vermutet, sie habe Mei selber in den USA gesehen (Kebir, S. 138). B.s gesellschaftliche Interessen und Bezüge teilte das chinesische Theater nicht. Auch sah er nur einen Bruchteil dieser hocharistischen Form. Wer jedoch meint, B. vermittele nur einen ›wissenschaftlichen‹ Sozialismus, wird die Unterschiede hervorheben, aber beide Theaterformen dabei verkürzen und verfehlen (vgl. Sun, S. 170–178).

B. wollte die Zuschauer von ihren im ›Unterbewusstsein‹ aufbewahrten Gefühlen und folglich von einem Identifikationsbedürfnis befreien. Durch ihre distanzschaffende und ästhetisch raffinierte Technik, Gefühle auszustellen, gewährt die chinesische Kunst Einblick in das sozial Unbewusste. Obwohl es B. nicht so formulierte, lag hier ein tieferer Grund seines Interesses. Er wollte ohnehin nie eine Technik nachahmen, sondern ein Konzept transportieren. Der Niederschlag erfolgte erstens z.B. in der *Straßenszene* (GBA 22, S. 370–381), dem »Grundmodell« des epischen Theaters, das »hoch artistisches Theater mit komplizierten Inhalten und weiter sozialer Zielsetzung« (S. 381) anstrebt, sowie in verwandten Gedichten wie z.B. *Das Zeigen muß gezeigt werden* (GBA 15, S. 166). Zweitens schlug sich die chinesische Technik in der Bewunderung einer ausgeprägten Zuschaukunst nieder: »The sophisticated audience of the Chinese theatre remains emotionally aloof. They understand but do not share the passions of the characters [...]; [there is] always a psychological distance between drama [...] and audience.« (Hsü, S. 104) Drittens stellte diese Schauspielkunst das Gegenteil dessen dar, was im *Kleinen Organon* bemängelt wird: »bei uns rutscht sehr leicht alles in das Unkörperliche und Unanschauliche« (GBA 23, S. 96). In B.s und im chinesischen Theater wird viertens das sozial Unbewusste unvergesslich dargestellt. Im *Kaukasischen Kreidekreis* sind die Soldaten der Grusche dicht auf den Fersen, sie aber hält vor dem gefährlichen Steg, um ihre tiefsten Ängste in einem Lied vorzutragen. Bei den Proben dachte B. noch an das chinesische Theater. Eine Schauspielerin beklagte sich über ihre umständlichen Ärmel. B. antwortete: »Ne, ne ne! Das ist ja der Witz, daß das so lang ist [...], bei den chinesischen Schauspielern ist die doppelt so lang.« (BBA 2186/27) Die Wirkung dieser chinesischen Kunst beschränkte sich nicht auf Fragen der Schauspieltechnik, denn sie beeinflusste auch B.s spätere Ästhetik.

Literatur:

Brecht: ›The Fourth Wall of China. An essay on the effect of disillusion in the Chinese theatre‹. Übers. v. Eric Walter White. In: *Life and Letters Today* 15 (1936), Nr. 6, S. 116–23. – Ding Yangzhong: ›Brecht's Theatre and Chinese Drama.‹ In: Tatlow/Wong 1982, S. 28–45. – EISLER/BUNGE. – Fei, Faye Chunfang: *Chinese Theories of Theater and Peformance from Confucius to the Present.* Ann Arbor 1999. – Hsü Tao-Ching: *The Chinese Conception of Theatre.* Seattle 1985. – Huang Zuolin: ›A Supplement to Brecht's Alienation Effects in Chinese Acting‹. In: Tatlow/Wong 1982, S. 96–110. – Ihering, Herbert (Hg.): *Theater der Welt. Ein Almanach.* Berlin 1949. – Ders.: *Von Reinhardt bis Brecht.* Bd. 3. Berlin 1961. – Kebir, Sabine: *Abstieg in den Ruhm. Helene Weigel: Eine Biographie.* Berlin 2000. – Mei Lanfang: ›Reflections on my Stage Life‹. In: Wu Zuguang 1981, S. 30–45. – Mei Shaowu: ›Mei Lanfang as seen by his foreign audiences and critics‹. In: Wu Zuguang 1981, S. 46–65. – Reich, Bernhard: *Im Wettlauf mit der Zeit. Erinnerungen aus fünf Jahrzehnten deutscher Theatergeschichte.* Berlin 1970. – Scott, A. C.: *Mei Lan-Fang. The Life and Times of a Peking Actor.* Hong Kong 1959. – Sun Huizhu: ›Aesthetics of Stanislavsky, Brecht, and Mei Lanfang‹. In: Fei, S. 170–78. – Suzuki, Tadashi: *The Way of Acting: The Theatre Writing of Tadashi Suzuki.* New York 1985. – Tatlow, Antony: *The Mask of Evil.* Bern 1977. – Ders./Wong Tak-Wai (Hg.): *Brecht and East Asian Theatre.* Hong Kong 1982. – Theaterarbeit. 6 Aufführungen des Berliner Ensembles. Hg. v. Berliner Ensemble. Dresden 1952. – Willett, John: *Brecht on Theatre.* New York 1964. – Wu Zuguang/Huang Zuolin/Mei Shaowu: *Peking Opera and Mei Lanfang.* Beijing 1981.

Antony Tatlow

Der Messingkauf

Entstehung, Überlieferung, Editionen

Am *Messingkauf*, dem großangelegten Versuch, seine Theaterästhetik zusammenfassend darzustellen, arbeitete B. seit Anfang 1939 und mit Unterbrechungen und mit unterschiedlicher Intensität bis 1955. Erstmals erwähnt wird das Projekt in einem *Journal*-Eintrag vom 12. 2. 1939: »Viel Theorie in Dialogform ›Der Messingkauf‹ (angestiftet zu dieser Form von Galileis *Dialogen*). Vier Nächte.« (GBA 26, S. 327) Neben der Titelmetapher vom ›Messingkauf‹ lagen die dialogische Gestalt und die Aufteilung der Gespräche auf vier Nächte von Beginn an fest. Ob sich der Hinweis auf Galilei auf dessen *Dialog über die beiden hauptsächlichsten Weltsysteme, das ptolemäische und das kopernikanische* von 1632 bezieht, wie bislang angenommen (Hecht, S. 120; Müller, S. 48), oder auf seine Schrift *Unterredungen und mathematische Demonstrationen über zwei neue Wissenszweige, die Mechanik und die Fallgesetze betreffend* von 1638 (GBA 26, S. 625; GBA 5, S. 340), ist kaum von Belang. Beiden Werken Galileis ist die dialogisch geführte Auseinandersetzung zwischen einer aktuellen und einer historisch obsoleten Sichtweise naturwissenschaftlicher Disziplinen gemeinsam. Diese bot die Anregung für die dialogische Gestalt des *Messingkaufs*.

Eine erste, durch den mehrfachen Wechsel des Exilorts unterbrochene Arbeitsphase ist von Anfang 1939 bis Anfang 1941 anzusetzen. Während der Arbeit am *Leben des Galilei* im dänischen Svendborg im Frühjahr 1939 entstanden grundlegende, im Detail noch differierende Konzepte (GBA 22, S. 695–697: A 1-A 5; S. 702f.: A 10; S. 719: A 11-A 12), vor der Übersiedlung nach Stockholm Anfang Mai des Jahrs auch der größte Teil der zugehörigen Dialogentwürfe (S. 703–764: B 1-B 108). Sie sind in zwei Konvoluten überliefert, an denen B. vermutlich parallel gearbeitet hat. Anfang August 1940 notierte B., inzwischen in Finnland lebend, in den *Journalen* eine Reihe wichtiger Nachträge (S. 697–702: A 6-A 9; GBA 26, S. 403–408). Im kalifornischen Exil ist für die Zeit vom Sommer 1942 bis 1943 eine zweite Arbeitsphase belegt. Eine weitere Sammelmappe wurde angelegt; sie enthält überwiegend Notate und eine zusammenhängende Dialogfassung für die Erste Nacht (GBA 22, S. 773–780). Bei der Niederschrift griff B. teilweise auf Konzepte und Fragmente aus der ersten Arbeitsphase zurück. Vermutlich während der Arbeit an der amerikanischen Fassung des *Galilei* im Jahr 1945 entstand ein viertes Konvolut mit Reden und Dialogteilen vor allem für die Dritte und die Vierte Nacht. Erkennbar ist nun B.s Absicht, in größerem Umfang, als bisher vorgesehen, auch essayistische Arbeiten (Reden) und Gedichte in den *Messingkauf* zu integrieren. Erneut erwähnt wird das Projekt im August 1948 in Zürich, als das *Kleine Organon für das Theater* vor dem Abschluss stand (*Journale*, 18. 8. 1948; GBA 27, S. 272). Obwohl B. bis 1955 sporadisch weiter daran arbeitete, blieb der *Messingkauf* Fragment. Nur wenige Teile daraus hat er selbst seit 1951 veröffentlicht: die *Übungsstücke für Schauspieler*, zwei Reden und die *Gedichte aus dem Messingkauf*.

Eine erste Edition der Fragmente erschien 1963 in Band 5 der *Schriften zum Theater*. Sie brachte relativ abgeschlossene Textteile, auch im *Messingkauf*-Material nicht überlieferte Aufsätze, ergänzt um eine Auswahl aus den Fragmenten. Nicht berücksichtigt waren insbesondere die zahlreichen Notate konzeptioneller Art. Da der Text »in einer lesbaren Anordnung« geboten werden sollte, wurden die Aufsätze und Bruchstücke »nach den ersten Entwürfen« aufgegliedert und den vier Nächten zugeordnet (*Schriften zum Theater 5*, S. 330f.), ohne Rücksicht auf den Entstehungsprozess und die überlieferte Abfolge. Diese Textfassung, ein Produkt der Herausgeberin Elisabeth Hauptmann, wurde 1967 in die WA übernommen (Bd. 16, S. 499–657). Ausgegliedert wurden die *Übungsstücke für Schauspieler* und die *Gedichte aus dem Messingkauf*, die im Anhang zu den *Stücken* (WA 7, S. 3003–3027) bzw. in der Abteilung *Gedichte* (WA 9, S. 760–770, S. 793–797) erschienen. Auf dieser Edition, die kein annähernd zutreffendes Bild von der überlieferten Gestalt des Fragments vermittelte, beruhen die bisherigen Darstellungen des *Messingkaufs* (Hecht; Müller; Voges). Während der Aufsatz von Werner Hecht einführenden Charakter hat, konzentriert sich Klaus-Detlef Müller auf B.s Rezeption der materialistischen Dialektik und deren theaterästhetische Umsetzung. Die in den theoretischen Prämissen auf der Analyse Müllers beruhende Darstellung von Michael Voges ist der systematisch angelegte Versuch einer Rekonstruktion der im *Messingkauf* enthaltenen Theaterästhetik.

Eine grundlegend andere editorische Lösung bietet die GBA (Bd. 22, S. 695–869). Berücksichtigt wird das gesamte Material einschließlich der Übungsstücke und Gedichte sowie einschlägiger Notate aus B.s *Journalen*. Die Ausgabe versucht, neben der überlieferten Textgestalt den Prozess der Entstehung und Entwicklung des *Messingkaufs* für den Leser sichtbar zu machen. Die Anordnung der Bruchstücke orientiert sich daher grundsätzlich an den vier Arbeitsphasen. Früh entstandene Manuskriptteile werden am chronologisch späteren Ort mitgeteilt, wenn B. sie aus einer frühen in eine später angelegte Mappe übernahm. Da zum ersten Mal die konzeptionellen Notate berücksichtigt sind, wird ein Vergleich von Konzeption und Durchführung möglich. Auf Grund der Überlieferungssituation war weder eine »Idealabfolge der Texte« noch eine strenge Chronologie herstellbar (S. 1118). Deshalb wird das Material innerhalb der Arbeitsphasen nach ›Nächten‹ aufgegliedert; auf beiden Gliederungsebenen werden zunächst konzeptionelle Texte geboten (mit A und fortlaufender Ziffer versehen), dann die zugehörigen Dialogfragmente (B und Ziffer), letztere jeweils in der überlieferten Abfolge. Texte, die den ›Nächten‹ nicht zugeordnet sind, folgen separat, ebenfalls in der überlieferten Reihenfolge. Außerhalb der Chronologie, im Anschluss an die übrigen Fragmente, werden die von B. selbst veröffentlichten Texte mitgeteilt: die *Übungsstücke für Schauspieler*, zwei Reden und die *Gedichte aus dem Messingkauf*.

Zeitgeschichtlicher Kontext / Dialogische Struktur

B.s Entschluss, seine Theatertheorie zu diesem Zeitpunkt in Dialogform darzustellen, ist vor dem Hintergrund der Debatten der Jahre 1937/38 in der Moskauer Exilzeitschrift *Das Wort* zu sehen. Unter dem Stichwort ›sozialistischer Realismus‹ war dort von Georg Lukács, Alfred Kurella und anderen im Moskauer Exil lebenden Theoretikern eine an der bürgerlichen Romanliteratur des 19. Jh.s orientierte, nach formalen Kriterien definierte Realismustheorie als verbindlich festgeschrieben worden (vgl. *Die Expressionismusdebatte*, BHB 4). Experimentelle Formen der literarischen Moderne, zu denen B.s Ästhetik der Verfremdung gehörte, wurden seitdem mit Schlagworten wie Formalismus, Dekadenz und mangelnde Volkstümlichkeit attackiert. B. hatte in einer Reihe von Beiträgen zu dieser Debatte Stellung bezogen, allerdings keinen der Artikel veröffentlicht. Seit dem Sommer 1938 häufen sich in seinen *Journalen* die Kommentare über Lukács und die Situation in Moskau. Theoretiker wie Lukács haben den Realismus »jetzt glücklich so heruntergebracht [...] wie die Nazis den Sozialismus« (GBA 26, S. 313), heißt es im Juli 1938. »Indem *Lukács*, dessen Bedeutung darin besteht, daß er von Moskau aus schreibt, fast durchwegs *formale* Kennzeichen für den *Realismus* angibt«, schrieb B. am 18. 8. 1938, »liefert er seinen lernbegierigen Leser doch letzten Endes an die [...] bürgerlichen Romanciers aus, welche diese formalen Kennzeichen aufweisen« (S. 320). Am selben Tag notierte er: »Die Realismusdebatte blockiert die Produktion, wenn sie so weitergeht. [...] Da ist bei *Lukács* im frühen bürgerlichen Roman (*Goethe*) ein ›breiter Reichtum des Lebens‹, und der Roman erweckt ›die Illusion der Gestaltung des ganzen Lebens in seiner vollständigen entfalteten Breite‹. Nachmachen! Nur, daß sich jetzt nichts mehr entfaltet und kein Leben mehr breit wird!« (S. 321) In den von Marxisten herausgegebenen Zeitschriften tauche in letzter Zeit häufiger der Begriff Dekadenz auf, schrieb B. am 10. 9. 1938. »Ich erfahre, daß zur Dekadenz auch ich gehöre.« (S. 322)

Der Realismustheorie von Lukács entsprach im Bereich des Theaters das gegen Ende des 19. Jh.s entwickelte, am Naturalismus orientierte System Konstantin Sergejewitsch Stanislawskis. Es wurde zum »normativen Modell der sowjetischen sozialistisch-realistischen Theaterkunst« (Müller, S. 54). Über Stanislawski, auf den im *Messingkauf* fortlaufend Bezug genommen wird, notierte B. am 12. 9. 1938 im *Journal*: »In der ›Deutschen Zentral-Zeitung‹ [Moskau] einiges über den heuer verstorbenen Stanislawski. Sein Orden ist ein Sammelbecken für alles Pfäffische in der Theaterkunst. [...] Der Tuismus selber. Ob etwas ›echt‹ ist, beweist sich im Gefühl. [...] ›Die Kunst wendet sich nun einmal an das Gefühl‹. [...] Die Verlogenheit der Stanislawskischule mit ihrem Kunsttempel, Wortdienst, Dichterkult, ihrer Innerlichkeit, Reinheit, Exaltiertheit, ihrer Natürlichkeit, aus der man immer fürchtet und fürchten muß, ›draus‹ zu kommen, entspricht ihrer geistigen Zurückgebliebenheit, ihrem Glauben an ›den‹ Menschen, ›die‹ Ideen usw.« (GBA 26, S. 324f.; vgl. GBA 22, S. 279–286) Am 27. 7. 1938 heißt es: »Die Moskauer Clique lobt jetzt *Hays* Stück ›Haben‹ über den roten Klee. Das ist echter sozialistischer Realismus. Neu, weil alt. [...] Das Stück ist ein trauriger Schund, Sudermann ist dagegen ein Fortschritt.« (GBA 26, S. 316)

Im Januar 1939, unmittelbar vor Beginn der Arbeit am *Messingkauf*, schrieb B. in sein

Journal: »Auch Kolzow verhaftet in Moskau. Meine letzte russische Verbindung mit drüben. Niemand weiß etwas von Tretjakow, der ›japanischer Spion‹ sein soll. Niemand etwas von der Neher [...]. Reich und Asja Lacis schreiben mir nie mehr [...]. Meyerhold hat sein Theater verloren [...]. Literatur und Kunst scheinen beschissen, die politische Theorie auf dem Hund, es gibt so etwas wie einen beamtenmäßig propagierten dünnen blutlosen proletarischen Humanismus.« (S. 326f.) Seit den späten 30er-Jahren und nicht zuletzt im *Messingkauf* zielte B.s Kritik der ›aristotelischen‹ (Einfühlungs-)Dramaturgie stets auch auf deren Kanonisierung durch marxistische Theoretiker.

Mit Bedacht wird als maßgebender Dialogpartner ein Philosoph eingeführt, der sich bald als Marxist – allerdings ganz anderer Richtung – zu erkennen gibt. Er vertritt im *Messingkauf* zwar nicht in jedem seiner Sätze, aber in den grundlegenden Äußerungen konsequent die Position B.s. Auf Einladung einer Schauspielerin kommt er nach der Vorstellung in ein Theater, um mit den Theaterleuten zu diskutieren. Sie sind unzufrieden, sie »haben teilgenommen an den Bemühungen um ein Theater des wissenschaftlichen Zeitalters. Jedoch hat die Wissenschaft dadurch wenig gewonnen, das Theater aber allerhand eingebüßt.« (GBA 22, S. 695) Das Problem, um das es im *Messingkauf* geht, steckt im Anspruch, den der Begriff ›Theater des wissenschaftlichen Zeitalters‹ anmeldet. Beim Versuch, den Stand wissenschaftlicher Erkenntnis mit den Erfordernissen der Ästhetik in Einklang zu bringen, hat das existierende Theater mit seinen Mitteln bislang keine überzeugenden Ergebnisse erzielt. Vom Philosophen erwartet man Vorschläge zur Lösung des Problems.

Jeder der Gesprächsteilnehmer hat ein besonderes Interesse am Theater. »*Der Philosoph* wünscht das Theater rücksichtslos für seine Zwecke zu verwenden. Es soll getreue Abbilder der Vorgänge unter den Menschen liefern und eine Stellungnahme des Zuschauers ermöglichen.« (S. 696) Die Figur des Philosophen und seine Vorstellungen vom Theater sind in einer Reihe theoretischer Fragmente vorgeprägt, die wahrscheinlich Anfang 1939 entstanden (vgl. S. 512–523). Der Schauspieler, engagierter Vertreter des etablierten Theaters, »wünscht, sich auszudrücken. Er will bewundert werden. Dazu dienen ihm Fabel und Charaktere.« (S. 696) Er steht für die Funktionsweise des Einfühlungs- und Illusionstheaters. Die Schauspielerin dagegen (sie kommt nur mit wenigen Einwürfen zu Wort) verlangt »ein Theater mit erzieherischer gesellschaftlicher Funktion. Sie ist politisch.« (Ebd.) Der Dramaturg, neben dem Gast wichtigster Dialogpartner in der Runde, »stellt sich dem Philosophen zur Verfügung«, da er sich von dessen Forderungen »eine Neubelebung des Theaters« erhofft. Er hat im *Messingkauf* mehrere Funktionen und ist nicht zuletzt für Exkurse in die Geschichte des Theaters zuständig. Nur mit wenigen Bemerkungen ist der Beleuchter (später ein Bühnenarbeiter) beteiligt, der zugleich das neue Publikum repräsentiert. Er »ist Arbeiter und mit der Welt unzufrieden« (ebd.). Sein Sozialstatus bestimmt sein Interesse am Theater.

Die Dialogform, den Austausch von Argumenten in Rede und Gegenrede, hatte B. früher bereits gelegentlich verwendet, im *Dialog über Schauspielkunst* vom Frühjahr 1929, im Fragment *[V-Effekte, Dreigespräch]* (etwa 1938) und in dem im Mai 1939 entstandenen fiktiven Gespräch *Über die Theatralik des Faschismus*. Der *Messingkauf* geht insofern über diese Schriften hinaus, als sich hier eine eigene Ästhetik abzeichnet. In seiner auf einen Zeitraum von vier Nächten angelegten szenisch-dialogischen Struktur – »Das ganze einstudierbar gedacht, mit Experiment und Exerzitium« (GBA 26, S. 328) – ist das Werk sowohl als theoretisches wie als ästhetisches Gebilde konzipiert. Die dialogische Form ist so offen gedacht, dass andere Textsorten darin Platz finden: Reden, Übungsszenen, Experimente, später auch Gedichte. Von Anfang an hatte B. die Absicht, bereits existierende Essays einzubeziehen, etwa den wahrscheinlich Ende 1938 begonnenen Aufsatz *Abstieg der Weigel in den Ruhm* (vgl. S. 697), *Verfremdungseffekte in der chinesischen Schauspielkunst* von 1935/36 (vgl. ebd.) und den erwähnten Dialog *Über die*

Theatralik des Faschismus aus dem Jahr 1938 (vgl. S. 695). Diese Offenheit der Form stellt eine Besonderheit des *Messingkaufs* dar. Sein Fragmentcharakter und die aus der Vielzahl der Perspektiven resultierende Vielschichtigkeit, Ergebnis auch der sich über anderthalb Jahrzehnte erstreckenden, mehrfach unterbrochenen Arbeit, haben allerdings zahlreiche Wiederholungen und Redundanzen zur Folge, auch Bruch- und Leerstellen in der Argumentation. Die Einbindung aller Aspekte in ein systematisch angelegtes Konzept scheint von vornherein nicht vorstellbar. Lediglich für die Erste Nacht, in der die Prämissen der Dialoge und das zu lösende Problem dargestellt werden, ist eine relativ schlüssige Konzeption durchgehalten; nur für die Erste Nacht existiert auch eine längere zusammenhängende Niederschrift.

Der Philosoph als Messingkäufer (Die erste Arbeitsphase)

Während die Gesamtentwürfe für den *Messingkauf* vor allem in der Zuordnung von Dialogthemen zu den vier Nächten differieren, zeigt der geplante Gesprächsverlauf von Anfang an eine erkennbare Richtung. Der Philosoph wolle »Theater nur für Lehrzwecke«, heißt es in der *Journal*-Notiz vom 12. 2. 1939, »einfach die Bewegungen der Menschen (auch der Gemüter der Menschen) zum Studium modelliert, das Funktionieren der gesellschaftlichen Beziehungen gezeigt, damit die Gesellschaft eingreifen kann. Seine Wünsche lösen sich auf in Theater, da sie vom Theater verwirklicht werden. Aus einer Kritik des Theaters wird neues Theater.« (GBA 26, S. 327f.) Der Verlauf der Gespräche stellt sich von vornherein als ein dialektischer Prozess dar.

Für die Erste Nacht existieren sechs Konzepte aus dem Frühjahr 1939 (A 2, A 4, A 5: GBA 22, S. 695–697; A 10: S. 702f.; A 15 und A 16: S. 767f.). Sie sehen zunächst die als theatralischer Vorgang gedachte Begrüßung des Philosophen auf dem Theater vor. Die »Geschäfte des Theaters gehen flott«, heißt es im zweiten Gesamtkonzept (A 4), »die Geschäfte des Philosophen gehen weniger gut / Flucht aus der Wirklichkeit ins Theater« (S. 696). Das erste Konzept (A 2) nennt an dieser Stelle ästhetische Mittel, die der Film dem Theater voraushat: »der Film als Konkurrenz / der Film ein Test der Gestik / die Literarisierung / die Montage« (S. 695). In den folgenden Entwürfen tauchen diese Stichwörter nicht mehr auf. Vermutlich wollte B. den Fehlschluss vermeiden, die Lösung der Probleme des Theaters liege in der Übernahme filmischer Techniken. Das wenig später notierte zweite Konzept (A 4) konzentriert sich unmittelbar auf das Interesse des Philosophen: »die Wirklichkeit auf dem Theater« (S. 696). Die Themen »der Naturalismus / die Einfühlung / der Messingkauf« (ebd.) deuten den Gesprächsverlauf an: Die am Naturalismus orientierte Dramaturgie und die auf der ›Einfühlung‹ beruhende Schauspieltechnik werden den Anforderungen des Philosophen nicht gerecht. Sein Interesse am Theater bringt das Bild vom ›Messingkauf‹ zum Ausdruck. Wegen der Besonderheit seines Interesses, heißt es dazu in einem Dialog aus der zweiten Arbeitsphase, fühle er sich im Theater »als Eindringling und Außenseiter«. Er komme sich vor wie ein Mensch, der »als Messinghändler zu einer Musikkapelle kommt und nicht etwa eine Trompete, sondern bloß Messing kaufen möchte. Die Trompete des Trompeters besteht aus Messing, aber er wird sie kaum als Messing verkaufen wollen, nach dem Wert des Messings, als soundso viele Pfund Messing. So aber suche ich hier nach meinen Vorfällen unter Menschen, welche ihr hier irgendwie nachahmt, wenn eure Nachahmungen freilich einen ganz anderen Zweck haben als den, mich zu befriedigen. Klipp und klar: ich suche ein Mittel, Vorgänge unter Menschen zu bestimmten Zwecken nachgeahmt zu bekommen, höre, ihr verfertigt solche Nachahmungen, und möchte nun feststellen, ob ich diese Art Nachahmungen brauchen kann.« (S. 778) Die Ausführungen des Philosophen sind zu Unrecht mit B.s sogenannter ›Materialwert-Theorie‹ aus den 20er-Jahren in Zusammenhang gebracht worden (GBA 21,

S. 655; Hecht, S. 108f.). Während sich die Materialwert-Theorie auf Stücke des klassischen Repertoires bezog und nach deren ›Gebrauchswert‹ für ein aktuelles Theater fragte (vgl. *Zum Theater* [1924–1933], BHB 4), interessiert den Philosophen die Institution Theater und die Frage, inwieweit deren Mittel einem neuen gesellschaftlichen Zweck zugeführt werden könnten. Seine Formulierungen legen im Übrigen nahe, das Bild vom ›Messingkauf‹ nicht zu konkret, sondern metaphorisch aufzufassen, als annäherungsweise und vorläufige Beschreibung seines besonderen Interesses am Theater.

In einem frühen Konzept zur Ersten Nacht (A 16) heißt es dazu: »Ziel des Philosophen Kritik« (GBA 22, S. 767). Die Nachahmungen des Theaters sollen Kritik am Nachgeahmten ermöglichen. Er wird belehrt, das Theater benötige Nachahmungen lediglich »zur *Herstellung von Emotionen*« (S. 703). An diesem Punkt entzündet sich die Debatte über das Verhältnis von »Theater und Wirklichkeit« und die »Zwecke der Kopien«, zwei Themen, die eine weitere frühe Notiz nennt (A 15, S. 767). »Der Naturalismus. Wissenschaftliches Zeitalter« (ebd.) sind weitere Stichwörter in diesem Kontext. Mit dem Naturalismus hatte die moderne Wissenschaft zwar Einzug auf dem Theater gehalten, die erforderlichen Konsequenzen für Dramaturgie und Schauspieltechnik wurden jedoch nicht gezogen. Deshalb wird der gegenwärtige Zustand des Theaters von beiden Seiten als unbefriedigend empfunden: von den Theaterpraktikern wegen der »Lädierungen der Kunst« durch die Wissenschaft, vom Philosophen wegen der »Unzulänglichkeit der Nachbildungen« (S. 768). Dessen Position skizziert ein ebenfalls frühes Notat: Die Philosophie über die Kunst setzend, spricht der Philosoph »von einer neuen Art der Philosophie, welche eine alte ist. / Verhaltensforscher: / Verhaltenslehrer« (S. 794). Neu ist die Philosophie, die er meint, weil sie Realität nicht nur erklärt, sondern auf ihre Veränderung abzielt. Dabei ist der Philosoph beides, »Verhaltensforscher« und »Verhaltenslehrer«. Alt ist diese Art des Philosophierens, weil ihr (dialogisches) Verfahren Vorbilder hat, etwa im Sokratischen Dialog (vgl. S. 793). Dagegen wird Kant als Prototyp einer Philosophie vorgestellt, die lediglich erklärt, was ist, und die zu dem Ergebnis gelangt, »daß alles, so wie es ist, gut und gesetzmäßig« sei (S. 784).

Deshalb sieht der Philosoph Anlass, über eine grundlegend veränderte Form von Theater nachzudenken, und schlägt vor, bis auf weiteres nicht von Theater, sondern von »*Thaeter*« (S. 768) zu sprechen. Er »hatte also Hintergedanken«, heißt es dann: »Philosoph gekommen, zu ändern, nicht nur zu interpretieren.« (Ebd.) Er tritt nicht mit einem Spezialwissen über die Mittel des Theaters an, jedoch mit präzisen Erwartungen an theatralische Abbildungen. War er zunächst als Außenstehender und als Gast »im Theater« begrüßt worden, findet jetzt seine Begrüßung »auf dem Theater« statt (ebd.): als Partner der Theaterleute und der Institution, um deren kritische Analyse es nun geht.

Die Erste Nacht: Kritik des ›aristotelischen Theaters‹

Die Fragmente zur Ersten Nacht bewegen sich im Rahmen der konzipierten Thematik, lassen allerdings eine schlüssige Dialogfolge nur ansatzhaft erkennen. »Willkommen in den Häusern der fabrizierten Träume!«, begrüßt der Dramaturg den Philosophen. »Sieh hier die alte und neue Maschinerie, mittels der Täuschung bewirkt wird.« (GBA 22, S. 703) Die Fähigkeit, Illusionen hervorzubringen, sei ständig gewachsen, jedes Zeitalter habe einige Tricks beigesteuert. Angekündigt wird »ein Diskurs über die *Nachahmung von Vorfällen aus dem menschlichen Zusammenleben*« (S. 702). Er wird eingeleitet durch einen Bericht des Dramaturgen über die Bemühungen des Naturalismus. Auf die seit dem Naturalismus entwickelten Formen der Illusions- und Einfühlungsdramatik bezieht sich der Begriff ›aristotelische Dramatik‹ im *Messingkauf*, nicht auf die *Poetik* des Aristoteles unmittelbar (vgl. Flashar, S. 22f. und S. 35). In einem *Naturalismus* überschriebenen Bruchstück werden die Hauptwerke Stanislawskis als repräsentative Beispiele dargestellt. Sie bestanden »aus minutiös ausgeführten Gesellschaftsschilderungen« (GBA 22, S. 703). Ihr Zweck: »die Erforschung des Seelenlebens einiger Einzelpersonen« (S. 704). Stanislawskis Theater, nach der Revolution mit größtem Respekt behandelt, bewahrte wie ein Museum die Lebensweise längst verschwundener Gesellschaftsschichten auf. »Es kam ihm auf die Natürlichkeit an, und so schien alles bei ihm viel zu natürlich, als daß man sich dabei aufgehalten hätte, es eigens zu untersuchen.« (Ebd.) Weshalb seine Inszenierungen, so der Philosoph, kaum dem Interesse der Gesellschaftsforschung gedient haben können (vgl. S. 704f.). Obwohl von Werken des Naturalismus gesellschaftliche Impulse ausgingen, muss der Dramaturg einräumen, dass »das Theater nicht viel durch seine aufopfernde Tätigkeit« gewann: Es »hatte so viel geopfert. Alle Poesie, viel von seiner Leichtigkeit.« (S. 705) Die Figuren blieben flach, die Handlung banal. »Der künstlerische Tiefgang war nicht größer als der soziale.« (Ebd.) Stanislawskis Inszenierungen »zeigten keine einzige große Figur und keine einzige Fabel, die denen der Alten an die Seite gestellt werden könnte« (ebd.).

Auf diese Form des Theaters ist die grundsätzliche Skepsis gegenüber einem Lernen aus dem Erleben zu beziehen, die der Philosoph äußert. Er differenziert »zwischen einem Erlebnis und einem Experiment« und verlangt »irgendein kommentarisches Element in der Darstellung« (S. 713). Sein Verweis auf die Pawlow'schen Versuche mit Hunden setzen an diesem Punkt einen ironischen Akzent. Hunde sondern beim Anblick von Fleisch Speichel ab. Eine Zeitlang unter Glockengeläut gefüttert, sonderten sie diesen auch ab, wenn nur die Glocke anschlug, ohne dass Futter gereicht wurde. Zuschauer, mit komplexen Vorfällen auf dem Theater – »Fütterungen unter Glockengeläute« – konfrontiert, könnten »bei Vorfällen im Leben [...], welche nur bestimmte Elemente der bei euch erlebten enthalten« (S. 714), ähnlich falsch reagieren. Sie hätten im Theater Falsches gelernt.

Der Dramaturg erinnert an den Satz des Aufklärers Diderot, »das Theater solle der Unterhaltung und der Belehrung dienen«, und bemerkt: »Mir scheint, daß du das erste streichen willst.« (S. 706) »Ihr habt das zweite gestrichen«, entgegnet der Philosoph. »Eure Unterhaltungen haben nichts Belehrendes mehr. Wir wollen sehen, ob meine Belehrungen nichts Unterhaltendes haben.« (Ebd.) Seine Haltung erscheint zunächst radikal einseitig und kunstfremd, wenn er den Theaterleuten empfiehlt, Stücke lediglich als Rohmaterial zu verwenden, und zwar nur Stücke »mit Vorfällen, die genügend öffentliches Interesse bieten«; die Absicht der Dichter sei »nur soweit von öffentlichem Interesse, als sie dem öffentlichen Interesse dient« (S. 708). Worauf der Dramaturg, der auch die Funktion hat, den Philosophen zu provozieren und ihn zu pointierten Stellungnahmen zu veranlassen, bemerkt: »Ich frage mich, ob du wie ein kultivierter Mensch sprichst.« (Ebd.) Der Philosoph: »Jedenfalls wie ein Mensch, hoffe ich. Es gibt Zeiten, wo man sich entscheiden muß, ob man kultiviert oder menschlich sein will.« (Ebd.) Menschliche Verhaltensweisen und Äußerungsformen stehen in einem nicht lösbaren Konnex mit den konkreten zeitgenössischen Gegebenheiten. Für das vom Philosophen gewünschte Theater ergibt sich daraus die Konsequenz, »daß es nicht für ewige Zeiten eröffnet werden soll. Nur der Not des Tages, gerade unseres Tages, eines düsteren zweifellos, soll es dienen.« (S. 761)

Zwei Fragmente einer »Rede des Philosophen über die Unwissenheit« (S. 710) bzw. »über die Unwissenheit der vielen« (S. 712) liefern eine Begründung für die These, zeitgenössisches Theater habe Aufklärungsarbeit zu leisten. Die Kenntnis der Motive menschlichen Handelns sei zu wenig verbreitet, »die Ursachen der Leiden und Gefahren« scheinen »der Unzahl der Leidenden und Gefährdeten unbekannt« (S. 712). Die Erweckung von Furcht und Mitleid, nach der *Poetik* des Aristoteles das Ziel der Tragödie, wäre auch jetzt ein gutes Ziel, wenn »unter Furcht Furcht vor den Menschen und unter Mitleid Mitleid mit Menschen verstanden würde und wenn also das ernste Theater mithülfe, jene Zustände unter den Menschen zu beseitigen, wo sie voreinander Furcht und miteinander Mitleid haben müssen. Denn das Schicksal des Menschen ist der Mensch geworden.« (S. 710) In der kleinen Notiz *Tummelstätte der Untätigen* hatte der Dramaturg – unter Hinweis auf Goethes Satz »Gewissen hat nur der Betrachtende« aus den *Maximen und Reflexionen* – »mit einem gewissen Stolz« bemerkt, ihr Auditorium bestehe »nicht aus Handelnden« (S. 707). In einer Zeit, in der das Schicksal des Menschen der Mensch ist (ein Selbstzitat B.s aus dem Stück *Die Mutter*; GBA 3, S. 313), ist diese Haltung nicht mehr akzeptabel.

In einigen Fragmenten berichtet der Philosoph über die »große Lehre über Ursache und Wirkung« im Zusammenleben der Menschen (GBA 22, S. 715), die Marx'sche Lehre, die Grundlage seiner Forderungen an das Theater ist. Obwohl sich diese Lehre »vornehmlich mit dem Verhalten großer Menschenmassen« beschäftige (ebd.), lässt sie Aufschlüsse über das Verhalten der Einzelnen zu, um die es im Theater geht. Der Satz beispielsweise, das Bewusstsein der Menschen hänge von ihrem gesellschaftlichen Sein ab, dieses sei in ständiger Entwicklung begriffen und verändere auch das Bewusstsein ständig, setze eine Reihe von Vorurteilen außer Kurs, »so die Sätze ›Geld regiert die Welt‹ und ›Die großen Männer machen die Geschichte‹« (S. 716). An deren Stelle treten Sätze, welche die Realität nicht festlegen, vielmehr in Bewegung bringen. »Die marxistische Lehre stellt gewisse Methoden der Anschauung auf, Kriterien. [...] Sie lehrt eingreifendes Denken gegenüber der Wirklichkeit, soweit sie dem gesellschaftlichen Eingriff unterliegt. Die Lehre kritisiert die menschliche Praxis und läßt sich von ihr kritisieren.« (S. 716f.) Der Philosoph vertritt die dialektische Richtung marxistischen Denkens, die B. vor allem von Karl Korsch vermittelt worden war (vgl. Müller, S. 50–52; Voges, S. 204–208). Die Abbildungen des Theaters sollten jedoch keine Illustrationen marxistischer Sätze sein: »Ihr müßt alles untersuchen und alles beweisen.« (GBA 22, S. 717) Wie die Wissenschaft nach Möglichkeiten zu Experimenten oder plastischen Darstellungen von Problemen sucht, sollte auch die »Kunst der Nachahmung von Menschen für solche Demonstrationen« verwendet werden mit dem Ziel, »zu gewissen praktisch verwertbaren Kenntnissen« zu kommen (S. 715). Das Stichwort ›praktikable Abbildungen‹ gehört seit den späten 20er-Jahren zum terminologischen Grundbestand der Theaterästhetik B.s. Der Hinweis des Dramaturgen, die vom Philosophen genannten Zwecke seien überaus ernste, Theater aber sei »etwas Spielerisches«, und seine Frage, ob dies aufgegeben werden solle (S. 716), bleibt an dieser Stelle noch unbeantwortet. Eine Antwort bringen erst die Dialoge der Vierten Nacht.

B. war sich der Schwierigkeit bewusst, die Grenzen der aristotelischen Dramaturgie und deren Ursachen theoretisch zu begründen und zu vermitteln. Eine *Journal*-Notiz vom 17. 10. 1940, überschrieben »Inhalt der *Ersten Nacht* des ›Messingkaufs‹«, versucht dieses Problem theatergeschichtlich und rezeptionspsychologisch zu klären. In der Linie der Versuche, bessere Abbildungen des menschlichen Zusammenlebens zu Stande zu bringen (»von der englischen Restaurationskomödie über Beaumarchais zu Lenz«), markierte der Naturalismus die Einflussnahme der Arbeiterbewegung auf die Bühne, mit dem Ergebnis, dass die bis dahin vorherrschende Gesellschaftskomödie sich in die Tragödie verwandelte (GBA 26, S. 436f.). Seitdem trat der Mangel der aristotelischen Dramaturgie in einem entscheidenden Punkt zu Tage: »Die Abbildungen werden nicht praktikabel.« (S. 437) Die Ursache sieht B. im Zwang, ›furcht- und mitleiderregende Vorgänge‹ zu gestalten und die dafür erforderlichen Emotionen zu organisieren. Die »ganze Suggestions- und Illusionstechnik macht eine kritische Haltung des Publikums gegenüber den abgebildeten Vorgängen unmöglich. [...] Sie fesseln den Zuschauer, den zu befreien es gilt.« (Ebd.) Das Erkenntnis- und Vermittlungsproblem lag in der Einsicht, »daß die Nachbildungen der aristotelischen Dramatik (der auf Katharsiswirkungen ausgehenden

Dramatik) in ihrer Praktikabilität begrenzt sind durch ihre Funktion (gewisse Emotionen zu organisieren) und durch die dazu nötige Technik (der Suggestion) und daß der Zuschauer damit in eine Haltung gebracht wird (die der Einfühlung), in der er eine kritische Stellungnahme zu dem Abgebildeten nicht gut einnehmen kann, d.h. desto weniger einnehmen kann, je besser die Kunst funktioniert.« (Ebd.) Die Kritik der ›Einfühlung‹ und die Versuche mit dem V-Effekt sind die Konsequenzen aus dieser Einsicht.

Die Zweite Nacht: K-Typus und P-Typus / Theater im wissenschaftlichen Zeitalter

»Der Philosoph besteht auf dem P-Typ (Planetariumtyp, statt K-Typ, Karuselltyp)«, heißt es im *Journal*-Eintrag vom 12.2.1939 (GBA 26, S.327). Die beiden frühesten Gesamtkonzepte sahen als zentrale Gesprächsthemen für die Zweite Nacht vor: »K-Typus und P-Typus«, »die Wissenschaft« und »Gründung des Thaeters« (GBA 22, S.695, S.696, S.697), das Konzept A 4 auch das Stichwort »der V-Effekt« (S.696). Die Begriffe Planetariumtyp und Karuselltyp hatte B. in vier, vermutlich 1938 entstandenen, Fragmenten eingeführt, auf die er nun offenbar zurückgreifen wollte. Sie stellen die Notwendigkeit eines neuen Theaters als logische Folge aus der Entwicklung der *Dramatik im Zeitalter der Wissenschaft* dar, wie zwei der Fragmente überschrieben sind (S.385f.). Die Argumentation läuft auf die Thesen hinaus, die Dramatik beginne sich »in ihrer Funktion den Wissenschaften« anzugleichen (S.385), da menschliche Verhaltensweisen ohne Kenntnis von Ökonomie und Politik nicht mehr verständlich seien, und die (auf wissenschaftlicher Grundlage erreichbare) verbesserte Darstellung des Zusammenlebens der Menschen sei mit der alten Funktion des Theaters nicht mehr vereinbar.

Die Kürzel P-Typus und K-Typus bezeichnen nicht zwei Typen des Theaterzuschauers (vgl. S.1123), sondern zwei »entgegengesetzte Typen von Dramatik« (S.387). Sie sollen Wirkungsweise und Funktion von altem und neuem Theater bildhaft verdeutlichen. Der neue Typus von Dramatik wird mit einem Planetarium verglichen, einer »Einrichtung für astronomische Demonstrationen« (ebd.), welche die Bewegungen der Gestirne zeigt, die alte Dramatik mit einem Karussell, das »uns auf hölzernen Rossen oder Autos oder Flugzeugen an allerhand auf die Wände gemalten Darstellungen von Gebirgslandschaften« vorüberträgt (S.388). Dabei entstehen gewisse »Empfindungen reitender, fahrender und fliegender Leute«, das Gefühl des Mitgerissenwerdens, aber auch »die Fiktion, selber zu dirigieren« (ebd.). Der Vergleich, der »allerhand Gebrechen« habe und lediglich »der vorläufigen Klarstellung« dient (S.387), zeigt immerhin die Aussichtslosigkeit jedes Versuchs, »die Funktionen eines Planetariums mit denen eines Karussells in Einklang« bringen zu wollen: Auch verbesserte Darstellungen der Landschaften, Gegenden oder Fahrzeuge auf dem Karussell wären nicht geeignet, den Besucher »über das Reiten, Fliegen, Steuern und über die Umwelt entscheidend besser zu unterrichten« (S.389). Mit groben Verzeichnungen der Wirklichkeit ist in der Dramatik vom K-Typus, in der »Einfühlungs-, Fiktions-, Erlebnisdramatik«, vor allem dann zu rechnen, wenn »›Wesenheiten‹ auftauchen, die weiterer menschlicher Einflußnahme nicht mehr unterliegen, ›ewige Triebe und Leidenschaften‹« (ebd.). Die Dramatik vom P-Typus dagegen, die kritische, realistische Dramatik, setzt den Zuschauer mehr in Stand zu handeln. Indem sie die Einfühlung des Zuschauers weitgehend aufgibt, verfolgt sie den Zweck, »die Welt in ihren Darstellungen dem Menschen auszuliefern, anstatt, wie es die Dramatik vom K-Typus tut, der Welt den Menschen auszuliefern« (ebd.). Während der K-Typus der Dramatik seine Zuschauer »kunstvoll in Könige, Liebhaber, Klassenkämpfer« verwandelt, lässt der P-Typus »die Zuschauer das sein, was sie sind: Zuschauer. Und sie sehen ihre Feinde und ihre Bundesgenossen.« (S.390)

Ein im Frühjahr 1939 entstandenes konzeptionelles Notat zur Zweiten Nacht (A 12) lautet: »Abbau der Illusion und der Einfühlung / Der P.-Typus / Widerspruch: der nicht nur betrachtende, sondern auch agierende Mensch als Zuschauer / der kritische, umgruppierende, souveräne Zuschauer« (S. 719). Der »Widerspruch«, der hier angemeldet wird, richtet sich zweifellos gegen den Vergleich des neuen Typus von Dramatik mit einem Planetarium, gegen den die zitierten Fragmente bereits Vorbehalte angemeldet hatten. Ein entscheidender Einwand kommt hinzu. Im Planetarium werden lediglich bestimmte Bewegungsabläufe demonstriert; der bildhafte Vergleich lässt unberücksichtigt, worum es B. im Theater vorrangig ging: um die Demonstration von Eingriffsmöglichkeiten, um die Veränderbarkeit der dargestellten Realität. Der Zuschauer soll im Theater nicht nur als Betrachtender, sondern auch als Agierender aufgefasst werden: als kritische, sich mit den Realitäten nicht abfindende Instanz. Dieser zentrale Aspekt wird im Bild einer Dramatik vom P-Typus nicht vermittelt, ein Sachverhalt, der erklärt, warum B. den Vergleich im *Messingkauf* und auch sonst später nicht mehr verwendet hat.

Bei den überwiegend noch im Frühjahr 1939 entstandenen Dialogfragmenten zur Zweiten Nacht handelt es sich meist um Gedankensplitter oder Meinungsäußerungen einzelner Gesprächspartner, die einen diskursiven Zusammenhang nur sporadisch erkennen lassen. Mehrfach versucht der Schauspieler, das alte Theater gegen Kritik und gegen die Ansprüche des Philosophen in Schutz zu nehmen. Für ihn gehört der ›Rausch‹ zum Wesen der Kunst; selbst der Spießer werde zum »Künstler, wenn er getrunken hat. Seine Phantasie erwacht.« (S. 721) Im Rausch wird er zum Aufrührer, sein Rechtsgefühl erwacht, er gerät in Zorn: »Kurz, er wird in allem menschlicher und produziert.« (Ebd.) Der Schauspieler besteht darauf, dass auch er auf seine Weise ›lehrt‹: indem er, Gefühle auf der Bühne zum Ausdruck bringend, ›Kunst‹ produziert (vgl. S. 724). »Die Belehrung sollte unmerklich sein«, bemerkt auch der Dramaturg (S. 723). Der Philosoph widerspricht: Diejenigen, »die unmerkliche Belehrung wollen, wollen keine Belehrung« (ebd.). Warum er in diesem Punkt kompromisslos ist, verdeutlicht ein Beispiel, das die Grenzen der Darstellung menschlicher Verhaltensweisen im alten Theater analysiert. Legt der Schauspieler einen Typ, der in Zorn verfällt, weil er sich »in seiner Würde gekränkt fühlt« (S. 728), von Anfang an als diesen Typus an, wird sein Verhalten als logisch, einleuchtend und natürlich erscheinen. Es löst kein Erstaunen aus. Was geschieht, scheint so geschehen zu müssen. Der Philosoph aber verlangt, dass Vorgänge und Verhaltensweisen auf dem Theater nicht als natürliche wahrgenommen, sondern auffällig und kritisierbar gemacht werden.

Die zeitgeschichtlichen Prämissen dieser Forderung kommen in seiner *Rede über die Zeit* zum Ausdruck. »Bedenkt, daß wir in einer finsteren Zeit zusammenkommen, wo das Verhalten der Menschen zueinander besonders abscheulich ist und über die tödliche Wirksamkeit gewisser Menschengruppen ein fast undurchdringliches Dunkel gelegt ist [...]. *Die ungeheure Unterdrückung und Ausbeutung von Menschen durch Menschen, die kriegerischen Schlächtereien und friedlichen Entwürdigungen aller Art [...] haben schon beinahe etwas Natürliches bekommen.*« (S. 733) Die Fortschritte in der Organisation der Arbeit, Erfindungen und Entdeckungen haben die menschliche Existenz nicht verbessert, eine Einsicht, die bereits das Radiolehrstück *Der Flug der Lindberghs* von 1930 vermittelte (vgl. BHB 1, S. 223–225). Der Anschein, nicht die Menschen beherrschen die Dinge, sondern die Dinge beherrschten die Menschen, komme daher, »*weil die einen Menschen vermittels der Dinge von den andern Menschen beherrscht werden*« (GBA 22, S. 733). Neben der Kenntnis der Natur ist die Gesellschaft erforderlich, sie erst ermöglicht die menschliche Nutzung der Kenntnisse der Natur.

Es sei die Art der Kunst, bemerkt der Dramaturg in einem der Fragmente, Fragen aufzuwerfen, »ohne daß eine Lösung gewußt wird, die Bedrückung auszudrücken, ohne daß die Fessel bekannt ist« (S. 726). Während es die Wissenschaft auf Verständnis abgesehen hat, treibe die Kunst »einen Kult mit dem Unverständlichen. Sie berauscht sich an dem ›Faktum‹, daß es Dinge gibt, die über dem Verstand liegen, jenseits des Beherrschbaren sind.« (Ebd.) Den Gegensatz von Wissenschaft und Kunst, eine historische Tatsache, lässt zwar der Philosoph für die Gegenwart nicht gelten. Doch stellt das neue Theater die Probleme menschlichen Zusammenlebens nicht als einfache, leicht lösbare vor; es präsentiert dem Zuschauer auch ungelöste Probleme (vgl. S. 721). Das Unbehagen des Schauspielers vor einem Übermaß alltäglich-banaler Themen auf dem Theater teilt der Philosoph, soweit es sich gegen jene richtet, die meinen, jede Frage im Handumdrehen lösen zu können (vgl. S. 726). Er erinnert an die Verabredung, »möglichst wenig von der Kunst, ihren eigenen Gesetzen, Beschränkungen, Vorzügen, Verpflichtungen« zu reden: »Wir haben sie zum bloßen Mittel degradiert [...]. Wir fühlen uns nicht mehr verpflichtet, die dumpfen Ahnungen, unterbewußten Kenntnisse, übermächtigen Gefühle usw. auszudrücken.« (S. 727) Seine Argumentation zielt auf den Nachweis ab, wie vielfältig, sinnlich, komplex und wirklichkeitsnah Darstellungen zwischenmenschlicher Beziehungen sein müssen, wenn der Zuschauer zu Einsichten und zu einer veränderten Haltung gebracht werden soll. Die neue Aufgabe des Theaters erfordert die Darstellung dieser Beziehungen »in aller Breite, Widersprüchlichkeit, in dem Zustand der Lösbarkeit oder Unlösbarkeit [...]. Es gibt nichts, was nicht zur Sache der Gesellschaft gehört.« (Ebd.)

Das neue Theater spielt das Denken nicht gegen das Fühlen aus; es hat allerdings die Überzeugung zu verabschieden, »man nähere sich dem Kunstgenuß erst, indem man sich von der Nüchternheit entfernt und dem Rausch nähert«: »die ganze Skala von der Nüchternheit bis zum Rausch« und »der Gegensatz von Nüchternheit zum Rausch« sind im Kunstgenuss gegenwärtig (S. 724f.). »Alle Ahnungen, Erwartungen, Sympathien, die wir Leuten in der Wirklichkeit entgegenbringen« (S. 725), sind auch im Theater aufzubieten. Nicht nur Figuren als Täter ihrer Taten sollen die Zuschauer sehen, »sondern Menschen: wandelnde Rohstoffe, unausgeformt und unausdefiniert, die überraschen können. Nur solchen Figuren gegenüber werden sie echtes Denken praktizieren, nämlich interessebedingtes, von Gefühlen eingeleitetes, begleitetes Denken, ein Denken in allen Stadien der Bewußtheit, Klarheit, Effektivität.« (Ebd.)

Hierzu bedarf es neuer dramaturgischer Mittel und schauspielerischer Techniken. Die Frage des Dramaturgen, ob die Verbindung zwischen Bühne und Zuschauerraum nicht gekappt sei, wenn die ›Einfühlung‹ unterbrochen werde, beantwortet der Philosoph mit dem lapidaren Satz: »Wir kommen zum V-Effekt.« (S. 720) Im *Messingkauf* werden Funktion und Wirkungsweise des V-Effekts, der Stückproduktion, Bühnenrealisierung und Spielweise gleichermaßen prägt, als Alternative zur ›Einfühlung‹ des aristotelischen Theaters differenziert beschrieben: »So wie die Einfühlung das besondere Ereignis alltäglich macht, so macht die Verfremdung das alltägliche besonders. Die allerallgemeinsten Vorgänge werden [...] als ganz besondere dargestellt [...]. Nicht länger flüchtet der Zuschauer aus der Jetztzeit in die Historie; die Jetztzeit wird zur Historie.« (S. 736) Gegenwärtige Vorgänge und Verhaltensweisen werden aus geschichtlicher Perspektive gesehen, ein Verfahren, das B. ›Historisierung‹ nannte. Für dargestellte Figuren bedeutet dies, »daß man sie auch anders handelnd sich vorstellen kann, als sie handeln« (S. 737). Damit wird die Haltung des Schauspielers zur dargestellten Figur eine andere, wie B. Anfang August 1940 in den Nachträgen zum *Messingkauf* erläuterte. »Um den V-Effekt zu setzen, muß der Schauspieler die *restlose Verwandlung* in die Bühnenfigur aufgeben. Er *zeigt* die Figur, er *zitiert* den Text, er *wiederholt* einen wirklichen Vorgang. Der Zuschauer wird nicht völlig ›in Bann gezogen‹, seelisch nicht gleichgeschaltet, nicht in eine fatalistische Stimmung dem vorgeführten Schicksal gegenüber gebracht.« (S. 701) »Die Vorgänge werden *historisiert* und *sozial milieurisiert*.« (Ebd.) Während die aristotelische Dramaturgie die Täuschung des Zuschauers über die Vorgänge auf der Bühne dadurch fördert, dass die Details nicht mit der Wirklichkeit konfrontiert werden können, zieht die verfremdende Spielweise »alle Kraft aus dem Vergleich mit der Wirklichkeit, d.h. sie lenkt das Auge ständig auf die Kausalität der abgebildeten Vorgänge« (ebd.). Das neue Theater sei »ein Theater des Menschen, der angefangen hat, sich selbst zu helfen«, heißt es in einem weiteren Nachtrag zum *Messingkauf* (S. 700). Dabei werde der Einzelne und seine Verhaltensweisen so offengelegt, »daß die sozialen Motoren sichtbar werden«, um deren Beherrschung es geht (ebd.). Die Stellung des Individuums in der Gesellschaft rückt ins Zentrum des Interesses. In diesem Sinn ist der V-Effekt »eine soziale Maßnahme« (ebd.).

Gleichwohl ist ein Theater, das die »staunende, erfinderische und kritische Haltung des Zuschauers bewirkt [...], die auch in den Wissenschaften eingenommen werden muß, noch kein wissenschaftliches Institut. Es ist lediglich ein Theater des wissenschaftlichen Zeitalters. Es verwendet die Haltung, die sein Zuschauer im Leben einnimmt, für das Theatererlebnis.« (S. 702) Das ›wissenschaftliche Zeitalter‹ war für B. übrigens nicht eine »utopische Konstruktion«, wie Michael Voges meint (Voges, S. 211), es prägte vielmehr das Leben der Menschen längst ganz konkret. Das Theater des Philosophen ist das Theater der Menschen, die begonnen haben, ihre Angelegenheiten selbst in die Hand zu nehmen. Auf sie bezieht sich das Stichwort »Auditorium der Staatsmänner« im zweiten Gesamtkonzept des *Messingkaufs* (GBA 22, S. 697). Das Theater gibt mit der neuen Spielweise auch keineswegs die Funktion ›Unterhaltung‹ auf, an die der Dramaturg erinnert hatte, es erneuert sie vielmehr: »Heiterkeit und Ernst leben in der Kritik auf, die eine schöpferische ist. Im Ganzen handelt es sich um eine Säkularisierung der alten kultischen Institution.« (S. 702)

»Auditorium der Staatsmänner« ist nicht zufällig das letzte der Stichwörter im genannten Konzept. B. war sich bewusst, dass der neue Zuschauer, den das Theater des Philosophen meinte, nicht einfach vorhanden war. Sein Theater hatte ihn auch nicht zur Voraussetzung (vgl. Voges, S. 224). Es lag vielmehr in der Wirkungsabsicht des neuen Theaters, diesen Zuschauer heranzubilden. Unter Umständen war dies ein langwieriger Lern- und Rezeptionsprozess, der nicht zwangsläufig gelingen musste, der auch zu spät gelingen konnte, wie das Gedicht *Neulich habe ich meinen Zuschauer getroffen* suggeriert, das dem ›Augsburger‹ in den Mund gelegt ist. Erst als sein Zuschauer »getrieben mit Gewehrkolben / [...] in den Krieg« zieht, also zu spät, nickt er dem Stückeschreiber zustimmend zu (GBA 22, S. 755).

Die Dritte Nacht: Modell ›Straßenszene‹ / Demonstrationen

Nach den Versuchen, die Notwendigkeit eines epischen/nichtaristotelischen Theaters theoretisch zu begründen, stehen die Dialoge der Dritten Nacht ganz im Zeichen konkreter Demonstrationen und praktischer Übungen. Die ersten Konzepte sahen neben der ›Straßenszene‹ »die Übungen« (S. 695, Z. 37f.) bzw. »Experimente« (S. 697, Z. 5) als zentrale Stichwörter vor. Der im *Messingkauf* verwendete Experiment-Begriff ist ein anderer als der 1930 im ersten Heft der *Versuche* definierte Begriff (vgl. *Zum Theater* [1924–1933], BHB 4); denn die Voraussetzungen für Kunstpraxis hatten sich mit dem Jahr 1933 und unter den Bedingungen des Exils grundlegend verändert. Gedacht war jetzt eher an Formen praktischer Demonstration, analog dem wissenschaftlichen Experiment.

Der Aufsatz *Die Straßenszene* mit dem Untertitel *Grundmodell einer Szene des epischen Theaters* ist wahrscheinlich im Sommer 1938 entstanden. B.s spätere Datierung »1940« ist entweder irrig oder bezieht sich »auf eine spätere (geringfügige) Überarbeitung« (GBA 22, S. 1022). Der Text fand sich nicht im *Messingkauf*-Material, er formuliert jedoch wichtige Voraussetzungen für das Verständnis der Übungsszenen. Anhand der *Straßenszene* wird die Wirkungsweise des V-Effekts, auch die

Aufgabe des Schauspielers und sein Verhältnis zur Rolle demonstriert. Als Beispiel eines »sozusagen ›natürlichen‹ epischen Theaters« dient ein Vorgang, »der sich an irgendeiner Straßenecke abspielen kann: der Augenzeuge eines Verkehrsunfalls demonstriert einer Menschenansammlung, wie das Unglück passierte« (S. 371). Großes Theater, Theater des wissenschaftlichen Zeitalters, so lautet B.s These, enthalte grundsätzlich keine anderen Elemente als diese Demonstration an der Straßenecke. Der Demonstrierende verfügt über keine besonderen suggestiven Fähigkeiten, er strebt nicht die Erzeugung einer Illusion an. Seine Vorführung hat den Charakter der Wiederholung. Folgt die Theaterszene hierin der Straßenszene, »dann verbirgt das Theater nicht mehr, daß es Theater ist«, nicht ›Ereignis‹, sondern Demonstration (S. 372). Es vollzieht einen Funktionswechsel. Wie die Demonstration an der Straßenecke soll die Theaterszene (trotz ihrer weiter gesteckten Interessen) einen gesellschaftlich praktischen Zweck erfüllen. Der Schauspieler muss Demonstrant bleiben; er darf es nicht »zur *restlosen Verwandlung* in die demonstrierte Person kommen lassen« (S. 376). Im Unterschied zum konventionellen (›aristotelischen‹) Theater, am »klarsten entwickelt durch Stanislawski« (S. 377), kommt es nicht zur Fusion zwischen Demonstriertem und Demonstrant.

Den Verfremdungseffekt, dem epischen Theater eigentümlich, erzielt auch der Demonstrant der Straßenszene, indem er einen Teilvorgang in seiner Wichtigkeit hervorhebt, ihn merkwürdig erscheinen lässt oder unvermittelt von der Darstellung zum Kommentar übergeht. »Die Chöre und projizierten Dokumente des epischen Theaters, das Sich-direkt-an-die-Zuschauer-Wenden seiner Schauspieler sind grundsätzlich nichts anderes.« (S. 378) Episches Theater ist »eine sehr künstlerische Angelegenheit, kaum zu denken ohne Künstler und Artistik, Phantasie, Humor, Mitgefühl [...]. Es hat unterhaltend zu sein, es hat belehrend zu sein.« (S. 378f.) Da die Elemente der Theaterszene »mit ihrer erfundenen Fabel, ihren gelernten Schauspielern, ihrer gehobenen Sprechweise, ihrer Schminke, ihrem Zusammenspiel mehrerer Spieler« (S. 379) auch Bestandteile der *Straßenszene* sein können, bestehe jedoch »kein elementarer Unterschied zwischen dem natürlichen epischen Theater und dem künstlichen *epischen Theater*« (S. 380f.). Dass die »modellhaft-parabolisch zugespitzte« *Straßenszene* nicht ›naturalistisch‹ interpretiert und das episch-dialektische Theater nicht tatsächlich »als ein angereichertes Straßentheater« aufgefasst werden darf, darauf hat Voges gegen die Analyse von Joachim Fiebach zu Recht aufmerksam gemacht (Voges, S. 220). Das »Original dieses Modells ist das neue Theater« (ebd.). Die Straßenszene als Modell hat praktische Bedeutung: Sie liefert Kriterien für episches Theater und ermöglicht die Kontrolle, »ob die gesellschaftliche Funktion des Gesamtapparates noch deutlich intakt ist« (GBA 22, S. 381). Das Modell ›Straßenszene‹ war geeignet, den Vergleich von K-Typus und P-Typus in B.s Argumentation zu ersetzen.

Auf der Grundlage dieses Modells sollte anhand von Szenen sowohl des epischen Theaters wie der klassischen Literatur demonstriert werden, wie der V-Effekt zu erzielen ist. Das Konzept A 2 nennt nicht näher bezeichnete Szenen aus *Furcht und Elend des III. Reiches* und »die Shakespeare-Varianten« (S. 695), A 4 daneben »die Bibelszene« (S. 697) aus dem Stück *Die Mutter* (11. Szene, GBA 3, S. 310–316). Die Shakespeare-Varianten schrieb B. Anfang 1940 für Helene Weigel, die an der Schauspielschule der schwedischen Schauspielerin Naima Wifstrand in Stockholm Kurse leitete. B. hatte ihr Übungen mit verfremdeten Szenen aus Stücken von Shakespeare vorgeschlagen (vgl. GBA 22, S. 1112). »Es wird eine Szene (›Macbeth‹ II,2) gespielt, dann eine improvisierte Szene aus dem Alltagsleben mit dem gleichen theatralischen Element, dann wieder die Shakespeareszene«, notierte er am 14. 1. 1940 ins *Journal*. »Die Schüler scheinen stark auf die Technik des V-Effekts zu reagieren (lies mit Staunen!).« (GBA 26, S. 354) Zu mehreren Shakespeare-Szenen und einer Szene aus Schillers *Maria Stuart* entstanden korrespondierende Szenen, die B. 1951 unter dem Titel *Übungsstücke für*

Schauspieler in Heft 11 der *Versuche* veröffentlichte.

Die Dialogfragmente zur Dritten Nacht stehen in thematischem Zusammenhang mit der ›Straßenszene‹, den Übungsszenen und mit deren Funktion: Demonstration der Mittel und Techniken der ›Verfremdung‹. Als dramaturgisches Mittel des epischen Theaters wird die Teilung eines Stücks in kleine selbstständige Stückchen beschrieben, »so daß der Fortgang der Handlung ein sprunghafter wird«; dabei verleihen die Titel den Einzelszenen »einen historischen oder sozialpolitischen oder sittengeschichtlichen Charakter« (GBA 22, S. 747). Änderungen am Stück könnten sinnvoll sein, erfordern jedoch »sehr viel Kunst« (S. 745), sie müssten »mit historischem Gefühl und viel Kunst« vorgenommen werden (S. 746). Eine zu große Neigung zu ändern kann »das Studium des Textes leichtsinnig machen«; »aber die Möglichkeit, zu ändern, und das Wissen, daß es nötig sein kann, vertieft wiederum das Studium« (S. 745). Die Sätze belegen, wie entschieden sich B.s Auffassung in diesem Punkt seit der ›Materialwert-Theorie‹ der 20er-Jahre verändert hat.

Andere Notate beschreiben die Haltung des Schauspielers zu seiner Figur. Er wird den Henker in der ersten Szene anders darstellen, wenn er daran denkt, dass er in der letzten Szene »auch das Opfer wird darzustellen haben« (S. 743). Diese Haltung zur Rolle sollte er auch in Stücken einnehmen, welche die letzte Szene nicht haben. Da jede Figur aus den Beziehungen zu den anderen Figuren aufgebaut wird, ist der Schauspieler auch am Spiel des Partners interessiert (vgl. S. 747). Wichtig ist der Hinweis, dass die Schauspieler nicht Prinzipien darstellen, sondern Menschen. Die Typen müssen etwas Annäherndes haben; denn für die Klasse gelten zwar gewisse Gesetzlichkeiten, für die Einzelperson jedoch nur so weit, »als sie mit der Klasse identisch ist, also nicht absolut« (S. 744). Überhaupt sind die Differenzierungen für die epische Spielweise von entscheidender Bedeutung. »Beachtet ja die Unterschiede zwischen *stark* und *grob*, *locker* und *schlaff*, *schnell* und *hastig*, *phantasievoll* und *abschweifend*, *durchdacht* und *ausgetüftelt*, *gefühlvoll* und *gefühlsselig*, *widerspruchsvoll* und *ungereimt*« (S. 746), schärft der Dramaturg den Schauspielern ein.

Die dialektische Wendung in der Vierten Nacht

Die beiden Konzepte A 2 und A 4 sehen für die Vierte Nacht ein breites Spektrum von Gesprächsthemen vor. Die in der ersten Arbeitsphase tatsächlich entstandenen Fragmente bewegen sich konzentrisch um das Stichwort »Rückverwandlung des Thaeters in ein Theater« (GBA 22, S. 697). Es sind Versuche, ein Fazit aus den Reflexionen der drei ersten Nächte zu ziehen.

»Den ›Messingkauf‹ durchflogen. Die Theorie ist verhältnismäßig einfach«, notierte B. am 2. 8. 1940 ins *Journal*. »Betrachtet wird der Verkehr zwischen Bühne und Zuschauerraum, die Art und Weise, wie der Zuschauer sich der Vorgänge auf der Bühne zu bemächtigen hat.« (GBA 26, S. 403) Spiel und Fabel des aristotelischen Theaters sehen »ihre Hauptaufgabe nicht in der Verfertigung von Abbildern der Wirklichkeit schlechthin« (S. 404); sie bringen mittels der ›Einfühlung‹ das Theatererlebnis und gewisse Katharsiswirkungen zu Stande, sind also nur an Abbildern mit bestimmter Wirkung interessiert. »Die Frage ist nun, ob es überhaupt unmöglich ist, die Abbildung der wirklichen Vorgänge zur Aufgabe der Kunst zu machen und damit die kritische Haltung des Zuschauers zu den wirklichen Vorgängen zu einer kunstgemäßen Haltung.« (Ebd.) Die Antwort lautet: Auch der im epischen Theater an die Stelle der Einfühlung tretende V-Effekt ist ein ›Kunsteffekt‹, der zu einem Theatererlebnis führt. »Er besteht darin, daß die Vorgänge des wirklichen Lebens auf der Bühne so abgebildet werden, daß gerade ihre Kausalität besonders in Erscheinung tritt und den Zuschauer beschäftigt.« (Ebd.) Auch die auf diese Weise zu Stande gekommenen Abbildungen rufen Emotionen hervor: Es ist »die Meisterung der Wirklichkeit«, die den Zuschauer in

Emotion versetzt (GBA 22, S. 699). Vielleicht sei es gerade die Aufgabe des Theaters, »die Kritik durch Gefühle zu organisieren«, meint der Philosoph an anderer Stelle (S. 751). Diese Feststellung war für B. angesichts der Vorurteile gegenüber dem epischen/nichtaristotelischen Theater in diesem Punkt von erheblicher Bedeutung. Neu definiert wird neben dem Begriff der Kunst auch der des ›Realismus‹, um den es in der Auseinandersetzung mit Lukács vor allem ging. »Die gewöhnliche Anschauung ist, daß ein Kunstwerk desto realistischer ist, je leichter die Realität in ihm zu erkennen ist«, heißt es in der *Journal*-Notiz »Zur Frage des *Realismus*« vom 4. 8. 1940. »Dem stelle ich die Definition entgegen, daß ein Kunstwerk desto realistischer ist, je erkennbarer in ihm die Realität gemeistert wird.« (GBA 26, S. 408)

Mehrfach gibt es in den Fragmenten zur Vierten Nacht Versuche, den Kunstcharakter des epischen Theaters zu beschreiben. Vom Standpunkt der Kunst habe man folgenden Weg zurückgelegt, rekapituliert der Philosoph: »Wir haben jene Nachbildungen der Wirklichkeit, welche allerhand Leidenschaften und Gemütsbewegungen auslösen«, zu verbessern versucht, und zwar so, dass der Betrachter »instand gesetzt ist, die nachgebildete Wirklichkeit tätig zu beherrschen« (GBA 22, S. 748). Dabei habe sich gezeigt, dass genauere Nachbildungen nicht nur »Leidenschaften und Gemütsbewegungen« auslösen, dass beide auch »der Beherrschbarkeit der Wirklichkeit dienen können« (ebd.). Aus anderer Perspektive beleuchtet der Dramaturg diesen Zusammenhang. Der Apparat der alten Kunst »diente dem Geschäft, die Menschen mit dem Schicksal abzufinden. Diesen Apparat ruinierte sie, als plötzlich in ihren Darbietungen als Schicksal des Menschen der Mensch auftrat.« (Ebd.) Indem sie das neue Geschäft (Gesellschafts- und Zeitkritik) betreiben, aber die alte (auf der Einfühlung beruhende) Kunst bleiben wollte, tat sie alles zögernd, halb und mit schlechtem Gewissen. »Erst als sie sich selber aufgab, gewann sie sich selber wieder.« (Ebd.)

Die Einwände, die der Schauspieler auch in der Vierten Nacht wiederholt vorträgt, geben den Dialogpartnern Gelegenheit zu präzisierenden Repliken. Die Rede von den praktikablen Definitionen habe für ihn »etwas Kühles und Kahles«, man werde »nichts bringen als gelöste Probleme« (S. 762). Das Leben aber bestehe nicht nur aus Problemen, es habe auch unproblematische Seiten. Das Theater stehe den Vorstellungen des Philosophen insofern sehr im Weg, hatte er an anderer Stelle bemerkt, weil es einiges könne, was der Philosoph für sein ›Thaeter‹ kaum benötige: den Ausdruck von Ahnungen und Gefühlen, des Traums und der Sehnsucht (vgl. S. 756f.). »Warum sollte ich die Sphäre des Geahnten, Geträumten, Gefühlten stillegen wollen?«, widerspricht der Philosoph. »Ahnung und Wissen sind keine Gegensätze. Aus Ahnung wird Wissen, aus Wissen Ahnung. Aus Träumen werden Pläne, die Pläne gehen in Träume über.« (S. 757) Es gebe allerdings Zeiten, in denen Träume nicht zu Plänen werden. »Für die Kunst sind das schlechte Zeiten, sie wird schlecht.« (Ebd.) Das Theater, meint der Dramaturg, sollte »*alle* Sphären des menschlichen Trachtens voll durchmessen!« (S. 758) Seine Sorge, man könnte nicht genug wissen, »um auch nur die kleinste Szene aufzuführen«, zerstreut der Philosoph mit der Bemerkung, man wisse »in sehr verschiedenen Graden. Wissen steckt in euren Ahnungen und Träumen, in euren Besorgnissen und Hoffnungen, in der Sympathie, im Verdacht. Vor allem aber meldet sich Wissen im Besserwissen, also im Widerspruch. Das alles ist euer Gebiet.« (S. 751)

Der Schauspieler mag »das Gerede von der Kunst als Dienerin der Gesellschaft« nicht: »Schaffen wir die Diener ab, auch die der Kunst!« (S. 753f.) Hierin unterstützt ihn der Philosoph, da er die Befürchtung ernst nimmt, man wolle den Schauspieler »in einen Staatsbeamten verwandeln, in einen Zeremonienmeister oder Sittenprediger, der ›mit den Mitteln der Kunst‹ arbeitet« (S. 754). Die Absicht des Philosophen ist das nicht. In diesem Zusammenhang formuliert er bemerkenswerte Sätze, welche die Distanz verdeutlichen, die inzwischen von der ›Messingkauf‹-Metapher des Anfangs bis zur Vierten Nacht zurückgelegt worden ist. »Die Schauspielkunst kann nur als eine elementare menschliche Äußerung betrachtet werden, die ihren Zweck in sich hat«; sie gehöre »zu den elementaren gesellschaftlichen Kräften, sie beruht auf einem unmittelbaren gesellschaftlichen Vermögen, einer Lust der Menschen in Gesellschaft, [...] sie ist eine Sprache für sich« (ebd.). Schauspielkunst darf sich nicht für beliebige Zwecke in Dienst nehmen lassen. Als elementare menschliche Äußerungsform hat sie ihre gesellschaftliche Aufgabe in sich selbst. Die Kunst ist »ein eigenes und ursprüngliches Vermögen der Menschheit«, lautet ein anderes Notat, »welches weder verhüllte Moral, noch verschönertes Wissen allein ist, sondern eine selbständige, die verschiedenen Disziplinen widerspruchsvoll repräsentierende Disziplin« (S. 755).

Das ›Thaeter‹ des Philosophen sollte ein wissenschaftliches Institut sein; Kunst zu machen, sollte nicht das Ziel sein, rekapituliert der Dramaturg die Reflexionen der ersten Nächte. Aber »spielend wie du es willst und zu dem Zweck, den du willst, machen wir doch Kunst« (S. 752). Damit deutet sich eine Antwort auf die Fragen an, die der ›Messingkäufer‹ in der Ersten Nacht aufgeworfen hatte. Es genügte, dass »die Leichtigkeit dieser Betätigung« aufrechterhalten wurde, das Wissen, dass alles »nur in einer heiteren, gutmütigen Stimmung vor sich gehen kann«, in der man auch zu Späßen geneigt sei (ebd.). »Und diese Leichtigkeit hast du verbunden mit einem großen Ernst der Aufgabe gesellschaftlicher Art.« (Ebd.) Dass auch der Schauspieler nun einsieht, dass das Denken in keinem Gegensatz zum Fühlen steht, bedeutet eine Kehrtwende, die überrascht und die nur aus dem Fragmentcharakter des *Messingkaufs* zu erklären ist. Das Denken erscheint ihm jetzt einfach als »ein gesellschaftliches Verhalten. An ihm nimmt der ganze Körper mit allen Sinnen teil.« (S. 753)

Die Einsicht, dass das Verfremdungs-Theater mit ästhetischen Kategorien beschreibbar ist und für ein lehrhaftes Theater ein Problem in diesem Punkt nicht existiert, hat B. als ›die dialektische Wendung‹ in den Dialogen bezeichnet. In der ästhetischen Sphäre werde »die Frage des Lehrhaften eine absolut ästhetische Frage, die sozusagen autark gelöst wird«, heißt es in einer *Journal*-Notiz vom 25. 2. 1941. »Das Utilitaristische verschwindet hier in eigentümlicher Weise: es taucht nicht anders auf als etwa in der Aussage, Nützliches sei schön. Die praktikablen Abbildungen der Realität entsprechen lediglich dem Schönheitsgefühl unserer Epoche. Die ›Träume‹ der Dichter sind lediglich an einen neuen, der Praxis anders als früher verbundenen Zuschauer adressiert, und sie selber sind Menschen dieser Epoche. Dies ist die dialektische Wendung in der *Vierten Nacht* des ›Messingkaufs‹. Dort geht der Plan des Philosophen, die Kunst für Lehrzwecke zu verwerten, auf in dem Plan der Künstler, ihr Wissen, ihre Erfahrung und ihre Fragen gesellschaftlicher Art in der Kunst zu plazieren.« (GBA 26, S. 457)

Dialektische Momente in der Theorie des epischen/nichtaristotelischen Theaters hatte B. bereits Anfang August 1940 in einem Nachtrag zum *Messingkauf* im *Journal* beschrieben. »Die *Selbstverständlichkeit* [...], welche die Erfahrung im Bewußtsein angenommen hat, wird wieder aufgelöst, wenn sie durch den *V-Effekt* negiert und dann in eine neue *Verständlichkeit* verwandelt wird.« (GBA 22, S. 699) »Der Widerspruch zwischen Einfühlung und Distanzierung« werde »ein Element der Darstellung« (ebd.). Die Mittel der »*Historisierung*« ermöglichen die Betrachtung eines Gesellschaftssystems aus der Perspektive eines anderen, wobei die Entwicklung der Gesellschaft die Gesichtspunkte ergebe (ebd.). Der Nachteil der aristotelischen, auf der Einfühlung beruhenden Dramaturgie liege auch darin, dass es ihr nicht möglich sei, »die objektiven Widersprüche in den Prozessen« zu berücksichtigen (ebd.).

Definition der Kunst ist ein Fragment überschrieben, das sich B. in der ersten Arbeitsphase offenbar als ein Fazit aus den Dialogen des *Messingkaufs* notierte. Ein paar »vorsichtige Äußerungen abstrakter Art über dieses eigentümliche Vermögen des Menschen« will der Philosoph riskieren, hoffend, sie werden nicht isoliert und abstrakt verwertet (S. 760). »Man könnte also vielleicht sagen, Kunst sei die Geschicklichkeit, Nachbildungen vom Zusammenleben der Menschen zu verfertigen, welche ein gewisses Fühlen, Denken und Handeln der Menschen erzeugen können, das der Anblick oder die Erfahrung der abgebildeten Wirklichkeit nicht in gleicher Stärke und Art erzeugen. Aus dem Anblick und der Erfahrung der Wirklichkeit hat der Künstler eine Abbildung zum Anblicken und Erfahren gemacht, welche sein Fühlen und Denken reproduziert.« (Ebd.) Der Ausdruck »Der Künstler produziert sich« bezeichne den Sachverhalt präzise, »wenn man ihn so versteht, daß im Künstler der Mensch sich produziert, daß es Kunst ist, wenn der Mensch sich produziert« (ebd.).

Theater und Wirklichkeit (Die zweite Arbeitsphase)

»Wenn ich zur Abwechslung den ›Messingkauf‹ aufschlage, ist es mir, als werde mir eine Staubwolke ins Gesicht geblasen«, notierte B. am 19. 8. 1940 ins *Journal*. »Wie kann man sich vorstellen, daß dergleichen je wieder Sinn bekommt? Das ist keine rhetorische Frage. Ich müßte es mir vorstellen können. Und es handelt sich nicht um Hitlers augenblickliche Siege, sondern ausschließlich um meine Isolierung, was die Produktion betrifft.« (GBA 26, 413f.) Die »*Inzwischenzeit*« nannte B. diese Phase im finnischen Exil (S. 414). Doch waren Anfang August des Jahrs einige wichtige Nachträge zum *Messingkauf* entstanden (vgl. GBA 22, S. 697–702), und wenig später, am 17. 10. 1940, trug B. das zitierte Notat *Inhalt der ersten Nacht des ›Messingkaufs‹* in sein *Journal* ein (GBA 26, S. 436). Dann blieb das Projekt längere Zeit liegen. Die Übersiedlung in die USA stand bevor; Mitte Mai 1941 verließ B. Helsinki.

»Ich arbeite noch am ›Messingkauf‹«, lautet ein *Journal*-Eintrag vom 14. 8. 1942 (GBA 27, S. 120), der den Beginn einer zweiten Arbeitsphase vom Sommer 1942 bis 1943 im kalifornischen Exil markiert. Die dritte Sammelmappe, die B. nun anlegte, enthält überwiegend Texte zur Ersten Nacht, für die jetzt ein längerer einführender Dialog entstand (GBA 22, S. 773–780). Zwei ältere und zwei neue Konzepte (A 15-A 18: S. 767f.) sehen als zentrale Gesprächsthemen für die Erste Nacht das Verhältnis von Theater und Wirklichkeit sowie Art und Zweck theatralischer Abbildungen vor. Im einführenden Dialog, überschrieben *Die erste Nacht*, der die grundlegenden Fragestellungen formuliert und begründet, beschreibt eine Regieanweisung die Dialogsituation als eine szenische: Während ein Bühnenarbeiter die Dekoration abbaut, sitzen auf einer Bühne »*auf Stühlen oder Versatzstücken ein Schauspieler, ein Dramaturg und ein Philosoph*« (S. 773). Nicht erwähnt wird hier die Schauspielerin. Über Theater redend, können sie das Gefühl haben, »selber ein kleines Stück aufzuführen« (ebd.). Auch bestehe die Möglichkeit, zur Klärung gewisser Fragen »einige kleine Experimente zu veranstalten« (ebd.), von der allerdings in den Fragmenten kein Gebrauch gemacht wird.

Die Gespräche beginnen mit der Frage nach dem Interesse des Philosophen am Theater. Ihn interessieren die Nachahmungen von Vorgängen, die unter den Menschen stattfinden. »Da mich die Art und Weise des Zusammenlebens der Menschen interessiert, interessieren mich auch eure Nachahmungen desselben« (ebd.), allerdings nur, »soweit sie dem Nachgeahmten entsprechen, denn am meisten interessiert mich das Nachgeahmte, nämlich das Zusammenleben der Menschen« (S. 774). In diesem Punkt haben Dramaturg und Schauspieler ein gutes Gefühl angesichts der vielfältigen Bemühungen des Theaters in den letzten Jahrzehnten, »dem Leben den Spiegel vorzuhalten« (ebd.). Alle Bereiche der gesellschaftlichen Wirklichkeit seien auf die Bühne gebracht, und zur Lösung der sozialen Fragen sei viel beigetragen worden. Wie in den Fragmenten der ersten Arbeitsphase macht der Dramaturg auf den hohen Preis aufmerksam, den das Theater für diesen Dienst an der Gesellschaft bezahlt habe: Beinahe alle Poesie habe es eingebüßt und keine einzige große Fabel hervorgebracht, die denen der Alten vergleichbar wäre (vgl. ebd.). »Wir greifen nach jeder starken Wirkung, wir scheuen vor keiner Neuerung zurück, alle ästhetischen Gesetze sind längst über Bord geworfen.« (S. 775)

Die Skepsis des Philosophen ist grundsätzlicher Art. Sie setzt nicht dort an, wo Theaterkunst schlecht, sondern wo sie gut ausgeübt wird, wo sie ihren Zweck erreicht: die Herstellung einer Illusion von Wirklichkeit in ihren Nachahmungen. Er erinnert an berühmte, in der Schule Stanislawskis praktizierte Exerzitien für Schauspieler. Eine der Übungen sah vor, dass der Schauspieler eine Mütze auf den Boden legen und sich so verhalten solle, als sei sie eine Ratte. »Er soll so die Kunst des *Glaubenmachens* erlernen.« (S. 776) Die Argumente des Philosophen zielen ab auf den Zweck theatralischer Nachahmungen. Der Schauspieler sieht diesen darin, »die Menschen mit Leidenschaften und Gefühlen zu erfüllen, um sie aus ihrem Alltag und ihren Vorfällen herauszureißen« (S. 777). Die Notwendigkeit von Gefühlen bezweifelt auch der Philosoph nicht; ihn beschäftigt die Frage, wie sich die Bemühung des Theaters, »besondere Gefühle zu erregen«, auf die nachgeahmten »Vorfälle aus dem wirklichen Leben« auswirken (S. 778). Diese sind es, die ihn vor allem interessieren, und dieses Interesse lässt ihn im Theater als Eindringling und Außenseiter erscheinen – als ›Messinghändler‹ bei einer Musikkapelle.

Der Dramaturg verweist auf die *Poetik* des Aristoteles, die als Ziel nachahmender Darstellung in der Tragödie die Erregung von Mitleid und Furcht zwecks Reinigung von solchen Gemütsstimmungen beschreibt. Die Nachahmungen sollen demnach bestimmte Wirkungen auf das Gemüt ausüben. Seit Aristoteles habe sich das Theater häufig gewandelt, aber kaum in diesem Punkt; veränderte es sich hier, meint der Dramaturg, wäre es wohl nicht mehr Theater. Worauf der Philosoph, der »Nachahmungen zu ganz praktischen Zwecken« benötigt, vorschlägt, bis auf weiteres nicht von Theater, sondern von ›Thaeter‹ zu sprechen (S. 779).

Das Fragment *Naturalismus – Realismus* (S. 769f.) und der Dialog *Nachahmung und Objekt* (S. 770–772), der das Thema auf der Ebene bildnerischer Darstellungen (von Gauguin und Holbein) reflektiert, führen einen Realismusbegriff ein, dessen Maßstab die Frage ist, inwieweit der praktische Zweck erreicht wird. Realismus beinhaltet nicht nur die Wiedererkennbarkeit der Realität; Wirklichkeit auf dem Theater müsse auch durchschaut, ihre Kausalitäten müssten sichtbar gemacht werden, wie der Philosoph in einem der Notate fordert (S. 791f.). Von unersättlicher Neugier auf die Menschen und ihren Umgang miteinander geleitet, geht es ihm um die Erkenntnis von »Gesetzlichkeiten« mit dem Ziel, Voraussagen machen und Einflussmöglichkeiten erkennen zu können (S. 780). Für diese Neugier, auch für seine Streitsucht und den lustvollen Zweifel findet er im existierenden Theater keinen Raum (vgl. S. 781). Der Grund und der Ansatzpunkt seiner Kritik am aristotelischen Theater liegt in der Art, wie die Nachahmungen zu Stande gebracht werden und auf die Bühne gelangen. In dem *Einfühlung* überschriebenen Fragment werden sie erneut anhand der Spielweise Stanislawskis erläutert. »Durch einen besonderen psychischen Akt der Einfühlung«, »einer tiefen Selbstversenkung«, »bringt es der Schauspieler zu minutiösen Imitationen der Reaktionen lebender Menschen« und zur restlosen Verwandlung in diese Personen (S. 785). Jeder beliebige Vorgang werde auf diese Weise ›wahr‹ und zugleich unverständlich, da nur ein Teil der Ursachen, nicht der ganze Kausalnexus und damit die Wahrheit über das Zusammenleben der Menschen erkennbar werden kann. Das Fragment bricht ab mit der Ankündigung eines bildhaften Vergleichs, der das Gemeinte verdeutlichen soll (vgl. S. 786). Der im frühen Konzept A 15 (S. 767) an dieser Stelle vorgesehene Vergleich von K-Typus und P-Typus wird jedoch nicht mehr verwendet.

Weitere Texte entstanden in dieser Arbeitsphase nicht. Die drei Fragmente B 120 bis B 122 (S. 788–791), die B. in das dritte Konvolut übernahm und hier vermutlich verwenden wollte, sind früher und möglicherweise unabhängig vom *Messingkauf* entstanden. Überliefert sind sie im Material zum Stück *Die Ge-*

sichte der Simone Machard (1943). Thematisch fügen sie sich den Konzepten für die Zweite und Dritte Nacht, denen sie zugeordnet sind, nicht ohne weiteres ein. B 120 und B 121 greifen die Kritik am aristotelischen Theater auf und beschreiben die eigentümliche Art, »in der wir uns der Vorgänge auf unseren Bühnen bemächtigen« (S. 788f.): »wie höchst geheimnisvolle, nur mit dem Unterbewußtsein auffangbare kultische Exerzitien« und in einem »anstrengenden Akt der Selbstverwandlung«, so dass sich ein gelungener Kunstgenuss durch ziemliche Erschöpfung anzeige (S. 789). Deshalb wird dem Schauspieler empfohlen, sich nicht völlig in die Figur zu verwandeln, vielmehr »aus dem Befremdlichen« dieser Verwandlung eine Wirkung zu ziehen (ebd.). In sehr abstrakter Form reflektiert die Notiz B 122 das Verhältnis von menschlicher Natur und Geschichte im aristotelischen Theater. Die Rede ist vom existenten »Interesse, das ewig Menschliche über die zeitlichen Bedingungen, unter denen es aufzutreten gezwungen ist, triumphieren zu lassen« (S. 790). »Wenn Liebe die Geschäfte stört« (*Antonius und Kleopatra*) oder »die Autorität der Mutter die politischen Pläne des Sohnes in Verwirrung bringt« (*Coriolan*), »dann triumphiert, unter Rückenschauern, das Menschliche, welches das Private ist« (ebd.). Tatsächlich werde jedoch nur »ein Interessengegensatz zwischen dem Individuum und der Gesellschaft« sichtbar, »ein historisches Faktum, und das Natürliche ist auch schon etwas Gesellschaftliches, also Künstliches, Historisches« (S. 791). Als Entwurf eines Gegenkonzepts hierzu scheint das kleine, in dieser Phase entstandene Notat *Theater der Philosophen* konzipiert, das die Stichwörter enthält: »Das Niedrige / Geld / Tendenz / das Aktuelle gegenüber dem Ewigen« und »das Nützliche« (S. 790).

In dieser Arbeitsphase dachte B. an die Erweiterung der Beispiele ›angewandten Theaters‹ im *Messingkauf*. Es »müßten einige Grundbeispiele des Einander-etwas-Vormachens im täglichen Leben beschrieben werden sowie einige Elemente theatralischer Aufführung im privaten und öffentlichen Leben«, heißt es am 10.10.1942 im *Journal*. »Wie Leute andern Leuten Zorn zeigen [...] oder Zärtlichkeit oder Neid usw.« (GBA 27, S. 126) Wichtig sei die Rolle der Gruppierung in verschiedenen Situationen des privaten und sozialen Lebens: »Wie werden die Distanzen gewechselt bei einem Ehekrach«, »wo und wie sitzt der Vorgesetzte?« (ebd.). Wie sich Menschen verhalten, »wenn sie soziale Ränge usurpieren oder zugestehen, in ihrem Ausdruck und Verhalten mehr oder weniger bedingten Sitten Rechnung tragen usw.«, werde durchaus für Theater angesehen, wenn auch teilweise als unbewusstes Theater. »Wenn es da Natürliches gibt, ist es änderbare Natur.« (Ebd.) Ausgearbeitet wurden diese Überlegungen nicht. »›Der Messingkauf‹ liegt in Unordnung«, notierte B. am 5.9.1943 ins *Journal* (S. 170). Dabei blieb es vorläufig.

Vom Schauspieler
(Die dritte Arbeitsphase)

Vermutlich während der Arbeit mit Charles Laughton am *Galilei* im Jahr 1945 kam B. wieder auf den *Messingkauf* zurück. Ein viertes Konvolut mit der Aufschrift »Der Messingkauf / Einzelne Stücke / Einzelne Blätter« wurde angelegt (GBA 22, S. 1115). Es enthält fragmentarische Reden und Dialoge vor allem für die Dritte und Vierte Nacht, darunter neben Typoskripten auf amerikanischem Papier auch bereits 1939–1941 entstandene Blätter (S. 793–799: A 20, A 21, B 126–128, B 130–131). Der größere Teil der übrigen Bruchstücke, deren Zuordnung zu den einzelnen Nächten nicht immer plausibel ist, dürfte um 1945 entstanden sein. Zusammenfassende längere Dialoge schrieb B. in dieser Arbeitsphase nicht.

Einbezogen wurde jetzt das 1939 entstandene Fragment *Abstieg der Weigel in den Ruhm* und ein zugehöriges Notat (S. 798f.), eine Hommage für Helene Weigel, die ihre Wirkung aus der Konsequenz bezieht, mit der die Arbeit der Schauspielerin dialektisch mit den gesellschaftlichen und politischen Realitäten in Beziehung gesetzt wird. Als die Weigel »ihre Kunst beherrschte und sie vor dem größten Auditorium, dem Volk, an die größten Gegenstände, die das Volk angehenden, wenden wollte, verlor sie durch diesen Schritt ihre ganze Stellung, und es begann ihr Abstieg« (S. 796). Als sie beispielsweise in der Rolle der Wlassowa in der *Mutter* sichtbar werden ließ, was die »alte Frau aus dem arbeitenden Volke [...] zu ihrem Nachteil und was sie zu ihrem Vorteil tat«, entstand in einem nicht aus Arbeitern bestehenden Publikum Unruhe (ebd.). Die ›Kunstkenner‹ verbreiteten, man bleibe beim Spiel der Weigel ganz kalt; von den Arbeitern, die weniger an der Darstellung als am Dargestellten interessiert waren, wurde sie dagegen herzlich begrüßt. So begann, »als sie ihren einstigen Ruhm ganz aufgegeben und verloren hatte, [...] ihr zweiter Ruhm, der unten« (S. 798). Sie stellte das Proletariat als berühmt dar und brachte »den Eindruck des Edeln hervor durch die Darstellung der Bemühung um das Edle, den Eindruck des Guten durch die Darstellung der Bemühung um die Verbesserung der Welt« (S. 798f.). »Sie bat nicht die Unterdrücker um Mitleid mit den Unterdrückten, sondern die Unterdrückten um Selbstvertrauen.« (S. 799) Dass sie lernte, das »Interesse von ihr, der Darstellerin, auf die Gegenstände, das Dargestellte hinüberwechseln zu sehen«, gehörte zu ihren größten Leistungen (S. 796f.). Nicht ihre eigene Größe wollte sie zeigen, sondern die Größe derer, die sie darstellte. In der Rolle der Fischersfrau in den *Gewehren der Frau Carrar* »machte sie jeden Augenblick zu einem geschichtlichen Augenblick, jeden Ausspruch zu dem berühmten Ausspruch einer geschichtlichen Persönlichkeit« (S. 797). Sie verstand es, »nicht nur Gefühle, sondern auch Gedanken zu erregen«, und dieses Denken war für die Betroffenen ganz und gar genussvoll (ebd.). So blieben die Kunstkenner bald weg, »und statt ihrer kamen die Polizisten« (ebd.). B. stellt das Exil, das der Schauspielerin nur noch äußerst begrenzte Arbeitsmöglichkeiten bot, als unmittelbare Konsequenz ihrer Arbeit dar: »Durch ihr Bestreben, vor vielen spielen zu dürfen, war sie dazu gelangt, nur noch vor ganz wenigen spielen zu dürfen.« (S. 798) Nur in Stücken, »welche die Greuel der Zeit und ihre Ursachen zeigten« (ebd.), trat sie nun noch auf.

Für B. war ›Ruhm‹ im Übrigen eine selbstverständliche Gegenleistung für künstlerische Arbeit. Der Philosoph habe nichts, heißt es in einem Fragment, womit er die großen Anstrengungen, die er von den Schauspielern erwarte, bezahlen könnte: Weder finanzielle Mittel noch die Möglichkeit, Ruhm zu verleihen (vgl. S. 809). Diese Prämisse gehört zu den frühesten im *Messingkauf*: »Er kann nicht bezahlen« (S. 696) und »die leeren Hände des Philosophen« (S. 697), heißt es in den beiden ersten Gesamtkonzepten. Die zunächst rätselhaften Bemerkungen werden später historisch konkretisiert und auf das ›Theater des Augsburgers‹ bezogen. Es war sehr klein, seine Möglichkeiten waren begrenzt; das Publikum der Weimarer Republik »besaß nicht die Kraft, Schauspielern wirklichen Ruhm zu verschaffen. So ging der Augsburger darauf aus, jedem seiner Schauspieler so viel Ruhm als möglich bei sich selber zu verschaffen.« (S. 759) Carola Neher riet er, »wie sie sich am Morgen zu waschen habe, wie eine berühmte Person und so, daß Maler davon Bilder gewinnen könnten« (ebd.; vgl. *Rat an die Schauspielerin C.N.*). Der Rat zielt ab auf die bewusst gesetzte, ihrer selbst bewusste Geste, vollendet, bedeutungsvoll und nachahmbar. Der Augsburger habe einen Film von der Weigel beim Schminken angefertigt, wird an anderer Stelle berichtet. »Er zerschnitt ihn, und jedes einzelne Bildchen zeigte einen vollendeten Ausdruck, in sich abgeschlossen und mit eigener Bedeutung.« (GBA 22, S. 811) Dann habe er der Weigel erklärt, »wie sie nur ihre Ausdrücke zu kennen brauchte, um die Gemütsstimmungen ausdrücken zu können, ohne sie jedesmal zu empfinden« (ebd.). Die wiederholbare Geste – ein zentrales Mittel der epischen Spielweise. Die Pariser Aufführung von *Furcht und Elend des III. Reiches* vom Mai 1938 war »wie eine große Sammlung von Gesten, artistisch genommen«, berichtet der Dramaturg (S. 799). In der Akzentuierung der Gestik gegenüber der Mimik liegt eine grundlegende Differenz zur Spielweise Stanislawskis. »Als die Stückeschreiber lange, ruhige Akte mit viel Seele bauten und die Optiker gute Gläser lieferten, nahm die Mimik einen heftigen Aufschwung«, heißt es mit Bezug auf die ›russische Schule‹ (S. 821). »Jetzt passierte viel in den Gesichtern, sie wurden zu Seelenspiegeln und mußten darum möglichst stillgehalten werden, so daß die Gestik verkümmerte.« (Ebd.)

In Beschreibungen des epischen Spiels ist ›Leichtigkeit‹ eine wichtige Kategorie, sie taucht in den Überschriften mehrerer Fragmente auf. Das neue Theater müsse die Leichtigkeit unbedingt bewahren, meint der Philosoph; im Theatermachen liege »seiner Natur nach etwas Leichtes« (S. 817). Doch soll die Leichtigkeit »an die Mühe erinnern; sie ist die überwundene Mühe«; nur jene Leichtigkeit habe Wert, welche eine »siegreiche Mühe« ist (S. 810). »In dieser Leichtigkeit ist jeder Grad von Ernst erreichbar, ohne sie gar keiner.« (S. 817) Allen Problemen müsse die Fassung gegeben werden, die ihre Erörterung auf spielerische Weise ermöglicht. Während der Pariser Aufführung von *Furcht und Elend* habe im Zuschauerraum eine Heiterkeit geherrscht, die den tiefen Ernst der Veranstaltung nicht beeinträchtigte, erinnert sich der Dramaturg. Denn das Lachen der Zuschauer »war ein glückliches Lachen, wenn die Verfolgten ihre Verfolger überlisteten, ein befreites, wenn ein gutes, wahres Wort geäußert wurde« (S. 800). Der Leichtigkeit des Theaters korrespondiert »die fröhliche Kritik«, ein (auf Nietzsche zurückgehendes) Stichwort, das die beiden ersten Gesamtkonzepte für die Vierte Nacht des *Messingkaufs* vormerkten (S. 696f.).

Eine der Prämissen dieses Theaters ist die Überzeugung von der Lern- und Entwicklungsfähigkeit des Menschen, aus der sich Konsequenzen für die Figurengestaltung ergeben. Er habe versucht, heißt es in der *Rede des Schauspielers über die Darstellung eines kleinen Nazis*, seiner Figur nicht etwa »Unergründlichkeit« zu verleihen, vielmehr »Interesse an ihrer Ergründlichkeit zu erwecken« (S. 818). Die Figur war darzustellen als ein im Grunde veränderbarer Charakter. Nicht ›der geborene Nazi‹ durfte gestaltet werden, vielmehr etwas Widersprüchliches: »ein Vieh vielleicht, wenn unter Nazis [...], zugleich ein gewöhnlicher Mensch« (ebd.), der auch anders handeln könnte, als er handelt. Deshalb besteht der Philosoph auf der Distanz des Schauspielers zu seiner Figur. Er muss auf einem Punkt stehen, der »weiter vorn in der Entwicklung liegt« (S. 819); nur so kann er dem Zuschauer den Schlüssel zur Behandlung der Figur ausliefern. Bei ihrem Aufbau sind deshalb mehrere Operationen erforderlich. Der Schauspieler, der sich zunächst in die Situation, in die Körperlichkeit und Denkweise der Figur »im Geist hineinversetzen« wird, muss sich auch wieder hinausversetzen; denn es ist erforderlich, eine ›Vorstellung‹ von der Figur zu gewinnen und im Zuschauer zu erzeugen, nicht eine ›Illusion‹ (S. 822). Der Philosoph, der zwischen Sich-Einfühlen und Sich-Hineinversetzen differenziert, lässt Einfühlung nur als Grenzfall gelten. Sie müsste in jedem Fall unterbrochen werden und mit anderen Operationen gemischt sein.

Auf das Verhältnis von Verstand und Instinkt angesprochen, bestätigt der Philosoph, dass menschliche Handlungsweisen »ein unlösbares Bündel der verschiedensten und widersprechendsten Motive und Versuche« sind (S. 825). Bei ihrer Präsentation auf der Bühne komme es darauf an, »sie so darzubieten, daß eine Begutachtung möglich ist, und zwar eine Begutachtung, die ebenfalls Instinktives und Komplexes haben darf« (S. 826). Voraussetzung beim Künstler sei eine »gewisse Liebe zum Menschen«, eine »Freude am Menschlichen« (ebd.). Der Schauspieler gibt zu bedenken, dass die Abbildungen der Künste nicht moralischen oder Nützlichkeitserwägungen folgen, sie holen den »Genuß« gerade »aus der Betrachtung asozialer Individuen, zeigend die Lebenskraft der Mörder, die Schlauheit der Betrüger, die Schönheit der Harpyen« (S. 828). Diese Unordnung sei in Ordnung, kommentiert der Philosoph, solange »die Gemordeten nicht beschuldigt, der Betrug nicht entschuldigt und die Kralle der Harpye nicht lediglich als ein ingeniöses Werkzeug dargestellt werden« (ebd.). Worauf der Schauspieler einwendet, er könne »nicht den Metzger *und* das Schaf darstellen«. Aber doch »den Metzger des Schafes«, antwortet der Philosoph (ebd.).

Der Unterschied zwischen der epischen und der auf der Einfühlung beruhenden Spielweise kommt in einem Fragment zur Sprache, in dem der Schauspieler seine Sorge um die Wirkung des Dargestellten zum Ausdruck bringt. Denn das ›Verhältnismäßige‹, die vom Philosophen verlangten Differenzierungen und Nuancierungen, hätten »nicht die gleiche starke Wirkung wie das Absolute« (S. 819). Auf die Bemerkung des Dramaturgen, in der Szene, in der Richard III. »die Witwe des von ihm Ermordeten so fasziniert, daß sie ihm verfällt«, müsse man also »eine verhältnismäßige Fazinierungskraft zeigen«, reagiert der Philosoph mit der Bemerkung: »Oh, ihr zeigt es schon. Aber so zeigen Trompeter Messing und der Apfelbaum im Winter Schnee« (S. 820). Mit anderen Worten: Sie zeigen etwas in seiner Selbstverständlichkeit Unauffälliges, das vom Zuschauer nicht wahrgenommen wird. »Ihr verwechselt zwei Dinge: daß man etwas bei euch findet und daß ihr etwas zeigt.« (Ebd.) Entscheidend für die Spielweise des epischen Theaters ist das Auffälligmachen, der Gestus des Zeigens.

Die Frage nach dem Ursprung und Zweck der Schauspielkunst wollte B. nicht einseitig funktional beantwortet sehen. Ein Notat aus dieser Arbeitsphase entwirft eine Palette von Antworten als Einheit des Gegensätzlichen: »es ist, zu widersprechen; zu bestätigen, zu kopieren, zu verändern; sich zu zeigen, sich zu verbergen; zu klären, zu verheimlichen, zu vereinfachen, zu vervollständigen; und zu vielen andern Zwecken« (S. 813).

Das Theater des Augsburgers / Shakespeare / Piscator

Die Beschreibung eines aktuellen Theaters geschah im *Messingkauf* von Beginn an aus der Perspektive der Arbeit des ›Augsburgers‹ in den Jahren der Weimarer Republik. B.s Absicht ist unverkennbar, über die eigenen Bemühungen vor 1933 nicht nur zu informieren, sondern sie theatergeschichtlich angemessen zu lokalisieren. Obwohl das *Theater des Augsburgers*, so der Titel eines Notats aus der ersten Arbeitsphase (S. 759), sehr klein war, nur wenige Stücke aufgeführt und nur wenige Schauspieler ausgebildet wurden, dokumentieren bereits die Namen der wichtigsten Schauspieler, des Bühnenbildners Caspar Neher sowie der Komponisten Weill und Eisler den Stellenwert dieses Theaters im Kulturleben der 20er-Jahre. Es war geprägt vom Interesse an den Wissenschaften und vom kritischen Blick auf die Gesellschaft. Der Augsburger habe Naturwissenschaften und Medizin studiert, bevor er sich mit dem Theater befasste, berichtet der Dramaturg. »Die Künste und die Wissenschaften waren für ihn Gegensätze auf einer Ebene«, beide hatten sich nützlich zu machen (S. 724). Ein für die Gesellschaft nützliches Theater verlangte Schauspieler, die sich ein »freies Urteil, Widerspruchsgeist und soziale Phantasie« erhalten haben (S. 738). Sie »waren weder die Diener des Dichters, noch die des Publikums [...], keine Beamten einer politischen Bewegung und keine Priester der Kunst. Sie hatten, als politische Menschen, ihre soziale Sache vorwärtszubringen vermittels der Kunst und vermittels aller andern Mittel.« (S. 739)

Wiederholt finden sich im *Messingkauf* Hinweise auf die ›Lehrer‹ des Augsburgers und auf die Tradition, in der sein Theater stand. »Zwei Dichter und ein Volksclown beeinflußten ihn am meisten«: Georg Büchner, Frank Wedekind und Karl Valentin (S. 722). B. legt auch Wert auf die Feststellung, dass es sich beim V-Effekt um keine völlig neue Technik handelte. »Der V-Effekt ist ein altes Kunstmittel, bekannt aus der Komödie, gewissen Zweigen der Volkskunst und der Praxis des asiatischen Theaters«, notierte er in einem Nachtrag zum *Messingkauf* vom August 1940 (S. 699). Die frühen Konzepte zur Vierten Nacht sahen die Komödie, die Jahrmarktshistorie und den V-Effekt in der chinesischen Schauspielkunst als Gesprächsthemen vor (S. 697), das erste Konzept erwähnte auch Charles Chaplin (S. 696). Schon bei Pieter Breughel d.Ä., einem der größten Erzähler unter den Malern, der »in seine Gemälde Meinungen hineinzumalen« pflegte (S. 273), habe es den V-Effekt gegeben, wie B. Anfang 1937 in mehreren Aufzeichnungen ausgeführt hatte (vgl. S. 270–273). Der Dramaturg sieht Shakespeares Theater »voll von V-Effekten« (S. 737).

Auf Shakespeare wird im *Messingkauf* wiederholt verwiesen, wenn es um die Begründung der Veränderungen auf dem Theater geht, die der Augsburger propagiert. Der kontinuierliche Bezug auf das Werk Shakespeares belegt den Anspruch, den B.s Theater erhob. Die Zeit Shakespeares, Jahre des Umbruchs wie die Gegenwart, war für das Theater wie für die Wissenschaften eine Zeit der Experimente. Man experimentierte auf dem Theater »nicht weniger als Galilei zur selben Zeit in Florenz und als Bacon in London« (S. 750). Der Dramaturg macht auf »den profanen, nüchternen und gesunden Charakter des elisabethanischen Theaters« aufmerksam und demonstriert, »wie irdisch, unheilig und zauberlos« es auf der Bühne zuging (S. 732). In den Werken Shakespeares, ein großer Realist nicht zuletzt in der Verarbeitung und Umgestaltung älterer Stücke und Fabeln, seien »jene wertvollen Bruchstellen, wo das Neue seiner Zeit auf das Alte stieß«, bemerkt der Philosoph (S. 807). Es komme darauf an, die »alten Werke historisch zu spielen, und das heißt, sie in kräftigen Gegensatz zu unserer Zeit setzen« (ebd.). Wer ihre experimentierende Verwendung als Sakrileg kritisiert, übersieht, dass sie selbst Sakrilegien ihre Existenz verdankten (vgl. S. 750). Doch müsse bei Eingriffen achtsam vorgegangen werden, damit die Schönheit der Stücke nicht zerstört werde (vgl. S. 806). Wie an anderer Stelle bemerkt, zeigt B. in diesem Punkt eine differenziertere, weniger radikale Haltung als in den 20er-Jahren. Am Beispiel der misslungenen *Räuber*-Inszenierung Erwin Piscators von 1926 erläutert der Dramaturg, warum Texteingriffe und Änderungen »mit historischem Gefühl und viel Kunst« vorgenommen werden müssen (S. 746).

Wieviel er Piscator, einem »der größten Theaterleute aller Zeiten« (S. 816), zu verdanken hatte, war B. durchaus bewusst. Auch auf Piscator wird im *Messingkauf* wiederholt Bezug genommen. Das *Verhältnis des Augsburgers zum Piscator*, so die Überschrift eines Notats (S. 763), und ihre Zusammenarbeit wird differenziert dargestellt. Piscators Verdienst war vor allem die Wendung zur Politik, ohne die das Theater des Augsburgers kaum denkbar sei (vgl. ebd.). Wichtige Impulse technischer Art standen damit im Zusammenhang. Piscator »hat das Theater elektrifiziert und fähig gemacht, große Stoffe zu bewältigen« (S. 816). Durch die Einführung des laufenden Bands »konnte er ein ganzes Stück in Fluß bringen« (S. 795). Indem er den Film ins Theater einführte, machte er die Kulisse zur Mitspielerin; die Filmleinwand, verwendet zur Projizierung von dokumentarischem Material, wurde »zum Star des Theaters« (S. 815). Im 20. Jh. war Piscator »der erste, der es für nötig fand, im Theater *Beweise* vorzubringen« (S. 720). Weniger Interesse brachte er der Schauspielkunst entgegen: »Er gestattete mehrere Spielarten zugleich auf seiner Bühne und zeigte dabei keinen besonderen Geschmack.« (S. 816) Zur Frage, ob Piscator oder der Augsburger die epische Darstellung gefunden habe, heißt es, beide hätten sie gleichzeitig angewendet, Piscator mehr im Bereich der Bühne durch die Verwendung von Inschriften, Chören und Filmeinlagen, der Augsburger vor allem im Schauspielstil. »Beide nahmen eigentlich da nur auf dem Theater vom Film Kenntnis.« (S. 794) Die Theorie des nicht-aristotelischen Theaters und den Ausbau des V-Effekts nimmt B. für sich in Anspruch (vgl. S. 763). Piscator habe den Schauspielstil B.s als seinen Intentionen am besten dienend bezeichnet, »da das Einfache seinem Ziel entsprach, nämlich in großer Weise das Getriebe der Welt bloßzulegen und nachzubauen, so daß seine Bedienung erleichtert würde« (S. 816).

Fragmente eines Torso
(Die letzte Arbeitsphase)

Der *Messingkauf* blieb nun erneut längere Zeit liegen. Seit Januar 1948, bald nach der Rückkehr nach Europa, bereitete B. eine zusammenfassende Darstellung seiner Theatertheorie vor, das *Kleine Organon für das Theater*. Für diesen Zweck nahm er *Das deutsche Stanislawski-Buch* von Ottofritz Gaillard wieder zur Hand, das er im September 1947 in Kalifornien gelesen und im *Journal* sehr kritisch kommentiert hatte. »Bemerkenswert ist, wie die Deutschen das System der progressiven russischen Bourgeoisie der Zarenzeit so ganz und gar unberührt konservieren konnten.« (GBA 27, S. 247) Unter den Exerzitien finde sich keine einzige aus den Klassenkämpfen. Die Wahrnehmung von Realität beschränke sich auf die der subjektiven Empfindungen; mit diesen werde ein elaborierter Kult getrieben. »Nirgends sind Beobachtungen anempfohlen, es sei denn Selbstbeobachtungen.« (Ebd.) Bei der erneuten Lektüre fand B. besonders den hausbacken moralischen Ton des Buchs abstoßend, zumal an den Schauspieler nur eine einzige moralische Forderung gerichtet wurde: »daß er, die menschliche Natur ausstellend, nicht lügt, etwa einer Moral wegen« (S. 261). Von der gesellschaftlichen Verantwortung des Schauspielers war nirgends die Rede. Wie zu Beginn der Arbeit am *Messingkauf* im Jahr 1939 fixierte B. das System Stanislawskis nun erneut als die der eigenen diametral entgegengesetzte Ästhetik.

Mitte August 1948 war das *Kleine Organon*, von B. als »eine kurze Zusammenfassung des ›Messingkauf‹« verstanden (S. 272), im Wesentlichen abgeschlossen. Der Entschluss, zu diesem Zeitpunkt eine Darstellung seiner Theatertheorie vorzulegen, ist vor dem Hintergrund der kulturpolitischen Situation Nachkriegsdeutschlands zu sehen. Der *Messingkauf* war in einem überschaubaren Zeitraum nicht abschließbar. Mit dem *Kleinen Organon* wollte B. seine Position zur Geltung bringen, zumal sich im Theater der unter sowjetischer Verwaltung stehenden Teile Deutschlands und Berlins die Etablierung des Systems von Stanislawski abzeichnete. »Sie praktizieren das jetzt in einer Weimarer Schauspielschule«, hatte B. im September 1947 zum *Deutschen Stanislawski-Buch* notiert (S. 246). Um so wichtiger war es, mit der eigenen Theaterästhetik präsent zu sein. Denn vorläufig schien »alles noch im Fluß«, wie B. am 5.3.1949 Piscator schrieb, den er für ein Projekt am eben gegründeten Berliner Ensemble zu gewinnen hoffte; die künftige Richtung werde bestimmt werden durch die vor Ort vorhandenen Potenzen (GBA 29, S. 505).

Mit der Hauptthese des *Kleinen Organons*, »daß ein bestimmtes Lernen das wichtigste Vergnügen unseres Zeitalters ist, so daß es in unserm Theater eine große Stellung einnehmen muß« (*Journal*, 18.8.1948; GBA 27, S. 272), war die Alternative zur Einfühlungsdramaturgie und zu Stanislawski formuliert und zugleich der Kritik am epischen/nichtaristotelischen Theater die Spitze genommen: »Auf diese Weise konnte ich das Theater als ein ästhetisches Unternehmen behandeln, was es mir leichter macht, die diversen Neuerungen zu beschreiben. Von der kritischen Haltung gegenüber der gesellschaftlichen Welt ist so der Makel des Unsinnlichen, Negativen, Unkünstlerischen genommen, den die herrschende Ästhetik ihm aufgedrückt hat.« (Ebd.) Allerdings sah sich B., wie schon einmal in den 30er-Jahren, sehr bald erneut mit dieser Kritik konfrontiert: in der sogenannten Formalismusdebatte der frühen 50er-Jahre (vgl. *Zur Formalismusdebatte*, BHB 4).

Die Publikation des *Kleinen Organons* 1949 im B.-Sonderheft der Zeitschrift *Sinn und Form* hatte Konsequenzen für den *Messingkauf*; dessen Fertigstellung wurde nun immer weniger wahrscheinlich. B. selbst scheint mit der Vollendung des Werks, das sich vom ursprünglichen Konzept inzwischen deutlich entfernt hatte, nicht mehr gerechnet zu haben. Dafür spricht, dass er seit 1950 wiederholt Teile daraus publizierte – Bruchstücke eines Torso. Nur noch wenige neue Textteile entstanden in den Jahren 1948 bis 1955: neben den Notaten A 22 und A 23 (GBA 22, S. 829) lediglich zwei vermutlich für den Sammelband

Theaterarbeit verfasste, aber dem *Messingkauf* zugeordnete Reden (S. 853–857) und einige Gedichte.

Im September 1948 schlug B. seinem Verleger Peter Suhrkamp eine Weiterführung der *Versuche* vor (»es ist mein Hauptwerk«) und entwarf einen ersten Titelplan für die Hefte 9 bis 14 (GBA 29, S. 470f.). Unter den grundlegend veränderten Voraussetzungen der Nachkriegszeit hatte die Reihe selbstverständlich eine andere Aufgabe als 1930; die Zeit der politisch-ästhetischen ›Experimente‹ war vorüber (vgl. *Zum Theater* [1924–1933], BHB 4). In den seit 1949 erscheinenden *Versuche*-Heften veröffentlichte B. nun vor allem die in den Jahren des Exils entstandenen Dramen und eine kleine Auswahl theoretischer Schriften. Die Reihe gewährte »eine gewisse Freiheit im Veröffentlichen auch des Vorläufigen« (GBA 29, S. 470). Der erste Titelplan sah für Heft 12 unter anderem »Versstücke aus ›Der Messingkauf‹« vor (S. 471). Damit kam B. auf die Idee zurück, dem *Messingkauf* auch eigenständige Gedichte zuzuordnen (vgl. u.a. GBA 22, S. 754f.: B 90; S. 810–813: B 145, B 147 und B 148; S. 820: B 157). 1950 erschien in Heft 10 der *Versuche* die 1938 geschriebene *Straßenszene*, »das Grundmodell einer Szene des epischen Theaters«, die dem »9. Versuch ›Über eine nicht-aristotelische Dramatik‹« zugeordnet wird (S. 1021; *Versuche*, H. 10, S. 123), die aber auch im *Messingkauf* herangezogen worden war. Heft 11 (1951) brachte die *Übungsstücke für Schauspieler*, »dem ›Messingkauf‹ (26. Versuch) entnommen«, der jetzt als »Viergespräch über eine neue Art, Theater zu spielen« vorgestellt wird (GBA 22, S. 1117; *Versuche*, H. 11, S. 108).

B. hatte 1940 für Helene Weigel fünf Übungsstücke geschrieben. Mit Ausnahme der Übersetzung »*King Lear*« V,3 (GBA 22, S. 764–766; dazu S. 1112f.) nahm er die Szenen jetzt in die *Übungsstücke für Schauspieler* auf. Unterschieden wird zwischen Parallel- und Zwischenszenen. Die Parallelszenen übertragen Spielvorgänge aus klassischen Versdramen in Prosa und in ein prosaisches Milieu. Die Szene *Der Mord im Pförtnerhaus* (S. 830–833) greift die Ermordung des Königs Duncan durch Macbeth und dessen Versuch auf, den Verdacht auf die schlafenden Kämmerer und auf die Söhne des Königs zu lenken, welche die Flucht ergriffen und sich in Sicherheit gebracht haben (*Macbeth* II,2–4). Die Vorgänge werden in ein Pförtnerhaus übertragen. Dem Pförtner und seiner Frau ist die wertvolle Statue eines chinesischen Glücksgotts anvertraut worden, ein Geburtstagsgeschenk für die Tochter der Herrschaft. Durch eine Unachtsamkeit der Frau fällt das Paket zu Boden, der Kopf der Statue bricht ab. Für die beiden ist der Vorfall, die ›Ermordung‹ des Glücksgotts, eine Katastrophe, es droht der Verlust ihrer Existenz. Die Zeit drängt, die Herrschaft schickt nach dem Paket. In ihrer Verzweiflung verfällt die Frau darauf, den Verdacht auf einen Bettler zu lenken, der in der Kammer übernachtet und den der Pförtner inzwischen aus dem Haus gewiesen hat.

Im 3. Akt von Schillers *Maria Stuart* (3. und 4. Auftritt) kommt es zur Begegnung zwischen Elisabeth, Königin von England, und Maria, ihrer Rivalin, die – als Mörderin ihres Gatten – vom schottischen Thron verjagt, in England gefangengehalten wird und mit dem Tod bedroht ist. Dem dringenden Rat des Grafen Shrewsbury folgend, unterdrückt Maria zunächst alle Hass- und Rachegefühle gegenüber Elisabeth. Erst als diese hart bleibt und Marias Ehre als Frau antastet, kann sie sich nicht länger zurückhalten und wirft Elisabeth Thronerschleichung vor, womit ihr Schicksal besiegelt ist. In B.s Szenen *Der Streit der Fischweiber* (GBA 22, S. 834–839), deren besonderer Reiz in den zahlreichen Detail- und Zitatanspielungen liegt, wird der Streit der Königinnen zum Streit zwischen Frau Zwillich und Frau Scheit auf dem Fischmarkt. Frau Scheit hat einen Weg gefunden, die lästige Konkurrentin auszuschalten: Mit Hilfe ihres Neffen konnte sie Frau Zwillich Betrug am Kunden nachweisen; der Stand auf dem Fischmarkt wurde ihr abgenommen, es droht ein Gerichtsverfahren. Herr Koch, Nachbar von Frau Zwillich, der eine Aussprache zwischen den Frauen arrangiert, empfiehlt ihr eindringlich, ihren Stolz zu unterdrücken, denn ihre Gegnerin befindet sich in der stärkeren Position. Frau Scheit, die den Vorteil fehlender Konkurrenz auf dem Markt genüsslich auskostet, nützt auch im Gespräch ihre Überlegenheit hemmungslos aus. Trotz anfänglicher Bereitschaft der Frau Zwillich, sich vor der Konkurrentin zu demütigen, nimmt das Gespräch den bei Schiller vorgegebenen Verlauf: Von Frau Scheit mit ihren Tricks und Machenschaften konfrontiert, geht Frau Zwillich zum Gegenangriff über; der Vermittlungsversuch von Herrn Koch ist gescheitert.

Obwohl B. mit allen Mitteln der Persiflage arbeitet, ist der Zweck der Szenen ein anderer. Die Parallelszenen dienen der Verfremdung der klassischen Szenen, heißt es in einer Vorbemerkung; sie »stellen das Interesse an den Vorgängen wieder her und schaffen beim Schauspieler außerdem ein frisches Interesse an der Stilisierung und der Verssprache der Originale, als etwas Besonderem, Hinzukommendem« (GBA 22, S. 830).

Eine andere Funktion haben die beiden Zwischenszenen für Shakespeares *Hamlet* und *Romeo und Julia*, die »nicht etwa in Aufführungen dieser Stücke eingefügt, sondern nur von den Darstellern auf Stückproben gespielt werden« sollen (S. 840). Die *Fährenszene* für *Hamlet* (S. 840–842), zu spielen zwischen der 3. und 4. Szene des 4. Akts, und der kleine *Schlußbericht* (S. 842) sollen »eine heroisierte Darstellung des Hamlet verhindern« (S. 840). In Shakespeares Tragödie sinnt König Claudius nach der Ermordung des Polonius durch Hamlet auf dessen schnellen Untergang und schickt ihn nach England, wo er umgebracht werden soll (*Hamlet* IV,3). Auf dem Weg dorthin begegnet Hamlet den Truppen des norwegischen Prinzen Fortinbras, der, in seinem Tatendrang das Gegenstück zum zögernden Hamlet, aus nichtigem Anlass in einen Krieg gegen Polen zieht. Die Konfrontation von kriegerischem Tatendrang und ewigem Zaudern ist der Ansatzpunkt für B.s *Fährenszene*, die auf eine Kritik der bürgerlichen Hamlet-Deutung abzielt. Vom Fährmann erfährt Hamlet, eine neue Zeit sei angebrochen: An die Stelle kriegerischer Auseinandersetzungen zur Ahndung von Ehrverletzungen oder zur Durchsetzung von Machtansprüchen treten Verträge, die den Handel zwischen den Staaten garantieren sollen. Den mittelalterlichen Ehrbegriff ersetzt das bürgerliche Geschäftsinteresse. So scheint Hamlets ganz unritterliches Zaudern und Zögern gegenüber König Claudius, dem Mörder seines Vaters, im Nachhinein begründet, wie B.s Hamlet in subtil-ironischen und selbstironischen Reflexionen, die absichtsvoll verwirrte Redeweise von Shakespeares Hamlet imitierend, zum Ausdruck bringt: »Seine Skrupeln dem Mörder gegenüber, nicht die dem Ermordeten gegenüber fangen an, ihn zu ehren, seine Feigheit ist seine beste Seite, er wäre ein Schurke, wenn er kein Schurke wäre [...], und so heißt es sich schlafen legen, damit der Fischfang nicht gestört wird.« (S. 842) »Die bürgerliche Hamletkritik begreift für gewöhnlich das Zaudern Hamlets als das interessante neue Moment dieses Stückes«, schreibt B. zur *Fährenszene*, »hält jedoch die Schlächterei des fünften Aktes, das heißt die Abstreifung der Reflexion und den Übergang zur ›Tat‹ für eine positive Lösung. Die Schlächterei ist aber ein Rückfall, denn die Tat ist eine Untat. Das Zaudern des Hamlet erfährt durch die kleine Übungsszene eine Erklärung: es entspricht der neuartigen, bürgerlichen Verhaltungsweise, die bereits auf dem politisch-sozialen Gebiet verbreitet ist.« (S. 840) Von der »so menschlichen und vernünftigen Hemmung« Hamlets ist im ebenfalls höchst ironischen *Schlußbericht* die Rede (S. 842). Sein »Amoklauf« im 5. Akt rechtfertige allerdings die Behauptung des Fortinbras, Hamlet hätte sich, wäre er auf den Thron gelangt, »sicher / Höchst königlich bewährt« (ebd.): als Schlächter.

Die beiden Szenen *Die Bedienten* (S. 843–846) sind zwischen der 1. und 2. Szene des 2. Akts von *Romeo und Julia* zu spielen. Romeo, der auf einem Fest Julia begegnete, sich leidenschaftlich in sie verliebt und darüber Rosalinde vergessen hat, dringt über eine Mauer in den Garten der Capulets ein, um Julia zu sehen (1. Szene); dann folgt die Liebesszene an Julias Balkon. Der Zweck der Zwischenszenen ist es, einer idealisierten Darstellung der beiden Titelfiguren entgegenzuwirken. In *Romeo und einer seiner Pächter*

(S. 843f.) wird die Selbstlosigkeit der Liebe, die Romeo für sich reklamiert, mit der Härte und Rücksichtslosigkeit gegenüber seinem Pächter konfrontiert: Um ein Abschiedspräsent für Rosalinde zu finanzieren, wird er ein Grundstück verkaufen und dem Pächter und seiner Familie die Existenzgrundlage nehmen. In *Julia und ihre Dienerin* (S. 844–846) verlangt Julia mit derselben Rücksichtslosigkeit, dass ihre Dienerin die eigene Liebe opfert, um ihrer Herrin das Treffen mit Romeo zu ermöglichen. Die beiden Szenen »sollen natürlich nicht den schlichten Satz ›Des einen Lust ist des andern Leid‹ belegen«, kommentiert B., »sondern die Darsteller des Romeo und der Julia instand setzen, diese Charaktere widerspruchsvoll aufzubauen« (S. 840).

Eine gute Übung sei das Aufsagen von Rundgedichten wie »Ein Hund ging in die Küche«, heißt es unter Punkt 3 der *Übungsstücke für Schauspieler* (S. 847). »Die Achtzeiler werden jeweils verschieden im Gestus aufgesagt wie von verschiedenen Charakteren in verschiedenen Situationen. Die Übung kann auch noch zur Erlernung der Fixierung der Vortragsart benutzt werden.« (Ebd.) Unter Punkt 4 folgt die 1950 gemeinsam mit Ruth Berlau geschriebene Szene *Der Wettkampf des Homer und Hesiod*. Das teilweise in Hexametern verfasste Übungsstück besteht überwiegend aus Zitaten von Wolfgang Schadewaldts *Legende von Homer, dem fahrenden Sänger* (1942; vgl. GBA 22, S. 1116f.). Bei Wettspielen in der Stadt Chalkis trafen Homer und Hesiod aufeinander. Auf die Fragen, die Hesiod ihm vorlegte, antwortete Homer so geistreich und kunstvoll, dass die Griechen einhellig Homer zum Sieger gekrönt sehen wollten. König Panedes, einer der Preisrichter, aber verlangte, dass beide Sänger noch das schönste Stück aus ihren eigenen Dichtungen sprechen sollten (S. 851). So trug Hesiod Verse aus seinen *Tagen und Werken*, Homer aus der *Ilias* vor. Wieder verlangten die Griechen, man solle Homer den Preis zusprechen. »Allein, König Panedes drückte den Kranz Hesiodos aufs Haupt, denn es sei recht und billig, erklärte er, daß dem Manne der Sieg gehöre, welcher zu Landbau und Friedensarbeit rufe, statt Kriege und Schlachten zu schildern.« (S. 852) »Das Übungsstück gibt die Gelegenheit, das Sprechen von Versen zu studieren«, schreibt B. in der Vorbemerkung, »und zugleich den Charakter zweier ehrgeiziger Greise zu zeichnen, die einen gestenreichen Kampf vorführen.« (S. 847)

Für den Sammelband *Theaterarbeit* von 1952, dessen Bedeutung auch im Zusammenhang mit der ›Formalismusdebatte‹ gesehen werden muss, schrieb B. 1951/52 einige Texte, erschienen mit dem Vermerk: »Gedichte und Reden aus: ›Der Messingkauf‹« (vgl. S. 1117). Um diese Zeit entstand vermutlich auch der Plan einer Textsammlung unter dem Titel: »*Messingkauf*« *(Wünsche des Stückeschreibers)*. Genannt werden sechs Titel: »1. Die Gesänge / 2. Die Requisiten der Weigel / 3. Rede des Dramaturgen / 4. Rede des Stückeschreibers über das Theater des Bühnenbauers C. Neher / 5. Das Rollenstudium / 6. Die Vorhänge« (S. 829). Mit Ausnahme des um 1939/40 entstandenen Texts *Rollenstudium* (S. 600–604), der durch das Gedicht *Die Beleuchtung* ersetzt ist (S. 867f.), entsprechen die Titel den Texten, die B. in den Band *Theaterarbeit* aufnahm.

Die *Rede des Stückeschreibers über das Theater des Bühnenbauers Caspar Neher* (S. 853–855), mit welcher der ›Stückeschreiber‹ nun selbst als agierende Person im *Messingkauf* auftritt, ist eine Hommage für Neher, implizit auch die Beschreibung der Funktion der Bühne im epischen/nicht-aristotelischen Theater. Nehers Skizzen und Bühnenbilder, kleine Kunstwerke, zeigen den Schauspielern, wie B. ausführt, worauf es im Spielvorgang ankommt. Seine Dekorationen, getränkt mit dem Geist der Stücke und zugleich bedeutende Aussagen über die Wirklichkeit, lenken nicht durch unwesentliches Detail oder Zierat von der künstlerischen Aussage ab. Sie erregen den Ehrgeiz der Schauspieler, in ihnen zu bestehen. Jede Einzelheit hilft dem Spiel und verdeutlicht den Vorgang. »Dabei ist alles schön und das wesentliche Detail mit großer Liebe gemacht.« (S. 854) Neher kennt alle Handwerke und sorgt für die kunstvolle Anfertigung der Möbel, auch der armseligen, »denn die Wahrzeichen der Armseligkeit und

Billigkeit müssen ja mit Kunst angefertigt werden« (ebd.). Die kleinen Gegenstände, mit denen der Schauspieler umgeht, sind immer echt. »Viele der Requisiten sind Museumsstücke.« (Ebd.) In der Architektur begnügt sich Neher mit Andeutungen. Das Ästhetische, Stilistische, erledigt er mit der linken Hand. Er ist nicht nur ein großer Maler, sondern auch ein ingeniöser Erzähler, der weiß, »daß alles, was einer Geschichte nicht dient, ihr schadet« (S. 855). Die von Neher häufig benutzte Zweiteilung der Bühne, die vorn die erforderliche Spielstätte und dahinter projiziert oder gemalt ein weiteres Milieu zeigt, erinnert »die Zuschauer ständig, daß der Bühnenbauer eine Bühne gebaut hat: er bekommt die Dinge anders zu sehen als außerhalb des Theaters« (ebd.). Es entsteht »die Vorstellung sehr leicht hingebauter, schnell veränderlicher, schöner und dem Spiel nützlicher Gerüste, welche die Geschichte des Abends beredt erzählen helfen« (ebd.). Nimmt man seine Verachtung für alles Niedliche und Harmlose und die Heiterkeit seiner Bauten hinzu, heißt es in der Rede abschließend, habe man vielleicht eine Andeutung »von der Bauweise des größten Bühnenbauers unserer Zeit« (ebd.).

Die *Rede des Dramaturgen* (S. 856 f.) handelt von der Rollenbesetzung, die häufig falsch und gedankenlos vorgenommen werde und sich an Klischeevorstellungen vom Aussehen und von der Erscheinung der Figuren orientiere. Vieles sei dabei zu bedenken. Der Schauspieler darf nicht in ein Fach gezwängt werden, er muss sich entwickeln können. Weder nach körperlichen Merkmalen noch nach der Gemütsart der Schauspieler sollten Rollen besetzt werden. Denn jeder Mensch habe alle Gemütsarten; besonders der Schauspieler muss alle in sich pflegen, »weil seine Figuren nicht leben, wenn sie nicht von ihrer Widersprüchlichkeit leben« (S. 857).

1955 erschienen in Heft 14 der *Versuche* die *Gedichte aus dem Messingkauf* (S. 857–869; GBA 12, S. 317–331; vgl. BHB 2, S. 460–465). Die kleine Sammlung enthält neben den vier im Sammelband *Theaterarbeit* abgedruckten Gedichten auch *Suche nach dem Neuen und Alten* (ebenfalls in *Theaterarbeit* enthalten, aber dem *Messingkauf* dort nicht zugeordnet), ferner *Über alltägliches Theater* und *Rede an dänische Arbeiterschauspieler über die Kunst der Beobachtung* aus dem Jahr 1935. Die sieben Gedichte »gehören zum ›Messingkauf‹ (26. Versuch)«, der in einer Vorbemerkung nun als »Gespräch über neue Aufgaben des Theaters« bezeichnet wird (*Versuche*, H. 14, S. 104). Ein Rätsel war für den Leser vorläufig noch die Titelmetapher vom ›Messingkauf‹. Erst mit der Publikation der Fragmente in Band 5 der *Schriften zum Theater* im Jahr 1963 war es gelöst.

Am 12. 10. 1963 führte das Berliner Ensemble den *Messingkauf* in einer von Werner Hecht, Matthias Langhoff, Manfred Karge und Manfred Wekwerth hergestellten szenischen Fassung auf. Das Bühnenbild stammte von Manfred Grund. Die Darsteller waren Ekkehard Schall, der als ›Philosoph‹ in der äußeren Erscheinung und im Gestischen in vielfältiger Weise auf B. anspielte, ferner Willi Schwabe (Dramaturg), Wolf Kaiser (Schauspieler), Gisela May (Schauspielerin) und Klaus Tilsner (Bühnenarbeiter). Die Aufführung wurde eingeleitet »mit einer theatralisch aufgeplusterten Schlußszene des ›Hamlet‹, die die Diskussion auslöst«, wie Herbert Ihering berichtet (Wyss, S. 401). Die kritische Diskussion über das Theater, die auch kabarettistische Akzente setzte, »wurde zum Theater selbst. Pointen blieben nicht Pointen, sondern wurden dramatische Wirkungen, so daß durch Kritik Pathos, Boulevardgewitzel, Sentimentalität entlarvt und sofort durch klare, vernünftige Wirkungen ersetzt wurde.« (Ebd.) Gegen »eine gefühlsüberladene Szene aus ›Maria Stuart‹« wurde *Der Streit der Fischweiber* gesetzt (ebd.). Am Ende der Aufführung stand *Der Wettkampf des Homer und Hesiod*. Die Inszenierung wurde beim Publikum und bei der Presse ein großer Erfolg.

Literatur:

Fiebach, Joachim: Brechts »Straßenszene«. Versuch über die Reichweite eines Theatermodells. In: WB. 24 (1978), H. 2, S. 123–147. – Flashar, Hellmut: Aristoteles und Brecht. In: Poetica 6 (1974), S. 17–37. –

Gaillard, Ottofritz: Das deutsche Stanislawski-Buch. Lehrbuch der Schauspielkunst nach dem Stanislawski-System. Mit einem Geleitwort von Maxim Vallentin. Berlin 1946. – Hecht, Werner: Sieben Studien über Brecht. Frankfurt a.M. 1972. – Müller, Klaus-Detlef: Der Philosoph auf dem Theater. Ideologiekritik und ›Linksabweichung‹ in Bertolt Brechts »Messingkauf«. In: Bertolt Brecht I. Sonderbd. aus der Reihe Text+Kritik. München 1972, S. 45–71. – Theaterarbeit. 6 Aufführungen des Berliner Ensembles. Hg. v. Berliner Ensemble. Dresden 1952. – Voges, Michael: Gesellschaft und Kunst im »wissenschaftlichen Zeitalter«. Brechts Theorie eines episch-dialektischen Theaters. In: JOOST, S. 201–252. – Wyss, Monika (Hg.): Brecht in der Kritik. Rezensionen aller Brecht-Uraufführungen sowie ausgewählter deutsch- und fremdsprachiger Premieren. Eine Dokumentation. München 1977.

Klaus-Dieter Krabiel

Zu Literatur und Kunst

Literatur und Kunst in ›finsteren Zeiten‹

Schriften zu Literatur und Kunst können sich – jedenfalls bei B. – in diesen Zeiten, den ›finsteren Zeiten‹ (vgl. GBA 12, S. 85), gerade nicht der Literatur und Kunst widmen, weil alles, was dazu geäußert wurde, in einem politisch-kriminellen Zusammenhang stand, der den Kunstproduzenten neu definierte: Alles, was er sagte, war entweder belanglos (weil nur die Kunst und Literatur betreffend) oder politisch geworden. Wenn es um die Vorbereitung von Krieg ging – und B. konstatierte von vornherein, dass Hitler Krieg bedeutete und die Autobahnen als Heerstraßen angelegt wurden – und schließlich um Krieg selbst, um das größte Schlachten, das die Weltgeschichte bis dahin kannte, wenn es also darum ging, Menschen zu retten, dann konnten Literatur und Kunst entweder überhaupt keine Rolle mehr spielen oder sie mussten wenigstens dazu beitragen, die Verbrechen offen zu legen und vor den verhängnisvollen Konsequenzen (die für viele nicht erkennbar waren oder schienen) zu warnen. Karl Kraus hatte 1933, als »jene Welt erwachte« (Kraus, S. 4), mit Schweigen geantwortet, indem er das Erscheinen der *Fackel* für fast ein Jahr einstellte, wohingegen B., der vor aller Gewalt zurückschreckte und wohl auch nie zum Widerstandskämpfer getaugt hätte, sich lediglich der literarisch-politischen Aporie stellen konnte: »In den finsteren Zeiten / Wird da auch gesungen werden? / Da wird auch gesungen werden. / Von den finsteren Zeiten.« (GBA 12, S. 16)

Da B. zu den Wenigen gehörte, die das ganze Ausmaß des Schreckens, der herrschte und noch kommen würde, klar sah, liegt über seinen Schriften der Zeit (hier 1933–1941) in den aporetischen Teilen ausgesprochen, sonst meist unausgesprochen, einerseits das schlechte Gewissen, etwas zu tun, was politisch-gesellschaftlich nicht relevant war (oder werden konnte), und andererseits der ständige Versuch, die schriftstellerische Arbeit als tatsächliche ›Gewalt‹ aufzuwerten – was sich u.a. auch in B.s (möglicherweise auch von Benjamin stammenden; vgl. Ruoff Kramer, S. 156) Formel vom ›eingreifenden Denken‹ (vgl. GBA 22, S. 716f.) niederschlägt. Das ging so weit, dass B. noch 1937 meinte (wobei die Schrift allerdings unsicher datiert ist und Einiges dafür spricht, dass sie vor oder um 1935 anzusetzen ist), sich versichern zu können, dass seine schriftstellerische Arbeit für Hitler »tödlich« ist. Auf die Leitfrage: »Wie können wir Schriftsteller tödlich schreiben?« gibt er die Antwort: »Wir wissen, daß sich um die faschistischen Staaten eine enorme, dichte Mauer von Geschwätz, Geschmier, abgestandener Philosophie erhebt, hinter der die Geschäfte getätigt werden. Diese Gasmauer ist ein Wunderwerk der Vernebelungstechnik. Viele von uns sind nun damit beschäftigt, den Gascharakter, die Unsolidität usw. dieser Mauer nachzuweisen. Ich fürchte, das ist nicht tödlich. Tödlich dagegen ist es, die Geschäfte dahinter nachzuweisen. Das erfordert etwas mehr Arbeit, auch Studium, das liegt außerhalb unseres eigentlichen Bereiches, davon verstehen wir nicht so sehr viel, das ist etwas

Praktisches, aber das ist tödlich.« (GBA 22, S. 341) B. wiederholte damit eine Haltung, die 1935 seine Rede auf dem I. Internationalen Schriftstellerkongress geprägt hatte, sich nämlich zu weigern, vom Thema, das ›Verteidigung der Kultur‹ hieß, zu sprechen und stattdessen auf die eigentlichen Ursachen des Faschismus zu verweisen, die »Eigentumsverhältnisse« (S. 145). B. war offenbar überzeugt davon, durch die Entlarvung der Geschäftemacher hinter und unter dem ideologischen Nebel, dessen Aufdeckung selbst nur wenig, das heißt nur Desillusionierung einer ohnehin nicht geteilten Illusion, brachte, das ›Proletariat‹ aufklären und mobilisieren zu können. Diese Überzeugung, die er auf alle Fälle zumindest bis 1935 vertrat, war wohl die entscheidende Illusion, die B. den deutschen Verhältnissen nach der Machtübergabe an die Nazis entgegenbrachte, auch wenn er durchaus konstatierte, dass der Faschismus »die politischen, ökonomischen und sozialen Positionen des Proletariats so brutal umgeworfen« hätte (S. 48). Diese Illusion schlug sich etwa auch nieder in der Hoffnung B.s, mit dem international auf Flugblättern verbreiteten *Saarlied* (GBA 14, S. 219f.) – das »mehr Wichtigkeit [hat] als ein halbes Dutzend Dramen« (GBA 28, S. 463) und in dem mit Fritz Thyssen einer der ›Macher‹ genannt ist – die Saarabstimmung vom 13. 1. 1935 beeinflussen zu können.

Diese Vorstellung beruhte nicht nur auf mangelnder Kenntnis der realen Möglichkeiten, bei den Proletariern das für einen Umsturz notwendige Klassenbewusstsein zu wecken, und auf der Verkennung der Nazi-Propaganda, durch die auch viele Proletarier für den Faschismus gewonnen wurden; dieses Fehlurteil fußte offensichtlich auch auf der (existenziell gebotenen) Überschätzung der Rolle von Literatur, nämlich mit Literatur politisch (und dann auch noch tödlich) wirken zu können. Es ist bezeichnend, dass B. seine Rede auf dem II. Internationalen Schriftstellerkongress (Juli 1937), mit der er sich wiederum weigerte, von Kultur zu sprechen, mit dem Satz beendete: »Die Kultur, lange, allzu lange nur mit geistigen Waffen verteidigt, angegriffen aber mit materiellen Waffen, selber nicht nur eine geistige, sondern auch und besonders sogar eine materielle Sache, muß mit materiellen Waffen verteidigt werden.« (GBA 22, S. 325) Der Gedanke, dass Kultur durchaus auch eine ›materielle Sache‹ sei, betont zwar auf realistische Weise einen zu wenig beachteten Aspekt von Kultur (weshalb die Nazis ja u.a. die Bücher verbrannten), unterschlägt aber die Tatsache, dass die Nazis (weitgehend) erfolgreich alle die Kultur (mit Gewalt) verhinderten, die ihre Politik hätte anprangern können (was aber wiederum der Beleg dafür ist, dass sie sich durch ›geistige Waffen‹ durchaus ›materiell‹ bedroht sahen). Als der Kongress zur Unterstützung der spanischen Freiheitskämpfer nach Madrid verlegt wurde, befand B., dass eine weitere Beteiligung für ihn zu gefährlich wäre. Seine Rede hielt er dann auf sicherem Posten zum Abschluss des Kongresses in Paris.

B.s Ausführungen zur angeblich ›tödlichen‹ Literatur machen sehr deutlich, dass er alle weitere schriftstellerische Arbeit unter den Primat des Politisch-Ökonomischen stellte und vom Schriftsteller verlangte – was als wesentlicher Gedanke die Schriften seit 1933 dominiert –, dass er das Studium der realen gesellschaftlichen Verhältnisse allem Schreiben voranstellt und sich allein durch diese beim Schreiben leiten lässt. Dazu gehörte auch, dass der Schriftsteller auf der Höhe der wissenschaftlichen Erkenntnisse ist, wie B. u.a. in einer Notiz von (vermutlich) 1938, *[Benutzung der Wissenschaften für Kunstwerke]*, allgemein und nicht wie sonst nur auf das Theater bezogen (Stichwort: ›Theater des wissenschaftlichen Zeitalters‹, ab 1929/30 benutzt, vgl. *Dialog über Schauspielkunst*; GBA 21, S. 279), forderte: »Hier sind wir einig mit den großen bürgerlichen Realisten. Es besteht keinerlei Grund, da hinter ihnen zurückzubleiben. Das bedeutet aber eine große Aufgabe.« (GBA 22, S. 480) Unter das Notat schrieb B. noch ergänzend: »Psychologie / Ökonomie / Geschichte / Politik« (ebd.). Der Primat nicht-ästhetischer Fragestellungen ist wieder einmal nachdrücklich betont. Zugleich galten damit für B. in der Kunst andere Kategorien: An die Stelle der (nur scheinbar) ästhetischen Kategorien ›schön‹ und ›hässlich‹ traten die realistischen ›richtig‹ (oder ›wahr‹) und ›falsch‹ (vgl. S. 449, S. 468). Ob die ästhetischen ›Abbilder‹, ein Begriff, den B. trotz möglicher Missverständnisse beibehielt (vgl. z.B. S. 449), ›richtig‹ oder ›falsch‹ sind, musste an den Realitäten überprüft werden: »Über literarische Formen muß man die Realität befragen, nicht die Ästhetik, auch nicht die des Realismus.« (S. 433) Die Kunst muss sich entscheiden, formulierte B., ob sie angesichts der politischen Realität ab 1933 weiterhin »die Menschen den Rauschzuständen, Illusionen und Wundern« oder »den Menschen die Welt« (S. 236) ausliefern möchte.

Auch die Beiträge zur Expressionismusdebatte, die ab Ende 1937 (bis 1939) bei B. eine Flut von Schriften auslöste, stehen unter diesem Primat. Zentrale Begriffe waren »Realismus« (vgl. z.B. GBA 22, S. 435–445) sowie »Volkstümlichkeit« (vgl. z.B. S. 405–416), die B. sowohl im Hinblick auf ihre Fundierung in den gesellschaftlichen Verhältnissen als auch im Hinblick auf ihre mögliche Wirkung auf die (proletarischen) Massen definierte und deren innerästhetische Debatte er entschieden zurückwies (vgl. *Zur Expressionismusdebatte*, BHB 4). – Ein Kuriosum stellt die Schrift *Kleiner Beitrag zum Thema Realismus* dar. Sie beschreibt die Verhandlungen vor der Zensurbehörde in Sachen *Kuhle Wampe*, an denen Hanns Eisler, Slatan Dudow und B. teilnahmen. In der GBA ist der Text auf Frühjahr 1932 datiert, als die Verhandlungen tatsächlich stattfanden. Burkhardt Lindner und Raimund Gerz jedoch haben herausgefunden, dass der Text im Zusammenhang mit der Expressionismusdebatte, also 1938, entstanden und unmittelbar gegen Georg Lukács gerichtet ist, dessen ›ästhetischer‹ Kernsatz, dass kein Kunstwerk vorliege, wenn »kein richtiges Individuum, kein Mensch aus Fleisch und Blut« gestaltet sei, B. dem Zensor in den Mund legte (GBA 21, S. 549; vgl. *Kuhle Wampe*, BHB 3, S. 441–443).

Bemerkenswert ist, dass B., trotz aller Dominanz der Schriften, die sich dem Theater und seinen Techniken – der Begriff ›Verfremdung‹ wird 1936 gefunden – widmen (vgl. *Zum Theater* [1933–1941], BHB 4), verstärkt Überlegungen zur Lyrik und vor allem auch zur Art und Weise ihrer Veröffentlichung (vgl. z.B. *Lyrik und Malerei für Volkshäuser*) zwischen 1938 und 1940 niederschreibt (vgl. *Zur Lyrik* [1933–1941], BHB 4). Keine zwei Jahre später würde B. am 5. 4. 1942 ins *Journal* notieren: »Die Schlacht um Smolensk geht auch um die Lyrik.« (GBA 27, S. 80)

Bildende Kunst

Nur im Ansatz erkennbar ist – weil die kurzen Notate nicht weiter ausgeführt sind –, dass B. neben Shelley, dessen *Mask of Anarchy* er in *Weite und Vielfalt der realistischen Schreibweise* (vgl. den Artikel zur Schrift, BHB 4) trotz aller Allegorese als ›realistisch‹ (= ›richtig‹) lobte, offenbar Franz Marcs *Turm der blauen Pferde* als Beispiel für Realismus ins Feld zu führen gedachte. Vordergründig gibt – wie B. in *Praktisches zur Expressionismusdebatte* höhnisch anmerkt – eine Überprüfung an der Realität dem Maler unrecht: »Immerhin, Pferde sind tatsächlich nicht blau, das wurde in der Debatte mit Recht gebrandmarkt.« (GBA 22, S. 420) Eine fragmentarische (kurze) Schrift und der Beginn eines Dialogs aber deuten an, dass B. im Blau der Pferde (und auch in ihrer Anordnung) offenbar eine ›Verfremdung‹ sah, die sehr wohl in der Lage ist, Realität auf neue Weise ästhetisch sichtbar werden zu lassen.

Zu diesen Realisten gehörte – neben den literarischen Gewährsleuten wie Swift, Diderot, Lessing, Voltaire, die B. immer mal wieder anrief (vgl. z.B. GBA 22, S. 37, S. 277, S. 512) – vor allem auch Pieter Brueghel, der Ältere, der sog. Bauernbrueghel, dessen »Verfremdungstechnik« (S. 270) B. in mehreren kleinen Notizen mit Nachdruck herausstellte (S. 270–273). Bemerkenswert ist, dass ein Hauptpunkt der Verfremdung nach B. die ›Erzählungen‹ in den Bildern Brueghels bilden, z.B. im *Sturz des Ikarus* (um 1554/55): Das eigentliche, große (mythische) Thema erscheint nur nebenbei,

»man muß den Gestürzten suchen« (S. 272), weil er nur am Rand und sehr klein im Bild erscheint. Dagegen hat der Maler viel Aufmerksamkeit (die sich auf die Betrachter überträgt) dem Pflügen, dem Fischer, dem Wasser u.a. gewidmet. Die Sonne ist am Untergehen, was für B. anzeigt, dass »der Sturz lange währte« (ebd.), denn Ikarus hat sich seine Flügel am Sonnenlicht, ihm zu nahe kommend, verbrannt; entsprechend erscheint sein Vater Daidalos überhaupt nicht mehr im Bild: er ist längst auf und davon. ›Erzählung‹ korrespondiert, obwohl B. den Bezug nicht explizit herstellt, offenbar mit ›Epik‹ im Theater. Obwohl die Malerei nur in der Fläche und nur einen bestimmten Zeitpunkt erfassen kann, ist sie in der Lage – wie Brueghels Bilder (und nicht nur diese) längst vor Lessings Ausführungen im *Laokoon* zeigen –, den Augenblick der Darstellung so zu wählen, dass große ›Fabeln‹ erzählt werden müssen, um die Bilder in ihrer Fülle angemessen wahrzunehmen und ästhetisch deuten zu können.

Ein anderes Beispiel, wie B. die verschiedenen Künste in ihren Gemeinsamkeiten erkennt (wenn sie denn realistisch sind), bilden seine Ausführungen zur chinesischen Malerei. Die unscheinbare fragmentarische Schrift *Über die Malerei der Chinesen* expliziert, indem sie das Typische chinesischer Malerei beschreibt, indirekt wesentliche Kunstprinzipien des B.schen Theaters. Dadurch, dass die chinesische Malerei auf die Perspektive verzichtet, sind alle dargestellten Gegenstände oder Figuren nebeneinander geordnet und erscheinen nicht unter ›Zwangsbeziehungen‹ des vorgegebenen Raums; sie sind unabhängiger, freier, wenn auch nicht isoliert: »Die dargestellten Dinge spielen die Rolle von Elementen, die selbständig existieren können« (GBA 22, S. 134), was der im Theater geforderten »Trennung der Elemente« (GBA 24, S. 79) entspricht, die dennoch – widersprüchlich – dazu beiträgt, dass ein ›Ganzes‹ entsteht. Das zweite wichtige Kennzeichen der chinesischen Malerei, nämlich die Fläche nicht ganz zu bemalen, lässt für den Betrachter stets das Material sichtbar sein, auf das gemalt worden ist: »In diesen Lücken tritt das Papier selber oder die Leinwand als ein ganz bestimmender Wert hervor.« (GBA 22, S. 134) Das heißt, dass das Gemachte, Künstliche bewusst bleibt – in Parallele zur weißen, möglichst ausgeleuchteten B.-Bühne, die nur das mitspielen lässt, was zur Aktion gebraucht wird und ein Ausdekorieren der Bühne meidet. Überdies sind die ›weißen Stellen‹ – wie die weitgehend leere und ausgeleuchtete Bühne – Freiräume für die Fantasie der Betrachtenden. Es liegt mit B.s Brief an George Grosz vom 2. 9. 1934 eine ausführlichere Beschreibung des ›großen chinesischen Gemäldes auf Papier‹ vor (GBA 28, S. 436f.). Auf Grund dieses Briefs ist die Datierung in der GBA, nämlich auf 1935 (Zusammenhang: Moskauer Gastspiel von Mei Lan-fang), zu 1934 zu korrigieren; die Texte weisen parallele Formulierungen auf.

Gebremste Avantgarde

Seine bekanntesten und wichtigsten Ausführungen zum Thema ›Realismus‹ formulierte B. im Zusammenhang mit der Expressionismusdebatte, Ausführungen, die aber fast alle nicht zeitgenössisch veröffentlicht wurden und dadurch zu einer verhängnisvollen Rezeption nach ihrer verspäteten Publikation in der WA (1967) führten (vgl. *Zur Expressionismusdebatte*, BHB 4): B.s ästhetisches Werk wurde über die ›Theorie‹ (oder auch Philosophie = Marxismus) definiert (und damit von vornherein ideologisiert; vgl. Knopf 1974, passim); diese ›Theorie‹ wurde dann auch noch als genuin ›marxistisch‹ verstanden, mit der die 68-Generation ihre versäumten Lektionen in Sachen Marx (zweiter Hand) nachholte (vgl. Haug 1980, passim) und sich Illusionen, und zwar gegen B.s Vorstellungen, über eine – mit ›eingreifendem Denken‹ zu bewirkenden – Revolutionierung der Verhältnisse in der Bundesrepublik Deutschland machte (vgl. Ruoff 1980). Als Ende der 70er-/Anfang der 80er-Jahre die Illusionen als solche erkannt waren, wurde B. als ›Schuldiger‹ verabschiedet (vgl. Knopf 1998, S. 23f.). Wolfgang Fritz Haugs

Aufsatz *Brecht – Philosoph unter der Maske des Poeten?*, der so tut, als sei B. erst jetzt (1999) als ›Philosoph‹ entdeckt worden (vgl. Knopf 1980), ignoriert diese für B. verhängnisvolle Verwendung als marxistischen Theoretiker, der er – wenn auch auf unorthodoxe Weise – ohne Zweifel war, eine Leistung freilich, die durchaus nicht im Zentrum seiner Arbeit stand, die aber der Entwicklung einer neuen materialistischen Ästhetik und nicht der Schaffung eines neuen Marxismus galt (vgl. Haug 1999, S. 9f.).

B.s Überlegungen zum ›Realismus‹, auf den alles hinauslief, beschränkten sich durchaus nicht auf die Expressionismusdebatte, die B. herausfordern musste, sollte er halbwegs seine Position zu behaupten suchen. Das Exil forderte ›theoretische‹ Überlegungen auf neue Weise heraus. In der Weimarer Republik war B. sowohl in seinen ›theoretischen‹ Schriften als vor allem mit seinen Werken so weit gekommen, dass er letzteren, wie es in Heft 1 der *Versuche* heißt, einen »Experimentkarakter« (S. 1) zuschreiben konnte: Kunst war angetreten, an der »Umgestaltung« (ebd.) der Apparate mitzuwirken, wobei B. unter ›Apparaten‹ Theater, Radio, Film, Schallplatte, aber auch die ›soziologische‹ Öffentlichkeit (vgl. den *Dreigroschenprozeß* als »*soziologisches Experiment*«; GBA 21, S. 448) verstand. B. hatte es bis 1932 zumindest in markanten Ansätzen geschafft, mit seiner Kunst, deren Warencharakter ihm sehr klar war, am Markt der Kulturindustrie – unter Verwendung auch aller industriellen Mittel – einen gewissen Anteil gewonnen zu haben, der – wiederum nur im Ansatz – geeignet war, die Apparate auch tatsächlich umzugestalten oder, wie B. auch formulierte, ›umzufunktionieren‹ (vgl. S. 466). B. hatte mit den Lehrstücken und den Opern zwei neue Wege eingeschlagen, die durchaus eine die Apparate verändernde Wirkung hatten, auch wenn diese Veränderung nicht als die die Apparate konstituierende durchsetzbar war. Ebenfalls war er in allen Medien der Massengesellschaft vertreten: in der Zeitung, auf Schallplatten, im Radio und im Film, und dies war 1928 erreicht gewesen, als B. gerade einmal 30 Jahre alt war.

Es lag deshalb nahe, sich der gewonnenen Positionen im Rückblick zu versichern und zugleich zu erkennen, was im Exil alles nicht mehr möglich war. Es ist viel zu wenig beachtet worden, was es für B. hieß, keine (oder nur beschränkt und dann traditionelle) ›Apparate‹ mehr zur Verfügung zu haben. Experimente waren nicht mehr möglich, und die Stücke, die B. weitgehend für die Schublade schrieb, mussten – trotz aller sprachlich-ästhetischer Potenz, die B. ohne Zweifel entwickelte – zwangsläufig wieder in relativ konventionelle Bahnen zurückkehren, da die geeigneten Theater fehlten. Gegenüber den die Apparate ›sprengenden‹ Versuche der 20er- und frühen 30er-Jahre ist das epische Theater des Exils, das traditionell als das ›reife‹ Theater B.s galt, konservativ insofern, als es – zwar unter Ausnutzung aller Möglichkeiten – auf die traditionelle Bühne rekurrierte. Merkwürdigerweise gilt dies auch – abgesehen vom *Dreigroschenroman*, der am Beginn des Exils stand – für die Prosa, die z.B. mit den später gesammelt veröffentlichten *Kalendergeschichten* zu traditionellen, figurengebundenen Erzählweisen zurückkehrte und damit die technifizierte Prosa der Weimarer Republik gerade nicht fortsetzte. Resigniert konstatierte B. in einem Radiovortrag, den er während seines Moskauer Aufenthalts im Frühjahr 1935 hielt: »Die Entwicklung des revolutionären Theaters und der deutschen revolutionären Dramatik wurde durch den Faschismus abgebrochen.« (GBA 22, S. 120) Den größten Gewinn im Exil erzielte B. zweifellos mit seiner Lyrik, die offenbar durch die Zeit am meisten herausgefordert war, galt doch (in der bürgerlichen Literatur) Lyrik als ›subjektiv‹ und verinnerlichend und deshalb als die Gattung, die am wenigsten ›realistisch‹ war. In Theodor W. Adornos Verdikt, dass es barbarisch sei, nach Auschwitz noch Lyrik zu schreiben (vgl. Kiedaisch, S. 10), klingt diese Auffassung noch nach; B. dagegen hatte die Lyrik längst so verändert, dass sie zumindest mit Auschwitz rechnete. – In diesem Kontext ist auch B.s Würdigung von Kafka als jemand, der die KZs vorwegnahm, zu sehen, die auch durch Walter Benjamins Gesprächsaufzeichnungen von Svendborg belegt ist: »Bei ihm

[Kafka] findet sich in merkwürdigen Verkleidungen vieles Vorgeahnte, was zur Zeit des Erscheinens der Bücher nur wenigen zugänglich war.« (GBA 22, S. 37; vgl. Benjamin 1960, S. 121–123)

Im Kontext der Expressionismusdebatte (1938) ließ B. für die Weimarer Zeit fünf Künstler als ›volkstümlich‹ gelten: sich selbst, George Grosz, John Heartfield, Erwin Piscator sowie Hanns Eisler. »Die Zeit war die des Übergangs, und die Werke der Künstler bedeuteten sowohl einen Abstieg und Ende, als auch einen Aufstieg und einen Anfang. Sie trugen die Kennzeichen der Zersetzung und zersetzten Bestehendes, und sie trugen die Kennzeichen des Aufbaus und halfen aufbauen.« (GBA 22, S. 404 f.) Ihre Kunst war dadurch ausgezeichnet, dass sie »alle im Besitz einer hochentwickelten Technik« waren (S. 405) und mit ihr die ›billigen Plätze‹ (vgl. S. 404) erreicht hätten. Eisler wird von B. besonders herausgestellt, weil er es – im Gegensatz zu seinem Lehrer Arnold Schönberg – geschafft hatte, mit seinen Liedern ein Millionenpublikum zu erreichen (vgl. S. 405).

In einer längeren Reflexion *[Über die eigene Arbeit]*, die ebenfalls im Kontext der Expressionismusdebatte steht, sowie im Aufsatz *Über die Popularität des Kriminalromans*, der 1940 auf Schwedisch in einer Zeitung veröffentlicht wurde, markierte B. nochmals die erreichten Positionen, ohne dass er wesentlich Neues formuliert hätte: Die entscheidenden ästhetischen Prinzipien waren bis Anfang 1933 praktisch entwickelt und in geringerem Maß auch theoretisch formuliert worden. Die Schriften des Exils konnten deshalb in erster Linie nur Bestandsaufnahme und nochmalige Vergewisserung sein. So hält B. am Lob des Plagiats wie in den späten 20er-Jahren fest, begründet es aber ›neu‹, nämlich in Hinblick auf die Nazis ›rassistisch‹: »für die Stile ist es nicht weniger gut, sich zu mischen, wie für Menschen verschiedener Rasse« (S. 445). Er betont den Widerspruch (»Ich habe immer nur Widerspruch ertragen«; S. 447) wie schon im *Dreigroschenprozeß*, oder er kehrt wie in den 20er-Jahren zu den Kriminalromanen zurück: Sie erzählen große Fabeln, sie betonen das Handeln und entwickeln die Charaktere aus den Handlungen, sie sind auf wissenschaftlicher Höhe und fördern das Nachdenken.

Für ›Realismus‹ fand B. in den Schriften zwischen 1933 und 1941 auch außerhalb der Expressionismusdebatte ›klassische‹ Formulierungen: »Die Realität ist nicht nur alles, was ist, sondern alles, was wird. Sie ist ein Prozeß. Er verläuft in Widersprüchen. Wird er nicht in seinem widersprüchlichen Charakter erkannt, wird er überhaupt nicht erkannt.« (S. 458) Da die realistische Kunst diesen Realitäts-›Begriff‹ voraussetzt, kann diese folgendermaßen definiert werden: »Übrigens besteht der Realismus nicht in der Ausschaltung der Phantasie. Realistisch ist eine Kunst, wenn ihre Abbildungen der Wirklichkeit den Gesetzen folgen, die in ihr herrschen. Ein Realist ist, wer entgegen irreführenden Darstellungen die Realität zu Wort kommen läßt, d.h. Darstellungen gibt, welche als Grundlage erfolgreichen Handelns dienen können.« (S. 459)

Ein solches Realismus-Verständnis, das B. in dieser Form ziemlich einsam formulierte und vertrat, konnte in keiner Weise mit irgendeiner Ästhetik des sozialistischen Realismus vereinbart werden. Dies wird z.B. schon früh, nämlich im Mai 1934, in einer Schrift deutlich, mit der B. auf einen Artikel von Petr Judin und Alexander Fadejew über sozialistischen Realismus reagierte, der am 8.5.1934 in der *Prawda* (Moskau) erschienen war. Das neue Statut der Sowjetschriftsteller war im Vorfeld des 1. Allunionskongresses der Sowjetschriftsteller zu begründen, der vom 17.8.–1.9.1934 in Moskau tagte und erhebliche Folgen für ein doktrinäres Verständnis des sozialistischen Realismus hatte. B.s Text legt Widerspruch ein, indem er die Begrifflichkeit (»Romantik« und »Realismus« als »Idealkonkurrenz«; S. 135) aus ihrer plakativen und starren Verwendung bei Judin und Fadejew – »Stigma des beruhigten Endstadiums« (ebd.) – löst und präzisierend ›dialektisiert‹. »Eine bloße Widerspiegelung der Realität läge, falls sie möglich wäre, nicht in unserem Sinne. Die Realität muß kritisiert werden, indem sie gestaltet wird, sie muß realistisch kritisiert werden. Im Moment des Kritischen liegt das Entscheidende für den Dialektiker, liegt die Tendenz.« (S. 136) Um sowohl den »dürren, abstrakten Doktrinarismus« zu bekämpfen als auch einen »mechanischen unverbindlichen Naturalismus« zu vermeiden (ebd.), forderte B. einen ›kämpferischen‹ Realismus, der auf »Wissen ökonomischer, historischer Art« (S. 137) basieren müsse (S. 137) und der »die Wirklichkeit zum Sprechen« bringe (S. 38).

Durchgängig findet sich in den Schriften der Zeit B.s Polemik gegen die ›Einfühlung‹, die ja durchaus nicht aufs Theater beschränkt ist, sondern für alle Künste, insbesondere die Musik, gilt (vgl. S. 469). In einer kleinen Satire auf Hitler, *Der größte aller Künstler*, die im September 1938 in der *Neuen Weltbühne* publiziert worden ist, unterstreicht B. Hitlers Vorliebe für die Musik, die möglichst ohne Text bleiben soll: »Der Hörer kann sich selbst einen Text drauf machen. Sie muß es mit Tönen allein schaffen. Er, als Redner, schafft es schließlich auch beinahe nur mit dem Ton.« (Ebd.) B.s schon fast penetrante Polemik gegen die ›Einfühlung‹ ist, wie es die Satire zeigt, im Kontext der »Ästhetisierung der Politik« (Benjamin 1963, S. 51) zu sehen. Das Polittheater der Nazis, zu der alle Künste beizutragen hatten – und weshalb Goebbels auch im November 1936 die Kunstkritik verbot (vgl. GBA 22, S. 224f., S. 470) –, bewies mit seinen ›Erfolgen‹ beim Publikum, dass die traditionelle Einfühlungsästhetik und entsprechend die Zuschau-Haltung des Publikums keineswegs auf die Kunstrezeption beschränkt blieben, sondern von den Nazis als materielle (und tödliche) Gewalt im politischen Alltag für verbrecherische Zwecke eingesetzt wurden. Nicht die Kunst, sondern die Politik hatte die von Lessing einstmals progressiv proklamierte Ästhetik der Einfühlung endgültig ruiniert. Das Schlimme war nur, dass sie bei der Mehrheit der Rezipienten noch fest verankert war und auch noch lange nach dem Krieg verankert blieb.

Gestus

B.s ›klassische‹ Definition des »Gestus« stammt von 1940: »Unter einem *Gestus* sei verstanden ein Komplex von Gesten, Mimik und (für gewöhnlich) Aussagen, welchen ein oder mehrere Menschen zu einem oder mehreren Menschen richten.« (GBA 22, S. 616) Trotz des teilweise inflationären Gebrauchs des Worts durch B. und ihm nachfolgend durch die Forschung gilt bis heute, dass eine klare Definition nicht vorliegt, zumal B. häufiger selbst nicht zwischen ›Gestik‹, verstanden als mit dem Körper oder Teilen von ihm ausgeführte ›Handlungen‹ oder Verhaltensweisen, und ›Gestus‹, der offenbar mehr meint, differenziert hat (vgl. Heinze, S. 121). Auch die neueren Versuche der Forschung, wie sie etwa mit Marc Silbermans Wörterbuchartikel, mit Helmut Heinzes oder Fredric Jamesons Büchern (Letzterer eher verunklärend als klärend) vorliegen, haben zur Erhellung des Begriffs nur wenig beigetragen und ihn unzulässig auf das Theater beschränkt oder fokussiert, obwohl ihn B. ausdrücklich – z.B. im Aufsatz *Reimlose Lyrik mit unregelmäßigen Rhythmen* – auch auf die Lyrik und in seinen Beispielen auf Literatur (und Kunst) überhaupt angewendet hat.

Der Versuch einer Annäherung an den Begriff, der in den Schriften des Zeitraums immer wieder auftaucht und teilweise grundsätzlich erörtert wird, lässt sich am Sinnvollsten an einem Beispiel, das nicht von B. stammt, demonstrieren. Wenn ein Clown (im Zirkus) über seine eigenen Füße stolpert und auf die Nase fällt, dann mag das zwar komische Wirkung auslösen, die ganze Gestik besteht jedoch nur in der Demonstration körperlicher Ungeschicklichkeit, die den Clown als solchen definiert und auf ihn allein bezogen bleibt; es ist sozusagen seine Bestimmung, die einen ›allgemein-menschlichen‹ Humor bedient, ohne dass sein Fall weitere Bedeutung hätte. Wenn hingegen Charles Chaplin in *Modern Times* (1936) das Fabriktor verlässt und auf der Straße mit Hand und Arm eben die Bewegung weiter ausführt, die er vorher zehn Stunden an der Maschine durchzuhalten hatte, so ist der Vorgang in B.s Sinn ›gestisch‹, obwohl Chaplin nur eine Geste ausführt und allein auf der Straße ist. Durch den Zusammenhang der Fabel wissen die Betrachter, was diese Bewegung bedeutet: Sie ist ›moderner Ausdruck‹ der Unterjochung des Arbeiters durch die Maschine und damit seiner Ausbeutung. Diese Ausbeutung wirkt auch in der sog. Freizeit fort und ›besetzt‹ buchstäblich den ganzen Menschen. Das heißt, in der einfachen Geste Chaplins steckt der ganze Ausbeutungs- und Unterdrückungsmechanismus der modernen Industriegesellschaft; in ihr sind die ›Anderen‹, die für diese Verhältnisse sorgen, enthalten, sodass aus der einfachen Geste ein gesellschaftlicher Gestus wird, der ein wichtiges Bewegungsgesetz der herrschenden Verhältnisse sichtbar werden lässt bzw. in ästhetische Anschauung bringt, und dies mit den einfachsten Mitteln (was bekanntlich schwer zu machen ist).

Das Beispiel Chaplin zeigt erstens, dass der ›Gestus‹ nicht auf einen einzelnen Menschen, sondern intersubjektiv auf ein Zueinander-Verhalten von mindestens zwei Menschen bezogen ist. Damit ist eine Darstellungsweise verbunden, die B. als ›Von-Außen-Sehen‹ (auf die Menschen und die Dinge) bezeichnet hat (GBA 21, S. 465), was umgekehrt bedeutet, dass sich die Kunst weigert, weiterhin den Charakter eines Menschen und seine Entäußerungen (als Ausdruck der ›Persönlichkeit‹) wiederzugeben. Das Zueinander-Verhalten beschränkt sich zweitens nicht auf den intersubjektiven Austausch von zwei oder mehreren Menschen, sondern ist zugleich auf die gesellschaftliche Realität bezogen. Sie entscheidet, ob der Gestus lediglich eine Geste im Sinn des Clown-Beispiels ist, also subjektiv und allgemein-menschlich, oder ob er ein (ästhetisches) Bild der gesellschaftlichen Funktionsgesetze vermittelt. Da diese menschengemacht sind, kommen die Menschen, die sie vertreten oder die unter ihnen leiden, stets mit ins Bild: in dem Sinn, dass die Zuschauer/Leser/Betrachter sie in ihrer Fantasie, die wiederum aus der Kenntnis der Wirklichkeit gespeist ist, dem (gezeigten) Bild hinzufügen können. Im Fall von Chaplin aktivieren die Zuschauer das, was sie vorher in der Fabrik gesehen haben, und stellen Bezüge zur nun (nur scheinbar) völlig veränderten Situation her, in der Chaplin nach dem Verlassen der Fabrik ist. Dadurch leitet der Gestus drittens die Möglichkeit eines Erkenntnisprozesses bei den Betrachtern ein: Sie stellen die Verknüpfung zwischen dem ›Bild‹ (als Gestus), Chaplin auf der Straße, Hand und Arm mechanisch bewegend, und der Arbeit in der Fabrik her. Das Resultat der Erkenntnis ist (oder könnte sein): Diese Arbeit ist, obwohl doch die Maschine die körperliche Anstrengung des Arbeiters erleichtern soll, eine zutiefst entfremdende Arbeit. Indem Chaplin an der Maschine nur einen hochdefinierten Teilprozess ausführt und das Gesamtprodukt, zu dem er beiträgt, nicht mehr kennt, ist, wie Lukács 1923 in *Geschichte und Klassenbewußtsein* ausgeführt hat, sowohl das »Objekt der Produktion« zerrissen als auch das Subjekt, das die Arbeit liefert: »Der Mensch erscheint weder objektiv noch in seinem Verhalten zum Arbeitsprozeß als dessen eigentlicher Träger, sondern er wird als mechanisierter Teil in ein mechanisches System eingefügt, das er fertig und in völliger Unabhängigkeit von ihm funktionierend vorfindet, dessen Gesetzen er sich willenlos fügen muß.« (Lukács, S. 100) Das Straßen-Bild zeigt aber, dass der ganze Mensch davon betroffen ist, kurz, dass er unter solchen Arbeitsbedingungen eigentlich überhaupt nicht mehr Mensch ist. Damit wiederum ist viertens verbunden, dass der ›moderne Mensch‹ der *Modern Times* nicht mehr über die traditionell bestimmte (bürgerliche) Individualität verfügt; vielmehr ist er ein Kampfplatz der gesellschaftlichen Verhältnisse geworden, die ihn beherrschen und ihn nicht dazu kommen lassen, selbstbestimmtes Handeln und Verhalten auszubilden. B. formulierte seine radikale Neubestimmung des Individuums (vermutlich Anfang 1941) so: »Das *Individuum* erscheint uns immer mehr als ein widerspruchsvoller Komplex in stetiger Entwicklung, ähnlich einer Masse. Es mag nach außen hin als Einheit auftreten und ist darum doch eine mehr oder minder kampfdurchtobte Vielheit« (GBA 22,

S. 691). Daraus resultiert fünftens die (mögliche) Erkenntnis, dass die gesellschaftlichen Verhältnisse – hier durch die Technik – sich in einer rasenden Prozessualität befinden, die das Menschenbild und die Wirklichkeit radikal verändern. Aus der Einsicht in diese Veränderung ergibt sich sechstens wiederum die (mögliche) Einsicht, dass Veränderung Veränderbarkeit impliziert, dass also die Schaffung anderer, menschlicherer Verhältnisse möglich ist. Denn: »das Schicksal des Menschen ist der Mensch«, eine Formel, im Stück *Die Mutter* erstmals formuliert (GBA 3, S. 313, S. 377), die B. in seinen Schriften in der Zeit des Exils immer wieder zitiert (GBA 22, S. 24, S. 79, S. 87, S. 461; GBA 18, S. 71) und mit der er darauf insistiert, dass alle diese Veränderungen menschengemacht sind und deshalb ›eigentlich‹ nur dazu da sein dürften, die menschliche Existenz zu erleichtern.

Die gesellschaftliche Relevanz des Gestus, den B. häufiger mit dem Attribut »gesellschaftlich« (GBA 22, S. 330) oder »sozial« (S. 617) verbindet, bestätigt Kurt Weill, der in seiner Schrift *Über den gestischen Charakter der Musik* von März 1929 betont, dass der ›Gestus‹ auf den »Vorwand menschlicher Beziehungen« bezogen sei (Weill, S. 42). Durch Weill kommt noch ein weiterer Gesichtspunkt hinzu, wenn er sagt, dass nur das ›neue‹, das heißt das B.sche Theater für denkende Menschen »gestische Sprache« erlaube und ermögliche (S. 45). Das naturalistische oder rein kulinarische Theater lasse ›Gestik‹ nicht zu. Gestische Stücke wären demnach die *Dreigroschenoper* und *Mahagonny*, in denen menschliche Haltungen und Beziehungen im gesellschaftlichen Zusammenhang dargestellt werden.

Eine andere ausführlichere Definition des Gestus durch B. lag bereits 1937 vor, die sich nicht auf Kunst und Literatur bezieht, sondern den Gestus im Hinblick auf Sprache und ihren pragmatischen Kontext beschreibt: »Es handelt sich um Gesamthaltungen. Gestisch ist eine Sprache, wenn sie auf dem Gestus beruht, bestimmte Haltungen des Sprechenden anzeigt, die dieser andern Menschen gegenüber einnimmt.« (GBA 22, S. 329) ›Gestus‹ und ›Haltung‹ erscheinen in dieser Definition weitgehend als synonym, das heißt, dass hier Sprache in ihren pragmatischen Zusammenhang gestellt wird. Was gemeint ist, lässt sich mit *Weise am Weisen ist die Haltung* aus den *Geschichten vom Herrn Keuner* erläutern (GBA 18, S. 13). Zu Herrn Keuner kommt ein Philosophieprofessor, der ihm von seiner Weisheit erzählt. Keuner hört ihm eine Weile zu und konstatiert dann, dass der Professor unbequem sitze, rede und denke und dass ihn deshalb der Inhalt dessen, was dieser sage, nicht interessiere. Die Geschichte markiert drei Schritte: Sitzen – Reden – Denken. Das Sitzen bezeichnet die Haltung des Professors und damit den pragmatischen Zusammenhang seiner Rede. Diese fällt ebenso ›unbequem‹ aus, wie es die Haltung des Professors anzeigt, was denn wiederum darauf schließen lässt, dass das Denken, das sich in der Rede artikuliert, ebenfalls ›unbequem‹, das heißt belanglos bzw. realitätsfremd ist und deshalb Keuner nicht interessiert. Auch in dieser Definition bleibt – wie beim Chaplin-Beispiel – ein direkter Zusammenhang zwischen körperlicher Gestik und ›gesellschaftlichem‹ Gestus gewahrt, insofern die (reale) körperliche Haltung des Professors sich in seinem Reden umsetzt und sein Denken entlarvt.

Schwieriger ist es, eine genauere Definition der »gestischen Sprache« zu geben, wenn kein pragmatischer Zusammenhang gegeben ist, die Sprache also nur als Text auf dem Papier steht. Theoretisch beansprucht B., dass seine Sprache realistisch sei und zum Handeln anleite, gemäß der 11. These zu Ludwig Feuerbach von Karl Marx: »Die Philosophen haben die Welt nur verschieden *interpretiert*; es kömmt darauf an, sie zu *verändern*.« (Marx, S. 314; vgl. B.: »Ich wollte auf das Theater den Satz anwenden, daß es nicht nur darauf ankommt, die Welt zu interpretieren, sondern sie zu verändern«; GBA 25, S. 401) Marx' Anspruch ist, dass die (seine) Philosophie dazu da sein soll, auf Grund einer realistischen Analyse der gesellschaftlichen Verhältnisse, welche die Möglichkeiten des Eingreifens offen legt, zum verändernden Handeln anzuleiten: Die Philosophie liefert die Theorie, die zur realen Praxis führt bzw. in Hegels Sinn sich in der Praxis ›aufhebt‹, das heißt konserviert, insofern die Theorie zur Praxis notwendig ist, weil diese sonst nur blindes Anrennen gegen eine nicht erkannte Realität wäre, und negiert, insofern sie als Praxis keine Theorie mehr ist. B.s Formel vom ›eingreifenden‹ Denken und Sprechen zielt auf nichts Anderes, und in diesem Sinn ist dann auch ›gestische‹ Sprache zu verstehen. Dies bestätigt die ausführlichere Definition im *Buch der Wendungen*; im Aphorismus *Über die gestische Sprache in der Literatur*, der um 1934 entstanden ist, heißt es: »Er [der Dichter Kin-jeh] wandte eine Sprechweise an, die zugleich stilisiert und natürlich war. Dies erreichte er, indem er auf die Haltungen achtete, die den Sätzen zugrunde liegen: er brachte nur Haltungen in Sätze und ließ durch die Sätze die Haltungen durchscheinen. [...] Der Dichter Kin erkannte die Sprache als ein Werkzeug des Handelns und wußte, daß er auch dann mit andern spricht, wenn er mit sich spricht.« (GBA 18, S. 78f.)

Vorausgesetzt freilich ist dabei, dass Sprache in der Lage ist, ›Realität‹ auch wirklich erfassen zu können. Einspruch dagegen kommt sowohl von der Linguistik als auch von moderner Sprachphilosophie (am weitest gehenden von den Vertretern des ›linguistischen Relativitätsprinzips‹; vgl. Whorf, S. 12f., passim), die sich einig sind, dass die Sprache gerade nicht ›Realität‹ wiedergeben kann, sondern dass Sprache ›Weltbilder‹ produziert, die ohne Wirklichkeitsreferenz bleiben.

Der Ausweg aus dem Dilemma kann wohl nur dem ähnlich sein, den Hans Reichenbach den idealistischen Philosophen empfohlen hat, die meinten, mit der Heisenberg'schen Unschärferelation (vgl. Thiemer, S. 398–403) einen ›wissenschaftlich‹ abgesicherten und deshalb unumstößlichen ›Beweis‹ für »die idealistische Auffassung des Ichs als Baumeister der physikalischen Welt« (Reichenbach, S. 302) erhalten zu haben. Reichenbach konstatiert, dass die ›Baumeister‹ Mikrokosmos und Makrokosmos miteinander vermengten, das heißt unzulässig Zustände, wie sie für den Mikrokosmos gelten, auf den Makrokosmos übertragen. Im Makrokosmos funktioniert nach wie vor ein ›Normalsystem‹, das sehr wohl zwischen ›Realem‹ und ›Nichtrealem‹ differenzieren lässt. Auch die Bedeutungskonventionen von Sprache rekurrieren auf Außersprachliches (›Reales‹) und lassen Verständigung rein sprachlicher Art, die Handeln ermöglicht bzw. zum Handeln anleitet, zu. Wenn Sprache auch nicht ›Realität‹ abbilden oder ›widerspiegeln‹ kann, wie der Zentralterminus des sozialistischen Realismus lautete, so bleibt sie, wenn sie die Bezüge herstellt, durchaus nicht ohne Wirklichkeitsreferenz; es ist also durchaus zwischen ›realistischem‹ und ›unrealistischem‹ Sprechen zu differenzieren. ›Gestische‹ Sprache beansprucht demnach, außersprachliche (›reale‹) Haltungen in Sprache umzusetzen, damit Einsichten in reale Verhältnisse zu ermöglichen, Einsichten, die ihrerseits zum – in die Realität ›eingreifenden‹ – Handeln führen bzw. führen können. Ähnliches beansprucht B. insgesamt für seine Kunst, etwa wenn die Zuschauer, nachdem sie den *Guten Menschen von Sezuan* gesehen haben, aufgefordert werden, sich den ›guten Schluss‹ in der Realität selbst zu suchen, weil das Stück ihnen eine Einsicht in die Realität eröffnet hat, die diese zu verändern fordert.

Für ›rein‹ gestisches Sprechen gibt B. im Notat *Über gestische Musik* von 1937 ein Beispiel aus der Lutherbibel, wo es heißt: »Wenn dir aber dein rechtes Auge Ärgernis schafft, so reiß es aus und wirf's von dir« (Matthäus 5,29) bzw. »Und wenn dir dein Auge Ärgernis schafft, reiß es aus und wirf's von dir« (Matthäus 18,9). Dieser von B. als ›gestisch‹ qualifizierten Fassung stellt er die ungestische »Reiße dein Auge aus, das dich ärgert« (GBA 22, S. 329) gegenüber. In der gestischen Formulierung werde zunächst, wie es nicht sehr deutlich heißt, das Auge gezeigt, »dann enthält der erste Halbsatz den deutlichen Gestus des etwas Annehmens, und zuletzt kommt, wie ein Überfall, ein befreiender Rat, der zweite Halbsatz« (ebd.). Zu erinnern ist, dass der ungewöhnliche Rat im Matthäus-Evangelium deshalb erfolgt, weil der Mensch auf diese Weise verhindern könne zu sündigen (»Wer eine Frau ansieht, ihrer zu begehren, der hat schon mit ihr die Ehe gebrochen in seinem Herzen«; Matthäus 5,28). Die Empfehlung besagt also, dass der Mensch der Sünde dadurch entgehen kann, wenn er die ›sündigen‹ Organe einfach entfernt, und dies wiederum besagt, dass B. ›realistisches‹ Sprechen ausgerechnet an einem Beispiel demonstriert, das empfiehlt, Realität einfach zu ignorieren.

Die ungestische Formulierung ist in sich geschlossen, insofern der Aufforderung des Ausreißens die Begründung, weshalb sie erfolgt, nachgeliefert wird. Klaus Birkenhauer hat dafür die Bezeichnung ›in versum‹ vorgeschlagen: »In der ungestischen Sprache werden Wörter, Wortgruppen und Teilsätze zu einem ›Gedankengebäude‹ zusammengefügt, dessen Bauelemente sich nach den Kongruenz-Regeln der Grammatik aufeinander beziehen – insofern verweist schon der syntaktische Aufbau auf sich selbst zurück und hat einen *versus*-Charakter.« (Birkenhauer, S. 60)

Zur Erläuterung sei auf den Aphorismus *Behandlung von Systemen* im *Buch der Wendungen* verwiesen; dort rät der Sprecher, Sätze von Systemen wie »Mitglieder von Verbrecherbanden« auseinander zu reißen und sie einzeln »der Wirklichkeit gegenüber[zu]stellen, damit sie erkannt werden« (GBA 18, S. 95). Als Beispiel gibt B. an: »Der Satz ›Der Regen fällt von unten nach oben‹ paßt zu vielen Sätzen (etwa zu dem Satz ›Die Frucht kommt vor der Blüte‹), aber nicht zum Regen.« (Ebd.) Parallele Überlegungen sind, wenn B. im Zusammenhang mit der Expressionismusdebatte forderte, sich nicht innerästhetisch an bereits vorliegenden Formen für die Literatur zu orientieren, sondern die (sich ändernde, widersprüchliche, gesellschaftliche) Realität der Zeit zu befragen, welche ästhetischen Formen ihr angemessen sind.

Die gestische Formulierung des Luther'schen Beispiels nennt in einem Bedingungssatz zunächst die Voraussetzung, nämlich vom Auge geärgert zu werden, und formuliert dann die Folgerung, es auszureißen. B. behauptet in seiner Erläuterung, der erste Halbsatz enthalte den »deutlichen Gestus des etwas Annehmens«, wobei ›Annehmen‹ doppeldeutig bleibt, insofern es ›Hinnehmen‹ und ›Vorstellen‹ bedeuten kann. Der Satz lässt damit zwei Lesungen zu: ›Wenn dem so ist, dass dich dein Auge ärgert und Du sonst nichts dagegen tun kannst, dann ...‹ und ›Stell dir vor (für den Fall), dass dich dein Auge ärgert, dann hättest du die Möglichkeit ...‹. Der ganze Satz kann folglich sowohl als bloße Hypothese als auch ›Wiedergabe‹ eines (realen) Ärgernisses mit brutaler Konsequenz gelesen werden, wohingegen die ungestische Formulierung eindeutig ist. Die Hypothese lässt den Lesern die Möglichkeit offen, wie sie sich im Zweifelsfall entscheiden. Die ›faktische‹ Lesung dagegen stellt einen konditionalen Zusammenhang her, nach dem auf das ›Wenn‹ notwendig das ›Dann‹ folgen muss. Der Rat ist, wie B. formuliert, insofern befreiend, als das Eine aus dem Anderen – wie selbstverständlich – folgt, also eine – wenn auch überraschende – ›Lösung‹ des Problems geboten wird. Wie ein »Überfall« wirkt die gestische Formulierung nicht nur durch den ungewöhnlichen Rat, sondern auch dadurch, dass die Luther'sche Formulierung die zweite Konjunktion, nämlich das ›Dann‹, verweigert. Der zweite Halbsatz verselbstständigt sich dadurch und wird zu einem Hauptsatz, der die Aufforderung nicht mehr im syntaktischen Zusammenhang, sondern als (direkten) Imperativ an ein fiktives Gegenüber formuliert. Birkenhauer gibt dazu folgende Beschreibung: »In der gestischen Sprache ordnen sich Wortgruppen und Teilsätze [...] zu einer Gedankenfolge [...]: die Rede verweist nicht mehr auf ihren eigenen Wortlaut zurück, sondern ›nach vorn‹, auf das Folgende, sie ist *pro-vorsa*.« (Birkenhauer, S. 60f.)

Der ›Pro-Vorsa‹-Charakter des gestischen Satzes lässt im Sinn von B.s Definition im *Buch der Wendungen* insofern auf eine ›durchscheinende‹ Haltung des Sprechers schließen, als dieser, sei es hypothetisch, sei es faktisch, sich auf einen (ungewöhnlichen) Sachverhalt einlässt und daraus eine (brutale) Konsequenz zieht, die ihrerseits Handlungsaufforderung an ein Gegenüber ist, das angehalten (oder dem befohlen) wird, sowohl ›Sachverhalt‹ als auch Folgerung ›anzunehmen‹ (im doppelten Wortsinn), wobei die christliche ›Moral‹ und ihr Realitäts-›Gehalt‹ offenbar gerade nicht interessieren.

Auf die Literatur übertragen heißt dies, dass

ihr traditioneller Werkcharakter (als in sich geschlossenes, harmonisches Kunstwerk) gesprengt wird und die ästhetischen Techniken gemäß dem Stand des ›wissenschaftlichen Zeitalters‹ entwickelt werden. Das Kunstwerk wird geöffnet, indem es auffordert, die Darstellung (Verwendung der ästhetischen Mittel) als Produkt des Dargestellten (Vorrang der ›Fabel‹) anzusehen und das Dargestellte wiederum an der herrschenden Realität als die ›eigentliche‹ Instanz zu überprüfen. Dadurch entsteht schließlich der Praxisbezug (»Werkzeug des Handelns«; GBA 18, S. 79); das heißt, dass die realistische Kunst – wie die materialistische Dialektik – dazu beiträgt (beitragen kann), sich in der sich ändernden und zu verändernden Realität aufzuheben.

Literatur:

Benjamin, Walter: Das Kunstwerk im Zeitalter seiner Reproduzierbarkeit. Drei Studien zur Kunstsoziologie. Frankfurt a.M. 1963. – Ders.: Versuche über Brecht. Hg. v. Rolf Tiedemann. Frankfurt a.M. 1966. – Birkenhauer, Klaus: Die eigenrhythmische Lyrik Bertolt Brechts. Theorie eines kommunikativen Sprachstils. Tübingen 1971. – Haug, Wolfgang Fritz [u.a.] (Hg.): Aktualisierung Brechts. Berlin 1980. – Ders.: Brecht – Philosoph unter der Maske des Poeten? In: Diaz, Victor Rego [u.a.] (Hg.): Brecht – Eisler – Marcuse 100. Fragen kritischer Theorie heute. Hamburg 1999, S. 9–20. – Heinze, Helmut: Brechts Ästhetik des Gestischen. Versuch einer Rekonstruktion. Heidelberg 1992. – Jameson, Fredric: Lust und Schrecken der unaufhörlichen Verwandlung aller Dinge. Brecht und die Zukunft. Hamburg 1999. – Kiedaisch, Petra (Hg.): Lyrik nach Auschwitz. Adorno und die Dichter. Stuttgart 1995. – Knopf, Jan: Bertolt Brecht. Ein kritischer Forschungsbericht. Fragwürdiges in der Brecht-Forschung. Frankfurt a.M. 1974. – Ders.: Eingreifendes Denken als Realdialektik. Zu Bertolt Brechts philosophischen Schriften. In: Haug 1980, S. 57–75. – Ders.: Brecht nach der Wende und im 100. Geburtsjahr. Bertolt Brecht und die Intellektuellen. In: Bertolt Brecht und das moderne Theater. Jahrbuch der Koreanischen Brecht-Gesellschaft Bd. 5 (1998), S. 19–27. – Kraus, Karl (Hg.): Die Fackel (Wien) 888 (Oktober 1934). – Marx, Karl: Die Frühschriften. Hg. v. Siegfried Landshut. Stuttgart 1964. – Morley, Michael: »Suiting the Action to the Word«: Some Observations on Gestus and Gestische Musik. In: Kowalke, Kim H. (Hg.): A New Orpheus. Essays on Kurt Weill. New Haven, London 1986. – Reichenbach, Hans: Der Aufstieg der wissenschaftlichen Philosophie. Braunschweig 1968. – Ruoff, Karen: Das Denkbare und die Denkware. Zum eingreifenden Denken. In: Haug 1980, S. 75–84. – Ruoff Kramer, Karen: Eingreifendes Denken. In: Haug, Wolfgang Fritz (Hg.): Historisch-kritisches Wörterbuch des Marxismus. Bd. 3. Hamburg 1997, S. 155–162. – Silberman, Marc: Gestus. In: Haug, Wolfgang Fritz (Hg.): Historisch-kritisches Wörterbuch des Marxismus. Bd. 5. Hamburg 2001, S. 659–670. – Thiemer, Walter: Handbuch naturwissenschaftlicher Begriffe. München 1978. – Weill, Kurt: Ausgewählte Schriften. Hg. v. David Drew. Frankfurt a.M. 1975. – Whorf, Benjamin Lee: Sprache, Denken, Wirklichkeit. Beiträge zur Metalinguistik und Sprachphilosophie. Reinbek bei Hamburg 1963.

Jan Knopf

Die Expressionismusdebatte

Hintergrund

In den Jahren 1937/38 entspann sich in der Moskauer Exilzeitschrift *Das Wort* eine Debatte, die sich vordergründig mit dem kulturellen Erbe des Expressionismus auseinander setzte, im Kern aber eine Debatte um die Frage war, wie eine antifaschistisch sich verstehende Literatur beschaffen sein müsse. Die Auseinandersetzung über literarische Formen war auf Seiten der Linken nicht neu. Schon 1931 war in der *Linkskurve*, der Zeitschrift des Bundes proletarisch-revolutionärer Schriftsteller (BPRS), ein Streit um die Verwendung avantgardistischer Formen entbrannt. In einem literaturkritischen Beitrag hatte sich der ungarische Philosoph Georg Lukács mit Willi Bredels Romanen *Maschinenfabrik N. & K.* und *Rosenhofstraße* auseinander gesetzt. Den »Grundmangel der künstlerischen Gestaltung« Bredels auf eine knappe Form bringend, fasste Lukács zusammen: »es besteht ein künstlerisch ungelöster Widerspruch zwischen dem breiten, alles Wesentliche umfassenden epischen Rahmen seiner Fabel und zwischen seiner Erzählweise, die teils eine Art Reportage, teils eine Art von Versammlungsbericht ist. Das Skelett der Handlung ist richtig, aber es bleibt ein bloßes Skelett. Was es lebendig machen könnte: lebende Menschen und lebendige, wechselnde, sich im Prozeß befindliche Beziehungen zwischen den Menschen, fehlen so gut wie vollständig« (Lukács 1931, S. 24). Die Fixierung auf Oberflächenphänomene und empirisch feststellbare Tatsachen warf Lukács auch Ernst Ottwalts *Denn sie wissen, was sie tun. Ein deutscher Justizroman* (Berlin 1931) vor. Weil es ihm nicht gelinge, den »wirklichen und wesentlichen treibenden Kräften« der Gesellschaft Ausdruck zu verleihen, erreiche Ottwalt das Gegenteil des von ihm Intendierten. Statt das Proletariat als Überwinder der bürgerlichen Klassenjustiz zu zeigen, demonstriere er gerade deren Unüberwindlichkeit. Als Muster setzte Lukács diesen literarischen Techniken die Gestaltungsmethoden des bürgerlichen Romans im 19. Jh. entgegen (Lukács 1932a). In einem späteren Beitrag bezog Lukács auch B. in seine Kritik mit ein, dem er mit seiner Gegenüberstellung von »altem und neuem Theater« einen »*radikalen Bruch* mit allem Alten« vorwarf (Lukács 1932b, S. 17).

Unter den Bedingungen des Exils und auf dem Hintergrund der kulturpolitischen Entwicklung in der Sowjetunion gewannen die zunächst innerliterarischen Kontroversen an politischer Brisanz. In der stalinistischen Sowjetunion wurde – nach der Auflösung avantgardistischer Kunstbewegungen Ende der 20er-Jahre – im Jahr 1932 die Konzeption eines sozialistischen Realismus propagiert, der allen experimentellen Formen von Literatur eine Absage erteilte. Fixiert wurden dessen Grundsätze im »Statut des Verbandes der Schriftsteller« (vgl. Schmitt 1974, S. 389–395), der im August 1934 auf dem ›I. Allunionskongress der Sowjetschriftsteller‹ gegründet wurde. Die Tonart, in der die Maximen ausgegeben wurden, und die Richtung, in die sie zielten, wurden in dem ausführlichen Referat von Karl Radek deutlich. Dessen Invektiven richteten sich vor allem gegen die Protagonisten dessen, was man unter ›bürgerlicher Dekadenz‹ verstand, gegen Marcel Proust und James Joyce. In Prousts Werk, so Radek, liege »die alte Welt wie ein räudiger Hund, der keiner Bewegung mehr fähig ist, in der Sonne und leckt sich unablässig seine Wunden« (S. 204). Für das »Bemerkenswerteste an Joyce« hielt Radek »die Überzeugung, daß es im Leben nichts Großes gibt – keine großen Ereignisse, keine großen Menschen, keine großen Ideen [...]. Ein von Würmern wimmelnder Misthaufen, mit einer Filmkamera durch ein Mikroskop aufgenommen – das ist Joyces Werk.« (S. 204 f.)

Mit dem Kongress von 1934 war der Schlusspunkt der ersten Etappe der neuen sowjetischen Literaturpolitik gesetzt. Zugleich wurde die Volksfrontstrategie vorangetrieben, ein Versuch, unter kommunistischer Führung auch bürgerliche Kreise in den antifaschistischen Kampf einzubinden. Die Bildung einer Volksfront war 1935 von Georgi Dimitroff auf dem VII. Weltkongress der Kommunistischen Internationale in Moskau angeregt worden. Ihre ideologische Bandbreite war auf dem Internationalen Schriftstellerkongress zur Verteidigung der Kultur 1935 in Paris und auf dem Folgetreffen in Valencia 1937 deutlich geworden, die, so Hans-Albert Walter, als »Höhepunkte der literarischen Volksfrontpolitik« bewertet wurden (Walter, S. 417). B.s Außenseiterposition, die auch im Kontext der Expressionismusdebatte immer wieder zum Ausdruck kam, zeigte sich schon hier. In seiner Rede auf dem Pariser Kongress betonte B., dass der Kampf gegen den Faschismus nicht auf kultureller, sondern auf politischer Ebene zu führen sei: »Kameraden, sprechen wir von den Eigentumsverhältnissen!« (GBA 22, S. 146) In einem Brief an George Grosz vom Juli 1935 hatte B. nur ironische Formulierungen für jene Versuche übrig, sich auf einen gemeinsamen Nenner für den antifaschistischen Kampf zu einigen: »wir haben soeben die Kultur gerettet. Es hat 4 (vier) Tage in Anspruch genommen und wir haben beschlossen, lieber alles zu opfern, als die Kultur untergehen zu lassen. Nötigen Falles wollen wir 10–20 Millionen Menschen dafür opfern. [...] Der Faschismus wurde allgemein verurteilt, und zwar wegen seiner *unnötigen* Grausamkeiten.« (GBA 28, S. 510)

Parallel zu den Bemühungen um eine breite Volksfront trat die Realisierung der Doktrin des sozialistischen Realismus in der Sowjetunion im Jahr 1936 »in ein offen kritisches Stadium« (Walter, S. 417). Die Kampagne »Gegen Formalismus und Naturalismus«, so ein anonym verfasster Artikel in der Moskauer *Prawda*, beinhaltete die Ablehnung experimenteller Strömungen und die Orientierung an den Traditionen der bürgerlichen Realisten des 19. Jh.s. »Die Sowjetkunst«, so erfasst Walter pointiert die weltanschauliche Begründung der Formalismus-Kampagne, »hat sich im Kampf gegen die Ästhetik der verwesenden bürgerlichen Kunst der imperialistischen Epoche entwickelt. Der Formalismus ist ein Produkt dieser Epoche und letztlich Humbug und Scharlatanerie.« (Ebd.)

Die Fixierung der theoretischen Grundlegungen des sozialistischen Realismus fiel zusammen mit der Phase der ersten stalinistischen ›Säuberung‹, dem ›Großen Terror‹ in den Jahren 1936–1938. Zahlreiche Autoren, die 1934 am Allunionskongress teilgenommen hatten oder später in die Expressionismusdebatte involviert waren, wurden Opfer der Verfolgungen. Ernst Ottwalt wurde bereits 1936 verhaftet und verschwand 1943, nachdem er 1939 zu zehn Jahren Lagerhaft verurteilt worden war. Karl Radek, der noch 1936 an Stalins neuer Verfassung mitgearbeitet hatte, wurde 1937 in den Moskauer Prozessen als ›Trotzkist‹ zu zehn Jahren Zuchthaus verurteilt und vermutlich 1939 umgebracht. Herwarth Walden, Teilnehmer der Debatte und einst führender Theoretiker des Expressionismus, wurde 1941 verhaftet und verschwand. Selbst Alfred Kurella, der unter dem Pseudonym Bernhard Ziegler entscheidende Anstöße zu der Debatte gab, geriet ins Fadenkreuz, weil er unter dem Verdacht stand, seinen Bruder Heinrich denunziert zu haben. In einer »geschlossenen Parteiversammlung der deutschen Kommission des Sowjet-Schriftstellerverbandes« (4.–9. 9. 1936) unterwarfen sich deutsche Schriftsteller unwürdigen Befragungen. Ernst Ottwalt, einst Mitautor B.s an dem Film *Kuhle Wampe*, distanzierte sich von seiner Mitarbeit (vgl. Müller, S. 291). Die Situation der deutschen Schriftsteller im Moskauer Exil beschreibt Schmitt als ein »Hoffen und Bangen zwischen Illusion und Liquidation« (Schmitt 1999, S. 2; vgl. Pike).

Das Wort

In dem widerspruchsvollen Kontext, der gekennzeichnet war zum einen durch die Versuche, eine ideologisch breitgefächerte Front gegen den Faschismus aufzubauen, zum anderen durch den Anspruch der Komintern, die ideologische Führung und Richtlinienkompetenz auszuüben, wurde, so Fritz Erpenbeck (1968), auf dem Pariser Kongress 1935 auf Vorschlag von Johannes R. Becher die Gründung einer Zeitschrift »im Geist der Volksfront« (Cohen, S. 1168) beschlossen. Schmitt geht davon aus, dass diese Gründung »mit Zustimmung Brechts« (Schmitt 1999, S. 10) erfolgt sei. Belege für diese Vermutung existieren allerdings nicht. Young-Jin Choi hält auch die Gründung der Zeitschrift auf dem Pariser Kongress für unbewiesen. Erpenbecks Ausführungen dazu seien »größtenteils irreführend und oft absichtlich falsch« (Choi, S. 44).

Das Wort stellte eine Fortführung der im Jahr 1935 eingestellten Literaturzeitschriften *Neue Deutsche Blätter* (Prag) und *Die Sammlung* (Amsterdam) dar. Die Zeitschrift erschien im Moskauer Jourgaz-Verlag, der von dem namhaften Journalisten Michael Kolzow geleitet wurde. Auch Kolzow fiel, nach seiner Rückkehr aus dem Spanischen Bürgerkrieg, im Jahr 1938 den Säuberungen zum Opfer. Schmitt schließt aus dem Erscheinen der Zeitschrift in diesem Verlag, dass sie »unter Kontrolle der Sowjets und in deren Sinne Linie und Flagge zeigen mußte« (Schmitt 1999, S. 12). Dennoch steht die Konzeption des Blatts mit seiner großen Bandbreite literarischer Formen in einem eigentümlichen Kontrast zu den kulturpolitischen Versuchen in der

Sowjetunion, die Doktrin des sozialistischen Realismus verbindlich zu machen.

Der Volksfrontcharakter der Zeitschrift spiegelte sich auch in dem Herausgebergremium wider. Vergebens hatten Becher und Kolzow versucht, Heinrich und Thomas Mann für die Herausgeberschaft zu gewinnen. Als Redakteure zeichneten schließlich B. als parteiloser Marxist, das KPD-Mitglied Willi Bredel und der schon in der Weimarer Zeit berühmte bürgerliche Schriftsteller Lion Feuchtwanger. Technische Schwierigkeiten bei der redaktionellen Betreuung der Zeitschrift waren schon auf Grund geografischer Voraussetzungen zu erwarten: B. lebte in Dänemark, Feuchtwanger in Frankreich, nur Bredel war vor Ort in Moskau. Als Bredel im April 1937 Moskau verließ, um am Spanischen Bürgerkrieg teilzunehmen, übernahm Erpenbeck dessen Vertretung. Walter geht davon aus, dass Erpenbeck zwar als Untergebener der drei Redakteure arbeitete, »faktisch jedoch mit viel größeren Möglichkeiten, als sie selbst besaßen« (Walter, S. 467; zu den Problemen der redaktionellen Organisation S. 461–468). Es sei nicht auszuschließen, so Choi, »daß Erpenbeck als Chefredakteur beabsichtigt hat, die russische Debatte ins Wort zu transponieren, um zur Bekämpfung des ›Formalismus‹ unter den deutschen Schriftstellern beizutragen« (S. 48). Dem steht entgegen, dass die Debatte, die sich im *Wort* – mitten in einem »Klima der politischen Psychosen und Hysterien« (Schmitt 1999, S. 18) – entspann, von »enormer Lebendigkeit und Polemik« geprägt war (S. 19) und in ihr sehr gegensätzliche und von der offiziellen Linie abweichende Stimmen zu hören waren.

B. im Kontext der Debatte

Von den im unmittelbaren Kontext der Expressionismusdebatte von B. verfassten Texten wurde zu seinen Lebzeiten nur der Aufsatz *Weite und Vielfalt der realistischen Schreibweise* publiziert (*Versuche*, H. 13, 1954). Die

Gründe für B.s publizistische Zurückhaltung sind nicht eindeutig geklärt, seine Äußerungen zu diesem Thema in Briefen und im *Journal* zum Teil widersprüchlich. Erpenbeck behauptet im Nachwort zum Reprint der Zeitschrift, B. habe bewusst »keinen literaturtheoretischen Streit« mit Lukács beginnen wollen, obwohl es ihm als Mitherausgeber »ohne weiteres möglich gewesen wäre« (Erpenbeck 1968, S. 9; vgl. Walter, S. 485). In der Tat hatte sich B. in einem Brief an Bredel (Juli/August 1938) darüber beschwert, dass sich die Mitarbeit am *Wort* angesichts der dort von einer »kleinen Clique« aufgestellten literarischen Formideale »immer problematischer« gestalte, und bekundet, er habe trotz mehrfacher Aufforderungen von Seiten Erpenbecks »natürlich keine Lust«, an einer Diskussion über Formen teilzunehmen, da er »solche Debatten für höchst schädlich und verwirrend halte« (GBA 29, S. 107). In einem Brief vom 8. 9. 1938 kündigte er gegenüber Becher seine Mitarbeit an der *Internationalen Literatur* auf, »bis diese formalistische Kritisiererei einer ernsteren und produktiveren Literaturbetrachtung Platz gemacht« habe (S. 109). Da er seine Arbeiten durch Lukács »ohne weiteres in die Schublade der bourgeoisen Dekadenz gelegt« sah, bekundete er erneut, dass »ich nicht Lust habe, mich in dieser Zeit in literarische Kontroversen (noch dazu mit politischen Freunden) einzulassen und angesichts des heraufkommenden größten Krieges aller Zeiten Formideale zu diskutieren« (ebd.). B.s Äußerungen spiegeln auch eine gewisse Unentschlossenheit in seiner eigenen Publikationspolitik. Wenig später bot er Becher »eine kleine historische Erzählung für die ›I.L.‹ [Internationale Literatur]« an – verbunden mit einer erneuten Beschwerde über Lukács (S. 114). Gegenüber Walter Benjamin vertrat B. die Auffassung, man solle den Kontrahenten »im theoretischen Bezirk nicht entgegentreten« (Benjamin, S. 130). Walter bezieht B.s ablehnende Äußerungen nicht auf die Expressionismusdebatte, sondern auf Erpenbecks Vorschlag, dieser Debatte eine über den Begriff der »Volkstümlichkeit« folgen zu lassen. Denn die eigentliche Expressionismusdebatte war zu diesem Zeitpunkt weitgehend beendet: Alfred Kurellas »Schlußwort« erschien im Juli-Heft 1938. Sollte B. aber mehrfach zur Teilnahme aufgefordert worden sein, wie er gegenüber Bredel äußert (GBA 29, S. 107), so können sich diese Aufforderungen nur auf die eigentliche Debatte beziehen.

Jan Knopf hält die These, B. habe geschwiegen, um die Einheit der Volksfront nicht zu gefährden, für eine »hartnäckige Legende« (Knopf, S. 142). Für B.s Absicht, doch in die Debatte einzugreifen, spricht ein Brief an Kurella vom 17. 6. 1938, in dem er ankündigt: »Meinen Aufsatz ›Volkstümlichkeit und Realismus‹ schicke ich in den nächsten Tagen. Gleichzeitig lege ich ein Gedicht ›Der Rattenfänger‹ bei, das mir aus Deutschland geschickt wurde.« (GBA 29, S. 101) Weder der Aufsatz noch das Gedicht sind im *Wort* erschienen. Ob sie von B. nicht abgeschickt oder von Erpenbeck unterdrückt wurden, ist aus den Dokumenten nicht zu rekonstruieren. Ein Indiz für B.s Absicht, einen Beitrag zur Debatte zu leisten, liefert auch eine Gesprächsnotiz Benjamins vom 29. 7. 1938: »Brecht liest mir mehrere polemische Auseinandersetzungen mit Lukács vor, Studien zu einem Aufsatze, den er im ›Wort‹ veröffentlichen soll. Es sind getarnte, aber vehemente Angriffe« (Benjamin, S. 133). B.s Bemerkung in diesem Zusammenhang, er habe in Moskau »keine Freunde« (ebd.), lässt auf seinen Verdacht schließen, dass seine Beiträge von der Moskauer Redaktion bewusst ignoriert würden. Bei dem Aufsatz handelt es sich vermutlich um den Essay *Weite und Vielfalt der realistischen Schreibweise* (GBA 22, S. 424–433). Für eine Publikationsabsicht spricht auch ein kurzer Begleittext zu *Weite und Vielfalt*, in dem B. sich u.a. ausdrücklich gegen die von Erpenbeck geplante Fortsetzung der Debatte ausspricht (S. 433f.). Der Aufsatz ist im *Wort* nicht erschienen. Ob er der Redaktion überhaupt zugegangen ist, kann ebenfalls nicht geklärt werden. Jedenfalls ist der Verdacht nicht von der Hand zu weisen, »daß einer der maßgeblichen Redakteure der Zeitschrift ›Das Wort‹ im eigenen Organ kein offenes Forum für seine Publikationen mehr fand« (Knopf, S. 142).

B. hatte schon zuvor ein gespanntes Verhältnis zu jener Gruppe von Exilierten um Lukács und Kurella, den Sekretär Dimitroffs, der an den Redaktionssitzungen der Zeitschrift teilnehmen durfte, sowie Erpenbeck, der, wie er später berichtete, die Ausgaben des *Wort* aus technischen Gründen meist ohne Rücksprache mit B. und Feuchtwanger zusammenstellte (vgl. Erpenbeck 1968, S. 10). B. bezeichnete die Gruppe später, wohl in Überschätzung ihrer Homogenität, pauschal als »Moskauer Clique« (*Journal* vom 27. 7. 38; GBA 26, S. 316). Umgekehrt galt B. diesen als ein unsicherer Bündnispartner. So denunzierte der ungarische Schriftsteller Julius Hay, von B. ebenfalls besagter »Clique« zugerechnet, den »Brecht-Kreis«, mit dem er 1933 in Wien in Berührung gekommen war, in der geschlossenen Parteiversammlung der deutschen Kommission des sowjetischen Schriftstellerverbandes im September 1936: »Diese Tendenzen, diese Stimmungen [...] habe ich in diesem Brecht-Kreis auch feststellen können, also es war miesester Defaitismus und Liquidatorentum« (Müller, S. 431f.). Getrübt wurde die Zusammenarbeit zweifellos auch dadurch, dass der von B. zur Publikation empfohlene Aufsatz Benjamins *Das Kunstwerk im Zeitalter seiner technischen Reproduzierbarkeit* von Bredel im März 1937 abgewiesen wurde. Noch spannungsgeladener gestaltete sich das Verhältnis zu Hay, als der Regisseur Bernhard Reich in seinem Essay für das *Wort* B.s Stück *Die Rundköpfe und die Spitzköpfe* würdigte und sich kritisch mit Stücken Hays auseinander setzte. Hay wollte im Gegenzug im *Wort* eine »Antwort« platzieren, die sich kritisch mit Reichs Artikel und B.s *Rundköpfen* befassen sollte. Das Stück treibe, so Hays Vorwurf in einem unverhohlen drohenden Brief an B., »mit seiner falschen Rassentheorie und seiner schiefen Darstellung des Faschismus (die von der Form natürlich nicht unabhängig sind) das Wasser auf die Mühlen der Faschisten« (zit. nach: GBA 29, S. 583). B. reagierte mit Briefen an u.a. Becher, den er um »Vermittlung« in dieser »ärgerlichen Sache« bat (S. 20), und hielt Hay in einem Brief vor, dass seine Kritik nicht »substantiell« und letztlich der »gemeinsamen Sache« abträglich sei (S. 22). In einem Brief an Erwin Piscator wurde B. deutlicher: »Das ›Wort‹ schickte mir einen netten kleinen dreckigen Aufsatz von Hay über antifaschistisches Theater mit klotzigen Attacken auf Reich, mich und, getarnt, auf Dich [...]. Ich hoffe, ich kann das Geschmier inhibieren.« (S. 13) B. verknüpfte seine Aufforderung an Piscator, selbst etwas zu schreiben, mit einer Kritik am Blatt, das »notleidend an guten Beiträgen« sei (ebd.). Tatsächlich gelang es ihm, den Abdruck von Hays Beitrag im *Wort* zu verhindern.

Wie sehr B. in den im Kontext der Expressionismusdebatte ex cathedra vertretenen Positionen nicht nur sachliche Vorwürfe sah, sondern sich auch persönlich verunglimpft fühlte, hält Benjamin in seinen Notizen fest: »Die Publikationen der Lukács, Kurella u. ä. machen Brecht viel zu schaffen.« Auch als Benjamin »die Frage aufs politische Gebiet« spielt, hält B. »dort mit seinen Formulierungen nicht zurück« (Benjamin, S. 130). Möglicherweise stellte auch das *Journal*, in das B. ab Juli 1938 einzutragen begann, eine Möglichkeit dar, seinem Unmut über die Situation in deutlichen Worten Ausdruck zu verleihen. Nach der Lektüre von Lukács' *Marx und das Problem des ideologischen Verfalls* notierte er bitter: »Die Rede ist wieder vom Realismus, den sie jetzt glücklich so weit heruntergebracht haben wie die Nazis den Sozialismus« (Juli 1938; GBA 26, S. 313). Immer wieder umkreiste B. in den Notizen der Monate Juli und August die Versuche Lukács' und anderer, den bürgerlichen Roman als Formideal verbindlich zu machen: »Dieser Stumpfsinn ist gigantisch«, heißt es in einer Notiz vom 18. 8. 1938, und weiter bilanzierte B.: »Die Realismusdebatte blockiert die Produktion, wenn sie so weitergeht« (S. 321) – eine Formulierung, die er im Gespräch mit Benjamin auch ins Politische wendete. Benjamins Hinweis, mit Leuten wie Lukács, Gábor und Kurella sei »eben kein Staat zu machen«, ergänzte B.: »Oder *nur* ein Staat, aber kein Gemeinwesen. Es sind eben Feinde der Produktion. [...] Und sie selber wollen nicht produzieren. Sie wollen den Apparatschik spielen und die Kontrolle der anderen haben. Jede ihrer Kritiken enthält eine Drohung.« (Benjamin, S. 132)

Möglicherweise erklärt sich B.s Zurückhaltung bezüglich einer Teilnahme an der Debatte daraus, dass er bereits im Frühsommer 1938 andere Publikationspläne hegte. Aus Briefen, die er Ende Mai und Anfang Juni 1938 an den Verleger Wieland Herzfelde schickte, lässt sich schließen, dass er seine Beiträge zur Debatte in einer eigenständigen Publikation herauszubringen hoffte. B. hatte im Jahr 1937 mit dem im Prager Exil lebenden Herzfelde Planungen für eine auf vier Bände angelegte Ausgabe der *Gesammelten Werke* in dessen Malik-Verlag angestellt. Mit auffällig großem Nachdruck, »geradezu flehentlich« (Knopf, S. 145), betrieb B. nun das Erscheinen eines gesonderten Bands, der als literarische Werke die soeben mit großem Erfolg in Paris uraufgeführte Szenenfolge *Furcht und Elend des III. Reiches* (unter dem Titel *99%*) sowie Gedichte enthalten sollte. Auf die *Gesammelten Werke* müsse nun »etwas absolut Aktuelles, Eingreifendes folgen« (Brief vom 31. 5. 1938; GBA 29, S. 96). B. erhoffte sich mit dieser Publikation eine »entscheidende Position [zu] verschaffen, die ich in der Emigrantenliteratur bisher nicht habe« (ebd.). Gemeint ist damit vermutlich seine Stellung in der Realismusdebatte, auf die B. einige Zeilen später eingeht: »Wir entscheiden auf diese Weise praktisch zum Beispiel den ganzen Formalismus-Streit, der sonst noch eine zwanzigjährige Tätigkeit lahmlegt und außer Kurs setzt.« (Ebd.) Eine Woche später kann B. auch mit einem Titel für das neue Werk aufwarten: »Der Band könnte einfach ›Neunzehnhundertachtunddreißig‹ heißen.« (Brief vom 7. 6. 1938; S. 98) Herzfelde gibt in einem Brief an B. die Zahl der noch zu füllenden Seiten an und fordert B. auf: »Schick also *schnell* Deine Aufsätze und Reden, die in diesen Band passen.« (S. 613) Wie aus einem weiteren Brief an Herzfelde (24. 6. 1938; S. 101 f.) hervorgeht, plante B., seine Schrift *Fünf Schwierigkeiten beim Schreiben der Wahrheit* und die »beiden Reden auf den Kulturkongressen« in diesem Band zu veröffentlichen. Spekulationen, B. habe die Essays *Volkstümlichkeit und Realismus* und *Weite und*

Vielfalt der realistischen Schreibweise, die zu diesem Zeitpunkt ebenfalls in druckreif ausformulierter Gestalt vorlagen, zur Publikation vorgesehen (vgl. Knopf, S. 145), lassen sich nicht halten.

Der anstehende Einmarsch der Nazi-Armeen in die Tschechoslowakei im Gefolge des Münchner Abkommens vom September 1938 warf jedoch alle Publikationspläne über den Haufen. Herzfelde konzipierte die *Gesammelten Werke* neu, die Planungen für den Band *Neunzehnhundertachtunddreißig* wurden ganz fallengelassen. Knopf schätzt die mögliche Wirkung dieses Versuchs, in die Expressionismusdebatte einzugreifen, nicht allzu hoch ein, kann sich aber vorstellen, dass der »›sozialistischen‹ Kunstdoktrin wenigstens ihr kruder Rigorismus genommen worden« wäre (S. 147f.).

Der Streit im *Wort*

Die Debatte wurde im September-Heft der Zeitschrift durch Beiträge von Klaus Mann und Alfred Kurella (unter dem Pseudonym Bernhard Ziegler) eröffnet. Die beiden Beiträge wurden von der »Redaktion« – vermutlich Bredel und Erpenbeck, bei B. gibt es keine entsprechenden Hinweise – ausdrücklich als Aufforderung verstanden, »die Frage nach der Grundlage und dem Wesen des Expressionismus« zu diskutieren (H. 9, 1937, S. 35; zu den personellen Hintergründen vgl. Schiller 2001). Manns Aufsatz *Gottfried Benn. Die Geschichte einer Verirrung* ist allerdings weniger ein Versuch, Wesensforschung zu betreiben und Traditionslinien vom Expressionismus zum Nationalsozialismus zu legen, als eine eher persönlich gehaltene Abrechnung mit dem von ihm einstmals geschätzten Dichter. Gottfried Benn hatte sich schon im Frühjahr 1933 mehrfach öffentlich zum Nazistaat bekannt, zog sich nach den blutigen Ereignissen im Zusammenhang mit dem 30.6. 1934 (›Röhm-Putsch‹) ins Privatleben zurück und wurde 1938 mit Schreibverbot belegt. Mann zeigt sich enttäuscht über die »ruchlos-infantile Leichtgläubigkeit«, mit der Benn auf den »riesenhaft geblähten Schwindel« der Nazis hereingefallen sei (S. 37), bricht jedoch zumindest eine Lanze für die »teilweise sehr wertvolle« Literatur des Expressionismus – schon deshalb, weil diese »über Hitlers Horizont« gehe und damit in den Augen der Nazis »Kulturbolschewismus« sei (ebd.).

Als »marxistische Gegenstimme« (Walter, S. 481) weitete Alfred Kurella die Polemik gegen Benn zu einer grundsätzlich angelegten Attacke auf den Expressionismus aus. Für ihn ließ sich »klar erkennen, wes Geistes Kind der Expressionismus war, und wohin dieser Geist, ganz befolgt, führt: in den Faschismus« (H. 9, 1937, S. 43). Der Expressionismus, so sucht Kurella an dessen vermeintlichem Hauptvertreter Benn nachzuweisen, sei eine »Zersetzung der Zersetzung«, von der auch noch das Wenige zerfressen werde, was hundert Jahre bürgerlicher Geistesentwicklung zu Stande gebracht haben. Nicht einmal mehr zur Ironie fähig, sei – so Zieglers wenig schlüssige Begründung – dem alles auflösenden Expressionismus nur eins übrig geblieben: »der Salto ins Lager Hitlers [...]. Dieses Ende ist gesetzmäßig. Daß nicht alle Expressionisten diesen Weg gegangen sind, ist kein Gegenbeweis.« (S. 49) Zur Messlatte für die Gewissenserforschung erhebt der Autor die Frage, wie es die Gegenwartsautoren mit der Antike auf der einen und dem Formalismus auf der anderen Seite halten: »›Edle Einfalt und stille Größe‹ – sehen wir sie so? Der Formalismus: Hauptfeind einer Literatur, die wirklich zu großen Höhen strebt – sind wir damit einverstanden? Volksnähe und Volkstümlichkeit: die Grundkriterien jeder wahrhaft großen Kunst – bejahen wir das unbedingt?« (Ebd.) Kurella geht es also nicht in erster Linie um den Expressionismus, sondern um die Propagierung eines am Modell der offiziellen sowjetischen Kulturpolitik ausgerichteten sozialistischen Realismus und die Diffamierung aller davon abweichenden künstlerischen Verfahren als »Formalismus«. Obwohl Kurella später dessen Kenntnis bestritt (H. 7, 1938, S. 113), orientierten sich seine Überlegungen an Lukács'

Aufsatz ›*Größe und Verfall*‹ *des Expressionismus*. Dieser war bereits 1933 auf Russisch erschienen und wurde in deutscher Sprache 1934 in der *Internationalen Literatur* publiziert. Lukács wirft dort den Vertretern des Expressionismus vor, »in einer romantischen Opposition zum Kapitalismus« zu stehen, »jedoch von einer rein ideologischen Seite her, die Einsicht in seine ökonomischen Gesetzmäßigkeiten nicht einmal versuchend« (Lukács 1934, S. 168). Gerade das »expressionistische Wegabstrahieren von der Wirklichkeit, [...] die expressionistische Verzerrung als Methode der Gestaltung« habe als ein »passendes faschistisches Propagandamittel« gebraucht werden können (S. 172). Im Unterschied zu Kurella gesteht Lukács allerdings zu, dass die »*bewußten* Tendenzen« des Expressionismus andere, »mitunter sogar direkt entgegengesetzte« waren und er daher nur als »*untergeordnetes Moment*« in die faschistische Ideologie habe einverleibt werden können (S. 173).

Die Ausführungen von Kurella wurden von einigen der beteiligten Autoren unterstützt, die Mehrzahl aber sah das Phänomen differenzierter. Franz Leschnitzer etwa verurteilte zwar den Expressionismus, versuchte aber eine »Ehrenrettung« (H. 12, 1937, S. 53) dreier Expressionisten, nämlich der Lyriker Georg Trakl, Georg Heym und Ernst Wilhelm Lotz. Leschnitzer verwies auch auf den merkwürdigen Widerspruch, dass ausgerechnet den Expressionisten in der im Juli 1937, also kurz vor Beginn der Debatte, eröffneten Nazi-Ausstellung von ›entarteter Kunst‹ einer der »breitesten Plätze« eingeräumt wurde (S. 44). Herwarth Walden, als Herausgeber der Zeitschrift *Der Sturm* einer der wesentlichen Theoretiker des Expressionismus, versuchte eine – zu diesem Zeitpunkt – mutige Synthese. Gemeint sei mit dem Expressionismus: »die Kunst zu revolutionieren. [...] Die Ausdrucksmittel zu finden, die den sozialistischen Realismus des Lebens zur sinnlich gestalteten Komposition bringen.« (H. 2, 1938, S. 99) Schmitt bringt diese Auffassungen mit Waldens Deportation und Ermordung im Jahr 1941 in Verbindung (Schmitt 1999, S. 2). Béla Balázs rückte die Debatte in den innersowjetischen Kontext und verband die Kritik des expressionistischen Theaters mit einer Polemik gegen das Theater Meyerholds (H. 5, 1938). Andere Autoren diskutierten das Problem aus der Sicht der Malerei (Alfred Durus, Heinrich Vogeler; H. 6, 1938) und des Films (Willy Haas, Béla Balázs; H. 3, 1938).

Die grundsätzliche philosophische Gegenposition zu Lukács' Expressionismus-Aufsatz und Kurellas Polemik bezog Ernst Bloch mit seinem Essay *Diskussionen über Expressionismus* (H. 6, 1938), dem Lukács noch im gleichen Heft seinen Beitrag *Es geht um den Realismus* entgegenstellte. Bloch hatte bereits in der *Neuen Weltbühne* (H. 45, 1937) die Kritik am Expressionismus zurückgewiesen. In zwei Dialogen mit Hanns Eisler (*Neue Weltbühne* H. 50, 1937 und H. 1, 1938) ging es ebenfalls um die Verteidigung der Avantgarde und eine produktive Aneignung des Erbes. Die recht verstandene Avantgarde habe die Aufgabe, »die neuen Kunstmittel für das Leben und die Kämpfe der breiten Masse brauchbar zu machen« (zit. nach: Bloch 1972, S. 324). Das Erbe sei nicht zu kanonisieren, vielmehr gehe es um die Frage: »mit welchen Methoden wird das Erbe angetreten, damit es uns allen helfe und ein lebendiges sei« (S. 326). Lukács, so Blochs Kernthese in seinem *Wort*-Beitrag, gehe von einem »objektivistisch-geschlossenen Realitätsbegriff« (H. 6, 1938, S. 108) aus. In einer Kunst, die die »Zersetzungen des Oberflächenzusammenhanges« reflektiere, die »Neues in den Hohlräumen zu entdecken versucht«, könne er daher nur »subjektivistische Zersetzung« wahrnehmen: »darum setzt er das Experiment des Zerfällens mit dem Zustand des Verfalls gleich« (ebd.). Die Probleme des Expressionismus, so Bloch demgegenüber, blieben »so lange denkwürdig, bis sie durch bessere Lösungen, als es die expressionistischen waren, aufgehoben sind« (S. 111).

Lukács' strategische Dominanz in der Debatte zeigte sich auch darin, dass er mit seinem langen Grundsatzbeitrag *Es geht um den Realismus* das ›letzte Wort‹ erhielt. Der ›Fehler‹ Blochs und anderer Verfechter des Expressionismus sei »eine Identifikation der Kunst der Gegenwart mit der Entwicklungslinie bestimmter literarischer Richtungen« (H. 6, 1938, S. 112f.). Lukács geht es an dieser Stelle aber mehr um die systematische Entfaltung seines eigenen Realismusverständnisses, das im Wesentlichen lautet: »Es kommt also auf die Erkenntnis der richtigen dialektischen Einheit von Wesen und Erscheinung an; das heißt: auf eine künstlerisch gestaltete, nacherlebbare Darstellung der ›Oberfläche‹, die gestaltend, ohne von außen hinzugetragenen Kommentar, den Zusammenhang von Wesen und Erscheinung in dem dargestellten Lebensausschnitt aufzeigt.« (S. 117) Da die Zusammenhänge und Gesetzmäßigkeiten der historischen Entwicklung nicht unmittelbar erkennbar an der Oberfläche sichtbar seien, ergebe sich für den »bedeutenden Realisten« eine »doppelte künstlerische wie weltanschauliche Arbeit«, nämlich das »gedankliche Aufdecken dieser Zusammenhänge« und in einem zweiten Schritt »das künstlerische Zudecken der abstrahiert erarbeiteten Zusammenhänge« (S. 121). Der wohl verstandene Realismus zeichnet sich nach Lukács durch diese »gestaltet vermittelte Unmittelbarkeit« aus, die »in jedem Moment das Wesen klar *durchscheinen*« lasse; dies nennt er »*die künstlerische Dialektik von Wesen und Erscheinung*« (ebd.). Die Wirkung auf den Leser dieser realistischen Werke sieht Lukács darin, dass sie durch einen »lebendigen Humanismus« darauf vorbereitet würden, »die politischen Losungen der Volksfront in sich aufzunehmen«; dadurch werde für die »revolutionäre Demokratie neuen Typs, den die Volksfront vertritt, in der Seele der breiten Massen ein fruchtbarer Boden bereitet« (S. 136).

Die »Redaktion«, womit vermutlich nicht B. und Feuchtwanger gemeint waren, zeigte sich von dem breiten Meinungsspektrum, das in der Debatte sichtbar wurde, wenig beeindruckt. In einer kurzen Einleitung zur letzten Folge von Beiträgen (H. 6, 1938) hielt sie unverdrossen an der These fest, der Expressionismus sei eine »Teilerscheinung« des Formalismus (S. 64). Zuvor schon hatte man den Beitrag von Willy Haas in einer einleitenden Bemerkung als eine »unserer Ansicht nach sehr anfechtbare [...] Theorie« etikettiert und sie durch den anschließenden Aufsatz von Balázs »widerlegt« gesehen (H. 3, 1938, S. 93). Ähnlich verfährt Ziegler/Kurella in seinem »Schlußwort« (H. 7, 1938), wenn er oberlehrerhaft die eingegangenen Beiträge kommentiert. Er hält weiterhin an der Einschätzung fest, dass »eine der Hauptleistungen des Expressionismus auf dem Gebiete der Auflösung, der Zerstörung zu suchen« sei (S. 114). Der »berüchtigte Satz« (S. 111) vom Geist des Expressionismus, der in den Faschismus führe, wird von Ziegler zwar vordergründig als »falsch« zurückgenommen. Mit der These, der Expressionismus habe dem Nationalsozialismus Vorschub geleistet, »indem er eine bedeutende Fraktion der deutschen Intelligenz entwaffnete oder waffenlos ließ« (S. 121), hält er aber nahezu unverändert durch die Hintertür wieder Einzug.

In einem Nachtrag zur Debatte versuchte Erpenbeck eine Diskussion zum Thema »Volkstümlichkeit« zu initiieren (H. 7, 1938). Auf dem Hintergrund von Kurellas wenig flexibler Haltung und auch bedingt durch Erpenbecks eigene Vorgaben konnte diesem Unterfangen kein Erfolg beschieden sein. Indem Erpenbeck die »Volkstümlichkeit« zum »praktischen Zentralproblem unseres künstlerischen Schaffens überhaupt« ernannte und in diesem Punkt eine »weitestgehende *Übereinstimmung* innerhalb der antifaschistischen Literaturfront« einforderte (S. 128), eliminierte er jeden Spielraum für eine weitere kontroverse Diskussion.

B.s Realismuskonzeption

B.s Verhalten im Kontext der Expressionismusdebatte ist ambivalent. Vor allem »zu diesem Zeitpunkt« (GBA 29, S. 107) schien er die Diskussion aus taktischen Gründen für überflüssig zu halten und verglich die Auseinandersetzung mit der *Linkskurven*-Debatte der Jahre 1931/32: »Die Diskussion war zu fein und formalistisch, das waren wirklich Kämpfe auf dem Papier.« (S. 114) Seine vielfachen

›persönlichen‹ wie ›sachlichen‹ Reaktionen deuten aber darauf hin, für wie wichtig er es erachtete, in dieser Kontroverse Position zu beziehen. Auch wenn nicht ausdrücklich öffentlich gegen ihn polemisiert wurde, war B. mit seiner avantgardistischen Theatertheorie und -praxis einer der wichtigsten Gegner, auf die sich die Attacken der ›Moskauer Clique‹ richteten.

Für B. war der Expressionismus zu diesem Zeitpunkt längst eine historisch überwundene Epoche. Da ihm aber offensichtlich klar war, dass es nicht um den Expressionismus ging, sondern um dessen kulturpolitische Funktionalisierung, begrüßte er ausdrücklich – und unabhängig von dessen Inhalten – den expressionistischen Freiheitsdrang als Versuch der Sprengung überkommener Formvorstellungen. Für ihn war diese Kunstrichtung »*nicht nur eine ›peinliche Affäre‹, nicht nur eine Entgleisung*« (GBA 22, S. 443). Die Erinnerung an den Expressionismus sei vielmehr die an »freiheitliche Stimmungen« (S. 441). Zwar gesteht B. seine Skepsis dieser Epoche gegenüber, in der sich viele Künstler »nur von der Grammatik befreit hatten, nicht vom Kapitalismus«; die »Befreiungen« seien jedoch »immer auch ernst zu nehmen« (S. 442). Heute betrachteten »viele«, so B. vorsichtig, das »Niedersäbeln des Expressionismus in Bausch und Bogen mit Unwillen«, weil sie befürchteten, dass hier alle Versuche der Befreiung von »hemmenden Vorschriften, alten Regeln, die zu Fesseln geworden sind«, unterdrückt werden sollten (ebd.). Auch wenn B. sich gegenüber dem Expressionismus verschiedentlich kritisch äußert (S. 417–419), gibt es seiner Ansicht nach hier »viel zu lernen für Realisten« (S. 443), schon deswegen, weil die »Aufgaben« von Autoren wie Kaiser, Sternheim und Toller den seinen ähnlicher seien: »Ich lerne bei Tolstoi und Balzac schwerer (weniger). Sie hatten andere Aufgaben zu bewältigen.« (Ebd.)

Das zentrale Interesse B.s richtete sich auf die ästhetischen Überlegungen seines Hauptkontrahenten Georg Lukács, die er in Aufsätzen und Notizen vielfach aufgriff und in immer neuen Anläufen kritisierte und glossierte. Gerade in den ›großen‹ Aufsätzen zum Thema aber, *Volkstümlichkeit und Realismus* sowie *Weite und Vielfalt der realistischen Schreibweise*, verzichtete B. – wohl mit Blick auf eine mögliche Publikation – auf jede persönliche Polemik. Die Argumente der Gegenseite erscheinen in diesen Aufsätzen nicht in erster Linie als bedrohliche Kunstdoktrinen, sondern als Gegenpositionen, an denen er seine eigene Konzeption eines weit gefassten Realismus begrifflich entwickelte. B. bemühte sich durchweg darum, seine Arbeit in theoretische und historische Begründungszusammenhänge einzubetten. Seine Ausführungen zielten jedoch nicht auf die Entwicklung einer ausgearbeiteten marxistischen Literaturtheorie oder einer konsistenten Theorie der Avantgarde. Ihr »unrealistischer Charakter« könne sich zeigen, wenn die Avantgarde so weit vorn marschiere, dass die Masse ihr gar nicht folgen könne (S. 440). Avantgardistische Mittel waren für ihn nicht schon deswegen brauchbar, weil sie neu waren. Vielmehr müssten auch diese auf ihren Realitätsgehalt und ihre »sozialen Wirkungen« (ebd.) hin überprüft werden. So könne eine »gewisse *anarchische Montage*« ebenso wie der Naturalismus nur die »Symptome der Oberfläche wiedergeben und nicht die tieferliegenden sozialen Kausalkomplexe« (ebd.).

B.s Ausführungen zu seinem Realismusbegriff sind an keiner Stelle als weltanschauliche Diskussion oder als Antwort auf Lukács' philosophisch-ästhetische Grundsatzüberlegungen angelegt. Eine künstlerische Gestaltung der ›gesellschaftlichen Totalität‹, wie sie der Theoretiker Lukács von realistischer Kunst einforderte, war nicht B.s Ziel. Ihm ging es um die mit unterschiedlichsten Mitteln zu betreibende Aufdeckung konkreter gesellschaftlicher Widersprüche, im aktuellen Fall um »das Problem des die Wahrheit über den Faschismus Schreibens«, das man »nicht zu einem formalen Problem herabsinken lassen« dürfe (S. 434). Dabei reduzierte sich die Auseinandersetzung mit Lukács keineswegs auf die Differenz zwischen dem Theoretiker der Literatur auf der einen Seite und dem Autor, der sich mit seiner literarischen Produktion in den Bereich der ›Dekadenz‹ abgeschoben sah, auf der anderen. Grundlegend für die Differenzen war ein unterschiedliches Verständnis des Verhältnisses von Kunst und Wirklichkeit. Lukács weist der Literatur, ausgehend von einem eher mechanisch verstandenen Basis-Überbau-Modell, einen Autonomiestatus zu, welcher der Bewahrung der humanistischen Tradition dienen soll und jede unmittelbare gesellschaftliche Einflussnahme ausschließt. B. dagegen geht, im Anschluss an Karl Korschs Konzept der »geistigen Aktion« (Korsch, S. 135), von einer Dialektik aus, die von der Kunst und Literatur ein »eingreifendes Denken« (GBA 21, S. 524; vgl. Brüggemann) fordert, das politische Einsichten vermitteln soll und sich dabei am Stand der aktuellen künstlerischen Produktivkräfte orientiert – vor allem an den neuen Massenmedien Rundfunk und Tonfilm sowie den damit verbundenen Möglichkeiten der Montage unterschiedlichster Wirklichkeitselemente.

B. formuliert eine – Lukács' Begriff von der ›demokratischen Diktatur‹ entgegengesetzte – Konzeption der revolutionären Überwindung der kapitalistischen Verhältnisse. »Gegensätze im Politischen: die Volksfront und die Eigentumsverhältnisse«, so bringt Hans Mayer (Mayer, S. 133) die Standpunkte auf eine knappe Formel. Dies beinhaltet auch ein unterschiedliches Verständnis von der Rolle des Individuums in der Wirklichkeit und in der Literatur. Lukács' Realismusbegriff, dem zufolge sich die gesellschaftliche Komplexität unverändert im komplizierten Wechselverhältnis ›typischer‹ Individuen abbilden lässt, impliziert die ›bürgerliche‹ Vorstellung, dass diese Individuen auch in der Wirklichkeit eine vergleichbar entscheidende Rolle spielen. B. bestreitet demgegenüber nicht die Existenz des Individuums, er historisiert aber seine Bedeutung als autonomes Subjekt: »Wir wissen einiges darüber, auf welchen Grundlagen der Kult des Individuums, wie er in der Klassengesellschaft getrieben wurde, beruht: es sind historische Grundlagen. Wir sind weit davon entfernt, das Individuum abschaffen zu wollen« (GBA 22, S. 484f.), aber: »Es ist grundfalsch, d.h. es führt zu nichts, d.h. es lohnt sich für den Schriftsteller nicht, sich sein Problem so zu vereinfachen, daß der riesige, komplizierte, tatsächliche Lebensprozeß der Menschen im Zeitalter des Endkampfs der bürgerlichen mit der proletarischen Klasse als ›Fabel‹, Staffage, Hintergrund für die Gestaltung großer Individuen ›verwendet‹ werden soll. Den Individuen kann in den Büchern nicht viel mehr Platz eingeräumt und vor allem kein anderer Platz eingeräumt werden als in der Wirklichkeit.« (S. 485) Der Mensch werde in Lukács' Konzept künstlich, d.h. durch die Kunst in den »Mittelpunkt der Ereignisse« (S. 457) gestoßen, wo er tatsächlich gar nicht mehr zu finden sei. Für B. ist es daher absurd, »dem Tempo der Ereignisse in den Arm [zu] fallen durch langsames Erzählen« (ebd.). Rolle und Platz werden dem Individuum nicht durch die Kunst zugewiesen, sondern durch die Wirklichkeit. Folglich erweisen sich auch die alten Darstellungsformen als überholt: »Gibt es also keinen Ausweg? Es gibt einen. Die neue heraufkommende Klasse zeigt ihn. [...] Es wird nicht angeknüpft an das gute Alte, sondern an das schlechte Neue.« (Ebd.) Lukács' Essays, die, so B. wohlwollend, »viel Wissenswertes enthalten« (ebd.), ließen den Eindruck aufkommen, dass es in seiner Kunsttheorie mehr um den ästhetischen Genuss gehe, »nicht um den Kampf« (ebd.). Entsprechend kann dem Leser und Zuschauer nicht mehr »jener bequeme Platz inmitten der Ereignisse angewiesen [werden], jenes Individuum, mit dem er sich einfühlend identifizieren konnte« (S. 467).

Über diese grundsätzlichen Überlegungen hinaus geht B. auf die philosophischen Voraussetzungen der Lukács'schen Konzeption kaum ein. Diesen Teil der Auseinandersetzung sah er vermutlich durch die Ausführungen seines Mitstreiters Ernst Bloch abgedeckt. B.s kritische Einwände in dem Aufsatz *Die Expressionismusdebatte* zielen zum einen auf das bornierte Kunstrichtertum seines Gegners, welcher künstlerische Richtungen »mit einer erschreckenden Ordnungsliebe in gewisse Schubkästen« ablege (S. 417), zum anderen richten sie sich gegen das ahistorische Verfahren einer Theorie, die gegenüber einer sich ändernden Welt beständig an den alten Formen festhält. Der Primat der Theorie gegenüber der Realität erscheint ihm wie jener »Witzblattwitz, in dem ein Aviatiker auf eine Taube deutet und sagt: Tauben z.B. fliegen falsch« (S. 418). Eben das Festhalten an fixierten Formvorstellungen, so gibt B. den Vorwurf zurück, »ist auch Formalismus« (ebd.). B.s Konzeption eines offenen Realismus verzichtet durchweg auf ästhetische oder formale Kriterien: »Realistisches Schreiben ist keine Formsache. Alles Formale, was uns hindert, der sozialen Kausalität auf den Grund zu kommen, muß weg; alles Formale, was uns verhilft, der sozialen Kausalität auf den Grund zu kommen, muß her.« (S. 419) Folglich ist die entscheidende Frage nicht die nach der alten oder der neuen Form, sondern die nach einer »geeigneten Form« (ebd.). Die Losungen »*Hie Expressionismus* und *Hie Realismus*« (ebd.) unterschlagen, so B. in dem polemischeren Aufsatz *Praktisches zur Expressionismusdebatte*, dass die Frontlinien so einfach nicht verlaufen. Den geschmähten *Ulysses* stellt er listig – mit der Behauptung, er habe ihn »von ganz intelligenten Lesern wegen seines Realismus loben hören« – neben Hašeks *Schwejk* und bezweifelt, dass Thomas Manns *Josephsroman* oder selbst seine *Buddenbrooks* »volkstümlicher« geschrieben seien als der Roman von Joyce (S. 420).

Gegenüber diesen kleineren Beiträgen im engeren Umfeld der Debatte, die im Kern seine Position schon formulieren, kommt B.s Aufsatz *Volkstümlichkeit und Realismus* inhaltlich wie stilistisch nahezu der Charakter eines literarischen Manifests zu. B. verzichtet auch hier – bis auf eine in ihrer Beiläufigkeit provozierende Erwähnung Lukács' in einer Fußnote – auf jede persönliche Polemik und positioniert sich damit bewusst außerhalb des engeren Kontextes der Debatte. Auch wenn Hans Mayer ihn als »Antwort des Stückeschreibers« (Mayer, S. 134) deutet, ist dem Text weniger der Charakter einer kritischen Auseinandersetzung eigen als der eines positiven Gegenentwurfs zu Lukács' Realismus-Essay. B. konzediert, durchaus im Sinn seines Kontrahenten, dass die Literatur »wirklichkeitsgetreue Abbildungen« zu liefern habe, die für die »arbeitenden Massen« verständlich und ergiebig, also volkstümlich zu sein hätten (GBA 22, S. 406). In diesem Sinn gesellen sich auch für ihn »die Parolen *Volkstümlichkeit* und *Realismus* in natürlicher Weise« (ebd.). Er geht die Problematik der Volkstümlichkeit in der Literatur zunächst pragmatisch und in einem zweiten Schritt ideologiekritisch an. Die dem Begriff der Volkstümlichkeit inhärente Bezugsgröße ›Volk‹ nämlich, so B., ist in den Zeiten des Exils verlorengegangen: »Der Schriftsteller soll da für ein Volk schreiben, mit dem er nicht lebt.« (S. 405f.) Überdies sei der Begriff selbst in hohem Maße ideologisch belastet. Der Ausdruck Volkstümlichkeit reihe sich in die Tradition der »Tümlichkeiten«, die einen »verdächtigen Klang« an sich hätten und dem Volk einen unveränderlichen Charakter unterstellten, es trete da eine »merkwürdige Einheit auf von Peiniger und Gepeinigtem« (S. 407). Zudem, so heißt es an anderer Stelle, sei das »Gebiet des ›Völkischen‹« ein Feld, auf dem sich der »ungeheuerlichste Formalismus der Faschisten« austobe (S. 493). In dem Gedicht *Da das Instrument verstummt ist*, das vermutlich im Kontext der Expressionismusdebatte entstand, heißt es in der letzten Strophe in klassisch gewordener Formulierung: »Wenn wir vor den Unteren bestehen wollen / Dürfen wir freilich nicht volkstümlich schreiben. / Das Volk / Ist nicht tümlich.« (GBA 14, S. 418) Mit Verweis auf die »großen Theaterexperimente Piscators (und meine eigenen)« (GBA 22, S. 410) begegnet B. dem Verdacht, das ›Volk‹ sei für diese Neuerungen nicht reif. Seine Erfahrungen hätten vielmehr gezeigt, dass sich die Arbeiter mit der »Oberfläche der naturalistischen Wirklichkeitsabbildungen« nicht zufrieden gegeben hätten, sondern die unter dieser Oberfläche wirkenden »eigentlichen sozialen Triebkräfte« zu sehen wünschten (S. 412). Ob es sich dabei um tatsächliche Erfahrungen handelt oder nicht – B. nimmt hier listig die von seinen Gegnern mit dem Begriff der Volkstümlichkeit verbundene Forderung nach Verständlichkeit für seine eigene Argumentation in Anspruch.

Dem eher passiven und ideologischen Verständnis setzt B. einen Begriff von ›Volk‹ entgegen, »das an der Entwicklung nicht nur voll teilnimmt, sondern sie geradezu usurpiert, forciert, bestimmt. Wir haben ein Volk vor Augen, das Geschichte macht, das die Welt und sich selbst verändert.« (S. 408) Daraus folgt die berühmte ›Definition‹: »*Volkstümlich* heißt: den breiten Massen verständlich, ihre Ausdrucksform aufnehmend und bereichernd / ihren Standpunkt einnehmend, befestigend und korrigierend / den fortschrittlichsten Teil des Volkes so vertretend, daß er die Führung übernehmen kann, also auch den andern Teilen des Volkes verständlich / anknüpfend an die Traditionen, sie weiterführend / dem zur Führung strebenden Teil des Volkes Errungenschaften des jetzt führenden Teils übermittelnd.« (Ebd.) Wie beim Begriff der Volkstümlichkeit verfährt B. auch beim Begriff des Realismus historisierend. Die »Übernahme von Erbgut durch das Volk« stellt für ihn einen »Expropriationsakt« dar, d.h. einen Vorgang kritischer Überprüfung der Tradition, nicht die schlichte Adaption literarischer Formen wie »Fabrikationsrezepte« (ebd.). Dem Ziel verpflichtet, »die Realität den Menschen meisterbar in die Hand zu geben«, müssen alle Mittel geprüft werden, »alte und neue, erprobte und unerprobte, aus der Kunst stammende und anderswoher stammende« (ebd.). Für ein solches Realismusverständnis stellen weder ein vordergründiger Naturalismus noch das Zustandekommen »seelischer Expositionen« ein Kriterium dar, es definiert sich, wie der Begriff der »Volkstümlichkeit«, allein über seine politischen Intentionen: »*Realistisch* heißt: den gesellschaftlichen Kausalkomplex aufdeckend / die herrschenden Gesichtspunkte als die Gesichtspunkte der Herrschenden entlarvend / vom Standpunkt der Klasse aus schreibend, welche für die dringendsten Schwierigkeiten, in denen die menschliche Gesellschaft steckt, die breitesten Lösungen bereit hält / das Moment der Entwicklung betonend / konkret und das Abstrahieren ermöglichend.« (S. 409)

Alle formalen Mittel, so wird B. nicht müde zu betonen, sind diesen Zwecken unterzuordnen. Die Wirklichkeit habe sich verändert, mit ihr hätten auch die Darstellungsarten sich zu wandeln: »Neue Probleme tauchen auf und erfordern neue Mittel.« (S. 410) Fortschrittliche Literatur könne die Wahrheit auf viele Arten sagen, ebenso wie sie auf viele Arten verschwiegen werden könne. Verfolgt ein sozialistischer Schriftsteller dieses Ziel, so B. in seinen späteren *Notizen über realistische Schreibweise*, dann sind die literarischen Techniken des bürgerlichen Realismus »außerordentlich überholt« (S. 630). B. geht es um eine Vermittlung avantgardistischer Techniken mit sozialistischen Inhalten. Er verweist in diesem Zusammenhang erneut auf die inkriminierten Autoren der Avantgarde, vor allem auf Döblin und Joyce, in deren Werken er »den welthistorischen Widerspruch« findet, »in den die Produktionskräfte mit den Produktionsverhältnissen geraten sind« (ebd.). In diesen »Dokumenten der Ausweglosigkeit« könne der mit dem Wissen um den Ausweg ausgestattete sozialistische Autor »wertvolle hochentwickelte technische Elemente« (ebd.) kennen lernen. Der Katalog dieser Techniken, den B. in einer Fußnote aufführt, liest sich wie eine Gegenrechnung zu Lukács' Formidealen und Autorenvorbildern: »Innerer Monolog (*Joyce*), Stilwechsel (*Joyce*), Dissezierbarkeit der Elemente (*Döblin, Dos Passos*), assoziierende Schreibweise (*Joyce, Döblin*), Aktualitätenmontage (*Dos Passos*), Verfremdung (*Kafka*).« (Ebd.)

Als Beispiel für eine produktive Aneignung literarischer Techniken wählt B. in dem Aufsatz *Weite und Vielfalt der realistischen Schreibweise*, der zu seinen Lebzeiten veröffentlicht wurde (*Versuche*, H. 13, 1954), keinen Text der erwähnten Avantgardisten, sondern er greift auf das frühe 19. Jh. zurück. Dies ist als Beleg für B.s Auffassung zu werten, dass auch sein Realismusverständnis in einem Traditionszusammenhang steht. Die Beiläufigkeit, mit der er die Vorstellungen seiner Kontrahenten Lukács in puncto Realismus erwähnt (»ein paar Ausführungen«; GBA 22, S. 424), soll diese erneut als bloße Marginalien erscheinen lassen: »Es gibt da keine speziellen Formalitäten, die zu beachten wären.« (Ebd.) Anhand des Gedichts *Der Maskenzug der Anarchie* (1819) von Percy Bysshe Shelley legt B. dar, dass ein wohlverstandener Realismus keineswegs auf das Vorbild des bürgerlichen Romans im 19. Jh. zu beschränken ist, sondern auch in anderen literarischen Formen seinen Ausdruck finden kann. Shelleys Gedicht schildert in allegorischer Form, wie Mord, Betrug, Heuchelei, Verheerungen und Anarchie von Manchester nach London ziehen. B. sieht den Realismus des Gedichts darin, dass hier durch »große symbolische Bilder« die Wirklichkeit selbst zu Wort komme: »was sich Ruhe und Ordnung nannte, wurde als Anarchie und Verbrechen entlarvt« (S. 430). Wegen seines Klassenstandpunkts und weil er die »Abstraktion« besser ermögliche, sei Shelley »in der großen Schule der Realisten« sogar »ein noch sichtbarerer Platz« anzuweisen als Balzac (S. 432). Freilich nicht als Vorbild, oder allenfalls als ein Vorbild unter vielen, denn nichts sei so schlimm, »als beim Aufstellen von formalen Vorbildern *zu wenig* Vorbilder aufzustellen« (S. 433). B. schließt sein Shelley-Exempel mit jenen berühmten Sätzen, die sein Credo in Sachen Realismus in nuce enthalten: »Über literarische Formen muß man die Realität befragen, nicht die Ästhetik, auch nicht die des Realismus. Die Wahrheit kann auf viele Arten verschwiegen und auf viele Arten gesagt werden. Wir leiten unsere Ästhetik, wie unsere Sittlichkeit, von den Bedürfnissen unseres Kampfes ab.« (Ebd.)

In den Kontext der Realismusdiskussion gehört auch B.s »kleine Studie« (S. 1014) mit dem Titel *Über reimlose Lyrik mit unregelmäßigen Rhythmen* (S. 357), die im März 1938 entstand, aber erst ein Jahr später im letzten Heft des *Wort* (H. 3, 1939) veröffentlicht wurde. B. konzipierte den Text als konkretes Exempel, da »die Diskussion [die Expressionismusdebatte] zum großen Teil etwas allgemein geführt wurde«, wie es in einer (im *Wort* nicht gedruckten) Einleitung heißt (GBA 22, S. 1014). Anhand eigener Werke, klassischer (Schiller) wie antiker (Lukretius) Texte, aber auch Beispielen aus der Alltagswelt (Ausrufe von Demonstranten und Straßenhändlern, Werbeslogans), illustriert B. den gestischen Charakter von Sprache. Es sei nicht die Aufgabe des Schriftstellers, »Disharmonien und Interferenzen [...] formal zu neutralisieren«, er müsse sie vielmehr in seinen Texten einfangen. Reimlose, freie Rhythmen protestierten nicht nur gegen die »Glätte und Harmonie des konventionellen Verses«, sondern seien ein Versuch, »die Vorgänge zwischen den Menschen als widerspruchsvolle, kampfdurchtobte, gewalttätige zu zeigen« (S. 359).

Rezeption

Eine Rezeption der Schriften B.s zur Expressionismusdebatte setzte, bedingt durch ihr spätes Erscheinen, in den 60er-Jahren ein. Sie wurden dabei meist nicht als eigenständiger Entwurf einer politischen Ästhetik wahrgenommen, sondern fast durchweg im Kontext der »Brecht-Lukács-Debatte« (Mittenzwei 1967) rekonstruiert – ungeachtet der Tatsache, dass diese »Meinungsverschiedenheit« (Völker) weder als akademische Debatte angelegt war noch als solche durchexerziert wurde. Der politische Kontext der Exilzeit, die Tatsache, dass unter diesen Bedingungen Positionen und Reaktionen eine polemische Schärfe gewannen, die ihnen unter anderen Voraussetzungen nicht oder zumindest nicht in dieser Form eigen gewesen wäre, wurde dabei zumeist nicht reflektiert.

Mittenzwei arbeitete in seinem Aufsatz die Kontroverse auf dem Hintergrund der ihr zu Grunde liegenden »divergierenden politischen Auffassungen, besonders in bezug auf die proletarische Revolution und Demokratie«, auf (Mittenzwei 1967, S. 129). Obwohl Lukács' Überlegungen für die Konzeption eines sozialistischen Realismus weitaus folgenreicher waren, gelingt es Mittenzwei, B. als den eigentlichen Wahrer der Tradition zu feiern. Durch dessen »Realismusauffassung der Weite und Vielfalt« werde die »von der Kommunistischen Partei aufgestellte Losung, das kulturelle Erbe für den antifaschistischen Kampf zu nutzen«, weitaus »besser und wirksamer angewandt« (S. 141) als von seinem Kontrahenten Lukács. Das hätten die Kulturfunktionäre der KPD sicher anders gesehen, und es war auch nicht die zentrale Frage in der Auseinandersetzung. Auch mit Blick auf eine nicht näher definierte »spätbürgerliche Kunst« (S. 134) wird eine Konvergenz der beiden Positionen suggeriert. Nur habe B. seine »Polemik« gegen diese »von neuen Ufern« aus geführt, während Lukács »aufgrund seiner abstrakten Demokratievorstellungen zu einem borniert en Kampf gegen die Dekadenz genötigt« war (ebd.). Der Behauptung einer solchen partiellen Übereinstimmung zuliebe verschweigt Mittenzwei, dass bei B. eine solche »Polemik« nicht existiert, schon gar nicht von einem sicheren weltanschaulichen »Ufer« aus. Auch im Hinblick auf die Widerspiegelungstheorie, für Mittenzwei der Prüfstein des marxistischen Standpunkts, ist der Versuch zu beobachten, den Häretiker B. näher an die offiziellen Positionen heranzuführen. B. wie Lukács hätten sich zur »Leninschen Abbildtheorie« bekannt. Dies wird dahingehend unterschieden, dass Lukács die »Einheit von Wesen und Erscheinung« betont habe, B. die »Widersprüchlichkeit dieser Einheit« habe herausstellen wollen (S. 149f.). Mit Mittenzweis Aufsatz lag die erste detaillierte Aufarbeitung der Debatte vor, auch wenn er den Kontext der Expressionismusdiskussion weitgehend außer Acht lässt. Doch lässt sich die von Lothar Baier geäußerte Vermutung nicht von der Hand weisen, dass Mittenzweis »scheinbar lächerliche Haarspalterei [...] aus dem Versuch zu erklären ist, Brecht in den Konsens der ›marxistischen Ästhetik‹ zu integrieren« (Baier 1972, S. 249). Damit dieser Konsens »intakt« bleibe, sei es Mittenzwei darum gegangen, »nicht die Gegensätze zwischen Brechts und Lukács' Position herauszustellen, sondern die Gemeinsamkeiten« (ebd.).

Die bundesdeutsche Studentenbewegung rezipierte die Schriften zum Realismus in erster Linie mit dem Ziel, über den neu entdeckten ›politischen‹ B. das eigene kulturpolitische und literaturtheoretische Profil zu schärfen. B.s operative Ästhetik fügte sich in ein politisches Konzept, demzufolge Kunst und Kultur allenfalls noch im Kontext politischer Praxis zu legitimieren waren. Die teilweise kruden Überlegungen, die in ihrer extremen Spielart in der Forderung nach einer Abschaffung der Kunst gipfelten (vgl. Schneider), übersahen, dass B. durchaus nicht der Idee einer politisch unmittelbar wirksamen Kunst das Wort redete, sondern gerade dem Artifiziellen und Spielerischen einen Eigenwert zugestand. Klaus Völkers zitatenreicher Aufsatz ist von dem Versuch gekennzeichnet, in Lukács einen Popanz aufzubauen und diesen aus der Perspektive der B.schen Positionen aufs Korn zu nehmen. Vor dem Hintergrund einer stark vereinfachten Lukács-Rezeption kann Völker dessen Realismusbegriff als »eine platte, vom Idealismus geprägte, schematische Kunsttheorie« (Völker 1969, S. 146) denunzieren: »Mit Marxismus hat seine Methode kaum etwas gemein.« (S. 147) Zum gleichen Ergebnis kommt auch Helga Gallas, welche die Auseinandersetzungen im Bund proletarisch-revolutionärer Schriftsteller zwischen 1929 und 1932 rekonstruiert und diese als Vorgeschichte der Realismus-Debatte kenntlich macht. Ähnlich wie Völker mit einer »dualistischen Tabelle« (Baier 1972, S. 245) operierend, wirft sie Lukács vor, dass er sich nicht einer »historisch-materialistischen Analyse« (Gallas, S. 170) befleißige, sondern sich ahistorisch der »klassischen bürgerlichen Ästhetik verpflichtet« zeige (ebd.).

Baiers Aufsatz historisiert nicht nur die Debatte selbst und deren Rezeption, sondern stellt die Kategorien einer materialistischen Ästhetik insgesamt in Frage. Als Ergebnis einer Untersuchung der Argumentation von Völker, Gallas und – insbesondere – Mittenzwei stellt er fest, das wichtigste, was man von Debatten wie der B.-Lukács-Debatte lernen könne, sei: »daß sich aus solchen Debatten nichts mehr lernen läßt« (Baier 1972, S. 252). Es gehe nicht mehr um die Frage, ob der eine oder andere recht habe, ob sich Joyce für den Marxismus retten lasse oder umgekehrt. Solche Debatten seien nur mehr zum Spielball einer »kulturpolitischen Taktik und der ihr korrelierenden Ideologie« verkommen (ebd.). Nur innerhalb der »Geschichte dieser Taktik« habe die B.-Lukács-Debatte ihre Bedeutung. In einer späteren Schrift konzediert Baier, dass die B.-Lukács-Debatte bei aller Historizität der Positionen den »gegenwärtigen Literaturdiskussionen« etwas Entscheidendes voraus habe, nämlich einen politischen »Begründungszusammenhang, aus dem die Argumente ihr Gewicht und ihre Verbindlichkeit bezogen« (Baier 1978, S. 74). Unter veränderten historischen Voraussetzungen, aber unter Beibehaltung der alten Frontlinien, fand die Expressionismusdebatte in der Formalismusdiskussion der frühen 50er-Jahre in der DDR ihre Fortsetzung.

Literatur:

Baier, Lothar: Streit um den schwarzen Kasten. Zur sogenannten Brecht-Lukács-Debatte. In: Bertolt Brecht I. Sonderbd. aus der Reihe Text+Kritik. München 1972, S. 37-44 [zit. nach: Matzner, Jutta: Lehrstück Lukács. Frankfurt a.M. 1974, S. 244-255]. – Ders.: Vom Erhabenen der proletarischen Revolution: Ein Nachtrag zur ›Brecht-Lukács-Debatte‹. In: Schmitt, Hans-Jürgen (Hg.): Der Streit mit Georg Lukács. Frankfurt a.M. 1978, S. 55-76. – Benjamin, Walter: Versuche über Brecht. Frankfurt a.M. 1966. – Bloch, Ernst: Vom Hasard zur Katastrophe. Politische Aufsätze aus den Jahren 1934-1939. Frankfurt a.M. 1972. – Brüggemann, Heinz: Literarische Technik und soziale Revolution. Versuche über das Verhältnis von Kunstproduktion, Marxismus und literarischer Tradition in den theoretischen Schriften Bertolt Brechts. Reinbek 1973. – Choi, Young-Jin: Die Expressionismus-Debatte und die Studien: Eine Untersuchung zu Brechts Sonettdichtung. Frankfurt a.M. 1998. – Cohn, Robert: Expressionismusdebatte. In: Historisch-kritisches Wörterbuch des Marxismus. Hg. v. Wolfgang Fritz Haug. Bd. 3. Berlin 1997, Sp. 1167-1183. – Das Wort: Literarische Monatsschrift. Reprint mit einem Registerband. Berlin 1968. – Erpenbeck, Fritz: Nachwort. In: Das Wort. Registerband des Reprints. Berlin 1968, S. 5-18. – Gallas, Helga: Marxistische Literaturtheorie. Kontroversen im Bund proletarisch-revolutionärer Schriftsteller. Neuwied, Berlin 1971. – Hecht, Werner: Wie falsch fliegen eigentlich Tauben? Zur Kritik Brechts an Lukács. In: Germanistisches Jb. DDR – UVR 1986, S. 73-79. – Knopf, Jan: Gelegentlich: Poesie. Ein Essay über die Lyrik Bertolt Brechts. Frankfurt a.M. 1996. – Korsch, Karl: Marxismus und Philosophie. Frankfurt a.M. 1966. – Lukács, Georg: Willi Bredels Romane. In: Die Linkskurve (1931), H. 11, S. 23-27. – Ders.: Reportage oder Gestaltung? Kritische Bemerkungen anläßlich des Romans von Ottwalt. In: Die Linkskurve (1932), H. 7, S. 23-30 (Teil 1); H. 8, S. 26-31 (Teil 2). – Ders.: Aus der Not eine Tugend. In: Die Linkskurve (1932), H. 11/12, S. 15-24. – Ders.: »Größe und Verfall« des Expressionismus. In: Internationale Literatur (1934), H. 1, S. 153-173. – Ders.: Marx und das Problem des ideologischen Verfalls. In: Internationale Literatur (1938), H. 7, S. 103-143. – Mayer, Hans: Brecht in der Geschichte. Drei Versuche. Frankfurt a.M. 1971. – Mittenzwei, Werner: Die Brecht-Lukács-Debatte. In: Sinn und Form (1967), H. 19, S. 235-269 [zit. nach: Matzner, Jutta (Hg.): Lehrstück Lukács. Frankfurt a.M. 1974, S. 125-164]. – Ders.: Der Streit zwischen nichtaristotelischer und aristotelischer Kunstauffassung: Die Brecht-Lukács-Debatte. In: Ders.(Hg.): Dialog und Kontroverse mit Georg Lukács: Der Methodenstreit deutscher sozialistischer Schriftsteller. Leipzig 1975, S. 153-203. – Müller, Reinhard (Hg.): Die Säuberung. Moskau 1936: Stenogramm einer geschlossenen Parteiversammlung. Reinbek 1991. – Ottwalt, Ernst: ›Tatsachenroman‹ und Formexperiment. Eine Entgegnung an Georg Lukács. In: Die Linkskurve (1932), H. 10, S. 21-26. – Pike, David: Deutsche Schriftsteller im sowjetischen Exil 1933-1945. Frankfurt a.M. 1981. – Ders.: Lukács und Brecht. Tübingen 1986. – Radek, Karl: Die moderne Weltliteratur und die Aufgaben der proletarischen Kunst. In: Schmitt 1974, S. 140-213. – Reich, Bernhard: Zur Methodik der deutschen antifaschistischen Dramatik. In: Das Wort (1937), H. 1, S. 63-72. – Schiller, Dieter: Die Expressionismus-Debatte 1937-1939. In: Barck, Simone [u.a.] (Hg.): Lexikon sozialistischer Literatur. Ihre Geschichte in Deutschland bis 1945. Stuttgart 1994, S. 141-143. – Ders.: Die Expressionismus-Debatte – Eine »wirkliche, nicht dirigierte Diskussion«? In: Exil. Forschung, Erkenntnisse, Ergebnisse. Hg. v. Edita Koch und Frithjof Trapp. Frankfurt a.M. 2001, H. 1, S. 77-90. – Schmitt, Hans-Jürgen (Hg.): Die Expressionismusdebatte. Materialien zu einer marxistischen Realismuskonzeption. Frankfurt a.M. 1973. – Ders./ Schramm, Godehard (Hg.): Sozialistische Realismuskonzeptionen. Dokumente zum I. Allunionskongreß der Sowjetschriftsteller. Frankfurt a.M. 1974. – Schmitt, Hans-Jürgen: Zwischen Illusion und Liquidation. Die Expressionismusdebatte im Zeichen der Volksfront. Köln 1999 [Manuskript einer Sendung des Deutschlandfunks vom 12. 2. 1999]. – Schneider, Peter: Literatur als Widerstand. Am Beispiel von Brechts ›Arturo Ui‹. In: Ders.: Atempause. Versuch, meine Gedanken über Literatur und Kunst zu ordnen. Reinbek bei Hamburg 1977, S. 111-126. – Völker, Klaus: Brecht und Lukács. Analyse einer Meinungsverschiedenheit. In: Kursbuch 7. 1966, S. 80-101 [zit. nach: Alternative (1969), H. 67/68, S. 134-147]. – Walter, Hans-Albert: Deutsche Exilliteratur 1933-1950. Bd. 4: Exilpresse. Stuttgart 1978.

Raimund Gerz

Zur Lyrik

B.s Reflexionen zur Lyrik zwischen 1933 und 1941 stehen im Kontext von B.s Faschismuskritik und den Fragen, wie politische und ästhetische Interessen miteinander zu verbinden seien. Es gibt insgesamt 21, davon aber oft nur sehr kurze Texte, die sich ausschließlich mit Fragen der Lyrik befassen. Oft wird die Diskussion der Lyrik in kulturkritische Überlegungen einbezogen. Vier Akzentsetzungen lassen sich unterscheiden. Erstens ging es B. um die Identifizierung antifaschistischer Tendenzen in der europäischen Literatur allgemein. Er reetablierte den von der faschistischen Kritik verpönten Begriff »Asphaltliteratur« (GBA 22, S. 36) und zeigte, dass auch die Werke klassischer Autoren ein ›Minimum‹ an bürgerlich rationaler Vernünftigkeit aufweisen und daher zur antifaschistischen Literatur zu rechnen sind. Zweitens etablierte B. sich vor allem um 1935 als Autor im Ausland. Einige Werke wurden ins Russische, Amerikanische und Dänische übersetzt (vgl. S. 924). In Vorträgen und Lesungen (S. 130–132, S. 138–140) setzte sich B. für die Übersetzungen seiner revolutionären Gedichte ein und forderte vom Übersetzer nicht eine wörtliche, sondern politisch sensible Übertragung, welche die den Gedichten zu Grunde liegende »Haltung« (S. 132) reflektiert und in den jeweiligen kulturellen Kontext einbringt. Drittens, als aktiver Mitarbeiter an der in Moskau herausgegebenen Exil-Zeitschrift *Das Wort* äußerte sich B. in kurzen Texten kritisch zur sog. Expressionismusdebatte und insistierte auf einer kritisch realistischen Ästhetik. Diese entwarf er anhand konkreter lyrischer Phänomene, wie z.B. durch seine scharfe negative Kritik an der nicht-effektiven Bildlogik eines Gedichts von Fritz Brügel (S. 190–192) und an der »Schönheit in den Gedichten des Baudelaire« (S. 450f.). Im Gegensatz zu Walter Benjamin sah B. Baudelaire als einen politisch indifferenten Autor, der den Klassenkampf nicht bewusst reflektierte und weiter trieb. Gegen diese Beispiele setzte B. die von ihm in Gedichten selbst verwendeten »unregelmäßigen Rhythmen« (S. 357–365) und lobte die »›symbolische‹ Schreibweise« P.B. Shelleys (S. 424–433). An diesen Beispielen zeigte er, dass in der strengen Analyse, im »Zerpflücken von Gedichten« (S. 453) der Lesegenuss liegt. Viertens experimentierte B. mit Ideen, welche die Lyrik in einen interdisziplinären Kontext einbringen. Er sann über mögliche Assoziationen von Lyrik mit Architektur (S. 140f.) oder darstellender Kunst nach. Am deutlichsten wird dies in einem Dialog auf Schwedisch zwischen Lyriker und Maler (S. 579–583, Übersetzung S. 1078–1083), in dem beide die Idee diskutieren, in schwedischen Gemeindehäusern aufeinander bezogene Bild- und Texttafeln aufzuhängen. Dabei sollen sich Bild und Lyrik auf keinen Fall wechselseitig illustrieren, sondern die eine Kunstform soll das weiterführen, was die andere nicht darzustellen vermag. B. führte hier Ideen zur Kollektivarbeit weiter, die er anhand von Musik-, Theater- und Filmproduktionen vor 1933 bereits entwickelt hatte.

Da viele dieser Texte B.s erst in der GBA gesammelt vorgelegt wurden, gab es lange keine zusammenfassende Rezeption von ihnen. Erst nach der Herausgabe der *Schriften* wurden die Überlegungen zur Lyrik in die äußerst begrenzten Tendenzen der B.-Rezeption integriert, in der B. zum Beispiel unter Schablonen wie ›Didaktiker‹ oder ›Marxist‹ abgehandelt wurde.

Biografisches

Es war interessanterweise ein Gedicht, nämlich die *Legende vom toten Soldaten*, das »Brechts Namen bereits 1923 auf die schwarze Liste der Nazis gebracht hat« (GBA 11, S. 365). Als im Exil lebender Autor – am 28. 2. 1933 war er gemeinsam mit Helene Weigel aus Deutschland geflohen – provozierte ihn die schockierende kulturelle und politische Situation in Deutschland und forderte ihn heraus, seine Ideen zur politischen und ästhetischen Relevanz von Kunst, Kultur, Dichtung immer genauer zu differenzieren. Während der ersten unruhigen Emigrationsmonate, seiner Reisen über Prag, Wien, die Schweiz und Paris, beobachtete und kommentierte B. verbittert die prekären kulturpolitischen Entscheidungen der Regierung, der von ihr manipulierten deutschen Bevölkerung und vor allem der in Deutschland verbliebenen Intellektuellen wie Gottfried Benn. Als er sich dann im Juni zusammen mit seiner Familie in Dänemark niederließ (1933–1939), nahm er intensiver an internationalen Debatten zu Fragen antifaschistischer Literaturpolitik teil. Ende 1934 z.B. antwortete er mit seinem Essay *Dichter sollen die Wahrheit schreiben* auf eine Rundfrage des *Pariser Tageblatts*. Und im Kontext seiner Mitarbeit an *Das Wort*, zu deren Herausgebergremium B. seit März 1936 gehörte (vgl. Hecht, S. 475), konzentrierte er sich immer intensiver auf Fragen des Realismus in der Kunst. In den Jahren 1937/38 kulminierte die öffentliche Kontroverse um den Begriff des Realismus in der in *Das Wort* ausgetragenen Expressionismusdebatte, die B. auch als »Formalismus-Streit« bezeichnete (GBA 12, S. 351). Der genaue Verlauf dieser Debatte ist erst 1973 durch Hans-Jürgen Schmitts ausführliche Dokumentation allgemein bekannt geworden. Als scharfer Kritiker von Georg Lukács' Realismustheorien nahm B. mehr und mehr daran teil, ohne jedoch seine direkte Polemik gegen Lukács in *Das Wort* veröffentlichen zu können (vgl. *Zur Expressionismusdebatte*, BHB 4). Der ungarische Literaturkritiker Lukács war nach seinem zweijährigen Berlin-Aufenthalt in die Sowjetunion emigriert, wo er als Mitarbeiter am Philosophischen Institut der Akademie der Wissenschaften der UdSSR (bis 1938) und Mitglied der Akademie der Wissenschaften der UdSSR (1942–1944) seine Realismus-Theorie entwickelte, die »dann die deutsche kommunistische literarische Emigration dominierte« (Lehnert, S. 252). Lukács polemisierte gegen B. und *Das Wort* (Hecht, S. 338, S. 491, S. 544–550, S. 561, S. 563), sodass B. wohl auch wegen seiner Desillusionierung mit dieser etablierten kulturpolitischen Position die Sowjetunion als Domizil für sich und seine Familie ablehnte (Lehnert, S. 252), als er von Mai bis Juli 1941 über Leningrad, Moskau, Wladiwostok nach San Pedro (Kalifornien) reiste. In *Journal*-Eintragungen von Anfang 1939 (GBA 26, S. 326–330) klagte B. über die Verhaftungen all seiner russischen Gesprächsfreunde und beschimpfte Lukács und seine Parteigenossen polemisch als »Murxisten« (S. 329).

Kritik des lyrischen Ästhetizismus

Bereits in seiner Berliner Zeit nahm B. allgemein Stellung zu Fragen der europäischen Literatur mit dem besonderen Interesse, seine sozialkritische Gebrauchslyrik von allzu konservativ bürgerlicher oder avantgardistischer, abstrakter, absoluter oder autonomer Dichtung abzugrenzen. Seine auch in den 30er-Jahren noch relevante und weiter modifizierte Kritik des Ästhetizismus, Impressionismus, Expressionismus und Dadaismus bestimmte die meisten seiner kulturkämpferischen Essays, mit denen er an den in bekannten Literaturzeitschriften ausgetragenen literarischen Debatten teilnahm. Die schärfsten Attacken richteten sich gegen Autoren wie Rainer Maria Rilke, Stefan George, Franz Werfel und Thomas Mann. In dieser Zeit führte B. bereits Begriffe in die Diskussion ein, die er dann unter den Bedingungen des Exils und unter dem Druck, ein Gegenkonzept zur faschistischen Kulturpolitik einerseits und zu marxistischen Realismus-Konzepten wie die von Lukács andererseits zu entwerfen, ständig weiter bearbeitete und modifizierte. Durch die kritische Bearbeitung der Begriffe Wahrheit, Realismus, Formalismus und Wirklichkeit arbeitete er den Gegensatz zwischen Ästhetizismus und Gebrauchslyrik immer schärfer heraus und markierte so seine eigene poetisch-politische Position, wohl auch, um sich neben anderen Autoren, wie z.B. dem allgemein bekannteren Thomas Mann, als Exilautor zu etablieren. B. forderte z.B. in einem Brief vom 31. 5. 1938 an Wieland Herzfelde (Malik-Verlag), seine *Gedichte im Exil* sofort zu veröffentlichen, weil sie ihm die entscheidende Position verschaffen könnten, die er »in der Emigrantenliteratur bisher nicht habe« (GBA 29, S. 96).

B. übte scharfe Kritik an Gottfried Benns anrüchiger intellektueller Unterstützung faschistischer Ideen in den beiden Rundfunkreden *Der neue Staat und die Intellektuellen* (April 1933) und *Antwort auf die literarischen Emigranten* (Mai 1933). Letztere Rede wurde auch in der *Deutschen Allgemeinen Zeitung* gedruckt, da sie auf einen kritischen Brief antwortete, den Klaus Mann aus Südfrankreich an Benn geschickt hatte. B.s spontane Reaktion fasste seine frühere Polemik gegen den literarischen Ästhetizismus und seine aktuelle gegen den Faschismus zusammen und nahm bereits einzelne Argumente voraus, die später die im *Wort* publizierte Expressionismusdebatte prägten. B. vergleicht Benns lyrische Sprache mit »einer jener Gräfinnen, die ab und zu in exklusiven Blättern inserieren und vereinsamten Herren und Damen versprechen, sie in ihren Salons ›zwanglos‹ zusammenzuführen« (GBA 22, S. 8f.). Während Else Lasker-Schüler z.B. Benn gegenüber ihrem Verleger Kurt Wolff als Repräsentanten der expressionistisch progressiven Moderne anpries (Lasker-Schüler, S. 87f.), sah B. die Lyrik Benns als reaktionären Ausdruck einer elitären und klischeehaft verzärtelten Klasse, die arbiträr und ohne jeglichen politischen Sinn persönlich subjektiven Gefühlen huldigt. Solch ein sozial abgehobener Elfenbeinturm-Ästhetizismus abstrahiert von der sozialen und politischen Realität und fördert die kapitalistische und daran gebundene faschistische Ideologie. B. polemisierte auch verbittert gegen Benns mythisch biologistisches und ahistorisches Menschenbild.

Forderung einer politisch subversiven Lyrik

Ende 1934 widmete sich B. ausführlich der Frage nach dem Verhältnis von Dichtung und Wahrheit, um dem Begriff der ›Wahrheit‹ alle idealistischen Konnotationen auszutreiben und ihm seine historischen, sozialen und dynamischen Realitätsbedingungen einzuschreiben. B. reflektierte damit wohl über die Forderung einer »wahrheitsgetreuen, historisch konkreten Darstellung der Wirklichkeit in ihrer revolutionären Entwicklung«, die im selben Jahr im »Statut des Verbandes der Sowjetschriftsteller« (*Internationale Literatur* 3 [1934], S. 142) festgelegt worden war. Am 8.9. hatte Sergej Tretjakow B. vom Allunionskongress der Sowjetschriftsteller berichtet (vgl. Hecht, S. 409f.), auf dem gerade auch die Sprecher der Regierung von der Literatur des sozialistischen Realismus verlangten, »die rein proletarischen wie die formal-literarischen Formen zugunsten von Tolstoi, Balzac, Stendal, Goethe, Gottfried Keller« (Schmitt, S. 15f.) aufzugeben. Auf die Rundfrage des *Pariser Tageblatts*, das im Exil lebende deutsche Dichter aufforderte, einen Beitrag über ihre durch die Exilsituation neu bestimmte »Mission« zu verfassen, antwortete B. mit dem Text *Dichter sollen die Wahrheit schreiben*. Dieser Text wurde dann die Basis für den ausführlicheren und formalisierteren Traktat *Fünf Schwierigkeiten beim Schreiben der Wahrheit*, der 1935 in der antifaschistischen Zeitschrift *Unsere Zeit* erschien und danach unter verschiedenen kuriosen Titeln vereinzelt und illegal in Deutschland verbreitet wurde. Da dieser Artikel seine zentralen Argumente an einem ägyptischen Gedicht überprüft und illustriert, muss er in die hier vorzustellenden Überlegungen einbezogen werden.

Klaus Schuhmann hat gezeigt, wie B. schon zu dieser Zeit zwischen verschiedenen Interessengruppen zu vermitteln suchte, vor allem zwischen dem Schutzverband deutscher Schriftsteller in Frankreich, aus dem einige Mitglieder den antifaschistischen Kampf von kommunistischen Initiativen abtrennen wollten, und der Volksfrontpolitik der KPD (Schumann, S. 327–329). In seinem Beitrag zum Widerstand unterscheidet B. fünf Tugenden, die vom staatsfeindlich kritischen Dichter gefordert werden: 1. »Mut« (GBA 22, S. 74), um gegen politische Indoktrination vorzugehen;

2. »Klugheit, die Wahrheit zu erkennen« (S. 76), denn nur so kann der Dichter seine soziale und politische Verantwortung ausüben, die auf »Kenntnis der materialistischen Dialektik, der Ökonomie und der Geschichte« (S. 77) beruhen muss und die auf keinen Fall irgendeines Ästhetizismus zuliebe ignoriert werden darf (Kritik gegenüber Benn u.a.). B. besteht auf der historischen und ideologiekritischen Definition der ›Wahrheit‹ und stellt dieser ihre althergebrachte idealistische Definition gegenüber. Der Faschismus ist eine Konsequenz des Kapitalismus; dies bestätigen auch B.s Studien und Gespräche mit Karl Korsch, in denen sie vor allem Probleme der marxistischen Theorie abgehandelt haben (S. 894) und durch die sich B. auch das theoretische Vokabular zur Analyse kapitalistischer Wirtschaftsverhältnisse und ihrer Geschichte weiter erarbeitete. B.s Text besteht darauf, dass »alle Schreibenden in dieser Zeit der Verwicklungen und der großen Veränderungen eine Kenntnis der materialistischen Dialektik, der Ökonomie und der Geschichte« (S. 77) erwerben. Wie im Kommentar der GBA nachgewiesen wird, stimmte B.s Fazit, »*der Faschismus kann nur bekämpft werden als Kapitalismus, als nacktester, erdrückendster und betrügerischster Kapitalismus*« (S. 78), mit der »Beurteilung überein, wie sie noch auf dem 13. Plenum des Exekutivkomitees der kommunistischen Internationale im Dezember 1933 gegeben« (S. 906) wurde. B.s Marxismus-Rezeption begann »1926 mit der ersten Lektüre des *Kapital* und wurde in den folgenden Jahren mit dem Studium soziologischer und ökonomischer Fragen fortgeführt« (*Die Lehrstücke*, BHB 1, S. 32). Seitdem ging es B. um die Frage, wie künstlerische Produktionen am effektivsten an der Veränderung gesellschaftlicher Strukturen teilnehmen könnten. ›Kunst‹ forderte ein analytisches Denken, das Dichtung 3. als politische »Waffe« einsetzte und 4. mit kritischem Urteil für einen effektiven Publikationsprozess sorgte. Doch die Erfüllung all dieser Voraussetzungen nutzt nichts, wenn der Autor 5. seine Leser nicht listig durch Wort- und Themenwahl so lenkte, dass sie die eigene Situation analysieren und zu verändern strebten. Die Wahrheit musste in eine »handhabbare Form« (GBA 22, S. 81) gebracht sowie das Denken »eingreifend gestaltet« (S. 86) und eingeübt werden. Diese Funktion übernimmt neben anderen Genres (vgl. Wagner, S. 102–109) auch die Lyrik. B.s Text zitiert z.B. Verse aus drei Gedichten des ägyptischen Dichters Ipu-wer (3. Jahrtausend v. Chr.), montiert aber den Text um, benutzt die Verse »in einer von den Originalen abweichenden Reihenfolge« (GBA 22, S. 908) und modifiziert ihre Länge und Wortwahl so, dass er den Klassenkampf der ägyptischen Antike aktualisiert und der politisch-literarischen List des Originals seine eigene unterlegt. Dadurch konkretisierte B., was er theoretisch forderte. Ein Weiser schildert am Hof eines Herrschers »Unordnung, die durch den Aufstand der unteren Schichten entstanden ist« (S. 84), doch ironischerWeise soll gerade diese Schilderung den Unterdrückten als »begehrenswerter Zustand erscheinen« (S. 85). B. demonstriert hier die Technik der politisch subversiven, jegliche Zensur umgehenden und den Klassenkampf schürenden Rede als eine Jahrtausende alte Tradition, die gerade auch im Kampf gegen den Faschismus neu aktiviert werden muss. Durch diese verdeckt implizite Politisierung verschärft er die aggressive und provozierende Sozialkritik seiner *Hauspostille*-Gedichte von 1927.

Wegen B.s Teilnahme an subversiven politischen Reflexionsweisen ordnet ein Brief Walter Benjamins an B. diesem Text die Qualität der »unbegrenzten Konservierbarkeit durchaus klassischer Schriften« zu. Benjamin betont: »Sie [die *Fünf Schwierigkeiten*] sind in einer Prosa geschrieben, die es im Deutschen noch nicht gegeben hat.« (Benjamin, 25.5. 1935; S. 658) B. teilte nicht unbedingt den ungebrochenen Optimismus seiner späteren Interpreten, wie z.B. den von Frank Dietrich Wagner, der 1989 schreibt: »Die Schwierigkeiten beim Schreiben der Wahrheiten, die am konkreten historischen Material demonstriert werden, sind typisch für alle Epochen der Unterdrückung, sie haben eine lange Tradition, und diese Tradition gilt es zu erkennen, um die Schwierigkeiten praktisch beheben zu können in einer Situation, die übermächtig erscheint.«

(Wagner, S. 103) Kurz nach B.s Teilnahme an dem I. Internationalen Schriftstellerkongress zur Verteidigung der Kultur, der vom 21. bis 25. 6. 1935 in Paris stattfand, wendete er sich mit bitterem Zynismus an George Grosz und klagte: »Es hat 4 (vier) Tage in Anspruch genommen und wir haben beschlossen, lieber alles zu opfern, als die Kultur untergehen zu lassen. Nötigen Falles wollen wir 10–20 Millionen Menschen dafür opfern.« (GBA 28, S. 510) Auch wenn B. hier angesichts der Brutalität des Krieges an dem Sinn jeder Kulturarbeit zweifelte, entschied er sich doch, wenn auch mit einer tiefgründigen Ironie, für seine weitere literarische Produktion. In den *Svendborger Gedichten* heißt es Anfang 1939: »In den finsteren Zeiten / Wird da auch gesungen werden? / Da wird auch gesungen werden. / Von den finsteren Zeiten.« (GBA 12, S. 16) Doch bereits in Amerika notierte B. am 5. 4. 1942 im *Journal* verbittert: »Hier Lyrik zu schreiben, selbst aktuelle, bedeutet: sich in den Elfenbeinturm zurückziehen. Es ist, als betreibe man Goldschmiedekunst. Das hat etwas Schrulliges, Kauzhaftes, Borniertes. Solche Lyrik ist Flaschenpost. Die Schlacht um Smolensk geht auch um die Lyrik.« (GBA 27, S. 79f.) Er gesteht sich selbst ein, dass auch die von ihm lyrisch verfasste politische Polemik und Kritik angesichts des Kriegs ihre extra-ästhetische Effektivität einzubüßen droht.

Kritische Implikationen des lyrischen Materials: Semantische Aspekte

Zunächst assoziierte B. die Kunstformen der Lyrik mit denen von Prosa und Drama, doch im späteren Essay *Über reimlose Lyrik mit unregelmäßigen Rhythmen* (GBA 22, S. 357–364) arbeitete er die für den politischen Kampf spezifischen Qualitäten der Lyrik heraus.

B. war sich schon lange bewusst, dass »Wahrheit« nicht idealistisch vorgegeben, sondern konstruiert ist und dass jeder Autor bewusst oder unbewusst die Vorstellungen der Leser manipuliert. In den 20er-Jahren analysierte er mit schärfster Polemik die unbewussten Kriterien bürgerlicher Dichter und stellte diesen zu Beginn der 30er-Jahre programmatisch alternative Kriterien gegenüber.

B. entfachte eine öffentliche Kontroverse, als er 1927 als Preisrichter eines Lyrikwettbewerbs in *Kurzer Bericht über 400 (vierhundert) junge Lyriker* die Beiträge von 400 Dichtern als »sentimental«, »unecht« und »weltfremd« ablehnte und ihre Autoren als »stille, feine, verträumte Menschen, empfindsamer Teil einer verbrauchten Bourgeoisie« (GBA 21, S. 192) im Sinn von Rilke, George sowie Werfel verurteilte und ihnen zum Trotz den offiziell nicht eingereichten Song *He! He! The Iron Man* von Hannes Küpper honorierte. Er verteidigte seine Entscheidung damit, dass Lyrik dokumentarische Qualität und Nützlichkeitswert haben müsse. In dem vermutlich als Klappentext zur *Hauspostille* verfassten Text *Die Lyrik als Ausdruck* setzte er diese Überlegungen fort. Er wendet sich gegen den für die Lyrik etablierten Begriff Ausdrucks- oder Erlebniskunst und zeigte, wie Bewunderung eines ›schönen Ausdrucks‹ die Reflexion über das Ausgedrückte, seine Auswahl und seinen Effekt versäumt. Lyrik als Ausdrucks- oder Erlebniskunst idealisiert das Kunstwerk gegenüber seinen Intentionen, Motivationen und Bedingungen. »Die Leiden sind vergangen, die Gedichte sind geblieben, sagt man pfiffig und reibt sich die Hände. Aber wie, wenn die Leiden nicht vergangen sind?« (S. 201) Mit dieser rhetorischen Frage entlarvte B. die Argumentation der bürgerlichen Literaturkritiker, die das Kunstwerk als ästhetische Autorität gegenüber seinem jeweiligen Anlass abstrahierten und glorifizierten, als ethisch ignorant und korrupt, weil sie das bürgerliche Klassensystem unterstützten, das er bekämpfte. Auch befragte er die Relevanz der durch Stimmungslyrik evozierten Stimmungen, die nur die ›genussfähigen‹, ›fein empfindenden‹ Ästheten duplizieren, die sie hervorgebracht haben. B.s Text von 1934 stellt dieser »pfiffigen« List der Literaturtheorie, welche die abstrakt idealistische Kunst und ihren Ästhetizismus rechtfertigt, seine eigene, sozial und politisch verantwortliche entgegen. Er forderte eine ›List‹, die kritisches Denken »eingreifend gestaltet« (GBA 22, S. 86) und einübt, das Beschriebenes »handhabbar« (S. 72; S. 81) und die Wahrheit »praktikabel« (S. 72) macht. Die Wahrheit bietet keinen Rausch, sondern ist »etwas Zahlenmäßiges, Trockenes, Faktisches, etwas, was zu finden Mühe macht und Studium verlangt« (S. 75). Die an sie gebundene dialektische Betrachtungsweise, welche die Geschichtlichkeit und Vergänglichkeit historischer Prozesse betont, muss »eingeübt« werden (S. 87). In dieser Beschreibung der politisch didaktischen Funktion der Kunst, und vor allem auch der Lyrik, nahm B. das Vokabular auf, das er in seinen Texten zwischen 1926 und 1933, vor allem in seiner Lehrstücktheorie entwickelt hatte. Das Lehrstück nutzte den Kontext der deutschen Arbeitersängerbewegung für Theaterexperimente, welche die Grenze zwischen Schauspieler und Zuschauer aufhoben. *Die Maßnahme* z.B. bezieht »Sänger und Hörer in einen Lern- und Veränderungsprozess ein« (Krabiel, S. 182). In ihr soll es überhaupt kein Publikum mehr geben. Doch nach 1933 musste die Kunst noch »listiger« werden, sie musste die politische Zensur umgehen und auch die faschistische Indoktrination unterwandern. B. theoretisiert hier nicht über politische Rhetorik wie Parodie und Satire, also über lyrische Prinzipien, die auch seine 1934 in Paris erschienene Gedichtsammlung *Lieder Gedichte Chöre* prägen – und er konzentriert sich auch nicht auf eine programmatisch ideologische Schulung seiner Leser –, sondern auf die Ausbildung ihres kritischen Denkpotenzials, das er im Kontext der Lehrstücke bereits von seinen Schauspielern verlangt hatte. Dieser Aspekt des Lehrstücks ist 1972 von Reiner Steinweg herausgearbeitet worden und wird letztlich auch nicht von Klaus-Dieter Krabiels scharfer Kritik an Steinweg (1993), nämlich an dessen Ignoranz gegenüber dem Kontext der deutschen Gebrauchsmusikbewegung, in Frage gestellt. Doch bezieht sich B. in seinem Essay von 1934 elementarer auf die linguistische Basis eines jeden Texts und weist auf das ideologiekritische Potenzial der Wortwahl, wenn er die semantischen Assoziationen der Worte ›Bevölkerung‹, ›Besitz‹ und ›Menschenwürde‹ gegenüber den Worten ›Volk‹, ›Boden‹ und ›Ehre‹ privilegiert. Er beschreibt die jeweiligen historischen und kulturellen Konnotationen des Vokabulars und zwingt Leser und Autoren, die semantische Geschichte eines jeden Worts mitzudenken, um seine ideologischen Implikationen zu decodieren. So fordert B. im Ansatz eine antifaschistische, antikapitalistische Sprachkultur, die sich in der Wortwahl und des ihr zu Grunde liegenden Bewusstseins von den variablen und flexiblen Konnotationen spiegelt.

Diese sozial-politische Sensibilität gegenüber der Sprache verdankte B. auch seiner intensiven Zusammenarbeit mit Margarete Steffin während der Exiljahre. Während Steffins editorischer Arbeit am Stück *Die Rundköpfe und die Spitzköpfe* z.B. wies sie B. »auf den wechselnden Gebrauch von ›Pferde‹ und ›Gäule‹« hin und schlug vor, »die Gutsbesitzer und Staatsbeamten von ›Pferden‹, die Bauern jedoch von ›Gäulen‹ sprechen zu lassen« (GBA 4, S. 482).

Kritische Implikationen des lyrischen Materials: Formale Aspekte

Auf dem Höhepunkt der Expressionismusdebatte kam B. auf Fragen der kritischen Sprachkultur zurück und definierte sie genauer. Im März 1938 verfasste er für *Das Wort* den Aufsatz *Über reimlose Lyrik mit unregelmäßigen Rhythmen*, der dann erstmals 1939 in Heft 3 der Zeitschrift erschien. B. nahm seine Komposition der 1937 entstandenen *Deutschen Satiren* zum Anlass, ausdrücklich über die Form seiner lyrischen Faschismuskritik zu sprechen. Diese Gedichte wurden für den von kommunistischen Parteien getragenen deutschen Freiheitssender verfasst, dessen Programm seit Januar 1937 (bis 1939) gegen den Nationalsozialismus nach Deutschland ausgestrahlt wurde.

Hans Christian von Herrmann weist darauf hin, dass diese Gedichte direkt auf die deutschen Rundfunksendungen und vor allem auf die Propagandamedien der Nationalsozialisten antworteten. In gewisser Weise treten sie in Konkurrenz zum Propaganda-Rundfunk (vgl. von Herrmann, S. 118f.). B.s Gedichte wurden von den *Deutschen Informationen* (Paris) abgehört; nachgewiesen sind die Sendungen *Die Liebe zum Führer* und *Schwierigkeit des Regierens* (GBA 12, S. 376). Die konkreten Bedingungen des Dichtens für Radiosendungen, besonders wenn auch Unterbrechungen durch die Störsender einkalkuliert werden mussten, forderten extreme Präzision, Knappheit und Effektivität der Aussagen. »Es handelte sich darum, einzelne Sätze in die ferne, künstlich zerstreute Hörerschaft zu werfen. Sie mußten auf die knappste Form gebracht sein.« (GBA 22, S. 364) B. konnte hier mit seinen Gedichten Ideen realisieren, die er in wenigen Aufsätzen zwischen 1927–1932 in seiner von Peter Groth und Manfred Voigts 1976 zuerst entdeckten und systematisierten ›Radiotheorie‹ entwickelt hatte. Da argumentierte er nämlich für das Radio als Kommunikations- und nicht als Unterhaltungsapparat, wie es zu dieser Zeit vor allem eingesetzt und benutzt wurde. Die Herausforderung durch das technische Medium galt für B. nicht als Ausnahmesituation, sondern als treffendes Beispiel für seine allgemeinen Überlegungen zur Effektivität der gesungenen oder gelesenen Lyrik, da seine Gedichte oft vom Rezipienten nicht gelesen, sondern gehört wurden. Viele von B.s Gedichten waren ja zum mündlichen Vortrag bestimmt. Klaus Birkenhauer zeigt durch eingehende Analysen, wie B.s eigene Kompositionen und Hanns Eislers Vertonungen von B.s Gedichten die poetischen Hauptakzente und Akzentabstufungen unterstützen und verschärfen (Birkenhauer, S. 10–24, S. 44–51). Die akustische Rezeption lenkt die intellektuelle. Deswegen stellte B. auch seine Theatererfahrungen, vor allem seine Arbeit an der Sprechkunst der Schauspieler, am gestischen Sprechen, und seine Kollaborationen mit den Komponisten seiner Opern, Lehrstücke und Kantaten ins Zentrum seiner Lyrikkonzeption. In dieser genuinen Reflexion über ›freie Rhythmik‹ kulminieren seine vielseitigen Erfahrungen mit unterschiedlichsten Genres. Seine Argumentation und – wie er zeigt – seine lyrische Produktion wird von der Frage gelenkt, wie die Musikalität der Sprache die Kommunikation der Inhalte verschärfen kann. Ob hier, wie die Kommentatoren der Lyrik in der GBA behaupten, von einer »Funktionsveränderung der Lyrik, die er u.a. mit den Satiren anstrebt« (GBA 12, S. 376), zu sprechen ist, muss fraglich bleiben. Neben der List der Wortwahl, wie sie in *Fünf Schwierigkeiten beim Schreiben der Wahrheit* erklärt wird, forderte B. nun auch die der lyrisch musikalischen Komposition, welche die Hörer »verblüffen« und nicht durch »die ölige Glätte des üblichen fünffüßigen Jambus« und das »übliche Klappern« (GBA 22, S. 358) des Rhythmus einschläfern sollte. B. war nicht unbedingt ein Gegner der gebundenen Sprache, er experimentierte mit traditionell vorgegebenen metrischen Schemen, lehnte sie aber im neuen politischen Kontext letztlich als nicht effizient genug ab.

In seiner Argumentation zeichnet B. die Genese seiner Reflexionen zur Lyrik nach. Er analysiert die Prozesse seiner poetischen Produktion und zeigt an Beispielen, welche Kriterien ihn zur Gestaltung des jeweiligen Rhythmus bewogen haben, und inwieweit seine Gedichte durch den Rhythmus in die jeweils zu Grunde liegende Realität »gestisch« (GBA 22, S. 359) eingreifen. B. postuliert eine kontinuierliche Entwicklung seiner Lyrik. Dies widerspricht der Arbeit von Klaus Schuhmann, der einzelne Perioden viel schärfer als B. selbst voneinander abgrenzt und dabei die ständig zunehmende komplexe Reflektiertheit seiner Lyrik übersieht, nur um ein einliniges und einseitiges Entwicklungsschema zu entwerfen (Schuhmann, S. 291–295). Die Kontroverse geht vor allem um die Definition von B.s realistischem Stil, wobei der Begriff der Wirklichkeit oft nur allzu eng an die politische und soziale Realität gebunden wird und seine Relevanz für das kritisch reflektierende Bewusstsein einbüßt. Dieter Lamping analysiert B.s vielfältige poetische Verfremdungstechniken, bleibt aber dem allzu allgmeinen Einteilungsschema der Lyrik in eine realistische, sozialistische und didaktische Phase verhaftet (Lamping, S. 210–220).

In seinem Aufsatz weist B. darauf hin, dass er bereits in der *Hauspostille* Mischformen von gereimten Versen mit unregelmäßigen Rhythmen und ungereimten Versen mit regelmäßigen Rhythmen verwendet hat. Für die Komposition großer dramatischer Monologe, die B. hier wie Lyrik behandelt, assoziiert er die »schwer lesbaren«, »holprigen« Verse der alten Schlegel-Tieckschen Shakespeare-Übertragung, die er gegenüber der zeitgenössischen Rothe-Übersetzung vorzieht, mit der »gehobenen Prosa Arthur Rimbauds« (GBA 22, S. 358). Birkenhauer zeigt, wie B. durch das Zitat von Rimbauds Prosa zum ersten Mal den Rhythmus »als eine sprachliche Qualität wahrgenommen hat, die ursächlich und grundsätzlich mit einer metrischen Ordnung nichts zu tun haben braucht« (Birkenhauer, S. 29). Die Funktion der »holprigen« Verse demonstriert B.s Vergleich von zwei Übersetzungen, von Heymels Übersetzung von Christopher Marlowes *Eduard II.* mit seiner eigenen, mit der intensiven Hilfe von Lion Feuchtwanger verfassten Übertragung (vgl. *Leben Eduards des Zweiten von England*, BHB 1, S. 133). Statt vollständige Sätze zu schreiben, verkürzt er sie elliptisch. Heymel schreibt: »Seit sie da Trommeln rührten überm Sumpf / Und um mich Roß und Katapult versank / Ist mir verrückt der Kopf. Ob alle schon.« B. korrigiert: »Seit diese Trommeln waren, der Sumpf, ersäufend / Katapult und Pferde, ist wohl verrückt / Meiner Mutter Sohn Kopf. Keuch nicht! Ob alle.« (GBA 22, S. 358f.) Die konventionelle Syntax wird durchbrochen und die Versgrenzen werden neu bestimmt, um einzelne Worte zu akzentuieren. »Die Schwersprechbarkeit der Wortfolgen – so scheint es – soll die Wörter vereinzeln, entschiedener nebeneinanderstellen, sie wirkt den bindenden Kräften des Satzes entgegen.« (Birkenhauer, S. 41)

B.s eigene Interpretation der Relevanz dieser Neufassung ist zweiteilig: Erstens stellt die synkopische Durchbrechung des fünffüßigen Jambus und die daran gebundene syntaktische Umstrukturierung der Strophe »die widersprüchlichen Gefühle des Sprechers« (GBA 22, S. 359) dar. Zweitens evoziert der durch den Rhythmus ins Stocken geratene Atem des Sprechers den Atem des Rennenden im Gedicht. Der Rhythmus ›greift‹ auf zweifache Weise in das Geschehen ›ein‹ und assoziiert auf extralinguistischer Ebene die psychische und physische Situation von zwei Figuren, die der fiktiven Figur mit der des aktuell vortragenden Sprechers. Mit seinem Stocken unterbricht der Atem jegliche Routine und Kontinuität und liefert Sprecher und Figur totaler Ungewissheit aus. Gerade dieses semantisch flexible und nicht festgeschriebene ›Zwischen‹ der Atemzüge untergräbt mimetische Identifikationsversuche und fordert eine mögliche Neubesinnung, Revision und Reflexion heraus, sei es auf der Ebene der fiktiven Figur oder des Sprechers. Dies ist ein treffendes Beispiel dafür, wie der Rhythmus die althergebrachte Form-Inhalt-Dichotomie überwindet.

Semantisierte Form – Formalisierte Semantik

B. setzte seine Überlegungen zur »Übersetzbarkeit von Gedichten« (GBA 22, S. 132) fort, die sich 1935 auf die Übersetzung seiner eigenen Werke ins Russische oder Dänische bezogen. Wenn Gedichte übersetzt werden, geht es nicht um eine wörtliche, eine Wort-für-Wort-Übersetzung, sondern um die Übertragung ihres Rhythmus. In ihm drückt sich die »Haltung des Schreibers« zur Sprache aus (ebd.). In dem Begriff »Haltung« fällt also die ideologisch semantische mit der formal poetischen Kunst der Gestaltung zusammen. B. emanzipiert den Rhythmus gegenüber dem gesetzmäßig gleichbleibenden Metrum und lädt ihn semantisch auf, ohne ihn jedoch inhaltlich festzulegen. In seiner indirekten Kritik an Heymels Marlowe-Übersetzung bietet B. ein Beispiel für die von ihm geforderte »Haltung«

des Produzenten gegenüber der Sprache und zeigt, wie neben der semantischen Ebene gerade auch der Rhythmus soziale Spannungen, Kämpfe und Widersprüche bearbeiten kann.

Dem Konzept der »Haltung« von Dichter, Leser oder Sprecher korrespondiert B.s Idee der gestischen Sprache. Beide Begriffe, »Haltung« und »Geste«, werden aus der Theaterarbeit entwickelt (vgl. GBA 21, S. 388–390, S. 397); visuelle Bühnenerfahrungen, oder genauer, visuelle Aktionen auf der Bühne, informieren die Gestaltung der akustischen (»Tonfall«), syntaktischen, lexikalischen und logischen Prozesse seiner Lyrik. Ihnen wird so ihre performative Funktion eingeschrieben. B. kontrastiert Hexameter-Verse von Schiller mit denen von Lukrez und fordert die Leser auf, die Verse selbst zu sprechen und darauf zu achten, »wie oft sich der eigene Gestus dabei ändert« (GBA 22, S. 361). So gibt er den Lesern Kriterien zur Beurteilung der Lyrik in die Hand und schreibt seinem Essay auch eine didaktische Funktion ein. Birkenhauer betont, dass die klassische Schulrhetorik, die dem Ideal des periodischen Satzbaus verpflichtet ist, keine Kriterien zur Charakterisierung der gestischen Sprache zur Hand gibt. B.s Prädikationen syntaktischer Subjekte ziehen syntaktische Phrasen auf knappste semantische Einheiten zusammen, die in »semantischen Wenden«, ein Begriff des Prager Linguisten und Strukturalisten Jan Mukařovský, aufeinander stoßen (vgl. Birkenhauer, S. 66, S. 68).

Als Modell dieser gestischen Sprache zitiert B., wie schon früher für die Postillen-ähnliche Organisation seiner ersten bedeutenden Gedichtsammlung *Hauspostille*, wieder einmal Luthers Technik der Popularisierung und Didaktisierung der Bibelsprache, da gerade Luther seine Wortwahl und Syntax an volkstümlicher Logik orientiert hat. Die Sprachformen der Reformation dienen als Modell für B.s revolutionierende Lyriksprache.

Neben literarischen Vorbildern verweist B. auch auf seine Faszination von »kurzen, improvisierten Sprechchören bei Arbeiterdemonstrationen« (GBA 22, S. 361), von lautstark aggressiven Werbungen der Straßenhändler und Zeitungsverkäufer und von schriftlichen Werbekampagnen der Genusswarenindustrie während seiner Berliner Zeit. Er eignet sich deren unkonventionell markante Rhythmisierung an und integriert sie – egal, ob ihr politisch ideologisches Pathos oder von Verkaufsinteressen geprägte Werbung zu Grunde liegt – in sein eigenes lyrisches Verfahren. Hier ist er sehr genau und lässt (vermutlich 1951) durch den Komponisten Paul Dessau die textmetrischen Modelle in Form von Haken und Strichen für den Druck notieren (Lucchesi/Shull, S. 179). Birkenhauer erklärt, dass B. damit eine eigenwillige, aber »konsequente Mischung aus quantitierender und akzentuierender Formelsprache« entwirft (Birkenhauer, S. 73) und so Ideen zum Sprachrhythmus konkretisiert, die Klopstock bereits 1779 theoretisch formuliert hat (S. 74). Die Vielfalt von B.s Beispielen aus Literatur, Theater, Politik und Wirtschaft zeigt, wie er äußerst tolerant alle traditionellen und aktuellen sprachlichen Äußerungen auf das einzige Ziel hin überprüft, ob sie ihm Techniken für die praktische Effektivität seiner eigenen Lyrik bieten.

Mit dem letzten Beispiel aus den *Deutschen Satiren* stellt B. seinen Lesern eine dialektische Denkaufgabe. Er zitiert die letzten beiden Strophen des Gedichts *Die Jugend und das Dritte Reich*, das 1937 in Heft 3 von *Das Wort* gedruckt wurde. Für die erste Strophe schlägt er im Zuge einer neuen Verseinteilung auch eine neue Zäsur vor, sodass der Leser selbst die Effektivität dieser rhythmischen Verschiebung zu beurteilen hat. In der letzten Strophe streicht er originale Zäsuren aus und fordert den Leser auf, die Konsequenzen »für Klang und Pointierung« selbst zu bewerten. Rhythmisch lesbar sind beide Schreibarten, aber nach B. »springt der qualitative Unterschied ins Auge«. »Der Beweis des Puddings liegt eben im Essen« (GBA 22, S. 363), sagt er und verweist den Leser letztlich auf seine eigenen aktuellen Sensibilitäten und Kriterien gegenüber rhythmischen Modifikationen. Mit diesen sehr präzis ausgewählten Modifikationen bietet B. dem Leser ein theoretisches Experimentierfeld, in dem er die Argumente zu Rhythmus und Gestus seiner Lyrik aktiv überprüfen kann. B. nutzt also seine didaktisch angelegte Faschismuskritik im Gedicht gleichzeitig als didaktisches Schulungsmaterial für die Kulturtheoretiker der Moskauer Zeitschrift. Es geht ihm nicht um eine thesenhafte programmatische Ästhetik im Sinn von Lukács, sondern um die Anregung einer kritisch toleranten Kunstproduktion und -rezeption, welche modernste Errungenschaften nicht ignoriert.

B. wusste, dass er von seinen Lesern und Hörern neue Sensibilitäten verlangte und dass diese durch modernste Technik immer weiter differenziert und von der progressiven Kunst aufgegriffen werden müssten. Provokativ wies er auf einen amerikanischen Unterhaltungsfilm hin, »wo der Tänzer Astaire zu den Geräuschen einer Maschinenhalle steppte« (ebd.). Die Assoziation von Maschinengeräuschen, Jazz und »Emanzipation der Neger« demonstrierte, wie man Kunst, modernste Technik und Klassenkampf innovativ zusammenbringen konnte. B. scheute sich in diesem Fall nicht, ideologische Barrieren zu ignorieren, um seinen sozialistisch und revolutionär gesinnten Kollegen zu zeigen, wie gerade der Feind, nämlich die sonst so bekämpfte amerikanische Filmproduktion, gegenüber den sozialistischen Künstlern einen Vorsprung hatte. Die Filmszene sollte als Denkmaterial dienen und die Künstler anregen, modernste technische Entwicklungen und Errungenschaften produktiv zu bearbeiten. B. führt hier aus, was er im Mai 1935 bereits in einem Text *Über die Verbindung der Lyrik mit der Architektur* vorgedacht hatte. Über die wechselseitigen Bedingungsverhältnisse von Kunst, Bewusstsein und ökonomischer Struktur reflektierend, fragte er sich am Ende seines Moskauaufenthaltes, warum die »Literarisierung« des Straßenbilds (GBA 22, S. 140) während der russischen Revolutionen von 1905 und 1917 und das fantasievolle Kunstgewerbe der Arbeiter für die alljährliche Maidemonstration keine Parallelen in der lyrischen Wortkunst nach sich gezogen hatten. »Die qualifizierte Lyrik der Union hat mit dieser Entwicklung der Massenkunst nicht Schritt gehalten.« (S. 141) Während er in diesem zu seiner Zeit nicht veröffentlichten Text die Beschriftung öffentlicher Gebäude mit Gedichten vorschlug, welche »die Taten großer Generationen [...] besingen und dem Gedächtnis auf [...] bewahren« (ebd.) sollten, ging er in dem Text für *Das Wort* wesentlich weiter, indem er nicht pragmatisch Themen vorgab, sondern die für die innovative und ›eingreifende‹ politische Kunst realitätsnahen Denkrichtungen markierte. Die jeweilige Wirklichkeit muss denkend und sprachlich decodiert und jeweils neu konstruiert werden. Diese engagierte Zukunftsorientiertheit von B.s Text führt dazu, dass er am Schluss auf die empirische Überprüfung des Lesers setzt und ihm eben keine zusammenhängende Theorie bietet, die Birkenhauer versucht, mit Hilfe der Begriffe der transformationellen Grammatik nachzureichen (Birkenhauer, S. 104-124). Rhythmus wird hier umfassender gedacht: rhythmische Zäsuren durchbrechen vorgegebene Systeme, linguistische, poetische, politische oder ökonomische, und eröffnen gleichzeitig die Möglichkeit ihrer Um- oder Neustrukturierung. Rhythmus dekonstruiert Wirklichkeiten, um sie neu zu konstruieren.

B. hat im Rahmen der im *Wort* ausgetragenen Expressionismusdebatte nur diesen Aufsatz zur Lyrik veröffentlicht. Wie Benjamin berichtet, hielt B. seine Lukács-Polemik, »die erst 1966 in Brechts Nachlaß publiziert worden ist« (Schmitt, S. 8), diplomatisch zurück, da er Lukács in seiner, von B. allerdings nur angenommenen, Machtposition als marxistisch anerkannter Literatur- und Kulturtheoretiker der Sowjetunion nicht provozieren wollte (S. 25f.), eine Meinung, die heute allerdings u.a. nach der Publikation der Moskauer Parteiversammlung von 1936 (vgl. Lukács, S. 431f. und passim) zumindest zu relativieren ist (vgl. *Zur Expressionismusdebatte*, BHB 4). Deshalb repräsentieren B.s Überlegungen zur Lyrik indirekt auch seine öffentliche Stellungnahme zur Kontroverse: Er spricht aus der lyrischen Praxis und bietet diese seinen Lesern und Kollegen als ästhetisches und theoretisches Experimentierfeld an. Seine eigene Lyrik und die im Aufsatz dargelegten Kriterien für die Wahl ihrer rhythmischen und metrischen Organisation fungieren als äußerst konkretes Schulungsmaterial.

Literatur:

Benjamin, Walter: Briefe. Bd. 2. Hg. v. Gershom Scholem und Theodor W. Adorno. Frankfurt a.M. 1966. – Birkenhauer, Klaus: Die eigenrhythmische Lyrik Bertolt Brechts. Theorie eines kommunikativen Sprachstils. Tübingen 1971. – Groth, Peter/ Voigts, Manfred (Hg.): Die Entwicklung der Brechtschen Radiotheorie 1927–1932. Dargestellt unter Benutzung zweier unbekannter Aufsätze Brechts. In: BrechtJb. (1976), S. 9–42. – HECHT. – Herrmann, Hans-Christian von: Sang der Maschinen: Brechts Medienästhetik. München 1996. – Jeske, Wolfgang: » ... jetzt habe ich ihm wieder Flöhe ins Ohr gesetzt«: Anmerkungen zu Margarete Steffin, »Hauslektorin« bei Brecht. In: BrechtYb. 19 (1994), S. 119–139. – Krabiel, Klaus-Dieter: Brechts Lehrstücke: Entstehung und Entwicklung eines Spieltyps. Stuttgart 1993. – Lamping, Dieter: Das lyrische Gedicht. Göttingen 1993. – Lasker-Schüler, Else: Lieber gestreifter Tiger. Briefe von Else Lasker-Schüler. Bd. 1. Hg. v. Margarete Kupper. München 1969. – Lehnert, Herbert: Bert Brecht und Thomas Mann im Streit über Deutschland. In: Kurzke, Hermann (Hg.): Stationen der Thomas Mann Forschung. Würzburg 1985, S. 247–275. – Lucchesi, Joachim/Shull, Ronald K.: Musik bei Brecht. Frankfurt a.M. 1988. – Lukács, Georg [u.a.]: Die Säuberung. Moskau 1936: Stenogramm einer geschlossenen Parteiversammlung. Hg. v. Reinhard Müller. Reinbek bei Hamburg 1991. – Schmitt, Hans-Jürgen (Hg.): Die Expressionismusdebatte. Materialien zu einer marxistischen Realismuskonzeption. Frankfurt a.M. 1973. – Schuhmann, Klaus: Der Lyriker Bertolt Brecht. 1913–1933. Berlin 1964. – Steinweg, Reiner: Das Lehrstück. Brechts Theorie einer politisch-ästhetischen Erziehung. Stuttgart 1972. – Wagner, Frank Dietrich: Bertolt Brecht. Kritik des Faschismus. Opladen 1989.

Dorothee Ostmeier

Über reimlose Lyrik mit unregelmäßigen Rhythmen

Zuerst in Heft 3 (1939) der von B. mitherausgegebenen Zeitschrift *Das Wort* erschienen, doch schon im März des vorangegangenen Jahrs geschrieben, bietet dieser Aufsatz eine von B.s ausführlicheren Auslegungen der Grundlagen seiner teils an der Tradition orientierten, teils individuellen Auffassung solcher Begriffe wie Metrik, Reim, Rhythmus, Skandierung und gestischer Sprache (vgl. GBA 22, S. 357–365). Gleichzeitig ist er im Aufsatz darum bemüht, mögliche Verbindungen zu dem zu ziehen, was B. mit dem Begriff »akustische Umwelt« (S. 363) umschreibt: Es handelt sich nicht nur um poetologische oder ästhetische Betrachtungen, sondern auch um Ausführungen, welche diese eng mit gesellschaftlichen oder politischen Impulsen und Verhältnissen verbinden.

In Zusammenhang mit den Reflexionen über seine Lyrikpraxis hebt B. drei Aspekte hervor, welche die theoretische Begründung seiner reimlosen Lyrik liefern: Gegen die Kritik, wieso er »dazu käme, so was als Lyrik auszugeben« (S. 357), setzt er erstens eine Darstellung ihrer Besonderheiten, wobei er solchen traditionellen Elementen wie Reim und festem, gleichbleibendem Rhythmus Reimlosigkeit und »einen (wechselnden, synkopierten, gestischen) Rhythmus« (S. 358) gegenüberstellt. Zweitens beschreibt er den »Gestus« und die »gestische Formulierung« (S. 360) beim Gestalten bestimmter Zeilen und Phrasen. Und drittens will er die ästhetischen Fragen nicht losgelöst von der sozialen Umwelt und aktuellen Zeitproblemen in Betracht ziehen, ganz im Sinn einer nur kurz danach formulierten Feststellung: »Über literarische Formen muß man die Realität befragen, nicht die Ästhetik, auch nicht die des Realismus. Wir leiten unsere Ästhetik, wie unsere Sittlichkeit, von den Bedürfnissen unseres Kampfes ab.« (S. 433)

Obgleich sein »erstes Gedichtbuch [...] fast nur Lieder und Balladen [enthält], und die Versformen [...] verhältnismäßig regelmäßig« sind« (S. 358), verweist B. darauf, dass sich schon früh eine Tendenz zum reimlosen Gedicht – nur ein einziges findet sich in der *Hauspostille* (*Morgendliche Rede an den Baum Green*) – und zu unregelmäßigen Rhythmen auch in gereimten Versformen bemerken lässt.

Mit dieser Erklärung liefert B. in mehr indirekter Form eine Verteidigung des Standpunkts, den er in der wahrscheinlich zur gleichen Zeit entstandenen, jedoch nicht im *Wort* gedruckten Einleitung (S. 1014) vertritt: dass nämlich sog. formalistische Tendenzen (und unter der Kategorie Formalismus hätte sich B.s »reimlose Lyrik« in den 30er-Jahren all zu leicht einordnen lassen) nicht unbedingt mit ausgesprochen modernistischen, sondern unter Umständen mit traditionellen Elementen wie »dem Problem des Jambus« (S. 358) sowie dem Versuch, in der Sprache eine Entsprechung für die »ungleichmäßigen Entwicklungen menschlicher Schicksale« (S. 1015) zu finden, vereinbar sind.

In den 30er-Jahren hatte sich B. schon oft in seinen Briefen und *Journalen* mit unterschiedlichem Engagement gegen die Argumente der Vertreter der konservativen Position in der Expressionismusdebatte geäußert. Dabei war er sich jedoch darüber im Klaren, dass er Elemente des Argumentationsverfahrens seiner Gegner verwenden musste – ob es sich bei ihnen um Definitionen des Begriffs ›Realismus‹ handelte oder um die Frage nach passenden Beispielen aus früheren Epochen, die für die Entwicklung des (in ihrem Sinn) ›realistischen‹ Kunstwerks in Betracht kämen. Dies geht aus seiner Berufung im Aufsatz auf eine bewusst eingesetzte Handhabung ziemlich traditioneller Begriffe der Metrik und der Skandierung klar hervor. Gegen den möglichen Einwand, seine ›reimlose Lyrik‹ sei nicht aus einer identifizierbaren Tradition hervorgegangen, bietet B. Beispiele aus seiner früheren Lyrik, worin Traditionelles noch zu finden ist. Damit versucht er den Lesern klarzumachen, dass seine Poetik nichts mit einem tabula-rasa-Verfahren gemein habe, vielmehr auf das Einsehen zurückzuführen sei, dass er »auf jedem Feld konventionell begonnen« und »die alten Formen [...] nur aufgegeben [habe], wenn sie dem, was ich sagen wollte, im Weg standen« (GBA 26, S. 315 f.).

Dass er dabei mit Fragen des Metrums und des Akzents ziemlich frei umgeht, lässt sich aus seiner Erläuterung der »neun verschiedenen Rhythmisierungen der zweiten Verszeile« (GBA 22, S. 358) in den 19 Strophen der 1918 entstandenen *Ballade vom toten Soldaten* herauslesen. Als Beispiel dieses Verfahrens sei die zweite Verszeile der dritten Strophe zitiert. Hier behauptet B., dass die Rhythmisierung dieser Zeile (»Und der Soldat schlief schon«) nach seiner eigenen Skandierung dem Schema - - - — — — folgt (die kurzen Striche deuten auf Senkungen, die langen dagegen auf Hebungen hin). Vergleicht man dies aber mit der zur gleichen Zeit entstandenen Vertonung, so ist es klar, dass jeder gesungene Vortrag des Gedichts genau der musikalischen Notation mit alternierenden Hebungen und Senkungen folgen muss, wobei der erste starke Akzent der Zeile auf das (zugegeben syntaktisch unwichtige) Wort ›der‹ fällt. Es kann sein, dass B. 1938 nur ein stilles Lesen bzw. einen gesprochenen Vortrag des Gedichts im Sinn hatte; aber selbst in diesem Fall wäre es für die Leser vernünftiger, auf eine sozusagen kontrapunktisch angelegte Wechselwirkung von Metrum und natürlicher Sprachbetonung zu zielen. Wenn B. später der zweiten Verszeile in der fünften Strophe ein Metrum mit vier starken Hebungen unterlegt (»Oder was von ihm noch da war«: - - — — — — —), könnte man von einem überstrapazierten Skandierungsversuch sprechen; nirgends sonst kommen im Gedicht mehr als drei starke Akzente in dieser Zeile vor. Dies entspricht auch dem 6/8 Rhythmus B.s eigener Vertonung mit zwei punktierten Viertelnoten oder sechs Achteln bzw. einer Kombination dieser Gruppierungen – in jedem Takt, welche dem einfachen Muster: | xxxx́xx | folgt, wo die betreffende Zeile in jedem Falle mit einem vollen Takt und zwei Halbtakten genau übereinstimmt.

Mit seinen theoretisch-rigorosen Rechtfertigungen jenes schon in den frühen, für Gitarre geschriebenen Gedichten bemerkbaren Gefühls für Sprachrhythmus und Musikalität sowie für ihren Ausdruck in der geeigneten lyrischen Versform versucht B. die Leser des *Wort*-Aufsatzes (sowie die nicht näher beschriebenen Kritiker seiner Lyrik) davon zu überzeugen, dass diese unregelmäßigen Rhythmen nicht sozusagen bloß aus der Luft gegriffen sind. Schon in diesen frühen Balladenversen mit ihren verschiedenen Rhythmisierungen operiert er mit einer Sensibilität, die ein aufmerksames Hören von neuen rhythmischen Möglichkeiten erfordert. Daher auch die gleich eingeführten Hinweise auf zwei anders geartete Modelle: einerseits die Beispiele aus der »hohen« Literatur (Rimbaud, Shakespeare, Marlowe und Lukretius), andererseits das Anführen der Populärkultur, mit den Hinweisen auf »zwei Beobachtungen«, die ihn »bei der Bildung unregelmäßiger Rhythmen beeinflußten«, Sprechchöre bei Arbeiterdemonstrationen« sowie »der Aufruf eines Berliner Straßenhändlers, [...] der Rundfunktextbücher verkaufte« (S. 361; die Wahl des medienverwandten Beispiels ist keineswegs zufällig). Deshalb auch die flüchtigen Hinweise gegen Ende des Aufsatzes auf weitere Beispiele aus der modernen Umwelt, wo B. kursorisch eine Veränderung der ›akustischen Umwelt‹, die ›physiologische Umwandlung‹ (S. 363) des Ohrs des Hörers sowie Straßengeräusche und ihr visuelles Korrelat – dargestellt am Beispiel einer Kino-Szene, in der »der Tänzer Astaire zu den Geräuschen einer Maschinenhalle steppte« (ebd.) – in seine Argumentation aufnimmt. Obgleich B.s knappe Beschreibung von Astaires Auftritt an eine thematische Nähe zu Chaplins *Moderne Zeiten* (1936) denken lässt, findet die betreffende Szene aus dem von B. nicht identifizierten Film *Shall We Dance?* (1937) tatsächlich in dem kunstvoll stilisierten Maschinenraum eines Dampfers statt. In diesem ziemlich merkwürdigen Milieu imitiert Astaire – der von dem englischen Theaterkritiker Kenneth Tynan nur halb im Scherz als »der Poet des Spätkapitalismus« bezeichnet wurde und dessen Eleganz »alles, was durch die Kunst aus der Gier und der Unterdrückung der dreißiger Jahre gerettet werden kann, ausdrückt« (Tynan, S. 266) – zur George-Gershwin-Nummer *Slap That Bass* sowohl die Bewegungen als auch die Geräusche der Maschinen, wobei ihn die schwarzen Ingenieure als modernes corps de ballet begleiten.

Allen von B. zitierten Beispielen gemein ist jedoch das Bestehen darauf, dass im Fall der Lyrik die Niederschrift erst den Ausgangspunkt eines Rezeptions- und Wirkungsprozesses darstellt: Der Autor soll immer darauf achten, dass er auf eine Art und Weise schreibt, die den Leser den Text nicht bloß als etwas Gedrucktes registrieren, sondern ihn auch hören (»ich dachte immer an das Sprechen«; GBA 22, S. 359) und sehen lässt. Beide Sinnesvermögen spielen zusammen eine entscheidende Rolle in B.s Lyrik durch den Begriff von ›Gestus‹ und ›gestischer Sprache‹, welche als Ziel das Vermitteln und Zur-Schau-Stellen jedes Gedanken- bzw. Handlungsprozesses, zusammen mit der ihnen jeweils geeigneten Haltung, haben. Obwohl es Kurt Weill war, der als erster eine Erklärung des ›Gestus‹-Begriffes unternahm (vgl. Morley 1986, S. 186), liefern B.s Lyrik und zahlreiche Notizen Beispiele genug für dessen zentrale Position in seiner Lyriktheorie und -praxis. Für B. war der ›Gestus‹-Begriff ein wesentliches Element dessen, was er im *Buch der Wendungen* als das Verdienst seines alter egos Kin-jeh beschrieben hatte, »die Sprache der Literatur erneuert zu haben« (GBA 18, S. 78). Diese Erneuerung bestand darin, dass er »eine Sprachweise [anwandte], die zugleich stilisiert und natürlich war. Dies erreichte er, indem er auf die Haltungen achtete, die den Sätzen zu Grunde liegen: er brachte nur Haltungen in Sätze und ließ durch die Sätze immer die Haltungen durchscheinen. Eine solche Sprache nannte er gestisch, weil sie nur ein Ausdruck für die Gesten der Menschen war« (S. 78f.).

B. war davon überzeugt, dass die Sprache der Lyrik vor allem als eine gesprochene aufgenommen werden soll, wobei noch ein wichtiges Element dazugehört, nämlich das Verhältnis zwischen der Formulierung eines Gedankens, eines Gefühls, einer sachlichen oder anschaulichen Mitteilung und deren plastischer, greifbarer Verwirklichung in Worten. »Die Sprache sollte ganz dem Gestus der sprechenden Person folgen«, behauptet B. im Aufsatz (GBA 22, S. 359). Für ihn kommt es nicht nur auf das Was, sondern auch auf das Wie der Aussage an (was Hamlet in seinem Rat an die Schauspieler mit der Anweisung »Suit the action to the word, the word to the action« [III,3] zusammenfasst). Rhythmisches und Visuelles gehören dabei zusammen, sind sogar sinntragende Faktoren, dem Einklang von Haltung und Bedeutung entsprechend, wie es B. in einem fragmentarischen Gedicht dargestellt hat: »Das Operieren mit bestimmten Gesten / Kann deinen Charakter verändern / Ändere ihn. / Wenn die Füße höher liegen als das Gesäß / Ist die Rede eine andere und die Art der Rede / Ändert den Gedanken. / Eine gewisse heftige / Bewegung der Hand mit dem Rücken nach unten bei / Einem Oberarm, der am Körper bleibt, überzeugt / Nicht nur andere, sondern auch dich, der sie macht / Das Zurückblättern beim Lesen, das Zeichnen eines Schemas« (GBA 14, S. 186).

Schon 1923/24, während der Arbeit an *Leben Eduards des Zweiten von England* (nach Marlowe), hatte B. konkrete Erfahrungen über die Notwendigkeit, Form und Inhalt sich decken zu lassen, gemacht: »Es war mir aufgefallen, wieviel kraftvoller der Vortrag der Schauspieler war, wenn sie die schwer lesbaren, ›holprigen‹ Verse der alten *Schlegel-Tieck*schen Shakespeare-Übertragung an Stelle der neuen, glatten *Rothe*schen sprachen. [...] ich benötigte gehobene Sprache, aber mir widerstand die ölige Glätte des üblichen fünffüßigen Jambus. [...] es enthüllten sich in diesen Synkopen besser die widersprüchlichen Gefühle des Sprechers« (GBA 22, S. 358f.). Die Erinnerung an denselben Prozess ist ebenso der Anlass für die 1938 geschriebene Notiz: »Ich glaube, ich wandte sie [d.h. reimlose Lyrik mit unregelmäßigen Rhythmen] zuerst im Drama an.« (GBA 26, S. 316) In derselben Notiz weist einerseits der rückblickende Theoretiker auf die aus der frühen lyrischen Praxis ihm relevant erscheinenden Verbindungen zur später entwickelten Technik hin – »die Psalmen, die ich zur Gitarre sang [...], [zeigen] Elemente dazu« (ebd.) –, andererseits verschweigt er jedoch Beispiele aus seinem Œuvre, die tatsächlich nähere Ähnlichkeiten mit den Gedichten aus den 30er-Jahren erkennen lassen.

In diesem Kontext ist vor allem der Aufsatz Albrecht Klöpfers von besonderem Interesse, welcher neben einem überzeugenden Überblick über die »Widersprüche und Unklarheiten« (Klöpfer, S. 130) im Essay auf B.s auffälliges Nicht-Erwähnen jenes Zyklus hinweist, der »als erster dem formalen Konzept einer reimlosen Lyrik mit unregelmäßigen Rhythmen vollständig und im größeren Zusammenhang verpflichtet ist« (S. 133), nämlich den 1930 veröffentlichten Zyklus *Aus dem Lesebuch für Städtebewohner*. (Als weiteres Beispiel einer Dramen-Passage, die deutliche Spuren desselben Konzeptes trägt, sollte man zusätzlich auch Galy Gays ausgedehnte ironische Begräbnisrede in *Mann ist Mann* (1926) nicht außer Acht lassen; GBA 2, S. 142f.) Klöpfers Argumentation, »dass es im Grunde gar nicht in der Intention des Verfassers gelegen hat, mit diesem Essay seine eigene poetische Entwicklung wahrheitsgemäß zu erläutern« (Klöpfer, S. 133), sondern dass B. mehr um die andauernde Formalismus-Realismus-Debatte besorgt war, wird durch die Kontextualisierung und Analyse von Stellen aus B.s Briefen und theoretischen Schriften nur bestärkt.

Überzeugend dabei ist auch Klöpfers Randbemerkung zu B.s Erklärungsversuchen über eine »nachvollziehbare Rekonstruktion der metrischen Gestalt« (S. 132) seiner Lyrik: dass »der Leser ohne eine ›metrische Partitur‹ [...] schlicht keine Chance hat, zu erkennen, wann sich der Autor einen ›fehlenden Versfuß‹ gedacht hat« (ebd.). Erweitert man den Begriff einer Partitur und verbindet ihn nicht nur mit der schon 1959 geäußerten Meinung John Willetts – »poetically [...] he seemed to think in near-musical terms« (Willett, S. 125) –, sondern auch mit B.s eigener Praxis, die sich zeitweise aus den Handschriften ableiten lässt, so könnte man unter Umständen den unregelmäßigen Rhythmen eine individuelle, auf das Verfahren B.s mit seinen fehlenden Versfüßen eingestellte metrische Struktur, welche einer Einteilung nach den Takten einer Partitur entspräche, unterlegen.

Dies ist zu zeigen an dem Text, den der Autor selber gewählt hat. Wenn man B.s als »regelmäßigen Rhythmus« (GBA 22, S. 362) vorgeschlagene Struktur mit einer Einteilung nach Takten mit wechselndem Rhythmus zusammenbringt, sieht man deutlich den musikalisch-rhythmischen Aufbau der Zeilen:

```
—  —    —  —        —  —  —  —  —
Ja wenn die [3/4 Takt]  Kin- der Kin- der blie-
    -         —  -
    ben [3/4 Takt] dann /
—  —  -  —      —  —  —  —  -
Könn- te man ih- nen [4/4 Takt] im-  mer Mär-
    —  —      -  -  -  —
    chen er- [4/4 Takt] zäh-  len /
—  —          —  —  —  —  —  —  —
Da sie [4/4 Takt]  a- ber äl- ter wer- den [3/4 Takt]/
—  -  —  -  —  —
Kann man es [3/4 Takt] nicht.
```

Gegen eine solche Einteilung könnte natürlich der Einwand erhoben werden, dass es keine Vertonung des Gedichts gibt, in der ein solcher Rhythmus eindeutig nachgewiesen werden kann. Jedoch findet man in den Manuskripten und Fassungen verschiedener Gedichte aus jeder Periode genügend Beispiele, die bezeugen, dass B. von Anfang an einfache Vertonungen mit klar eingeteilten Takten sowohl für vollständige Gedichte als auch für einzelne Gedichtzeilen handschriftlich notiert hat. Dabei blieb eines konstant, nämlich ein elementares metrisches Grundmuster mit dem Alternieren von Kreuzen (Hebung) und Strichen (Senkung) innerhalb der Zeile. So z.B. eine Notenskizze aus dem Jahr 1938 (BBA 353/70), wo B.s eigene Vertonung den Rhythmus einer seiner bekanntesten Zeilen ganz deutlich macht:

```
x \   x | x  \   x|  x  \ x \   x \ x \   x
so vergeht| meine zeit| die auf erden mir ge ge ben war
```

Bei B. steht ›x‹ für Hebung bzw. betonte Silbe, ›\‹ für Senkung bzw. unbetonte Silbe. Wichtig an diesem Beispiel sind die in der eigentlichen Notenskizze über den Silben »-geht« und »zeit« klar eingetragenen Fermata (Pausenzeichen), die eine gewandtere musikalische Registrierung des von B. im Aufsatz umschriebenen Begriffs der »Verlängerung des vorgehenden Fußes oder [...] Pausen« (GBA 22, S. 362) vermitteln.

Außerdem kommt in dieser eigenrhythmischen Lyrik noch ein wichtiges Moment hinzu, nämlich die ›synkopierende Spannung‹, die B. zwischen Syntax und Vers herstellt, indem er an markanten Stellen die Syntax so ordnet, dass durch das Platzieren eines Worts bzw. einer Wortgruppe, das Besondere, Überraschende eines Gedankens oder eines Bilds hervorgehoben wird. Versucht man, aus den Handschriften und abweichenden Fassungen bestimmter Gedichte Schlüsse über B.s Praxis zu ziehen, so wird es bald klar, dass, obgleich der Autor oft metrische Schemen für Gedichte mit traditioneller Strophenform und regelmäßigem Rhythmus aufstellte, um sich des gewünschten Metrums zu vergewissern, er nie analoge metrische Muster für Gedichte mit unregelmäßigem Rhythmus aufschrieb. Der Rhythmus solcher Gedichte hängt vielmehr immer von solchen Faktoren wie Zeilenlänge, Stellung und Betonung bestimmter Worte, kurz, vom Verhältnis zwischen Aussage und ihrer gestischen Sprachgebung ab.

Öfters sieht man an den abweichenden Fassungen einer Zeile bzw. eines Zeilenkomplexes, wie sehr sich der Autor darum bemüht, den Gestus nicht nur präziser, sondern auch »rhythmischer« (nicht nach irgendeinem metrischen Schema, sondern eher im Sinn des Verhältnisses einzelner Wörter zueinander – was der Dichter und Theoretiker Samuel Taylor Coleridge an anderer Stelle, um den Unterschied zwischen Prosa und Gedicht zu klären, mit dem Epigramm: »Prose = words in their best order; poetry = the *best* words in the best order« umschrieb; Coleridge, S. 68) zu machen, so z.B. in einer Zeile aus dem zur *Deutschen Kriegsfibel* gehörigen Gedicht *Der Anstreicher wird sagen, daß irgendwo Länder erobert sind* (GBA 12, S. 14):

[...] Daß er keinen Fussbreit zurückweichen wird
    1   5   6   7   8   3   2   4   9
und / die jacken aus papier werdet ihr prüfend anfassen
(BBA 354/66)

Die von B. über der Verszeile hinzugefügten Nummern zeigen, wie er sich die Zeile ›gestischer‹ wünscht – die Nummern weisen auf die neue Wortstellung innerhalb der jetzt mehr »stockenden« Zeile hin. Wichtig indes ist auch jenes Element, das in den 30er-Jahren immer häufiger B.s Lyrik und Wahl von Versformen charakterisiert, der Versuch, Gedanken statt Assoziationen, Widersprüchliches statt Stimmungserzeugendes in einer eigenrhythmischen Lyrik weiterzugeben.

In seiner eingehenden Untersuchung zu Rhythmus und Versformen in der B.schen Lyrik weist Klaus Birkenhauer nach, dass B. die Rhythmisierung vor allem dadurch gelingt, dass er kürzere, genau voneinander abgesetzte Rede-Einheiten wählt, welche den Sprecher zu Pausen bzw. zu Akzentuierungen zwingen, die viel stärker und »aufrauhender« rhythmisieren als der (relativ) regelmäßige Wechsel von Hebung und Senkung im Vers. Dass dabei B., wie er selber behauptet, »die Wahrnehmung gesellschaftlicher Dissonanzen als eine Voraussetzung für die neue gestische Rhythmisierung« (GBA 22, S. 1015) erkennt, gleichzeitig aber auch eine wichtige Einschränkung beisteuert – »Jedoch ist eine völlig rationale Erklärung natürlich weder möglich noch notwendig« (ebd.; beide Ergänzungen wurden nach dem Erstdruck vom Autor hinzugefügt) –, deutet noch einmal auf das Überschneiden von Theoretisch-Reflektiertem und einem angeborenen Gefühl für das Rhythmische und Musikalische der Sprache in B.s lyrischer Praxis hin. Vor allem aber beachtenswert ist der Versuch seiner Lyrik, das Gedankliche mit all seiner Kantigkeit und Strenge wiederzugeben, ein Versuch, der untrennbar von der Absicht ist, für die Phasen, Modulationen und wechselnden Tempi eines Arguments, Handlungs- oder Gedankenprozesses »die ihnen entsprechenden eigenen emotionellen Formen« (S. 364) zu finden.

Literatur:

Birkenhauer, Klaus: Die eigenrhythmische Lyrik Bertolt Brechts. Theorie eines kommunikativen Sprachstils. Tübingen 1971. – Coleridge, Samuel Taylor: The Collected Works. Bd. 14. Hg. v. Carl Woodring. New Jersey, London 1990. – Klöpfer, Albrecht: »Was über allem Schein, trag ich in mir ...«: Zu Brechts Essay »Über reimlose Lyrik mit unregelmäßigen Rhythmen«. In: BrechtYb. 24 (1999), S. 129–139. – Knopf, Jan: Bertolt Brecht. Ein kritischer Forschungsbericht. Fragwürdiges in der Brecht-Forschung. Frankfurt a.M. 1974. – Lahr, John (Hg.): The Diaries of Kenneth Tynan. London 2001. – Morley, Michael: »Progress is the Law of Life«. Brecht's Poem *Die Internationale*. In: GLL. XXIII (April 1970), S. 255–68. – Ders.: »Suiting the Action to the Word«: Some Observations on *Gestus* and *Gestische Musik*. In: Kowalke, Kim H. (Hg.): A New Orpheus. Essays on Kurt Weill. New Haven, London 1986, S. 183–201. – Ritter, Hans Martin: Das gestische Prinzip bei Bertolt Brecht. Köln 1986. – Soldovieri, Stefan: War-Poetry, Photo(epi)grammetry: Brecht's *Kriegsfibel*. In: Mews, Siegfried (Hg.): A Bertolt Brecht Reference Companion. Westport 1997, S. 139–167. – Whitaker, Peter: Brecht's Poetry. A Critical Study. Oxford 1985. – Willett, John: The Theatre of Bertolt Brecht: A Study from Eight Aspects. London 1959.

Michael Morley

Zu Politik und Gesellschaft

Der Zeitraum umfasst die Jahre des Exils, die B. zunächst auf der Suche nach einem Exilort und dann, ab Juni 1933, in Skandinavien (Dänemark, Schweden, Finnland), bis Mai 1941, verbrachte. B. war am 28. 2. 1933 mit Helene Weigel – die Kinder wurden später illegal nachgebracht – über Prag nach Wien, wo er zu einem Vortrag eingeladen war, aus Deutschland geflohen. Während der folgenden Monate hielt er sich an verschiedenen Orten, u.a. in Paris, auf, um dann in Dänemark auf der Insel Fünen eine Bleibe zu finden. Es ist kennzeichnend für B.s Haltung, dass er angesichts einer in vieler Hinsicht misslichen persönlichen Lage, die mit dem Exil, mit der Familienzusammenführung und der Wohnungssuche verbunden war, seinen Humor nicht verlor und schon früh damit begann (vermutlich im Sommer 1933), seine Erfahrungen in den Schriften *Unpolitische Briefe*, *Aus den Reisen* und *Briefe um Deutschland* auf satirische Weise zu verarbeiten. Diese Schriften, die Bruchstücke eines geplanten größeren Projekts *Die Reise um Deutschland* darstellen, üben den Ton der späteren *Flüchtlingsgespräche* ein, ohne dass sie deshalb mit dem ›alten Ziffel-Plan‹ identisch sein müssten (vgl. Häußler, S. 144f.), so wenn B. als Begründung für seine Flucht schreibt: »Von Natur unfähig, mich großen und mitreißenden Gefühlen vertrauensvoll hinzugeben, und einer energischen Führung nicht gewachsen, fühlte ich mich recht überflüssig, und vorsichtige Umfragen in meiner näheren Umgebung sowie einige Besuche machten mich darauf aufmerksam, daß, wie dies mitunter im Leben der Völker geschieht, nun wirklich eine große Zeit angebrochen war, wo Leute meines Schlages nur das große Bild störten.« (GBA 22, S. 13) Über Wien heißt es, dass jeder Zeitungsleser wisse, diese Stadt sei »um einige Kaffeehäuser herumgebaut, in denen die Bevölkerung beisammensitzt und Zeitungen liest« (ebd.).

Diese Texte, denen wenige dieser Art folgten, und zwar *[Der wunderbare Bazillus]* von (vermutlich) 1934, *Eine Befürchtung* von Februar/März 1935 oder *Aus:»Über die Frage, ob Hitler es ehrlich meint«* von März 1936 oder schließlich *Det finska undret (Das finnische Wunder)* von Anfang 1940 ließen sich – ähnlich wie *Die Horst-Wessel-Legende* (1935) – als Satiren auch der Prosa zuordnen, wobei dann der Ich-Sprecher nicht mehr ohne weiteres mit B. identifizierbar wäre. Insbesondere bei *Eine Befürchtung*, die am 14. 3. 1935 in der *National-Zeitung* (Basel) gedruckt wurde, handelt es sich um eine Fehlentscheidung der Herausgeber der GBA. Der Text nimmt die vom französischen Mediziner Henry Damaye in seinem Buch *Psychiatrie et Civilisation* (Paris 1934) geäußerte Behauptung, die Massenpsychosen, die B. natürlich auf die in Deutschland herrschenden Zustände bezog, seien von Bakterien ausgelöst, beim Wort. Der Ich-Sprecher muss zu seinem tiefen Bedauern feststellen, dass er gegen die Mikrobe immun ist; so bleibt er vom allgemeinen Rausch ausgeschlossen: »Da durchschritte dann das Idol die Massen, die sich jubelnd vor ihm beugten, und wieder stände ich, der Immune, unberührt in dem Trubel, unfähig, die göttlichen Züge [des ›Führer-Messias‹] zu erkennen, womöglich sie mit denen eines Spießers verwechselnd! Ich hörte nicht die berauschende Stimme, sondern, ich Unglücklicher, den Inhalt der Rede!« (S. 104)

Die weitaus meisten der Schriften, die sich dem Themenkomplex ›Politik und Gesellschaft‹ widmen, sind aus dem Nachlass – und von diesen wiederum eine stattliche Zahl erstmals in der GBA – publiziert worden und waren auch von B. nicht zur Publikation bestimmt. Es handelt sich – es sei denn, B. hätte einen Beitrag zum umfassenden Essay ausgebaut, was wie im Fall von *Fünf Schwierigkeiten beim Sagen der Wahrheit* (vgl. den gleichnamigen Artikel, BHB 4) die Ausnahme blieb – in der Mehrheit um kürzere Gelegenheits-Notate, die der Selbstverständigung dienten und in der Regel keinen Adressaten hatten. Dieser Tatbestand ist auch Ursache dafür, dass viele Texte nicht sicher zu datieren sind – die Angabe im betreffenden Band 22 der GBA »Datierung unsicher« ist stereotyp – und ihre Entstehungszeit nur über inhaltliche Indizien oder durch die Art der Überlieferung annähernd bestimmbar ist. Zu beachten ist auch, dass B. zwischen 1935 und 1937 die weitaus meisten Texte zum *Buch der Wendungen* verfasste, das die Themen der Zeit wie ›Realismus‹, Rolle der ›Dialektik‹, Bedeutung des Aufbaus des Sozialismus in der Sowjetunion, Stalinismus u.a. in künstlerischer Form erfasst hat, wodurch nicht wenige Notate den Status vorläufiger Notizen, die zur weiteren Ausarbeitung dienten, erhalten (eine Art Kladde).

Die GBA sammelt in Band 22 – vom *Messingkauf* abgesehen (vgl. *Der Messingkauf*, BHB 4) – für den Zeitraum 1933–1941 über 500 Texte, deren Umfänge sich zwischen einer kurzen Notiz von wenigen Zeilen bis maximal knapp 21 Seiten (*Notizen über realistische Schreibweise*) bewegen; B. schrieb folglich keine ›ausufernden‹ Essays wie Thomas Mann oder Heinrich Mann. Außer zur Zeit der Expressionismusdebatte 1938/39 (vgl. *Die Expressionismusdebatte*, BHB 4), für die – freilich unpubliziert – B. mehrere zwischen vier und maximal neun Seiten umfassende essayartige Schriften beisteuerte, überwiegen Texte, die eine halbe bis zwei Seiten lang sind. Zum Themenkomplex ›Politik und Gesellschaft‹ sind – bei aller Fragwürdigkeit genauerer Zuordnung – ca. 100 Texte zu zählen.

Die Themen sind weitest gehend durch die Zeitumstände vorgegeben: das Nachdenken darüber, wie es kommen konnte, dass der Faschismus in Deutschland an die Macht gebracht wurde, der gewiss kommende Weltkrieg, den B. – es sei denn, es gelänge, die Nazis noch zu beseitigen – von Beginn an als Konsequenz faschistischer Herrschaft ansah (vgl. GBA 22, S. 21), die ›Rettung der Kultur‹, wie das Motto des I. Internationalen Schriftstellerkongresses in Paris 1935 lautete, die Rolle der Dialektik in einer ›finsteren Zeit‹, die sich auf ›Dauer‹ einzurichten drohte, aber auch direkte Reaktionen, wie z.B. die Stellungnahmen zu Gottfried Benn (*[Notizen zu Gottfried Benn], Benn*), die Aufforderung an Paul Hindemith (*[Entwurf eines offenen Briefes an Paul Hindemith]*), Deutschland zu verlassen, oder der *Offene Brief an den Schauspieler Heinrich George*, mit dem B. George aufforderte, sich für seinen Kollegen Hans Otto, den die Nazis zum Zeitpunkt der Niederschrift bereits ermordet hatten, einzusetzen. Weitere Anlässe zu schriftlichen Stellungnahmen bildeten u.a. die Sowjetunion-Berichte von André Gide, mit dem B. sehr kritisch ins Gericht ging (*Kraft und Schwäche der Utopie* und *Die ungleichen Einkommen*), und Lion Feuchtwanger, dessen Urteilen B. zustimmte (*Über meine Stellung zur Sowjetunion*), oder die 1936 beginnenden Moskauer Prozesse, mit denen Stalin seine ›Gegner‹ beseitigte.

Kapitalismus / Faschismus

B. vertrat im Hinblick auf die Zusammenhänge von Kapitalismus und Faschismus einen klaren Standpunkt, den er in vielen Modifikationen in diesem Zeitraum immer wieder und hartnäckig fortschrieb. Danach tritt der Faschismus »*als nacktester, frechster, unterdrückendster und betrügerischster Kapitalismus*« auf und kann nur, wie B. betont, als solcher bekämpft werden (S. 78). Das heißt, dass es die »Besitzverhältnisse [sind], welche die Barbarei erzeugen« (ebd.), was wiederum heißt, dass der Faschismus in der Vorkriegszeit nur noch durch eine proletarische Revolution beseitigt werden könnte, deren Chancen B. aber insgesamt als gering einschätzte, weil er mit dem Erfolg des Faschismus zugleich eine Niederlage des Proletariats konstatierte. Diese Niederlage musste, wie B. in *[Über die Niederlage]* ausführte, erst einmal gesehen und verarbeitet werden: »Es ist gewiß zur Weiterführung des Kampfes wichtig, einzusehen, daß man eine Niederlage erlitten hat, sie muß in ihrem ganzen Umfang erkannt werden. Dieses Erkennen ist schwierig, eben weil man geschwächt ist; es auszusprechen ist jedoch etwas anderes, eine politische Frage.« (S. 19)

Für die Machtübergabe an die Nazis führte B. folgende Begründung an: »Die Geschäfte des Kapitalismus sind nun in verschiedenen Ländern (ihre Zahl wächst) ohne Roheit nicht mehr zu machen.« (S. 105) Der Kapitalismus entledige sich, wie er in *[Faschismus und Kapitalismus]* von (vermutlich) 1935 ausführt, »aller, auch der letzten Hemmungen« und müsse »alle seine eigenen Begriffe wie Freiheit, Gerechtigkeit, Persönlichkeit, selbst Konkurrenz einen nach dem anderen über Bord werfen«: »So tritt eine einstmals große und revolutionäre Ideologie in der niedrigsten Form gemeinen Schwindels, frechster Bestechlichkeit, brutalster Feigheit, eben in faschistischer Form, zu ihrem Endkampf an, und der Bürger verläßt den Kampfplatz nicht, bevor er seine allerdreckigste Erscheinungsform angenommen hat.« (S. 106) B. knüpft mit dieser Einschätzung an Überlegungen der 20er-Jahre an, die z.B. im *Dreigroschenprozeß* darauf hinausliefen, die selbstproduzierten Widersprüche des bürgerlichen Kapitalismus aufzudecken und damit darauf hinzuweisen, dass nicht etwa die Gegner des Kapitalismus dessen Werte beseitigen, sondern er selbst (vgl. GBA 21, S. 473–475, S. 476–478), indem er in einer rapide vorangetriebenen technischen Entwicklung den Produktionsprozess ständig veränderte, durch den – z.B. aufgrund der Arbeitsteilung und des Fließbands –, wie B. meinte, eine »bolschewistische Organisation« (Hecht 1975, S. 34) in die Fabriken einzogen war, die durchaus nicht »zum bürgerlichen Individuum« (ebd.) passte, es im Gegenteil gesellschaftlich immer fragwürdiger machte – oder, wie es in einer Notiz von 1941 heißt: »Das Individuum erscheint uns immer mehr als ein widerspruchsvoller Komplex in stetiger Entwicklung, ähnlich einer Masse. Es mag nach außen hin als Einheit auftreten und ist darum doch eine mehr oder minder kampfdurchtobte Vielheit.« (GBA 22, S. 691)

Angesichts dieser Einschätzung sah B. keinen Weg, etwa durch Reformen die ›bessere Seite‹ des Bürgertums zu ›retten‹, und er polemisierte durchgehend in seinen Exilschriften gegen Meinungen, nach denen der Faschismus lediglich eine »Barbarei [ist], die von der Barbarei kam und Deutschland überschwemmte« (S. 17), dass der Faschismus lediglich ein ›Auswuchs‹ sei und keine ursächlichen Zusammenhänge mit den Eigentumsverhältnissen aufweise: »Nach Angaben der Linken läßt sich die bürgerliche Welt ohne Fascismus und also ohne Aufgabe der bürgerlichen Kultur, etwa durch Reformen, konservieren. In Wirklichkeit ist die bürgerliche Welt nur unter Aufgabe der bürgerlichen Kultur zu retten.« (S. 148) Auch hier nahm B. Argumentationen auf, die er u. a. im *Dreigroschenprozeß* (und da am klarsten) vertreten hatte: Indem der Kapitalismus in umfassendster Weise alles, und eben auch die Kunst, die Kultur, in Warenform umgegossen hat, ist der Kunst all das genommen worden, was sie im Bürgertum ausgezeichnet hat: Originalität, Werkcharakter (Geschlossenheit, Harmonie), Weihe, Allgemeinmenschlichkeit, ›Ewigkeit‹, Autonomie usw. (vgl. GBA 21, S. 473–475). Mit der Bücherverbrennung am 10. 5. 1933 (die ja außerordentlich schnell nach dem Machtantritt kam) demonstrierten die Nazis ganz offen (und ihnen unbewusst) sowie mit ›fanatischem Willen‹, dass sie angetreten waren, der bürgerlichen Kultur endgültig den Garaus zu machen: »Die Liste der Verbotenen ist einfach die Liste der deutschen Literatur.« (GBA 22, S. 25)

B. war der Meinung, dass die »nationalsozialistische Bewegung [...] vom Kleinbürgertum geführt [werde], einer Schicht, die ökonomisch und ideologisch völlig unselbständig und nicht imstande ist, die großen Aufgaben dieses Jahrhunderts der Technik im fortschrittlichen Sinne zu lösen« (S. 27), und dass deshalb eine Lösung nur von der Arbeiterschaft zu erwarten sei, denn nur sie sei wirklich ›produktiv‹; und er sah deshalb die Literatur, welche die Nazis verbrannten und verboten, auf deren Seite, unabhängig ob sie offen oder bewusst Stellung bezog, eben weil diese »Kopfarbeiter« die Produktivität mit den Arbeitern teilten. »Produktion« ist für den B. dieses Zeitabschnitts eine Art ›Zauberwort‹, mit dem er immer wieder (vgl. z.B. S. 27, S. 39) das Proletariat als »die gewaltigste aller Produktivkräfte« (S. 63) bestimmt, so, als reiche diese Bestimmung aus, um Hitler keine wirkliche Chance zu geben: »Hitler ist nicht Deutschland. Hitler wird mit seinem Versuch keinen Erfolg haben. Er wird mit dem riesigen Elend in Deutschland nicht fertig werden, da er nicht an seine wirklichen Ursachen herangeht.« (S. 27) Es ist kennzeichnend, dass Äußerungen dieser Art für 1933 und 1934 bezeugt sind, dann aber verstummen, weil sich immer mehr herausstellte, dass diese ›Produktivkräfte‹ in Deutschland nicht gegen Hitler zu mobilisieren waren. Spätestens 1936 rechnete B. mit dem gewiss kommenden Weltkrieg, damit, dass Hitler, »um die Franzosen zu besiegen, zuerst die Deutschen besiegen muß« (S. 184), ein Prozess, den er seit 1933 in vollem Gang sah und dessen ›Erfolg‹ B., immer hilfloser werdend, mit ansehen musste.

Kultur

Vom 21.–25. 6. 1935 fand in Paris der I. Internationale Schriftstellerkongress zur Verteidigung der Kultur statt, an dem B. teilnahm und auf dem er am 23.6. in der Sektion *Das Individuum* seine Rede *Eine notwendige Feststellung zum Kampf gegen die Barbarei* hielt. Etwa 250 Teilnehmer aus 37 Ländern waren angereist, 89 Reden wurden gehalten (vgl. Hecht, S. 930). B. polemisierte in seiner Rede heftig gegen die (verbreitete und auch auf dem Kongress immer wieder geäußerte) Meinung, was in Deutschland geschehe, sei auf eine allgemeine Verrohung der Sitten und der Politik zurückzuführen; B. machte dagegen die Geschäfte, »die Eigentumsverhältnisse«, geltend: »Erbarmen wir uns der Kultur, aber erbarmen wir uns zuerst der Menschen! Die Kultur ist gerettet, wenn die Menschen gerettet sind. Lassen wir uns nicht zu der Behauptung fortreißen, die Menschen seien für die Kultur da, nicht die Kultur für die Menschen!« (GBA 22, S. 145) B. war der einzige Sprecher auf dem Kongress, der – da dieser unter dem Vorzeichen der ›Volksfront‹ stand, durch die vor allem bürgerliche Schriftsteller für den antifaschistischen Kampf gewonnen werden sollten – versuchte, die Fragestellung ›Verteidigung der Kultur‹ auf die politisch-ökonomische Schiene zu verlagern. Seine Argumentation war verblüffend ›dialektisch‹, indem B. auf zwei Realitäten im ›Dritten Reich‹ aufmerksam machte: das Unsichtbarwerden der Verbrechen sowie das offene Bekenntnis der Nazis zu ihrer ›Rohheit‹: »Als wir zum ersten Male berichteten, daß unsere Freunde geschlachtet wurden, gab es einen Schrei des Entsetzens und viele Hilfe. Da waren hundert geschlachtet. Aber als tausend geschlachtet waren und des Schlachtens kein Ende war, breitete sich Schweigen aus, und es gab nur mehr wenig Hilfe.« (S. 142) – »Den Hinweis darauf, daß er roh sei, beantwortet der Faschismus mit dem fanatischen Lob der Roheit.« (S. 143) Es war klar, dass B. bei einer solchen Diagnose nichts übrig blieb, als nach den ›eigentlichen Ursachen‹ zu fragen, wobei er freilich nicht danach fragte, ob die Frage, in Deutschland gestellt, die Chance hätte, überhaupt nur gehört zu werden. B. machte sich nach dem Kongress auf zynisch-sarkastische Weise in einem Brief an George Grosz von Ende Juni/Anfang August 1935 über die Haltung der Teilnehmer in Paris lustig: »Ich kann Dir [...] eine wichtige Mitteilung machen: wir haben soeben die Kultur gerettet. Es hat 4 (vier) Tage in Anspruch genommen und wir haben beschlossen, lieber alles zu opfern, als die Kultur untergehen zu lassen. Nötigen Falles wollen wir 10–20 Millionen Menschen dafür opfern. Gott sei Dank haben sich genügend gefunden, die bereit waren, die Verantwortung dafür zu übernehmen.« (GBA 28, S. 510) B., der übrigens eine bemerkenswert hohe Zahl der Opfer nannte (und dies 1935), hatte die entscheidende Frage angesprochen, nämlich dass von der Rettung der Kultur kaum mehr dann gesprochen werden konnte, wenn bereits Menschen zu retten waren; einen Ausweg aber konnte die ›Grundsatzfrage‹ aus dem politischen Dilemma auch nicht bieten, es sei denn, die ›Kulturträger‹ hätten, wie es 1937 beim II. Internationalen Schriftstellerkongress einige taten, zur Waffe gegriffen, ganz abgesehen davon, dass die ›Grundsatzfrage‹ bei den bürgerlichen Teilnehmern (und das waren die meisten) auf gänzliches Unverständnis stieß.

Bemerkenswert ist deshalb, dass B. – bei allen Wünschbarkeiten, die er widersprüchlich formulierte – den Ernst der Lage in Deutschland sehr klar einschätzte. Schon 1935, als Hitler noch auf dem ›Vormarsch‹ schien – nicht zu vergessen: die Olympiade von 1936 in Berlin stand noch bevor –, konstatierte er eine realistisch hohe Zahl der bereits vorliegenden Opfer, wusste er, dass die ›Gegner‹ in Konzentrationslagern gefoltert und ermordet wurden (vgl. GBA 22, S. 29), ließ er sich nicht darüber täuschen, dass die Autobahnen von Anfang an für Kriegszwecke gebaut wurden (S. 35, S. 58) sowie dass der »innere Krieg«, der in Deutschland ja gegen einen nicht geringen Teil der Bevölkerung mit brutalsten Methoden geführt wurde, »jeden Tag in den äußeren sich verwandeln kann, der unseren Weltteil vielleicht als einen Trümmerhaufen hinterlassen wird« (S. 71, vgl. S. 76). Das heißt: B. hatte die – alle bisher bekannten Gräuel übersteigenden – Brutalitäten der Nazis und ihre kriegerischen Ziele in einem realistischen Umfang von Anfang an erkannt und erwartete keinerlei ›Mäßigung‹, was auch jegliche Beruhigung, es komme am Ende doch nicht so schlimm wie befürchtet, ausschloss. In dieser Einschätzung gab es für B. keine Einsprüche oder Relativierungen – und mit dieser Einsicht stand er mit seinen Freunden Hanns Eisler und Ernst Bloch, bedingt auch Walter Benjamin, in der Kulturszene ziemlich einsam da.

Mangelnde ›Dialektik‹

Trotz der von B. konstatierten Tatsache, dass die Nazis – in verschärfter und brutaler Form lediglich fortsetzend, was bereits für die Weimarer Republik galt – die bürgerlichen ›Werte‹ beseitigten, blieben sie für B. im Hinblick auf die ›Eigentumsverhältnisse‹ Bürger. Wie er in seinen *Notizen zu Heinrichs Manns »Mut«* vom Frühjahr 1939 ausführte, mit denen er Mann für seine eigenen Überzeugungen reklamierte, bestand für ihn der wesentliche Grund für den ›Erfolg‹ der Nazis in einer mangelnden materialistischen Analyse des Nationalsozialismus, die, wäre sie geliefert worden, mögliche Voraussetzung für eventuelle verändernde Maßnahmen hätte sein können. Der Fehler bestand nach B. darin, dass den Faschisten »der bürgerliche Charakter abgesprochen« wurde: »sie werden sozusagen aus dem Bürgertum ausgebürgert« (GBA 22, S. 529). Die Begründung für die Ausbürgerung lautete: Schließlich habe sich der Faschismus ja ›auch‹ massiv gegen das Bürgertum gewendet, Banken enteignet, Generäle erschossen, Goethe gescholten: »So argumentierend, sieht man nicht verlumptes, schrecklich gewordenes, als Klasse unzulänglich gewordenes Bürgertum, und so versteht man nicht.« (Ebd.)

Warum die materialistische Analyse in B.s Sinn ausblieb, beschreibt u. a. der berühmt gewordene Text vom Mai 1935 *[Entwurf einer Vorrede für eine Lesung]*, der für die traditionelle B.-Forschung den Beweis bedeutete, dass B. aufgrund einer »Art Betriebsunfall« zum Kommunismus ›konvertiert‹ sei (B. sprach vom »Studium des Marxismus«; S. 138; vgl. Mittenzwei, S. 253–259, S. 343–345): »Für ein bestimmtes Theaterstück brauchte ich als Hintergrund die Weizenbörse Chicagos. Ich dachte, durch einige Umfragen bei Spezialisten und Praktikern mir rasch die nötigen Kenntnisse verschaffen zu können. Die Sache kam anders. Niemand, weder einige bekannte Wirtschaftsschriftsteller noch Geschäftsleute – einem Makler, der an der Chicagoer Börse ein Leben lang gearbeitet hatte, reiste ich von Berlin bis nach Wien nach –, niemand konnte mir die Vorgänge an der Weizenbörse hinreichend erklären. Ich gewann den Eindruck, daß diese Vorgänge schlechthin unerklärlich, das heißt von der Vernunft nicht erfaßbar, und das heißt wieder einfach unvernünftig waren.« (GBA 22, S. 138f.) Der Text bezieht sich auf das Jahr 1926, das der Forschung als das Jahr der Entdeckung des Marxismus gilt, als B. nämlich für ein geplantes Stück *Weizen*, später *Jae Fleischhacker* genannt, und, weil er die gewünschten Informationen nicht erhielt, »acht Schuh tief« (Kebir, S. 61) in Marxens *Kapital* steckte. Abgesehen davon, dass niemand weiß, wie tief die acht Schuh sind, wurde der neun Jahre später geschriebene Text, der eine Lesung B.s in Moskau einleitete (bzw. einleiten sollte), beim dokumentarischen Wort genommen und seine Stilisierung übersehen. B.s Reise nach Wien (Ende Juni bis Ende Juli 1925) z.B. galt keineswegs der Nachfrage ökonomischer Vorgänge in Chicago, sondern einem Besuch bei Frau und Kind (Marianne Zoff und Barbara) in Wien bzw. Baden bei Wien. Auch die Begründung für das Marxismusstudium ist auf raffinierte Weise so stilisiert, dass aus ihr durchaus nicht, wie üblich, geschlossen werden kann, B. hätte zu diesem Zeitpunkt eine ›passende‹ Ideologie benötigt; im Gegenteil, er benötigte Erklärungen für Realitäten. Die wortspielerische Reihung »unerklärlich« – »von der Vernunft nicht erfaßbar« – »unvernünftig« hat zunächst den polemisch aufklärerischen Effekt, die Grundgesetze des Kapitalismus als total irrational zu entlarven, und dann indirekt den Effekt, allen, selbst den unmittelbar die Geschäfte Betreibenden, zu unterstellen, dass sie so ignorant, ja verbohrt seien, diese Grundgesetze nicht einmal nach ihrer ›Vernunft‹ zu befragen, sondern sich ihnen einfach zu unterwerfen, sie als Schicksal und als Notwendigkeit hinzunehmen. Damit sind all die in die kapitalistische Wirtschaft Involvierten – von den Sachschriftstellern (die ihre Sache nicht verstehen) über die Geschäftsleute (die ohne Verstand Geschäfte betrieben bzw. sich von ihnen betreiben lassen; vgl. die Doppeldeutigkeit des Romantitels *Die Geschäfte des Herrn Julius Caesar*, BHB 3, S. 290–297) bis hin zu den Maklern (die kopflos Preispolitik betreiben) – als Menschen bestimmt, die nicht wissen, was sie tun, aber auch nicht wissen wollen, was sie tun. Denn das in der Konsequenz gespenstische Inszenario, das B. entwirft, läuft darauf hinaus, dass gerade die wissenschaftliche und technische Vernunft, die in der Tradition der bürgerlichen Aufklärung steht, zur Produktion eines Chaos von unbeherrschten und unbeherrschbaren Kräften verkommen ist (was der Faschismus mit der Massenvernichtung von Menschen in den Mordfabriken der KZs und im Einsatz technisch hochgerüsteter Maschinen im Krieg ja denn auch unter Beweis stellte). B.s Ausführungen können deshalb wohl entgegen den bisherigen ideologischen Deutungen das Prädikat ›realistisch‹ für sich beanspruchen.

Warum B. ausgerechnet zu Marx (und nicht zum ideologiegängigen Marxismus) griff, dafür gab er eine häufiger bemühte Begründung ab, und zwar am raffiniertesten in seiner Schrift *Über experimentelles Theater* von März/April 1939, in der B. zunächst Albert Einstein, dem er durchaus Nichtwissen vom »ökonomischen Kreislauf der Waren« unterstellte (GBA 22, S. 550), zustimmend aus dessen Schrift *Über den Frieden* (vgl. S. 1073) zitiert, um dann seine Schlüsse daraus zu ziehen:

Wir überqueren vermittels maschineller Kraft die Meere und benutzen auch maschinelle Kraft, um die Menschen von aller ermüdenden Muskelarbeit zu befreien. Wir haben Fliegen gelernt und sind fähig, Mitteilungen und Neuigkeiten durch elektrische Wellen über die ganze Welt zu verbreiten. Die Produktion und Verteilung der Waren ist jedoch ganz und gar nicht organisiert, so daß jedermann in Furcht leben muß, aus dem ökonomischen Kreislauf ausgeschieden zu werden. Außerdem morden die Menschen, die in verschiedenen Ländern leben, einander in unregelmäßigen zeitlichen Abständen, so daß jeder, der über die Zukunft nachdenkt, in Furcht leben muß. Dies kommt von der Tatsache, daß Intelligenz und Charakter der Massen unvergleichlich niedriger sind als Intelligenz und Charakter der wenigen, die für die Gemeinschaft Wertvolles hervorbringen. (Einstein, S. 299)

B. teilt Einsteins Einschätzung von ›Massen‹ und ›Wenigen‹ durchaus nicht, im Gegenteil bezichtigte er gerade die Wenigen, die ›Kopfarbeiter‹, dass ihre Intelligenz und ihr Charakter auf diesem Sektor ›unvergleichlich niedrig‹ sind, aber er benötigt einen der führenden Physiker der Zeit, um mit dessen Autorität das »Nichtwissen um gesellschaftliche Belange« konstatieren zu können, wie B. in einer Fußnote anmerkt (GBA 22, S. 550). Die Menschen »wissen zu wenig über ihre eigene Natur« (ebd.), und da »des Menschen Schicksal der Mensch« ist, wie B. anknüpfend an den Kernsatz aus der *Mutter* (GBA 3, S. 313, S. 377) mehrfach sich selbst zitiert (GBA 22, S. 24, S. 79, S. 87), wird dies Nichtwissen für ihn tödlich. Die Marxlektüre (wie immer fragwürdig sie auch als ›Studium‹ B.s einzuschätzen ist) erfolgte einzig aus dem Grund, weil dessen Philosophie in der ›Geistesgeschichte‹ den einzigen realistischen Ansatz zu einer Gesellschaftsanalyse, zu einer Analyse der Beziehungen der Menschen unter- (und gegen-) einander geliefert hat, das heißt, es ging ihm um Marx' Entdeckung, die er bereits in der *Deutschen Ideologie* formuliert hat, dass der Geist nicht ›apart‹ ist, dass vielmehr gilt: »Die Produktion der Ideen, Vorstellungen, des Bewußtseins ist zunächst unmittelbar verflochten in die materielle Tätigkeit und den materiellen Verkehr der Menschen, Sprache des wirklichen Lebens.« (Marx, S. 348) Und: »Der ›Geist‹ hat von vornherein den Fluch an sich, mit der Materie ›behaftet‹ zu sein [...]. Das Bewußtsein ist also von vornherein schon ein gesellschaftliches Produkt und bleibt es, so lange Menschen existieren.« (S. 356f.) B.s Interesse galt diesem materiellen Ansatz, den er durchgehend als ›realistisch‹ zu bezeichnen pflegte und der auch und vor allem die Kunst einschließt, die sich nicht – und schon gar nicht in ›finsteren Zeiten‹ – aus der ›Politik‹ heraushalten kann, wie B. in seinem Schriften-Entwurf *[Elfenbeinturm der Beobachtung]* von (vermutlich) 1937 formuliert hat: »Der marxistische Kritiker [=Künstler] hat den Stoff eines Dramas selber, als Marxist, als Historiker, Politiker, Ökonom, Dialektiker durchzuarbeiten und dann, wenn er über formale Elemente ästhetischer Art ein Urteil abgeben will, das für den Bau von Stücken fruchtbar sein soll, diese Elemente abzuwiegen, wieweit sie dem Stoff gerecht werden. Nur so erweist er sich selber als Realist, nur so erhebt er sich über rein formale Urteile und vermeidet es, Formen mit Formen zu vergleichen, ohne zu beachten, was da geformt ist.« (GBA 22, S. 314f.) B. setzt den Primat der (gesellschaftlichen und sich verändernden) Realität, was auch für den Künstler bedeutet, sie zunächst auf unkünstlerische Weise zu erkennen versuchen, ehe er dann mit diesem Wissen entscheidet, mit welchen Formen er sie zur ästhetischen Anschauung bringt (wozu dann auch noch andere Mittel wie Fantasie, Einbildungskraft etc. notwendig sind).

Wichtig in diesem Zusammenhang ist zu betonen, dass B. nie von Weltanschauung spricht oder Weltanschauung meint – im Gegenteil: im *Buch der Wendungen* wendet er sich explizit dagegen (*Kein Weltbild machen*; GBA 18, S. 60) –; er setzt vielmehr auf ›Realität‹ bzw. ›Realismus, nicht aber in dem Sinn, ›die‹ Realität (als solche und im ›Ganzen‹) zu kennen oder ergründen zu können, sondern sich von ihr so viel Wissen wie möglich anzueignen. Für den Realitäts-Begriff – und auch dies ist für B. bezeichnend – greift er immer wieder auch auf Hegel zurück, der (besser als Marx) den Begriff einer prozessualen, nie abgeschlossenen und deshalb auch nicht zielgerichteten Realität bei Bewusstsein hält: »Dem Hegel und seinen Schülern gilt es, die Dinge als Entwickelnde zu ertappen, und sie entwickeln sich selber und anderes. Für sie ist kein Ding unabhängig und kein Ding einflußlos. Sich entwickelnd, entwickeln die Dinge in sich ihr Gegensätzliches (und somit ihren Tod, welcher ihre Wiedergeburt ist), außer sich Gegner, welche aber ebenfalls Gegensätzliches entwickeln. [...] / Der Hegelianer, der, die Unstabilität der Dinge (Zustände, Personen, Völker usw.) voraussetzend, ihre Gegensätze beobachtet, sieht nicht nur die Unstabilität des jeweils herrschenden Elements, sondern auch die Wucht der Herrschaft.« (GBA 22, S. 68) Widersprüchlichkeit und Prozessualität, die eine kritisch-produktive Haltung zu allem von vornherein einschließen, sind von Hegel als die treibenden Kräfte der (geschichtlichen) Realität erkannt, von Marx auf die Analyse der gesellschaftlichen Verhältnisse übertragen, von Lenin, der auch Philosoph war, in der gesellschaftlichen Praxis (zunächst erfolgreich) angewendet worden: in der Trias Hegel-Marx-Lenin tritt die Dialektik im *Buch der Wendungen* auf, an dem B. in diesem Zeitraum schreibt, eine Dialektik, die der 11. These über Feuerbach gemäß ist: »Die Philosophen haben die Welt nur verschieden *interpretiert*; es kömmt darauf an, sie zu *verändern*.« (Marx, S. 541) Dieser Satz gilt auch für B.s theoretische Überlegungen insgesamt.

Sprachkritik

Sprachkritik – hier nicht im philosophischen Sinn verstanden – war ein Mittel für B., um die ideologische Mauer, die der Faschismus errichtet hatte, zu Fall zu bringen oder wenigstens zu durchlöchern: »Wir wissen«, wie B. in dem Schriften-Entwurf *[Gefährlichkeit der Intelligenzbestien]* von (vermutlich) 1937 schrieb, »daß sich um die faschistischen Staaten eine enorme, dichte Mauer von Geschwätz, Geschmier, abgestandener Philosophie erhebt, hinter der die Geschäfte getätigt werden. Diese Gasmauer ist ein Wunderwerk der Vernebelungstechnik. Viele von uns sind nun damit beschäftigt, den Gascharakter, die Unsolidität usw. dieser Mauer nachzuweisen.« (GBA 22, S. 341) Dabei knüpfte B. zunächst an die Sprachkritik von Karl Kraus an, zu dem er in kritisch-freundschaftlichem Verhältnis stand, um diesem, wie es in einem Entwurf zu einem Geburtstagbrief vom Frühjahr 1934 (*Über Karl Kraus*) geschieht, die Kenntnis von Zusammenhängen unterzuschieben, über die Kraus nachweislich nicht verfügte; B. zieht nämlich eine Parallele zwischen der gesellschaftlichen

Entwicklung des Kapitalismus und Kraus' Sprachkritik. Der Aufbau der modernen Produktion sei in einen Zustand geraten, »wo jeder neue Fortschritt, beinahe jede einzige Erfindung die Menschen in immer tiefere Entmenschung hineintreiben muß. In einem riesigen Werk [*Die letzten Tage der Menschheit*] stellt Kraus, der erste Schriftsteller unserer Zeit, die Entartung und Verworfenheit der zivilisierten Menschheit dar. Als Prüfstein dient ihm die Sprache, das Mittel der Verständigung zwischen Mensch und Mensch.« (S. 35)

Vor allem in Schriften der Jahre 1934 und 1935, als B. noch Möglichkeiten sah, durch Aufklärung der Verlogenheit der Nazis und ihrer Propaganda entgegen wirken zu können, widmete sich B. sprachkritischen Überlegungen und übte auch konkret Sprachkritik, indem er z.B. in Zeitungen gedruckte Reden von Hermann Göring oder Rudolf Heß Satz für Satz ›richtig stellte‹ (*General Göring über die Überwindung des Kommunismus in Deutschland* und *Weihnachtsbotschaft des Stellvertreters des Führers*; beide von 1934). In diesen Fällen ging es vor allem darum, die allgemein gehaltenen Formulierungen der Reden durch Hinzufügung von bewusst oder auch unbewusst unterdrückten Zusammenhängen zu konkretisieren. Wenn Heß stets von »(deutscher) Nation« spricht, um zu suggerieren, es handele sich um ein geschlossenes ›Ganzes‹, so setzt B. dagegen »nur die Bevölkerung eines einzigen Landes [...], das aber alle anderen Länder bedroht« (S. 95). Oder wenn Göring von der erfolgreichen Niederschlagung des Kommunismus nach der »Ergreifung der Macht« spricht, für die sie, die Nazis, keinen Reichstagsbrand gebraucht hätten, fügt B. nach »Ergreifung der Macht« ein »im Interesse des Besitzenden« hinzu und macht aus dem »keinen« »einen Reichtagsbrand« (S. 92).

Im Gegensatz zu Karl Kraus, dem B. weiterhin unterstellte: »Die Kritik der Sprache erschöpfte sich im allgemeinen in der Kritik derer, die sich schlecht ausdrücken« (S. 35), ging es B. bei seiner Sprachkritik gegenüber den Nazis nicht um die – hämische – Aufdeckung von Sprachschnitzern, von schrägen Formulierungen oder mangelnder Sprachbeherrschung. Im Gegenteil hielt er eine solche Sprachkritik für ›tuistisch‹ (vgl. zu Begriffen »Tui« und »Tuismus« *Der Tuiroman*, BHB 3, S. 155–181), weil sie bloß dem Formalen verhaftet blieb und auf ›geistige‹ Überlegenheit des Kritikers pochte, wie B. es exemplarisch in einer kleinen Notiz zum *Tuiroman* festgehalten hat: »Die Tuis machen sich lustig über den unwissenden Hu-ih [=Hitler]. Sein Werdegang. Seine 53000 Sprachschnitzer in seinem Buch ›Wie ich es schaftete‹ [=*Mein Kampf*]. / Inzwischen siegt er draußen.« (GBA 17, S. 26) B. ging es vielmehr um eine Materialisierung der Sprache, also um die Richtigstellung ihrer Inhalte und um die Aufdeckung der realen Referenzen des Gesagten. Dazu entwickelte er neben der Konkretisierung zwei weitere Techniken. Die eine Technik war Zusammenhänge zu zerstören, die bloß sprachlicher Art und von ›innerer Logik‹ geleitet sind, indem der Kritiker sich um diese Zusammenhänge nicht kümmert: »Er zerstört so den Zusammenhang der unrichtigen Sätze, wissend, daß der Zusammenhang Sätzen oft einen Anschein von Richtigkeit verleiht, welcher Anschein davon kommt, daß man im Zusammenhang, aufbauend auf einem unrichtigen Satz, mehrere richtige Folgerungen ziehen kann. Das Folgern ist dann richtig, aber die Sätze sind nicht richtig.« (GBA 22, S. 90)

Die zweite Technik der Sprachkritik war, »den Wörtern ihre faule Mystik« zu nehmen (S. 81), wie B. in *Fünf Schwierigkeiten beim Schreiben der Wahrheit* ausführte und entsprechend riet, statt von »*Volk*« von »*Bevölkerung*« oder statt von »*Boden*« von »*Landbesitz*« zu sprechen (ebd.). »Ich weiß natürlich, daß solche Wörter wie Privatbesitz an Produktionsmitteln unschöne, wenig romantische, gar nicht poetische Wörter sind. Aber niemand von uns denkt daran, diese Wörter ihrer Schönheit wegen zu verwenden. Sie sind nur nötig. Das heißt: das zu sagen, was sie sagen, ist nötig.« (S. 105) Letzteres Verfahren nimmt vorweg, was nach dem Faschismus in der Sprach- und Literaturwissenschaft unter dem Stichwort *Wörterbuch des Unmenschen* (Sternberger, Titel) diskutiert worden ist.

Stalinismus

B.s Einstellung zur Sowjetunion, zum Stalinismus und zu den Moskauer Prozessen schlägt sich in den Schriften nur sehr bedingt nieder, da Äußerungen in dieser Form vereinzelt bleiben, sodass ohne Berücksichtigung des *Buchs der Wendungen* und der Briefe – hier vor allem der Briefwechsel mit Bernhard von Brentano (vgl. GBA 28, S. 480–482, S. 486–488) – sowie der von Benjamin dokumentierten Gespräche in Svendborg, in denen sich B. schärfer und kritischer äußerte als im *Buch der Wendungen* oder in den Schriften (vgl. Benjamin, S. 131–135), B.s ambivalente Haltung nicht darzustellen ist. Da das Thema im Artikel über das *Buch der Wendungen* des vorliegenden Handbuchs bereits eingehender abgehandelt worden ist, sei auf die dortigen Ausführungen verwiesen (BHB 3, S. 251–259).

B.s wirkliche Einstellung zum Stalinismus und den Moskauer Prozessen wird sich kaum mehr rekonstruieren lassen, zumal die meisten Äußerungen im *Buch der Wendungen*, in einem gestalteten, also künstlerischen Werk zu finden sind, das nur bedingt Rückschlüsse auf die wirkliche Meinung des Autors zulässt. So können nur Indizien angeführt werden. Aufgrund wiederholter Verlautbarungen lässt sich schließen, dass B. auf alle Fälle, wie er in seiner Kritik von Gides Sowjetunion-Bericht (*Die ungleichen Einkommen*) ausführt, davon überzeugt war, dass die Veränderung der Eigentumsverhältnis die wesentliche Basis für einen Aufbau des Sozialismus, und zwar gegen Trotzkis Meinung zunächst in einem Land, darstellt, auf der dann alle weiteren ›Befreiungen‹ und Verbesserungen in Angriff genommen werden können. B. setzte folglich den Primat der Ökonomie (vgl. Mittenzwei, S. 596), einer Ökonomie, die er zugleich als die eigentliche Produktion interpretierte, wie er entsprechend das Proletariat als die »produktive Klasse« (GBA 22, S. 39) einschätzte. Um den »Aufbau einer sozialistischen Produktion« (S. 291) zu gewährleisten, sind denn fast alle Mittel recht (vgl. *Über die Diktaturen einzelner Menschen*), auch die der Unterdrückung der Arbeiter bzw. der Zwang, sie zur aktiven Mitarbeit an diesem Aufbau zu bewegen, was freilich nicht, wie B. betont, verschwiegen werden dürfte (vgl. S. 98). Argumentativ ist dies nur die Gegenseite zu B.s Überzeugung, dass die kapitalistischen Eigentumsverhältnisse die wesentliche Ursache für das Aufkommen des Faschismus bildeten. Was B. offenbar nicht erwog, war, dass auch trotz der Tatsache, dass die Produktionsmittel in der Sowjetunion in den Händen der Arbeiter waren, ihre anonyme Verwaltung und vor allem technische Hochrüstung zur Unterwerfung der Menschen unter die Maschine und zu einer hochgradigen Vereinzelung, also gerade nicht zur Ausbildung von Klassenbewusstsein führen könnten und geführt hatten. Diese Fehleinschätzung wird deutlich, wenn B. die Ford'sche Fabrik wie im Kölner Rundfunkgespräch von 1929 als »eine bolschewistische Organisation« (Hecht 1975, S. 34) einschätzte und in einem Notat von (vermutlich) 1934 ausführte: »Würde man in 1000 Jahren die Fordschen Fabriken ausgraben, so würden die Leute nicht leicht feststellen können, ob sie vor oder nach der Weltrevolution so gebaut wurden.« (GBA 22, S. 54) B. sah nur die ›Gleichheit‹ der Arbeiter und die Erleichterungen der körperlichen Arbeit, nicht aber die neue Entfremdung durch die neue Technik, die Georg Lukács – er sprach von »Verdinglichung« – bereits 1923 in seinem Buch *Geschichte und Klassenbewußtsein* unmissverständlich herausgearbeitet (Lukács 1923, S. 94–228) oder Charles Chaplin in seinem Film *Modern Times* (1936) thematisiert hatte.

B.s »doppelte Rede« (Rohrwasser, S. 167), d.h. die bedingte Bejahung des Stalinismus und eine zurückhaltende Kritik an ihm, wie Michael Rohrwasser formuliert hat, dürfte neben dieser (fragwürdigen) Grundüberzeugung vor allem taktische Gründe haben, die aber nicht, wie Rohrwasser annimmt, auf ›Parteidisziplin‹ (vgl. S. 165) oder »Zwängen parteilichen Denkens« (S. 166) oder gar der ›Rettung seines Theaters‹ (vgl. ebd.) zurückzuführen sind, sondern ›objektiv‹ auf die weltpolitische Lage, die eine starke Sowjetunion benötigte und jede Kritik an ihr als Schwächung ansah, und ›subjektiv‹ auf B.s existenzielle Situation im Exil. Einer Parteidisziplin war B. nie unterworfen, weil er nicht Mitglied der Partei war und stets einen eigenen Standpunkt vertrat, der gerade nicht der offiziellen Parteilinie entsprach; und ein Theater hatte er nicht mehr zu retten, weil er keines mehr besaß. Dass B. offensichtlich Sorgen hatte, sich offiziell gegen Stalin auszusprechen (vgl. das Gedicht *Ansprache des Bauern an seinen Ochsen*, das mit dem Ochsen Stalin meint; vgl. Benjamin, S. 131) und damit womöglich sich und seine Familie zu gefährden, belegen inzwischen viele Indizien, von denen u.a. sind: am 8. 9. 1936 denunzierte der Schriftsteller Julius Hay den »Brecht-Kreis«, indem er ihm vorwarf, »miesesten Defaitismus und Liquidatorentum« zu vertreten (Lukács 1991, S. 431 f.); November 1936 begannen die ersten Auseinandersetzungen in der Redaktion von das *Wort*; Februar 1937 attackierte Hay B. im *Wort*; September 1937 begann die Expressionismusdebatte im *Wort*, der B. mit einem Band *Neuzehnhundertachtunddreißig* entgegentreten wollte, weil er in der von ihm mitherausgegebenen Zeitschrift bereits weitgehend ausgebootet war (vgl. Knopf, S. 141–149). Auch ist bezeichnend, dass B. außer der Satire *Det finska undret* (*Das finnische Wunder*), die in finnischer Sprache veröffentlicht wurde, von vornherein seine (wenigen) Aufzeichnungen nicht zur Veröffentlichung vorgesehen hatte. So bildet die wichtigste Stellungnahme von Juni 1938 *[Über die Moskauer Prozesse]* einen Briefentwurf (vermutlich an Walter Benjamin), der endet: »Dies ist meine Meinung, die Prozesse betreffend. Ich teile sie, in meinem isolierten Svendborg sitzend, nur Ihnen mit und wäre Ihnen dankbar, wenn Sie mir mitteilten, ob eine Argumentation dieser Art Ihnen nach Lage der Dinge politisch richtig erscheint oder nicht.« (GBA 22, S. 368) Ein weiterer Artikel, ebenfalls von 1938, *Über die Prozesse in der USSR*, trägt den Untertitel *(zur Selbstverständigung)*. Vorsichtiger und weniger festgelegt lässt sich kaum formulieren, sodass es nicht geraten scheint, weitreichende Schlüsse aus B.s Äußerungen zu ziehen.

Literatur:

Benjamin, Walter: Versuche über Brecht. Frankfurt a.M. 1966. – Einstein, Albert: Über den Frieden. Weltordnung oder Weltuntergang. Hg. v. Otto Nathan und Heinz Norden. Bern 1975. – Häußler, Inge: Denken mit Herrn Keuner. Zur deiktischen Prosa in den Keunergeschichten und den Flüchtlingsgesprächen. Berlin 1981. – Hecht. – Hecht, Werner (Hg.): Brecht im Gespräch. Diskussionen, Dialoge, Interviews. Frankfurt a.M. 1975. – Kebir, Sabine: Ich fragte nicht nach meinem Anteil. Elisabeth Hauptmann Arbeit mit Bertolt Brecht. Berlin 1997. – Knopf, Jan: Gelegentlich: Poesie. Ein Essay über die Lyrik Bertolt Brechts. Frankfurt a.M. 1996. – Lukács, Georg: Geschichte und Klassenbewußtsein. Studien über marxistische Dialektik. Berlin 1923. – Ders. [u.a.]: Die Säuberung. Moskau 1936: Stenogramm einer geschlossenen Parteiveranstaltung. Hg. v. Reinhard Müller. Reinbek bei Hamburg 1991. – Marx, Karl: Die Frühschriften. Hg. v. Siegfried Landshut. Stuttgart 1964. – Mittenzwei, Bd. 1. – Pike, David: Deutsche Schriftsteller im sowjetischen Exil 1933–1945. Frankfurt a.M. 1981. – Rohrwasser, Michael: Der Stalinismus und die Renegaten. Die Literatur der Exkommunisten. Stuttgart 1991. – Sternberger, Dolf [u.a.]: Aus dem Wörterbuch des Unmenschen. Neue erweiterte Ausgabe mit Zeugnissen des Streites über die Sprachkritik. München 1970.

Jan Knopf

Fünf Schwierigkeiten beim Schreiben der Wahrheit

Der Text, Höhepunkt der deutschsprachigen Exilpublizistik, ist ein Traktat, eine antifaschistische Streitschrift, die sich an der Frage »Was ist Wahrheit« (Joh. 18,38) entzündet. B. fand, wie er Johannes R. Becher Ende Dezember 1934 schrieb, die »Materie wichtig« (GBA 28, S. 471), in einem *Journal*-Eintrag vom 20. 6. 1944 wertete er die Schrift als Teil eines »befriedigenden literarischen Reports über die Exilszeit« (GBA 27, S. 196). Der Aufsatz ist adressiert an die in Deutschland lebenden antifaschistischen Schriftsteller, fand jedoch ebenso Verbreitung als Appell an die exilierten Autoren. B.s Argumentation ist eng verflochten mit Äußerungen zur Wahrheitsproblematik in seinem Gesamtwerk.

Die Schrift ist die auf das Fünffache erweiterte Fassung von B.s Beitrag *Dichter sollen die Wahrheit schreiben*, seiner Antwort auf die Umfrage des *Pariser Tageblatts* zur »Mission des Dichters 1934«, die am 12. 12. 1934 publiziert wurde (GBA 22, S. 71–74). Schon dieser Zuschrift maß B. programmatische Bedeutung zu, in seinem Begleitschreiben an die Redaktion vom 5. 12. 1934 heißt es: »Wenn Ihnen der Aufsatz zu lang ist, möchte ich lieber, daß er *nicht* als gekürzt erscheint.« (GBA 28, S. 463) Becher wertete *Dichter sollen die Wahrheit schreiben*, wie er B. am 21. 12. 1934 schrieb, als »eine der besten ›theoretischen Arbeiten‹, die ich in der letzten Zeit gelesen habe« (GBA 22, S. 904). Bereits am 15.12. hatte er die Umfrage den Mitgliedern der Internationalen Vereinigung Revolutionärer Schriftsteller (nicht des Schutzverbands Deutscher Schriftsteller, vgl. ebd.) gesandt und den Nachdruck des »ausgezeichneten Artikels von Bert Brecht« in der *Internationalen Literatur* angeregt (Becher, S. 193). Die verbreitete Annahme, B. habe die Antwort auf die Umfrage auf Anregung Bechers erweitert (vgl. GBA 22, S. 905), ist nicht belegt.

In *Fünf Schwierigkeiten beim Schreiben der Wahrheit* entfaltete B. den Kerngedanken der Zeitungsäußerung, die sich noch auf drei Schwierigkeiten beschränkte – Mut, Klugheit und List: »Wenn jemand bereit ist, die Wahrheit zu schreiben, und fähig, sie zu erkennen, bleibt die dritte Schwierigkeit über. [...] Die Wahrheit muß mit List gesagt und mit List gehört werden.« (GBA 22, S. 72f.) Die Überarbeitung geschah in mehreren Stufen. Eine nur fragmentarisch erhaltene Vorstufe, die B. selbst mit der Maschine geschrieben hat, akzentuierte Zielgruppe und Wirkungsabsicht bereits in der Überschrift: *Einige Gesichtspunkte für den Kampf der in Deutschland verbliebenen antifaschistischen Schriftsteller* (BBA 252/49, vgl. GBA 22, S. 905). Das erste Typoskript der späteren Fassung (BBA 78/01–16) entstand unmittelbar nach B.s Rückkehr aus London am 20. 12. 1934. Da sich Margarete Steffin zu dieser Zeit in der Sowjetunion aufhielt, fungierte Helene Weigel als Sekretärin. B. sandte den Aufsatz Ende Dezember 1934 an Wieland Herzfelde, der ihm mit Schreiben vom 2. 1. 1935 anbot, den Text in den *Neuen Deutschen Blättern* drucken und vom Stehsatz Sonderabzüge herstellen zu lassen, die er »voraussichtlich auch nach Deutschland bringen« könne (BBA 477/47). Dieser Druck wurde nicht realisiert. Zum gleichen Zeitpunkt sandte B. den Text an Johannes R. Becher zur Publikation in der Zeitschrift *Der deutsche Schriftsteller*, dem Organ des Schutzverbandes Deutscher Schriftsteller. Becher schlug B. am 9. 1. 1935 vor, den Text als einen vom Schutzverband herausgegebenen Sonderdruck zu publizieren – »in einer Form, die geeignet ist, ihn dort zu verbreiten, worauf du besonderen Wert legst«, außerdem sollte er in Willi Münzenbergs Zeitschrift *Unsere Zeit* aufgenommen werden (BBA 477/75). Für den Schutzverband reagierte Michael Tschesno-Hell, der das Manuskript »wirklich ganz hervorragend« nannte und versprach, dass man es »in Form einer Broschuere im Land herausbringen« werde (Brief an B. vom 9. 1. 1935; BBA 477/77). Der Zeitschriftendruck erfolgte im April 1935 (Heft 2/3); die in derselben Druckerei gesondert gesetzten Separatdrucke, die text-, aber nicht seitenidentisch sind, erschienen unter dem Originaltitel und – als Tarnschrift zur Verbreitung in Deutschland – unter dem Titel *Satzungen des Reichsverbandes Deutscher SCHRIFTSTELLER (R.D.S.)*. F.C. Weiskopf berichtete, dass die Tarnschrift außerdem unter dem Titel *Praktischer Wegweiser für Erste Hilfe* in Umlauf gebracht worden sein soll (vgl. GBA 22, S. 905; Gittig, S. 83: Nr. 0395, Nr. 0396). Die Sonderdrucke dürften am 23. 5. 1935 vorgelegen haben; bei einer Veranstaltung des Schutzverbandes aus Anlass des 50. Geburtstags von Egon Erwin Kisch ist die Schrift verteilt worden (vgl. Barck, S. 531). B. erhielt die »gewuenschten Exemplare« mit Brief von Münzenberg am 16. 7. 1935 (vgl. BBA 477/68). Die überlieferten selbstständigen Drucke tragen den Vermerk: »Diese Schrift verfasste Bertolt Brecht zur Verbreitung in Hitler-Deutschland. Sie wird als Sonderdruck der antifaschistischen

Zeitschrift ›Unsere Zeit‹ herausgegeben vom ›Schutzverband Deutscher Schriftsteller.‹« Über die Verbreitung des Texts in Deutschland ist verständlicherweise nichts bekannt.

Unter den exilierten Autoren erreichten die *Fünf Schwierigkeiten beim Schreiben der Wahrheit* einen enormen, bislang unterschätzten Bekanntheitsgrad: Herzfelde legte die Schrift einem Referat über B. zu Grunde, das er am 21. 1. 1935 in Prag hielt (Brief an B. vom 20. 1. 1935; BBA 477/49). Münzenberg sandte, wie er B. am 13. 7. 1935 wissen ließ, Exemplare an André Gide, André Malraux, Heinrich Mann, Thomas Mann und Lion Feuchtwanger (BBA 477/69). Bereits im Mai 1935 lag eine polnische Übersetzung vor, sie war entstanden für »Organe, die nicht zahlen können« (Herzfelde an B. vom 14. 5. 1935, BBA 477/36). Hermann Borchardt verbreitete Abschriften des Texts in Minsk, wo er als Lehrer arbeitete, und teilte B. am 21. 8. 1935 mit, die Studenten »lesen sie wegen schöner Sprache und nützlicher Gedanken« (BBA 482/25). 1936 erschien eine Übersetzung unter dem Titel *Essai* in Heft 32 der Zeitschrift *Commune*, es existiert eine (nicht datierte) dänische Übersetzung von Fredrik Martner (BBA 400/01–15), und 1948 publizierte die Zeitschrift *Twice a Year* eine von B. und Eric Bentley bearbeitete amerikanische Fassung mit einem Kommentar von Berthold Viertel (vgl. GBA 29, S. 715).

Mit Bezug auf B.s Charakterisierung der Wahrheit als etwas »Zahlenmäßiges, Trockenes, Faktisches« (GBA 22, S. 75) schrieb Walter Benjamin B. am 20. 5. 1935: »Die ›Fünf Schwierigkeiten beim Schreiben der Wahrheit‹ haben die Trockenheit und daher die unbegrenzte Konservierbarkeit durchaus klassischer Schriften. Sie sind in einer Prosa geschrieben, die es im Deutschen noch nicht gegeben hat« (Benjamin 1999, S. 81). Ähnlich in einem Brief an Werner Kraft vom 25. 5. 1935: Es sei »ein klassisches Stück und die erste vollendete theoretische Prosa, die ich von ihm kenne« (S. 90). Den Abschnitt über die »große Abneigung« der Herrschenden »gegen starke Veränderungen« (vgl. GBA 22, S. 87, Z. 8–14) nahm Benjamin in sein »Passagen«-Konvolut auf, weil die Bemerkung zu erkennen erlaube, »welche Bedeutung die Mode als Tarnung ganz bestimmter Anliegen der herrschenden Klasse hat« (Benjamin 1982, S. 121). Arnold Zweigs Reaktion in einem Brief an B. vom 18. 8. 1935 fiel nicht so emphatisch aus wie die Benjamins: »Ihre Abhandlung über die *fünf Schwierigkeiten* ist wohl das Verwendbarste für die Aufklärung einfacher Leser, was ich trotz vieler Zeitschriftenhefte mir habe vorlesen lassen. Selbst die gebildeten Leser werden sich Ihren Argumenten nicht entziehen können, und Sie wissen ja, um wieviel schwerer es ist, einen sogenannten Gebildeten zu beeinflussen als einen einfachen. [...] Ich sehe mich versucht, selbst eine solche Schrift zur Verbreitung in Deutschland zu verfassen, und zwar über die Taktik, Bundesgenossen zu finden und die brauchbaren von den unbrauchbaren zu unterscheiden.« (Loeper, S. 363) Hanns Eisler zeigte sich »entzückt und *begeistert*« (undatierter Brief an B.; BBA 479/35), und Sergej Tretjakow übermittelte B. eine briefliche Äußerung Oskar Maria Grafs: »ich las auch Brechts Aufsatz über die Kunst die Wa[h]rheit zu sagen. Glänzend! Pascal ist derartig originell kopiert und Brecht ging darüber hinaus ins heutige Aktuelle« (Brief an B. vom 7. 6. 1935; BBA 477/134). Der politische Publizist Wolf Franck, Verfasser eines »Führers durch die deutsche Emigration« (Paris 1935), schrieb in der von ihm herausgegebenen Zeitschrift *Heute und Morgen*, der Titel von B.s »kleiner Arbeit« sei eine »Quintessenz« des antifaschistischen Geistes. Zwar sei B. Kommunist, aber das Entscheidende sei »nicht das Dogma, sondern die (Kampf-)Methode« (Barck, S. 531f.).

Erst die postume Rezeption verdeutlicht die Bedeutung der Schrift über den Tag hinaus. Der Titel *Fünf Schwierigkeiten beim Schreiben der Wahrheit* wird in allen denkbaren Varianten zu einer stehenden Wendung, sowohl mit Bezug auf B. als auch unabhängig von ihm. Ein Gespräch, in dem Uwe Johnson 1961 äußerte, es seien die politischen Verhältnisse, die seine komplexe Erzählform erzeugten, erschien unter dem Titel »Über die Schwierigkeiten beim Schreiben der Wahrheit« (Neusüss). Eine Umfrage von Radio Bremen zur Aktualität von B.s Thesen, an der sich

1964 u.a. Helmut Heißenbüttel, Walter Jens, Siegfried Lenz, Ludwig Marcuse, Hans Heinrich Nossack und Arno Schmidt beteiligten, stand unter dem Motto: »Welchen Schwierigkeiten sehen Sie sich gegenüber bei dem Versuch, heute die Wahrheit zu schreiben?« (Friedrich, S. 7) Bei aller Unterschiedlichkeit erzielten die Beiträge Übereinstimmung darin, dass es schwieriger als 1934 geworden sei, den Gegensatz von Wahrheit und Unwahrheit zu erkennen, und dass entscheidende Bedeutung der Frage zukomme, wie die Wahrheit dargestellt werde. In einem Plädoyer für die Aufgabe von Tabus in der Kunst der DDR bezog sich Volker Braun 1972 auf B.s Traktat: »Nachdem die großen Tabus der bürgerlichen Gesellschaft weggeräumt sind – hat es da noch Schwierigkeit, die Wahrheit zu schreiben?« Da die Literatur nicht mehr »aus einem inneren oder äußeren Exil heraus« operiere, gebe es nicht mehr »jene ›fünf Schwierigkeiten‹, von denen Brecht sprach«, aber die Sprache der Literatur bleibe schwierig, »solange einige platte Dinge tabu sind wie in alten Zeiten« (Braun 1975, S. 111). Entschiedener bezog Braun 1978 – in einem Kommentar zum Gedicht *Die Wahrheit einigt* – B.s Aufforderung zu einem kämpferischen Engagement für die Wahrheit auf die realsozialistische Gesellschaft: »Was von Brecht zu lernen bleibt, ist jene Methode der Literatur, ›ihnen die Wahrheit so zu reichen, daß sie eine Waffe in ihren Händen sein kann‹« (Braun 1991, S. 248; vgl. auch Brauns 1970 entstandenen Text *Über die Schwierigkeit beim Schreiben der Wahrheit der Geschichte*; Braun 1975, S. 69f.). Die Zensurverhältnisse in der DDR führten zu einer unmittelbaren Affinität zu B.s Text; eine wohl typische Lesart ist der sarkastische Aphorismus von Horst Drescher: »Seit Brechts ›Fünf Schwierigkeiten beim Schreiben der Wahrheit‹ Pflichtlektüre in unseren Schullesebüchern geworden ist, sind es schätzungsweise zehn geworden« (Drescher, S. 1108). Mittlerweile sind die Bezugnahmen auf den Titel – emphatische, ironische oder polemische – kaum noch zu überblicken (vgl. Ingold, Strasser, Janka, Harich, Biller).

B.s Kennzeichnung der Schrift als Traktat (vgl. Briefe an Victor J. Jerome, Mitte Februar 1936; GBA 28, S. 545, und an Elisabeth Öije, 14. 3. 1952; GBA 30, S. 118) zeugt von hohem Formbewusstsein. Tatsächlich weisen die *Fünf Schwierigkeiten beim Schreiben der Wahrheit* Merkmale der Textsorte Traktat auf: die systematische Darstellung einer These (resp. hier einer Folge von Thesen); der übersichtliche, strenge Aufbau (hier in der Abfolge von Präambel, Thesen und Zusammenfassung, wobei die Abschnitte, die jeweils einer These entsprechen, mit Ziffern gezählt werden), der an Pamphlete, Flug- oder Streitschriften gemahnende polemische Charakter; der pragmatische, didaktische, zugleich sprachlich gestaltete Gestus und die Verknüpfung informierender, wertender und appellierender Elemente (vgl. Kruse; Schöttker 1999, S. 43–47).

Die Schwierigkeiten beim Schreiben der Wahrheit, die B. erläutert, sind gleichzeitig Bedingungen zu ihrer Überwindung: der *Mut*, die Wahrheit zu schreiben, die *Klugheit*, sie zu erkennen, die *Kunst*, sie als Waffe handhabbar zu machen, das *Urteil*, jene auszuwählen, in deren Händen sie wirksam wird, die *List*, sie unter diesen zu verbreiten (vgl. GBA 22, S. 74). Es sind Tugenden, die in einer komplexen Beziehung zueinander stehen: Einerseits ist jede einzelne Voraussetzung der nächsten, ohne die sie jedoch nutzlos bleibt, andererseits müssen alle »zu ein- und derselben Zeit« (S. 89) aufgebracht werden. B.s Wahrheitsbegriff richtet sich gegen die Vorstellung, die Wahrheit sei »etwas Allgemeines, Hohes, Vieldeutiges«; von dieser Art sei gerade die »Unwahrheit« (S. 75). Die Wahrheit sei »etwas Zahlenmäßiges, Trockenes, Faktisches, etwas, was zu finden Mühe macht und Studium verlangt« (ebd.). Sie müsse »der Folgerungen wegen gesagt werden, die sich aus ihr für das Verhalten ergeben« (S. 77), es gehe darum, »praktikable Wahrheiten« herzustellen (S. 80). Diese Argumentation griff auf die mit Benjamin um 1929/30 entwickelte Konzeption des »eingreifenden Denkens« zurück: »Kann also das Denken, das man propagiert hat, nicht verwertet, das heißt eingreifend gestaltet werden?« (S. 86) Es komme alles darauf an, »daß ein richtiges Denken gelehrt wird, ein Denken, das alle Dinge und Vorgänge nach ihrer vergänglichen und veränderbaren Seite fragt« (S. 87). B.s Polemik richtete sich zuerst gegen die Manipulation der Wahrheit durch die NS-Propaganda (Rosenberg, Hitler, Goebbels). Aber er widersprach auch Exilautoren, die das Hitler-Regime allgemein als Ausdruck der Barbarei ansahen, wie etwa die Redaktion der *Pariser Tageszeitung* in der erwähnten Umfrage oder Joseph Roth, dessen Zuschrift er »Geschwätz« nannte. Nur der »leichtfertige Mensch, der die Wahrheit nicht weiß, drückt sich allgemein, hoch und ungenau aus« (S. 79; zum Kontext der Argumentation in der Exilpublizistik vgl. Kaiser/Peitsch; zur Differenz zu Bechers Wahrheitsverständnis vgl. Schuhmann). »Sie schreiben über die Barbarei«, hatte B. handschriftlich auf einem Blatt der Vorstufe ergänzt, »aber sie sagen: Die Barbarei kommt von der Barbarei und kann aufhören durch die Gesittung« (BBA 252/52). Die Wahrheit, heißt es dagegen in einem Fragment aus der gleichen Zeit, sei »nicht nur eine moralische Kategorie«, sie sei »nicht nur eine Frage der Gesinnung (Unbestechlichkeit, Wahrheitsliebe, Gerechtigkeit usw.), sondern auch eine des Könnens. Sie muß produziert werden.« (GBA 22, S. 96)

B.s Wahrheitsbegriff folgte der von Hegel und Lenin entlehnten Maxime »Die Wahrheit ist konkret«, die er in Skovsbostrand an einen Deckenbalken gepinnt hatte. Nötig sei für alle Schreibenden »eine Kenntnis der materialistischen Dialektik, der Ökonomie und Geschichte« (S. 77). Konkret zu argumentieren hieß hier, Faschismus nicht unpräzise Barbarei zu nennen – auch der Begriff Diktatur war unkonkret; bei der Korrektur der ersten Fassung ersetzte B. ihn in der Präambel durch Faschismus (BBA 78/17). Als eine conditio sine qua non sah B. die Erkenntnis an, »daß unser Erdteil in Barbarei versinkt, weil die Eigentumsverhältnisse an den Produktionsmitteln mit Gewalt festgehalten werden« (GBA 22, S. 88). Das nahm den berühmt gewordenen Appell auf dem Pariser Kongress 1935 vorweg, mit dem B. die vermeintliche Einigkeit der Volksfront störte: »Kameraden, sprechen wir von den Eigentumsverhältnissen!« (S. 146). B.s Position, der zufolge der Faschismus nur als Kapitalismus bekämpft werden kann, »*als nacktester, frechster, erdrückendster und betrügerischster Kapitalismus*« (S. 78), entsprach der offiziellen Definition des Exekutivkomitees der Kommunistischen Internationale vom Dezember 1933, Faschismus sei die »offene terroristische Diktatur der am meisten reaktionären, chauvinistischen und imperialistischen Elemente des Finanzkapitals« (vgl. Schöttker 2000, S. 94).

Da der Mut, die Wahrheit zu schreiben, und die Klugheit, sie zu erkennen, nicht ausreichen, um sie durchzusetzen, muss die Wahrheit als Waffe eingesetzt werden, kämpferisch sein. »Die Wahrheit ist etwas Kriegerisches, sie bekämpft nicht nur die Unwahrheit, sondern bestimmte Menschen, die sie verbreiten.« (GBA 22, S. 81) Das ist die in *Galilei* vertretene Überzeugung: »Es setzt sich nur so viel Wahrheit durch, als wir durchsetzen.« (GBA 5, S. 67) In der Erläuterung der vierten Schwierigkeit – »*Das Urteil, jene auszuwählen, in deren Händen die Wahrheit wirksam wird*« – findet sich eine bemerkenswerte wahrnehmungs- und kommunikationstheoretische Dimension: Die Erkenntnis der Wahrheit sei »ein den Schreibern und Lesern gemeinsamer Vorgang«. Der Schreiber habe bislang annehmen können: ›ich spreche, und die hören wollen, hören mich‹. Hören konnte jedoch nur, wer zahlen konnte, und so sei aus dem »›jemandem Schreiben‹« ein »›Schreiben‹« geworden. Die Wahrheit müsse man aber »durchaus *jemandem* schreiben« (GBA 22, S. 80).

Am meisten Raum nimmt B.s Kommentar zur fünften Schwierigkeit in Anspruch: »*Die List, die Wahrheit unter vielen zu verbreiten*«. B. nennt zahlreiche Methoden, mit denen die antifaschistischen Schriftsteller in Deutschland und im Exil zur Verbreitung der Wahrheit beitragen können, und er erläutert die Mittel der List teilweise mit ausführlichen Beispielen: Sprachkritik, Rückgriff auf die (richtige) Tradition, Sklavensprache, den Einsatz von Ironie, das Verstecken des Beweises. Die Sprachkritik ist ein von B. vielfach vorgeschlagenes Verfahren, das sich an Karl Kraus anlehnt. B. schlug z.B. vor, statt »Volk« »Bevölkerung« zu sagen, statt »Boden« »Landbesitz«, statt »Disziplin« »Gehorsam«, statt »Ehre« »Menschenwürde«, um den »Wörtern ihre faule Mystik«, ihre verhüllende Absicht zu nehmen (S. 81). B. nannte und zitierte literarische Werke, deren Praxis, die Wahrheit geschickt zu tarnen, zur Nachahmung einluden: Texte von einem ägyptischen Dichter, von Konfutse, Lukrez, Shakespeare, Voltaire, Swift, Lenin. Das Motiv des Versteckens des Beweises, das in *Die Ausnahme und die Regel*, *Die Mutter* und *Leben des Galilei* ausgeführt wird (vgl. GBA 3, S. 252f., S. 316; GBA 5, S. 106), erinnerte an die Taktik des Trojanischen Pferdes, die Dimitroff auf dem VII. Weltkongress der Kommunistischen Internationale 1935 für den antifaschistischen Widerstand empfehlen sollte. B. zeigte, dass die Wahrheitsfindung ein dialektischer Prozess ist. Die Entwicklung der Wissenschaft erfolge im Zusammenhang, aber ungleichmäßig, der Staat sei außerstande, alles im Auge zu behalten. Eine »Betrachtungsweise, die das Vergängliche besonders hervorhebt«, sei ein gutes Mittel, »die Unterdrückten zu ermutigen«. B. plädiert dafür, den Widerspruch in jedem Ding, die Dialektik, die »Lehre vom Fluß der Dinge« (GBA 22, S. 87) aufzuspüren. »Jede Wahrheit bedarf des Wahrerwerdens durch andere Wahrheiten«, heißt es in einer Notiz aus der Entstehungszeit von *Fünf Schwierigkeiten beim Schreiben der Wahrheit*. »So wie es kein einzelnes Ding gibt, gibt es keine einzelne Ansicht.« (S. 97) Der Prozesscharakter der Wahrheit erzeugt ihre die Unwahrheit destruierende Qualität: Der Denkende, der sich in Zeiten der Täuschungen und Irrtümer darum bemüht, alles richtigzustellen, setze richtige Sätze gegen unrichtige. »Er zerstört so den Zusammenhang der unrichtigen Sätze.« (*Über die Wiederherstellung der Wahrheit*, S. 89f.) An Denkfiguren wie diese schloss Walter Benjamins Bild an, die Wahrheit wirke wie ein Purgatorium. In seiner Besprechung der Pariser Uraufführung von *Furcht und Elend des III. Reiches* vom Mai 1938 formulierte er die »entscheidende These« der Szenenfolge mit Kafkas Satz: »Die Lüge wird zur Weltordnung gemacht.« Die »Schreckensherrschaft« in Deutschland zwinge »alle Verhältnisse zwischen Menschen unter die Botmäßigkeit der Lüge«. Zur Überwindung dieser Verhältnisse baute Benjamin auf die Gewalt der Wahrheit, und er zeigte eine zugleich historische wie überzeitliche Perspektive auf, die B. geteilt haben dürfte: Noch sei die Wahrheit »erst ein schwacher Funke«, aber sie werde »als ein reinigendes Feuer diesen Staat und seine Ordnung einmal verzehren« (Benjamin 1977, S. 518).

Literatur:

Barck, Simone: »Die Mission des Dichters 1934«. In: Schlenstedt, Silvia (Hg.): Wer schreibt, handelt. Strategien und Verfahren literarischer Arbeit vor und nach 1933. Berlin und Weimar 1983, S. 520–532. – Becher, Johannes R.: Briefe. 1909–1958. Hg. v. Rolf Harder unter Mitarbeit v. Sabine Wolf und Brigitte Zessin. Berlin und Weimar 1993. – Benjamin, Walter: Gesammelte Schriften. Bd. II/2. Hg. v. Rolf Tiedemann und Hermann Schweppenhäuser. Frankfurt a.M. 1977. – Ders.: Gesammelte Schriften. Bd. V/1: Das Passagen-Werk. Hg. v. Rolf Tiedemann. Frankfurt a.M. 1982. – Ders.: Gesammelte Briefe. Bd. V: 1935–1937. Hg. v. Christoph Gödde u. Henri Lonitz. Frankfurt a.M. 1999. – Biller, Maxim: Feige das Land, schlapp die Literatur. Über die Schwierigkeit beim Sagen der Wahrheit. In: Die Zeit, 13. 4. 2000, S. 47–49. – Braun, Volker: Es genügt nicht die einfache Wahrheit. Notate. Leipzig 1975. – Ders.: Texte in zeitlicher Folge. Bd. 6. Halle 1991. – Drescher, Horst: Notizen. In: Sinn und Form 32 (1980), S. 1108f. – Friedrich, Heinz (Hg.): Schwierigkeiten heute die Wahrheit zu schreiben. Eine Frage und einundzwanzig Antworten. München 1964. – Gittig, Heinz: Bibliographie der Tarnschriften 1933 bis 1945. München [u.a.] 1996. – Harich, Wolfgang: Keine Schwierigkeiten mit der Wahrheit. Zur nationalkommunistischen Opposition 1956 in der DDR. Berlin 1993. – Ingold, Felix Philipp: Traktat über einige Schwierigkeiten beim Verschweigen der Wahrheit. O.O. 1969. – Janka, Walter: Schwierigkeiten mit der Wahrheit. Reinbek bei Hamburg 1989. – Kaiser, Wolf/Peitsch, Helmut: Brechts »Fünf Schwierigkeiten beim Schreiben der Wahrheit« im literaturgeschichtlichen Kontext. In: DD. 13 (1982), S. 379–399. – Kruse, Joseph A.: Traktat. In: Reallexikon der deutschen Literaturgeschichte. Bd. 4. Hg. v. Klaus Kanzog und Achim Masser. Berlin/New York 1984, S. 530–546. – Loeper, Heidrun (Hg.): Briefwechsel Bertolt Brecht, Margarete Steffin, (Isot Kilian, Käthe Rülicke) und Arnold Zweig 1934–1956.

In: BrechtJb. 25 (2000), S. 349–422. – Neusüss, Arnhelm: Über die Schwierigkeiten beim Schreiben der Wahrheit. Gespräch mit Uwe Johnson (Am 10. 9. 1961 in West-Berlin). In: Fahlke, Eberhard (Hg.): »Ich überlege mir die Geschichte«. Uwe Johnson im Gespräch. Frankfurt a.M. 1988, S. 184–193. – Schöttker, Detlev: Konstruktiver Fragmentarismus. Form und Rezeption der Schriften Walter Benjamins. Frankfurt a.M. 1999. – Ders.: »Der Schoß ist fruchtbar noch ...«. Brechts Auseinandersetzung mit den Faschismus-Theorien. In: Hörnigk, Therese/ Stephan, Alexander (Hg.): Rot = Braun? Brecht Dialog 2000. Berlin 2000, S. 93–104. – Schuhmann, Klaus: Im Zeichen der Polarität – Umrisse einer Poetik des Exilgedichts bei Bertolt Brecht und Johannes R. Becher. In: Thunecke, Jörg (Hg.): Deutschsprachige Exillyrik von 1933 bis zur Nachkriegszeit. Amsterdam/Atlanta 1998, S. 39–48. – Strasser, Johano: Die Heimsuchung oder: Von der Schwierigkeit, der Wahrheit die Ehre zu geben. Berlin 1989. – Tauscher, Rolf: Brechts Faschismuskritik in Prosaarbeiten und Gedichten der ersten Exiljahre. Berlin 1981. – Viertel, Berthold: Bertolt Brecht and »Writing the Truth«. In: Twice a Year – 1938–1948: Art and Action. Reprint. New York 1967, S. 115–120. – Wagner, Frank Dietrich: Bertolt Brecht. Kritik des Faschismus. Opladen 1989.

Erdmut Wizisla

Schriften 1941–1947

»Ich komme mir vor wie aus dem Zeitalter herausgenommen«, schrieb B. am 9.8. 1941, kurz nach der Ankunft in Kalifornien in sein *Journal* (GBA 27, S. 10). Das, was er im amerikanischen Exil distanziert und wie durch ein Fernrohr blickend über das Gastland USA, die schon ›historische‹ Weimarer Republik sowie das faschistische, kriegführende Deutschland formulierte (als ›Schriften‹ in GBA 22 und 23 auf 70 Druckseiten enthalten), ist thematisiert durch seine (nicht erst 1933 begonnene) Auseinandersetzung mit dem Faschismus und Krieg. Schon in vielen vorangegangenen Texten ab 1939 hatte B. immer wieder den Kriegsverlauf kommentiert und seine Hoffnung artikuliert, dass der internationale Faschismus besiegt werden muss, damit auch die bedrohte Kunst bedenkend, denn »Die Schlacht um Smolensk geht auch um die Lyrik« (*Journal*, 5.4. 1942; GBA 27, S. 80).

Im USA-Exil werden seine Texte immer stärker von der (sich auch militärisch abzeichnenden) Gewissheit der kommenden Niederlage des deutschen Faschismus geprägt. Dieses Bewusstsein kombinierte B. mit Bemühungen, gegenüber der Öffentlichkeit zum einen und den deutschen Exilgruppierungen in den USA zum anderen einen klaren Unterschied zu formulieren zwischen der deutschen Bevölkerung und den faschistischen ›Führungen‹ (z.B. in *Das andere Deutschland* von 1943). Aus diesen Gegenpositionen heraus entwickelte B. Perspektiven für ein demokratisches Nachkriegsdeutschland (wie z.B. in *Zur Erklärung der 26 Vereinigten Nationen* von 1942). Es ist der Versuch B.s, an gemeinsamen politischen Zukunftsentwürfen der deutschen Exilanten Hollywoods mitzuarbeiten, die aber durch divergierende politische Positionen immer wieder zum Scheitern führten und somit unveröffentlicht blieben (vgl. B.s indirekte Replik auf Thomas Mann in seinem Text *Heinrich Mann* sowie seinen Brief an Thomas Mann vom 1.12. 1943).

Einen zweiten Themenschwerpunkt widmete B. dem Rückblick auf eigene Theaterexperimente. Darunter fallen auch größere Aufsätze, deren Entstehen nicht zuletzt der fehlenden Möglichkeit, zeitraubende Theaterarbeit in den USA zu praktizieren, geschuldet ist. Dazu gehört der schon im skandinavischen Exil begonnene *Messingkauf*, dann aber auch Texte wie *Einige Andeutungen über eine nichtaristotelische Dramatik*, über *Wirkung epischer Schauspielkunst* oder *Über Bühnenmusik*. Hinzu kommen aus diesem Themenumfeld Beobachtungen zur amerikanischen Theater- und Filmpraxis. So studierte er aus unmittelbarster Nähe die Filmindustrie Hollywoods aus der Sicht des europäischen Außenseiters, dabei ›wie von einem anderen Stern‹ kommend (vgl. *[Über Filmmusik]*).

Diese Themen werden flankiert durch Beobachtungen privater Art, die sich – wie immer bei B. – nicht darauf beschränken, sondern zugleich verallgemeinerbare Modellstudien sind: die Beschreibung seines Exils in Santa Monica (*[Wo ich wohne]*), die ironischen Selbstkommentare B.s über die Unmöglichkeit, die Sprache des Gastlands präzis zu beherrschen, dargestellt am kleinen Wort ›to sell‹, was ihm unter der Hand zu einer kleinen, geistreichen Gesellschaftsstudie geriet (*[Die amerikanische Umgangssprache]*). Aber auch Familiäres, wie die laut Auskunft Helene Weigels für Sohn Stefan verfassten *Briefe an einen erwachsenen Amerikaner* findet sich hier (vgl. GBA 23, S. 448) und entbehrt nicht der kritischen Sicht auf die amerikanische Gesellschaft. Dieser auf »Ende 1944 (Datierung unsicher)« von den Herausgebern der GBA bestimmte Text (S. 449) ist insofern falsch datiert, als B. darin Franklin D. Roosevelts Tod (12.4. 1945) erwähnt (S. 46). Den Endpunkt seiner amerikanischen Zeit bildet B.s *Anrede an den Kongreßausschuß für unamerikanische Betätigungen in Washington 1947*, die zugleich die Zäsur für das staatlich erzwungene Ende seiner Exilzeit auf diesem Kontinent bedeutet.

Schon Anfang Januar 1941 hatte B. im finnischen Exil »in einigen Werken über das *Weltbild der neuen Physik* geblättert« (GBA 26,

S. 451), das ihn nicht nur im Zusammenhang mit seinem *Galileo* interessierte. Denn B. wollte aus der ebenso folgenreichen wie beschleunigten Entwicklung in den Naturwissenschaften Impulse für die eigene Theaterarbeit gewinnen. In *Einige Andeutungen über eine nicharistotelische Dramatik* hob er kritisch und selbstkritisch hervor, dass die Natur- und Gesellschaftswissenschaften wie die Theaterkunst »die Darstellung des menschlichen Zusammenlebens« (GBA 22, S. 680) jeweils auf ihr gemäße Art bewältigen. Doch liege die entscheidende Differenz in der Reaktionsgeschwindigkeit, denn die Theaterentwicklung verlaufe gegenüber der Produktion wissenschaftlicher Erkenntnisse nur verlangsamt. B. konstatierte, »daß die Bewegung, in die das Theater geraten war, nicht sehr tief und weitgehend war und daß das Theater keineswegs Schritt hielt mit der jungen Wissenschaft bei der großen Aufgabe, das Zusammenleben der Menschen darzustellen« (ebd.).

B. untersuchte Anfang der 40er-Jahre die Schauspielkunst vorwiegend unter zwei Aspekten, nämlich als Darstellung und nachträgliche theoretische Begründung seiner vor allem in der Weimarer Republik erfolgten Theaterpraxis. Das bedeutete für ihn jedoch nicht, eine bloße Rückschau und bewahrende Zusammenfassung zu liefern. Denn zugleich prüfte er immer wieder die Haltbarkeit eigener Texte am aktuellen Weltgeschehen, so am Krieg oder den in seinem Dienst stehenden Naturwissenschaften; er konfrontierte die veralteten Produktionsmethoden in den Künsten mit der radikalen Technifizierung und Beschleunigung des Blitzkriegs oder testete sie mit Blick auf die beginnende Nachkriegszeit (z.B. in *[Notizen zur Einleitung einer Stücke-Ausgabe]* von 1946). Die in ihrer Datierung weitgehend unsicheren Texte aus dieser Zeit (vgl. GBA 22, S. 1106–1108), die sich mit dem nichtaristotelischen Theater und der Rolle der Einfühlung beim Schauspieler befassen, stellen einen Kontext zur Weiterarbeit am *Messingkauf* her, können aber auch in Auseinandersetzung mit Mordecai Goreliks Buch *New Theatres for Old* von 1940 entstanden sein (vgl. S. 1106).

Unter den dominierenden kleineren Texten dieses Zeitraums fallen zwei größere Texte heraus, die sich der Verbindung von Musik mit anderen Medien widmen, nämlich *[Über Filmmusik]* und *Über Bühnenmusik*. Der Text *[Über Filmmusik]*) entstand im April/Mai 1942 für Hanns Eisler als erbetene Zuarbeit für das im September 1944 fertiggestellte Buch *Composing for the Films* (vgl. GBA 27, S. 89), bei dem Eisler und Theodor W. Adorno zunächst gemeinsam als Autoren zeichneten. Über einen Freundschaftsdienst geht dieser Text insofern hinaus, als B. ihn auch als resümierende Selbstverständigung über seine Mitarbeit am Hollywood-Film gedacht hatte. Denn allein während B.s sechsjährigen USA-Aufenthalts entstanden über 50 Filmexposés, darunter auch der realisierte Spielfilm *Hangmen Also Die* (vgl. BHB 3, S. 457–465), zu dem Eisler die Musik komponierte. Hinzu kamen zahlreiche Kontakte zu Drehbuchautoren, Filmschauspielern und Regisseuren. Insofern diente der erst postum edierte Text auch B. selbst. B. kritisierte, dass die durch ihren inflationären Gebrauch bedingte »völlige Entwertung der Musik« (GBA 23, S. 11) zu einer akustischen Folie verkommen sei. Zudem bemängelte er an der konventionell eingesetzten Filmmusik die emotionale Verdopplung des Bilds durch die Musik und ihre rein illustrierende Verwendung als Situationsmusik. Stattdessen forderte er ihren sparsamen Einsatz, die Vermeidung ihres »Rauschcharakters« (S. 12) und die Übertragung der bereits 1930 in den *Anmerkungen zur Oper »Aufstieg und Fall der Stadt Mahagonny«* geforderten »Trennung der Elemente« (S. 13; vgl. GBA 24, S. 79) auf den Film. Schließlich, indem er auch auf den Widerspruch zwischen progressiven Produktionsmethoden und regressiver Gesinnung von Produzenten verwies, bezog er den Gesamtkomplex amerikanischer Filmproduktion mit ein, beschränkte sich also nicht auf eine phänomenologische Kritik der Filmmusik. Adorno und Eisler dankten in ihrem September 1944 entstandenen Vorwort ausdrücklich: »Hingewiesen sei auf die Affinität vieler Gedanken zu denen des Dichters Bert Brecht. Er hat als erster Thesen über den gestischen Charakter der Musik niedergelegt, die sich – im Theater gewonnen – dem Film gegenüber als höchst fruchtbar herausstellten.« (Adorno/Eisler, S. 26)

Auch die vermutlich im Frühjahr 1943 entstandenen und zusammenhängenden Texte *Über Bühnenmusik* und *[Über Verschleißmusik]* waren zur Selbstverständigung gedacht. Für die Vermutung der GBA-Herausgeber, diese seien für Eisler im Zusammenhang mit seiner parallel begonnenen Musik zu *Die Gesichte der Simone Machard* entstanden, existiert kein Beleg (vgl. GBA 23, S. 429f.), da B. vor allem auf grundsätzliche Positionen verwies, die dem langjährigen Freund und Mitarbeiter bekannt gewesen waren und die jener überwiegend teilte (Dissenz gab es dagegen in B.s radikaler Einschätzung Richard Wagners). B. führt aus, dass sein Verständnis von Theatermusik durch die Musik des 18. Jh.s beeinflusst sei. Insbesondere Mozarts Opern, voran der *Don Giovanni*, seien als Orientierungsmodelle für zeitgenössische Bühnenkomponisten praktikabel, da Mozart es vermag, »die gesellschaftlich belangvollen Haltungen der Menschen« (S. 21f.) musikalisch präzis zu artikulieren. Das 19. Jh. dagegen mit seinen Gründungsvätern Bismarck (das Deutsche Reich) und Wagner (das Gesamtkunstwerk) sei laut B. für ein Beerben ebenso unbrauchbar wie die in ihren Elfenbeinturm zurückgezogene neue Musik, deren Autonomie und Absolutheitsanspruch sich als theatralisch unbrauchbar erweise. So sei »ein großer Teil der zeitgenössischen Musik [...] introspektiv« und bestehe »aus Ausmalungen subjektiver Stimmungen« (S. 22). Hier zeigt sich, dass B.s Musikdenken im Wesentlichen durch ein auf Verwertbarkeit für sein Theater sondierendes und pragmatisches Durchmustern der Musikgeschichte bestimmt ist. B.s Text verweist damit indirekt auch auf die sog. Expressionismusdebatte von 1937/38, in der die Frage des Beerbens von bürgerlicher Kunst durch die antifaschistische und realistische Gegenwartskunst strittig verhandelt wurde.

Literatur:

Adorno, Theodor W./Eisler, Hanns: Komposition für den Film. Leipzig 1977.

Joachim Lucchesi

Zum Theater

Neben der Weiterarbeit am Großprojekt *Der Messingkauf*, die zwischen Sommer 1942 und 1943 sowie ins Jahr 1945 fällt, sind für das amerikanische Exil nur wenige Schriften zum Theater überliefert, die sämtlich nicht publiziert wurden (zu finden in Band 23 der GBA; vgl. die Notate zu den Stücken der Zeit Band 24 sowie die entsprechenden Artikel zu den Stücken, BHB 1).

Neben einer Polemik gegen das Theater am Broadway (GBA 23, S. 51–53), in der B. konstatiert, das Unglück des amerikanischen Theaters sei es, »daß das ernste Stück nicht aus den Elementen der Burleske entwickelt wurde« (S. 53), und einem Notat (beide 1944), in dem B. eingesteht, dass seine »neuen Anweisungen für das Theater, die ich nunmehr zwanzig Jahre ausarbeite« (S. 55), immer noch nicht so weit seien, dass sie druckbar wären, schrieb B. im Zeitraum zwei Artikel über Film- bzw. Bühnenmusik und begann ein größeres Projekt, um seine Theatertheorie zusammenzufassen. Dieses Projekt ist in der GBA nach der Überlieferung in drei Teilen publiziert worden: *Kleines Privatissimum für meinen Freund Max Gorelik*, *Zweites der kleinen Gespräche mit dem ungläubigen Thomas* und *[Dramatik der großen Stoffe]*.

[Über Filmmusik], entstanden Mai 1942, schrieb B. für Hanns Eisler. B. meint, dass der Film vom Theater der Vorkriegszeit, konkret von seinem Theater, lernen könnte, um damit die Inflation der Musik im Tonfilm zu stoppen, denn diese werde dadurch völlig entwertet (vgl. S. 10). Er empfiehlt stattdessen, die bereits für *Mahagonny* auch theoretisch entwickelte »Trennung der Elemente« (S. 13; vgl. *Anmerkungen zur Oper »Aufstieg und Fall der*

Stadt Mahagonny«, BHB 4) ›vorsichtig‹ auf den Film anzuwenden. – *Über Bühnenmusik* stellt eine allgemeine Reflexion über den Einsatz von Musik auf der Bühne des traditionellen Theaters dar, die über einen meist psychologisierenden Einsatz von Musik nicht hinausgekommen sei (vgl. GBA 23, S. 21).

Kleines Privatissimum für meinen Freund Max Gorelik sowie die beiden dazu gehörigen Schriften stehen im Zusammenhang mit Plänen B.s, im amerikanischen Exil seine Theatertheorie in umfassenderer Weise aufzuzeichnen. Die Nummerierung der einzelnen Abschnitte erfolgt nach dem Vorbild von Aristoteles' *Poetik* und weist zugleich auf das *Kleine Organon für das Theater* voraus, mit dem die amerikanischen Pläne nach dem Krieg doch noch realisiert wurden. B.s erster Text ist zugleich eine Reaktion auf das Buch des Bühnenbauers Mordecai Gorelik *New Theatres for Old* (New York 1940), das ihm dieser im Jahr 1941 geschenkt hatte. Bei dieser Gelegenheit – Goreliks Buch enthält ein Kapitel über das epische Theater – notierte B. am 4. 3. 1941 ins *Journal*, dass man unbedingt »von der Kampfstellung ›hie ratio – hie emotio‹ loskommen« müsse: »Das Verhältnis von ratio zu emotio in all seiner Widersprüchlichkeit muß exakt untersucht werden, und man darf den Gegnern nicht gestatten, episches Theater einfach als rationell und konteremotionell darzustellen.« (GBA 26, S. 467) Es gehe darum, die »verschlammten, eingleisigen, vom Verstand nicht mehr kontrollierten Emotionen« (ebd.) zu beseitigen und durch das Lachen der Physiker zu ersetzen.

Überlegungen zu den Veränderungen im komplexen Verhältnis des modernen Stückeschreibers und seinem Publikum folgen; B. setzt den Primat der materiellen Entwicklung: »Die schnelle ökonomische und soziale Entwicklung dieses Zeitalters verändert den Zuschauer rapid und gründlich, fordert von ihm und ermöglicht ihm immerfort neue Arten des Denkens, Fühlens und Benehmens.« (GBA 23, S. 37) Da jedoch die ›Instinkte‹ unterdrückt seien, könne der Dichter, der dies erkannt hat, nicht damit rechnen, dass sein Publikum mitmache. Also bleibe dem Dichter nichts übrig als »das zu machen, was ihm selber gefällt« (ebd.), was aber nicht bedeuten müsse, »die Kämpfe der Unterdrückten mitzukämpfen« (ebd.).

Ansonsten sind es die alten Argumente, die B. immer wieder gegen das »Theater der parasitären Bourgeoisie« (S. 38) und für sein episches Theater anführt: Die Hauptfehler des bourgeoisen Theaters sind, auf der Bühne Wirklichkeit illusionär auszustellen, verrottete Gefühle anzusprechen und damit von der Realität abzulenken. Die Vorzüge des epischen Theaters sind: es hat Interesse an den Vorgängen zwischen Menschen (und will nichts Subjektives ›ausdrücken‹); es ist das ›Drama des wissenschaftlichen Zeitalters‹, was nicht mit ›wissenschaftlichem Drama‹ zu verwechseln sei, das heißt, das epische Theater ist auf der Höhe der Zeit, ist aber Theater und nicht Wissenschaft und bleibt Theater, genauer, es kann nur das einzig mögliche Theater in dieser Zeit sein, weshalb B. für sein Theater auf dem Begriff ›modernes Theater‹ besteht; es produziert überdies neue Gefühle und weckt und bedient Interesse »an der Welt« (vgl. S. 38f.).

Weitere Überlegungen gelten den Charakteren, wobei B. Film und Theater gleichbehandelt und behauptet, dass die neuere Dramatik »nicht einen einzigen großen Charakter« (S. 40) zu gestalten in der Lage gewesen sei (im Gegensatz zum frühen bürgerlichen Theater, Beispiel: Shakespeare). Die heutigen Zuschauer erlebten »nur noch die außerordentlichen Erlebnisse Herrn Clark Gables mit« (ebd.). Dagegen habe, so B. weiter, das epische Theater »Einige große Gestalten« hervorgebracht, die »nicht als unveränderliche Urbilder des Menschen«, sondern als »historische, vergängliche […] Charaktere« gestaltet seien: »Der Zuschauer befindet sich ihnen gegenüber verstandes- *und gefühlsmäßig* im Widerspruch, er identifiziert sich nicht mit ihnen, er ›kritisiert‹ sie.« (S. 40f.) Diese ›Kritik‹ verbinde sich aber mit einer ›künstlerischen, produktiven, genussvollen Haltung‹. »All diese Kritik praktischer, fröhlicher und produktiver Art ist ein psychisches Erlebnis des Menschen von heute und also ein Feld der Künste.« (S. 41) Einmal mehr insistiert B. darauf, dass sein episches Theater das Gefühl nicht ausschließt, dass Erlebnis und Genuss zur Kunst gehören, und dass die Widersprüche sowie die Veränderlichkeit und Veränderbarkeit des Menschen die Zuschauer herausfordern sollen. Ein letzter Gesichtspunkt sind die großen Stoffe, die mit den traditionellen Mitteln und schon gar nicht über den ›Ausdruck von Individuen‹ erfassbar sind, denn die »entscheidenden Vorgänge zwischen den Menschen [...] finden in riesigen Kollektiven statt« (ebd.) und müssen deshalb polyperspektivisch und zugleich mit allen möglichen Stilmitteln erfasst werden.

B.s Ansatz zu einer Art systematischer Darstellung seiner Theatertheorie in den USA, die nur die wichtigsten Aspekte ansprach und fragmentarisch blieb, bringt substanziell gegenüber dem, was er in der Zeit der Weimarer Republik sowohl theoretisch als auch vor allem mit seiner Theaterarbeit praktisch erarbeitet hatte, keine neuen Einsichten. Es war ein Versuch, das längst Erreichte noch einmal grundsätzlicher zu fassen und, da die praktische Theaterarbeit weitgehend ausblieb (abgesehen von der Erarbeitung des *Galileo* mit Charles Laugthon), zugleich für seine zukünftigen Zuschauer klare Formulierungen für seine Position und für die Bedeutung des epischen Theaters zu finden. Da B. seine Theorie an die Realität der gesellschaftlichen Verhältnisse band, ergab sich für ihn – was die Ausführungen durchgängig zeigen – keinerlei Zweifel daran, dass sein Theater nur das einzig ›richtige‹ sein konnte. Was B. in seiner Polemik gegen den bürgerlichen »Rauschgifthandel« (S. 37) nicht reflektierte – obwohl er in Hollywood ständig damit konfrontiert war –, war, dass der Rauschgifthandel von der Realität offenbar gar nichts wissen wollte, nur an gute Geschäfte dachte und seine Selbstgewissheit daraus bezog, dass er den individuellen Ausdruck von Persönlichkeiten, wie illusionär und anachronistisch er sein mochte, weiterhin hochhielt (im Starkult etc. lebt diese Persönlichkeitsvergötzung auch heute fort und erfreut sich ungeahnter Beliebtheit). B. hatte zwar schon in den 20er-Jahren mit Entschiedenheit auf den Warencharakter auch der Kunst verwiesen und Konsequenzen gefordert, aber nicht bedacht, dass bereits für die Konsumgesellschaft der ›Goldenen Zwanziger‹ und dann erst für die Konsumgesellschaften der Nachkriegszeit die Verpackung wichtiger geworden war als der Inhalt (was sich jetzt gesteigert zeigt in der Schönheitschirurgie, mit der dem angeborenen Leib, ohne dass Entstellungen vorlägen, eine modegemäße neue Verpackung verpasst wird).

B.s theoretische Reflexionen zeigen aber auch, dass die lange gültige These der B.-Forschung, das ›reife‹ epische Theater sei erst im Exil entstanden (vgl. Hinck, passim), durchaus nicht gilt. Es mag zwar ›reifer‹ geworden sein, insofern die Angriffslust des B. der 20er-Jahre deutlich gemildert bis ganz beseitigt wurde, aber wesentliche neue Aspekte kamen nicht hinzu, und zwar aus dem Grund, weil der Faschismus unübersehbar rückschrittlich und destruktiv war (sodass sich da keine neuen künstlerisch bedeutsamen Aspekte bilden konnten), und weil der ohnehin korrupte Sozialismus in der Sowjetunion damit zu tun hatte, sich gegen den verbrecherischen Angriff der Hitler-Armeen zu erwehren (sodass auch da alle künstlerischen Angelegenheiten in den Hintergrund traten oder über den sozialistischen Realismus reaktionäre Formen annahmen). Die Zerstörungen ließen nach dem Krieg ebenfalls zunächst nichts Neues zu, und der befohlene Sozialismus im Osten (nicht nur Deutschlands) war von Beginn an korrupt und rückwärtsgewandten Vorstellungen verpflichtet. Zu B.s Lebzeiten konnten sich folglich keine neuen Einsichten ergeben, und B. wusste dies, als er zum *Guten Menschen* am 11. 5. 1942 ins *Journal* notierte: »Allen nicht aufgeführten Stücken fehlt dies und das. Ohne das Ausprobieren durch eine Aufführung kann kein Stück fertiggestellt werden.« (GBA 27, S. 93)

Literatur:

Hinck, Walter: Die Dramaturgie des späten Brecht. 6. Aufl. Göttingen 1977.

Jan Knopf

Aufbau einer Rolle. Laughtons Galilei

Entstehung des Texts

Kurz nach der Uraufführung von *Galileo*, der amerikanischen Fassung von *Leben des Galilei*, die B. mit dem Darsteller des Galilei, Charles Laughton, in einer zweieinhalb Jahre währenden intensiven Zusammenarbeit verfasst hatte, ging er im Sommer 1947 daran, ihre Kollaboration an Text und Aufführung in detaillierten Notaten zu rekapitulieren. War doch das Resultat der gemeinsamen Arbeit nach B.s Meinung das Musterbeispiel einer ›epischen‹ Spielweise, wie er es in seinem *Kleinen Organon* explizierte: »daß der zeigende Laughton nicht verschwindet in dem gezeigten Galilei[...] bedeutet [...], daß der wirkliche, der profane Vorgang nicht mehr verschleiert wird – steht doch auf der Bühne tatsächlich Laughton und zeigt, wie er sich den Galilei denkt« (GBA 23, S. 83).

Ende Oktober 1949 war eine erste Sammlung dieser Notate abgeschlossen, wie B. in einem Brief an Eric Bentley mitteilte (GBA 29, S. 558). Er hatte in das *Laughtons Galilei* betitelte Typoskript eine Auswahl der Fotos eingeklebt, die Ruth Berlau sowohl von der ursprünglichen Inszenierung, Juli 1947 in Beverly Hills, als auch von der New Yorker Aufführung im Dezember 1947 aufgenommen hatte, sowie Kommentare zur New Yorker Inszenierung hinzugefügt, an der er selber nicht mehr beteiligt sein konnte. Als B. 1954 einen Vertrag mit dem Henschelverlag, Berlin/DDR, über die Herausgabe einer Reihe *Modellbücher des Berliner Ensemble* abschloss, sollte, nach dem *Antigonemodell 1948*, der zweite Band sowohl den Text *Aufbau einer Rolle. Laughtons Galilei* enthalten, als auch eine gleichgeartete Beschreibung von Ernst Buschs Arbeit an der Rolle in der *Galilei*-Inszenierung, die B. für 1956 plante. Als B. im April 1956 die Proben aus Gesundheitsgründen abbrechen musste, bat er den Verlag, die Veröffentlichung aufzuschieben, bis er den Busch betreffenden Teil fertigstellen könne. Nach B.s Tod führte Erich Engel die Inszenierung zu Ende, die am 15. 1. 1957 Premiere hatte. Erst als dann auf Wunsch Helene Weigels der Komponist und Mitarbeiter der amerikanischen wie der deutschen Inszenierung, Hanns Eisler, in Zusammenarbeit mit B.s Regieassistentin Isot Kilian einen B.s Vorlage folgenden Kommentar *Aufbau einer Rolle. Buschs Galilei* verfasst hatten, erschien 1958 unter dem Titel *Aufbau einer Rolle. Galilei* eine Modellbuchmappe, die beide Texte sowie die Berliner Fasssung des Stücks von 1955/56 enthielt.

Die veröffentlichte Mappe von 1956 enthält 60 Seiten Text und Fotos, sowie zwei Seiten mit Szenenskizzen. B.s Vorwort umreißt kurz seine Zusammenarbeit mit Laughton an Übersetzung und Inszenierung; dann folgen 51 Seiten Kommentare zu einzelnen Szenen und detaillierte Bemerkungen zu Laughtons Beitrag beim ›Aufbau‹ seiner Rolle, sowohl als Übersetzer wie als Darsteller. Illustriert werden diese Notate durch die 49 Fotos von Ruth Berlau, von denen 38 die New Yorker Inszenierung, mit einem bärtigen Laughton, und 11 die Uraufführung in Beverly Hills zeigen. 20 von B. ausgewählte Arrangementskizzen von John Hubley entwerfen die Gruppierung von 10 Szenen. Es war dies der erste Versuch B.s, mit Hilfe von Berlaus Fotografien Modellbücher seiner Inszenierungen herzustellen, ein Arbeitsansatz, den er bald mit dem *Antigonemodell 1948* fortsetzen sollte.

Der Beginn einer produktiven Freundschaft

B. lernte Laughton Ende März 1944 kennen, bei Gelegenheit eines der ›Salons‹, die Salka Viertel, Drehbuchautorin mehrerer Greta-Garbo-Filme und ehemalige Frau des B.-Freunds und Regisseurs Berthold Viertel, in ihrem Haus in der Mabery Road in Santa Monica veranstaltete (vgl. Callow, S. 165; Hecht, S. 730; Lyon, S. 167). B. bewunderte den Schauspieler, seit er ihn in dem Alexander-Korda-Film *The Private Life of Henry VIII* (1933) gesehen hatte, für den Laughton einen der ersten ›Oscar‹-Preise erhielt. B. war besonders beeindruckt von der Szene, in welcher der König sich über den Verfall der Sitten beklagt, während er Hühnerbeine verschlingt und die Knochen über seine Schulter wegwirft. Simon Callow, Biograf Laughtons und selber ein bedeutender englischer Schauspieler, nennt die Szene das perfekte Beispiel eines Verfremdungseffekts, weil Laughton sich nicht in der Rolle verliere, sondern gleichzeitig etwas über den König mitteile (Callow, S. 169). B. hatte auch Laugthons *Macbeth* geschätzt, den er in einer Rundfunkübertragung der Old Vic-Inszenierung von Tyrone Guthrie 1934 hörte, und hätte gerne versucht »ihn für den Mauler in der ›Johanna‹ [der Schlachthöfe] zu interessieren« (GBA 28, S. 418). Zur selben Zeit schrieb Eisler aus London, dass Laughton Interesse für B.s Stück *Die Rundköpfe und die Spitzköpfe* bezeuge, was allerdings ohne Folgen blieb (BBA 479/63f.). So gab es Berührungspunkte vor ihrem ersten Zusammentreffen.

Laughton soll bei ihrer ersten Begegnung geradezu von B. ›hypnotisiert‹ gewesen sein (Callow, S. 165). Nach ihrem Treffen gab B. Laughton eine Übersetzung seines *Schweyk*: »er hat sie nachts gleich ganz gelesen und ist anscheinend wirklich begeistert«, notierte B. am 2.4.1944 ins *Journal* (GBA 29, S. 327). Als Laughton am 17.4. B., Eisler und deren Freund Winge zwei Akte der Übersetzung vorlas, schrieb B. an Berlau: »Tatsächlich lachten wir schrecklich, er hatte *sämtliche* Jokes verstanden« (S. 330), und vermerkte am 29.4., dass »Laughton [...] einen Narren am ›Schweyk‹ gefressen hat« (GBA 27, S. 184). Laughton erklärte B., dass er Schauspieler sei, weil er gerne große Persönlichkeiten imitiere, und die Leute nicht wissen, wie sie wirklich sind; er glaube, er könne es ihnen zeigen (Callow, S. 169) – eine Absicht, die B.s eigener Meinung durchaus entsprach.

In den folgenden Monaten las Laughton öfter in B.s Haus aus Shakespeare-Texten vor, wie er es gerne für geschätzte Freunde zu tun pflegte, wie z.B. Jean Renoir, den französischen Filmregisseur und Sohn des impressionistischen Malers, den B. für seine ›Diderot Gesellschaft‹ gewinnen wollte. Später erzählte B. dem Regisseur der Züricher Uraufführung von *Mutter Courage*, Leopold Lindtberg, »mit beinahe scheuer Bewunderung [...], daß Laughton ihm [...] aus der Bibel und Shakespeare vorgelesen hatte und daß kein Schauspieler ihn auf der Bühne so beeindruckt habe, wie dieser bei der Vorlesung« (Lindtberg, S. 124).

Im August 1944, als ein Teil von Laughtons Garten an der Steilküste von Corona del Mar auf die darunterliegende Küstenstraße abrutschte und der leidenschaftliche Gärtner davon tief betroffen war, zeigte B. Laughton sein Gedicht *Garden in progress* (GBA 15, S. 109f.), das den Garten beschrieb, in dem Laughton auch vorkolumbianische Steinplastiken aufgestellt hatte, von denen mehrere bei dem Absturz verlorengingen. – So begann eine Freundschaft und kreative Zusammenarbeit, die in der Theatergeschichte ihresgleichen sucht.

Die Enstehung des *Galileo* Projekts

Während des Jahres 1944 erörterte B. mit Laughton verschiedene Projekte, die seiner Ansicht nach für eine amerikanische Aufführung geeignet sein könnten, darunter den alten Plan eines *Leben des Konfutse*. Er gab ihm auch eine Linear-Übersetzung von *Leben des Galilei*, die vermutlich von Elisabeth Hauptmann gefertigt war (vgl. Lyon, S. 171). Laughton war von dem Text so beeindruckt, dass er im Oktober 1944 auf eigene Kosten eine englische Fassung erarbeiten ließ, die vermutlich der schwedischen Textversion von 1939 folgte (vgl. ebd.). Obwohl B. zunächst von der Übersetzung »delighted« schien, wie Laughton an die Übersetzer telegrafierte (ebd.), befand er sie bald als keine brauchbare Vorlage für eine eventuelle Aufführung (vgl. GBA 5, S. 343). So einigten sich Stückschreiber und Schauspieler darauf, gemeinsam eine englische Version zu verfassen. Am 10.12.1944 begann ihre systematische Zusammenarbeit an einem mit Blick auf die amerikanische Theaterpraxis konzipierten Text (GBA 27, S. 212).

Übersetzen als Spiel mit dem Gestus

Laughton konnte weder Deutsch sprechen oder lesen, noch hielt B. sein Englisch für ausreichend, um in der fremden Sprache dem von ihm gewünschten Gestus gerecht zu werden, und ihre Arbeit zielte vor allem auf die Spielbarkei des zu schaffenden Texts. B. schreibt im Vorwort zu *Aufbau einer Rolle*: »Wir trafen uns zur Arbeit für gewöhnlich in L.s großem Haus [...], da die Kataloge der Synonyme zu schwer zum Herumschleppen waren. Er gebrauchte diese Folianten viel und mit unermüdlicher Geduld und fischte dazu noch Texte der verschiedensten Literaturen heraus, um diesen oder jenen Gestus oder eine besondere Sprachform zu studieren, den Äsop, die Bibel, Molière, den Shakespeare.« (GBA 25, S. 11) Laughton las B. ganze Shakespearestücke vor, »für die er sich etwa zwei Wochen lang vorbereitete. So las er den ›Sturm‹ und ›King Lear‹, nur für mich und [...] zufällig eingetroffene Gäste.[...] Wir benötigten solche ausgebreiteten Studien, da er kein Wort Deutsch sprach und wir uns über den Gestus von Repliken in der Weise einigen mußten, daß ich alles in schlechtem Englisch oder sogar in Deutsch vorspielte, und er es sodann auf immer verschiedene Art in richtigem Englisch nachspielte, bis ich sagen konnte: Das ist es. Das Resultat schrieb er Satz für Satz handschriftlich nieder. Einige Sätze, viele, trug er tagelang mit sich herum, sie immerfort ändernd.« So wurden, laut B. »psychologische Diskussionen nahezu gänzlich vermieden« (ebd.). Dies stand ganz im Gegensatz zur Praxis des amerikanischen Theaters, wo damals wie heute die psychologische Analyse eines Texts bei seiner Interpretierung dominierte.

B. rühmte an der Arbeit, dass »Theaterspielen als Methode der Übersetzung« benutzt wurde: »Was wir machten, war ein Text, die Aufführung war alles. [...] Das Wichtige war der Theaterabend [...]; in der Aufführung fand der Verschleiß des Textes statt, er ging in ihr auf wie das Pulver im Feuerwerk!« (S. 12) Diese ›nicht-literarische‹ Einstellung des Schauspielers Laughton zum Text, durchaus jedem vertraut, der im amerikanischen Theater gearbeitet hat, schien einen erfrischenden Einfluss auf B. zu haben. Unbeschwert von der Last, ›Literatur‹ schaffen zu müssen, konnte er sich dem gemeinsamen Spiel mit Geste und Wort voll überlassen. Der resultierende Text offeriert denn auch reiches gestisches Material und ist durchweg spielbarer als andere, enger dem Original folgende Übersetzungen. Gewiss wurde der Text drastisch reduziert und hat gegenüber der deutschen Vorlage Einbußen erlitten (vgl. *Leben des Galilei*, BHB 1, S. 364). Andererseits wurden die politisch-ökonomischen Aspekte der Fabel verstärkt (vgl. S. 363), was die kritische Einstellung der beiden Verfasser zur amerikanischen ›Entertainment Industry‹ reflektierte. B. und Laughton schufen so ein durchaus neues Stück, zugerichtet für eine bestimmte Aufführung und deren Protagonisten, dessen persönlichen Gestus B. ideal für die Rolle fand, wie er verschiedentlich anmerkte (vgl. Lyon, S. 170f.) und wie auch Berlau, die Laughtons Galilei nicht nur in Fotos, sondern auch auf 16mm Schmalfilm dokumentierte, dem Verfasser bestätigte. Im Programm zur Aufführung in Beverly Hills 1947 wurde denn auch versichert, dass B. bei der Gestaltung des *Galileo* an Laughton gedacht habe (S. 173). Viele Jahre später, 1955, schrieb B.s Mitarbeiterin Käthe Rülicke an den polnischen Grafiker Tadeusz Kulisiewicz, dass Busch »sich überhaupt nicht mit B.s Vorstellung der Figur (in Amerika: Laughton) deckt« (BBA 757/23), ein weiterer Beleg, dass Laughton B.s Bild von Galilei näher kam als irgendein anderer Darsteller.

Probleme und Gewinn der langwierigen Arbeit am Text

Im Februar 1945 musste Laughton die gemeinsame Arbeit für zwei Monate unterbrechen, wegen der Dreharbeiten zum Film *Captain Kidd*, eine für ihn enttäuschende Erfahrung, die möglicherweise sein Interesse an *Galileo* verstärkt hat (vgl. Higham, S. 127). Als man am 14.5. die Übersetzung wieder aufnahm, konstatierte B.: »Wir addieren einiges wirklich Gute, so in der Sonnenfleckenszene die Kontroverse mit Ludovico« (*Journal*, 14.5. 1945; GBA 27, S. 225), ein weiterer Hinweis, dass ein in vielem neuer Text entstand. Fünf Tage später reiste B. mit Eisler nach New York, um an den Proben zu *The Private Life of the Master Race* (so der Titel der amerikanischen Version von neun Szenen aus *Furcht und Elend des III. Reiches*) teilzunehmen. Die Premiere am 12.6. erhielt durchweg negative Kritiken, die Aufführung musste nach sechs Tagen abgesetzt werden (vgl. Lyon, S. 137–139). Am 16.7. wieder in Santa Monica eingetroffen, setzte B. sofort die Arbeit mit Laughton fort; »er hat fleißig übersetzt in der Zwischenzeit«, notierte er über dessen Beiträge zum Text (GBA 29, S. 359). B. scheint andererseits in ihrer Zusammenarbeit sein Englisch erheblich verbessert zu haben, wie die steigende Anzahl seiner handschriftlichen Textkorrekturen in späteren Typoskripten vermuten lässt, und auch die Kommentare von Amerikanern, die ihn erst nach 1945 kennenlernten (vgl. Lyon, S. 74).

Hiroshima erzwingt eine neue Sicht

Am 30.7.1945 war eine erste Fassung des *Galileo* fertiggestellt. Sieben Tage später warf ein amerikanisches Flugzeug die erste Atombombe auf Hiroshima ab. B. und Laughton sahen sich genötigt, den Widerruf des Physikers in neuer Perspektive zu sehen: »Der infernalische Effekt der Großen Bombe stellte den Konflikt des Galilei mit der Obrigkeit seiner Zeit in ein neues, schärferes Licht«, resümierte B. (GBA 24, S. 241). Am 10.10. schrieb er in sein *Journal*, der seines Erachtens unpolitische Laughton arbeite »Getrieben von seinem theatralischen Instinkt,[...] die politischen Elemente ruhelos heraus«, durchaus bereit »seine Figur vor die Wölfe zu werfen«, zu Gunsten einer »Darstellung der Verkommenheit, resultierend aus dem Verbrechen, das Galileis negative Züge zur Entfaltung gebracht hat« (GBA 27, S. 234). Die erneute Bearbeitung war am 1.12. abgeschlossen. Als B. am 10.12. ihre vor genau einem Jahr begonnene Zusammenarbeit in seinem *Journal* rekapitulierte, rühmte er sie als »die klassische in der Profession, [von] Stückschreiber und Schauspieler« (S. 236). Selbst zunächst ästhetisch begründete Textänderungen hätten oft »zu einer politischen Verschärfung« geführt, »und Laughton war jedesmal sehr zufrieden hiemit« (S. 236f.). Am 17.12. rühmte B., dass Laughton das Stück »vor Soldaten, Millionären, Agenten, Kunstfreunden, unermüdlich« (S. 238) lese, um Interesse, d.h. das Kapital, für eine Produktion zu mobilisieren. Zu Weihnachten 1945 schenkte er dem Freund eine Sammlung von unveröffentlichten Gedichten, auf dem Umschlag eine selbstgefertigte Fotocollage mit der Widmung: »playwright brecht humbly submits some of his subversive thoughts to the most honorable Laughton«, auf Japanisch und Englisch. Die Collage zeigt B., in historischem japanischen Gewand relativ klein am linken Bildrand, wie er demütig dem, hoch zu Ross, doppelt so großen Laughton ein Manuskript zu überreichen sucht. Die Proportionen der beiden Figuren reflektiert die Widmung, in der B. seinen Namen mit kleinem »b« schrieb (was natürlich auch sein Brauch war), aber den Laughtons mit großem »L.« (vgl. Hecht, S. 768; Lyon, Bild 15).

Laughtons schöpferischer Anteil

Charles Higham betont in seiner Laughton-Biografie, dass Schauspieler und Stückschreiber viele Vorlieben und Ansichten teilten, darunter »a sympathie and concern for ordinary people« und »a dislike [...] of the European ruling class«. Beide hätten übertriebene Künstlichkeit im Theater verabscheut, wie z.B. Max Reinhardts Bühnen- und Film-Produktionen des *Sommernachtstraum*s (Higham, S. 134). Laut Higham war Laughton wesentlich dafür verantwortlich, dass der Charakter ›Galileo‹ ein leidenschaftlicher und rücksichtsloser Egozentriker wurde, dessen Lebenslust ebenso groß ist wie seine Lust, die Wahrheit zu finden. Die inneren Widersprüche des Charakters seien Laughtons wichtigster Beitrag gewesen. Er habe dabei Rembrandt und Claudius (zwei seiner bedeutendsten Filmrollen) als Quellen herangezogen (S. 135). Laughton habe auch die Struktur des Texts mitgestaltet: Während B. unermüdlich neue Einfälle produzierte, habe sich Laughton als ein Meister im Straffen des Texts erwiesen (ebd.). Callow seinerseits zitiert Elsa Lanchester, Laughtons Witwe und selber eine hervorragende Schauspielerin, dass Laughton genau gewusst habe, wie man ein Drama konstruiert, und B. habe das anerkannt (Callow, S. 172f.).

B.s kollektive Arbeitsweise

Bei aller Zufriedenheit mit ihrer Fassung wollte B. sie von einem amerikanischen Autor, dem er vertraute, überprüfen lassen und schickte das Manuskript an seinen Freund Ferdinand Reyher, der es mit umfangreichen Änderungen versah und sich vor allem bemühte, Laughtons Englisch dem amerikanischen Sprachgebrauch anzunähern. B. begann daraufhin abermals eine Überarbeitung mit Laughton, die von Reyhers Vorschlägen nichts übrig ließ, wie der sich in einem Brief beschwerte (vgl. Lyon, S. 180f.). Im Sommer 1946 unternahm B. schließlich, die den Szenen vorangestellten Vierzeiler und die Ballade der Fastnachtszene selber auf Englisch zu formulieren, allerdings unter Mithilfe vieler Freunde, darunter Bentley, Reyher, Joseph Losey, Naomi Replansky, Abe Burrows, George Tabori, B.s Tochter Barbara und Albert Brush, der bei der Uraufführung 1947 als Übersetzer der Gesangstexte im Programm genannt wurde (vgl. GBA 5, S. 347). Nicht zuletzt trug Eisler zu diesen Versen bei, der sich seit 1945 mit der Musik zum Stück beschäftigt hatte. Die vielen Revisionen sind in den Typoskripten im BBA ersichtlich, darunter drei erst kürzlich entdeckte Versionen mit zahlreichen handschriftlich eingetragenen Änderungen, ein Großteil davon in B.s eigener Hand, dessen Anteil am englischen Text größer zu sein scheint, als bislang angenommen (BBA E 1–3). Ohne Frage sind zahlreiche Beiträge von anderen in die endgültige Fassung eingegangen, denn selbst unter den schwierigen Bedingungen des Exils hat B. sich um eine kollektive Arbeitsweise bemüht, wie es zuvor – und wieder später – in Berlin seine Praxis war.

Als B. im Herbst 1945 erfuhr, dass das Deutsche Theater in Berlin eine Inszenierung von *Leben des Galilei* plane, schrieb er Berlau, er »werde versuchen, auch das zu verhindern, bis ich selber da bin« (GBA 29, S. 364). B. war entschlossen, zuerst die amerikanische Version mit Laughton zur Aufführung zu bringen, bei der er, wenn nicht offiziell die Regie, so doch die Kontrolle des Inszenierungsteams haben würde. Ganz wie er in Zukunft darauf beharren sollte, seine Stücke zunächst in einer eigenen oder von ihm überwachten Inszenierung zu testen und während der Proben die Texte fortzuschreiben.

Ein Produzent ist zu finden

Laughton hatte den *Galileo* im Dezember 1945 dem Regisseur und Schauspieler Orson Welles vorgelesen, »der sofort die Regie zusagt«, wie B. erfreut notierte (*Journal*, 10. 12. 1945; GBA 27, S. 237). B. schätzte Welles' Film *Citizen Kane* und sollte ihn sich 1956 als Regisseur für eine New Yorker Aufführung von *Mutter Cou-*

rage wünschen (Hecht, S. 1224). Welles wollte *Galileo*, mit Laughton in der Hauptrolle, als Produktion seines Mercury Theatre im Herbst 1946 in New York inszenieren. B. und Laughton entdeckten bald die Schwierigkeit, eine produktive Arbeitsbeziehung mit Welles zu erreichen – zweifellos trafen hier sehr eigenwillige Persönlichkeiten aufeinander, deren ausgeprägtes Selbstbewusstsein nicht weniger groß war als ihr Talent. So beschwerte sich Welles in einem Brief an Laughton, dass B. sehr enervierend sei, sodass Welles »a bit shitty« werden musste, bevor B. sich besser benahm. »I hate working like that.« (Zit. nach: Lyon, S. 179) B. und Laughton bemühten sich denn auch um andere Produzenten wie den erfolgreichen Film- und Theaterproduzenten Mike Todd, der allerdings vorschlug, Renaissance-Dekor und Kostüme von einem Hollywood Studio zu mieten, um *Galileo* in üppiger Ausstattung zu präsentieren, während Laughton und B. eine karge und unaufwendige Inszenierung vorschwebte (Higham, S. 136). Um ihre Vorstellungen klarzumachen, hatten sie ein Bühnenmodell anfertigen lassen, das B. Lindtberg zeigte, als dieser ihn im Mai 1946 in Santa Monica besuchte (vgl. Lindtberg, S. 120). Nach langen unergiebigen Verhandlungen wurde klar, dass weder ein ›Showman‹ wie Todd, noch ein eigenwilliges Genie wie Welles geeignete Produzenten waren. Ihre Wahl fiel schließlich auf den Schauspieler und Manager Norman Lloyd, der mit John Houseman im Frühjahr 1947 die Pelican Productions am Coronet Theater im Prominentenviertel der Filmindustrie, Beverly Hills, gegründet hatte, um Stücke »of highest quality« vorzustellen (Higham, S. 138).

Ein erster Kontakt war durch Eisler zu Stande gekommen, der sich mit Lloyd angefreundet hatte, als sie am Strand von Santa Monica benachbarte Häuser bewohnten. Lloyd, linksstehender Schauspieler und Produzent, war vermutlich von B. und Eisler 1935 in einer Vorstellung des *Living Newspaper* gesehen worden, einer von Joseph Losey inszenierten Aufführung des Federal Theatre Projekt, von deren Darstellungsweise B. »begeistert« war (Hecht, S. 471). Durch Eisler hatte Lloyd B.s Werk kennengelernt und bereits vergeblich versucht, am Los Angeles Actors' Lab die amerikanische Premiere von *Mutter Courage* zu erreichen (vgl. Houseman, S. 223). Lloyd musste B. auch als Assistent des Filmregisseurs Lewis Milestone begegnet sein, der B. als ›Script Doctor‹ für seinen Film *Arch of Triumph* angeheuert hatte, auf Vorschlag Laughtons, der eine der Hauptrollen spielte (Lyon, S. 81). Lloyd drängte seinen Partner Houseman, ihre erste Spielzeit am Coronet Theater mit *Galileo* zu eröffnen.

Houseman, sowohl erfolgreicher Theater- und Filmproduzent als auch Regisseur, hatte in den 30er-Jahren eine wichtige Position an dem von der Roosevelt Regierung etablierten Federal Theatre Project in New York inne, als Direktor des Negro Theatre in Harlem von 1935–36 und, mit Orson Welles als Co-Direktor, ihres berühmten Mercury Theatre von 1936–37 (vgl. Houseman, S. 13f.). Er kannte B. seit dessen erstem Amerikabesuch 1935 aus Anlass der enttäuschenden New Yorker Aufführung der *Mutter*, als Losey ihn mit B. zusammenbrachte, um eine (nicht realisierte) Inszenierung von *Die Rundköpfe und die Spitzköpfe* am Negro Theatre zu diskutieren. Während des Kriegs produzierte Houseman von 1942 bis Juli 1943 für das neugegründete Office of War Information die fremdsprachigen Programme der *Voice of America*. Berlau war dort seit Mai 1942 Mitarbeiterin der dänischen Abteilung (vgl. Hecht, S. 678f.). Anfang 1943 hatte B. sechs Wochen lang für die *Voice of America* gearbeitet, wo Houseman ihm freie Hand gab, um seine Szenen, Songs und Gedichte für eine deutschsprachige Sendung zu proben und aufzunehmen (Houseman, S. 229). Später hatte er B. von Zeit zu Zeit in Salka Viertels émigré Salon getroffen, wo B. ihn mit der Kompromisslosigkeit seiner Ansichten beeindruckte: »Folk art is a lot of *shit!* he would shout and [...] explain himself without interruption for the next forty minutes« (ebd.).

Lloyd arrangierte eine Lesung von *Galileo* in Laughtons Haus in Pacific Palisades. Nachdem Houseman Laughton das Stück lesen hörte, war er entschlossen, an seiner ersten

Aufführung teilzuhaben (S. 231). Doch dem erfahrenen Theatermann war auch das große Risiko klar, das die Eröffnung ihres neuen Theaters mit dem unbekannten Stück eines in Amerika unbekannten Autors darstellte. So erschien *Galileo. English Adaptation by Charles Laughton* als zweite Premiere des Coronet Theatre nach Thornton Wilders *The Skin of Our Teeth*.

Die Verhandlungen mit B. und Laughton waren Mitte April 1947 zu einem schnellen Abschluss gekommen, nicht zuletzt durch die Beteiligung des New Yorker Mäzens und Produzenten T. Edward Hambleton. Ihn hatte Losey auf die geplante Pelican Produktion aufmerksam gemacht (vgl. Lyon, S. 184). Hambleton, ein Freund von Laughton, war über viele Jahrzehnte Förderer und Geldgeber von nicht-kommerziellen Theaterprojekten, das bekannteste darunter das Phoenix Theatre, das seit 1953 eines der wichtigsten sogenannten ›non-profit‹-Theater in New York wurde. Laut Houseman kam als nächstes die Frage des Regisseurs – obwohl es von Anfang an das Einverständnis gab, Laughton und B. die volle Kontrolle zu überlassen (Houseman, S. 232). Man einigte sich schnell auf Losey, einen alten Freund von Houseman, für den er am Negro Theater inszenierte, von Lloyd, der bei ihm am *Living Newspaper* gespielt hatte, von Laughton, für den er am Broadway Stagemanager war, und von B., der ihn 1935 in Moskau kennenlernte und der seine *Living Neswpaper* Inszenierung hoch geschätzt hatte. Houseman zufolge akzeptierte Losey dies Arbeitsverhältnis, weil er von B. lernen wollte (vgl. Lyon, S. 255). Die Musik würde natürlich Hanns Eisler komponieren. Als Bühnen- und Kostümbildner wurde Robert Davidson engagiert. Jedoch blieb B. die endgültige Entscheidung in allen Fragen der Inszenierung vorbehalten (Houseman, S. 232f.).

Die Finanzierung wurde zum größten Teil von Laughton und Hambleton bestritten, der damit die US-Rechte für *Galileo* und das Eigentum an Bühnenbild und Kostümen erwarb, um möglicherweise die Inszenierung nach New York zu bringen. Hambleton und Laughton investierten jeweils 25000 Dollar, eine nicht unbeträchtliche Summe für den Schauspieler, dessen Gage bei der Inszenierung sich auf 40 Dollar wöchentlich belief, nicht mehr als die von drei anderen Darstellern größerer Rollen; drei weitere erhielten 20 Dollar, der Rest sogar weniger (vgl. Callow, S. 185).

Die widerspruchsvolle Praxis der Inszenierung

Die Proben zu *Galileo* begannen am 24.6. 1947. Zum ersten Mal seit 15 Jahren bot sich B. die Gelegenheit, sein Konzept eines epischen Theaters in eigener Inszenierungspraxis zu erproben. Im Hinblick auf ihre zweieinhalbjährige Vorabeit am Text gibt es (wohl) kein vergleichbares Zusammenwirken eines Dramatikers mit seinem Protagonisten, es sei denn möglicherweise das von Shakespeare und Richard Burbage. Auch für die visuellen Aspekte der Aufführung hatten B. und Laughton intensive Vorarbeiten unternommen. Als B. Laughton von Caspar Nehers Arrangementskizzen zu seinen Stücken erzählte, beauftragte Laughton sofort John Hubley, einen Bühnenbildner und Animator von Zeichentrickfilmen am Disney Studio, solche Skizzen für *Galileo* zu zeichnen. B. meinte: »Sie fielen etwas boshaft aus; L. verwendete sie, aber vorsichtig.« (GBA 25, S. 13) Laughton verwandte auch große Mühe darauf, Bildmaterial zur Gestaltung von Bühne und Kostümen zu sammeln, z.B. technische Zeichnungen Leonardo da Vincis und historische Darstellungen von Kleidung aus der Periode Galileis, in letzter Hinsicht vor allem Bilder des älteren Breughel (vgl. Hecht, S. 501). B. notierte: »Wir atmeten auf, als wir auf einem kleinen Tafelwerk des 16. Jahrhunderts lange Hosen fanden.« (GBA 25, S. 18) Laughton rechtfertigte diese Studien: »Bevor man andere amüsiert, muß man sich selber amüsieren« (S. 13), ein Satz, der von B. stammen könnte. Als kenntnisreicher Sammler vor allem impressionistischer Kunst bezog Laughton großen Genuss aus der gemeinsamen Durchforschung von historischem Bildmaterial. Wer Gelegenheit hatte, unter B. am Berliner Ensemble zu arbeiten, erkennt in der Beschreibung dieser Zusammenarbeit die Methodik, die dort zur Vorbereitung jeder Inszenierung gehörte. B.s Thesen zur Inszenierung, die er mit Laughton formulierte, lesen sich wie ein kurzes Kompendium der Praxis, die er wenige Jahre später am Berliner Ensemble etablieren sollte (S. 19f.).

Die Besetzung der vielen Rollen wurde mit einer Gründlichkeit vorgenommen, die im amerikanischen Theatergeschäft ungewöhnlich war. Der übliche Brauch, der dem Produzenten das letzte Wort vorbehielt, wurde nicht akzeptiert; B. und Laughton nahmen die Auswahl vor und suchten vor allem nach jüngeren, lernbereiten Schauspielern, die noch nicht von der Routine des amerikanischen Theaterbetriebs verbildet waren (vgl. Lyon, S. 185). Houseman konstatierte, dass B.s und Laughtons Besetzungsentscheidungen sich fast ausnahmslos als gut erwiesen hätten (Houseman, S. 234). Während der Proben führte, allen Augenzeugen zufolge, B. die Regie, unterstützt von Losey und vor allem Laughton, welcher der Arbeit mit den jungen Schauspielern viel Zeit widmete, neben dem Aufbau seiner eigenen anspruchsvollen Rolle. Man muss es Losey hoch anrechnen, dass er, als ein in dem von härtestem Konkurrenzdenken beherrschten amerikanischen Theater etablierter Regisseur, sich so willig B. unterordnete, ganz offenbar bemüht, durch diese Kollaboration soviel wie möglich über die Praxis des epischen Theaters zu erfahren.

B.s Beschreibung von Laughtons *Aufbau einer Rolle* ist, nach Housemans Meinung, ein scharfsichtiger und anrührender Bericht ihrer Zusammenarbeit (S. 231). Aber dieses »lyrical memoir« stehe im Gegensatz zu B.s Verhalten während der Proben, wie es Houseman in Erinnerung blieb. Der Ruf – »the horror stories« – der B. vorausging, sei bestätigt und noch übertroffen worden. Um Stil und Interpretierung, die ihm vorschwebten, zu erzwingen, und die, wie B. klar gewesen sei, ganz im Gegensatz zur vorherrschenden amerikanischen Theaterpraxis standen, war er unerbittlich und oft intolerant. Ausdrücke wie ›Scheiße‹ und ›shit‹ dominierten den Wortschatz, mit dem er seine Beschwerden vorbrachte. Dass B. mit seinem Urteil fast immer Recht hatte, habe nicht die Ablehnung verhindert, die er während der langen, intensiven Proben erzeugte. Vor allem Bühnen- und Kostümbildner und die Techniker wurden Ziel seiner Wutausbrüche (S. 235). Housemans Beschreibung von B.s schnell zu provozierender Empörung ist dem Verfasser von Schauspielern, die an der Aufführung beteiligt waren, bestätigt worden, und sie wird in den Laughton-Biografien von Callow (S. 186f.) und Higham (S. 138f.) ebenfalls erwähnt. Ein konkretes Beispiel: Auf übereinstimmende Empfehlungen von Losey, Hambleton, Lloyd und Houseman war die Choreografin Anna Sokolow zur Einstudierung der Karnevalszene engagiert worden. Sie kam aus Martha Grahams Truppe, hatte unter anderm die Tanznummern in dem Langston Hughes/Kurt Weill-Musical *Street Scene* am Broadway inszeniert und galt als eine der besten jungen amerikanischen Choreografen. Sokolow war offenbar nicht gewillt, sich B. bedingungslos unterzuordnen, was zu massiven Ausfällen seinerseits führte. Er erklärte, dass er »Broadway commercial shit« nicht dulde und bestand auf Sokolows Entlassung (Houseman, S. 236). Sie wurde durch die deutsche Emigrantin Lotte Goslar ersetzt, vormals Darstellerin an Erika Manns Emigrantenkabarett Pfeffermühle in Zürich. B. hatte sie am Hollywooder Turnabout Theatre, wo auch Elsa Lanchester auftrat, als »a Clown, who dances« gesehen (Schechter, S. 99). Sie trug mit Vorschlägen zum Karnevalsbild bei, z.B. die Einfügung eines kleinen, hungrigen Mädchens, Tochter der Balladensänger, die von ihren Eltern/Dienstherren zum Tanzen gezwungen wird, obwohl sie das nicht kann. Dieses Detail entsprach natürlich B.s Absicht, Vorgänge in ihrem sozialen Bezug zu zeigen. Er hatte für Goslar auch ein Pantomimen-Szenarium geschrieben und war von ihrer Mitarbeit am *Galileo* so angetan, dass er sie 1951 einlud, als Choreografin am Berliner Ensemble zu wirken, was Goslar allerdings nicht annahm (vgl. S. 100).

Laughton ging ebenfalls der Ruf voraus, in der Arbeit »difficult« zu sein, aber während der *Galileo* Proben war er durchwegs bescheiden, sensibel und verständnisvoll. Seine eigene riesige Rolle habe ihn nicht abgehalten, viele Stunden auf die geduldige Arbeit mit den andern Schauspielern zu verwenden (Houseman, S. 237). Laughton scheint auch oft die von B.s Ausbrüchen aufgeputschte Stimmung bewusst wieder abgekühlt zu haben. Das »Im-Tandem« mit B. Regie-Führen habe Laughton wohl auch deswegen gelegen, weil es ihn von der letztendlichen Verantwortung für die Inszenierung befreite (vgl. Callow, S. 186).

Bei aller Freude, die ihm die gemeinsame Arbeit an Stück und Rolle machte, geriet Laughton vor der Premiere in eine wachsende Panik, die von verschiedenen Faktoren verursacht schien. Einmal war *Galileo* ein Werk, das keine der konventionellen Publikumserwartungen bediente und das in dieser Zeit der beginnenden Jagd auf ›Rote‹ durch Inhalt und Autor für den Schauspieler riskant werden konnte, der ständig um seine Filmkarriere bangte. Zum andern war Laughton, seit er vor zehn Jahren in London den Captain Hook in James Barries *Peter Pan* gespielt hatte, nicht mehr auf der Bühne gewesen und sah der inzwischen ungewohnten Konfrontierung mit einem Publikum mit wachsender Nervosität entgegen. Er bewahrte jedoch bemerkenswerte Disziplin, trotz einer Hitzewelle, die ihn veranlasste, zur Premiere rings um das Theater mit Eisblöcken beladene Lastwagen und Ventilatoren aufstellen zu lassen, »›damit die Zuschauer denken konnten‹«, wie er es B. begründete (GBA 25, S. 20). Selbst während der anstrengenden letzten Proben, die durch B.s ständiges Schimpfen schwer erträglich waren, verlor er nur einmal die Fassung (Houseman, S. 237). Der Grund war B.s Freundin Berlau, die vom Balkon des Theaters in einer Hauptprobe fortlaufend für das von B. geplante Modellbuch fotografierte. Laughton schien das ständige Klicken ihrer Leica lange zu ignorieren. Plötzlich aber unterbrach er eine Szene, kam langsam zur Rampe, starrte zum Balkon hinauf und begann in einem sich steigernden Wutanfall Berlau anzubrüllen: Er werde ihre Kamera zerschmettern und sie umbringen, wenn er sie je wieder im Theater sehen werde. Er brüllte noch, als sie längst aus dem Haus geflüchtet war. Laughtons Ausbruch war, nach Housemans Meinung, weit mehr als der Wutanfall eines von Premierenagst geplagten Schauspielers, sondern die verzweifelte Revolte gegen einen Mann, den er zwar liebte und verehrte, aber für den er sich dem horrenden Risiko einer persönlichen und professionellen Niederlage aussetzte (S. 238f.).

Es kam nicht zu weiteren Ausbrüchen solcher Art, aber während der ersten Voraufführung bekundete sich Laughtons wachsende Nervosität auf andere Weise: er beließ in der ersten Szene seine Hände in den Hosentaschen und kratzte sich an Geschlechtsteil und Hintern. Entweder aus eigener Initiative oder von B. veranlasst, nähte Weigel, die für die Inszenierung in der Kostümschneiderei arbeitete, die Taschen vor der nächsten Vorstellung zu (S. 240). Laughton war empört, und der Zugang zu seinem Organ wurde wieder hergestellt. Die Berichte über B.s Haltung dazu waren unterschiedlich: Betrachtete er Laughtons Geste als einen schlechten Scherz oder bewunderte er insgeheim die gewagte Verbindung, die Laughton hier zwischen Denken und Sex herstellte? »It seems a perfectly Brechtian notion« (Callow, S. 187). In den letzten fünf Durchlaufproben ließ B. die Laufzeiten einzelner Szenen mit der Stoppuhr kontrollieren (BBA 645/107). Dies diente ihm als Gradmesser des zu erstrebenden Tempos und der schauspielerischen Präzision, eine Praxis, die er auch am Berliner Ensemble befolgen sollte. Im amerikanischen Theater wird derlei Kontrolle eher als unziemliche Einengung der schauspielerischen Kreativität empfunden.

Der einzige Mitarbeiter des Inszenierungskollektivs außer Laughton, dessen Urteil B. bedingungslos respektierte war, laut Houseman, Hanns Eisler. Seine *Galileo*-Musik verschaffte ihm ein überraschendes, vorbehaltloses Lob von Igor Strawinsky, der mehrere Male kam, um Eislers Musik auf den Proben zu hören (Houseman, S. 236).

Die Premiere – Erfolg und Misserfolg zugleich

Infolge vieler technischer Probleme musste die Premiere vom 25. auf den 30.7. verschoben werden. In letzter Minute hatte B. gedroht, die Aufführung abzusagen weil das Bühnenbild mit Schellack gestrichen worden war. Der wurde denn auch prompt entfernt, um die Maserung des Holzes sichtbar zu machen, wie B. verlangte (vgl. Callow, S. 187). Der Wunsch, die echte Struktur aller auf der Bühne gezeigten Materialien sichtbar zu machen statt der damals üblichen gemalten, d.h. gefälschten, wurde ein Prinzip, auf dem B. auch am Berliner Ensemble bestehen würde. Trotz all dieser Aufregungen, »the sweet savor of success hung over the Coronet during our final days of rehearsal« (Houseman, S. 240). Leute reisten von der Ostküste und dem Mittelwesten an, um die Premiere zu sehen. Am 30.7. war jeder Platz für die gesamte Laufzeit ausverkauft, die sich auf 17 Vorstellungen in vier Wochen für das Haus mit 265 Sitzen belief; d.h. etwas mehr als 4500 Zuschauer (vgl. ebd.). Im Premierenpublikum sah man Charles Chaplin, Charles Boyer, John Garfield, Ingrid Bergman, Sidney Greenstreet, Anthony Quinn, Gene Kelly, Sam Wanamaker, Lewis Milestone, den Architekten Frank Lloyd Wright und prominente deutsche Immigranten wie Lion Feuchtwanger und Billy Wilder. Es kamen auch Mitglieder aus Hollywoods linker ›Intelligenzija‹, die, so Houseman, B.s Dialektik weniger positiv fanden, als sie erwartet hatten. Der Rest des Publikums, kaum vorbereitet auf episches Theater, sei von Form und Inhalt verwirrt und im späteren Verlauf des Abends eher gelangweilt gewesen (S. 240 f.). Salka Viertel fand, dass Laughton »ein herrlicher Galileo« war, »aber der Aufführung [...] fehlte leider jene Dichte und Einheitlichkeit, die später das Berliner Ensemble auszeichnete. Das Hollywood Publikum brachte dem Stück weder Verständnis noch Interesse entgegen.« (Viertel, S. 436) Dass in der relativ kurzen Probenzeit mit einem ad-hoc zusammengestellten Ensemble von 50 Darstellern nicht die Qualität der von B. unter radikal anderen Arbeitsbedingungen geschaffenen Berliner Inszenierungen zu erreichen war, bedarf keiner Erläuterung und schon gar nicht des Tadels. Doch offensichtlich wurden gerade die Qualitäten, die B. in seiner Beschreibung von Laughtons Galilei hervorhebt, von der Mehrheit der amerikanischen Zuschauer, die im Theater Spannung, emotionelle Identifizierung und kulinarisch zu genießende Sentimentalität erwarteten, überhaupt nicht wahrgenommen.

Die Reaktion der Presse war nicht durchweg negativ, wie B. sich erinnerte (vgl. GBA 25, S. 68). Aber die Kritiker artikulierten vorwiegend Meinungen, die der Reaktion des Publikums entsprachen. Die Aspekte, die B. in seinen Notaten hervorhebt, wurden von der Kritik, wenn überhaupt bemerkt, meist als Mangel des Texts gerügt. Die Beurteilungen reichten von »a rich new experience« (*Los Angeles Times*) bis »a harangue – and a fussy and juvenile harangue at that« (*Los Angeles Examiner*). Die *New York Times* meinte, das Stück sei »barren of climaxes, [...] sparse in stirring moments«. Laughton erhielt, so Houseman, mehr oder weniger einstimmiges Lob (vgl. Houseman, S. 241 f.). Jedoch Callow, selber Schauspieler und daher hellhörig für die Nuancen einer Rezension, schließt daraus, dass die Kritiker sich um die großen Momente betrogen sahen, die Laughtons Name und seine Rolle zu versprechen schienen (Callow, S. 189). Die Rezensionen belegten das konventionelle Theaterverständnis der Kritiker und mögen dazu beigetragen haben, dass Laughton nicht gewillt war, die Laufzeit der Aufführung zu verlängern, trotz der großen Publikumsnachfrage. Für die geplante Wiederaufnahme der Inszenierung in New York war das Zeitungsecho kaum viel versprechend. Um so bemerkenswerter, dass Hambleton und Laughton sich dennoch dazu entschlossen.

Galileo in New York – eine Enttäuschung

Als *Galileo* in New York Premiere hatte, war B. längst in der Schweiz. Am 26.10. hatten ihn Losey und Hambleton nach Washington begleitet, wo am 30. sein Verhör vor dem Kongressausschuss für unamerikanische Aktivitäten (HUAC) stattfand. B. notierte unter dem 31. 10. 1947 in sein *Journal*: »Treffe am Morgen *Laughton*, der schon im Galileibart geht und froh ist, daß er nicht speziellen Mut benötigt, den Galilei zu spielen, wie er sagt: keine headlines über mich. – Nachmittags fliege ich ab nach Paris.« (GBA 27, S. 250) Den Air-France-Flug für B. hatte Hambleton sicherheitshalber auf seinen Namen gebucht (Lyon, S. 326).

Losey war der Regisseur der New Yorker Aufführung, wo die Rollen zum großen Teil neu besetzt werden mussten. Dekoration und Kostüme waren von der Westküste nach New York transportiert worden. Berlaus 16mm-Film der Beverly Hills-Inszenierung diente als Modell, um die entsprechenden Arrangements in New York herzustellen. Laughton hatte mit Losey und Tabori die letzte Szene überarbeitet, unter Benutzung von Notizen, die B. während der Aufführungen in Beverly Hills gemacht hatte (vgl. Callow, S. 193). Laughton besprach eine Platte mit der revidierten Selbstverdammungsrede des Galilei und sandte sie an B., eine Art gesprochener Brief, in dem er auch die Wirksamkeit des neuen Texts kommentierte. Berlau war bei den Proben zugegen und fotografierte alle Szenen, ihr Konflikt mit Laughton war, laut Berlau, beigelegt und zur Freundschaft geworden. B. verwendete für das Modellbuch vorwiegend Fotos der New Yorker Aufführung, sie gaben offensichtlich einen genaueren Eindruck der szenischen Arrangements und gestischen Details als die von Beverly Hills.

Am 7. 12. 1947 eröffnete Loseys Inszenierung die Spielzeit des New Yorker ›Experimental Theatre‹ im Maxine Elliotts Theater. Houseman zufolge schienen in New York weder die Kritiker noch das Publikum irgendetwas über B. zu wissen, im Gegensatz zum Publikum von Beverly Hills, das vorwiegend aus Europäern oder Intellektuellen bestanden hatte. Laughton habe den Unterschied im Publikum gespürt, und ebenso die Stimmungsänderung in den USA. Die letzten politischen Ereignisse (darunter B.s Verhör und Eislers Ausweisung) hätten ihn erschüttert; sein Glauben an die Arbeit mit B. sei von der Furcht beeinflusst worden, dass die Beteiligung an *Galileo* seiner lukrativen Filmkarriere schaden könne. Die Reaktion der New Yorker Kritik war gemischt – z.B.: »Fascinating and brilliantly articulate«, aber auch »A play [...] that is hardly worth Mr. Laughton's time.« (Vgl. Houseman, S. 268) Der linksstehende Dramatiker Irwin Shaw betonte in seiner Kritik die Parallelen zum Kesseltreiben auf Kommunisten in der amerikanischen Kulturindustrie, doch auch er vermisste Leidenschaft und Emotionalität und fand, dass B.s Figuren Symbole und nicht Menschen seien (*New Republic*, 29. 12. 1947, S. 36f.). New Yorks Starkritiker, Brooks Atkinson, fertigte die Aufführung ab: »*Galileo* both as a play and performance is finger-tips playmaking. And the production is stuffed to the ears with hokum« (*New York Times*, 8. 12. 1947). (Derselbe Atkinson zollte dem Stück bei seiner zweiten New Yorker Inszenierung, 1967 am Lincoln Center, hohes Lob; B. war inzwischen weltberühmt, und Atkinson begründete seinen früheren Verriss mit Laughtons allzu histrionischem Agieren in der Titelrolle.) Die *Times* war damals, wie immer noch, der entscheidende Faktor für Erfolg oder Durchfall, und so wurde die Aufführung bald abgesetzt; die Quellen geben unterschiedliche Zahlen an: vier Wochen, zehn, oder sechs Vorstellungen. Laughton versuchte vergebens, mit Lesungen Geld für eine kommerzielle Produktion zu beschaffen. Das Angebot einer Produktionsfirma, welche die Karnevalszene streichen wollte, lehnte Laughton ab. Pläne einer Wiederaufnahme in London schlugen fehl und Verhandlungen über einen Film in Italien führten auch zu nichts. »*Galileo* was over for Laughton.« (Callow, S. 194)

Das Ende einer Freundschaft

B. und Laughton sollten keine weiteren Kontakte haben. Im Klima des sich verschärfenden Kalten Kriegs und McCarthys Hetzjagd auf ›Rote‹ befürchtete Laughton negative Folgen für seine Filmkarriere, wenn ihm eine Verbindung mit dem ›Kommunisten‹ B. nachgesagt werden konnte. Losey behauptet, Laughton habe möglicherweise B. bei dem Kongressausschuss zur Untersuchung unamerikanischer Aktivitäten denunziert, wofür es keinerlei Beweise gibt (S. 195f.). Laughton hat später Freunden erzählt, er sei nie glücklicher gewesen als in der Zeit seiner Arbeit mit B. am Text des *Galileo* (Lyon, S. 168). B. seinerseits bemühte sich verschiedene Male, den Kontakt mit Laughton wieder aufzunehmen und Inszenierungen des *Galileo* mit Laughton zu vermitteln, doch eine Rückäußerung des Schauspielers ist nicht dokumentiert. Nach B.s Tod vom Kulturministerium der DDR um eine Stellungnahme gebeten, ließ Laughton vorsichtshalber beim FBI nachfragen, bevor er ein Kondolenztelegramm abschickte (Callow, S. 196), – ein ironische Fussnote zum letzten Bild des *Galileo*.

Laughtons Aufbau von B.s idealem Galilei

Im Mai 1948 schrieb B. sein alter Mentor Karl Korsch aus Boston: »[*Galileo*] wirkte auf mich wie das große geschichtliche Drama unserer Zeit, und Laughton war in jeder Bewegung und in jedem Ausdruck der Galilei, den Sie vorgeschrieben haben.« (Hecht, S. 821) Dies entspricht dem Eindruck, den man aus B.s Bericht von Laughtons Aufbau der Rolle gewinnt. B. zeigte allerdings auch, wie der »vorgeschriebene« Umriss des Galilei durch Laughtons Erfindungen ausgefüllt und wesentlich bereichert wurde. Nur einmal erwähnt er ein schauspielerisches Detail, das er bemängelt, eine Änderung, die Laughton in der 11. Szene der New Yorker Aufführung (der 10. im veröffentlichten Stücktext) machte, wo er sich erhob und die Verbeugung des Kardinal Inquisitors entgegennahm, während er unter B.s Regie am Coronet Theater als der bereits halb erblindete Galilei den Kardinal nicht erkannte: »So entstand der Eindruck, als gehe da etwas Unheilvolles vorüber, unerkenntlich, sich aber verneigend.« (GBA 25, S. 52) Laughtons Änderung schien B. »nicht glücklich, da sie zwischen Galilei und dem Kardinal eine Beziehung etabliert, die nichts zur Sache tut« (ebd.). Das Beispiel illustriert, wie B. in seiner Analyse von Laughtons Rollengestaltung stets vom scharf isolierten und präzise beschriebenen schauspielerischen Detail ausging, vom Gestus eines Vorgangs oder einer Szene. Im *Vorwort* begründet er seine Studie als einen Versuch »die Mühe zu preisen, welche ein großer Schauspieler auf ein flüchtiges Kunstwerk zu verwenden imstande ist. Sie ist nicht mehr üblich. [...] Verlorengegangen scheint vor allem die Kenntnis und Schätzung dessen, was man einen *theatralischen Gedanken* nennen kann« (S. 9). Und solchen theatralischen Gedanken, aus denen Laughton das gestische Vokabular der Figur entwickelte, ist der Hauptteil des Texts *Notate zu einzelnen Szenen* gewidmet. Im *Vorwort* betont B., dass er sich mit dem Prozess der Herstellung des schauspielerischen Kunstwerks befassen werde, und »weniger mit dem Produkt«, dass es ihm um das gehe, »das erlernbar ist« (S. 10). Damit formulierte B., was er am Berliner Ensemble weiterführen sollte, wo der Erfahrungs- und Lernprozess der Proben, der Modellcharakter der Praxis, im Mittelpunkt der Arbeit stand.

Probleme des Probenprozesses

Es zeigte sich in dem komplizierten Kontext, in dem die amerikanische Aufführung und deren Resultat, das Modellbuch des *Galileo*, entstanden, die Gewichtigkeit der widerspruchsvollen Einzelvorgänge und vieler Zufälle, aus denen das Ganze sich schließlich ergab. Subjektive Arbeitshaltungen und Vorurteile, seien es solche von B. oder von seinen Mitarbeitern, gerieten oft in Konflikt mit B.s Bemühung um eine kollektive Arbeitsweise. B.s Insistenz auf kompromisslosen und gefügigen Einsatz aller Beteiligten konnte unter den Bedingungen des kommerziellen Theaterbetriebs kaum Verständnis finden, und die leicht reizbare, oft diktatorische Art, in der er die Proben handhabte, musste auf Widerstand bei Mitarbeitern stoßen, die eine weit umgänglichere Art von Teamwork gewöhnt waren. Es war Laughton, der B.s Absichten ganz und gar begriff und sie mit lustvoller Begierde sich zu eigen machte, wie B. in seinem *Vorwort* protokolliert. Methodik und Spaß am Aufbau der Rolle wird da ebenso deutlich, wie das Vergnügen, das Laughton aus den anderen Vorbereitungen zur Aufführung gewann. B.s *Vorwort* endet mit den acht Prinzipien zur Aufführung, über die B. und Laughton sich verständigt hatten, auf dass »dem Publikum eine mehr staunende, kritische und abwägende Haltung ermöglicht werden« sollte. Abschließend konstatiert B.: »je großzügiger das Arrangement ist, desto intimer können die Szenen gespielt werden.« (S. 20) Auch in dieser Hinsicht wurde Laughtons Gestaltung des *Galileo* ein Vorbild für B.s Arbeit mit den Schauspielern, die er am Berliner Ensemble praktizieren sollte.

Notate zu einzelnen Szenen: Im Detail liegt die Wirkung

Im Hauptteil, den *Notaten*, wo eine Fußnote die New Yorker Aufführung fälschlich 1948 datiert und in der Beschreibung der 3. Szene (GBA 25, S. 30) die Venezianer irrtümlich als »Florentiner« bezeichnet werden, kommentiert das *Galileo*-Modell eine Reihe solcher großzügigen Arrangements und viele der intimen gestischen Details, mit denen Laughton die Figur ausgestattet hat. »L. hielt sich bei Galilei an den Ingenieur des Großen Arsenals von Venedig. Er hatte Augen, nicht zum Leuchten, sondern zum Sehen, Hände zum Arbeiten, nicht zum Gestikulieren.« (S. 21) Der Text betont die Geduld des Schauspielers bei der Entwicklung seiner Rolle aus vielen Einzelmomenten. Ihm »kann kaum etwas langsam genug gehen. Man muß probieren, als dürfe das Stück zwölf Stunden dauern. Gelegenheitslösungen [...], um Tempoverluste zu vermeiden, lehnte L. rigoros ab. Überall hier lagen Wirkungen; im kleinsten konnten Besonderheiten oder Gepflogenheiten des menschlichen Zusammenlebens gezeigt werden.« (S. 28) Dies liest sich wie eine Beschreibung der Praxis, die B. bei seinen Proben am Berliner Ensemble befolgte.

Die von B. ausgesuchten Fotos dokumentieren L.s Erfindungsgabe für ›erzählende‹ Details. Sie sind vor allem in der Auseinandersetzung mit dem Kleinen Mönch (S. 38–43) und der Vorbereitung zur Beobachtung der Sonnenflecken (S. 47–49) in Einzelheiten zu studieren. Der Abschnitt *Das Lachen* beschreibt ein Beispiel dessen, was B. einen ›theatralischen Gedanken‹ genannt hat. Das beigegebene Foto macht die »höchst laszive« Natur (so B.s Kommentar, S. 61) von Laughtons Einfall deutlich, mit dem er Galileis hämische Abfertigung von Federzonis mangelnder Lateinkenntnis demonstrierte (S. 59–61).

Laughtons Beitrag und Widerspruch

B. erwähnt auch einen von Laughtons inszenatorischen Beiträgen. Obwohl die Karneval-Szene die einzige ist, in der Galilei nicht auftritt, nahm Laughton lebhaften Anteil an ihrer Einstudierung, die er auf den Proben wesentlich mitgestaltete (Lyon, S. 190). In B.s Kommentar wird beschrieben, wie Laughton durch einen szenischen Einfall die Szene politisch verschärfte: Maskierte Vertreter der städtischen Gilden warfen wiederholt eine als Kardinal kostümierte ausgestopfte Puppe in die Luft, in drastischer Verspottung der kirchlichen Autorität (GBA 25, S. 50). B. übernahm dieses Detail in die Berliner Inszenierung.

Im Kommentar zur letzten Szene beschreibt B. einen der wenigen Momente, in denen Laughton Schwierigkeiten mit der Preisgabe des Galilei an dessen kritische Verurteilung hatte: »Dem Argument des Stückschreibers, es müsse einen Gestus geben, der die Selbstverdammung des Opportunisten durch die Verdammung jener elementar anzeigt, welche die Frucht des Opportunismus akzeptieren, folgte L. nicht; [...] Der Verzicht auf das scheele, mühevolle Grinsen hier beraubte die Einleitung der großen Belehrungsrede der Schnödigkeit.« (S. 64) Auch Busch war in der Berliner Aufführung nicht bereit, hier dem »Argument des Stückschreibers« zu folgen. Hätte B. die Arbeit mit Busch zu Ende führen können, so hätte er möglicherweise den Text geändert und vermutlich szenische Details erarbeitet, um den gewünschten Gestus zu erzielen.

Das letzte der *Notate* stellt die Aufführung in Bezug zu ihrem historischen Moment, zwei Jahre nach Abwurf der ersten Atombombe. B. resümiert eine der Einsichten, die das Stück dem zeitgenössischen Zuschauer vermitteln sollte: »Es war schimpflich geworden, etwas zu entdecken.« (S. 66)

Anhang die New Yorker Aufführung betreffend

B. fügte dem Text einen Anhang hinzu, vier kurze Notate zur New Yorker Aufführung, die er nicht in das eigentliche Modellbuch einbezog. Eines betrifft den Bart, den Laughton sich wachsen ließ, um für New York eine gewisse Porträtähnlichkeit mit Galilei zu erreichen. B. relativiert dies als unwesentliches Detail, Resultat eines Wunsches auf Abwechslung; in der amerikanischen Theaterpraxis wird dagegen solche Bemühung um schauspielerische Identifikation als vorbildlich empfunden. Das folgende Notat, eine Beschreibung des Endes der letzten Szene, in der sich Laughton/Galilei lustvoll an sein Gansessen macht, zeigt eine weiteres Detail, das B. in die Berliner Inszenierung übernahm. Das Notat bezeugt ein weiteres Mal, wie Laughton den erzählenden Gestus aus einer Folge von genau definierten Einzelvorgängen konstruierte.

Nachwort und Würdigung des Laughton Modells

In einem *Nachwort* formulierte B. seine Enttäuschung über das geringe Echo der amerikanischen Aufführungen, aber ebenso Dankbarkeit und Bewunderung für dieses »Privatunternehmen eines großen Künstlers, der, seinen Unterhalt jenseits des Theaters verdienend, es sich leistete, eine großartige Arbeit für so und so viele (nicht sehr viele) Interessen auszustellen.« (GBA 25, S. 68f.) Laughton habe so ein »Studienobjekt für solche« geschaffen, »die sich ein Theater großer Gegenstände und lohnender Schauspielkunst wünschen« (S. 69). B.s *Aufbau einer Rolle. Laughtons Galilei* ist seinerseits ein Studienobjekt für alle, die sich ebenso präzise, wie kritische Beschreibungen großer schauspielerischer Arbeiten wünschen – ein Modell, das kein Vorbild in der Theatergeschichte hat, und dem nichts Vergleichbares nachgefolgt ist.

Literatur:
Callow, Simon: Charles Laughton – *A difficult Actor*. London 1987. – Hecht. – Higham, Charles: Charles Laughton – An Intimate Biography. New York 1976. – Houseman, John: Front and Center. New York 1979. – Lindtberg, Leopold: Reden und Aufsätze. Zürich, Freiburg 1972. – Losey, Joseph: Speak, Think, Stand up. In: Film Culture (1970), London, S. 56–58. – Lyon, James K.: Brecht in America. Princeton/New Jersey 1979. – Schechter, Joel: Lotte Goslar's Circus Scene. In: BrechtYb. 12 (1983), S. 99–105. – Viertel, Salka: Das unbelehrbare Herz – Ein Leben in der Welt des Theaters, der Literatur und des Films. Hamburg, Düsseldorf 1970. – Winge, John H.: Bertolt Brecht Uraufführung in Kalifornien. In: Theater der Zeit (1947), H. 9, S. 6f.

Carl Weber

Zu Politik und Gesellschaft

B. erreichte am 21. 7. 1941 sein USA-Exil an der Westküste des Landes nach einer Reise aus dem finnischen Exil durch die Sowjetunion. Aus politisch-ideologischen Gründen hätte sich für B. ein Exil in der Sowjetunion angeboten. Aber zwei Tatbestände sprachen dagegen: Der Vormarsch der Hitler-Truppen in Osteuropa war deutlich und die Sowjetunion immer weniger ein sicherer Ort. Außerdem hatte B. wenig ermutigende Erfahrungen auf dem künstlerischen wie politischen Feld in der Sowjetunion gemacht. Seine sowjetischen Partner waren nicht mehr wohlgelitten; einige waren sogar hingerichtet worden. Die Ideologie des sozialistischen Realismus dominierte, unterstützt durch die ästhetischen Konzeptionen eines Georg Lukács: Autoren wie B. wurden als bürgerlich-dekadent und als Formalisten etikettiert. Eine Reihe seiner Mitstreiter waren bereits im USA-Exil, z.T. hatten sie (wie Erwin Piscator) künstlerisch (wie politisch) enttäuscht der Sowjetunion den Rücken gekehrt. Die für B. wichtige soziologische Denkweise auch in künstlerischen Fragen wurde von Diskussionspartnern aus den 20er-Jahren nun in den USA gepflegt. Dort würde er auf Eisler, Korsch, Piscator, Kortner und auch Feuchtwanger treffen können (und auf einen kulturpolitischen Gegner, auf Thomas Mann). Auch Vertreter eines kritischen bis kulturpessimistischen Marxismus (Vertreter des Frankfurter Instituts für Sozialforschung lehrten jetzt an der New Yorker Columbia Universität) würden ihm eine politische wie ästhetische Herausforderung bedeuten können (Eisler z.B. war mit diesen Kreisen wie mit B. verbunden).

Überblick

Die im Band 23 der GBA publizierten Schriften zwischen 1942 und 1947 umfassen 36 Texte. Davon lassen sich 18 als Schriften zu Politik und Gesellschaft qualifizieren. Neun Texte haben einen Umfang von wenigen Zeilen bis zu einer Druckseite. Eine Seite und mehr umfassen die anderen neun Texte. Die meisten Texte sind als Typoskript (z.T. mit handschriftlichen Bemerkungen B.s) erhalten. Ein Text blieb Fragment (*[Die amerikanische Umgangssprache]*). Gedruckt wurden während der Berichtszeit am 6. 4. 1942 eine Grußadresse an die in Mexiko erscheinende Zeitung *Freies Deutschland* (S. 10), ein Appell an *Deutsche!* (S. 423) am 19. 3. 1942 in *Intercontinent News* (ebd.) sowie im *Rundschreiben Nr. 67 des Exekutivkomitees der Kommunistischen Internationalen* (S. 424) und *Das andere Deutschland* 1944 in *The German American* (S. 30f.). Ein nur in Englisch erhaltener Text wurde erst 1966 gedruckt (Rückübersetzung ins Deutsche, S. 432–439). Bei dem Text *If you want a non-imperialistic German government* von vermutlich 1943 ist B.s Autorenschaft nicht gesichert.

Gattungen

Die Textgattungen sind: Aufrufe und Stellungnahmen, z.T. mit anderen verfasst; sie können Notizen nach Gesprächen oder zur Vorbereitung von Diskussionen sein; sie reagieren auf Texte, Verlautbarungen anderer Institutionen oder politischer Gruppen; sie können Entwürfe für einen Offenen Brief sein oder für imaginierte unbestimmte Adressaten; sie sollen in einem Falle (wie Bentley sich erinnert, S. 432) gedacht sein für ein ›popular magazine‹; sie sind klassenanalytische Überlegungen mit der Skizzierung von Handlungsschritten; sie beschreiben als kritische Ethnologie die Verhaltensweisen und Mentalitäten innerhalb von B.s amerikanischer Umgebung. Einige Texte sind adressaten-unspezifisch abgefasst, sodass sie vermutlich der Selbstverständigung gedient haben.

Dass nur der weitaus geringste Teil von B.s *Schriften zu Politik und Gesellschaft* die größere Öffentlichkeit erreichte, kann zurückgeführt werden auf ein Strukturmoment der US-amerikanischen Gesellschaft und auf einen später hinzukommenden zeitpolitischen Grund. Die USA verstanden sich als freiheitliches und einem pragmatischen, politischen sowie einem Werte-Liberalismus verpflichtetes Land (vgl. Unger, S. 253–271), das keiner System-Opposition mehr bedürfe. Unter dem 18. 2. 1942 schrieb B. ins *Journal*: »Hier hat man einen direkt vom Bürgertum eingerichteten Staat vor sich, der sich natürlich keinen Augenblick schämt, bürgerlich zu sein.« (GBA 27, S. 56) B.s politischer Ansatz stand deshalb – namentlich in Hollywood (weniger an der Ostküste in New York), wie er im Oktober 1942 an Korsch schrieb – in ungeheurer »geistiger Isolierung« (GBA 29, S. 254) und »bedrängter Lage« (*Journal*, 27. 7. 1942; GBA 26, S. 116). Für eine kritische politische Publizistik war der Markt klein. Hinzu kam während der Fortdauer des Exils das Herausschälen einer deutlicheren anti-sowjetischen Staatsdoktrin, die später in den Kalten Krieg mündete: Als ›fellow traveller‹ (d. i. Kommunisten-Freund) verdächtigt zu werden, konnte bedrohlich werden. Solche Bedingungen ließen B. vorsichtig sein. Er bemühte sich jedoch um Einpassung zumindest einiger seiner Stücke in die US-amerikanischen kulturellen Gepflogenheiten (vgl. Szydlowski, S. 31–37. Herbert Marcuse exemplifizierte das so: Es »könnte zum Beispiel die wahre Geschichte von Adolf Hitlers Aufstieg zur Macht am wirksamsten in Form eines billigen Gangstermelodrams mit einer shakespearehaften Handlung voller Betrug, Mord, Verrat und Verführung geschildert werden (der deutsche Dichter Bertolt Brecht hat einen solchen Versuch unternommen)« (Marcuse, S. 58). B. jedoch spezifizierte seine Einschätzung Hitlers. Er war ihm kein (28. 2. 1942) »unbedeutender Mime«, kein »*Hampelmann*«, »den die Reichswehr engagiert hat« (GBA 27, S. 63), wie »Feuchtwanger und die meisten Hitlergegner« ihn sahen. B. war »ohne weiteres bereit […], Hitler als großen bürgerlichen Politiker zu behandeln« (ebd.); ihm schien sicher zu sein, dass Hitler »eine Revision der bürgerlichen Vorstellung von *großem Mann* [war] (also von bürgerlicher Größe, von dem, was ein großer bürgerlicher Politiker ist oder sein kann)« (ebd.).

Themen

B. reagierte mit einigen Schriften direkt auf Verlautbarungen anderer, z.B. im Anschluss an die Altantik-Charta (1941) bzw. United Nations Declaration (1941), an die Erklärung des Nationalkomitees Freies Deutschland (NKFD) (1943), an die Potsdamer Konferenz (1945) oder an das Internationale Militärtribunal in Nürnberg (1945/46).

Aus Anlass der »Erklärung der 26 Vereinigten Nationen vom 1. Januar 42« (GBA 23, S. 7), die der Atlantik-Charta (14. 8. 1941) von Franklin D. Roosevelt und Winston S. Churchill folgte und die Anti-Hitler-Koalition begründete, entstanden unter Mitarbeit B.s »Vorschläge für eine vereinheitlichte Propaganda« (ebd.). »Eine solche Propaganda müßte von Freunden und Vertretern der deutschen *Opposition im Ausland* ausgehen und Zentren in Washington, London und Moskau haben. […] Die Propaganda muß die von den Nazis und Militaristen beeinflußten Schichten Deutschlands entmutigen und die Opposition ermutigen. […] Die Fehler des Regimes auf militärischem und ökonomischem Gebiet müssen von Spezialisten unaufhörlich demonstriert werden.« (Ebd.) Von der Schaffung einer deutschen Exil-Regierung sei noch abzusehen, meinte B. (S. 8). Vermieden werden müsse, dass die Militärs die Schuld an der Niederlage auf Politiker laden (vgl. das konservative Agitationsmuster nach dem ersten Weltkriegs: ›Im Felde unbesiegt‹); denn die Politiker, das seien die Nazis. Bei Friedensverhandlungen müsste eine »demokratische Gerichtsinstanz […] geschaffen werden, welche im Namen der ganzen zivilisierten Welt die Schandtaten […] feststellt […] und verurteilt« (S. 8.). Vermutlich mit Blick auf den Frieden von Versailles 1919 müsste dieser neue nun demokratisch zu Stande kommen. Ferner wäre zu zeigen, dass es eine Kluft gebe zwischen dem Nazi-Apparat und dem »eigentlichen deutschen Volk« (ebd.). »Gegen die zunehmende Barbarei gibt es nur einen Bundesgenossen: das Volk, das so sehr darunter leidet. Nur von ihm kann etwas erwartet werden. Also ist es naheliegend, sich an das Volk zu wenden, und nötiger denn je, seine Sprache zu sprechen.« (GBA 22, S. 406; vgl. *Volkstümlichkeit und Realismus*)

Zwei weitere, nicht publizierte Texte B.s von 1943 stehen ebenfalls in diesem Zusammenhang: *Über eine »Magna Charta« der unterdrückten Völker* und *Magna Charta*. Man kann beide Äußerungen als kritische Ergänzung der acht Punkte der Atlantik-Charta, der sich im September 1941 die Sowjetunion anschloss, lesen. Eine Charta der Unterdrückten solle das enthalten, was die unterdrückten Nationen »selber planen. Ohne eine solche zweite Charta würde die erste so aufgefaßt werden können, als sollten die unterdrückten Völker, anstatt wie bisher Tribute bezahlen zu müssen als Sklaven, nunmehr lediglich Geschenke empfangen als Bettler.« (GBA 23, S. 34) B.s Satz: »Die Industrie und der Großgrundbesitz mit seinem Beamten- und Militäradel benötigen den Krieg bei Strafe des Untergangs« (S. 35) kann gelesen werden als Korrektur des wirtschaftsliberalen Punkts 5 der Atlantik-Charta, der vom Erstreben einer größtmöglichen wirtschaftlichen Zusammenarbeit aller Völker mit dem Ziele, allen Menschen bessere Arbeitsbedingungen, wirtschaftlichen Aufstieg und soziale Sicherheit zu bieten, spricht (vgl. Dokumente).

Am 19. 3. 1942 wurde in den *Intercontinent News* (New York) ein Telegramm, das B., Feuchtwanger und Heinrich Mann unterzeichnet haben, veröffentlicht. Dieser »Rettungsruf« an »Deutsche!« ist ein »Appell«, »den verwerflichsten und sinnlosesten aller Kriege ab[zu]brechen« (S. 423). Die Niederlage der Heere sei nicht erst durch den Überfall auf die Sowjetunion »beschlossen« (ebd.), sondern bereits seit Kriegsbeginn. Der Appell schließt mit der Forderung: »Überwältigt euren Führer, der euch, mit Haß und Unehre beladen, ins Verderben führt. Vollbringt in der äußersten Stunde das einzige, was euch freisteht, um die Menschheit, die euch niemals als Feind haben wollte, vielleicht zu versöhnen; das einzige, was Deutschland retten kann.« (Ebd.) Dieser Appell wurde datiert auf den 9. 3. 1942 und im *Rundschreiben Nr. 67 der Presseabteilung des Exekutivkomitees der Kommunistischen Internationale* veröffentlicht (vgl. S. 424).

Am 12./13. 7. 1943 unterzeichneten Kriegsgefangene, Emigranten, Generäle und kommunistische Funktionäre unter der Gruppenbezeichnung ›Nationalkomitee Freies Deutschland‹ (NKFD) eine Resolution, welche die Beendigung des Kriegs und gemeinsame Aktionen von Hitlergegnern forderte. B. verfasste einen Entwurf *[Zum Aufruf der deutschen Kriegsgefangenen und Emigranten in der Sowjetunion]*, der die Grundlage für die Debatte (1. 8. 1943) mit Thomas Mann, Heinrich Mann, Feuchtwanger, Bruno Frank, Ludwig Marcuse, Hans Reichenbach bildete (GBA 27, S. 161). Die verabschiedete gemeinsame Stellungnahme unterschied sich von B.s Entwurf. Auf Wunsch von Thomas Mann wurde ein Satz vorangestellt, der den direkten und zeitnahen Bezug zum – wie es bei B. hieß – »Aufruf der deutschen Kriegsgefangenen und Emigranten in der Sowjetunion« (GBA 23, S. 23) an die zweite Stelle setzte und den »Augenblick, da der Sieg der alliierten Nationen näher rückt« (GBA 27, S. 161), in den Vordergrund stellte. B. notierte später ins *Journal* (30. 8. 1943), dass der Publizist Hermann Budzislawski die Erklärung so umgeformt habe, »daß die Bezugnahme auf die Kriegsgefangenenerklärung vermieden ist. Tillich rät überhaupt ab« (S. 168). Im vorletzten Absatz wurde deutlich, dass die Verfasser »scharf zu unterscheiden« trachteten: »zwischen dem Hitlerregime und den ihm verbundenen Schichten einerseits und dem deutschen Volke andrerseits« (ebd.). Das Wort von den mit Hitler verbundenen Schichten war eine Kompromiss-Formulierung und wurde statt »Mitschuldige« (Vorschlag Thomas Mann) und »Trusts« (Vorschlag Heinrich Mann) verwendet (S. 162). Der Text wendete sich in dieser Passage (2. 8. 1943) gegen eine in Emigrantenkreisen immer wieder aufgestellte Gleichung, auf »Goebbels' Behauptung, Hitler und Deutschland sei eins«

(S. 163). In einem Gespräch vom 8. 8. 1943 mit dem Dokumentarfilmregisseur Herbert Kline bot B. diese Formel zur Differenzierung des Verhältnisses von Bevölkerung und Regime an: »Faschismus ist eine Regierungsform, durch welche ein Volk so unterjocht werden kann, daß es dazu zu mißbrauchen ist, andere Völker zu unterjochen.« (S. 109) »Der Grad der faschistischen und besonders der nazistischen Unterdrückung ist hier unvorstellbar.« (S. 163) Außerdem handelte es sich »im deutschen Fall [...] um ein durch Illusionen und Wirtschaftskrisen geschwächtes Proletariat« (*Journal*, 12. 9. 1944; S. 203), das zusätzlich »die SS auf dem Genick« hat (*Journal*, 15. 8. 1944; S. 200). B. erinnerte an »die 200 000 Insassen der KZs zu Beginn des Krieges« (S. 163).

In B.s Konzept einer Rede für eine Manifestation der Kommunistischen Partei am 22. 12. 1943 in New York zur Erinnerung an den Reichstagsbrandprozess und an Dimitroff mit dem Titel *Das andere Deutschland* (unter dem Titel *The Other Germany: 1943* liegt ein umfangreicher Text vor, den Eric Bentley übersetzte und der erst 1966 in New York gedruckt erschien) wird das deutsche Volk als das erste von Hitler unterworfene Volk benannt (vgl. GBA 23, S. 30). Der Text gibt einen Abriss der ersten zehn Jahre des Hitlerfaschismus und einen Rückblick auf die deutsche Geschichte unmittelbar nach dem ersten Weltkrieg: »Der letzte Krieg endete mit einer Niederlage und befreite dadurch das deutsche Volk für eine Weile von seinen politischen Fesseln. In den Jahren nach dem Krieg versuchte das ganze Volk aktiv, eine Regierung für das Volk und durch das Volk zu schaffen [hier klingen wohl nicht zufällig Abraham Lincolns politische Grundsätze seiner *Gettysburg-Address* vom 19. 11. 1863, mitten im amerikanischen Bürgerkrieg, an: »Regierung des Volkes durch das Volk für das Volk«; vgl. Lincoln]. [...] Das Volk hatte es versäumt, die Schlüsselstellungen in der Volkswirtschaft zu besetzen.« (GBA 23, S. 437f.) »Was das deutsche Volk [...] nicht aus blutigen Niederlagen, Bombenangriffen, Verarmung und aus den Greueltaten seiner Führer innerhalb und außerhalb Deutschlands gelernt hat, wird es niemals aus Geschichtsbüchern lernen. / Völker können sich nur selbst erziehen; und sie werden die Volksregierung nicht erreichen, wenn sie sie als Idee erfassen, sondern nur, wenn sie mit den Händen danach greifen.« (S. 439) An Berthold Viertel schrieb B. im Februar/März 1945: »Proletariate *müssen* sich selber helfen.« (GBA 29, S. 346) B.s Argumentation changierte zwischen Idealismus (das Volk als lernendes Subjekt) und Realismus, indem er bedachte, dass Revolutionen Lern- und Kampfprozesse koppeln.

Man kann davon ausgehen, dass B. mit diesen konzeptionellen Gedanken in den organisatorischen Zusammenhang des Council for a Democratic Germany um den Theologen Paul Tillich eintrat. »So schwach unsere, der Flüchtlinge, Stimme in dem Schlachtenlärm sein mag, [...] sie ist doch nicht ganz unhörbar, nichts als dieser schwache Laut ist übriggeblieben von der mächtigen Stimme unseres großen und einstmals geachteten Volkes.« (GBA 23, S. 32f.) B. gehörte zu den ersten nachweisbaren Personen bei der Gründung des Councils 1944 (vgl. S. 442; vgl. Sahl, S. 148–152) und arbeitete im Studien- und Fürsorgekomitee mit. Sekretärin des Councils war Elisabeth Hauptmann, B.s langjährige Mitarbeiterin. B. wurde während seiner Beteiligung am Council vom Federal Bureau of Investigation (FBI), das eine umfangreiche Akte über ihn anlegte, observiert.

Mit wenigen Zeilen kommentierte B. Beschlüsse Churchills, Roosevelts und Stalins auf der Potsdamer Konferenz (17.7.–2. 8. 1945). Er sah in ihnen »eine absolut mögliche Basis für Deutschland« , das »eben ein völlig zu Boden geworfener kapitalistischer Staat ist« (*Journal*, 3. 8. 1945; GBA 27, S. 228). Gewährleistet seien die »Einheit des Reiches, Absehbarkeit der Okkupationsdauer, Niederwerfung der ökonomischen Kommandohöhen der Industriellen, Schaffung demokratischer Institutionen von unten auf.« (GBA 23, S. 55) Hier und im *Journal* (GBA 27, S. 228) verwies B. auf Gedanken Henry Morgenthaus, der 1944 als amerikanischer Finanzminister ein Memorandum zur wirtschaftlichen Verfassung des besiegten Deutschlands entwickelt hatte: u.a.

die Umformung zum Agrarstaat, um jede weitere aggressive Kriegspolitik von vornherein unmöglich zu machen. Für die spätere Besatzungs- und Deutschlandpolitik blieb der Morgenthau-Plan ohne Bedeutung. Goebbels und Hitler jedoch sahen in ihm einen ›jüdischen Mordplan am deutschen Volk‹ (vgl. Greiner). Hierauf spielte B. an, wenn er schrieb, dass es nun nicht dazu kommen werde, »die Berliner Metallarbeiter zu Schafhirten zu machen« (GBA 23, S. 55) bzw. die »Moabiter Proleten [...] als Hirten« (GBA 27, S. 228) zu sehen. Die *Journal*-Eintragung, die mit »*Deutschland-Plan* der Potsdamer Konferenz« beginnt, endet mit: »Freilich, wir, die mit Hitler nicht gesiegt hätten, sind mit ihm geschlagen.« (Ebd.)

1946 forderte B., gerichtet *An den Allied Control Council, Berlin*, dass »ein zentrales deutsches Gericht zur Aburteilung und Ächtung aller jener Verbrechen geschaffen wird, für die sich das Internationale Militärtribunal in Nürnberg für unzuständig erklärt hat« (GBA 23, S. 58); denn schon vor Kriegsausbruch seien vom Regime und seinen Vertretern Verbrechen begangen worden. Der »Freispruch der Angeklagten Schacht, Papen und Fritzsche [könnte] als eine Amnestierung« (ebd.) ausgelegt werden.

Die Fragen von Krieg und Frieden spitzten sich in einem *Aufruf (1)* vom November 1947 auf die »Wahl zwischen Frieden und Untergang« (S. 62) zu (B. hatte vermutlich Anteil an der Formulierung, vgl. S. 457). In einem Begleitbrief (13. 12. 1947) an Feuchtwanger, den B. bat, sich für den Aufruf zu verwenden (Feuchtwanger wie Heinrich Mann meldeten aber Vorbehalte an, vgl. GBA 29, S. 728), sprach B. prononciert von der »Existenz zweier verschiedener ökonomischer Systeme in Europa«, die »für eine neue Kriegspropaganda ausgenutzt« würde (S. 429). Der Aufruf sollte »auch an französische, englische, skandinavische, ungarische, tschechische, italienische Schriftsteller gehen. [...] in Deutschland an Becher und Huch. [...] jedoch wird er nicht herausgegebenen, bevor die deutschen Namen eine Minderheit bilden.« (Ebd.)

In *[Masse und Revolution]* moniert B., dass »Beschreiber revolutionärer Vorgänge [...] oft jene inneren Widerstände verschwinden [lassen], die sich in den Massen gegen die Revolution halten oder neu erheben«; »die echten kleineren Interessensgegensätze« würden vernachlässigt (GBA 23, S. 36). »Wenn die herrschende Klasse ihren Griff verliert, fallen die Beherrschten zunächst meist zusammen. Die Institutionen schwanken und zerfallen schon, und die Unterdrückten machen noch lange keine Anstalten, die Führung zu übernehmen. Gegen sie steht ihre Religion, ihre Lebenskunst, die sie mühsam gelernt haben, viel davon vom Feind, einiges davon im Kampf mit dem Feind.« (Ebd.) B. heroisierte weder die Träger einer Revolution noch diese selber. Sie müsste als »Umsturz [...] etwas Geschäftsmäßiges bekommen, ein organisiertes Unternehmen, in dem sie Züge ihres Alltags wiedererkennen können, kurz, vernünftig, um die Massen einzubeziehen.« (Ebd.) Es galt, auch die Dynamik innerhalb von sozialen Massen und Klassen und nicht nur die zwischen den Klassen zu berücksichtigen.

Vier kurze Texte von 1943 beziehen sich auf die politische Alltagspraxis. Ein englischsprachiger Aufruf, mit dem Titel *If you want a non-imperialistic German Government*, an dem B. vermutlich mitgewirkt hat, benutzt eine unspezifische »You«-/»Sie«-Anrede und spricht politische Verhaltensregeln aus. Eine Regierung müsse die volle Macht haben, gegen deutsche Imperialisten vorzugehen. »Akzeptieren Sie keinen Überläufer. Sie haben sich nur von Hitler abgewandt, weil es ihm nicht gelungen ist, für Deutschland die imperialistische Vormachtstellung zu erlangen.« (S. 441) »In Gesprächen mit Tschechen, die zur tschechischen Exilregierung gehören« (S. 33), entwickelte B. Fragenkomplexe, an die »absolut realistisch« (ebd.) herangegangen werden müsse: »Bekämpfung des Vansittartismus [zu den Ideen des Diplomaten und Journalisten Robert Gilbert Lord Vansittart; vgl. S. 439f.], Bekämpfung des sozialdemokratischen Chauvinismus, Gebietsabtretungen, Wiedergutmachung, Aburteilung der Nazis usw.« (S. 33) »Woher wissen wir, daß wir keinerlei Hilfe in Deutschland von außen brauchen werden, um mit den besiegten Nazis wirklich fertig zu werden?« (S. 34) »Als erklärte Hitlergegner« sei es ohne weiteres möglich, »die Verantwortung für die Hitlerpolitik« (S. 33) abzulehnen, aber schwerer sei es, »die Verantwortung für die Machtergreifung Hitlers« (ebd.) zu verneinen. In einem *Bericht über die Stellung der Deutschen im Exil* heißt es: »Wir [das sind die Exilierten] hoffen, wir sagen, was das deutsche Volk selber sagen würde, könnte es reden.« (Ebd.) »An dem endgültigen Sieg über Hitler und seine Hintermänner in Militär, Diplomatie und Finanz wird das deutsche Volk einen gewaltigen Anteil haben. / Wir sind keine Defätisten. Wir sind bereit zu kämpfen für ein großes freies deutsches Volk, Herr im eigenen Hause und Freud aller andern Völker.« (Ebd.)

B. hatte in seinen Notizen zur nationalsozialistischen Ideologie und repressiven Praxis der sog. ›Volksgemeinschaft‹ den Rassegedanken als Züchtungsgedanken und als Vernichtungspraxis beschrieben: »Eben waren es noch die Hochburgen für den neuen Rasseadel, und schon sind es Vergasungsläger.« (S. 34) B. entwickelte »als Sozialist [...] überhaupt keinen Sinn für das Rasseproblem selber« (B. an Per Knutzon, Ende April 1934; GBA 28, S. 414). B. hatte das sog. Rasseproblem deshalb als gering erachtet, weil es eine Erfindung der Nazis war, was ja bis heute nicht richtig gesehen wird; denn die Juden sind durchaus keine andere Rasse, sondern Angehörige einer Glaubensgesellschaft. In einem *Brief an Steff* vom 18. 12. 1944, der ins *Journal* eingeklebt wurde, führte B. mit Bezug auf Marx' Schrift *Zur Judenfrage* von 1843 seine Position aus: »Marx nahm den Juden, wie er historisch ›vorlag‹, geformt durch Verfolgungen und Widerstand, in seiner wirtschaftlichen Spezialisierung, seiner Angewiesenheit auf flüssiges Geld (der Notwendigkeit, sich frei- oder einzukaufen), seiner Kultivierung uralten Aberglaubens usw. usw. Und Marx riet ihm, sich zu emanzipieren (und machte ihm dies auch vor).« (GBA 27, S. 213) Ausgehend von dieser Analyse wehrte sich B. dagegen, dass »die amerikanischen Juden [...] sich als nationale Minorität organisieren« sollten (S. 208); das Jiddische hielt B. ferner für eine »nicht so voll entwickelte moderne Sprache« (ebd.), und er exemplifizierte: »Daß Schönberg, Einstein, Freud, Eisenstein, Meyerhold, Döblin, Eisler, Weigel nicht jüdische, sondern andere Kulturen verkörpern usw. usw. Zeugnisse ›jüdischer‹ Kultur gibt es meines Wissens nicht im gleichen Format wie etwa der Jazz oder die Negerplastik oder die irische Dramatik. Genau wie zu *Marxens* Zeit müssen die Juden sich vom Kapitalismus (›dem Kommerz‹) emanzipieren und nicht sich in ›alte Kultur‹ flüchten.« (Ebd.)

B. beobachtete das Land, in dem er im Exil lebte, mit den Augen eines kritischen Ethnologen. Folgende Texte (knapp 8 Druckseiten) zeugen davon: *[Die amerikanische Umgangssprache]*, *Briefe an einen erwachsenen Amerikaner*, *[Wo ich wohne]*. Diese Texte von 1944 haben Mentalitäten, Lebensgewohnheiten, Haltungen, Verhaltensweisen zum Thema.

Der umfangreichste Text (GBA 23, S. 48–51) geht von B.s Haus und Wohnumfeld aus. Die Gegend war von anderen Flüchtlingen bewohnt. Generell lernten die dort schon länger wohnenden Menschen »ihre Behausungen kaum kennen« (S. 49). Die Stadt wurde als würdelos bezeichnet: Blickte man, so B., auf die europäische Welt in Trümmern, dann könnte man meinen, das Material der Häuser sei von dort herübergeweht (vgl. S. 48). Blickte man auf die Bewohner, dann würde man gewahr, dass Kinder in der Schule danach bewertet/benotet werden, wie »populär« (S. 49), wie beliebt, also wie angepasst sie waren. Aber: an welche Gesellschaft wurde hier angepasst? Man soll ein »›regular guy‹«, »d.h. normal« sein und wenig »Eigenart« (ebd.) haben: Keine Freundschaften und keine Feindschaften haben und doch oder grade deshalb ein »nice fellow« (S. 45) sein. Vertrauensvoll gaben die Menschen über Nachbarn der Polizei gegenüber Auskunft (S. 48). Heimische Intellektuelle trieben das »easy going« (S. 50). »Failures« und »frustration« (S. 51) waren verpönt. Aber ein Krankheitsfall konnte einer Familie alle Ersparnisse rauben (vgl. S. 50). Institutionen gaben sich den Anschein, von der Allgemeinheit kontrolliert zu sein, waren aber kontrolliert von Geldleuten. Die Korruption war riesig, politische Maschinen beherrschten die Wahlen und »stinkende Vorurteile [...] gegen die Neger, die Juden und die Mexikaner« (ebd.) seien gängig.

In *Briefe an einen erwachsenen Amerikaner* notierte B., dass Astrologie und Psychoanalyse sich der Unsicherheit der Menschen annehmen. Die Astrologie sei stärker für Arme gedacht, auch Politiker bedienten sich der Auskünfte von Astrologen. Die Psychoanalytiker verkauften für viel Geld Verständnis (S. 47) und bedienten den »sex appeal« (S. 46). Ironisch notierte B., dass die Neurosen der Ärmsten – seltsamerweise – verschwänden, wenn sie Arbeit fänden: Der Psychoanalytiker würde arbeitslos, wenn der Patient Arbeit findet (S. 47). Das englische Verb »to sell« sah B. in seinen Bemerkungen über *[Die amerikanische Umgangssprache]* als typisch für amerikanische Sitten: Auch Kriegsbeteiligung (oder ein Koitus) müsste verkauft werden (im Sinn von: jemanden dazu bringen) (S. 45). B. schrieb, dass er »nicht die geringste Hoffnung [habe], die amerikanische Umgangssprache je zu erlernen« (S. 44). Er habe »festgestellt, daß ich [...] nicht das sage, was ich sagen will, sondern das, was ich sagen kann.« (Ebd.)

Kurz vor seiner Ausreise aus den USA stand B. vor dem House Committee on Un-American Activities (HUAC). B. wollte, bevor er die obligatorische Frage nach der Mitgliedschaft in der kommunistischen Partei beantwortet, eine Erklärung abgeben, um dann in deren Kontext zu antworten, was nicht zugelassen wurde. Ernst Bloch kennzeichnete B.s rhetorisches Muster beim Auftritt vor dem Ausschuss als »das Stück Ja-Sager, Nein-Sager in Washington« (Bloch, S. 243). B. schlug einen mutigen Ton an, der das Feld der Kultur als Kunst und Literatur verließ. Er sprach vom Stand einer Zivilisation, die in der Lage war, sich kriegerisch zu zerfleischen: 1945 waren die ersten Atombomben durch die USA gezündet worden. »Große Kriege sind erlitten worden, größere stehen, wie wir hören, bevor. Einer von ihnen mag sehr wohl die Menschheit in ihrer Gänze verschlingen.« (GBA 23, S. 61) – B. endete mit einem künstlertheoretischen Appell: »Denken Sie nicht, daß in so mißlicher Lage jede neue Idee sorgfältig und frei untersucht werden sollte? Die Kunst kann solche Ideen klarer und sogar edler machen.« (Ebd.) B. erinnerte an das Deutschland der Zwischenkriegszeit: Es wurden Stimmen laut, die »die Freiheit des künstlerischen Ausdrucks und der Rede beseitigt haben wollten. Humanistische, sozialistische, selbst christliche Ideen wurden ›undeutsch‹ genannt, welches Wort ich ohne die wölfische Intonation Hitlers kaum noch denken kann« (ebd.). Es liegt nahe (und war wohl auch so von B. gemeint), bei ›undeutsch‹ ›unamerikanisch‹ mit zu hören, heißt es doch am Schluss der Erklärung mit Bezug auf die USA: »Zurückschauend auf meine Erfahrungen als Stückeschreiber und Dichter in dem Europa der beiden letzten Jahrzehnte, möchte ich sagen, daß das große amerikanische Volk viel verlieren und viel riskieren würde, wenn es irgend jemandem erlaubte, den freien Wettbewerb der Ideen auf kulturellem Gebiet einzuschränken oder gegen die Kunst einzuschreiten, die frei sein muß, um Kunst zu sein.« (Ebd.)

Literatur:

Bloch, Ernst/Herzfelde, Wieland: »Wir haben das Leben wieder vor uns«. Briefwechsel 1938–1949. Frankfurt a.M. 2001. – Dokumente Deutschen Schicksals. Grundlagen des Friedensvertrages. Atlantik Charta. Potsdamer Abkommen. Berlin 1950. – Greiner, Bernd: Die Morgenthau-Legende. Zur Geschichte eines umstrittenen Plans. Hamburg 1995. – Keil, Hartmut: Sind Sie oder waren Sie Mitglied? Verhörprotokolle über unamerikanische Aktivitäten 1947–1956. Reinbek bei Hamburg 1979. – Lincoln, Abraham: Gettysburg Address. Hamburg 1994. – Marcuse, Herbert: Feindanalysen. Über die Deutschen. Lüneburg 1998. – Sahl, Hans: Das Exil im Exil. Frankfurt a.M. 1990. – Szydlowski, Roman: Über Bertolt Brecht, Friedrich Wolf und das Projekt in Engels. In: Schirmer, Lothar (Hg.): Theater im Exil 1933–1945. Ein Symposium der Akademie der Künste. Berlin 1979, S. 31–48. – Unger, Frank: Geschichte und Gegenwart des Liberalismus in den Vereinigten Staaten von Amerika. In: Faber, Richard (Hg.): Liberalismus in Geschichte und Gegenwart. Würzburg 2000, S. 253–271.

Gerd Koch

Schriften 1947–1956

Vergleicht man die verschiedenen Aufsätze, Dialoge, Bemerkungen zu Stücken und Aufführungen sowie die Notizen über Literatur, Kunst und Politik aus den Jahren 1947–56 mit ihren Gegenstücken aus früheren Perioden, so kann man nicht umhin, die kritische Scharfsinnigkeit und das weitreichende Bezugssystem der früheren Schriften zu vermissen. Gründe für dieses Nachlassen an Schwung und Vielschichtigkeit in B.s theoretischen Schriften sind z.B. die Zeit und Energie raubenden Forderungen der praktischen Theaterarbeit und die wiederholten ästhetischen und politischen Probleme mit der offiziellen Bürokratie in der DDR. Dies führte bei B. dazu, nicht ›Weite und Vielfalt‹ einer realistischen, sondern einer lavierenden und kompromisssuchenden Schreibweise zu entwickeln.

Im europäischen und amerikanischen Exil hatte B. gezwungenermaßen die Zeit, sich nicht nur mit den aktuellen Gegenwartsproblemen, sondern auch mit allgemeineren Fragen der Ästhetik und der Politik ausführlicher beschäftigen zu können. Nach seiner Rückkehr in die entstehende DDR erkannte er die Notwendigkeit, sich regelmäßig zu wichtigen Problemen der Tages- und Kulturpolitik zu äußern – was zwangsläufig oft zu vereinfachter Argumentation und sorgfältig kalkuliertem Einsetzen jener Begriffe führte, die inzwischen zum Kern seiner Ästhetik geworden waren. Beim Versuch, B.s Position in den vielen Diskussionen mit der DDR-Kulturbürokratie richtig einzuschätzen, wäre auf seinen Brief vom August 1927 zu verweisen: »Ich bin nicht bereit, unter der *literarischen* Leitung Gasbarras zu arbeiten. Wohl aber unter der politischen.« (GBA 28, S. 292) Der Journalist und Schriftsteller Felix Gasbarra war zu der Zeit, als Mitarbeiter Erwin Piscators, an einem Plan beteiligt, ein dramaturgisches Kollektiv zu bilden. Als eine Pressenotiz erschien, worin Gasbarra als Leiter der Gruppe bezeichnet wurde – wobei er selber nur die organisatorische Leitung meinte –, reagierte B. darauf mit der an Piscator gerichteten Feststellung. Obgleich inzwischen mehr als 20 Jahre vergangen waren, gibt es keinen Grund anzunehmen, dass sich B.s Haltung in dieser Frage nach 1945 grundlegend geändert hätte.

In den zwischen 1947 und 1956 entstandenen Schriften findet sich z.B. Grundsätzliches, so die *Gespräche mit jungen Intellektuellen* von 1948, in denen B. weit vor Theodor W. Adornos berühmten Ausspruch (1951) »nach Auschwitz ein Gedicht zu schreiben, ist barbarisch« (Kiedaisch, S. 10) formulierte: »Die Vorgänge in Auschwitz, im Warschauer Ghetto, in Buchenwald vertrügen zweifellos keine Beschreibung in literarischer Form. Die Literatur war nicht vorbereitet auf und hat keine Mittel entwickelt für solche Vorgänge.« (GBA 23, S. 101) Wenn auch einige Notizen zur Kunst- und Tagespolitik konventionell oder verallgemeinernd sind, findet man andererseits viele eindrucksvolle Beispiele von B.s andauerndem Interesse an aktuellen Problemen der Zeit. Er beschäftigte sich ununterbrochen mit Fragen der Friedenspolitik, plädierte gegen die Remilitarisierung und entwickelte auch in seinen sorgfältig vorbereiteten Reden immer wieder scharfe, denkwürdige und zitierbare Redewendungen. So konnte er auf zwei Seiten eine glänzende Zusammenfassung des HUAC-Verfahrens liefern (»Meine amerikanischen Kollegen waren geschützt durch die Verfassung, nur war die Verfassung nicht geschützt«; S. 124). Im selben Jahr entstanden der amüsante Text *Der unkosmopolitische Kosmopolitismus* sowie der bekannte *Offene Brief an die deutschen Künstler und Schriftsteller*. Letzterer enthält eine elegant formulierte Darstellung wichtiger Friedenspolitik-Argumente, die als Musterbeispiel der Anwendung klassischer Rhetorik-Elemente gelten darf (vgl. S. 156). Bemerkenswert ist auch, wie oft sich B. nicht nur zu spezifisch pädagogischen Fragen äußerte – so z.B. mit seinem Vorschlag an die Sektion Literatur der Deutschen Akademie der Künste, sie solle »eine Sammlung von Mustern großer Lyrik und Prosa für ganz Deutschland« herausgeben (S. 154), wobei sowohl Beispiele »guter Amtssprache, guter Gesetztexte« wie auch Briefe, Vorträge, Grabinschriften, Sprüche und Witze (S. 155) nicht vergessen werden sollen –, sondern sich auch mit elementaren Fragen der Ästhetik befasste. Im Text *Aus: Gespräch über Malerei* erörtert er z.B. in gedrängter Form die zwischen (bürgerlichen) Kunstkennern und Arbeitern existierende Kluft in Fragen des ästhetischen Genusses, wobei auf zwei Seiten der thematische Bogen von Jazz, Maillol, Goya, van Gogh und Dürer bis zu Lenins Ansichten über proletarische Kunst reicht. Bedenkt man, dass B. zwischen 1953 und 1956 über hundert Notizen verschiedener Länge zu einer Vielzahl unterschiedlichster Themen (z.B. über Buchenwald, Amerika, die Künste und die Naturgewalten) niederschrieb, so überrascht es nicht, dass eine Reihe dieser Texte die heute Lesenden nur noch flüchtig berühren. Doch ebenso finden sich in ihnen immer wieder provozierende Anregungen, darunter z.B. die ausdrücklich antielitär gefassten Bemerkungen im kurzen Text *Die Kunst, Shakespeare zu lesen*, der mit der Pointe endet: »Aber wenn mir jemand sagt: ›Um Shakespeare zu lesen, braucht es gar nichts‹, so kann ich nur sagen: ›Probier es!‹« (S. 252)

Aufschlussreich sind auch die verstreuten Notizen zu Stanislawski, worin B. versucht, zunächst die Methoden und Einsichten des russischen Regisseurs und Schöpfers des sog. ›Systems‹ (vgl. Brauneck/Schneilin, S. 809–811) zu erfassen und mit seinen eigenen zu vergleichen. Doch war sich B. der Tatsache bewusst, dass die damaligen Kulturbehörden Stanislawskis System mit den Kategorien des ›sozialistischen Realismus‹ identifizierten und für das einzig gültige qualifizierten, B.s Inszenierungen dagegen als ›formalistisch‹ (vgl. Davis/Parker; Lucchesi) abtaten.

Verglichen mit früheren abweisend-kritischen Äußerungen zu Stanislawski, haben B.s Bemerkungen der 50er-Jahre nicht nur einen versöhnlichen, sondern stellenweise einen fast enthusiastischen Ton. So seien Stanislawskis Konzeptionen »oft bewundernswert, die Durchführungen fast immer erstaunlich« (GBA 23, S. 238), und er habe einen »genialen Sinn für Theaterwirkungen« (ebd.). B. war sich offenbar aus kulturpolitischer Sicht der Problematik bewusst, seine Theatertheorie und -praxis in strikte Opposition zu Stanislawski zu setzen. Behauptungen wie »Es gibt eine erstaunliche Anzahl von Methoden in unserer Arbeitsweise, die denen Stanislawskis sehr ähnlich sind« (S. 234), sind dennoch kein taktischer Versuch B.s, mögliche Differenzen zwischen beiden Theatermachern zu nivellieren.

So zögerte B. auch nicht, Wolfgang Langhoffs Darlegungen einiger Prinzipien Stanislawskis und deren theatralischer Umsetzung zu widersprechen. Doch weit entfernt von dem in Kultur- und Theaterkreisen der DDR vorherrschenden Standard, Stanislawski mit Lehrsätzen des sozialistischen Realismus vereinfachend gleichzusetzen, verteidigte B. Stanislawski ausdrücklich und argumentierte, dass »Gerade wir Deutschen, deren Theater zwischen ideenlosem Naturalismus und purem Idealismus schwankt, [...] da von Stanislawski viel lernen« können (ebd.). Bei seiner Untersuchung der Methoden Stanislawskis blieb die Frage des kanonisierten sozialistischen Realismus ein Subtext, welcher zwar B. präsent war, auf den jedoch hinzuweisen er sich pragmatisch versagte. Auch wenn er diesbezügliche Äußerungen nicht umgehen konnte, entsteht der Eindruck (in Schriften wie *Sozialistischer Realismus auf dem Theater* und *Über sozialistischen Realismus* oder in seiner Antwort auf Formalismus-Vorwürfe; z.B. S. 134–137, S. 141f., S. 143–148), dass B. nicht nur mit äußeren Restriktionen, sondern auch mit der eigenen Selbstzensur im Widerstreit lag.

Andererseits wird in Aufzeichnungen wie den *Notizen zur Barlach-Ausstellung* von 1952 die von B. ein Jahrzehnt früher bevorzugte reflektierende, ausführliche Analyse durch ein vorsichtiges und begrenzt kritisches Vokabular ersetzt, mit dem er versuchte, die konservativen und reaktionären Einwände – gerichtet gegen Ernst Barlachs Themenauswahl und Stil – so zu entkräften, dass seine Position sowohl den Kritikern als auch dem breiteren Publikum verständlich wurde. Allerdings griff der Autor im Fall zweier Arbeiten Barlachs auf die generalisierende Behauptung »sie gefallen mir« (S. 199) zurück. Dennoch ist, wenn man Kontext und Stil dieser Notizen mit in Betracht zieht, eine solche Bemerkung nicht ganz unpassend: Gerade wegen Barlachs Themenwahl und seiner teils stilisierten, teils realistischen Technik tendierte B. dazu, einzelne Werke wie auch die durch sie erzählten ›Fabeln‹ als Figuren bzw. Szenen eines Theaterstücks zu betrachten, die ihre Wirkung durch eine präsentativ-performative Art und Weise zu erzielen versuchen.

So wird der Diskurs vom Autor aus dem rein kunsthistorischen bzw. ästhetischen Bereich herausgenommen und in einen umfassenderen Kontext gestellt, der sich wie die kritische Anmerkung eines Theaterbeobachters (oder Regisseurs) zum Arrangement einer Szene oder zur Charakterisierung einer Figur verstehen lässt. Wenn z.B. sein Kommentar zu *Sitzende Alte* von 1933 »das wollene Halstuch« als »Ein winziges Detail« heraushebt, das »sie ganz und gar realistisch« macht (S. 201), dann stimmt diese Beobachtung mit der Art von Aufmerksamkeit überein, die B.s Theaterarbeit der semiotischen Bedeutung von Requisit- und Kostümdetail beimaß, beispielsweise der Zinnlöffel an der Jacke der Courage, welchen Helene Weigel zu mehr als einem zufälligen Requisit machte: anstelle eines militärischen Abzeichens oder einer Waffe trägt die Courage dieses alltägliche Gerät als ›poetisches‹ Emblem ihrer Händlerzunft (vgl. die Gedichte *Von allen Werken* und *Die Requisiten der Weigel*) – wobei sie ihn während der Inszenierung selbst anscheinend nur einmal verwendete (vgl. GBA 25, S. 226).

Die Argumente, welche B. zur Verteidigung der Barlach-Plastiken anführte, müssen jedoch in einen breiteren Kontext gestellt und als Beiträge zur Debatte über die Beziehung zwischen Künstler, Kunstwerk, Publikum und Kritik, welche in den 50er-Jahren in der DDR permanent geführt wurde, gesehen werden. Infolgedessen müssen B.s Notizen als Randbemerkungen zur damaligen Kulturpolitik gewertet werden, die im Zusammenhang mit den öffentlichen Kontroversen um die *Lukullus*-Oper, den *Urfaust* und den Angriffen auf Eislers Libretto zu seiner *Johann Faustus*-Oper stehen. Obwohl sich B. bewusst war, dass es taktisch unklug gewesen wäre, seine Argumente gegen die Bürokratie explizit offen zu legen, sind diese doch deutlich geprägt von seinem Standpunkt, dass Politiker »keine Vorträge über künstlerische Formen halten« können (S. 485).

Für B. bestand die Schwierigkeit darin, seine öffentliche Kritik an der Bürokratie mit taktischer ›Ausgewogenheit‹ zu versehen und zu mildern. Daher lassen seine öffentlichen Aussagen oftmals das Gefühl eines selbst erzwungenen Kompromisses aufkommen. Ein entschiedenes Abweichen von dieser Verhaltensweise stellt jedoch die *Erklärung der Deutschen Akademie der Künste* von 1953 dar. Hier präsentiert der Autor, unter dem Schutz einer Kommission, zehn Thesen, welche eine Reihe von Vorschlägen beinhalten, die gravierend von der damals üblichen Parteiposition abwichen, so z.B. in der kritischen Bemerkung: »Die Auflösung der Volksbühne als breitester Theaterbesucher-Organisation scheint [...] übereilt und unzweckmäßig.« (S. 255)

Vergleichsweise neu in der Vielzahl der Fragen, die B. zwischen 1947 und 1956 behandelte, ist sein Verweis darauf, dass im Rahmen des gesellschafts- und kulturpolitischen Wiederaufbaus ein Sinn für Tradition und deren Nutzen entwickelt sowie ausbildungspädagogische Probleme von allen Seiten beleuchtet werden müssen.

Obwohl B. vermutlich nicht die Zeit (oder Neigung) hatte, eine eigene Schauspielfibel als Alternative zu Stanislawski vorzulegen, entwickelte er einen neuen Stil und eine neue Technik für die von ihm als »realistisch« (S. 169) benannte Spielweise, die ihn zur Erläuterung einer Reihe von Problemen veranlasste, welche man als zum Kern jedes Schauspieltrainingsprogramms gehörig ansehen kann. Dazu zählen z.B. das ›theoretische‹ Gedicht *Allgemeine Tendenzen, welche der Schauspieler bekämpfen sollte*, Notizen wie *Abnehmen des Tons*, *Elementarregeln für Schauspieler* oder *Über die Nachahmung*, wobei er in Letzterem Albert Bassermann mit Albert Steinrück in der Rolle des Wallenstein verwechselt.

Abgesehen von den ausführlichen »*Katzgraben*«-*Notaten* sind die wichtigsten Beiträge zur Verfeinerung und Klarstellung seiner theoretischen und theaterpraktischen Positionen in den beiden Dialogen *Einige Irrtümer über die Spielweise des Berliner Ensemble* und *Die Dialektik auf dem Theater* zu finden, in denen B. den Teilnehmern Stichworte in den Mund legt und so den Meinungsaustausch konstruiert. Dieser Ansatz stellt nicht nur eine Rückkehr zu seiner eigenen, bereits mit den *Messingkauf*-Dialogen praktizierten Methode dar, sondern geht auch auf eine ältere, von Diderot bis Craig und Stanislawski reichende Theatertradition zurück. Im Fall des *Dialektik*-Dialogs lieferte die Form eine anhaltende Untersuchung einiger Prinzipien, die hinter B.s Überzeugung standen, der Begriff ›episches Theater‹ bedürfe der Modifizierung in ›dialektisches Theater‹ (vgl. GBA 23, S. 296-302; S. 569). Gleichzeitig bietet sie einige interessante Vorgriffe auf Interpretationsansätze der englischsprachigen Shakespeare-Forschung zu *Coriolan* – etwa bezüglich der Titelfigur, ihres Verhältnisses zur eigenen sozialen Schicht und zur Plebs –, welche erst seit 1980 von der Literatur- und Theaterwissenschaft aufgenommen wurden.

Viele der Schriften B.s über das Theater und verwandte kulturpolitische Fragen aus den Jahren 1947-56 bedürfen der Ergänzung durch Material aus anderen Quellen, damit ein umfassenderes Bild von der Theorie-Praxis-Beziehung entstehen kann. So bedarf eine differenziertere Analyse der Ähnlichkeiten und/oder Unterschiede zwischen theoretischen Positionen und Theaterpraktiken bei B. und Stanislawski der Protokolle im BBA. Solche Fälle unterscheiden sich – um ein weiteres Beispiel zu nennen – von *Aufbau einer Rolle*, die nur partiell eine Dokumentation der Arbeit aus Sicht des Schauspielers Laughton darstellt.

Dagegen kann man im Hinblick auf einige Aufführungen zwischen 1947 und 1956 zusätzliche Quellen finden, welche aus praxisbezogenen Fußnoten zu theoretischen Fragen bestehen (so z.B. die von Erwin Geschonnek und Ekkehard Schall gelieferten Berichte; Lang/Hillesheim, passim; wie auch die Erinnerungen von Käthe Reichel). B.s *Anmerkungen zum Volksstück*, mit denen er seine Untersuchung stilistischer und aufführungsverwandter Probleme in *Herr Puntila und sein Knecht Matti* unternahm, beinhalten einige seiner scharfsinnigsten Bemerkungen dieser Jahre. Es sind Fragen der Naivität, des Naturalismus und der Komödie sowie deren Verbindung bzw. Gegensatz zu theatralischen Formen wie der Revue oder der Komödie. Diese werden hier mit einer Präzision und Klarheit diskutiert, die man in anderen theoretischen Schriften der Zeit vermisst. Curt Bois wies in seinen Erinnerungen auf Momente der Probenarbeit hin, bei denen der Regisseur B. als flexibel genug charakterisiert wird, um vorgefertigte Ansichten zu modifizieren: »Brecht drückte mir sein Regiebuch in die Hand: ›Hören Sie Bois! Sehen Sie sich genau die vorgesehenen Gänge an. Sie verstehen? Und gehen Sie dann sieben Schritte vorwärts. Sie verstehen? Anschließend exakt sieben Schritte zurück. Sie verstehen?‹ – ›Ich verstehe nicht.‹ – ›Na, wenn Sie es nicht verstehen, dann lassen Sie es eben sein. Sie verstehen?‹« (Bois, S. 98)

Eine so lockere (hier sogar resignative) Sicht auf praktische Bedingungen der Inszenierungsarbeit spiegelt sich auch im Bericht des englischen Produzenten Oscar Lewenstein wider, der B. 1955 traf, um die erste professionelle Produktion der *Dreigroschenoper* in England vorbereitend zu besprechen. Lewenstein korrigierte das – in gewissen Kreisen – verbreitete Bild von B. als humorlos oder unbeugsam: für ihn war er »the least dogmatic of men« (Lewenstein, S. 21), der die englischen Theaterleute dazu ermunterte, eine für London im Jahr 1956 angemessene Inszenierungsmethode zu finden. Außerdem liefert Lewenstein ein aufschlussreiches Beispiel von B.s Interesse an praktischen Details, indem er von einem bedauerlichen Versäumnis seinerseits berichtet, nämlich einen guten Ratschlag B.s nicht aufgenommen zu haben: dass jede Theaterinszenierung wenigstens »one sensational element« (S. 23) enthalten sollte, sei es in einer bestimmten Rollenbesetzung oder beim Inszenieren einer Szene.

Solche scheinbar beiläufigen Bemerkungen offenbaren aufschlussreiche Einblicke in B.s eigenes Verständnis der Theorie-Praxis-Dialektik. Dies sind gute Gründe, einige der theoretisch ausgerichteten Abschnitte in den *Schriften* von 1947–56 nicht nur in den Zusammenhang mit den Inszenierungsbeschreibungen selber zu stellen, sondern auch die anekdotenhaften Berichte von Mitarbeitern wie Benno Besson, Erwin Geschonnek und Regine Lutz in Betracht zu ziehen (vgl. Lang/Hillesheim, passim). Berichte dieser Art sollten nicht nur als nebensächlich für die ausgedehnten, diskursiven Abschnitte in den Schriften zu Stücken und Inszenierungsmethoden betrachtet werden, denn sie heben im Gegenteil B.s eigene Theaterpraxis um so deutlicher hervor.

Somit bleibt die Tatsache, dass Hans Bunges Tonbandaufnahmen vieler Probenstunden noch immer nicht vollständig veröffentlicht bzw. zugänglich sind, ein wesentliches Hindernis für jeden tiefgreifenden Versuch, B.s Methoden zu verstehen und auszuwerten. Die Essays und Artikel repräsentieren einen wertvollen Ausgangspunkt für das Verständnis B.s in seinem Umgang mit den entscheidenden Fragen eines Stücks, also mit Fabel, Milieu, Charakteren und deren Relevanz für Schauspieler und Publikum. Wie diese Elemente dann die Arbeit des Schauspielers und Regisseurs formen, kann nicht nur nach den Aufführungsberichten beurteilt werden. Auch die Probenprozesse, das Ausprobieren von Vorschlägen sowie deren Verwirklichung im Spiel sollten nach Möglichkeit zur Bewertung herangezogen werden.

Dass B. selber eine Analyse der Probenprozesse und beispielsweise den zeichnerischen Entwurf einer ›dramatischen Kurve‹ zum *Galilei* (Schumacher, zwischen S. 128 und S. 129) als notwendig und produktiv erachtete, lässt sich durch seinen Hinweis auf Wassili Ossipowitsch Toporkows Bericht über Stanislawskis Probenarbeit bestätigen: »Das Studium von Schilderungen Stanislawskischer Proben scheint mir besonders ergiebig. Seine Konzeptionen sind oft bewundernswert, die Durchführungen fast immer erstaunlich.« (GBA 23, S. 238) Noch relevanter für die Beurteilung der Schriften über das Theater ist eine frühere Feststellung B.s, die zwar als Entgegnung auf eine zu ehrfürchtige und theoretisch-orientierte Herangehensweise an Stanislawskis Schriften zu werten ist, gleichsam aber B.s eigenes Theorie-Praxis-Verhältnis umschreibt: »Man darf nicht über den Überbau – die Theorie – herangehen, sondern über die praktische Probenarbeit.« (S. 225)

Literatur:

Bois, Curt: Zu wahr, um schön zu sein. Berlin 1982. – Brauneck, Manfred/Schneilin, Gérard: Theaterlexikon. Begriffe und Epochen, Bühnen und Ensembles. Reinbek bei Hamburg 1990. – Callow, Simon: Charles Laughton – A Difficult Actor. London 1987. – Davies, Peter/Parker, Stephen: Brecht, SED Cultural Policy and the Issue of Authority. In: Giles, Steve/Livingstone, Rodney (Hg.): Bertolt Brecht. Centenary Essays. Amsterdam 1998, S. 181–195. – Eddershaw, Margaret: Actors on Brecht. In: Thomson, Peter/Sacks, Glendyr (Hg.): The Cambridge Companion to Brecht. Cambridge 1994. – Fuegi, John: Bertolt Brecht. Chaos, According to Plan. Cambridge 1987. – Hecht, Werner: Brechts Theaterarbeit. Seine Inszenierung des »Kaukasischen Kreidekreises« 1954. Frankfurt a.M. 1985. – Ders.: Brechts Theorie des Theaters. Frankfurt a.M. 1986. – Hentschel, Ingrid/Hoffmann, Klaus/Vassen, Florian (Hg.): Brecht & Stanislawski und die Folgen. Berlin 1997. – Kiedaisch, Petra: Lyrik nach Auschwitz. Adorno und die Dichter. Stuttgart 1995. – Lang, Joachim/Hillesheim, Jürgen (Hg.): »Denken heißt verändern ...«. Erinnerungen an Brecht. Augsburg 1998. – Lewenstein, Oscar: Kicking against the pricks: a theatrical producer looks back. London 1994. – Lucchesi, Joachim (Hg.): Das Verhör in der Oper. Die Debatte um die Aufführung »Das Verhör des Lukullus« von Bertolt Brecht und Paul Dessau. Berlin 1993. – Mews, Siegfried (Hg.): A Bertolt Brecht Reference Companion. Westport 1998. – Schumacher, Ernst: Drama und Geschichte. Bertolt Brechts »Leben des Galilei« und andere Stücke. Berlin 1965. – Wekwerth, Manfred: Schriften. Arbeit mit Brecht. Berlin 1975.

Michael Morley

Zum Theater

In seiner kurzen Beschreibung der Friedenstaube Picassos, die den Theatervorhang des Berliner Ensembles seit Ende 1949 schmückte, fasste B. programmatisch zusammen, was ihm von 1947 bis 1956 für die eigene Theaterarbeit wichtig sein würde: »Das Berliner Ensemble hat die streitbare Friedenstaube des Picasso zu seinem Wahrzeichen genommen: Stätte des Wissens um die menschliche Natur, der gesellschaftlichen Impulse und der Unterhaltung« (GBA 23, S. 117, vgl. S. 475).

Die letzten neun Lebensjahre B.s, reichend von seiner Rückkehr aus dem amerikanischen Exil 1947 bis zu seinem Tod 1956 in Ost-Berlin, waren nicht nur geprägt von der Wiederaufnahme intensiver Theaterarbeit mit dem 1949 gegründeten Berliner Ensemble, sondern auch von schriftlichen Ausarbeitungen, die zu den zentralen Bereichen seiner Theatertheorie gehören. Dazu zählen das *Kleine Organon für das Theater* (1948), in dem B. sein Konzept für Regiearbeit darlegte (vgl. den entsprechenden Artikel, BHB 4), der Band *Theaterarbeit* (1952), in dem sich B. verallgemeinernd zu aufführungspraktischen und dramaturgischen Problemen anhand von Arbeitsbeispielen des Berliner Ensembles äußerte, die *[»Katzgraben«-Notate 1953]*, in denen er über die Inszenierungsarbeit an Erwin Strittmatters Stück detailliert berichtet (vgl. den entsprechenden Artikel, BHB 4), die vor allem 1953 im Umfeld der Stanislawski-Konferenz entstandenen und sich mit dem russischen Regisseur auseinander setzenden Texte sowie eine Sammlung von neun Texten unter dem Titel *Dialektik auf dem Theater*, die zwischen 1951 und 1955 verfasst wurden.

Im September 1947 las B. im kalifornischen Exil das im Berliner Aufbau-Verlag gerade erschienene *Deutsche Stanislawski-Buch* von Ottofritz Gaillard (vgl. GBA 27, S. 246) und äußerte sich vernichtend dazu: »Was mich besonders anekelt an dem ›Deutschen Stanislawski-Buch‹, ist der hausbacken moralische Ton, der sich nicht einmal als handwerksmoralisch auslegen läßt, weil die Kurpfuscher eben keine echte Handwerksmoral haben können.« (S. 261) Das war nicht das erste Mal, dass er sich gegenüber dem russischen Regisseur Konstantin Sergejewitsch Stanislawski sowie dessen zahlreichen Schülern und Nachahmern ablehnend geäußert hatte, hatte B. doch schon seit Mitte der 30er-Jahre eine deutliche Gegenposition zu ihm bezogen. Stanislawskis Bezugspunkt und Ziel war »das illusionistische Theater des aufsteigenden Bürgertums – die geistige, moralische Wirksamkeit von Kunst in der Gesellschaft, das Abbilden von Realität in den Formen dieser Realität selbst, Einfühlung des Künstlers und des Zuschauers in die theatralischen Vorgänge, Verbergen des Künstlerischen durch die Kunst« (Fiebach, S. 115). Stanislawskis Theaterkonzept sah B. vom kritischen Naturalismus des ausgehenden 19. Jh.s geprägt, den B. für sein eigenes Theater als unbrauchbar ablehnte. Auf die Problematik dieser Sichtweise B.s ist jedoch von Detlev Schöttker aufmerksam gemacht worden: »Stanislawskis Arbeitsweise ist von Brecht seit Mitte der dreißiger Jahre immer wieder als naturalistisch bezeichnet worden, obwohl er darüber informiert war, daß der russische Regisseur seine künstlerische Auffassung seit den Anfängen am Ende des 19. Jahrhunderts bis zu seinem Tod im Jahre 1938 in verschiedenen Stadien weiterentwickelt hat.« (Schöttker, S. 233f.)

1937 kritisierte B. an Stanislawskis System die »Schwierigkeiten nicht geringer Art bei der Herbeizwingung der Einfühlung« durch Schauspieler und Zuschauer und hielt das von ihm vertretene Prinzip des distanzierenden Rollenspiels dagegen: »Der Kontakt zwischen Schauspieler und Zuschauer mußte auf eine andere Art zustande gebracht werden als auf die suggestive. Der Zuschauer mußte aus der Hypnose entlassen, der Schauspieler der Aufgabe entbürdet werden, sich total in die darzustellende Figur zu verwandeln. In seine Spielweise mußte, auf irgendeine Art, eine gewisse Distanz zu der darzustellenden Figur eingebaut werden.« (GBA 22, S. 280) Allerdings hatte B. in seiner Kontroverse mit Stanislawski die Benutzung der Einfühlung als Methode nicht grundsätzlich verworfen, ließ er doch »Einfühlung zu – für die Probe! [...] wenn auch in verschiedener Mischung« (GBA 23, S. 230).

Zur erneuten Überprüfung seiner ablehnenden Position ergab sich für B. ein weiterer Anlass, als die Staatliche Kommission für Kunstangelegenheiten vom 17. bis 19. 4. 1953 in Berlin eine Stanislawski-Konferenz einberief, um dessen Arbeitsmethoden für das DDR-Theater zu popularisieren. Schon in der bewusst beiläufigen Erwähnung von Konferenzteilnehmern sowie durch die indirekte Mitteilung über das eigene passive Zuhören – Helene Weigel verlas einen von B. vorbereiteten Text – distanzierte sich B. von diesem Ereignis: »Einige der Schauspieler, Dramaturgen und Regisseure beteiligten sich daran; auch B. ging hin, und die Weigel sprach über einiges Methodische, das der Arbeitsweise Stanislawskis und des Berliner Ensembles eigentümlich war. Sie wies übrigens auch auf die Verschiedenheiten hin.« (GBA 25, S. 453f.) B.s *Vorschläge für die Stanislawski-Konferenz April 53* sind geprägt durch eine Reihe von Vorbehalten: Stanislawskis Hauptschriften sowie die seiner Schüler »müssen endlich veröffentlicht werden« (GBA 23, S. 233). Das heißt im Kontext, sie sollen zunächst in vollem Umfang publiziert und rezipiert werden, bevor man (voreilig) über sie streite und Konferenzen abhalte. Stanislawskis Theorie solle nur dann übernommen werden, wenn sie die individuelle Arbeitsweise der Regisseure und Schauspieler nicht behindere, sondern befördere. Und schließlich sei es notwendig, genaue Kenntnis davon zu haben, was Stanislawski »im Lauf seiner Tätigkeit als irrig oder ungenügend erkannt« habe (ebd.).

B. erhielt im Umfeld dieser Konferenz Gelegenheit, seine Kontroversen mit Stanislawski aus den 30er-Jahren unter nunmehr veränderten gesellschaftlichen Bedingungen noch einmal zu überprüfen. Obgleich immer wieder behauptet wurde, dass sich B. 1953 aus politisch-strategischen Gründen einer Wiederholung seines vernichtenden Urteils entzogen habe (vgl. Mittenzwei, S. 447–451), dass also seine erneute Auseinandersetzung die Zeichen einer diplomatisch-taktierenden Abmilderung trage, bestätigen die relevanten B.-Texte diese Einschätzung nicht. Vielmehr sind sie immer wieder durch grundsätzliche Gegenpositionen bestimmt. So verbirgt B. seine genaue Kenntnis der Methoden verschiedentlich durch relativierende Bemerkungen wie: »wenn ich Stanislawski richtig deute« (GBA 23, S. 239). Diese Taktik des scheinbar beschränkten Verstehens (oder sogar des ›Nicht-Verstehens‹) beherrschte B. bereits in anderen politisch brisanten Lebenssituationen – etwa während seiner Anhörung vor dem Washingtoner HUAC-Tribunal (1947) – mit der Chuzpe eines Karl Valentin. Auch gegenüber Stanislawski argumentierte er listig, indem er sich teilweise ›dumm stellte‹, die Verantwortlichkeit seiner Textaussagen zurücknahm und eine Fehlbarkeit seiner Argumente vortäuschte. Aber auch die gespielte Unsicherheit gegenüber Stanislawskis theaterhistorischer Leistung ist offensichtlich: »Stanislawskis Theorie der physischen Handlungen ist vermutlich sein bedeutendster Beitrag zu einem neuen Theater.« (S. 228) B.s Haltung ist hier die eines vorsichtig und tastend Agierenden, der sich den Einfluss, welchen Stanislawski scheinbar auf ihn ausübt, nur über das Unbewusste erklären kann: »Besonders wenn wir die Äußerungen Stanislawskis aus seiner letzten Zeit hören, haben wir den Eindruck, daß Brecht da anknüpft, wahrscheinlich ganz unbewußt, einfach auf der Suche nach realistischer Gestaltung.« (S. 229) Sein Rekurs auf das von ihm schon als Begriff gemiedene ›Unbewusste‹ ist ein Hinweis darauf, wie ironisch dieser Text zu werten ist. Denn B. spielt mit Meinungen, gibt sich nur scheinbar an seinem Gegenstand interessiert und suggeriert eine intellektuelle Anteilnahme, die das Gegenteil von dem meint, was sie darzustellen scheint. Eine weitere Facette der Kritik an Stanislawski ist die der politischen Offensive: »Die Stanislawskischen Methoden der Konzentration erinnerten mich immer an die Methoden der Psychoanalytiker: es handelte sich hier wie dort um die Bekämpfung einer Krankheit sozialer Art, und sie erfolgte nicht durch soziale Mittel. So konnten nur die Folgen der Krankheit bekämpft werden, nicht ihre Gründe.« (S. 231)

Im Mai 1951 notierte B. *Einige Bemerkungen über mein Fach*, die in *Theaterarbeit* erstmals veröffentlicht wurden. In diesem ursprünglich für den 1. Deutschen Kongress *Über die Unteilbarkeit der deutschen Kultur* (Leipzig, Mai 1951) als Rede gehaltenen Text äußerte er sich grundlegend zur Theaterkunst im Nachkriegsdeutschland. B. gehört zu den wenigen Intellektuellen, die in ihrer Beschreibung der kulturellen Gegenwartsaufgaben nicht bei den zerstörten Theater- und Kulturbauten verharrten oder die kulturelle Entwicklung beider deutschen Staaten lediglich mit dem materiellen Wiederaufbau verknüpften. Vielmehr sah er, wie so oft bei seinen gesellschaftlichen Analysen, das Wesen hinter der Erscheinung, und sich selbst damit in der Rolle eines Aufklärers, der mit tief verwurzelten Irrtümern aufzuräumen habe: »Als wir nach Beendigung des Hitlerkriegs wieder darangingen, Theater zu machen, bestand die größte Schwierigkeit vielleicht darin, daß der Umfang der Zerstörung [...] weder den Künstlern noch dem Publikum bekannt zu sein schien.« (GBA 23, S. 150) Denn, so folgerte er weiter, »was das Theater betraf, bei dem doch mehr zerstört war, als Bauarbeit allein wieder aufrichten konnte, schien niemand viel mehr zu verlangen oder viel mehr zu bieten als ein Weitermachen, etwas erschwert durch das Fehlen von Brot und Kulissen« (ebd.). Entschieden verurteilte B. jeden Versuch, an die Schauspieltechnik der NS-Zeit anknüpfen zu wollen, indem »tatsächlich noch heute von der ›glänzenden Technik‹ der Göringtheater gesprochen« wird, »als wäre solch eine Technik übernehmbar, gleichgültig, auf was da ihr Glanz nun gefallen war« (S. 151). Er verwies darauf, dass hinter der materiellen Zerstörung der Theaterlandschaft die viel problematischere des nahezu korrumpierten Schauspielerhandwerks stand, nur erkannt von wenigen seiner Zeitgenossen: »Das Poetische war ins Deklamatorische entartet, das Artistische ins Künstliche. Trumpf war Äußerlichkeit und falsche Innigkeit. Anstatt des Beispielhaften gab es das Repräsentative, anstatt der Leidenschaft das Temperament. Eine ganze Generation von Schauspielern war ausgewählt nach falschen Gesichtspunkten, ausgebildet nach falschen Doktrinen.« (Ebd.) B. betrachtete es als Hauptaufgabe des deutschen Nachkriegstheaters, der jungen, heranwachsenden Schauspielergeneration eine neue Technik zu vermitteln, mit deren Hilfe sie die Drehpunkte der gesellschaftlichen Veränderung innerhalb der Fabel darstellen sowie eine Dramatik der Widersprüche und der dialektischen Prozesse erfahrbar machen konnte, spielend vor einem Publikum, das eine neue, kritisch-selbstbewusste Haltung gegenüber dem Gezeigten demonstrierte (vgl. ebd.). Denn, so schlussfolgerte er, nicht »durch besonders leichte Aufgaben konnte das verkommene Theater wieder gekräftigt werden, sondern nur durch die allerschwersten« (ebd.). Es ist die Erkenntnisleistung B.s, den Grundwiderspruch zwischen dem zerstörten materiellen Rahmen und dem Fortbestehen einer durch die NS-Zeit korrumpierten Spielweise deutlich gemacht zu haben. Wie nachhaltig der Tonfall des Faschismus sich selbst überlebt hatte, zeigte sich z.B. am berüchtigten Rundfunk-Kommentar nach dem entscheidenden deutschen Tor sowie nach dem Schlusspfiff im Endspiel Ungarn gegen Deutschland um die Fußballweltmeisterschaft 1954. Auch in anderen Texten, wie in *Notwendigkeit und Vorbedingung eines realistischen und sozialistischen Theaters* (ebd., S. 152f.), hatte B. immer wieder auf diese umgängliche wie komplizierte Aufgabe hingewiesen.

B. sah in seinen Schriften wie in der praktischen Theaterarbeit die Schaffung eines neuen technischen Standards als unabdingbare Voraussetzung von Schauspielkunst an, die sich von den ideologischen Verkrümmungen der NS-Zeit aber erst noch frei machen musste. Darüber hinaus erkannte er als dringlich an, der Klassiker-Rezeption innerhalb der entstehenden und von Formalismus-Debatten geprägten frühen DDR-Kultur grundlegend zu widersprechen. So vertrat er den Standpunkt, dass das klassische Standard-Repertoire der Theater wegen der NS-Vergangenheit in Deutschland nicht mehr positiv-unkritisch inszeniert werden könnte. B. hielt mit ganz anderen Traditionsbezügen dagegen, d.h. mit eigenen Bearbeitungen von Dramen des 18. Jh.s (*Hofmeister, Urfaust, Pauken und Trompeten, Don Juan*), mit Shakespeare-Bearbeitungen (*Coriolanus*) sowie Bearbeitungen antiker Stücke (*Die Antigone des Sophokles*), um einer *Einschüchterung durch Klassizität* entgegenzuwirken (vgl. zu B.s Bearbeitungen BHB 1, S. 13–27). B. zeigte in seinen Stückbearbeitungen sowie in der Regiearbeit vor allem die Misere der frühbürgerlichen Verhältnisse auf, auch deshalb, um die jüngste deutsche Vergangenheit und Gegenwart transparent werden zu lassen. In einem Gespräch mit Knut Borchardt Anfang April 1950 über die Inszenierung und Bearbeitung des *Hofmeisters* von Jacob Michael Reinhold Lenz hob er z.B. hervor, dass seine Bearbeitung »nicht die Anerkennung des historischen Lenz, sondern ›die Fragen eines revolutionären Proletariers an den Bürger von heute‹« sei (Wizisla, S. 135). B. habe, so Borchardt, »sehr scharf« dazu ausgeführt: »Wir bekämpfen das Bürgertum am besten, indem wir dem Proletarier zeigen, dass er sich auf dieses Bürgertum und seine Geschichte nicht verlassen kann [...], wie man 1848 sehen konnte. [...] Alles was nicht praktisch geworden ist, ist nach Meinung Brechts verfehlt.« (S. 136)

In diesem Zusammenhang betonte B. immer wieder, dass auch der Spaß im Theater nicht zu kurz kommen dürfe. »Es ist nicht genug verlangt«, schreibt er in den *[»Katzgraben«-Noten 1953]*, »wenn man vom Theater nur Erkenntnisse, aufschlußreiche Abbilder der Wirklichkeit verlangt. Unser Theater muß die *Lust* am Erkennen erregen, den *Spaß* an der Veränderung der Wirklichkeit organisieren.« (GBA 25, S. 418) So zeigte er beispielsweise im *Hofmeister*, dass das Bürgertum schon zu Beginn seines Aufstiegs die Werte der bürgerlichen Ehe ruinierte und damit auch die Definition der Ehe durch Kant ad absurdum führte. Denn in dem Moment, wo dem Hofmeister die ›Geschlechtswerkzeuge‹ abhanden gekommen sind, heiratet er und überführt damit das Ehemodell (und somit auch Kants Definition) ins spaßhaft Absurde.

Die wesentlichen Zäsuren innerhalb dieses Zeitraums bestehen in B.s Kampf um die *Lukullus*-Oper sowie um die *Faustus*-Oper seines Freundes Hanns Eisler. 1951 geriet B., der das Hörspiel *Das Verhör des Lukullus* von 1939 zusammen mit Paul Dessau zu einer Oper umgearbeitet hatte, in den Formalismus-Verdacht im Kontext einer kulturpolitischen Kampagne, die im März 1951 mit der 5. Tagung des ZK der SED zeitgleich zur Berliner Opernpremiere begonnen wurde. In einer Reihe von Texten setzte sich B. mit dem Formalismus-Vorwurf gegenüber der *Lukullus*-Oper im Besonderen sowie mit der Formalismus-Frage im Allgemeinen auseinander (vgl. GBA 23, S. 134–148). Vor allem Dessaus Musik wurde sowohl von staatlichen Stellen als auch von Experten scharf angegriffen. B. verteidigte die Musik, denn sie habe »überhaupt nichts mit Formalismus zu tun. Sie dient vorbildlich dem Inhalt, ist klar, melodienreich, frisch. Wir sehen Gespenster, wenn wir *überall* Formalismus sehen.« (GBA 24, S. 276; vgl. *Das Verhör des Lukullus / Die Verurteilung des Lukullus*, BHB 1, S. 401–418)

Am Beispiel der in GBA 23 und 24 veröffentlichten Texte B.s zur *Lukullus*-Kontroverse zeigt sich aber auch die Problematik der Textauswertung. Denn aus ihnen sowie aus seinen entsprechenden Anmerkungen in den *Journalen* und *Briefen* geht hervor, dass er sich zwar gegen den Formalismus-Vorwurf verteidigte, jedoch kompromissbereit war und Änderungen am Operntext anbrachte, was im westlichen Teil Deutschlands als ein politischer ›Kniefall‹ gewertet wurde. Demgegenüber zeugen die Aufzeichnungen Käthe Rülickes von privaten Gesprächen mit B. über den *Lukullus* von einer polemisch-kompromisslosen, teilweise aber auch resignativen Grundhaltung. B. erkannte für sich, dass die Diktatur des Proletariats »keine günstige Periode für Kunst« sei, denn im »Vordergrund steht die Politik, die gesellschaftlichen Tendenzen sind oft sogar kunstfeindlich, beschneiden (wegen Diktaturnotwendigkeit) freie Entfaltung, auch der Kunst« (Lucchesi, S. 178). B. reklamierte für Dessaus Musik, was für die vom Formalismus-Vorwurf betroffenen Kunstwerke in

Gänze damals galt: dass man bei dem Verweis auf klassische Kunst (der eine Vorbildfunktion für sozialistische Gegenwartskunst zugesprochen wurde) mit einer Konfliktgestaltung konfrontiert sei, die den gegenwärtigen gesellschaftlichen Problemen nicht mehr entspräche. Wie können mit diesem veralteten Material, so folgerte B. weiter, die ungelösten Konflikte der Gegenwart gestaltet werden? (vgl. S. 185) Zusammen mit den Gesprächsnotaten Rülickes erhalten B.s Texte in den *Journalen*, den *Briefen* und in der GBA einen neuen Kontext sowie eine andere Bewertbarkeit, da sie seine Abwägungen zwischen massivem Einspruch und taktierend-diplomatischem Tonfall offizieller Verlautbarungen sichtbar machen. Unstrittig ist auch, dass B.s Kampf um die *Lukullus*-Oper (sowie parallel um die *Mutter* und *Mutter Courage*, die ebenfalls der Formalismus-Kritik ausgesetzt waren) eine physische wie psychische Extrembelastung darstellte und ihm mehr an Lebens- und Schaffensenergie abverlangte, als es für ihn selbst und andere den äußeren Anschein hatte.

Ähnliches gilt auch für die Diskussionen um Eislers *Faustus*-Oper im Frühjahr 1953. Obwohl im Gegensatz zur *Lukullus*-Oper die *Faustus*-Oper unvertont blieb, genügte bereits die Veröffentlichung von Eislers Libretto im Aufbau-Verlag, um eine heftige wie grundsätzliche Kontroverse über seine eigenwillige Rezeption des klassischen *Faust*-Stoffes innerhalb sozialistischer Verhältnisse sowie über eine zu schaffende deutsche Nationaloper auszulösen. Obwohl B. an Eislers Libretto mit Hinweisen, Vorschlägen und Kritik beteiligt war, nahm er dennoch an den sogenannten Sitzungen der Mittwochsgesellschaft in der Ost-Berliner Akademie der Künste teil (die Materialien sind veröffentlicht bei Bunge), bei denen über das Libretto kontrovers diskutiert wurde. B. schrieb hierzu die *Thesen zur ›Faustus‹-Diskussion* und forderte darin, Eislers Kritikern widersprechend: »Es sollte nicht abgelehnt werden, daß eine große Figur der Literatur neu und in einem anderen Geist behandelt wird. Ein solches Unternehmen bedeutet keineswegs den Versuch, die Figur zu zerstören. Die antike griechische Dramatik weist manche dichterische Unternehmungen solcher Art auf.« (GBA 23, S. 246) Deutlich wird hier auch die indirekte Bezüglichkeit auf eigene Theaterprojekte wie den *Urfaust* oder andere Klassikerbearbeitungen. Dennoch war B.s Position auch eine ambivalente, denn er stimmte mit Eislers Kritikern zumindest darin überein, »daß die deutsche Geschichte nicht als Negativum dargestellt werden darf, sowie darin, daß die deutsche Dichtung, zu deren schönsten Werken Goethes ›Faust‹ gehört, nicht preisgegeben werden darf« (S. 249). Auch hier ist zu vermuten, dass B.s Position durch politisch-taktische Überlegungen beeinflusst war.

Nach den langen Jahren des Exils wurde nicht nur die praktische Theaterarbeit für B. wieder möglich, sondern sie gab auch Impulse für das Schreiben von praxisbezogenen Texten, die sich mit Schauspieltechniken, Sprechtechniken, dem Schminken, Beleuchten sowie anderen theatralischen Kunstmitteln befassten. Mit diesen Schriften beabsichtigte B. zum einen, den künstlerischen Standard wieder einzuführen, welchen er durch die NS-Zeit als zerstört bzw. ideologisch vereinnahmt ansah. Zum anderen aber dienten eine Reihe dieser Texte als Entgegnung auf immer wieder vorgebrachte Polemiken, Irrtümer und Missverständnisse gegenüber dem B.-Theater, insbesondere, was die häufig monierte, angebliche Trennung von Emotio und Ratio der Inszenierungen anbetraf. Hier reagierte B. nicht nur auf den Erklärungsbedarf gegenüber einer Nachkriegsgeneration, welche die Theaterkunst der Weimarer Republik nicht oder nicht mehr bewusst erlebt hatte, sondern auch auf Vorbehalte seiner Kritiker aus den 20er-Jahren wie z.B. Fritz Erpenbeck und Alfred Kurella, die, aus sowjetischem Exil zurückkehrend, im neuen Staat DDR das sich entwickelnde Kulturleben entscheidend mitbestimmten. Immer wieder wurde B. zu Stellungnahmen bemüht, den umstrittenen Begriff ›episches Theater‹ erneut zu erklären und Fehlinterpretationen richtigzustellen. So betonte er in einem Anfang 1949 veröffentlichten Dialog mit Friedrich Wolf *Formprobleme des Theaters aus neuem Inhalt*: »Es ist nicht der Fall [...], daß episches Theater [...] den Kampfruf ›Hie Vernunft – hie Emotion (Gefühl)‹ erschallen läßt. Es verzichtet in keiner Weise auf Emotionen. [...] Die ›kritische Haltung‹, in die es sein Publikum zu bringen trachtet, kann ihm nicht leidenschaftlich genug sein.« (S. 110) Dass die Darstellung auf dem Theater auch einer bestimmten Bühnentechnik bedarf, hatte B. schon in den 20er-Jahren praktiziert, etwa bei der Einführung der Song-Beleuchtung oder des halbhohen Bühnenvorhangs in der *Dreigroschenoper*. Nach dem zweiten Weltkrieg kam es ihm darauf an, diesen theatralischen Ansatz wieder zurückzugewinnen und unter veränderten gesellschaftlichen Bedingungen einem neuen Theater zuzuführen. In dem kleinen Text *Helle, gleichmäßige Beleuchtung* empfiehlt er – besonders im Blick auf sein *Puntila*-Stück – die Anwendung dieser Beleuchtung, denn das »Publikum bleibt sich dadurch immer bewußt, daß es auf Theater schaut, nicht auf wirkliches Leben, auch wenn die Schauspieler so natürlich und lebenswahr spielen, wie es sich gehört.« (S. 115) »Das Publikum kommt so nicht so leicht wie bei schummrigem Licht ins Träumen, es bleibt wach, ja wachsam.« (S. 116)

In dem Text *Die Regie Brechts*, erschienen 1952 in *Theaterarbeit*, zeigt er, dass sein neues Theater nicht mit veralteten Regiemethoden bewältigt werden kann, und dass eine autoritäre Haltung des Regisseurs gegenüber den Schauspielern unzeitgemäß ist. »Brecht gehört nicht zu den Regisseuren, die alles besser wissen als die Schauspieler. Dem Stück gegenüber nimmt er eine Haltung des ›Nichtwissens‹ ein; er wartet ab. Man hat den Eindruck, als kenne Brecht sein eigenes Stück nicht, keinen einzigen Satz. Und er will auch gar nicht wissen, was geschrieben ist, sondern wie das Geschriebene vom Schauspieler auf der Bühne gezeigt werden soll.« (GBA 23, S. 162 f.) B. ließ das menschliche Zusammenleben präzis studieren, er spielte viel vor, allerdings nur Unfertiges, um die Fantasie und Gestaltungskraft der Schauspieler anzuregen, als der »dankbarste Zuschauer seiner Schauspieler« (S. 164). Seine Probenarbeit war ebenso konzentriert wie heiter, er vermied lange Diskussionen psychologischer Natur. Gute Vorschläge seiner bei den Proben anwesenden Schüler gab er sofort an die Schauspieler weiter unter Nennung des Vorschlagenden, um so den kollektiven Charakter der Inszenierungsarbeit zu betonen (vgl. S. 163–166).

In dem kurzen Text *Allgemeine Tendenzen, welche der Schauspieler bekämpfen sollte* gibt B. eine Aufzählung fehlerhaften Verhaltens auf der Bühne wieder (z.B. »Nach der Bühnenmitte zu streben«; S. 170), um den jungen Schauspielern eine kleine nützliche Anleitung an die Hand zu geben. In dem längeren Text *Aus einem Brief an einen Schauspieler* berührt B. Fragen des Artistischen, der deutlichen Aussprache, des Dialektsprechens, des ökonomischen Einsatzes der Stimme; in *Abnehmen des Tons* beschreibt B. die Technik, wie die Replik einer Bühnenfigur von einer anderen aufgefangen und wiedergegeben werden kann. Schließlich zählt er in dem Text *Warum die halbhohe, leicht flatternde Gardine?* die Vorteile für die Zuschauer auf, da sie Augenzeugen der Vorbereitung auf der Bühne, der Umbauten, der Positionierung der Schauspieler vor dem Spielbeginn usw. werden. Zwar bleibe die Überraschung gewahrt, doch werde die Arbeit der Bühnenarbeiter nicht verborgen und somit das Theater als Produktions- und nicht als Illusionsort gezeigt. In dem Text *[Beobachtung und Nachahmung]* diskutiert B. den künstlerischen Entwicklungsprozess junger Schauspieler durch eigene Beobachtung: »In gewisser Weise verwandelt sich für den Schauspieler seine ganze Umwelt in Theater, und er ist der Zuschauer. Ständig eignet er sich das seiner ›Natur‹ Fremde an, und zwar so, daß es ihm fremd genug bleibt, d.h. so fremd, daß es sein Eigenes behält.« (S. 181)

Um 1954 fasste B. in einigen Schriften zusammen, worin die Spezifik des Berliner Ensembles bestand, nämlich in der Darstellung der Gesellschaft und der menschlichen Natur als veränderbar, im Zeigen der Konflikte als gesellschaftliche Konflikte, in der Präsentation von Charakteren mit echten Widersprüchen und sprunghaften Entwicklungen, in der vergnügten Vermittlung einer dialektischen Betrachtungsweise sowie in der Herstellung einer Einheit aus Poesie und Realismus (vgl. *[Eigenarten des Berliner Ensembles 1]*; GBA 23, S. 311f.). Als Entgegnung auf Kritiker, welche die Spielweise des Berliner Ensembles monierten, hob B. hervor, dass ein Widerspruch zwischen dem zahlreich kommenden und positiv reagierenden Publikum bestünde und denjenigen Experten, welche die ungewohnte theatralische Darstellung verurteilen würden. Geschickt argumentierte B. mit immanenter Gegenkritik, indem er hervorhob, dass neben der Beibehaltung alter Kunstmittel auch einige neue und ungewohnte verwendet wurden, was »Marxisten natürlich nicht in Erstaunen setzen« kann (S. 314). Er betonte, dass neue Kunstmittel fragwürdig und im Einzelfall diskussionswürdig sein mögen, ihr grundsätzlicher Einsatz jedoch unumstritten sei (vgl. ebd.). Diesem Thema, Bewährtes zu bergen, Neues zu entwickeln sowie dies einer jungen Schauspielergeneration anzuempfehlen, waren seine letzten Lebensjahre vor allem verpflichtet.

Literatur:

Bunge, Hans: Die Debatte um Hanns Eislers »Johann Faustus«. Eine Dokumentation. Berlin 1991. – Fiebach, Joachim: Von Craig bis Brecht. Studien zu Künstlertheorien in der ersten Hälfte des 20. Jahrhunderts. Berlin 1977. – Lucchesi, Joachim (Hg.): Das Verhör in der Oper. Die Debatte um die Aufführung »Das Verhör des Lukullus« von Bertolt Brecht und Paul Dessau. Berlin 1993. – MITTENZWEI, BD. 2. – Schöttker, Detlev: Bertolt Brechts Ästhetik des Naiven. Stuttgart 1989. – Wizisla, Erdmut (Hg.): 1898-Bertolt Brecht-1998. »... und mein Werk ist der Abgesang des Jahrtausends«. Berlin 1998.

Joachim Lucchesi

Kleines Organon für das Theater

Entstehung

B.s *Kleines Organon für das Theater* (GBA 23, S. 65–97), das zu seinen bedeutendsten theoretischen Schriften zählt, entstand auf Anregung Helene Weigels im Sommer 1948 in der Schweiz. Angesichts der in Aussicht gestellten Möglichkeit, in Berlin wieder praktische Theaterarbeit leisten zu können, erschien es dem Stückeschreiber sinnvoll, die theoretischen Überlegungen zu einem ›neuen Theater‹ zusammenzuführen.

Konkrete Vorarbeiten für den Text reichen bis in den Januar des Jahrs 1948 zurück (vgl. Hecht, S. 807f.). Gegenüber Max Frisch erwähnte B. im Juli die Arbeit an der Schrift in einem Brief (vgl. GBA 29, S. 454). Am 18. 8. 1948 notierte B. in sein *Journal*: »Mehr oder weniger fertig mit ›Kleines Organon für das Theater‹« (GBA 27, S. 272). Anfang Dezember 1948 unterschrieb B. einen Vertrag über die Erstveröffentlichung der Schrift in einem B.-Sonderheft der vom Kulturbund geplanten neuen Zeitschrift *Sinn und Form* (vgl. Hecht, S. 842). Noch bevor dieses im Frühjahr 1949 erschien, wurden Auszüge des *Kleinen Organons* in der Münchener Zeitschrift *glanz* herausgebracht. B. hielt den Druck für ungesetzlich, während der Verleger Kurt Desch behauptete, das Einverständnis von Ruth Berlau eingeholt zu haben (vgl. S. 855, S. 856, S. 857). – 1954/1955 ergänzte B. in *Nachträgen zum »Kleinen Organon«* (GBA 23, S. 289–295) die Schrift um Erkenntnisse aus der praktischen Theaterarbeit.

Die Behauptung John Fuegis, beim *Kleinen Organon* handle es sich um »eine direkte Entgegnung auf Eric Bentleys *The Playwright as Thinker*« (Fuegi, S. 713), ist ebenso haltlos wie seine Einschätzung, die Schrift sei auf Grund »Bentleys Ansporn« (S. 714) entstanden. Zwar ist ein Briefwechsel zwischen Bentley und B.

dokumentiert, der sich teilweise auch auf das *Organon* bezieht, die Passagen beschränken sich aber entweder auf allgemeine Appelle Bentleys an B., »eine Darlegung über das epische Theater« zu verfassen (Bentley, S. 112), oder stellen eine Diskussion über Einzelaspekte des *Kleinen Organons* dar, die folglich erst nach Entstehung der Schrift aufgenommen wurde, so etwa über die Ausführungen B.s zu Shakespeares *Hamlet* (vgl. Bentley, S. 114, S. 115; GBA 29, S. 558f., S. 560–562). Fuegis Überschätzung der Rolle Bentleys bei der Entstehung von B.s Schrift basiert nicht zuletzt auf dem Fehlurteil, B. habe im *Kleinen Organon* »eine Kehrtwende um 180 Grad« gemacht und »die Hauptelemente seiner früheren Theorien [...] über Bord« geworfen (Fuegi, S. 715), weil er, obwohl doch vermeintlicher Aristoteles-Gegner, die Fabel des Dramas zum ›Herzstück‹ erklärte und das Vergnügen als höchstes Ziel des Theaters definierte. Gerade diese beiden Ansätze, aber auch zahlreiche andere aus dem *Kleinen Organon*, lassen sich bereits in früheren theoretischen Schriften B.s ohne weiteres nachweisen, etwa in *Vergnügungstheater oder Lehrtheater?* von 1935/36 (GBA 22, S. 106–116), wo es heißt: »Das Theater bleibt Theater, auch wenn es Lehrtheater ist, und soweit es gutes Theater ist, ist es amüsant.« (S. 112)

Bezüge zu B.s früheren Schriften

Überhaupt finden sich zahlreiche Anknüpfungspunkte zu B.s früheren theoretischen Arbeiten. Die pauschale Einschätzung der Forschung, B. sei ›eigentlich‹ ein »Vertreter eines intellektualistischen Theaters« und ein »Gegner von Unterhaltung« gewesen und habe mit dem *Kleinen Organon* »versucht, dieses recht ernste und puritanische Image zu mildern, um seine Rückkehr auf die Nachkriegsbühnen Europas zu erleichtern« (Jameson, S. 36), kann mit den – zum Teil wörtlichen – Bezügen zu den theoretischen Arbeiten aus der Zeit vor der Vertreibung aus Deutschland und der Frühphase des Exils klar widerlegt werden. Vielmehr stellt das *Organon* eine Ausarbeitung und Verknüpfung der früheren Gedanken dar.

Dass das Theater für ein »Publikum des wissenschaftlichen Zeitalters« spielen sollte, hielt B. z.B. 1929/30 im *Dialog über Schauspielkunst* fest (GBA 21, S. 279). Betont wurde – in einem dialogischen Stil, der an den *Messingkauf* und an das *Kleine Organon* erinnert – schon da: »Sollen wir denn Wissenschaft im Theater sehen? / Nein, Theater.« (S. 280) Dem Schauspieler wird angeraten, »Nicht so sehr den Menschen, mehr vielleicht die Vorgänge«, also die ›Fabel‹, verständlich zu machen (ebd.).

Die Begriffe ›Unterhalt‹ und ›Unterhaltung‹ setzte B. bereits in einem kurzen Text von 1935/36 gegeneinander (GBA 22, S. 117). In *[Nichtaristotelische Dramatik und wissenschaftliche Betrachtungsweise]* wurden, etwa zur gleichen Zeit, aristotelische Begriffe wie Identifikation, Mimesis oder Katharsis in ähnlicher Weise kritisch reflektiert wie später im *Organon* (vgl. S. 168f.).

Als »allgemeinen Rauschgifthandel« (S. 162) charakterisierte B. den bürgerlichen Theaterbetrieb im gleichen Zeitraum. In *Über die Verwendung von Musik für ein episches Theater* heißt es weiter: »Wir sehen ganze Reihen in einen eigentümlichen Rauschzustand versetzter, völlig passiver, in sich versunkener, allem Anschein nach schwer vergifteter Menschen.« (S. 163; zur ›Rauschwirkung‹ des Theaters vgl. S. 173, S. 682f.) – Zum *Kleinen Organon* können u.a. außerdem folgende Texte in Beziehung gesetzt werden: *Kurze Beschreibung einer neuen Technik der Schauspielkunst, die einen Verfremdungseffekt hervorbringt; Über den Aufbau einer Person; Über den Gestus; Über die Verwendung von Musik für ein episches Theater; Über den Bühnenbau der nichtaristotelischen Dramatik.*

In einem besonderen Verhältnis steht das *Organon* zum *Messingkauf*, einer fragmentarisch gebliebenen »Theorie in Dialogform« (wie B. den Text am 12.2.1939 in seinem *Journal* bezeichnete; GBA 26, S. 327), die der Stückeschreiber von 1939 bis 1955 in verschiedenen Arbeitsphasen immer wieder in Angriff nahm. Im *Kleinen Organon* sah B. »eine kurze Zusammenfassung des ›Messingkauf‹« (*Journal*, 18. 8. 1948; GBA 27, S. 272). Die Nähe des *Organons* zum *Messingkauf*, der aus Dialogen zwischen Theoretikern und Praktikern des Theaters besteht, lässt sich durch inhaltliche und stilistische Übernahmen auch ohne diesen Hinweis belegen (vgl. exemplarisch: »Theater des wissenschaftlichen Zeitalters«, GBA 22, S. 695; »Thaeter«, S. 697, S. 779 f.; Unterhaltung/Unterhalt, S. 700; Verhältnis Naturalimus – Realismus, S. 769 f.; herangezogene Textbeispiele wie *Wallenstein*, S. 717 oder *Die Weber*, S. 723; vgl. auch *Der Messingkauf*, BHB 4).

Bezüge zu anderen Autoren

Der Titel der Schrift steht in Bezug sowohl zu Aristoteles als auch zu Francis Bacon. ›Organon‹ bedeutet dem griechischen Wortursprung nach ›Werkzeug‹ oder ›Instrument‹, im weiteren Sinn meint es ein Hilfsmittel oder Nachschlagewerk. Als *Organon* ist die Zusammenfassung der logischen Schriften von Aristoteles durch spätere Herausgeber bezeichnet worden (vgl. GBA 23, S. 461; Flashar, S. 17). Francis Bacon publizierte 1620 sein *Novum Organon Scientiarium* (*Neues Organon*), das sich formal an Aristoteles' *Organon* anlehnt und sich inhaltlich damit auseinander setzt. Das *Kleine Organon* ist formal stark von Bacon beeinflusst, was sich neben der Titelgebung auch in der Einteilung in Paragrafen, im aphorismenartigen Stil und in der induktiven Methodik äußert. Desgleichen übernimmt B. die Stoßrichtung der Bacon'schen Schrift als einer kritischen Positionierung zu Aristoteles, im Gegensatz zum englischen Philosophen freilich aufs Theater bezogen. Der direkte Bezug zu Bacon »verrät die Höhe von Brechts Anspruch: er will für die Ästhetik dasselbe leisten, was Bacon für die Wissenschaften geleistet hat« (Grimm, S. 47; zu Bacons Stellung in B.s theoretischem Werk vgl. Brüggemann, S. 248–258).

Grundsätzlich behandelt B. im *Organon* das alte Horaz'sche Problem des ›prodesse‹ in seinem Verhältnis zum ›delectare‹ (vgl. Grimm, S. 59; Flashar, S. 23). Eine explizite Berufung auf Horaz erfolgt aber nicht, Aristoteles dagegen wird im *Kleinen Organon* zwei Mal direkt erwähnt (§ 4, § 12). Inhaltliche Bezugnahmen zu Aristoteles' *Poetik* sind häufiger. Übernommen wird im *Kleinen Organon* die Ansicht, dass es »nicht die Aufgabe des Dichters ist, bloß das *Geschehene* darzustellen«, sondern vielmehr auch das zu erzählen, was »hätte geschehen können« (Aristoteles, S. 35). Ähnlich heißt es bei B.: »Unkorrektheit, selbst starke Unwahrscheinlichkeit störte wenig [...]. Es genügte die Illusion eines zwingenden Verlaufs der jeweiligen Geschichte« (GBA 23, S. 69). Neben dem Beharren auf dem ›Vergnügen‹ als der eigentlichen Funktion der Kunst (vgl. Aristoteles, S. 15) erscheint auch die Berufung auf die Fabel als dem wichtigsten Element von dem griechischen Philosophen übernommen (vgl. S. 25). Bei genauerer Betrachtung werden hier aber auch Unterschiede zum *Kleinen Organon* deutlich. Nach Aristoteles geht die Fabel aus dem Charakter der Figur hervor (S. 27, vgl. S. 55–57). Dagegen setzt das *Kleine Organon*: »Es ist eine zu große Vereinfachung, wenn man die Taten auf den Charakter und den Charakter auf die Taten abpaßt; die Widersprüche, welche Taten und Charakter wirklicher Menschen aufweisen, lassen sich so nicht aufzeigen.« (GBA 23, S. 85)

Aristoteles ist außerdem Verfechter einer ›geschlossenen‹ Handlung (Aristoteles, S. 31), ›episodische‹ Fabeln lehnt er prinzipiell ab (S. 37). Wiederum argumentiert hier der B.sche Text konträr: »Die Teile der Fabel sind also sorgfältig gegeneinander zu setzen, indem ihnen ihre eigene Struktur, eines Stückchens im Stück, gegeben wird.« (GBA 23, S. 92) Grundlegend bleibt festzuhalten, dass sich das Verhältnis von B. zu Aristoteles »erheblich differenzierter« darstellt, »als es die plakative Gegenüberstellung von aristotelischer und nicht-aristotelischer Dramatik [...] vermuten läßt« (Flashar, S. 35).

Ferner ergeben sich Bezüge zu Lessing und Schiller. § 28 des *Kleinen Organons* zielt gegen Lessings Vorstellung von einem ›gemischten‹ Charakter, wonach »weder ein ganz tugendhafter Mann, noch ein völliger Bösewicht« auftreten dürfe (Lessing, S. 580) und entsprechend beim Publikum ›vermischte Empfindungen‹ (vgl. S. 583f.) auszulösen seien: Die Zuschauer sollen sich also mit der Figur (als ›Mensch wie Du und ich‹) identifizieren. B., der die Identifikation als ›Einfühlung‹ (die von Aristoteles als Begriff nicht herzuleiten ist; vgl. Flashar, S. 33) ohnehin ablehnt, kritisiert außerdem eine solche Beschränkung der Figuren, weil »alle Züge aus dem engen Bereich genommen sein [müssen], innerhalb dessen jedermann sogleich sagen kann: ja, so ist es« (GBA 23, S. 76). Gegen Schiller, der u.a. in seinem Aufsatz *Die Schaubühne als moralische Anstalt betrachtet* (1785) eine erzieherische Funktion des Theaters propagierte, argumentiert § 3 des B.schen *Organons*, dass man die Bühne nicht zu einem »Markt der Moral« machen darf (GBA 23, S. 67). Außerdem sieht er Schillers Ansicht, die dieser im Briefwechsel mit Goethe (26. 12. 1797) geäußert hatte, dass der Schauspieler seine Begebenheiten als vollkommen gegenwärtig zu spielen habe, als überholt und für das ›neue‹ Theater nicht mehr verbindlich an (§ 50).

Auch zu Nietzsches *Die fröhliche Wissenschaft* von 1882 finden sich einige Bezugspunkte. Abgesehen vom Titel selbst, der bei B. in Formulierungen wie »fröhlichen Interessen« (§ 22, S. 73) auftaucht, erinnert die Form an B.s Schrift: Nietzsche hat den Hauptteil der *Fröhlichen Wissenschaft* in durchnummerierten Aphorismen verfasst, und auch in seinem Werk ergibt sich ebenso wenig wie bei B. der Eindruck eines geschlossenen Systems (vgl. Müller, S. 144). Inhaltlich verweist eine Textpassage Nietzsches auf das *Kleine Organon* bzw. auf ein Bild, das B. mehrfach verwendet: das (bürgerliche) Theater als Ort, an dem »rauscherzeugende Mittel« (Nietzsche, S. 103) produziert werden: »Die s t ä r k s t e n Gedanken und Leidenschaften vor denen, welche des Denkens und der Leidenschaft nicht fähig sind – aber des R a u s c h e s ! [...] Und Theater und Musik das Haschischrauchen und Betelkauen der Europäer! O wer erzählt uns die ganze Geschichte der Narkotika! – es ist beinahe die Geschichte der ›Bildung‹, der sogenannten höheren Bildung!« (S. 103f.)

In einem besonderen Beziehungsgeflecht steht der B.sche Begriff der ›Verfremdung‹, der sich inhaltlich sowohl bei Bacon, als auch bei Hegel oder Nietzsche finden lässt. In Bacons *Novum Organon* heißt es: »das Staunen ist ein Abkömmling des Seltenen. Jedes Seltene ruft Erstaunen hervor, selbst wenn es aus der Art ganz gewöhnlicher Eigenschaften stammt. / Dagegen wird das, was mit Recht Bewunderung verdiente, weil es in seiner Art von anderen Arten starke Abweichungen zeigt, sobald es häufiger auftritt, im allgemeinen wenig beachtet.« (Bacon, S. 417f.) Pointierter hält die Formulierung Hegels den Sachverhalt fest, dass das »Bekannte überhaupt [...] darum, weil es *bekannt* ist, nicht erkannt« ist (Hegel, S. 28). Nietzsche problematisiert im 355. Aphorismus seiner *Fröhlichen Wissenschaft* das Erkennen folgendermaßen: »Auch die Vorsichtigsten [...] meinen, zum mindesten sei das Bekannte l e i c h t e r e r k e n n b a r als das Fremde [...]. Irrtum der Irrtümer! Das Bekannte ist das Gewohnte; und das Gewohnte ist am schwersten zu ›erkennen‹, das heißt als Problem zu sehen, das heißt als fremd, als fern«. (Nietzsche, S. 257)

Beschreibung

Das *Kleine Organon für das Theater* besteht aus 77 nummerierten Paragrafen unterschiedlicher Länge – von wenigen Zeilen bis maximal zwei Seiten, durchschnittlich von einer halben Seite –, denen eine ›Vorrede‹ vorangestellt ist. Die Paragrafen stehen dabei nicht einzeln für sich; mehrere zusammen bilden abgrenzbare Einheiten zu verschiedenen Aspekten. Auf eine Definition des ›Theaters‹ in § 1 folgen Ausführungen zum ›Vergnügen‹ als dessen wichtigster Funktion (§ 2 bis § 4). Arten und Bedingungen von Vergnügungen werden in § 5 bis § 10 analysiert. Der Stand des ›Vergnügens‹, den das zeitgenössische Theater zu leisten in der Lage ist, wird in § 11 bis § 13 problematisiert. Was unter der ›neuen Zeit‹ verstanden wird, die in erheblichem Umfang von den Wissenschaften bestimmt sei, wird in § 14 bis § 16 näher erläutert. Darauf folgt eine Untersuchung dessen, was der ›neuen Zeit‹ noch fehlt: den kritischen, wissenschaftlichen Blick auf die Gesellschaft zu richten. Dabei sollen Wissenschaft und Kunst helfend wirken (§ 17 bis § 21).

Über die Haltung, die im Theater der ›neuen Zeit‹ notwendig ist, reflektieren § 21 bis § 25. Abgesehen von § 32, der eine Aufforderung zum ›Weiterschreiten‹ enthält, widmen sich § 26 bis § 34 einer Analyse und Kritik des bisherigen Theaters. Als Gegenbild dazu entwerfen § 35 bis § 41 die Grundzüge eines Theaters der ›neuen Zeit‹. Welche Techniken dies ermöglichen sollen, wird in § 42 bis § 46 erläutert. Die konkrete Umsetzung der Techniken besprechen § 47 bis § 56. Darauf folgen praktische Vorschläge für den Schauspieler, wie er sich die Techniken erarbeiten kann (§ 57 bis § 64).

Auf die Bedeutung der Fabel gehen § 64 bis § 70 ein. Die Einbeziehung der ›Schwesterkünste‹ wie Musik oder Bühnengestaltung diskutieren § 71 bis § 75, bevor die letzten drei Paragrafen abschließend die Aufführung zum Thema haben (§ 75 bis § 77).

Sprachlich und stilistisch betrachtet fallen am *Organon* die Begriffsanleihen aus anderen Bereichen auf, vornehmlich aus den (Natur-)Wissenschaften und der Bibel. An letztere erinnert die Bezeichnung ›Kinder‹ (eines wissenschaftlichen Zeitalters; vgl. § 21, § 29, § 63, § 75). Außerdem kehrt B. das Bibelwort ins Gegenteil, nach dem der Glaube Berge versetzen kann: »Haben wir nicht gesehen, wie der Unglaube Berge versetzt hat?« (§ 32, S. 77f.; vgl. 1 Korinther 13,2).

Der wissenschaftliche Duktus, der sich bereits in den Bezügen zu den anderen wissenschaftlichen Arbeiten äußert, durchzieht die gesamte Schrift und wird schon im ersten Satz betont, in dem ausdrücklich von ›untersuchen‹ die Rede ist (vgl. GBA 23, S. 65). Mehrfach wiederholt wird das ›wissenschaftliche Zeitalter‹ als Bezugsrahmen (*Vorrede*, § 21, § 56 u. ö.). Auch Bezeichnungen wie »Feld der menschlichen Beziehungen« (§ 30, S. 77; § 35, S. 79) oder »Experiment« bzw. »Experimentierbedingungen« (§ 52, S. 85) verweisen auf den wissenschaftlichen Bereich. – Daneben werden häufig einzelne Begriffe an verschiedenen Stellen wiederholt angesprochen, geradezu insistierend in Erinnerung gerufen, so etwa, wenn es um die Fabel (§ 1, § 50, § 64-§ 70), das Vergnügen (§ 2-§ 10, § 24, § 75) oder den Wirklichkeitsbezug des Theaters (§ 7, § 13, § 23, § 54 u.ö.) geht.

Offensichtlich wird auch, dass es sich bei dem Verfasser dieser theoretischen Schrift um einen Dichter handelt, was sich beispielsweise an Wortspielen (Unterhalt/Unterhaltung; § 20, § 23) oder an der verwendeten Metaphorik zeigt: Das Theater wird mehrfach als »Spezies Theater«, also als lebendes Gebilde bezeichnet (S. 65 und S. 66); die Kunst wird anthropomorphisiert, wenn es heißt, dass »sie wünscht, sich hoch und niedrig zu bewegen und in Ruhe gelassen zu werden, wenn sie damit die Leute vergnügt« (S. 68). Manche Textstellen sind in besonders eindringlicher poetischer Sprache abgefasst, so wie das folgende Beispiel, das abgewandelt auch im Gedicht *1940* der *Steffinschen Sammlung* zu finden ist und im *Kleinen Organon* sogar poetisch dichter formuliert scheint: »In diesen Kriegen durchforschen die Mütter aller Nationen, ihre Kinder an sich gedrückt, entgeistert den Himmel nach den tödlichen Erfindungen der Wissenschaft.« (§ 18, S. 72; vgl. »Die Kinder an sich drückend / Stehen die Mütter und durchforschen entgeistert / Den Himmel nach den Erfindungen der Gelehrten.« GBA 12, S. 96)

Zugleich fallen Besonderheiten auf, die einer theoretischen Schrift – legt man die üblichen Muster zu Grunde – unangemessen scheinen oder untypisch sind. Dazu gehört, dass statt exakter und klarer Abgrenzungen oder Inhaltsbestimmungen widersprüchliche bis paradoxe Feststellungen zu finden sind, so zum Beispiel in § 4: »Mehr verlangend vom Theater oder ihm mehr zubilligend, setzt man nur seinen eigenen Zweck zu niedrig an« (GBA 23, S. 67), oder: »Die Einheit der Figur wird nämlich durch die Art gebildet, in der sich ihre einzelnen Eigenschaften widersprechen« (§ 53, S. 86). Diese Unstimmigkeiten sind von der Forschung selten als eigene Qualität gewürdigt, vielmehr als eindeutige Unzulänglichkeit (vgl. Kobel, S. 138) herausgestellt worden, ohne dass dabei die B.sche Methodik reflektiert worden wäre. So heißt es etwa in den *Nachträgen* zum *Organon*: »Die Überraschungen der logisch fortschreitenden oder springenden Entwicklung, der Unstabilität aller Zustände, der Witz der Widersprüchlichkeiten usw., das sind Vergnügungen an der Lebendigkeit der Menschen« (GBA 23, S. 290), oder, wie es prägnanter formuliert im *Dreigroschenprozeß* heißt: »Die Widersprüche sind die Hoffnungen!« (GBA 21, S. 448)

Ungewöhnlich ist zudem die nahezu dialogisch wirkende Diktion (›wir‹), die sich in § 63 sogar in einem direkt benannten ›Du‹ äußert und damit stilistisch auf das dialogische Prinzip des *Messingkaufs* verweist. Für eine theoretische Schrift untypisch ist zudem der immer wieder betonte Praxisbezug, der sich einerseits in den praktischen Anleitungen für den Schauspieler zeigt (von der Theorie zur Praxis) und der andererseits den Ausgangspunkt der Schrift benennt: den praktischen Theateralltag (von der Praxis zur Theorie). Stellenweise wird sogar durch den Tempusgebrauch darauf verwiesen, dass der Ursprung der beschriebenen Ästhetik in der Theaterarbeit liegt (vgl. den Tempuswechsel vom Präteritum ins Präsens in § 47). Ferner führt der Text Vergleiche an, die in anderen theoretischen Schriften sicher keinen Platz finden würden, so etwa, wenn B. die Steigerungen des Vergnügens in der großen Dramatik mit der Art gleichsetzt, »wie der Beischlaf sie in der Liebe erreicht« (§ 6, GBA 23, S. 68).

Das *Kleine Organon* überrascht den Leser, der eine lehrhafte Abhandlung über das Theater erwartet, außerdem mit Humor. Der Zustand der Theater wird als so beklagenswert geschildert, dass ihr Ansehen durch die Umbenennung in »Thaëter« gesteigert werden könnte (S. 66). Ähnlich schelmisch wirkt auch folgender Satz aus der *Vorrede*: »Widerrufen wir also, wohl zum allgemeinen Bedauern, unsere Absicht, aus dem Reich des Wohlgefälligen zu emigrieren, und bekunden wir, zu noch allgemeinerem Bedauern, nunmehr die Absicht, uns in diesem Reich niederzulassen.« (Ebd.)

Die Vorrede

Den eigentlichen Ausführungen geht eine *Vorrede* voraus, die in verschiedener Hinsicht bemerkenswert ist. Ausgangspunkt der Schrift, so wird gleich zu Beginn festgehalten, ist bereits auf der Bühne Erprobtes, denn beschrieben wird eine mögliche Ästhetik, »bezogen von einer bestimmten Art, Theater zu spielen, die seit einigen Jahrzehnten praktisch entwickelt wird« (GBA 23, S. 65). Die Theorie wird damit als wesentlicher Bestandteil der praktischen Theaterarbeit eingestuft (vgl. Müller, S. 144), und sie legitimiert sich durch ihre Herkunft aus und ihren Bezug zur Praxis.

B. setzt sich in der *Vorrede* außerdem in Beziehung zu seinen früheren theoretischen Arbeiten, die er als »das Ästhetische nur beiläufig und verhältnismäßig uninteressiert« behandelnd qualifiziert (GBA 23, S. 65). Die traditionellen Formen seien dabei mal ›missachtet‹, mal ›für sich angeführt‹ worden, »je nach der Kampflage« (ebd.). Deutlich wird schon hier, dass es nicht um eine prinzipielle Ablehnung der konventionellen ästhetischen Mittel geht, aus diesen wird ›herausgesiebt‹, was man für die eigene Ästhetik verwerten kann.

Trotzdem wird festgehalten, dass viele Entwicklungen der eigenen Kunstauffassung sich als Reaktionen auf ›zeitgenössische Produktionen‹ verstehen. Die »Entleerung von allem Wissenswerten«, die »falschen Abbildungen des gesellschaftlichen Lebens auf den Bühnen« und der »Kult des Schönen, der betrieben wurde mit der Abneigung gegen das Lernen« haben »den Schrei nach wissenschaftlich exakten Abbildungen«, »den Schrei nach der schönen Logik des Einmaleins« zur Folge gehabt. So entstand die Vorstellung von einem »Theater des wissenschaftlichen Zeitalters« (ebd.).

Mit einem Selbstzitat aus den *Anmerkungen zur Oper »Aufstieg und Fall der Stadt Mahagonny«* wird dann festgehalten, man habe früher gedroht, »›aus dem Genußmittel den Lehrgegenstand zu entwickeln und gewisse Institute aus Vergnügungsstätten in Publikationsorgane umzubauen‹« (ebd.). B. distanziert sich von dieser Einstellung im *Kleinen Organon* nicht nur, er behauptet sogar, dass diese nur eine Absichtserklärung war, mit der man sich »die Ästheten der Presse vom Leibe« gehalten habe (ebd.). Tatsächlich sei man aus »dem Reich des Wohlgefälligen« (S. 66) zu keinem Zeitpunkt ›emigriert‹, denn »was als Theater eines wissenschaftlichen Zeitalters praktiziert wurde, [war] nicht Wissenschaft, sondern Theater« (ebd.). Das bedeutet, dass B. hier für das ›neue‹ Theater in Anspruch nimmt, schon immer die ›Unterhaltung‹ im Mittelpunkt gesehen zu haben (was die früheren theoretischen Arbeiten durchaus stützen), dies aber aus ›taktischen Gründen‹ nicht offen bekundet zu haben.

Ferner behauptet B. in der *Vorrede*, dass zwischen ›Ästhetik‹ und ›Wissenschaft‹ kein grundsätzlicher Gegensatz bestehe (ebd.). Nicht nur könnte eine Ästhetik wissenschaftlich erarbeitet werden, wissenschaftliche Erkenntnisse selbst könnten umgekehrt ästhetisch sein: »Galilei schon spricht von der Eleganz bestimmter Formeln und dem Witz der Experimente« (ebd.). Nicht zuletzt deshalb könne die »Absicht, aus dem Reich des Wohlgefälligen zu emigrieren«, widerrufen werden. Stattdessen wolle man sich dem Theater als einer »Stätte der Unterhaltung« zuwenden und im folgenden »untersuchen«, welche »Art der Unterhaltung« für das neue Zeitalter angemessen sei (ebd.).

Die »nobelste Funktion« des Theaters: das Vergnügen

In § 1, der den Begriff ›Theater‹ definiert, wird betont, dass es sich bei einem Theaterstück um »lebende Abbildungen von überlieferten oder erdachten Geschehnissen zwischen Menschen« handelt, die »hergestellt« werden, »und zwar zur Unterhaltung« (ebd.). Das »Vergnügen« wird als »nobelste Funktion« des Theaters erkannt (S. 67), es benötige »keinen andern Ausweis als den Spaß, diesen freilich unbedingt« (ebd.). Dabei wird eine Unterscheidung in hohe und niedrige Arten von Vergnügungen abgelehnt (§ 5). Stattdessen werden die Kategorien »schwache (einfache) und starke (zusammengesetzte) Vergnügungen« angeboten (S. 68), wobei die starken »verzweigter, reicher an Vermittlungen, widersprüchlicher und folgenreicher« seien als die einfachen (ebd.).

Das Vergnügen wird in § 7 an seinen historischen Kontext gebunden: »Vergnügungen der verschiedenen Zeiten waren natürlich verschieden, je nach der Art, wie da die Menschen gerade zusammenlebten« (ebd.). Folglich könne das Theater nur angemessen unterhalten, wenn es brauchbare Abbildungen seiner Zeit liefere, wobei sich auch die »Art« der Abbildungen weiterentwickeln müsse (ebd.; vgl. auch § 8). Dennoch komme es dabei nicht auf den »Grad der Ähnlichkeit des Abbilds mit dem Abgebildeten« an (S. 69), d.h. eine naturalistische Darstellung trägt nicht zum ›Vergnügen‹ bei und diskreditiert sich damit.

§ 11 stellt die Vermutung an, »daß wir die speziellen Vergnügungen, die eigentliche Unterhaltung unseres eigenen Zeitalters gar noch nicht entdeckt haben?« (Ebd.) Der Genuss im Theater sei »schwächer geworden« (§ 12, ebd.), weil sich die Zuschauer »der alten Werke vermittels einer verhältnismäßig neuen Prozedur, nämlich der Einfühlung« bemächtigen (ebd.). Sie erfreuen sich am »Beiwerk der alten Werke« (S. 70), an der schönen Sprache etwa, oder den Assoziationen, die das Stück in ihnen hervorrufe. Diese »ganze Art, zu genießen« sei »unzeitgemäß«, weil die Theater nicht in der Lage seien, »die Verknüpfung der Geschehnisse glaubhaft zu machen« (ebd.), d.h. die Fabel plausibel auszulegen. Diese »Unstimmigkeiten in den Abbildungen der Geschehnisse unter Menschen« schmälerten den Genuss (§ 13, ebd.). Als Grund wird genannt: »wir stehen zu dem Abgebildeten anders als die vor uns« (ebd.), d.h. die Abbildungen sind zeitlich an ihre Entstehung gebunden und nicht auf der Höhe der ›neuen‹ Zeit, in der das »Zusammenleben als Menschen [...] in einem ganz neuen Umfang von den Wissenschaften bestimmt« ist (§ 14, ebd.).

Die ›neue Zeit‹

In § 15 bis § 20 beschreibt das *Organon* die Entwicklung und die Defizite des neuen, des ›wissenschaftlichen Zeitalters‹. Dessen Anfangspunkt wird angesetzt vor »einigen hundert Jahren«, als neugierige Menschen begannen, mit Experimenten »der Natur ihre Geheimnisse zu entreißen« (§ 15, S. 70), d.h. mit dem Beginn der Neuzeit. Die Erfindungen wurden weitergegeben an solche, die sie »praktisch« vermarkten konnten und »persönliche Gewinne« daraus zogen (S. 71). Durch die Neuerungen und den Wettbewerb angetrieben, entfalteten sich Gewerbe, die »tausend Jahre nahezu unverändert« geblieben waren (ebd.). Eine »riesige Produktion« kam mit Hilfe von »großen Menschenmassen«, die »auf eine neue Art organisiert« wurden, in Gang (ebd.). Fähig zu einem »neuen Blick« (§ 16, ebd.) konnte der Mensch das lange Vorhandene nun nach seiner Verwertbarkeit einstufen, »die Kohle, das Wasser, das Öl« verwandelten sich »in Schätze« (ebd.). Wasserdampf und Elektrizität veränderten die Möglichkeiten der Menschen, wobei sich die Veränderungsprozesse zunehmend beschleunigten. Die Darstellung der Entwicklungen, welche die Leistungen durchaus zur Kenntnis nimmt, deutet durch die Erwähnung der »bewegten Bilder von der Explosion in Hiroshima« (ebd.)

an, dass die sich positiv auswirkenden Errungenschaften auch bedrohliche Kehrseiten haben; die Deutung Michael Thieles, dass B. sich selbst beim »Betrachten der Filme von der Atombombenexplosion in Hiroshima« als »Garant ungebrochenen Fortschrittglaubens« beweise (Thiele, S. 92), ist absurd.

Als problematisch arbeitet § 17 heraus, dass viele Menschen von den Entwicklungen ausgeschlossen bleiben, weil die »Klasse« das verhindere, die den unmittelbaren Nutzen aus der ›neuen Zeit‹ ziehe: das Bürgertum. Dieses sorge dafür, dass der »neue Blick« sich nur auf die Natur richte und »nicht auch auf die Gesellschaft« (GBA 23, S. 72). Denn die Verbindungen der Menschen untereinander hatten sich durch den Wandel ebenfalls verändert, ohne aber mit der gleichen Wissenschaftlichkeit untersucht zu werden. B. verwendet hier den ungewöhnlichen Begriff »unsichtiger« in Bezug auf »die gegenseitigen Beziehungen der Menschen« (§ 18, ebd.; im *Versuche*-Druck von 1953 wurde diese Textstelle geändert in »undurchsichtiger«; vgl. S. 462). Da der Begriff ›sichtig‹ in § 30 auftaucht, kann ›unsichtig‹ als Antonym zu diesem Ausdruck verstanden werden, der durch eine Inhaltsverschiebung eine besondere Bedeutung innerhalb des Kontexts gewinnt.

Nach § 18 sind die Beziehungen zwischen den Menschen wahrnehmbar, aber nicht begreifbar (eben, weil der wissenschaftliche Blick noch nicht auf das Zusammenleben gerichtet wurde). Sichtbar ist etwa, dass »Steigerungen der Produktion [...] Steigerungen des Elends [verursachen]« (S. 72) und »ein immer größerer Teil der Produktion« für »gewaltige Kriege« verwendet wird (ebd.). Die »tödlichen Erfindungen der Wissenschaft« verursachen Angst bei den Müttern »aller Nationen«, die den Himmel »durchforschen« (ebd.). Sie sind also des ›neuen Blicks‹, des ›Durchforschens‹ fähig, aber sie müssen ihn zum Schutz (der Kinder und der baren Existenz) ›nach oben‹ richten und können ihn wiederum nicht zur Analyse der Gesellschaft einsetzen. Dies erreichen die Kriegstreiber mit der von ihnen verursachten Angst, die die Menschen »entgeistert«, d.h. ›des Geistes beraubt‹ (ebd.).

Deshalb sind sie nicht in der Lage, die Zusammenhänge zwischen Produktionssteigerungen und Elend bzw. Fortschritt und Krieg zu entlarven. Sie sehen diese Phänomene als ebenso unabwendbar an wie die »unberechenbaren Naturkatastrophen der alten Zeiten« (§ 19, ebd.). Die »bürgerliche Klasse« dagegen weiß genau, »daß es das Ende ihrer Herrschaft bedeuten würde, richtete sich der wissenschaftliche Blick auf ihre Unternehmungen« (ebd.). Eben das habe sich die »neue Wissenschaft« (ebd.), mit der B. die Arbeiten von Marx und Engels meint, zur Aufgabe gemacht: »die großen Katastrophen werden von dort aus als Unternehmungen der Herrschenden gesichtet« (S. 73). Dies sei im Grunde auch die Aufgabe der Kunst, denn sie habe wie die Wissenschaft den Auftrag, »das Leben der Menschen zu erleichtern« (§ 20, ebd.). Das Theater könne das leisten, indem es »wirkungsvolle Abbilder der Wirklichkeit« herstellt (§ 23, S. 74).

›Dürftiger Abklatsch der Welt‹

Eben dazu sah B. die Theater seiner Zeit nicht in der Lage. Sie seien herabgesunken zu »einem Zweig des bourgeoisen Rauschgifthandels«, zu »Verkaufsstätten für Abendunterhaltung«, die schlichtweg »falsche Abbildungen des gesellschaftlichen Lebens« auf der Bühne präsentieren, heißt es in der *Vorrede* (S. 65) – unausgesprochen, aber mitzubedenken ist hier auch der »Verfall der Kunstmittel unter dem Naziregime«, wie B. im *Antigonemodell 1948* formulierte (GBA 25, S. 73). Die Zuschauer in diesen Theatern wirken angestrengt und erschöpft, sie starren »gebannt« auf die Bühne, und trotz ihrer offenen Augen, »schauen« sie nicht, »sie stieren, wie sie auch nicht hören, sondern lauschen« (§ 26, GBA 23, S. 75; B. verwendet hier Begrifflichkeiten, die an *Leben des Galilei* erinnern: »Du siehst! Was siehst du? Du siehst gar nichts. Du glotzt nur. Glotzen ist nicht sehen.«; GBA 5, S. 11). Statt die Vorgänge auf der Bühne wahrzunehmen, fallen sie in einen »Zustand der Entrückung«, in dem sie sich »unbestimmten, aber starken Empfindungen« hingeben (GBA 23, S. 76). Diese werden ausgelöst, obwohl auf der Bühne nur ein »dürftiger Abklatsch der Welt« (§ 27, ebd.) gezeigt wird. Die Theatermacher erreichen das, indem sie auf Identifikation mit den Hauptfiguren setzen, allerdings um den Preis, dass die Figuren »allgemein gehalten werden« müssen (§ 28, ebd.). Den Zuschauern gelingt es so im Theater, die »widerspruchsvolle Welt«, in der sie leben, mit einer »harmonischen«, »träumbaren« zu vertauschen (S. 77), d.h. der Realität vorübergehend zu entfliehen.

Der Naturalismus, auf den § 30 eingeht, habe an diesem Prinzip nichts geändert. Zwar seien mit den naturalistischen Dramen »getreuere Abbildungen des menschlichen Zusammenlebens« auf die Bühnen gekommen (S. 77). Jedoch habe diese »Verfeinerung der Abbildungen«, die um den Preis der »Reduzierung der Sprache, der Fabel und des geistigen Horizonts« erreicht wurde, das »Vergnügen« beschädigt, »ohne ein anderes zu befriedigen« (ebd.). Die naturalistische Abbildung der Wirklichkeit genügte zwar, um menschliche Beziehungen »sichtbar, aber nicht sichtig« zu machen (ebd.). B. verwendet hier mit ›sichtig‹ einen Ausdruck, der laut Duden aus der Seemannssprache stammt und bedeutet, dass man ›eine klare Sicht hat‹. Da B. den Begriff als Gegensatz zu ›sichtbar‹ aufbaut, muss aber angenommen werden, dass der Ausdruck bei B. eine eigene Bedeutung hat (Analoges gilt für »unsichtig« und »undurchsichtig«). Im Kontext ließe sich der Unterschied wie folgt ermitteln: ›Sichtbar‹ meint, mit den Augen wahrnehmbar, während ›sichtig‹ darüber hinaus Ein-Sicht, Erkennen (von Zusammenhängen etc.) bedeutet. Um vom ›Sichtbaren‹ zum ›Sichtigen‹ zum kommen, muss mehr bemüht werden als nur das Auge; die Zusammenhänge können nur durch einen Denkprozess ermittelt werden – oder im Theater: durch Kunst. Verdeutlichen lässt sich der Gegensatz, wenn man eine Textstelle aus B.s *Dreigroschenprozeß* heranzieht, die den Unterschied zwischen naturalistischer und realistischer Darstellung beschreibt: »Die Lage wird dadurch so kompliziert, daß weniger denn je eine einfache ›Wiedergabe der Realität‹ etwas über die Realität aussagt. Eine Fotografie der Kruppwerke oder der AEG ergibt beinahe nichts über diese Institute. Die eigentliche Realität ist in die Funktionale gerutscht. Die Verdinglichung der menschlichen Beziehungen, also etwa die Fabrik, gibt die letzteren nicht mehr heraus. [...] Es ist [...] tatsächlich Kunst nötig. Aber der alte Begriff der Kunst, vom Erlebnis her, fällt eben aus. Denn auch wer von der Realität nur das von ihr Erlebbare gibt, gibt sie selbst nicht wieder. [...] Aber wir reden, so redend, von einer Kunst mit ganz anderer Funktion im gesellschaftlichen Leben, nämlich der, Wirklichkeit zu geben« (GBA 21, S. 469). Damit wird deutlich, dass B., auch wenn er den konventionellen Begriff ›Abbildung‹ verwendet, nicht das naturalistische Abbild, sondern die bildliche, durch Kunst erzeugte Umsetzung realistischer Vorgänge meint. B. betont die Priorität des Abgebildeten; ›reine Formen‹ lehnt er als Materialist (und damit Anti-Idealist) strikt ab. Eine solche Sichtweise hat zur Folge, dass »die Abbildungen [...] vor dem Abgebildeten zurücktreten [müssen]; alle ästhetischen Darstellungsformen werden aus der herrschenden Realität bezogen und nicht aus der Ästhetik« (Knopf, S. 193).

Nach B. zeigt der Naturalismus, wie auch die traditionelle Theaterkunst, die Gesellschaft als nicht beeinflussbar (§ 33, GBA 23, S. 78), was im *Organon* als ›barbarisch‹ gewertet wird. Handlungen werden im alten Theater aus dem ›Charakter‹ der Figuren (§ 52, S. 85), im Naturalismus aus dem ›Milieu‹ heraus motiviert (§ 34, S. 78) und als ›so und nicht anders‹ möglich gezeigt.

Ein neues Theater für das neue Zeitalter

Gegen diese Unabänderbarkeit der Dinge wendet sich das im *Organon* vorgestellte ›Theater des wissenschaftlichen Zeitalters‹ hauptsächlich. Denn die Bedingungen, unter denen sich die Figuren auf der Bühne (und auch die Menschen im Zuschauerraum) ›entwickeln‹, sind keine »dunklen Mächte«, sondern »von Menschen geschaffen und aufrechterhalten« (§ 38, S. 79f.). Nahezu alle im folgenden beschriebenen Techniken und Verfahren dienen dazu, diesen Grundgedanken ins Bewusstsein zu rücken. So soll der bearbeitete Stoff »in seiner historischen Relativität« gezeigt werden, die Unterschiede der verschiedenen Epochen sollen sichtbar sein, denn das belegt ihre Vergänglichkeit (und damit ihre Veränderbarkeit; § 36, S. 79). Auch zeitgenössische Stücke sollen so gespielt werden (§ 37, ebd.). Es soll deutlich werden, dass es auf die »Umstände« (ebd.) ankommt, in denen eine Figur sich wiederfindet, und dass ihr ›Charakter‹ nicht schicksalhaft die Handlung festlegt. Vielmehr soll der Zuschauer in die Lage versetzt werden, sich ständig Alternativen zum Handlungsgeschehen vorzustellen (§ 40). Dazu sei eine produktive ›kritische Haltung‹ notwendig, die im gedanklichen Eingreifen besteht, bei einem Fluss etwa »in der Regulierung des Flusses« und bei der Gesellschaft »in der Umwälzung der Gesellschaft« (§ 22, S. 73). Die Zuschauer sollen durch die Kunst eben nicht in einen Zustand der ›Entrückung‹ verfallen, sondern ganz im Gegenteil ihre »fröhlichen Interessen« (ebd.), d.h. ihre Lebenswelt und ihre darin bestehenden Bedürfnisse, nicht vergessen.

Die Kunst kann dies für den Zuschauer nur leisten, wenn sie sich in seiner Lebenswirklichkeit auskennt: »Das Theater muß sich in der Wirklichkeit engagieren, um wirkungsvolle Abbilder der Wirklichkeit herstellen zu können und zu dürfen.« (§ 23, S. 74) Eben deshalb ist es auch ein Theater des ›wissenschaftlichen‹ Zeitalters, denn es richtet den ›neuen Blick‹ auf die Gesellschaft und transformiert die sozialen Mechanismen, die in der Wirklichkeit wahrgenommen werden, in brauchbare Abbildungen für die Bühne. Dennoch handelt es sich dabei nicht um »Wissenschaft, sondern [um] Theater« (S. 66).

Techniken des ›neuen Theaters‹

Die Spielweise, die wirklichkeitsgetreue Abbildungen ermöglicht, beruht auf dem »›Verfremdungseffekt‹ (V-Effekt)« (§ 42, S. 81). Diese Art der Abbildung ließe den Gegenstand »zwar erkennen, ihn aber doch zugleich fremd erscheinen« (ebd.). Der Paragraf hält auch fest, dass V-Effekte keine Erfindung B.s sind, sondern bereits in der Antike, im Mittelalter und im asiatischen Raum etwa in Form von Masken verwendet worden sind. Während sie aber dort eingesetzt worden seien, um »das Abgebildete dem Eingriff des Zuschauers gänzlich« zu entziehen (§ 43, ebd.), befreien die neuen V-Effekte gesellschaftlich veränderbare Vorgänge vom »Stempel des Vertrauten« (ebd.). Der Zuschauer soll sich wundern über das vermeintlich Selbstverständliche, denn die Aufgabe des Theaters bestehe darin, diesen ›fremden Blick‹ auf Bekanntes zu »provozieren« (§ 44, S. 82). Als Methode wird die »materialistische Dialektik« empfohlen, »die gesellschaftliche Zustände als Prozesse« behandelt und sie »in ihrer Widersprüchlichkeit« verfolgt (§ 45, ebd.). Dem Zeitalter sei angemessen, »alles so zu begreifen, daß wir eingreifen können« (§ 46, ebd.). Auch der Mensch muss folglich als ›Prozess‹ verstanden werden, »nicht nur, wie er ist, darf er betrachtet werden, sondern auch, wie er sein könnte« (ebd.).

Wie Schauspieler dies umsetzen können, wird ab § 47 näher behandelt. Wichtig sei zunächst, die Einfühlung des Publikums zu verhindern (§ 47, S. 83). Dies erreicht der Schauspieler, indem er seine Figur ›zeigt‹, statt sie zu ›erleben‹ (§ 48, ebd.), d.h. dass beispielsweise »der zeigende Laughton nicht verschwindet in dem gezeigten Galilei« (§ 49, ebd.). Der »profane Vorgang« – es wird Theater gespielt! – wird »nicht mehr verschleiert« (ebd.), sondern ins Bewusstsein des Zuschauers gerufen. Deshalb soll der Schauspieler nicht so tun, als seien die Vorgänge auf der Bühne nicht einstudiert, vielmehr soll er die Geschichte seiner Figur ausdrücklich ›erzählen‹, denn er weiß mehr von ihr als sie selbst (§ 50). Ergänzend weist B. in den *Nachträgen* zum *Organon* darauf hin, dass Schauspieler »ohne Idealisierungen der Wirklichkeit« (S. 289) nicht vergnügen können. Allerdings gebe es seiner Ansicht nach »falsche Idealisierungen« (ebd.), die »für die abgebildete Wirklichkeit nicht brauchbar« sind (S. 290).

»Die Beobachtung ist ein Hauptteil der Schauspielkunst«, heißt es in § 54 (S. 86). Die reine Nachahmung genüge aber nicht, es ist Kunst vonnöten, um »vom Abklatsch zur Abbildung«, vom ›Sichtbaren‹ zum ›Sichtigen‹ zu kommen (ebd.). Dazu ist nach B. vor allem auch die Rückbindung der Theaterarbeit an die politische und gesellschaftliche Wirklichkeit notwendig, denn »›unparteiisch sein‹ [heißt] für die Kunst nur: ›zur herrschenden‹ Partei gehören« (§ 55, S. 87). Freilich bedeutet das für B. konkret, dass der Schauspieler »die Kämpfe der Klassen mitkämpft« (S. 86). Die »Wahl des Standpunkts« ist neben der Beobachtung »ein anderer Hauptteil der Schauspielkunst, und er muß außerhalb des Theaters gewählt werden« (d.h. in der Realität; § 56, S. 87).

Beim Rollenstudium soll der Schauspieler die »Haltung des sich Wundernden« einnehmen (§ 57, ebd.) und das ›Nicht-Sondern‹ in die Figur einarbeiten, d.h. verdeutlichen, dass die Entscheidung für eine bestimmte Handlung zugleich eine Entscheidung gegen andere mögliche Handlungen ist. Außerdem sollen Schauspieler ihre Figuren gemeinsam und gegenseitig aufbauen (§ 58 bis § 60).

Die Haltungen, welche die Figuren zueinander einnehmen, sind »von einem gesellschaftlichen ›Gestus‹ bestimmt« (§ 61, S. 89), denn selbst ›anscheinend ganz private‹ Haltungen seien »eingenommen von Menschen zu Menschen« (ebd.). B. verwendet hier den Begriff ›Gestus‹ eindeutig: Es geht dabei nicht um subjektives Verhalten, sondern um ein Zueinander-Verhalten. Den »gestischen Gehalt« einer Szene erläutert B. näher, indem er sich in § 63 einigen Szenen des *Galilei* widmet (S. 89–91). Grundsätzlich bleibt festzuhalten, dass der Gestus-Begriff, der im *Organon* nur kurz Erwähnung findet, von B. nie klar definiert worden ist. Besonders problematisch erscheint in diesem Zusammenhang, dass der Stückeschreiber ›Gestus‹ nie befriedigend gegen ›Geste‹ abgegrenzt, die Begriffe zeitweise sogar synonym gebraucht hat (vgl. Heinze, S. 121). Eine annehmbare Unterscheidung der Bedeutungen bietet Helmut Heinze an, wenn er schreibt: »Die Körperhaltung, der Tonfall und der Gesichtsausdruck sind sinnlich wahrnehmbare Phänomene, der gesellschaftliche Gestus ist dagegen nur mittelbar erschließbar, nämlich über die Geste, die durch ihn bestimmt wird und in der er zum Ausdruck kommt.« (S. 119; zum Gestus-Begriff vgl. S. 116–125 und Jameson, S. 96–98)

Die praktischen Hinweise für den Schauspieler werden abgeschlossen mit dem Verweis darauf, dass er sich seiner Figur nur über die ›Fabel‹ bemächtigen kann, der im *Kleinen Organon* eine besondere Bedeutung für das Stück zugeschrieben wird.

Die Bedeutung der Fabel

Die Fabel, definiert als »die Gesamtkomposition aller gestischen Vorgänge« (§ 65, GBA 23, S. 92), bildet »das Herzstück der theatralischen Veranstaltung« (ebd.). Die Auslegung der Fabel und eine geeignete Vermittlung sind das »Hauptgeschäft des Theaters« (§ 70, S. 94). Die Geschehnisse sollen dabei so ›verknüpft‹ (diesen Ausdruck entleiht B. bei Aristoteles) werden, dass die »Knoten« auffallen (§ 67, S. 92), d.h. man muss die Widersprüche stehen lassen, damit der Zuschauer sie selbstständig beurteilen kann (vgl. ebd.). Einzelne Teile der Fabel sollen dabei »sorgfältig gegeneinander« gesetzt werden (ebd.), auch damit wird nach B. der Eindruck eines sich schicksalhaft und unveränderbar ergebenden Ablaufs unterbunden.

Die Auslegung der Fabel ist abhängig von den Interessen der jeweiligen Zeit, die das Theater immer mitzudenken hat (§ 68). Ausschlaggebend ist dabei, was »unser Publikum« interessiert (§ 68; S. 94). Den zeitgenössischen Theatern wirft B. vor, die Geschichten nicht »deutlich zu erzählen« (§ 12, S. 70), d.h. die Geschehnisse nicht plausibel zu verknüpfen.

Der Schauspieler kann seine Figur erst begreifen, wenn er sie im Licht der Fabel betrachtet, sie gibt ihm »die Möglichkeit einer Zusammenfügung des Widersprüchlichen« (§ 64, S. 91). Denn die einzelnen Umstände und Geschehnisse, zu denen sich die Figur verhalten muss, erklären ihre Handlungsweisen, die sich aus sich verändernden (und änderbaren) Situationen ergeben und nicht in einem schablonenhaft feststehenden ›Charakter‹ prädisponiert sind.

Scheinbar Individuelles zeigt B. demnach als gesellschaftlich bestimmt. Als Materialist sieht er den Begriff des autonom über sich bestimmenden ›Individuums‹ in Frage gestellt; vielmehr re-agiert der Mensch ständig auf seine Umgebung und seine Umwelt, die sich nicht zuletzt aus der ›Geschichte‹ ergeben. Das Beharren auf der ›Fabel‹ für das Theater bedeutet auch ein Festhalten an ›Geschichte‹ als subjektkonstituierendem Element. Damit stellt sich B. gegen eine ›Moderne‹, die sich als unabhängig von den historischen Bedingungen ihrer Zeit positioniert.

»Alle Künste tragen bei …«

Die Auslegung der Fabel obliegt dabei nicht nur dem Regisseur oder den Schauspielern, vielmehr sind es alle Künste des Theaters (Musik, Bühnenbilder, Maske etc.), die dazu beitragen müssen. Dabei sollen sie aber ihre Selbstständigkeit nicht aufgeben, da durch diese zusätzliche Verfremdungseffekte erreicht werden können.

So soll die Musik nicht etwa ›dienen‹, sondern sich neben der Schauspielkunst etablieren und »in ihrer Weise zu den Themen Stellung nehmen« (§ 71, S. 95). In § 72 und § 73 geht B. gesondert auf die Bühnengestaltung und die Choreografie ein, denen er ebenfalls eigenständige Beiträge zum ›Gesamtkunstwerk‹ abfordert.

Alle »Schwesterkünste der Schauspielkunst« (§ 74, S. 96) sollen »die gemeinsame Aufgabe in ihrer verschiedenen Weise fördern« und sich dabei »gegenseitig verfremden« (ebd.). Wie B. in den *Nachträgen* zum *Kleinen Organon* festhält, besteht diese Aufgabe nicht nur in der Inszenierung eines Theaterstücks, sondern im weiteren Sinne in der Einwirkung auf die Wirklichkeit des Zuschauers, denn: »Alle Künste tragen bei zur größten aller Künste, der Lebenskunst.« (S. 290)

Über die Zuschauer

Betrachtet man die Ausführungen des *Kleinen Organons* genau, fällt auf, dass das ›Theater des wissenschaftlichen Zeitalters‹ nicht nur eine neue Form von Theater wünscht, sondern auch eine neue Art von Zuschauer. Denn den Besuchern des ›alten Theaters‹ kommt es darauf an, »daß sie eine widerspruchsvolle Welt mit einer harmonischen vertauschen können, eine nicht besonders gekannte mit einer träumbaren« (§ 28, S. 76f.). An den von B. befürworteten ›Abbildungen der Wirklichkeit‹ auf der Bühne dürften diese Zuschauer folglich nicht interessiert sein. Soziologisch näher bestimmt wird das Publikum in § 31, in dem die Bürgerlichen als wesentlicher Anteil der Besucher ausgemacht werden. Nur zu einem ›winzigen Teil‹ bestehe das Publikum aus Proletariern oder Intellektuellen, die die Sache des Proletariats unterstützen (vgl. S. 77). Doch gerade die macht das *Kleine Organon* als »die eigentlichen Kinder des wissenschaftlichen Zeitalters« aus (§ 23, S. 74), die das Theater zu erreichen und zu vergnügen suchen muss. B. will ausdrücklich eine neue ›Zielgruppe‹ für das Theater erschließen (ein Vorhaben, das ihm realiter nicht wirklich gelungen ist).

Unterhalten werden sollen sie mit ›Weisheit‹ und mit ›Zorn‹, aber auch mit ›Respekt‹ (§ 24, S. 75). Die möglichst realitätsgetreuen Abbildungen des menschlichen Zusammenlebens sollen den »Gehirnen und Herzen« der Zuschauer dabei ausgeliefert werden, welche die Welt »nach ihrem Gutdünken« verändern sollen (§ 22, S. 73). Die Spielweise der Darstellenden soll den Geist der Beobachter »frei und beweglich« halten, ihm erlauben, sich permanent alternative Handlungsverläufe vorzustellen (§ 40, S. 80), ihm ermöglichen, »mit dem Urteil dazwischen[zu]kommen« (§ 67, S. 92). B. definiert die Zuschauer damit als produktive, geistige Mitarbeiter (vgl. auch § 77). Mit Hilfe der Verfremdungseffekte soll erreicht werden, dass die Zuschauenden sich über das vermeintlich Selbstverständliche wundern, es als ›menschengemacht‹ entlarven und in ihrer Lebenswirklichkeit dann auch nicht mehr als naturgemäß zu akzeptieren bereit sind.

Rezeption

Das *Kleine Organon* wurde zunächst im Zusammenhang mit der Berliner Inszenierung von *Mutter Courage und ihr Kinder* am Deutschen Theater diskutiert, vornehmlich zwischen Fritz Erpenbeck, der seinen doktrinären marxistischen Standpunkt verteidigte und B.s ›episches Theater‹ vehement ablehnte, sowie Wolfgang Harich und Paul Rilla, die B.s Ansichten rechtfertigten (vgl. Knopf, S. 193; vgl. GBA 23, S. 460f.). Die Kontroverse wurde kennzeichnend für B.s widersprüchliche Stellung in der DDR. Zwar wollte man B. als Vertreter des ›sozialistischen Realismus‹ und ›Nationaldichter‹ vereinnahmen, seinen neuen Formen für das Theater jedoch brachte man nur wenig Verständnis entgegen (vgl. Knopf, S. 193).

Inhaltlich haben sich viele der Kritikpunkte an B.s bedeutendster theoretischer Schrift bis in die jüngsten Publikationen hinein gehalten. Obwohl sich in B.s *Kleinem Organon* der Primat des ›Vergnügens‹ als roter Faden ausmachen lässt, hält die Forschung an dem pauschalen Urteil fest, B.s Theater wolle »nicht ›ästhetisches‹, sondern ausdrücklich ›politisches‹ Theater« sein (Thiele, S. 67). Etwas differenzierter urteilt Jan Kobel, der aufzuzeigen versucht, dass B. einerseits Schillers Vorstellung vom Theater als einer ›moralischen Anstalt‹ ablehnt, im Grunde aber vergleichbar argumentiert, wenn es um das Verhältnis von ›Vergnügen‹ und ›Nutzen‹ geht, und dabei für ›Moral‹ lediglich eine andere Variable einsetzt (vgl. Kobel, S. 129f., S. 188). Diese Problematik, die nicht von der Hand zu weisen ist, war B. selbst durchaus bewusst, wie er bei der Lektüre von Schillers *Vergnügungen an tragischen Gegenständen* in sein *Journal* notierte: »Er [Schiller] beginnt, wie ich im ›Organon‹, mit dem Vergnügen als dem Geschäft des Theaters, wehrt sich wie ich gegen Theorien, die das Theater für die Moral einspannen (und dadurch adeln) wollen, bringt aber dann sogleich alles in Ordnung, indem er das Vergnügen ohne Moral sich nicht denken kann [...]. Das Moralische muß also nicht vergnüglich sein, damit es ins Theater darf, sondern das Vergnügen muß moralisch sein, damit es ins Theater darf. Ich selber mache freilich etwas recht Ähnliches mit dem Lernen, wenn ich es einfach zu einem Vergnügen unserer Zeit mache.« (GBA 27, S. 273)

Völlig gegen den Text unterstellen manche Autoren dem *Organon* im Besonderen und B.s Theatertheorie im Allgemeinen eine »penetrante pädagogische Zielsetzung« (Thiele, S. 91) und Dogmatismus (vgl. exemplarisch Grimm, S. 70). Diese Behauptungen lassen sich am Text nicht nur nicht beweisen, sondern mit diesem widerlegen. Vielmehr ist nämlich eine Grundhaltung erkennbar, die sich des Provisorischen der eigenen Aufgabe bewusst ist. Schon in der *Vorrede* wird festgehalten, dass die Schrift im folgenden »Umrisse einer denkbaren Ästhetik« des neuen Theaters ›andeuten‹ will (GBA 23, S. 66). Formulierungen wie »Ich rate dir« bzw. »magst du übrigens entscheiden« (§ 63, S. 90) klingen auch nicht gerade apodiktisch, vielmehr werden ›Vorschläge gemacht‹, um beim B.schen Sprachgebrauch zu bleiben. Selbst bei der Auslegung der *Hamlet*-Fabel wird ausdrücklich festgehalten, dass dies nur eine Lesart eines Stücks ist, »das mehr als eine Lesart hat« (§ 68, S. 94).

Desgleichen ist für die Praxis belegt, dass B. keine Allgemeingültigkeit des *Organons* postulierte – ganz im Gegenteil. So ist ein Gespräch B.s mit jungen Intellektuellen überliefert, bei dem B. äußerte: »Das, was ich im *Neuen Organon* [sic] sagte, ist bis zu einem gewissen Grad richtig, es sind Hinweise für die anderen. Verlaßt euch nicht zu sehr darauf. Theater wird auf der Bühne gemacht.« (Strehler, S. 87)

Ausführlich kritisch reflektiert werden in der Forschung auch B.s Prämissen über das Publikum im ›alten‹ und im ›neuen‹ Theater. Kobel bemängelt, dass B. den Zuschauer des ›alten‹ Theaters als ›tabula rasa‹ definiere, als kritikloses Geschöpf, das allein durch die traditionelle Spielweise vermittelt bekomme, es könne in seine Lebenswirklichkeit nicht eingreifen – »als gingen die Zuschauer ohne politischen Standpunkt [...] ins Theater« (Kobel, S. 136). Umgekehrt gehöre zu den »großen Illusionen Brechts: daß seine Verfremdungseffekte *nicht mehr dramatische Handlung* seien, die als Kunst genossen werden könne« (S. 180). Ähnlich argumentiert auch Michael Thiele, wenn er festhält: »Bis heute ist die Behauptung, die Verfremdung verhindere Katharsis, eine unbewiesene.« (Thiele, S. 97) Die Rezeptionsgeschichte von Stücken wie der *Dreigroschenoper* oder von *Mutter Courage und ihre Kinder* zeigen deutlich, dass B.s Dramen trotz der epischen Spielweise vom Publikum durchaus ›einfühlend‹ aufgenommen wurden (vgl. BHB 1, S. 396f.).

Kobel hält es außerdem für »schlicht und einfach unredlich, einem Theaterstück, weil es als ›Ganzes‹ aufgeführt wird [...], die Wirkung zuzusprechen, daß dem Zuschauer auch die Gesellschaft als ein in sich geschlossenes und unveränderliches ›Ganzes‹ erscheine« (Kobel, S. 136). So einfach macht es sich B. aber nicht. B. argumentiert nicht so sehr mit der Geschlossenheit der Handlung, sondern mit den Charakterzeichnungen der Figuren im traditionellen Theater (bzw. dem ›Milieu‹ im Naturalismus), welche die geschlossene Handlung bedingen. Diese kommt zu Stande, weil die Hauptfigur ihren ›Charakter‹ als schicksalhaft begreifen muss, sie ›kann‹ nur

›so und nicht anders‹ handeln. Dagegen will B. vermitteln, dass Figuren (und Menschen) nicht aus einem feststehenden ›Charakter‹ bestehen, sondern aus einer Vielzahl von z.T. durchaus widersprüchlichen Eigenschaften, durch die sich die Figur (oder der Mensch) als »kampfdurchtobte Vielheit« (GBA 22, S. 691) gerade auszeichnet. Die Fabelführung kann deshalb nicht mehr in stringenter Abgeschlossenheit gezeigt werden.

Freilich übte B. grundsätzliche Kritik an einer in sich geschlossenen Scheinwelt der Kunst. Dagegen postulierte er »ein dialektisches Theater, das sich des Kunstcharakters in seiner Spannung zur Wirklichkeit bewußt bleibt« (Flashar, S. 20).

Literatur:

Aristoteles: Poetik. Leipzig 1979. – Bacon, Francis: Neues Organon. Teilbd. 2. Hg. v. Wolfgang Krohn. Hamburg 1990. – Bentley, Eric: *Anhang*. Der Bentley-Brecht-Briefwechsel. In: Ders.: Erinnerungen an Brecht. Berlin 1995, S. 107–122. Brüggemann, Heinz: Literarische Technik und soziale Revolution. Versuche über das Verhältnis von Kunstproduktion, Marxismus und literarischer Tradition in den theoretischen Schriften Bertolt Brechts. Reinbek bei Hamburg 1973. – Flashar, Hellmut: Aristoteles und Brecht. In: Poetica 6 (1974), S. 17–37. – Fuegi, John: Brecht & Co. Autorisierte überarbeitete und erweiterte deutsche Fassung von Sebastian Wohlfeil. Hamburg 1997. – Grimm, Reinhold: Vom Novum Organum zum Kleinen Organon. Gedanken zur Verfremdung. In: Jäggi, Willy/Oesch, Hans (Hg.): Das Ärgernis Brecht. Basel, Stuttgart 1961, S. 45–70. – HECHT. – Hegel, Georg Wilhelm Friedrich: Phänomenologie des Geistes. Nach dem Texte der Originalausgabe hg. v. Johannes Hoffmeister. Hamburg 1952. – Heinze, Helmut: Brechts Ästhetik des Gestischen. Versuch einer Rekonstruktion. Heidelberg 1992. – Jameson, Fredric: Lust und Schrecken der unaufhörlichen Verwandlung aller Dinge. Brecht und die Zukunft. Berlin, Hamburg 1998. – Knopf, Jan: Kleines Organon für das Theater. In: Renner, Rolf Günter/Habekost, Engelbert (Hg.): Lexikon literaturtheoretischer Werke. Stuttgart 1995, S. 192–194. – Kobel, Jan: Kritik als Genuß. Über die Widersprüche der Brechtschen Theatertheorie und die Unfähigkeit der Literaturwissenschaft, sie zu kritisieren. Frankfurt a.M., Berlin 1992. – Lessing, Gotthold Ephraim: Werke. Bd. 2. Kritische Schriften. Philosophische Schriften. München 1969. – Müller,

Klaus-Detlef: Der Philosoph auf dem Theater. Ideologiekritik und ›Linksabweichung‹ in Bertolt Brechts »Messingkauf«. In: Hecht, Werner (Hg.): Brechts Theorie des Theaters. Frankfurt a.M. 1986, S. 142–182. – Nietzsche, Friedrich: Die fröhliche Wissenschaft (= Sämtliche Werke in zwölf Bänden. Bd. V). Stuttgart 1965. – Strehler, Giorgio: Für ein menschlicheres Theater. Geschriebene, gesprochene und verwirklichte Gedanken. Frankfurt a.M. 1975. – Thiele, Michael: Negierte Katharsis. Platon – Aristoteles – Brecht. Frankfurt a.M., Bern 1991.

Ana Kugli

Antigonemodell 1948

Entstehung, Text

B.s *Antigone-Modell 1948* ist die zweite umfassende und systematische Dokumentation einer Inszenierung B.s. Sie entstand im Anschluss an die Uraufführung der *Antigone* in Chur (15. 2. 1948). »Unmittelbar nach der Premiere der ›Antigone‹ haben Brecht und ich das Modellbuch der Inszenierung hergestellt, ›Antigonemodell 1948‹«, berichtete Ruth Berlau (Bunge, S. 214), die Ende Januar 1948 aus den USA kommend in Zürich eintraf und sich in Chur sofort in die Probenprozesse einschaltete, »gerade rechtzeitig [...], um die Inszenierung der ›Antigone‹ zu photographieren« (S. 212). Berlaus Bericht vermittelt einen Eindruck von der engen Zusammenarbeit von B. mit Caspar Neher und betont dessen »immense Vorarbeit« (S. 213): »Brecht und Caspar Neher steckten mitten in der ›Antigone-Inszenierung‹. [...] Neher saß mit einem Block da [...] und zeichnete, während Brecht erzählte und Vorstellungen über die Inszenierung entwickelte. Am Schluß übergab Neher einen Packen Skizzen mit Arrangements, Haltungen, Gesten, Dekorationsentwürfen, Kostümen und so weiter.« (S. 209f.)

B. hat die produktive Zusammenarbeit mit Neher wiederholt gewürdigt und seinen Anteil an der Regiearbeit anlässlich der *Antigone-*

Inszenierung hervorgehoben. Die Formulierung der ›theatralischen Gedanken‹, die im Verlauf der Inszenierung entdeckt wurden, hatte Neher maßgeblich angeregt. Weit über die Tätigkeiten des Bühnenbauers und Kostümbildners hinaus, d. h. die Entwicklung des Raumkonzepts, die Einrichtung der Bühne und deren Gliederung, war er auch an der Figurenkonstellation und an der Strukturierung der Szenenabläufe beteiligt (vgl. *Praktische Theaterarbeit*, BHB 1, S. 50f.). In der *Rede des Stückeschreibers über das Theater des Bühnenbauers Capar Neher* erklärt B.: »Manchmal bekommen wir von vornherein seine Bilder, und er hilft uns dann, bei den Gruppierungen und Gesten und nicht selten bei der Charakterisierung der Personen und der Art, wie sie sprechen.« (GBA 22, S. 853) Auf Anregung Nehers, der 1941 in Essen und 1946 am Hamburger Schauspielhaus *Antigone*-Inszenierungen ausgestattet hatte, entschied B. sich nach vergleichender Prüfung weiterer Textfassungen für die dunkle, schwierige Hölderlin-Übersetzung der *Antigonä*, »mit ihren schwäbischen Tonfällen und gymnasialen Lateinkonstruktionen« (GBA 27, S. 255).

Mit der *Antigone*-Bearbeitung, die von B. und Hans Curjel, dem Intendanten am Stadttheater in Chur, anlässlich einer Begegnung im November 1947 in Zürich verabredet worden war, verfolgte B. vordergründig die Absicht, eine zusätzliche Frauenrolle neben der der Courage für Helene Weigel zu erarbeiten, die nach der Zwangspause des Exils erproben wollte, »ob ich noch spielen kann« (Hecht 1988, S. 182) und deren »Wiederentdeckung als Schauspielerin« (S. 183) erfolgreich verlief. Auf Vorschlag Weigels fasste B. im Blick auf die Theaterarbeit in Berlin die theoretischen Äußerungen des *Messingkaufs* in systematischer Form als *Kleines Organon für das Theater* zusammen. In diesem Kontext sind die Ausführungen des *Antigonemodells 1948* zu sehen. Die Entscheidung, in Zusammenarbeit mit Berlau die bei der *Antigone*-Inszenierung erarbeiteten und protokollierten Regieeinfälle und theatralischen Gedanken zusammen mit den Fotosequenzen und den Brückenversen in Buchform zu veröffentlichen, war von der Absicht getragen, das Konzept des epischen Theaters als ein in der Praxis erprobtes Konzept modellhaft zu fixieren und damit auch B.s »Selbstverständnis als Stückeschreiber und als Theaterregisseur« (Müller, S. 315) zu dokumentieren. Darüber hinaus verfolgte B. die Absicht, mit einem verpflichtenden Modell einen Maßstab und einen Standard festzulegen, der von den Theaterleuten bei späteren Inszenierungen nicht einfach übergangen werden konnte.

Noch in der Schweiz verabredete B. die Herausgabe des Buchs mit dem Gebrüder Weiß-Verlag in Berlin, wo das *Antigonemodell 1948* 1949 erschien, aber nur schleppend abgesetzt werden konnte. Eine zweite Auflage des Buchs hat B. noch erlebt; sie erschien 1955 im Henschel-Verlag. Gegenüber Berlau, die an der Redaktion des von Weigel und dem Berliner Ensemble herausgegebenen Bands *Theaterarbeit* beteiligt war, in dem sechs Inszenierungen des Berliner Ensembles dokumentiert sind, äußerte sich B. über die Funktion des Modellbuchs als ›Arbeitsbuch‹ und bemühte sich, Berlaus Bedenken zu zerstreuen, die sich bei diesem Unternehmen nur als Fotografin gewürdigt sah und in ihrer Leistung verkannt fühlte: »Vom Theaterstandpunkt aus [...] hat noch niemand Besseres gemacht, und es wird immer schwer sein, so etwas zu machen, weil man dazu so wie Du vom Regie- und Dramaturgiestandpunkt aus photographieren muß. Das ersieht man aber aus dem Buch sofort, glaube mir. Daß derlei Bücher nicht gleich richtig eingeschätzt werden, ist mir klar.« (Brief vom 30. 8. 1955; GBA 30, S. 370)

Werkbeschreibung

Paul Rilla hat die Fotodokumentation des *Antigonemodells 1948* als ein ›Bilderbuch‹ bezeichnet (Rilla, S. 231): »Die Anordnung ist so, daß auf der rechten Buchseite jeweils die Photographien stehen, wozu auf der linken Seite ›erklärende Anweisungen‹ gegeben werden. Man verfolgt im Bild das Arrangement der Aufführung, die räumliche Gliederung, die Handhabung des Requisits, den Gestus der Solisten, die Führung der Gruppen – und man verfolgt im erklärenden Text, was damit bezweckt ist, wohin die Aktion der Fabel zielt, aus welcher Haltung des Schauspielers das gesprochene Wort zu seiner Bühnenbedeutung, das heißt zu seiner Wirklichkeitsfunktion kommt, die eine gesellschaftliche Aussage ist.« (Ebd.) Die GBA 25 reproduziert die synoptische Anordnung von Bild und Text wie folgt: Das in sieben Abschnitte gegliederte Vorwort (S. 73–81), die Besetzungsliste der Uraufführung in Chur (S. 82–83), das Vorspiel (kommentierender Text links, Bild und versifizierte Bildunterschriften der Brückenverse rechts; S. 84–89). Die insgesamt sechs Bilder des Berliner Vorspiels sind so angeordnet, dass pro Seite je zwei Fotografien übereinander reproduziert sind. Nach dem gleichen Anordnungsprinzip verfährt die Gliederung von *Antigone*-Text und synoptischer Bilddokumentation (S. 90–159): Auf jeder rechten Seite sind – mit zwei Ausnahmen – je zwei Bilder übereinander angeordnet, insgesamt 72 Bilder. Auf S. 160 beginnt nach der Wiedergabe von drei weiteren Fotografien (S. 160f.) eine Folge von doppelseitig reproduzierten Neher-Skizzen (S. 162–167), darunter auch der Grundriss der Bühne (S. 168). Die erläuternden Kommentare zu den Bildern bzw. Bildbeschreibungen auf der linken Seite enthalten auch Dialog-Passagen, in denen die fiktiven Fragen des Publikums beantwortet oder Anregungen zur Reflexion der Bühnenvorgänge vermittelt werden.

Vorwort

Bereits während der Proben teilte B. am 7. 2. 1948 Hans Curjel die Erfahrung mit, dass sich »die epische Spielweise [...] gegen eine umgebende dramatische nur verteidigen, nicht zum Angriff übergehen« könne (GBA 29, S. 444). Diese Erkenntnis wird in den systematischen Ausführungen im Vorwort zum *Antigonemodell 1948* zunächst im Zusammenhang einer Zeitdiagnose wieder aufgenommen und vertieft. Sie ist auch ein Kerngedanke des *Kleinen Organons*.

Angesichts der sich nach der Befreiung vom Nationalsozialismus mit dem Wiederaufbau stellenden Probleme der Erneuerung distanziert B. sich in drastischen und einprägsamen Bildern und Vergleichen von dem kompromittierten Theaterbetrieb und seinen Funktionen im Verblendungszusammenhang des Nazi-Reichs, indem er die Zerstörungen der »Spielstätten«, der »Lasterhöhlen und Krankheitsherde« (GBA 25, S. 74), mit den Verwüstungen der Theaterkultur in Parallele setzt. »Die Beschädigung an den Theatergebäuden ist heute weit auffälliger als die an der Spielweise. Dies hängt damit zusammen, daß die erstere beim Zusammenbruch des Naziregimes, die letztere aber bei seinem Aufbau erfolgte.« (S. 73) Mittels einer Technik, die der »Verhüllung der gesellschaftlichen Kausalität« diene, könne deren »Aufdeckung« nicht geleistet werden (ebd.). Von daher verbot sich für B. jedweder Kompromiss mit dem bürgerlichen Theaterbetrieb. Er sprach sich im Namen des gesellschaftlichen Fortschritts für eine ›Totalsanierung‹ aus und wollte ›Tabula rasa‹ mit der überkommenen Spielweise machen. Das Kurieren an Symptomen sei überdies der falsche Weg der Erneuerung, weil von der falschen Voraussetzung einer Vereinbarkeit traditioneller Darstellungsformen und der neuen von den Prinzipien des epischen Theaters geforderten Darstellungstechnik ausgehe, die im gesellschaftlichen Interesse geboten sei: In diesem Zusammenhang stellte B. ausdrücklich fest, dass es dabei weniger darauf ankomme, eine neue Dramaturgie als »eine neue Spielweise an einem antiken Stück« zu erproben (S. 75). Mit deutlichem Affekt auch gegenüber dem System Stanislawskis, das B. mit dem Vorwurf des Dilletantismus, der ›Kurpfuscherei‹, belegte, betonte er die Professionalität des epischen Theaters, zu dem es keine Alternative geben könne (vgl. Baldo, S. 101–110). B. störte an dem *Deutschen Stanislawski-Buch*, das er während der

Arbeit an *Antigone* studierte, der, wie er ins *Journal* am 4.1.1948 schrieb, »hausbacken moralische Ton« (GBA 27, S. 261). Er machte gegenüber der Moral das »ästhetische Vergnügen« (ebd.) geltend. Der Schauspieler sei im Interesse des Publikums »nur an eine moralische Satzung gebunden: daß er, die menschliche Natur ausstellend, nicht lügt, etwa einer Moral wegen. [...] in Wirklichkeit ist er alles dem Publikum schuldig und, indem er die gleichen Interessen zu haben hat, sich selber« (ebd.). Nicht dem von Stanislawski geforderten Dienst am ›Wort‹ oder ›Werk‹, sondern dem Publikum habe sein Spiel zu gelten. Damit ist die wirkungsästhetische Perspektive der Bearbeitung exakt bezeichnet. Anders als es der Titel erwarten lässt, wird in ihr nicht die Tragödie des Widerstands herausgearbeitet, zumal für B. die Titelheldin nicht die in der Illegalität operierenden Widerstandskämpfer repräsentiert, sondern zum Lager der Herrschenden gehört, aus dem sie erst spät zum Gegner übertritt. In der Bearbeitung werde dagegen der objektive gesellschaftliche Mechanismus aufgedeckt, der »die Gewalt [...] aus der Unzulänglichkeit« erkläre (ebd.) und den »Zerfall der Staatsspitze« als deren Konsequenz demonstriere. »In der ›Antigone‹-Bearbeitung wird der sittliche Verfall abgeleitet von einem Unternehmen, für das der Staat nicht stark genug ist.« (S. 257) Der Raubkrieg gegen Argos erschöpft die personellen und materiellen Ressourcen Thebens und führt zu dessen Untergang, den Kreon durch unmenschliche Härte und durch ein durchsichtiges Täuschungsmanöver aufzuhalten versucht. Die Verbindung von Dummheit und Barbarei ist der objektive Tatbestand, der Mechanismus der gesellschaftlichen Vorgänge, den die Bearbeitung aufdeckt. Dadurch entfallen die im Original dargestellten Ursachen und Auswirkungen des Verhängnisses, der Moira, wie B. dem Sohn Stefan im Dezember 1947 mitteilt (vgl. GBA 29, S. 440f.) und im *Journal* näher ausführt: »Was das Dramaturgische angeht, eliminiert sich das ›Schicksal‹ sozusagen von selbst, laufend. [...] Nach und nach, bei der fortschreitenden Bearbeitung der Szenen taucht aus dem ideologischen Nebel die höchst realistische Volkslegende auf.« (GBA 27, S. 255)

Bei der Begründung der Stückwahl betont B. im Vorwort zum *Antigonemodell 1948* neben der Aktualität des Stoffs die formalen Aufgaben und Problemstellungen, die ihn an der Bearbeitung des Dramas gereizt hatten. Bei der »Durchrationalisierung« (GBA 25, S. 74) der Fabel hätten sich ›kräftige Analogien zur jüngsten Geschichte‹ ergeben, die für das Projekt der Bearbeitung jedoch eher »nachteilig« gewesen seien. Gegenüber dem Original macht B. den Zeitabstand geltend. Die historische »Entrücktheit« des Stoffs begünstige nicht die »Identifizierung mit der Hauptgestalt« (S. 75), aus der Sicht des epischen Theaters ein Vorteil. Dem Gegenwartsbezug trug B. im Vorspiel Rechnung, in dem das subjektive Problem als »Aktualitätspunkt« (ebd.) gesetzt, mit den beiden Schwestern (Ismene, Antigone) der Bezug zum Prä-Text und der Titelfigur hergestellt und das moralische Problem aus dem Spiel selbst zurückgenommen wurde. Antigones Konflikt erfährt im Spiel eine andere, nämlich eine politische Akzentuierung. Die Fabel thematisiert primär die »Staatsaktion von Ausmaß« (ebd.), nämlich »die Rolle der Gewaltanwendung bei dem Zerfall der Staatsspitze« (S. 74). Dieser politische Vorgang läuft nach quasi naturgesetzlichen Regeln ab und wird abweichend vom Original nicht als religiöser oder moralischer Konflikt gestaltet. Die Darstellung der politischen Gesetzmäßigkeiten sei das Sehenswerte der Aufführung. Dem objektiven (politischen) Geschehen habe die Spielweise zu entsprechen.

Abschnitt 3 des Vorworts begründet die Herstellung eines »verpflichtenden Aufführungsmodells« aus der im gesellschaftlichen Interesse gebotene Durchsetzung der epischen Spielweise, das heißt einer demonstrierenden Darstellungstechnik. Die neue Spielweise steht im Dienst der Fabel, d.h. der Schauspieler demonstriert das Geschehen nach den Prinzipien, die B. in der *Straßenszene*, dem im Exil entstandenen Modell des epischen Theaters, entwickelt hatte. Die Notwendigkeit des Modells ergibt sich aus der geforderten, aber ungewohnten Spielweise, es fungiert also auch als Handreichung für den Schauspieler, und seine Relevanz resultiert neben seiner Praktikabilität aus der Möglichkeit, es nach Maßgabe sich verändernder Problemstellungen zu variieren und weiterzuentwickeln (vgl. Müller, S. 323–325). Diese Funktionsbestimmung des Modells führt zu einer Feststellung dessen, was mit der Modellierung nicht intendiert ist, nämlich die Besonderheit bestimmter Tonfälle, bestimmter Stimmen, Gesten und Gänge zu fixieren (vgl. GBA 25, S. 76). Mit dem Modell solle die Prüfung, Erprobung allgemeiner Applikationsmöglichkeiten, die Möglichkeit der Nachahmbarkeit und der Variabilität gewährleistet werden. Mit dieser Funktionsbestimmung leistet B. die Abgrenzung gegen ein Kunstverständnis, das sich die ›Einmaligkeit‹ und damit den Ereignischarakter des Kunstwerks zum Ziel setzt. Gegen die Reklamation des Einmaligen, Schöpferischen verweist B. unter Berufung auf die moderne Arbeitsteilung auf die Transformation des individuellen Schöpfungsakts in einen ›kollektiven Schöpfungsprozess‹, wodurch ein ›Kontinuum dialektischer Art‹ entstünde (vgl. ebd.), das die theatralische Kunstleistung nicht als das Vollendete und Abgeschlossene, sondern als das ›Unfertige‹ und Vorläufige bewertet. Das Theater sei »nicht die Dienerin des Dichters, sondern der Gesellschaft« (S. 79). Hier berührt sich B.s Argumentation mit Benjamins Ausführungen zum *Kunstwerk im Zeitalter seiner technischen Reproduzierbarkeit* und der Fundierung des Kunstwerks nach der Zerstörung seiner Aura auf Politik.

Neher-Bühne

Der Verhinderung des Kunsterlebens auf der Bühne dient die Einrichtung der Neherschen Antigonebühne, die den Demonstrationscharakter des Spiels gewährleistet und das deiktische (zeigende) Spiel der Darsteller ermöglicht. Die in helles Licht getauchte Bühne macht den kritischen Nachvollzug, die Kontrolle der Vorgänge in jeder Phase des Spiels möglich und verhindert die Illusion des Zuschauers, »auf den Schauplatz der Handlung versetzt« zu sein (S. 78). Die Spielelemente/Requisiten werden sichtbar ausgestellt dadurch, dass kein Vorhang die Bühne vom Publikum trennt und die Schauspieler bei offener und hellerleuchteter Bühne ihre Plätze hinter dem Spielfeld einnehmen oder verlassen. (Das *Berliner Vorspiel* verfremdet das Spiel durch eine Tafel mit Orts- und Zeitangaben.) Die Lokalisierung des Spiels zwischen die Pferdekopfpfähle leistet die Zitation des barbarischen Orts des Geschehens. Zur Einrichtung seiner Bühne erklärt Neher: »Diesem, vielleicht kühnen, Versuch folgend, versuchte ich meinerseits, auf einige mir antiquiert scheinende Reste von Kultischem [...] zu verzichten, vor allem [auf] den Zaubergriff, mit dem unsre Bühne und unsre Schauspielkunst die Illusion herstellen, daß das, was auf der Bühne geschieht, etwas Wirkliches sei, das heißt, daß das Publikum des 20. Jahrhunderts glauben gemacht wird, es erlebe ein Stück Sage mit, weile in Theben, sehe den Tyrannen Kreon, seine große Widersacherin Antigone und so weiter. Deshalb placierte ich die Schauspieler in die volle Sicht des Zuschauers und gab ihnen nur ein kleines Spielfeld zwischen den alten Kriegspfählen, auf dem sie zeigen konnten, wie die Figuren des Gedichtes sich verhielten. Es ergab sich daraus, auch den Vorhang wegzulassen, der ja nur dazu dient, der Bühne das ›Geheimnisvolle‹, ›Zaubermäßige‹, ›Überwirkliche‹ zu verleihen, das sie bei nicht illusionistischer Spielweise nicht benötigt.« (Neher, S. 178)

Dem deiktischen Spiel, d.h. der Demonstration der Vorgänge, dienen auch die »*Brückenverse*« (GBA 25, S. 79), gereimte Hexameter, die den Schauspielern zu Übungszwecken ausgehändigt wurden und ihnen bei der Probe ermöglichten, beim Eintritt in das Spielfeld von sich selbst in der dritten Person zu sprechen. Sie wurden dadurch »in die Haltung von Erzählern« versetzt (ebd.), die »restlose Verwandlung des Schaupielers in die Figur wird verhindert: der Schauspieler zeigt« (S. 80). Die nicht am Spiel beteiligten Schauspieler »sitzen deshalb offen auf der Bühne« (S. 78). Vermittelt wird dem Schauspieler das Bewusstsein, dass er die »Ablieferung eines antiken Gedichts« leistet (ebd.), bzw. dem Publikum die Einsicht, dass die Darstellung der Vorgänge den Charakter einer Dienstleistung hat.

Auch die Erarbeitung des Raumkonzepts hat experimentellen Charakter. Nacheinander wurden zwei Konzepte erprobt. Die ursprüngliche Zweiteilung der Bühne intendierte die sichtbare Trennung der säkularisierten Fassung vom alten Gedicht; die Verlegung der erneuerten Fassung zwischen die Kriegskultpfähle zeigte, dass der barbarische Ort des Geschehens noch immer wirkungsmächtig ist. Die Handhabung der Requisiten unterstrich den Gestus des Auslieferns.

Darstellungstil

Wie im *Kleinen Organon* betont B., dass die Fabel das Herzstück des Kunstwerks sei. Hierin zeigt sich eine Übereinstimmung mit Aristoteles, aber auch eine Abgrenzung gegenüber dessen ›Katharsis-Lehre‹: Die Fabel soll nicht »allerhand Ausflüge in die Seelenkunde oder anderswohin« ermöglichen (GBA 25, S. 80), weil sie nicht der Introspektion der Figuren, sondern der Verdeutlichung ihrer Interaktionen dient. Die als Verknüpfung von Begebenheiten (Vorgängen) definierte Fabel wird durch szenische Arrangements, die Gruppierung und Bewegung der Figuren, erzählt, wobei jede, selbst minimale, Veränderung bedeutsam ist und der Begründung bedarf. Eine wichtige Rolle spielt dabei die Beobachtung, die B. als Voraussetzung für angemessenes Spiel hervorhebt, denn erst aus der Beobachtung der Umwelt ergibt sich das ›gestische Material‹ für das Spiel: »Das gestische Spiel interpretiert das Stück, indem es seinen Wirklichkeitsgehalt erschließt. Die konkrete Realisierung des Gestischen in der Darstellung wird zwar nicht als verbindlich verstanden, wohl aber leitet das Modell dazu an, den Gestus zur Grundlage jeder darstellerischen Lösung zu machen.« (Müller, S. 329) Als den »eigentlichen Bezirk des Modells« bezeichnet B. »den der Haltungen und Gruppierungen. [...] Die einzelnen Konstellationen, selbst die Abstände, haben dramaturgischen Sinn« (GBA 25, S. 80). Diese Hervorhebung dient auch der Abgrenzung der gestischen Spielweise von der traditionellen mimischen, deren Projektionsfläche zur Darstellung der Leidenschaften das menschlichen Antlitz ist. B. verwirft eine Darstellungstechnik, deren ›Stilgemisch‹ den Niedergang des Theaters bezeugt und daher durch Verwendung von Masken unterbunden oder eingeschränkt wird. Die Masken selbst »sollten etwas erzählen: z.B. bei den Alten die Verwüstungen, welche die Gewohnheit zu herrschen in den Gesichtern anrichtet usw.« (Ebd.)

Die Stilisierung des Spiels dient der Steigerung seiner Natürlichkeit. Die Kritik hat sich, B.s Argumentation folgend, vor allem auf den Aspekt der Wirkung konzentriert. »Was hier vorliegt, ist ein Regiebuch, wie es noch nicht da war. Ein Regiebuch, geschaffen für die Theaterpraxis. Aber auch ein Lehrbuch für den Laien, der mit dem Begriff ›Regie‹ entweder gar keine oder höchst mysteriöse Vorstellungen verbindet. Hier wohnt er einem Produktionsprozeß bei, aus dem er erfahren kann, welche Werkvorgänge, welche genauen rationalen Überlegungen, welche genauen praktischen Erprobungen dem Bühnenausdruck zugrunde liegen. Und was noch wichtiger ist: er lernt, welche Überlegungen er selbst anzustellen hat, um sich Rechenschaft zu geben über die eigene Theatererfahrung; er lernt, die fertige Aufführung als das Resultat eines Prozesses zu sehen, der Fragen aufwirft.« (Rilla, S. 231) Das Modellbuch leistet die Initiation des produktiven Zuschauers und schafft die Grundlage für die Entwicklung einer neuen ›Zuschaukunst‹.

Die unterschiedlichen Funktionen des Modells – erstens als »Kladde zum Handhaben bei der Regie« zu dienen, wie B. am 30. 8. 1955 an Berlau schrieb (GBA 30, S. 370), zweitens als Handreichung für den Schauspieler, um ihn in der ungewohnten epischen Spielweise anzuleiten, drittens dem Publikum »eine bessere Kennerschaft des Theaters« zu vermitteln (Hecht 1988, S. 24) – ermöglichen es, die Notate und Kommentare nach Produktions-, Darstellungs- und wirkungsästhetischen Gesichtspunkten zu differenzieren bzw. zu klassifizieren, die allerdings in einem einheitlichen Begründungs- und Wirkungszusammenhang stehen. Die Absicht, das Publikum mit dem ungewohnten epischen Theater vertraut zu machen, diesem also den Weg zu bereiten und dadurch alle Kompromisse mit dem bürgerlichen Theaterbetrieb und seiner Darstellungstechnik zu vermeiden, hat B. in die Forderung gefasst, es komme darauf an, des Publikums »Genußfähigkeit zusammen mit seiner Kritikfähigkeit zu vertiefen« (ebd.). Hinter dieser dialektischen Formel verbirgt sich der Anspruch, die rezeptive Einstellung des Publikums mittels des epischen Theaters zu einer produktiven Haltung zu verwandeln. Die Funktion des zeitgemäßen Theaters, erstens die Wirklichkeit zu zeigen, zweitens ihre Betrachtung zum Genuss zu machen, hat B. an anderer Stelle mit Hilfe der Gartenmetaphorik erläutert: »Beim Pflanzen, Instandhalten und Verbessern eines Gartens [...] nehmen wir nicht nur die Vergnügungen, die da geplant sind, voraus, sondern die schöne Tätigkeit selbst, unsere Fähigkeit des Erzeugens macht uns Vergnügen. Erzeugen heißt aber Verändern. Es bedeutet Einfluß nehmen, addieren. Man muß einiges wissen, können, wollen.« (Zit. nach: Hecht 1986, S. 360)

Die Durchsetzung der ungewohnten epischen Spielweise ist der notwendige erste Schritt, den die Arbeit mit Modellen ermöglicht. Damit ist zugleich die Möglichkeit zugestanden, den produktiven Prozess der Arbeit am Modell und mit den Modellen prinzipiell fortzusetzen. Die am *Antigonemodell* dialogisch durchgespielte Überprüfung der szenischen Einfälle durch Rückfragen, Einwände, Vergewisserung der Rezipienten und Eingeständnis von Irrtümern seitens der Produzenten bezeichnet mit der Position des Fragenden die erwünschte Haltung eines in der Darstellungspraxis des epischen Theaters unerfahrenen Darstellers oder Zuschauers, der durch die gebotenen Aufschlüsse über eine episch-deiktische Spielweise in kollektive Schöpfungsprozesse eingeführt wird.

Die deiktische Spielweise. Das Modell und seine Erläuterungen

Die dialogisch verfassten Anleitungen/Anweisungen und Kommentare des Modellbuchs ermöglichen den Lesern/Zuschauern, die von B. so bezeichneten ›choreographischen Figuren‹, d.h. die »Stellungen, Bewegungen, Gruppierungen« (GBA 25, S. 76), gestützt auf die Foto-Dokumentation in ihren deiktischen Funktionen »als [...] Klärungs- und Verdeutlichungsprozeß der dramatischen Fabel« (Rilla, S. 232) nachzuvollziehen. Bereits für das *Berliner Vorspiel* fordert der Kommentar den epischen Charakter des Vortrags »im Gedichtton«, d.h. die Rezitation in Form des »Berichts«, der von der Darstellerin der ersten Schwester zum Publikum gesprochen wird. Die Schauspielerin solle sprechen »als ob sie aufgefordert worden sei, das Vorgefallene vielen und oft zu berichten« (GBA 25, S. 86). Der Tempusgebrauch ist hier von Bedeutung: Nicht das ›Vorfallende‹, das Ereignis in seiner Aktualität und Unmittelbarkeit, soll verkörpert werden, sondern im Sinn der Anweisungen der *Straßenszene* die Wiederholung eines vergangenen Vorgangs vorgetragen und gezeigt werden: »Das Ereignis hat stattgefunden, hier findet die Wiederholung statt« (GBA 22, S. 372). Da der Bericht auf zwei Figuren verteilt ist, wird die dialogisch vermittelte Ereignissequenz vorgespielt, wobei zu beachten ist, dass die »vorgespielten Partien« den Vortrag nicht »emotionell« aufladen dürfen (GBA 25, S. 86). Das ›Vorgefallene‹ hat nicht Ereignis-, sondern Berichtcharakter. Die distanzierte Darstellung des Vorgangs wird durch den Auftritt, vor allem aber durch den Abgang von der Bühne unterstrichen. Der Übergang vom Vorspiel zum Spiel erfolgt bei offener Bühne im ›Halbdunkel‹ (S. 88), ist also einsehbar und zeigt unterschiedliche, aber simultan erfolgende Bewegungsabläufe: Tätigkeiten der Bühnenarbeiter, welche die Requisiten des Vorspiels entfernen, Abgang der Darstellerinnen, Annäherung der Schauspieler an das Antigone-Spielfeld, das schlagartig durch »volles Licht erhellt« (ebd.), aber von den Schauspielern noch nicht betreten wird. Diese nehmen ihre Plätze auf den Bänken hinter dem Spielfeld ein. Die Simultaneität dieser Funktionsabläufe vermittelt Einblick in arbeitsteilige Vorgänge, die nicht zum Spiel gehören, aber für dessen Zustandekommen erforderlich sind. Dieser Einblick bewirkt einen Illusionsbruch bzw. verhindert die Entstehung der Illusion. Er unterstreicht, retrospektiv und prospektiv, den Spielcharakter des gerade Gesehenen und des Folgenden. Die sichtbare Übergabe der Mäntel an die Garderobieren entspricht dem Darbietungscharakter des Vorspiel-Berichts an die Zuschauer. Mit dem Mantel legt die Darstellerin die Rolle ab. Hatten schon zuvor der epische Charakter des Vortrags und der deiktische Charakter des Spiels die Verwandlung des Schauspielers in die Bühnenfigur unterbunden, so stellt sich beim Betrachten der Vorgänge der Eindruck ein: Nicht zwei Schwestern verlassen den Schauplatz ›Berliner Wohnung‹, sondern zwei Darstellerinnen die geräumte Lokalität ›Bühnenraum‹. Dem Zuschauer wird nachhaltig vermittelt, dass er einer Theaterdarbietung beiwohnt. Dieser Vorgang wird in anderem Kontext bestätigt: Auf die Frage »Wie haben sich die gerade nicht spielenden Schauspieler zu verhalten?« erfolgt die Antwort: »Die auf den Bänken im Hintergrund ihre Auftritte abwartenden Schauspieler können lesen, kleinere Bewegungen ungeniert machen, auch, um die Schminke zu erneuern usw., gelegentlich unauffällig abgehen. Das stört bei richtiger Spielweise so wenig, wie das recht hörbare Klicken von drei fotografischen Apparaten während der Churer Uraufführung störte« (S. 92).

Inszenierung der Antigone-Figur

Die prinzipielle Forderung, dass Vorgänge nicht verkörpert, sondern dargestellt werden sollen, lässt sich an der Figur der Antigone demonstrieren. Bereits im ersten Auftritt sind Antigones Spiel und Sprache nicht synchron. Antigone agiert zunächst allein und wortlos auf dem Spielfeld, während Ismene, vor dem Spielfeldrand aufgestellt, Antigones Gänge und Verrichtungen beobachtet, um dann die zum Publikum gesprochenen Redepartien zu verfolgen. Minimale, sparsame Gesten geben dabei Aufschluss über das Verhalten der Figur: So verdeutlicht die Weite des Schritts die Freiheit des Gangs, der die spätere Gezwungenheit der Bewegungen nach Aufschnallen des Totenbretts kontrastieren wird. Die minimale Kopfwendung beim Sammeln des Staubs in den Krug verdeutlicht die »Heimlichkeit des Ganges« (GBA 25, S. 90). Antigone »wendet den Kopf wie eine Heimliche zur Seite« (Hecht 1988, S. 71). Die Rückfrage nach dem »Fluß der Darstellung« gibt Gelegenheit, die Verfremdung des Spiels zu erläutern. Die Darstellung dürfe »nicht allzu glatt« erfolgen, weil es darauf ankomme, die ›theatralischen Gedanken‹, die das Spiel sichtbar mache, »leise« zu »isolieren« (GBA 25, S. 92). Diesem Zweck dienen neben dem stummen Spiel auch die auffällig gesetzten Pausen, Zäsuren, die der Reflexion des Publikums Raum geben. Die Figur der Antigone sei »so anzulegen und aufzubauen, daß ihre Entwicklung vom Publikum in Form von Änderungen verfolgt werden« könne (S. 94). Da die Figur psychische Zustände wie Todesfurcht, Zorn, Trauer, Verwunderung ›erleidet‹, wird die naheliegende Frage nach der Ursache solcher Emotionen aufgeworfen, und die Erklärung gegeben, dass diese nicht charakterbedingt, sondern im sozialen Sein fundiert seien. Dies impliziert die unausgesprochene Frage nach der Modalität der Wiedergabe dieser im Text genannten Zustände, d.h. ob diese Ausdruck einer charakterlichen Disposition seien und in welcher Form sie angemessen wiederzugeben sind, mimisch oder gestisch. Sie zielt indirekt auf die Relevanz des mimischen Spiels, das im Gestus enthalten sein kann. Die Antwort verweist statt auf die biologische Genese des Verhaltens aus primären Seelenzuständen auf deren gesellschaftliche Natur. Antigones Leidenschaften sind Folgen sozialen Unrechts. »*Frage*: Die Rolle beginnt mit einer Beschwerde, endet mit einer Drohung und hat dazwischen nicht viel andres als Streit. Muß die Darstellerin da nicht eine Person zeigen, die von Natur finster und aufsässig ist? / *Antwort*: Nur eine ernsthafte; eine, die, wenn ihr solches passiert, sich so verhält. / *Frage*: Nun, also so ernsthaft wie möglich? / *Antwort*: Nur so ernsthaft wie nötig. Am besten, eine Person zu wählen, bei der gerade dies recht auffällt.« (S. 94)

Antigones Verhalten kann sich vor allem dort gestisch artikulieren, wo der Streit mit Kreon als politische Auseinandersetzung geführt, die Figur durch das aufgeschnallte Totenbrett als ›Unruhezentrum‹ inszeniert wird. Antigones Unruhe zeigt sich in auffälligen Gesten und Reaktionen (Schütteln des Kopfes, Aufstampfen). Es wird in Bewegungen umgesetzt, die »physisch groß« erscheinen (S. 104). »Im Kampf scheint das Brett leichter zu werden« (ebd.). Die gesellschaftliche Relevanz resultiert aus den Bewegungsabläufen der Figur: Antigones Vorstöße gegen Kreon und die Alten sind Kampfhandlungen, sie werden als Akte der Rebellion inszeniert. D.h. die intendierte ›Entwicklung‹ soll nicht als psychologische Entwicklung, sondern als politische Emanzipation verstanden, das spontane Interesse am individuellen und privaten Schicksal durch das allgemein-öffentliche Interesse ersetzt werden, das die Figur repräsentiert. Die Figur beansprucht Interesse nach Maßgabe ihrer Entwicklungsfähigkeit zu einer Haltung, die das fortschrittliche Publikum bereits einnimmt. Antigones aussichtsloser politischer Kampf mit Kreon um die Zustimmung der Alten wirft die Frage nach der Identifikation mit der Figur auf, weil diese hier in der Rolle des Opfers erscheint: »Hier doch ist der Ort, wo das breite Publikum einfach mit *Antigone* sympathisieren kann, denn es wird fühlen wie sie und ihre Argumente teilen?« (S. 106) Die Antwort korrigiert die falsche individual-psychologische Perspektive auf die Figur, das ›Interesse am Helden‹, und substituiert diesem die angemessene Konzentration auf die Interaktionen der Figuren, die der Erkenntnisgegenstand des Publikums sind. »Es ist eine beträchtliche Versuchung für die Darstellerin der *Antigone*, im Wortwechsel mit *Kreon* lediglich auf die Sympathie des Publikums auszugehen. Dieser Versuchung weichend, würde sie jedoch den Blick des Publikums in die beginnenden Zerwürfnisse der Herrschenden, zu denen *Antigone* zählt, trüben und Spekulationen und Emotionen, welche dieser Blick gewähren kann, gefährden.« (Ebd.)

Analog zur Streitszene mit Kreon ist Antigones Auseinandersetzung mit den Alten angelegt, die ihren letzten Gang einleitet. »Bevor *Antigone* zu sprechen beginnt, sinkt sie zusammen und wird von den Mägden aufgehoben. Erst im Streit mit den *Alten* überwindet sie ihre Todesfurcht.« (S. 122) Dieser Akt der Überwindung soll nicht als sittlich-moralisches Tableau der Seelengröße missverstanden, er soll vielmehr als politischer Vorgang, als emanzipativer Akt der Befreiung aufgefasst werden und als exemplarischer Vorgang Interesse beanspruchen. Die Frage »Geht eure Darstellungsweise nicht den ›Untiefen der menschlichen Seele‹ aus dem Weg?« (S. 128) setzt einen Erkenntnisprozess in Gang, der die Relevanz von Leidenschaften in einer Sequenz von fünf Fragen und Antworten diskursiv klärt. Dadurch, dass die Frage verneint wird, kommt die weiterführende Frage nach der Funktion extremer Seelenzustände in existenziellen Grenzsituationen und die angemessene gestische Form ihrer Darstellung zur Sprache. »*Frage*: Wie ist es mit solchen gewaltsamen Zuständen der Seele wie Gefühlsverwirrung und Krampf? *Antwort*: Sie sind darzustellen ohne Verwirrung des künstlerischen Gefühls und ohne Verkrampfung des Künstlers.« (Ebd.) Die Frage nach der Übereinstimmung von Thema und Darstellungsform berührt die Frage der Artistik. Die Darstellung darf die Forderung nicht außer Acht lassen, dass die Verwandlung des Schauspielers in die Figur unterbleiben, das Spiel deiktisch angelegt sein soll. Hierin zeigt sich eine Übereinstimmung zu den im Vorspiel gemachten Vorschlägen, welche die Darbietungsform der Vorgänge betreffen (Gestus des Rezitationscharakters). Das Spiel muss in jeder Phase als vermitteltes und vermittelndes Spiel aufgefasst werden können, damit über das ästhetische Interesse an der Vermittlungsleistung das politische Interesse durch die Frage, welcher Funktion die Vermittlung dient, provoziert werden kann. Die Frage nach der »Unmittelbarkeit des Spieles« (S. 132) wird am Beispiel von Antigones Todesgang exemplarisch beantwortet: »Wie alles übrige spielte die Weigel den Todesgang der Antigone, als sei er etwas Berühmtes, sowohl als historischer Vorgang als auch als eine Bühnengestaltung, ja, sie spielte beinahe, als sei ihr eigenes Spiel in dieser Szene berühmt. *Frage*: Zu welchem Zweck spielte sie so? / *Antwort*: Um den Vorgang und seine Abbildung der höchsten Aufmerksamkeit zu empfehlen, indem sie, was sie machte, als exemplarisch zur Schau stellte.« (Ebd.) Die Darstellung der Extremsituation unterliegt mithin den selben darstellungsästhetischen Prinzipien wie alle anderen Teile der Handlung. Die Weigel spielte den Todesgang »wie alles übrige« (ebd.). Das ›Berühmte‹ sowohl des historischen als auch des durch Theatralik ästhetisch vermittelten Vorgangs rückt diesen aus der Sphäre des Ereignishaften, Besonderen in die des ›Exemplarischen‹, d.h. Allgemeinen und Wiederholbaren. Die Darstellung verfremdet den Vorgang, dadurch löst sich dieser als Handlungselement vom Träger der Handlung, er wird als vermittelter auffällig-interessant, d.h. politisch-relevant.

Die Gesten Kreons

Der mit *Gestik des Kreon* überschriebene Abschnitt in Werner Hechts Materialienband führt die Gesten »des öffentlichen Manns und blutigen Clowns« auf: »Das demonstrative Prüfen der Schwertschneide, das Sich-den-Schweiß-Abtrocknen nach dem Kampfgespräch mit Antigone, der Stupor während des Abredechors ›Der du zum Siegesreigen‹, das Provozieren des Hämon mit dem Bacchusstab, die Verspottung des Tiresias, das Weglaufen und das Aufpflanzen des Bacchusstabs« (Hecht 1988, S. 26). Die Gesten des Kreon sind maßgeblich durch die Manipulation der Requisiten vermittelt, die mit den Bewegungsabläufen gekoppelt werden. Der Gestus ist nach der Definition B.s ein »Komplex von Gesten, Mimik und [...] Aussagen« (Hecht 1986, S. 347).

Die von Kreon nach dem Bericht des Wächters ausgesprochene Drohung an die Adresse seiner Gegner in der Stadt wird gestisch unterstrichen: Kreon »prüft [...] die Schwertschneide beziehungsvoll mit dem Daumen« (GBA 25, S. 100). Die Begegnung mit Hämon nach der Verurteilung Antigones entwickelt ein Wechselspiel der Werbung um den Sohn und der Provokation des Gegners. Kreon »fällt gegen *Hämon* aus mit dem Maskenstab.« (S. 116) Er »wippt [...] die Maske dem Sohn zweimal kurz gegen das Gesicht, zieht sie aber heftig zurück, als dieser die geballte Faust zu heben beginnt.« (Ebd.). Die Geste begleitet den stichomythisch (in Zeilenrede) zugespitzten Dialog: »*Hämon*: Das nennt ich dumm, käm's nicht vom Vater. / *Kreon*: Das nennt ich frech, käm's nicht von Weibes Knecht. / *Hämon*: Der Weibes lieber als dein Knecht sein will. / *Kreon*: Jetzt ist's heraus und kann nicht mehr zurückgehn. / *Hämon*: Und soll auch nicht. Du möchtest alles sagen / Und hören nichts.« (GBA 8, S. 223)

In ebenso signifikanter Weise handhabt Kreon in der Begegnung mit dem Seher Tiresias den Bacchusstab. Die pantomimische Inszenierung der Figur durch Hans Gaugler habe B. als ›exemplarisch‹ gerühmt (vgl. Bunge, S. 213). Sie verfolgt den Zweck, den Seher der Lächerlichkeit preiszugeben und ist als Spiel-im-Spiel inszeniert. Die Darbietung verfehlt jedoch ihren Zweck, weil die Alten sich von Kreon abwenden. Der Vorgang wird in vier Figuren ausgeführt und in den von Pausen unterbrochenen Bewegungsabläufen so dargestellt, dass Kreons Selbstinszenierung als Clown zur Selbstwiderlegung führt. Der szenische Vorgang begleitet die Rede des Sehers: Er spricht zum Kind, das ihn führt, meint aber Kreon: »Der Führende / Folge dem Bacchus nicht. / Unvermeidlich ist der Sturz dem, der zu hoch / Vom Boden die Sohle hebt. / Auch an den Säulen des Siegs / Stoße nicht an. Sieg / Schreien sie in der Stadt / Und die Stadt ist voll Narren! / Und es folgt / Der Blinde dem Sehenden, aber dem Blinden / Folgt ein Blinderer (GBA 8, S. 228f.). Kreon springt »mit einem Tigersatz [...] auf das Spielfeld [...]. / [Tiresias] geht horchend weiter und überrascht nah dem linken vorderen Pfahl, mit den Versen 894–895 *Kreon*, der ihm leise auftretend gefolgt ist, mit der Sohle hoch in der Luft. / *Kreon* folgt dem Seher [...], den Blinden den *Alten* mit dem Daumen über der Schulter dem Spott preisgebend [...]. / Nach den Versen 897–899 bleibt der *Seher* am rechten vorderen Pfahl stehen und horcht. *Kreon*, mit dem Bacchusstab weit ausholend, klopft vor seinen Füßen den Boden. Der Seher nickt zweimal ernst über die Schulter zurück.« (GBA 25, S. 134–138) Der Vorgang des auf den Auf-den-Boden-Klopfens macht die Zweideutigkeit der Rede eindeutig. Der Bacchusstab, Requisit des vermeintlichen Triumphs, wird zum Blindenstab, und bezeichnet damit die Hinfälligkeit von Kreons Täuschungsmanöver. Tiresias deckt Kreons inszenierte Lüge auf. Auf die Frage nach den Motivationen Kreons und Tiresias' gibt der Kommentar die politischen Intentionen der beiden Figuren zu erkennen. Statt der individuellen Motive, Zorn und Verärgerung, werden die sozialen betont. »*Frage*: Durch Kreons Mißachtung ist er [Tiresias] verärgert? *Antwort*: Und über den Zwist im Herrscherhaus beunruhigt. [...] / *Frage*: Kreon macht es klar, daß der Seher und er zusammengearbeitet haben. Warum verärgert Kreon ihn? / *Antwort*: Er scheint siegestrunken.« (S. 140) Die zweite Antwort erfolgt ausweichend, sie überlässt es dem Zuschauer zu beurteilen, ob Kreons Siegestrunkenheit tatsächlich vorhanden oder nur vorgetäuscht ist, um die Alten über den Stand des Kriegs mit Argos zu täuschen. Die Szene wurde von B. als ›artistisch und realistisch‹ bezeichnet: »Das realistische Moment ist, daß *Kreon* den Clown macht« (S. 138), weil er dadurch einen Sieg vortäuscht, den er nicht errungen hat. Die Verhöhnung des Sehers erweist sich als Ablenkungsstrategie, die zum Scheitern verurteilt ist.

Gegen Ende des *Antigonemodells 1948* werden die Fragen länger und ›präziser‹, die Antworten kürzer, zweideutiger und ausweichender. Es zeichnet sich eine Umkehrung ab, die auf einen Lernprozess hindeutet. So haben die Antworten nicht durchweg den Charakter von Erklärungen, sie formulieren Gegenfragen, die als Denkanstöße fungieren oder fordern zur selbstständigen Urteilsbildung auf, die durch die Handhabung des bildgestützten Kommentars ermöglicht wird. Das lässt sich am Beispiel der Sequenz *Kreon im Unglück* belegen. Auch diese Sequenz ist in fünf Fragen und Antworten gegliedert: »*Frage*: Soll *Kreon* im Unglück die Sympathie des Publikums haben? / *Antwort*: Nein. / *Frage*: Ist es dem Darsteller gelungen, dieser Sympathie zu entgehen? / *Antwort*: Urteile nach den Bildern. / *Frage*: Habt ihr etwas unternommen, die *Antigone* zur Vertreterin der Religion oder Humanität, den *Kreon* zum Vertreter des Staates zu machen? / *Antwort*: Nein. / *Frage*: Habt ihr gezeigt, wie sich das Individuum zum Staat verhalten soll? / *Antwort*: Nur wie sich *Antigone* zum Staat des *Kreon* und der *Alten* verhält. / *Frage*: Nichts sonst? / *Antwort*: Anderes.« (S. 156) Die Funktion dieser dialogischen Technik, der von B. bevorzugten Form der Erkenntnis-Vermittlung, erläutert Rilla: »Wie sehr Brecht Dramatiker ist und wie völlig der Dramatiker mit dem Dialektiker der gesellschaftlichen Positionen zusammenfällt, zeigt sich noch darin, daß die erklärenden Texte vielfach in einen Dialog von Frage und Antwort übergehen, eben den Dialog, durch den auch der Leser und Betrachter sich aufgefordert sieht, Fragen zu stellen und Antworten zu finden: Womit [...] das Buch an die Praxis des Brechtschen Theaters angeschlossen ist.« (Rilla, S. 233)

Die Initiation in das Verständnis der Funktion von Bühnenprozessen, die zu einem besseren Verständnis des epischen Theaters, d.h. zu einer neuen Zuschaukunst, führen sollen, ist von B. als ein Vorgang der Emanzipation des Bewusstseins verstanden worden. In *Über das Poetische und Artistische* führt B. aus: »Es ist nämlich eine Eigentümlichkeit der theatralischen Mittel, daß sie Erkenntnisse und Impulse in Form von Genüssen vermitteln; die Tiefe der Erkenntnis und des Impulses entspricht der Tiefe des Genusses.« (GBA 24, S. 380)

Ausblick

Während seitens der klassischen Philologie (Barner; Flashar; Jens; Riedel; Rösler; Snell; vgl. besonders Frick) die Bedeutung von Stückwahl und Bearbeitung in der Geschichte der Antiken-Rezeption, mithin der Primat des Texts und seiner Bearbeitung hervorgehoben wird, betont Frick über die Relevanz dieser »Gelegenheitsarbeit [...] für die Geschichte der Antikenbearbeitung im Drama des 20. Jahrhunderts« (Frick, S. 484) hinaus den »paradigmatischen Stellenwert« der Bearbeitung für B.s »dramatisches Schaffen« und seine Theaterpraxis (ebd.). »Der Stückeschreiber, Theaterreformer und Regisseur« leiste »an dieser Scharnierstelle seiner Laufbahn« (S. 465) mit dieser Theaterarbeit eine »exemplarische Veranschaulichung seines ästhetisch-dramaturgischen Standpunkts« (S. 485). Der ›schriftstellerisch-literarische‹ und ›dramaturgisch-theaterpraktische‹ Doppelakzent (vgl. ebd.) der Antigone-Bearbeitung und -Inszenierung habe den Charakter einer »programmatischen Standortbestimmung« und markiere den Beginn von B.s »Aufstieg zum marxistischen Theaterklassiker« (S. 484f.). Bruno Snells und Paul Rillas frühe Würdigungen des innovativen Charakters der Inszenierung und der Arbeit mit Modellen haben die Relevanz des *Antigonemodells 1948* für die Theaterpraxis B.s und die sie tragenden theoretischen Überlegungen erkannt und hervorgehoben. So hat vor allem Rilla schon im Titel seines Essays *Bühnenstück und Bühnenmodell* die Verbindung von Text und dokumentierter Bühnenarbeit und den einzigartigen Werkcharakter des zur Einheit verschmolzenen Textes betont, der neben den produktionsästhetischen und theaterpraktischen Funktionen des ›Regiebuchs‹ die erkenntnisstiftenden Funktionen des ›Lehrbuchs‹ »für den Laien« erfüllt (Rilla, S. 231). Rilla bewertet die Relevanz der bühnenpraktischen Leistung, die B. mit dem Modell erbringt, noch höher als die Textarbeit, deren Resultat, das Bühnenstück, die »geniale Wortmacht einer Um- und Neudichtung« bezeuge (S. 234). Gegenüber der Beliebigkeit von »Aktualisierungsversuchen«, die »sich an klassische Dichtungen heranschmarotzen«, sei B.s Bearbeitung durch die »gesellschaftlich-rationale Aufschließung der antiken Fabel« legitimiert (ebd.). Die innovative und zukunftsweisende Leistung B.s sei jedoch im ›völlig neuartigen‹ »Versuch dieses Modellbuchs« zu sehen (ebd.), das »im Bilde zeigt und im Text erklärt, mit welchen Mitteln und Absichten die Aufführung eines Dramas zustande kommt, das eine gesellschaftliche Fabel erzählt« (ebd., S. 232). Dadurch »räumt es die Bühne aus von allen Mystifikationen eines Kulissenzaubers und fegt sie blank für den Einblick in ihre rationale gesellschaftliche Bestimmung.« (Ebd.) B. habe dadurch die programmatische Forderung eingelöst, »das ›Wort des Dichters‹ ist nicht heiliger als es wahr ist, das Theater ist nicht die Dienerin des Dichters, sondern der Gesellschaft« (GBA 25, S. 79).

Literatur:

Baldo, Dieter: Bertolt Brechts »Antigonemodell 1948«. Theaterarbeit nach dem Faschismus. Köln 1987. – Barner, Wilfried: ›Durchrationalisierung‹ des Mythos? Zu Bertolt Brechts ›Antigone-Modell 1948‹. In: Lützeler, Paul Michael (Hg.): Zeitgenossenschaft. Zur deutschsprachigen Literatur im 20. Jahrhundert. Fs. für Egon Schwarz. Frankfurt a.M. 1987, S. 191–210. – Be.: Antigone, ein Trauerspiel von Sophokles. Uraufgeführt zu Athen im Jahre 442 v. Chr. In: Hecht 1988, S. 195–198. – Bunge, Hans (Hg.): Brechts Lai-Tu. Erinnerungen und Notate von Ruth Berlau. Darmstadt, Neuwied 1985. - C.S.: Eine »Antigone« Bert Brechts (Zur Uraufführung am Stadttheater in Chur). In: Hecht 1988, S. 203–205. – Flashar, Hellmut: Inszenierung der Antike. Das griechische Drama auf der Bühne der Neuzeit 1585–1990. München 1991. – Frick, Werner: ›Moira‹ und Marxismus: Episierung und ›Durchrationalisierung‹ in Bertolt Brechts »Antigonemodell 1948«. In: Ders.: ›Die mythische Methode‹. Komparatistische Studien zur Transformation der griechischen Tragödie im Drama der klassischen Moderne. Tübingen 1998, S. 481–551. – Hecht, Werner (Hg.): Brechts Theorie des Theaters. Frankfurt a.M. 1986. – Ders.: Brechts Antigone des Sophokles. Frankfurt a.M. 1988. – Hensel, Georg: Sophokles, Hölderlin oder Brecht? ›Antigonemodell‹ in Darmstadt. In: Theater heute (1968), H. 8, S. 26f. – Hölderlin, Friedrich: Antigonä. In: Ders.: Sämtliche Werke. Bd. 5. Hg. v.

Friedrich Beissner. Stuttgart 1952, S. 203–262. – Jens, Walter: Antigones letzte Rede – Rückkehr. In: Hinck, Walter (Hg.): Ausgewählte Gedichte Brechts mit Interpretationen. Frankfurt a. M. 1978, S. 110–116. – Müller, Klaus-Detlef: Brechts Theatermodelle: Historische Begründung und Konzept. In: Valentin, Jean-Marie/Buck, Theo (Hg.): Bertolt Brecht. Actes du Colloque franco-allemand tenu en Sorbonne (15–19 novembre 1988). Bern [u.a.] 1990, S. 315–332. – Pohl, Rainer: Strukturelemente und Pathosformen in der Sprache. In: Hecht 1988, S. 245–260. – Riedel, Volker: Antigone-Rezeption in der DDR. In: Hecht 1988, S. 261–275. - Rilla, Paul: Bühnenstück und Bühnenmodell. In: Hecht 1988, S. 231–235. – Rösler, Wolfgang: Zweimal ›Antigone‹: Griechische Tragödie und Episches Theater. In: DU. (1979), H. 6, S. 42–58. – Rühle, Jürgen: Bertolt Brechts »Antigone«. Deutsche Erstaufführung der Modell-Bearbeitung nach Sophokles und Hölderlin. In: Hecht 1988, S. 218–221. – Snell, Bruno: Die ›Antigone‹-Bearbeitung von Bert Brecht (Aufführung in Chur). In: Hecht 1988, S. 205–207. – Weinert, J.: Brechts Antigone-Modell 1948. Deutsche Erstaufführung am Theater in Greiz. In: Hecht 1988, S. 221–223. – Witzmann, Peter: Antike Tradition im Werk Bertolt Brechts. 2. Aufl. Berlin 1965.

Jörg Wilhelm Joost

Couragemodell 1949

Entstehung

Gemeinsam mit Erich Engel inszenierte B. vom November 1948 bis Januar 1949 das Stück *Mutter Courage und ihre Kinder*, das am 11. 1. zur deutschen Erstaufführung am Deutschen Theater in Ost-Berlin gelangte. Im Frühjahr 1949 ließ B. Material zu einem Modellbuch erstellen, das zum einen aus Fotografien von Ruth Berlau und Hainer Hill bestand, zum anderen aus *Regieanmerkungen zu Bertolt Brechts Chronik aus dem Dreißigjährigen Krieg ›Mutter Courage und ihre Kinder‹*, die vermutlich von dem Regieassistenten Heinz Kuckhahn notiert wurden und Korrekturspuren B.s tragen (vgl. GBA 25, S. 517). Dieses Material wurde für alle nachfolgenden *Courage*-Aufführungen als verbindlich erklärt. Nachdem in Dortmund eine Inszenierung vorbereitet wurde, welche das Berliner Modell ignorierte, ließ B. diese Produktion verbieten. Der Suhrkamp Verlag teilte daraufhin im Juli 1949 den Theatern mit, dass eine »besondere Regiepartitur in Vorbereitung« sei, die sich auf die »Musteraufführung« am Deutschen Theater beziehe und für alle weiteren Inszenierungen zu berücksichtigen sei (ebd.). B. erarbeitete in Form von Notaten die beabsichtigte Regiepartitur und suchte gemeinsam mit Ruth Berlau die Fotos aus. Damit lag dann eine erste Fassung des *Couragemodells 1949* vor, das »weniger Texte als der Erstdruck« enthielt (S. 518). Diese frühe Fassung erschien jedoch noch nicht als Druck; denn als sich im Sommer 1949 die Städtischen Bühnen Wuppertal für eine *Courage*-Inszenierung interessierten, teilte Elisabeth Hauptmann dem Theater die geplante Übersendung von Fotomaterial und Bühnenanweisungen mit: »Später wird dieses Material in Buchform beim Suhrkamp Verlag erhältlich sein, ich lasse es Ihnen jetzt separat von der Herausgeberin, Frau Berlau, zusammenstellen.« (Ebd.) Im Herbst 1950 inszenierte B. das Stück an den Münchner Kammerspielen (Premiere am 8. 10.) anhand der Berliner Modell-Inszenierung, von der Ruth Berlau und Ruth Wilhelmi Fotos herstellten. Weiteres Material für das *Couragemodell 1949* lieferte 1951 eine Neuaufführung B.s am Berliner Ensemble (Premiere am 11. 9.).

Die Veröffentlichung der Regiepartitur im Suhrkamp Verlag kam nicht zu Stande. Erstmals wurde in dem 1952 erschienenen und von Ruth Berlau, B., Claus Hubalek, Peter Palitzsch und Käthe Rülicke redigierten Sammelband *Theaterarbeit* ein Teil des *Couragemodells 1949* unter dem Titel *Beispiele von Anmerkungen aus dem Modellbuch* veröffentlicht (vgl. Theaterarbeit, S. 227–284). Allerdings unterscheidet sich der in *Theaterarbeit* veröffentlichte Text gegenüber dem 1958 veröffentlichten Modellbuch (der Textgrundlage in GBA 25) vor allem darin, dass dort auch Sekundärtexte, also nicht von B.s Hand stammende Texte, enthalten sind. So findet sich hier der Text *Anmerkung zu einer Szene* von

Hans Mayer (Theaterarbeit, S. 249–253), der nicht gezeichnete Text *Phasen einer Regie* (S. 256–261), der von Anna Seghers stammende Text *Die Sprache der Weigel* (S. 266f.), ein Zitat aus Goethes *Italienischer Reise* (S. 270) oder Paul Dessaus Beitrag *Zur Courage-Musik* (S. 274–280). Daneben existieren in *Theaterarbeit* eine Reihe von B.-Texten, die nicht in das Modellbuch von 1958 übernommen wurden, so der auf einem Zwiegespräch zwischen Friedrich Wolf und B. beruhende Text *Formprobleme des Theaters aus neuem Inhalt* (S. 253–255, vgl. GBA 23) sowie die Liedtexte *Mutter Courages Lied* (S. 227) und *Lied vom Fraternisieren* (S. 280). Ebenfalls werden hier eine Reihe von Fotos wiedergegeben, die dann in anderer Zusammenstellung im *Couragemodell 1949* erscheinen. Auf Veranlassung Helene Weigels wurde das der *Theaterarbeit* entnommene *Courage*-Kapitel separat gebunden und zusammen mit dem kompletten Fotoband denjenigen Theatern übermittelt, welche eine Inszenierung des Stücks beabsichtigten.

Die neben dem Suhrkamp Verlag auch im Dresdner Verlag geplante Publikation des *Couragemodells 1949* konnte ebenfalls nicht realisiert werden; auch dieses Druckvorhaben zerschlug sich. Nachdem B. mit dem Henschelverlag (Ost-Berlin) 1954 die Edition einer Reihe *Modellbücher des Berliner Ensemble* verabredet hatte, bearbeitete er zwischen 1955 und 1956 zusammen mit Ruth Berlau und Palitzsch das *Courage*-Modellbuch. Da jedoch die Reihe mit der Edition des *Antigonemodells* und des *Galilei*-Modells begonnen wurde, kam das *Couragemodell 1949* erst 1958 als drittes Modellbuch zur Publikation und erschien somit postum. Als Herausgeber zeichnete die Deutsche Akademie der Künste in Ost-Berlin, Ruth Berlau wird als verantwortlich für die Edition genannt. Wegen der kollektiven Zusammenarbeit von Ruth Berlau, B. und Palitzsch am *Couragemodell 1949* ist eine genaue Bestimmung der jeweiligen Autorenschaft nicht zuverlässig möglich.

Die schwarz gestaltete Mappe *Couragemodell 1949* enthält drei separate und farblich unterschiedlich gebundene Broschur-Bände im Querformat, die mit *Text, Aufführung, Anmerkungen* betitelt sind. Der *Text*-Band enthält die Vorbemerkung: »›Mutter Courage und ihre Kinder‹ / geschrieben in Skandinavien vor dem Ausbruch des zweiten Weltkrieges, ist der 20. Versuch. / Eine Musik hierzu komponierte Paul Dessau. / Der hier abgedruckte Text ist die Buchfassung des Stückes / und nicht die Bühnenfassung des Berliner Ensemble.« (Brecht) Dann folgt der Band *Aufführung* mit dem Titel *Mutter Courage und ihre Kinder / Szenenfotos der Aufführungen des Deutschen Theaters, des Berliner Ensemble und der Münchener Kammerspiele / von Ruth Berlau, Hainer Hill und Ruth Wilhelmi*. Den Abschluss bildet der Band *Anmerkungen* mit den Texten B.s.

Im Gegensatz zu dem 1958 erschienenen *Couragemodell 1948* stellten die Herausgeber der GBA eine davon abweichende Fassung zusammen, obwohl der Erstdruck als Textgrundlage im Kommentar qualifiziert wurde (vgl. GBA 25, S. 516). Die originale Dreiteiligkeit des Modellbuchs wird zum einen dadurch beschädigt, dass auf die Wiedergabe der Stücktextfassung verzichtet wurde, allerdings aus dem einsehbaren Grund einer Vermeidung unnötiger Doppelung mit dem Abdruck in Band 6 der GBA. Unklar bleibt allerdings, warum sich die Herausgeber für eine Änderung der Textanordnung entschieden haben. Während im *Couragemodell 1949* die Fotodokumentation als zweiter Band erscheint und – in innerer Logik – erst danach B.s sich auf die Aufführung beziehenden *Anmerkungen*, stellten die Herausgeber der GBA die Reihenfolge um: zunächst werden B.s *Anmerkungen* (S. 171–246) wiedergegeben und erst danach sowie als Abschluss die Szenenfotos (S. 247–385).

Beschreibung

Nach einigen prinzipiellen Überlegungen zum Modell und zum epischen Theater wird in den *Anmerkungen* zum Stück zunächst das *Vorspiel* beschrieben, dem noch drei kurze Texte zugeordnet sind: *Der lange Weg in den Krieg, Zu kurz kann zu lang sein, Das Couragelied des Vorspiels* (GBA 25, S. 178–180). Es ist mit diesen Texten nicht beabsichtigt, den Stückverlauf wiederzugeben, sondern die ›Vorgänge hinter den Vorgängen‹ sichtbar zu machen. Zwar beschreibt der Text auch Teile des Bühnenbilds (z.B. die Materialien sowie die Ausstattung des Planwagens der Courage), gibt aber zugleich auch Hinweise auf Haltungen, Gesten, Spielarrangements, die sich aus dem Stücktext selbst nicht erschließen: »Auf dem Bock sitzen die stumme Kattrin, die Mundharfe spielend, und die Courage. Die Courage sitzt bequem, ja faul, sich mit dem Wagen wiegend, sie gähnt. Alles deutet darauf, auch der Blick, den sie einmal zurückwirft, daß der Wagen einen langen Weg herkommt.« (S. 178) Dieses Vorspiel liegt vor der mit dem Stücktext einsetzenden Handlung (dem Gespräch zwischen einem Werber und einem Feldwebel) und gibt somit schon eine Charakterzeichnung der Courage wieder: »Uns schien dann die Darstellung des langen Wegs, den die Händlerin führt, um in den Krieg zu kommen, genügender Hinweis auf ihre aktive und freiwillige Teilnahme am Krieg.« (S. 179) Im kleinen Text *Das Couragelied des Vorspiels* verweist B. auf den Vorteil der Dialekttönung beim Singen, welche gegenüber der Künstlichkeit des Bühnendeutschs einen Realitätsbezug herstellt: »Erst bei der Neueinstudierung durch das Berliner Ensemble benutzte die Weigel auch für das Geschäftslied der Courage die Dialekttönung [...]. Das Lied lebte auf.« (S. 179f.)

Die zwölf beschriebenen Szenen des Stücks besitzen eine jeweils wiederkehrende Strukturierung: der Szenennummerierung folgt der jeweilige Szenentitel, der in der Aufführung als Schriftemblem zu lesen war. Daran schließt sich eine kurze, vorangestellte Inhaltsangabe der jeweiligen Szene an (in Kursivschrift), mit der B. die barocke Tradition, hier insbesondere Grimmelshausens *Lebensbeschreibung der Ertzbetrügerin und Landstörtzerin Courasche* zitiert. Dann wird das *Grundarrangement* der Szene vorgestellt. Dieser konstant wiederkehrenden Struktur in allen zwölf Szenen ist jeweils ein variabler Teil nachgestellt, der das Spezifische der jeweiligen Szene diskutiert: z.B. Bühnenarrangements, Hinweise zur Figurencharakteristik, Darstellungsdetails bestimmter Schauspieler (so von Helene Weigel, Erwin Geschonneck, Werner Hinz, Regine Lutz), Vergleiche zur Inszenierung von 1951, szenische Details, Abgänge, pantomimische Darstellungen, Widersprüchlichkeiten, Musik und Pausen. In der 1. Szene z.B. beschreibt B. unter dem Titel *Ein Fehler* den Rundhorizont des Deutschen Theaters, der »fehlerhafterweise keinen Einlaß bietet« (GBA 25, S. 183), damit der Planwagen auf die Bühne rollen konnte. B. behalf sich mit einer Attrappe auf offener Bühne, die den Planwagen zunächst verdeckte, »so ließen wir fünfe grad sein« (ebd.). In dem Text *Detail* diskutiert B. das Messerziehen der Courage, um ihre Söhne vor den Werbern zu schützen: »Die Frau zeigt lediglich, daß sie bei der Verteidigung der Kinder soundso weit gehen wird. Überhaupt muß die Darstellerin zeigen, daß die Courage Situationen wie diese kennt und zu meistern versteht.« (S. 186) In einem weiteren kleinen Text *Pantomimisches* fordert B. das Ausspielen eines Inszenierungsdetails: »wie der Werber dem Eilif den Zuggurt abnimmt (›Und die Weiber reißen sich um dich‹). Er befreit ihn vom Joch.« (S. 187)

Nach den Szenenbeschreibungen folgt im Modellbuch eine Wiedergabe der Besetzungslisten von der Premiere am 11.1.1949 im Deutschen Theater, der Inszenierung an den Münchner Kammerspielen (Premiere am 8.10.1950) sowie der Neuaufführung am Berliner Ensemble am 11.9.1951 (vgl. S. 244–246).

Die Fotodokumentation *Aufführung* besteht aus 178 nummerierten Schwarzweiß-Fotos, wobei verschiedene Fotos doppelt gezählt, d.h. mit ›a‹ und ›b‹ gekennzeichnet sind. B. hatte für den Sammelband *Theaterarbeit* einen Text Ruth Berlaus über *Theaterfotografie* mit aufgenommen, in dem die Funktion und Ästhetik der Theaterfotografie diskutiert wird (vgl. Theaterarbeit, S. 341–345). Dieser Text ist als Kommentar zum Sinn und Zweck der von B. beabsichtigten Theaterfotografien zu werten, mithin auch zu denen des *Couragemodells 1949*. Die Fotos selber dokumentieren anhand des Szenenverlaufs theatralische Vorgänge (zumeist von einer festen Position der Kamera aus) und werden durch Bildunterschriften zusätzlich kommentiert. Ein zweiter Abschnitt zeigt unter der Hauptüberschrift *[Details]* zunächst die *Widersprüchlichkeit der Figur* (dargestellt ist Helene Weigel in verschiedenen Posen der Courage-Rolle). In einem weiteren Abschnitt *Sequenzen* sind Bewegungsabläufe der Schauspieler fotografiert, bestehen also aus kurz nacheinander geschossenen Aufnahmen (etwa Eilifs Säbeltanz, S. 307–312). Ein dritter Abschnitt schließlich stellt *Gestisches* aus verschiedenen Abschnitten der Inszenierung vor. Daran fügt sich ein vierter Abschnitt *Beschäftigungen* an, der die Stückfiguren bei verschiedenen Tätigkeiten wie Brettspielen usw. zeigt. Der letzte Abschnitt *Bewegte Vorgänge* beendet das Kapitel *[Details]*. Die Dokumentation schließt mit *Varianten* ab, wo Fotografien identischer Stückvorgänge aus verschiedenen Inszenierungen vergleichend gegenübergestellt sind.

Modelle und episches Theater

Der Beschreibung von Stück und Inszenierung gehen in den *Anmerkungen* einige prinzipielle Überlegungen B.s zum Modell, zur Theaterfotografie, zur Musik, zum Bühnenbau, zum realistischen Theater und Illusion sowie zu illusionären Elementen voraus. Am Ende steht, was B. mit seinem Stück intendiert hat, nämlich zu zeigen, »Daß die großen Geschäfte in den Kriegen nicht von den kleinen Leuten gemacht werden. Daß der Krieg, der eine Fortführung der Geschäfte mit andern Mitteln ist, die menschlichen Tugenden tödlich macht, auch für ihre Besitzer. Daß für die Bekämpfung des Krieges kein Opfer zu groß ist.« (GBA 25, S. 177)

Diese Überlegungen stellen eine kleine Einführung in die wesentlichen Elemente des epischen Theaters dar, wobei B. im fiktiven Gespräch mit Erich Alexander Winds, dem Intendanten der Städtischen Bühnen Wuppertal, wo die *Courage* nach dem Modell aufgeführt worden ist (Premiere: 1. 10. 1949, Regie: Willi Rohde), anmerkt, dass »diese Spielweise sich noch im Zustand der Entwicklung, genauer gesagt, in ihrem Anfangsstadium befindet und noch die Mitarbeit vieler benötigt« (S. 390). Diese Bemerkung ist umso gewichtiger, weil B. mit ihr deutlich macht, dass sich das Theater nach dem Krieg in einem Zustand befand, der es erforderte, die epische Spielweise von Grund auf neu zu vermitteln (so, als habe es sie nicht schon in den 20er-Jahren gegeben). Es gab nichts, an das ›anzuknüpfen‹ war. Entsprechend beginnt auch der erste Abschnitt über *Modelle* mit dem Hinweis auf die Ruinenstädte und den Umfang der Zerstörung, der auch das, was nicht zerstört war, in Mitleidenschaft zog: »Was das Theater betrifft, werfen wir in den Bruch hinein die Modelle.« (S. 171)

Modelle sind keine Schablonen; dass B. zunächst auf ihrer Verwendung bestand, beruhte auf einigen grundsätzlichen Überlegungen, die verhindern sollten, dass einfach weitergemacht wurde (wie es ja tatsächlich weitgehend der Fall war, da der Goebbelston in den Wochenschauen und Sportberichterstattungen bis weit in die 50er-Jahre noch fortlebte). Ausgangspunkt war der verrottete Zustand der Schauspielkunst, den B. bereits im *Antigonemodell 1948* konstatiert hatte (vgl. S. 73f.). Dieser erforderte die Wiederherstellung eines Standards, von dem aus versucht werden konnte, zu Neuerungen zu gelangen. Dieser Standard konnte nur dann erreicht werden, wenn es Muster gab. Da in Deutschland kein Regisseur über die Technik der epischen Spielweise verfügte, geschweige denn sie verstanden hatte (die Missverständnisse prägten auch die B.-Forschung mindestens 20 Jahre lang), blieb B. zunächst gar nichts Anderes übrig, als seine Inszenierung zum verbindlichen Modell zu erklären, wobei daran zu erinnern ist, dass B. sein episches Theater nicht als irgendeine ›Form‹ von Theater verstand, sondern als eine (kollektive) Spiel- und Inszenierungsweise, die dem Stand der gesellschaftlichen Entwicklung entsprach. Eine weitere Überlegung prinzipieller Art war die, dass es B. durchaus nicht für anrüchig hielt, wenn eine Neuinszenierung auf Erfahrungen zurückgriff, die vorlagen. Dies entspricht dem (induktiven) Verfahren in den Naturwissenschaften (worauf sich B. ausdrücklich beruft; vgl. S. 391), nach dem Neuerungen erst dann möglich sind, wenn der Wissensstand der vorangegangenen Generationen aufgearbeitet worden ist. Hinzu kam, dass die Annahme, ab ovo beginnen zu können, ohnehin illusionär ist, weil jede menschliche Arbeit im Kontext der Arbeit Anderer und im Kontext von Traditionen steht. Die Berufung auf die sogenannte ›künstlerische Freiheit‹ (vgl. S. 387) sah B. als Rückfall in eine Kunstauffassung an, die Kunst als ›Ausdruck der Persönlichkeit‹ verstand und die von vornherein für ihn nicht akzeptabel war. Außerdem blieb die ›Freiheit‹, die da berufen wurde (z.B. im Zusammenhang mit der Wuppertaler Aufführung), abstrakt und fragte nicht danach: wovon und wozu.

Weiterhin ist ein Modell, wie schon der Name sagt, nie die ›Sache‹ selbst, sowohl z.B. in der Architektur, wo das Modell (in vereinfachter Form) zur Anschauung bringt, was erst noch zu ›realisieren‹ ist, als auch in den Naturwissenschaften, in denen das Modell einerseits ein vereinfachtes ›Bild‹ von Naturvorgängen wiedergibt und zugleich ein Konstrukt ist, das sich durchaus nicht mit Wirklichkeit verwechselt. Deshalb betonte B., dass Kunst nicht (soll sie wenigstens den Standard halten) beliebig ist, sondern, wie er mit heute veraltetem Vokabular formuliert, »all dies« (nämlich die gegenwärtige Realität) ›widerspiegele‹: »Denkweisen sind Teil der Lebensweisen« (S. 171). Und: »Auch ist es nicht so wichtig, daß Künstler Kunst nachahmen, als daß sie Leben nachahmen.« (S. 172) Theater als die flüchtige Kunst zeichnet sich ja gerade dadurch aus, dass es lebendige Menschen sind, die agieren (vor einem lebendigen Publikum), und dass dadurch ohnehin jede Aufführung (und halte sie sich noch so streng an Inszenierungsvorgaben) im Grunde einmalig ist: »Alle, die den Titel Künstler verdienen, sind Einmalige, stellen das Allgemeine in einer besonderen Weise dar. Sie können weder völlig nachgeahmt werden, noch völlig nachahmen.« (S. 398) Da jede Neuinszenierung von anderen Menschen agiert wird, die auf andere Erfahrungen zurückgreifen und über andere Möglichkeiten verfügen, kann auch eine Inszenierung nach einem Modell nie bloße Wiederholung des Musters sein. Überdies, so betonte B. auch, geht es im Theater weniger darum – und dies ist ein Grundsatz des epischen Theaters –, Lösungen zu bieten, als vielmehr »Probleme ansichtig« zu machen (ebd.), das heißt, die Widersprüche der Figuren und ihres Zusammenlebens herauszuarbeiten. In diesem Kontext ist zu erwähnen, dass die Modelle zusätzlich noch eine (wenn auch sehr eingeschränkte) Dokumentation der ›flüchtigen Kunst‹ bieten. Für Dialektiker, so merkte B. schließlich im ›Gespräch‹ mit Winds an, sei jede produktive und auf Veränderung zielende Auseinandersetzung mit einem Modell dessen ›Negation‹: »Die Veränderungen des Modells, die nur erfolgen sollten, um die Abbildung der Wirklichkeit zum Zweck der Einflußnahme auf die Wirklichkeit genauer, differenzierter, artistisch phantasievoller und reizvoller zu machen, werden um so ausdrucksvoller sein, da sie eine Negation von Vorhandenem darstellen – dies für Kenner der Dialektik.« (S. 389)

Unter dem Stichwort *Fotografie* verweist B. darauf, dass die Fotos von der Berliner Aufführung durchweg »täuschend« (S. 172) sind, als sie die Lichtverhältnisse nicht angemessen wiedergeben; vor allem der in Wirklichkeit weiße Rundhorizont erscheint auf ihnen viel zu dunkel. Notizen, die Ruth Berlau im Zusammenhang mit dem *Couragemodell* niederschrieb (im Kommentar der GBA abgedruckt; S. 531f.), konstatieren, dass die Theaterfotografie noch am Anfang steht, weil sie fast ausschließlich Standfotos von Posen produziere, die häufig in der Inszenierung gar nicht vorkommen. Das Problem ist, möglichst ›lebendige‹ Bilder zu liefern, die, obwohl auch die Fotografie nicht ›Wirklichkeit‹ abbilden kann, wenigstens einen Eindruck davon geben, dass es Bilder von Handlungen sind (erinnert sei an Lessings *Laokoon*).

Was die Musik, hier Paul Dessaus, anbetrifft, so wiederholt B. Positionen der 20er-

Jahre (vgl. z.B. *Anmerkungen zur Oper »Aufstieg und Fall der Stadt Mahagonny«*), wenn er das Antiillusionäre seines Theaters und die »Trennung der Elemente« (GBA 24, S. 79) herausstellt. »Die Musiker waren sichtbar in einer Loge neben der Bühne untergebracht – welche Position ihre Darbietungen zu kleinen Konzerten machte, selbständigen Beiträgen an passenden Stellen« (GBA 25, S. 173). Die Lieder wurden deutlich – bei Unterbrechung des Handlungsablaufs – als »Einlagen« (ebd.) gebracht, unterstützt von aus dem Schnürboden herabgelassenen Emblemen mit deutlichem Anklang an ›Spielereien‹. Durch diese Techniken war gewährleistet, was B. von seinem epischen Theater erwartete: »das Sprunghafte, ›Unorganische‹, Montierte« (ebd.).

Auch für den Bühnenbau griff B. auf die 20er-Jahre zurück unter Verwendung des Bühnenbilds der Zürcher Uraufführung von Teo Otto (Premiere: 19. 4. 1941, Regie: Leopold Lindtberg). Ihr Hauptkennzeichen war die Leere und die Ausleuchtung (was »die Apparate hergaben«; S. 174), sodass »der Zuschauer teilnehmen darf an dem ersten Nichts, aus dem alles entsteht, indem er zunächst nur die schiere Bühne erblickt, die leere, die sich bevölkern wird« (S. 176f.). In der Art eines historischen Exkurses, *Realistisches Theater und Illusion*, beruft sich B. auf Goethe, der in seinem Aufsatz *Shakespeare und kein Ende* über die Leere der Shakespeare-Bühne geschrieben hatte, eine Bühne, die fast nur Bewegungen und Auftritte von Menschen realisierte und es ansonsten den Zuschauern überließ, »sich auf der öden Bühne nach Belieben Paradies und Paläste zu imaginieren« (S. 175). Bereits Goethe hatte erkannt, so B.s Berufung, dass die leere Bühne in erster Linie die Zuschauer herausfordert, ihre Fantasie zu bemühen (und auf diese Weise ›aktiv‹ am Spiel teilzunehmen), wohingegen die ›vollgestellte‹, illusionierende Bühne vorwiegend bloße Dekoration bietet und die Fantasie hemmt, wenn nicht ganz ausschaltet, zumal die Zuschauer bloß mit Bekanntem konfrontiert werden und lediglich zum Wiedererkennungseffekt aufgerufen sind. Die weitere Entwicklung des Bühnenbilds und der Maske sowie der Kostüme war dann bestimmt von der ›Meiningerei‹ (vgl. S. 525), das heißt, dem Versuch des Meininger Hoftheaters in der 2. Hälfte des 19. Jh.s, das für einen ›waschechten‹ Naturalismus sprichwörtlich wurde, auf der Bühne möglichst alles ›echt‹ erscheinen lassen zu wollen (wobei B. höhnisch anmerkt, dass deren unechte Sprechweise alles wieder ›ausglich‹, weil dadurch das Theater als Theater erkennbar blieb). Für B. galt (wie schon in den 20er-Jahren), dass die Bühne (wie die Welt) den Menschen ausgeliefert wird, sodass wirklich ›Abbilder‹ vom Zusammenleben der Menschen entstehen (und nicht der Mensch in eine fertige Welt hineingestellt wird, die dann sein Schicksal ist). Und es galt, dass an Requisiten nur das auf die Bühne kam, was wirklich mitspielte: für diese aber (wie auch für Maske und Kostüme) musste jedes Detail ›sorgfältig ausgearbeitet‹ sein (vgl. S. 177). Dies alles hatte dazu zu führen, dass das Theater als Theater erkennbar blieb und dass die Darsteller zeigten, dass sie zeigten: »Heute ist die Wiederherstellung der Realität des Theaters als Theater eine Voraussetzung dafür, daß man zu realistischen Abbildungen des menschlichen Zusammenlebens kommen kann.« (S. 176)

Der Anhang: Missverständnisse

Anlässlich der Wuppertaler Aufführung – Winds hatte sich bereit erklärt, das ›Modell‹ (so weit es bis dahin vorlag) zu benutzen – kam es im Vorfeld zu einer regelrechten Hetzkampagne gegen B. Unter der geschmacklosen, aber wohl überlegt diffamierenden Überschrift *Autor befiel – wir folgen!* (nach der Hitlerparole ›Führer befiel – wir folgen‹) fiel ein mit H. Sch. zeichnender Journalist am 16. 9. 1949 in der *Rheinpost* (Düsseldorf) über die (›willigen‹) Theaterleute sowie über B. und seine nach Wuppertal als ›Überwacherin‹ abgesandte Ruth Berlau her, indem er behauptete, die Modellbenutzung sei nur dazu da, »eigene Initiative« abzuwürgen und Schablonen zu folgen: »Man treibt in diesem Falle die künstlerische Selbstverleugnung so weit, daß man seine eigene Inszenierung ü b e r w a c h e n läßt«, was, da die »Gabe« aus dem Osten komme, nicht verwunderlich sei. Der Artikel endet mit deutlicher Anspielung auf die Hitlerdiktatur: »Nichts gegen das Stück – wohl aber gegen die völlige Abdankung gegenüber einer Prätension [sic], die einen nachschöpferischen Regisseur, ein lebendiges Theater und die Schauspieler zu Darstellungsbeamten macht, wie es schon einmal versucht wurde.« Ein ähnlicher Artikel erschien u.a. von Rolf Trouwborst im *Rhein-Echo* (Wuppertal) am 21.9.1949 (*Brecht als Theater-Dikator?*), nachgedruckt in der *Schwäbischen Landeszeitung* (Augsburg) am 30.9., wohingegen Grischa Barfuß in der *Westdeutschen Rundschau* am 21.9. (*Konfektionierte oder anwendbare Regie?*) einer Modellinszenierung Verständnis entgegenbrachte, weil mit ihr die üblich gewordene »Hybris der Regie« (nämlich mit den Stücken zu machen, was die Regisseure wollen) gebremst werden könnte (zu weiteren Aufführungen nach dem Modell vgl. *Mutter Courage und ihre Kinder*, BHB 1, S. 396–400).

B. reagierte auf die Kritik mit Texten, die in Band 25 der GBA dem eigentlichen Modell als Anhang in chronologischer Folge nachgestellt und die z.T. im Band *Theaterarbeit* (1952) publiziert worden sind (vgl. GBA 25, S. 386–398 und die Kommentare S. 537–541). Nachdem B. über die Zeitungsartikel (z.T. im Nachlass B.s) und von Ruth Berlau über die Schelte, die sich Winds, der Regisseur Rohde und die übrigen Beteiligten hatten gefallen lassen müssen, unterrichtet worden war, schrieb er ein fiktives Gespräch zwischen sich und Winds nieder – Winds stellte die Fragen, B. antwortete – mit dem Titel *Hemmt die Benutzung des Modells die künstlerische Bewegungsfreiheit?* B.s Antwort lautete selbstverständlich ›Nein‹, und zwar mit guten Gründen, die z.T. wiederholten, was B. bereits in den Vorüberlegungen zum Modell ausgeführt hatte, die aber auch noch neue Aspekte einbrachten. B. stellt das Modell im ›Gespräch‹ in allgemeinere Zusammenhänge. Erstens in den der Intertextualität, wonach jedes Kunstwerk im Kontext mit anderen steht, notwendigerweise kopiert, indem es z.B. Formen, Typen etc. übernimmt, oder auch Bearbeitungen darstellt (B. verweist auf seine Bearbeitungspraxis; vgl. S. 388); zweitens betont B. die Tatsache, dass Schauspielern ohnehin ›kopieren‹ bedeutet: »Schließlich geben wir dem Theater überhaupt nur Kopien menschlichen Verhaltens« (ebd.); drittens verweist er auf die Kollektivität, die im Theater ohnehin Grundvoraussetzung für künstlerische Arbeit ist, es sei nun endlich an der Zeit, »auch auf dem Theater zu einer Arbeitsweise [zu] kommen, die unserem Zeitalter entspricht, einer kollektiven, alle Erfahrungen sammelnden Arbeitsweise« (S. 389). – Die dem ›Gespräch‹ folgenden, meist kurzen Texte bringen keine wesentlich neuen Gesichtspunkte ein. Fazit ist: »Die Abänderungen entstehen dadurch, daß das sich neu Ergebende der Vorlage einverleibt wird.« (S. 392) Und: »Denn, um es endlich auf einmal herauszusagen, der Mensch spielt nur, wo er in voller Bedeutung des Worts Mensch ist, und er ist nur da ganz Mensch, wo er spielt.« (Friedrich Schiller: *Über die ästhetische Erziehung des Menschen*, 15. Brief)

Literatur:

Brecht, Bertolt: Couragemodell 1949. Text. Berlin 1958. – Streisand, Marianne: Stimmung bei Brecht. Über die Produktion von Stimmungen oder Atmosphären in der Theaterarbeit des späten Brecht. In: Zeitschrift für Germanistik 10 (2000), S. 562–578. – Theaterarbeit. 6 Aufführungen des Berliner Ensembles. Hg. v. Berliner Ensemble. Dresden 1952.

Jan Knopf / Joachim Lucchesi

»Katzgraben«-Notate 1953

Entstehung, Text

Auf Anregung B.s, der Anfang Februar 1952 auf eine Folge von Bauernszenen Erwin Strittmatters aufmerksam gemacht wurde und den

Autor daraufhin aufgefordert hatte, »daraus ein Stück für das Berliner Ensemble zu machen« (GBA 25, S. 543), kam es in der zweiten Jahreshälfte 1952 in Buckow zur intensiven Zusammenarbeit von B. und Strittmatter, bei der B. eine Fassung Strittmatters (handschriftlich) so bearbeitete, dass über die Hälfte des Texts von B. stammte (BBA 1864/11–100; B. reklamierte diese Mitarbeit nicht für sich und überließ Strittmatter seinen Text). Ende des Jahrs lag die Uraufführungsfassung der Komödie *Katzgraben* vor. Im Februar 1953 begannen die Probenarbeiten an dem Stück, das am 23. 5. 1953 am Berliner Ensemble unter der Regie B.s Premiere hatte. Den Probenprozess ließ B. von seinen Mitarbeitern in Regie und Dramaturgie, Ruth Berlau, Peter Palitzsch, Strittmatter u.a., detailliert protokollieren. B. bearbeitete diese Notate, ergänzte sie durch eigene Bemerkungen und ließ sich von ihnen auch zu eigenen Notaten in Dialogform anregen. Die Inszenierung von *Katzgraben* war von B.s Interesse an einer praxisbezogenen Überprüfung der Thesen des *Kleinen Organons für das Theater* getragen.

Die Beschreibungen der Probenabläufe und die Aufzeichnungen von seinen Äußerungen zu »Fragen der künstlerischen Bewältigung von Gegenwartsproblemen auf der Bühne« (GBA 25, S. 543) wurden von B. gesichtet, bearbeitet und für eine geplante Publikation zusammengestellt. Parallel zu den Probenarbeiten an *Katzgraben* wurde in Berlin *Die erste deutsche Stanislawski-Konferenz* vorbereitet, an der B. und Helene Weigel teilnahmen. B. bereitete sich intensiv auf die Konferenz vor, weil er sich in den 30er-Jahren gegen das System Stanislawskis ausgesprochen hatte (vgl. ebd.) und sein entschiedener Gegner Fritz Erpenbeck zum Leiter der Konferenz bestellt worden war. Eine von B. für die Konferenz (17.–19. 4. 1953) verfasste, aber von Helene Weigel vorgetragene, Rede bezog sich auf Erfahrungen des Stanislawski-Studiums und der Proben zu *Katzgraben*, in denen methodische Anregungen des russischen Regisseurs überprüft worden waren.

B. stellte die meisten der von ihm verfassten Notate 1953 zu einem für den Druck vorgesehenen Konvolut zusammen, das er Elisabeth Hauptmann »zur redaktionellen Durchsicht« übergab (GBA 25, S. 545). Die geplante Publikation erfolgte indessen nicht. Aus Anlass der Uraufführung von *Katzgraben* wurden einige von Berlau ausgewählte Notate am 10. 5. 1953 in der Wochenzeitung *Sonntag* (Berlin/DDR) unter der Überschrift *Die Sache ist nämlich so … / Bertolt Brecht probt Katzgraben von Erwin Strittmatter* publiziert. Mehrere dieser Notate wurden in das Textkonvolut der *Katzgraben-Notate 1953* übernommen. Es waren: *Ein großer historischer Vorgang, Politik auf dem Theater, Einfühlung*. Unter dem Titel *Einige Anmerkungen zur Aufführung* wurden auf dem Personenzettel des Programmhefts zur Uraufführung weitere Notate abgedruckt (*Die Verssprache, Das Interesse des Publikums, Die Dekoration* und erneut *Politik auf dem Theater*). Bis auf *Das Interesse des Publikums* nahm B. auch diese Notate in das Konvolut auf.

Zwei Jahre nach der Premiere von *Katzgraben* beauftragte B. Wolfgang Pintzka, Absolvent eines Berufspraktikums am Berliner Ensemble, mit einer Zusammenstellung der *Katzgraben-Notate*, ohne dass B. seine eigene Sammlung erwähnte. Pintzka legte seine durch eine Auswahl von Aufführungsdokumenten erweiterte Textsammlung B. vor und drängte ihn zur Veröffentlichung, die »›im Augenblick besonders wichtig‹ sei« (S. 546). Doch auch diese Sammlung publizierte B. nicht.

Strittmatters *Katzgraben. Szenen aus dem Bauernleben* erschien 1955 im Aufbau-Verlag. Von diesem Erstdruck weicht die Spielfassung des Berliner Ensembles ab, die während der Proben weiter bearbeitet wurde und die Textgrundlage der *Katzgraben-Notate 1953* darstellte. Wie Werner Hecht im Kommentar der GBA betont, sind die *Katzgraben-Notate* »der erste und einzige Versuch Brechts, einen Probenprozeß darzustellen, der zum Aufführungsmodell führt« (S. 545). Darin unterscheidet sich die Sammlung von den Modellbüchern, welche die Aufführungsergebnisse dokumentieren. Der von Hecht in GBA 25 zu Grunde gelegte Text des Typoskripts ist gegenüber früheren Veröffentlichungen der *Katzgraben-Notate* in den *Schriften zum Theater* und in der Ausgabe der WA (Bd. 16) offensichtlich vollständiger, obwohl Hecht zahlreiche Notate der Mitarbeiter nicht aufgenommen hat.

Die von B. bevorzugte Dialogform verbindet die Texte mit anderen seiner theoretischen Schriften, wie den Dialogen aus dem *Messingkauf*. Die Form des Notats, das unbeschadet des Dialogs eine offene, essayistische Prosaform ist und auf die Traditionen der europäischen Moralistik und der in der Renaissance erneuerten antiken philosophischen und literarischen Gesprächsformen verweist, demonstriert auch an der Art der ästhetischen Vermittlung der Erkenntnis und ihrer Genese den Charakter des Tentativen, Prozesshaften, der darin der Form der in den Bühnenvorgängen gespiegelten gesellschaftlichen Prozesse entspricht. Über den Fragment-Charakter der Notate führt Manfred Wekwerth aus: »Notate enthalten flüchtige Beobachtungen während der Proben, Formulierungen der Fabel, Bezeichnungen der Drehpunkte der Fabel, gesehene Schönheiten im Spiel, Schwierigkeiten, die nicht sofort geklärt werden können, Kritiken, Kurzanalysen zur Selbstverständigung, Vorschläge an die Schauspieler, episierte Dialoge, Brückentexte, aber auch theoretische Fragmente, offene Fragen der Spielweise, Thesen usw. Kurz: Notate sind Hilfsmittel, das Theater des wissenschaftlichen Zeitalters so zu betreiben, daß vor allem seine tägliche Praxis Teil jenes Vergnügens ist, das man gemeinhin Veränderung der Welt nennt« (Wekwerth 1967, S. 8).

An der Gliederung der *Katzgraben-Notate* fällt als Hauptunterschied bei der Verwendung unterschiedlicher Textsorten auf, dass längere Dialoge zwischen »B.« und »P.« (= Palitzsch) und im engeren Sinne szenenbezogene Fragen und Antworten der Schauspieler, des Regisseurs und der Mitarbeiter miteinander abwechseln. Der erste Text, ein Dialog zwischen B. und P. über *Episches Theater* und der quasi letzte Text, die ausführliche Diskussion von B. und P. über *Neuer Inhalt – neue Form*, schließen den Rahmen um die theaterpraktischen Probenprotokolle. Gestützt auf weitere Dialoge zwischen B. und P. stellt sich diese Struktur als ein Prozess dar, der vom Allgemeinen, den grundsätzlichen Ausführungen B.s zum epischen Theater, zum Besonderen der Darstellungsprobleme und zusammenfassend wieder zu einem Allgemeinen auf einer höheren Stufe der Reflexion führt, nämlich zu den Prinzipien des dialektischen als eines philosophischen Theaters.

Beginn und Ende dieses Prozesses lassen sich als Problemstellung und Problemlösung im Medium des Dialogs charakterisieren, der Probenprozess verläuft jedoch nur scheinbar linear. Die Dialoge folgen zwar im Anschluss an die Deskription grundsätzlicher Inszenierungsprobleme und die Erörterung umfassender Fragen wie der Ausstattung der Bühne (*Dekoration*; GBA 25, S. 404), der Besetzung der Hauptrollen (S. 405–407), der Szenenarrangements (S. 407f.), dem Verlauf des Stücks, doch bereits diese referierenden und beschreibenden Protokolle sind z.T. dialogisch überformt bzw. mit Dialogen durchsetzt, wie der mit *Probenbeginn* überschriebene zweite Abschnitt der Notate, in dem der formlose Beginn der Verständigung unter den Mitgliedern des Berliner Ensembles, die Aussprache über den Text und die Rollenbesetzung unvermittelt ins Grundsätzliche der darstellungsästhetischen Interessen und der von ihnen abweichenden Funktionen der Darstellung führt, eine Praxis, die bereits in den *Dialogen aus dem Messingkauf* geübt wird.

Im einleitenden Dialog zwischen B. und Palitzsch ist dieser zunächst nur der Stichwortgeber, dessen Fragen es dem Stückeschreiber ermöglichen, die Ursachen der ungünstigen Aufnahme des epischen Theaters seitens der Kritik zu reflektieren und sein Konzept eines ›philosophischen Theaters‹ zu erläutern. B. erklärt: »Mein Theater [...] ist ein philosophisches [...]: Ich verstehe darunter Interesse am Verhalten und Meinen der Leute. [...] Ich wollte auf das Theater den Satz anwenden, dass es nicht nur darauf ankomme, die Welt zu interpretieren, sondern sie zu verändern. Die Änderungen, die sich aus dieser Absicht ergaben, [...] waren [...] immer nur Änderungen innerhalb des Theaterspielens, d.h. eine Unmasse von alten Regeln blieb ›natürlich‹ ganz unverändert.« (S. 401) B.s Stellungnahme informiert also über die Funktion aufklärenden Theaters und legt so die Rezeptions-Perspektive fest, in der die protokollierte Theaterarbeit wahrgenommen werden soll. Er gibt damit seinerseits das Stichwort ›Interesse‹, unter dem im folgenden Abschnitt (*Probenbeginn*) die ›Auseinandersetzung‹ mit dem Schauspieler Geschonneck steht. Vor die Wahl gestellt, die Rolle des Parteisekretärs Steinert oder die des Großbauern Großmann zu übernehmen, entscheidet sich Geschonneck für den Letzteren, »weil die positiven Helden so weit weniger interessant seien als die mehr negativen Rollen« (S. 402). Dem Vorbehalt gegen das Stereotype positiver Helden setzt B. die Auffassung entgegen, dass »die Figur Steinert« wie auch die positiv gezeichneten Mitglieder der Neubauernfamilie »durchaus individuell komponiert« seien (S. 403). B. greift das Stichwort ›Interesse‹ erneut auf und unterzieht es einer philologisch-philosophischen Analyse im Rekurs »auf die Wurzel Interesse in dem Wort interessant«, deren Ergebnis die Feststellung unterschiedlicher Interessen ist. B. führt aus: »Interessant ist doch, was einem Interesse dient; das Interesse ist dem Künstler vielleicht nicht immer gegenwärtig, wenn er dies oder das in einer Rolle oder in einer Situation interessant findet, aber es ist doch da oder war da. In *Katzgraben* werden nun die Interessen einer neuen Klasse angesprochen, einer Klasse, die bisher nicht in der Lage war, sich des Theaters zu bedienen. Ihrem Interesse dient und ihr erscheint interessant ganz anderes als was bisher auf dem Theater dargestellt wurde.« (Ebd.)

Die Definition/Identifikation des Begriffs ›Interesse‹ mit ›Klasseninteresse‹ verschiebt die Argumentation von der Ebene des Ästhetischen, der Darstellung, auf die des Politisch-Pragmatischen, d.h. Inhaltlich-Thematischen. Während Geschonneck von der ›Farbigkeit‹ der Rollen spricht, argumentiert B. von den Vorgängen aus und leitet das Individuelle der neuen Bühnencharaktere und ihrer Verhaltensweisen aus den das neue Publikum interessierenden neuen gesellschaftlichen Antagonismen ab. »Was die individuellen Züge betrifft, die einen Charakter interessant machen, gilt es, daß oft ganz andere Züge für das neue Publikum interessant, d.h. sein Interesse treffend sind als diejenigen, aus denen bisher die Charaktere zusammengesetzt wurden. Sie gilt es in den neuen Stücken aufzusuchen und zu gestalten« (S. 403f.). Damit ist das Problem ›Auffindung und Gestaltung neuer, der veränderten gesellschaftlichen Situation entsprechender individueller Züge und Haltungen‹ gekennzeichnet, das dann im Dialog zwischen B. und P. über *Neuer Inhalt – neue Form* am Ende des Probendurchlaufs differenziert erörtert wird. Nach dem einleitend thematisierten Interesse des Stückeschreibers an einem philosophischen Theater, dem ästhetischen Interesse des Schauspielers an Rollen mit individuellen Zügen, wird der Interessenausgleich auf der Ebene der angestrebten Wirkung gesucht, die Möglichkeit der Vermittlung des Allgemeinen mit dem Besonderen erörtert bzw. als Interessendivergenz gekennzeichnet. Der Syntheseversuch trägt sowohl der Inhaltsebene, die den Handlungsverlauf strukturierenden Auseinandersetzungen der Figuren, als auch dem generellen Interesse der Produzenten Rechnung, für diese Konflikte die ihnen gemäßen szenischen Arrangements und Haltungen zu finden. Damit ist der argumentative Rahmen vorgegeben und bezeichnet, in dem die unterschiedlichen Partikular-Interessen (des Stückeschreibers, der Schauspieler, des neuen Publikums) einer einheitlichen und aufklärenden Intention subsumiert werden können. Der Dialog fungiert daher nicht nur als Mittel der Verständigung und Überzeugung, sondern virtuell als Instrument der Selbstaufklärung, die durch kritische Hinterfragung spontan gegebener Auskünfte zu Stande kommt. Er dient, wie der in den Protokollen festgehaltene Erkenntnisprozess erkennen lässt, einer Revision von Vorurteilsstrukturen über Formen der Darstellung/Technik der Vermittlung, welche die Schauspieler aus ihrer Abhängigkeit von vorgefassten Meinungen befreit und sie allmählich zu produktiven Partnern der Regie emanzipiert. Dies geschieht vor allem durch die Technik der praktischen Erprobung theatralischer Gedanken, die letztlich über die Relevanz kontrovers fixierter Auffassungen entscheidet und den Konsens über Lösungen sowohl diskursiv als auch pragmatisch herstellt. Während die Angehörigen des Regie-/Dramaturgiekollektivs (Palitzsch, Strittmatter, Berlau, von Appen) trotz der erfahrungsbedingt unbestrittenen Führungsposition B.s eine gleichberechtigte Stellung gegenüber dessen Autorität einnehmen (B. will nur als ›primus inter pares‹ gelten), ist die Stellung der Schauspieler – mit Ausnahme Helene Weigels – deutlich eingeschränkt. Gleichwohl suggerieren die Notate, dass Widerspruch und Kritik nicht nur geduldet, sondern im Interesse einer kollektiv zu erbringenden Kunstleistung (und der damit verbundenen ›Schulung‹ der Mitarbeiter) erwartet und provoziert wird.

Mit der Klärung des Begriffs ›Interesse‹ wird so bereits einleitend das die Notate verbindende Leitmotiv der *Katzgraben-Notate* artikuliert und als erkenntnisleitendes Interesse für die gesamte Probenarbeit aus der maßgeblichen Perspektive der das Publikum interessierenden Konfliktstrukturen abgeleitet. »Für das neue Publikum ist die Demütigung des Bauern ebenso interessant, wie für das alte die Demütigung eines Feldherrn war, der, besiegt, seinem Feind dienen mußte« (S. 403).

Fabel

Erwin Strittmatters *Katzgraben* ist ein Zeitstück, eine historische Komödie und ein Volksstück. »Die Tatsache, daß es Bauernkomödie, Volksstück und Geschichtsdrama in eins ist« (Barner, S. 325; vgl. Aust/Haida/Hein; Giese; Kaufmann), ist im Blick auf die literarische Tradition eine Neuerung. Die Komödie spielt in der Gegenwart der zweiten Nachkriegszeit und bezeichnet namentlich ein fiktives Dorf in der Niederlausitz als Schauplatz der Handlung.

B. hebt die Komödie Strittmatters von der literarischen Tradition des Bauernstücks »der Anzengruber, Ruederer und Thoma« und von den lokalen Dialektstücken ab: »›Katzgraben‹ ist meines Wissens das erste Stück, das den modernen Klassenkampf auf dem Dorf auf die deutsche Bühne bringt« (GBA 24, S. 437). Trotz seiner Parteilichkeit sei das Drama kein »Tendenzstück«, sondern eine historische Komödie. »Der Verfasser zeigt seine Zeit und ist für die fortschreitenden, produktiven, revolutionären Kräfte. Er gibt manche Hinweise für Aktionen der neuen Klasse, aber er geht nicht darauf aus, einen bestimmten Mißstand zu beseitigen, sondern demonstriert sein neues, ansteckendes Lebensgefühl. Deshalb ist seine Historie eine Komödie« (GBA 25, S. 423). Das ›neue Lebensgefühl‹, von B. auch als ›das Schöpferische‹ der neuen Menschen bezeichnet, die sich durchsetzen und behaupten, ist die Bedingung dafür, dass das Stück als Komödie enden kann. Auch das Bühnenbild verdeutlicht den Charakter der historischen Komödie dadurch, dass »die Entscheidung getroffen« wurde, »den Bildern dokumentarischen Anstrich zu geben, [...] sie so zu malen, daß sie an Fotografie erinnerten« (S. 405). Der Prozess, der zu Beginn der Handlung die ›Unbewohnbarkeit‹, »das Finstere, Unschöne und Ärmliche des preußischen Dorfes« betont, zeigt an deren Ende zwar keine blühenden Landschaften, aber doch im veränderten Erscheinungsbild ein Milieu, das »wohnlich« gemacht zu werden verspricht. Gleiches, nämlich: Veränderung des Erscheinungsbildes, gilt für die neuen Menschen, deren »Heiterkeit« Ausdruck ihrer Überlegenheit ist und für deren Entwicklung »gute Endphasen« gefunden werden müssen (S. 433), ohne dass auf »alte Happy-End-Schablonen« zurückgegriffen wird (ebd.). Dieser ›optimistischen‹ Sicht entspricht B.s Fabelerzählung: »Der Neubauer muß sich 1947 in der Angelegenheit einer Straße, die Katzgraben enger mit der Stadt verbinden soll, dem Großbauern beugen, weil er noch dessen Pferde für die Erfüllung des Anbauplans benötigt: um Doppelernten zu bekommen, muß er tief pflügen. 1948 haben ihm seine Doppelernten einen Ochsen eingebracht, und er ist in der Lage, gegen den Großbauern die Straße durchzusetzen. Aber der

Ochse ist sehr mager und es fehlt Futter. 1949 wird der Grundwassermangel vordringlich; ohne eine Lösung des Problems ist alle bisherige Arbeit in Frage gestellt. Auch dieses Problem ist ein politisches, und im Nachspiel wird die Lösung auf breitester Grundlage in Angriff genommen: der Traktor ersetzt den Ochsen« (S. 441).

An B.s Fabelerzählung fällt die Konzentration auf die Figur des Helden, des Kleinbauern Kleinschmidt, auf. Hauptsächlich aus seiner Perspektive werden die Vorgänge wiedergegeben; seine Interessen, Konflikte, der Erfindungsreichtum seiner Lösungsversuche, zeichnen sich als Drehpunkte im Entwurf der großen Handlungslinien ab. Die Probenprotokolle, die dem Verlauf der Handlung folgen, belegen, dass B. sich ganz speziell auf das Problem der Konfliktdarstellung konzentriert, dabei aber keineswegs nur die Antagonismen von Groß- und Neubauern im Blick hat, sondern die aus dem Grundkonflikt resultierenden Konflikte in der Familie Kleinschmidt, aber auch die Interessengegensätze zwischen den Bauern und den Bergarbeitern am (widersprüchlichen) Verhalten der Figuren demonstriert. Eine differenziertere Gliederung der Fabel, in der sich die konfligierenden Interessen schärfer abzeichnen, leistet die Handlungsskizze des Regiekollektivs, die in zeitlicher Nähe zur Inszenierung, aber vor der Uraufführungsfassung entstanden und der Probenarbeit zu Grunde gelegt worden ist (GBA 25, S. 546–549). Auf sie wird bei der folgenden Inhaltsskizze zurückgegriffen.

»Vorstellungen besonders prägnanter Vorgänge«

»In Katzgraben – einem Dorf in der DDR – soll eine neue Straße gebaut werden. / Es gibt zwar einen – ungepflasterten – Weg. Da sich aber der in der Nähe liegenden Braunkohlentagebau weiter ausdehnen wird, ist der Weg zur Stadt gefährdet. Vom Bürgermeister wird der Bau einer gepflasterten Straße zur Abstimmung in der Gemeindeversammlung vorgeschlagen.« (S. 546) Anlässlich des Straßenbauprojekts kommen die unterschiedlichen Interessen der Dorfbewohner zur Darstellung. Entsprechend ihrer sozialen Stellung unterscheidet sich die Haltung der Bauern; sie spiegelt die Interessenkonflikte. Während der Neubauer Kleinschmidt und seine Familie als Vertreter der »fortschrittlichen Kräfte des Dorfes« (S. 547) den Bau der Straße befürworten, der Repräsentant der Kleinbauern aber auf Grund seiner Abhängigkeit vom Großbauern Großmann zunächst noch gegen seine Interessen stimmen muss, ist dessen Gegnerschaft gegen das Projekt durch den drohenden Verlust seiner sozialen Vorrechte bedingt. Als Besitzer von Gespannen, die er dem Kleinbauern ausleihen kann, sofern dieser ihm politisch nicht in die Quere kommt, und die ihm zugleich die Mobilität garantieren, über welche die von ihm abhängigen Dörfler nicht verfügen, benötigt Großmann die Straße so wenig wie sein Nachbar Mittelländer, zumal er dem im allgemeinen Interesse liegenden Straßenbau einen Wald opfern müsste. Mittelländer, Vertreter der Mittelbauern, ist in seiner Haltung unentschieden. Als Besitzer eigener Fuhrwerke kann auch er auf die Straße verzichten, möchte es sich jedoch weder mit dem Groß- noch mit dem Kleinbauern verderben. Er verhält sich ›neutral‹. Durch diese Mittelstellung im sozialen Feld gegensätzlicher Interessen wird er bei den Abstimmungen zum »Zünglein an der Waage« (S. 547). Seine Mentalität entspricht, wie B. ausführt, der des städtischen Kleinbürgertums. Kleinschmidt erleidet im ersten Akt eine empfindliche Niederlage und einen Gesichtsverlust. Er muss sich gegen seine eigenen Interessen nach denen Großmanns richten und gegen den Straßenbau stimmen. Durch Befolgen des Anbauplans erzielt er eine Doppelernte. Er kann sich vom Gewinn einen Ochsen leisten, seine Schulden zurückzahlen und befreit sich dadurch aus der Abhängigkeit vom Großbauern. Jetzt könnte er für seine Interessen, d.h. für den Straßenbau stimmen, hätte er nur Futter für sein Zugtier. Da ihm die Wiesen fehlen, die Großmann besitzt, muss er andere Lösungen für das Dilemma finden, in dem er steckt. Im Gegenzug bemüht sich Großmann um Mittelländer, um mit seiner Hilfe den Straßenbau zu verhindern. Er empfindet die Zuteilung von sechs Ochsen für das Dorf ›als Schlag‹. Kleinschmidt kann in der für ihn kritischen Situation gleichwohl für den Straßenbau stimmen; dieser wird beschlossen, weil Mittelländer sich der Abstimmung entzieht (Ende des zweiten Akts). Der dritte Akt zeigt eine neuerliche Krise. Durch die Ausdehnung der Braunkohlengrube sinkt der Grundwasserspiegel, die Bauarbeiten müssen unterbrochen werden. Dadurch zeichnet sich ein Nebenkonflikt zwischen den Interessen der Grubenarbeiter und denen der Bauern ab, deren Felder austrocknen. Großmann bekommt erneut Oberwasser. Die kritische Situation kann von Kleinschmidt zwar vorübergehend bewältigt – durch Anzapfen des Dorfteichs kann er seine Felder bewässern –, aber nicht grundsätzlich gelöst werden; insofern ist sein Triumph verfrüht: Für das Bewässerungsproblem kann dauerhaft nur eine gemeinschaftliche Lösung unter Berücksichtigung aller Interessen gefunden werden. Abhilfe könnte die Installation einer »MAS« (S. 487; Maschinen-Ausleihstation für Kleinbauern) und damit die Möglichkeit, tiefer pflügen zu können, bringen. Der Parteisekretär Steinert verspricht, sich für diese Lösung einzusetzen. Mit dem hoffnungsvollen Ausblick auf die Bewältigung der Krise zeichnen sich auch weitere Lösungen ab: Kleinschmidts Tochter Elli, die am Beginn der Komödie als Studentin der Agrarwissenschaft das Elternhaus verlässt, kehrt am Ende als ausgebildete Agronomin zurück. Sie wird die Arbeit des Parteisekretärs Steinert unterstützen, den Ziehsohn des Großbauern heiraten, der sich für die ›Kräfte des Fortschritts‹ entscheidet, nachdem er begriffen hat, dass er von Großmann und seiner Frau ausgebeutet und mit leeren Versprechungen hingehalten wird. Mit der Verhöhnung Großmanns und dem Ausblick in eine bessere Zukunft endet das Stück. Es endet als Komödie, weil das utopische Desiderat einer »großen Produktion« in greifbare Nähe gerückt ist: »Die Traktoren werden das Bewässerungsproblem lösen« (S. 549).

»Das alte schlechte Milieu mit den neuen Menschen«

»Das Wichtigste freilich sind Strittmatter die neuen Menschen seines Stücks«, erklärt B., »›Katzgraben‹ ist ein Hohelied ihrer neuen Tugenden. Ihrer Geduld ohne Nachgiebigkeit, ihres erfinderischen Muts, ihrer praktischen Freundlichkeit zueinander, ihres kritischen Humors. Sprunghaft verändert im Lauf des Stücks das soziale Sein ihr Bewußtsein.« (GBA 24, S. 441) Die Beobachtung verweist auf die Zäsuren, die Strittmatter zwischen die Akte legt; das Figuren-Bewusstsein wird nicht als allmähliche psychologische Entwicklung gleichsam linear dargestellt, sondern als auffällige Folge von veränderten Bewusstseinszuständen, die am Sozialverhalten der Figuren in Erscheinung treten und aus ihm abgeleitet werden können. Strittmatter bietet nicht die Genese, sondern das Resultat, das Rückschlüsse auf die Disposition der Figuren erlaubt. Das gilt im Wesentlichen, aber nicht ausschließlich für die ›neuen Menschen‹, deren Konflikte und Konfliktlösungen die Handlung vorantreiben und ihre Haltungen verändern. »Weil die Dramaturgie von Strittmatters Stück eher ›aristotelisch‹ denn episch ist, vermag Brecht seine eigene Dramaturgie in der Inszenierung nicht oder nur eingeschränkt zu realisieren«, bemerkt Wolfgang Schivelbusch: »So wird, weil es im Stück angelegt und nicht zu unterschlagen ist, das ›Vorbildliche‹ aufs ›bescheidenste Maß‹ reduziert. So wird aber auch, wo das Stück eine Möglichkeit dazu bietet, das episch-dialektisch-kritische Theater Brechts praktiziert: Aktivierung des Publikums nicht durch vorgeführte Vorbildlichkeit, sondern durch kritisches Abbild der Wirklichkeit« (Schivelbusch 1974, S. 35). Das ›Vorbildliche‹ des neuen Lebensgefühls demonstriert B. wiederholt an der »Grundhaltung« (GBA 25, S. 421) seiner »Lieblingsfigur« (S. 433), der Bäuerin Kleinschmidt, über deren Anlage zwischen den Schauspielern und B. Dissens besteht. Der »Aberglaube« der Schauspieler »an das Wort des Dichters« (S. 420) verleite sie, die Rolle ausschließlich »aus den Äußerungen«, nicht aber aus der im Text enthaltenen »Grundhaltung« der Figur zu erschließen. »Die Kleinschmidtin ist eine schöpferische Figur.« (S. 421) B. versteht darunter eine politische Haltung, deren emanzipativer Gestus sich nicht als »Charakterzug der Figur« ableiten (ebd.), sondern aus ihrem Sozialverhalten bestimmen lasse (Pflastern der Straße, Abbruch der Parkmauer, Biertrinken im Dorfkrug). Ihre »Heiterkeit« und »seelische Ausgeglichenheit«, die von der Darstellerin (Hurwicz) bestritten wird – »schließlich beschwert sie sich immerfort« (ebd.) –, ändere nichts an der Tatsache, dass ihre Grundhaltung die eines »humorvollen Menschen« sei, dessen Äußerungen sich nicht nur verbal (durch den Inhalt der Rede), sondern durch Körpersprache artikuliere: »Das Reden selbst ist eine körperliche Beschäftigung. [...] Die Bäuerin sitzt ganz ruhig – und um sich von der Arbeit auszuruhen, eine Tätigkeit! – und erzählt. Aber sie benutzt ihren Körper unaufhörlich, während sie ihn ausruht, um ihre Meinung, ihre Empfindungen auszudrücken.« (S. 420)

Analoges gilt für die Figur Steinerts (III, 2: *Aufbau eines Helden*; S. 418–420). Dem Schauspieler Kleinoschegg, der den Parteisekretär als ›Helden‹ anlegen will, rät B.: »Lassen Sie Ihren Mann seine im Stück berichteten Taten verrichten, und er wird sich als Held herausstellen. Bei dem Aufbau eines Helden aus anderem Material als den konkreten Taten und der Handlungsweise, die das Stück Ihnen an die Hand gibt, bei einem Aufbau etwa aus Meinungen über Heldentum allgemeiner Art könnten uns falsche Meinungen darüber in die Quere kommen.« (S. 419)

»Eine Erkenntnis, die noch zu neu ist«

Die Szene der Verhöhnung des Kleinbauern durch den Großbauern (II, 3) ist in dieser Hinsicht besonders aufschlussreich, weil an ihr die Abhängigkeit des Bewusstseins vom gesellschaftlichen Sein eindrucksvoll demonstriert werden kann. Großmann provoziert Kleinschmidt mit den Worten:

> Mit Deinem Hörnergaule ist das so,
> Als schenkt man einem Bettler einen Hund,
> Kann er ihn füttern? Hast Du Ärmling Wiesen?

Kleinschmidts Antwort »Noch nicht, weil Du davon zu viele hast« wollte der Schauspieler Friedrich Gnass als »heftige Abfertigung« sprechen (GBA 25, S. 410). B. dagegen verwarf die emotionale Inszenierung der Figur durch den Darsteller, weil diese Umsetzung der Replik dem Bewusstseinszustand des Kleinbauern im Jahr 1947 noch nicht entspreche: »Kleinschmidt ist den Hohn noch zu gewohnt, um beleidigt zu sein, und er ist noch nicht aggressiv auf diesem Feld. Außerdem bringt seine Antwort eine Erkenntnis, die noch zu neu ist, um schnell aus der Tasche gezogen zu werden. [...] Sie wissen schon, daß Ihnen für Ihren Ochsen die Wiesen Großmanns fehlen, aber noch nicht, wie Sie sie bekommen sollen« (ebd.).

»Der Großbauer ist in einer Krise«

Während die ›alten Menschen‹ zwar stagnieren, aber die durch Anbauplanung und Ochsenzuteilung eingeleitete revolutionäre Entwicklung auf dem Lande in ihren gesellschaftlichen Konsequenzen zunächst präziser und weiterblickend als ihre sozial schwächeren Gegner einschätzen und ihnen daher überlegen sind, ändert sich deren gesellschaftliches Bewusstsein und ihr Verständnis für die aus ihrer sozialen Lage erforderlichen strategischen Maßnahmen nur langsam. Es gelingt ihnen erst durch schöpferische Initiativen in die Offensive überzugehen, d.h. den Gegner in die Defensive zu drängen, wo er dann im Zustand der abgespaltenen Existenz verharrt. Das demonstriert B. an der Figur des Großbauern Großmann. Die mit dem Hinweis auf den Komödiencharakter von *Katzgraben* verbundene Frage des Großmann-Darstellers Erwin Geschonneck nach einer komischen Reaktion auf die Bemerkung seines Ziehsohns »Ich würd gern Traktorist« (GBA 25, S. 409) beantwortet B. mit der Gegenfrage nach der Relevanz der Komik. B. plädiert im Interesse des Publikums für eine verfremdete Reaktion des Großbauern, mit der ein Perspektivenwechsel verbunden ist. Das Stück sei zwar eine Komödie, aber es »ist nicht alles darin komisch, und was komisch ist, ist es in ihrer Art. Der Großbauer ist in einer Krise [...]. Der Abfall des Ziehsohns bedeutet einen weiteren Schlag für ihn.« (Ebd.) Während Geschonneck vom Werkcharakter, d.h. von der Textsorte Komödie ausgehend, werkästhetisch argumentiert, macht B. die wirkungsästhetische Perspektive, d.h. das Interesse des Publikums geltend. Das Herausarbeiten der ›Krise‹ des Großbauern ermöglicht den Nachvollzug des Ernsts der Konfliktsituation. »Wir stellen die großen Klassenkämpfe auf dem Lande dar«, die, »›rein komisch‹« dargestellt, »leicht als zu leicht‹« aufgefasst und unterschätzt werden könnten (ebd.). Nichts sei schädlicher als die (komische) Verharmlosung des politischen Gegners. Der Großbauer, so B. an anderer Stelle, sei »immer noch eine sehr gefährliche gesellschaftliche Erscheinung«: »Der politische Blick unseres Publikums schärft sich nur langsam [...]. Der Großbauer greift sich verzweifelt an den Kopf und sagt: ›Sechs Ochsen für das Dorf. Das ist ein Schlag!‹ und zeigt dadurch, dass er sogleich die politische Bedeutung der Ochsenzuteilung an die Kleinbauern erfaßt, während der Kleinbauer [...] nur darüber verzweifelt, daß er kein Futter für ihn haben wird« (S. 483). Der Verdeutlichung dieser Einschätzung seiner Gefährlichkeit dient die Verfremdung (vgl. Knopf 1986, S. 112–115). Sie besteht in der Anordnung/im Vollzug seiner Reaktion in zwei Phasen. »Zunächst reagiert der Großbauer vermutlich mit einem finsteren Starren. Die *komische* Reaktion kommt etwas später. Sie besteht darin, daß er, wenn der Ziehsohn hinaus gegangen ist, sagt: / Ein Taschengeld wird man ihm geben müssen.« (GBA 25, S. 409) Diese Reaktion erweist sich als komische Fehlleistung, als Reaktion der Unzulänglichkeit, indem sie »die revolutionäre Entwicklung auf dem Lande durch ein Taschengeld aufzuhalten« versucht (S. 410). Sie ist ein Musterbeispiel für das »gesellschaftlich Komische« (GBA 24, S. 312): Sie demaskiert das Bewusstsein der Klasse als kurzschlüssig und dadurch überwindbar. Es bewegt sich in den Stereotypen der auf Geld und Besitz basierenden Macht, die sich hier gegenüber der sich abzeichnenden Entwicklung als ohnmächtig erweist. Der Fortschritt (Straßenbau, Traktoren) kann von den reaktionären Kräften nicht aufgehalten werden. Im Gegensatz dazu erscheint das kreative Bewusstsein Kleinschmidts als fortschrittlich, weil es zwar über keine fertigen Lösungen verfügt, aber intensiv nach Lösungen sucht, von denen die Existenzsicherung abhängt.

Das ›Schöpferische‹

Auch für das Bewusstsein der fortschrittlichen Kräfte gilt das ›Noch nicht‹. Die Situation des vom Großbauern verhöhnten Kleinschmidt darf vom Publikum nicht durch emotionale Identifikation mit dem Opfer, das den Spott einstecken muss, weil es den Schaden hat, falsch beurteilt werden. Ein Perspektivwechsel ist erforderlich, weil zweierlei sichtbar gemacht werden muss: Das Bewusstsein der Figur muss der Situation, d.h. ihrem gesellschaftlichen Sein entsprechen. Der Kleinbauer ist 1947 den Spott noch zu gewohnt, er reagiert nicht emotional (aggressive Triebabfuhr), sondern rational, wenn er das Problem »als ein schwieriges, aber nicht unlösbares« wahrnimmt (GBA 25, S. 410). Die Erkenntnis des Problems muss diesem angemessen sein, damit es vom Publikum sachlich richtig nachvollzogen werden kann. Kleinschmidt braucht Futter, das auf den Wiesen Großmanns wächst. Die Veränderung der Eigentumsverhältnisse (das Was) ist klar; die dazu erforderliche Strategie (das Wie) noch nicht. Im Rahmen des Stücks heißt sie: Isolation des Gegners (Kampf um den Mittelbauern) und

Organisation der Arbeiter- und Bauernklasse »zu tätigen Kollektiven« (S. 482). Von Enteignung handelt die Komödie bemerkenswerter Weise nicht. Die Erkenntnis einer zu kurz greifenden Strategie ist die Bedingung der Möglichkeit, die glücklich gefundene Lösung (Anzapfen des Dorfteichs) in organisierte Strategien zu überführen. Die Erkenntnis der Erfinder ist als vereinzelte Erkenntnis nur bedingt und kurzfristig wirksam. Sie wird in der Wiederholung der Krise zur Erkenntnis vertieft, dass der Einzelne auf sich allein gestellt notwendig eintretende Krisen durch Erfindungsreichtum zwar momentan bewältigen, aber nicht dauerhaft bekämpfen und erledigen kann, weil dazu die Bündelung der fortschrittlichen gesellschaftlichen Kräfte durch organisierten Zusammenschluss erforderlich ist.

Analog zu der verfremdenden Darstellung des Großbauern verfremdet B. das Schuldenzahlen an den Mittelbauern zu einem ›großen historischen Vorgang‹, der im Arrangement der Szene, im Wechsel der Positionen von Groß-, Mittel- und Kleinbauern verdeutlicht wird und durch betont langsame, verzögerte Darstellung als »politische Aktion« auffällig gemacht wird (S. 412). B.s Anweisung an den Schauspieler Gnass, den Vorgang zu verzögern, bedarf mehrfacher Wiederholungen, ehe »Gnass eine ›Pause‹ wagt, die B. lang genug ist« (S. 411). Das Theater für dialektische Stücke benötige »besonders dringend solche Bilder, die im Gedächtnis bleiben, weil es in ihnen Entwicklung gibt« (S. 408). Dazu bemerkt Schivelbusch: »Es geht hier noch nicht so sehr um die sozialistische ›Ankunft‹ der Helden [...] als lediglich um die Darstellung der Klassenverhältnisse und -konflikte, die als Rahmen dienen, zu zeigen, wie die bisher unterdrückten Teile der Bevölkerung sich gegen die zunehmend kaltgestellten ehemals Mächtigen durchsetzen« (Schivelbusch 1980, S. 486).

»Wir müssen das Menschliche darstellen können, ohne es als Ewigmenschliches zu behandeln«

In den Anmerkungen zu Erwin Strittmatters ›*Katzgraben*‹ (GBA 24, S. 437–441) bezeichnet B. die »jambisch gehobene Volkssprache« als »bedeutende Neuerung« (S. 439), die Strittmatter gewissermaßen ›zufällig‹ entdeckt habe: Er »kam anscheinend in diesen Rhythmus hinein, wie eine Kuh in ein Loch tritt. Nur mit mehr Genuß« (GBA 27, S. 333), trug B. am 22. 7. 1952 ins *Journal* ein. B. hebt den Vorgang hervor, »daß wir unsere Arbeiter und Bauern auf der Bühne sprechen hören wie die Helden Shakespeares und Schillers« (S. 441). Er griff mit dieser Aussage auf eine Bemerkung im Anschluss an die Probe vom 8. 4. zurück. Dieses Notat war ihm so wichtig, dass er es auch auf dem Probenzettel des Berliner Ensembles (Mai 1953) abdrucken ließ. B. sah die politische »Funktion der Verssprache«, ihren »Nutzen für den Klassenkampf«, in der Emanzipation der »bisherigen Objekte der Geschichte und der Politik« (GBA 25, S. 426) zu Subjekten, handlungsmächtigen und handlungstragenden Helden wie Coriolan, Egmont und Wallenstein und stellte damit die Helden, Kleinschmidt und Steinert, in die weltliterarische Tradition der Klassik. Damit rückte die Frage der Einstellung des Publikums zu den sozialistischen Helden, und genereller, die Problematik der Einfühlung und der Identifikation mit ihnen, erneut in den Blick. Zuvor entwickelte B. bezüglich der Jambensprache ein werkästhetisches Argument, in dem er die Filterfunktion des Verses für die Klärung der »Aussagen und Gefühlsäußerungen« (ebd.) betonte, die dem Klärungsprozess der Interaktionen durch gelungene Arrangements entspreche. Ästhetische Neuerung/Innovation ist, wie an der Argumentation des Stückeschreibers ersichtlich, eine Funktion der Wirkung.

Neuer Inhalt / Neue Form

Eingangs des ausführlichen Dialogs über »Neuer Inhalt – Neue Form«, der als Summe der gebündelten Erkenntnisse aus den Probenprotokollen ans Ende der *Notate* gestellt ist, knüpft B. erneut an dieses formale Argument an, erweitert es jedoch zu einer generalisierenden Betrachtung über die Funktion aller neuartigen Formelemente, die Strittmatter in *Katzgraben* verwendet hat. Form meint hier: Struktur. Auf die Frage Palitzschs, ob die ungewohnte Form das Publikum nicht überfordere, verweist B. auf die Vermittlungsleistung der Strukturelemente angesichts der Fremdheit des Stoffs und der marxistischen Betrachtungsweise. Die von B. unter Anspielung auf Friedrich Rückerts Gedicht *Cidher* (1829), das den legendären Wanderer nach jeweils 500 Jahren an denselben Ort führt, als »Cidher-Technik« (GBA 25, S. 481) bezeichnete Strukturierung der Handlung in Zeitsprüngen von je einem Jahr ermögliche dem Zuschauer, am gleichbleibenden Schauplatz einschneidende Veränderungen wahrzunehmen. Das je ›Neue‹ zeigt sich an den Personen, die als »andere Menschen« aber als »nicht ganz andere« in Erscheinung treten (ebd.): »Bestimmte Züge haben sich bei ihnen entwickelt, andere sind verkümmert. Aber wir vergessen jetzt, daß wir nicht so sehr geänderte Menschen sehen, sondern sich ändernde.« (Ebd.) Die Bedeutung der Präzisierung wird im Vergleich zu Wekwerths Ausführungen zu *Katzgraben* ersichtlich: »In einem kleinen Dorf der Niederlausitz, wo eigentlich ›nichts‹ passiert, passiert es, daß man eine Kleinbauern-, eine Mittelbauern-, eine Großbauernfamilie in Sprüngen von je einem Jahr in drei Akten verfolgt: Die Veränderungen, die ins Auge fallen, entgehen den Beteiligten dadurch, daß sie sie machen. Erst als die Traktoren ins Dorf kommen und die kleinen Bauern den gekrümmten Rücken ein wenig strecken können, beginnen sie etwas von dem zu begreifen, was sie selber gemacht haben.« (Wekwerth 1967, S. 59) Während Wekwerth zwischen Figuren- und Zuschauer-Bewusstsein differenziert und den Figuren erst eine nachträgliche Erkenntnis der von ihnen unbewusst vollzogenen Veränderungen in der Praxis zubilligt, betont B. gerade die Simultaneität von Aktion und Bewusstseinsbildung. Die Wahl von Zeitpunkten, die einen ›Sprung‹ in der Entwicklung der Helden herbeiführen, bezieht äußere und innere Handlung aufeinander. »Der Stückeschreiber wählt immer die Zeitpunkte, wo die Entwicklung besonders mächtig vor sich geht. Behalten wir Kleinschmidt als Beispiel: Wir treffen ihn, wenn er seine Abhängigkeit vom Großbauern besonders schmerzlich zu fühlen bekommt [...]. Und wir treffen ihn in einer Krise seelischer Art: Sein Selbstbewußtsein ist bereits so entwickelt durch die neuen Verhältnisse auf dem Lande, daß es ihn besonders hart trifft, wenn er sich dem Großbauern in demütigender Art beugen muß. Auch im nächsten Jahr (zweiten Akt) treffen wir ihn in einer Situation, die sozusagen einen Sprung in seiner Entwicklung herbeiführt« (GBA 25, S. 481).

Gegen eine traditionelle Dramaturgie, die nach dem Prinzip der Kausalität verfährt und eine kontinuierliche Entwicklung der Handlungsabläufe durch dynamisierende Ereignisse ermöglicht (vgl. Gustav Freytags *Technik des Dramas*), verteidigt B. die Cidher-Technik der Zeitsprünge unter Hinweis auf die langsame Entwicklung des »gesellschaftlichen Seins« (ebd.). Den Handlungen seien »andere Triebkräfte« als die traditionellen unterlegt, die Figurencharakteristik sammle »Züge [...], welche gerade historisch bedeutsam« seien (S. 482). Die konstatierte Veränderung der Handlungsmotivation wirft die Frage nach den ›großen Leidenschaften‹ auf, deren Fehlen, wie Palitzsch einwendet, das Publikum irritieren könne. Damit berührt der Dialog ein spezifisches Dilemma des philosophischen Theaters (das den Interessen des neuen Publikums dienen möchte). Den Zuschauern sind die Zugänge zur Bewusstwerdung ihrer Interessen (die durch das Theater beschleunigt werden könnten) dadurch versperrt, daß sie die Probleme und Interessenskonflikte, die sie selbst angehen, in der veränderten Lebenswelt zwar mehr oder minder bewusst wahrnehmen, aber auf dem Theater nicht erkennen, weil ihre

Haltung dort von anderen, nämlich traditionellen Erwartungen bestimmt ist. Das Theater könnte diesen Prozess der Bewusstwerdung erheblich unterstützen und beschleunigen, sofern es gelänge, die Erwartungshaltung zu verändern, ein Problem, das B. u.a. in dem Artikel *Eigenarten des Berliner Ensembles* thesenartig zusammengefasst hat (vgl. Hecht, S. 147–154). Dass diese Absicht auf Schwierigkeiten stößt, ist in der Tatsache begründet, dass das Publikum die neuen Inhalte mit ihren spezifischen Konflikten entweder als uninteressant empfindet und sich dagegen sperrt oder sie auf Grund der alten Sehgewohnheiten unangemessen und verzerrt wahrnimmt. Die Folge ist, dass die Erwartungen – spannende Kämpfe um Besitz und Macht, heroische Taten, hochgetriebene Emotionen – von der Darstellung zeitgemäßer Konflikte nicht eingelöst werden. Um diese Blockierung der Interessen aufzuheben, muss das Theater Strategien zu einer neuen Zuschaukunst entwickeln, die sich die Entwicklung des historischen und des ästhetischen Sinns des Publikums zum Ziel setzt. Der Anspruch auf »blutvolle, allseitig interessierende Menschen von eigenem Wuchs« (GBA 25, S. 484) ist der Inbegriff dieser Erwartung. B. bestreitet, dass das Publikum irgendwelche Ansprüche aufgeben müsse, erwartet jedoch seinerseits, dass es »neue Ansprüche« anmeldet (ebd.).

Krisen und Konflikte

Neuer Inhalt – neue Form thematisiert ein Defizit: Es beruht auf einer Diskrepanz von traditionellen Sehgewohnheiten einerseits und dem Anspruch diese zu verändern andererseits. Das Problem hat einen inhaltlichen und einen formalen Aspekt: Das neue Publikum kennt nur das alte Theater. Es ist an dessen spezifischen Themen, Formen und Artikulationsmöglichkeiten interessiert. Es erwartet ein Theater der Leidenschaften und verhält sich – gemessen an seinem gesellschaftlichen Bewusstsein – in einer veränderten Lebenswelt rückschrittlich. Sofern diese neue Lebenswelt auf die Bühne gebracht wird, bringt das Publikum ihr nur ein schwaches Interesse entgegen, weil seine – traditionellen – ästhetischen Erwartungen auf andere Themen fixiert sind. Dadurch klaffen Kunst und Leben auseinander. Um sie zusammenführen zu können, bedarf es einer Strategie, der Entwicklung einer neuen Zuschaukunst. Die Notate demonstrieren am konkreten Beispiel den Funktionswechsel des Theaters, während die Dialoge die Praxis kommentieren und legitimieren. Im politischen Interesse des neuen Publikums wird gegen dessen überkommene ästhetische Interessen ›verstoßen‹ und zugleich versucht, ästhetisches und politisches Interesse zu vermitteln. B. geht davon aus, dass bei der Thematisierung der modernen Lebenswelt auf dem Theater eine veränderte Perspektive der Wahrnehmung vermittelt werden könne. Das psychologisch fundierte Interesse an der charakterlichen und affektiven Disposition der Figuren brauche zwar nicht gänzlich zu entfallen, es sollten aber vor allem die sozialen Interaktionen zum Gegenstand des ästhetischen Interesses gemacht werden. Dies, so unterstellt der Stückeschreiber, sei dem fortschrittlichsten Teil des Publikums bereits möglich: »Der politische Blick unseres Publikums schärft sich nur langsam – vorläufig gewinnen die neuen Stücke weniger von ihm als er von ihnen. [...] Eine solche Blickrichtung des Zuschauers setzt freilich voraus, daß seine Erfahrungen ihn dazu gebracht haben.« (S. 483f.)

B. bemüht sich, einer Frustration durch enttäuschte Erwartungen und einem daraus resultierenden Desinteresses dadurch vorzubeugen, dass er die unterstellte ›Verarmung‹/Einschränkung der Bühnenwirkungen als Bereicherung interpretiert. Es müssen B. zufolge keine Ansprüche aufgegeben, sondern zusätzliche gefordert, angeboten und entgegengenommen werden. Er räumt allerdings die Abhängigkeit der Bühnenwirksamkeit der Vorgänge von der politischen Erfahrung ein. »In unserer Wirklichkeit finden wir schwerer und schwerer Gegner für erbitterte Auseinandersetzungen auf der Bühne, deren Gegnerschaft vom Publikum als selbstverständlich, unmittelbar, tödlich empfunden wird. Gehen die Kämpfe um den Besitz, werden sie als natürlich und eben interessant empfunden. Shylock und Harpagon besitzen Geld und eine Tochter. Da kommt es ›natürlich‹ zu wundervollen Auseinandersetzungen mit den Gegnern, die ihnen das Geld oder die Tochter oder beides nehmen wollen. Der Bauer Kleinschmidt besitzt seine Tochter nicht. Er kämpft um eine Straße, die er nicht besitzen wird. Eine Menge für die alte Zeit und ihre Stücke typische Aufregungen, Seelenschwingungen, Auseinandersetzungen, Späße und Erschütterungen fallen aus oder werden zu Nebenwirkungen, und Wirkungen, typisch für die neue Zeit werden wichtiger.« (S. 484) An die Erwartung der Wirksamkeit veränderter Konfliktsituationen knüpft B. die einer Veränderung der Einstellung des Publikums sowohl im Ästhetischen wie in der Praxis. War die traditionelle Erwartung von elementaren Konfliktsituationen durch eine Rezeptionshaltung der Spontaneität, der falschen Unmittelbarkeit bedingt, so müsse diese durch Schulung des historischen Sinns beseitigt werden. Die Fixierung des Publikums-Interesses auf das ›Ewigmenschliche‹, d.h. auf anthropologische Konstanten, einer zu allen Zeiten und in allen Kulturkreisen identischen menschlichen Natur, ist B. zufolge das verhängnisvolle Resultat des bürgerlichen Theaterbetriebes. Er verhindere durch Ausblendung der Historizität der dargestellten Vorgänge und durch Konzentration auf die Charaktere die Wahrnehmung des Historisch-Besonderen an den gesellschaftlichen Phänomenen. Der Geschichtsprozess als Abfolge wechselnder sozialer Antagonismen (Klassenkämpfe) mit sich verändernden Konfrontationen kommt bei einer solchen Betrachtungsweise nicht in Betracht. Statt ihrer tritt nur die ahistorische Kollision der zu Konstanten verfestigten Wesenseigentümlichkeiten in Erscheinung, die als personifizierte Leidenschaften in ›typischen‹, d.h. schlechthin menschlichen Konflikten als Triebkräfte menschlichen Handelns aufgefasst werden. B. präzisiert dieses Phänomen an den klassischen Motiven der dramatischen Literatur: »Jeder vermag noch immer die Eifersucht, die Machtgier, den Geiz als Leidenschaft zu erkennen. Aber die Leidenschaft, dem Ackerboden mehr Früchte zu entreißen, oder die Leidenschaft, die Menschen zu tätigen Kollektiven zusammenzuschweißen, [...] werden heute noch schwerer gespürt und geteilt. [...] Die Form der Auseinandersetzungen zwischen Menschen, und auf diese Auseinandersetzungen kommt es im Drama ja an, hat sich sehr geändert.« (S. 482) Demgegenüber werden die neuen, durch den gesellschaftlichen Wandel hervorgerufenen Konfliktsituationen und die leidenschaftliche Form ihrer Bewältigung schon deswegen nicht angemessen rezipiert, weil die gewohnten Formen ja nicht gänzlich entfallen. Hass auf den Großbauern, sozialer Neid, Verhöhnung des Gegners, Zorn und Verzweiflung bleiben neben den neuen, wichtigeren Triebkräften erhalten. Scharf bezeichnet B. das Dilemma, dass Dichtung und Leben im Bewusstsein der Zuschauer auseinander klaffen. »Selbst wenn sie diese neuen Leidenschaften selber spüren, spüren sie sie noch nicht, wenn sie auf der Bühne erscheinen, da auch die Ausdrucksformen sich geändert haben und sich fortdauernd ändern.« (Ebd.) So würde die Leidenschaft des Neubauern »dem Ackerboden mehr Früchte zu entreißen«, oder die Leidenschaft des Parteisekretärs Steinert, »die Menschen zu tätigen Kollektiven zusammenzuschweißen, [...] heute noch schwerer gespürt und geteilt« (ebd.). Die Formen der Konflikte hätten sich gegenüber den traditionellen Formen gewaltsamer Auseinandersetzungen qualitativ geändert. Der »Entzug der Leihpferde« (S. 483) sei ein existenzgefährdender Gewaltakt, das Überlassen »von Saatkartoffeln [...] eine Kampfaktion neuen Stils«, für deren angemessene Wahrnehmung das politische Bewusstsein noch zu unterentwickelt sei. Die Lösung des Problems kann nicht in einer Substitution bestehen, die den Funktionswandel herbeiführt, dadurch dass die Spontaneität der emotionalen, unvermittelten Rezeption durch eine intellektuelle, vermittelte einfach ersetzt werde, Emotionen zu Erkenntnissen vorangetrieben werden sollten, vielmehr müsse die Emotionalisierung nicht in erster Linie durch Identifikation mit der Person, dem leidenden oder triumphierenden Helden, sondern mit seinen gesellschaftlichen Interessen als den eigenen erfolgen. Nur dadurch könne sich das Publikum von einer rezeptiven zu einer produktiven gesellschaftlich eingreifenden Instanz verwandeln, ein Kerngedanke der Notate, den B. unter wechselnden Perspektiven abhandelt und im Bild des zu befreienden Prometheus eindrucksvoll fixiert. B. knüpft die Voraussetzung eines Funktionswandels des Theaters an die Bereitschaft für das ›Neue‹, das ›Fremde‹. Die schwierige Position des Theaters bei der Vermittlung des Neuen, das, als das Fremde wahrgenommen, notwendig befremden müsse, bestehe darin, dass das traditionsgewohnte Publikum sich dagegen sperre. »Theater und Stückeschreiber können nur die Eindrücke vermitteln, die das Publikum ihnen bei sich gestattet. Die Stücke und Aufführungen in unserer Zeit haben eine neue Aufgabe. [...] Es ist die Aufgabe, das Zusammenleben der Menschen so zu zeigen, daß es verändert werden kann, verändert in einer ganz bestimmten Weise.« (S. 478) Unter der Voraussetzung, dass diese ›Bereitschaft‹ vorhanden sei, könne mit der veränderten politischen Zielsetzung des neuen Theaters auch der Charakter des ›Kunsterlebnisses‹ eine andere Qualität annehmen. »Von dem Neuen, also Fremden, das nunmehr abgebildet wird, fließt etwas Neues, also Fremdes in das Kunsterlebnis ein.« (Ebd.) Dieses Erlebnis besteht in einer veränderten Emotionalisierung der Rezipienten, die sich als Lust an der Veränderung äußert/manifestiert. ›Lust‹, ›Spaß‹ werden zu Kategorien einer Rezeptionshaltung (›neue Zuschaukunst‹), die nicht bei der Kontemplation, dem Nachvollzug, gesellschaftlicher Vorgänge auf dem Theater stehen bleibt, sondern die neue Form der Ästhetik auf die soziale Wirklichkeit überträgt, die Erregung der ›Lust‹ am Erkennen, das zur Veränderung der Bewusstseinsformen führt und in Praxis umschlägt, wird daher zum Lehrgegenstand des Theaters. Diese Kunst kann geübt werden. Der Übergang vom (rezeptiven) Hören, »wie man den gefesselten Prometheus befreit«, zu einer produktiven Haltung, die sich »in der Lust schulen« will, ihn zu befreien, zielt auf Veränderung des Bewusstseins. Es ist ein Akt der Emanzipation. Die neuen Leidenschaften werden dadurch zu Kategorien des sozialen Engagements.

Ausblick

Der geringe Erfolg der Inszenierung von Strittmatters *Katzgraben* habe, so vermutet Hecht, B. davon abgehalten, das Textkonvolut der Notate zu veröffentlichen (vgl. GBA 25, S. 545, S. 559f.). Die nochmalige Überarbeitung, die zu einer Neuinszenierung unter Beteiligung Wekwerths an der Regiearbeit führte (Premiere: 12. 5. 1954 im neubezogenen Haus am Schiffbauerdamm), beschied dem Stück eine bessere Aufnahme beim Publikum und der Presse.

Der Misserfolg der ersten Inszenierung zog auch heftige Angriffe auf ›Brechts Methode‹ nach sich (vgl. *Theater der Zeit* 1953, H. 7), auf die B. gereizt replizierte (vgl. GBA 15, S. 560). Gegenüber dieser Methode gab es jedoch offensichtlich auch im Kreis der Mitarbeiter Vorbehalte: In seiner ›dramatischen Autobiografie‹ *Erinnern ist Leben* berichtet Wekwerth über die Diskussionen bezüglich der *Katzgraben*-Bearbeitung im erweiterten Kreis der Mitarbeiter. Es habe sich dabei um eine »vernichtende Kritik« gehandelt, die, nach Wekwerth, von Elisabeth Hauptmann bis zu einem gewissen Grade geteilt worden sei. »Wir waren uns einig, daß die soziale Typisierung zu abstrakt sei und die Sprache (›Quappfette Karpfen furchen das Gewässer‹) zu gequält, und fanden, daß die Dialektik auf der Strecke bleibe« (Wekwerth 2000, S. 97). Hauptmann veranlasste Wekwerth, diese Kritik auch B. mitzuteilen, »der ja von seinen Mitarbeitern Kritik fordere und den Kritiker belobige« (ebd.). Ohne sich namentlich dieser Mitteilung anzuschließen, diktierte Hauptmann: »Der Gesamteindruck nach dem Lesen ist der: bei einigen herausfallend schönen Szenen und Passagen erscheint mir das Thema unausgenutzt, unscharf und träge. Für eine Komödie völlig unzureichend.« (Ebd.) Das Resultat dieser Kritik deutet Wekwerth nur an, immerhin führte sie zur Regieassistenz bei der zweiten Inszenierung von *Katzgraben*.

Literatur:

Aust, Hugo/Haida, Peter/Hein, Jürgen: Volksstück: Vom Hanswurstspiel zum sozialen Drama der Gegenwart. München 1989. – Barner, Wilfried (Hg.): Geschichte der deutschen Literatur von 1945 bis zur Gegenwart (= Geschichte der deutschen Literatur von den Anfängen bis zur Gegenwart. Bd. XII). München 1994. – Giese, Peter Christian: Das »Gesellschaftlich-Komische«. Zu Komik und Komödie am Beispiel der Stücke und Bearbeitungen Brechts. Stuttgart 1974. – Hecht, Werner: Theaterarbeit am Berliner Ensemble. In: Ders.: Sieben Studien über Brecht. Frankfurt a.M. 1972, S. 140–178. – Knopf, Jan: Bertolt Brecht. Ein kritischer Forschungsbericht. Fragwürdiges in der Brecht-Forschung. Frankfurt a.M. 1974. – Ders.: Verfremdung. In: Hecht, Werner (Hg.): Brechts Theorie des Theaters. Frankfurt a.M. 1986, S. 93–141. – Profitlich, Ulrich: »Beim Menschen geht der Umbau langsamer«. Der »neue Mensch« im Drama der DDR. In: Ders. (Hg.): Dramatik in der DDR. Frankfurt a.M. 1987, S. 297–326. – Schivelbusch, Wolfgang: Sozialistisches Drama nach Brecht. Darmstadt, Neuwied 1974. – Ders.: Dramatik in der DDR. In: Hinck, Walter (Hg.): Handbuch des deutschen Dramas. Düsseldorf 1980, S. 482–488. – Wekwerth, Manfred: Notate. Über die Arbeit des Berliner Ensembles 1956–1966. Frankfurt a.M. 1967. – Ders.: Erinnern ist Leben. Eine dramatische Autobiographie. Leipzig 2000.

Jörg Wilhelm Joost

Die Dialektik auf dem Theater

Während Band 16 der WA von 1967 insgesamt 29 größtenteils aus einer Mappe mit dem Titel *Die Dialektik auf dem Theater* stammende Texte aufweist, die von den Herausgebern um einige Notierungen B.s zur gleichen Leitthematik aus anderen Mappen ergänzt wurden, umfasst Band 23 der GBA die von B. für den Erstdruck zusammengestellte Auswahl von neun Texten (vgl. GBA 23, S. 386–413), die durch einen knapp 10-zeiligen Text eingeleitet werden und die alle aus dem Entstehungszeitraum von 1951 bis 1955 stammen. Dieser Sammlung, publiziert in *Versuche*, Heft 15, ist eine Erläuterung vorangestellt, die B. angesichts der realen historischen Bedingungen und Prozesse wohl notwendig erschien und die Zielrichtung der Notierungen umreißt: »*Die Dialektik auf dem Theater* ist der Versuch 37. Hier wird versucht, die Anwendung materialistischer Dialektik auf dem Theater zu beschreiben. Der Begriff ›episches Theater‹ scheint immer mehr einer solchen inhaltlichen Ausarbeitung bedürftig.« (S. 603) Diese ›Bedürftigkeit‹ ergab sich zum einen aus den Missverständnissen und Unterstellungen, welche die Rezeption des epischen Theaters begleiteten, indem man es lediglich als formalistischen Begriff, abgelöst von seinen Inhalten, verstanden wissen wollte und abwertend gegen das dramatische Theater stellte. Zum anderen schien es B. aus der seit 1949 möglich gewordenen direkten Auseinandersetzung mit den neuen politisch-gesellschaftlichen Bedingungen und vor allem mit den darin herrschenden Widersprüchen zwischen ›Altem‹ und ›Neuem‹, die seine Theaterarbeit entschieden prägten, notwendig, seine Erfahrungen in der konkreten Theaterarbeit unter dem Primat der Praxis zu reflektieren, was diese Textsammlung vom *Messingkauf* (bei allen vorhandenen Anknüpfungspunkten) sowie vom *Kleinen Organon* abgrenzt. Zu dieser, 1948 ohne die erst 1954/55 entstandenen *Nachträge* gefertigten, Theaterschrift stellte B. selbst die Bezüge her, indem er im Einleitungssatz der *Dialektik auf dem Theater* formuliert: »Die nachfolgenden Arbeiten, die dem Abschnitt 45 des ›Kleinen Organon für das Theater‹ gewidmet wurden, legen die Vermutung nahe, daß die Bezeichnung ›episches Theater‹ für das gemeinte (und zum Teil praktizierte) Theater zu formal ist.« (S. 386) In besagtem ›Abschnitt 45‹ des *Kleinen Organons* hatte B. die materialistische Dialektik als Methode bezeichnet, die es für die theatralischen Abbildungen zu verwerten gelte, denn: »Diese

Methode behandelt, um auf die Beweglichkeit der Gesellschaft zu kommen, die gesellschaftlichen Zustände als Prozesse und verfolgt diese in ihrer Widersprüchlichkeit. Ihr existiert alles nur, indem es sich wandelt, also in Uneinigkeit mit sich selbst ist.« (S. 82) Angesichts der Erkenntnis, dass die gesellschaftliche Wirklichkeit sowohl von den objektiven Bedingungen als auch von den Bewusstseinszuständen her von tiefen, z.T. antagonistischen Widersprüchen bestimmt war, musste B. Präzisierungen an der Denomination vornehmen, die diese historische Situation adäquat beschreiben half. Folgerichtig heißt es dann auch in den (allerdings nicht in den Erstdruck der Sammlung aufgenommenen) Notierungen *Vom epischen zum dialektischen Theater* von 1954: »Unseres Erachtens und unserer Absicht nach waren die Praxis des epischen Theaters und sein ganzer Begriff keineswegs undialektisch, noch wird ein dialektisches Theater ohne das epische Element auskommen. Dennoch denken wir an eine ziemlich große Umgestaltung.« (S. 299) Die Bezeichnungen ›dialektisches Theater‹ oder ›dialektische Dramatik‹ waren dabei keineswegs neu. Schon in dem unveröffentlicht und Fragment gebliebenen Aufsatz *Die dialektische Dramatik* von 1930/31 fasste B. zum ersten Mal seine theoretischen Überlegungen zusammen und formulierte u.a., dass es sich »im folgenden [...] hauptsächlich um einen primitiven Versuch [handelt], die revolutionierende Wirkung zu zeigen, welche die Dialektik überall, wo sie eindringt, ausübt, ihre Rolle als beste Totengräberin bürgerlicher Ideen und Institutionen« (GBA 21, S. 432). Konkret auf das Drama und das Theater (auch als Institution) bezogen, ist einige Seiten später zu lesen: »Die dialektische Dramatik setzte ein mit vornehmlich formalen, nicht stofflichen Versuchen. Sie arbeitete ohne Psychologie, ohne Individuum und löste, betont episch, die *Zustände* in *Prozesse* auf. Die großen Typen, welche als möglichst fremd, also möglichst objektiv (nicht so, daß man sich in sie hineinfühlen konnte) dargestellt wurden, sollten durch ihr Verhalten zu anderen Typen gezeigt werden. Ihr Handeln wurde als nicht selbstverständlich, sondern als auffällig hingestellt: So sollte das Hauptaugenmerk auf die Zusammenhänge der Handlungen, auf die Prozesse innerhalb bestimmter Gruppen hingelenkt werden.« (S. 439) Dazu sei eine »fast wissenschaftliche, interessierte, nicht hingebende Haltung des Zuschauers« (ebd.) ebenso unumgänglich wie »ein *Funktionswechsel des Theaters* als gesellschaftliche Einrichtung« (ebd.). Von der inhaltlichen Seite her waren daher schon 20 Jahre zuvor die entscheidenden Parameter gesetzt, indes zielte die augenfällige Pointierung auf den Begriff des ›dialektischen Theaters‹ in den 50er-Jahren auf die für B. zumindest in Ansätzen erkennbare neue Haltung des Publikums, das im Stande sei, den im Theater gezeigten »Verhaltensweisen und Situationen« (GBA 23, S. 300) selbst ›gedichtete‹ entgegenzuhalten und sich somit »selber in einen Erzähler« (ebd.) zu verwandeln. Wenn auf diese Weise »das Publikum in seinem Ko-Fabulieren den Standpunkt des produktivsten, ungeduldigsten, am meisten auf glückliche Veränderung dringenden Teils der Gesellschaft« (S. 301) einnehmen kann, »dürfen wir nunmehr die Bezeichnung *episches Theater* als Bezeichnung für das gemeinte Theater aufgeben. Sie hat ihre Schuldigkeit getan« (ebd.).

Gleichwohl konnten diese neuen Haltungen und Fähigkeiten der Zuschauer nicht als widerspruchslose, außerhalb der gesellschaftlich historischen Realitäten existierende beschrieben werden, und darauf hatte sich das Theater einzulassen: »In den Dingen, Menschen, Vorgängen steckt etwas, was sie so macht, wie sie sind, und zugleich etwas, was sie anders macht. Denn sie entwickeln sich, bleiben nicht, verändern sich bis zur Unkenntlichkeit.« (Ebd.) Dass solche ›dialektischen Selbstverständlichkeiten‹ häufig (noch) unerkannt und erst – dies musste eine zentrale Aufgabe des ›neuen‹ Theaters sein – bewusst zu machen waren, war für B. angesichts der ›harten‹ historischen Realitäten das ›Einfache, das schwer zu machen ist‹ (vgl. GBA 11, S. 234); es galt, die historischen Ausgangspunkte wahrzunehmen, wie etwa in *Einige Irrtümer über die Spielweise des Berliner Ensemble* (1955) mit Blick auf die Gründung der DDR zu lesen ist: »Der reinigende Prozeß einer Revolution war Deutschland nicht beschieden worden. Die große Umwälzung, die sonst im Gefolge einer Revolution kommt, kam ohne sie.« (GBA 23, S. 327f.) Die nicht hintergehbare Widersprüchlichkeit im Bewusstsein der Zuschauer als Kampf zwischen dem Alten und dem Neuen umfasste nicht nur die Heterogenität des Publikums insgesamt, sondern auch seinen fortschrittlichen Teil selbst: »Nicht wenige, mitunter sogar solche, die auf wichtigen Gebieten jeden Tag Neues versuchen und nicht zurückschrecken, alte Gewohnheiten zu bekämpfen, wenn sie dem Aufbau eines neuartigen Lebens im Wege stehen, suchen eine Zeitlang im Theater immer noch das Alte, Gewohnte.« (S. 328) In diesen Zusammenhängen stehen die Ausführungen der Sammlung *Die Dialektik auf dem Theater*, deren Texte sich mit Ausnahme des letzten auf konkrete Inszenierungen beziehen, an denen B. direkt oder indirekt beteiligt war: auf Shakespeares *Coriolanus* (1607/08), Johannes R. Bechers *Winterschlacht* (1945), Ostrowskis *Die Ziehtochter oder Wohltaten tun weh* (1862), Lo Dings *Hirse für die Achte. Ein chinesisches Volksstück* und auf Inszenierungen der eigenen Stücke *Der kaukasische Kreidekreis*, *Die Gewehre der Frau Carrar* sowie *Mutter Courage und ihre Kinder*.

In der umfangreichen Forschung zu B.s Theatertheorie und -praxis ist immer wieder auf die Änderung der Terminologie durch den Stückeschreiber mit Blick auf *Die Dialektik auf dem Theater* hingewiesen worden, jedoch wurden die Texte der Sammlung sowohl in der Fassung der WA als auch der GBA selbst in der jüngeren Forschung (vgl. Boner; Fahrenbach; Fischer) eher am Rande untersucht, sodass die auffälligen Formen der Texte, ihre Abfolge bzw. ihr ›Zusammenspiel‹ außer Acht blieben. Dabei müssen die Vielfalt der Textsortenwahl und die Schwerpunktsetzung überraschen, was sich indes erst in der GBA entschiedener zeigt, da in der WA die Texte der Erstpublikation zwar die Sammlung einleiten, aber deren Struktur hinter der Vielzahl der unter der gemeinsamen Überschrift firmierenden Ergänzungen an Textmaterial beinahe verschwinden lassen. Drei Texte – *Studium des ersten Auftritts in Shakespeares »Coriolan«* (GBA 23, S. 386–402), *Ein Umweg (»Der kaukasische Kreidekreis«)* (S. 403f.), *Gespräch über die Nötigung zur Einfühlung* (S. 412f.) – sind als fiktive Dialoge mit B.s damaligen Mitarbeitern Peter Palitzsch, Manfred Wekwerth sowie der Mitarbeiterin Käthe Rülicke formuliert (vgl. S. 603). *Brief an den Darsteller des jungen Hörder in der »Winterschlacht«* (S. 405–408) ist als fiktiver Brief verfasst (vgl. S. 606); *Anderer Fall angewandter Dialektik* (S. 404f.), *Beispiel einer szenischen Erfindung durch Wahrnehmen eines Fehlers* (S. 410f.) und *Etwas über Charakterdarstellung* (S. 411f.) erinnern z.T. auch ihres Umfangs wegen an die Keuner-Geschichten sowie an die Apophthegmen im *Buch der Wendungen*. *Relative Eile* (S. 403) und *Mutter Courage, in zweifacher Art dargestellt* (S. 408–410) können als theorieorientierte Reflexionen bezeichnet werden. Auffällig ist die deutliche Gewichtung des Dialogischen: So beginnt die Sammlung mit einem Dialog und sie endet mit einem Dialog, der somit als Textsorte einen Rahmen bildet. Aber auch die drei an die Keuner-Geschichten bzw. das *Buch der Wendungen* erinnernden Texte sind, wie in weiten Teilen ihre Vorbilder, dialogisch angelegt, zumal (Theater-)Gesprächssituationen vorgestellt werden und B. sich selbst als Dialogpartner mit dem Kürzel ›B‹ (vgl. S. 386 u.ö.) eingeführt hat. Der Brief als weitere Textsorte, die das Dialogische implizit enthält, komplettiert das ›Übergewicht‹ an Dialogischem, sodass die beiden eher traditionell abgefassten Theorietexte im Kontext der Sammlung an Gewicht verlieren. Zunächst allerdings wird mit dem Titel der Sammlung die Erwartungshaltung der Leser auf eine Theorie-Lektüre gelenkt, die sich dann im Folgenden als Umwendung traditionellen Theorieverständnisses präsentiert: Theorie entwickelt sich hier aus dem Erkennen und Wissen vieler, die darüber in den Dialog treten, und somit aus intersubjektivem Austausch. Diese Form der Theorie befindet sich in ›Bewegung‹ und erwächst aus der konkreten Praxis, wie sie zugleich Praxis verändert – modellhaft demonstriert am Theater.

Theorie ist nicht mehr exklusives ›Geheimwissen‹ weniger Einzelner, sondern Ergebnis schöpferischer, kommunikativer Arbeit. Insofern zeigt die Dominanz des Dialogischen die Dialektik sozusagen ›im Betrieb‹, macht sie als kommunikative Form des Gesprächs öffentlich und stellt sie gewissermaßen der ›Weisheit der Leser‹, lies: des Volkes, anheim. Nur in der Aneignung dieser Form des Denkens und (gesellschaftlichen) Handelns durch die Vielen ist die ›Erledigung‹ der Vergangenheit auf dem Theater und in der Gesellschaft leistbar. Insofern ist die Wahl und Kombination der Textsorten in *Die Dialektik auf dem Theater* als Ergänzung sowie, nun historisch notwendig, Erweiterung des *Messingkaufs* und des *Kleinen Organons* die B. adäquat erscheinende Form des Inhalts.

Der Aufbau der neuen Gesellschaft kann nur dann erfolgreich verlaufen, wenn das Alte als Altes erkennbar und destruiert wird und wenn alle Prozesse offen gelegt und kommunizierbar gemacht werden. Das Theater demonstriert dies mit seinen Mitteln, und dazu gehört das sichtbar zu machende Nachdenken der dort Beteiligten über Theorie und Praxis ›ihres‹ Spiels. Der in allen Texten der Sammlung zur Sprache kommende Experimentier- und Prozesscharakter des Theaters und seiner Inszenierungen erfordert und fördert Haltungen, die für die gesellschaftlichen ›Experimente‹ nützlich sind.

Als roter Faden durchzieht die Sammlung das Prinzip der Widersprüche, von denen jedoch nicht nur gesagt wird, dass sie existieren, sondern die in den einzelnen Texten dialogisch oder erzählend auf den unterschiedlichsten Ebenen entfaltet werden bzw. im Dialog selbst erst auftauchen. So stoßen im ersten Text über die Inszenierung des *Coriolan* die Gesprächsteilnehmer auf eine ganze Reihe von Widersprüchen, die in Shakespeares Text angelegt sind und die »Anlaß zu Unbehagen« (S. 391) geben sowie zugleich produktives, vorschnelle Lösungen verhinderndes Fragen ermöglichen. Beispielsweise formuliert der Gesprächsteilnehmer ›B‹ bzgl. der Einheit der Plebejer, einem zentralen Punkt der Diskussion, u.a.: »Später im Stück wird diese Einheit der Plebejer wieder zerrissen werden, so wird es gut sein, sie am Beginn als nicht einfach gegeben, sondern als zustande gekommen zu zeigen.« (S. 387f.) Auf die Frage von ›W‹ nach dem ›Wie‹ dieses Zeigens auf der Bühne bemerkt ›B‹: »Das werden wir besprechen, ich weiß es nicht.« (S. 388) Geleitet werden alle am Gespräch Beteiligten von der Erkenntnis, dass die »Schönheiten« (S. 390), aber auch die historisch und somit klassenmäßig bedingte Ambivalenz und Widersprüchlichkeit des Shakespeare'schen Texts durch das bürgerliche Theater mit seiner Sehnsucht nach Darstellung von Helden, vom großen Einzelnen, zugedeckt worden ist: »Nun, was davon [von den Schönheiten] sehen wir auf dem bürgerlichen Theater?« (Ebd.), fragt deshalb ›B‹, worauf ›W‹ feststellen muss: »Die bürgerliche Bühne macht dann nicht die Sache der Plebejer, sondern die der Patrizier zur eigenen Sache. Die Plebejer werden als komische und jämmerliche (nicht etwa humorvolle und Jammer erleidende) Typen dargestellt« (ebd.). Auch an Beispielen konkreter Rollen bzw. Figuren in Stücken wird das Prinzip der Widersprüche dargestellt, so etwa, wenn B. am Ende des Gesprächs in *Ein Umweg* formuliert: »In der Magd Grusche gibt es das Interesse für das Kind und ihr eigenes Interesse im Widerstreit miteinander. Sie muß beide Interessen erkennen und beiden zu folgen versuchen. Diese Betrachtung führt, denke ich, zu einer reicheren und bewegteren Darstellung der Rolle der Grusche. Sie ist wahr.« (S. 404)

Dass solche Erkenntnis und solches Verhalten (nicht nur auf dem Theater) erlernt und immer wieder erprobt und überprüft werden müssen, wird an den Ausführungen in *Brief an den Darsteller des jungen Hörder in der »Winterschlacht«* deutlich, als der Briefschreiber gegen Ende seiner ermunternden Kritik für ein angemesseneres Spielen der Rolle anregt: »der Schlüssel liegt in Ihrer Haltung zu der Figur, die Sie darstellen. Nur Kenntnis des Stands der Geschichte und die Fähigkeit, widerspruchsvolle Haltungen zu gestalten, werden Ihnen da helfen können. / Diese Kenntnis und diese Fähigkeit sind beide erwerbbar.« (S. 408)

Es ist naheliegend anzunehmen, dass B. mit der Zusammenstellung dieser Texte, die in ihrer Mehrzahl 1953/54, also auch im Umfeld der Voraussetzungen und Folgen des 17. Juni 1953, entstanden, zwei Zielrichtungen verfolgte: Zum einen zeigte die Entwicklung der sozialistischen Gesellschaft in der DDR B., dass die Klassenkämpfe und die z.T. antagonistischen Widersprüche zwischen Altem und Neuem in der Realität und in den Köpfen historisch längst nicht erledigt waren. Indes konnten nach B.s Auffassung nur die Kenntnis und Anwendung dialektischen Denkens und Handelns helfen, die Realitäten zu verstehen und vor allem zu verändern. Zum anderen war, besonders nach dem 17. Juni, als B. noch in den *Buckower Elegien* massiv die marginale Rolle der Kunst beim Aufbau der neuen Gesellschaft markiert und in seinen Gedichten eine Änderung angemahnt hatte, eine neue, offensive Herangehensweise angesagt: In der B. entschieden bewegenden Frage, was denn die Kunst und besonders das Theater zur gesellschaftlichen Weiterentwicklung beitragen könnten, wollte er aus der Defensive herauskommen, in die er mit dem ›epischen‹ Theater zunehmend geraten war. Dass es dabei, auch dies eines der (bis heute schwer ausrottbaren) Missverständnisse über B.s Theater, nicht um ›trockene‹ Belehrung gehen würde, zeigt eine Bemerkung des ›B‹ gegen Ende des *Coriolan*-Texts, als er von ›P‹ gefragt wird, ob sie das Stück wegen der verschiedenen Erkenntnisse spielten: »Nicht nur. Wir möchten den Spaß haben und vermitteln, ein Stück durchleuchteter Geschichte zu behandeln. Und Dialektik zu erleben.« (S. 402) Das erst ist Unterhaltung im besten und umfassendsten Sinn und geht auf die Bedürfnisse der Menschen im wissenschaftlichen Zeitalter der großen Katastrophen, aber auch der großen Umwälzungen ein: »Es ist ein Vergnügen des Menschen, sich zu verändern. Durch die Kunst wie durch das sonstige Leben und durch die Kunst für dieses. So muß er sich und die Gesellschaft als veränderlich spüren und sehen können, und so muß er, in der Kunst auf vergnügliche Weise, die abenteuerlichen Gesetze, nach denen sich die Veränderungen vollziehen, intus bekommen.

In der materialistischen Dialektik sind Art und Gründe dieser Veränderungen gespiegelt.« (S. 297)

Literatur:

Boner, Jürg: Dialektik und Theater. Die Dialektik im Theater Bertolt Brechts. Zürich 1995. – Fahrenbach, Helmut: Brecht zur Einführung. Hamburg 1986. – Fischer, Matthias-Johannes: Brechts Theatertheorie. Forschungsgeschichte – Forschungsstand – Perspektiven. Frankfurt a.M. [u.a.] 1989.

Roland Jost

Zu Kunst und Literatur

Es ist schwierig abzugrenzen, welche Texte B.s zu Kunst und Literatur 1947 bis 1956 im engeren Sinne gehören. Während die WA B.s *Schriften* noch parzellierte in *Zu Politik und Gesellschaft, Zu Kunst und Literatur, Zum Theater* etc., geht die GBA chronologisch vor. Damit werden die Grenzen, die in der WA ohnehin künstlich aufgerichtet waren und nach wie vor fragwürdig sind, kaum noch erkennbar. Es geht hier um größere Textkomplexe, aber auch kleine und kleinste Notizen, die im Band 23 der GBA, *Schriften 3*, auf etwa 350 Seiten versammelt sind, die aber auch Eingang finden in die Handbuch-Kapitel *Zur Formalismusdebatte, Zu Politik und Gesellschaft, Katzgraben-Notate, Stanislawski-Studien* (vgl. BHB 4). Hier sollen zunächst überblicksartig einige zentrale Linien durch das Textkonvolut gezogen werden, um dann exemplarisch an zwei Fällen (*Notizen zur Barlach-Ausstellung* 1952 und die Ausführungen auf dem Schriftstellerkongress 1956) B.s divergierende Arten von Stellungnahmen zu Kunst und Literatur zu beschreiben.

Die *Schriften* zur Kunst und Literatur nach B.s Rückkehr aus dem Exil – sie stellen den wesentlichen Teil des Textkorpus dar – haben bis auf ganz wenige Ausnahmen im Grund einen einzigen Gegenstand, der sich ins Zentrum von B.s Äußerungen geschoben hat: die

Auseinandersetzungen um die Tradition, um das (wie es in der damaligen kulturpolitischen Terminologie hieß) »Erbe«, das die sich revolutionär verstehende Gesellschaft nun antreten sollte. Damit ging es um die Frage der Konstruktion einer eigenen Ästhetik unter den Bedingungen einer neuen sozialistischen deutschen Staatlichkeit. Es handelte sich hierbei nicht um einen selbst gewählten Focus, der wie die Theorie-Debatten der 20er- und beginnenden 30er-Jahre den Charakter experimenteller Selbstverständigung und tastender Begriffsbestimmungen hatte, sondern um einen bis zur Ermüdung durch kulturpolitische Doktrin und Repressalien aufgezwungenen Gegenstand des Denkens.

Als B. im Mai 1949 in den Osten Berlins kam, war die Zeit der Zurückhaltung der SED in Fragen der Kulturpolitik längst vorbei. Hatte die KPD/SED unmittelbar nach der Kapitulation Deutschlands 1945 auf ihre sozialrevolutionären Forderungen, wie etwa der Ruf nach einer ›Diktatur des Proletariats‹, zunächst verzichtet und im Grund die Politik der zehn Jahre zuvor begründeten ›Volksfrontpolitik‹ fortgesetzt, um alle Kräfte in einen Neuanfang zu integrieren, wurden nun – insbesondere ab 1948/49 – der bereits im Moskauer Exil ab 1936 begonnene sog. ›antiformalistische‹ Kampf gegen die Moderne neu belebt und erweitert um einen Gegenstandstandsbereich, dem das Schlagwort der Verurteilung des »Kosmopolitismus« zugeteilt wurde. Die Heftigkeit dieser kulturpolitischen Säuberungsaktionen und Sanktionen hielt bis zu Stalins Tod und den Ereignissen des 17. Juni 1953 an, verlor danach ein wenig an Vehemenz; aber sie bestimmten somit B.s Lebenszeit in der DDR.

Im Kern handelte es sich bei dieser Kampagne, die B.s Denken und Arbeiten bremste, die Hoffnungen auf die ›große Produktivität‹ allmählich zunichte machte und durch ein ›großes Unbehagen‹ ersetzte, nicht um kulturelle, sondern um politische Kämpfe. Sie zielten auf den Aufbau einer klaren nationalstaatlichen Identität im politischen Rahmen eines sozialistischen Staatsgefüges der DDR. Ein zersplittertes Volk sollte unter dem Signum der aus dem 18. und 19. Jh. kommenden Nationalstaatsvorstellungen vereint und neue Kunst- und Lebensformen entwickelt werden. Das Projekt Kunst wurde nun generell national konnotiert. Von der Kunst wurden Symbolisierungen und Inszenierungen der Fiktion einer nationalen Gemeinschaft erwartet; die Konstruktion einer politischen Identität bzw. eines nationalen Gemeinschaftskörpers lief über ästhetisch fundierte Ausschlussverfahren. Zu diesem Zweck wurde aus den Arsenalen und Archiven der deutschen kulturellen und epistemologischen Geschichte unter anderem die gesamte Avantgarde und Moderne des 20. Jh.s ausgesondert und nur ganz bestimmte Fundstücke zugelassen: diejenigen, die sich – nach Meinung der Parteiführung – in die positiven Nationalstaatsvorstellungen einfunktionieren ließen. Mit ihnen sollten ideologisch auch Optionen auf wechselnde gesamtnationale politische Konzepte offengehalten werden, hießen sie nun Neutralität (vgl. Mittenzwei), sozialistische Perspektive oder Konföderation. Wesentlich war dabei allerdings nur eine Tradition, von der die Verfertigungsmodelle auch für gegenwärtige Kunst bis in Vorgaben konkreter ästhetischer Formierungen abgeleitet wurden: die der deutschen Weimarer Klassik. Das war aber zugleich eine der Kunstströmungen, die B. lebenslang am wenigsten interessiert hatte. In der Definition der »Hauptaufgabe in Kunst und Literatur«, die Hans Lauter auf der berüchtigten 5. Tagung des ZK der SED 1951 formulierte, kulminierte diese Strategie, die nun – nach Gründung der DDR – als offizielle Staatsdoktrin zu verstehen waren: Diese »Hauptaufgabe« sei »die Beseitigung der Herrschaft des Formalismus und die Entwicklung einer realistischen Kunst, indem wir an das klassische Erbe anknüpfen« (Lauter, S. 39).

B.s *Schriften* zur Kunst und Literatur dieses Zeitraums sind als ein permanenter Abwehrkampf gegen diese Selektion der Tradition zu lesen, und zwar bis in die nebensächlichsten Äußerungen hinein. Was in den Texten zwischen 1949 und 1956 auffällt, ist eine grundlegende Differenz zwischen veröffentlichten und unveröffentlichten Notizen. B.s »Schwierigkeit, ein DDR-Material in den Griff zu bekommen« (Müller, S. 144), zeigt sich auch in den *Schriften*. Während B. versucht, in den Veröffentlichungen scheinbar taktisch geschickt auf die Parteiforderungen einzugehen und sie gleichzeitig zu unterlaufen, finden sich die noch heute besonders interessanten Denkansätze wesentlich in den unveröffentlichten Fragmenten oder auch den Eintragungen ins *Journal*.

Generell besteht B. (1.) auf einer Heterogenität der Kulturen und Traditionen, bei der keine einzige dem Definitionsmonopol »richtig« oder »wahr« übereignet wird; ist B. (2.) für die Integration einer »anderen«, plebejischen Kunsttradition innerhalb dieser divergierenden Kunsträume sowie (3.) gegen die ahistorische Setzung von ästhetischen »Vorbildern« aus früheren Kunstepochen, insbesondere denen der deutschen Klassik; insistiert er (4.) nach wie vor auf dem Lernen an »asozialen Mustern« und am sog. »Häßlichen« in der Kunst (»Der realistische Künstler meidet die Häßlichkeit nicht«; GBA 23, S. 278) und (5.) auf einer Trennung von »Kunst und Moral« (S. 362); spricht B. sich (6.) für eine Kultur des ästhetischen Experiments und der Darstellung harter Realitäten und vor allen Dingen (7.) für den Entwurf einer innovativen Ästhetik entsprechend der sich selbst neu definierenden Gesellschaft aus.

Permanent kollidieren diese Strategien B.s nicht nur mit den kulturpolitischen Vorgaben, sondern scheinbar auch mit einem kollektiven Unbewussten; wie in einem Brennglas sichtbar in jenem Fall, in dem ein vermeintlicher nationaler Mythos angegriffen schien: im Fall der Attacken auf die *Urfaust*-Inszenierung von Monk und B. in Potsdam und Berlin und auf das Libretto zur *Faustus*-Oper des Freundes Hanns Eisler, für das sich B. vehement einsetzte – beides unmittelbar vor den Ereignissen des 17. Juni 1953. In beiden Fällen hatte die Künstler die vorgoethischen Stoffbearbeitungen interessiert, sie wollten ästhetisch experimentell auf eine andere denn die kanonisierte bürgerliche Tradition hinweisen. Sie insistierten auf einer Sichtweise des Stoffs »von unten«, die eine Vorbildwirkung nicht kannte. Eisler lese, schrieb B. – und gleiches gilt paradoxerweise für die *Urfaust*-Inszenierung – »das alte Volksbuch wieder und findet in ihm eine andere Geschichte als Goethe« (S. 249). In beiden Fällen aber wurden die Arbeiten ausschließlich als Angriffe auf das klassische Werk verstanden und in schärfster Polemik zurückgewiesen – im Fall des *Faustus*-Librettos mit dem Erfolg, dass Eisler sich nach Wien zurückzog, in »einen Zustand tiefster Depression, wie ich sie kaum jemals erfahren habe«, geriet (Eisler in: Bunge, S. 263) und die Musik zur Oper niemals zu Ende komponiert hat. Die Vehemenz der Ablehnung, auf welche die Versuche trafen – so kritisierte etwa der SED-Vorsitzende Walter Ulbricht die »formalistische Verunstaltung« des Goethischen *Faust* »zu einer Karikatur [...], z.B. in dem sogenannten *Faust* von Eisler und in der Inszenierung des *Urfaust*« (in: Hecht, S. 1059) –, und die in den Angriffen durchgehende Argumentation mit dem Terminus »antinational« (u.a. *Neues Deutschland* vom 14. 5. 1953) lassen darauf schließen, dass hier nicht nur ein Abweichen von einem vorgegebenen Programm sozialistischer Kunst, das sich in Analogie zur klassischen Kunstperiode verstand, eingeklagt wurde. Hier schien eine kollektive Imagination angegriffen, durch die eine nationale Physiognomie nach dem Desaster der jüngsten nationalsozialistischen Vergangenheit neu formiert werden sollte: das »Faustische« bzw. das »faustische Sterben« (vgl. Münz-Koenen). Mit diesem Phantasma, mit dieser emotionalen Chiffre für die Identifikation mit angenommenen nationalen Werten, sollte offensichtlich der nationale Körper nun regeneriert werden.

B. waren solche Argumentationsmuster, die zugleich Disziplinierungsstrategien für die Intellektuellen darstellten, nicht nur fremd, sondern auch zutiefst suspekt; schon früh hatte er auf die Ästhetisierung der Politik im Nationalsozialismus hingewiesen. So wurde er nicht müde, seine künstlerische Autorität für den Erhalt eines bestimmten Standards dialektischer Denkkultur und eine »Literatur von unten« einzusetzen. Er widersprach etwa in *Zu Lehrplänen für den Deutschunterricht* (GBA 23, S. 159f.) dem Modell der Wirkung positiver »Vorbilder« und Identifikationsfiguren durch den Hinweis »Im Lehrplan fehlen die abschreckenden Beispiele« (S. 160) oder in dem unveröffentlichten Text *Wo ich gelernt habe* der alleinigen Gültigkeit der »nationalen Klassiker« durch den Hinweis auf das eigene Lernen an – neben Texten der römischen Antike, Lorca etc. – »Volksliedern« von der Art der Küchenlieder und der »billigen Schlager« (S. 268) aus der »unedlen« plebejischen Tradition, deren kritische Interpretation durchaus Teil dieser ›anderen‹ Tradition sein konnte. Die Haltung der Arbeiterinnen »der nahen Papierfabrik« zu den Liedern, erzählte B. aus seiner Kindheit, hier sei exemplarisch »lehrreich. Sie gaben sich ihnen keineswegs naiv hin. Sie sangen ganze Lieder oder einzelne Verse mit einiger Ironie und versahen manches Kitschige, Übertriebene, Unreale sozusagen mit Krähenfüßen.« (Ebd.) B. vertrat in dem fragmentarischen Entwurf *Schule der Ästhetik* eine experimentelle Pädagogik des sinnlichen, praktischen, habituellen Tuns in einer Schule als »Laboratorium« (S. 161) – Ideen übrigens, wie sie der Lebensreformbewegung des Jahrhundertanfangs nicht fern waren: »Sie müssen Möbel zur Verfügung haben, mit denen sie Zimmer einrichten, Kleider, die sie anziehen können usw. Und es muß gute und schlechte Möbel geben und Kleider verschiedener Güte.« (Ebd.) Er plädierte für die Aufnahme der »Sprache des Volkes« durch unübliche Gebrauchstexte wie »Grabinschriften, Sprüche, Witze und Szenen aus Passionsspielen« (S. 155) in *Zum Lesebuch der Akademie der Künste*. In seinem letzten Lebensjahr formulierte er in deutlicher Weise öffentlich seine Abwehr gegenüber der normativen und autoritären Klassik-Doktrin: »Es genügt nicht, einen Karl Moor, aber mit sozialistischem Bewußtsein, zu schaffen, oder einen Wilhelm Tell, aber als kommunistischer Funktionär [...]. Wenn wir uns die neue Welt künstlerisch praktisch aneignen wollen, müssen wir neue Kunstmittel schaffen und die alten umbauen.« (S. 373f.)

Zahlreiche Grußadressen an Künstler- und Schriftsteller-Kollegen (an Heinrich Mann, S. 56; Johannes R. Becher, S. 149f.; Arnold Zweig, S. 213; Erich Wendt, S. 210 u.a.) gehören zu den *Schriften*. B. ehrte z.B. Heinrich Mann zum 75. Geburtstag 1946, indem er das, was er beim Lesen von Walter Benjamins *Geschichtsphilosophischen Thesen* 1941 notiert hatte, nun auf H. Mann anwendete – wohl die höchste intellektuelle Auszeichnung, die B. zu vergeben hatte. Hatte B. damals nach dem Lesen der Thesen festgestellt, Benjamin »wendet sich gegen die Vorstellungen von der Geschichte als eines Ablaufs [...]. Er verspottet den oft gehörten Satz, man müsse sich wundern, daß so was wie der Faschismus ›noch in diesem Jahrhundert‹ vorkommen könne (als ob er nicht die Frucht aller Jahrhunderte wäre)« (GBA 27, S. 12), so schrieb er nun Heinrich Mann zu, er betrachte »das Naziregime nicht, wie viele andere, als einen ›Rückfall‹, sondern als einen logischen und gigantischen Vorstoß jener Barbarei, die sich [...] stürmisch zu diesem Tiefpunkt hin weiterentwickelt hatte« (GBA 23, S. 56). Anders fiel die Becher-Ehrung 1951 aus, nämlich als ein kleines Beispiel subversiver Schreibstrategie. B. schrieb zum 60. Geburtstag des Präsidenten des »Kulturbundes zur demokratischen Erneuerung Deutschlands« (ab 1952 Präsident der Akademie der Künste und ab 1954 erster Minister für Kultur der DDR) Johannes R. Becher einen Brief, der im Mai 1951 zusammen mit anderen Grußadressen in einer Broschüre abgedruckt wurde. B. erzählt, dass er bei einem thüringischen Antiquar kürzlich einen Gedichtband mit dem Titel *Verbrüderung* aus dem Jahr 1916 mit Gedichten von Becher gefunden habe. Anrührend kommentiert er, wie »das Büchlein [...] die letzten beiden Jahre des Weltkriegs und die ganze Nazizeit, einschließlich eines zweiten Weltkriegs, überlebt [hatte]. [...] Wie wandelbar und stetig drückt es ein volles Leben aus« (S. 149f.). Ironischerweise aber hatte B., der selbst nie ein Freund des Expressionismus war, hier gerade den expressionistischen Becher in den biografischen Wandlungen dieses Autors hervorgehoben: »vom empfindsamen Symbolisten zum aggressiven Expressionisten. Vom Expressionisten zum proletarisch-revolutionären Agitationsdichter. Vom Agitator schließlich zum nationalen Klassizisten« (Schivelbusch, S. 126). Zudem gehörte der Expressionismus nach der neuen Doktrin zu jenen Kunstrichtungen, die das »wichtigste Merkmal des Formalismus« erfüllten, nämlich den »völligen Bruch mit dem klassischen Kunsterbe« vollzogen zu haben (Lauter, S. 13f.). B. machte einen vermeintlich geschickten Schachzug: Mit der öffentlichen Gratulation an einen Repräsentanten der Kulturpolitik der DDR (der als Lukács-Schüler ohnehin Antipode B.s war) verknüpfte er nicht nur den Hinweis auf dessen Wurzeln in einem avantgardistischen Kunstkontext, sondern lobte dessen damalige ästhetische Produktion als noch heute gültige Kunst.

Wie sehr B. diese Abwehrkämpfe und das Taktieren in Dingen der Kunst und Literatur allerdings zugleich zermürbt und angewidert haben müssen, zeigt etwa Christoph Heins Erwähnung eines Gesprächs mit Benno Besson anlässlich der B.-Feierlichkeiten zum 100. Geburtstag 1998. Besson sagte ihm über B.s Tod 1956: »er ist eigentlich an einem Schnupfen gestorben, er wollte nicht mehr« (Hein).

Barlach-Studien

Zu den problematischsten Kapiteln der frühen DDR-Kulturpolitik gehören die Auseinandersetzungen um die Barlach-Ausstellung der Berliner Akademie der Künste 1951/52. B. versuchte damals, aktiv in diese Kampagne einzugreifen und das Schlimmste abzuwehren; ob es ihm indess gelang, bleibt zu bezweifeln. Der Chefredakteur von *Sinn und Form*, Peter Huchel, schätzte allerdings die Wirkung von B.s *Barlach-Studien* 1953 sehr hoch ein: »Was allein die Barlach-Affäre angerichtet hat, als man es wagte, in so herabsetzendem Sinne über diesen großen deutschen Bildhauer zu schreiben, ist leider noch nicht in seinem ganzen Umfang erkannt. Es war ein Glück, daß es damals nicht bei dem Pyrrhussieg des flachsten kritischen Journalismus blieb und die Stimme der wirklichen Autorität, die Stimme Bertolt Brechts, auch für Westdeutschland hörbar wurde.« (Zit. nach: Schoor, S. 292)

Ernst Barlach, einer der bedeutendsten deutschen Bildhauer des 20. Jh.s, dessen (nach 1933 aus den Museen entferntes) Werk von den Nazis als »entartet«, als »entfremdet« von der »Natur« und »Kult des Untermenschlichen« (zit. nach: D.G., S. 197) verfemt wurde – in den Worten des nationalsozialistischen Ideologen und Autors von »Kunst und Rasse«, Paul Schulze-Naumburg, galt es als »unheroisch« und »rassisch unzuverlässig« (zit. nach: D.G., S. 196) – und das auf der berüchtigten Ausstellung »Entartete Kunst« 1937 in München ausgestellt war, wurde nur sechs Jahre nach Ende des Nazi-Regimes erneut als »antidemokratisch« und »volksfeindlich« (Magritz) bezeichnet; seine Gestalten seien »eine graue, passive, verzweifelte, in tierischer Dumpfheit dahinvegitiernde Masse, in denen auch nicht der Funke eines starken Widerstandes zu spüren ist« (Girnus).

Die Deutsche Akademie der Künste zu Berlin war 1950 gegründet worden und zählte zu ihren vordringlichsten Aufgaben, eine Gedächtnisausstellung sowohl für Ernst Barlach als auch für Käthe Kollwitz zu organisieren, galt es doch – wie Max Lingner meinte – »die beiden bekannten Künstler des vorhitlerischen Deutschlands, die vom Nazitum verfemt worden waren, von dieser Schande zu befreien« (zit. nach: Schulz, S. 140). Bei der vom Dezember 1951 bis Februar 1952 im Gebäude am Robert-Koch-Platz gezeigten Ausstellung handelte es sich bewusst um eine groß angelegte Gesamtschau von Barlachs Werk (vgl. Katalog zur Barlach-Ausstellung). Die Probleme begannen bereits bei der Herstellung des Katalogs (vgl. Schulz; Jansen 1998; Jansen 1999). Zwei Wochen nach Ausstellungseröffnung, nachdem sowohl Ausstellung als auch Werk Barlachs zunächst in der Presse lobend gewürdigt wurden, erschien in der *Täglichen Rundschau* vom 29.12.1951 in einem Artikel von Kurt Magritz das Verdikt über Ernst Barlach; es war der Beginn einer »vorbereiteten Anti-Barlach-Kampagne« (Huchel, zit. nach: Jansen 1999, S. 324). Magritz fragte danach, ob Barlachs Werk als »fortschrittliche Tradition« gelten könne, von der die »deutschen Künstler lernen« sollten, und verneint dies. Die Wahrheit sei, »daß Barlach sowohl seinen Ideen als auch seinem Schaffen nach im wesentlichen zum Formalismus des beginnenden 20. Jahrhunderts gehöre« und seine Kunst wie die »Kandinskys, Marcs, Lehmbrucks u.a. ihrem Inhalt nach mystisch und ihrer Form nach antirealistisch« sowie »stark beherrscht von antidemokratischen Tendenzen« sei (Magritz). Nur wenige Tage später erschien ein zweiter Artikel vom einflussreichen Kulturredakteur des *Neuen Deutschland*, Wilhelm Girnus, der betonte, dass Barlach »ein auf verlorenem Posten stehender, in seinem Grundzug rückwärts gewandter Künstler war« (Girnus). Seine Kunst trage »einen düsteren, bedrückenden, pessimistischen Charakter« und sei »ein Beispiel dafür, wie ein wirklich großes Talent infolge des Fehlens an Orientierung auf diejenige Klasse, der die Zukunft gehört, trotz der besten subjektiven Absichten in den Sumpf des Mystizismus gerät« (ebd.). Damit war Barlach erneut verfemt worden. Ernst Bloch hat 1952 in einem Brief den geistigen Horizont dieser Kampagne auf den Punkt gebracht, in dem er schrieb: »Sie nehmen Rache an Gedanken, die sie nicht haben oder kennen. Sie verwandeln die Künstler- und Gelehrtenrepublik in einen Polizeistaat« (zit. nach: Schulz, S. 151).

Die Artikel von Magritz und Girnus blieben nicht unwidersprochen, ein Welle der Empörung brach sich Bahn. Auch von Seiten der Akademie wurden Aktivitäten unternommen, den ungeheuerlichen Beschuldigungen gegenüber Barlach entgegenzutreten. Am 13. 1. 1952 besuchte der Bildhauer Gustav Seitz B. – beide Akademiemitglieder – und teilte ihm seine Besorgnis über die negative Beurteilung in der Presse mit. B. besuchte daraufhin die Ausstellung und schrieb Ende Januar seine *Notizen zur Barlach-Ausstellung*; sie wurden bereits im Heft 1, 1952 von *Sinn und Form* abgedruckt – was allerdings dem Chefredakteur Peter Huchel wiederum Kritik von Seiten Johannes R. Bechers einbrachte.

B. bemüht sich in seinen *Notizen* gewissermaßen um einen Hochseilakt. Zum einen versucht er, seine Autorität ins Spiel zu bringen und einen produktiven und – im besten Sinne – naiven Umgang mit dem Werk Barlachs zu praktizieren, indem er auf knapp fünf Seiten einige der Plastiken unter dem Aspekt ihrer überdauernden Wirkung vorstellt und zugleich Rezeptionsmöglichkeiten für die Gegenwart vorschlägt. Als klare und unverkennbare Gegenposition zu den Anwürfen setzt B. ein Bekenntnis zu Barlach an den Anfang seiner Ausführungen: »Ich halte Barlach für einen der größten Bildhauer, die wir Deutschen gehabt haben. Der Wurf, die Bedeutung der Aussage, das handwerkliche Ingenium, Schönheit ohne Beschönigung, Größe ohne Gerecktheit, Harmonie ohne Glätte, Lebenskraft ohne Brutalität machen Barlachs Plastiken zu Meisterwerken.« (GBA 23, S. 198) Zweifelsfrei plädiert B.s Text für die offizielle Integration Barlachs in die Tradition sozialistischer Kunst. Zum anderen aber schränkt B. sein klares Bekenntnis wieder ein, denn der nachfolgende Satz lautet: »Gleichwohl gefällt mir nicht alles, was er geschaffen hat [..]. / Die religiösen Plastiken Barlachs sagen mir nicht viel, überhaupt alle, die etwas Mystisches haben.« (Ebd.) Integration ja, aber nicht uneingeschränkt: »Auch ich bin der Meinung, daß unser künstlerischer Nachwuchs nicht aufgefordert werden sollte, von solchen Werken zu lernen.« (S. 202) Offensichtlich war B. der Meinung, dass er nur dann in der Parteiöffentlichkeit Gehör finden konnte, wenn er sich auf die normativen Kriterien des »sozialistischen Realismus« argumentativ bezog. So schlägt das Taktieren am Schluss des Artikels auf den Autor selbst zurück, wenn er den unglücklichen Versuch unternimmt, nun seinerseits in die »realistischen« Plastiken einzuteilen und in jene wenigen, die ihm nicht gefallen »(wie: ›Der Rächer‹, ›Der Zweifler‹, ›Die Verlassenen‹ usw.)« (ebd.) und die er damit als ›unrealistisch‹ denunziert. Über sie lässt er sich sogar zu der Äußerung hinreißen, hier bedeute »die Formung, wie mir scheint, eine Deformierung der Wirklichkeit« (ebd.). So nimmt B. zurück, was er zuvor über vier Seiten aufgebaut hat. Die Falle, in die B. hier tappte, war die eigene Utopie, als Mittler »zwischen Partei und Volk« agieren zu können (vgl. Hermand);

sie ließ ihn zu unverantwortlich weiten Zugeständnissen an die Staatsdoktrin greifen.

Denn der überwiegende Teil der Notizen ist als eine ›Schule des Sehens‹ zu verstehen. B. macht dem Leser eine sehr konkrete Art der Kunstbetrachtung vor im Medium einer Kunst der Beschreibung, wie er sie sich auch von den Kritikern seines Theaters wünschte. Er geht nicht von vorgefassten theoretischen Prämissen aus, sondern beschreibt, was er sieht, und knüpft daran seine aktualisierenden Assoziationen und Interpretationen. Für B. ist besonders beeindruckend, wie Barlach mit seinen Figuren stets eine Geschichte erzählt – etwa bei der Bronze *Der singende Mann* von 1928, von der er feststellt, er singe »kühn, in freier Haltung, deutlich arbeitend an seinem Gesang. Er singt allein, hat aber anscheinend Zuhörer. Barlachs Humor will es, daß er ein wenig eitel ist, aber nicht mehr, als sich mit der Ausübung seiner Kunst verträgt.« (GBA 23, S. 199) Die Kategorie des Erzählenden in den Bildern schätzte B. ohnehin in der bildenden Kunst, beispielsweise auch bei dem von ihm sehr verehrten Hieronymus Bosch. Zugleich haben die Interpretationen B.s mit künstlerischer oder kunsttheoretischer Bildbetrachtung wenig gemein; seine Äußerungen zeigen kaum konkrete Werkkenntnis, im Wesentlichen bezieht er sich auf die Abbildungen des Katalogs. B. nimmt die Attitüde des naiv Sehenden ein; er spielt die Rolle des scheinbar unvoreingenommenen Betrachters, der die Kunst auf ihren Gebrauchswert für die Gegenwart hin befragt – vermutlich wollte er den viel beschworenen »Arbeiter« oder »Bauern« als Kunstrezipienten imaginieren. So kommt er in seinem Bemühen um permanente Gegenwartsbezogenheit auch zu geradezu kuriosen Urteilen, etwa wenn er sich ausgerechnet die Figur der jungen Frau aus der Plastik *Das schlimme Jahr 1937*, eine betont passive, ernsthafte und verschlossene Plastik, »gut als Aktivistin von 1951 vorstellen« kann (S. 201; vgl. Jansen 1998, S. 136–155).

Wie verheerend B. diese gesamte Affäre allerdings tatsächlich einschätzte, notierte er ins *Journal* Anfang Februar 1952, in das er bereits im Juni 1951 das von Ernst Busch geschenkte Totenbild Barlachs eingeklebt hatte: »die Barlachausstellung der Akademie der Künste wurde in der ›Täglichen Rundschau‹ und im ›Neuen Deutschland‹ heftig angegriffen, so daß die wenigen verbliebenen Künstler in Lethargie geworfen wurden« (GBA 27, S. 329). Um 1952 schrieb er einen Fragment gebliebenen, unveröffentlichten Text über die Auswirkungen solcher Art Kunstkritik auf die Malerkollegen, der bereits die Reaktion seines Freunds Eisler bei der *Faustus*-Äffäre vorausnimmt: »Kein Maler kann mit Händen malen, zitternd vor dem Urteil eines vielleicht politisch gut geschulten und sich seiner politischen Verantwortung gut bewußten Funktionärs, der aber vielleicht ästhetisch nicht gut geschult ist und sich seiner Verantwortung vor dem Künstler nicht bewußt ist. [...] Wie soll eine eingeschüchterte Kunst die Massen zu großen und kühnen Taten fortreißen – und wir brauchen diese Taten.« (GBA 23, S. 222f.)

Rede vor der Sektion Dramatik auf dem Schriftstellerkongress 1956

Zu den wichtigsten und folgenreichsten öffentlichen Reden B.s dieser Zeit gehören seine Ausführungen vor der Sektion Dramatik auf dem IV. Deutschen Schriftstellerkongreß 1956 (GBA 23, S. 365–374). B. hatte sich gründlich auf diese Rede vorbereitet, worauf insbesondere die Tatsache hindeutet, dass er im Dezember 1955 Elisabeth Hauptmann veranlasst hatte, im Auftrag des Schriftsteller-Verbands einen Fragebogen an junge Dramatiker zu versenden, in dem sie in fünf Fragen über ihre Arbeitsprobleme interviewt wurden (Material im Elisabeth-Hauptmann-Archiv der Akademie der Künste). B. wertete die Antworten für seinen Beitrag aus. Er hielt die Rede weitgehend frei, hatte aber eine Reihe von Notizen und Entwürfen detailliert ausgearbeitet (vgl. S. 365–382).

B. sprach über drei Probleme und machte drei Anregungen. Zunächst ging er auf die Frage der mangelnden Zusammenarbeit zwischen Theaterautoren und Theatern ein. In Auswertung der Umfrage beklagte er, dass die Theater nicht auf Einsendungen von neuen Stücken durch die Autoren reagierten, die Autoren sogar Schwierigkeiten hätten, Proben ihrer eigenen Stücke zu besuchen oder verbilligte Karten zu bekommen – sie würden von der Aufführungspraxis ihrer Werke abgeschnitten. Er kritisierte das Monopol eines einzigen Bühnenverlags, sodass bei Ablehnung von Theatertexten den Dramatikern keine Alternativen zur Veröffentlichung blieben – ein Problem, das sich bis zum Ende der DDR nicht verändert hatte und erst 1988 durch die Gründung eines alternativen Autoren-Kollegiums behoben wurde. Er bemängelte die Tatsache, dass da, wo die Zusammenarbeit zwischen Theatern und Dramatikern durch Auftragsarbeiten gegeben sei, diese durch Hineinreden und mangelnde ästhetische Kompetenz wieder zunichte gemacht würde. Es würde »zerredet und zerdiskutiert«, »zu viele Köche [verderben] den Brei« (S. 366). B. stellte – zweitens – die Frage nach den materiellen Existenzmöglichkeiten von Stückeschreibern und gab die Anregung, Autoren als zweite Dramaturgen an den Theatern anzustellen, sodass sie in den Genuss eines festen Gehalts kämen und Verbindungen zu den Aufführungsstätten ihrer Texte hätten. Dieser Vorschlag wurde in späteren Jahren durchaus realisiert, als Theaterautoren wie Heiner Müller etwa am Berliner Ensemble oder Peter Hacks am Deutschen Theater eine Anstellung erhielten. B. kritisierte drittens – ohne Namen zu nennen – die mangelnde Qualität vieler Intendanten (»etwa aus der Gattung der Operettenbuffos«; S. 367), die ihre Theater »unterprovinzmäßig« führten und häufig aus »halb caritativen Gesichtspunkten« (ebd.) als eine Art Altersversorgung eingestellt wurden.

Die wichtigste Anregung seiner Rede aber bestand in B.s vehementem Eintreten für eine Neuakzentuierung der Aufgaben der Kunst und die Entwicklung neuer Kunstformen, für ein Abrücken von den Modellen einer überlieferten Ästhetik. Er erinnerte an eine Tradition der 20er-Jahre, die von der offiziellen Kulturpolitik der DDR wenig geschätzt wurde und die im Sog der nationalen, autoritär klassizistischen Orientierung zu versinken drohte: B. sprach von den »kleinen wendigen Kampfformen [...], wie wir sie einmal in der Agitprop-Bewegung gehabt haben« (S. 368), und stellte sie ausdrücklich als erstrebenswerte und erneuerbare Theaterästhetik auch für die Gegenwart dar – als neue »kleine Art des Volkstheaters« (S. 369). B. plädierte damit für die Wiederaufnahme und Aneignung der proletarisch-revolutionären und avantgardistischen Kunstexperimente der 20er-Jahre in Deutschland wie in der jungen Sowjetunion.

B. schwebten »kleine, wendige Truppen und Trüpplein« (ebd.) von professionellen und nicht-professionellen Schauspielern vor, die mit »Lastwagen« (S. 368) über Land ziehen und unmittelbar vor Ort für die Bevölkerung Theater machen sollten – sowohl mit vorbereiteten »Texten, Sketchen, Songs, Kampfliedern« (S. 369), mit denen die Dramatiker sie auf dem Kongress versorgen könnten, als auch mit selbst gefertigten, aktuellen künstlerischen Beiträgen, die auf die jeweilig akuten Belange vor Ort reagieren könnten: »Etwas können wir ruhig von früher beibehalten: daß man es selber macht. Das wäre ein großer, echter Fortschritt.« (Ebd.) Gegenstand des aktuellen Spiels sollten »Alltagsfragen« der sog. kleinen Leute sein (S. 370), die operativen Theatertruppen »könnten eingehen auf die echte Situation ihrer Zuhörer, auf ihre echten, eventuell sehr kleinen und niedrigen Probleme« (ebd.). Wieviel Sprengkraft dieser Vorschlag enthielt, wird klar, wenn B. auch darauf verweist, dass solche Truppen »auch direkt mit der örtlichen Politik zusammenarbeiten« könnten, das »Wissen der Bezirkssekretäre um die Probleme und Schwierigkeiten« nutzen und »direkt politisch« operieren sollten (S. 371). B.s Vision war, man sollte Probleme, Widersprüche und Konflikte der sozialen sowie politischen Wirklichkeit vor Ort mit Namen und Adressen der zuständigen, verantwortlichen oder schuldigen Personen und Institutionen aufspüren, mit den Mitteln der Bühne öffentlich machen und so zur Debatte stellen. Theater sollte nach diesen Überlegungen als Modell nicht-hierarchisierter Öffentlichkeit und als aktives Moment sozialistischer (Basis-)Demokratie fungieren. B. schwebte hier etwas vor, was sein – unter Stalin 1939 ermordeter – Freund und Kollege Sergej Tretjakow in den 20er- und frühen 30er-Jahren mit seiner »Ästhetik der Operativität« praktiziert hatte (vgl. Mierau) und wie es später, ab den 70er-Jahren, etwa der brasilianische Theaterpraktiker Augusto Boal mit seinen Modellen des »Theaters der Unterdrückten« (vgl. Boal 1976), vielleicht auch des »Legislativen Theaters« (Boal 1999), weltweit berühmt gemacht hat. Ziel dieser neuen Kunstformen war nicht, eine illusionäre Vereinigung des Publikums im Zeichen einer nationalen Erneuerung zu erreichen, sondern, »daß im Publikum ein Kampf entfacht wird, und zwar ein Kampf des Neuen gegen das Alte. Wir müssen also erreichen, daß wir [...] unser Publikum wirklich scheiden.« (GBA 23, S. 372) B. wollte – mit den Worten Heiner Müllers – ein Theater initiieren, »das im Widerspruch zwischen Erfolg und Wirkung seine Chance hat, statt, wie in der kapitalistischen Gesellschaft, sein Dilemma« (Müller, S. 144). Ein Teil dieser Anregungen ist in den von der Literatur- und Theatergeschichtsschreibung wenig beachteten Experimenten des sog. ›Didaktischen Theaters‹ 1957 bis 1959 aufgegriffen worden, das von B.-Schülern wie Peter Hacks, B.K. Tragelehn, Heiner Kipphard, Helmut Baierl, Hagen Müller-Stahl, Heiner Müller u.a. getragen war. Dazu gehörten Stücke wie Heiner Müllers *Die Korrektur* (1958), das unmittelbar aus Recherchen »vor Ort« (hier dem Kombinat ›Schwarze Pumpe‹) entstanden und – in seiner ersten, wesentlich auf die Offenlegung von Widersprüchen gerichteten Fassung – dort zuerst als Hörspiel in der Kantine vor den Betroffenen uraufgeführt worden; entscheidender Teil dieser Aufführung war eine Debatte unter den Zuhörern über ihre eigenen betrieblichen Probleme. Das Theater wurde hier nicht als ›Kunst‹ genommen, sondern als Anlass, die Realität zu diskutieren. Diese Aufführung zwei Jahre nach B.s Tod kann als Realisierung seiner 1956 vorgetragenen Anregungen gelten. Welche politische Brisanz B.s diesbezüglichen Vorschlägen innewohnte, zeigt allerdings die Tatsache an, dass die gesamte Bewegung des ›Didaktischen Theaters‹ bereits nach kurzer Experimentierphase durch ein Veto Walter Ulbrichts im Januar 1959 abgebrochen wurde: Die Widersprüche, die es zu Tage förderte, waren offensichtlich in der DDR politisch nicht verkraftbar.

Literatur:

Boal, Augusto: Theater der Unterdrückten. Hg. und aus dem Brasilianischen übersetzt v. Marina Spinu und Henry Thorau [1976]. Frankfurt a.M. 1979. – Ders.: Legislative theatre. Using performance to make politics. London 1999. – Bunge, Hans (Hg.): Die Debatte um Hanns Eislers »Johann Faustus«. Eine Dokumentation. Berlin 1991. – D.G.: Ernst Barlach. In: Barron, Stephanie (Hg.): »Entartete Kunst«. Das Schicksal der Avantgarde in Nazi-Deutschland. Ausstellungskatalog. München 1992, S. 196–197. – Girnus, Wilhelm: Ernst-Barlach-Ausstellung in der Akademie der Künste. In: Neues Deutschland (Berlin), 4. 1. 1952, S. 4. – HECHT. – Hein, Christoph: Warum sehe ich den Radwechsel mit Ungeduld? In: Freitag (1998), Nr. 7. – Hermand, Jost: Zwischen Partei und Volk. Brechts utopischer Ort. In: Delabar, Walter/Döring, Jörg (Hg.): Bertolt Brecht (1898–1956). Berlin 1998, S. 379–386. – Jansen, Elmar: Ernst Barlach – Werk und Wirkung. Berichte, Gespräche, Erinnerungen. 2. Aufl. Berlin 1975. – Ders.: Kontrastierende Schauplätze. Blicke auf Barlach in den dreißiger bis fünfziger Jahren. In: Schmidt, Werner/Thurmann, Peter (Hg.): Ernst Barlach. Mehr als ich. Kiel, Bielefeld 1998, S. 136–155. – Ders.: Der unselige Barlach. In: Sinn und Form (1999), H. 2, S. 313–334. – Lauter, Hans: Der Kampf gegen den Formalismus in Kunst und Literatur, für eine fortschrittliche deutsche Kultur. Referat auf der 5. Tagung des Zentralkomitees der SED vom 15.–17. Mai 1951. Berlin 1951. – Lüdecke, Heinz: Barlach und die Einsamkeit. In: Deutsche Akademie der Künste: Ernst Barlach. Katalog der Ausstellung Dezember 1951-Februar 1952. Berlin 1951, S. 9–14. – Magritz, Kurt: Ein merkwürdiges Vorwort. In: Tägliche Rundschau (Berlin), 29. 12. 1951. – Mierau, Fritz: Erfindung und Korrektur. Tretjakows Ästhetik der Operativität. Berlin 1976. – Mittenzwei, Werner: Faustus-Debatte. In: Haug, Wolfgang Fritz (Hg.): Historisch-kritisches Wörterbuch des Marxismus. Bd. 4. Hamburg 1999, S. 220–238. – Müller, Heiner: Keuner±Fatzer. In: Ders.: Rotwelsch. Berlin 1982, S. 140–150. – Münz-Koenen, Inge: Johann Faustus. Ein Werk, das Fragment blieb und eine Debatte, die Legende wurde. In: Dies. (Hg.): Werke und Wirkungen. Leipzig 1987, S. 256–305. – Schivelbusch, Wolfgang: Vor dem Vorhang. Das geistige Berlin 1945–1948. München, Wien 1995. – Schoor, Uwe: Das geheime Journal der Nation. Die Zeitschrift »Sinn und Form«. Chefredakteur: Peter Huchel 1949–1962. Berlin [u.a.] 1992. – Schulz, Ilona: Die Barlach-Ausstellung 1951/1952 in der Deutschen Akademie der Künste, Berlin (DDR). In: Feist, Günter [u.a.] (Hg.): Kunstdokumentation SBZ/DDR 1945–1990. Aufsätze Berichte Materialien. Berlin 1996, S. 139–160.

Marianne Streisand

Die Formalismusdebatte

Wenige Jahre nach der Niederwerfung des deutschen Faschismus wurde die in der Expressionismusdebatte erstmals kulminierte Auseinandersetzung um den Realismus unter veränderten historischen Voraussetzungen – nämlich in der Phase vor und nach der Staatsgründung der DDR –, aber unter Beibehaltung der alten Frontlinien und Gegner, wieder aufgenommen. Während B. im US-Exil der Kommunistenhatz des Senators Joseph Raymond McCarthy ausgesetzt war, schickten sich die mit der Gruppe um Walter Ulbricht in das besetzte Deutschland zurückgekehrten Funktionäre an, die Felder für eine den Volksfrontgedanken aktualisierende Kulturpolitik in der sowjetisch besetzten Zone (SBZ) abzustecken. War bei diesen Funktionären in den ersten Nachkriegsjahren – auch durch den unverkrampften Einfluss später abgelöster sowjetischer Kulturoffiziere (vgl. Lucchesi 1993, S. 16) – noch eine gewisse Offenheit vor allem für die von den Nazis diffamierten und verbotenen Künstler zu beobachten, so war dennoch die Distanz gegenüber der modernen Kunst und Literatur nicht zu übersehen (vgl. Schlenker). Die Orientierung an den klassischen Traditionen zielte zunächst auf einen gesamtdeutschen Konsens, um damit auch kulturell die Option auf ein vereinigtes Deutschland aufrecht zu erhalten. Schon in den Jahren 1947/48 – im Zuge der Verschärfung des Kalten Kriegs im Vorfeld der Gründung der beiden deutschen Teilstaaten – kam diese auch auf die bürgerliche Intelligenz ausgerichtete Kulturpolitik weitgehend zum Erliegen: »Das Bestreben der SED richtete sich nun darauf, alle mit der Doktrin des sozialistischen Realismus nicht in Übereinstimmung zu bringenden künstlerischen Tendenzen administrativ auszuschalten.« (Erbe, S. 60)

In der Sowjetunion hatte im Jahr 1946 unter der Führung des hochrangigen Militärs und Kulturpolitikers Andrej Shdanow eine neue Kampagne gegen Formalismus und Dekadenz eingesetzt, die sich 1948 gegen Dmitri Schostakowitsch, Wano Muradelij und Sergej Prokofiew sowie andere wichtige Vertreter der sowjetischen Musik, aber auch gegen die »Liquidatoren in der Malerei« und die »prinzipien- und gewissenlosen literarischen Gauner« richtete (Shdanow 1951, S. 70). Alexander Dymschitz, der Leiter der Kulturabteilung der Sowjetischen Militäradministration (SMAD) übertrug die Kampagne in die SBZ, als er bereits 1946 die Shdanowsche Position verteidigte und für die Literaturpolitik der Kommunistischen Partei der Sowjetunion warb. Im November 1948 erschien in der *Täglichen Rundschau*, der Zeitung der SMAD, Dymschitz' Artikel *Über die formalistische Richtung in der deutschen Malerei*, eine »autoritative Stellungnahme der SMAD« (Erbe, S. 60) zu den unerwünschten Tendenzen in der deutschen Gegenwartskunst, für Werner Mittenzwei der »Auftakt zur Formalismus-Diskussion« (Mittenzwei 2001, S. 94). Unter Berufung auf das angebliche ›Volksempfinden‹ heißt es bei Dymschitz: »Im Grunde hat das deutsche Volk gesunde Ansichten über die Kunst, die Kunst der Formalisten aber ist krank und unlebendig, und das deutsche Volk befreit sich von dem Einfluß der faschistischen ›Ästhetik‹ sehr viel schneller, als die Herren Formalisten dies aus ihrer schönen Einsamkeit heraus fassen können.« (Schubbe, S. 102) Von der Begrifflichkeit dieser Ästhetik hatte sich die Kritik offenbar noch nicht befreit. In einer »Parallelaktion« (Erbe, S. 59) zur Attacke von Dymschitz formierten sich auch die Verfechter des traditionellen Theaters wieder und begannen eine Offensive gegen das ›moderne‹ Theater.

Die ersten Stichworte für die B.-Rezeption im Nachkriegsdeutschland hatte Georg Lukács, der Exponent der B.-Gegner in der Expressionismusdebatte, schon 1945 formuliert. Auch wenn Lukács einige Szenen aus *Furcht und Elend des III. Reiches* ausdrücklich lobte, stellten seine Äußerungen, kaum kaschiert, B.s literarisches Werk pauschal unter Formalismusverdacht: »Auch Brecht geht vom luftleeren Raum aus, der die Kunst seiner Gegenwart umgibt, auch er will die Schranken zwischen der Kunst und dem gesellschaftlichen Leben durchbrechen, um aus der Literatur wieder einen Teil der ›sozialen Pädagogik‹ zu machen. Aber diese berechtigte Kritik geht allzu rasch, allzu direkt in die der formalen Darstellungsweise über. Brecht glaubte, eine ›radikal neue‹ Kunst habe völlig andersgeartete Ausdrucksmittel nötig, um die Unwürdigkeit und die soziale Schädlichkeit des ›Kulinarischen‹ in der Kunst (vor allem in der dramatischen) aufzuheben, um ihr ihre notwendige soziale Funktion wiederzugeben. So geht auch Brechts Kritik am sozialen Gehalt vorbei und macht aus der erwünschten gesellschaftlichen Erneuerung der Literatur ein – freilich interessantes – Formexperiment.« (Lukács, S. 208f.) Ein Anstoß zur intensiveren Auseinandersetzung mit B. war damit nicht gegeben, zumal Werke des Exilierten zu diesem Zeitpunkt kaum greifbar waren.

Bezeichnenderweise tauchte B.s Name auch in der im Juli 1946 gegründeten Zeitschrift *Theater der Zeit* nur sporadisch auf. Eine größere Untersuchung, die sich etwa zu seinem 50. Geburtstag im Februar 1948 angeboten hätte, sucht man vergebens. Zwar schmückt ein Foto der Schauspielerin Lina Carstensen als Mutter Courage in der deutschen Erstaufführung des Stücks (Konstanz, 2. 6. 1946; Regie: Wolfgang Engels) den Titel des September-Hefts, eine Kritik der Inszenierung findet sich im Blatt allerdings nicht. Immerhin druckte der Herausgeber Fritz Erpenbeck, der mit der Gruppe um Ulbricht nach Deutschland zurückgekehrt war und von der Partei zur »Ausarbeitung konzeptioneller Leitlinien für die Kultur, speziell die Theaterpolitik« (Hecht, S. 850) herangezogen wurde, schon im August-Heft die Szene *Der Spitzel* aus *Furcht und Elend des III. Reiches*, die 1938 bereits im *Wort* publiziert worden war, und ein Jahr später eine Szene aus *Mutter Courage und ihre Kinder*. Vorzugsweise aber richtete sich das Bemühen des Herausgebers und seiner Autoren darauf, das Feld für eine sozialistische Dramatik vorzubereiten, die sich nach dem Muster einer anthropomorphisierenden Ästhetik ausrichten sollte. Zugleich wurde der *Surrealismus und was man dafür hält* (Erpenbeck in: *Theater der Zeit* [1946], H. 2, S. 3) attackiert, wobei unter dem Begriff des ›Surrealismus‹ – wie zuvor unter dem des ›Expressionismus‹ – die gesamte Moderne von Jean Anouilh bis Thornton Wilder subsumiert wurde. Dass B. als exponiertester Vertreter eines auch theoretisch fundierten avantgardistischen Theaters als Zielscheibe stets mit gemeint war, darf man unterstellen.

Bereits im ersten Heft von *Theater der Zeit* plädierte Erpenbeck, im Moskauer Exil Redakteur der Zeitschriften *Das Wort* und *Internationale Literatur* (vgl. *Zur Expressionismusdebatte*, BHB 4), für einen »Realismus«, den er allerdings weniger als Epochen- und Stilbegriff, denn als »gesellschaftliche Wahrheit« in ästhetischer Gestalt definierte (*Theater der Zeit* [1946], H. 1, S. 2), und diese Wahrheit lasse sich allein »über den Menschen mit seinen Leidenschaften und Schicksalen« vermitteln (S. 1). Im gleichen Heft forderte der Dramatiker Friedrich Wolf die Rückkehr zu den Dramenelementen der Antike, zur Katharsis und Entscheidungsdramaturgie, und wollte nur die formalen Neuerungen akzeptieren, denen eine – nicht näher charakterisierte – »dichterische Wahrheit« innewohne (Wolf, S. 10). Julius Hay, einer der Kontrahenten B.s im Kontext des Expressionismusstreits, wurde in seinem programmatischen Aufsatz *Der Mensch spricht auf der Bühne* deutlicher. Für ihn war das avantgardistische Theater ein Indiz für die Unfähigkeit der Dramatiker, mit den komplexen Strukturen der Gegenwartsgesellschaft dichterisch fertig zu werden: »statt des Dramas entsteht das ›Lehrstück‹«, das, so

Hay, vom »Menschen und seinem Leben abstrahiert« und so »keine der beabsichtigten Lehren vermitteln konnte« (Hay, S. 6). Erpenbeck verurteilte in seiner begrifflich diffusen Abrechnung mit dem Surrealismus, wozu für ihn als »markanteste Vertreter in der Epik« die alten Gegner John Dos Passos, James Joyce und Alfred Döblin, aber auch die Theaterexperimente Erwin Piscators zählten, das »Lehrstück« als eine »unseres Erachtens unrichtige Theorie des jungen Bertolt Brecht«. Indem er ohne nähere Begründung behauptet, dass dieser sich »in seiner späteren Produktion [...] dem ›aristotelischen Theater‹ angenähert« habe, versucht Erpenbeck wie zuvor Lukács, B.s Werk zumindest partiell für einen ›recht verstandenen‹ Realismus zu retten (Erpenbeck 1946b, S. 1). Vorbildlich sah er den sozialistischen Realismus in Julius Hays »prachtvollem Drama ›Haben‹« (S. 3) mit seinen »vollsaftigen, dramatisch bewegten Menschen« (S. 5) verwirklicht. Dieses Stück war für B., wie er in einer Bemerkung über die »Moskauer Clique« im Juli 1938 im *Journal* notierte, nur »trauriger Schund« (GBA 26, S. 316). Über die Premiere des Stücks (23. 10. 1948) am Deutschen Theater schreibt er: »Miserable Aufführung, hysterisch verkrampft, völlig unrealistisch.« (*Journal*, 23. 10. 1948; GBA 27, S. 279f.)

Befürworter B.s formierten sich nur vereinzelt im Kontext seines 50. Geburtstags, darunter der bereits erwähnte sowjetische Kulturoffizier Dymschitz (vgl. Mittenzwei 1978, S. 23f.). Ein erster »Durchbruch« (S. 29) im Sinn B.s wurde erst im Jahr 1949 mit Erscheinen des ersten B.-Sonderhefts der Zeitschrift *Sinn und Form* erzielt. In seinem Beitrag, den er nach eigenem Bekunden »Satz für Satz« mit B. durchgesprochen habe (Mayer 1996, S. 72), charakterisiert Hans Mayer B.s experimentelle Verfahren als eine »Soziologie der Form« (Mayer 1949, S. 45). Gegenwartskunst, wenn sie »wahrhaftig« sein wolle, müsse nicht nur dem Inhalt nach, »sondern auch in der Form die Prägung heutiger Gesellschaftszustände besitzen« (S. 48). Im *Kleinen Organon für das Theater*, das im Sonderheft erstmals erschien, stellte B. seinen Entwurf einer nicht-aristotelischen Ästhetik vor. Das Sonderheft – »eigentlich die erste Publikation, die mich mit den Deutschen zusammenbringt« – wertete B. in einem Brief an dessen Redakteur Peter Huchel als »Eine Art Aufnahmegesuch in die Literatur« (GBA 29, S. 539). Seine Kontrahenten waren mit all dem offenbar nicht zu beeindrucken. Auch wenn B. in den folgenden Jahren seine theaterpraktischen Experimente, zum Teil mit Einschränkungen, betreiben konnte, blieb ihm zumindest die Aufmerksamkeit der Fachwissenschaft weitgehend versagt.

Erster Prüfstein: *Mutter Courage*

Mit der Aufführung von *Mutter Courage und ihre Kinder* am Deutschen Theater in Berlin (Premiere: 11. 1. 1949) geriet B. erstmals nach seiner Rückkehr nach Berlin in das Fadenkreuz der ›offiziellen‹ Formalismuskritiker. An dieser Inszenierung entzündete sich eine Grundsatzdiskussion um das epische Theater, die als »Kritikerschlacht um die ›Mutter Courage‹« (Mittenzwei 1978, S. 36) in die Theatergeschichte der DDR einging. Mit dem Versuch, das Stück – im Gegensatz zu B.s Intentionen – als traditionell komponiertes Werk zu verstehen, seine Personen als »Passionsfiguren«, die Courage selbst als eine »humanistische Heilige aus dem Stamm der Niobe und der Schmerzensmutter« zu interpretieren (Max Schröder), mochte sich Erpenbeck, einer der »stalintreuen Kritiker« (Mayer, S. 70), nicht zufrieden geben. Vielmehr nahm er – unter dem bewusst beiläufigen Titel *Einige Bemerkungen zu Brechts ›Mutter Courage‹* – den enormen Publikums- und Kritikererfolg für einen Angriff auf den Autor B. zum Anlass. Erpenbecks Strategie, den »Dichter« B. gegen den Theoretiker und Praktiker des epischen Theaters auszuspielen, mündete zunächst in die Diagnose, dass es sich »unser dichterisch stärkster deutscher Dramatiker« selbst verwehre, auch »der volkstümlichste deutsche Dramatiker zu werden« (Erpenbeck 1949, S. 102). Um den Nachweis von B.s dramatischer Begabung zu führen, filtert Erpenbeck aus der *Courage* jene wahrhaft ›dramatischen‹ Teile heraus, »mit Spieler und Gegenspieler, mit allem, was dazugehört« (ebd.), um den Erfolg des Stücks aus dem »Sieg« (S. 103) des ›dramatischen‹ über das ›epische‹ Theater zu begründen. Erpenbecks belehrende Ausführungen gipfeln darin, dass er B.s Werk unmittelbar in den Kontext der aufkommenden Formalismusdiskussion einrückt. Es gelte, so Erpenbeck, nun die »Grundfrage« zu stellen, die stets an »Zeitenwenden« neu gestellt werden müsse: »Wo verliert sich, trotz fortschrittlichen Wollens und höchsten, formalen Könnens, der Weg in die volksfremde Dekadenz – wo führt, bei fortschrittlichem Wollen und höchstem, formalem Können, der Weg zur Volkstümlichkeit, zur dringend notwendigen Gesundung unserer Dramatik?« (S. 103)

Wolfgang Harich, der als Theaterkritiker der *Täglichen Rundschau* die *Courage*-Aufführung hymnisch gefeiert hatte, bezog, ebenfalls in der *Weltbühne*, in der auch Erpenbecks Kritik erschienen war, die Gegenposition zu dessen Verdikt. Harichs vehemente Verteidigung B.s zielte in erster Linie auf Erpenbecks Dekadenzbegriff. Dekadenz sei nicht bei B., sondern bei den Vertretern einer spätbürgerlichen Kunst zu finden, für die Harich auch den Formalismusvorwurf durchaus gelten lassen will. B. dagegen habe »angesichts des bürgerlichen Verfalls, inmitten des Chaos von Krieg und Krise, unmißverständlich für die Gesellschaftsklasse Partei ergriffen, die die Zukunft in Händen trägt: für die Arbeiter, die berufen sind, der Dekadenz gründlich den Garaus zu machen und eine neue Welt der sinnvollen Ordnung, der Vernunft und Gesundheit aufzubauen« (Harich, S. 216). Indem Erpenbeck eine bestimmte Form »absolut« setze, urteile er selbst »formalistisch« (S. 217f.).

In seiner Rekonstruktion der Ereignisse versucht Mittenzwei, den Konflikt zwischen den beiden Kontrahenten herunterzuspielen. Erpenbeck habe nur die »Diskussion« gewollt, sei aber »unversehens in eine Prügelei geraten«. Es sei ihm lediglich um die »Verteidigung der Unterhaltungsfunktion des Theaters« gegangen, die er durch das B.-Theater bedroht gesehen habe (Mittenzwei 1978, S. 41f.). Ähnlich wertet er den mit dem vermutlichen Pseudonym ›S. Altermann‹ gezeichneten Artikel in der sowjetamtlichen *Täglichen Rundschau* als einen »Vermittlungsversuch in der Auseinandersetzung« (S. 45) auf. Tatsächlich ging der Text von Altermann – eine »gleichsam abschließende Stellungnahme« (Ludwig, S. 48) – noch deutlich über Erpenbecks Kritik hinaus und erklärte den Konflikt zu einer Diskussion von »größter prinzipieller Bedeutung« (Altermann, S. 84). Erpenbeck, so der Autor, habe in seiner Kritik der formalen Mittel des B.-Theaters zu kurz gegriffen: »Brechts episches Theater ist keine formale Angelegenheit, es ist der Ausdruck eines bestimmten philosophisch-ästhetischen Systems und verbirgt letzten Endes in einer etwas mystifizierten Form den Charakter des Brechtschen Realismus.« (S. 85) Im Klartext heißt dies: B. habe die falsche Weltanschauung, die ihn dazu verleite, in den Positionen eines »objektivistisch-beschaulichen Realismus« (S. 86) des frühen 19. Jh.s steckenzubleiben. Altermanns offensichtlich politisch begründete Kritik musste sich um sachliche Richtigkeit nicht bemühen. Anders ist kaum zu erklären, dass er an der *Mutter Courage* »die Idee der revolutionären kritischen Umgestaltung der Welt« (ebd.) vermisste, die für ihn das zentrale Kriterium der »Dekadenz« darstellt: »Die Dekadenz beginnt dort, wo in dem Schaffen eines Künstlers die empörte menschliche Vernunft schweigt und die Ohnmacht des Menschen vor dem geschichtlichen Schicksal bestätigt wird.« (S. 87) Damit wurde der Stückeschreiber, dessen wesentliches literarisches Schaffen sich der Änderung der Welt verschrieben hatte, erneut in das Lager jener dekadenten bürgerlichen Kultur abgedrängt, die, so Altermann, »auf die kritische Wiedergabe der Wirklichkeit verzichtete und zur Apologie der Wirklichkeit überging« (S. 87). So weit war selbst Erpenbeck nicht gegangen.

B. äußerte sich öffentlich nicht zu dieser Diskussion, die ihn aber nicht unberührt ließ, wie aus einer Bemerkung gegenüber Hans Mayer hervorgeht. Auf die Frage, wann er den

Caesar-Roman fertig schreiben werde, habe B. geantwortet: »Wenn mir Erpenbeck und [...] das Theater endgültig verleidet haben werden.« (Mayer, S. 71; Auslassung dort). Die im *Journal* am 28. 1. 1949 festgehaltene Bemerkung, dass Wolf und Erpenbeck »der ›Linie‹ folgen wollen« (GBA 27, S. 299), verweist auf die Kluft, die B. zwischen den offiziellen Positionen und seiner Arbeit klaffen sah. Nur einen Dialog mit dem Dramatiker Wolf, dessen ihm vermutlich schriftlich zugestellte Fragen er ebenfalls schriftlich beantwortete, nutzte B. zur Darlegung seiner Position. Dieser Gedankenaustausch, der zuerst in der von Wolf herausgegebenen Zeitschrift *Volk und Kunst* (H. 1, 1949) abgedruckt wurde, erschien B. so wichtig, dass er den Dialog 1952 in den Band *Theaterarbeit* aufnahm (vgl. GBA 23, S. 109–113).

B. versuchte, einige Missverständnisse bezüglich seines epischen Theaters vorsichtig zu korrigieren, so etwa Wolfs Gegenüberstellungen: »objektivierendes Theater gegen psychologisierendes Theater« (GBA 23, S. 109), »Erkenntnis« gegen »Emotion«, Verzicht auf die »›dramatischen‹ Elemente der ›Spannung‹, der ›Überraschung‹« gegen eine aristotelische Wandlungsdramatik (S. 110). B. wollte offenkundig die Gräben nicht weiter vertiefen und verzichtete darauf, die Unterschiede der Konzeptionen allzu stark herauszustellen. Seine Betonung des gemeinsamen Ziels, »unser Publikum sozial zu aktivieren (in Schwung bringen)«, verband er mit der Forderung nach einer Vielfalt der künstlerischen Mittel: »Alle nur denkbaren Kunstmittel, die dazu verhelfen, sollten wir, ob alte oder neue, zu diesem Zweck erproben. Und so: auf aktive Zusammenarbeit!« (S. 113)

Die Formalismusdiskussion

Unter dem Pseudonym ›N. Orlow‹ erschien im Januar 1951 in der *Täglichen Rundschau* eine Folge von Beiträgen zum Thema *Wege und Irrwege der modernen Kunst*. Der Autor, der dieses Pseudonym benutzte, war Wladimir Semjonow, der spätere sowjetische Botschafter in der Bundesrepublik und Verehrer der Kunst von Joseph Beuys (vgl. Mittenzwei 2001, S. 88f.). Mit diesen Artikeln trat der Kampf gegen Formalismus, Dekadenz und Kosmopolitismus in ein »neues Stadium« (Erbe, S. 63). Orlows Polemik richtete sich zwar in erster Linie gegen die bildende Kunst, seine zentralen Forderungen galten jedoch auch für jede andere Kunstform: »Entartung und Zersetzung sind charakteristisch für eine ins Grab steigende Gesellschaft. Für eine aufsteigende Klasse, die vertrauensvoll in die Zukunft blickt, sind Optimismus und das Streben charakteristisch, die inneren Kräfte, den Adel, und die Schönheit einer neu entstehenden Gesellschaftsordnung, die neuen Beziehungen zwischen den Menschen und den neuen Menschen selbst darzustellen. Das Schöne ist das Leben, das freie Leben eines Volkes, das eine neue Gesellschaft aufbaut – das ist die Devise der Ästhetik einer echt demokratischen Kunst.« (Orlow 1951, S. 165) Mit der gleichen Begründung hatte er zuvor die Inszenierung von Michail Glinkas Oper *Ruslan und Ludmilla* an der Berliner Staatsoper disqualifiziert (Orlow 1950, S. 47–50). Die neue Qualität der Ausführungen vom Januar 1951 bestand darin, dass Orlow den Formalismus-Vorwurf mit dem Verdacht des politischen Abweichlertums verknüpfte. Die »Propagierung der Entartung« führt dieser Logik zufolge dazu, »daß den Werktätigen der Glaube an ihre eigenen Kräfte und Fähigkeiten geraubt wird« – mit der Folge, dass auf diese Weise »die wankenden Positionen des Weltimperialismus gefestigt werden« (Orlow 1951, S. 165). Mit anderen Worten: Formalistische Künstler leisteten objektiv den Interessen des Klassenfeindes Vorschub. In der Auflistung der Autoren, die für Orlow »fest auf fortschrittlicher Grundlage« (S. 169) standen, fehlte B.s Name.

Der Orlow-Artikel war der Wegbereiter einer Entschließung der 5. Tagung des Zentralkomitees der SED im März 1951 mit dem Titel *Der Kampf gegen den Formalismus in Kunst und Literatur, für eine fortschrittliche deutsche Kultur*, die ein »Schlüsseldokument der SED-

Kulturpolitik« (Erbe, S. 63) darstellt. Vorangegangen war der Entschließung ein langes Referat (hier zit. nach dem stenografischen Protokoll, vgl. Lucchesi 1993, S. 128–167) von Hans Lauter, dem Sekretär für Kulturfragen beim ZK der SED, eine Art Bestandsaufnahme der DDR-Kunst unter dem Gesichtspunkt eines normativ verstandenen Realismus mit dem Ziel, die Kunst politisch nach Maßgabe der Partei auszurichten und als Propagandamittel strategisch einzusetzen. Ausgangspunkt von Lauters Ausführungen ist die Feststellung, dass »die Leistungen in Kunst und Literatur in der Deutschen Demokratischen Republik hinter den Erfolgen auf wirtschaftlichem und politischem Gebiet zurückgeblieben« seien (S. 131f.). Die Hauptursache für dieses Zurückbleiben lokalisiert Lauter »im Vorhandensein und in der Herrschaft des Formalismus in der Kunst« (S. 134). Formalismus bedeute nicht nur »Zerstörung der gesamten Kunst« (S. 135), er habe auch – und auch hier folgt Lauter dem Orlowschen Argumentationsmodell – gravierende politische Konsequenzen. Denn der zwanghafte Versuch des Formalismus, ständig etwas Neues zu entwickeln, stehe im »Widerspruch« zu dem »klassischen Kulturerbe« (ebd.), führe zu einer »Entwurzelung der nationalen Kultur« und zur »Zerstörung des Nationalbewußtseins« (ebd.). Er fördere somit den »Kosmopolitismus« und zeitige in letzter Konsequenz »eine direkte Unterstützung der Kriegspolitik des amerikanischen Imperialismus« (ebd.) – eine Argumentationskette, die in Lauters Vortrag vielfach variiert wird.

Woran sich die Diagnose konkret festmacht, ist dem Referat nicht zu entnehmen. Lauters redundante Argumentation hatte auch gar nicht die Absicht, den Formalismus zu ›definieren‹, er wird vielmehr als Ausgrenzungskategorie gegenüber einer Kunst und Literatur benutzt, die sich den volkspädagogischen Forderungen der Partei nicht beugt. Zwar wird von der Kunst ausdrücklich eingefordert, sie habe dazu beizutragen, »unsere Gegenwartsfragen zu lösen« (S. 134), tatsächlich wird aber eine »starke Idealisierung des Dargestellten und insbesondere eine Milderung des in der Realität gegebenen Konfliktpotentials erwartet« (Krenzlin, S. 53). In einer fragwürdigen Anknüpfung an die »Kunst der Klassik« schreibt Lauter der Kunst eine »Mission« (Lucchesi 1993, S. 147) zu. Die Kunstgeschichte lehre uns, dass »die Kunst in der Hand der fortschrittlichen Klasse stets ein wichtiges Mittel zur Entwicklung des Bewußtseins war« (S. 155). In diesem Sinn habe sie die Aufgabe, »den Menschen zu heben, den Menschen, wenn ich so sagen darf, zu veredeln, ihn reif zu machen, den Fünfjahresplan zu erfüllen« (S. 153). Weil der Formalismus »vom Leben getrennt« ist, kann er, so Lauter, auch nicht die »Empfindungen« und »Gefühle« der Menschen ansprechen, ist also zur Bewusstseinsbildung untauglich (S. 148).

Als Beispiel für Formalismus wird neben dem schon 1950 übertünchten Wandbild von Horst Strempel im Berliner Bahnhof Friedrichstraße unter anderen Werken auch die Oper *Das Verhör des Lukullus* von B. und Dessau erwähnt. Lauters Erinnerung an einen Probenbesuch wenige Tage zuvor bringt seine offenkundig nicht nur ideologisch bedingte Ignoranz zum Ausdruck und hat ihm auch seine sonst bürokratisch korrekte Sprache verschlagen: »Ich muß schon sagen, und ich spreche es ganz offen aus, daß diese Musik nicht nur moralisch, sondern man hat den Eindruck, daß diese Musik einem direkt Ohrenschmerzen bereitet: viel Schlagzeuge, disharmonische Töne, man weiß nicht, wo man eine Melodie suchen soll.« So könne das Kunstwerk nicht aussehen, »das uns hilft, unsere demokratische Kultur aufzubauen« (S. 157). Diese Passage von Lauters *Lukullus*-Kritik wurde in den Abdruck der Rede im *Neuen Deutschland* nicht aufgenommen. Dort findet sich eine – gegenüber der eher geschmäcklerisch klingenden Version der tatsächlich gehaltenen Rede – grundsätzliche politische Attacke: »Eine solche Musik, die die Menschen verwirrt, kann nicht zur Hebung des Bewußtseins der Werktätigen beitragen, sondern hilft objektiv denjenigen, die an der Verwirrung der Menschen ein Interesse haben. Das aber sind die kriegslüsternen Feinde der Menschheit.« (S. 193) In der ZK-Entschließung vom 17. 3. 1951 heißt es knapp und kategorisch: »Formalistisch ist auch die Musik der Oper ›Das Verhör des Lukullus‹.« (Schubbe, S. 181) Lauters Ausführungen stellten keineswegs nur die Meinung eines in Kunstfragen ahnungslosen Funktionärs dar. Unterstützung wurde ihm auch von Künstlern und Kunstwissenschaftlern zuteil. Ernst Hermann Meyer, Professor an der Berliner Humboldt-Universität und Gründungsmitglied der Akademie der Künste, monierte in einer Diskussion nach der Probe am 13. 3. 1951, Dessau gehe »nicht den richtigen Weg, weil er mit den Mitteln der Negation arbeitet, Negation des Volksliedes, des klassischen Erbes« (Lucchesi 1993, S. 102). Was in den zwanziger Jahren möglich gewesen sei, müsse nun als historisch überholt betrachtet werden, heute dürfe die »Siegesgewißheit« in solchen Werken nicht fehlen (ebd.). Nathan Notowicz, Professor für Musikgeschichte, Erster Sekretär des Komponistenverbandes und später Herausgeber der Eisler-Gesamtausgabe, sah Dessau »mit den musikalischen Mitteln der Destruktion« arbeiten und verlangte nach einer Musik, die Ausdruck eines »positiven, kämpferischen Lebensgefühls« sein müsse (S. 108). Ähnlich äußerten sich die Kunstwissenschaftler Karl Laux und Walter Besenbruch. Dagegen betonte der *Lukullus*-Dirigent Hermann Scherchen, der 1929 die Uraufführung des *Lindberghfluges* von B., Hindemith und Weill geleitet hatte, »nie ein so erschütterndes Beispiel zur Bekämpfung des Krieges kennengelernt« zu haben (S. 98). Bei dieser Diskussion fehlte übrigens der Komponist Hanns Eisler: »Herr Prof. Eisler ist verreist«, heißt es lapidar am Ende einer Liste der zur Probe Eingeladenen. Über die Gründe ist nichts bekannt, doch drängen sich hier Fragen nach dem Verhältnis von Freundschaft und Rivalität auf. Paul Dessau trat – im Gegenzug? – in der Debatte um Eislers *Faustus*-Libretto zwei Jahre später auch nicht in Erscheinung.

Unmittelbar im Anschluss an Lauters ZK-Referat meldete sich Arnold Zweig, der Präsident der Deutschen Akademie der Künste, zu Wort und ergriff – nach kurzen sarkastischen Bemerkungen zu seinem Vorredner (vgl. Lucchesi 1993, S. 168) – Partei für B.s Libretto (Werk »unseres besten Mannes«; ebd.) und vor allem für Dessaus Musik. Die Probleme, welche die Zuhörer mit dieser Musik hätten, verglich Zweig mit denen, auf die auch Komponisten wie Mozart und Beethoven bei ihren Zeitgenossen gestoßen seien (S. 169). Zuvor bereits hatte Zweig den Teilnehmern der oben erwähnten Diskussion mitteilen lassen, dass er sich »hundertprozentig hinter diese Oper« stelle (S. 122). In einer weiteren Diskussion am Abend desselben Tages nannte er B.s Libretto »die je auf eine Bühne gebrachte stärkste Friedensdemonstration« und Dessaus Musik »die größte, die er in den letzten zwanzig Jahren gehört hätte« (ebd.).

In einem möglicherweise als »Argumentationsgrundlage für das Politbüro« (Müller, S. 147) gedachten Text unterzieht ein anonymer Verfasser ausdrücklich das Libretto der *Lukullus*-Oper einer scharfen politischen Kritik. Der wesentliche Fehler des *Lukullus* sei, dass die Kriege der Titelfigur »nicht historisch-politisch erwogen« würden (Lucchesi 1993, S. 217). Kriege seien nicht per se verwerflich, ihre moralische Beurteilung habe sich vielmehr nach ihrer historischen Funktion zu richten. Dem Librettisten B. unterstellt der Verfasser, er wende sich mit seiner pauschalen Verurteilung des Lukullus »*überhaupt* gegen politische Aktion« und damit auch gegen »Aktion der Art, wie sie die Kommunistische Partei oder jedweder Staat, zum Beispiel auch die Sowjet-Union, allein ausführen« (ebd.). Dies aber entspreche einer »sozial-demokratischen Position« (S. 218). Damit ist B. ausdrücklich als Gegner der sowjetischen Politik identifiziert. Wie kurios die Fronten in dieser Auseinandersetzung verlaufen, zeigt sich, wenn der Anonymus versucht, B. auch gegenüber Dessau zu isolieren. Ausdrücklich nimmt er nämlich die *Lukullus*-Musik, bis dato die Zielscheibe der Formalismusbekämpfer, von seiner Kritik aus, und zwar mit einem Argument, das auch von B. und Dessau hätte vorgetragen werden können: Ein »anstrengungsloser (= nicht-intellektueller; sondern nur gefühlsmäßiger & imaginistischer) Kunstgenuß« entspreche einem »apolitischen Leben«. Wer nicht des »ungewohnten, aufrührenden, und *formellen* Kunstgenusses« fähig sei, der sei auch nicht der »aktiven und sogar schöpferischen Teilhabe an der Politik« fähig (S. 220).

Was die Kritik bedeutsamer macht, als es in der kurzen Formulierung der ZK-Entschließung erscheinen mag, ist die Tatsache, dass am gleichen Tag an der Berliner Staatsoper (wegen Kriegszerstörung im Metropol-Theater) eine geschlossene Voraufführung des *Lukullus* stattfand, und zwar vor »geladenem und zu Missfallenskundgebungen angehaltenem Publikum« (BHB 1, S. 409). Dass es überhaupt zu dieser Aufführung kam, verdankte sich der Hartnäckigkeit des Intendanten der Berliner Staatsoper, Ernst Legal, der schon im Jahr zuvor in Briefen an das Ministerium für Volksbildung für dieses »moderne, gegen den Krieg und die Kriegsgefahr gerichtete Werk« eingetreten war (zit. n. Lucchesi 1993, S. 28). Trotz eines Verbots ließ Legal die geschlossene Vorstellung vom 17. 3. 1951 ausdrücklich als ›Uraufführung‹ ankündigen, bezeichnete diese in dem darauffolgenden Monatsbericht an das Ministerium als das »aufregendste Ereignis des Monats« (S. 210) und nannte die »absprechenden Urteile« über Dessaus Musik »grundfalsch« und kontraproduktiv für nachwachsende Komponistengenerationen.

Die erhofften Äußerungen des ›gesunden Volksempfindens‹ sollten die »öffentliche Legitimation« (ebd.) für die sofortige Absetzung der Oper liefern. Der 17. 3. 1951 war daher »in Ostberlin ein politisches und theaterhistorisches Ereignis zugleich« (Lucchesi 1998, S. 315). Die zeitliche Koinzidenz war, wie Manfred Wekwerth in seinen Erinnerungen schreibt, freilich kein Zufall: »Nachdem in der Sowjetunion Andrej Alexandrowitsch Shdanow herausgefunden hatte, daß der Formalismus nunmehr der Hauptfeind des Landes sei, durfte die DDR nicht fehlen, und man hielt auch hier Ausschau nach dem landesbedrohenden Hauptfeind. Die Kritik stand fest, es fehlte nur noch ein Kunstwerk für die Kritik. Und da kam Lukullus wie gerufen, zumal sich seine ›Volksfremdheit‹ erwiesen hatte, nachdem das Volk im Zuschauerraum zum Klatschen verführt worden war.« (Wekwerth, S. 54) Nach langwierigen Diskussionen (vgl. Lucchesi 1993) nahm B. kleinere Erweiterungen im Text des *Lukullus* vor, die einen Verteidigungskrieg als moralisch gerechtfertigte militärische Aktion erscheinen ließen. Unter dem Titel *Die Verurteilung des Lukullus* hatte die zweite Fassung der Oper am 12. 10. 1951 an der Berliner Staatsoper Premiere. Nicht allein B.s Kompromissbereitschaft hinsichtlich einer Überarbeitung des Librettos, sondern die »kompromisslose Sturheit Legals« macht Bärbel Schrader letztlich dafür verantwortlich, dass der *Lukullus* im Oktober 1951 in veränderter Form wieder in den Spielplan aufgenommen wurde (Schrader, S. 308). Die Bearbeitung der Oper habe, so Schrader, zugleich den Politikern ermöglicht, »ihr Gesicht zu wahren« (S. 311). Damit aber seien die kulturpolitischen Konflikte »nicht ausgetragen, sondern geglättet« worden (ebd.) – der Lukullus als Präzedenzfall mit Folgen »in vielen auch später immer wieder geschlossenen falschen Kompromissen« (ebd.).

Möglicherweise sollte aber zunächst nicht der *Lukullus* im Zentrum der Angriffe stehen, sondern B. mit der Inszenierung seines Stücks *Die Mutter*, das am 12. 1. 1951 in einer bewusst historisierenden Einrichtung Premiere hatte und bei Publikum und Kritik zu einem großen Erfolg wurde. Im Entwurf zu Lauters Formalismus-Referat findet sich kein Hinweis auf den *Lukullus*, wohl aber eine Kritik an der *Mutter*: Das Stück enthalte »Szenen und Typen [...], die für den Befreiungskampf der Arbeiterklasse im zaristischen Rußland [...] nicht typisch sind« (Lucchesi 1993, S. 74). Obwohl in Lauters Referat von der *Mutter*-Inszenierung keine Rede mehr war, stellte Fred Oelßner, Mitglied des Politbüros der SED, in der anschließenden Diskussion die Gretchenfrage: »ist das wirklich Realismus? Sind hier typische Gestalten in typischer Umgebung dargestellt?« (S. 173) Oelßner beließ es nicht dabei, B.s Stück anhand der Kriterien traditionellen Theaters zu beurteilen und ihn in die Tradition inzwischen verpönter avantgardistischer Bewegungen einzureihen: »das ist irgendwie eine Kreuzung oder Synthese von Meyerhold und Proletkult« (ebd.). Er rückte ihn darüber hinaus mit durchaus drohendem Unterton –

wie der Verweis auf den 1940 hingerichteten Meyerhold andeutet – ins politische Abseits: »Aber Genossen, es sind auch in dieser Mutter von Brecht Szenen, die einfach historisch falsch und politisch schädlich sind, und das muß man aussprechen. [...] Ich glaube, das muß man ganz offen sagen, und hier muß man mit Bert Brecht diskutieren.« (S. 173f.)

Warum B. dann aus der Schusslinie der Formalismus-Kritiker genommen wurde, ist unklar. Joachim Lucchesi vermutet, dass man den »international renommierten Schriftsteller und Repräsentanten der DDR« aus »Reputationsgründen« geschont habe und möglicherweise »jemand in führender Position« zu seinen Gunsten interveniert und den Angriff auf den damals noch relativ unbekannten Dessau umgeleitet habe (Lucchesi 1998, S. 321). Gerhard Müller schließt aus den Kontroversen um *Lukullus* und, später, *Faustus*, dass es, vergleichbar den tschechoslowakischen Slánsky-Prozessen, von diesen Vorwürfen bis zur »Konstruktion einer Anklage« nur »ein kleiner Schritt« gewesen wäre (Müller, S. 148). Diese Hypothese sieht Lucchesi (1998, S. 321) durch die Quellenlage nicht gedeckt.

Die Rezeption der beiden Berliner Aufführungen und der westdeutschen Erstaufführung (30. 1. 1952 in Frankfurt a.M.) spiegelt die Besonderheiten der innerdeutschen Verhältnisse und ist zugleich beispielhaft für die B.-Rezeption in Ost und West (vgl. BHB 1, S. 416). Während sich die West-Presse hämisch über den unverhofften Erfolg der geschlossenen Aufführung vom März 1951 freute, lieferten Rezensenten aus dem Osten »sozusagen einen Nachtrag zum Formalismus-Plenum« (Schrader, S. 312). Letztere vollführten nach der Premiere der Neufassung eine »Art Seiltanz« (S. 313) zwischen Zustimmung zu den ›Verbesserungen‹ und der Verteidigung ihrer eigenen alten Positionen. Im Westen trat das Interesse an der Oper hinter das an dem ›Fall Brecht‹ zurück. In vielen Rezensionen, so fasst Schrader das »Deutsch-Deutsche Debakel« (S. 314) der *Lukullus*-Rezeption zusammen, »überschattete politische Hysterie die tatsächliche Auseinandersetzung mit dem Werk« (S. 313).

B. und der Formalismus

B.s Rolle in diesem Konflikt wird in der Forschung als eine zurückhaltende eingestuft. Lucchesi spricht von »eher beschönigenden Äußerungen Brechts und Dessaus« (Lucchesi 1998, S. 320), Mittenzwei bezeichnet B.s Stellungnahmen als »entschieden und vorsichtig« (Mittenzwei 2001, S. 96), er habe die »Strategie« verfolgt, »jede Konfrontation zu vermeiden« (S. 102). Wekwerth beschreibt B.s ambivalente Haltung in diesem »täglichen Nervenkrieg«: »Er schien gelassen, obwohl er sich ärgerte.« (Wekwerth, S. 88) Die Empörung seiner Mitarbeiter darüber, dass Johannes R. Becher per Dekret der Partei, das »Beschlußcharakter« hatte, als der »größte deutsche Dichter der Gegenwart« bezeichnet wurde, habe B. »humorlos« genannt (S. 89). In einem Brief B.s an Berthold Viertel (Mitte Juni 1951) ist euphemistisch vom »Hin und Her mit dem ›Lukullus‹« die Rede, von einem »Disput«, der »erfrischend und lehrreich« gewesen sei (GBA 30, S. 75).

Die – gegenüber der Expressionismusdebatte – weniger zahlreichen Notizen und *Journal*-Eintragungen zur Formalismusdiskussion lassen freilich erkennen, dass B. die Auseinandersetzung nicht so gelassen nahm, wie es nach außen hin scheinen mochte – zumal, wenn man die hochgesteckten Erwartungen betrachtet, mit denen er nach Deutschland zurückgekehrt war. Im *Journal* hielt er bereits kurz nach seiner Ankunft in Berlin die Forderung fest, die Literatur müsse einen »revolutionären Charakter« haben und diesen »auch äußerlich, in den Formen, zeigen« (GBA 27, S. 290). Die Literatur müsse sich »engagieren, sich in den Kampf bringen über ganz Deutschland hin«, alles, »was den revolutionären Inhalt« verspielt, sei »Formalismus« (S. 286–290). Damit stand B. von Beginn seiner Berliner Tätigkeit an im Konflikt mit der herrschenden kulturellen Praxis und mit den Kontrahenten von einst. Sein Versuch, Eisler – anknüpfend an die Traditionen der Weimarer Zeit – »zu neuen vulgären Exzessen zu verführen« (*Journal*, 29. 12. 1948; S. 293) und beispielsweise Marschlieder komponieren zu lassen, muss daher als von vornherein illusionär betrachtet werden. In einer Notiz vom 26. 11. 1948 hält er seine bekannte Position fest: »Solange man unter Realismus einen Stil und nicht eine Haltung versteht, ist man Formalist, nichts anderes.« Und diese Haltung müsse eine »ergiebige« sein (S. 284f.). In sarkastischen Formulierungen wies B. auf die fatale Verwendung medizinischen Vokabulars im Zusammenhang mit ästhetischen Fragen hin: »Bekämpfer des Formalismus wettern oft gegen neue und reizvolle Formen wie gewisse reizlose Hausfrauen, die Schönheit und Bemühungen um Schönheit ohne weiteres als Hurenhaftigkeit (und Kennzeichen der Syphilis) denunzieren.« (S. 307) Wesentlich bitterer klingen diese Beobachtungen dann in den *Notizen über die Formalismusdiskussion*: »Anstatt nachzuweisen, bei dem und dem Kunstwerk handele es sich um etwas gesellschaftlich Unnützes oder Schädliches, behauptet man, es handle sich um eine Krankheit. Wenn der Arzt nicht gerufen wird, gesunde Kunstwerke herzustellen, wird die Polizei gerufen, ein Verbrechen am Volk zu ahnden.« (GBA 23, S. 141f.) In der Tradition seiner eigenen Definition von ›Volkstümlichkeit‹ (vgl. GBA 22, S. 408) lehnte B. die Haltung »gewisser Formalismusbekämpfer« ab, die »genau« wissen, »was das Volk will«, und die das »Volk« daran erkennen, »daß es will, was sie wollen« (GBA 23, S. 142). Für ihn war das Volk keine homogene Masse, sondern eine »höchst widerspruchsvolle, in Entwicklung begriffene Menge« und – vor allem – »eine Menge, zu der man selber gehört« (ebd.). Andernfalls begäbe man sich in eine verhängnisvolle Nähe zum nationalsozialistischen Volksbegriff, die einen »Unterschied zwischen entarteter Kunst und volksfremder Kunst« (S. 143) nicht mehr zulasse.

Trotz alledem setzte B. große Hoffnungen in die neue Zeit: »Es ist sicher: mit der großen Umwälzung beginnt eine große Zeit für die Künste. Wie groß wird sie sein?« (S. 129) An dieser neuen Rolle der Kunst knüpft auch B.s Begriff des Formalismus an. Neue Richtungen in der Kunst müssten immer auch der Ausdruck von neuen Richtungen in der Politik

sein. Ist die neue Form – wie im Nationalsozialismus – nur eine »neue, frappante, gefällige Anordnung der alten Dinge«, so sei das Formalismus (S. 146). In der Kunst äußere er sich als »Trennung von Form und Inhalt«. Der Versuch von Schriftstellern, »den alten bürgerlichen Inhalten durch verzweifeltes Umformen neue Reize abzugewinnen«, erzeuge nur »Leerlauf« (S. 147). Denn: »nur die neuen Inhalte vertragen neue Formen« (ebd.). Der Kampf gegen den Formalismus müsse sich folglich »gegen die Entstellung der Wirklichkeit im Namen ›der Form‹« richten (ebd.).

Die Einsicht, dass neue Formen für alte Inhalte nicht taugen, d.h. also formalistisch sind, gilt freilich umgekehrt ebenso: »Denn es ist ebenso formalistisch, alte Formen einem neuen Stoff aufzuzwingen, wie neue.« (S. 145) Das ist in knappster Form ein brillanter Angriff B.s auf die offizielle Forderung, sich an den Klassikern zu orientieren. Ohne Neuerungen formaler Art ließen sich »die neuen Stoffe und Blickpunkte« nicht bei dem neuen Publikum einführen: »Wir bauen unsere Häuser anders wie die Elisabethaner, und wir bauen unsere Stücke anders.« (Ebd.) Diesen Zusammenhang von Form und Inhalt macht B. auch für den *Lukullus* geltend. Mit Dessau zeigt er sich davon überzeugt, »daß die Form der Oper die Form ihres Inhalts ist« und dass man dies auch den Kritikern der Oper deutlich machen könne (GBA 27, S. 317). B.s Realismusverständnis gilt auch für die Formensprache der Musik: »Wenn man nur alte Musik als exemplarisch hinstellt, benutzt man Musik, die konfliktlos erscheint, weil die Konflikte, die sie gestaltet, heut in der Realität gelöst sind. Wie sollen wir mit diesen Exempeln vor den Ohren die Konflikte unserer Zeit, die ungelösten, gestalten?« (GBA 23, S. 137) Der »Kunstgenuß« liegt für B. – wie er in einer Reaktion auf die Formalismus-Tagung schreibt – nicht im volkspädagogischen Wert eines Werks, sondern darin, »daß das Publikum selber zum geistigen Produzieren, Entdecken, Erfahren gebracht wird« (S. 135). Den Vorwurf der Entstellung der Wirklichkeit in erzieherischer Absicht richtet B. in seinen *Stanislawski-Studien* (1953) auch gegen die Theater der DDR, welche »die Formen zu Kuchenformen herabwürdigen, mit denen man jeden beliebigen Teig in gleicher Weise ausstechen kann« (S. 227). Der Realismus bleibe dabei auf der Strecke: »Ihre Bauern sind dann nicht Abbilder wirklicher Bauern, sondern Abbilder von Theaterbauern.« (Ebd.) Für B. scheint sich hier zu bestätigen, was er bereits am 14. 11. 1949 im *Journal* kritisch vermerkte, dass nämlich »die Theater der fortschrittlichen Länder für die Erzeugung staatsgewünschter Eigenschaften mobilisiert werden« (GBA 27, S. 309).

Auch die pejorative Interpretation des Kosmopolitismus-Begriffs mochte sich B. nicht zueigen zu machen. Die »Russen«, so deutete B. recht eigenwillig den politisch höchst gefährlichen Vorwurf, hätten sich keineswegs gegen »das berühmte Ideal der Spinoza, Goethe, Whitman, Puschkin« (GBA 23, S. 140) gewandt, das ein Humanitätsideal gewesen sei, sondern gegen dessen Missbrauch. Erst der Sozialismus könne den wahren Kosmopolitismus, »die Politik der Einigung aller Menschen der Erde« (ebd.), verwirklichen. Die deutschen Klassiker habe ihr Kosmopolitismus nicht daran gehindert, »von nationalen Stoffen, einem Nationaltheater usw. zu sprechen« (S. 141). Die Klassiker nahm B. listig auch gegen den ihm gegenüber geäußerten Vorwurf der Traditionslosigkeit in den Dienst. Wie »nur sehr wenige neuere Werke«, so B. provokant gegenüber den selbsternannten Wahrern der Tradition, beruhe gerade der *Lukullus* seiner »Form« nach »auf der Bauweise und Ausdrucksweise des nationalen deutschen Theaters (von Goethes ›Götz‹ bis Büchners ›Wozzek‹)« (S. 136). Sein eigenes Verständnis vom produktiven Umgang mit dem kulturellen Erbe sah B., wie er in den späteren *Katzgraben-Notaten* ausführte, in den »alten Stücken« praktiziert: »Zu lernen ist gerade die Kühnheit, mit der die früheren Stückeschreiber das für ihre Zeit Neue gestalteten; die Erfindungen sind zu studieren, durch die sie die überkommene Technik an neue Aufgaben anpaßten. Man muß vom Alten lernen, Neues zu machen.« (GBA 25, S. 485)

B.s ›private‹ Äußerungen im Kontext der *Lukullus*-Diskussion, von seiner Mitarbeiterin Käthe Rülicke in Tagebuch- und Gesprächsnotizen festgehalten, stehen in ihrer Schärfe in auffälligem Kontrast zu den gedruckten Texten und lassen durchaus auch resignative Züge erkennen – nicht nur, was die Rolle der Kunst angeht. Angesichts der politischen Umwälzungen, denen er gleichfalls misstrauisch gegenüberstand (zit. n. Lucchesi 1993, S. 78), hielt B. ästhetische Probleme für »zweitrangig«, denn die Künste müssten »in unserer Zeit zurückstehen«. Die Formalismus-Diskussion »helfe nicht nur nichts, sondern grober politischer Fehler, da sie die Spaltung vertiefe«, sie ist »Zeichen für Tiefstand der Kunst« (ebd.). Rülicke selbst führt die Ursachen der Misere schlicht darauf zurück, dass die Kulturpolitik »den schlechten Geschmack des Proletariats, aufgezwungen von der Bourgeoisie, zum Maßstab« nehme (S. 196). Ähnlich ketzerisch äußert sich B. im Gespräch mit dem *Lukullus*-Dirigenten Scherchen. Die Diktatur des Proletariats sei »keine günstige Periode für Kunst«, sie stelle die Politik in den Vordergrund: »die gesellschaftlichen Tendenzen sind oft sogar kunstfeindlich« (S. 178). Im Imperialismus komme die Kunst zwar »zum Verfall«, doch »Talente werden nicht am Entstehen gehindert« und eine »Weiterentwicklung der Kunst [...] (bei allen zerstörerischen Wirkungen) findet statt« (ebd.). Dieser Skepsis zum Trotz kann B. sich eine aktivere Rolle der Künstler vorstellen. Aber er will nicht »bei Ulbricht lernen, wie man dichtet, [...], sondern die Politiker sollen von den Dichtern, die die ganze Gesellschaft vertreten, lernen (Beispiel: Lenin-Gorki)« (S. 197). Eine »souveräne Haltung in der Kunst« sei nicht möglich, »wenn man immer nach den neuesten Richtlinien des Zentralkomitees schielt, immer ›paßt‹« (ebd.). Die Partei hatte da freilich andere Vorstellungen. Das Politbüro beschloss in seiner Sitzung vom 2. 5. 1951 unter Tagesordnungspunkt 6 (»Arbeit mit Brecht«): »Genosse W. Girnus erhält den Auftrag, mit Bert Brecht eine ständige politische Arbeit durchzuführen und ihm Hilfe zu leisten.« (S. 221)

Eine öffentliche Stellungnahme zur Formalismusfrage gab B. – indirekt, aber in der Sache deutlich – anlässlich einer Ausstellung von

Werken Ernst Barlachs ab. Diese war am 14. 12. 1951 in der Akademie der Künste eröffnet worden und wenig später in die Formalismus-Kritik geraten. Kurt Magritz (*Tägliche Rundschau*, 29. 12. 1951) sah Barlachs Arbeiten als »stark beherrscht von antidemokratischen Tendenzen« und als »Beispiel für die Krise des Häßlichen in der Kunst« (zit. nach: GBA 23, S. 512). Wilhelm Girnus sprach von der »düster-morschen Primitivität der Barlachschen Gestalten«, vermisste »Zukunftsweisendes« und wollte den Künstler »für uns nicht als Lehrmeister gelten« lassen (ebd.). Seine *Notizen zur Barlach-Ausstellung* sah B., wie es im *Journal* heißt, demgegenüber als einen Versuch, »die Werte und das Exemplarische des Werks konkret ins Licht zu setzen gegen eine völlig abstrakte Vernichtung mit gesellschaftskritischen Waffen« (GBA 27, S. 329). B.s Text lobt an Barlachs Plastiken die »Schönheit ohne Beschönigung, Größe ohne Gereektheit, Harmonie ohne Glätte, Lebenskraft ohne Brutalität« (GBA 23, S. 198). In Kurzbeschreibungen einzelner Exponate legt er dar, wie bei Barlach »die menschliche Substanz, das gesellschaftliche Potential, herrlich über Entrechtung und Erniedrigung triumphieren« (ebd.). B.s *Notizen* enthalten eine deutliche Absage an jede sozialistische Vorbild-Ästhetik. Es ging ihm dabei nicht in erster Linie um Barlach, für dessen Werk er sich zuvor kaum interessierte. Die Publizierung der *Notizen* sollte vielmehr der Eindämmung einer Formalismusdiskussion dienen, die sich nun offenbar nicht mehr allein auf ›dekadente‹, westlich beeinflusste Kunst und den Expressionismus erstreckte, sondern auch auf eine gegenständliche Kunst – unter deren Einfluss paradoxerweise auch Werke des Künstlers und Formalismus-Kritikers Magritz entstanden. B. konstatierte überdies verärgert, dass die Angriffe auf Barlach auch die »wenigen verbliebenen Künstler in Lethargie geworfen« hätten (*Journal*, 1. 2. 1952; GBA 27, S. 329). Die *Notizen zur Barlachausstellung* erschienen im Januar-Heft von *Sinn und Form* – wofür dessen Herausgeber Peter Huchel von Johannes R. Becher, dem Mitbegründer der Zeitschrift, kritisiert wurde –, ein gekürzter Nachdruck kam später auch in der *Berliner Zeitung* (28. 2. 1952) heraus. Einen Abdruck des Texts im *Neuen Deutschland* lehnte dessen Chefredakteur Girnus ab (vgl. GBA 23, S. 512f.).

Faust und Faustus

Mittenzwei macht in der Formalismusdiskussion der DDR zwei unterschiedliche Richtungen aus. Die sogenannte »Orlow-Richtung« (Mittenzwei 1986, S. 456f.) konzentrierte sich im Wesentlichen auf die Kritik der Formenzersetzung und die Abgrenzung gegenüber einer als dekadent empfundenen Gegenwartskunst. Die zweite Richtung wurde publizistisch von Wilhelm Girnus, dem stellvertretenden Chefredakteur des *Neuen Deutschland*, und Alexander Abusch, einem führenden Funktionär des Kulturbundes der DDR und des Deutschen Schriftstellerverbands, vertreten. Sie bezogen sich, so Mittenzwei, zwar auch auf die ›destruktiven Funktionen‹ des Formalismus, »aber ihr methodischer Hauptgesichtspunkt war die Orientierung auf die deutsche Klassik als entscheidender Beitrag zur deutschen Frage« (S. 457). Durch diesen »produktiven Traditionsbezug« sollten die fortschrittlichen Künstler mithelfen, »die Einheit des deutschen Vaterlandes herbeizuführen« (ebd.).

Warum B. in dieser politisch und ideologisch aufgeheizten Situation den Entschluss fasste, sich in einer Inszenierung ausgerechnet mit dem deutschen Nationalmythos, nämlich Goethes *Faust*, wenn auch in der fragmentarischen Fassung des *Urfaust*, auseinanderzusetzen, ist nicht geklärt. Dass er für die junge Schauspielerin Käthe Reichel, mit der er ein Verhältnis hatte, eine Rolle brauchte, wie Mittenzwei (1986, S. 460) vermutet, dürfte von eher untergeordneter Bedeutung gewesen sein. Die Planungen für den *Urfaust* reichen zurück in den Sommer 1951. Sie fielen damit zusammen mit der Entwicklung eines zweiten großen *Faust*-Projekts, das die Formalismusdiskussion wenig später erneut entfachen sollte, nämlich Hanns Eislers Opernlibretto *Johann Faustus*. In einem Brief (Mitte August 1951) an den Komponisten suchte B. möglichen Einwänden zuvorzukommen, hier könnte ein Konkurrenzunternehmen gestartet werden. Mit dem *Urfaust*-Plan wolle man nur gegenüber »unsern unzufriedenen Leuten«, gemeint sind die jungen Schauspieler des Berliner Ensembles, ein Versprechen einlösen, »sie was machen zu lassen« (GBA 30, S. 84). Das alles werde »reiner Goethe natürlich und Programm ist nicht«, und keine von Eislers Ideen, »so gut sie sind« (ebd.), werde dabei Verwendung finden. Auch der Hinweis darauf, dass die Inszenierung in Potsdam realisiert werde, sollte deren Bedeutung in Eislers Augen mindern. Die Verlagerung des provokanten Unternehmens nach Potsdam ist freilich auch als taktisches Ausweichen in die Provinz zu werten.

Tatsächlich legte B. mit seinem *Urfaust*, dessen Einrichtung der junge Regisseur Egon Monk besorgte, eine neue, gegenüber dem traditionellen *Faust*-Verständnis polemische Interpretation vor. Die »bürgerliche Tradition« interpretiere die Faust-Figur als »unentwegt ›edel‹«, als eine »passive Figur«, die sich die »Teufeleien Mephistos« eben nur gefallen lasse (GBA 24, S. 433). Fausts Sinnlichkeit ist für B. aber nicht der Preis des Strebens, das diese Figur antreibt, sondern dessen Bestandteil. Faust ist demnach der aktive Part, der Mephisto zu den folgenschweren Hilfsdiensten »*zwingt*« (ebd.) und damit die tragischen Geschehnisse um Margarete selbst initiiert. Auch war es nicht »reiner Goethe«, was hier gespielt wurde. Um die Handlung des Fragments schlüssiger zu machen, hatte B. einige Brückenverse hinzugedichtet (GBA 24, S. 427–429).

Die Premiere des *Urfaust* fand am 25. 4. 1952 am Hans-Otto-Theater in Potsdam statt, es folgten 19 Aufführungen. Die Kritik ließ nicht auf sich warten. Die *Neue Zeit* vom 26.4. lobte zwar ausdrücklich die darstellerischen Leistungen der Käthe Reichel als Gretchen, sie verwies aber zugleich auf die »Grenzen«, die »ein solcher Inszenierungsstil bei Goethe« finde: »In dieser Aufführung wurden sie bezeichnet von der Gefahr des formalen, ja formalistischen Experiments und von einer ungenügenden Entfaltung der Charaktere, insbesondere in der Gretchentragödie.« (zit. nach Mahl, S. 188) Eine enthusiastische Empfehlung der *Märkischen Volksstimme* vom 29. 4. 1952 (S. 188f.) beantwortete die ›Leitung der Betriebsparteiorganisation des Brandenburgischen Landestheaters und der Landesbühne Brandenburg‹ in einem Leserbrief an die Kulturredaktion des Blatts. Unter ausdrücklichem Bezug auf Lauters Formalismus-Referat wird moniert, dass der Regisseur »das Negative, Dekadente an jeder handelnden Figur« (S. 188) in den Vordergrund geschoben habe. Die Aufgabe des Regisseurs habe aber nicht in »interessanten Experimenten« zu bestehen, sondern in einer »unverfälschten Wiedergabe unserer Klassiker«, die dazu beitragen, »die nationalen Kräfte unseres Volkes wachzurufen« (S. 189f.). Die von B. als »Neuinszenierung« (GBA 24, S. 433) etikettierte Übernahme der Potsdamer Inszenierung an das Berliner Ensemble (Premiere: 13. 3. 1953) fand vor der offiziellen Kritik ebenso wenig Gnade. Eine Rundfunkkritik, die sich gleichfalls auf die Formalismus-Tagung berief, sah das Werk in jeder Hinsicht »seines humanistischen Inhalts entleert« und stellte die Tätigkeit des Berliner Ensembles insgesamt in Frage (Mahl, S. 191).

Eine Fundamentalkritik an der *Urfaust*-Inszenierung publizierte das *Neue Deutschland* (28. 5. 1953) drei Wochen nach Absetzung des Stücks vom Spielplan des Berliner Ensembles und einen Tag, nachdem Walter Ulbricht, der Generalsekretär des ZK der SED und stellvertretender Ministerpräsident, öffentlich über *Die Aufgaben der Intelligenz beim Aufbau des Sozialismus in der Deutschen Demokratischen Republik* gesprochen hatte. Mit ausdrücklichem Verweis auf den »sogenannten Faust von Eisler« und die *Urfaust*-Inszenierung hatte Ulbricht angekündigt, nicht zulassen zu wollen, »daß eines der bedeutendsten Werke unseres großen deutschen Dichters Goethe formalistisch verunstaltet wird« (zit. n. Mahl, S. 199). In ihrer Kritik im *Neuen Deutschland* brach Johanna Rudolph (Pseudonym für die Publizistin und Kulturpolitikerin Marianne

Gundermann) den Stab über die *Urfaust*-Inszenierung. Die Aufführung leiste den »Auflösungstendenzen des Formalismus Vorschub« (S. 193). Dieses Klassik-Verständnis habe seine Wurzeln in einem »sektiererischen pseudorevolutionären Proletkult« (ebd.). In der *Urfaust*-Inszenierung komme eine »Parteinahme [...] gegen das kulturelle Erbe, gegen die deutsche Nationalliteratur« zum Ausdruck (S. 197). Rudolph benennt ausdrücklich B. als den Adressanten ihrer Kritik, den sie auf dem besten Weg sieht, »seine großen künstlerischen Potenzen und die Ziele seines eigenen Lebenswerkes zu zerstören, wenn er den Weg der Negierung des nationalen kulturellen Erbes weiter beschritte« (ebd.).

Der verspätete Zeitpunkt dieser Kritik resultiert aus der Tatsache, dass sie im Zusammenhang mit der Diskussion um das *Faustus*-Libretto von Eisler rezipiert werde sollte, für das sich B. stark machte. Die Publikation dieses im Aufbau Verlag publizierten Operntexts, an dem Eisler seit 1950 gearbeitet hatte, löste eine kulturpolitische Kontroverse aus, die als weiterer »Höhepunkt der Formalismus-Diskussion« gilt (GBA 23, S. 543). B., der über den Stand dieser Arbeit immer unterrichtet war, hatte im August 1952 zusammen mit Eisler das Stück durchgesehen und mitgeholfen, »alles so gut wie möglich in Fokus« zu bringen – »keine Kleinigkeit bei der Eigenwilligkeit des Werks«, wie er im *Journal* notiert (GBA 27, S. 333). Dass er den *Faustus*-Text nicht so hoch einschätzte, wie er in den späteren Diskussionen glauben machen wollte, lässt sich der Bemerkung entnehmen, dieser wäre »ohne Eislers Kunstverstand ein Sammelsurium von Stilelementen« (ebd.). Eisler, der sich nicht in erster Linie an Goethes *Faust*, sondern an dem Puppenspiel und am Volksbuch orientiert hat, thematisiert in seinem Libretto das Versagen der Intellektuellen in einer revolutionären Situation, indem er die Faust-Gestalt in die Zeit der Bauernkriege versetzt (zum Inhalt vgl. Schartner, S. 27–29). Ein Auslöser für die *Faustus*-Debatte war ein flankierend in *Sinn und Form* (H.6, 1952) erschienene Interpretation des Librettos. Deren Autor Ernst Fischer sah hier das entstehen, »was seit einem halben Jahrhundert fehlt: die deutsche Nationaloper« (Fischer, S. 36). Eisler habe »in der Gestalt des Faust *eine Zentralgestalt der deutschen Misere* reproduziert: den deutschen Humanisten, der vor der Revolution zurückschaudert« (S. 27). In dieser Deutung erscheint Faust als »Renegat« (ebd.), der zugleich für »*die Tragödie eines Volkes*« stehe und der die »Flucht vor geschichtlicher Verantwortung« ergreife, die »Flucht des gesellschaftlich Ehrlosgewordenen in individuellen Ruhm« (S. 30).

Dieser Umgang mit der Faust-Figur rief den »Argwohn der Parteiführung« (Mittenzwei 1999, Sp. 221) auf den Plan, denn erneut kollidierte hier eine in der Weimarer Zeit entstandene »marxistische Denkkultur« (Sp. 220) mit der Kulturpolitik der DDR. Wie in der gesamten Formalismus-Diskussion wurde auch hier eine eigentlich politische Debatte anhand ästhetischer Argumente exekutiert. Im Grunde genommen handelte es sich um eine »Stellvertreter-Diskussion« (Mittenzwei 2001, S. 107). Als ›offiziöse‹ Reaktionen auf Eislers Libretto sind der Beitrag des Redaktionskollegiums *Neues Deutschland* unter Federführung von Girnus (*Neues Deutschland*, 14. 5. 1953, Ausgabe B; Bunge, S. 91–101) sowie die Rubrik »Leser schreiben zur ›Faust‹-Diskussion« (*Neues Deutschland*, 2. 6. 1953; Bunge, S. 182–186) zu werten. Die unmittelbare persönliche Auseinandersetzung fand in drei Sitzungen der »Mittwochgesellschaft« an der Akademie der Künste statt. Der »Hauptfehler in Eislers Konzeption«, so Alexander Abusch in der Sitzung vom 13. 5. 1953, sei, »daß er die geistige und dichterische Bedeutung von Goethes Werk für die deutsche Nationalliteratur und für die Geschichte des deutschen Volkes bagatellisiert, ja ignoriert« habe (Bunge, S. 56). Es könne keine »›Zurücknahme‹ von Goethes Faust von ›links‹ her« geben (S. 60). Nur als »geistige Heldenfigur des leidenschaftlichen Kampfes gegen die deutsche Misere und zugleich für eine allseitige Erkenntnis der Welt« (S. 61) könne Faust zum Thema einer deutschen Nationaloper werden. Damit war die Faust-Figur für sakrosankt erklärt und jeder kritischen Revision entzogen.

Wie schon – in geringerem Umfang – bei der

Verteidigung Barlachs engagierte sich B. für Eislers *Faustus* weitaus stärker, als er es in eigener Sache in den Fällen *Mutter Courage* und *Lukullus* getan hatte. In der ersten Diskussion der »Mittwochgesellschaft« (13. 5. 1953) legte er dar, worin er die Bedeutung der Eislerschen Figur sah. Auch diese ringe »faustisch nach Erkenntnis«, nur werde diese »ausgesprochen [...] über die Negativität seines ganzen Lebens« (Bunge, S. 82). In der zweiten Diskussion (27. 5. 1953) stellte er den von der Gegenseite vorgetragenen Argumenten seine *Thesen zur ›Faustus‹-Diskussion* (GBA 23, S. 246–249) gegenüber, die dann – in einer von B. leicht veränderten Version – von Abusch in der dritten Runde (10. 6. 1953) gemeinsam mit Girnus' zusammenfassenden *Sechs Punkten zur Faustus-Diskussion* (vgl. Bunge, S. 197) erneut zur Debatte gestellt wurden. Zunächst lobt B. Eislers Libretto als »ein bedeutendes literarisches Werk« und spricht sich ausdrücklich dafür aus, »daß eine große Figur der Literatur neu und in einem anderen Geist behandelt wird« (GBA 23, S. 246). Es handle sich hierbei nicht um eine Zurücknahme des Faust. Vielmehr habe Eisler im Volksbuch eine andere Gestalt gefunden und einen Gegenentwurf zu Goethes Figur vorgelegt: »So entsteht für mein Empfinden ein dunkler Zwilling des Faust, eine finstere, große Figur, die den helleren Bruder nicht ersetzen noch überschatten kann und soll.« (S. 249)

B. kritisiert Fischers Deutung, die sich aber, wie er bemerkt, im Einklang befinde mit der Einschätzung des deutschen Humanisten im »Deutschlandband der Sowjet-Enzyklopädie« (S. 248). Auch schließt er sich der Position des *Neuen Deutschland* an, nach der eine Konzeption von Geschichte, in der »das Volk als schöpferische Potenz« fehle, »nicht wahr« sei (S. 247). Nur sieht er diese Tatbestände im vorliegenden Fall gar nicht erfüllt: »Die schöpferischen Kräfte des Volkes fehlen aber nicht in Eislers ›Faustus‹, es sind die Bauern des großen Bauernkrieges mit ihrem Münzer.« (Ebd.) Den Vorwurf, Faustus werde von vornherein als eine Person ohne Entwicklung, zum Positiven wie zum Negativen, gezeichnet, weist er unter Hinweis auf dessen »Confessio« zurück. Hier nämlich komme es zu der »entsetzlichen Erkenntnis, daß es für den Volksverräter keine wahre Entwicklung gibt« (S. 248). Eislers Beurteilung des Humanisten falle somit keineswegs negativ aus: »In Faustus lebt die Wahrheit, gewonnen in der Bauernrevolution, weiter bis zu seinem Ende, untilgbar von ihm selber, ihn zur Strecke bringend am Ende. Seine Selbstverwerfung macht ihn natürlich nicht zum Vorbild – der Teufel soll ihn holen! – , aber sie lohnt die Darstellung.« (Ebd.) In einem kleinen Diskussionskreis machte B. am traditionellen *Faust*-Verständnis weit negativere Dimensionen aus, von denen der Typus des »Professor Unrat« mit der »scheußlichen Oberlehrerphysiognomie« (Bunge, S. 114), als zur Witzfigur verkommener Intellektueller, noch als die harmlosere erscheint. Im Sinn von Max Horkheimers und Theodor W. Adornos Denkfigur vollzieht sich hier in B.s Augen auch eine ›Dialektik der Aufklärung‹: »Das ist auch häßlich: der widerspruchslos angenommene idealistische Streber. Was das Höherstreben gekostet hat, wissen wir. Auf diese Art ist auch die Atombombe entstanden.« (Ebd.)

Mit dem Arbeiteraufstand des 17. Juni 1953 brachen die ästhetischen Debatten um den ›richtigen‹ Realismus und das ›richtige‹ Traditionsverständnis abrupt ab. B. zog sich im Sommer 1953 nach Buckow zurück, wo er, wohl nicht zufällig, einen lang gehegten Stückplan realisierte: *Turandot oder Der Kongreß der Weißwäscher*, seine Satire auf die Willfährigkeit der Intellektuellen gegenüber der Macht (vgl. BHB 1, S. 597–612; Gerz, S. 171–174). Dass B. vor der Partei- und Staatsführung nicht einknickte, lässt sich einem Brief von Girnus an Ulbricht entnehmen. B. habe ihm, so heißt es da, einen Artikel zur Veröffentlichung überreicht, in dem er den Standpunkt vertrete, »daß unsere gesamte bisherige Kunstpolitik, basierend auf den Beschlüssen des V. Plenums, falsch war« (Mittenzwei 2001, S. 122). Bei der sich anschließenden »ausführlichen Auseinandersetzung« wurde B., wohl in Kenntnis der Tatsache, dass seine Äußerungen nach oben weitergegeben würden, noch deutlicher: »Besonders heftige Angriffe richtete Brecht gegen unsere Auffassung von der Volksverbundenheit der Kunst und gegen den Begriff ›Volk‹ im allgemeinen. Der Begriff ›Volk‹ sei ein Nazibegriff. Die Beziehungen der Kunst zum Volk seien Unsinn. Der Kampf gegen Formalismus und Dekadenz sei eine nazistische Sache.« (Ebd.)

Folgen

In seiner Aufarbeitung des Realismus-Streits um B. beklagte Mittenzwei 1978 im Zusammenhang mit der Formalismusdebatte den »Niedergang des theoretischen Niveaus« (Mittenzwei 1978, S. 49). Die Formalismuskonzeption habe, so schreibt er später in seiner B.-Biografie, »erfahrene und berühmte Künstler in unproduktive Krisen geführt« (Mittenzwei, S. 419). In der Tat löste die »Faustus-Attacke« bei Eisler einen »Zustand tiefster Depression« (Bunge, S. 263) und eine schwerwiegende Schaffenskrise aus, wie er in einem Brief an das Zentralkomitee der SED am 30. 10. 1953 schrieb. Eisler zog sich vorübergehend nach Wien zurück. Mittenzweis Schlussbewertung der *Faustus*-Debatte klingt verharmlosend, wenn er diese zum Teil sehr restriktiv geführte Auseinandersetzung als »eine der wichtigsten Literaturdebatten der Zeit« charakterisiert, bei der sich zwei unterschiedliche marxistische Richtungen dem gleichen Ziel, nämlich »der Einheit und der gesellschaftlichen Veränderung Deutschlands« genähert hätten (Mittenzwei, S. 481). In einem späteren Rückblick auf die Debatte zitiert Mittenzwei aus einem Brief, den er von Girnus kurz vor dessen Tod erhielt. Girnus benennt darin ausdrücklich die Disziplinierung der Intelligenz als ein wesentliches Motiv für die vordergründig ästhetische Debatte: »HE [d. i. Hanns Eisler] intelliziert (ein Goethe-Ausdruck) vielleicht vergröbernd [...] der Intelligenz eine historische und gesellschaftliche Rolle, die ihr weder in der bürgerlichen und erst recht nicht in der proletarischen Revolution objektiv zusteht: Führer, geistiger Akteur zu sein. [...] Nach 1945 haben sich viele Intellektuelle als Führer des revolutionären Prozesses gesehen. Besonders auch Schriftsteller und sich angemaßt, der Partei Verhaltensregeln vorzuschreiben.« (Mittenzwei 1999, Sp. 236). In dieser Umbruchsituation galt es, die Intelligenz wieder auf die ihr zugestandene Bedeutung zurückzustutzen. Da, so Girnus, »passte ›Faustus‹ wie die Faust aufs Auge.« (Ebd.)

Auf B.s Entwicklung hat sich die Kampagne nach Mittenzweis Einschätzung »nicht schädigend« ausgewirkt (Mittenzwei, S. 420). Diese Sicht kann aber allenfalls für B.s Tätigkeit am Berliner Ensemble gelten. Denn ausgenommen das nach dem Muster traditioneller Einfühlungsdramatik verfasste Stück *Die Gewehre der Frau Carrar* wurden von 1952 bis 1956 B.-Stücke auf den Bühnen der DDR nicht mehr gespielt (vgl. Gersch, S. 271). Auch kann von einer systematischen wissenschaftlichen B.-Rezeption über lange Jahre keine Rede sein: Eine »wirklich vielfältige marxistische Brecht-Forschung setzte in der DDR erst mit Beginn der sechziger Jahre ein« (Mittenzwei 1978, S. 74). In der Literaturwissenschaft der DDR machte sich erst Ende der 50er-Jahre eine Tendenz bemerkbar, sich von den lange bestimmenden Positionen Georg Lukács' abzusetzen, zumal dieser durch seine Mitarbeit in der ungarischen Nagy-Regierung im Jahr 1956 politisch ins Abseits gerückt wurde. Lukács hatte, so Mittenzwei, an der »Ausrichtung« der DDR-Germanistik, die ihr Forschungsinteresse in den 50er-Jahren im Wesentlichen auf die deutsche Klassik und die kritischen Realisten des 20. Jh.s (insbesondere Thomas Mann) richtete, »einen nicht zu unterschätzenden Anteil« (S. 79), B. dagegen »verblieb im Vorfeld der Germanistik« (S. 80).

Für Lucchesi ist die Diskussion um die *Lukullus*-Oper der »erste Modellfall für das Spannungsverhältnis zwischen Geist und Macht in der DDR« (Lucchesi 1998, S. 316; vgl. BHB 1, S. 405–411). Die »schon vor ihrer Uraufführung aufbrechenden kulturpolitischen Konflikte« erscheinen ihm rückblickend »als Ausgangspunkt und Wegbereiter für künftige, folgenschwere Entwicklungen wie der *Faustus*-Debatte 1953, dem 11. Plenum 1965 mit den dort beschlossenen Restriktionen gegen die zeitgenössische DDR-Kunst oder der Ausweisung Wolf Biermanns 1976 aus der DDR« (Lucchesi 1998, S. 316). Es ging beim *Lukullus* »vor allem um das Prinzip, um die Machtfrage« (S. 320). Die Strategie der Machterhaltung hatte zur Folge, so Lucchesi weiter, »daß die *Lukullus*-Kontroverse wie auch die nachfolgenden kultur- und staatspolitischen Krisensituationen in öffentlichem Diskurs nicht konfliktbereinigt, sondern unerledigt unter den sprichwörtlichen Teppich gekehrt wurden. Diese sich 1951 schon abzeichnende Konflikt- und Dialogunfähigkeit auf beiden Seiten führte dann schließlich im Verbund mit vielen anderen Faktoren 1989 zum Zusammenbruch des DDR-Staates.« (S. 320)

Literatur:

Altermann, Susanne: Wo beginnt die Dekadenz? Bemerkungen zur Polemik um Brechts ›Mutter Courage‹. In: Tägliche Rundschau (Berlin), 12. 3. 1949 [zit. nach: Müller, Klaus-Detlef (Hg.): Brechts »Mutter Courage und ihre Kinder«. Frankfurt a.M. 1982, S. 84–88]. – Erbe, Günter: Die verfemte Moderne. Die Auseinandersetzung mit dem »Modernismus« in Kulturpolitik, Literaturwissenschaft und Literatur der DDR. Opladen 1993. – Erpenbeck, Fritz: Zeittheater oder Theater der Zeit? In: Theater der Zeit (1946), H. 1, S. 1f. – Ders.: Surrealismus und was man dafür hält. In: Theater der Zeit (1946), H. 6, S. 1–8. – Ders.: Einige Bemerkungen zu Brechts »Mutter Courage« In: Die Weltbühne (1949), H. 3, S. 101–103. – Fischer, Ernst: Doktor Faustus und der deutsche Bauernkrieg. Auszüge aus dem Essay zu Hanns Eislers Faust-Dichtung. In: Hans Bunge: Die Debatte um Hanns Eislers »Johann Faustus«. Eine Dokumentation. Hg. v. Brecht-Zentrum Berlin. Berlin 1991, S. 21–36. – Gersch, Wolfgang: Film bei Brecht. Bertolt Brechts theoretische und praktische Auseinandersetzung mit dem Film. Berlin 1975. – Gerz, Raimund: Bertolt Brecht und der Faschismus. In den Parabelstücken »Die Rundköpfe und die Spitzköpfe«, »Der aufhaltsame Aufstieg des Arturo Ui« und »Turandot oder Der Kongreß der Weißwäscher«. Rekonstruktion einer Versuchsreihe. Bonn 1983. – Harich, Wolfgang: »Trotz fortschrittlichen Wollens ...«. In: Die Weltbühne (1946), H. 6, S. 215–219. – Hay, Julius: Der Mensch spricht auf der Bühne. In: Theater der Zeit (1946), H. 2, S. 3–6. – HECHT. - Krenzlin, Leonore: Das »Formalismus-Plenum«. Die Einführung eines kunstpolitischen Argumentationsmodells. In: Černý, Jochen: Brüche, Krisen, Wendepunkte: Neubefragung von DDR-Geschichte. Berlin 1990, S. 52–62. – Kreuzer, Helmut: Zur Dramaturgie im ›östlichen‹ Deutschland (SBZ und DDR). In: Ders./Schmidt, Karl-Wilhelm (Hg.): Dramaturgie in der DDR (1945–1990). Bd. I (1945–1969). Heidelberg 1998, S. 559–581. – Lucchesi, Joachim (Hg.): Das Verhör in der Oper. Die Debatte um die Aufführung der Oper »Das Verhör des Lukullus« von Bertolt Brecht und Paul Dessau. Berlin 1993. – Ders.: Macht-Spiele. Die Kontroverse um die *Lukullus*-Oper 1951. In: Delabar, Walter/ Döring, Jörg (Hg.): Bertolt Brecht (1898–1956). Berlin 1998, S. 315–323. – Ludwig, Karl-Heinz: Bertolt Brecht: Tätigkeit und Rezeption von der Rückkehr aus dem Exil bis zur Gründung der DDR. Kronberg 1976. – Lukács, Georg: Deutsche Literatur im Zeitalter des Imperialismus. Eine Übersicht ihrer Hauptströmungen. In: Ders.: Kurze Skizze der neueren deutschen Literatur. Berlin 1945 (Neuausgabe 1963). Darmstadt, Neuwied 1975, S. 137–227. – Mahl, Bernd: Brechts und Monks Urfaust-Inszenierung mit dem Berliner Ensemble 1952/53: Materialien, Spielfassung, Szenenfotos, Wirkungsgeschichte. Stuttgart [u.a.] 1986. – Mayer, Hans: Die plebejische Tradition. Über einige Motive im Werk Bertolt Brechts. In: Sinn und Form. Erstes Sonderheft Bertolt Brecht. Berlin 1949, S. 42–51. – Ders.: Erinnerung an Brecht. Frankfurt a.M. 1996. – MITTENZWEI, BD. 2. – Mittenzwei, Werner: Der Realismus-Streit um Brecht. Grundriß der Brecht-Rezeption in der DDR 1945–1975. Berlin, Weimar 1978. – Ders.: Faustus-Debatte. In: Historisch-kritisches Wörterbuch des Marxismus. Hg. v. Wolfgang Fritz Haug. Bd. 4. Berlin 1999, Sp. 220–237. – Ders.: Die Intellektuellen. Literatur und Politik in Ostdeutschland von 1945 bis 2000. Leipzig 2001. – Müller, Gerhard: Zeitgeschichtliche Aspekte der »Lukullus-Debatte«. In: Angermann, Klaus (Hg.): Paul Dessau: Von Geschichte gezeichnet. Symposion Paul Dessau Hamburg 1994. Hofheim 1995, S. 144–151. – Orlow, N.: Das Reich der Schatten auf der Bühne. In: Tägliche Rundschau, 19. 11. 1950 [zit. nach: Lucchesi 1993, S. 47–50]. – Ders.: Wege und Irrwege der modernen Kunst. In: Tägliche Rundschau, 20. und 21. 1. 1951 [zit. nach: Schubbe, S. 159–170]. – Schartner, Irmgard: Hanns Eisler, Johann Faustus. Das Werk und seine Aufführungsgeschichte. Frankfurt a.M. [u.a.] 1998. – Schlenker, Wolfram: Das »kulturelle Erbe« in der DDR. Entwicklung und Kulturpolitik 1945–1965. Stuttgart 1977. – Schmitt, Peter: Materialien zu Bertolt Brechts *Urfaust*-Inszenierungen. Erlangen 1981. – Schrader, Bärbel: Joachim Lucchesi. *Das Verhör in der Oper* (Rezension). In: BrechtYb. 21 (1996), S. 307–314. – Schröder, Max: »Verflucht sei der Krieg!« Deutsche Erstaufführung von Bertolt Brechts ›Mutter Courage‹ im Deutschen Theater. In: Neues Deutschland (Berlin), 13. 1. 1949 [zit. nach: Müller,

Klaus-Detlef (Hg.): Brechts »Mutter Courage und ihre Kinder«. Frankfurt a.M. 1982, S. 79–81]. – Schubbe, Elmar (Hg.): Dokumente zur Kunst-, Literatur- und Kulturpolitik der SED. Stuttgart 1972. – Shdanow, Andrej A.: Über Kunst und Wissenschaft. Berlin 1951. – Theaterarbeit. 6 Aufführungen des Berliner Ensembles. Hg. v. Berliner Ensemble. Dresden 1952. – Wekwerth, Manfred: Erinnern ist Leben. Eine dramatische Autobiographie. Leipzig 2000. – Wolf, Friedrich: Vom Standpunkt des Dramatikers. Zentripetale und zentrifugale Kräfte in der Dramatik. In: Theater der Zeit (1946), H. 1, S. 9–10.

Raimund Gerz

Zu Politik und Gesellschaft

Überblick

Für den Untersuchungszeitraum sind 354 Texte nachweisbar, wovon 106 zu den ›Schriften zur Politik und Gesellschaft‹ zu zählen sind. Eine eindeutige Abgrenzung zwischen Schriften, die den Gegenstand ›Politik und Gesellschaft‹ betreffen, und Texten zum Schwerpunkt ›Kunst und Literatur‹ ist freilich nur bedingt möglich. Von den einbezogenen Schriften sind bis auf die *Anrede an den Kongreßausschuß für unamerikanische Betätigungen in Washington, 1947*, den Beitrag zum Bühnenbildner und Maler Teo Otto (*Salut, Teo Otto!*), das *Kleine Organon für das Theater* sowie das *Gespräch mit jungen Intellektuellen* alle weiteren Notizen, Vorschläge, Appelle, Mahnworte nach der Rückkehr B.s aus dem Exil und der Übersiedlung nach Ost-Berlin entstanden. Sie stehen von daher in direkter Verbindung zu Entwicklungen, die sich in der SBZ/DDR vollzogen. Insofern reflektieren die Texte die Verhältnisse im neuen Staat und geben Auskunft über B.s Beteiligung am ›Zukunftsversprechen‹ DDR. Quantitativ gesehen ist die Anzahl der Texte aus dem Jahr von B.s Rückkehr 1948 wie auch aus dem Gründungsjahr der beiden deutschen Staaten (1949) gering. Es lassen sich 18 Texte ausmachen, von denen sieben zu den ›Schriften zur Politik und Gesellschaft‹ gerechnet werden können. Die *Gespräche mit jungen Intellektuellen* – nach der Ankunft in Europa fortlaufend als Notizen fixiert – beschäftigen sich vor allem mit der Frage, wie es um die Menschen in den durch den Krieg zerstörten deutschen Städten bestellt ist. *[Daß die Welt endlich Frieden bekommt]*, diese Forderung bildet gewissermaßen symbolhaft den Auftakt von B.s politischen Äußerungen nach der Ankunft in Berlin und bleibt in der Folgezeit das zentrale Thema. Auch im Jahr 1949 sind B.s politische Äußerungen eher spärlich. »Krieg wird sein, solange auch nur ein Mensch noch am Krieg verdient!« (GBA 23, S. 117), diese Notiz fasst B.s Haltung zu den Ursachen von Kriegen zusammen und findet sich vergleichbar bereits in »*Salut, Teo Otto!*« Mit den *Notizen über eine zu gründende Akademie* unterstreicht B. sein Interesse, bei der Schaffung neuer künstlerischer Institutionen mitzuwirken wie seinen Anspruch, von Politikern gehört zu werden.

Nach der Gründung der DDR am 7. 10. 1949 erfolgte am 24. 3. 1950 die Konstituierung der Akademie der Künste, zu deren Gründungsmitgliedern B. berufen wurde. B. nahm durch seine Vorschläge zur Mitgliedschaft sowie zur *Wahl neuer Mitglieder* (S. 121 f.) lebhaft Anteil an Aufbau, Struktur wie Arbeitsweise der Akademie. Nunmehr in der DDR lebend, lag B. daran, die Verbindungen zum Westen nicht abreißen zu lassen und den Dialog mit Intellektuellen in Westeuropa durch Hinweise auf die gemeinsame Aufgabe der Friedenserhaltung zu befördern. Entsprechend schickte B. *An den Kongreß für kulturelle Freiheit* (S. 125) einen Text, in dem er auf den Zusammenhang zwischen Freiheit und Frieden verweist.

Zentrale Bedeutung im Jahr 1951 hatte für B. die Formalismusdebatte und die damit verbundene Notwendigkeit, seine Auffassung vom Theater darzustellen (vgl. *Zu Literatur und Kunst*, BHB 4). Obwohl die Eingriffe des Kulturapparates B. direkt betrafen, blieb er in seinen Reaktionen zurückhaltend und suchte durch Argumente zu überzeugen. Die gesellschaftliche Verfaßtheit des Staats DDR scheint ihm eher Gewähr für eine Friedenspolitik zu sein als die Struktur von Gesellschaft in der Bundesrepublik. Angesichts dortiger Entwicklungen sah er sich veranlasst, in einem *Offenen Brief an die deutschen Künstler und Schriftsteller* erneut mit mahnenden Worten für die Erhaltung des Friedens und für *[Gespräche unter Deutschen]* einzutreten. Dass B. eigene Vorschläge zu den *Lehrplänen für den Deutschunterricht* (GBA 23, S. 159) machte, unterstrich sein Bewusstsein von der Bedeutsamkeit von literarischer Bildung, Lesekompetenz, der Rolle des Kanons wie der Notwendigkeit, die junge Generation als zukünftige Leser und Zuschauer (für sein Werk) zu gewinnen. Für das Jahr 1952 finden sich nur wenige Einträge zu explizit gesellschaftlichen Fragen und politischen Belangen. Dazu gehören neben der mit *Eine Einigung* überschriebenen Vorwegnahme des Prinzips der friedlichen Koexistenz zwischen Staaten unterschiedlicher Gesellschaftsordnung die *Vorschläge von Brecht und Eisler für die II. Parteikonferenz der SED* (S. 208), Anmerkungen zum *Kongress der Völker für den Frieden* (S. 215). Die *[Antworten auf Fragen des Schriftstellers Wolfgang Weyrauch]* sind insofern bedeutungsvoll, als sie Aufschluss über B.s zustimmende Haltung zur DDR wie zum Verhältnis der beiden deutschen Staaten geben.

Zentrale Bedeutung im Jahr 1953 hatte für B. der 17. Juni, zu dem er am 20. 8. im *Journal* die vielzitierte Aussage machte, er habe »die ganze Existenz verfremdet« (GBA 27, S. 346). Es finden sich 1953 mit den Hinweisen *[Zum 17. Juni 1953]*, der *Erklärung der Deutschen Akademie der Künste* (GBA 23, S. 253), den Überlegungen zu *Kulturpolitik und Akademie der Künste*, den Anmerkungen zur *Kunstkommission* (S. 260) sowie der *[Umwandlung des Amts für Literatur]* in diesem Zeitraum klare Positionsbestimmungen, die anzeigen, in welcher Weise B. Korrekturen des politischen Kurses in der DDR erwartet hat. Im Unterschied dazu sind politische Bemerkungen 1954 die Ausnahme. Bedeutsam ist B.s *Rede* auf dem Weltfriedenskongress in Berlin (S. 279f.) mit der Aufforderung, »die Wahrheit über die Gefahr der [amerikanischen] Experimente mit Atomwaffen für die ganze Erde« (S. 280) zu sagen. 1954 erhielt B. den ›Stalin-Friedenspreis‹, und seine Rede *Der Friede ist das A und O* gehört neben den Überlegungen zu einer Wochenschrift für ganz Deutschland (S. 349f.) und den *[Notizen zu Buchenwald]* zu den wenigen Schriften zu Politik und Gesellschaft.

Das Jahr 1956 setzte mit einem für Autoren bedeutsamen Ereignis ein, dem 4. Schriftstellerkongress, der vom 10. bis 14. 1. in Berlin stattfand und an dem B. nicht nur teilnahm, sondern sich mit mehreren Beiträgen beteiligte. Bereits wenige Wochen später kam es auf dem XX. Parteitag der KPdSU im Februar 1956 zu Chruschtschows Geheimrede und der Verurteilung der Verbrechen Stalins. B. reagierte auf das schockierende Eingeständnis im Abstand einiger Monate im Juli/August mit einer knappen Notiz *[Über die Kritik an Stalin]* und mit Anmerkungen *[Über die russische Partei]*. Fast wie ein Vermächtnis wirkt sein Appell *An den Präsidenten des Deutschen Bundestages* vom 2. Juli 1956 (S. 415f.), in dem B. angesichts der geschichtlichen Erfahrungen erneut für Verständigung warb und gegen die Wiedereinführung der allgemeinen Wehrpflicht votierte. Der Appell blieb ungehört; B. starb am 14. 8. 1956.

B. vor und nach der Rückkehr

Während in Deutschland der 1. Schriftstellerkongress tagte (4.–7. 10. 1947), bereitete B. seine *Anrede an den Kongreß für unamerikanische Betätigung* vor, die er dann bei der Anhörung am 30. 10. 1947 doch nicht halten durfte. Der Vorsitzende des Ausschusses, dem auch der spätere Präsident Richard Nixon angehörte, Robert E. Stripling, gab B. keine Gelegenheit den Text zu verlesen. B. lieferte in dem Statement einen knappen Abriss seiner Biografie, er setzte sie in Bezug zur Entwicklung in Deutschland, die dadurch gekennzeichnet gewesen sei, dass die »alten reaktionären militaristischen Kräfte wieder an Boden« gewannen (S. 59). Seine Texte wertete B. als eine

Reaktion auf die zunehmende Militarisierung, die inkriminierten Schriften selbst kennzeichnete er als »Stücke und Gedichte, geschrieben in der Periode des Kampfs gegen Hitler« (S. 61). Auf diese Weise wollte B. den Vorwurf gegenstandslos machen, er habe kommunistische Propaganda betrieben, und dies, obwohl ein nicht geringer Teil seiner Texte wie die Lehrstücke nicht gegen Hitler geschrieben waren. Mit Blick auf die Tätigkeit des Ausschusses verteidigte er das Prinzip der künstlerischen Autonomie und verwies darauf, »daß das große amerikanische Volk viel verlieren und viel riskieren würde, wenn es irgend jemandem erlaubte, den freien Wettbewerb der Ideen auf kulturellem Gebiet einzuschränken oder gegen die Kunst einzuschreiten, die frei sein muß, um Kunst zu sein« (ebd.). B. konnte den Text nicht verlesen, sperrte sich aber nicht gegen die Anhörung und antwortete auf die ihm gestellten Fragen des Ausschusses. Dabei suchte er jeglichen Eindruck zu vermeiden, er könne Marxist sein oder kommunistisches Gedankengut in seinen Texten transportieren und wich allen diesbezüglichen Fragen durch geschicktes Lavieren aus. Die Frage nach einer Mitgliedschaft in der Kommunistischen Partei verneinte er mehrmals wahrheitsgetreu. Die Beantwortung der Frage war insofern bedeutsam, als andere amerikanische Intellektuelle dem Ausschuss unter Berufung auf die Verfassung das Recht streitig machten, sie stellen zu dürfen und wegen der Weigerung später zu Gefängnisstrafen verurteilt wurden. B. reagierte auf diesen Vorgang mit dem Text *Wir Neunzehn*, in dem er seine Haltung vor dem Ausschuss mit dem Hinweis auf die fehlende amerikanische Staatsbürgerschaft zu begründen sucht.

B. verließ nach dem Verhör im Kongressausschuss für unamerikanische Aktivitäten am 31. 10. New York und flog mit einem Zwischenaufenthalt über Paris nach Zürich, wo er sich niederließ. Mit den Notizen, die den Titel *Gespräche mit jungen Intellektuellen* tragen, ist B. in Europa und im Nachkriegsdeutschland angekommen. Die Notate haben wie die Eintragungen in den *Journalen* dialogischen Charakter, imaginieren einen Disput mit einem möglichen Gesprächspartner, gehen von den Auffassungen anderer aus, beschreiben gegensätzliche Auffassungen, bringen eigene Erfahrungen zum Sprechen. Von einem Problem ausgehend, versetzte B. sich in die Position des anderen, »dialogisierte«, entwarf dialektisch seine Gegenposition, womit Widersprüche zu Tage gefördert wurden. Die Gespräche setzen sich neben Rückblicken auf Verhältnisse in Nazideutschland vor allem mit dem geistigen Klima nach Ende des Kriegs auseinander. Erschreckender als die materiellen Schäden, die zerstörten Städte empfand B. den moralischen Zustand der Menschen, ein Aspekt, der auf dem 1. Schriftstellerkongress 1947 nicht nur von kommunistisch orientierten Autoren betont wurde. Für B. zählten die Zerstörungen der Menschen mehr, weil er sich zu vergewissern suchte, wer den Aufbau leisten sollte. Von den »Ruinenstädten« erwartete er »keinen übermäßigen Schock«, von dem »Anblick der Ruinenmenschen« hatte er ihn »schon bekommen« (S. 99). Der »Ruinenmensch« stand bei B. stellvertretend für eine Spezies Mensch, die durch den Faschismus geprägt war, aus dem Krieg wenig gelernt hatte, keine Schuld empfand, sich im Jammern über das Verlorene einrichtete und die Millionen von Toten verdrängte. Im *Journal* heißt es am 6. 1. 1948, »daß Deutschland seine Krise noch gar nicht erfaßt hat. Der tägliche Jammer, der Mangel an allem, die kreisförmige Bewegung aller Prozesse, halten die Kritik beim Symptomatischen. Weitermachen ist die Parole.« (GBA 27, S. 262) In Verbindung damit formulierte B. die Erkenntnis, Literatur könne auf das Ausmaß des Grauens mit literarischen Mitteln nicht reagieren: »Die Vorgänge in Auschwitz, im Warschauer Ghetto, in Buchenwald vertrügen zweifellos keine Beschreibung in literarischer Form.« (GBA 23, S. 101) B. nahm damit mit anderer Begründung Theodor W. Adornos Diktum vorweg, wonach es nach Auschwitz barbarisch sei, Gedichte zu schreiben (Kiedaich, S. 10).

Die Schwere der Aufgabe, die vor den Menschen stehe – so B. dann in *[Wirkung der Doppelniederlage]* – ergebe sich nicht zuletzt daraus, mit einer doppelten Niederlage fertig werden zu müssen, denn sie seien »vernichtend geschlagen von Hitler, dann, zusammen mit Hitler, von den Alliierten« (GBA 23, S. 104). Bezugnehmend auf die Entnazifizierung sah B. »allenthalben das Pack wieder auf die Plattformen [...] kriechen, hinken und humpeln«. Scharf richtete er über die Praxis der schnellen Entschuldung: »Sie müssen sich lossagen, koste es, was es wolle, es wird schon nicht so viel kosten, die Welt kostet es schon nicht mehr. Sie sind nicht schuld, ihnen schuldet man. Sie haben mit den Ruinen nur insofern etwas zu tun, als sie die Besitzer sind.« (Ebd.) Im *Journal* vom 1.3.1948 forderte B. eine »Ächtung derer, die mitgemacht haben« (GBA 27, S. 265). Nach Kriegsende löste sich B. von einer ›Volksfront‹-Strategie, der es darum gegangen war, alle antifaschistischen Kräfte zu bündeln, deshalb Schuldzuweisungen vermieden, bürgerliche Intellektuelle ausdrücklich einbezogen, die Klassenkampffrage nicht explizit gestellt und mit Rücksicht auf das breite Bündnis darauf verzichtet hatte, die dem Kapitalismus inhärente Bereitschaft zur Konfliktlösung durch Kriege anzuprangern. B. votierte nunmehr dafür, den Krieg als »Krieg der deutschen Bourgeoisie« zu bezeichnen, »von Hitler im Auftrag geführt« (ebd.). Mit seiner Einschätzung des Nationalsozialismus knüpfte B. an marxistische Positionen von Georgi Dimitroff, der auf dem VII. Weltkongreß der Kommunistischen Internationale im August 1935 in Moskau den Faschismus als die »offene terroristische Diktatur der reaktionärsten, am meisten chauvinistischen, am meisten imperialistischen Elemente des Finanzkapitals« (Dimitroff) bezeichnet hatte. Die Frage, welche Mitschuld Autoren durch ihr Funktionieren im Nazireich trugen, stand bei B. – anders als bei den Diskussionen etwa auf dem 1. Schriftstellerkongress 1947 – eher am Rande. Sie fand Erwähnung, wenn er – beinahe fragend – bedachte: »Typen wie *Glaeser* müssen wohl als Volksfeinde behandelt werden« (GBA 27, S. 265). Die Haltung von Ernst Glaeser hatte bereits bei der Vorbereitung des 1. Schriftstellerkongresses 1947 im Rahmen der Diskussion zur Schuldfrage eine Rolle gespielt. Günther Birkenfeld, neben Becher einer der maßgeblichen Kongressvorbereiter, hatte Glaeser einer Autorengruppe zugeordnet, bei deren Beurteilung er sich nicht ganz sicher war. Im Unterschied zu Autoren wie Hans Friedrich Blunck oder Artur Dinter, bei denen es nicht lohne, ›darüber nachzudenken‹, machte er eine zweite Gruppe von ›Grenzfällen‹ aus, die ebenfalls nicht zum Kongress einzuladen seien. Die Unsicherheit bei Glaeser, der dritten Kategorie von Autoren, rührte aus der Tatsache, dass er es in der Schweiz ›aus Heimweh nicht ausgehalten‹ hatte, dann Kompromisse mit Goebbels eingegangen war und unter anderem Namen geschrieben hatte. B. war in seinem Urteil über Glaeser härter, da der nicht zurückgegangen war, um – wie von ihm behauptet – »an der Niederlage Deutschlands teilzunehmen, sondern am Sieg teilzunehmen« (ebd.). Der marxistischen Theorie folgend, stellte B. eine direkte Beziehung zwischen Kapitalismus, Faschismus und Krieg her. Dieser Auffassung blieb er treu, sie findet sich auch in jenen Texten, die in der SBZ/DDR entstanden, sich auf die gewandelten Realitäten, die politischen Verhältnisse, die kulturellen Aufgaben bezogen.

In B.s Schriften zur Politik und Gesellschaft aus den Jahren ab 1948 kristallisieren sich Schwerpunkte heraus, auf die er immer wieder zurück kam. Dazu gehören erstens das Thema ›Krieg/Frieden‹, zweitens Überlegungen zu Entwicklungsprozessen in der SBZ/DDR, drittens Anmerkungen zur Rolle der Jugend. Überlegungen zum Verhältnis der beiden deutschen Staaten bilden einen vierten Themenkomplex, auf dessen expliziter Darstellung verzichtet wird, weil sich Hinweise auf B.s Positionen bereits hinreichend in den ersten drei Themengruppen finden. Die drei thematischen Schwerpunkte werden nachfolgend einzeln behandelt, wobei sich Übergänge ergeben und die Abgrenzungen zum Zwecke der Übersichtlichkeit vorgenommen werden. Nach wie vor sind Einzeluntersuchungen notwendig, wollte man auf ausgewählte Texte jeweils näher eingehen.

B. und der Frieden

Es ergibt sich aus B.s Erfahrungen wie seiner materialistischen Dialektik, dass in den politischen wie gesellschaftlichen Verlautbarungen das Thema ›Frieden‹ bzw. die Frage, wie ein Krieg zu verhindern ist, eine zentrale Stellung einnimmt. Bereits in der Emigration hatte B. die menschliche Vernunft wie die Lernfähigkeit angezweifelt und zornige Worte gefunden: »Ach, der Rock war noch nicht vermodert im Schrank, den sie zornig einst / Sich von den Leibern gerissen für immer, als sie schon wieder / Über neue Kriege berieten« (GBA 14, S. 454); »Viele sprachen vom Krieg wie von Ungewitter und Meerflut ...« (S. 453). Dennoch sah er Kriege nicht als zur menschlichen Grunddisposition gehörend an – »Aber die Kriege entstehen nicht aus kriegerischem Geiste« (S. 172) –, sondern als eine Folge gesellschaftlicher Verhältnisse. Deswegen beobachtete er noch in den USA mit Besorgnis, wie die Anti-Hitler-Koalition sukzessive zerfiel und die sowjetischen Verbündeten zunehmend zum neuen Gegner wurden.

Der Abwurf der Atombomben durch die USA auf Hiroshima und Nagasaki (6./8. 8. 1945) »übertönt alle Siegesglocken« (*Journal*, 10. 9. 1945; GBA 27, S. 232) und war für B. ein Hinweis darauf, in welchem Maß der Krieg, der beendet schien, nunmehr mit neuen Feindbildern fortgeführt wurde und mit dem Einsatz der Atombomben eine neue Dimension erhielt. In der Aufzeichnung *[In die Welt ist neuer Schrecken gekommen]* verglich B. 1951 das Verhalten der Amerikaner mit dem, »was Hitlers Flieger im spanischen Bürgerkrieg erstmalig vorgeführt hatten – Bombenangriffe auf die Zivilbevölkerung« (GBA 23, S. 158). B. sah die globale Dimension, da »in immer größeren Ausmaßen Experimente mit Atombomben veranstaltet« wurden (ebd.) und eine neue Spirale des Wettrüstens längst in Gange war. Für die Mitglieder des PEN sowie für Schriftsteller vieler Nationen betonte er 1952 einen Konsens, der in der Auffassung bestand, die Atombombe stelle eine »Bedrohung der Menschengeschlechter dar« (S. 216). Die Warnung vor »Experimenten im Frieden« kulminiert in dem Satz: »Von nun an ist nicht nur der Krieg, ist schon seine Vorbereitung möglicherweise tödlich.« (Ebd.) Dies war für B. ein Grund, sich an vielfältigen Aktivitäten gegen eine neue Kriegsgefahr zu beteiligen. Berühmtheit erlangte sein *Offener Brief an die deutschen Künstler und Schriftsteller*, in dem er gegen eine Remilitarisierung und Wiederbewaffnung in der Bundesrepublik eintritt; B. sah die Gefahr, dass die Konflikte zwischen beiden deutschen Staaten militärisch gelöst werden könnten, und forderte stattdessen, neue Anstrengungen zu unternehmen, »die Wiedervereinigung auf friedlichem Wege herbeizuführen« (S. 155). In diesem Kontext stand B.s bekanntes Plädoyer für eine Freiheit der Kunst – mit Ausnahme jener Werke, die »den Krieg verherrlichen oder als unvermeidbar hinstellen« und solcher, »welche den Völkerhaß fördern« (S. 156). B. näherte sich zu Beginn der 50er-Jahre dem (Kulturbund)Konzept von Johannes R. Becher an, dem es um eine Einheit Deutschlands ging und der für eine deutsche Nationalliteratur einstand. Damit revidierte B. frühere Exil-Auffassungen, in denen er Bechers Position, es gehe darum, den »Typus einer neuen deutschen Nationalliteratur zu schaffen«, als ›stinkenden Nationalismus‹ abwehrte und für »entsetzlich opportunistischen Quark« (*Journal*, 10. 11. 1943; GBA 27, S. 181) hielt. Was für B. einst inakzeptabel war, wurde unter den veränderten Bedingungen als Möglichkeit erkannt, Bewegung in die verhärteten Fronten zwischen Ost und West zu bekommen. Besondere Bedeutung erlangte der *Offene Brief* mit seiner Beschwörung eines einheitlichen Deutschlands durch das abschließende Gleichnis vom »großen Chartago«, das drei Kriege führte: »Es war noch mächtig nach dem ersten, noch bewohnbar nach dem zweiten. Es war nicht mehr auffindbar nach dem dritten.« (GBA 23, S. 156)

Weitere Beiträge B.s zum Problemkreis ›Krieg/Frieden‹ mahnten, alles zu unterlassen, was die Gefahr eines Krieges erhöhte. Entsprechend votierte B. konsequent gegen militärische Aufrüstung und bekundete dies bei verschiedenen Anlässen. Dazu gehörte die

[Adresse an den Weltfriedensrat] (Wien 1951), der Text *Zum Kongreß der Völker für den Frieden* (Wien 1952), die *Rede auf dem Weltfriedenskongress* (Berlin 1954), das *»Iswestja«-Interview zur Verleihung des Stalin-Preises* (Dezember 1954) sowie *»Der Friede ist das A und O«, die Rede* [...] *bei der Verleihung des Internationalen Stalin Friedenspreises in Moskau* (Mai 1955), und der *[Entwurf zur Rede an den Deutschen Friedensrat]* (Februar 1955). Durchgängig vertrat B. die auf Marx und Engels wie Lenin zurückgehende Position, das kapitalistische System würde durch seinen Zwang, Profit erwirtschaften zu müssen, mit Notwendigkeit Kriege produzieren. Zutreffend wurde in diesem Kontext auf die zentrale Rolle verwiesen, die in B.s Überlegungen die Kritik am bürgerlichen Freiheitsbegriff einnahm. Dieser würde nämlich den Menschen die Illusion liefern, das kapitalistische System könne auf Dauer den Frieden garantieren und ein friedliches Zusammenleben ermöglichen. B. sah den Widerspruch so:

Im Proletariat bildet sich mit der Zeit ein immer stärker werdender Widerspruch heraus. Ein Teil der Arbeiter, in gewissen Ländern ein sehr großer Teil, sogar die Mehrheit, hält fest an der bestehenden »Ordnung« und findet sich ab mit der Ausbeutung, zumindest solang der Lebensstandard halbwegs erträglich oder verbesserbar erscheint. Ein Umsturz ist mit großen Mühen, Gefahren, Änderungen aller Gewohnheiten usw. verknüpft. Vor allem müssen sich die Arbeiter, die ihn anstreben, in kriegerische Handlungen gegen die Bourgeoisie einlassen und sich unter eine strikte strenge Disziplin stellen, um den sehr harten Kampf führen zu können. So unfrei sie im Kapitalismus sind, schrecken sie doch vor dieser Disziplin zurück und empfinden die Unterordnung unter eiserne Planung, unter Kommandos, ohne welche ein Kampf um die Freiheit keine Aussicht bietet, als eine Unfreiheit, die ihnen schlimmer vorkommt, da sie neu und ungewohnt ist. Deshalb unterstützen sie die Bourgeoisie, in deren Kampf gegen den andern Teil der Arbeiterschaft und geraten in Kampf mit diesem. (GBA 22, S. 43f.)

B.s Positionen unterstreichen, warum und in welcher Weise er auf sich abzeichnende krisenhafte Entwicklungen (Formalismusdebatte, 17. Juni 1953, XX. Parteitag der KPdSU 1956) in der DDR wie der Sowjetunion zurückhaltend reagierte, denn die Verfasstheit des kapitalistischen Systems schien ihm keine Alternative zu bieten, und bei den Auseinandersetzungen zwischen Ost und West sah er die Gefahr, dass sie letztlich zu einem neuen Krieg führten, wenn man nicht Wege fand und Kompromisse einging. Frühzeitig entwarf er eine Vision jenseits des kalten Krieges, die auf die friedliche Koexistenz von Staaten unterschiedlicher Gesellschaftsordnungen setzte: »Die friedliche Einigung Europas kann nur darin bestehen, daß die Staaten Europas sich darüber einigen, ihre verschiedenen wirtschaftlichen Systeme nebeneinander bestehen zu lassen. / Im Augenblick gibt es für den Frieden Europas keine größere Gefahr als die Wiederbewaffnung Westdeutschlands, das ohne Zweifel diese Waffen früher oder später zu einer Auseinandersetzung mit dem östlichen Teil Deutschlands einsetzen würde.« (GBA 23, S. 206)

Es entsprach B.s Grundüberzeugung, entschieden gegen das Anhäufen von Waffenarsenalen anzugehen, weswegen er gegen die Wiedereinführung der allgemeinen Wehrpflicht eintrat und dies einen Monat vor seinem Tod vom Krankenbett aus in einem Appell an den Deutschen Bundestag formulierte. Er verwies auf persönliche wie geschichtliche Erfahrungen, wonach die Wiedereinführung der Wehrpflicht – nachdem sie nach dem Ende von Kriegen zunächst abgeschafft war – jeweils wieder zu neuen Kriegen geführt hatte. Auf die neue Dimensionen von möglichen Kriegen im Atomzeitalter verweisend forderte er, den Graben zwischen Ost und West nicht wieder mit militärischen Mitteln zu befestigen. »Krieg hat uns getrennt, nicht Krieg kann uns wieder vereinigen« (S. 416), so seine Auffassung. Kein Parlament, nur ein Volksentscheid könne über eine derart zentrale Frage befinden, weswegen

B. »eine Volksbefragung darüber in beiden Teilen Deutschlands« (ebd.) vorschlug. Der Brief ist auf den 4.7. 1956 datiert, am 7.7. wurde zunächst in der Bundesrepublik und wenig später in der DDR die allgemeine Wehrpflicht ohne Volksbefragung beschlossen.

Zu gesellschaftlichen Entwicklungen in der SBZ/DDR

Anders als im Exil war B. in der SBZ/DDR in gesellschaftliche, politische, kulturelle Vorgänge einer Gesellschaft verwoben, die für sich in Anspruch nahm, durch die Abschaffung des Privateigentums an Produktionsmitteln neue gesellschaftliche Bedingungen zu schaffen. Mit seiner Rückkehr am 22./23. Oktober 1948 nach Ost-Berlin war er nicht nur als Stückeschreiber aktiv, sondern suchte seine Vorstellungen von einem ›eingreifendem Denken‹ durch vielfältige Aktivitäten in Verbänden und Gremien wie der Akademie der Künste und dem Schriftstellerverband einzubringen. Er legte Wert darauf, als Gesprächspartner von Politikern im neuen Staat gehört zu werden, und setzte darauf, dass die politische Klasse an einem Dialog mit Künstlern interessiert war. Das erklärt, warum er nahezu durchgängig – auch dort, wo der Dissens offensichtlich war – in dialektischer Diktion seine Argumente entfaltete, statt auf Polemik zu setzen. Dass B.s Notizen zu Entwicklungen in der DDR dort, wo sie öffentlich waren, neben dem jeweiligen politischen Anlass der Ausformulierung von Arbeitsinteressen dienten, lag auf der Hand. B. ließ sich bei den politischen Eingriffen des Apparates in den Kunstbereich – etwa die *Lukullus*-Debatte 1951 oder die *Johann Faustus*-Debatte – nicht dazu verleiten, die Ebene zu wechseln und sich einen politischen Diskurs aufdrängen zu lassen, wo es um Literatur ging. B. argumentierte jeweils bezogen auf das konkrete Werk künstlerisch und verteidigte die Autonomie der Kunst (vgl. *Zur Formalismusdebatte, Vorwurf des Formalismus, Formalismus und neue Formen*; vgl. *Zu Literatur und Kunst*, BHB 4). Politische Einlassungen waren – so bei den Ereignissen des 17. Juni 1953 – auf originär politische Ereignisse und deren mögliche Auswirkungen auf die Künste beschränkt. Dort wo ein Dissens zu Auffassungen maßgeblicher Politiker bestand, polemisierte B. nicht, sondern entfaltete dialektisch eine Gegenposition. Dies wurde bereits offensichtlich bei B.s Warnung, die Vergangenheit allzu schnell als ›bewältigt‹ – B. sprach von ›erledigt‹ (vgl. GBA 23, S. 259) – zu betrachten. Wo B. 1948 sah, dass der Aufbau der neuen Gesellschaft mit ›Ruinenmenschen‹ vorangebracht werden musste, die im Denken und in der Psyche vom Faschismus zerrüttet waren, forderten maßgebliche Politiker bereits eine Orientierung auf die Darstellung des Neuen. Auf einer Arbeitstagung sozialistischer Schriftsteller und Künstler vom 2./3. 9. 1948 ging Anton Ackermann, damals maßgeblicher SED-Politiker, in seinem Vortrag *Die Kultur und der Zweijahrplan* vom Basis-Überbau-Zusammenhang aus und bestimmte die Rolle der Kultur in diesem Rahmen. Für ihn galt es nunmehr bereits als erwiesen, dass »je mehr und je besser produziert wird, um so mehr können Bildung, Wissenschaft, Kunst und Literatur gefördert werden« (Ackermann 1948a, Bl. 3f.). Ackermann erwartete auf der anderen Seite, dass die Kultur einen neuen Menschentyp erzog, für den die Arbeit nicht nur ein »bloßes hartes Muß« war, sondern Erfüllung bedeutete und darum eine »freiwillig übernommene Verpflichtung« darstellte. Der »neue Mensch« bildete für Ackermann die Grundlage für eine »neue Ära der Menschheitsgeschichte«, die er als identisch mit dem Aufbau des Sozialismus empfand (ebd.). Am Beispiel der Realisierung des Zweijahrplans hob Ackermann die enge Wechselbeziehung zwischen Ökonomie und Kultur hervor, betonte die Rolle der Künste im »Kampf« um die Planerfüllung und apostrophierte, dass der »politisch uninteressierte Schriftsteller und Künstler ein Anachronismus, wenn nicht eine komische Figur« sei. Es müsste darum gehen, dass die Künstler sich einordnen »in die Kampffront für eine Sache, die allgemeine Sache des Volkes und der ganzen Nation ist« (Bl. 8). Der noch auf dem 1.

Schriftstellerkongress 1947 offene Streitpunkt um eingreifende Dichtung auf der einen und literarische Autonomie auf der anderen Seite löste sich zugunsten einer auf politische Dichtung und Parteinahme orientierten Funktionssetzung auf. In diesem Rahmen spielten nunmehr auch Fragen von realistischer Darstellung in Kunst und Literatur eine Rolle, obwohl der Begriff ›sozialistischer Realismus‹ noch nicht gebraucht wurde. Die für Realismus in Anwendung gebrachten Merkmale signalisierten aber bereits die Übernahme von sowjetischen Mustern. Für Ackermann bedeutete realistische Darstellung, dass die Künstler sich in ihrem Schaffen »auf die Zeit und auf das Volk« einstellten. Realistische Kunst solle der »Förderung und Unterstützung bei der Lösung der Aufgaben, die von der Entwicklung auf die Tagesordnung gestellt sind«, helfen (Bl. 13). Ackermanns Aufforderung nach einem direkten Engagement bei der Realisierung des Zweijahrplanes war verbunden mit einer Abgrenzung von einer »lebensfremden Abstraktion« des Formalismus. Im Zusammenhang damit wurde schließlich vom Künstler verlangt, dass er »auf dem Boden der Weltanschauung des Proletariats« stand (Bl. 17), eine Auffassung, die Ackermann dann auch in seinem Referat »Marxistische Kulturpolitik« auf dem Ersten Kulturtag der SED im Mai 1948 entwickelte (vgl. Ackermann 1948b).

Insofern kam es zu einer direkten Bindung von Weltanschauung und künstlerischem Werk, und es tauchten schon 1948 jene »Kampfmetaphern« auf, die dann für Diskussionen um B.s/Dessaus *Lukullus* in den 50er-Jahren maßgeblich wurden (vgl. Lucchesi 1993; Gansel 1996). Die (politische) Verengung des Realismusbegriffs führte zu einer Einschränkung auch für Kunstauffassungen, die – wie die von B. – aus dem Arsenal der gemäßigten (sozialistischen) Moderne kamen (vgl. Mittenzwei 2001, S. 92), mit Formen zurückhaltend experimentierten, aber diesen verengten Forderungskatalog nicht erfüllen konnten. Während Ackermann die einengenden Realismusvorstellungen relativierte, indem er »die Beweglichkeit, Vielseitigkeit, Freiheit« des künstlerischen Schaffens betonte, kritisierte Walter Ulbricht die Kunstschaffenden in der SBZ und warf ihnen vor: »Ihr seid zurückgeblieben, weit zurückgeblieben.« (Ackermann 1948a, Bl. 63) Die Ursache sah Ulbricht neben der Konzentration der Schriftsteller auf »Emigrationsliteratur« und »KZ-Literatur« vor allem darin, »daß wir als Massenpartei in unseren Reihen Kulturschaffende haben, von denen die übergroße Mehrheit vom Formalismus beherrscht ist« (ebd.). B. konnte mit den Forderungen an die Künste, dort wo sie sich auf die Abwehr bestimmter künstlerischer Mittel richteten, zunächst nicht viel anfangen und wurde nicht müde, geduldig die einseitige kulturpolitische Verpflichtung auf die Darstellung des Neuen in Frage zu stellen. Um 1950, also noch vor dem *Lukullus*-Streit (vgl. Lucchesi 1993) und dem Formalismusplenum, notierte er – Ackermanns Basis-Überbau-Schema durchaus folgend – mit Blick auf ›Zeitstücke‹ dialektisch: »Hineingeflochten in die neuen Konflikte, welche von der Politik und der Ökonomie ausgelöst werden, gibt es immer noch die älteren Konflikte, ohne deren Berücksichtigung die Darstellung der neuen Konflikte oft blutleer und schematisch wirkt.« (GBA 23, S. 128) In der dann ab März 1951 geführten *Lukullus*-Debatte setzte B. auf Dialog, akzeptierte die Einmischung, veränderte schließlich das Stück und konnte Politiker wie Ulbricht, ja die Regierung insgesamt, geschickt in die Auseinandersetzung einbeziehen. Die Notizen *Zur Unterdrückung der Oper »Lukullus«* deuten allerdings an, dass dieser Vorgang als »diktatorisch administrativer Akt« empfunden wurde, weil »die Gesichtspunkte der Kunstkommission oder anderer Behörden nicht durch Diskussion und Unterweisung dem Publikum klargemacht und von ihm akzeptiert wurden« (S. 138). Nicht die Einmischung als solche störte B. – sie hielt er zu diesem Zeitpunkt durchaus für legitim –, sondern die Tatsache, dass diese ohne vorherige demokratische Diskussion geschah und das Publikum nicht die Chance hatte, sich sein eigenes Urteil zu bilden. B.s Forderung nach einer Debatte um den *Lukullus* wurde aber schließlich am zweiten Tag der 5. Tagung des ZK der SED – des sogenannten Formalismusplenums vom 15.–17. 3. 1951 – im Beisein des Staatspräsidenten Wilhelm Pieck und des Ministerpräsidenten Otto Grotewohl statt gegeben (vgl. Lucchesi 1993). Die Tatsache, dass es einem Künstler gelungen war, die gesamte Regierung bis in ihre Spitze in einen Diskurs über ein Kunstwerk zu verwickeln, stimmte B. optimistisch, weil dies einzigartig war, und er hoffte, hier ein Modell für einen öffentlichen Dialog geschaffen zu haben. Dass die beginnenden politischen Eingriffe Ausdruck einer nicht hinreichend realisierten modernen Ausdifferenzierung eigengesetzlicher Systeme bzw. Sphären in Politik, Ökonomie, Verwaltung und Rechtssprechung, Religion, Wissenschaft und Kunst waren, konnte B. zu diesem Zeitpunkt – das Ende des zweiten Weltkriegs lag erst knapp sechs Jahre zurück – nicht sehen (vgl. Gansel 2000). Insofern akzeptierte B. – und dies war keineswegs nur geschicktes Taktieren – zunächst den Primat der Politik über die anderen Teilsysteme. Für B. stellten die entstehenden Gesellschaftsstrukturen eine Überwindung jener Verhältnisse dar, wie er sie in der kapitalistischen Welt wahrnahm: »Bei einer bürgerlichen, nämlich kapitalistischen Wirtschaft, können die Menschen sich nicht über die ganze Erde schlechthin als Menschen behandeln. Denn diese Produktionsweise beruht auf der und zielt ab auf die Ausbeutung des Menschen durch die Menschen. Im Maul des Kapitalismus wird das schöne Ideal wie so manches andere Ideal zu einer idealen Gelegenheit, mehr Menschen als bisher auszubeuten, womöglich alle Menschen über die ganze Erde hin.« (GBA 23, S. 140) B. war über vereinfachende wie kunstfeindliche Auffassungen, wie sie sich im *Lukullus*-Streit zeigten, zwar besorgt, eine Änderung seiner Haltung zur DDR vermochte die Debatte nicht zu bewirken, im Gegenteil. Die *[Antworten auf Fragen des Schriftstellers Wolfgang Weyrauch]*, die wiederum eine Reaktion auf B.s Aufruf *An alle deutschen Künstler und Schriftsteller* vom September 1951 darstellten, markierten deutlich seine zustimmende Position. Auf die mitunter überzogen provokanten Fragen reagierte B. nicht moralisierend, sondern argumentierte. Die nicht publizierte Antwort machte die Gründe für B.s Votum, das Leben in der DDR dem in der Bundesrepublik vorzuziehen, einsehbar. Den implizit durchscheinenden Vorwurf Weyrauchs, B. würde eine affirmative Haltung zum DDR-Staat haben, weil der ihn dazu zwinge, beantwortete er – wie immer – dialektisch: »Ich habe meine Meinungen nicht, weil ich hier bin, sondern ich bin hier, weil ich meine Meinungen habe.« (S. 220) An einer solchen Auffassung änderte weder die »überflüssige Diskussion« um Hanns Eislers »Johann Faustus«-Libretto etwas (Bunge, S. 199; Mittenzwei 2001, S. 104–109) – sie bildete den Höhepunkt der Formalismus-Diskussion (vgl. *Thesen zur »Faustus«-Diskussion*; vgl. *Zu Literatur und Kunst* [1947–1956], BHB 4) –, noch der politische Einschnitt mit den Ereignissen des 17. Juni 1953. Mit diesem geriet die DDR in eine Krise, die nicht wirklich gelöst wurde und dann zu den 1956er Prozessen um Wolfgang Harich und Walter Janka führte. In der DDR war im Sommer 1953 eine mögliche Wende insofern absehbar, als es möglich schien, einen neuen Prozess von Modernisierung in einer Gesellschaft einzuleiten, die sich auf dem Weg zum Sozialismus befand. Die krisenhafte Situation in der DDR stand in Zusammenhang mit internationalen Entwicklungen, Stalin starb am 5. 3. 1953, es existierte ein Machtvakuum und die Frage war offen, wie sich die Deutschlandpolitik eines Nachfolgers gestalten würde. In der DDR gab es innerhalb der SED-Führung Reformbemühungen und Versuche, Ulbricht abzulösen – dazu gehörten die Vorstellungen um Rudolf Herrnstadt, damals Chefredakteur des *Neuen Deutschland*, und Wilhelm Zaisser (vgl. Stulz-Herrnstadt 1990). B. sah die Widersprüchlichkeit der Ereignisse des 17. Juni. Er erkannte in der Notiz *[Zum 17. Juni 1953]*, inwieweit die Ursachen, die zur »Unzufriedenheit eines beträchtlichen Teils der Berliner Arbeiterschaft« führten, einerseits mit einer »Reihe verfehlter wirtschaftlicher Maßnahmen« zusammenhingen (GBA 23, S. 249). Andererseits war er desillusioniert über die Arbeiterschaft, die »faschistischen Elementen« die Chance geben würde, ihre »Unzufriedenheit für ihre blutigen Zwecke zu mißbrauchen« (S. 250). Gleichwohl hielt er an der klassischen marxistischen Auffassung von der Arbeiterschaft als Schöpfer der Geschichte und »aufsteigender Klasse« fest, wenngleich ihn ihre »Richtungslosigkeit« wie »jämmerliche Hilflosigkeit« (GBA 27, S. 347) bestürzte. Darüber hinaus betrachtete B. die Ereignisse des 17. Juni unter dem Blickwinkel eines möglichen neuen Kriegs. Für ihn stand Berlin »mehrere Stunden lang« am »Rande eines dritten Weltkrieges« (GBA 23, S. 250). Mit dem Hinweis auf *Zwei Gesellschaftsordnungen* traf er eine Unterscheidung zwischen den Verhältnissen in den beiden Teilen Deutschlands, wobei die Wertschätzung eindeutig weiter der DDR galt. Hier habe sich ein »Arbeiter- und Bauernstaat gebildet, der Politik und Wirtschaft nach völlig neuen Grundsätzen behandelte. Eigentums- und Produktionsverhältnisse sind gründlich geändert worden, und die öffentlichen Geschäfte sowie die Meinungsbildung der Bevölkerung folgen bisher unerhörten Methoden.« (S. 251) Die Chancen der neuen Verfasstheit von Gesellschaft mochte er in Auswertung der Fehler des 17. Juni weiter ausgeprägt sehen. Dabei befand B. sich in Übereinstimmung mit einem größeren Teil von Intellektuellen und Künstlern, die bei grundsätzlicher Zustimmung zum »Projekt DDR« eine veränderte Politik forderten (vgl. Gansel 1996; Mittenzwei 2001, S. 111–122). Mit der *Erklärung der Deutschen Akademie der Künste*, an deren Entstehen B. maßgeblich beteiligt war, leisteten die Akademiemitglieder – stellvertretend für alle Teile der Gesellschaft – einen Beitrag zum sog. ›Neuen Kurs‹. In den Vorschlägen an die Regierung wurde die Notwendigkeit eines veränderten Umgangs mit den Künsten betont, der Staat sollte sich »jeder administrativen Maßnahme in Fragen der künstlerischen Produktion und des Stils enthalten« und die Kritik »der Öffentlichkeit überlassen« (GBA 23, S. 253). Das Programm wie die nachfolgenden Schriften von B. waren Vorschläge für eine Modernisierung der DDR. Ohne die Rolle des Staats grundsätzlich in Frage zu stellen, wurde die Notwendigkeit einer relativen Autonomie einzelner gesellschaftlicher Handlungsfelder bzw. Teilsysteme betont und im Sinne einer Modernisierung dafür plädiert, keine systemischen Stoppregeln für innersystemisches Handeln zu setzen. Nur, wo dies garantiert war – so B.s neue Erfahrung –, gab es die Chance, Widersprüche in kreative Potenziale zu transformieren. Weil B. diese Möglichkeiten in der DDR sah, war er in hohem Maße an der Diskussion in der Akademie beteiligt, lieferte eigene Vorschläge und entwickelte mit *Kulturpolitik und Akademie der Künste* stringente Vorstellungen für eine zukünftige Arbeit. Dazu gehörten auch seine ergänzenden Bemerkungen zur *Kunstkommission* (S. 260f.) wie zur *[Umwandlung des Amts für Literatur]*, wobei er mit seinen Forderungen nach Abschaffung dieser nach dem Formalismusplenum von 1951 geschaffenen Institutionen direkt in den politischen Diskurs eingriff (zur Rolle der Staatlichen Kommission für Kunstangelegenheiten sowie des Amts für Literatur vgl. Gansel 1996). Die durch das Agieren der Zensurorgane ausgelösten Widersprüche machten B. produktiv, indem er die negativen Erfahrungen zum Anlass nahm, um über Ursachen für Fehler nachzudenken, und aus der Analyse grundsätzliche Überlegungen ableitete, wie mit Kunst im entstehenden Sozialismus nicht umzugehen ist. »Die Kunst ist nicht dazu befähigt«, so B., »die Kunstvorstellungen von Büros in Kunstwerke umzusetzen. Nur *Stiefel kann man nach Maß anfertigen.*« (GBA 23, S. 265f.) Der »Geschmack vieler politisch gut geschulter Leute« ist für ihn »verbildet und also unmaßgeblich« (S. 266). Die Tendenz, »den sozialistischen Realismus in Gegensatz zum kritischen Realismus bringen zu wollen«, empfand er als rückständig, weil man ihn damit zu einem »unkritischen Realismus« stempelte. Statt dessen entwickelte er sein dialektisches Programm einer realistischen Kunst: »Das ist eine Kunst, welche die Wirklichkeit wiedergeben und sie zugleich beeinflussen, verändern, für die breiten Massen der Bevölkerung verbessern will. Aus dem letzteren geht hervor, daß sie sozialistisch sein muß.« (Ebd.) Überhaupt stellte die Zeit nach dem 17. Juni eine Phase dar, in der in einer Breite Vorschläge für ein Reformprogramm eingebracht wurden, wie dies in nachfolgenden Etappen der DDR nicht mehr der Fall war.

Die Auflösung der Kunstkommission und des Amtes für Literatur sowie die Gründung des Ministeriums für Kultur unter Johannes R. Becher (vgl. Gansel 1991) waren für B. ein Schritt in die richtige Richtung. Mit dem Beitrag *Probleme, die das neue Ministerium lösen muß* wertete B. die »Neugestaltung« der »kulturellen Institutionen« als wertvollen Beitrag. Vor allem kam es ihm darauf an zu betonen, dass diese Neugestaltung »etwas völlig Neues und Vorbildliches in Deutschland« darstellte, weil sie »in Zusammenarbeit mit Künstlern und Schriftstellern vom Staat vorgenommen« wurde (GBA 23, S. 272). Indem er den Gründungsakt bereits als Ausdruck einer neuen Qualität der Zusammenarbeit darstellte, hoffte er Positionen zu markieren, hinter die nicht mehr zurückzugehen war. Nicht der 17. Juni selbst und die vielfältigen Überlegungen in der kurzen Periode des ›Neuen Kurses‹ sind es daher, die B. in der Folgezeit bedenklich stimmten, sondern die Tatsache, wie mit ihnen umgegangen wurde und die Möglichkeiten einer kontinuierlichen »*Großen Aussprache*« (S. 250) vertan wurden. Die kurze Phase des ›Neuen Kurses‹, an der B. sich mit Vorschlägen beteiligte, blieb nach der Festigung der Stellung von Ulbricht und der Ausschaltung der Reformkräfte eine Episode, aus der die politische Klasse in der DDR keine Lehren zog. B.s *Buckower Elegien* wie sein Vorwort zu *Turandot* (GBA 24, S. 409f.) waren Antworten auf die nicht an den Kern gehende Lösung der offensichtlichen Widersprüche. Dennoch stellte die DDR für B. – trotz der ungelösten Widersprüche – weiter die Alternative zur Bundesrepublik dar. Im Westen Deutschlands sah B. keine Neuerungen; Konstituenten, welche die bürgerliche Gesellschaft ausmachen wie *Freie Wahlen* oder *[Bürgerliche Freiheiten]* bewertete er als scheindemokratisch: »Es ist der älteste Trick der Bourgeoisie, den Wähler frei seine Unfreiheit wählen zu lassen, indem man ihm das Wissen um seine Lage vorenthält. / Das, was jemand braucht, um seinen Weg wählen zu können, ist Wissen. Was kommt dabei heraus, wenn man einen Mann, der weder Notenlesen noch Klavierspielen lernen durfte, vor ein Klavier stellt und ihm die freie Wahl über die Tasten läßt?« (GBA 23, S. 272) B. erlebte, wie dagegen in der DDR trotz der Abbremsversuche durch die politische Führung um Ulbricht der Diskussionsprozess unter Intellektuellen über eine Erneuerung des Sozialismus in vollem Gange war. Die Erfahrungen am Berliner Ensemble wie die Kenntnis der Entwicklungen im Aufbau-Verlag stimmten ihn zuversichtlich, und er beteiligte sich aktiv an Vorbereitung wie Durchführung des 4. Schriftstellerkongresses, der im Januar 1956 stattfand *(Notizen zum Schriftstellerkongreß*; vgl. Gansel 1996). In seiner Rede auf dem Kongress vermerkte B. – bewusst im Futur 1 sprechend –, wie in dem »Teil Deutschlands, in dem dieser Kongress tagt«, im »Interesse ganz Deutschlands der Kampf um eine neue, bessere Lebensweise und um eine neue bessere Denkweise mächtig fortgeführt« wird. In Absetzung zur Literatur in der Bundesrepublik notierte er: »Wir schreiben unter neuen Bedingungen.« (GBA 23, S. 382) In einer Notiz vom Januar 1956 kam B. zum Ergebnis: »In der DDR ist ein kräftiger Versuch gemacht worden. Durch die Organisation einer völlig neuen Wirtschaftsform, einer sozialistischen, deren Hauptzüge bei uns schon sichtbar sind, ist eine Umschulung in Gang. Die Produktionsweise mußte dafür völlig geändert werden usw.« (S. 383f.) Mit Blick auf Wahlen in der bürgerlichen Gesellschaft, stellte er erneut die andere Qualität von Wahlen in der DDR heraus, die »rein bestätigenden Charakter« hätten, »›nur‹ Volksbefragungen über eine neue Politik im Interesse der arbeitenden Bevölkerung« wären. Doch für B. war das, was auf den ersten Blick von den Massen als Mangel empfunden wurde, letztlich Folge der neuen Produktionsweise. »Ich sage ›nur‹, weil ein großer Teil der Bevölkerung der DDR diese Wahlen als eine Einschränkung ihrer Willenskundgebung betrachtete, immer noch gewohnt, an die bürgerliche Form, die weit freier erschien. Da waren ›Persönlichkeiten‹ vorgestellt worden, die Parteien angehörten, die etwas vage Programme hatten und in der kapitalistischen Anarchie des Wirtschaftslebens bestimmte Interessengruppen vertraten.« (S. 384)

Die Enthüllungen des XX. Parteitages der KPdSU waren auch für B. schockierend. An seinen materialistischen Grundüberzeugungen änderte sich nichts, im Gegenteil waren die Erfahrungen nach dem 17. Juni und dem XX. Parteitag ihm Bestätigung für die marxistische Position, dass es gelte das »Produzieren zum eigentlichen Lebensinhalt [zu] machen und es so [zu] gestalten, es mit so viel Freiheit und Freiheiten aus[zu]statten, daß es an sich verlockend ist« (S. 416). In der Notiz *Über die Kritik an Stalin* erklärte B. die Verbrechen Stalins unter Bezug auf Marx, wonach die Herrschaft des Proletariats »unmenschliche Züge« aufweisen könnte, weil es »durch die Bourgeoisie in der Entmenschtheit gehalten wird«. Die Revolution entfessle »wunderbare Tugenden und anachronistische Laster zugleich. Die Befreiung der Laster braucht mehr Zeit als die Revolution.« (S. 417) Eine der »schlimmen Folgen des Stalinismus« stellte für B. »die Verkümmerung der Dialektik« dar. Ohne Kenntnis der Dialektik könnte man »solche Übergänge wie der von Stalin als Motor zu Stalin als Bremse« nicht verstehen. Dass es zu einer »Liquidierung des Stalinismus« in der DDR nicht kam, sondern mit den Ungarn-Ereignissen vom Herbst 1956 und den nachfolgenden Schauprozessen gegen Intellektuelle in der DDR der begonnene Reformprozess durch Kriminalisierung seiner Wortführer abbrach, erlebte B. nicht mehr.

B. und die Jugend

B. ging davon aus, dass die Jugend »bis ins Proletariat hinein« (GBA 27, S. 258) von »scheinsozialistischen Ansätzen« der Nazis beeinflusst war, weswegen es darum gehen müsste, anstelle von Versprechungen selbstgesteuerte Lernprozesse in Gang zu setzen. Hinsichtlich seiner eigenen Texte konnte B. annehmen, dass sein seit 1933 entstandenes Werk der jüngeren Generation unbekannt war, ein Wissen um die Realismusdebatte des Exils nicht vorausgesetzt werden konnte, Anschlüsse an die Literatur der Moderne kaum existierten und damit seinem Kunstkonzept der literarische Boden fehlte. Dies waren Gründe, warum B. zu jenen gehörte, die auf die Jugend wie ihre literarische Bildung setzten. Dabei lehnte er eine Rolle ab, die den Schriftsteller als moralische Instanz sah oder die Künste auf eine geistige Führung verpflichtete. Dies entsprach nicht seinem literarischen Konzept, das auf Mitarbeit des Lesers und eine symmetrische Kommunikation setzte. Auf die Frage eines westdeutschen Autors, ob er die Rolle eines »Führers in eine bessere Zukunft« annehme, antwortete B. nüchtern, er würde lieber hören, »daß Deutschland nach den zweifellos nicht ganz positiven Erfahrungen der letzten Jahrzehnte seine Gier, geführt zu werden, nun etwas im Zaume hielte und sich selbst ans Denken machte« (GBA 23, S. 106). Und auf die Frage, was er von der deutschen Jugend halte, notierte er: »Ich kenne die jetzige deutsche Jugend nicht.« (S. 107). Noch deutlicher formulierte er seine Auffassung *Von der Jugend* in einer Notiz, die mit Recht programmatisch genannt werden kann (vgl. Kaulen 2000, S. 130). Dort heißt es: »Von der Jugend muß man nicht zu viel erwarten. Das ist nicht aus Unhöflichkeit gesagt, sondern aus Freundlichkeit. Sie sind ausgebildet worden zum Zertrümmern der Welt oder nicht ausgebildet, in einer zertrümmerten Welt zu leben. Kurz, unsere Jugend ist eine Hitlerjugend.« (GBA 23, S. 130) Von denen, die im »Hitlerjahrzehnt jung waren«, erwartete B. zunächst nicht viel, weil sie »zu einer Art Kollektivum gebildet wurden, als Bürgertum und Kleinbürgertum sich nazifizierte« (S. 131). B.s Haltung unterschied sich von Positionen, wie sie nicht nur von Autoren in den Nachkriegsjahren vertreten wurden – zu denken ist an Becher (Gansel 1991; Gansel 1992). B. stand mit seiner Argumentation auch im Gegensatz zu Alfred Andersch, der – als Vertreter der Jungen sprechend – in seinem *Ruf*-Beitrag *Das junge Europa formt sein Gesicht* (Nr. 1, 15. 8. 1946) einen Teil der jungen Generation entschuldete und schwere Vorwürfe gegen die ältere Generation erhob. Andersch legte in diesem Aufsatz die junge Generation nicht ohne Grund auf »Männer und

Frauen zwischen 18 und 35 Jahren« fest. »Von den Älteren« würde sich die junge Generation »durch ihre Nicht-Verantwortlichkeit für Hitler, von den Jüngeren durch das Front- und Gefangenenerlebnis, durch das ›eingesetzte Leben‹ also«, unterscheiden. Damit ist der Abstand einmal zu Exilautoren (»Front- und Gefangenenerlebnis«) ebenso markiert, wie zu jenen arrivierten Autoren der inneren Emigration (»Nicht-Verantwortlichkeit für Hitler«). Das Alter von 33 Jahren entschuldete jene Jungen, die 1933 unter 23 Jahren und somit nicht wahlberechtigt waren. Als Autor, der während der Zeit des Nazireichs in Deutschland geblieben war, nahm Erich Kästner die Denkfigur von Andersch an und suchte den Dialog zu befördern, indem er um Verständnis zwischen den Generationen insbesondere in jener Zeitschrift warb, die sich an die Jugend richtete, der Zeitschrift *Pinguin*. Gleichwohl sah auch Kästner, in welchem Maße Teile der Jugend in ihren politischen wie ästhetischen Auffassungen durch die Jahre zwischen 1933 und 1945 geprägt wurden. Unter der Überschrift *Die Augsburger Diagnose. Kunst und deutsche Jugend* setzte er sich in der *Neuen Zeitung* vom 7. 1. 1946 mit den Folgen auseinander: »Nun sind diese Kinder Studenten geworden. Die Kunst ist wieder frei. Und die Studenten spucken, wie sie es gelernt haben, auf alles, was sie nicht verstehen. Weil alles, was nicht alle verstehen, von 1933 bis 1945 Dreck war. Sie haben es nicht anders gelernt.«

In der *Neuen Zeitung* vom 22. 4. 1946 veröffentlichte Kästner dann einen Beitrag unter dem Titel *Verlorene Generationen*, in dem er davon ausging, dass es »heute in Deutschland nicht eine junge Generation [gibt], sondern deren zwei, die sich wesentlich voneinander unterscheiden«. Kästner unterteilte in die Generation der »Zwanzigjährigen« und jene der »Dreißigjährigen«. Für B. waren derartige Unterscheidungen Fehl am Platz, und er kam zum Ergebnis: »Kurz, unsere Jugend ist eine Hitlerjugend.« (GBA 23, S. 130) Entsprechend appellierte er nicht an die Jungen, machte keine Versprechungen, sah sie kritisch und erwartete von ihnen Änderung: »Nein, ich kann euch keine Hoffnung machen. Wenn ich könnte, – warum sollte ich? Die Frage ist, ob man euch ohne Befürchtungen betrachten kann.« (S. 98) Weil diese junge Generation »das Denkvermögen von Kindern mit der Unbelehrbarkeit von Greisen« vereinte, könnte es nur einen Weg geben, nämlich im Gesellschaftsprozess zu lernen und an den Aufgaben zu wachsen: »Unsicherer noch als ihre geistigen sind ihre seelischen Regungen. Nur Vernunft könnte diese Impulse entgiften, aber Vernunft kann nicht einfach, in Form von Lehrmitteln, geliefert werden; sie muß produziert werden in dem großen Produktionsprozeß der Gesellschaft.« (S. 130f.) Entsprechend lehnte B. jegliche Überhöhung der Jugendphase ab und suchte sie auch nicht, mit Zukunftsversprechen zu locken. In welchem Maß ihm die Jugend allerdings wichtig war, zeigte sich allein in der Tatsache, dass B. sich sogleich nach der Rückkehr zwischen 1948 und 1949 – und noch vor den *Kinderliedern* – daran machte, im *Aufruf an meine Landsleute*, dem *Aufbaulied der F.D.J.* und dem *Zukunftslied* (vgl. Kaulen 2000, S. 134) Gedichte für die junge Generation zu verfassen. Das *Aufbaulied der FDJ* setzt auf die Eigenverantwortung der Jungen und lehnt ein autoritäres Führertum ab, weil es die eigene Vernunft wie die Eigenaktivität lähmt: »Besser als gerührt sein ist, sich rühren / Denn kein Führer führt aus dem Salat / Selber werden wir uns endlich führen / Weg der alte, her der neue Staat.« (GBA 15, S. 197) Der Hinweis auf den »neuen Staat« erschien B. zu direkt; in den *Journalen* notierte er am 21. 12. 1948 zur Begründung: »Bin unzufrieden, daß der ›neue Staat‹ hereinkommt, ist aber nötig, damit der materielle Aufbau verknüpft werden kann mit dem politischen. Ignoriere jedoch bestimmt die Einwände gegen die letzte Strophe (›Und kein Führer führt aus *dem* Salat‹), erhoben von der Leitung.« (GBA 27, S. 293) In einer Notiz ging B. einen Schritt weiter, indem er existierende Vorschläge, wie man mit der Jugend reden sollte, destruiert: »FDJ. Man sagt mir, zu euch muß man primitiv reden. Will ich nicht. Wie mir der Schnabel gewachsen ist – nicht wie euch die Ohren gewachsen sind. Dialektik.« (GBA 23, S. 104) B. entwickelte – von einem modernen Kindheits- bzw. Jugendbild ausgehend – gewissermaßen nebenher ein modernes Konzept von Kinder- und Jugendliteratur, das die kindlichen bzw. jugendlichen Leser als gleichberechtigte Partner Ernst nahm (vgl. Gansel 1999; Kaulen 2000). B. widersprach damit Vorstellungen in der SBZ/DDR, die darauf setzten, durch das Entwerfen von vorbildhaften literarischen Figuren das »Wirklichkeitsbild der Zukunft zu entwerfen« (Honecker 1948, S. 108). Es war nur konsequent, wenn B. sich mit seinen Vorschlägen auch auf jenes gesellschaftliche Handlungsfeld bezog, das in besonderer Weise die Ausbildung der jungen Generation beeinflusste, darüber mit entschied, ob und auf welche Weise selbstgesteuerte Lernprozesse in Gang gebracht wurden und das zu jenen Instanzen gehörte, die das Lesen lehrte, die Schule. Schon der Vorschlag an die Akademie der Künste vom August 1951 »in knappen Lieferungen eine Sammlung von Mustern großer Lyrik und Prosa für ganz Deutschland« herauszugeben, war mit Blick auf »Lehrer und Schüler unserer Volksschulen und Hochschulen« (S. 154) gemacht. Die Auswahlprinzipien formulierte B. bewusst vage, die Sammlung sollte keinen Anspruch auf Vollständigkeit haben, es käme nicht darauf an, »ob und mit was dieser oder jener Dichter ›vertreten‹ ist«, eine »Anordnung in zeitlicher oder anderer Richtung« wäre nicht nötig. Vielmehr sollte es sich um Texte handeln, »auf die sich künstlerisch und politisch die Mitglieder der Sektion Dichtkunst leicht einigen« (GBA 23, S. 154). Für B. hatte ein solches *Deutsches Lesebuch* mehrere Funktionen: es sei für Lehrer und Schüler nötig, ermögliche eine Selbstverständigung der Akademie und sei »für ganz Deutschland ein Politikum von Bedeutung« (ebd.). So weit entfernt von einem gegenwärtigen Kanonverständnis war B. mit seinem Vorschlag nicht, denn danach wird der Kanon als eine »strenge Auswahl von Autoren und Werken der Literatur« bezeichnet, die »eine Gemeinschaft für sich als die vollkommensten anerkennt und mit Argumenten verteidigt« (Heydebrand 1991, S. 4f.). B. ging bei seinen Überlegungen noch einen Schritt weiter, indem er für das *Lesebuch der Akademie der Künste* einen weiten Literaturbegriff ansetzte, also nicht nur »dichterische Texte« einbezog, sondern auch Sach- und Gebrauchstexte (GBA 23, S. 155). Die Überlegungen wurden von B. mit den Hinweisen *Zu den Lehrplänen für den Deutschunterricht* präzisiert. Es waren dies einerseits Kanonvorschläge, die sich an der literarischen Qualität der Autoren wie Texte orientierten. Anderseits öffnete B. den Kanon und schlug die Aufnahme von Kitsch vor, da weder »politische noch geschmackliche Urteile« sich nur an »Gutem« bilden könnten. Als Gegenstände für den Deutschunterricht sah B. auch »Beispiele von Lebensläufen, Meldungen und Reden«, ja er ging sogar soweit, »gute (und schlechte) Beispiele von Losungen« durchzunehmen und forderte: »Das Kommunistische Manifest *muß* in den Lehrplan für Deutsch.« (S. 160) Beim Umgang mit Texten setzte B., seiner Grundauffassung vom Lernen folgend, auf handlungs- und produktionsorientierte Impulse, die Kinder sollten »selbst Losungen erfinden und formulieren« (ebd.). B.s Programm einer literarischen Bildung der Jugend blieb bei Vorschlägen für einen materialen Kanon nicht stehen, sondern wurde auf eine allgemeine ästhetische Bildung bzw. eine *Schule der Ästhetik* (S. 161) ausgeweitet. Dazu waren nach B.s Auffassung *Deutsche Rezitationsstunden* (ebd.) unverzichtbar, wobei beim Rezitieren nicht Halt gemacht werden konnte, es vielmehr auch um das »Einüben einiger Gedichte mit den Schülern« (ebd.) ginge. »Es ist nämlich anzunehmen, daß wirklicher Genuß von Lyrik bis zu einem gewissen Grade davon abhängt, ob man imstande ist, Klang, Rhythmus und Tonfall selbst zu beherrschen.« (Ebd.) Der Brief an junge Pioniere *Wie man Gedichte lesen muß* vom Sommer 1952 bedeutete eine Fortsetzung des Engagements für eine umfassende ästhetische Bildung der Jugend. B. wandte sich gegen eine oberflächliche Lektürepraxis und plädierte für ein genaues Lesen, weil man erst dann »Vergnügen daran haben kann«: »Es ist nämlich mit Gedichten nicht immer so wie mit dem Gezwitscher eines Kanarienvogels, das hübsch klingt und damit fertig. Mit Gedichten muß man sich ein bißchen aufhalten und manchmal erst herausfinden, was daran schön ist.« (S. 213) Dies entsprach B.s Maxime, wonach eine Chance der Kunst darin besteht, Intellekt und Unterhaltung zu verbinden. Eine Kunst des Lesens auf Seiten der Rezipienten auszubilden, setzte allerdings voraus, dass der Text als Rezeptionsvorgabe diese Mühe auch lohnt: »Und glaubt mir, ein Gedicht macht nur wirklich Freude, wenn man es genau liest. Allerdings muß es auch so geschrieben sein, daß man das tun kann.« (S. 215) Wenngleich B. das Lesen von Gedichten an Johannes R. Bechers Lied *Deutschland* – von Eisler vertont – exemplifizierte, handelte es sich selbstverständlich um Anregungen für den Umgang mit eigenen Texten. Dass B. trotz unterschiedlicher Kunst- und Politikauffassungen ein Gedicht von Becher wählte, war Indiz dafür, dass die Differenzen zwischen beiden keineswegs so groß waren, wie mitunter behauptet.

Literatur:

Ackermann, Anton: Die Kultur und der Zweijahrplan. Vortrag auf der Arbeitstagung sozialistischer Schriftsteller und Künstler. 2./3. September 1948a. In: SAPMO, BArch, IV 2/101/96, Bl. 3ff. (Stiftung der Archive der Parteien und Massenorganisationen der DDR, Bundesarchiv). – Ders.: Marxistische Kulturpolitik. In: Protokoll der Verhandlungen des Ersten Kulturtages der SED (5. Bis 7. Mai 1948). Berlin 1948b, S. 173–209. – Bunge, Hans (Hg.): Die Debatte um Hans Eislers »Johann Faustus«. Eine Dokumentation. Berlin 1992. – Dimitroff, Georgi: Die Offensive des Faschismus und die Aufgaben der Kommunistischen Internationale im Kampf für die Einheit der Arbeiterklasse gegen den Faschismus. Bericht auf dem VII. Weltkongreß der Kommunistischen Internationale. In: Ausgewählte Schriften in drei Bänden, Bd. 2. Berlin 1958, S. 523–625, hier: S. 525. – Gansel, Carsten (Hg.): Der gespaltene Dichter. Johannes R. Becher. Gedichte, Briefe, Dokumente. 1945–1958. Berlin, Weimar 1991. – Ders. (Hg.): Metamorphosen eines Dichters: Johannes R. Becher. Expressionist, Bohemien, Funktionär. 1910–1945. Texte, Briefe, Dokumente. Berlin, Weimar 1992. – Ders.: Parlament des Geistes? Literatur zwischen Hoffnung und Repression (1945–1961). Berlin 1996. – Ders.: Moderne Kinder- und Jugendliteratur. Berlin 1999. – Ders.: Von der Einpassung über den Protest zum Ausbruch – Jugendkonfigurationen in der Literatur in der DDR vor und nach 1968. In: Rosenberg, Rainer [u.a.] (Hg.): Der Geist der Unruhe. 1968 im Vergleich. Wissenschaft – Literatur – Medien. Berlin 2000, S. 267–290. – Heukenkamp, Ursula (Hg.): Unerwünschte Erfahrung. Kriegsliteratur und Zensur in der DDR. Berlin und Weimar 1990. – Honecker, Erich: Junge Generation und Schriftsteller. In: Ders.: Zur Jugendpolitik der SED. Berlin 1948, S. 105–109. – Kaulen, Heinrich: Kinderlieder, Lehrstücke, Parabeln. Literatur für Kinder und Jugendliche bei Bertolt Brecht. Habilschrift. Hannover 2000. – Kiedaich, Petra (Hg.): Lyrik nach Auschwitz? Adorno und die Dichter. Stuttgart 1995. – Lucchesi, Joachim (Hg.): Das Verhör in der Oper. Die Debatte um die Aufführung »Das Verhör des Lukullus« von Bertolt Brecht und Paul Dessau. Berlin 1993. – MITTENZWEI, BD. 2. – Mittenzwei, Werner: Die Intellektuellen. Literatur und Politik in Ostdeutschland 1945–2000. Leipzig 2001. – Stulz-Herrnstadt, Nadja: Das Herrnstadt-Dokument. Das Politbüro der SED und die Geschichte des 17. Juni 1953. Reinbek bei Hamburg 1990.

Carsten Gansel

Versuche

Unter den zu B.s Lebzeiten edierten Ausgaben der eigenen Werke kommt der *Versuche*-Reihe in mehrfacher Hinsicht eine besondere Bedeutung zu. Denn diese Reihe stellt, gemessen an ihrem Erscheinungszeitraum, das ausgreifendste Editionsprojekt dar, das mit B.s Beteiligung entstand: Das erste Heft erschien 1930, das letzte, 15. Heft, im Juli 1957. B. war an den editorischen Vorarbeiten des Letzteren noch beteiligt. Unterbrochen wurde die Reihe Anfang des Jahrs 1933, in dem noch Heft 7 herauskam, bevor durch den NS-Staat die Publikation von B.-Texten generell verboten wurde. Die typografisch anknüpfende Fortsetzung der *Versuche*-Reihe ab 1949 in der Bundesrepublik Deutschland sowie ab 1951 in der DDR weist darauf hin, dass es B. zeitlebens für erforderlich erachtete, über ein Periodikum zu verfügen, das kontinuierlich Nachricht geben konnte über den experimentellen und aktuellvorläufigen Stand seiner ästhetischen Produktion.

Das erste, 1930 im Gustav Kiepenheuer Verlag Berlin erschienene Heft der *Versuche* enthält im Vorwort einen konzeptionellen Aufriss, der für die gesamte Werkreihe programmatisch werden sollte und der Aussagen über B.s entwickelten Werkbegriff macht: »Die Publikation der ›Versuche‹ erfolgt zu einem Zeitpunkt, wo gewisse Arbeiten nicht mehr so sehr individuelle Erlebnisse sein (Werkkarakter haben) sollen, sondern mehr auf die Benutzung (Umgestaltung) bestimmter Institute und Institutionen gerichtet sind (Experimentkarakter haben) und zu dem Zweck, die einzelnen sehr verzweigten Unternehmungen kontinuierlich aus ihrem Zusammenhang zu erklären.« (*Versuche*, H. 1, S. 1) B.s Experimentbegriff zielt vor allem auf tiefgreifende Veränderungen der kulturvermittelnden Institutionen innerhalb der Weimarer Republik. Somit besitzen die *Versuche*-Texte ein strategisches Kalkül, das Angebote für eine als umgestaltungswürdig erkannte kulturelle Praxis liefert und das die ›alten‹ Kunstapparate Theater sowie Oper ebenso einbezieht wie die ›neueren‹ technischen Medien Rundfunk, Film und Schallplatte. Jene Texte B.s in den *Versuchen*, die z.B. auf eine Veränderung kultureller Praktiken in den Apparaten abzielen und teilweise auch längere Kommentare besitzen, sind *Der Flug der Lindberghs, Das Badener Lehrstück vom Einverständnis, Die Maßnahme*, die Oper *Aufstieg und Fall der Stadt Mahagonny, Die Mutter, Aus dem Lesebuch für Städtebewohner* und der Dreigroschenkomplex. Gleichzeitig opponiert B.s Experimentbegriff auch dem herrschenden Werkbegriff als dem eines autonomen, in sich geschlossenen, singulären wie ›endgültigen‹ Kunstwerks und definiert sich über offene, verwert- oder verwerfbare Texte innerhalb multifunktionaler Gebrauchszusammenhänge. Somit sollen die *Versuche*, welche schon durch die Titelei des ersten Hefts »Brecht / Versuche 1–3« das Periodikum ankündigen, ein eingreifendes Denken, Mitdenken und Handeln im subjektiven wie institutionell-gesellschaftlichen Rahmen befördern helfen.

Auch die gesonderte Nummerierung der einzelnen *Versuche*-Texte innerhalb des jeweiligen Hefts ist keine bloß formale, sondern diente B. als ein zuordnendes Verweissystem, um übergreifende Zusammenhänge zwischen scheinbar divergierenden Texten (und Heften) herzustellen und sie dem Leser zu verdeutlichen. Allerdings traten im Laufe der *Versuche*-Edition Unregelmäßigkeiten in der Nummerierung der einzelnen *Versuche*-Texte auf. Gerhard Seidel verweist darauf, dass die »in den sechzehn ›Versuche‹-Heften erschienenen Texte [...] von Brecht bzw. Elisabeth Hauptmann nur teilweise numeriert« wurden (Seidel, S. 287). Auch die Nummerierung der einzelnen Texte aus Gründen des Querverweises »erfolgte bereits ab Heft 3 inkonsequent und widersprüchlich« (ebd.). Weiterhin weist Seidel in diesem Zusammenhang auf in den *Versuchen* vorangekündigte Texte B.s hin, deren spätere Publikation an diesem Ort jedoch unterblieb (S. 299f.). Gründe für diese Widersprüchlichkeiten gibt er jedoch nicht an und vermerkt lediglich dazu: »Die Numerierung der Versuche sollte deshalb von der Brecht-Forschung weder unbeachtet gelassen noch überschätzt werden.« (S. 287) Eine ausführliche Diskussion dieses Problems ist in der bis heute spärlichen Sekundärliteratur nicht erfolgt.

Der organisatorische Impuls zur *Versuche*-Reihe kam vom damaligen Lektor des Kiepenheuer Verlags Peter Suhrkamp. Dieser war vermutlich im Winter 1919 oder Sommer 1920 erstmals mit B. in Kontakt gekommen. Als Musiklehrer ausgebildet, unterrichtete Suhrkamp von 1919 bis 1921 an der reformpädagogisch geprägten Odenwaldschule, war danach bis 1925 Regisseur und Dramaturg am Landestheater Darmstadt und schließlich von 1925 bis 1929 Lehrer und pädagogischer Leiter der Freien Schulgemeinde Wickersdorf. 1929 kam Suhrkamp nach Berlin und wurde zunächst durch Vermittlung Elisabeth Hauptmanns Redakteur bei der Zeitschrift *Uhu*, um dann in den Kiepenheuer Verlag überzuwechseln. Gerade die im Kontext mit Musik stehenden Lehrstücke wurden von B. und Suhrkamp gemeinsam diskutiert, und sicher flossen Suhrkamps reformpädagogische Musikerfahrungen in die Arbeit mit ein. Die im Heft 2 der *Versuche* veröffentlichten *Anmerkungen zur Oper ›Aufstieg und Fall der Stadt Mahagonny‹*

wurden von B. und Suhrkamp gemeinsam unterzeichnet und geben somit ein sichtbares Beispiel dieser Zusammenarbeit. Suhrkamp engagierte sich nach dem zweiten Weltkrieg – nunmehr als westdeutscher Verleger der Werke B.s – für die Fortsetzung dieser Reihe (vgl. Voit, S. 7–43).

Die Etablierung der *Versuche*-Reihe setzte 1930 in jenem Moment ein, in dem B. mit Werken wie der *Dreigroschenoper*, der *Mahagonny*-Oper, den Lehrstücken, den Arbeiten für Film, Rundfunk und Schallplatte auf ganz unterschiedliche Weise (und für ein ganz unterschiedliches Publikum) sowohl gegen die vorherrschende Praxis kultureller Institutionen als auch gegen den kanonisierten Werkbegriff zu opponieren begonnen hatte. B.s Experimentieren mit neuen Formen war das Resultat einer veränderten Bewertung der kulturell wirksamen Apparate. Nicht ›endgültige‹ Texte in ihrem ›Ewigkeitsanspruch‹ waren das Ziel seiner publizistischen Arbeit, sondern Unabgeschlossenes sollte in den neuen technischen Medien zur Diskussion, zur kritischen Verwertung und vor allem: in schneller Edition aktueller Texte öffentlich zugänglich gemacht werden. Auffällig ist dabei der Widerspruch zwischen dem gediegenen, sorgfältig ausgearbeiteten Druckbild der Texte und der äußeren, materiellen Aufmachung, denn die hier zur Verwendung gelangenden Materialien sind von deutlich minderer Qualität: Statt eines sorgfältig gebundenen und stabilen Hardcover-Einbands wurde nur ein Karton-Einband gewählt, welcher ein qualitativ minderwertiges, gelbliches Papier umschließt, das einer mehrfachen Benutzung kaum standhalten kann. Druckseiten und Einband sind dem zeitlichen wie benutzenden Zerfall preisgegeben. Diese materialisierte Dürftigkeit ist mit B.s Unachtsamkeit kaum zu erklären, denn es ist bekannt, wie penibel er bei anderen Werken in den Prozess der Drucklegung eingriff und von der Druckerei ein Höchstmaß an Qualität abverlangte, wie etwa im Fall des *Dreigroschenromans* (vgl. BHB 3, S. 195). Bei den *Versuchen* scheint B. jedoch absichtsvoll einen Materialwert avisiert und dann mit ›einkomponiert‹ zu haben, der im Gebrauch sich selbst zerstört und den Gedanken an die Vorläufigkeit des textlich ›Versuchten‹ über das Material optisch und haptisch erlebbar werden lässt. Bereits im August 1920 hatte sich B. zur Publikation seiner Gedichte so geäußert: »Vielleicht sollte ich doch die Lautenbibel hinausschmeißen, auf Zeitungspapier groß gedruckt, fett gedruckt auf Makulationspapier, das zerfällt in drei, vier Jahren, daß die Bände auf den Mist wandern, nachdem man sie sich einverleibt hat.« (GBA 26, S. 146) Während gediegene Bucheinbände und solide Papiersorten im etablierten Bürgertum weiterhin als ästhetisches Credo galten, bekundete B. an der durch Gebrauch eintretenden Zerfallszeit von Büchern bereits ein deutliches Interesse. Wie der ›Experimentkarakter‹ der Texte auf die Umfunktionierung bzw. Umgestaltung der Apparate zielte, so löste B. den Literaturbegriff vom bloß gedruckten Text und situierte ihn da, wo ihn die Apparate längst verankert hatten: im Radio, im Film, auf der umfunktionierten Bühne, auf der Schallplatte. Dies waren die Orte geworden, an denen sich das Publikum der modernen Industriegesellschaften die Texte ›einverleibte‹. Dass B. dennoch auf eine edle Präsentation seiner Texte achtete, beweist der großzügige Druck und die Verwendung verschiedener, aufeinander abgestimmter Schrifttypen und -größen. Bereits im ersten Heft zeigt sich B.s intensive Arbeit an Typografie und Satzspiegel. Lange probierte er sie anhand von Bürstenabzügen und Probedrucken aus, um Schriftarten, Zeilenabstände, Fußnoten, Marginalspalten am Außenrand, Kolumnentitel, Seitenzahlen und Foto-, Grafik- sowie Notenmaterial in die *Versuche* zu integrieren. Die untereinander abweichenden Formen der ersten *Versuche*-Hefte zeigen den ebenso experimentellen wie sorgfältigen Charakter der Gestaltung an. Aber auch seine in verschiedenen Texten immer wieder aufgegriffenen Topoi des Vergehens und Verschwindens, wie sie sich z.B. zeitgleich im *Flug der Lindberghs* finden lassen (als Verschwinden Gottes durch die ihn liquidierende Revolution; *Versuche*, H. 1, [S. 11]), legen übergreifende, denkbare Bezüge zum vergänglichen Materialwert der *Versuche*-Hefte nahe. Ebenso lässt auch die Assoziation an ›Dreigroschenhefte‹, d.h. an ›billige‹ Krimis, Liebes- und Kitschromane, schnell und auf schlechtem Papier gedruckt, diesen Materialwert spürbar werden.

Das Vorwort des ersten Hefts weist deutlich auf die Intentionen B.s hin, eine Reihe zu etablieren, die einen Gegenentwurf zu anderen Editionsprinzipien realisiert, diese zwar nicht in Frage stellt, jedoch perspektivisch erweitert. Gegenüber herkömmlichen Werkausgaben, die, wie etwa die GBA, eine rubrizierende Gattungseinteilung in *Stücke-*, *Gedichte-*, *Prosa-*, *Schriften-*, *Journale-*, und *Briefe-*Bände aufweisen, haben die *Versuche* eine gattungsübergreifende, dialogische Struktur. Die miteinander versammelten Texte stellen eine neue Sinnbezüglichkeit zueinander her, erklären sich gegenseitig, ergänzen und widersprechen sich, brechen neue Perspektiven auf und zeigen in einer unorthodoxen Zusammenstellung die »sehr verzweigten Unternehmungen« in ihrem inneren, nichtformalen »Zusammenhang« auf (ebd.). Durch diese Zusammenhänge denken B.s Texte miteinander, ineinander, verhalten sich komplementär oder widersprüchlich zueinander, halten den Leser an, eigene Sinnbezüge, Parallelen, Widersprüche zu erkunden und herzustellen. Beim Lesen ist die Vielfalt der Assoziationen gefordert, nicht nur innerhalb eines Texts, sondern auch zu den ihn umschließenden Nachbartexten, den Zeichnungen, Notenbeilagen, Reklameseiten und Fotos, dem Gesamtinhalt des *Versuche*-Hefts oder gar innerhalb einzelner Hefte der Reihe. B. setzte für sich damit die klassischen Prinzipien einer Edition nach Gattungen keineswegs außer Kraft: Denn auch die konventionelle Editionsform entsprach völlig seinen Intentionen, wie sie sich in der Ausgabe der *Gesammelten Werke* im Malik-Verlag und in der begonnenen Werkausgabe nach dem zweiten Weltkrieg, deren ersten beiden Stücke-Bände B. 1953 noch selbst besorgte, niederschlagen. Vielmehr ist es das Multifunktionale, welches das einander ausschließende ›entweder oder‹ zu einem wirkungsstrategischen und gleichzeitigen ›sowohl als auch‹ wandelt.

Heft 1 der *Versuche* stellt – im doppelten Sinn des Worts – einen Versuch vor, nämlich den *Flug der Lingberghs (Radiolehrstück für Knaben und Mädchen)*, »ein pädagogisches Unternehmen«, das eine »bisher nicht erprobte Verwendungsart des Rundfunks« aufzeigt. B. qualifiziert sie einschränkend als »bei weitem nicht die wichtigste« radiophone Arbeit, hebt aber hervor, dass dies ein (neuartiger) Versuch sei, »Dichtung für Übungszwecke« zu verwenden (*Versuche*, H. 1, S. 1). Dem Radiolehrstück ist eine ›Radiotheorie‹ in Form von »Erläuterungen« nachgestellt, die B.s pädagogische Absichten darstellen und die Funktion des Texts sowohl innerhalb des Mediums Rundfunk als auch für den übenden Hörer in seinem Dialog mit dem Apparat diskutieren. Diesem erläuternden Text ist als ein weiteres Medium innerhalb der *Versuche* eine Fotografie angefügt, welche »praktische Demonstrationen solcher neuen Verwendungsarten empfehlen« soll (ebd.). Dieses Foto (das in der 2. Auflage von 1930 fehlt) trägt die Untertitelung »Demonstration der richtigen Verwertung des ›Flugs der Lindberghs‹ bei der Baden-Badener Festwoche 1929« (S. 20) und zeigt B. während des Probenprozesses auf der Bühne des Baden-Badener Kurhauses stehend neben dem Dirigenten Hermann Scherchen sowie dem Chor, den Musikern (also dem ›Radio‹) sowie dem separat sitzenden ›Hörer‹. Dem Lehrstück schließen sich, als 2. Versuch gekennzeichnet, die *Geschichten vom Herrn Keuner* an sowie der 3. Versuch *Fatzer, 3* (zwei Szenen aus dem dritten Abschnitt des *Fatzer*-Stücks), welchem die (nicht nummerierte) Chorpassage *Fatzer, komm* nachfolgt. Über die Absicht B.s, diese *Fatzer*-Texte im Kontext von Heft 1 mit abzudrucken und sie als Fremdkörper erscheinen zu lassen, ist nichts bekannt.

Heft 2 der *Versuche*, dessen Paginierung, an Heft 1 (1. Aufl.) anschließend, fortgeführt wird, setzt die Mischung der Bereiche fort: Stücktexte werden mit Anmerkungen sowie Lyrik kombiniert, als neues Medium kommen nun Zeichnungen hinzu. B. lässt das Libretto zur *Mahagonny*-Oper, »ein Versuch in der epischen Oper« (*Versuche*, H. 2, S. 45) gefolgt von den Anmerkungen *Über die Oper*, abdrucken. In diesen Anmerkungen, die »eine Untersuchung über die Möglichkeit von Neuerungen in der Oper« (ebd.) sind, und die zu den zentralen, musikbezogenen Texten B.s gehören, sind Skizzen des Bühnenbildners Caspar Neher hineinmontiert, einzelne Opernszenen darstellend. Die nachfolgenden Texte *Aus dem Lesebuch für Städtebewohner* sind »für Schallplatten« konzipiert (ebd.). Damit wird die intermediale Intertextualität über Lehrstück, Prosa, Lyrik, Rundfunk und Oper hin zur Schallplatte ausgedehnt. Im *Lesebuch* wie in der *Mahagonny*-Oper geht es um Städtebewohner und um Menschen, die durch diese Städte hindurchgehen und durch sie geformt werden wie »Der harte Mörtel aus dem / Die Städte gebaut sind« (S. 120). Doch während die Menschen in Mahagonny noch bis zum Zusammenbruch ihres (künstlichen) Gemeinwesens glücksverheißenden Träumen und Wünschen nachhängen, sind die lyrischen Ich des *Lesebuchs* bereits desillusioniert und hart geworden, sie haben nichts zu verlieren außer sich selbst. Dem Gedichtzyklus folgt *Das Badener Lehrstück vom Einverständnis*, das B. in seinem Vorwort als »unfertig« qualifiziert, denn: »dem Sterben ist im Vergleich zu seinem doch wohl nur geringen Gebrauchswert zuviel Gewicht beigemessen. Der Abdruck erfolgt, weil es, aufgeführt, immerhin einen kollektiven Apparat organisiert.« (S. 45) Dem Lehrstück, das in einem inneren Zusammenhang mit dem *Flug der Lindberghs* in Heft 1 steht, ist eine *Anmerkung* nachgestellt, in der B. die »Anweisungen des Komponisten Hindemith« korrigiert. Er widerspricht dem von Hindemith in seinem Vorwort zum Klavierauszug gelieferten Text dahingehend, dass sich »hier auf musikalischer Grundlage gewisse geistige formale Kongruenzen« bilden könnten, dass also das für eine pädagogisch ausgerichtete Gemeinschaftsmusik zu Grunde gelegte ›Wir‹-Gefühl »doch niemals imstande [wäre], den die Menschen unserer Zeit mit ganz anderer Gewalt auseinander zerrenden Kollektivbildungen auf breitester und vitalster Basis auch nur für Minuten ein Gegengewicht zu schaffen« (S. 147; zur ›Dissenz‹ zwischen B. und Hindemith vgl. Schubert; vgl. BHB 1, S. 232). Doch nicht immer geben B.s Vorsprüche und Anmerkungen zu den einzelnen Texten »hinreichende Auskunft über Ziel [...] und Bestandteile der einzelnen Versuche« (Seidel, S. 287), da es vermutlich dem Charakter des vorläufig Edierten widersprechen würde, diesem eine umfassende, akribische Sammlung aller bisher verfassten Textkommentare B.s zuzuordnen.

Die Thematik in Heft 3 der 1931 erschienenen *Versuche 8–10* ist erstmals enger gezogen und kompakter, enthält das Heft doch den Dreigroschenkomplex, bestehend aus der *Dreigroschenoper*, dem *Dreigroschenfilm* und dem *Dreigroschenprozeß*. Die Ankündigung in Heft 2, dass das nachfolgende Heft neben *Dreigroschenoper* und *Dreigroschenfilm* auch die *Ballade von der Billigung der Welt* enthalten soll, wird nicht eingelöst, denn der beabsichtigte Abdruck der Ballade wird vermutlich zu Gunsten des *Dreigroschenprozesses* storniert. B. räumt in seinen zur Uraufführung entstandenen *Anmerkungen zur Dreigroschenoper* ein, dass der Abdruck des Texts in den *Versuchen* »kaum mehr als das Soufflierbuch eines den Theatern völlig überlieferten Stückes« bringt, sich also eher »an den Fachmann« wende (*Versuche*, H. 4, S. 234). B. diskutiert neben dem Lesen von Dramen und der Literarisierung des Theaters auch die Charaktere des Stücks und gibt Hinweise zur praktischen Aufführung (vgl. ebd.). Dem schließt sich *Die Beule* an, den B. als »Entwurf zu einem Dreigroschenfilm« bezeichnet, der »bei der Verfilmung der Dreigroschenoper nicht verwendet« wurde (S. 149). Nach dem Filmentwurf folgt der *Dreigroschenprozeß*, laut B. ein Versuch, »auf Grund eines Vertrages Recht zu bekommen. Die Abhandlung über ihn zeigt eine neue kritische Methode, das soziologische Experiment.« (Ebd.) B. kennzeichnet die Presse, die Filmindustrie, die Gerichte als kleinen »Teil des riesigen ideologischen Komplexes, der die Kultur ausmacht« und über den ein Urteil nur möglich erscheint, wenn er »in seiner Praxis, also arbeitend, in vollem Betrieb, ständig produziert von der Wirklichkeit und sie ständig produzierend, beobachtet und der Beobachtung zugänglich gemacht wird.« (S. 256) Mit der Erweiterung zum Film (*Der Dreigroschen-*

film) und zum soziologischen Experiment (*Der Dreigroschenprozeß*) in Heft 3 wird der intermediale Fokus der *Versuche*-Reihe erneut ausgedehnt.

Das ebenfalls 1931 gedruckte Heft 4 der *Versuche 11–12* widmet sich wieder den Lehrstücken und bildet damit erneut einen thematisch zusammenhängenden Komplex. Abgedruckt werden, wie das Titelblatt lautet, »Der Jasager und Der Neinsager / Schulopern« sowie »Die Maßnahme / Lehrstück«. Zwar wollte B. auch den *Neinsager* mit der Musik von Kurt Weill verbunden wissen, doch der Komponist hätte bei den gravierenden Textänderungen im *Neinsager* vor dem Problem gestanden, eine Neuvertonung vornehmen zu müssen (anstelle einer bloßen Adaption seiner *Jasager*-Musik), und lehnte deshalb B.s Wunsch ab. Dem *Maßnahme*-Text folgt ein Foto von der Uraufführung am 10. 12. 1930 sowie Anmerkungen, die den *Offenen Brief an die künstlerische Leitung der neuen Musik Berlin 1930* vom 12. 5. 1930 enthalten, welche die Musik beschreiben, Sätze des Sprechers für öffentliche Aufführungen wiedergeben, Hinweise zur *Einübung der ›Maßnahme‹* enthalten und auch ein Lenin-Zitat über das Lernen abdrucken. Ein offensichtlicher Fehler im *Versuche*-Heft ist durch die Herausgeber der GBA nicht korrigiert worden: Die auf S. 360 im *Versuche*-Heft genannten »Rezitativakte« müssen dem Sinn nach ›Rezitativtakte‹ lauten (vgl. GBA 24, S. 99). Als Vorabdruck und im Hinblick auf die Uraufführung am 13. 12. 1930 kam *Die Maßnahme* unter der (irrtümlichen) Nummerierung »Versuche 9 / Die Maßnahme / Lehrstück / Aus dem 4. Heft der ›Versuche‹« heraus. Dieser Druck enthielt den perforierten Fragebogen, an das Publikum der Uraufführung mit der Bitte gerichtet, ihn an die Privatanschrift Slatan Dudows zurückzusenden.

1932 erschien das Heft 5 der *Versuche 13*, das *Die heilige Johanna der Schlachthöfe* und weitere *Geschichten vom Herrn Keuner* enthält. Deutlich wird hier z.B., dass B. eine innere Zusammenhänge herstellende Zählweise anstrebte, indem er in seinem Vorwort betont, dass die *Keuner*-Geschichten »zum zweiten Versuch (Heft 1 Seite 22)« gehören.

Ebenfalls 1932 kam Heft 6 der *Versuche 14* heraus, das nicht, wie die vorangehenden, die Paginierung fortsetzt, sondern eigens paginiert ist. Es ist wiederum ausschließlich monothematisch konzipiert und trägt den Titel *Die drei Soldaten. Ein Kinderbuch*. In seinem Vorwort hebt B. hervor, dass dieses Heft, »mit Zeichnungen von George Grosz, ein Kinderbuch« sei. »Das Buch soll, vorgelesen, den Kindern Anlaß zu Fragen geben.« (S. 1) Zwar ist dieses *Versuche*-Heft, von B. dezidiert als ›Kinderbuch‹ qualifiziert und die einzige Publikation, die er als solche bezeichnet hatte (vgl. BHB 2, S. 191–196), einmalig innerhalb der gesamten Reihe, aber es ist nicht der einzige Versuch, sich mit Texten an Kinder zu wenden, denn B. hatte sich bereits in den vorangegangenen Heften mit den Schulopern *Der Jasager* und *Der Neinsager* sowie dem *Flug der Lindberghs*, einem *Radiolehrstück für Knaben und Mädchen*, an die Altersgruppe schulpflichtiger Kinder gewendet. Dass er innerhalb der *Versuche*-Reihe einen Teil seiner Werke veröffentlicht, der sich an Schulkinder richtet, zeigt B.s weiträumiges Arbeiten an, welches sich der Kinder als einem (und seinem) Publikum der Zukunft versichert und das zugleich Grundlagen für einen kreativen und fantasievollen Umgang der Kinder mit Gegenwartskunst schaffen sollte. Da der Text *Die drei Soldaten* Kindern vorgelesen werden soll, dachte B. offenbar – und im Gegensatz zu den anderen Werken für Schulkinder – hier an Vorschulkinder (des Lesens und Schreibens noch nicht mächtig), die sich gemeinsam mit dem vorlesenden Erwachsenen oder Elternteil den Text nachfragend erarbeiten sollen. Genau genommen wäre ein idealer Vorleser ein Teilnehmer des ersten Weltkriegs, der zu dem im Text Dargestellten seine eigenen (Kriegs-)Erfahrungen und Erlebnisse mit einbringen könnte und diese den kindlichen Zuhörern mitteilte. Die Zeichnungen von Grosz bieten einen provokanten, kritischen Kommentar zum Text. Außerdem war diesem, während der Arbeit am Kinderbuch, ein Aufsehen erregender Prozess wegen ›Gotteslästerung‹ anhängig, was der Entscheidung B.s für Grosz als Illustrator einen zusätzlich provokanten Akzent gab. Inwieweit das Ende 1932 gedruckte *Versuche*-Heft noch zur Auslieferung in den Buchhandel und damit an die Käufer gelangte, oder durch die kurz danach erfolgte Machtübergabe an die Nationalsozialisten konfisziert wurde, ist nicht präzis belegt (vgl. S. 191).

Die letzte *Versuche*-Publikation ist das Heft 7 der *Versuche 15/16*, das wie das Kinderbuch ebenfalls eigens paginiert ist und das Erscheinungsjahr 1933 trägt. Das Heft enthält *Die Mutter* sowie zwei Gedichte, die *Geschichten aus der Revolution*. Dem Stück *Die Mutter* (nach Gorki), das die Verfasserangaben B./Eisler/Weisenborn trägt, schließen sich B.s *Anmerkungen* zum Stück an, in denen sich der Stückeschreiber ausführlich mit wiedergegebenen Presserezensionen zur im Januar 1932 erfolgten Uraufführung auseinandersetzt. Ebenfalls abgedruckt sind Bühnenbildentwürfe Caspar Nehers zu verschiedenen Szenen nebst einem Aufführungsfoto aus Szene 8. B.s Absicht, die Partitur von Eislers Musik zur *Mutter* in diesem Heft mit abzudrucken, scheiterte jedoch an den sich dadurch deutlich erhöhenden Druckkosten. Schon die Vorbemerkung, dass die Aufführung der *Mutter* »am Todestag der großen Revolutionärin Rosa Luxemburg« (S. 3) stattfand, dürfte allein schon als Grund für die Beschlagnahmung durch die NS-Machthaber gereicht haben. Elisabeth Hauptmann erinnert sich an eine Hausdurchsuchung in ihrer Berliner Wohnung: »Da war die Wohnung wirklich auf den Kopf gestellt. Alles war aus dem Ofen heraus [geräumt; man wollte sehen,] ob ich etwas verbrannt hatte usw. Aber beschlagnahmt hatte man da nur eines: es war kurz vorher herausgekommen, das *Versuche*-Heft mit der *Mutter*. Das hatte sie interessiert [...]. Es war mir ganz arg, daß sie das noch gefunden hatten, weil da ganz vorne der Name Weisenborn stand.« (Kebir, S. 161)

Auch Heft 8, das *Die Spitzköpfe und die Rundköpfe* enthielt, war zwar ausgedruckt, doch gelangte es – wegen der Machtübergabe an die Nationalsozialisten – nicht mehr in den Buchhandel (GBA 28, S. 705). Am 26. 9. 1934 schrieb B. aus dem dänischen Exil (den Rat des einen Verlagsdirektors, Fritz Helmut Landshoffs, befolgend; vgl. S. 371) an Gustav Kiepenheuer: »Sie werden mir darin zustimmen, daß die Verbreitung der ›Versuche‹ seit über einundeinhalb Jahren sehr im argen liegt. Einzelne Hefte sind vergriffen und nicht nachgedruckt, alles übrige durch die Buchhändler nicht auftreibbar usw. Ich möchte Sie daher Ihrer Verpflichtungen mir gegenüber entheben und auch selber aller Verpflichtungen dem Verlag Kiepenheuer enthoben sein. Damit nehme ich die Rechte an den in der Reihe der ›Versuche‹ erschienenen Dramentexten, Gedichten usw. in vollem Umfang wieder an mich.« (S. 443) Als Antwort teilte der Verlag am 3. 10. 1934 die Auflösung des Vertrags mit (S. 734). Zwei Wochen später, am 18.10. erhielt B. vom Wiener Antiquar Franz Deuticke die Nachricht, dass er von Kiepenheuer die Restauflage der *Versuche* »zur ramschmäßigen Verwendung übernommen« habe mit Ausnahme des vergriffenen Hefts 3 (ebd.). Auch B.s zu dieser Zeit gehegte Hoffnung einer Neuausgabe der gesammelten *Versuche* im Malik-Verlag durch Wieland Herzfelde, bzw. bei Allert de Lange oder im Amsterdamer Querido-Verlag, für die er freilich vorab die Auflösung des formal noch bestehenden Rechtsverhältnisses mit Kiepenheuer benötigte, zerschlug sich (vgl. S. 440, S. 371, S. 699).

Erst 16 Jahre später konnte B. die Reihe seiner *Versuche* fortsetzen, nachdem er aus dem amerikanischen Exil zunächst in die Schweiz zurückgekehrt war. Dort verhandelte er im Sommer 1948 mit dem Verleger Emil Oprecht »über eine Fortführung der ›Versuche‹, mehr oder weniger in der alten Gestalt« (GBA 29, S. 464, vgl. S. 461). Im September berichtete er an Suhrkamp, dass er sich fest vorgenommen habe, »die Reihe der ›Versuche‹ einfach fortzusetzen, möglichst ähnlich in der Form der ersten Hefte.« (S. 470) B. begründete dabei auch den Wunsch des formalen Anknüpfens an die frühen *Versuche*-Hefte: »Das gibt die Kontinuität, die ja faktisch ist in meinem Fall, und zugleich gewährt es mir eine gewisse Freiheit im Veröffentlichen auch des Vorläufigen.« (Ebd.) Zugleich fragte er, einen Publikationsplan für die Hefte 9 bis 14 entwickelnd, bei Suhrkamp bezüglich der Produktion der

Versuche für den deutschen Markt an: »Am liebsten wäre es mir nun, wenn ich die Ausgabe mit Ihnen machen könnte, es ist mein Hauptwerk. Als Geschäft ist es ein langfristiges Unternehmen« (ebd.). Zunächst war noch Oprecht als paralleler Editor im Gespräch, der laut B. bereit war, »die deutschsprachigen Leser außerhalb Deutschlands zu beschicken« (ebd.). Doch dieses Vorhaben zerschlug sich, denn die ersten Hefte der *Versuche* erschienen ab 1949 ausschließlich im Suhrkamp Verlag. In der NS-Zeit hatte Suhrkamp den jüdischen Verlag S. Fischer interimsweise geleitet und ihn für die Erben über Faschismus und Krieg hinweg gerettet. Da der Dank dafür ausblieb, machte sich Suhrkamp selbstständig und gründete 1950 den Suhrkamp Verlag. Doch zunächst kam 1949 – also noch vor der offiziellen Verlagsgründung in Frankfurt a.M. – Heft 9 der *Versuche* in der Westberliner Dependance »Suhrkamp Verlag vorm. S. Fischer« heraus (Titelblatt; vgl. Voit, S. 27). Erfolgte schon die Drucklegung dieses und der weiteren Hefte (mit jeweils von Heft zu Heft neu beginnender Paginierung) an verschiedenen Orten, etwa in »Berlin O 17« (also Berlin/Ost) oder im Potsdamer Verlag Eduard Stichnote, so ist für die im Suhrkamp Verlag bis 1957 erscheinenden *Versuche* Berlin [West] als Verlagsort angegeben. Die Aufmachung der Hefte knüpft – dem Wunsch B.s entsprechend – gestalterisch an die bis 1933 erschienene Reihe an, damit schon äußerlich eine konzeptionelle Kontinuität zu den in der Weimarer Republik erschienenen *Versuchen* bildend und hervorhebend.

Heft 9 enthält den 20. Versuch *Mutter Courage und ihre Kinder* sowie als 21. Versuch *Fünf Schwierigkeiten beim Schreiben der Wahrheit*. B. betont in seinem Vorspruch, dass die *Chronik aus dem Dreißigjährigen Krieg*, wie der Untertitel zum Stück lautet, geschrieben wurde »in Skandinavien vor dem Ausbruch des zweiten Weltkrieges« (*Versuche*, H. 9, S. 5). Damit verschränkt er historische und aktuelle Ereignisse und macht deutlich, dass dieses Stück, vier Jahre nach dem zweiten Weltkrieg, auch als Warnung an die Überlebenden in den Trümmern aufzufassen ist.

(Dass B. in diesem Zusammenhang vom ›Ausbruch‹ des zweiten Weltkriegs spricht, ist ungewöhnlich, denn in seinem Denken ›brechen‹ Kriege nicht einfach ›aus‹, sondern werden begonnen von Menschen gegen Menschen.) In einer weiteren Anmerkung am Schluss des Stücks verweist er auf die Zürcher Uraufführung 1941 »während des Hitlerkrieges« sowie auf die (missverstandene) Reaktion der bürgerlichen Presse, »von einer Niobetragödie und von der erschütternden Lebenskraft des Muttertiers zu sprechen« (S. 79). B. lässt, »hierdurch gewarnt« (ebd.), die dieses Missverständnis korrigierenden Textänderungen für die Berliner Nachkriegsinszenierung in den *Versuchen* abdrucken, denn ihm, »dem Stückeschreiber obliegt es nicht, die Courage am Ende sehend zu machen [...], ihm kommt es darauf an, daß der Zuschauer sieht« (S. 82). Auch der Text *Fünf Schwierigkeiten beim Schreiben der Wahrheit* dokumentiert im Vorspruch den historischen Bezug, denn er wurde »1934 zur Verbreitung in Hitlerdeutschland verfaßt. Er erschien illegal in der antifaschistischen Zeitschrift UNSERE ZEIT« (S. 83). Auch hier veröffentlichte B. einen Text, der, obwohl noch während der Hitler-Diktatur im Exil geschrieben, für den Leser einen weiteren, neuen Sinnzusammenhang eröffnet im Kontext des Kalten Kriegs und seiner mehr oder minder missglückenden Aufarbeitung deutscher Geschichte.

Im April 1950 erschien Heft 10 der *Versuche* mit *Herr Puntila und sein Knecht Matti*, gefolgt vom *Puntilalied* in der Vertonung Paul Dessaus (damit in der *Versuche*-Reihe erstmals auch den Notendruck verwendend), den *Notizen über die Züricher Erstaufführung*, den *Anmerkungen zum Volksstück*, sowie der *Straßenszene. Grundmodell einer Szene des epischen Theaters (1940)*. Dem schließt sich eine Auswahl der *Chinesischen Gedichte* an und das 1930 entstandene Lehrstück für Schulen *Die Ausnahme und die Regel*, zu der ebenfalls Dessau die (hier nicht wiedergegebene) Musik komponiert hatte. Dieses Heft kündigt auf der Schlussseite an, dass Heft 1 bis 8 der *Versuche* »zur Zeit vergriffen« seien, jedoch »neu aufgelegt« würden. Ab Heft 10 wird zudem Elisabeth Hauptmann für die Redaktion vermerkt, die es zeitlebens aus Gründen der Bescheidenheit gegenüber B. ablehnte, bei den *Versuchen* als Herausgeberin zu zeichnen, was sie de facto jedoch war (vgl. Kebir, S. 216).

Die Druckgeschichte der *Versuche* spiegelt auch die politische Situation im Nachkriegsdeutschland wieder. Nachdem die Erstauflagen der *Versuche*-Hefte zwischen 1930 und 1933 im Berliner Kiepenheuer-Verlag herauskamen (Heft 1–7) und deren Fortsetzung durch die NS-Machthaber abgebrochen wurde, erschienen zwischen 1949 und 1957 die Hefte 9–15 im Suhrkamp Verlag. Da sich aber B. als Schriftsteller innerhalb der deutsch-deutschen Verhältnisse für ›unteilbar‹ betrachte und es geschickt zu arrangieren wusste, dass seine Werke in beiden deutschen Staaten erscheinen konnten, war davon auch die *Versuche*-Reihe berührt. So kam ab 1951, um zwei Jahre verspätet gegenüber der Suhrkamp-Edition, das erste *Versuche*-Heft (Heft 9) im Aufbau-Verlag Berlin/Ost heraus. Erst 1953, ab Heft 12, wurde dieses zeitversetzte Edieren durch ein paralleles Erscheinen in beiden Staaten abgelöst. Als Einzelpublikation erschien 1953 ausschließlich im Aufbau-Verlag ein Sonderheft der *Versuche*, das *Die Gewehre der Frau Carrar*, den *Augsburger Kreidekreis* sowie acht Gedichte aus *Neue Kinderlieder* enthielt und in Gerhard Seidels Bibliografie die Nummer »[16]« trägt (Seidel, S. 292). B. hatte Suhrkamp am 18. 8. 1952 brieflich seinen Wunsch nach einem neuen *Versuche*-Heft mitgeteilt, das »für Kinder« gemacht sei und »in die Schulen kommen« solle (GBA 30, S. 139). Dafür schlug B. u. a. *Die Gewehre der Frau Carrar* vor, das gerade in den Lehrplan der DDR-Schulen aufgenommen worden war. B. sah die politische Problematik des Stücks im westdeutschen Absatzgebiet voraus und führte dazu noch im selben Brief aus: »Schreiben Sie mir bitte gleich, mit welchem Inhalt Sie das Heft mitdrucken könnten, sowie: ob es für Sie tragbar wäre, wenn das bei Ihnen gedruckte Heft einiges nicht enthielte« (ebd.). Da Suhrkamp aus politischen Gründen den Abdruck dieses Stücks im Rahmen der westdeutschen *Versuche*-Edition ablehnte, erschien es lediglich als *Versuche*-Sonderheft in der DDR (S. 536; vgl. Voit, S. 261f.).

Am 25. 4. 1951 gab B. in einem Brief an den Leiter des Aufbau-Verlags, Max Schroeder, seine Genehmigung, laut Absprache mit Suhrkamp »sofort mit dem Druck der ›Versuche‹« zu beginnen (GBA 30, S. 67). Und er ergänzte dazu: »Ich habe sehr großes Interesse, daß die ›Versuche‹ schnellstens herauskommen bei uns.« (Ebd.) Mit dem Resultat war er offensichtlich zufrieden, denn am 2. 1. 1952 schrieb er dem Aufbau-Verlag: »Die ›Versuche‹ sind schön gedruckt und ich freue mich auf die Fortsetzung.« (S. 102) Doch war B., die Druckqualität der *Versuche*-Reihe stets kontrollierend, nicht mit allem zufrieden, denn am 1. 2. 1955 berichtete er an Elisabeth Bergner anlässlich der Übersendung des Hefts 12, das u.a. das *Sezuan*-Stück enthält: »Die Dekorationen hat Teo Otto aus Zürich gemacht – sehr schön, elegant und leicht. Die Fotografien [der Bühnenskizzen] im ›Versuche‹-Heft sind nicht sehr aufschlußreich, weil sie die exquisiten Farben nicht wiedergeben.« (S. 300)

Im August 1951 kam Heft 11 heraus, enthaltend den *Hofmeister*, *Studien*, *Neue Technik der Schauspielkunst*, *Übungsstücke für Schauspieler* sowie *Das Verhör des Lukullus*. Die Vorbereitungen zur Drucklegung waren geprägt durch die Uraufführung der Oper *Das Verhör des Lukullus* am 17. 3. 1951. Der Text in den *Versuchen* ist schon geprägt davon, denn B. ließ die Texteinfügungen mit abdrucken, die »aufgrund eingehender Diskussionen« (S. 157) gemacht wurden. Eine weitere Publikation des Opernlibrettos erschien gesondert noch einmal 1960 als *Versuche 11*, 4.–7. Tsd.

Hatte B. die nummerisch strenge Abfolge in Heft 11 der *Versuche 25/26/35* schon – im Titel sichtbar – nicht konsequent durchgeführt (denn das *Hofmeister*-Stück firmiert hier als 35. Versuch, während der ihm nachgeordnete *Lukullus*-Text als 25. Versuch deklariert ist), so unterbrach auch Heft 12, erschienen im Oktober 1953, die nummerische Einzelzählung der abgedruckten Texte. Während das Titelblatt lediglich die *Versuche 27/32* ankündigt, sind hier *Der gute Mensch von Sezuan* (*Versuche 27*), *Kleines Organon für das Theater*

(*Versuche 32*), *Über reimlose Lyrik mit unregelmäßigen Rhythmen* (laut Vorwort »zum theoretischen Teil des 23. Versuchs« gehörig; S. 142) sowie *Geschichten vom Herrn Keuner* (»zum 2. Versuch« gezählt; S. 150) mit aufgenommen. Dem *Sezuan*-Stück, das im Vorspruch als Mitautorinnen Ruth Berlau und Margarete Steffin nennt, sind Bühnenskizzen von Teo Otto beigegeben.

Mitte Januar 1955 erschien Heft 13 der *Versuche 31*. B. benannte im Vorwort zum *Kreidekreis* als Mitarbeiterin Ruth Berlau und erläuterte: »Der kaukasische Kreidekreis mag als 31. Versuch gelten«. Diese Formulierung kann B.s Unsicherheit bezüglich der Zählweise bzw. gegenüber der Qualifizierung des *Kreidekreises* als Versuch suggerieren. Dem *Kreidekreis*, versehen mit zwei Bühnenskizzen Karl von Appens am Schluss, folgen noch der Text *Weite und Vielfalt der realistischen Schreibweise* (als 23. Versuch gekennzeichnet) sowie einige der *Buckower Elegien*, die B. aus nicht nachvollziehbaren Gründen ebenfalls dem 23. Versuch hinzuzählt.

Heft 14 der *Versuche 19* erschien im Januar 1956 und enthält *Leben des Galilei, Gedichte aus dem Messingkauf* sowie *Die Horatier und die Kuriatier*. Auch hier ist die Zählweise nicht konsequent durchgehalten, denn die Gedichte aus dem *Messingkauf* sind dem 26. Versuch zugeordnet. Der die nummerische Abfolge hier durchbrechende 24. Versuch *Die Horatier und die Kuriatier* (in der Zählung identisch mit *Die Ausnahme und die Regel* in Heft 10) ist von B. als »Lehrstück über Dialektik für Kinder« beschrieben (S. 120) und nennt als Mitarbeiterin Margarete Steffin. Wie bei anderen Stücke-Editionen folgen auch hier (nicht nummerierte) Anmerkungen in Form einer *Anweisung für die Spieler*.

Ein knappes Jahr nach B.s Tod erschien im Juli 1957 Heft 15 mit folgender editorischer Notiz Hauptmanns: »Ohne Brecht können die ›Versuche‹, die den Experimentalcharakter der in ihnen enthaltenen Arbeiten betonen, nicht fortgesetzt werden. Heft 15 ist das letzte Heft der Reihe; es wurde noch gemeinsam mit Brecht zusammengestellt. E.H.« Es enthält *Die Tage der Commune, Die Dialektik auf dem Theater, Zu ›Leben des Galilei‹, Drei Reden* sowie *Zwei Briefe*. Wie sehr B. nach dem zweiten Weltkrieg, vor allem in den sich bildenden beiden deutschen Staaten, mit Fehlinterpretationen und verkürzten Darstellungen seiner theatralischen Begriffe zu tun hatte, lassen seine Vorbemerkungen zur *Dialektik auf dem Theater* ahnen: »Hier wird versucht, die Anwendung materialistischer Dialektik auf dem Theater zu beschreiben. Der Begriff ›episches Theater‹ scheint immer mehr einer solchen inhaltlichen Ausarbeitung bedürftig.« (*Versuche*, H. 15, S. 78) Unter dem Titel *Zu ›Leben des Galilei‹* veröffentlichte B. einige Texte zum gleichnamigen Stück sowie Teile der Bühnenmusik von Eisler (in Notenschrift). Die nachfolgenden Reden und Briefe enthalten in chronologischer Reihenfolge B.s Rede auf dem I. Internationalen Schriftstellerkongreß zur Verteidigung der Kultur (Paris 1935), die *Rede zum II. Internationalen Schriftstellerkongreß zur Verteidigung der Kultur* (Madrid 1937), den *Offenen Brief an die deutschen Künstler und Schriftsteller* (Berlin 1951), die *Rede anläßlich der Verleihung des Lenin-Preises* (Moskau 1955) sowie den *Offenen Brief an den Deutschen Bundestag*, Bonn (Berlin 1956), der B.s autografe Unterschrift nachbildet. Mit diesen fünf Texten wurde schließlich noch ein weiterer Arbeitsbereich B.s in das *Versuche*-Experiment aufgenommen: der der politischen Öffentlichkeitsarbeit.

Nach dem Tod B.s erschien 1959 im Suhrkamp Verlag die Neuauflage der frühen *Versuche*-Hefte 1–8 in zwei Bänden. Der Suhrkamp Verlag publizierte 1977 einen weiteren als Reprint gekennzeichneten Nachdruck der *Versuche*-Hefte 1 bis 15. Vorlagen waren aber nicht die Erstausgaben der *Versuche*-Hefte, sondern Hefte ›letzter Hand‹, die erst nach B.s Tod erschienen sind. Elisabeth Hauptmann, die Herausgeberin, hielt sich auch hier an B.s Vorgabe, jeweils die von B. zuletzt bearbeiteten Fassungen zu berücksichtigen. Die Angabe im Vorwort, die sich auf den Reprint der Hefte 1–8 von 1957 bezieht, der Neudruck sei eine »textgetreue Wiedergabe der ersten Ausgabe dieser Hefte« (Titelrückseite, H. 1–4), ist nicht zutreffend. Somit ist die Ausgabe von

1977 für das wissenschaftliche Arbeiten unbrauchbar.

Literatur:

Kebir, Sabine: Ich fragte nicht nach meinem Anteil. Berlin 1997. – Schubert, Giselher: »Hindemith Musik stört kaum«. Zu Hindemith und Brecht. In: Riethmüller, Albrecht (Hg.): Brecht und seine Komponisten. Laaber 2000, S. 9–25. – Seidel, Gerhard: Bibliographie Bertolt Brecht. Titelverzeichnis Bd. 1. Berlin, Weimar 1975. – Voit, Friedrich: Der Verleger Peter Suhrkamp und seine Autoren. Kronberg/Taunus 1975.

Joachim Lucchesi

Tagebücher

Zwischen der Entstehung des *Tagebuchs No. 10* und der Tagebücher 1920 bis 1922 liegen nur knapp sieben Jahre. Diese markieren jedoch die wohl wichtigste Zeit im Leben eines Menschen, den Übergang vom Kind zum jungen Erwachsenen: B.s Entwicklung vom ambitionierten Gymnasiasten, der beseelt von dem Gedanken war, ein berühmter Dichter zu werden, zur gleichsam ›fertigen‹ Persönlichkeit, die bereits alle markanten Eigenschaften B.s aufzuweisen hat, obwohl zweifellos herausragende Ereignisse noch ausstanden: etwa die Begegnung mit der marxistischen Philosophie und die Erfahrung der Emigration. Trotz der eminenten Wichtigkeit dieser autobiografischen Aufzeichnungen wurden sie von der Forschung vernachlässigt. Lediglich die Tagebücher 1920 bis 1922 wurden umfassender dargestellt (Žmegač; Voris; Zagari; Reich-Ranicki), meist fanden aber auch diese nur als Zitat- und Belegsteinbruch Verwendung oder wurden sehr einseitig betrachtet. Dem *Tagebuch No. 10* wurde so gut wie gar keine Beachtung geschenkt, sieht man von den einleitenden Ausführungen des Herausgebers der Faksimile-Ausgabe einmal ab (Unseld).

Tagebuch No. 10

Das *Tagebuch No. 10* gibt über das zweite Halbjahr 1913 Auskunft (genau vom 15.5. bis zum 5.12.). Die Entdeckung dieser Aufzeichnungen, deren Original in den 80er-Jahren vom Suhrkamp Verlag »gefunden« (Unseld, S. XVIII), erworben und 1989 erstmals ediert wurde, ist ohne Einschränkung als besonderer Glücksfall anzusehen. Denn es handelt sich um ein Dokument, das wie kaum ein anderes kontinuierlich über einen Zeitraum von mehreren Monaten die geistige und künstlerische Entfaltung eines der großen Dichter des 20. Jh.s darlegt. Hinzu kommt, dass seit einigen Jahren auch die Schülerzeitschrift *Die Ernte* komplett vorliegt, B.s erstes größeres literarisches Projekt. Dessen Konzeption und das Erscheinen der meisten Einzelhefte fallen in das zweite Halbjahr 1913, sodass sich Tagebuch und Schülerzeitschrift gegenseitig erhellen. Die Zählung »No. 10« und eindeutige Hinweise B.s im Text (GBA 26, S. 52) weisen darauf hin, dass er bereits zuvor Tagebücher geführt haben muss. Darüber hinaus ist von einem nicht überlieferten »Gedichtbuch« die Rede, das neben den autobiografischen Aufzeichnungen existiert haben muss (S. 75).

Aber auch das *Tagebuch No. 10* enthält eine Vielzahl kleinerer dichterischer Arbeiten oder Entwürfe. Es dokumentiert damit, wie sehr B. selbst bereits in dieser Zeit seine schriftstellerischen Ambitionen als Teil seines Lebens und seiner Biografie betrachtete, sodass er in den Tagebuch-Aufzeichnungen nicht nur, wie man vermuten könnte, literarische Pläne mitteilt, sondern erste Dichtungen geradezu sammelt. Festzuhalten ist jedoch, dass die autobiografischen Notizen des *Tagebuchs No. 10* auch tatsächlich Aussagewert in Hinsicht auf das Leben des Gymnasiasten haben – eine vermeintliche Selbstverständlichkeit, die bei den Tagebüchern 1920–1922 nicht grundsätzlich vorausgesetzt werden kann.

Ein Thema zieht sich durch das *Tagebuch No. 10* wie ein roter Faden und ist von weit größerer Bedeutung als die dichterischen Versuche des Gymnasiasten oder seine literarischen Pläne, aber dennoch engstens mit diesen verbunden: B.s Herzkrankheit und sein Umgang mit ihr. »Habe wieder Herzbeschwerden« (GBA 26, S. 9) schrieb er am 15.5., und drei Tage später: »Mein Herz ist sehr rebellisch. Ich mag nicht immer mit Klagen die andern belästigen!« (Ebd.) Es kann kein Zweifel daran bestehen, dass B. sein Leiden als existenzielle Einschränkung empfand, gepaart mit der Angst vor Rückfällen und plötzlich eintretenden Unregelmäßigkeiten der Herzfrequenz, die ihn ständig begleitete (S. 12, S. 14). Hinzu kam, dass B. sich durch seine Krankheit von den Aktivitäten seiner Kameraden und Mitschüler, die körperliche Uneingeschränktheit voraussetzen, ausgeschlossen sah, worunter er litt (S. 19). Wurde seine Disposition und das mit ihr verbundene ›Handicap‹ zur Sprache gebracht, war B. sehr gekränkt (ebd.). Dass es sich nicht nur um ein vorübergehendes Leiden handelte, sondern B. in den folgenden Jahren dauernd von ihm begleitet wurde, stellen nicht nur die wenigen überlieferten autobiografischen Notizen vom Oktober 1916 außer Zweifel (S. 107f.), sondern auch eindeutige Beobachtungen Paula Banholzers, die das Jahr 1919 betreffen (Banholzer, S. 52f.).

In seinem Buch über B.s Herzneurose, das vor der Veröffentlichung des *Tagebuchs No. 10* entstanden ist, kommt Carl Pietzcker zur Ansicht, dass jene Krankheit der Schlüssel zu B.s literarischem Schaffen sei: »Das Furchtbare herzneurotischen Leidens wurde im Falle Brechts kulturell fruchtbar, weil er seinen Phantasien und Erfahrungen nicht hilflos ausgeliefert blieb, sondern die Kraft besaß, gestaltend mit ihnen umzugehen, sie hierbei zu bewahren und von ihnen her auf die Wirklichkeit zu blicken: eine Krankheit nicht zum Tode, sondern zur Erfahrung, zur Erkenntnis und zur Gestaltung.« (Pietzcker, S. 16f.)

Es sei dahingestellt, ob man sich Pietzckers These und das auf ihr basierende Psychogramm B.s vollends zu eigen macht und die sich anschließenden Werkinterpretationen teilt. Fest steht, dass neben der in den Aufzeichnungen B.s sich andeutenden intellektuellen und künstlerischen Begabung und Sensibilität seine Herzkrankheit einer der Faktoren ist, der den Gymnasiasten von den Mitschülern und Freunden unterschied, ihn zu etwas Besonderem machte. B. wollte sich ein Feld erschließen, auf dem er nicht nur bestehen, seinen gesundheitlichen ›Mangel‹ wettmachen, sondern auf dem er sich bewähren und auszeichnen, andere weit hinter sich lassen konnte. Um sich diese neue, ›andere‹ Welt zu eröffnen, scheute er keine Mühe: Neben der großen Anzahl an dichterischen Versuchen gibt das Tagebuch Auskunft über B.s Lektüre, über sein Bestreben, sich in der bedeutenden Literatur einen umfassenden Überblick zu verschaffen, ›mitreden‹ zu können, wobei er keinen Unterschied zwischen Klassikern und Modernen, zwischen deutschen und ausländischen Autoren machte: Erwähnung finden Autoren wie Richard Dehmel (GBA 26, S. 101), Otto Ernst (S. 15), Detlev von Liliencron (ebd.), Gerhart Hauptmann (S. 48), Christian Friedrich Hebbel (S. 25), Stefan George (S. 75), Emile Verhaeren (S. 52) und andere. Lesen und schriftstellerische Betätigung im engeren Sinne sind im Falle B.s durchaus auch als Sublimierung zu begreifen. Unzweifelhaft ist, dass diese sich in der Jugend entwickelnde Konstellation auch für die Bildung des Augsburger Freundeskreises um B. und das spätere Werk von Bedeutung ist (vgl. Anz, S. 56), auch wenn sich dieses scheinbar verselbstständigt und von der Krankheit explizit so gut wie nicht mehr die Rede ist.

Die Literatur war es, die B. die Möglichkeit bot, sich Respekt und Anerkennung zu verschaffen. Von Beginn an schrieb er deshalb nicht – gleichsam idealistisch – in erster Linie für sich selbst oder die Schublade, sondern ihm lag daran, seine Werke gedruckt zu sehen. Erste Texte wurden Zeitschriften angeboten, jedoch nicht veröffentlicht (GBA 26, S. 67). Das hatte zur Folge, dass B. auf den Gedanken kam, eine eigene literarische Zeitschrift zu konzipieren und zu edieren (S. 69), einerseits um für seine dichterischen Versuche eine Möglichkeit zur Veröffentlichung zu schaffen, andererseits um als Redakteur und Herausgeber in Erscheinung zu treten, der einen gewissen Stab von Mitarbeitern und Autoren um sich sammelt und lenkt. Hierbei ging B. erstaunlich abgeklärt vor. Er sicherte sich die Mitarbeit seines künstlerisch begabten Freundes Fritz Gehweyer, dem die Gestaltung der Zeitschrift obliegen sollte, und hatte, als äußeren Ausdruck der Akzeptanz seiner Arbeit, auch die Einkunftsmöglichkeit vor Augen, die unter Umständen mit der *Ernte* entstehen könnte (ebd.). Wie deutlich wird, überließ B. gar eigene Gedichte aus dem Fundus seines Tagebuchs (S. 66, S. 72; Hillesheim/Wolf, S. 77, S. 98) anderen, die sie in der Zeitschrift fast unverändert unter ihrem Namen publizieren konnten. Damit sollte der Eindruck aufrechterhalten werden, dass B. andere tatsächlich zu dichterischen Versuchen zu animieren vermochte, sie förderte und die *Ernte* nicht fast ausschließlich eine Sammlung seiner eigenen Arbeiten war.

Betrachtet man die im *Tagebuch No. 10* vereinten dichterischen Versuche B.s näher, zeigt sich schnell, dass es sich um typische Arbeiten eines zweifellos begabten fünfzehnjährigen Schülers handelt. Sie mögen zum Teil manche literarische Eigenart des späteren B. in nuce andeuten – am ehesten noch die nicht ohne eine gewisse Bösartigkeit geschriebenen Satiren über die Mitschüler Bingen und Geyer (GBA 26, S. 21–24). Ihre literarische Qualität übertrifft jedoch nicht unbedingt die der Vielzahl an Gedichten und kleineren Prosatexten, die damals in Anthologien und Augsburger Tageszeitungen, für die B. nur wenig später schreiben sollte, greifbar waren.

Auffällig ist der enorme Umfang dieser frühen Produktion B.s, der von seinen Ideen und Entwürfen, etwa die Planung von ganzen Gedichtzyklen (S. 57, S. 97), noch übertroffen wird. Durchaus selbstkritisch spürt er jedoch, dass er erst am Anfang steht, dass ihm die dichterische Umsetzung noch nicht so gelingt, wie er es sich wünscht: »Zu Dramen habe ich die Kraft noch nicht. Die Pläne sind vollständig reif da – die Ausarbeitung ist viel, viel schwerer.« (S. 18). In dieser Phase des Experimentierens versucht sich B. in allen gängigen Literaturgattungen: Von Dramenfragmenten (der erste komplette Einakter *Die Bibel* sollte Januar 1914 in der *Ernte* erscheinen), über Prosatexte und teilweise sehr umfangreiche Gedichte ist im *Tagebuch No. 10* alles vorhanden. Dabei legt sich der Autor thematisch keineswegs fest, auch ist in politischer Hinsicht keinerlei Tendenz auszumachen. So stehen vaterländisch anmutende Texte (S. 20f., S. 28f., S. 34f.), die unter anderem den Heldentod anpreisen, neben kritischen Bemerkungen über die Affäre um Gerhart Hauptmann (S. 48), der 1913 ein Festspiel für seine Heimatstadt Breslau schreiben sollte, das dieser dann nicht patriotisch genug war und dessen weitere Aufführung verboten wurde. Ebenso wechselt sich Naturlyrik (S. 10, S. 47, S. 53, S. 80, S. 84) mit solcher religiöser Inhalte (S. 33f., S. 83, S. 89) ab. Selbst soziale Themen sind mit dem Gedicht *Arbeiter* (S. 15f.) angesprochen. Ganz offensichtlich versucht B. sich in den gängigen Genres. Dabei steht das Dichten im Vordergrund. B. will sich beweisen, dass er in der Lage ist zu schreiben, dass er als Autor der Literatur seiner Zeit entsprechen kann. Neben den Entwürfen zu Dramen zeigen gerade auch die poetischen Versuche, wie B. sich regelrecht im Handwerk übt (vgl. Bergheim, S. 246), sich beispielsweise Aufbau und Metren des Sonetts oder der Ballade aneignen möchte und dabei keineswegs immer zufrieden ist (vgl. GBA 26, S. 14). In formaler Hinsicht zu bestehen, erscheint ihm wichtiger, als subjektives Empfinden zum Ausdruck zu bringen, wie das von den meisten engagierten ›Dichtern‹ dieses Alters zu erwarten gewesen wäre. Er hat keine ›Botschaft‹ oder Moral, die er in Dichtung kleiden will. Die Inhalte seiner Arbeiten sind zunächst sekundär; sie bleiben im Bereich des Beliebigen, Uneindeutigen, sogar Widersprüchlichen. Von »patriotischer Stimmung«, die das »herausragende psychologische Moment dieses Tagebuchs« (Unseld, S. XIII) sei, kann daher keine Rede sein.

Von den biografischen Einzelheiten, die das *Tagebuch No. 10* mitteilt, verdienen zwei weitere besondere Beachtung. Es ist dies zum einen B.s Verhältnis zur Religion. Trotz der Reihe religiöser Dichtungen, die das Tagebuch aufzuweisen hat, befragt der Fünfzehnjährige, ungeachtet seiner protestantischen Erziehung und seiner beachtlichen Bibelkenntnisse, kritisch die christliche Offenbarung. Deutlich wird dies in Zusammenhang mit der Erkrankung seines Vaters, die die Familie um dessen Leben bangen lässt: Zwar bittet B. Gott wiederholt um Hilfe (GBA 26, S. 95, S. 97), er hat aber auch die Erkenntnis, dass man sich auf sie wohl nicht verlassen sollte: »Was ist das Christentum eine bequeme Religion: man glaubt fest an *die* Hilfe Gottes! – Und ich zweifle!« (S. 90) Innerhalb kurzer Zeit sollte sich diese religiöse Unsicherheit zu überzeugtem und prononciertem Atheismus entwickeln. In den kurzen Tagebuchaufzeichnungen des Jahrs 1916 ist die Bibel bereits zu ›Dichtung‹ geworden, die für den Achtzehnjährigen keinerlei heilsgeschichtliche Bedeutung mehr hat (vgl. S. 107). B. geht respektlos mit ihr um wie mit Dichtung oder mit Inszenierungen des Augsburger Stadttheaters, die er später für die USPD-Zeitung *Volkswille* zu besprechen hatte. So wichtig die Bibel als literarische Quelle und ›Steinbruch‹ für B.s gesamtes Werk sein mag, so wenig zeigt er sich bereits in der frühen Zeit von ihr beeindruckt. Von ›existenzieller Betroffenheit‹ (Rohse, S. 15) kann deshalb keine Rede sein.

Der zweite Aspekt: Das *Tagebuch No. 10* dokumentiert eindeutig eine homoerotische Veranlagung, Phase oder zumindest Schwärmerei des jungen B., wenn nicht in ›Taten‹, so doch zumindest in ›Gedanken und Worten‹. Mag man die Art und Weise, wie B. von Rudolf Hartmann spricht – »Ich hab ihn gern.« (GBA 26, S. 9), »Ich habe Hartmann lieb!« (S. 25) – noch als Ausdruck einer innigen, wenn auch nicht unbedingt erotischen Freundschaft betrachten können, so ist dies im Falle Emil Enderlins, der schon wenige Monate später im Leben B.s keine Rolle mehr spielen sollte, kaum noch möglich. Ohne Zweifel geht es hier um eine Art der Zuneigung, welche die herkömmlicher Freundschaften zwischen Jugendlichen dieses Alters weit überschreitet. Zärtlich nennt B. ihn »le petit«. Als sich das Ende ihrer Freundschaft abzeichnet, weist B. Symptome von Trennungsschmerz auf: »Trafen noch le petit. (Ich kann nicht ›Enderlin‹ schreiben.)« (S. 79) »Vormittags Enderlin wiedergesehen. Hm! Meine Begeisterung ist erloschen. Ich habe ihn immer noch gern [...]. Werde ihn nimmer ›petit‹ nennen. Kein Grund mehr vorhanden. Leider!« (S. 77) Und schließlich: »Hartmann habe ich recht lieb. Er ist nett – Ersatz petit? – kaum! Den kann ich nie verschmerzen.« (S. 25). Vorausgreifend ist festzuhalten, dass in den Tagebüchern 1920–1922, die mehr der Selbststilisierung B.s dienen, als dass sie autobiografische Aufzeichnungen in engerem Sinne sind, das Thema Homosexualität oder Homoerotik – offenbar mit Absicht – uneindeutig erscheint. So schreibt B. zwar in Zusammenhang mit Caspar Neher: »Es ist besser mit einem Freund als mit einem Mädchen« (S. 128f.). Dennoch äußert er sich nur wenig später, ebenfalls über Neher, unzweifelhaft negativ und abwertend: »Manchmal sieht er aus wie ein Arschficker.« (S. 135)

Tagebücher 1920–1922

Neben wenigen, unzusammenhängenden autobiografischen Notizen aus den Jahren 1919 und 1920 (S. 113–118) geben die *Tagebücher 1920–1922* über die Zeiträume Mitte Juni bis Ende September 1920, Februar bis Mai 1921, Mai bis September 1921 und September 1921 bis Februar 1922 Auskunft. Es handelt sich um vier einzelne Hefte, von denen sich drei im vom BBA verwahrten Nachlass, eines im Besitz Hanne Hiobs befinden. Erstmals veröffentlicht wurden die Aufzeichnungen 1975. Die Vermutung, dass es noch weitere, nicht überlieferte Hefte mit autobiografischen Aufzeichnungen gegeben haben muss, ist naheliegend.

Dem Leser tritt der Autor der Dramen *Baal*, *Trommeln in der Nacht* und einer Vielzahl von Gedichten, die in der Augsburger Zeit entstanden, entgegen. Die Tagebücher sind größtenteils geprägt von derselben sprachlichen Virtuosität. Sie berichten von verschiedenen literarischen Projekten oder Plänen, an denen B. arbeitete – Titel wie *Baal*, *Trommeln in der Nacht*, *Galgei* und *Im Dickicht* werden immer wieder erwähnt, Einzelaspekte und Stadien ihrer Entwicklung reflektiert. Eifrig bemüht war B., seine Werke bei Verlagen und Theatern in München und Berlin unterzubringen, Kontakte zu knüpfen, sich in beiden Städten als Schriftsteller zu etablieren und – dies wird immer wieder deutlich – sich mit seiner Arbeit eine für ihn stets wichtiger werdende Einkommensmöglichkeit zu verschaffen (Reich-Ranicki, S. 93). Einen großen Raum nehmen essayistisch anmutende Betrachtungen zum Zeitgeschehen und zur Kunst und Selbstreflektionen ein, die als kleinere, in sich geschlossene Einheiten und Gedankenzusammenhänge eingeschoben sind. Die Aufzeichnungen enthalten auch einige – im Vergleich zum *Tagebuch No. 10* wenige – dichterische Arbeiten, meist Gedichte oder Gedichtfragmente. Das – auch quantitativ – dominierende Thema sind jedoch B.s Beziehungen zu Frauen, die er mehr oder minder gleichzeitig, zumindest jedoch einander überschneidend, unterhält. Paula Banholzer, Marianne Zoff, Hedda Kuhn und Rosa Maria Amann sind diejenigen, die B. am meisten und über einen längeren Zeitraum hinweg beschäftigen, aber längst nicht alle.

Es kann kein Zweifel daran bestehen, dass die Fakten und Informationen, die B. mitteilt, weitestgehend den Tatsachen entsprechen, etwa die Vielzahl der Treffen mit Künstlern in München und Berlin oder die über Monate hinweg währenden Auseinandersetzungen mit Marianne Zoff und seinem Rivalen Oskar Camillus Recht mit all ihren größtenteils unschönen Einzelheiten. Das bedeutet jedoch nicht, dass B. – zumindest direkt – etwas von seiner Persönlichkeit preisgibt, die Tagebücher die Möglichkeit bieten, in sein ›Inneres‹ zu blicken. Mehr als je zuvor ist er davon überzeugt, dass er ein Großer, ein Klassiker der deutschen Literatur werden wird. Bessere Stücke als die Hebbels, wildere als die Wedekinds traut er sich bereits 1916 zu (GBA 26, S. 108). 1920 schreibt er: »Vierzig Jahre, und mein Werk ist der Abgesang des Jahrtausends.« (S. 116) Da die Memoiren und autobiografischen Aufzeichnungen von Menschen dieser Bedeutung nicht selten postum ediert werden, ist davon auszugehen, dass B. seine Tagebücher auch in dem Bewusstsein schrieb, dass sie später möglicherweise eine Leserschaft finden könnten. Aus diesem Grund sind die Passagen, in denen es um ihn selbst geht, nicht selten in der dritten Person formuliert. »Er liest ›Zarathustra‹« (S. 115) oder: »Schon der Dreiundzwanzigjährige kämpft verzweifelt gegen die Eitelkeit. Verbissen leistet er den Verzicht auf Achtung, die aus Rentabilität gewonnen wird. Wütend findet er sich ab mit der Unklarheit seiner Formulierungen, da das Stoffgebiet, das einzubeziehen ist, ein so ungeheures geworden ist« (S. 187). Die Grenzen von Fiktion und Realität verschwimmen. So wie B. in seinen frühen Werken, etwa in *Baal*, den Einaktern und vielen der Gedichte, Inspirationen aus seinem Umfeld und Persönliches einbezieht und die Werke so zu vielschichtigen und doppeldeutigen Kunstgebilden werden lässt, ist es umgekehrt mit den Tagebüchern dieser Zeit: Authentisches wird angereichert mit Dichtung, wird teilweise gar zu Dichtung. Die Aufzeichnungen bieten keine Charakteristik B.s, sondern er stilisiert sich. Er beschreibt sich nicht so, wie er ist, sondern wie er sein, zumindest nach außen erscheinen will.

Die Figur des Baal ist es, zu der B. sich in den Tagebüchern stilisiert und sich dabei deutlich an die Philosophie Nietzsches anlehnt: jenseits des Establishments stehend, intellektuell und moralisch unabhängig, rücksichtslos genießend, menschenverbrauchend und doch von ungeheurer Anziehungskraft, wild, stark und einsam: »Ich muß Ellbögen frei haben, spucken können, wie mir's beliebt, allein schlafen, skrupellos sein.« (S. 177) Das, was B. tatsächlich beschäftigt oder ihn berührt, findet bezeichnenderweise keine oder nur geringfügige Erwähnung, zum Beispiel im Mai 1920 der Tod der Mutter, die B., wie man weiß, sehr liebte. Dieses einschneidende Ereignis wird kaum thematisiert, hinter floskelhaften Betrachtungen über Kunst und Leben versteckt (S. 116f.). Erst später erfahren die Leser beiläufig, dass B. sich um den Grabstein gekümmert hat. Doch auch dies relativiert er gleich wieder: »Ich habe sonst nur etwas Billard gespielt [...], und für Mutters Grabstein gesorgt. Aber abends will ich ins Varieté.« (S. 150)

Auch B.s Herzkrankheit, deren Symptome nach wie vor vorhanden waren, wird ausgeblendet. Depressionen und die Furcht, stets an der Grenze der physischen Belastbarkeit zu sein, passen nicht zur Kraftmeierei Baal'scher Manier. »Die Affären« dürfen B. »verbrauchen« (S. 203), wie er nicht ohne Selbstgefälligkeit schreibt, nicht aber seine gesundheitlichen Mängel.

Die Genrebezeichnung des Tagebuchs verliert daher an Gültigkeit, B.s Aufzeichnungen sind mit Recht in großen Teilen als »romanhaft« (Voris, S. 92) zu bezeichnen. Auch ist es sicherlich nicht falsch, dass B. teilweise hinter seinen kraftstrotzenden Sentenzen Unsicherheit, Angst und Hilflosigkeit (Fuegi, S. 121) verbergen will. Aber da dies nicht wenige Menschen versuchen, haben solche Feststellungen einen nicht allzu großen Aussagewert. Voris kommt gar zu dem Schluss, ein »physisch schwacher und kränkelnder und zu kurz geratener Mann phantasiert sich ein Leben und lebt seine Phantasien, an der Spitze die vom potenten Mann und Künstler« (S. 82), was in dieser Übertreibung und Vereinfachung ohne Zweifel unhaltbar und mehr von ideologisch-feministischem Ressentiment und Wunschvorstellungen als von belegbaren Tatsachen geprägt ist.

Derartige psychologische Untersuchungen des Texts können, moderat vorgenommen, durchaus fruchtbringend sein. Die Hasstiraden etwa, mit denen B., ungeachtet des eigenen Verhaltens seinen Partnerinnen gegenüber, vor allem Marianne Zoff belegt, zeigen deutlich, dass er in diesem Falle dem eigenen Programm, wie Baal sein zu wollen, nicht konsequent gerecht werden kann. Er ist tief verletzt und kann diese Tatsache durch die Aggressivität seiner Bilder und Sprache nicht kaschieren: »Und diesen gesprungenen Topf, in den die Abflüsse aller Männer rinseln, habe ich in meine Stuben stellen wollen!« (GBA 26, S. 211) Voris sieht solche »hysterischen Predigten gegen Frauen« als »Form sozialer Unterdrückung« und »Spiegel individueller Verdrängung« (Voris, S. 90) und glaubt, deren Wurzeln in B.s »bürgerlicher Herkunft« zu finden, die ihn zwar nicht vollends determiniere, jedoch deutlich seine Verhaltens- und Redeweisen bestimme (S. 81f.). Aussagen dieser Art sind zum einen moralisierend und nicht zuletzt deshalb unergiebig; zum anderen verstellen sie die Sicht auf Wichtigeres. Der größte Mangel der bisherigen Beschäftigung mit B.s Tagebuchaufzeichnungen dieser Zeit ist nämlich, dass das Augenmerk fast immer und ausschließlich darauf gerichtet wurde, was über B.s Beziehungen zu Frauen zu erfahren ist, wie er mit ihnen umging und was daraus bezüglich seiner Persönlichkeit und seiner Charaktereigenschaften resultiert. Relevanter jedoch, wenn auch nicht derartig dominierend in den Vordergrund tretend, wie die Frauengeschichten, sind zwei andere Punkte. Zum ersten beinhalten die Aufzeichnungen wesentliche Aussagen über einige Werke B.s, Hinweise, die bisher nur zum Teil als Interpretationshilfen zur Kenntnis genommen wurden. Neben Ausführungen zu *Baal* und *Trommeln in der Nacht* (GBA 26, S. 116, S. 151) betrifft dies vor allem die Lyrik. Zwei markante Beispiele seien genannt:

1919, durchaus zeitnah zur Entstehung von *Erinnerung an die Marie A.*, schreibt B.: »Ebenso hieß das Mädchen nicht andauernd Marie, es wechselte im Gegenteil andauernd seinen Namen [...]. Welch ein Unfug, jedem Mädchen einen andern Namen aufzuhängen! Hieß etwa jedes Hemd anders, die Hemden waren doch auch gleich, folglich auch der Name!« (S. 113) Warum jede Frau anders nennen, wenn deren ›Funktion‹, das also, worauf es ankommt, doch gleich ist. Diese Bemerkung ist so eindeutig und aussagekräftig, dass das Gedicht mit Bekanntwerden der Tagebücher nicht mehr ungebrochen als rührseliger Abgesang auf B.s Beziehung mit Rosa Maria Amann hätte interpretiert werden dürfen – eine Auffassung, die erst Jan Knopf 1995 grundlegend widerlegt hat (Knopf, S. 37–39).

Zweites Beispiel: Die *Ballade von der Hanna Cash* entstand während einer Zeit, die geprägt war von Auseinandersetzungen zwischen Marianne Zoff, B. und dessen Rivalen Recht. Es wurde schnell zur Kenntnis genommen, dass in die Ballade autobiografische Details eingeflossen seien (Schulz, S. 193f.). B.s

Aufzeichnungen legen darüber hinaus jedoch den Schluss nahe, dass es dabei nicht nur um Einzelheiten geht, sondern das Gedicht geradezu eine eigene, gleichsam biografische Ebene hat, auf der die – freilich idealisierte – Geschichte von B. und Marianne Zoff erzählt wird: Immer wieder bezeichnet B. Zoff in seinen Tagebüchern als »Hure« (GBA 26, S. 211) und »Zigeunerin« (S. 193), und tatsächlich hatte die nur mäßig erfolgreiche Sängerin eine entsprechende zweite Einkunftsquelle: Sie ließ sich von dem älteren und kranken Geschäftsmann Recht aushalten, nahm teure Geschenke an und wandte sich nicht zuletzt des Geldes wegen immer wieder Recht zu. B.s Attacken entsprechen insofern der Realität; in diesem Falle kann weder von einer grundsätzlichen Frauenverachtung die Rede sein, noch handelt es sich um »pubertär anmutende« (Reich-Ranicki, S. 95) Entgleisungen. B. plante, zum Thema ›Hanna Cash‹ auch ein Filmdrehbuch zu verfassen und schrieb, wie in den Tagebüchern deutlich wird, die entsprechenden Passagen sogar in Anwesenheit Marianne Zoffs, die neben ihm schlief (GBA 26, S. 191). Vergegenwärtigt man sich B.s Arbeitsweise, in seinen Werken immer wieder einen ›doppelten Boden‹, eine zweite, gleichsam ›biografische‹ Ebene zu schaffen, so ist die Ballade auch als dichterische Beschäftigung mit dem Thema zu lesen, das B. in dieser Zeit zweifellos am meisten beschäftigte: Er musste entscheiden, wie weit er sich auf Marianne Zoff einlassen wollte und entwarf in der Ballade sozusagen eine Vision, wie das Leben in Huren- und Zigeunerromantik, literarisch verklärt, sein könnte.

Noch wichtiger als die Bezüge zu einzelnen Werken sind B.s Bemerkungen, die Rückschlüsse auf seine Ästhetik und die Planung seiner Zukunft als Schriftsteller zulassen. Überdeutlich erkennt er die Problematik moderner Kunst, die Tatsache, dass ihre Gestaltungs- und Wirkungsmittel erschöpft sind. Es ist kaum noch möglich, Neues zu schaffen: »Schon kommt man zu keiner ergreifenden Darstellung des Todes mehr, weil alle ›Todesarten‹ schon einstudiert sind und höchstens noch ausgeliehen werden.« (S. 124) Der Schriftsteller kann nicht mehr, wie in idealistischer Vorstellung, das Werk als ein gewachsenes Ganzes aus einer künstlerischen Inspiration heraus schaffen, sondern nur noch mit Formen spielen. Er kann nur noch Artefakte schaffen, die den Anschein erwecken, Kunst zu sein, ihre Wirkung jedoch der Verbindung von bereits Dagewesenem verdanken. Über 25 Jahre später sollte dieses Dilemma der Modernität, dass der durchaus begabte Künstler in seiner Schaffenskraft gelähmt ist, weil alle Möglichkeiten bereits verbraucht scheinen, Grundthema von Thomas Manns Roman *Doktor Faustus* werden.

»Aber wo ist die stilistische Möglichkeit, aus dieser Erkenntnis Nutzen zu ziehen?« (Ebd.) Die Antwort gibt B. durch seine Werke, deren Komplexität und Vielschichtigkeit gerade in den letzten Jahren immer deutlicher erkannt wurde, sei es am Beispiel von *Baal* oder *Trommeln in der Nacht*: Mit beeindruckender Fertigkeit gelingt es B., aus einer Vielzahl von Einzelinspirationen und Anlehnungen an Biografisches, Historisches, Zeitgeschichtliches und Werke anderer Schriftsteller Stücke ›zusammenzusetzen‹, die trotz ihrer – oft gewollt erkennbaren – Brüche und Artistik in sich stimmige Kunstwerke ergeben. Sie tragen der Tatsache Rechnung, dass es neue Stoffe und Motive offenbar nicht mehr gibt und leiten ihre künstlerische Bedeutung aus ihrem geschickten wie respektlosen Arrangement und ihrer überragenden sprachlichen Virtuosität ab.

Dass durch dieses wirkungsorientierte und abgeklärte, auf den ersten Blick nihilistisch anmutende, Schreiben Illusionen zerstört, bürgerliche Naivität, Werte und Doppelmoral entlarvt und parodistisch aufgehoben, sie jedoch nicht durch eine neue, in sich geschlossene ›Moral‹ ersetzt werden können und sollen, ergibt sich zwangsläufig. Einmal zu diesem ›Jenseits von Gut und Böse‹ gelangt, konnte sich B. unbelastet und nun wesentlich wirkungsvoller um das kümmern, das, wie das *Tagebuch No.10* schon zeigte, ihm schon immer am meisten am Herzen lag: um seine Karriere als Schriftsteller. Seine Aufzeichnungen belegen, dass er nun geradezu taktische Überlegungen und Strategien entwickelt, um auf sich aufmerksam zu machen, Lektoren, Regisseure, Dichterkollegen und Leser von seinem Genius zu überzeugen und dabei – in bürgerlichem Sinn – ›Lebenstüchtigkeit‹ entwickelt. Immer wieder spricht B. in seinen Tagebüchern davon, Drehbücher für Filme, besonders auch für Werbefilme schreiben (S. 221), sich also dem Establishment dienstbar machen zu wollen, weil er sich davon finanzielle Einkünfte erhofft. »Es ist ein Geschäft wie tausend andere. Ich liebe die Leute, die Ideen haben, um die Welt zu erobern, und mit Hautmitteln anfangen.« (S. 222) B. hat die Idee, Dramen auf billigem Zeitungspapier drucken zu lassen, auf die Eigenschaften des Zeitlosen, Dauerhaften, die einem Buch zugesprochen werden, zu verzichten, damit dem Text Annoncen beigegeben werden können, die das Geschäft rentabel machen (S. 130).

So ist B. auch bereit, seinen *Baal*, dessen erste Fassungen von Verlagen nicht zuletzt aus Angst vor der Zensur abgelehnt wurden, umzuschreiben, eine harmlosere Variante zu verfassen (Schmidt, S. 123), mit der er Ende 1919 oder Anfang 1920 begann. Zwar erkennt er deren Mängel und betrachtet sein Drama gar als »gründlich verpfuscht« (GBA 26, S. 129). Er nimmt dies jedoch in Kauf – im Gegensatz zu seinem Protagonisten Baal, der sich weigert, sich und seine Dichtung im Kabarett »lächerlich [zu] machen« (GBA 1, S. 50) und damit seinen sozialen Abstieg weiterhin forciert. Kragler erweist sich da als flexibler. »Das Bett als Schlußbild. Was Idee, was Pflicht!« (GBA 26, S. 151), erläutert B. in seinem Tagebuch: Der Kriegsheimkehrer akzeptiert das warme Bett seiner Braut (GBA 1, S. 229), die bürgerliche Bequemlichkeit und mit ihr das Kind, das Anna von einem anderen erwartet.

Fazit: »Man muß versuchen, sich einzurichten in Deutschland!« (GBA 26, S. 130) Ein Vorhaben, das B. überzeugend in die Tat umsetzte, bis er 1933 vor den nationalsozialistischen Machthabern ins Ausland fliehen musste.

Literatur:

Anz, Thomas: Brecht und die Psychoanalyse. In: Knobloch, Hans-Jörg/Koopmann, Helmut (Hg.): Hundert Jahre Brecht. Brechts Jahrhundert? Tübingen 1998, S. 49–63. – Banholzer, Paula: So viel wie eine Liebe. Der unbekannte Brecht. Erinnerungen und Gespräche. München 1981. – Bergheim, Brigitte: Die Sonette Bertolt Brechts. In: Stemmler, Theo/Horlacher, Stefan (Hg.): Erscheinungsformen des Sonetts. 10. Kolloquium für europäische Lyrik. Tübingen 1999, S. 245–270. – Engelhardt, Hartmut: Die literarischen Masken Bertolt Brechts. Zu den Tagebüchern und Autobiographischen Aufzeichnungen. In: Neue Rundschau 4 (1975), S. 718–723. – Frenken, Herbert: Das Frauenbild in Brechts Lyrik. Frankfurt a.M. 1993. – Fuegi, John: Brecht & Co. Biographie. Autorisierte erweiterte und berichtige deutsche Fassung v. Sebastian Wohlfeil. Berlin 1999. – Hillesheim, Jürgen/Wolf, Uta (Hg.): Bertolt Brechts *Die Ernte*. Die Augsburger Schülerzeitschrift und ihr wichtigster Autor. Augsburg 1997. – Hillesheim, Jürgen: Die Augsburger Schülerzeitschrift *Die Ernte* mit den ersten Veröffentlichungen Bertolt Brechts. In: Patrimonia 180 (2000), S. 6–15. – Knopf, Jan: Erinnerung an die Marie A. In: Ders. (Hg.): Interpretationen. Gedichte von Bertolt Brecht. Stuttgart 1995, S. 31–41. – Müller, Joachim: Die Aufzeichnungen des Bertolt Brecht. In: Universitas 31 (1976), H. 8, S. 799–809. – Pietzcker, Carl: »Ich kommandiere mein Herz«. Brechts Herzneurose – ein Schlüssel zu seinem Leben und Schreiben. Würzburg 1988. – Reich-Ranicki, Marcel: Der Anfänger als Klassiker. Brecht und seine frühen Tagebücher. In: Ders.: Ungeheuer oben. Über Bertolt Brecht. Berlin 1996, S. 89–99. – Ritchie, Gisela E.: Der Dichter und die Frau. Literarische Frauengestalten durch drei Jahrhunderte. Bonn 1989. – Rohse, Eberhard: Der frühe Brecht und die Bibel. Studien zum Augsburger Religionsunterricht und zu den literarischen Versuchen des Gymnasiasten. Göttingen 1983. – Schmidt, Dieter: *Baal* und der junge Brecht. Eine textkritische Untersuchung zur Entwicklung des Frühwerks. Stuttgart 1966. – Schulz, Genia: *Ballade von der Hanna Cash*. Lektion über die Lebenskunst. In: Lehmann, Hans-Thies/Lethen, Helmut (Hg.): Bertolt Brechts Hauspostille. Text und kollektives Lesen. Stuttgart 1978, S. 173–203. – Thomson, Peter: Brecht's lives. In: Ders./Sacks, Glendyr (Hg.): The Cambridge Companion to Brecht. Cambridge 1994, S. 22–39. – Unseld, Siegfried: »Ich muß immer dichten«. Das Bekenntnis des fünfzehnjährigen Bertolt Brecht. In: Brecht, Bertolt: *Tagebuch No. 10*. Unseld, Siegfried (Hg.). Frankfurt a.M. 1989, S. V-XVIII. – Voris, Renate: Inszenierte Ehrlichkeit: Bertolt Brechts ›Weibergeschichten‹. In: BrechYb. 12 (1983), S. 79–95. – Zagari, Luciano:

i diari di Brecht: costruzione di un autoritratto. In: Brecht, Bertolt: Diari 1920–1922. Appunti autobiografici 1920–1954. Turin 1983, S. VII-XVI. – Žmegač, Viktor: Bertolt Brecht, *Tagebücher 1920–1922. Autobiographische Aufzeichnungen 1920–1954*. In: BrechYb. 6 (1977), S. 211–215.

Jürgen Hillesheim

Journale

Entstehung und Aufbau

Abweichend von den *Tagebüchern*, die teils als geheftete, teils als gebundene und gelegentlich mit kartoniertem Umschlag versehene Manuskripte vorliegen, sowie abweichend von den auf einzelnen Blättern in einer Mappe und in Notizbüchern überlieferten *Autobiographischen Notizen* sammelte B. das ausnahmslos maschinen- und in Kleinbuchstaben (Ausnahme: Namen, Titel und Hervorhebungen) geschriebene Material der *Journale* in (insgesamt 13) Mappen; hinzu kommen wenige einzelne Notate, die in anderen Mappen abgelegt wurden (vgl. GBA 26, S. 603f.; GBA 27, S. 369f.). Im Unterschied zu einigen Texten aus den *Tagebüchern* blieb das gesamte Material der *Journale* zu B.s Lebzeiten unveröffentlicht. Die Eintragungen beginnen mit Datum vom 20. 7. 1938, der letzte Eintrag stammt vom 18. 7. 1955. Eine größere zeitliche Lücke findet sich zwischen dem 5. 1. 1946 und dem 20. 2. 1947 (vgl. GBA 27, S. 239), und ab dem zweiten Halbjahr 1953 werden die Eintragungen sporadisch. So liegen für das Jahr 1954 nur sechs Notierungen vor, und aus dem Jahr 1955 gibt es nur noch eine Notierung. Die dichteste Folge von Texten weist das Konvolut ›Journal Amerika‹ auf, in dem eine Reihe täglicher Eintragungen sowie mehrere Eintragungen zu einzelnen Tagen eine intensive Arbeit B.s an diesem ›Werk‹ dokumentieren. Dies könnte u.a. damit zu tun haben, dass zum einen der Krieg mit dem Überfall Nazideutschlands auf die Sowjetunion (22. 6. 1941) und einige Monate später Japans auf die USA (Pearl Harbor am 7. 12. 1941) neue Dimensionen angenommen hatte, und zum anderen damit, dass die direkte Konfrontation mit den amerikanischen Lebens- und politisch-ökonomischen Verhältnissen B. zu einer intensiveren Reflexion herausforderte, für die ihm die Textsammlung in der Form der *Journale* am besten geeignet erschien. Eine gewichtige Rolle spielen auch der von B. als schmerzlich und folgenreich empfundene Verlust der Mitarbeiterin und Geliebten Margarete Steffin, die er auf dem Weg in die USA in Moskau hatte zurücklassen müssen und die dort am 4. 6. 1941 gestorben war, sowie die Schwierigkeiten einer produktiven schriftstellerischen Arbeit. Wie eine Eintragung vom 21. 4. 1942 deutlich macht, war es ein ganzes Bündel von subjektiven und objektiven Umständen, die B. seine Exilsituation noch entschiedener bewusst werden ließen als zuvor: »Tatsächlich habe ich allerlei seit Juni 1941 nicht gut verwunden, nicht Gretes Ausscheiden, nicht das neue Milieu, nicht einmal das weiche Klima hier. Und das Roulettespiel mit den Stories, die Konfrontierung mit den Erfolglosen und den Erfolgreichen, die Geldlosigkeit. Zum erstenmal seit zehn Jahren arbeite ich nichts Ordentliches, als Resultat von alldem und mit den zu erwartenden Folgen.« (GBA 27, S. 85)

Die Notierungen, auf deren Titelblättern jeweils Land und Zeitraum der Aufzeichnungen angegeben sind, umfassen B.s Exilstationen Dänemark (20. 7. 1938–15. 3. 1939), Schweden (24. 4. 1939–10. 2. 1940), Finnland (17. 4. 1940–13. 5. 1941), USA (21. 7. 1941–5. 11. 1947), die Schweiz als ›Zwischenstation‹ auf der Rückkehr (16. 12. 1947–20. 10. 1948) und schließlich den Heimkehrort Berlin (22. 10. 1948–18. 7. 1955). Auffällig an der Struktur der *Journale* ist die Verknüpfung des traditionellen Mediums (Buch-)Text mit den modernen (Massen-)Medien Zeitung, Illustrierte sowie Katalog und damit dem Medium Fotografie; hinzu kommen einige Karikaturen, Grafiken sowie Lagekarten, die B. allesamt Presseerzeugnissen entnahm. Fotografien mit privatem Charakter bleiben dabei die Ausnahme. Zunächst noch recht sparsam verwendet – so enthalten die Notate zu Dänemark bei 23 Seiten Umfang lediglich drei (private) Fotos und die Notate zu Schweden bei 27 Seiten immerhin schon acht Bilder –, nimmt die Anzahl der eingeklebten Bilder sowie der erstmals im Journalteil ›Finnland‹ verwendeten Zeitungsausschnitte massiv zu: In den Notaten zu Finnland finden sich bei 117 Seiten Umfang, neben einem an B. gerichteten Text Margarete Steffins und einem Personenverzeichnisblatt einer Züricher *Mutter Courage*-Aufführung vom 25. 4. 1941, 52 Bilder bzw. Zeitungsausschnitte. In den Notaten zu Amerika sind es auf 244 Seiten 119, darunter wenige private Fotos, ein Ausschnitt eines Briefs von Ruth Berlau an B. und »die auf eine Seite geklebten Kontaktabzüge eines Typoskriptkonvoluts der Sammlung *Gedichte im Exil*« (GBA 27, S. 494). Danach allerdings reduzieren sich die Anteile solcher Medienmaterialien wieder: Im Journalteil ›Schweiz‹ gibt es bei 21 Seiten Umfang lediglich 3 Bilder (darunter zwei private) und einen Zeitungsausschnitt, im Teil ›Berlin‹ bei 72 Seiten Umfang 17, wobei die Mehrzahl der Bilder jetzt Aufnahmen von Proben zu *Mutter Courage* und *Der Prozeß der Jeanne d'Arc zu Rouen 1431* sind. Daran wird deutlich, dass die Bild- sowie Zeitungstextmaterialien insgesamt eine herausragende Stellung einnehmen und mehr sind als Illustrationen, die nur am Rande zur Kenntnis zu nehmen sind. Der (potenzielle) Leser ist angehalten, diese Materialien ›mitzulesen‹, d.h., etwa bei den Bildern zu verweilen und – wie es später bei der *Kriegsfibel* zum leitenden Prinzip wird, deren erste Arbeitsstufen denn auch in den *Journalen* zu finden sind (vgl. GBA 27, S. 9 u. ö.) – sie im Kontext des Geschriebenen wahrzunehmen und, umgekehrt, das Geschriebene im Kontext der Bilder zu lesen. Zugleich sind die ›privaten‹ Aufzeichnungen in den Kontext mit dem in Zeitungen, Zeitschriften und Magazinen für die Öffentlichkeit Geschriebenen zu setzen: Beide Schreibweisen kommentieren sich gewissermaßen gegenseitig. Indes sind diese gegenseitigen Verweise nicht einfach ›da‹, sondern müssen als konstitutives Element der *Journale* erst (re-)konstruiert werden, zumal B. in den Texten nur sporadische und zumeist indirekte Hinweise auf die eingeklebten Materialien gegeben hat (vgl. z.B. S. 58).

Die avancierteste Form der Bild-Text-Montagen stellen zweifellos die ersten Arbeiten an den Fotoepigrammen dar, die später, 1955, in die Publikation der *Kriegsfibel* mündeten. Von den vier Fotoepigrammen, die B. in die *Journale* einmontierte (vgl. GBA 26, S. 434 = BBA 277/49, S. 35 = BBA 277/50; GBA 27 S. 196 = 2096/52, S. 314 = 2072/18), übernahm er allerdings nur eines in die *Kriegsfibel* (vgl. GBA 12, S. 141), während die anderen drei dort keine Verwendung mehr fanden. Indes gehen zwei weitere Zeitungsfotos aus den *Journalen* (vgl. 27, S. 9, S. 80) in die *Kriegsfibel* ein und werden von B. jeweils mit Vierzeilern versehen (vgl. 12, S. 155 = BBA 2096/48, S. 207 = BBA 2096/43).

Die Auseinandersetzung in der Forschung über die Bedeutung der im Original vorliegenden und in die Ausgaben von 1973 und 1974 übernommenen Kleinschreibung ist zwar immer noch nicht beendet (vgl. Knopf, S. 19f.; Wizisla, S. 34) und führte sogar dazu, dass noch 1999 nach dem *Arbeitsjournal* zitiert wurde, was einer Verweigerungshaltung gegenüber der für die Forschung maßgeblich gewordenen GBA gleichkommt (vgl. auch Knopf, S. 18), in der die Schreibung nun normiert ist. Gleichwohl erscheint dieser Streit eher unwichtig, im Gegensatz zu der Tatsache, dass es 1973 gleich zwei Raubdrucke des *Arbeitsjournals* gegeben hat (vgl. von Olenhusen, S. 24), was zeigt, dass das allgemeine (vor allem studentische) Lesepublikum entgegen der Forschung, die diese Textsammlung weitgehend nur als Steinbruch zur Stützung von Analysen und Deutungen der Stücke, Gedichte, Prosa und anderer Texte heranzog, diesem Konvolut eine zentralere, eigenständig-literarische sowie vor allem politisch-theoretische Bedeutung innerhalb des Gesamtwerks B.s beimaß.

Montage und Konstruktion versus ›einfache Chronologie‹

Unter dem Titel *Arbeitsjournal* – er geht auf eine Auskunft Helene Weigels zurück, ist jedoch am Nachlassmaterial nicht zu belegen (vgl. GBA 26, S. 603; GBA 27, S. 370) – erschien die erste Ausgabe 1973 in zwei Bänden nebst einem Band mit Anmerkungen, herausgegeben von Werner Hecht. Während in dieser sowie in der 1974 erschienenen, zu zwei Bänden zusammengefassten Werkausgabe des *Arbeitsjournals* in der Edition Suhrkamp die Texte in eine chronologische Reihenfolge gebracht wurden und zudem jede Eintragung eine gesonderte Seite erhielt, verfuhren die Herausgeber und Bearbeiter der GBA ›authentischer‹: In der Textgrundlage ist die überwiegende Mehrzahl der tagesbezogenen Notierungen fortlaufend geschrieben, so dass diese Ordnung in die GBA übernommen wurde. Dieses Editionsprinzip ist durch eine Besonderheit aus dem Original zu stützen: Eine Reihe von Blättern ist »regelrecht montiert (z.B. auseinander geschnitten, geklebt und akribisch wieder auf die ursprüngliche Größe gebracht [...])« (Knopf, S. 19), was auf intensivere, zielorientierte Arbeit B.s an den Notierungen schließen und Marcel Reich-Ranickis Schelte, die Aufzeichnungen »scheinen rasch und hastig geschrieben« (Reich-Ranicki, S. 24), wenig plausibel erscheinen lässt.

An dieser Stelle ist auf einen Anordnungsfehler im Band 27 der GBA hinzuweisen: In der Mappe 278 des BBA liegen die Blätter 13 und 11 jeweils an der falschen Stelle (Reihenfolge der Blätter in der Mappe: 10, 13, 12, 11, 14), und diese Vertauschung wurde in die GBA übernommen (vgl. GBA 27, S. 17–21). In der richtigen Reihenfolge kämen auf Seite 17 nach dem Foto, auf dem Mussolini, Göring und Hitler zu sehen sind, die drei Notierungen vom 27. 10. 1941 sowie das nachfolgende Foto (vgl. S. 20f.) zu stehen (= Bl. 11 der Mappe). Im Tausch rückten die Notierungen vom 25. 10. 1941, 20. 10. 1941, 21. 10. 1941 sowie das Bild des im Schlamm versinkenden Panzerfahrzeugs (vgl. S. 17f.) auf die Seite 20f.

Neben dem Prinzip der Montage ist es weniger der Umstand, dass B. seine Aufzeichnungen gewissermaßen als Kostbarkeit in den Wirren des Kriegs durch mehrere Exilländer transportierte (vgl. Le Rider, S. 316), als vielmehr die Tatsache, dass an einigen Stellen die Chronologie (zumeist mehrfach) durchbrochen ist (vgl. z.B. GBA 26, S. 342–353 u.ö.) und somit ein gezielt angelegtes Konstruktionsprinzip vorliegt, das auf eine geplante Publikation schließen lässt, bei der B. die zeitliche ›Unordnung‹ vermutlich nicht aufgehoben hätte. Hinzu kommt die Besonderheit, dass B. die jeweils über den Texten in einer gesonderten Zeile stehenden Datumsangaben in der Regel mit rotem Farbband tippte.

Welche Funktion die durchbrochene und für einen (potenziellen) Leser somit ungewohnte Chronologie haben könnte, lässt sich am ehesten über eine genauere inhaltliche Untersuchung erschließen, was im Folgenden exemplarisch und ausschnitthaft versucht wird: In Band 26, S. 342–353, findet man die folgende Datumsreihe mit Bezug auf das Jahr 1939: 5. 9. – 4. 9. – 3. 9. – 10. 9. – 9. 9. – 7. 9. – 19. 9. – 18. 9. – 11. 9. – 13. 11. – 7. 11. – 21. 9. – 7. 12. – 8. 12. – 5. 12. – 10. 12. – 9. 12. – 24. 12. Stellvertretend seien die ersten drei Daten herausgegriffen. So befasst sich die Eintragung vom 5. 9. 1939 mit verschiedenen konkreten Vorgängen unmittelbar nach dem Überfall der deutschen Wehrmacht auf Polen, die teilweise kommentiert werden, etwa mit Sätzen wie: »Gespenstisch, dieser Krieg, der nicht geführt wird!«, oder: »Alles wird für eine Konferenz reif gemacht: Hitler erobert genug, um *zurück*gehen zu können auf seine Forderungen.« (S. 342) Der nachfolgende Eintrag, datiert mit 4. 9. 1939 und, im Unterschied zum 5. 9. 1939, in der Ich-Form verfasst, rückt die Reflexion B.s darüber, dass Hitler ungestört seinen Krieg im Osten gegen Polen führen könne, während an der Westfront Ruhe herrsche, in den Vordergrund und benennt einen Widerspruch, der wiederum Ausgangspunkt für eine weitergehende Reflexion ist: »Juristisch herrscht in Polen jetzt Frieden und wird gekämpft, während im Westen der Krieg erklärt ist und Frieden herrscht.« (S. 343) Diese Anspielung auf den völkerrechtswidrigen Angriff Nazideutschlands einerseits und die nach internationalem Recht ›korrekte‹ Kriegserklärung Frankreichs und Englands an Deutschland andererseits werden in der nachfolgenden Notierung, datiert vom 3. 9. 1939, mit der in der Eintragung vom 5. 9. 1939 konstatierten militärischen Untätigkeit der Westmächte und der im Eintrag vom 4. 9. 1939 geäußerten Vermutung, dass die Engländer sich neutral verhalten könnten, gewissermaßen ›abgeglichen‹ und auf den Punkt gebracht: »Die deutsche Regierung will den Krieg, das deutsche Volk nicht. Die französische und englische Regierung will [sic] den Krieg nicht, das französische und englische Volk wollen ihn, Hitler zu stoppen.« (Ebd.) Das auf den ersten Blick schwer verstehbare Verhalten und Handeln der Beteiligten wird begreifbarer, wenn die Widersprüche in den Ereignissen und Verhaltensweisen aufgespürt und vor allem benannt werden. Dazu bedürfe es, so B.s Diktion, zum einen der genauen Beobachtung des realen Geschehens und zum anderen des Wissens um die herrschenden gesellschaftlichen Widersprüche. Diese wiederum sind nicht losgelöst vom epochalen Widerspruch zwischen Sozialismus und Kapitalismus zu betrachten, der zwar (noch) nicht explizit benannt wird und dennoch von (aufmerksamen) Lesern zu erkennen ist: Die internationale Politik der führenden Westmächte gegenüber Hitler und seinem Vorhaben, den ›Weltbolschewismus‹ und seinen wichtigsten, Staat gewordenen Repräsentanten, die Sowjetunion, auslöschen zu wollen und dafür in einer ersten kriegerischen Stufe den Polenfeldzug zu beginnen, ist, so legt es die Anordnung nahe, ohne dieses Wissen nicht zu verstehen. In der übernächsten Notierung vom 10. 9. 1939 wird dieser (Grund-)Widerspruch dann indirekt benannt. Im Zusammenhang mit Bemerkungen zum Hitler-Stalin-Pakt vom August 1939, der B. wie viele ›Linke‹ irritierte und ihn zu der vorläufigen Einschätzung veranlasste: »Ich glaube nicht, daß mehr gesagt werden kann, als daß die Union sich eben rettete, um den Preis, das Weltproletariat ohne Losungen, Hoffnungen und Beistand zu lassen« (S. 344), erfolgt der Hinweis B.s auf »die Chamberlain-Konzeption (Hitler soll gegen die Union geleitet werden) [...]« (ebd.). In der Notierung vom 22. 1. 1942 verweist B. explizit darauf, unter welchen Voraussetzungen es ihm (nicht nur) in den *Journalen* möglich geworden sei, die Widersprüche zu erkennen, die dann auch in entsprechenden Formulierungen sichtbar und beschreibbar gemacht werden: Es geht um die Dialektik, die dazu diene, »einem das Operieren mit widerspruchsvollen Einheiten zu gestatten. Das heißt nicht nur, relativistisch sein. Die Dialektik zwingt einen ja gerade dazu, in allen Prozessen, Institutionen, Vorstellungen den Konflikt aufzuspüren und zu benützen (russisch-englische alliance, englisch-amerikanische alliance, deutsch-japanische alliance, Sowjetdemokratie, Torystrategie usw. usw.). Andrerseits (zugleich) das einheitliche Funktionieren der einander bekämpfenden Klassen in Nazideutschland usw.« (GBA 27, S. 51)

Es scheint folglich naheliegend zu sein, von einer ›Konstruktionsstrategie‹ B.s hinsichtlich der Textanordnungen in den *Journalen* zu sprechen: Die beobachtbaren ›Ungereimtheiten‹ in den realen historischen Ereignissen sind auf die ihnen zu Grunde liegenden Widersprüche zurückzuführen und bei dieser Strategie muss die Chronologie der Notierungen zwangsläufig aufgegeben werden.

Ein weiteres aufschlussreiches Indiz dafür, dass B. die Anordnung dieser Texte (wie auch aller nachfolgenden, die oben aufgeführt sind) außerhalb einer chronologischen Ordnung in keinem einzigen Fall »aus Versehen« (GBA 26, S. 603) vollzog, ist die Tatsache, dass ausnahmslos alle Blätter dieses Zeitraums Klebestellen aufweisen; zumeist sind zwei Texte zu einem ›authentisch‹ auf einem Blatt stehenden Text hinzu geklebt worden. Beispielsweise sind die Texte vom 4. 9. 1939 und 3. 9. 1939 auf das Blatt mit dem an erster Stelle stehenden Text vom 5. 9. 1939 aufgeklebt worden (vgl. BBA 276/06). Gleichermaßen verhält es sich mit den drei folgenden Notierungen: Die Texte vom 9. 9. 1939 und 7. 9. 1939 sind auf das Blatt mit dem an erster Stelle stehenden Text vom 10. 9. 1939 nachfolgend aufgeklebt (vgl. BBA 276/07) usw. Hier wie auch angesichts der überaus zahlreichen weiteren Klebestellen im gesamten *Journal* von ›Versehen‹ oder gar ›Willkür‹ sprechen zu wollen, erscheint nicht haltbar. Vielmehr weisen diese Details und andere Besonderheiten auf eine sorgfältige Komposition (vgl. Le Rider, S. 316) und damit auf einen überlegt agierenden ›Konstrukteur‹ hin, der auch schon seinen ›Abnehmer‹ (die Leser) im Visier hatte. Ob das jeweilige Datum auch tatsächlich den Tag der Notierung angibt, kann nicht als sicher gelten, wenngleich es vereinzelte Hinweise auf eine solche Identität gibt; beispielsweise formulierte B. in der Eintragung vom 9. 9. 1939: »Heute, am achten Tag [...]« (GBA 26, S. 344), und bezog sich dabei auf den Tag der Kriegserklärung der Westmächte an Deutschland vom 3. 9. 1939. Nimmt man die Identität von Datum und Aufnotierung an, dann zeigt die Anordnung des Materials ein gezieltes Vorgehen, das den (potenziellen) Lesern auch als solches vermittelt werden soll: Zunächst lässt der Chronist vor allem die Ereignisse, die Wirklichkeit selbst in ihrer Widersprüchlichkeit ›sprechen‹, dann erst kommentiert er sie und entwickelt daraus in einem weiteren Schritt eine Hypothese, welche die Widersprüchlichkeit des realen Geschehens zu erklären sucht und dies auch in der sprachlichen Formulierung sichtbar macht. Die Leser wiederum werden gewissermaßen zu einer ›doppelten Lektüre‹ animiert, die ihre Aufmerksamkeit im ersten Schritt mit der Abfolge der Texte und ihrer Inhalte auf die realen historischen Ereignisse lenkt, die – und genau deshalb stellte B. sie vor die Reflexion – unabdingbare Grundlage für die subjektive Einschätzung und Bewertung durch den Schreibenden waren, der sich auf diese Weise als ›Journalist‹ (im wahrsten Sinne des Worts) zu erkennen gibt. Die zweite Lektüre ergibt sich aus dem für die Leser augenfälligen Widerspruch zwischen ausgewiesenem Datum und Abfolge der Texte. Gleichgültig, ob alle Datumsangaben tatsächlich dem Tag der Notierung entsprechen oder ob nur die Abfolge der Texte von B. konstruiert wurde, entscheidend ist, dass mittels der vorliegenden Konstruktion Prozesse der Meinungsbildung induktiv entfaltet und damit nachvollziehbar gemacht werden. Selbst die plausibel erscheinende Annahme, dass die Datumsangaben zu den einzelnen Texten ›echt‹ sind und B. die einzelnen Texte ursprünglich in der Reihenfolge des jeweiligen Datums notierte, kann die Schlussfolgerung nicht verhindern, dass er mit der vorliegenden Montage die traditionelle Erwartungshaltung an einen ›authentischen Verfasser‹ eines Tagebuchs entschieden in Frage stellte, was eher an einen fiktiven Erzähler eines fiktionalen Texts erinnert. Das authentisch Subjektive ist insofern ›gefiltert‹, als es reflektiert und mit den historischen Ereignissen vermittelt erscheint und damit einem anderen Verständnis von Authentizität folgt, das auch die Leser vom unmittelbaren Eintauchen in die subjektive Sicht des (schreibenden) Chronisten abhält. Vielmehr steckt darin das Angebot zum Dialog mit den Lesern, was zum einen die Notierungen selbst schon vorführen, indem Aussagen anderer, an den Anfang gestellt, von B. kritisch beleuchtet werden (vgl. z.B. S. 353f.) und dadurch zugleich eine Art Dialog des Schreibenden mit sich selbst initiieren. Gleiches geschieht mit schriftlichen Produkten, die B. liest und kommentiert, häufig an Hand von daraus Zitiertem (vgl. z.B. S. 358f.). Zum anderen wird immer wieder von Gesprächen mit kontroversen Standpunkten berichtet, die dann auch vorgeführt werden (vgl. z.B. GBA 27, S. 218), sodass immer wieder deutlich wird, das schreibende Ich ist eine ›unsichere‹, genauer: Lernprozessen unterworfene, Größe, die sich mitten in den Widersprüchen der realen historischen Ereignisse befindet und gerade deshalb des Dialogs in alle Richtungen bedarf. Dazu tragen auch die zahlreichen Wechsel zwischen persönlich-privaten Ereignissen sowie Reflexionen und historisch-gesellschaftlichen Vorgängen bei, die immer wieder mit der Abfolge der einzelnen Notierungen, häufig jedoch auch innerhalb einer Notierung hart gegeneinander gesetzt werden. So gibt es beispielsweise zwei Eintragungen zum 4. 4. 1942; in der ersten reflektiert B. in lapidarer Kürze über weltpolitische Vorgänge: »Die Zeitungen und Radiokommentatoren werden immer unruhiger über die Tories, die an Indien lieber einen

Untertanen verlieren als einen Bundesgenossen gewinnen wollen.« (S. 79) Die nachfolgende Notierung gleichen Datums, die mit den Worten beginnt: »Versuche Hardt an einer neuen Rezitationsweise zu interessieren« (ebd.), belässt es bei der Schilderung des Meinungsaustauschs über die ›richtige‹ Rezitationsweise von Wedekind- und Goethe-Versen. Die zweite Variante, die Verknüpfung des Privaten mit dem Gesellschaftlich-Historischen innerhalb einer Notierung, wird beispielsweise im Eintrag vom 19. 8. 1940 sichtbar, der mit der Beschreibung der Sauna auf Gut Marlebäk (Finnland) beginnt: »Die *Sauna* des Gutes ist ein kleines viereckiges Holzhaus am Fluß. Durch das Auskleidezimmer kommt man in den kleinen, dunklen Baderaum, der von einem riesigen Steinofen beherrscht wird.« Zehn Zeilen später endet der Text abrupt mit dem Satz: »Die finnischen Soldaten bauten Saunas selbst in der vordersten Stellung.« (GBA 26, S. 413)

Die Vielzahl von Texten bzw. Textabfolgen, die diesen Vorgehensweisen verpflichtet ist, legt ein zentrales Konstruktionsprinzip der *Journale* offen: Es kam B. darauf an, nicht das Private und Persönliche zu tilgen und auszublenden, sondern es konsequent in und gegen die Realgeschichte zu stellen und umgekehrt die welthistorischen Ereignisse in und gegen die persönlichen Erfahrungen und Reflexionen zu positionieren. Das ›Gegen‹ ist angesichts der Aufeinanderfolge von Texten auch in Bezug auf die Häufigkeit von Bedeutung: Auffällig ist die alternierende Reihung von Privatem und Historischem, der die Überleitungen oder Verknüpfungen fehlen, denn die Texte sind jeweils (zunächst) in sich geschlossen und stehen somit für sich. Auf diese Weise entsteht für die Leser eine Antithetik, auf die sie sich im Leseprozess einzulassen und deren ›Auflösung‹ sie selbst zu leisten haben. Noch markanter, weil auch auf der sprachlichen Seite manifest werdend, ist dies in den Texten, die diese Antithetik selbst enthalten: B. verzichtete dort weitestgehend auf kausale, konsekutive oder konditionale Verknüpfungen (wie das oben zitierte Sauna-Beispiel als eines von zahlreichen anderen belegt). Gerade damit verweigerte er die souverän ordnende, das Disparate zusammenbringende ›Hand‹ des traditionellen Chronisten bzw. Tagebuchschreibers – die ›Unordnung‹ der privaten und historischen Erfahrungen, die subjektiven und objektiven Widersprüche forderten eine adäquate (künstlerische) Abbildung.

Vom Titel zur Gattungsfrage

In der Forschung wurde immer wieder die Frage nach der Gattung der *Journale* erörtert (vgl. Wuthenow; Le Rider): Dokumentiert hier B. im Stil eines Tagebuchs sein Leben, Arbeiten und Reflektieren über die Ereignisse und Verhältnisse der Welt, oder liegt mit den *Journalen* ein Kunstwerk vor, das Dokumentarizität und Fiktionalität auf bis dahin nicht gekannte Weise vereint und den Literaturbegriff spezifisch erweitert hat? Ralph-Rainer Wuthenow weist in seiner grundlegenden Studie *Europäische Tagebücher* darauf hin, dass B.s *Journale* »weder Werk noch Tagebuch« (Wuthenow, S. 185) seien, da ihnen sowohl die Geschlossenheit als auch nahezu alles Private fehle: »Nicht Bekenntnisse hat man hier vor sich, sondern Erwägungen und Überlegungen, Kommentare, Dokumentationen, Lektürenotizen und Bemerkungen zu eigenen Arbeiten wie zu literarischen Problemen allgemeiner, für Brecht aber hier stets aktueller Bedeutung.« (Ebd.) Damit stünden die *Journale* in deutlichem Gegensatz etwa zu Thomas Manns Tagebuchaufzeichnungen sowie zur Geschichte und Tradition der verschiedenen Formen des Tagebuchs. Indes gebe es eine Traditionslinie, die in B.s *Journalen* aufscheine und insgesamt im 20. Jh. wieder an Bedeutung gewonnen habe: die Chronik. Jedoch markiere die »Wiederannäherung an chronikalische Formen keinen bewußten Rückgriff auf altertümliche, quasi noch präsubjektive Formen der autobiographischen bzw. historischen Literatur und schon gar nicht eine Wiederaufnahme der einfachen, unreflektierten Seh- und Darstellungsweise.« (S. 187f.) Vielmehr könne man davon sprechen, dass »die Hinwendung zu einer neuen Form von Sachlichkeit, der objektivere Blick auf das ›Ich‹, die Unterordnung des Subjekts unter größere, soziale, politische, literarische Bedeutungszusammenhänge« (S. 188) erkennbar seien, sodass man, wie Wuthenow am Ende konstatieren muss, »metaphorisch von einer ›Wiederkehr der Chronik‹« (ebd.) reden müsse. Wie groß die Verunsicherung bei der Lektüre der *Journale* hinsichtlich der Gattung war, belegen zahlreiche Rezensionen. So vermeidet Herbert Claas die Festlegung auf eine Gattungszuordnung und deutet nur umrisshaft an, was die *Journale* sein könnten: »Das Arbeitsjournal – das ist die Gegenkonzeption zum ›journal intime‹, das ist die Absage an esoterische Erörterung von individuellen Bewußtseinszuständen.« (Claas) Auch Marcel Reich-Ranicki schreibt in seinem Verriss der *Journale* vom »wohl seltsamsten Produkt seiner [Brechts] Feder«, das nie »als authentisches Tagebuch, als Selbstauseinandersetzung und Rechenschaftsbericht gedacht« war (Reich-Ranicki, S. 14).

Nicht nur die Tatsache, dass das Material (noch) nicht für eine Publikation redigiert war, und dass es außer dem von B. nachträglich handschriftlich in die Notierungen zur Schweiz eingefügten Titel ›Journal‹ noch einen weiteren gleich lautenden Hinweis auf den ins Auge gefassten Titel gibt (vgl. GBA 27, S. 51), lässt es angebracht erscheinen, die *Tagebücher* und die *Autobiographischen Notizen* zu separieren, sondern auch der Umstand, dass deren ›Ton‹ jeweils entschieden privater ist (vgl. Le Rider, S. 317). In diesem Zusammenhang muss gegen Helene Weigels vorgeschlagene Bezeichnung ›Arbeitsjournal‹ eingewandt werden, dass damit zwar das Element des produktiven Tätigseins B.s hervorgehoben, jedoch gleichzeitig das disparate und vielschichtige Material auf den singulären Aspekt der Arbeitsphasen und -stationen B.s reduziert wird, deren ›eigentliches‹ Ergebnis dann letztlich die Stücke, Gedichte, Prosa usw. bilden. Die Notierungen leisten nach dieser Diktion (nur) Zuträgerdienste, und das Persönlich-Private erscheint zumindest nebensächlich, wenn nicht gar ausgeblendet, was dann auch von Rezension und Forschung bedauert wurde – »immer noch keine Antwort auf die Frage nach der privaten Person«, untertitelte beispielsweise Fritz J. Raddatz seine Rezension. Das vielfältige Material und die (wenn auch nicht vollständig durchgearbeitete) Konzeption legen jedoch etwas Anderes nahe: So finden sich neben Kommentaren zu zeitgeschichtlichen Ereignissen, Berichten über Gespräche und Kontakte mit Freunden, Intellektuellen, Schriftstellern, neben Reflexionen über Kunst und (natur-)wissenschaftliche Theoreme auch Beschreibungen über die (wechselnden) Umgebungen und Landschaften, über die Schwierigkeiten mit und Zweifel an der eigenen Arbeit und ihren Ergebnissen sowie über familiäre Vorgänge. Unter der Berücksichtigung der einmontierten Medienmaterialien und des gesamten Montageprinzips sind in der Tat der Titel *Brechts Privat-Zeitung* (Raddatz) sowie der Hinweis, »Brechts Überlegungen sind Modelle für historisch-materialistisches Denken« (ebd.) treffend, allerdings nur, wenn in Bezug auf ›Privat-Zeitung‹ die Betonung auf den zweiten Teil des Kompositums gesetzt wird: So wie die (Tages-)Zeitung ein Zeitdokument darstellt, das, in kollektiver Zusammenarbeit der Vielen, die disparaten Ereignisse des Weltgeschehens ›taggenau‹ in Texte und Bilder bringt und zu Seiten ›montiert‹, häufig im bunten Wechsel fokussierend auf Privates und Gesellschaftliches, so montierte B. sein disparates Material zu einer Form von Tagebuch, das seinen Verfasser zwar als individuellen Urheber ausweist, ihn jedoch zugleich entschieden in den Kontext des Historischen und öffentlich Gewordenen, des kollektiven Zeitgeschehens und -gedächtnisses einbindet. Darüber hinaus bezeichnen ›Modelle‹ nichts Endgültiges, sondern Vorläufiges, Änderbares, das von der Zeit überholt werden kann, so wie die (Tages-)Zeitung von heute schon morgen Schnee von gestern sein wird. Somit erweist sich der Titel *Journale* als präzise und treffende Bezeichnung des Materials.

B.s an zwei Stellen der Textsammlung abgegebene eigene ›Definition‹ der *Journale* lenkt den Blick auf einen weiteren Aspekt. So notierte er am 21.4.1941: »Daß diese Aufzeichnungen so wenig Privates enthalten, kommt [...] hauptsächlich davon, daß ich von vornherein damit rechnete, sie über Grenzen von nicht übersehbarer Anzahl und Qualität bringen zu müssen. Der letztere Gedanke hält mich auch davon ab, andere als literarische Themen zu wählen.« (GBA 26, S. 475) In verwandter Diktion heißt es am 21.1.1942: »Dieser Tage habe ich das ganze Journal oberflächlich überflogen. Natürlich ist es recht distortiert, unerwünschter Leser wegen, und ich werde Mühe haben, diese Anhaltspunkte wirklich einmal zu benutzen. Da werden gewisse Grenzen eingehalten, weil eben Grenzen zu überschreiten sind.« (GBA 27, S. 51) Neben dem (innerhalb einer Notierung einzigen) Hinweis auf den Titel des Konvoluts fällt in beiden etwa ein dreiviertel Jahr auseinander liegenden Notierungen auf, dass die auch mit dem Aufenthalt in den USA immer noch prekäre Ungewissheit der Exilsituation, wie seit 1933 mehrmals erfahren, für B. hinsichtlich der Themenwahl und Anordnung des Materials eine zentrale Rolle spielte. Darüber hinaus ist darin einmal mehr die Auffassung B.s enthalten, dass die realen subjektiven und objektiven Verhältnisse die (literarischen) Formen und Themen bestimmen (müssen), und dass daher die tradierte Form des (persönlichen) Tagebuchs ›gefährlich‹ sei, und zwar in doppelter Hinsicht: Zum einen für den Chronisten selbst, sollte er nochmals (Landes-) Grenzen überschreiten müssen, was die Wahl der Zeitform des Präsens nicht ausschließt; zum anderen ist sie ›gefährlich‹ für die adäquate Darstellung und Reflexion des Zeitgeschehens. Das ›Grenzen-sind-zu-überschreiten‹ sollte auf einer zweiten Ebene auch als Hinweis auf die Gattung des Tagebuchs und seine Merkmale rezipiert werden. Diese Lesart erscheint plausibel, wenn man der Zeitform des Präsens hier eine weitere Funktion zugesteht, die den lediglich biografisch begrenzten Blick auf die mehrfach vollzogenen oder vielleicht noch bevorstehenden Grenzübertritte B.s erweitert. Die vorausgehende Feststellung, dass aus den erwähnten subjektiven Gründen ›gewisse Grenzen eingehalten‹ werden (müssen), nämlich das persönlich Private und den subjektiven Blick nicht in den Vordergrund zu stellen und überborden zu lassen, enthält in Korrespondenz mit der nachfolgenden Begründung ebenfalls eine zweite Bedeutungsebene: Das (gewollte) Überschreiten der Gattungsgrenze Tagebuch erfordert gerade die Be- und Eingrenzung des Privaten, des subjektiven Blicks und des persönlich Bekenntnishaften. In solchem Zusammenhang verweisen die ›unerwünschten Leser‹ nicht nur auf Grenzkontrolleure, sondern auch auf diejenigen (späteren) Leser, die ein traditionelles Tagebuch wünschen und erwarten – sie können nicht bedient werden.

Indes verweisen ›Anhaltspunkte‹ und ›benutzen‹ auf einen (auch 1955 nicht abgeschlossenen) im Fluss befindlichen Meinungsbildungsprozess B.s, das Material der *Journale* oder Teile davon möglicher Weise doch in andere Werke integrieren zu wollen (wie es z.B. mit Bildern geschah, die in die *Kriegsfibel* eingingen) oder als selbstständige, vielleicht auch mit Material aus anderen Produktionen angereicherte Sammlung aller Notierungen bzw. eines bestimmten Teils zu edieren – eine Frage, die wohl nicht mehr zu klären ist. Klar scheint nur zu sein, dass eine wie auch immer geartete Publikation beabsichtigt war, und wohl nicht erst postum, wie es in Bezug auf tagebuchartige Aufzeichnungen so häufig von den Schriftstellerinnen und Schriftstellern verfügt bzw. von den Erben initiiert worden ist und wird. Und klar scheint auch zu sein, dass, geht man vom Vorliegenden aus, mit dem Titel ›Journale‹ und der Art des Materials sowie seiner Anordnung von einer neuen, die Tradition erweiternden Form des literarischen Tagebuchs gesprochen werden kann und muss.

Nichtaristotelisches Theater und realistische Literatur oder Die Dominanz des historischen Geschehens

Dass die *Journale* bei vielen Analysen und Interpretationen B.scher Werke als beliebter ›Zitatensteinbruch‹ benutzt wurden und werden, liegt nicht nur daran, dass man hier authentisch-dokumentarisches Material vorzufinden meint(e), das Interpretationshypothesen und -ergebnisse zu stützen und (biografisch) abzusichern vermag, sondern auch daran, dass alle zentralen Themen, die B. in seinen Stücken, Gedichten, Prosatexten, Schriften und Drehbüchern auf unterschiedlichste Weise gestaltete, sich auch in den *Journalen* finden. Einen erkennbaren Schwerpunkt bilden dabei Aufzeichnungen, die das Theater sowie die Literatur oder die Kunst insgesamt umkreisen. So ziehen sich literaturtheoretische Überlegungen, häufig im Zusammenhang mit konkreten eigenen Arbeiten, durch die 17 Jahre umfassenden Notierungen – die erste Eintragung (20. 7. 1938) fokussiert auf die Arbeit am *Caesar*-Roman, die letzte (18. 7. 1955) auf Überlegungen zur ›Dialektik auf dem Theater‹ und auf das Vorhaben, die eigene Bearbeitung des Shakespeare'schen *Coriolan* unter diesem Blickwinkel voranzutreiben (vgl. GBA 26, S. 311; GBA 27, S. 350). Einer der Ausgangspunkte für diese erst 1953 in aller begrifflichen Schärfe formulierten und an mehreren Beispielen durchexerzierten Darstellungen zu *Die Dialektik auf dem Theater* (vgl. GBA 23, S. 386–413) bildet zweifellos die Notierung vom 12. 8. 1938, in der es u.a. heißt: »Wir Deutschen haben einen Materialismus ohne Sinnlichkeit. Der ›Geist‹ denkt bei uns immer über den Geist nach. Die Körper und die Gegenstände bleiben geistlos. [...] In unserer Literatur ist überall dieses Mißtrauen gegen die Lebendigkeit des Körperlichen zu spüren. Unsere Helden pflegen der Geselligkeit, aber essen nicht; unsere Frauen haben Gefühle, aber keinen Hintern, dafür reden unsere Greise, als hätten sie noch alle Zähne.« (GBA 26, S. 317)

Solche ›Lebendigkeit‹ und ›Sinnlichkeit‹ sind jedoch von dem abzugrenzen, was Georg Lukács, einer der wichtigsten Vertreter der marxistischen Literaturtheorie und -kritik, in der Realismusdebatte der 30er-Jahre als großen Vorzug der frühen bürgerlichen Romane und einiger zeitgenössischer Romanciers wie Heinrich und Thomas Mann lobte und gegen B.s Dramen stellte. B.s massive Kritik an Lukács – »dieser Stumpfsinn ist gigantisch« (S. 321) – ermöglichte ihm zweifellos Profilierung und Schärfung der eigenen Positionen. Lukács in der Notierung vom 18. 8. 1938 vorhaltend, er neige dazu, »alles aus der Welt ins Bewußtsein zu verlegen« (ebd.), formulierte B. am 10. 9. 1938 im Zusammenhang mit der Feststellung, dass in den Exilzeitschriften *Das Wort* und *Internationale Literatur* (beide in Moskau erscheinend) der Vorwurf der Dekadenz gegen ihn erhoben werde: »Der Marxist braucht tatsächlich den Begriff *Abstieg*. Er stellt einen Abstieg der herrschenden bürgerlichen Klasse auf politischem und ökonomischem Gebiet fest. Es wäre stupid von ihm, den Abstieg auf künstlerischem Gebiet nicht sehen zu wollen. Die große Fesselung der Produktivkräfte durch die kapitalistische Produktionsweise kann die Literatur z.B. nicht auslassen.« (S. 322) Nach dieser Fundierung der Literatur in den gesellschaftlichen Realitäten und Entwicklungen reflektiert B. über seine eigene Arbeit und charakterisiert seine *Hauspostille* als Werk, das »zweifellos den Stempel der Dekadenz der bürgerlichen Klasse« (ebd.) trage: »Die Fülle der Empfindungen enthält die Verwirrung der Empfindungen. Die Differenziertheit des Ausdrucks enthält Zerfallelemente. Der Reichtum der Motive enthält das Moment der Ziellosigkeit.« (S. 322f.) Die Gegenüberstellung mit den *Svendborger Gedichten* ergebe »ebensogut einen Abstieg wie einen Aufstieg« (S. 323), je nachdem, von welchem Standpunkt aus man die Texte betrachte. Während aus bürgerlicher Sicht die *Svendborger Gedichte* gegenüber der *Hauspostille* einen Abstieg bedeuteten, verhalte es sich aus der Sicht der »Mitkämpfer« (ebd.) genau umgekehrt. »Aber mir scheint es wichtig, daß sie [die Mitkämpfer] erkennen, was der Aufstieg, sofern er zu konstatieren ist, gekostet hat. Der Kapitalismus hat uns zum Kampf gezwungen. Er hat unsere Umgebung verwüstet. Ich gehe nicht mehr ›im Walde vor mich hin‹, sondern unter Polizisten. Da ist noch Fülle, die Fülle der Kämpfe. Da ist Differenziertheit, die der Probleme. Es ist keine Frage: die Literatur blüht nicht. Aber man sollte sich hüten, in alten Bildern zu denken. Die Vorstellung von der Blüte ist einseitig. Den Wert, die Bestimmung der Kraft und der Größe darf man nicht an die idyllische Vorstellung des organischen Blühens fesseln. [...] Abstieg und Aufstieg sind nicht durch Daten im Kalender getrennt. Diese Linien gehen durch Personen und Werke durch.« (Ebd.) Die harsche Kritik an der von Lukács und anderen, nach B.s Meinung, vertretenen formalistisch-idealistischen Realismusauffassung, die undialektisch und ahistorisch die zeitgenössische Literatur an den ›Höhen‹ der frühen bürgerlichen Romane misst und deren ›Fülle‹ und ›Lebendigkeit‹ des erzählten Lebens in den Erzählungen der Moderne vermisst, hält solchen Urteilen in der Notierung vom 18. 8. 1938 entgegen: »Wir haben tatsächlich lauter Umwege, Abwege, Hindernisse, Bremsvorrichtungen, Bremsschäden usw. zu beschreiben« (S. 321); daher sei es unverständlich, dass »die Umwegigkeit der neuen Wege [...] den Roman nicht umprägen [soll]« (S. 322). Von diesen ›Umwegigkeiten‹ und den daraus zu entwickelnden ›Umprägungen‹ (nicht nur des Romans) handeln viele Notierungen, ohne dass B. zu einem endgültigen Ergebnis, zu einer geschlossenen Theorie des Realismus gekommen wäre; vielmehr zeigen gerade die *Journale*, dass B. immer wieder auf verschiedene einzelne Aspekte, auf Disparates fokussierte, sich vortastete, Grenzen und Hindernisse sah und vor allem auch benannte, dialogisch-fragend reflektierte, allerdings von einer unverrückbaren Position aus: aus der Überzeugung von der Notwendigkeit, nicht nur im Hinblick auf die künstlerische Arbeit »Details auf einen historischen Kontext zu beziehen und den notwendigen Zusammenhang von Gegensätzen dialektisch zu begreifen«, was »die vollständige Unabhängigkeit des Marxisten Brecht von ›Richtlinien‹« (Fetscher, S. 872) einschloss. Dies erlaubte B., entgegen der ›offiziellen‹ marxistischen Überzeugung, noch 1947, in der Notierung vom 30.3., festzustellen: »Der Unterschied zwischen Realismus und Naturalismus ist immer noch nicht geklärt« (GBA 27, S. 244), und nach einer tabellarischen Gegenüberstellung von Aspekten des Naturalismus und des Realismus mit dem wenig differenzierenden Satz zu enden: »Der Naturalismus ist ein Realismus-Ersatz.« (Ebd.) Damit ist ein Standpunkt bezogen, der sich deutlich von dem der marxistischen Mainstream-Linie des (sozialistischen) Realismus unterschied, die seit dem Allunionskongress der sowjetischen Schriftsteller 1934 in Moskau programmatisch verbindlich geworden war. Dennoch gibt es über die Jahre hinweg innerhalb solcher Reflexionen B.s immer wieder wichtige Details, die anzeigen, dass in dem komplexen Such- und Klärungsprozess, was realistische Kunst insgesamt, episches sowie dialektisches Theater im Besonderen sein könnten, eine Reihe von vorläufigen, die Arbeit etwa an den Stücken fördernden Ergebnissen festzuhalten war. So ist beispielsweise in der Notierung vom 3. 4. 1941 zu lesen, wie das nichtaristotelische Drama im Unterschied zur alten Art »die zeitbewegenden Stoffe« behandle: »Es war ›lediglich‹ aus dem Naturalismus das Schicksalhafte zu eliminieren. Dieser Schritt machte die ganze große Umstellung nötig. Hier ist der arme dumme Bauer. Armut und Dummheit nicht als Gegebenheit behandelt, sondern in ihrer Verknüpfung und Beseitigbarkeit behandelt – und man hat das nichtaristotelische Drama. Das herrschende Theater macht aus einem Publikum von Ingenieuren und Revolutionären einfach ein Theaterpublikum (von Ästheten, passiven Genießern). Das neue aus Theaterpublikum (aktiven Genießern) Ingenieure und Revolutionäre.« (GBA 26, S. 469) Das von B. in Anführungszeichen gesetzte ›Lediglich‹ relativiert die vordergründig formulierte Leichtigkeit und Einfachheit dieser Umwandlung und lässt Hindernisse sowohl in der Produktion als auch Rezeption solcher Dramen erahnen.

Daher erscheint es kaum verwunderlich, wenn es neben (zahlreichen) Vorschlägen, welchen Paradigmen zeitgenössisches Theater sowie zeitgenössische Literatur insgesamt folgen könnten, für B. häufig Fragen und Unwägbarkeiten gab, die auch sichtbar zu machen, mitzuteilen waren. So etwa stellte er in der Aufzeichnung vom 31. 1. 1941 die Frage: »Wann wird die Zeit kommen, wo ein Realismus möglich ist, wie die Dialektik ihn ermöglichen könnte?« (S. 462) Die Erläuterungen, warum diese Zeit noch nicht gekommen sei, folgen unmittelbar: »Schon die Darstellung von Zuständen als latente Balancen sich zusammenbrauender Konflikte stößt heute auf enorme Schwierigkeiten. Die Zielstrebigkeit des Schreibers eliminiert allzu viele Tendenzen des zu beschreibenden Zustandes. Unaufhörlich müssen wir idealisieren, da wir eben unaufhörlich Partei nehmen und damit propagandieren müssen.« (S. 462f.) Die ›heute‹ – und damit gibt B. den konkreten historisierenden Hinweis – unerlässliche ›Zielstrebigkeit‹, die darin bestehe, ›Partei nehmen‹ und ›propagandieren‹ zu müssen, ist ›heute‹ für den Marxisten und Exilierten B. die welthistorische Konstellation des Grundwiderspruchs zwischen Kapitalismus und Sozialismus, die Konstellation, die sich aus der Existenz des Faschismus und des von ihm angezettelten Weltkriegs sowie der (extremen) subjektiven Situation des ›Schreibers‹ im Exil ergibt. Für B. musste es daher unmöglich sein, ›Realismus‹ als endgültige Form-Inhalt-Beziehung ohne eine dem Begriff selbst inne wohnende Widersprüchlichkeit und Veränderbarkeit zu definieren und das heutige Defizitäre an ihm als (notwendigen) Ausdruck der historischen Verhältnisse zu beschreiben.

Was hier von B. sehr grundsätzlich und im Hinblick auf das nichtaristotelische Drama, auch auf Grund fehlender theaterpraktischer Möglichkeiten, allgemein formuliert worden war, erhielt nach der Rückkehr aus dem Exil mit den wieder möglich werdenden Inszenierungserfahrungen konkretere Züge. Die aus dem Entwicklungsstand der gerade gegründeten DDR her rührenden Grenzen für das neue Theater, die im Bewusstsein der Kritiker wie des Publikums sozusagen real wurden, registrierte B. aufmerksam und hielt dies auch fest. Anlässlich der *Puntila*-Premiere am 12. 11. 1949 notierte er am 13. 11.: »Die Spielweise wird in den Zeitungen durchaus akzeptiert (›wenn das episches Theater ist, schön‹). Aber es ist natürlich nur so viel episches Theater, als heute akzeptiert (und geboten) werden kann. Gewisse Verfremdungen stammen aus dem Zeughaus der Komödie, das 2000 Jahre alt ist. [...] Die Nichtausgleichung der Widersprüche (des Komischen, Tragischen, Sympathischen, Unsympathischen usw.), die Bedenkbarkeit der Szene usw. war bis zu einem gewissen Grade vorhanden, aber eben nur bis zu einem gewissen Grade. [...] Aber wann wird es das echte, radikale epische Theater geben?« (GBA 27, S. 308f.) In Erwägung, dass es nicht nur die Akzeptanz ist, die das Ausmaß der epischen Spielweise bedingt, sondern auch der Entwicklungsstand dieser Spielweise selbst, musste die Frage am Ende nach dem ›Wann‹ des ›echten‹ und ›radikalen‹ epischen Theaters in den *Journalen* unbeantwortet bleiben. Sowohl Akzeptanz als auch Entwicklungsstand der Spielweise sind abhängig von der Entwicklung der Produktivkräfte und des Bewusstseins, aber das Theater, die Dienerin der Gesellschaft, hat nach B.schem Verständnis die Aufgabe und auch die Fähigkeit, diese Entwicklung mit voranzutreiben. Indes zeigt sich an einer Reihe von Notierungen, dass B. das Entwicklungspotenzial der neuen (sozialistischen) Gesellschaft und damit auch seiner Theaterkonzeption und -praxis keineswegs euphorisch einschätzte, sondern eher auf den Widersprüchen bestand, aus denen zu lernen wäre, wie die Notierung vom 10. 2. 1949 lapidar festhält, in der B. nach einem Motto für seinen geplanten (allerdings nicht realisierten) Band *Neue Gedichte* suchte: »Die Aufregungen der Gebirge liegen hinter uns, vor uns liegen die Aufregungen der Ebenen.« (S. 300) Diese beiden Sätze gingen in das fünfzeilige Gedicht *Wahrnehmung* (1949) ein, wobei aus »Aufregungen« »Mühen« geworden sind (vgl. GBA 15, S. 205).

Auch in anderen Zusammenhängen äußerte sich B. kritisch, wie etwa nach einem Gespräch mit Studierenden einer Arbeiter-und-Bauern-Fakultät, worüber er am 1. 7. 1951 u.a. notierte: »Das Denken bleibt verkümmert, wo Denkprodukte auswendig gelernt werden. Besonders hapert es bei der Beschreibung der Phänomene, ohne die ein Eingreifen unmöglich bleibt. Auch künstlerische Werke werden nicht eigentlich studiert, besonders das Künstlerische an ihnen wird links liegengelassen. Und doch sind dies Kinderkrankheiten, nichts Schlimmeres.« (GBA 27, S. 322) Eine solchermaßen versöhnliche Schlussbemerkung wich tieferem Zweifel in der Notierung vom 4.3. 1953, als B. feststellen musste, dass die Arbeit seines Berliner Ensembles kaum mehr in der Öffentlichkeit zur Kenntnis genommen werde und das Publikum kaum aus Arbeitern, wohl aber aus Kleinbürgern bestehe, was zur Einschätzung führte: »Die Bemühungen sind nur dann nicht ganz sinnlos, wenn die Spielweise späterhin aufgenommen werden kann, d.h. wenn ihr Lehrwert einmal realisiert wird. (Das gilt, obwohl wir alles tun, für jetzt, für die Theaterabende, für das Publikum von jetzt unser Bestes zu liefern.)« (S. 346) Nicht Resignation ist angezeigt, sondern bei allen Bedenken angesichts der Erfahrungen und Beobachtungen ist der Versuch dokumentiert, in der Analyse der Umstände die produktive Wendung zu finden, sich mit dem Theater für die Entwicklung der Verhältnisse nützlich zu machen und dabei auch den ›status quo‹ auszuhalten. Darin wird eine Haltung des ›Zweiflers‹ B. sichtbar, die eine andere Qualität aufweist, als dies in einigen Notierungen während des Exils der Fall war. Dort gab es Situationen, in denen B. die völlige Unvereinbarkeit von Kunstproduktion und von Vorgängen der realen Zeitgeschichte konstatieren musste, was ihn vorübergehend an der Sinnfälligkeit und am Nutzen der eigenen Tätigkeit zweifeln ließ. Während er beispielsweise noch in den Notierungen vom 6.9. 1940 und 14.9. 1940 vom »Vergnügen« (GBA 26, S. 422f.) schrieb, das ihm die intensive Arbeit am *Puntila*-Stück bereitete, bekannte er schon zwei Tage später, in der Notiz vom 16.9. 1940: »Es wäre unglaublich schwierig, den Gemütszustand auszudrücken, in dem ich am Radio und in den schlechten finnisch-schwedischen Zeitungen der Schlacht um England folge und dann den ›Puntila‹ schreibe. Dieses geistige Phänomen erklärt gleichermaßen, daß solche Kriege sein können und daß immer noch literarische Arbeiten angefertigt werden können. Der Puntila geht mich fast nichts an, der Krieg alles; über den Puntila kann ich fast alles schreiben, über den Krieg nichts. Ich meine nicht nur ›darf‹, ich meine auch wirklich ›kann‹.« (S. 423f.) Solches Eingeständnis einer entfremdeten Schriftstellerexistenz, der aus dieser Entfremdung heraus die Formen und Inhalte fehlen, die »entscheidenden Geschehnisse« (S. 424) künstlerisch adäquat abbilden zu können und deshalb ›unangemessener Weise‹ am Puntila arbeiten zu müssen, führt (den Lesern) implizit vor Augen, dass dieser Widerspruch zu benennen und in solchen Situationen auszuhalten, oder aber, dass die Arbeit einzustellen oder zumindest einige Zeit auszusetzen ist. Wenn B. schon drei Tage später, am 19.9. 1940, notierte: »Den ›Puntila‹ fertiggemacht. Die Arbeit ging sehr glatt, als ich einmal ein paar Sprechmodelle hatte, jedes etwa 20 Zeilen (Puntila-Ton, Kalle-Ton, Richter-Ton)« (ebd.), dann irritiert die ›Leichtigkeit‹ der Arbeit, die das ›Vergnügen‹ in den Notierungen vom 6.9. und 14.9. zu bestätigen und konträr zur Notiz vom 16.9. zu stehen scheint. Somit hat B. seine Entscheidung innerhalb des oben gezeigten Widerspruchs eindeutig und ohne Umschweife vorgeführt und zugleich mit der ›Einlagerung‹ der Reflexionen am 16.9. 1940 in die Reihe der Notierungen zum *Puntila*-Stück hinein (und gerade nicht als ›Nachbesinnung‹) den Arbeitsprozess selbst als von diesen Widersprüchen durchzogen definiert. In solchem Kontext gewinnt die zunächst resignativ anmutende Notiz vom 16.9. einen neuen Stellenwert: Das Vergnügen beinhaltet das Missvergnügen, die Sinnhaftigkeit die Sinnlosigkeit, das optimistische Tun den Zweifel an diesem Tun – die Zerrissenheit des schreibend-produzierenden Ich ist ein Abbild der Zerrissenheit jener Zeit der (extremen) Ereignisse.

Diese Form der Montage kann als symptomatisch für die *Journale* angesehen werden, die gerade in den zahlreichen Notierungen zu Literatur und Kunst und speziell zum Theater den ständigen Versuch dokumentieren, die ganze Bandbreite von Denkbarem, Forderbarem, Zweifelhaftem und umrisshaft erkennbarem Zukünftigen zu formulieren und vor allem miteinander in widerspruchsvolle Beziehungen zu setzen, wobei die eigene ›Befindlichkeit‹ inmitten dieser Beziehungen zu stehen hat. Vielleicht umfassen jene Sätze in der Notierung vom 19.8. 1940 wie in einem Brennglas die Vorläufigkeit und Widersprüchlichkeit der gesamten Arbeits- und Lebenssituation seit dem Beginn des Exils, in denen B. nach der Feststellung, er sei nur noch zu Vierzeilern fähig, könne den *Caesar*-Roman nicht weiter bearbeiten, weil er mit dem *Sezuan*-Stück noch nicht fertig sei, formuliert: »Wenn ich zur Abwechslung den ›Messingkauf‹ aufschlage, ist es mir, als werde mir eine Staubwolke ins Gesicht geblasen. Wie kann man sich vorstellen, daß dergleichen je wieder Sinn bekommt? Das ist keine rhetorische Frage. Ich müßte es mir vorstellen können. Und es handelt sich nicht um Hitlers augenblickliche Siege, sondern ausschließlich um meine Isolierung, was die Produktion betrifft. Wenn ich morgens die Radionachrichten höre, dabei Boswells ›Leben Johnsons‹ lesend und in die Birkenlandschaft mit Nebel vom Fluß hinausschielend, beginnt der unnatürliche Tag, nicht mit einem Mißklang, sondern mit gar keinem Klang. Das ist die *Inzwischenzeit*.« (S. 413f.)

Bild-Text-Korrespondenzen

Während sich die Forschung mehrheitlich nur am Rand der Bild-Text-Beziehungen in den *Journalen* annahm, rückt Philippe Ivernel diesen Aspekt in den Mittelpunkt seiner Überlegungen und kommt zu dem Schluss, dass die gesamten Zeitungstext- und vor allem Bilddokumente in ihrer unregelmäßigen Einstreuung zum einen die Funktion haben, den privaten Ton der Notierungen zurückzudrängen, zum anderen den forschenden und experimentierenden Charakter der *Journale*-Konstruktion zu unterstreichen. Mittels der dokumentarischen Bilder und Texte werde ein Effekt der Objektivierung erreicht, der auf der anderen Seite durch den subjektiven Blickwinkel der Notierungen und vor allem der persönlichen, privaten Fotos kontrastiert und komplettiert werde (vgl. Ivernel, S. 224). Inspiriert worden sei B., wie man anhand entsprechender Notierungen erkennen könne, von der chinesischen Malerei, von Gemälden Pieter Brueghels d.Ä. und von Bildern Pablo Picassos. Entscheidend, vor allem für die Arbeit an der *Kriegsfibel*, aber auch für die Abfassung der *Journale*, seien verschiedene Besonderheiten dieser Kunstrichtungen sowie einzelner Bilder gewesen: So verweigere etwa die chinesische Malerei den einengenden Blick auf eine einheitliche Perspektive, die narrativen Bilder Brueghels riefen eine Vielzahl von Wahrnehmungen hervor und lenkten zugleich die Aufmerksamkeit auf die Gegensätze und Widersprüche und schließlich zeige Picassos *Guernica* in seiner Drastik die Barbarei und das Chaos der Zeitgeschichte in verfremdender Weise (vgl. S. 223). Diese Impulse habe B. in den *Journalen* mit dem Einbau von Bildern bzw. Bilderfolgen aufgenommen und die Prinzipien Polyperspektivität, Gegensatz und Widerspruch sowie Verfremdung in der ihm für die Darstellungsform der *Journale* brauchbar erscheinenden Weise umgesetzt (vgl. S. 224f.).

Bemerkenswert sind dabei die unterschiedlichen Vorgehensweisen B.s: Nur wenige Bilder werden direkt kommentiert, wie etwa in der Notierung vom 21.9. 40: »Die ›Berliner Illustrirte‹ ist immer sehr interessant. In der Nr. 38 finde ich auf einander folgenden Seiten das Bild des gebombten London und dann *Deutsche Baumeister*.« (GBA 26, S. 425) Die Tatsache, dass der von B. geschilderte Sachverhalt falsch ist – weder die Überschrift ›Deutsche Baumeister‹ auf Seite 426 noch das Bild auf Seite 427 sind in der angegebenen Zeitschriftennummer zu finden (vgl. S. 664) – wird dadurch bedeutsam, dass B. schon der Notierung den Hinweis auf die vom ihm, dem ›Chronisten‹, vorgenommene verfremdende Montage gibt: Die in der Aufzeichnung suggerierte Reihenfolge der Bilder und die dem zweiten Bild zugeordnete Überschrift, die dann aber diesem Bild fehlt, sowie das statt dessen ins zweite Bild einmontierte Foto des Sohns Stefan verweisen auf einen ›Berichterstatter‹, der die dokumentarischen Bilder des Zeitgeschehens auf die unter ihrer Oberfläche verborgenen Realitäten abgesucht hat, die mit der Ästhetik der Montage erst sichtbar zu machen sind. Die Nähe zur Ästhetik der im gleichen Jahr begonnenen *Kriegsfibel* ist erkennbar, was sich auch daran belegen lässt, dass wenige Wochen später, am 15.10.1940, die ersten beiden Fotoepigramme auftauchen (vgl. S. 434f.), die B. jedoch nicht in die *Kriegsfibel* übernahm. Allerdings verzichtete er dort wie in allen weiteren im Lauf der Jahre gefertigten Fotoepigrammen auf Bildmontagen und setzte einzig auf die Gegenüberstellung bzw. das Zusammenspiel von (dokumentarischem) Bild und Vierzeiler, während er an dieser Stelle der *Journale* (noch) in der Heartfield'schen Tradition der Bildmontage verfuhr. Indes geht es auch an dieser Stelle der *Journale* darum, Bilder zu kommentieren und Bild-Text-Kohärenzenen bzw. -Divergenzen zu konstruieren, in denen beide Medien aufeinander verweisen und zugleich in Widerspruch zueinander stehen. So ist die ins erste Bild (S. 426) einmontierte Überschrift ›Deutsche Baumeister‹ ein zynisch anmutender Kommentar zur Luftaufnahme des nach einem deutschen Bombenangriff brennenden London und zum unters Bild gesetzten Originaltext, dessen Inhalt das Ausmaß der Zerstörung beschreibt (vgl. S. 664). Die Überschrift erweist sich im Kontext der beiden Bilder als äußerst komplex und widersprüchlich: Die Nazi-Luftwaffe ist ›Meister‹ in der Zerstörung(skraft) – das hat sie in den bisherigen ›Blitzkriegen‹ bewiesen –, und sie soll den Weg dafür bereiten, dass das faschistische Deutschland an der neuen Weltordnung und seiner Vorherrschaft in Europa ›bauen‹ kann, die mit der gleichen Geschwindigkeit und planerischen Perfektion und Präzision errichtet werden soll, wie der gigantomanische Reißbrett-Entwurf der Stadt Salzgitter für 120 000 Menschen auf dem zweiten Bild (S. 427) vor Augen führt. Der bilderläuternde Zeitungstext enthält schon im ersten Satz ein zentrales Ideologem faschistischer Herrschaft, das nicht erst fürs ungehinderte Kriegführen unerlässlich war und ist: die Idee vom ›einen Volkswillen‹, der über den gewaltsam vollzogenen Akt der Gleichschaltung Deutschlands ab 1933 erzeugt werden sollte: »Es ist in der Geschichte selten, daß große Städte nach einheitlichem Willen in wenigen Jahren entstehen.« (S. 664) So verweist das erste Bild in seiner widersprüchlichen Konstruktion auf das zweite, wie umgekehrt das zweite diesen Widerspruch erneut initiierend und zugleich erläuternd auf das erste zurückverweist: Der Begriff des ›Bauens‹ und der Befähigung dazu (›Meister‹) wird in solchem Kontext sozusagen ›uneinheitlich‹, widersprüchlich, denn es ist ein ›Bauen‹, das zugleich ein Zerstören ist, indem es auf der Zerstörung anderer Völker und ihrer Lebensbedingungen gründet. Das ins zweite Bild einmontierte Foto von B.s Sohn Stefan erscheint auf den ersten Blick deplatziert. Indes provoziert diese Montage ein ›Lesen‹ der beiden Bildelemente, das Korrespondenzen zwischen dem privaten Foto und dem öffentlich gewordenen Planungsentwurf herzustellen ermöglicht, die zum einen wiederum das Persönlich-Private in den Kontext des Öffentlich-Historischen einbinden und zum anderen den Augenmerk des Betrachters aus der Gegenwart der ›Inzwischenzeit‹ heraus auf die Zukunft richten. Die Stadt ist im Jetzt des Jahres 1940 nur ein Entwurf, der erst in der Zukunft steinerne Realität werden wird, aber dies ist die Zukunft der nachfolgenden Generation(en), zu der auch B.s 1924 geborener Sohn gehört. Indem die beiden Bildelemente sich aufeinander beziehen und aufeinander verweisen, lassen sie sich gewissermaßen als Kette von ›Fragesätzen‹ lesen: Woran werden er, Stefan, und die Millionen anderen Nachgeborenen bauen, unter welchen Bedingungen werden sie (ihre) Städte bauen und in ihnen leben, an welchen Lebensentwürfen werden sie bauen können oder müssen, sind sie vielleicht dazu verdammt, dieses Erbe des Faschismus antreten zu müssen, wie werden sie einst die Städte ›in Besitz nehmen‹ usw.?

Berücksichtigt man die Tatsache, dass die

Notierung vom 21.9. in der Textgrundlage zwischen den beiden Bildern steht (vgl. S. 664), dann ist es angebracht, genauer auf die Notierungen unmittelbar vor dem ersten Bild bzw. nach dem zweiten zu achten, zumal vor dem ersten Bild nach einer langen Reihe von chronologisch verfahrenden Notierungen (vgl. S. 413–425) eine Datumsmontage auftritt, so dass folgende Reihung entstanden ist: 20.9. 1940–7.9. 1940 – erstes Bild – 21.9. 1940 – zweites Bild – 22.9. 1940. Die (in der GBA nicht mehr erkennbare) Platzierung der Aufzeichnung vom 21.9. zwischen den beiden Bildern markiert für den Leser den Reflexionsprozess des Chronisten noch entschiedener und bringt ihn noch zwingender in die Haltung, die Betrachtung zu ›verlangsamen‹, sie vom Text zum Bild zurückzuführen und umgekehrt bzw. sie zum zweiten Bild hinzuführen, um die Wahrnehmung von dort wieder zum ersten Bild sowie zum Zwischentext zu wenden, die Rezipienten also zu verweilendem und damit aufdeckendem Betrachten zu animieren. Zum anderen ist die Thematik der eingeklebten Notierung vom 7.9. (vgl. S. 425) sowie der dem zweiten Bild nachgestellten Notiz vom 22.9. (vgl. S. 428) bezeichnend: Beide Texte widmen sich dem zusammen mit Schiller wichtigsten ›Baumeister‹ der literarischen Klassik, Goethe, der auch als einer der ›Baumeister‹ des Mythos von den Deutschen als dem ›Volk der Dichter und Denker‹ von Wichtigkeit ist. Das scheinbar eher nebensächliche Räsonieren des Chronisten über die Unterschiede zwischen den beiden Klassikern Goethe und Schiller in der eingeklebten Notiz vom 7.9. enthält in der nachfolgenden ›harten‹ Konfrontation mit dem entsprechend betitelten Bild des brennenden London eine neue Dimension: Auch die dem Humanismus verpflichteten Dichter und Denker haben Terror und Raubkriege der Deutschen nicht verhindern können – dies ist eine unhintergehbare historische Realität in der Nachfolge der Klassik, und das Erbe der Geschichte ist nur in solcher Widersprüchlichkeit angemessen zu beschreiben. Auch die zweite Zitation Goethes in der Notierung vom 22.9. gewinnt in diesem Kontext eine ähnliche Brisanz. Nach der Bildmontage, die Stefan zeigt, beginnt die anschließende Notierung mit folgendem Satz: »Steff hat, zwei Wochen auf der Schule in Helsingfors, den ›Faust‹ (beide Teile) durchgelesen und ist sehr befriedigt davon.« (S. 428) In der Korrespondenz zu den beiden Bildern und zum Motiv ›Deutsche Baumeister‹ verweist diese scheinbar nebensächlich-private Notiz über die schulische Lektüre des Goetheschen *Faust* auf eine Ebene, die das Private wiederum nicht als etwas für sich Stehendes, sondern als Ereignis sichtbar machen will, das in den gesellschaftlich-historischen Zusammenhang zu rücken ist. Auch Faust ist in Goethes Tragödie als Deichbauer zwecks Landgewinnung und damit (städtische) Besiedelung ermöglichend ein ›deutscher Baumeister‹, der im unbedingten Willen und in rastloser Tätigkeit zur Vollendung seines Werks nicht vor Gewaltanwendung zurückschreckt. Die spätestens in Folge der Reichsgründung von 1871 vollzogene Verklärung des Faust und des faustischen Prinzips zum Idealbild deutschen Geistes, zum nationalen Mythos und zum Inbegriff der abendländischen Kultur durch das deutsche (Bildungs-)Bürgertum tilgte alle Widersprüche, welche die ambivalente und komplexe, in vielen Zügen rätselhaft bleibende Figur des Faust konstituieren. Die Indienstnahme des Faust durch die Nationalsozialisten in ihrem Weltmachtstreben bildete einen Höhepunkt solcher *Faust*-Rezeption, die dann auch die Realität des brennenden London umfasst. Insofern bleibt die Notiz zur Lektüre des *Faust*, die zudem noch mit der Institution Schule im Raum des Gesellschaftlichen stattfindet, in dem diese Rezeptionsgeschichte verhandelt wird, nicht als ein privates Ereignis stehen, sondern ermöglicht im Kontext der anderen Texte und Bilder den innehaltenden Blick des Lesers aus der Wahrnehmung der Texte und Bilder heraus auf die historischen Zusammenhänge – dies impliziert auch die Frage nach dem Erbe der *Faust*-Tragödie für die Nachgeborenen.

Auch an anderen Stellen verknüpfte B. das Gesellschaftliche mit dem Privaten mittels Bild-Text-Korrespondenz, wobei Elemente der Ironie und Satire häufig konstituierend werden. Beispielsweise formulierte er im Schlusssatz der von Überlegungen zur Arbeit am *Sezuan*-Stück geprägten Notierung vom 15. 3. 1939 angesichts der Okkupation der (Rest-)Tschechoslowakei durch die Nazi-Wehrmacht: »Das *Reich* vergrößert sich. Der Anstreicher [Hitler] sitzt im Hradschin.« (S. 332) Das im Lesen dieses Satzes bei den Rezipienten entstehende Bild der auf dem Hügel liegenden Prager Königsburg wird kontrastiert mit dem von B. nach dem Text eingeklebten und die Aufzeichnungen zum ›Journal Dänemark‹ abschließenden Foto seines Hauses ›Skovsbostrand‹ auf der Insel Fünen in Dänemark (vgl. S. 333). Das durch die Aufnahmetechnik einer leichten Froschperspektive ›erhaben‹ auf einem Hügel liegende Haus erscheint als der ironische Kommentar des vorausgegangenen Satzes: Während der eine, Hitler, als Aggressor ›seine‹ Burg in Prag erobert hat, muss der Chronist seine aus der Situation der Defensive des Vertriebenen 1933 erworbene ›Fluchtburg‹ zur gleichen Zeit verlassen, da der Krieg und damit ein Überfall auf Dänemark in der Luft liegen. So unterschiedlich beide ›Burgen‹ und ihre jeweiligen Besitzverhältnisse auch sind, so eng liegen das private und das öffentliche Ereignis zusammen – die Inbesitznahme der einen Burg zieht die Aufgabe der anderen aus der existenziellen Bedrohung heraus nach sich. Im Kontext mit dem zuvor Notierten wird das private Bild des Hauses ›uneinheitlich‹ und provoziert die Wahrnehmung einer Einheit des Widerspruchs von Privatem und Öffentlichem.

Aus der Vielfalt der Formen von Bild-Text-Korrespondenzen sind zwei besonders hervorzuheben: die Konkretisierung von Aussagen sowie die Sichtbarmachung eines Widerspruchs, der zuvor in einer Notierung an einem bestimmten Sachverhalt entwickelt wurde. Bezüglich der ersten Form sei exemplarisch eine Stelle aus dem ›Journal Schweden‹ genauer betrachtet. In der Aufzeichnung vom 19. 3. 1940 reflektiert der Chronist über »eine kleine epische Arbeit« (S. 360), eine *Keuner-Geschichte*, in der »Herr Keuner befürchtet, daß die Welt unbewohnbar werden könnte, wenn allzu große Verbrechen oder allzu große Tugenden erforderlich sind« (ebd.), und schließlich feststellen muss, dass in allen Ländern, in die er flieht, »zuviel von ihm verlangt wird [...]. Alle diese Länder sind unbewohnbar.« (Ebd.) Die nachfolgend eingeklebten drei Bilder (S. 361–363) konkretisieren auch im Verweis auf B.s persönliche Erfahrung und Situation diese ›Unbewohnbarkeit‹ anhand der realen (Zeit-)Geschichte. So ist auf dem ersten Foto mit dem ins Bild eingeschriebenen Datum »9. April« (S. 361) eine militärische Situation vom Tag der beginnenden Besetzung Dänemarks durch die Hitler-Truppen zu sehen. Das zweite Bild zeigt eine Luftaufnahme des Zentrums von Stockholm (vgl. S. 643), der Hauptstadt jenes Landes, das B. kurz nach dieser letzten Eintragung in das ›Journal Schweden‹ verließ und das in diesem Kontext auch ohne direkte im Bild sichtbare militärische Bildzeichen zu den ›unbewohnbaren‹ Ländern gehört, denn Schweden gab der deutschen Forderung nach, Versorgungstransporte nach Norwegen durch sein Territorium zu ermöglichen, und verstärkte den Druck auf deutsche Emigranten (vgl. S. 647f.). Das dritte Bild schließlich zeigt den auf dem Weg zur Kapitulation befindlichen König Leopold von Belgien (vgl. S. 643), dessen Land nach der Beendigung der Kampfhandlungen unter der Besatzungshoheit der Nazis ebenfalls ›unbewohnbar‹ geworden ist. Diese dokumentarischen Bilder stellen als visuelle Zeichen die Bezüge der Überlegungen aus der Notierung vom 19.3., in der es um die fiktionale Geschichte über Herrn Keuner und seine Befürchtungen geht, zum Ausgangspunkt des Fiktionalen her: Es ist die Realgeschichte, die das Material ›liefert‹, aus dem sich solche Geschichten formen lassen. Einmal mehr wird auch hier der Konstruktionscharakter der *Journale* sichtbar, denn Bild zwei und drei stammen vom ›11. Mai‹ bzw. ›27. Mai‹ (vgl. ebd.), sind also erst zu einer Zeit von B. ausgeschnitten und ins ›Journal Schweden‹ eingefügt worden, als er schon in Finnland war und mit den Aufzeichnungen zum ›Journal Finnland‹ längst begonnen hatte – die erste Notierung dort stammt bereits vom 17. 4. 1940 (vgl. S. 371).

Als Beispiel für die zweite Form der Bild-Text-Kohärenzen sei aus dem ›Journal Amerika‹ die dritte Notierung vom 27. 10. 1941 mit dem angefügten Bild genannt, auf dem das brennende Wasserkraftwerk Dnepostroj am Dnepr, eines der größten in der Sowjetunion, zu sehen ist (vgl. GBA 27, S. 21). Die Aufzeichnung beginnt mit der Beschreibung der großen Erfolge der deutschen Wehrmacht im Russlandfeldzug 1941, die von den Engländern lediglich ›beunruhigt‹ wahrgenommen werden, während »*Feuchtwanger* [...] alleräußerstes Erstaunen [zeigt], wenn jemand daran zweifelt, daß die Russen noch siegen könnten. Ein Zweifel daran erscheint ihm reiner Aberwitz. Ich freue mich sehr.« (Ebd.) Subjektive Gewissheit und Freude der beiden Exilierten, die Hoffnung auf einen Sieg der Sowjetunion über Nazi-Deutschland, erscheinen durch die vorausgegangenen Bemerkungen zum Feldzugsverlauf und durch das angefügte Bild, das eine den Lebensnerv der Versorgung betreffende Einrichtung als zerstörte vor Augen führt, gewissermaßen in einen realistischen Rahmen gesetzt: Noch sprechen die realen historischen Ereignisse eine andere Sprache und erlauben es dennoch bzw. fordern den Chronisten geradezu heraus, sie als widerspruchsvolle zu beschreiben, wobei der Primat der Realität erhalten bleibt, wie das Foto und mit ihm der Chronist selbst nochmals eindrücklich ›fordern‹. Der am rechten Bildrand im Vordergrund stehende und, wie es scheint, mit einem Fernglas vor den Augen das Schauspiel der Zerstörung aus sicherer Entfernung beobachtende Soldat, vermutlich ein deutscher Offizier, kann den (Teil-)Sieg der eigenen Armee noch gelassen zur Kenntnis nehmen. Aber auch diese ›Information‹ des Bilds wird sozusagen uneinheitlich und frag-würdig, indem sie vom Betrachter im Kontext mit den Sätzen über Siegesgewissheit und Freude wahrgenommen wird.

Angesichts der aufgezeigten Bild-Text-Korrespondenzen und angesichts der (wenn auch unvollendet gebliebenen) Gesamtkonzeption der Textsammlung scheint es an der Zeit zu sein, die *Journale* in der vorliegenden Fassung als eigenständiges, die traditionellen Formen des (literarischen) Tagebuchs sowie der Chronik aufhebendes Werk anzusehen, das als in weiten Teilen präzise durchdachtes und konstruiertes Konvolut, sozusagen in der ›Grauzone‹ zwischen Dokumentarizität und Fiktionalität, und vor allem mit der Montage (damals) modernen jeweils aktuellen Medienmaterials als einzigartiges Beispiel in der deutschen Literatur zu betrachten ist. Es dokumentiert B.s Experimentieren mit dem für ihn (noch) nicht lösbaren Widerspruch zwischen dokumentarischer Fiktionalität und fiktionaler Dokumentarizität.

Literatur:

Claas, Herbert: Er konnte immer nur Widersprüche ertragen. Bertolt Brechts »Arbeitsjournal« zum 75. Geburtstag am 10. Februar veröffentlicht. In: Frankfurter Rundschau Nr. 35, 10. 2. 1973. – Fetscher, Iring: Brecht und der Kommunismus. In: Merkur 27 (1973), S. 872–886. – Ivernel, Philippe: L'Œil de Brecht. À propos du rapport entre texte et image dans le *Journal de travail* et l'*ABC de la guerre*. In: Vanoosthuyse, Michel (Hg.): Brecht 98. Poétique et politique. Poetik und Politik. Montpellier 1999, S. 217–231. – Knopf, Jan: Popanz: Arbeitsjournal. In: Dreigroschenheft (2001), H. 2, S. 18–20. – Le Rider, Jacques: Brecht intime? Retour sur les journeaux personnels. In: Vanoosthuyse, Michel (Hg.): Brecht 98. Poétique et politique. Poetik und Politik. Montpellier 1999, S. 315–320. – Olenhusen, Albrecht Götz von: Bertolt Brecht im Raubdruck. In: Dreigroschenheft (2002), H. 2, S. 22–25. – Raddatz, Fritz J.: Brechts Privat-Zeitung. »Arbeitsjournal 1938–1955« – Immer noch keine Antwort auf die Frage nach der privaten Person. In: Frankfurter Allgemeine Zeitung, 10. 3. 1973, Literaturbeilage. – Reich-Ranicki, Marcel: Brecht war kein Brechtianer. Zu seinem Arbeitsjournal 1938–1955. In: Die Zeit, 16. 3. 1973, S. 24f. – Wizisla, Erdmut: Schwierige Lesart?... Zu »Popanz: Arbeitsjournal« von Jan Knopf. In: Dreigroschenheft (2001), H. 3, S. 34f. – Wuthenow, Ralph Rainer: Europäische Tagebücher. Eigenart. Formen. Entwicklung. Darmstadt 1990.

Roland Jost

Briefe

Briefe sind aus allen Lebensaltern B.s erhalten – beginnend mit Familienbriefen des Schülers 1913 bis in die letzten Lebenstage 1956 –, die mannigfaltige Auskünfte zur äußeren und inneren Biografie B.s und zur Geschichte seiner Arbeiten geben; das gilt vor allem, wenn man ihre Unterschiedlichkeit, den sich wandelnden Stellenwert und Charakter in Betracht zieht. Schon die Unterschriften sind sprechend: Unterzeichnete der Junge 1913 noch mit Eugen, wählte er 1916 erstmals den neuen Namen Bert, der auch in Schreiben an Freunde bald den Eugen verdrängt; bereits 1917 lautete die Unterschrift in einem besorgten Brief an den Freund Caspar Neher »Dein alter Bert Brecht« (GBA 28, S. 27) – eine Formel mit Signalwert, die bis zuletzt in B.s Briefen an Freunde zu finden ist.

Wenn auch seine Korrespondenz einen großen Umfang hat, so ist doch B. nicht ein großer Briefschreiber, der auf die Kultivierung brieflicher Bekenntnisse viel Energie verwendet hätte. Briefe waren ihm in der Regel kein bevorzugtes Medium der Selbstaussprache und programmatischer Bekundung des eigenen Denkens und Wollens, die dadurch auch Teil des eigenen Œuvres wurden (wie etwa bei Rilke). Für B. waren sie – von Ausnahmen abgesehen – eher dem Gespräch nachgeordnete Mitteilungen oder Fortsetzungen und Folgerungen aus dem unmittelbaren Austausch und der begonnenen Erörterung. Bekanntgaben zum Tagesgeschehen, selbst zu zeitgeschichtlich einschneidenden Ereignissen kommen kaum vor, das Arbeiten steht im Zentrum der Kommunikation, wodurch sich für Fritz J. Raddatz »der sozialistische Egomane« B. enthüllt (Raddatz, S. 266f.).

Die gravierende Ausnahmesituation war durch das Leben im Exil gegeben; bedingt durch die eingeschränkten Möglichkeiten persönlicher Kommunikation veranlasste sie diverse briefliche Darlegungen B.s über die eingetretene Lage wie über Aktionsmöglichkeiten und Projekte.

Gespräch mit den Freunden

In den einzelnen Lebensphasen unterscheiden sich die brieflichen Mitteilungen B.s gleichwohl stark, was Eigenart und Häufigkeit anbelangt. Der Gymnasiast und Student der ersten Münchener Zeit (bis 1920) berichtete den Freunden der Augsburger Clique, Fritz Gehweyer, Heinz Hagg, Otto Müller (Müllereisert) und vor allem Neher, ab 1918 auch Hans Otto Münsterer, häufig in Briefen von jüngst Erlebtem, von Lektüre, Eindrücken in Theatern oder Museen, Ausflügen in die vertraute Landschaft, Wahrnehmungen an anderen Freunden usw. Es sind spontan wirkende Mitteilungen aus der Mitte von Gesprächen, die den Eindruck unverstellter Offenheit auch im Äußern von Empfindungen und Einfällen, von Abneigungen, Zuneigungen, Sinneseindrücken vermitteln und dafür einen charakteristischen Stil jäher Wechsel von Enthusiasmus und Ironie, Affekt und demonstrativem Sarkasmus prägen. Das Vertrautsein mit der literarischen Produktion B.s, Interesse für ihren Fortgang und neue Projekte werden stets vorausgesetzt und die Freunde darin einbezogen. Auf ganz besondere Weise traf dies auf Neher zu, den ersten frühen Partner im Produzieren; der angehende Dichter entfaltete ihm schon ab 1914 Vorschläge zu gemeinsam und koordiniert zu leistendem künstlerischem Vorgehen, und er scheint dabei zu entdecken, was er vermag und will. Dabei konnte ihm in einem Brief voller detaillierter Vorschläge die Bemerkung unterlaufen: »Übrigens ich habe vergessen, daß ich *Dir* schreibe, Neher, und nicht in mein Tagebuch. Also: Zurück!« (GBA 28, S. 16) Die besondere Beziehung zu Neher führte dazu, dass er früh ein Wechselverhältnis zwischen künstlerisch Produzierenden verallgemeinernd beschrieb, wie es für B.s Denkungsart in Hinblick auf kollektives Arbeiten bezeichnend werden sollte. Als er Ende 1917 um das Leben des Freundes bangte, der bei den Soldaten war, hielt er ihm vor Augen: »Wir gingen lang nebeneinander und ich muß Dir genützt haben, als ich noch nicht von Dir profitierte. Ist es nicht so? Aber dann, wann war das?, beschworst Du meine Renaissance herauf und gabst mir mehr als irgendein andrer Mensch. [...] Jetzt bin ich in Deiner Schuld – also hüte Dich!« (S. 41)

Die Bemerkung zum Tagebuch sagt viel aus über das enge Verhältnis zu diesem Freund, das – über vielerlei Veränderungen hinweg – B. sein Leben lang aufrechtzuerhalten sich bemühte; gerade die intime Künstlerfreundschaft lässt zumindest temporär den speziellen Adressatenbezug zurücktreten, der bereits in der Jugendzeit B.s Briefe kennzeichnet. Verglichen mit den Briefen bieten die frühen Tagebücher intensiver und in weit höherem Maße Selbstaussprache und Selbstverständigung über laufende Arbeitsvorhaben Lebensentwürfe, Ansprüche, Fixierungen von Geschriebenem, Folgerungen aus Lektüre und Begegnungen mit Menschen. Doch zusammen mit diesen vermitteln sie mannigfaltige Auskünfte über die Vielheit seiner Projekte und Entwürfe wie auch über Schreibantriebe und somit Einblicke in das Innere des angehenden Dichters, was in späteren Phasen eher verhalten erscheint.

Der Sprachstil der Briefe, den schon der Gymnasiast ausprägte, ist in der B.-Literatur untersucht und in seiner Relevanz für B.s frühes Werk umrissen worden. Er sei charakterisiert »von einem wirkungsvollen Miteinander aus Sentiment, Romantik und Witz« (Hillesheim/Wizisla, S. 10), zeige »die für Brecht ›eigentümliche Mischung von geradezu rührender Schüchternheit und ausgesprochener Frechheit‹ (Münsterer), das ›wunderliche Gemisch von Zartheit und Rücksichtslosigkeit‹, das auch Lion Feuchtwanger an ihm auffiel. Dieser Widerstreit der Charakterzüge scheint noch eine der autobiographischen Grundlagen der Sprache der frühen Dramen zu bilden, die Ihering als ›brutal sinnlich und melancholisch zart‹ zugleich empfand.« (Gier, S. 12)

Umbau der Haltung

Merkliche Veränderungen begannen sich ab 1921/1922 durchzusetzen; das betrifft den Inhalt der Mitteilungen wie ihren Stil und zugleich die Adressaten. Aus dem Augsburger Freundeskreis blieb Neher der wichtigste, den B. in das geistige Abenteuer der ›Eroberung‹ Berlins und neue Projekte einzubeziehen suchte. Paula (Bi) Banholzer, die noch ganz mit der Augsburger Atmosphäre verbunden war, wurde – was Intensität und Häufigkeit der Schreiben betrifft – von Marianne Zoff abgelöst; in Briefen und Billetten war B. immer aufs Neue bestrebt, sie für sich und die Wandlungen zu gewinnen, die er zu vollziehen im Begriff war. In den Briefen an vertraute und neue Adressaten ist ein Umbau der Haltung ablesbar, der offensichtlich mit dem Erlebnis Berlin und dem Vorsatz zusammenhängt, als junger moderner Autor auf die Höhe der Zeit zu kommen, deren Inkarnation die Hauptstadt Berlin zu sein schien – ein gesuchter, gewollter Haltungsumbau, der sich als Anpassungsspiel gibt, und lustvoll selbstironische Übung in Mimikry. »Langsam«, schrieb er an Zoff im Dezember 1921, »je mehr sie mich verbleuen, kommt ein guter harter Ton aus mir heraus, ich grinse mannigfach und meine Freundlichkeit kratzt man mir rapid ab.« (GBA 28, S. 142) Und wenig später: er trabe »mit einem kalten Galgenhumor durch allerlei menschliche Bezirke mit unterschiedlichen Kältegraden« (S. 145). Die Kälte-Vokabel ist nichts Zufälliges, sie wird zum Ingredienz des sich herausbildenden Konzepts der Kunstproduktion. Ein Signal dafür geben Eintragungen im Tagebuch: Im Mai 1921 wurden im Anschluss an die Lektüre von Meier-Graefe über Delacroix Reflexionen über Kunst und »eine Möglichkeit der Größe« notiert (GBA 26, S. 215), und im Februar 1922 bekräftigt: »Wenige Aussprüche über die Kunst haben mich ebenso gepackt wie Meier-Graefes Satz über Delacroix: Bei ihm schlug ein heißes Herz in einem kalten Menschen.« (S. 270)

Das Streben, nach außen hin ungerührt zu erscheinen, sich unbeeindruckt zu geben, die chaotische Fülle der Großstadtwelt und ihres wirbelnden Kulturlebens mit zu vollziehen und so zu verarbeiten, wird in den hektischen Reporten der Berlinaufenthalte der frühen 20er-Jahre und ihrem Briefstil manifest. Es ist besonders ausgeprägt und ablesbar in der Korrespondenz mit Arnolt Bronnen, ein hervorstechendes Beispiel für Selbststilisierung, wozu auch ein spezifischer Jargon gehörte. Der Stil in diesen Briefen – schnoddrig und herzlich, brutal und ungerührt, großsprecherisch und den Freund umwerbend, und dabei immer ironisch – hat deutlich den Charakter des Entwurfs einer besonderen Beziehung zwischen zwei jungen Autoren, die es mit der Kulturszene aufnehmen wollen, und eines lustvollen Spiels. Aufschlussreich für diesen Spielcharakter ist, dass B. den Jargon zumindest zeitweilig zurücksetzte, dann nämlich, wenn Bronnen sachlich ernsthafte Arbeitsvorschläge übermittelt wurden (z.B. am 12.1. 1923; GBA 28, S. 188). Die Modellierung der Freundschaftsbeziehung durch den Jargonstil wurde offenbar auch bewusst vorgenommen und als nicht nur privat, vielmehr als geschichtlich markant angesehen; dies lässt eine Nachschrift von Marianne Zoff in einem B.-Brief an Bronnen von 1923 erkennen: »O diese wunderbaren Briefe – bitte wirf sie nicht weg – lieber Freund, hebe sie gut auf – ich will damit noch einmal viel Geld verdienen« (S. 192). Marianne wurde also in die Beziehung der zwei ›Auguren‹ zeitweilig und partiell einbezogen und übte sich in diesem Stil, und sie glaubte, wie spaßhaft auch immer, an den künftigen Veröffentlichungs- und Marktwert dieser Briefe (und irrte sich darin nicht, was sich auch in Bronnens Erinnerungsschriften von 1954 und 1973 manifestiert, in denen er ganze Briefe von B. zitiert).

Die Schreibart in den Briefen an Bronnen ist zwar besonders hervorstechend, sie stellt in B.s Korrespondenz indes keinen Einzelfall dar. Auch in Briefen an andere Partner wurde ein besonderer Sound angeschlagen und z.T. über Jahre hinweg beibehalten; markante Beispiele sind die Briefe an Bernard von Brentano und an George Grosz. Schon im ersten Schreiben an Brentano (Ende Juli 1928) findet sich eine Mischung von Zustimmung und Stimulierung, etwa in eine bestimmte Richtung der Auseinandersetzung mit Thomas Mann weiterzugehen (vgl. S. 308f.), und dieser Stil wurde wenig später in Hinblick auf den Bund proletarisch-revolutionärer Schriftsteller weitergetrieben, z.B. in der Aufforderung, sich auf eine bestimmte Weise zu exponieren, und in der Empfehlung, aus sachlichen Gründen Mäßigung zu üben: »Wenn es geht, beginnen Sie unsere dialektische Tätigkeit hierbei durch ein strenges Unterdrücken eigener Brentanoscher Gefühle (auch Brechtscher) und Einwände, die nicht sofort (von *uns*!) organisierbare Meliorisierungen sind« (S. 310). Im Bemühen, sowohl zu aktivieren wie zu bremsen, und im durchgehaltenen ironisch-selbstironischen Duktus der programmatischen Äußerung modellierte B. die Haltung einer bestimmten Partnerbeziehung. Nach 1933, in den ersten Jahren der Emigration, schloss er daran an: B. stimmte Brentanos Sicht auf die gewandelte geschichtliche Lage zu, riet ihm aber zugleich maßvolle Versachlichung an. Bei zunehmendem Dissens war dies dann nicht mehr fortzuführen, der Briefwechsel brach ab.

An diesem Enden einer Korrespondenz ist ein allgemeineres Phänomen in B.s Haltung zu Menschen zu beobachten und auch schon beschrieben worden: Hatte es einmal Berührungspunkte und Gleichgerichtetheit im kulturellen oder sozialen Verhalten gegeben, suchte B. bei zunehmender Entfernung im Verhalten und Dissens einen Bruch zu vermeiden. In Hinblick auf Brentano schrieb Werner Mittenzwei, trotz deutlicher Meinungsunterschiede bewahre B. »eine freundliche Haltung. Es war nicht Brechts Art, mit Leuten zu brechen, wenn sich die Ansichten nicht mehr in Übereinstimmung bringen ließen.« (Mittenzwei, Bd. 1, S. 539) Diese Feststellung bekräftigt die Analyse des Briefwechsels zwischen Brentano und B. von Gerhard Müller (1989/90). Auch mit Bronnen, der am Ende der Weimarer Republik zu den Nazis eine extrem gegensätzliche politische Position gegenüber B. einnahm, endete die Korrespondenz ohne Zeugnis eines Bruchs.

Anders verhält es sich bei Grosz, an den B.

in den 20er-Jahren ebenfalls in einem ganz eigenen Stil und Ton schrieb (vgl. GBA 28, S. 295; aus der Zeit der engeren Zusammenarbeit an *Die drei Soldaten* sind keine Briefe überliefert), in dem Emphase und Sarkasmen zusammenklingen, was auf Vertrautheit mit dem Naturell des Adressaten deutet. In den Emigrationsjahren, als durchaus Unterschiede in den Erwartungen und im Reagieren auf die Zeitgeschichte eingetreten waren, suchte B. dennoch an den früheren Briefstil anzuschließen (vgl. das erste Schreiben an Grosz vom Mai 1934 mit der Anrede: »Der Herr der Strohhütte an den Herrn der Wolkenkratzer«; S. 417). Offenbar sah er das frühere Fundament an Gemeinsamkeit als stark und unverbraucht genug an und wollte es in seiner Tragfähigkeit für Künftiges erproben. Im Aktivieren des alten Tons beschwört der Briefschreiber alte Gemeinsamkeiten, appelliert so über einen stilistischen Code an deren Bewahrung. Das machte es ihm dann möglich, den Adressaten Grosz im vertrauten Ton auf die Erneuerung der Partnerschaft zu drängen und ihn für neue Unternehmungen zu gewinnen; wenig später erklärte sich Grosz bereit, die geplante Ausgabe der *Gesammelten Werke* zu illustrieren (was dann höchst aufschlussreiche Notierungen B.s nach sich zog; vgl. S. 484f.).

Aus den späteren Berliner Jahren sind nur relativ wenige Briefe B.s überliefert. Die neuen Arbeitspartnerschaften nach 1926 und aus der Phase der *Versuche* finden darin nur in geringem Maße ihren Niederschlag. Das ist allerdings – außer dem, verglichen mit früheren Jahren, gesteigerten Desinteresse an Selbstaussprache durch Briefe – zum großen Teil auf den Umstand zurückzuführen, dass wichtige Partner der neuen Projekte sich am gleichen Ort aufhielten und B. mit ihnen im direkten Kontakt war. Das betrifft vor allem Elisabeth Hauptmann (vom Gewicht und der Intensität der Beziehung zu ihr, die Ende 1924 zu B.s Mitarbeiterin wurde, ist aus den wenigen Briefen vor 1933 keine Vorstellung zu gewinnen), Emil Hesse-Burri, Kurt Weill, Hanns Eisler u.a. Aus Briefen dieser Jahre sind indes vielerlei Auskünfte über die sich radikalisierenden Ansichten zum Theater und entsprechende Vorhaben zu ermitteln, über die Umstände des Produzierens und die Organisation von Produktion im Zusammenspiel mit Partnern aus den verschiedenen Kunstbereichen. Und zudem finden sich wichtige Zeugnisse für B.s Haltung zur kollektiven Arbeitsweise, so in einem der wenigen Statements in einem Brief an Felix Gasbarra vom August 1927 (vgl. S. 291) und daran anschließend an Erwin Piscator mit der forcierten Erklärung: »Ich bin nicht bereit, unter der *literarischen* Leitung Gasbarras zu arbeiten. Wohl aber unter der politischen. Ich bin vielleicht Ihr Genosse, aber ich bin bestimmt nicht Ihr Dramaturg usw. / Ich mache Ihnen einen Vorschlag. *Sie ändern den literarischen Charakter des Theaters in einen politischen um, gründen einen ›Roten Klub‹ (R.K.) und nennen das Theater das R.K.T. (›Rotes Klubtheater‹).*« (S. 292)

In welchem Ausmaß B. in diesen Jahren eine Umwälzung vollzog, die alle Beziehungen und Lebensbereiche betraf, literarische wie soziale, öffentliche wie private, den Denkhorizont und Wertedominanzen, ist aus den Briefen zu ersehen; es ist zu erfahren nicht allein (und immer weniger) aus dem, was sie an Wünschen, Absichten, Interessen direkt ausdrückten, sondern eher aus der Art, durch die darin Kontakt zu anderen gesucht und gehalten wurde. Besonders augenfällig wird dies in den an Helene Weigel gerichteten Briefen, vor allem auch im Vergleich mit denen, die an Zoff gingen und noch geschrieben wurden, als ihre Beziehung längst brüchig (bis April 1926, als er die Scheidung einreichte, 130 Briefe) und die Bindung an die Weigel längst geknüpft war. Sabine Kebir hat schon am ersten überlieferten Brief von Ende Dezember 1923 – ein »schlichtes Prosagedicht« –, die »eigenartige Nüchternheit der Beziehung« (Kebir 2002, S. 43) festgemacht, und sie hat als eine entscheidende Bedingung für das Zustandekommen einer dauerhaften Bindung zwischen Weigel und B. erklärt, diese habe »von vornherein das notorisch polygame Wesen Brechts als wahrscheinlich unabänderlich« angenommen (S. 42). So gibt es keine Gefühlsgeständnisse, Beteuerungen, Treueschwüre, aber auch keine Drohungen und Vorwürfe eines frustrierten

Ehemanns, was alles die Briefe an Zoff über Jahre anfüllte, dagegen von Beginn an ein Korrespondieren durch verhaltene Mitteilungen, vorgetragen als sachliche Informationen, knappe vertrauliche Formeln, und sehr bald schon das Übermitteln von Bitten, für B. Dinge aller Art (in Sachen Wohnung oder Auto, Nachrichten an Freunde oder Redaktionen u.a.) zu erledigen und damit praktisch Teil seines Lebens zu sein. Bezeichnend für das Verhalten im privaten Bereich ist im Oktober 1923, als er erstmals seiner Frau Marianne mit Scheidung drohte, ein Schlusssatz, der sich auf die Tochter bezieht: »Ich bin ganz ratlos wegen Hanne, die ich nicht weglassen kann.« (GBA 28, S. 204) B.s Unvermögen, auch nach dem Enden der intensiven Bindung an eine Frau eine eindeutige Trennung zu vollziehen, zeitigte, wenn ein Kind aus der Beziehung hervorgegangen war, eigenartige Verhaltensweisen; am Kind ›seiner Lenden‹ mochte er den Besitzanspruch nicht aufgeben (vgl. B.s Verlangen, »über sie [zu] bestimmen« und »über die wichtigsten Dinge« die Entscheidung zu haben; S. 259), und dafür griff er zu Formen der Fürsorge, die herkömmliche bürgerliche Normen überstiegen. Die jeweils nächste Frau wurde wie selbstverständlich in die Sorge um das Kind der früheren Frau und seine Betreuung einbezogen. So ergingen schon bald an Weigel auch Bitten, sich um Hanne zu kümmern, und B.s erstes Kind Frank wurde zeitweilig in die Obhut von Weigels Familie gegeben (wie übrigens zuvor bereits Marianne sich um Frank, den Sohn von Bi Banholzer, zu kümmern aufgetragen worden war). In vielen brieflichen Zeugnissen tritt das Bemühen um diese Art Lebensorganisation entgegen, eine spezielle Form der Teilhabe der Frauen am Leben des Mannes B.

Private Beziehungen direkt zu bereden wurde dabei zumeist vermieden; um so ungewöhnlicher ist ein langer Brief an die Weigel vom November/Dezember 1932 – aus einer Zeit, in der es offenbar wegen Margarete Steffin zu einer ernsten Krise kam –, worin B. es unternahm, sich in seinem Fühlen und Umgang mit Gefühlen zu erklären. Über die Versicherung hinaus, sie stehe ihm über Verstimmungen hinweg stets nah, verallgemeinerte er dann: »Wenn es nicht so scheint, vergiß nicht, ich lebe gerade (und meistens) in schwieriger Arbeit und schon dadurch ohne rechte Möglichkeit, mimisch usw. mich auszudrücken, und fürchte Privatkonflikte, Szenen usw., die mich sehr erschöpfen. [...] Ich weiß, daß fast alle Leute darauf bestehen, den Tag ihrer Geburt ausdrücklich zu feiern, wenn sie gehen, sich ausdrücklich zu verabschieden [...], wenn sie sterben, ausdrücklich letzte Worte zu sprechen, wenn sie etwas auf dem Herzen haben, es sich ausdrücklich vom Herzen zu reden, [...] kurz, alles ausdrücklich zu erledigen, in Worten festzuhalten, Punkte zu setzen, neue Sätze mit großen Buchstaben anzufangen – auch wenn sie wissen, daß es gar nicht in ihrem Interesse noch Wunsch liegt, etwas wirklich zu verändern.« (S. 343f.) Und er schloss die seltene Epistel mit Feststellung und Frage, welche die Partnerin in sein Anderssein einschlossen: »aber anders wäre es viel angenehmer. Was meinst Du?« (Ebd.)

Funktionswandel der Briefe im Exil – schriftliche Dialoge

Mit der Emigration veränderte sich die Korrespondenz B.s erheblich, im Umfang und in den Funktionen, die ihr zufielen. Sie hatte zunächst der Sicherung und dem Organisieren des Lebens zu dienen. Praktische Bedingungen waren zu ermitteln, wo es sich günstig leben ließ, wo Gleichgesinnte zu finden und gewinnen waren, wie und mit wessen Hilfe man produktiv werden, den Lebensunterhalt und eine größtmögliche Wirkung erlangen konnte. Vielfältige Fäden zur Herstellung eines Freundes- und Partnerkreises im Exil wurden gesponnen, einsetzend in den ersten längeren Stationen, der Schweiz und Paris; und als Dänemark zum günstigen Fixpunkt wurde, begann B. sogleich in Briefen, Freunde und Exilgefährten aus verschiedenen Richtungen zum Besuch, zu gemeinsamem Arbeiten, zu gemeinschaftlichem Beraten nach »Dänisch-Sibirien« (GBA 28, S. 407 u.a.) einzuladen. Im Anschluss an bündnispolitische Anregungen ging im Juni 1933 eine erste solcher Anfragen an Johannes R. Becher (vgl. S. 362f.), 1933/34 folgten mehrfache an Walter Benjamin, Karl Korsch, Kurt Kläber, Alfred Döblin, Grosz, Brentano u.a. Diese in verschiedenen Tonlagen werbenden Briefe bezeugen, wie grundlegend wichtig B. ein unmittelbarer Kontakt für das Produzieren war, wozu keineswegs allein das Schreiben gehörte, vielmehr das gemeinsame Bedenken und Beraten der neu entstandenen Lage, der Austausch, der lebendige Widerspruch im Gespräch.

Damit hängt ein zweites Moment der Exilbriefe zusammen: die Problemaussprache per Brief. Anders als im vergangenen Jahrzehnt entstanden zahlreiche längere Schreiben, in denen B. mit Partnern im Exil die historische Situation nach der Niederlage von 1933 diskutierte und ihr angemessene Methoden zu ermitteln suchte, in der Anfangszeit z.B. mit Brentano und – während vieler Jahre – mit Korsch. Charakteristisch wird hier ein Ineinander von Anfragen, wie der Andere geschichtliche Sachverhalte sieht, und Anbieten einer eigenen Sicht, die weitere Fragen zu bedenken gibt. Gerade in solchen Briefen manifestiert sich das für B.s Denken fundamentale dialogische Prinzip. Wird Korsch als Autorität in Sachen Marxismus und Arbeiterbewegung und der Ermittlung historisch adäquater Methoden angesprochen, so bleibt der Schreiber stets auch der Fordernde und Herausfordernde. Als B. sich über Demokratie und Interferenzen bei der Faschisierung des Kapitalismus thesenhaft äußerte, erklärte er abschließend, was er schreibe, möge »recht vag sein, aber es zeigt wenigstens, wovon allein ich mir was verspreche, nämlich von einem möglichst beim Konkreten bleibenden Studium der Lage. Man muß das Handwerkszeug in Ordnung bringen. Die gute alte Dialektik halte ich für noch nicht so überwunden und vorsintflutlich« (Januar 1934; S. 407). Wie B. im schriftlichen Dialog Anregungen von Exilgefährten zu theoretischen wie praktischen Folgerungen aus Problemen der erlebten Zeitgeschichte aufnahm und in Korrektur und Neubestimmung einfließen ließ, zeigen exemplarisch Briefe von Mitte 1935 an Ernst Bloch. Nachdem man sich beim Pariser Kongress zur Verteidigung der Kultur getroffen und offenbar auf ähnliche Weise sarkastisch reagiert hatte, wandte sich B. zunächst in einer Epistel voller ironisch-zynischer Späße an Bloch, um dann dem Verfasser der *Erbschaft dieser Zeit* »in vollem Ernst« eine Untersuchung vorzuschlagen, »wo das abendländische Berufsdenken absackt, weil es auf Anpassung an nicht mehr haltbare ökonomische, politische Zustände ausgeht« (S. 511f.). Kurz darauf setzte er das Briefgespräch fort mit einem neuartigen Versuch, sich dem »Problemabschnitt Frigidierung des Zusammenlebens« (S. 512) zu nähern; an die dialektische Erklärung des Zusammenhangs von Rationalisierung der Industrie mit einer in der neuen Sachlichkeit positiv bewerteten »Auskältung der Musik und Dichtung« (ebd.) schloss ein Bedenken neuer Prozesse durch den etablierten Faschismus an und mündete in eine schonungslose Diagnose, worin von einem ›Wir‹ gesprochen wird, das nicht bloß andere meinte: »Wir haben die Güte verlacht, die Humanität durch den Kakao gezogen. Das war *vor* der Niederlage. Jetzt stoßen wir ein Geheul aus und betteln um Demokratie als um ein Almosen.« (S. 513)

Bereits seit der Frühphase des Exils übermittelte B. Vorschläge an Briefpartner, sich einem bestimmten Gegenstand zu widmen oder ihn auf eine bestimmte Weise zu bearbeiten. Das scheint zum einen auf der Einsicht von der Notwendigkeit arbeitsteiligen Agierens zu beruhen; sie wurde formuliert etwa in einem Brief an Armin Kesser, dem B., in Fortsetzung eines Gesprächs, »was alles an Aufklärung und Propaganda nötig ist«, vorschlug, von Literatur auf Geschichte umzusatteln und sich eine Schrift über Geschichtsschreibung vorzunehmen: »Das ist doch alles viel näher an den Kräften, die eingreifen! [...] Wir müssen unsere Arbeitsgebiete einteilen, es sind so viele und wir sind so wenige.« (S. 359) Zum anderen nahm B. mit solchen Vorschlägen für sich die Rolle des Zöllners in Anspruch, der den Philosophen auf dem Weg über die Grenze

»darum anging«, von seinem Wissen »noch einiges aufzuschreiben«, was dann zur Entstehung des Taoteking führte (vgl. *Legende von der Entstehung des Buches Taoteking* von 1938); auf diesen Vorgang berief sich B., als er Karl Kraus 1933 drängen wollte, die Sprachlehre fortzuführen (vgl. S. 369), in einem Schreiben, das in den Erläuterungen seines Vorschlags sich präzise an den Adressaten wandte und zugleich eigene neue Versuche einer ideologiekritischen Sprachkritik fixierte (wie sie dann später z.B. in den *Fünf Schwierigkeiten beim Schreiben der Wahrheit* ihren Niederschlag fanden).

Eine Grundfunktion der Briefe im Exil ist es, den Fortgang der literarischen Produktion und deren öffentliches Wirksamwerden zu sichern. Bedingt durch geografische Entfernungen etwa zwischen Autor und Exilverlag wurden vielfach Berichte zum Arbeitsprozess, Kommentare zu den Schreibintentionen und Wünsche zur Gestaltung des Drucks übermittelt (so 1933/34 an den Verlag Allert de Lange zum *Dreigroschenroman*, 1937/38 an Wieland Herzfelde vom Malik-Verlag zur Werkausgabe und anderen Vorhaben). Erläuterungen zu laufenden Projekten im Prozess ihrer Entstehung finden sich häufig in Briefen B.s an seine wichtigste Mitarbeiterin in der skandinavischen Emigration, an Steffin. Das Verhältnis zu ihr ist ein besonders intensives Ineins von privater und Arbeitsbeziehung, bei der sich die verschiedenen Formen der Mitarbeiterschaft durchdringen: Sie fertigte Abschriften von diversen Arbeiten an in deren verschiedenen Stadien, übermittelte Änderungs- und Korrekturvorschläge zu Entstehendem, beschaffte Materialien für Projekte B.s, übersetzte, sondierte Druckmöglichkeiten für Arbeiten von und über B., und nicht zuletzt hielt sie die Korrespondenz mit zahlreichen Partnern B.s in Gang (speziell solche in der Sowjetunion, sowjetische und exilierte, und ebenso mit Benjamin und Arnold Zweig), die sie mit Informationen aus der ›Brecht-Werkstatt‹ versah und in den Arbeitsfluss einbezog (vgl. Hauck, S. 25f.). Von Briefwechseln zwischen B., Steffin und wichtigen Partnern wurde bislang nur der mit Zweig separat ediert (vgl. Loeper), ihre editorische und wissenschaftliche Aufbereitung würde weitere Einsichten in das kollektive Produzieren und die Eigenständigkeit der Mitarbeiterinnen B.s ermöglichen (z.B. das Erschließen des umfangreichen Konvoluts mit dem Briefwechsel zwischen Steffin und Fredrik Martner, archiviert im BBA).

Vor allem wenn sich dem exilierten Dichter Möglichkeiten eröffneten, mit neuen Arbeiten an eine wie immer begrenzte Öffentlichkeit zu gelangen, wurde dies zum Anlass, sich dazu in Briefform zu erklären. Bezeichnend für solche Kommentare B.s ist: Sie entstanden als ein Theoretisieren bei Gelegenheit, geschrieben mit Blick auf eine bestimmte Situation und Konstellation in einer bestimmten Öffentlichkeit. Als eine dänische Aufführung von *Rundköpfe und Spitzköpfe* 1934 möglich schien und Diskussionen über die Behandlung der »Rassenfrage« darin aufkamen, wurde dies für B. zur Herausforderung, seine grundsätzliche Haltung dazu brieflich zu fixieren (vgl. GBA 28, S. 414). Oder: im Zuge einer Chance, 1938 erstmals Szenen aus *Furcht und Elend* in Paris vorzustellen, und angesichts von Bedenken (die der Regisseur Slatan Dudow übermittelte), die Aufführung könnte »zu depressiv werden« (GBA 29, S. 84), entstand ein längerer Briefkommentar, in dem B. die spezifischen Ansatzpunkte in den Szenen darlegte, eine deprimierende Wirkung bezweifelte (»So wenig und noch weniger als ein Gemälde des Breughel oder ein Zyklus von Daumier-Zeichnungen«; S. 85), Besorgnis und Argumente des Freundes aber für seine Weiterarbeit an der Szenenmontage ernsthaft bedachte. Gerade diese Szenenfolge und die Aussicht, durch sie einen aktuellen Beitrag zum Begreifen der äußerst kritischen zeitgeschichtlichen Situation zu leisten, bewegten B. zu mehreren Briefen (außer weiteren an Dudow auch an Piscator, den er 1938 für eine Aufführung in den USA zu gewinnen suchte, und im amerikanischen Exil an Max Reinhardt u.a.; vgl. S. 82f., S. 231f.); sie geben zugleich Einblicke in die Ausbildung der Struktur des Stücks im Prozess der Entstehung.

Briefe im Umkreis dieses Stücks an den Verlegerfreund Herzfelde offenbaren B.s Bestreben (das sich grundlegend bei den *Versuchen* manifestiert hatte), Schreibstrategie und Publikationsstrategie gleichermaßen voranzutreiben. Nachdem die Aufführung von *Furcht und Elend* und seine Verbreitung als Typoskript ein starkes, auch internationales Echo erfahren hatten, machte B. Herzfelde im Mai 1938 mit großer Dringlichkeit den Vorschlag, es umgehend zu publizieren. Durch diesen Druck suchte er sich politisch wie künstlerisch in der Exilszene nachdrücklich zu situieren: »Du kannst mir jetzt die entscheidende Position verschaffen, die ich in der Emigrantenliteratur bisher nicht habe. [...] Auf die ›Gesammelten Werke‹, die einen immensen Geländegewinn bedeuten, muß jetzt etwas absolut Aktuelles, Eingreifendes folgen, sonst sieht es aus, als hätte ich, wie gewisse Generale nach der Niederlage, meine Memoiren veröffentlicht, um gewisse in der Vergangenheit geleistete Dienste den geschätzten Zeitgenossen flehend ins Gedächtnis zu rufen. Wir entscheiden auf diese Weise praktisch zum Beispiel den ganzen Formalismus-Streit, der sonst noch eine zwanzigjährige Tätigkeit lahmlegt und außer Kurs setzt.« (S. 96) Das Scheitern dieses Projekts (B. wollte es noch erweitern, indem er das Stück mit anderen neuen Erträgen der Exilarbeit zusammenstellte, vgl. S. 98, S. 101 f., S. 104, S. 105) wie überhaupt die Unmöglichkeit, nach dem Münchner Abkommen vom 29. 9. 1938 mit der Auslieferung der Tschechoslowakei an Nazi-Deutschland ein Publikum durch den Prager Malik-Verlag zu erreichen, beeinträchtigte in neuem Ausmaß B.s Arbeiten im Exil. Wohl packte er in der Folgezeit neue wie auch ältere literarische Projekte an, doch scheint dies einem Arbeitsethos des ›Trotzdem‹ abgerungen. Am 27. 8. 1939 hieß es aus Schweden, er schreibe eben ein Parabelstück *Der gute Mensch von Sezuan* und gehe dann wieder an den *Caesar.* »Vielleicht kann ich ihn dann bis zur nächsten Krise fertig haben. Man muß sich ja in dieser schweren und blutigen Friedenszeit unbedingt in die Arbeit stürzen (die Römer sagten: ins Schwert stürzen).« (S. 151) Sicher sei es »schwierig, jetzt überhaupt was zu machen«, beteuerte er 1940 gegenüber Hans Tombrock, aber »Arbeit ist gute Medizin.« (S. 169; vgl. S. 170, wo es heißt: »Arbeit ist die beste Droge.«)

Die Serie von Briefen an Tombrock von 1940/41 ist doppelt aufschlussreich. Zum einen zeigt sie, wie es B. auch unter schwierigsten Exilbedingungen verstand, neue Arbeitspartnerschaften herzustellen: Er schrieb Vierzeiler, die Tombrock für verkaufbare grafische Blätter verwenden sollte, und übermittelte ihm spezifische Vorschläge, die ihn zu weiterschreitender bildkünstlerischer Produktion anregten. Zum anderen sprach sich darin ein Ethos aus, welches das Arbeiten unter den widrigsten Umständen von Krieg und faschistischem Vormarsch als Pflicht auffasste, ihnen zu widerstehen, indem der eigene Weg den persönlichen Möglichkeiten gemäß weiterverfolgt wurde. Wenn er aus Tombrocks Zeichnungen folgerte, »das Farbproblem ist jetzt dran und muß gelöst werden«, schloss er die Begründung an: »Wir müssen zwischen all dem Ungemach unsere Arbeit weitermachen. Ob es die Angriffe von Hauswirten oder von Bombenfliegern sind, ob sie Dir kein Geld geben oder kein Papier, irgendwann wirst Du gefragt werden, ob Du das Farbproblem gelöst hast.« Man müsse in »sogenannten historischen Zeitläuften« sich »selber in eine historische Persönlichkeit verwandeln« (S. 171). Dass es um Grundsätzliches ging, spricht sowohl aus B.s Kommentar zur Mitteilung, er habe den *Guten Menschen* fertiggestellt: »es ist, in seiner Weise, auch ein Beitrag zum Problem Farbe« (S. 175), wie aus kunsttheoretischen Reflexionen im Anschluss an Arbeiten Tombrocks im *Journal* (z. B. am 2. 7. 1940; vgl. GBA 26, S. 397 f.).

Schwierige Zeit für Kommunikation

Seit Ende der 30er-Jahre traten innerhalb der Korrespondenz Briefe mit Problemerörterungen zur geschichtlichen Lage der Exilierten weitgehend zurück, was durch verschiedene Faktoren bedingt war. B.s Handlungsspielraum innerhalb des literarischen Exils hatte sich verringert. Etliche Briefe zeigen, wie er sich dagegen zu wehren suchte. Die »Mitarbeit am ›Wort‹ [gestaltet sich] immer problematischer«, schrieb er Willi Bredel im Sommer 1938. Er eröffnete ihm seine Besorgnis, dass in ihrer Zeitschrift »eine kleine Clique« um Georg Lukács zunehmend Einfluss gewann und legte ihm den Einspruch dagegen nahe, schloss jedoch die ratlose Frage an: »Was können wir nur machen?« (GBA 29, S. 106f.) Gegen die kulturpolitisch-politischen Diskreditierungen seiner Arbeit durch Lukács intervenierte er besonders in Schreiben an Becher, in dem er den Vorwurf des Formalismus und der Dekadenz mit Nachdruck zurückwies und an Gemeinsamkeiten im Interesse des antifaschistischen Kampfs appellierte (vgl. S. 109f.). Für eine Kritik der in Moskau, auch in der dortigen Emigration, herrschenden Literaturpolitik, durch welche er die Produktivität bedroht sah, fand B. in seinen Briefen noch eine entschiedene Sprache. Jedoch für ein Reagieren auf den stalinistischen Terror, dem auch mehrere Menschen aus B.s Umkreis, Freunde und Arbeitspartner, zum Opfer fielen, vermochte er keine angemessenen Mittel zu finden. Auf Nachrichten von Verhaftungen – so die von Michail Kolzow – reagierte er »sehr erschreckt« und ratlos (vgl. S. 125), aber als er sich an Georgi Dimitroff wegen der stalinistischen Praxis wenden wollte, kam er mit dem Brief nicht zurecht. Der Entwurf (vgl. S. 124f.) offenbart »auch die Unentschiedenheit der eigenen Position«, was sich in »gewundener Sprache« und »Verbesserungsversuchen« äußert, »die von der Not des Briefschreibers zeugen« (Rohrwasser/Wizisla, S. 675f.).

Nicht zufällig setzten 1938 die Eintragungen im *Journal* ein und gewannen – als der Austausch mit Freunden und Arbeitspartnern zunehmend schwierig und eine offene Korrespondenz insbesondere über die beunruhigende Situation in der Sowjetunion und die lähmende Dogmatisierung des theoretischen Denkens bei stalinistischen Marxisten problematisch wurden – wachsendes Gewicht für B.s Selbstverständigung. Dem *Journal* und immer weniger den Briefen wurde danach aufgegeben, eine Erörterung der Lage zu leisten und wie in ihr zu operieren, welche theoretischen und praktischen Wege zu beschreiten wären. Nachdem das Exilland USA 1941 erreicht war, nahmen die Reduktionen in der Korrespondenz zu, sie wird vergleichsweise unergiebig. Gleichwohl lassen sich den Briefen Auskünfte ablesen, etwa über die immer erneuten, meist vergeblichen Bemühungen B.s, eigene Arbeiten an die amerikanische Öffentlichkeit zu bringen und sich auf sie auch durch neue Projekte einzustellen. Aufführungschancen und -pläne wurden in Schreiben an Piscator, Berthold Viertel, Weill erwogen, vor allem also mit Arbeitspartnern früherer Zeiten. Die enormen Schwierigkeiten, als Autor innerhalb der kulturellen Bedingungen in den USA zu agieren – häufiges Thema im *Journal* -, brachen bisweilen auch in Briefen hervor, so in einer Schilderung der erlebten Umwelt, in der »die unbeschreibliche Häßlichkeit des Lügenmarkts« (dessen ungewollter Teil zu werden B. empfand) alles »durchdringt«; »bessere Dinge« könne er »nur in den frühen Morgenstunden« schreiben. »Da gibt es Morgennebel«, der »einen erinnert an andere Orte«. Und ein Fazit, das hier Berlau übermittelt wurde, lautet: »Daß wir uns, fliehend vor Hitler, in dieser Kloake verstecken müssen, das gibt Fingerzeige.« (GBA 29, S. 299) Aus der dichten Folge von Briefen an Berlau (seit sie im Mai 1942 von Kalifornien nach New York gegangen war, sandte er ihr in drei Jahren mehr als 160 Schreiben) sind unzählige Informationen über den Fortgang von B.s Projekten zu entnehmen, ebenso wie mancherlei Details u.a. über Berlaus Versuche, amerikanische Übersetzungen seiner Arbeiten und Kontakte zu Autoren, Schauspielern und Institutionen zu Stande zu bringen. Im Ganzen macht die Korrespondenz mit Berlau im USA-Exil (wie stärker noch im folgenden Lebensjahrzehnt) auf besonders ausgeprägte Weise den schwer lebbaren Balanceakt in B.s polygamem Lebensstil offenkundig, den perpetuierten Wechsel von vertrauter Zuwendung zur Gefährtin, mit der er die »dritte Sache« teilte, zu gequälter Abwehr von Besitzansprüchen in einem »›Alles-oder-Nichts‹-Gehabe« (S. 242).

Symptomatisch für die Gewichtung zwischen *Journal* und Briefen ist ein Schreiben an den Sohn Stefan B. vom Dezember 1944. Er diskutiert (in der Korrespondenz dieser Zeit eine Ausnahme) eine Problematik, zu der Stellung zu nehmen B. sich durch den Kreis der »Frankfurtisten« um Max Horkheimer und Theodor W. Adorno herausgefordert sah: Antisemitismus und eine marxistische Sicht auf die jüdische Frage (vgl. S. 340f.). Verfasst ist er im Stil verhalten ironischer Lakonik, wie ihn B. in den Notierungen des *Journals* ausgebildet hatte, und bezeichnenderweise hat er den Durchschlag dieses Briefs ins *Journal* eingeklebt (vgl. GBA 27, S. 213 f.; dieses Faktum ist aus dem Kommentar zum Brief allerdings nicht zu erfahren).

Energien für ›das andere Bauen‹

Mit dem Kriegsende belebte sich das Briefe-Schreiben augenfällig. Sobald die Postverhältnisse es gestatteten, suchte B., abgerissene Verbindungen zu Freunden in Deutschland wieder herzustellen und sie für einen gemeinsamen Neuanfang in der Nachkriegsgesellschaft zu interessieren. Solche Briefe an Neher und andere Augsburger Freunde oder an Peter Suhrkamp (vgl. GBA 29, S. 365 f.) zeigen einen charakteristischen Zug B.s: seine Anhänglichkeit an Gefährten früherer Zeiten (ein Signal dafür war auch das Versenden von Care-Paketen an Angehörige und Freunde 1946/47). Die Aussicht auf eine Rückkehr nach Europa setzte sogleich Energien frei, mit künftigen Partnern Pläne für ein gezieltes Produzieren zu entwickeln. Im Dezember 1946 schrieb B. an Neher: »bin überzeugt, daß wir wieder ein Theater aufbauen werden; das können wirklich nur wir beide« (S. 405). Und in wiederbelebter Kampfeslust heißt es: »Aber wie sie weitermachen, werden wir auch weitermachen. Da ist Wiederaufbau des alten Seuchenherdes und da wird das andere Bauen sein.« (S. 406) Mit der gleichen Energie warb B. in Briefen an Piscator und Viertel eingehend für ein künftiges gemeinsames Operieren »auf der gleichen Linie« (S. 413). Nach der Rückkehr setzte er zielstrebig diese Bemühungen fort; besonders die ernüchternde Begegnung mit Anna Seghers in Paris im November 1947 bestärkte ihn: »entscheidend wichtig, daß man eine starke Gruppe bildet. Allein, oder fast allein kann man da nicht existieren« (S. 427), und: »Es ist klar, man muß eine residence außerhalb Deutschlands haben.« (S. 425) Die Korrespondenz im Folgejahr in Zürich und beim ersten Aufenthalt in Berlin war vornehmlich diesen Folgerungen und Zielen gewidmet. Regisseure, Schauspieler, Komponisten und Bühnenbildner sollten für eine Beteiligung an B.s Theaterprojekt in Berlin gewonnen werden, und zugleich wollte B. einen Status erreichen, der Bewegungsfreiheit und ein Wirken über mehr als eine Zone in Deutschland ermöglichte (zu entnehmen sowohl den Schreiben zu Publikationen durch verschiedene Verlage als auch den Briefen insbesondere an Gottfried von Einem über eine »residence« in Österreich und einen Pass). Nach der Eröffnung des Berliner Ensembles mit *Mutter Courage* und ersten Erfahrungen in Berlin wurde das Erwirken einer »starken Gruppe« für den Aufbau des Theaters zum Hauptmotiv der Korrespondenz. 1949 schrieb er an Viertel: »Noch ist viel im Fluß, aber viel beginnt sich schon zu verhärten. Produktionsstätten werden zu Posten und Positionen. Risse vertiefen sich, Skepsis wird Verdacht, Vorurteile zementieren sich ein, kleine Leute beziehen große Stellungen und formieren zähe Cliquen usw. Herrlich ist das Publikum [...]. Glauben Sie mir, es ist wirklich wichtig, eine Produktions*gruppe* zu bilden, und wir müssen zeigen, daß ein solches Projekt projektiert werden kann.« (S. 509 f.)

B.s Feststellung, der »Versuch, neues Theater aufzubauen, nimmt mir die Zeit, dafür zu schreiben« (GBA 30, S. 51), wird in den 50er-Jahren durch eine Unmenge von Briefen und Billetten an Theaterleute aller Sparten belegt. Um die Entwicklung des Ensembles wie der einzelnen Beteiligten zu sichern, kümmerte sich B. um Bedingungen und praktische Fragen der Produktion, neue künstlerische Lösungen, Spielweisen bis in Details. Gleichzeitig verfolgte B. hartnäckig das Bestreben,

Verfilmungen seiner Arbeiten – vor allem *Mutter Courage* und *Puntila* – bei der DEFA und dann Wien-Film zu erreichen, wovon mehr als drei Dutzend Briefe zwischen September 1950 und Juli 1956 zeugen.

Neben dem Hauptgeschäft Theater zeichnen sich in der Korrespondenz weitere Felder ab, denen B.s Engagement galt: 1. seit der Gründungsphase 1949 beteiligte er sich an der Arbeit der Akademie der Künste, von der er sich Wirkungschancen versprach, wenn sie »produktiv und nicht nur repräsentativ sein« konnte (GBA 29, S. 569) und so auf Niveau und Profil der Kultur des Landes Einfluss nahm. Daraus resultierte seine Bereitschaft, sich an der Förderung des künstlerischen Nachwuchses zu beteiligen; deshalb auch seine Vorschläge an die Sektion Literatur der Akademie, sich mit dem Literaturplan an den Schulen zu beschäftigen und sich um die Lesebücher zu kümmern u.a. B. nutzte diese Institution kulturpolitisch, um gegenüber Verantwortlichen im Staat Kritik und Vorschläge für ein produktives Arbeiten der Künste vorzubringen, so in Briefen an Paul Wandel, besonders Anfang August 1953 über die nötige Auflösung der Kunstkommission (vgl. GBA 30, S. 187f.; die laut Anmerkung »frühere, kürzere Fassung«, S. 554, ist nicht nur kürzer, sondern enthält Varianten, z.T. weitergehende Formulierungen, die der Kommentar freilich nicht mitteilt; vgl. ihren Abdruck bei Mittenzwei 2001, S. 120).

2. B.s Engagement gegen die Militarisierung Deutschlands und für gesamtdeutsche Gespräche zur Beseitigung von Konflikten (vgl. *Offener Brief an die deutschen Künstler und Schriftsteller* vom September 1951; GBA 23, S. 155) erlangte ein breites öffentliches Echo und zog eine Reihe Briefe nach sich, worin er sich auch zur Verknüpfung von »Formalismus-Realismus-Debatte« mit der »großen Umwälzung« im östlichen Deutschland äußerte (GBA 30, S. 107). In der Korrespondenz fanden spätere gleichgerichtete Aktivitäten B.s (Unterschriftensammlung 1954/55 zur Warnung vor Kriegsgefahr) ebenfalls ihren Niederschlag. Damit eng verbunden war ein 3. Bereich von B.s öffentlichem Agieren: der PEN-Club. Er wirkte in der Leitung des Deutschen PEN-Zentrums Ost und West hauptsächlich, um Intellektuelle ernsthaft in Friedensgespräche einzubeziehen; deshalb auch setzte er sich für den Beitritt der Sowjetschriftsteller ein, wodurch der PEN-Club eine neue »Bedeutung für den Friedenskampf erlangen« könnte (S. 285; vgl. S. 322), und er ergriff die Initiative für eine Resolution zur Atomkriegsgefahr zum Internationalen Kongress in Wien 1955 (vgl. S. 336, S. 354).

So selten B. in den 50er-Jahren Zeit und Kraft verwandte auf Briefe mit eingehender Problemerörterung, gibt es doch dafür wichtige Exempel. An Suhrkamp sandte B. eine grundsätzliche »Stellungnahme zu den Vorkommnissen des 16. und 17. Juni« (1.7.1953; S. 182–185), eine sozialgeschichtlich genau durchgeführte Analyse (mehrfach in der B.-Literatur herangezogen; z.B. Schumacher, S. 272; Mittenzwei, Bd. 2, S. 506f.; Hecht, S. 1067). Gewichtige Zeugnisse für die produktive Beziehung B.s zu Künstlerfreunden stellen besonders zwei Brieftexte für Eisler dar: Im August 1951 – als der an seinem *Johann Faustus* arbeitete – ließ B. dem Freund produktionsstrategische Vorschläge konkreter Art zugehen; aus der Shdanowschen Kritik an Sowjetmusikern von 1948 (die nicht zufällig gerade in der DDR publiziert worden war) entwickelte er – in Vorsorge für deren ostdeutsche Übernahme und die Auseinandersetzungen um die *Lukullus*-Oper im Gedächtnis – Anregungen zur Verwendung von Volksliedern und schrieb ihm Beispiele auf. Dass dabei nicht bloße Taktik im Spiel war, zeigt die Begründung: »ich fände es einfach gut, wenn Du einiges um alte Lieder gruppieren könntest, wodurch ziemliche Wärme in die Fabel käme, ohne daß ihre schöne Spaßigkeit draufginge« (GBA 30, S. 86). Ein höchst beachtliches Dokument für praktische Anteilnahme wie ein gleichgerichtetes Reagieren in krisenhaft schwieriger Lage liegt mit B.s Briefentwurf eines Schreibens an das Zentralkomitee der SED vor (S. 216–218), aufgezeichnet für Eisler, um ihm aus der Produktionskrise und Depression nach der *Faustus*-Debatte herauszuhelfen. B.s Text enthielt mit der Darstellung der die Produktivität lähmenden Situation Eislers zugleich warnende und mahnende Resümees aus Erfahrungen mit Schematismus und Administrieren, welche die Künstler in der DDR zu machen hatten (die Information, was Eisler von B.s Entwurf übernahm und was er anders formulierte, wurde im Kommentar, S. 567, ausgespart; eine genauere Auswertung der Quellen wird Schebera in der noch ungedruckten Eisler-Briefedition bieten). Der Impuls, Missstände und Fehlentwicklungen nicht hinzunehmen, sondern sich einzumischen, auch durch private Briefe, äußerte sich weiterhin, z.B. in der ermutigenden Zuschrift an den Redakteur des *Sonntag* Gustav Just (S. 470) oder der Nachricht an den Verlagslektor Heinz Seydel (er sei »bereit, [...] selbst zu schreiben, denn diese tolle Verdrängung aller Fakten und Wertungen über die Hitlerzeit und den Krieg bei uns muß aufhören«; S. 472). Dem Impuls einzugreifen war aber ein Moment der Entsagung beigegeben, wie es einem Glückwunschbrief an Becher vom Mai 1956 abzulesen ist: »Die Zeit des Kollektivismus ist zunächst eine Zeit der Monologe geworden; ich wünsche mir auch noch die Fortsetzung unserer Gespräche.« (S. 454)

Die Edition

Die Kenntnis der Korrespondenz und das Bild vom Briefschreiber B. ist durch die GBA erheblich erweitert und differenziert worden. Gegenüber der ersten Briefausgabe von 1981 (Suhrkamp) bzw. 1983 (Aufbau), die, von Günter Glaeser besorgt, 892 Briefe enthalten hatte, umfasst die neue Edition (in GBA 28–30, dazu 21 Nachträge im Registerband, einen irrtümlich aufgenommenen Brief von Ludwig Renn abgerechnet) 2418 Nummern. Einen Fundus für diese starke Erweiterung bildeten u.a. separate Editionen der Briefe an Zoff und Hanne Hiob (1990) und an Banholzer (1992), die Zugänglichkeit der Briefe an Steffin (59, die in der 1. Edition fehlten), die außerordentlich vermehrte Aufnahme der Berlau-Korrespondenz (323 Nummern). Auch der Bestand der Briefe an Weigel wurde bedeutend vergrößert (137). Gleichwohl kommt es nicht zu einer wesentlichen Verschiebung in Richtung einer Privatisierung, jedoch wird das Bild B.s differenzierter; klarer erkennbar werden die Schwierigkeiten, ein von B. angestrebtes Miteinander von privater und Arbeitsbeziehung auf Dauer unversehrt zu überstehen.

Der Briefbestand und seine Proportionen haben auch ein Element an Zufälligkeit: Lagen in B.s Nachlass (wichtigste Quelle für die Editoren) keine Durchschläge vor, und das war häufig der Fall, wurde aufgenommen, was Adressaten an Briefen aufbewahrt hatten und zur Publikation verfügbar machten; Lücken in diesen Beständen waren nur durch umfangreiche Recherchen zu schließen. Eine spezielle Erschwernis war: In der Frühzeit sandte B. seine Briefe handschriftlich (erst seit 1922 begann er mit Typoskripten, in der Korrespondenz mit Bronnen). Durch Einzelfunde konnten (und werden wohl auch künftig) Lücken geschlossen werden – 2001 z.B. durch die Publikation zweier Postkarten aus dem Jahr 1915 (mit einem Aufsatz von Hillesheim und Wizisla, der durch genaues Beachten von Kontexten neue Aufschlüsse vermittelt). Spätere Lebensphasen B.s, besonders im Exil mit Briefwechseln in viele Länder, erforderten weitgespannte Bemühungen, um die Bestände im BBA zu komplettieren. Einzelne Briefe, die nach Abschluss der GBA auftauchten, geben z.T. bemerkenswerte Ergänzungen: ein Brief an Karlheinz Martin vom 1.1.1947 (BBA E 73/251) und besonders drei Briefe (die im Autografenhandel vorlagen) an den amerikanischen Übersetzer Hoffman R. Hays zwischen 1942 und 1945. Im ersten von Ende Januar 1942 gab B. eine in den Briefen rare Beschreibung seiner Lage: die Übersiedlung in die USA, »verknüpft mit dem tod meiner engsten mitarbeiterin, die ungewohnte windstille und isolierung von allen weltaffären, in die ich hier geriet, all das lähmt mich zu einem solchen grad«, dass er in den letzten sechs Monaten kaum habe schreiben können (BBA E 23/25).

Welche substanziellen Verluste der Edition aus fehlender gründlicher Ermittlungsarbeit erwuchsen, zeigt sich am Komplex der Korrespondenz der *Wort*-Redaktion: Band 29 der GBA bietet kaum mehr als die erste Briefedition, Recherchen in Moskau und die Aufnahme weiterer B.-Briefe aus dem Redaktionsbriefwechsel unterblieben. In neuen Studien sind nun Auszüge aus solchen Briefen zu lesen (sie liegen im russischen Archiv RGALI, Fond 631). Dieter Schiller zitiert zwei Briefe an Fritz Erpenbeck und einen an Maria Osten von 1938 (vgl. Schiller, S. 85f.), Simone Barck wertet mit z.T. ausführlicher Wiedergabe fünf Briefe an Erpenbeck aus, in denen sich B. entschieden und grundsätzlich zum Moskauer Kurs in der Redaktion äußerte, kritisch anfragte, was »die demokratische grundlage unserer redaktionsarbeit« sei und schließlich am 2. 1. 1939 »der Redaktion Sabotage zur last« legte (Barck, S. 509). Barck macht auch auf den Fakt aufmerksam, dass im Kommentar zu *Schriften 2*, erschienen bereits 1993, Auszüge aus dem in Moskau archivierten Briefwechsel, u.a. aus Briefen B.s, zitiert wurden (GBA 22, S. 1038: Auszug eines Briefs an Erpenbeck vom 2. 5. 1938, der in GBA 29 fehlt), und moniert, dass diese, »die den Herausgebern ja bekannt waren, dann nicht in die Brief-Bände aufgenommen« wurden (Barck, S. 504).

Es beeinträchtigt den Wert der Edition, dass die Kommentare in der GBA 28–30 von Glaeser – unter Mitarbeit von Wolfgang Jeske und Paul-Gerhard Wenzlaff – häufig nicht die Glaesers von 1981 verbessern: Es werden Fehler in Anmerkungen übernommen, etwa zum Brief an Bredel (GBA 29, S. 615: »Bredel kommt im Juni 1938 aus Spanien nach Moskau zurück« statt richtig: nach Paris, wo er zusammen mit Maria Osten die Außenredaktion des *Wort* besorgte). Unkenntnis von Zusammenhängen in der Kultur des antifaschistischen Exils prägt mehrfach die Kommentare; z.B. wird der »Pariser Verlagsplan (M. Osten)« auf die »Außenredaktion« des *Wort* bezogen, durch die »vermutlich Herzfelde [...] die Etablierung eines Konkurrenzunternehmens« befürchtet habe (S. 68 bzw. S. 605), statt auf Ostens Tätigkeit für die »Editions du 10 Mai«. Den gleichen falschen Bezug gibt es zu B.s Frage an Osten, ob sie seinen letzten Gedichtband drucken könne (S. 621). Solche Irrtümer hätten sich durch Auswertung vorliegender Spezialliteratur vermeiden lassen, z.B. der Studie von Gerhard Müller zum Brentano-Briefwechsel, worin ein Versehen Glaesers vermerkt wurde (Müller 1990, S. 63), der B.s Äußerungen vom März 1937 zu Brentanos »neuem Roman« nicht auf *Prozeß ohne Richter*, sondern auf *Theodor Chindler* bezog (vgl. GBA 29, S. 585). Diese Anmerkung wird für Hans-Albert Walter im *Brecht Yearbook* von 2001 ein Hauptbeispiel in seiner scharfen Kritik an der Edition in der GBA, die den Bearbeitern »skandalöse Kommentierung« (Walter, S. 307) vorwirft. Meint Walter den genannten Fall (und weitere) aus ideologischen Motiven begründet, bemängelt er allgemein, insbesondere bezüglich der Exilzeit: »Sofern die Kommentare nicht ganz fehlen, sind sie vielfach ungenau, irreführend und voller Fehler.« (S. 308) Viele seiner Beanstandungen sind berechtigt, indes: in einem letzten Arbeitsgang wurden zahlreiche Fehler von den Herausgebern bemerkt und im Registerband (erschienen 2000) unter *Errata und Addenda* korrigiert. Viele von Walter monierte Stellen (auch die zu Brentano), und weitere dazu, wurden damit richtiggestellt. Auch in den Registern wurde korrigiert (allerdings nicht alles).

Der Registerband, der außer der Liste der Errata auch 21 Nachträge an Briefen enthält – zum größten Teil Stücke, die seit Jahrzehnten im BBA oder anderen Archiven der Akademie der Künste vorlagen –, bringt eine besondere Problematik mit sich. Abseits der chronologischen Folge in den Bänden 28–30 gedruckt, müssen an den entsprechenden Stellen dort die Bezüge fehlen. Und diese Nachträge fehlen natürlich ebenso in den Registern von Bd. 30; das Streichen eines chronologischen Verzeichnisses der Briefe in der GBA (in der Ausgabe von 1981/1983 noch vorhanden) erweist sich hierdurch als doppelt prekär, noch dazu weil »viele Briefe umdatiert worden sind« (Walter, S. 310).

Besonders ins Gewicht fällt diese Absonderung für die 50er-Jahre. B.s Aktivitäten im Kontext der Akademie der Künste und des PEN, die Komplexität seines Vorgehens wird durch die Nachtragbriefe (an den Direktor der Akademie Engel, an Becher u.a.) verdeutlicht, vorausgesetzt, die Leser stellen die nötigen Zusammenhänge her. (Wie Walters Rezension zeigt, kann die Benutzung des Registerbandes selbst bei professionellen Lesern nicht vorausgesetzt werden.) Das ›Vergessen‹ solcher Briefe scheint kein Zufall; um eine erhellende Kommentierung, die auf kulturpolitische Kontexte oder Fakten aus den DDR-Jahren verweist, bemühten sich die Bearbeiter z.T. unzureichend. Z.B. würde die Bedeutung des Briefs an Rüdiger Syberberg (GBA 30, S. 92f., S. 514f.) klarer, wenn der Kommentar ihn nicht allein als Schriftsteller vorstellte, sondern erläuterte, welche wichtige Rolle er im PEN spielte (1951–1952 im Präsidium des PEN-Zentrums Deutschland, am 10.12.52 zum Präsidenten gewählt). Es ging um bündnispolitische Bemühungen, wenn B. an Syberberg schrieb, sein Brief, »wie der Penzoldts« (der, was nicht angemerkt wird, eines der 20 Gründungsmitglieder des deutschen Nachkriegs-PEN war) habe ihm »große Lust zu einem Gespräch gemacht. Wir müßten herausfinden, was wir, Leute mit verschiedenen Meinungen […] gemeinsam für den bedrohten Frieden machen können« (S. 92). Oder: die harsche Aufforderung B.s an Helmut Holtzhauer im Mai 1955, sogleich seine »Gründe für das Verbot der ›Kabale und Liebe‹-Ausstellung mitzuteilen« wie für die Auflösung des Goethezeit-Museums; B. sprach Holtzhauer wissenschaftliche Kompetenz ab, nahm dagegen »politische Gründe« dafür an, die nicht ungeprüft anzuerkennen seien (S. 337); dieser Vorgang bleibt gänzlich unkommentiert. Er war indes von zeitgeschichtlichem Belang, nicht zuletzt für betroffene Wissenschaftler wie Gerhard Scholz (u.a. Emigrant in Schweden), der eine Gegenposition zur in der DDR dominanten Klassikrezeption ausbildete. – Im Ganzen ist in der GBA zur Aufbereitung der Briefe B.s ein beträchtlicher Aufwand an Ermittlungsarbeit erbracht worden, jedoch war er vielfach nicht groß genug.

Literatur:

Barck, Simone: »Dabei ist es wirklich wichtig, diese Zeitschrift zu haben ...« Zur redaktionellen und kommunikativen Spezifik der kommunistisch geführten Literaturzeitschrift »Das Wort«. In: Grunewald, Michel (Hg.) in Zusammenarbeit mit Hans Manfred Bock: Das linke Intellektuellenmilieu in Deutschland, seine Presse und seine Netzwerke (1890–1960). Bern 2002, S. 499–521. – Brecht, Bertolt: Briefe an Marianne Zoff und Hanne Hiob. Hg. v. Hanne Hiob. Redaktion und Anmerkungen v. Günter Glaeser. Frankfurt a.M. 1990. – Ders.: Liebste Bi. Briefe an Paula Banholzer. Hg. v. Helmut Gier und Jürgen Hillesheim. Frankfurt a.M. 1992. – Bronnen, Arnolt: Arnolt Bronnen gibt zu Protokoll. Hamburg 1954. – Ders.: Tage mit Bertolt Brecht. Geschichte einer unvollendeten Freundschaft. Wien [u.a.] 1960; Berlin 1973. – Gier, Helmut: Der Gymnasiast Brecht und seine erste Liebe. In: Sinn und Form (1988), H. 1, S. 8–15. – Hauck, Stefan (Hg.): Margarete Steffin: Briefe an berühmte Männer. Walter Benjamin, Bertolt Brecht, Arnold Zweig. Hamburg 1999. – Hecht. – Hillesheim, Jürgen/Wizisla, Erdmut: »Was macht Deine Dichteritis?« Bertolt Brecht im Bregenzer Land. In: BrechtYb. 26 (2001), S. 3–13. – Kebir, Sabine: Helene Weigel. Abstieg in den Ruhm. Eine Biographie. Berlin 2002. – Loeper, Heidrun: Briefwechsel Bertolt Brecht, Margarete Steffin, (Isot Kilian, Käthe Rülicke) und Arnold Zweig 1934–1956. In: BrechtYb. 25 (2000), S. 349–422. – Mittenzwei, Bd. 1., Bd. 2. – Mittenzwei, Werner: Die Intellektuellen. Literatur und Politik in Ostdeutschland von 1945 bis 2000. Leipzig 2001. – Müller, Gerhard: »Warum schreiben Sie eigentlich nicht?« Bernard von Brentano in seiner Korrespondenz mit Bertolt Brecht. In: Exil IX (1989), Nr. 2, S. 42–53, und X (1990), Nr. 1, S. 53–64. – Müller-Waldeck, Gunnar: Brief-Arbeit. Bertolt Brecht: »Briefe 1913–1956«. In: Neue deutsche Literatur 33 (1985), H. 4, S. 129–134. – Raddatz, Fritz J.: Der sozialistische Egomane. Bertolt Brecht in seinen Briefen. In: Merkur 36 (1982), S. 266–277. – Rohrwasser, Michael/Wizisla, Erdmut: Zwei unbekannte Briefe Brechts aus der Emigration. In: Sinn und Form (1995), H. 5, S. 672–677. – Schebera, Jürgen (Bandbearbeiter): Hanns Eisler Briefe II, 1948–1956. Hanns Eisler Gesamtausgabe (HEGA), Serie IX, Bd. 5.2 [in Vorbereitung]. – Schiller, Dieter: Die Expressionismus-Debatte – Eine »wirkliche, nicht dirigierte Diskussion«? In: Exil XXI (2001), Nr. 1, S. 77–90. – Schumacher, Ernst und Renate: Leben Brechts in Wort und Bild. Leipzig 1978. – Walter, Hans-Albert: Hier wird Brecht gespuckt oder »*Kim*: konnte nicht ermittelt werden.« Die skandalöse Kommentierung von Brechts Briefen. In: Brecht Yb. 26 (2001), S. 307–315.

Silvia Schlenstedt

Gespräche

Texte / Definitionen

Das Gespräch war für den Stückeschreiber und Theaterpraktiker die zentrale Form menschlicher Kommunikation. Dies gilt für alle Bereiche seiner schriftstellerischen Produktion. Mit seinem epischen Theater führte er den Dialog mit dem Publikum ein, weil ihm klar geworden war, dass im ›wissenschaftlichen Zeitalter‹ der Massenmedien, die einseitig das Publikum ›berieseln‹, das Theater auf Grund der Simultaneität von Produktions- und Rezeptionsprozess die einzigartige Chance hat, mit dem Publikum zu kommunizieren (feedback). Schon in seinem, im Februar 1926 im *Berliner Börsen-Courier* publizierten Aufsatz *Mehr guten Sport* schrieb B.: »*Ein Theater ohne Kontakt mit dem Publikum ist ein Nonsense.*« (GBA 21, S. 121)

In seiner Prosa simulierte er Gesprächsrunden, in denen dann die Geschichten erzählt werden (z.B. *Der Kinnhaken*), oder er setzte ganze Texte in Anführungszeichen, um sie als mündlichen Vortrag zu markieren (z.B. *Das Paket des lieben Gottes*). B. schrieb seine wichtigste theoretische Schrift über das Theater als eine Art Stück, den *Messingkauf*, indem er Theaterpraktiker und Theatertheoretiker im Gespräch auf der Bühne zusammenführt. Als Dialoge gestaltet sind die *Flüchtlingsgespräche*, aber auch in den *Geschichten vom Herrn Keuner* überwiegt das Dialogisch-Dialektische. Selbst in ›trockenen‹ theoretischen Schriften wie dem *Kleinen Organon über das Theater* geht der Text in eine Ansprache an den Schauspieler des Galilei über (vgl. GBA 23, S. 89–91), und sogar in einem der berühmtesten Gedichte B.s, in der *Erinnerung an die Marie A.*, das ein (scheinbar) sentimentales Liebesgedicht ist, besteht die Mittelstrophe aus einem Dialog über Liebesauffassungen.

Hinzu kommt, dass B. offenbar (meist) ein angenehmer Gesprächsteilnehmer war, der geduldig zuhören konnte (es sei denn, er hatte auf Proben mit Regiekonzepten zu kämpfen). Louis Fürnberg schildert B.s Haltung im Gespräch so: »Es ist angenehm, Bertolt Brechts Nüchternheit dagegenzuhalten [den anderen Gesprächsteilnehmern gegenüber], der sehr still und menschenfreundlich an seiner dicken Zigarre zieht und kaut und hie und da ein treffendes Wort in das Gespräch wirft, eine Pointe, die alles andere, was an Geist produziert wird, verrauchen und verblassen macht.« (Fürnberg, S. 382) Eine weitere Eigenart B.s in Gesprächssituationen überliefert der Soziologe Fritz Sternberg. Wenn mehrere Personen anwesend waren, vertrat B. andere Standpunkte, als bei Gesprächen, die unter vier Augen stattfanden. Als Sternberg ihn daraufhin ansprach, habe er ihm gesagt, dies »brauche ebensowenig seine eigene Meinung zu sein, wie das, was er eine Figur in einem seiner Stücke sagen lasse. Er äußere manche dieser zugespitzten Sätze, um die Menschen zu reizen, um sie herauszulocken, um die Situation dramatischer zu gestalten. Das ist ihm in der Tat auch oft genug geglückt. Wir wussten nach einer solchen Diskussion über manche Menschen besser Bescheid als vorher.« (Sternberg, S. 36) Das genaue Zuhören und der spielerische Umgang mit Meinungen dienten B. einerseits dem Durchschauen von Haltungen und Verhalten der Gesprächspartner, andererseits aber auch dem Lernen, der Unterweisung durch Andere, die ungewollt mit ihren Äußerungen zu B.s Werken beitrugen, indem sie mit dem, was sie sagten, Material lieferten, das B. dann umsetzte. Es ist bekannt, dass B. sich mehr Unterweisung durch Gespräche, denn durch Lektüre sicherte (überliefert sind die u.a. die bekannten Gespräche mit Sternberg sowie den Philosophen Karl Korsch und Walter Benjamin), und auch B.s – traditionell immer wieder angeführte – (angebliche) ›Konversion‹ zum Marxismus von 1926 ist weniger dem legendären ›Studium‹ des *Kapitals* zu verdanken als vielmehr der mündlichen Unterweisung durch Fachleute (die Marxlektüre selbst ist lediglich als Urlaubslektüre überliefert; vgl. Kebir, S. 61). B.s Maxime war: »Er dachte in andern Köpfen, und auch in seinem Kopf dachten andere. Das ist das richtige Denken.« (GBA 21, S. 420) Nach dieser Maxime wird auch der Monolog zum Dialog, zum Gespräch mit Anderen.

Gerhard Seidel hat für die ›Gespräche‹ eine terminologische Regelung vorgeschlagen, die zwischen ›Dialog‹, ›Schrift‹ und ›Gespräch‹ unterscheidet. ›Dialoge‹ als literarische Kunstform zählen danach – wie etwa die *Flüchtlingsgespräche* – nicht zum Genre ›Gespräch‹, das »als Fixierung einer tatsächlich zwischen zwei oder mehreren Personen stattgefundenen Unterredung« (Seidel, S. 109) zu definieren ist. Bei Letzterem ist jedoch wiederum zu differenzieren. Die meisten ›Gespräche‹, die von B. überliefert sind, stellen nachträgliche (oder auch vorbereitende) Aufzeichnungen B.s dar, sind insofern keine authentischen Protokolle von tatsächlich stattgefundenen Gesprächen; es handelt sich vielmehr um ›Schriften‹, die sich zwar auf reale ›Gespräche‹ beziehen, nicht jedoch wiedergeben, was wirklich gesagt worden ist (wobei in nicht wenigen Fällen sogar damit gerechnet werden muss, dass B. seinen Gesprächspartnern Äußerungen in den Mund legte, die diese gar nicht vertreten hatten). ›Gespräche‹ wären danach nur die »von fremder Hand fixierten Unterredungen, die Brechts Wort [und das Anderer] nur mehr oder weniger verbürgt wiedergeben« (S. 110). ›Gespräche‹ dieser Art liegen, obwohl es noch viele Tonbandaufzeichnungen von Unterredungen gibt, an denen B. teilgenommen hat, schriftlich nur in Ausnahmefällen vor, weil die Bänder in den meisten Fällen von so schlechter Qualität sind, dass sich noch niemand die Mühe gemacht hat, sie zu transkribieren; sie können daher auch nicht ausgewertet werden. Protokolle dagegen liegen u.a. zur Debatte um die *Lukullus*-Oper (vgl. z.B. Lucchesi, S. 101–122) und zu Hanns Eislers *Johann Faustus* (vgl. Bunge, S. 62–87) vor, an denen sich B. sporadisch beteiligte, die aber deshalb nicht als B.-Gespräche gelten können.

Da die GBA – im weitesten Sinn – nur ›Schriften‹ von B. aufgenommen hat, sind alle ›Gespräche‹ – die ›Dialoge‹ sind den Bänden mit fiktiver Prosa zugeordnet (z.B. *Mies und Meck* den ›Sammlungen‹ in Band 18) –, die sich in den Bänden 21–25, den eigentlichen (diskursiven) ›Schriften‹, befinden, im engeren Sinn keine ›Gespräche‹, sondern schriftliche Aufzeichnungen (›Schriften‹) B.s, die sich zwar in der Regel auf reale Gespräche beziehen, diese aber nicht authentisch wiedergeben. Dieser Befund kann auch für die ›Wiedergabe‹ von Gesprächen von fremder Hand gelten, die deshalb auch nicht in die GBA aufgenommen worden sind, wie für das Gespräch von 1926 (*Was arbeiten Sie?*), das B. mit Bernard Guillemin geführt hat: B. erscheint in diesem Fall als Interviewpartner, der etwas äußert, was er in dieser Form und mit dieser Wortwahl gar nicht gesagt hat.

1975 publizierte Werner Hecht in der Edition Suhrkamp (also außerhalb von Werkausgaben) den Band *Brecht im Gespräch. Diskussionen, Dialoge, Interviews*, was ihn berechtigte, nicht nach für Gesamtausgaben gültigen, einheitlichen Editionsprinzipien vorzugehen und Texte zu (re)konstruieren. Das terminologische Allerlei in der Titulatur dokumentiert die Unsicherheit in der Erfassung des Genres. Von den 19 Texten sind sieben ›Schriften‹, die deshalb auch in die GBA aufgenommen worden sind. Von diesen wiederum beziehen sich nur vier auf reale Gespräche, wohingegen zwei, *Formprobleme des Theaters aus neuem Inhalt* und *Hemmt die Benutzung des Modells die künstlerische Bewegungsfreiheit?* Konstrukte B.s sind, und eines, *Appell an die Vernunft* (in der GBA unter dem Herausgebertitel *Antworten auf Fragen des Schriftstellers Wolfgang Weyrauch*), ein Konstrukt des Herausgebers darstellt. Die übrigen zwölf Texte gehen auf ›Protokolle‹ zurück, deren Authentizität in den meisten Fällen fragwürdig ist, wie auch der Herausgeber etwa im Fall *Über Malerei* (fragmentarisches Protokoll, durch Tonbandaufnahme von schlechter Qualität rekonstruiert) anmerkt (Protokolle wurden in den damaligen Zeiten in der Regel während des Gesprächs durch Mitschrift von Stichworten geschrieben, die dann nachträglich – häufiger nicht sofort – ›ausgearbeitet‹ wurden). Ein ›Gespräch‹ hat der Herausgeber nach eigenen Erinnerungen »ergänzt« (Hecht 1975, S. 211), und ein ›Gespräch‹, *Über die*

Situation des Theaters, ist eine – nur durch zwei Zwischenrufe unterbrochene – Rede B.s. Wirklich authentisch ist wohl nur B.s Verhör vor dem Ausschuß zur Untersuchung unamerikanischer Tätigkeit, das durch eine Tonfilmaufzeichnung überliefert ist, das aber wiederum kein Gespräch zu nennen und authentisch nur auf Englisch ist. Der Anhang mit den fünf Interviews enthält wiederum im engeren Sinn keine Gespräche, und ihre Authentizität wird entweder ausdrücklich geleugnet, wie im Fall von *Was arbeiten Sie?*, oder sie bleibt zweifelhaft (zwei Interviews sind überdies Übersetzungen aus dem Englischen bzw. dem Französischen).

Ingrid Pietrzynski publizierte außerdem das Protokoll einer Sitzung des Plenums der Akademie der Künste des Staatlichen Rundfunkkomitees, die am 16.9. 1953 abgehalten wurde, an der B. teilgenommen und auf der er scharfe Kritik an der Konsumentenhaltung des DDR-Rundfunks geäußert hatte (vgl. Pietrzynski, S. 143).

Weitere ›Gespräche‹, die Hecht nicht berücksichtigt hatte, kamen durch die GBA hinzu, so der *Dialog über Schauspielkunst* (vgl. den gleichnamigen Artikel, BHB 4) von Januar/Februar 1929 (ohne Sprecher zu kennzeichnen), der die Notwendigkeit einer neuen Spielweise, die dem wissenschaftlichen Zeitalter entspricht, begründet, der *Dialog über eine Schauspielerin des epischen Theaters*, ein Zwiegespräch zwischen »Ich« (= B.) und einem Schauspieler über das Spiel Helene Weigels in Exilaufführungen der *Frau Carrar*, geschrieben im Februar 1938, die Gespräche zwischen Thomas, Karl und Lukas von 1938 sowie zwischen Thomas und Karl vom Mai 1939 übers Theater (GBA 22, S. 398–401; S. 561–569), *Über die epische Schauspielkunst* von 1940, ein Dialog zwischen einem Schauspieler und einem Zuschauer, *Die Dialektik auf dem Theater* (vgl. den gleichnamigen Artikel, BHB 4) von 1953/55 (für die Dialogteile) und *Einige Irrtümer über die Spielweise des Berliner Ensembles* von Januar 1955, ein fiktives Gespräch B.s mit seinen Dramaturgen und Regieassistenten. Alle diese ›Gespräche‹ sind ›Schriften‹, indem sie in Gesprächsform theoretische Fragen des Theaters behandeln; sie beziehen sich nicht auf reale Unterredungen, sondern benutzen einerseits reale Personen, wie in *Einige Irrtümer* u.a. Peter Palitzsch und Käthe Rülicke, oder auch andererseits fiktive Figuren wie Thomas und Karl für diskursive Fragestellungen zum Theater. Diese ›Gespräche‹ stehen deshalb den Dialogen des *Messingkaufs* nahe und sind mit Recht nicht in Hechts Auswahl-Band eingegangen, weil sie am wenigsten bzw. überhaupt nicht B. ›im Gespräch‹ zeigen.

Darüber hinaus gibt es von B. als ›Gespräche‹ deklarierte Texte, die keine Gesprächsform aufweisen; dazu gehören u.a. *[Film ohne Geschäftswert]*, drei kurze Aufzeichnungen über ›kommunistische‹ Filme im Zusammenhang mit *Kuhle Wampe*, die auf ein Gespräch in der Filmfirma Tobis über den Verleih des Films zurückgehen, sowie u.a. die bedeutsamen *Gespräche mit jungen Intellektuellen*, Notizen vom Sommer 1948, die B. vermutlich zu einem Schulungskurs für junge Kulturbundangestellte in Ahrenshoop, der über Ernst Jünger befand, angefertigt hat. In Letzteren finden sich die bemerkenswerten Sätze, die Theodor W. Adornos berühmten Ausspruch, »nach Auschwitz Gedichte zu schreiben, ist barbarisch« (Kiedaich, S. 10), modifiziert und anders begründet vorweg nehmen: »Die Vorgänge in Auschwitz, im Warschauer Ghetto, in Buchenwald vertrügen zweifellos keine Beschreibung in literarischer Form. Die Literatur war nicht vorbereitet auf und hat keine Mittel entwickelt für solche Vorgänge.« (GBA 23, S. 101)

Weitere Gespräche verzeichnet das *Bestandsverzeichnis des literarischen Nachlasses* unter den Nummern 13734 und 18814–75. Bei der Nummer 13734 handelt es sich um ein Gespräch zwischen Piscator, Sternberg, Walter Mehring und B. vom 13. 11. 1928, das die russische Oktoberrevolution und ihre künstlerische Umsetzung zum Inhalt hatte. Hecht berücksichtigt dieses Gespräch, das durch ein Protokoll überliefert ist (BBA 217/28–37), in seinem *Gespräche*-Band nicht und erwähnt es auch nicht in seiner *Chronik* (vgl. S. 256, wo es verzeichnet sein müsste).

Der Textbefund besagt, dass (fast) alle Texte, die als ›Gespräche‹ B.s deklariert worden sind, nur bedingt oder gar nicht auf den realen Gesprächspartner B. schließen lassen; für ihn muss man sich an die Erinnerungen von Zeitgenossen halten oder Film- und Tonaufzeichnungen auswerten. Die schriftlichen ›Gespräche‹ kennzeichnen vielmehr B.s Neigung, auch für theoretische Erörterungen die dialogisch-dialektische Form zu suchen und über das Denken in verschiedenen Köpfen Widersprüche zu finden und womöglich zu lösen, auch wenn es Widersprüche sind, die B. nur im eigenen Kopf ausgeheckt hat, denn in diesem denken auch die Anderen. Die Benutzung des Gesprächs für theoretische Erörterungen realisiert von vornherein auch auf der formalen Seite das, worum es B. stets ging, um ›Abbildungen‹ von Geschehnissen und Auseinandersetzungen zwischen Menschen, wozu auch die diskursive Selbstverständigung über die Arbeit gehört. Die Abkehr vom in sich versunkenen, einsamen Denken hin zur möglichst geselligen und widerspruchvollen Auseinandersetzung markiert sowohl B.s Distanz zu individueller Originalität als auch zur Systematik, die innere Geschlossenheit und Widerspruchsfreiheit anstrebt. Die Verlagerung von der (bürgerlichen) Individualität zur kollektiven Intersubjektivität ist für B.s gesamtes Werk bestimmend und schlägt sich insbesondere in der Gesprächsform nieder. Zudem ist augenfällig, dass die ›Gespräche‹ B.s fast ausschließlich der theoretischen Erörterung von Theaterarbeit (mit Praxisbezug) gelten, dass folglich die Form des Gesprächs offenbar thematisch die Gattung anzieht, die gegenüber Lyrik oder Prosa diejenige ist, in deren Zentrum der Dialog steht. Mehr als Lyrik oder Prosa scheint das Theater – bei B. jedenfalls – auch in der theoretischen Erörterung das Theatralische – und damit auch Spielerische – nahe zu legen. Hinzu kommt, dass die Gesprächsform das für B. so wichtige Prozessuale betont und im Gegensatz zu ›fertig‹ ausformulierten theoretischen Überlegungen sowohl das Vorläufige, Offene, Zur-Probe-Gestellte als auch – durch Gegenrede – das Widersprüchliche herausarbeitet.

Überblick

Der früheste Text, der als erster Beleg für den Begriff ›episches Theater‹ gilt, ist ein Interview mit Bernard Guillemin, das dieser im Auftrag der *Literarischen Welt* (Nr. 31; 30. 7. 1926), herausgegeben vom Schriftsteller und Publizisten Willy Haas, mit B. im Juni/Juli 1926 geführt und dann in eigenen Worten aufgezeichnet hat. Hecht hat es in den Anhang seines Bands – als nicht von B. überlieferten Text – gestellt (Hecht 1975, S. 187–190), dabei jedoch nicht mitgeteilt, dass Guillemins Vorwort das nachfolgende ›Interview‹ als nichtauthentisch ausweist. Guillemin nämlich habe, wie er ausführt, im Dienst allgemeiner Verständlichkeit, »alles, was B. [ihm] auf seine Weise – im Brechtschen ›Slang‹ sagte, in eine absichtlich mit herkömmlichen Begriffen arbeitende Sprache übersetzt«. Was B. genau gesagt hat, kann demnach nicht mehr rekonstruiert werden. Selbst der bekannte Ausspruch B.s: »Das kontinuierliche Ich ist eine Mythe« (Hecht 1975, S. 189), kann deshalb nicht als authentisch gelten, auch wenn er zu B. ›passt‹. Es ist nicht bekannt, ob B. das Interview oder Teile von ihm moniert oder dementiert hat, was, wenn er es gewollt hätte, wohl durch einen Widerruf am selben Ort möglich gewesen wäre, sodass davon auszugehen ist, dass B. den Text akzeptiert hat. Das beweist indirekt auch der nichtveröffentlichte Text, *Ansicht einiger alter Leute*, mit dem er auf die Wirkung des Interviews reagierte, indem er sich dagegen wehrte, als ›Dichter des Chaos‹ (vgl. GBA 21, S. 168) eingestuft zu werden, der keine Meinung hätte. In dialektischem Umschlag nimmt B. den Vorwurf produktiv auf, indem er behauptet, das Chaos erst schaffen zu wollen (übrigens in Analogie zur Wissenschaft), indem er jede ›Harmonie‹ strikt ablehne (S. 169), die er dem »Gesindel der Werfel, Unruh, Zuckmayer, korrupt bis zur Marktgängigkeit« (ebd.), unterstellt. – Innerhalb der Zeitschrift steht das Interview im Rahmen einer Gesprächsreihe mit dem Titel *Was arbeiten Sie?* an elfter und abschließender Stelle. Dadurch, dass der Herausgeber Hecht die Anführungszeichen im Original durch Voranstellung der Namen ersetzt hat, wirkt die Wiedergabe im *Gespräche*-Band noch authentischer als das Original.

Das zweite (überlieferte) Gespräch wurde am 15.4.1928 vom Sender Deutsche Welle, Frankfurt a.M. und Stuttgart, ausgestrahlt, aber nicht aufgezeichnet. B. führte es mit dem Intendanten des Frankfurter Schauspiels Richard Weichert – der im Kommentar der GBA und in Hechts *Chronik* angegebene ›Rundfunkintendant Hans Weichert‹ ist eine Erfindung (vgl. GBA 21, S. 690; Hecht, S. 245) – und dem Kritiker Alfred Kerr; es hatte den Titel *Die Not des Theaters* (GBA 21, S. 229–232). Überliefert und entsprechend abgedruckt ist lediglich ein Teil des Gesprächs zwischen B. und Weichert, offenbar eine nachträgliche und ›rekonstruierte‹ Aufzeichnung B.s, die weitgehend dessen Meinung wiedergibt und Weichert lediglich den Part des ›Sparring‹-Partners überlässt. Das wenige Material wird im Kommentar durch Notizen und ein fiktives Interview zwischen Weichert und B., in dem auch Kerr, freilich ohne Text, auftaucht, ergänzt (S. 690–692). Diese Passagen wurden offenbar vor dem Rundfunkgespräch niedergeschrieben. Seidel verkennt die Textüberlieferung, wenn er meint, dass die Annahme (weil ein Teil des Texts von B. vorformuliert wurde), »Kerr habe sich im Rundfunk auch nur in großen Zügen an einen Text gehalten, der ihm von Brecht in den Mund gelegt werden sollte«, einer »Erklärung« bedürfe (Seidel, S. 114); denn erstens sagt Kerr überhaupt nichts (eine Bosheit B.s) und zweitens verkennt Seidel, dass die Texte fiktiv sind. – Im *Gespräche*-Band hat Hecht übrigens die verschiedenen Text-Teile zu einem Ganzen montiert (vgl. vor allem Hecht 1975, S. 7f.), was in der GBA richtig gestellt worden ist (vgl. GBA 21, S. 692).

Die Gespräche *Über »Trommeln in der Nacht«* führte B. mit Erwin Piscator und Fritz Sternberg am 18. und 24.11.1928. Sie wurden durch Protokolle unbekannter Hand überliefert (BBA 217/38–62) und können aus zwei Gründen als nur bedingt authentisch angesehen werden: Der Protokollant (oder die Protokollantin) kannte den Gesprächsgegenstand, das Stück, nicht, weil ihr/ihm selbst der Name der Hauptfigur Kragler nicht geläufig war (der Name wurde im Protokoll nachträglich, möglicherweise von Elisabeth Hauptmann, handschriftlich nachgetragen); das Protokoll, das als Typoskript vorliegt, ist eindeutig durch viele elliptische Sätze, die so kaum gesprochen sein können, häufig weit weg vom authentischen Sprechduktus und dürfte auf eine Stichwortsammlung zurückgehen, die während der Gespräche niedergelegt wurde, weshalb die ›Ausarbeitung‹ im Typoskript wiederum als Fehlerquelle eingerechnet werden muss. Abgesehen von wahrscheinlichen Missverständnissen durch den Protokollanten dürften jedoch die verschiedenen Meinungen der Gesprächsteilnehmer authentisch sein.

Ein Rundfunkgespräch zwischen dem Intendanten des Senders Köln, Ernst Hardt, Sternberg und B. wurde am 11.1.1929 über den Sender Hardts, angekündigt unter dem Titel *Neue Dramatik*, als Einleitung zu einer Funkübertragung von *Mann ist Mann* (Regie: Hardt) ausgestrahlt (GBA 21, S. 270–275). In diesem Fall liegt kein Protokoll vor; es handelt sich vielmehr nach der Überlieferung um ›Entwürfe‹ B.s, die, wie in der damaligen Radio-Praxis üblich (Zensur), die Gespräche zumindest vorstrukturierten, wenn nicht gar den Text zum Vorlesen vorformulierten. Die Ausführungen der Gesprächspartner entsprechen dabei natürlich nicht dem, was sie dann wirklich gesagt haben; ihr Text ist ›manipuliert‹. Die Authentizität jedenfalls bleibt sehr fragwürdig.

Eine Nachschrift B.s ist das *Gespräch über Klassiker* mit Herbert Ihering (S. 309–315) vom 28.4.1929, das der Kölner Rundfunk übertragen hatte und das B. nachträglich unter Verwendung von Iherings Broschüre *Reinhardt, Jessner, Piscator oder Klassikertod?*, die Gegenstand des Gesprächs war, aufzeichnete und durch Zitate aus der Schrift Iherings ergänzte. Es handelt sich folglich um eine Schrift B.s mit geringerem Authentizitätsgrad, die freilich von Ihering autorisiert ist (vgl. S. 724). Der Text selbst, wie er im *Gespräche*-Band und in der GBA abgedruckt ist, stellt eine Zusammenstellung (ein Konstrukt) des Herausgebers dar, da es keine einheitliche Überlieferung gibt (vgl. BBA 331/176f., 182; BBA 332/3–7, 27, 104–114; BBA 330/53f., 76).

Anlässlich der amerikanischen Erstaufführung von *Die Mutter* (Premiere: 19. 11. 1935) führten Hanns Eisler, B. und der amerikanische Politiker und Schriftsteller Victor Jerry Jerome ein Gespräch über die Verwendung von Chören und Sprache (Dialekt) im modernen Drama, das Hecht unter dem Titel *Über Dramatik vom Typ der »Mutter«* in seinen Band aufnahm. Das Gespräch wurde in englischer Sprache geführt und von fremder Hand aufgezeichnet (BBA 341/4651). Für die Authentizität gilt, was für alle Gesprächs-Protokolle gilt. Die Übersetzung im *Gespräche*-Band stammt von Herta Ramthun. B. rechtfertigt die Wiedereinführung von Chören damit, dass die Zeit in einer Phase sei, in der »das Individuum auf dem Wege zurück ins Kollektiv ist« (Hecht 1975, S. 47), ein Vorgang, den er als Umkehrung der Entstehung des klassisch-antiken Dramas sieht, als aus dem Chor erst ein, dann zwei Protagonisten herausgetreten sind und eine dramatische Handlung ermöglicht haben. Die Verwendung des Dialekts lehnt B. – es sei denn zu satirischen Zwecken – als ein Mittel des Naturalismus ab.

Das Gespräch *Über Dialektik* zwischen dem Schauspieler und Regisseur Hermann Greid und B. von 1939 wurde durch Greids Buch *Kritischer Optimismus*, das nur im Typoskript vorliegt, ausgelöst. Es handelt sich um eine Gesprächsaufzeichnung fremder Hand, welche die Wortbeiträge referiert und nur in Ausnahmefällen direkt wiedergibt (oder wiederzugeben vorgibt). Dennoch scheint sie vor allem B.s dem Greid'schen Optimismus, dass das Proletariat den Sozialismus ›verwirklichen‹ werde, sehr kritisch gegenüberstehenden Materialismus recht authentisch wiederzugeben. B. betont, dass er am ›dialektischen‹ Prozess, den er durchaus nicht so mechanistisch und starr versteht wie Greid (These – Antithese – Synthese), die »zweite Stufe« (Hecht 1975, S. 53), die Negation, bevorzuge und führt zur Dialektik aus, dass Dialektik als Kritik »eo ipso ein negativer *und* ein positiver Vorgang« sei: »Es gibt nicht nur Positives, nicht nur Negatives, es gibt nur das Werden. Nur in der Metaphysik gibt es das *Sein* allein und das *Nichtsein* allein.« (S. 54) Die Betonung des Werdens sowie der sog. zweiten Stufe (welche die erste und die dritte widersprüchlich in sich enthält) liegt auch B.s Beurteilung des ›künftigen‹ Sozialismus zugrunde: Es geht weder um ein (absolutes) Ziel noch um seine ›Verwirklichung‹ durch das Proletariat; das sei reiner Idealismus, der Ideen (der Philosophen) ›verwirkliche‹ und das Proletariat als deren Knechte zur Realisierung anstelle: »Sozialismus ist nichts als eine Sammlung von Projekten des Proletariats« (S. 55), eine Minimaldefinition B.s, an der das Offene, nicht Festgelegte und das Prozessuale bestimmend ist und keineswegs auf ›paradiesische Zustände‹ nach der ›Verwirklichung‹, sondern Weiterbestehen der Widersprüchlichkeit und damit des Prozessualen hoffen lässt.

Das Verhör, dem B. am 30. 10. 1947 vor dem Ausschuss zur Untersuchung unamerikanischer Aktivitäten (HUAC) unterzogen wurde, kann kaum als Gespräch angesehen werden, da B. auf – auch Anderen gestellte und deshalb häufig wiederholte – Fragen des Gerichts zu antworten hatte. Sein Englisch, das so schlecht nicht war, auch wenn B. sich weigerte, das amerikanische Englisch richtig zu lernen, weil er damit eine Anpassung an die amerikanischen Realitäten befürchtete, hatte er bewusst auf eine Stufe des Radebrechens reduziert, sodass er nicht nur einen ›beschränkten‹ Eindruck machte, sondern sich auch als außerordentlich begriffsstutzig gab, eine Taktik, die letztlich aufging und häufig mit schallendem Gelächter des Publikums quittiert wurde. B. legte eine (fast) perfekte Clownsnummer hin, die – sicher orientiert an seinem Vorbild Karl Valentin – dokumentiert, dass er sich auch in einer solchen Situation, die nicht ungefährlich war, mit hintergründigem Witz aus der Affäre zu ziehen vermochte.

Formprobleme des Theaters mit neuem Inhalt (GBA 23, S. 109–113) vom Januar 1949 ist eine Schrift B.s, die zwar im Untertitel als *Ein Zwiegespräch* ausgewiesen, tatsächlich aber in Briefform gehalten ist. B. beantwortete – von dem Schriftsteller Friedrich Wolf, der zur Gruppe der sozialistischen Realisten zu zählen ist, schriftlich gestellte Fragen, Fragen, die von vornherein – B. und Wolf marschieren angeblich »von verschiedenen dramaturgischen Standorten auf das gleiche Ziel« zu – eine Gemeinsamkeit suggerieren, die weder tatsächlich noch in diesem Text bestand. Wolfs Fragen sind außerordentlich naiv und von einer Kenntnis des B.schen Theaters reichlich ungetrübt; z.B. fragt er, ob B.s *Mutter Courage*, deren Diskussion im Zentrum der Schrift steht, als ›Chronik‹ lediglich die »nackten Tatsachen« (S. 109) auf die Bühne bringe. Natürlich fehlt die Frage nach der angeblichen Ausschaltung der Emotionen bei B. nicht und schließlich bemängelt Wolf, dass die Courage, da ja der Sozialismus auf eine Wandlung ›des‹ Menschen baue, im Stück bis zum Ende verblendet bleibe. B. antwortet darauf gelassen, dass er das Stück 1938 zu einem Zeitpunkt geschrieben habe, »als der Stückeschreiber einen großen Krieg voraussah«: »Lieber Friedrich Wolf, gerade Sie werden bestätigen, daß der Stückeschreiber da Realist war. Wenn jedoch die Courage nichts lernt – das Publikum kann, meiner Ansicht nach, dennoch etwas lernen, sie betrachtend.« (S. 112)

Um kein Gespräch handelt es sich ebenfalls bei *Hemmt die Benutzung von Modellen die künstlerische Bewegungsfreiheit?* (GBA 25, S. 386–391), bezogen auf das *Couragemodell*. Der Intendant der Wuppertaler Bühne Erich Alexander Winds hatte sich entschlossen, eine Inszenierung der *Courage* (Premiere: 1. 10. 1949) nach dem Modell auf die Bühne zu bringen und war deshalb heftig angegriffen worden: »Autor befiehl – wir folgen!« (S. 400) Er bat B. um eine Stellungnahme, die mit der vorliegenden Schrift erfolgte, deren alleiniger Autor B. ist, das heißt, dass auch die Fragen von ihm stammen. Im Zentrum steht die Umdeutung des Begriffs ›Kopie‹, die von der Kritik im Sinn von sklavischer Nachahmung verstanden worden ist. Abgesehen davon, dass B.s Modelle deshalb notwendig waren, weil der Faschismus die Schauspielkunst so ruiniert hatte, dass es notwendig war, durch (verordnete) Vorbilder wenigstens den Standard wieder zu erreichen (die Sportreporter oder Wochenschau-Kommentatoren brüllten noch Jahre nach dem Kriegsende so, als ob sie weiterhin in der Goebbels-Zentrale säßen), ging es B. nicht um bloße Nachahmung, sondern um die Beobachtung eines Musters. Da B. im Theater ohnehin stets einen Rekurs aufs reale Leben sah – »Schließlich geben wir dem Theater überhaupt nur Kopien menschlichen Verhaltens« (S. 388) –, ist das Modell für ihn lediglich die Herausforderung, sich mit einer Vorlage auseinander zu setzen, was die künstlerische Freiheit nicht einschränkt, sondern gerade herausfordert: »Man muß sich frei machen von der landläufigen Verachtung des Kopierens. Es ist nicht das ›Leichtere‹. Es ist nicht eine Schande, sondern eine Kunst.« (Ebd.) Und B. verweist anschließend lapidar auf das, was er alles kopiert habe.

Schließlich sind auch die *[Antworten auf Fragen des Schriftstellers Wolfgang Weyrauch]* kein Gespräch, sondern eine Textmontage des Herausgebers, der die schriftlich übermittelten Fragen – in der GBA mit eckigen Klammern versehen – mit B.s Antworten zusammengefügt hat. Weyrauch hatte seine Fragen, mehrfach betonend, dass sie ›frei‹ seien (GBA 23, S. 525), in der Zeitschrift *Literatur* (H. 16, 1. 11. 1956) publiziert und in einem einleitenden Begleittext B. aufgefordert, sie unbedingt beantworten zu müssen. Weyrauch bezog sich auf B.s *Offenen Brief an die deutschen Künstler und Schriftsteller* vom 26. 9. 1951, der sich gegen die Remilitarisierung der Bundesrepublik aussprach und ›völlige künstlerische Freiheit‹ forderte »mit einer Einschränkung«: »Keine Freiheit für Schriften und Kunstwerke, welche den Krieg verherrlichen oder als unvermeidbar hinstellen, und für solche, welche den Völkerhaß fördern.« (GBA 23, S. 156) B. habe, so Weyrauchs Vorwurf, seitdem unzulässig geschwiegen. Weyrauchs Fragen liefen auf eine Gewissensprüfung B.s hinaus, dem Weyrauch unterstellt, sich opportunistisch gegenüber der DDR verhalten zu haben und mit seinen Friedensappellen in Widerspruch zu seinem Werk, das angeblich zum bewaffneten Kampf aufruft, geraten zu sein. Immerhin konnten Weyrauchs Fragen B. dazu bewegen, einen seiner bekannten Sätze zu formulieren: »Ich habe meine Meinungen nicht, weil ich hier [in der DDR] bin, sondern ich bin hier, weil ich meine Meinungen habe.« (S. 220) B.s Antworten finden sich im Nachlass; publiziert wurden sie nicht und offenbar auch nicht Weyrauch zugänglich gemacht.

Die übrigen Gespräche, die Hechts *Gespräche*-Band zusammenstellt, sind eine mehr oder minder zufällige Auswahl von Unterredungen, Beratungen oder Debatten über den *Courage*-Film (Juni 1950), eine Art Regiebesprechung des dann von B. abgebrochenen Films, *Über das Buch »Theaterarbeit«* (Juni 1952), eine Art Bestandsaufnahme der bisher geleisteten Arbeit des Berliner Ensembles am Beispiel von sechs Aufführungen, über *Einfühlung* (April 1953), das Protokoll einer Diskussion, das die Stanislawski-Konferenz, die im April 1952 in Berlin stattfand, vorbereiten sollte, *Über die Arbeit am Berliner Ensemble* (Juni 1954), eine Diskussion mit dem Germanisten Bruno Markwardt und Studierenden der Universität Greifswald, *Über Kritiken* (Januar 1955), ein Gespräch unter Mitgliedern des Berliner Ensembles über die gängige (schlechte) Theaterkritik, *Über Malerei* (Februar 1955), eine Auseinandersetzung mit bildenden Künstlern (u.a. Fritz Cremer) und Kunsttheoretikern über die Frage, ob »eine Kunst, die dem Gang der Geschichte entsprechendes Schlechtes, Rückständiges, den Gang der Geschichte Hemmendes mit den blendendsten Mitteln propagiert, große Kunst« sei (Hecht 1975, S. 147). B. findet die Verneinung dieser Frage absolut ›moralisch‹ (›moralinsauer‹), plädiert am Beispiel Paul Claudels für das große (»schlechte«, eigentlich ›falsche‹) Kunstwerk und erklärt es für »schwachsinnig« (ebd.), mit Gesinnungen Kunst beurteilen zu wollen. Es folgen noch die Wiedergabe von Protokollen von Gesprächen *Über Aufführungen des Berliner Ensembles* (1955), eine Diskussion mit Studierenden der Karl-Marx-Universität Leipzig in Berlin, und *Über politische Programme* (Februar 1956), eine Beratung mit über 50 Teilnehmern über die Zukunft des politischen Kabaretts in der DDR.

Die großen Leitthemen

Das Thema, das die ›Gespräche‹ von den 20er-Jahren bis in die 50er-Jahre mit größter Hartnäckigkeit durchzieht, ist die Frage nach der angeblich mangelnden Emotionalität von B.s ›epischem Theater‹. Das liegt zum Teil an B. selbst, weil er nicht nur mit den verhängnisvollen bekannten Schemata gearbeitet, sondern auch immer wieder griffige Formulierungen gefunden hat, wie etwa im Gespräch mit Guillemin: »Das Gefühl ist Privatsache und borniert. Der Verstand hingegen ist loyal und relativ umfassend.« (Hecht 1975, S. 189) Solche Formeln haben sich viel tiefer in den Köpfen der Rezipienten festgesetzt als B.s differenzierende Argumentationen. B. hat in der *Vorrede* zum *Kleinen Organon* rückblickend eingeräumt, aufgrund des heruntergekommenen Zustands der (bürgerlichen) Ästhetik in den 20er- und frühen 30er-Jahren gemeint zu haben, ihr ästhetisch nicht beikommen zu können und deshalb die Absicht geäußert zu haben, »aus dem Reich des Wohlgefälligen« (GBA 23, S. 66) zu emigrieren, sowie sich »nach der schönen Logik des Einmaleins« (S. 65) gesehnt zu haben. Tatsächlich dominieren in den Gesprächen der 20er-Jahre Äußerungen B.s, die mit starken Formulierungen scheinbar einseitig ein eher verstandesgemäß ausgerichtetes Theater bevorzugen: so lehnte B. den »kulinarischen Kritiker« ab, »den auf ästhetische Reize aller Art fliegenden Genußmenschen, der nur etwas erleben und nur seine Empfindungen bei seinen Erlebnissen schildern will«; er plädierte vielmehr für »den für die geistigen Kämpfe der Zeit interessierten Menschen, der wenig mit Erinnerungen belastet und mehr mit Appetiten gesegnet ist« (Hecht 1975, S. 10).

Um die zwei widersprüchlichen, aber in der Einheit zu erfassenden Seiten des Theaters zu beschreiben, benutzte B. im Gespräch mit Greid (1939), und da wohl erstmals, den Begriff »Befühlung« (S. 53), einen Begriff, den er im Gespräch vom Januar 1952 über die Irrtümer des Berliner Ensembles nochmals ausdrücklich aufnimmt (GBA 23, S. 333). Es handelt sich um einen Neologismus B.s (bis heute nicht im *Duden*), den er in Analogie zu ›Betrachtung‹ gebildet hat und der bisher in der Forschung unbeachtet geblieben ist. ›Betrachtung‹ definiert B. im Gespräch mit Winds als Beobachtung der Umwelt: »Unser Theater ist schon deshalb nicht realistisch, weil es die Beobachtung unterschätzt. Unsere Schauspieler schauen in sich hinein, anstatt auf ihre Umwelt.« (Hecht 1975, S. 86) B., und dies ist eine weitere, häufig nur indirekt angesprochene Grundthese für sein Theater, beharrt darauf, dass nur das ›richtiges‹ Theater ist, das sich an der sich verändernden, im Prozess befindlichen (jeweils herrschenden) gesellschaftlichen Realität orientiert, das in diesem Sinn ›Leben‹ wiedergibt (aber nicht naturalistisch verstanden) und das ›abbildet‹, was sich zwischen den Menschen abspielt (im doppelten Wortsinn, denn B. sieht – vgl. *Die Straßenszene* – im lebendigen Menschen zugleich auch den spielenden Menschen). Das heißt: sowohl der Dichter als auch die Schauspieler können nur dann lebendiges Theater, das auf der Höhe der Zeit ist, realisieren, wenn sie ihre Umwelt genauestens beobachten. Schon 1926 im Gespräch mit Guillemin betonte B., sein Theater zeichne sich vor allem dadurch aus, dass er, B., »die absolute Echtheit und Richtigkeit dessen [verbürgen könne], was in meinen Dramen geschieht – ich gehe Wetten auf Menschenkenntnis ein« (S. 188). Alles andere sei Sache der Zuschauer.

›Befühlung‹ hat B. nicht definiert; aber hier gilt die Analogie. Die Umwelt wird nicht nur über die eher rationale Betrachtung wahrgenommen, sondern auch über das Gefühl, nicht nur direkter Art, indem der Betrachtende sozusagen Wind und Wetter sowohl real als auch denen der Gesellschaft ausgeliefert ist, sondern auch indirekter Art, indem die Betrachtungen Gefühle beim Betrachter auslösen. Die Umwelt muss also, wenn sie ›ganz‹ wahrgenommen werden soll, nicht nur betrachtet, sondern auch befühlt werden.

In Verbindung mit B.s Realismus-Verständnis steht der im Januar 1929 – im Gespräch mit Hardt und Sternberg – gefundene Begriff des »wissenschaftlichen Zeitalters« (GBA 21, S. 275; vgl. S. 710). Auch dieser Begriff löste Missverständnisse aus, insofern er so verstanden wurde, als habe B. nun die Wissenschaft auf die Bühne bringen wollen. Im *Kleinen Organon* setzt B. den Zeitraum des ›wissenschaftlichen Zeitalters‹ mit dem Beginn der Neuzeit an, deshalb auch der Rekurs auf Bacon (im Kölner Rundfunkgespräch von 1929 dagegen sieht B. die Anfänge im Naturalismus, also am Ende des 19. Jh.s; vgl. Hecht 1975, S. 33). Die Bezeichnung meint nicht eine Verwissenschaftlichung des Theaters, sondern benennt die Notwendigkeit auch für die Künstler auf der Höhe des Wissens ihrer Zeit zu sein, wobei eine Schwierigkeit hinzu kommt, die B. ebenfalls im *Kleinen Organon* beschreibt, dass die Neuzeit zwar einen ungeheuren Zuwachs an naturwissenschaftlichem Wissen und entsprechende radikale technische und gesellschaftliche Umwälzungen mit sich gebracht, nicht aber zum adäquaten Wissen über die »Beziehungen der Menschen untereinander bei der Ausbeutung und Unterwerfung der Natur« geführt hat: »Der neue Blick auf die Natur richtete sich nicht auch auf die Gesellschaft.« (GBA 23, S. 72) Da zugleich »die gegenseitigen Beziehungen der Menschen unsichtiger geworden [sind], als sie je waren« (ebd.), ergeben sich zwei Hindernisse: die Gesellschaftswissenschaft, die auf der Höhe der Zeit wäre, findet keine allgemeine Anerkennung, weil sie als ›Marxismus‹ parteiisch und für das herrschende Bürgertum gefährlich ist, und die ›Funktionsgesetze‹ der Gesellschaft (bzw. das, was Realität genannt wird) sind unsichtbar und verborgen. Für die Literatur bzw. Kunst allgemein ergibt sich daraus ein doppelter Anspruch: Sie muss sich mit dem Wissensstand nicht nur der Natur- sondern auch der Gesellschaftswissenschaften, die Mittel entwickelt haben, die ›unsichtigen Beziehungen‹ aufzudecken, vertraut machen und zugleich künstlerische Techniken entwickeln, die das Unsichtbare sichtbar machen und zur ästhetischen Anschauung bringen. Ersteres ist die Voraussetzung für die Kunst des wissenschaftlichen Zeitalters, Letzteres ist die eigentliche Kunst des wissenschaftlichen Zeitalters: »Die Einsichten, welche die materialistische Dialektik gewährte, änderten das Bild des Menschen, auch für die Künste.« (S. 333)

Damit wiederum eng verbunden ist die Verschiebung der Begrifflichkeit bei der Beurteilung des Theaters: statt ›schlecht‹ benutzt B. ›falsch‹, statt ›schön‹ oder ›gut‹ ›richtig‹. Auch diese Begrifflichkeit ist bereits im *Dialog über Schauspielkunst* gefunden (GBA 21, S. 279) und bleibt als Kriterium durch alle Gespräche hindurch erhalten (vgl. z.B. Hecht 1975, S. 164). ›Gut‹ und ›schlecht‹ sind Geschmacksurteile, ›falsch‹ und ›richtig‹ beharren darauf, dass es Kriterien gibt für Realismus, die durch die beschriebene ›Wissenschaftlichkeit‹ erworben werden können. Dies erklärt auch, dass B. im Gespräch mit den Künstlern so vehement für Claudels Größe eintritt. Bei allen reaktionären Inhalten und Techniken, die B. Claudel unterstellt, sind die Wirkungen seiner Stücke intensiv und nachhaltig, was wiederum darauf schließen lässt, dass große Kunst vorliegt. Mit der B.schen begrifflichen Differenzierung gesagt: Claudels Kunst ist ›gut‹ (oder ›schön‹), aber ›falsch‹, weshalb B. auch dafür plädiert, »sie zu unterdrücken« (Hecht 1975, S. 147).

Ein weiteres durchgängiges Thema ist B.s Insistierung darauf, dass Theater Vergnügen bereiten soll. Auf Guillemins Frage »Für wen schreiben Sie?« antwortete B. (oder soll er geantwortet haben): »Für jene Gattung Leute, die einzig ihres Spaßes wegen kommen und nicht anstehen, im Theater ihre Hüte aufzubehalten.« (S. 187) Und später heißt es z.B. im Gespräch mit den bildenden Künstlern: »Kunst [ist] doch an und für sich ohne Heiterkeit nicht denkbar« (S. 144). Synonym für ›Spaß‹ und ›Heiterkeit‹ verwendet B. in erster Linie »Vergnügen« (vgl. GBA 23, S. 333) oder im *Kleinen Organon* vorwiegend »Unterhaltung«, um das Wortspiel mit »Unterhalt« (Part der Wissenschaft) zu bekommen (S. 73). B. präzisiert den Begriff insofern, als es sich nicht um bloßes Vergnügen – im Sinn der gescholtenen ›Kulinarik‹ – handelt, sondern um ein Vergnügen, das aus Wissen und Einsicht kommt. Modell ist dafür die Figur des Galilei, der seinen Forschungen mit Vergnügen, geradezu mit Wollust nachgeht und sich über die gewonnenen Ergebnisse freut. In seinem Gespräch mit den Greifswalder Studierenden (1954) betont B., nach seinem epischen Theater und den damit verbundenen Veränderungen des Theaters gefragt, dass vorerst nur ein Anfang gemacht sei: »Es wird etwas vorgeschlagen, einige Änderungen, Methoden, Arbeitsweisen, das ist alles. Gerade zu dieser Art Theater gehört, daß es ein Theater des wissenschaftlichen Zeitalters ist.« (Hecht 1975, S. 129) Auf Markwardts Hinweise, er habe gemeint, es handle sich um ein »kritisches Theater«, sagt B., dass das Publikum ein solches Theater (noch) nicht aufnehmen kann, weil es »nicht wissenschaftlich denkt« (ebd.): »Wir können eben noch nicht voraussetzen, dass die Leute echten Spaß an wissenschaftlichen Erlebnissen haben.« (Ebd.) 1954 gesagt, hört sich dieses Fazit angesichts der Bemühungen um ein Theater des wissenschaftlichen Zeitalters wie ein Rückzug, wenn nicht wie Resignation an.

Exemplarische Analyse eines protokollierten Gesprächs

Wie problematisch ein protokolliertes Gespräch sein kann, beweist das relativ bekannt gewordene Protokoll über zwei Unterredungen, die B. mit Sternberg und Piscator im November 1928 geführt hat. B. hatte sich darum bemüht – zu diesem Zweck auch Ihering um Vermittlung gebeten (vgl. Brief von Oktober 1928; GBA 28, S. 317) –, Piscator dafür zu gewinnen, im Winter 1928/29, vermutlich im Schiller-Theater (Drehbühne), *Trommeln in der Nacht* zu inszenieren. Anlass war möglicherweise der 10. Jahrestag der Novemberrevolution, das Datum freilich war schon vor der ersten Gesprächsrunde (18. 11.) überschritten. Möglicherweise sollte deshalb, was aus den Gesprächen unmissverständlich hervorgeht, das Geschehen, das ja auch im Stück widersprüchlich bleibt, von November 1918 in den Januar 1919 (15. 1.: Ermordung von Rosa Luxemburg und Karl Liebknecht) verlegt werden. Um dieses Datum zu halten, hätten noch ca. sechs bis sieben Wochen Probenzeit zur Verfügung gestanden. Die Inszenierung kam aus unbekannten Gründen nicht zustande.

B. stand mit Piscator (von ihm brieflich und mündlich »Pis« genannt; ebd.) auf freundschaftlichem Fuß, was sich in seinen Lebzeiten nicht änderte. Auch schätzte er dessen Theaterexperimente, die in der Weimarer Republik zu den spektakulärsten Aufführungen zählten – an der legendären *Schwejk*-Inszenierung (Premiere: 24. 1. 1928) war B., allerdings ohne dass der Umfang bekannt ist, beteiligt – und Piscator bis zum Zeitpunkt der *Dreigroschenoper* zum bekanntesten deutschen zeitgenössischen Theatermann machten; dennoch blieb eine grundsätzliche Differenz, über die sich B. und Piscator nie richtig verständigen konnten: Letzterer setzte die neuen technischen Mittel – wie in der *Schwejk*-Inszenierung z.B. das laufende Band (Fließband) – hemmungslos ein, brachte also die neueste Technik selbst auf die Bühne, wohingegen B. für »Übersetzung« wie im vorliegenden Gespräch (vgl. Hecht 1975, S. 23) plädierte. Der Begriff soll heißen: die neue Technik soll zwar ›gezeigt‹ werden, aber nicht mit ihren Mitteln (›Ausstellen‹), was für B. purer Naturalismus war, sondern mit den Mitteln des Theaters. Sie sollten nach B. nicht mit ihrer ›Sprache‹ (d.h. bloß technisch) sprechen, sondern theatralisch, also in die Theatersprache ›übersetzt‹ werden, und dafür mussten eben neue ästhetische Mittel gefunden werden (›Bauen‹). Möglicherweise im zeitlichen Zusammenhang mit seinen Bemühungen um eine Inszenierung des frühen Erfolgsstücks schrieb B. folgende grundsätzliche Notiz:

Die Requirierung des Theaters für Zwecke des Klassenkampfes bietet eine Gefahr für die wirkliche Revolutionierung des Theaters. Es ist kein Zufall, das diese Requirierung nicht von der Produktion, sondern von der Aufmachung (Regie) her erfolgte. Diese künstlerische Mittel usurpierenden Klassenkämpfer mußten von Anfang an zu neuen Mitteln (Jazz und Film) greifen und konnten zu keiner Revolutionierung des Theaters selbst vordringen. Die politisch verdienstvolle Übertragung revolutionären Geistes durch Bühneneffekte, die lediglich eine aktive Atmosphäre schaffen, kann das Theater nicht revolutionieren und ist etwas Provisorisches, das nicht weitergeführt, sondern nur durch eine wirklich revolutionäre Theaterkunst abgelöst werden kann. Dieses Theater ist ein im Grund antirevolutionäres, weil passives, reproduzierendes. Es ist angewiesen auf die pure Reproduktion schon vorhandener, also herrschender Typen, in unserem Sinne also bürgerlicher Typen, und muß auf die politische Revolution warten, um die Vorbilder zu bekommen. Es ist die letzte Form des bürgerlich-naturalistischen Theaters. (GBA 21, S. 233f.)

Das Gespräch, zu dem der Soziologe Sternberg, mit dem B. zu diesem Zeitpunkt ca. zwei Jahre befreundet war, als eine Art Sekundant eingesetzt wurde, musste – von B. aus gesehen – mit einer gewissen Taktik geführt werden: B. musste Piscator für die Inszenierung gewinnen und gleichzeitig – er war ja zur Umarbeitung des Stücks durchaus bereit – daran interessiert sein, dass er seine Ästhetik gegen Piscators ›Naturalismus‹ durchsetzte. Dieses doppelbödige Vorgehen B.s und Piscators Verhalten zu ihm wird aber aufgrund der Korruptheit der Textüberlieferung nicht recht deutlich, wie überhaupt die Standpunkte und auch Sternbergs Rolle sich immer nur in Ansätzen zeigen.

Es lassen sich zwei Themenkomplexe erkennen. Der erste gilt dem (im frühen Text, vermutlich in der Fassung von 1922, vorliegenden) Stück und seiner Interpretation, das heißt in erster Linie der Hauptfigur Kragler; der zweite befasst sich mit der Einschätzung der Revolution von 1918/19, wobei die – sich bis in den Ausgaben der 50er-Jahre hineinziehende – Anmerkung »Die Komödie spielt in einer Novembernacht von der Abend- bis zur Frühdämmerung« (vgl. *Stücke I* 1961, S. 118) – durch die Neufassung von 1952/53 eine (übersehene) Irreführung darstellt, weil das Geschehen in den Januar 1919 verlegt worden ist (vgl. S. 186). Dass B. eine Verlegung der Handlungszeit schon früh vorsah, belegt das Gespräch von 1928, das nun unter ›Zuwachs‹ von zehn Jahren Geschichtserfahrung und Mehrwissen die Akzente neu setzen sollte. B.s Ausgangsfrage ist die, ob er einer totalen Umarbeitung des Stücks dadurch entgegen wirken kann, »indem man die deutsche Revolution angreift, an der Hand seines [Kraglers] Schicksals«, worauf Piscator sofort vermutet: »Also Individualdrama.« (Hecht 1975, S. 11) Das heißt, dass Kraglers Entscheidung für die ›beschädigte‹ Braut und das Bett auf einer ›persönlichen Tragödie‹ (vgl. S. 13, S. 19) beruhen, eine Entscheidung, die für ihn deshalb eine glückliche Wendung (›Komödie‹) nimmt, weil »das Mädel wieder zu ihm zurückfindet«, wozu er »alle Kraft« benötigte (S. 13).

Es ist klar, dass sich B. 1928 nicht mehr auf ein Individualdrama einlassen kann, wobei füglich zu bezweifeln ist, dass die frühen Fassungen des Stücks mit diesem Begriff adäquat erfasst worden sind. Eine angedeutete Antwort, wie aus Kragler für die Neuinszenierung ein ›Typ‹ entstehen kann (vgl. S. 17), bildet die Einschätzung der deutschen Revolution, die in den Überlegungen des Gesprächs nicht mehr auf die Novemberereignisse beschränkt bleibt, sondern ausdrücklich den Januaraufstand und die Ermordung der ›Führer‹ einschließt. Spätestens mit Letzterer wird klar, dass das ohnehin weitgehend unpolitische ›Proletariat‹ (vgl. S. 19), das keine klaren Ziele vor Augen hatte, führerlos geworden, zur Revolution nicht mehr tauglich ist, dass der Kampf zum »Krampf« (S. 24) wird und Kragler vor diesem Hintergrund nur vernünftig handelt, wenn er sich nicht mehr auf die Revolution einlässt, vielmehr den Weg geht, den die Mehrheitssozialisten ohnehin eingeschlagen hatten, nämlich die Revolution zu ›verraten‹ (der Begriff, mit dem Arthur Rosenberg die Revolution gekennzeichnet hat, fällt in der Diskussion nicht; vgl. Rosenberg, S. 293–337). Alle drei Gesprächsteilnehmer sehen und werten den Sachverhalt – der in der Historiographie erst nach dem zweiten Weltkrieg (außer Rosenberg) diskutiert worden ist – eindeutig und erstaunlich realitätsnah: Eberts Verrat, die rückkehrenden Truppen gegen die Aufständischen einzusetzen (zusammen mit der alten Generalität), das politische Chaos, in dem noch nicht einmal die ›Regierenden‹ wussten, wer eigentlich regiert (Hecht 1975, S. 24), Eberts unsichere Haltung, ob er nicht doch noch die Dynastie retten könnte und damit in Streit mit Scheidemann gerät (vgl. S. 24), und schließlich die brutale Niederschlagung des Spartakusaufstands durch Noske, der zusammen mit Ebert und Scheidemann unter Verwendung Kraglers Vokabulars – »ich bin ein Schwein und das Schwein geht heim« (GBA 1, S. 228f.) – von Sternberg ausdrücklich als ›Schwein‹ (»Noske ein doppeltes«) tituliert wird (Hecht 1975, S. 15). Unter Beachtung dieser Tatsachen – und damit wäre eine Lösung zu finden gewesen – wird Kragler tatsächlich zum Typus der deutschen Mehrheit. Zwar ist er durch den Krieg, in den er unpolitisch hineingegangen ist (vgl. S. 20), politisiert worden, aber für eine (möglicherweise erfolgreiche) Revolution denn doch nicht über einen ersten Impuls hinausgehend für den aktiven Kampf motiviert. Sternberg fragt: »War die Mehrheit kraglerisch?« Und seine Antwort ist »Ja« (S. 19): Kragler, so B., »Ein Ebert-Mann, dem tatsächlich das private Leben höhersteht« (S. 14). Dies ist im Grund die Formel, auf die sich die Gesprächsteilnehmer beim zweiten Gespräch weitgehend einigen und mit der – weil im frühen B.-Text durchaus angelegt – auch ohne größere Umarbeitung des Stücks eine Inszenierung möglich gewesen wäre.

Exemplarische Analyse eines fiktiven Gesprächs

Das ›Gespräch‹ *Einige Irrtümer über die Spielweise des Berliner Ensemble* (GBA 23, S. 323–338) steht im Zusammenhang mit (Berliner) Kritiken zur Inszenierung von Johannes R. Bechers *Winterschlacht* am Berliner Ensemble (Premiere: 12. 1. 1955; Regie: B. und Manfred Wekwerth). B. schrieb das Gespräch, das den umfangreichsten Text in dieser Form darstellt, wohl noch im Januar als Reaktion nieder. Als

Gesprächspartner treten neben B. auf: als »R.« die Literatur- und Theaterwissenschaftlerin sowie Dramaturgin am Berliner Ensemble Käthe Rülicke, als »P.« der Regisseur und damalige Dramaturg Peter Palitzsch, als »W.« der Mitregisseur Manfred Wekwerth und als »B.e« der Theaterwissenschaftler und künstlerische Mitarbeiter Hans Bunge. Das Gespräch wird unter Gleichgesinnten geführt, die auf eine gemeinsame Arbeit zurückblicken und sich mit den Einwänden der Kritik auseinander setzen. Es gibt folglich keine eigentlichen Gegenmeinungen, wohl aber verschiedene Standpunkte und Gewichtungen. Der Disput gilt der Sache des eigenen Theaters, das sowohl durch die theoretischen Verlautbarungen B.s, insbesondere durch das *Kleine Organon auf dem Theater*, als auch mit seinen Inszenierungen missverstanden wird, wobei auch eigene Fehler eingeräumt werden, sodass der Titel durchaus doppeldeutig zu verstehen ist: Es handelt sich um die Irrtümer, die das Berliner Ensemble begangen hat, sowie um die Irrtümer, die bei seiner Rezeption entstanden sind. B. redet seine Mitarbeiter und Mitarbeiterin gelegentlich als Gruppe an und benutzt dabei, wenn er sie anspricht, das indirekte ›Du‹: »Nehmt« (S. 327), »euch« (S. 328), wohingegen er immer als Einzelperson mit »Sie« angesprochen wird, das heißt, dass durchaus ein gewisses Lehrer-Schüler-Verhältnis herrscht, das aber durch das – von allen immer wieder gebrauchte – »wir« ein Verhältnis innerhalb eines Kollektivs ist. Am selbstständigsten innerhalb der Gruppe tritt »R.« auf, die ihre Beiträge (indirekt) als her master's voice vorträgt und demonstriert, dass sie B.s Theorie bereits besser verstanden hat als die Anderen, wobei freilich immer zu beachten ist, dass die Rollenzuweisung von B. stammt und nicht unbedingt die real Beteiligten charakterisiert.

Bei dieser Gesprächskonstellation ist von vornherein klar, dass es nicht um Probleme und Meinungsverschiedenheiten innerhalb des Kollektivs geht, sondern um die gemeinsame Sache, nämlich mit neuen Inhalten (die *Winterschlacht* von Becher handelt von einem jungen Deutschen vor Moskau, der sich den weiteren Befehlen, nämlich auf Moskau zu marschieren, widersetzt und damit sein Leben riskiert) neue Formen auf der Bühne durchzusetzen, wobei die Redebeiträge häufig nicht Rede und Gegenrede bilden, sondern sich gegenseitig ergänzen und so eine Art kollektives Fortschreiben darstellen.

Die Situation Anfang 1955 war die, dass das Berliner Ensemble ein bereits (international gefördertes) großes Ansehen besaß, dass jedoch in der Regel die Inszenierungen von der Kritik verrissen, als zu ›formalistisch‹ oder als zu stark mit Reflexion behaftet eingeschätzt worden sind. Der im Text genannte Fritz Erpenbeck (S. 331) gehörte zu B.s schärfsten Kritikern, der das epische Theater, weil Drama Handlung bedeute, grundsätzlich ablehnte (vgl. S. 577). Die Kritik an der Inszenierung von Bechers *Winterschlacht* stellte vor allem die Dominanz der Reflexion heraus. Der Kritiker Hans Ulrich Eylau schrieb: »Im Falle der ›Winterschlacht‹ aber neigt nun schon das Stück dazu, statt der Wirklichkeit ihre Deutung statt der einfachen Handlung den Kommentar dazu zu geben. So kommt es dann, daß zwischen den Menschen auf der Bühne und denen im Zuschauerraum eine doppelte Glaswand der Reflexion aufgerichtet ist. Man sieht eine sorglich gefilterte, zweimal destillierte Wirklichkeit und sehnt sich nach der Wärme, nach den ungebrochenen Farben des wirklichen Lebens.« (*Berliner Zeitung*, 22. 1. 1955)

Das Gespräch setzt genau bei dieser Kritik an – »nicht die richtige Wärme« (GBA 23, S. 323) – und wendet es zur grundsätzlichen Frage, die B.s theoretische Überlegungen seit den 20er-Jahren begleiteten, nämlich nach dem Verhältnis von Emotio (Gefühl) und Ratio (Vernunft) bzw. von Fühlen und Denken. Peter Suhrkamp und B. hatten in ihrer Schrift vom Herbst 1930 *Anmerkungen zur Oper »Aufstieg und Fall der Stadt Mahagonny«*, was B. später sehr bereuen sollte, ein Schema eingefügt, das die dramatische und die epische Form des Dramas in (scheinbaren) Gegensätzen gegenüberstellte (GBA 24, S. 78f.). Obwohl die Autoren eine Anmerkung anfügten, die besagte, dass das Schema »keine absoluten Gegensätze, sondern lediglich Akzentverschiebungen« zeige (S. 78), wurden dieses Schema und viele Äußerungen B.s über »Einfühlung«, die er ablehnte, dahingehend missverstanden, dass in B.s Theater Kälte vorherrsche, weil nur ›Denken‹ gefordert sei, folglich Gefühle nicht zugelassen seien. Das Gespräch betont ausdrücklich – und verwendet selbst das scheinbar diskriminierte Vokabular auffallend häufig (»Betrachtung – oder Befühlung«; GBA 23, S. 333) –, dass es nicht darum geht, Gefühle auszuschließen, sondern bestimmte Gefühle, die R. »unvernünftige« und B. »automatische, veraltete, schädliche …« (S. 323) nennt. W. und P. erinnern an die Gefühle der Wissenschaftler, die ihre Forschungen mit Leidenschaft betreiben und bei neuen Ergebnissen in Freudenbekundungen und Lachen ausbrechen (Modell dafür ist immer wieder, wie auch schon im *Kleinen Organon*, B.s *Leben des Galilei*, ein Stück, das einen außerordentlich emotional bestimmten und deshalb häufig unvernünftig handelnden Wissenschaftler zeigt). Der Kapitalismus habe das Gefühlsleben der Menschen »von Kind auf« (S. 327) pervertiert, und diese Gefühle müsste das neue Theater bekämpfen, auch wenn es dabei einen Teil des Publikums nicht zu erreichen vermöchte, weil es noch in diesen Gefühlen steckt, in Gefühlen, die, was B.s Kritiker bis heute vergessen, der Faschismus ›erfolgreich‹, das heißt in seiner grauenhaftesten und menschenverachtendsten ›Form‹ angesprochen und für sich genutzt hatte. Zwar bilden, auf logisch-rationaler Ebene, Fühlen und Denken durchaus Gegensätze, die sich aber – nach dialektischem Denken, das die Widersprüche sucht – in widersprüchlicher Einheit miteinander verbinden lassen. B. ist zugunsten der Kritik keineswegs bereit, auf Denken zu verzichten, beharrt aber darauf, dass Denken und Fühlen nicht zu trennen sind (wie W. formuliert; S. 324), dass folglich Denken von Gefühlen begleitet ist, die das Denken nicht in Frage stellen, sondern unterstützen, wie umgekehrt Gefühle Gedanken auslösen können, welche die Gefühle erklärbar machen.

Dies gilt auch für die Darstellung. Wenn B. fordert, dass sich die Darsteller nicht restlos in die Figur verwandeln, sondern sie aus einer gewissen Distanz auch kritisieren sollen (wobei B. die kritische Haltung immer wieder betont), so heißt dies keineswegs, dass deshalb ›Lebendigkeit‹, ›Wärme‹ verabschiedet sind. Abgesehen davon, dass dieser (Verfremdungs-)Effekt eine Verdoppelung und damit grundsätzliche Bereicherung des Bühnengeschehens bedeutet (es stehen sozusagen zwei Figuren auf der Bühne), schließt dies nicht aus, dass die Darsteller ihre Figuren »als vollkommen lebendigen Menschen darstellen müssen« (S. 337), wie R. ausführt und was B. dadurch ergänzt, dass es ja nicht mehr um den (bürgerlichen) einheitlichen Charakterkopf gehe, sondern um den »ganzen Menschen mit all seinen Widersprüchen« und nicht um »ein blutleeres Ergebnis der Analysen« von Schauspielern (ebd.). Indirekt fordert B. also, darin terminologisch außerordentlich weit gehend und zugleich auf Eylaus Kritik anspielend, den ›blutvollen Menschen‹ auf der Bühne. Das heißt, das episch-dialektische Theater B.s ist nicht gegen ein lebendiges Spiel gerichtet, das gerade ja die Bühne weiterhin – in dieser Hinsicht den anderen Medien überlegen – auszeichnet: Es sind ja wirklich lebendige Menschen auf der Bühne, die in jeder Vorstellung ihren ganzen Körper einzusetzen haben. Wenn die Schauspieler aber die Figur nicht als geschlossene ›Einheit‹ zeigen, sondern in ihrer Widersprüchlichkeit darstellen, machen sie sie reicher, ›runder‹, ›blutvoller‹ und lösen dabei beim Publikum widersprüchliche Gefühle aus, die wiederum dazu Anlass geben, über diese Widersprüchlichkeit nachzudenken, konkret, was B. an der Courage demonstriert: »Nehmen wir die Weigel als Courage. Da sie selber diese Person kritisch betrachtet hat, fühlt auch das Publikum bei ihrem immerfort verschiedenen Verhalten ganz verschiedene Gefühle der Courage gegenüber. Es bewundert sie als Mutter und kritisiert sie als Händlerin« (ebd.).

Am Schluss des Dialogs geht B. zum Angriff auf die Kritiker über, indem er sich auf die Vernunft beruft, die große Gefühle hervorruft, die diese aber nicht kennen: »Aber der Gegensatz zwischen Vernunft und Gefühl besteht nur in ihren unvernünftigen Köpfen und nur infolge ihres höchst zweifelhaften Gefühllebens.

Sie verwechseln die schönen und mächtigen Gefühle, welche die Literatur der großen Zeiten widerspiegeln, mit ihren eigenen, imitierten, verschmutzten und krampfigen, welche das Licht der Vernunft allerdings zu scheuen haben. [...] Uns drängen die Gefühle zur äußersten Anspannung der Vernunft, und die Vernunft reinigt unsere Gefühle.« (S. 338) Mit dem Begriff der ›Reinigung‹ spielt B. zustimmend auf den Zentralbegriff von Aristoteles an: auf die Katharsis. Aber es wird deutlich: Solche ›Zugeständnisse‹ erfolgen ausschließlich unter der Voraussetzung, dass die dialektische Bestimmung von Gefühl und Vernunft, wie sie B. in diesem Gespräch entwickelt hat, gilt. Das Gespräch selbst, das zunächst selbstkritisch beginnt, dient einer kollektiven Klärung von zentralen Fragen des neuen Theaters, deren Beantwortung die Widersprüchlichkeit bestätigt, die für die herrschende Realität bestimmend ist. Nachdem die Widersprüche, die übrigens auch eine Ablehnung des – von den Vertretern des sozialistischen Realismus geforderten – ›positiven Helden‹ zur Folge haben (vgl. S. 337), herausgearbeitet sind, kann in dialektischem Umschlag und mit ihnen, den Widersprüchen, als ›Waffe‹ der Angriff auf die Kritiker erfolgen, die sich am Ende als nur borniert erweisen.

Literatur:

Bunge, Hans: Die Debatte um Hanns Eislers »Johann Faustus«. Eine Dokumentation. Hg. v. Brecht-Zentrum Berlin. Berlin 1991. – Fürnberg, Louis: Gesammelte Werke in sechs Bänden. Bd. 5. Berlin, Weimar 1971. – Hecht, Werner (Hg.): Brecht im Gespräch. Diskussionen, Dialoge, Interviews. Frankfurt a.M. 1975. – HECHT. – Kebir, Sabine: Ich fragte nicht nach meinem Anteil. Elisabeth Hauptmanns Arbeit mit Bertolt Brecht. Berlin 1997. – Kiedaich, Petra (Hg.): Lyrik nach Auschwitz? Adorno und die Dichter. Stuttgart 1995. – Lucchesi, Joachim (Hg.): Das Verhör in der Oper. Die Debatte um die Aufführung »Das Verhör des Lukullus« von Bertolt Brecht und Paul Dessau. Berlin 1993. – Pietrzynski, Ingrid: Der DDR-Rundfunk und die Künstler. Protokoll einer Diskussionsrunde im September 1953. In: Rundfunk und Geschichte 26 (2000), H. 3/4, S. 139–157. – Rosenberg, Arthur: Entstehung und Geschichte der Weimarer Republik. Hg. v. Kurt Kersten. Frankfurt a.M. 1988. – Seidel, Gerhard: Dialog mit Brecht. In: Neue deutsche Literatur 26 (1978), H. 1, S. 109–115. – Sternberg, Fritz: Der Dichter und die Ratio. Erinnerungen an Bertolt Brecht. Göttingen 1963.

Jan Knopf

Aufführungsgeschichte

Seit den 70er-Jahren des 20. Jh.s werden die Stücke B.s überall auf der Welt gespielt. Das betrifft nicht nur solche populären Stücke wie *Die Dreigroschenoper* und *Mutter Courage*, die mit Abstand am meisten gespielt wurden, sondern ebenfalls die frühen Lehrstücke und solche Texte, die erst nach B.s Tod für die Bühne entdeckt wurden. Sie werden nicht nur in Europa und Amerika gespielt, sondern ebenso in Asien, Afrika und Australien. Jedes Land weist Besonderheiten in seiner Rezeptionsgeschichte auf. In Frankreich gab es seit 1947 eine intensive B.-Rezeption auf dem Theater, in China wurde B. wenig gespielt und in der Sowjetunion gab es nach 1930 fast 30 Jahre lang überhaupt keine Inszenierung eines B.-Stücks.

In den meisten Ländern begann die Rezeption Ende der 50er-Jahre. Nicht nur in Großbritannien und Italien, sondern auch in Südafrika wurde B. ab 1958 gespielt. Abgesehen von der *Dreigroschenoper*, die zu allen Zeiten häufig gespielt wurde, hatten bestimmte Stücke zu bestimmten Zeiten Konjunktur: Unmittelbar nach dem zweiten Weltkrieg wurde *Furcht und Elend des III. Reiches* öfter gespielt als in späteren Jahren und eine Parabel wie *Der Kreidekreis* wurde oft dort inszeniert, wo es antikoloniale Auseinandersetzungen und Bürgerkrieg gegeben hatte. In vielen Inszenierungen wurden B.s Stücke an die geografischen, politischen und ästhetischen Besonderheiten des Aufführungslandes angepasst: In der ersten Moskauer Inszenierung der *Courage* 1960 musste die Titelfigur am Ende auf offener Bühne sterben und bei einer Inszenierung desselben Stückes in Nigeria 1973 wurde die Handlung in die afrikanische Gegenwart verlegt. Während die Stücke in den ersten beiden Jahrzehnten nach dem zweiten Weltkrieg eine vorwiegend politische Rezeption erfuhren und man sich meist an B.s Modell-Vorstellungen orientierte, entfernten sich die Bühnen in den 70er-Jahren davon. Die bekannten Stücke wurden anders als vorher inszeniert, die bis dahin selten gespielten frühen Stücke und der Versuch, auch andere Autoren ›episch‹ zu spielen, rückten ins Zentrum des Interesses. Dominant politische Inszenierungen von B.-Stücken gab es nun vor allem in Asien, Afrika und Lateinamerika. Heute sind es nicht mehr die genuin ästhetischen und politischen Eigenarten der B.-Stücke, die in neuen Inszenierungen dominieren. Einar Schleefs Inszenierung des *Puntila* am Berliner Ensemble 1996 hat gezeigt, dass B.s Theatertexte und seine Vorstellungen vom epischen Theater eingegangen sind in die Ansichten und Handschriften derer, die ihn heute spielen.

Im BBA existiert zu jedem Stück eine sorgfältige Theatrographie. Darin sind für alle Inszenierungen von der Uraufführung bis heute Aufführungsort, Premierendatum, Regisseur, Bühnenbildner und, soweit bekannt, auch Hauptdarsteller aufgeführt. In der Bibliothek des BBA befindet sich außerdem eine Fülle von Monografien, Sammelbänden, Periodika und einzelnen Aufsätzen, die sich mit nationalen und internationalen Inszenierungen der B.-Stücke beschäftigen. Rezensionen zu vorwiegend deutschsprachigen Inszenierungen sind im BBA ebenfalls gesammelt. Statistiken über Aufführungsverträge samt Premierendaten und Informationen über Verlängerungen und Wiederaufnahmen sind vom Suhrkamp Theaterverlag zu erhalten.

Uraufführungen

Zu B.s Lebzeiten lassen sich drei Etappen der Uraufführungsgeschichte seiner Stücke ausmachen. Ausgewählte Rezensionen zu den Uraufführungen hat Monika Wyss 1977 in einem umfangreichen Band publiziert. Viele von B.s frühen, vorwiegend in den 20er-Jahren geschriebenen Stücke wurden in den Jahren nach ihrer Entstehung in Deutschland uraufgeführt: *Trommeln in der Nacht* (1922), *Baal* (1923), *Im Dickicht der Städte* (1924), *Leben Eduards des Zweiten* (1924), *Mann ist Mann* (1926), *Die Kleinbürgerhochzeit* (1926), *Die Dreigroschenoper* (1928), *Mahagonny* (1927), *Aufstieg und Fall der Stadt Mahagonny* (1930), *Der Lindberghflug* (1929), *Das Badener Lehrstück vom Einverständnis* (1929), *Der Jasager* (1930), *Die Maßnahme* (1930). International am erfolgreichsten war *Die Dreigroschenoper*, die bis 1933 in 18 Sprachen übersetzt und in fast ebenso vielen Ländern gespielt worden war.

1932 fand die letzte Uraufführung eines gerade geschriebenen B.-Stücks statt, bevor die zweite Etappe der Uraufführungsgeschichte begann. Im nationalsozialistischen Deutschland waren keine B.-Aufführungen mehr möglich, Uraufführungen neuer Texte konnten nur im Ausland stattfinden: In Paris wurde 1933 das Ballettspiel *Die sieben Todsünden* choreografiert, später gab es dort *Die Gewehre der Frau Carrar* (1937) und acht Szenen aus *Furcht und Elend* (1938). *Die Rundköpfe und die Spitzköpfe* hatte 1936 in Kopenhagen, *Die Ausnahme und die Regel* 1938 in Palästina und *Dansen* 1939 in Stockholm Premiere. Zwischen 1941 und 1943 brachte das Züricher Schauspielhaus die Uraufführungen von *Mutter Courage*, *Der gute Mensch von Sezuan* und von *Galilei* heraus.

Die dritte Etappe der Uraufführungsgeschichte zu B.s Lebzeiten begann mit dessen Rückkehr aus dem Exil. Als er 1948 zuerst in die Schweiz und dann in die sowjetische Besatzungszone nach Berlin ging, wollte er nicht nur seine eigenen Stücke aufgeführt, sondern auch seine Vorstellungen von einem epischen Theater entwickelt und verwirklicht sehen. Deshalb war er nicht – wie noch in den 20er-Jahren – daran interessiert, dass möglichst viele seiner Stücke von vielen Theatern schnell gespielt würden. Das Gegenteil war der Fall. Noch aus Amerika beauftragte er seinen Verleger Suhrkamp, den *Galilei* für eine

Aufführung an deutschen Theatern zu sperren, und erlaubte eine Inszenierung der *Courage* nur unter der Bedingung, dass Helene Weigel darin die Titelrolle spielte (GBA 29, S. 372f.). Zuerst inszenierte er in Chur 1948 gemeinsam mit Caspar Neher seine Bearbeitung der *Antigone des Sophokles* und dann in Zürich die Uraufführung des im finnischen Exil geschriebenen *Puntila*. 1949 bekam er in Ostberlin zwar kein eigenes Haus (in das Haus am Schiffbauerdamm konnte das Berliner Ensemble erst 1954 umziehen), aber immerhin ein eigenes Ensemble, mit dem er vorwiegend auf den Bühnen des Deutschen Theaters und der ihm angeschlossenen Kammerspiele sein Modell des epischen Theaters weiterentwickeln und ausprobieren konnte. Hier inszenierte B. gemeinsam mit Erich Engel bereits bekannte Stücke wie die *Courage* und den *Puntila* (beide 1949) und später in eigener Regie den *Kaukasischen Kreidekreis* (1954). Zum anderen bearbeitete er mit seinen Mitarbeitern und Mitarbeiterinnen Texte anderer Autoren für den Spielplan des Berliner Ensembles. So entstanden Stückbearbeitungen und Inszenierungen vom *Hofmeister* nach Lenz (1950), vom *Urfaust* Goethes (1952/3), vom *Prozeß der Jeanne d'Arc zu Rouen 1431* (1952) nach Anna Seghers, von *Don Juan* nach Moliere (1952/54) und von *Pauken und Trompeten* nach Farquhar (1955), letztere eine der erfolgreichsten Inszenierungen der Nachkriegszeit. Den *Hofmeister* inszenierte B. selbst, die anderen Inszenierungen erarbeiteten seine Mitarbeiter. Egon Monk provozierte mit dem *Urfaust* eine heftige kulturpolitische Polemik in der DDR. Benno Besson, den B. wegen dessen Kenntnis des französischen und italienischen Theaters schätzte, inszenierte *Don Juan*, *Jeanne d'Arc* und *Pauken und Trompeten*. Die letzte Inszenierung, die B. am Berliner Ensemble selbst erarbeitete, war der heftig kritisierte *Kreidekreis* von 1954. Bei den Proben zu seiner nächsten Inszenierung, dem *Galilei*, starb er, und Erich Engel führte diese Arbeit 1957 zu Ende. In den Jahren nach B.s Tod gab es die Uraufführungen jener Stücke, die während des Exils und zu B.s Zeit am Berliner Ensemble nicht aufgeführt werden konnten. 1956 erlebten die *Tage der Commune* in der Regie der Regisseure am Berliner Ensemble, Besson und Manfred Wekwerth, in Karl-Marx-Stadt ihre Uraufführung, 1957 kamen *Die Gesichte der Simone Machard* in der Inszenierung von Harry Buckwitz in Frankfurt a.M. und *Die Heilige Johanna der Schlachthöfe* in der Inszenierung von Gustaf Gründgens in Hamburg heraus. Der *Schweyk* wurde in Polen vom Armeetheater in Warschau im selben Jahr uraufgeführt, 1958 folgten der *Arturo Ui* in der Regie von Peter Palitzsch, ebenfalls Regisseur am Berliner Ensemble, in Stuttgart und *Die Horatier und die Kuratier* in Halle von Hella Brock. Abgesehen von den Uraufführungen des *Coriolan* 1962 in der Regie von Heinrich Koch in Frankfurt a.M. und *Turandot* durch Besson und Horst Sagert 1969 in Zürich waren in den 60er-Jahren nur noch kleinere und vor allem frühe Theatertexte B.s zur Uraufführung übrig geblieben, die von jungen und neuen Regisseuren inszeniert wurden: *Der Messingkauf*, *Der Ingwertopf*, *Der Fischzug*, *Der Brotladen*, *Der Bettler oder Der tote Hund* und *Lux in tenebris*. Nachdem Frank-Patrick Steckel 1976 in Frankfurt a.M. eine Montage aus den Fragment gebliebenen *Fatzer*-Texten uraufgeführt hatte, trat eine fast 20jährige Pause ein, bis im letzten Jahrzehnt des 20. Jh.s weitere Uraufführungen auf die Bühne kamen: 1994 *Prärie* in Rostock, Textpassagen aus *David* und *Goliath* 1995 am Berliner Hebbeltheater, 1997 *Judith von Shimoda* in Berlin als Gemeinschaftsproduktion des Berliner Ensembles mit anderen Theatern und 1998 *The Duchess of Malfi* in Los Angeles.

Die Aufführungsrechte waren nicht immer leicht zu erhalten. Zwar vergibt sie prinzipiell der Suhrkamp-Verlag, jedoch erfolgt bei »wichtigen Vereinbarungen eine Absprache mit den Brecht-Erben« (so die Auskunft des Verlags auf eine Anfrage im März 2002). Die Aufführungsverträge mit dem Berliner Ensemble werden mit den B.-Erben direkt geschlossen. Durch diese Regelung wurde die Aufführungsgeschichte der B.-Stücke, vor allem solange die DDR existierte, mehr als einmal beeinflusst: So bewarben sich vor B.s 80. Geburtstag z.B. zwei Regisseure, die auch Intendanten verschiedener Ost-Berliner Theater waren, gleichzeitig um die Aufführungsrechte für die *Courage*. Besson, der schon lange das Berliner Ensemble verlassen hatte, wollte sie für die Volksbühne, Wekwerth für das Berliner Ensemble. Während Peter Kupke die *Courage* 1978 am Berliner Ensemble inszenierte, wurden Besson die Rechte verweigert. Besson nahm damals diese Ablehnung zum Anlass, um als Intendant der Volksbühne zu demissionieren und die DDR zu verlassen (Bundesarchiv Koblenz, DY 30/V B2/9.06/94 und Theater heute 1978, S. 47–59).

Kalter Krieg

Kaum war B. 1948 nach Deutschland zurückgekehrt, geriet nicht nur seine eigene Theaterarbeit, sondern jede Aufführung eines seiner Stücke zwischen die Fronten des Kalten Krieges. In der DDR warf man Inszenierungen wie der *Courage*, der *Mutter*, dem *Urfaust*, dem *Lukullus* und dem *Kreidekreis* Formalismus und bürgerliche Dekadenz vor (Stuber, S. 68–173). In der BRD und in Österreich stempelten antikommunistische Pressekampagnen B. besonders in den politisch heiklen Jahren 1953 und 1956 zum Sprachrohr der SED und forderten nach dem Mauerbau 1961/62 zum Boykott seiner Stücke auf (Müller, S. 13–30). In Österreich wurden B.-Stücke anfangs nur von der Wiener Scala aufgeführt und kamen nach deren Auflösung 1955 im Zusammenhang mit dem Österreichischen Staatsvertrag nur zögerlich auf die Bühne (Palm, S. 119–133). In beiden Teilen Deutschlands entstanden in den 50er-Jahren einseitige B.-Bilder, die sowohl die Inszenierungen als auch die Rezensionen bestimmten. Inszenierungen von B.-Stücken in Ost- und West waren in dieser Zeit Seismografen für die schwierige innen- und außenpolitische Situationen beider Länder. Die lange geplante Uraufführung der *Commune* 1956 fand vorsorglich nicht in der DDR-Hauptstadt, sondern in Karl-Marx-Stadt statt und enthielt sich nicht einer aktuellen Anspielung: Auf einem Spruchband auf der Bühne waren die Forderungen der Kommunarden von 1871 nach freiem Wahlrecht, Presse- und Versammlungsfreiheit aufgeschrieben – Forderungen, die während des Ungarischen Aufstandes im Herbst 1956 ebenfalls erhoben wurden. Auch die Uraufführung der *Gesichte der Simone Machard* 1957 in Frankfurt a.M. erzählt ein Stück Theatergeschichte aus dem Kalten Krieg, obwohl sich Buckwitz jeder expliziten Anspielung auf aktuelle politische Zustände enthielt. Zum einen lag der Bezug zur Besatzungspolitik in der jüngsten deutschen Geschichte durch das Stück selbst auf der Hand. Zum anderen war die Arbeit ein kleines Beispiel zwischenstaatlicher Subversion: Die Weigel hatte an die Buckwitz-Inszenierung die Bedingung geknüpft, dass die Simone-Figur von einem jungen Mädchen aus Ost-Berlin gespielt werden müsse. Buckwitz fügte sich, und von da an wurde die Probenarbeit zur Schlagzeile in den Zeitungen von Ost und West. Nach der Premiere berichtete Buckwitz der Weigel in einem Brief vom 11. 3. 1957, dass mit dieser Aufführung »eine Schlacht geschlagen« worden sei, bei der man sich auch der »Angriffe von amerikanischer Seite« zu erwehren hatte (Helene-Weigel-Archiv, Berlin, Ko 7613). Buckwitz war in den 50er- und 60er-Jahren einer derjenigen Regisseure, die sich am meisten für die Durchsetzung B.s auf den Bühnen der BRD engagierten. Er inszenierte bis in die 80er-Jahre immer wieder die *Courage*, den *Galilei*, den *Guten Menschen von Sezuan* und *Schweyk* und hat lange Zeit mit dem Bühnenbildner Teo Otto, der schon für die *Courage* in Zürich das legendäre Bühnenbild entwickelt hatte, zusammengearbeitet. Buckwitz gehörte mit Besson und Giorgio Strehler zu jenen Regisseuren, die sich von Anfang an gegen das Dogma eines unverwechselbaren ›Aufführungsstils‹ verwahrten.

Die erste Inszenierung, mit der das Berliner Ensemble nach B.s Tod internationales Aufsehen erregte und noch einmal die Vorstellung eines authentischen B.-Theaters schuf, war *Arturo Ui* 1959 in der Regie von Wekwerth und Palitzsch mit Ekkehart Schall in der Titelrolle. Das Bühnenbild für diese Groteske, das zwischen Ausstellungsvitrine, Jahrmarktsbude und Zirkuszelt wechselte, entwarf Karl von Appen. Die Inszenierung war, vor allem wegen Schalls virtuosem Spiel, neben der *Courage* und der *Dreigroschenoper*, die Erich Engel 1960 erarbeitete, die erfolgreichste des Berliner Ensembles und blieb 15 Jahre auf dem Spielplan. Palitzsch verließ kurze Zeit später das Berliner Ensemble. Er inszenierte gerade in Ulm den *Prozeß der Jeanne d'Arc*, als die DDR-Führung 1961 die Grenze zur BRD schloss. Da entschied er sich, in der BRD zu bleiben. Seither gehörte er mit Buckwitz zu den engagierten B.-Regisseuren in der BRD. Neben Wekwerth, der nun mit Joachim Tenschert weiterhin die großen B.-Stücke erarbeitete (u.a. den *Coriolan* 1964), entdeckten neue Regisseure am Berliner Ensemble, wie Manfred Karge und Matthias Langhoff, andere Texte für das Theater. Seit 1962 inszenierten sie B.-Abende, für die Lieder, Gedichte und unbekanntere Texte B.s ausgewählt wurden – eine Praxis, die in der BRD vor allem von Hanne Hiob erprobt wurde. Neben dem *Kleinen Mahagonny* (1963) brachten Karge und Langhoff gemeinsam mit Uta Birnbaum, Guy de Chambure, Werner Hecht, Hans-Georg Simmgen und Kurt Veth 1963 den *Messingkauf* auf die Bühne und 1967 die Uraufführung des *Brotladens*.

Inszenierungen in anderen Ländern: Fünf Beispiele

Frankreich:
So wie die Namen von Besson, Palitzsch, Buckwitz und Wekwerth mit der Aufführungsgeschichte der B.-Stücke in der BRD und der DDR verbunden sind, sind es auch in Frankreich, Italien, Japan und Großbritannien einzelne Regisseure, die an der Durchsetzung von B. als Bühnenautor maßgeblich beteiligt waren. In Frankreich waren es Jean-Marie Serreau, Jean Vilar und Roger Planchon. Sie hatten ihre Arbeit an B.-Stücken zum Teil lange vor dem legendären Paris-Gastspiel des Berliner Ensembles 1954 begonnen, durch das B. in Frankreich populär wurde und das für Intellektuelle wie Roland Barthes, Henri Lefebvre und Bernhard Dort zum Anstoß einer ausführlichen B.-Debatte in der Zeitschrift *Théâtre Populaire* wurde (Hüfner, S. 37–51). Serreau hatte schon 1947 *Die Ausnahme und die Regel* mit seiner Truppe inszeniert und zeigte sie auch in deutscher Sprache in der französischen Besatzungszone Deutschlands. Später inszenierte er *Mann ist Mann* (1954) und die *Courage* (1955). Die Übersetzungen der Texte stammten von Besson, der kurze Zeit zu Serreaus Truppe gehörte. Vilar, 1947 Mitbegründer des Festival d'Avignon, inszenierte 1949 für das Festival ebenfalls die *Courage*. Auch als Leiter des Théâtre National Populaire (T.N.P.), das als Gegenmodell zur Pariser Comédie Française gegründet wurde, engagierte sich Vilar für B. 1957 initiierte das T.N.P. eine Reihe von Gastspielen deutschsprachiger Theater, die B.-Inszenierungen zeigten; 1970 wurden sowohl die alte *Mutter*-Inszenierung des Berliner Ensembles mit der Weigel in der Titelrolle als auch die neue Inszenierung desselben Stücks von der Westberliner Schaubühne ans T.N.P. eingeladen. Zwischen 1960 und 1963 inszenierte Vilar den *Guten Menschen*, *Ui* und *Dickicht*, bevor er die Leitung des T.N.P. mit einer letzten B.-Inszenierung niederlegte: De Gaulle, der damalige französische Staatschef, hatte Frankreichs Aufrüstung zur Atommacht verkündet und Vilar protestierte mit einer *Galilei*-Inszenierung dagegen. Auch der Nachfolger Vilars, Georges Wilson, spielte und inszenierte B. am T.N.P. weiterhin. Neben dem T.N.P. spielten in Paris und in der französischen Provinz viele kleine Truppen B. ebenfalls. Hervorzuheben sind die Truppen von Jacques Roussillon und André Steiger in Paris sowie Planchons Theater in Villeurbanne, einem Vorort von Lyon. Sie inszenierten *Furcht und Elend* (Roussillon 1957 und 1961; Planchon 1960; Steiger 1962) und die *Carrar* (Steiger 1959), die beide bis 1970 zu den meistgespielten B.-Stücken in Frankreich zählten, den *Guten Menschen* (Planchon 1957 und 1959), die *Ausnahme* (Steiger 1955), *Trommeln in der Nacht* (Steiger 1958), den

Puntila (Planchon 1961 und 1962), *Schweyk* (Planchon 1961) und sogar ein so selten gespieltes Stück wie den *Hofmeister* (Steiger 1957). Genauere Daten zu diesen und anderen B.-Inszenierungen und ihren Regisseuren in Frankreich finden sich in Hüfner (S. 229–236). Palitzsch besuchte 1957 eine Vorstellung von *Furcht und Elend* bei Roussillon im Petit Marigny-Théâtre und berichtete nach seiner Rückkehr aus Paris neidvoll und mit einem Seitenblick auf das Berliner Ensemble, an dem er damals noch arbeitete, dass das Theater in Frankreich sehr viel engagierter sei als zu Hause (Palitzsch, S. 16–19).

Italien:
Wie in den meisten Ländern setzte eine intensive B.-Rezeption in Italien erst in der zweiten Hälfte der 50er-Jahre ein. Hier war sie untrennbar mit Giorgio Strehler und dem Mailänder Piccolo Teatro verbunden. Noch 1955 hatte Strehler B. aufgesucht, um mit ihm Adaptionsvarianten der *Dreigroschenoper* für Italien zu erörtern (Unseld, S. 188–195). B. schrieb nicht nur ein neues Finale für die Mailänder Inszenierung, sondern akzeptierte auch, dass die Handlungszeit des Stücks vor den ersten Weltkrieg vorverlegt wurde. Er sah die Premiere im Frühjahr 1956 und war sehr einverstanden mit jener Mischung aus Groteske, Sentiment und Revue, die sich erheblich von der Ästhetik der B.-Inszenierungen am Berliner Ensemble unterschied. In einem Land, in dem epische Theaterelemente wie Rollenwechsel, Masken und Zwiesprache mit dem Publikum nicht aus dem Theater vertrieben, sondern lebendige Tradition waren, konnte B. anders gespielt werden als in Deutschland. Nach der *Dreigroschenoper,* die Strehler in späteren Jahren immer wieder inszenierte, erarbeitete er am Piccolo Teatro in den folgenden Jahren den *Guten Menschen von Sezuan* (1958), den *Schweyk* (1961), die *Ausnahme und die Regel* (1962) und den *Galilei* (1963). Dabei veränderte Strehler stets die Vorlagen: Bei der *Ausnahme* verwendete er nicht die Musik von Paul Dessau, sondern ließ die Lieder von Fiorenzo Carpi neu vertonen (Fechner, S. 12), im *Schweyk* fügte er eine Pantomime ein, in der ein blutüberströmtes Opfer den Ernst der Sache in Erinnerung bringen sollte und ließ am Ende die Hitler-Figur in einen Vulkankrater stürzen. Strehlers B.-Inszenierungen gastierten in ganz Europa und beeinflussten mit ihrer spielerischen Umarbeitung der Texte den späteren Umgang mit B.s Stücken.

Großbritannien:
Nachdem die BBC 1955 die *Courage* produziert hatte, war es Joan Littlewood, die dieses Stück im selben Jahr mit ihrem Theatre Workshop inszenierte und die Titelrolle spielte. Nach einem erfolgreichen Gastspiel des Berliner Ensembles 1956, bei dem die *Courage* und der *Kreidekreis* gezeigt wurden, übernahmen viele Theater sowohl in England als auch in Schottland nicht nur diese beiden Stücke, sondern spielten mehrfach *Sezuan, Galilei* und *Ausnahme.* Am National Theatre (N.T.) in London wurden B.-Stücke viel gespielt, in der ersten Hälfte der 60er-Jahre außer den bereits genannten auch *Baal, Pauken und Trompeten* und *Puntila.* Das N.T., dessen Direktor damals Sir Laurence Olivier war, verdankte diese intensive B.-Rezeption dem Engagement seines Literary Managers Kenneth Tynan. Dieser hatte 1956 das Gastspiel des Berliner Ensembles über alles gelobt und seither enge Beziehungen zu ihm gepflegt. Regie führte bei den meisten dieser Inszenierungen William Gaskill. Er initiierte auch unter den Schriftstellern der »writers group«, zu der John Arden, Edward Bond, Arnold Wesker und der Nigerianer Wole Soyinka gehörten, die Beschäftigung mit B.s Stücken und inszenierte B. später häufig in den USA. Eine »Chronological Checklist of Professional Productions« in Großbritannien für die Zeit von 1933–1976 befindet sich in Jacobs/Ohlsen (S. 87–93), eine Aufführungsstatistik für die Zeit zwischen 1980 und 1991 in Eddershaw (S. 119–149).

Japan:
In Japan haben vor allem Koreya Senda und Tatsuji Iwabuchi B.-Stücke inszeniert. Senda war 1927 bis 1932 u.a. als Bühnenbildner an der Theaterarbeit von Erwin Piscator, Gustav

von Wangenheim und Maxim Vallentin beteiligt und setzte diese Arbeit nach seiner Rückkehr in Japan fort. Er und sein Schüler Iwabuchi übersetzten und inszenierten zu Beginn der 50er-Jahre die *Dreigroschenoper* und *Furcht und Elend* (1952), danach den *Hofmeister* (1955) und die *Gesichte der Simone Machard (1962)*, später auch den *Ui* (1969) als Großveranstaltung vor 2000 Zuschauern. Sie gehörten zu den Initiatoren des ›Brecht-Kollektivs‹, das sich in der Mitte der 70er-Jahre besonders mit den Lehrstücken *Jasager/Neinsager* und *Ausnahme* beschäftigte (Iwabuchi 1993, S. 57–59). In verschiedenen Inszenierungen versuchten sie, B.s Stücke mit Elementen des Kabuki und der Peking-Oper zu kombinieren. *Die Heilige Johanna der Schlachthöfe* in Tokio 1982 wurde an den buddhistischen Kanon adaptiert: Da das Töten von Tieren dort als unrein gilt, wurde der Handlungsort vom Schlachthof in eine Konservenfabrik verlegt und Worte wie Schlächter, Metzger oder Blut in der Übersetzung getilgt. Iwabuchi, nach dessen Auffassung das japanische Interesse an B. nach 1989 deutlich nachgelassen hat, inszenierte zuletzt den *Guten Menschen* (1996) und *Pauken und Trompeten* (1998). Eine Theatrographie zu B.-Inszenierungen in Japan im Zeitraum 1974–1990 findet sich in Iwabuchi 1993 (S. 60–67).

Sowjetunion:
Weniger als in allen anderen europäischen Ländern wurde B. lange Zeit in der Sowjetunion gespielt. Hier herrschte seit den Formalismus-Debatten in der zweiten Hälfte der 30er-Jahre ein sehr distanziertes Verhältnis zu B.s Theatermodell. Die politischen und ästhetischen Gründe dafür lagen eng beieinander. B.s Texte ließen sich nicht als repräsentative Abbilder bestimmter Ideen gebrauchen. Sie stifteten eher Unruhe und Widerspruch, als dass sie Identifikation mit Idealen beförderten, wie es während der Stalin'schen Kulturpolitik von der Kunst verlangt wurde. In der Sowjetunion instrumentalisierte man Stanislawskis Schauspielmethodik und spielte sie gegen B.s episches Theater aus. Das führte dazu, dass B., nachdem Alexander Tairow 1930 die *Dreigroschenoper* am Moskauer Kammertheater inszeniert hatte und einige Szenen von *Furcht und Elend* 1941 in Leningrad gezeigt worden waren, bis 1958 überhaupt nicht gespielt wurde. Diese Situation änderte sich erst nach einem Gastspiel des Berliner Ensembles im Jahr 1957. Am Moskauer Wachtangow-Theater inszenierte sein späterer Direktor Juri Ljubimow 1958 zuerst solche politisch eindeutigen Texte wie die *Carrar* und die *Gesichte der Simone Machard*. Später folgten *Sezuan* (1963) und *Galilei* (1965). Andere Sowjetische Theater spielten in diesen Jahren *Puntila* (Tallin 1958), *Ui* (Leningrad 1963) und in Moskau 1960 *Courage* und 1963 die *Dreigroschenoper* (Reich, S. 24–27). B. wurde auch hier an die herrschenden politischen und ästhetischen Bedingungen angepasst. Am Ende der ersten Moskauer Inszenierung der *Courage* in der Regie von Michail Strauch 1960 starb die Titelfigur einen Tragödientod. Ljubimow eliminierte in seiner *Sezuan*-Inszenierung von 1963 aufgrund des angespannten politischen Verhältnisses jeden Hinweis auf China und stellte seinem *Galilei* ein aktualisierendes Vorspiel mit Texten von Jewgeni Jewtuschenko voran (vgl. Kopelew, S. 114–118).

Aufführungen seit den 70er-Jahren

Am Ende der 60er-Jahre hatten sich B.s Stücke im Repertoire nicht nur der europäischen Theater durchgesetzt. Während der folgenden Jahre wurden die Lesarten und Spielweisen immer vielseitiger und waren nicht länger dominant politisch motiviert. Neue Regisseure überprüften den ›Materialwert‹ der alten Stücke jenseits der früheren politischen Konfrontationen und ästhetischen Modellvorstellungen. 1978 brachte Georges Lavandant den *Puntila* in Grenoble als kühl gestyltes Pastiche heraus, in dem verschiedene B.-Texte mit der Ästhetik alter und neuer Kultfilme gekoppelt waren (Schlutbohm, S. 57f.). Viele Theaterleute entdeckten ihre Vorliebe für die bislang wenig gespielten frühen Stücke, allen voran für den *Baal* und die Lehrstücke. Gleichzeitig gab es Inszenierungen, welche die früheren Aufführungsprinzipien zu bewahren suchten. Neben Buckwitz, Palitzsch und Wekwerth war der international bekannteste Regisseur dieser musealen Strategie Strehler geworden, der die *Dreigroschenoper* immer wieder nach bewährtem Muster inszenierte: Milva spielte seit 1973 die Jenny und bekam stets den Polly-Song der Seeräuber-Jenny dazu. Zuletzt hatte Strehler 1987 in Paris seine Inszenierung zu einem zugkräftigen Event mit internationalen Stars gemacht: Neben Milva spielten und sangen Barbara Sukova (Polly), Michael Heltau (Mackie) und Yves Robert (Peachum).

Am Berliner Ensemble hatte Ruth Berghaus nach dem Tod der Weigel 1971 die Intendanz übernommen und setzte sich mit ihren Inszenierungen von *Dickicht* (1971) und der *Mutter* (1974) deutlich von den stilistischen Traditionen des Ensembles ab. Ihre *Mutter* gab nicht die bekannte Projektionsfläche für einen klaren Lernprozess ab, sondern beschritt vielmehr eine gefährliche Gratwanderung über den Schrott der eigenen Geschichte (Bühnenbild: Andreas Reinhardt), was ihr die Rezensenten in Ost und West gleichermaßen übel nahmen.

Lehrstücke

In der BRD und in den Niederlanden interessierte man sich ab 1968 besonders für die Lehrstücke. Die Empfehlung B.s, dass diese Stücke weniger für die Zuschauer als vielmehr für diejenigen gemacht seien, die sie spielten, kam den politischen und pädagogischen Forderungen der Studentenbewegung entgegen. Die Idee vom Verschwinden der disziplinierten Grenzen zwischen Bühne und Zuschauerraum und zwischen Theater und Realität sowie der Abschied von autoritärer Belehrung veränderten in den folgenden Jahren sowohl das Theater als auch die Pädagogik. Als Peter Stein, Frank-Patrick Steckel und Wolfgang Schwiedrzik 1970 an der gerade gegründeten Schaubühne in West-Berlin *Die Mutter* inszenierten, arbeiteten sie an diesen Veränderungen mit. In Vorbereitung der Inszenierung fanden im Theater regelmäßig Versammlungen statt, in denen die Schaubühnenmitglieder auch die politische Geschichte Russlands und der Sowjetunion debattierten. Vor der Vorstellung konnten die Zuschauer an Büchertischen themenbezogene Publikationen erwerben, nach der Vorstellung gab es Publikumsgespräche. In der Inszenierung selbst war die Spielfläche ins Parkett gezogen und die Zuschauer saßen an drei Seiten um die hell ausgeleuchtete Spielfläche herum. Alle Schauspieler waren, auch wenn sie nicht spielten, im Raum anwesend und betrachteten, ebenso wie das Publikum, das Spiel. Damit war das Lehrstück aber noch nicht zu Ende, es gab ein Nachspiel. Die West-Berliner CDU setzte, weil die Arbeit der Schaubühne ihrer Meinung nach gegen die freiheitlich-demokratische Grundordnung verstieß, eine Finanzsperre für die Schaubühne durch. Erst nach monatelangen Protesten, während derer die *Mutter* fast täglich vor ausverkauftem Haus gezeigt wurde, hob der West-Berliner Senat diese Sanktion wieder auf.

Mit der Wiederentdeckung der Lehrstücke war eine Distanzierung von B. verbunden, denn mit seinen Lehrstücken inszenierte man vor allem sich selbst (vgl. *Zu Lehrstück und »Theorie der Pädagogien«*, BHB 4). Erste Berichte über solche Selbstversuche datieren von 1971, nachdem an der Amsterdamer Theaterschule mit der *Maßnahme* gearbeitet worden war (vgl. Steinweg 1976). Andrzej Wirth experimentierte später mit der *Maßnahme* in Berlin, Los Angeles und Sydney. In der DDR entstand an der Berliner Volksbühne ab 1969 mit der Arbeit von Besson, Karge, Matthias Langhoff und Fritz Marquardt ein Volkstheaterprojekt, in das B.s Lehrstücke einbezogen waren. Gemeinsam mit Karge und Langhoff arbeitete Besson 1975 zuerst im italienischen Terni mit Metallarbeitern und einige Monate später mit Arbeitern und Angestellten von Ost-Berliner Großbetrieben an der *Ausnahme* (vgl. Lucchesi/Schneider 1979). Zu Beginn der 90er-Jahre experimentierte Josef Szeiler an der Volksbühne mit dem *Fatzer*-Fragment und der *Maßnahme* und 1998 erarbeitete die Volksbühne mit dem Obdachlosentheater Ratten 07 den *Brotladen*.

Performance und Off-Theater in den USA

Die Grenzen zwischen Theater und Realität aufzuheben und den Graben zwischen Hoch- und Popkultur zu schließen, war auch das erklärte Ziel von Performance-Experimenten in den USA. Dort wurde B. schon in den vorangegangenen Jahrzehnten vor allem von Off-Theatern gespielt. Zu den erfolgreichesten Inszenierungen am OFF-Broadway zählten die *Dickicht*-Inszenierung des Living-Theatres von 1951 und jene *Dreigroschenoper*-Inszenierung, in der Lotte Lenya ganze sieben Jahre zwischen 1954 und 1961 erfolgreich auf der Bühne stand. Richard Schechner erarbeitete die *Courage* mit der Performance Group in New York 1974, die San Francisco Mime Troupe, das damals »revolutionärste amerikanische Studententheater«, zur selben Zeit *Die Mutter*. In Los Angeles gab es 1973/1974 gleich drei B.-Produktionen: *Den Guten Menschen* von der Synthaxis Theatre Company und von der Centre Theatre Group unter dem Titel *Brecht: Sacred and Profane. Die Maßnahme und das Kleine Mahagonny* (vgl. Huettich, S. 125).

B. in europäischen Krisengebieten, in Asien, Afrika und Lateinamerika

Zur selben Zeit, in der B. zum Spielmaterial der Off-Theater wurde, erlebten solche Stücke wie die *Courage*, der *Kreidekreis* und *Sezuan* noch einmal eine dominant politische Aufführungspraxis in europäischen Krisengebieten wie der Türkei, Griechenland und Zypern sowie innerhalb der antikolonialen Befreiungsbewegungen in Afrika, Asien und Lateinamerika. Noch Ende der 80er-Jahre gab es regierungsoffizielle Aufführungsverbote für die *Mutter* in Ankara und die *Ausnahme* in Carachi. Durch die Adaption an aktuelle politische und geografische Gegebenheiten blieben oft nur einzelne Bausteine des Handlungsgerüsts der Stücke erhalten, und durch die Übersetzung verlor sich B.s sprachliche Vieldeutigkeit und sein Humor. Öfter wurden die Inszenierungen von deutschen Regisseuren erarbeitet. Heinz-Uwe Haus inszenierte auf Zypern 1975 den *Kreidekreis* mit völlig verändertem Vorspiel und später die *Courage* mit Figuren, die an die griechisch-zypriotische Geschichte angepasst waren. Haus erarbeitete in Griechenland noch 1981 die *Carrar*, 1984 *Baal* und 1985 den *Ui* (Haus 1986, S. 159–172). Fritz Bennewitz arbeitete in Asien. In Delhi inszenierte er 1970 die *Dreigroschenoper*, 1973 in Bombay den *Kreidekreis*, den er später sowohl auf den Philippinen als auch 1977 in New York anlässlich eines Gemeinschaftsprojektes zwischen dem Internationalen Theaterinstitut und der internationalen Theatergruppe La Mama auf seine Tauglichkeit im interkulturellen Austausch testete. Berichte über B.-Inszenierungen in Asien, Afrika und Lateinamerika, in denen immer wieder Adaptionsprobleme thematisiert werden, finden sich in *Brecht 80* (Theatrographie bis 1980, S. 261–285) und im *Brecht Yearbook* 14 von 1989, das gänzlich diesem Thema gewidmet ist.

B. heute

Seit den 80er-Jahren gehört B. neben Goethe zu den mit Abstand meistgespielten deutschsprachigen Autoren im internationalen Theater. Die Zeit hat die frühen politischen und ästhetischen Oppositionen getilgt. In Paris wird er nicht nur vom T.N.P. oder kleineren Off-Theatern gespielt, sondern ebenso an der Comédie Française, die zum 100. Geburtstag B.s 1998 – wie viele andere Theater in der Welt auch – die *Courage* präsentierte. Deutlich neue Aspekte bei der Aufführung von B.s Stücken finden sich schwer. Diejenigen, die es am Berliner Ensemble in den 90er-Jahren immer wieder versuchten, waren bis auf Heiner Müller alte B.-Regisseure. Müller suchte 1993 bei seiner Inszenierung des *Arturo Ui* die Auseinandersetzung mit der Geschichte des Berliner Ensembles und der einst so erfolgreichen Inszenierung des Stücks von Wekwerth und Palitzsch. B.K. Tragelehn überprüfte 1997 auf genaue Weise das alte *Galilei*-Modell und Frank-Patrick Steckel experimentierte 1998 mit dem *Badener Lehrstück*. George Tabori, der B. schon 1963 für eine New Yorker Inszenierung übersetzt und mit der Lenya am Broadway gearbeitet hatte, machte mit der *Akte Brecht* die Geschichte des Dichters selbst zum Thema. Robert Wilson koppelte 1998 den *Ozeanflug* mit Müllers *Landschaft mit Argonauten* und Dostojewskis *Aufzeichnungen aus einem toten Winkel*, und Einar Schleef stellte mit seinem *Puntila* ein chorisch aufgeteiltes und aus verschiedenen Entwürfen montiertes Textwerk zur Debatte, bei dem er selbst die Hauptrolle spielte. Diese Arbeit Schleefs brachte zu Stande, was längst undenkbar schien: Sie brach einen heftigen Streit über die unterschiedlichen Möglichkeiten, B. zu spielen, vom Zaun.

Literatur:

Blumer, Arnold: Brecht in South Africa. In: Communications (1983), H. 13/1, S. 30–36. – Büthe, Otfried (Hg.): Bertolt Brecht on Stage. Exhibition by Inter Nationes. Bad Godesberg 1968. – Bundesarchiv Koblenz (Außenstelle Berlin), Stiftung Archiv der Parteien und Massenorganisationen der ehemaligen DDR, DY 30/V B 2/9.06/94. – Eddershaw, Margret: performing brecht. forty years of British performances, London 1996. – Fechner, Eberhard: Strehler inszeniert Brecht. Velber 1963. – Haas, Aziza/Szeiler Josef/Wallburg, Barbara (Hg.): Menschenmaterial 1. Die Maßnahme. Berlin 1991. – Haus, Heinz-Uwe: Wert und Gebrauch Brechts im griechischen Theater. Inszenierungserfahrungen. In: Knopf, Jan (Hg.): Brecht-Journal 2, Frankfurt a.M. 1986, S. 159–172. – Hecht, Werner/Hahn, Karl-Claus/Paffrath Elifius (Hg.): Brecht 80. Brecht in Afrika, Asien und Lateinamerika. Berlin 1980. – Hüfner, Agnes: Brecht in Frankreich 1930–1963. Stuttgart 1968. – Huettich, H.G.: Zwischen Klassik und Kommerz. Brecht in Los Angeles. In: BrechtJb. (1974), S. 125–137. – Iwabuchi, Tatsuji: Brecht-Rezeption in Japan aus dem Aspekt der Theaterpraxis. In: BrechtYb. 14 (1989), S. 87–100. – Ders.: Koreya Senda und sein Brecht-Kollektiv. In: Communications (1993), H. 2, S. 57–59. – Jacobs, Nicholas/Ohlsen, Prudence (Hg.): Bertolt Brecht in Britain, London 1977. – Knopf, Jan: »Ausgefallene Theater«. Gespräch mit Hanne Hiob und Thomas Schmitz-Bender. In: Ders. (Hg.): Brecht-Journal. Frankfurt a.M. 1983, S. 161–182. – Kopelew, Lew: Brecht auf sowjetischen Bühnen. In: Berliner Zeitung am Abend, 6. 3. 1964. – Ders.: Ljubimow und die Tradition der Avantgarde. In: Theater heute, Jahressonderheft 1971, S. 114–118. – Krabiel, Klaus Dieter: Brechts Lehrstücke: Entstehung und Entwicklung eines Spieltyps. Stuttgart, Weimar 1993. – Lucchesi, Joachim/Schneider, Ursula (Hg): Lehrstücke in der Praxis. Zwei Versuche mit Brechts Die Ausnahme und die Regel und Die Horatier und die Kuratier. Berlin 1979. – Martin, Carol/Bial, Henry (Hg.): Brecht Sourcebook, London, New York 1999. – Müller, André: Kreuzzug gegen Brecht. Die Kampagne in der Bundesrepublik 1961/61. – Palitzsch, Peter: Paris sieht Brecht. In: Theater der Zeit (1957), H. 4, S. 16–19. – Palm, Kurt: Vom Boykott zur Anerkennung. Brecht und Österreich. Wien, München 1983. – Rätz, Renate/Stiftung Archiv der Akademie der Künste (Hg.): Harry Buckwitz – Schauspieler, Regisseur, Intendant. Berlin 1998. – Reich, Bernhard: Versuche mit Brecht in Moskau. In: Theater der Zeit (1968), H. 1, S. 24–27. – Reinelt, Janelle: After Brecht. Britain Epic Theatre. Ann Arbor 1994. – Rischbieter, Henning: Siebzehn Jahre Zusammenarbeit. Die Regisseure Manfred Karge und Matthias Langhoff. In: Theater heute 1978. Sonderheft der Zeitschrift Theater heute. Bilanz und Chronik der Saison 77/78, S. 47–59. – Ders.: Ein Deutsches (Theater-)Leben. Über Harry Buckwitz, seine Rolle beim Durchsetzen Brechts und ein Stück jüngster Theatergeschichte. In: Theater heute (1988), H. 3, S. 49–51. – Schlenker, Wolfram: Brecht in China. Gibt es einen chinesischen Brecht? In: Dreigroschenheft (2002), H. 1, S. 6–17. – Schlutbohm, Annerose: Brecht zwischen Beckett und Broadway. George Lavandants *Puntila* in Grenoble. In: Theater heute (1978), H. 9, S. 57–58. – Steinweg, Reiner (Hg.): Brechts Modell der Lehrstücke. Zeugnisse, Diskussionen und Erfahrungen. Frankfurt a.M. 1976. – Stuber, Petra: Spielräume und Grenzen. Studien zum DDR-Theater. Berlin 2000, S. 68–173. – Unseld, Siegfried (Hg.): Bertolt Brechts Dreigroschenbuch. Frankfurt a.M. 1993. – Wyss, Monika (Hg.): Brecht in der Kritik. Rezensionen aller Brecht-Uraufführungen sowie ausgewählter deutsch- und fremdsprachiger Premieren. Eine Dokumentation. München 1977.

Petra Stuber

Druckgeschichte

Die Augsburger *Ernte*

B.s erster Publikationsort war die Augsburger Schülerzeitschrift *Die Ernte*, für deren sieben Nummern er die meisten Beiträge verfasste, darunter auch solche, die mit anderen Namen gezeichnet waren. Er verwendete das Pseudonym Bertold Eugen, signierte mit »Eugen B.«, »E. Brecht«, »Bertold Brecht«, »E.B.«, veröffentlichte eigene Gedichte unter den Namen der Mitschüler Wilhelm Kölbig und Joseph Schipfel und auch seinem Freund Georg Pfanzelt schob er einen Text unter. Die Schüler Bert B. und Fritz Gehweyer, Letzterer zeichnete die Umschläge und Titelblätter und gestaltete die Textseiten, waren die ›Macher‹ der Zeitschrift. In ihren Händen lag die konzeptionelle und technische Herstellung der *Ernte*, sie hektographierten die Hefte, die für sie auch einen Gewinn abwerfen sollten. Der Abzugsapparat gehörte den Eltern Gehweyers, das nicht sehr hochwertige Papier steuerte vermutlich B.s Vater aus den Haindlschen Papierfabriken bei.

Die Ernte war kein Schulperiodikum, sondern ein Blatt, das den eigenen künstlerischen Neigungen und Absichten der beiden Hersteller als Forum diente. Denn bereits der 15jährige Gymnasiast B. war ein umtriebiger Literat, der die Ergebnisse seiner schriftstellerischen Aktivitäten auch gedruckt sehen wollte. Da er von den Redaktionen angesehener Zeitschriften wie der *Jugend* Absagen erhielt, ergriff er kurzerhand die Initiative zu einem eigenen Publikationsorgan. Das erste Heft der *Ernte* kam Ende August 1913 heraus, das letzte im Februar 1914, die Nummer 5 erschien nicht. Als Nummer 6 veröffentlichte B. seinen ersten dramatischen Versuch, den Einakter *Die Bibel*. Da der Mitarbeiterstab nicht wesentlich erweitert werden konnte, das Echo im Kreis der Freunde und Mitschüler gering blieb und mit der Zeitschrift kein Geld zu verdienen war, erlosch das Interesse B.s an weiteren Heften.

Bevor dann der Redakteur Wilhelm Brüstle ihm Gelegenheit gab, in der Beilage der *Augsburger Neuesten Nachrichten*, *Der Erzähler*, sein journalistisch-polemisches Talent und sein Poetentum zu entfalten, leistete der Gymnasiast B. im Spätsommer und Herbst 1914 seinen Tribut an den kriegsbegeisterten Zeitgeist als Leitartikler. In den *Augsburger Neuesten Nachrichten* und auf der Titelseite der *München-Augsburger Abendzeitung* erschienen ohne Verfasserangabe oder mit Bertold Eugen gezeichnete Betrachtungen zur Zeit und Augsburger Kriegsbriefe, patriotische Solidaritätsbekundungen und an Predigten des Dekans Hans Detzer angelehnte Gedanken über den opferreichen Weg der Soldaten.

Seit Juli 1916, vom Druck des Gedichts *Das Lied von der Eisenbahntruppe von Fort Donald* an, zeichnete der dichtende Schüler und künftige Stückeschreiber seine Beiträge mit Bert oder Bertolt B.; für die Reihe seiner *Versuche*, an denen jeweils mehrere Mitarbeiter beteiligt waren, ein Jahrzehnt später in Berlin, genügte ihm als Verfasserangabe der Firmenname ›Brecht‹. Nach dem *Erzähler* stand B. von Oktober 1919 bis Januar 1921 die der USPD nahestehende Zeitung *Der Volkswille* als Publikationsorgan offen. Der seit den Novemberunruhen mit ihm befreundete Redakteur Wendelin Thomas ließ ihm freie Hand bei den Theaterkritiken, die beim Augsburger Stadttheater meistens für Wirbel und Empörung sorgten. Seine Gedichte, Balladen und Lieder wollte B. möglichst mit Noten, als *Lieder zur Klampfe* oder *Klampfenfibel* in Buchform, zum Druck geben. Als Illustrator war jetzt, da Gehweyer im Krieg gefallen war, Caspar Neher sein Favorit, der seine Arbeit an dem Stück *Baal* mit zahlreichen Entwurfsskizzen und fantasievollen Aquarellen begleitete. In Münchner Theaterkreisen zirkulierten von Sekretärinnen seines Vaters abgetippte Exemplare von *Baal*, auch Berliner Dramaturgen sowie der Kritikerpapst Alfred Kerr erhielten das Stück. Letzterer reagierte ablehnend und revidierte auch bei den späteren Stücken des Augsburgers seine frühen Eindrücke nicht. Artur Kutscher, in dessen berühmtem Seminar B. als Student Punkte zu sammeln hoffte, lehnte *Baal* ebenfalls ab, obwohl oder wahrscheinlich weil diese moritathaften Szenen ein Gegenentwurf zum *Einsamen* waren, dem Grabbe-Drama von Hanns Johst, das er in hohen Tönen gepriesen hatte. Auch Johsts Urteil forderte B. an, erhoffte sich von ihm eine bei den Münchner Kammerspielen zündende Empfehlung. Dort aber brachte erst der Enthusiasmus Lion Feuchtwangers die Sache ins Rollen, der von 1919 an die Rolle des Mentors von B. übernahm, begeistert von *Spartakus*, dem zweiten Drama des Autors, das dann den Titel *Trommeln in der Nacht* bekam und noch mehrfach umgearbeitet wurde, bis es endlich im August 1922 in der Inszenierung des Intendanten Otto Falckenberg zur Uraufführung gelangte. Den Druck von *Baal* hatte Feuchtwanger in seinem Verlag, bei Georg Müller, durchgesetzt. B., wie immer, wenn sich eine Aufführung oder eine Möglichkeit der Veröffentlichung bot, arbeitete um; ein Text, der keine Änderungen verlangte, hatte seiner Auffassung nach keine ausreichende Qualität. Im Juli 1920 war das Stück bei Müller gesetzt, nachdem B. auch schon in Berlin mit dem Lektor des Kiepenheuer-Verlags, Hermann Kasack, über eine Buchausgabe verhandelt hatte. Der Verlag Georg Müller in München kündigte eine nummerierte Auflage von 600 Exemplaren an, weigerte sich schließlich im Dezember 1920, den Band auszudrucken und zu vertreiben, aus Furcht vor einer weiteren einstweiligen Verfügung, die diesem Verlag wegen Verstoß gegen den Sittlichkeitsparagrafen kürzlich erst widerfahren war. B. erhielt lediglich für den eigenen Bedarf einige aufgebundene Umbruchexemplare. Da Kiepenheuer zwar weiterhin Interesse bekundete, sich aber mit dem definitiven Vertragsabschluss Zeit ließ, bot B. den *Baal* im Dezember 1921 dem Münchner Verlag Die Wende an, der sich nach dem günstigen Echo auf den Abdruck der Erzählung *Bargan läßt es sein* in der renommierten Zeitschrift *Der neue Merkur* einen literarischen Erfolg zu versprechen schien.

Drei Masken Verlag und Gustav Kiepenheuer

Gleichzeitig zögerte B. nicht, sich beim Verlag Erich Reiß, wo ihn Klabund empfohlen hatte, mit seiner dramatischen Produktion ins Spiel zu bringen. Ende Dezember 1921 stand hier ein Generalvertrag über *Baal* und sämtliche Stücke, die er bis zum 31. 12. 1924 schreiben würde, zur Debatte. B. notierte am 7. 1. 1922 in seinem Tagebuch: »Ich rudere mit Händen und Füßen. Zunächst die Verlagssache! Reiß hat 750 Mark angeboten. Kiepenheuer 800. Beide wollen auch Bühnenvertrieb. Ich unterzeichne bei Reiß schon, hole aber den Vertrag zurück, um ihn Kasack zu zeigen. Dann muß ich mit Dreimasken sprechen. Es fällt mir ein, dort *1000* Mark zu verlangen, monatlich, auf ein Jahr. Kiepenheuer treibe ich ebenfalls auf 1000. Dazu erreiche ich, daß Kiepenheuer den Vertrieb der nächsten Stücke bei Dreimasken läßt. Dreimasken schwankt, bietet höchstens 500. Ich bringe ›Garga‹ nicht, um es nicht abgeben zu müssen. Beharre aber auf den 1000. Dann sagen sie zu, nachdem ich ihnen Löcher in den Bauch geschwatzt habe.« (GBA 26, S. 269) Die Bühnenrechte handelte Kiepenheuer übrigens dem Drei Masken Verlag wieder ab.

1922 endlich zahlten sich die verschiedenen Parallelaktionen B.s also aus. Über den Vertrieb seiner Stücke einigte er sich mit dem Drei Masken Verlag in München, der die Buchausgabe von *Trommeln in der Nacht* Ende 1922 herausbrachte und diesen Druck von seiner Berliner Bühnenagentur auch als Bühnenmanuskript (mit dem auffälligen Copyright-Vermerk 1923) vertreiben ließ. Anlässlich der Uraufführung, der am 30. 9. 1922 noch die von B. arrangierte Revue *Die rote Zibebe* als Mitternachtstheater folgte, hatten die Kammerspiele und deren Dramaturg Otto Zarek eine B.-Nummer ihrer Zeitschrift *Das Programm* ediert, die drei Szenen aus *Baal*, einen Aufsatz B.s über Karl Valentin und die *Ballade von den Seeräubern* enthielt; die Zeitschrift *Der Feuerreiter* veröffentlichte die Erzählung *Ein gemei-*

ner Kerl, und in Berlin standen von nun an regelmäßig B.-Texte im *Berliner Börsen-Courier*, dessen Feuilleton der Theaterkritiker Herbert Ihering redigierte, der dem Dichter des *Baal*, von *Trommeln in der Nacht* und von *Im Dickicht* im November 1922 den Kleist-Preis verlieh. Auch die bekannten Berliner Wochenzeitschriften *Das Tagebuch* und *Die Weltbühne* brachten von jetzt an Gedichte oder Glossen B.s im Erstdruck. Im Verlagsprospekt des Kiepenheuer-Verlages, der sein Herbstprogramm vorstellte, wurde die Buchausgabe von *Baal* angekündigt: »Mit B. Brecht kommt ein originaler junger Dichter zu Worte, von einer Jugend, deren Modernität nicht Chaos, sondern Gestaltung ist.« (Berger, S. 13) Der Verlag plante außer *Baal* Ausgaben des Gedichtbuches *Die Hauspostille* und des neuen Stückes *Im Dickicht*, über dessen Uraufführung der Autor mit Jacob Geis, dem Dramaturgen des Münchner Residenz-Theaters, verhandelte. Erich Engel sollte Regie führen. Mitte Oktober erschien, mit einem von Neher gezeichneten Umschlag, die bei Poeschel & Trepte in Leipzig gedruckte Ausgabe des *Baal* in 800 Exemplaren (mit dem Druckfehler in der Widmung »Dem George Pflanzelt« statt Pfanzelt). Seinem Verleger Kiepenheuer schrieb B. bei Gelegenheit seines vierten Aufenthaltes in Berlin dankend in das Exemplar: »Mit einem zarten Händedruck G.K. Bert Brecht.« Auf weniger gutem Papier folgte schnell eine bei Gebr. Wolffsohn in Berlin gedruckte Nachauflage mit einer anderen Umschlagzeichnung von Neher, die auch als Bühnenmanuskript versandt wurde. Kiepenheuer in Potsdam vertrieb 1926 auch als Bühnenmanuskript die Fassung *Lebenslauf des Mannes Baal. Dramatische Biographie*.

Kiepenheuer zahlte B. eine Zeitlang ein monatliches Fixum, im Hinblick auf die zu erwartende, auf die seit 1922 in allen Verlagsnachrichten und Anzeigen angekündigte *Hauspostille*. Für 1923 nahm der Verlag zusätzlich einen Band *Flibustier-Geschichten* ins Programm, dessen Fertigstellung B. nie ernsthaft betrieb. Als nächste Veröffentlichung erschien erst 1924 die mit Feuchtwanger gemeinsam verfasste Marlowe-Bearbeitung *Leben Eduards des Zweiten von England. Historie von Bertolt Brecht*. Für diese Ausgabe zeichnete wiederum Neher den Umschlag und vier Bildtafeln. Die *Hauspostille* wurde hier weiterhin als »in Vorbereitung« angezeigt. Die Ungeduld des Verlegers versuchte B. 1923 mit einer hohe Tantiemen versprechenden Dramatisierung des Lagerlöf'schen Romans *Gösta Berling* zu besänftigen, die er zwar zügig zu Papier brachte, für die er aber keine Rechte erhielt. Das Vorspiel zu dieser Bearbeitung erschien allerdings im Januar 1924 in Paul Westheims bei Kiepenheuer verlegten Zeitschrift *Das Kunstblatt*.

Um B.s Schulden dem Verlag gegenüber nicht ins Unmäßige wachsen zu lassen, forderte H. Kasack hartnäckig die Abgabe eines druckfertigen *Hauspostille*-Manuskripts. Am 18.6.1924 berichtete Kasack an Kiepenheuer, der Urlaub in St. Wolfgang machte: »Brecht wird Freitagabend zu mir kommen, um vor allen Dingen das Manuskript der Hauspostille fertig zu machen. Ich werde ihm das Versprechen abnehmen, nicht eher abzureisen, bis nicht die Hauspostille hier ist. Übrigens hat er daran tatsächlich gearbeitet. Da Neher im Laufe der nächsten Woche ebenfalls nach Berlin kommt, kann das Herstellerische zusammen mit ihm geregelt werden. Brecht ist wieder ganz der Alte.« (Berger, S. 14) Die Arbeit wurde weitgehend im Sinn dieses Briefs bis Ende Juni zum Abschluss gebracht, B. nahm das Manuskript mit nach München, um es endgültig für den Druck einzurichten, auch für ihn galt die Arbeit damals als abgeschlossen. *Die Hauspostille* sollte definitiv im Herbst erscheinen, Nehers Entwürfe für die Einbandzeichnung lagen ebenfalls vor. B. aber zog nun von München nach Berlin um, vertiefte sich in die Arbeit an *Mann ist Mann*, kümmerte sich um die Berliner Inszenierungen von *Im Dickicht* und *Leben Eduards des Zweiten von England*.

Im Ankündigungstext für die Neuerscheinungen des Herbstes verlautbarte der Verlag: »Endlich erscheinen die großen Balladen und kleineren Gedichte von Bert B. unter dem Titel ›Hauspostille‹. Der Einbandentwurf ist von Neher. Den einzelnen Balladen sind Noten beigegeben. Brecht, dessen Ruhm als Dramatiker über allen Zweifel erhaben ist, zeigt in diesen balladenhaften Versen eine Masse [sic] von Ursprünglichkeit, das der gesamten Literatur der letzten Jahre fehlt.« (Berger, S. 15) Trotzdem verzögerte B. weiterhin das Erscheinen. Nur einzelne Gedichte kamen in Kiepenheuer-Publikationen zum Vorabdruck: Die *Ballade von der Freundschaft* erschien im *Europa-Almanach*; für die zum Verlagsfest am 17. 1. 1925 erschienene Broschüre *Kiepenheuers Tabatiere* stellte B. die mit Kerr ins Gericht gehende *Kleine Epistel, einige Unstimmigkeiten entfernt berührend* zur Verfügung und Rudolf Schlichter schmückte sie mit einer hübschen Karikatur; im 100. Heft des *Kunstblatts* wurde schließlich im April 1925 der *Gesang des Soldaten der roten Armee* gedruckt. Kiepenheuer sah sich inzwischen gezwungen, die monatlichen Rentenzahlungen einzustellen, in der internen Programmplanung blieben *Hauspostille* und neue Dramen B.s aber weiterhin dringliche Vorhaben.

Großes Glück mit Ullstein

Für B. war das Erschließen einer neuen Geldquelle wichtiger als das Bemühen, mit neuen Werken sein Schuldenkonto abzubauen, weil die alten keine ausreichende Rendite zur Tilgung abwarfen. Am 24. 6. 1925 teilte B. seiner Frau Marianne Zoff überraschend mit: »Ich habe mit Ullstein abgeschlossen, das ist der sicherste Verlag, ein großes Glück!« (GBA 28, S. 230) Und gegenüber Helene Weigel bezeichnete er diesen Vertragsabschluss als »großen Triumph« (S. 231). Sein »Glück« verdankte B. den Aktivitäten seiner neuen Mitarbeiterin Elisabeth Hauptmann, die den Kontakt zu Ullstein über Julius Elias, den Leiter des dem aufstrebenden Konzern 1923 angegliederten Arcadia-Bühnenvertriebs, vermittelte, der mittlerweile auch in Bezug auf das von Emil Herz neu ausgerichtete literarische Programm des Propyläen-Verlags Einfluss geltend machen konnte. Während Ullstein zu den Gewinnern der Inflation gehörte, geriet der Kiepenheuer-Verlag nach der Festigung der Reichsmark in eine finanzielle Krise und schloss 1924 und 1925 mit erheblichen Verlusten ab. *Das Kunstblatt* ging Ende 1925 in andere Hände über, Kasack wechselte zum Rundfunk und schied dann ganz aus dem Verlag aus. Feuchtwanger dachte nicht daran, auf einem sinkenden Dampfer auszuharren und kündigte seine Verlagsverträge. Dennoch wollte B. kein ›Schuft‹ sein und übergab Kiepenheuer, den er als Freund der Autoren und Wahrnehmer deren Interessen schätzen gelernt hatte, ein satzfertiges Typoskript der *Hauspostille*. Der Verleger setzte alles daran, den Druck nach den Wünschen des Autors zu gestalten: zweispaltig, kleingedruckt, rote Überschriften, mit Marginalien und Noten. Der Titel wurde der katechismusartigen Aufmachung wegen in *Taschenpostille* geändert. Der Textteil wurde bei Poeschel & Trepte, der Notenteil bei C. G. Roeder in Leipzig gedruckt. Der Band wäre im Frühjahr 1926 erschienen, wenn nicht Ullstein auf der Auslegung des mit B. geschlossenen Vertrags als Generalvertretung bestanden hätte. Kiepenheuer aber sah keine Möglichkeit, finanzielle Vorstellungen des Ullstein-Konzerns für eine Lizenzausgabe zu erfüllen. Für die Vermutung von Hauptmann, dass konservativ gesinnte Aufsichtsräte die Entfernung der *Legende vom toten Soldaten* verlangt hätten und deshalb Kiepenheuer von der Veröffentlichung Abstand genommen hätte, gibt es keinerlei Belege (vgl. Knopf, S. 91f.). Der Verleger, mit dem B. ja später wieder bestes Einvernehmen erzielte, hätte sich in weltanschaulichen und künstlerischen Fragen keine Vorschriften machen lassen. Mit einem Brief vom 25. 3. 1926 gestattete das Haus Ullstein Kiepenheuer, 25 Exemplare vom bereits vorhandenen Satz der *Taschenpostille* für den Autor als unverkäuflichen Privatdruck herzustellen.

Im Februar 1926 übernahm der Ullstein-Konzern auch die Buch- und Bühnenrechte vom Drei Masken Verlag für *Trommeln in der Nacht*, *Dickicht* und vier Einakter für seine Verlage Propyläen und Arcadia. Im Propyläen-Verlag erschienen 1927 Buchausgaben der Stücke *Mann ist Mann* und *Im Dickicht der*

Städte, dieses mit der Anmerkung: »Die hier gedruckte Fassung ist die Bearbeitung des Stückes ›Im Dickicht‹, das 1922 in München und 1924 in Berlin aufgeführt wurde. Es ist meiner Frau Marianne Brecht gewidmet.« (Anmerkung am Schluss der Erstausgabe, Berlin 1927) Eine der vier beigegebenen Abbildungen »Städte- und Menschentypen aus den ersten Jahrzehnten des Jahrhunderts« ist ein Foto von Zoff, der er am 18. 9. 1921 geschrieben hatte: »Das Stück heißt ›George Garga oder das Dickicht‹ und es handelt nicht von uns, aber es ist eine einzige Liebeserklärung an Dich.« (GBA 28, S. 128f.) Beide Bücher sowie eine neue Auflage von *Trommeln in der Nacht* wurden in der hauseigenen Druckerei Ullsteinhaus gedruckt, während die Ausgabe der *Hauspostille* zunächst bei Jakob Hegner in Hellerau hergestellt, in einer Nachauflage dann noch einmal neu (mit kleineren Korrekturen) im Ullsteinhaus gedruckt wurde. B.s Wunsch, die Ausgabe großformatig, zweispaltig und mit roten Initialbuchstaben herzustellen, erfüllte der Verlag nicht; mit der Druckanordnung, einem zum Charakter der Lektionen passenden Schriftbild und dem Notenanhang konnte der Dichter dennoch mehr als zufrieden sein. Der mit Wirkung vom 1. 7. 1925 abgeschlossene Generalvertrag B.s wurde im Februar 1926 nach Klärung der ›Hauspostillen‹-Angelegenheit um ein Jahr und ein weiteres Mal am 18. 11. 1927 bis zum 30. 6. 1928 verlängert. Obwohl B. 1927 kein neues Werk mehr bei Ullstein einreichte, der Verlag offensichtlich mit der Verwaltung der erworbenen Buch- und Aufführungsrechte ausreichend versorgt war, erneuerten Emil Herz für den Verlag und B. ihr Abkommen am 27. 4. 1928: »Sollte am 30. Juni 1929 unser unverrechnetes Guthaben nicht mehr als Mark 12.000,– betragen, so verlängert sich das Abkommen zu den gleichen Bedingungen nochmals um ein weiteres Jahr, würde also dann bis zum 30. Juni 1930 laufen. Ebenso läuft das Abkommen um das folgende Jahr, also bis 30. Juni 1931 weiter, falls am 30. 6. 1930 unser unverrechnetes Guthaben nicht mehr als Mark 12.000,– beträgt.« (vgl. Davidis, Bl. 151)

Fünf Jahre bezog B. von Ullstein eine monatliche Rente von 600,– Mark. Fritz Sternberg schrieb in seinen Erinnerungen: »Brecht erzählte mir [...] seine Verpflichtung Ullstein gegenüber bestehe darin, daß er dem Verlag seine Werke in diesen fünf Jahren zum Druck gebe – jene, wohlgemerkt, die er allein schreiben würde. Ullstein könne den Profit aus diesen Büchern und den Profit aus den Theateraufführungen der Brechtschen Werke aufrechnen [...]. Aber weder die Brechtschen Bücher noch die Aufführungen waren damals ein finanzieller Erfolg. Brecht meinte, damit sei er wahrscheinlich einer der seltenen Fälle, in denen Ullstein von einem Autor ausgebeutet werde.« (Sternberg, S. 20)

Mahagonny / Dreigroschenoper

B.s spätere Bühnenerfolge, die für Kurt Weill geschriebenen Werke, hatten eben mehrere Verfasser, entsprachen nicht den im Generalvertrag festgelegten Bedingungen. Dass mehrere Verfasser beteiligt waren, hätte er auch in anderen Fällen leicht nachweisen können. Doch Ullstein verlangte keine Nachweise, man war allenfalls noch an dem Roman über den Boxer Paul Samson-Körner interessiert, der zu den 1926 auch in Hausmitteilungen des Verlags erwähnten Plänen zählte. Die ersten Kapitel der Fragment gebliebenen Lebensgeschichte des Boxers erschienen von Oktober 1926 bis Januar 1927 im Sport-Magazin *Die Arena*, dessen Schriftleiter Franz Höllering war, der den Lesern der Zeitschrift im Februar 1927 versicherte, B. arbeite »mit frischer Kraft« an der Fortsetzung. Dieses Projekt hatte B. inzwischen zugunsten der Einrichtung von *Mann ist Mann* für den Rundfunk und des Songspiels *Mahagonny*, das Kurt Weill als Beitrag für das Musikfest in Baden-Baden einreichen wollte, abgebrochen. Mit Genehmigung des Propyläen-Verlags erschien 1927 in Wien bei der Universal-Edition das Textbuch: *Mahagonny. Songspiel nach Texten von Bert Brecht. Musik von Kurt Weill. Gesangstexte entnommen aus B.s »Hauspostille«*. 1929/30 folgten bei der Universal-Edition drei Auflagen des Textbuchs der Oper *Aufstieg und Fall der Stadt Mahagonny* von Kurt Weill, Text von B. Die 2. Auflage brachte als Anhang noch die »Deutsche Fassung des Benares-Song (Nr. 19)« sowie einen Kommentar zum Personenverzeichnis, der für deutsche Aufführungen landesübliche Namen empfiehlt, statt Fatty: Willy, statt Jim Mahoney: Johann Ackermann, statt Jack O'Brien: Jakob Schmidt, statt Bill: Sparbüchsenheinrich (auch Heinz), statt Joe: Josef Lettner, genannt Alaskawolfjoe. In der 3. Auflage ist die Szene Nr. 16 unwesentlich geändert, sie beschließt jetzt mit »Laßt euch nicht verführen« den 2. Akt. Der 3. Akt beginnt mit Nr. 17, die in der früheren Fassung noch zum 2. Akt gehörte. Nr. 20 und Nr. 21 sind wesentlich umgearbeitet. Neben dem Textbuch veröffentlichte die Universal-Edition 1931 den Klavierauszug der Oper mit Text sowie im selben Jahr noch *Sechs ausgewählte Stücke aus der Oper Aufstieg und Fall der Stadt Mahagonny.*

Über B.s größten Erfolg vor 1933, *Die Dreigroschenoper*, wurde nie mit Ullstein verhandelt: Urheberrechtlich war es eben ein Stück nach dem Englischen des John Gay, übersetzt von Elisabeth Hauptmann, in der deutschen Bearbeitung von Bert Brecht. Hauptmanns und B.s Verlag für dieses Werk war Felix Bloch Erben in Berlin, Kurt Weills Verlag die Universal-Edition in Wien. Bis zur Premiere am 31. 8. 1928 im Theater am Schiffbauerdamm in Berlin gab es nur Typoskript-Exemplare. Das erste verbindliche Textbuch edierten Felix Bloch Erben und die Universal-Edition gemeinsam, vertrieben wurde es hauptsächlich vom Musikverlag, in dessen Wiener Druckerei Otto Maass' Söhne es auch gedruckt wurde, erstmals im Oktober 1928, unveränderte Nachauflagen wurden bis November 1929 hergestellt. Die dazu passende Klavierauszug-Ausgabe mit den 20 musikalischen Nummern, verfasst von Norbert Gringold, erschien ebenfalls im Oktober 1928, außerdem sechs Einzelausgaben von Songs. Noch 1928 belebte B. auch die Verbindung zu Kiepenheuer. Nicht die Universal-Edition sollte ein Textbuch der *Dreigroschenoper*-Songs vertreiben, sondern Kiepenheuer eine offizielle Buchhandelsausgabe in Umlauf bringen. Die erste Auflage erschien mit dem Copyright-Vermerk 1928 im Gustav Kiepenheuer Verlag Potsdam, gedruckt von der Hoboken Presse Charlottenburg. Das kleine Heftchen erwies sich als Renner, 1929, nachdem der Verlag seinen Sitz in die Hauptstadt verlegt hatte und nunmehr als Gustav Kiepenheuer Verlag Berlin firmierte, erzielte die Publikation bereits 25000 verkaufte Exemplare. Die Ausgabe *Die Songs der Dreigroschenoper* übernahm auch die Universal-Edition in ihren Vertrieb.

Nicht so sehr als Buchautor, sondern als multimediales Talent, das in Kooperation mit Künstlern wie Kurt Weill, Paul Hindemith, Hanns Eisler, Caspar Neher, George Grosz, Rudolf Schlichter, John Heartfield, Alfred Döblin, Erich Engel, Fritz Kortner, Alfred Braun oder Erwin Piscator im Theater, im Rundfunk, in Kabaretts, bei Sportveranstaltungen, in Zeitungen, Theaterheften, Ball-Almanachs, Literatur- und Sportmagazinen in Erscheinung trat, machte B. Furore und sorgte für Diskussionen, Polemik und Schlagzeilen. Gedicht-Wettbewerbe, Opernpremieren, Atelierbesuche, Sechstagerennen, Boxkämpfe, Musikfeste waren Anlässe für Balladen, Lieder, Libretti, Glossen und Essays. So mancher später berühmt gewordene B.-Text wurde an kurioser, aber durchaus ›populärer‹ und wirksamer Stelle erstmals gesprochen, gesungen und eben auch gedruckt. Und oft sind die ganz frühen Fassungen origineller, treffender, jedenfalls weniger glatt oder abgewogen. So findet sich zum Beispiel der Erstdruck des zum *Lesebuch für Städtebewohner* gehörenden Gedichts *700 Intellektuelle beten einen Öltank an* in dem Fest-Almanach *Prisma im Zenith* zum 10. Kostüm-Künstler-Karneval vom 3.–8. 2. 1928 in Hamburg, herausgegeben von Erich Engel und Paul Hamann. Das Gedicht schließt dort mit einer Vaterunser-Paraphrase: »Darum erhöre uns / Und erlöse uns von dem Übel des Geistes / Im Namen der Elektrifizierung / Des Fordschritts und der Statistik!« Nachdruckende Redakteure oder B.s Korrigierwille haben den ›Fordschritt‹ (Anspielung auf Henry Ford, den Erfinder des Fließbands) dann in

›Fortschritt‹ oder in ›Ratio‹ verwandelt. Oft erklären sich Änderungen auch durch die Funktion, die der Text im Zusammenhang haben soll: Wird er als Lied vorgetragen, ist es ein Rollengedicht oder reine Lyrik? Wer ist der Adressat? Wann ist »Laßt euch nicht verführen / Das Leben wenig ist« zu sagen angebracht und wann »Laßt euch nicht verführen / Daß Leben wenig ist«? Endgültige Klärungen gab es für B. nicht, er war Dichter und Stückeschreiber, kein Philologe. Die Lehrstücke, die er 1929 zu schreiben begann, für Aufführungen im Rahmen von Tagen neuer Musik bestimmt, für Radiohörer, Schulklassen und Arbeiterchöre, sollten wie die Künstler, die sie interpretierten, Lehrer und Lernende zugleich sein, und deshalb mussten besonders diese Texte ständig offen sein für Veränderungen.

Lehrstücke / *Versuche*

Das erste dieser Lehrstücke, *Lindbergh*, schrieb er mit Kurt Weill für die Kammermusiktage in Baden-Baden, für einige Nummern der Hörspiel-Präsentation komponierte auch Paul Hindemith eine Musik. Den Erstdruck eines unvollständigen Texts brachte das Magazin *Uhu*, eine Monatszeitschrift des Ullsteinkonzerns, im Aprilheft 1929: »Lindbergh. Ein Radio-Hörspiel für die Festwoche in Baden-Baden. Mit einer Musik von Kurt Weill.« Herausgegeben von der Künstlerischen Leitung der »Deutschen Kammermusik Baden-Baden«, erschien dann Ende Juli 1929 im Verlag der Zeitschrift *Musik und Theater* Berlin als Sondernummer das Programmheft zur Deutschen Kammermusik mit dem vollständigen Text: »Der Lindberghflug. Worte von Brecht. Musik von Hindemith und Weill«. Am Schluss des Textabdrucks ist vermerkt: »Die Nummern 1, 2, 3, 4, 6b, 9, 12 und 13 sind von Weill.« Bei späteren Aufführungen blieb die Musik von Hindemith unberücksichtigt. Weill schrieb auch für die Nummern 5, 6a, 8, 11, 14, 15, 16 die Musik. Lediglich die Nummer 7 dieser Fassung, *Das Wasserrauschen kommt näher* usw., gibt es nicht in der Partitur Weills. (In der definitiven *Versuche*-Fassung, die nicht der Partitur Weills entspricht, gibt es diesen Text wieder als mit *Wasser* betitelte Nr. 9.) Ebenfalls noch 1929 kam der Text *Lindberghflug* als Vorabdruck aus *Brecht, Versuche 1–3* (bei G. Kiepenheuer demnächst erscheinend) heraus, gedruckt bei Selmar Bayer, Berlin SO 36. Dieser Vorabdruck ist im großen und ganzen identisch mit der Partiturausgabe der Universal-Edition von 1930: *Der Lindberghflug. Worte von Brecht. Musik von Kurt Weill*. Lediglich in Nr. 13 wiederholt Weill die Schlusspassage des Chortexts Amerika von Nr. 8 »Wenn der Glückliche über das Meer fliegt ...« bis »Also glauben wir, dass der Glückliche ankommt«, jetzt von Lindbergh gesungen. Diese Fassung hatte unter der Regie von B. als Konzertaufführung am 5. 12. 1929 in Berlin Premiere. Die musikalische Leitung hatte Otto Klemperer. Für diese Aufführung schrieben B. und Peter Suhrkamp Anmerkungen, die dann auch als *Erläuterungen* dem späteren Druck in den *Versuchen* beigegeben wurden: »Der ›Lindberghflug‹ [...] besitzt keinen Kunstwert, der eine Aufführung rechtfertigt, die diese Schulung nicht bezweckt.« (*Versuche*, H. 1, S. 20) Suhrkamp, progressiver Pädagoge der Wickersdorfer Schulgemeinde, begeisterte sich für die Lehrstück-Überlegungen B.s und wurde dann auch zum Organisator der *Versuche*, wie B. die zum Gebrauch bestimmten Texte seiner Schreibwerkstatt jetzt nannte. Der Kiepenheuer-Verlag erklärte sich bereit, diese B.schen *Versuche* als Buchreihe zu publizieren. B., unterstützt von Suhrkamp, ›übte‹ sehr lange an Hand von Bürstenabzügen und Vorausdrucken, dabei Typografie, Zeilenabstände, Schriftarten, Satzspiegel ausprobierend. Das zunächst noch wechselnde äußere Erscheinungsbild der *Versuche* korrespondierte mit den zahlreichen Textvarianten.

Im Unterschied zum *Lindberghflug*, den auch Weill als ›work in progress‹ behandelte, zumal er sich zunächst experimentierend mit Hindemith die Komposition geteilt hatte, konnte B. das ebenfalls in Baden-Baden vorgestellte *Lehrstück* nicht mit Hindemith weiter entwickeln. Diese erste Fassung, die der Komponist 1929 bei Schott's Söhne in Mainz als Partitur-Ausgabe verlegen ließ, betrachtete B. als unabgeschlossen, er empfand sie im Nachhinein auch als zu missverständlich und distanzierte sich im Kommentar zum Abdruck seiner neuen Textfassung mit dem Titel *Das Badener Lehrstück vom Einverständnis* in Heft 2 der *Versuche* ausdrücklich von Hindemiths Erläuterungen zur Ausführung der Partitur, weil sie dem Stück nur einen experimentellen Schulungszweck rein musikalisch formaler Art zuwiesen. Eine wunderbare Gelegenheit, das im *Lindberghflug* und im *Lehrstück* aufgeworfene Thema des »Einverständnisses« konkretisierend aufzugreifen, ergab das Interesse Weills für das von Hauptmann übersetzte No-Stück *Taniko oder Der Wurf ins Tal*, das der zum B.-Kreis gehörende Dramaturg Hannes Küpper in seiner Essener Theaterzeitschrift *Der Scheinwerfer* abgedruckt hatte und das Weill nun B. als Grundlage für eine Schuloper vorschlug, deren Uraufführung die Musikabteilung des Zentralinstituts für Erziehung und Unterricht in Berlin veranstalten wollte und die termingerecht am 23. 6. 1930 auch stattfand. Der Erstdruck der Schuloper *Der Jasager* von B./Weill erfolgte im April 1930 in der Leipziger Zeitschrift *Die Musikpflege*; er ist identisch mit dem Abdruck im Programmheft der Uraufführung, dort mit dem Hinweis versehen »Vorabdruck aus Bert B.s ›Versuche‹ 4–6, Verlag Gustav Kiepenheuer, Berlin.« Gleichzeitig erschien mit unwesentlichen Varianten als *Versuche 10* der erste Separatdruck *Aus dem 4. Heft »Versuche«* im Kiepenheuer Verlag. Er entspricht der Ausgabe des Gustav Brecher gewidmeten Klavierauszugs mit Text, veröffentlicht 1930 von der Universal-Edition Wien: *Der Jasager. Schuloper in zwei Akten. Nach dem japanischen Stück Taniko – englisch von Arthur Waley, deutsch von Elisabeth Hauptmann – von Brecht. Musik von Kurt Weill.* Nach Diskussionen mit Schülern und auf Grund von Kritiken korrigierte B. wiederum wichtige Details seines Texts. Diese Korrekturen, die Missverständnisse ausmerzen sollten, wurden in der Nachauflage des Separatdrucks im Kiepenheuer-Verlag umgesetzt, dieses Mal als *Versuche 8* bezeichnet, mit dem Zusatz »Aus dem 4. Heft der ›Versuche‹«. Obwohl der Text nicht identisch war mit dem der Partiturausgabe, wurde er von der Universal-Edition als Textbuch vertrieben. Vergeblich bemühte sich B., Weill wieder in den Prozess der Weiterentwicklung der Schuloper einzubeziehen, denn parallel zur Überarbeitung des aufgeführten Textes schrieb er nun auch noch *Der Neinsager* und empfahl den Ausführenden im Kommentar zum definitiven Abdruck in Heft 4 von *Versuche 11–12*, Berlin 1931, die zwei kleinen Stücke »womöglich nicht eins ohne das andere« (GBA 3, S. 58) aufzuführen, weil sie einander nicht ausschlössen, sondern sich ergänzten. *Der Neinsager* war also nicht das zu dem von Weill vertonten *Jasager* passende Stück. B.s Änderungsimpulse empfand nun auch Weill als zu sprengend für seinen Werkbegriff. Seit kurzem aber hatte B. in Hanns Eisler einen gesellschaftspolitisch mit ihm konform gehenden Musiker gefunden, mit dem er *Die Maßnahme* erarbeitete, das Drama der Zuspitzung des Einverständnis-Konflikts des Individuums mit den Interessen des Kollektivs. Als Separatdruck erschien *Die Maßnahme* 1930 als *Versuche 9* mit der Angabe »Aus dem 4. Heft der ›Versuche‹« im Kiepenheuer Verlag, eine Fassung, die B. ebenfalls für den Abdruck im definitiven Heft 4 der *Versuche 11–12* mit vielen Änderungen versah, als Reaktion auf die Aufführung und die heftige Kritik sowohl von kommunistischer als auch von reaktionärer Seite.

Ende 1930 erschienen zwei Hefte der Reihe der *Versuche*. Vom ersten Heft *Versuche 1–3* gab es zwei Varianten: 1. das 44 Seiten umfassende Heft war noch ein bei der Hobokenpress hergestellter Probedruck, an dessen Paginierung zwar die folgenden Hefte der Reihe anknüpfen, dessen Schriftbild und Textanordnung aber wieder geändert wurden; 2. das nur 35 Seiten umfassende, nun aber typografisch für die Reihe verbindliche Heft, wie alle späteren *Versuche* bis 1933 bei der Firma Otto von Holten gedruckt.

Heft 1 enthielt die jüngste Version des Radiolehrstücks *Lindberghflug*, nunmehr *Der Flug der Lindberghs* genannt, mit Verfasserangabe Brecht/Hauptmann/Weill, gefolgt von den im Inhaltsverzeichnis *Radiotheorie* genannten Erläuterungen, jetzt namentlich gezeichnet von B./Suhrkamp, danach *Geschichten vom Herrn Keuner* und abschließend *Fatzer, 3*, ein Auszug aus dem Stückvorhaben *Untergang des Egoisten Johann Fatzer*. Heft 2, die *Versuche 4–7*, brachte den überarbeiteten Text der Oper *Aufstieg und Fall der Stadt Mahagonny*, verfasst von Brecht/Hauptmann/Caspar Neher/Weill, daran anschließend *Anmerkungen zur Oper »Aufstieg und Fall der Stadt Mahagonny«* von B./Suhrkamp, dann zehn Gedichte *Aus dem Lesebuch für Städtebewohner* und abschließend die bereits erwähnte neue Fassung des *Lehrstücks, Das Badener Lehrstück vom Einverständnis*, gezeichnet von B./Dudow/Hauptmann, mit dem Hinweis »zu einigen Teilen existiert eine Musik von Paul Hindemith«. Beiden Heften wie auch den künftigen war ein Inhaltsverzeichnis mit knapp informierenden Angaben zum Werkcharakter vorangestellt.

Im Jahr 1931 veröffentlichte der Verlag Gustav Kiepenheuer zwei weitere Hefte: Heft 3, die *Versuche 8–10*, brachte eine von den früheren Drucken stark abweichende Neufassung der *Dreigroschenoper* als Versuch im epischen Theater, mit Verfasserangabe B./Hauptmann/Weill; gefolgt von *Anmerkungen zur Dreigroschenoper*; danach *Die Beule. Ein Dreigroschenfilm*, gezeichnet von B./Dudow/Lania/Caspar Neher; abschließend *Der Dreigroschenprozeß. Ein soziologisches Experiment*, die Dokumentation der gescheiterten Bemühungen B.s, die Herstellung des Films im Sinn seines Entwurfs zu einem Drehbuch und seiner Vorschläge zu beeinflussen. Heft 4, die *Versuche 11–12* brachte die Schuloper *Der Jasager und Der Neinsager* und *Die Maßnahme*. (Ausgeliefert wurde das Heft erst im Dezember 1932.) Die Reihe fortsetzend erschienen Ende 1932 die Hefte 5 und 6 als *Versuche 13* und *Versuche 14*. Heft 5 enthielt, entstanden aus dem Stück *Happy End* von Hauptmann (zu dem B. die Songs beigesteuert hatte), das Schauspiel *Die heilige Johanna der Schlachthöfe*, mit Verfasserangabe B./Borchardt/Burri/Hauptmann, sowie, anknüpfend an die in Heft 1 gedruckte Zusammenstellung, *Geschichten vom Herrn Keuner*; Heft 6 brachte das Kinderbuch *Die drei Soldaten*, mit Zeichnungen von George Grosz. Die letzte Buchpublikation B.s, bevor er Ende Februar ins Exil ging, war das Anfang 1933 fertiggestellte Heft 7, die *Versuche 15/16*, enthaltend das ein Jahr zuvor mit Helene Weigel uraufgeführte Schauspiel *Die Mutter* nach Gorki, mit Verfasserangabe B./Eisler/Weisenborn, dazu Anmerkungen, in denen sich B. auch ausführlich mit den Rezensionen der Aufführung auseinander setzt; am Schluss des Hefts noch zwei Gedichte, *Geschichten aus der Revolution*. Dem Wunsch B.s, zusammen mit dem Text auch die Partitur von Eislers Musik zur *Mutter* in die *Versuche* aufzunehmen, konnte aus Kostengründen nicht entsprochen werden. Das ebenfalls noch zur Publikation für 1933 geplante Heft 8 der *Versuche* lag teilweise schon im Umbruch vor, wurde aber infolge der eingetretenen Ereignisse nicht mehr fertiggestellt. Es enthielt das aus einer für die Berliner Volksbühne geplanten *Maß für Maß*-Bearbeitung entstandene Schauspiel *Die Spitzköpfe und die Rundköpfe*, mit Verfasserangabe: B./Burri/Hauptmann, das, wie *Die heilige Johanna der Schlachthöfe*, in Deutschland nicht mehr zur Aufführung gelangte.

In einem Bücherverzeichnis kündigte der Verlag Gustav Kiepenheuer die *Versuche* entsprechend den Wünschen B.s als alle Medien berücksichtigendes gesellschaftliches Pädagogikum an: »Wir veröffentlichen hiermit eine Folge von Arbeiten B.s auf dem Gebiete der Schaubühne, des Radios, der Oper, des Tonfilms und der Theorie. Bert Brecht versucht, diese Gebiete einer kollektiven Pädagogik unterzuordnen.« (Zit. nach: Hecht, S. 319) Das öffentliche Echo auf diese ungewöhnliche und völlig neuartige Publikationsform blieb aus, das Gros der Hefte kam ja schon in einer Zeit heraus, in der im Westen vergleichbar experimentell arbeitende Autoren wie Carl Einstein, William C. Williams oder James Joyce zu den Abseitigen gehörten, während im Osten operative Ästhetiken und multimediale Poetiken, wie sie Tretjakow, Majakowski, Eisenstein, Meyerhold, Sklovskij oder Franz Jung entwickelten, dem Verdikt der auf den sozialistischen Realismus eingeschworenen Literaturfunktionäre verfielen. Der größere Teil der Hefte der *Versuche* war noch nicht verkauft, als die Nazis an die Macht kamen. Da der Verlag wegen des Verbots der meisten seiner Autoren in geschäftliche Schwierigkeiten geriet, stellte Kiepenheuer Antrag auf Eröffnung des gerichtlichen Vergleichsverfahrens zur Abwendung des Konkurses, die Aktiengesellschaft wurde liquidiert (vergl. Fritz H. Landshoff, S. 26-30). Die noch zahlreich vorhandenen Bestände der Hefte 1, 4, 5, 6 und 7 wurden zur »ramschmäßigen Verwendung« (Hecht, S. 417) nach Wien abgegeben, der Käufer, der B. Exemplare zum Nettopreis anbot, bemühte sich danach um die Rechte für einen fotomechanischen Nachdruck des vergriffenen Hefts 3 (*Dreigroschenoper*), was der Stückeschreiber aber ablehnte.

B. betrachtete die Publikationsform seines Werks in Gestalt der *Versuche* als optimal und erachtete sie als das Pendant zu seinen Versuchen, ein episches Theater auf der Bühne zu etablieren, wie es ihm zuletzt mit Aufführungen wie *Die Maßnahme*, *Mann ist Mann* und *Die Mutter* gelungen war. Dass er erst 16 Jahre später an die unfreiwillig abgebrochenen *Versuche* anknüpfen konnte, ahnte er 1933 keineswegs. Auf dem Theater erwies sich 1949 eine Fortsetzung als nicht machbar, als Regisseur musste er wieder ›ganz von vorne‹ anfangen, die Basis für eine Theaterarbeit schaffen, die der anderen Zeit und dem neu zu formierenden Ensemble Rechnung trug. Die Reihe der *Versuche* aber setzte er mit Suhrkamp fort, der in der Nazizeit als eine Art ›Statthalter‹ den Verlag S. Fischer für dessen Erben am Leben erhielt, dem aber der gebührende Dank für diese Tätigkeit verwehrt wurde, sodass er sich 1950 selbstständig machen musste und den Autoren die Entscheidung überließ, ob sie künftig bei S. Fischer oder im Suhrkamp Verlag verlegt sein wollten. B. hatte schon 1946 von Amerika aus wieder Kontakt zu Suhrkamp gesucht und ihn gebeten, sich der Sache seiner Aufführungsrechte in Deutschland anzunehmen. Im »Suhrkampverlag vormals S. Fischer« erschien 1949 in gleicher Ausstattung wie die alten Ausgaben Heft 9, die *Versuche 20/21*, mit dem Erstdruck von *Mutter Courage und ihre Kinder* und dem 1934 verfassten Essay *Fünf Schwierigkeiten beim Schreiben der Wahrheit* sowie 1950 Heft 10, die *Versuche 22-24*, enthaltend die Komödie *Herr Puntila und sein Knecht Matti*, Notizen zur Zürcher Uraufführung, das *Puntilalied* nebst Notenanhang von Paul Dessau, sodann 1940 geschriebene Anmerkungen zum Volksstück, gefolgt von der *Straßenszene*, dem *Grundmodell einer Szene des epischen Theaters*. Weiterhin eine Auswahl *Chinesischer Gedichte* und abschließend das 1930 verfasste Lehrstück für Schulen *Die Ausnahme und die Regel* (Mitarbeit: Hauptmann/Burri). Die Redaktion der Hefte lag von Heft 10 an in Händen von Elisabeth Hauptmann. Das letzte, Heft 15, kam 1957 heraus und wurde eröffnet von der Notiz: »Ohne Brecht können die ›Versuche‹, die den Experimentalcharakter der in ihnen enthaltenen Arbeiten betonen, nicht fortgesetzt werden. Heft 15 war das letzte der Reihe; es wurde noch gemeinsam mit B. zusammengestellt.« Heft 11 (1951), die erste B.-Veröffentlichung im nunmehr von S. Fischer losgelösten Suhrkamp Verlag, brachte den Erstdruck des *Hofmeisters* und das Hörspiel *Das Verhör des Lukullus*, außerdem *Studien* und Übungsstücke für Schauspieler; Heft 12 (1953) brachte erstmals *Der gute Mensch von Sezuan* (Mitarbeit: Berlau/Steffin), gefolgt vom *Kleinen Organon für das Theater*; Heft 13 (1953) enthielt das Schauspiel *Der kaukasische Kreidekreis*, den Essay *Weite und Vielfalt der realistischen Schreibweise* und einige der 1953 geschriebenen *Buckower Elegien*; Heft 14 (1955) brachte erstmals *Leben des Galilei*, Gedichte aus dem *Messingkauf* und das 1934 mit Steffin verfasste Lehrstück über Dialektik für Kinder, *Die Horatier und die Kuriatier*. Das schon erwähnte letzte Heft *Versuche 29/37* brachte den Erstdruck von *Die Tage der Commune* (Mitarbeit: Berlau), unter dem Titel *Die Dialektik auf dem Theater* Schriften zur Klärung des Begriffs »episches Theater«, ferner Teile der Eislerschen Musik zu *Leben des Galilei* sowie drei Reden und zwei offene Briefe B.s. Komplettiert wurde die Reihe schließlich 1959 durch die Neuauflage der *Versuche*, Heft 1–8, in zwei Büchern.

Exil

B.s erste Buchpublikation im Exil war die im April 1934 bei der Editions du Carrefour in Paris verlegte Gedichtsammlung *Lieder Gedichte Chöre – mit 32 Seiten Notenbeilage* von Hanns Eisler. In Abstimmung mit dem Komponisten, den er in diesem Fall als Ko-Autor betrachtete, hatte er die Zusammenstellung seiner Mitarbeiterin Steffin überlassen. Als Lektor des Verlags, der von dem kommunistischen Pressezar Willi Münzenberg als antihitlerisches Publikationsforum für die emigrierte politische Linke gegründet wurde, war Alexander Abusch ihr Verhandlungspartner. Es war ein Gedichtbuch nach B.s Geschmack, es war für den Gebrauch bestimmt und konnte von den Spieltrupps, Sängern und Chören der sozialistischen Internationale bei Versammlungen, Agitationsforen und für Sendeprogramme benutzt werden. Darauf bedacht, den Svendborger Schornstein auch zum Rauchen zu bringen, war B. bestrebt, seine vertraglichen Verlagsverhältnisse zu klären und mit seiner schriftstellerischen Arbeit neue Geldquellen zu erschließen. Vom Kiepenheuer-Verlag, der seine Bücher nicht mehr verkaufen durfte, erbat er sich die Rechte zurück und erhielt sie auch, das Verhältnis zu Ullstein blieb ungeklärt, es ›ruhte‹, und da dieses Unternehmen ›arisiert‹ wurde, gaben sich beide Vertragspartner damit zufrieden, dem anderen gegenüber keine Ansprüche geltend zu machen. Komplizierter war das Verhältnis zum Bühnenvertrieb Felix Bloch Erben, von dem B. seit Mai 1929 eine monatliche Rente bezog, die am Anfang auch problemlos mit den *Dreigroschenoper*-Erlösen verrechnet werden konnte. B. hatte die Vertragsbedingungen insofern längst erfüllt, als er Bloch Erben seine neuen Stücke *Die heilige Johanna der Schlachthöfe* und *Die Spitzköpfe und die Rundköpfe* (bereits in einer Fassung, die noch *Die Salzsteuer* hieß) übergeben hatte. Dass der Verlag die Aufführung dieser Werke nicht erreichen konnte, weigerte sich B. auf seinem Schuld(en)konto verbuchen zu lassen. Die Rechtsabteilung des Bühnenvertriebs warf dem Autor vor, »keine verwertbare« literarische Arbeiten produziert zu haben (GBA 28, S. 692), also keine geeigneten Stücke; ein harmloses, eben unpolitisches Lustspiel glaubte man offenbar, wäre gewiss von den Bühnen angenommen, notfalls unter Pseudonym gespielt worden. B. entgegnete, seine sämtlichen, literarischen Tätigkeiten und sein Ansehen als Schriftsteller seien dem Verlag durchaus zugute gekommen. Der abgeschlossene Vertrag hätte für die Zeitdauer von sieben Jahren mindestens drei Stücke vorgesehen, innerhalb von vier Jahren hätte er doch immerhin zwei übergeben. »Gegen diese haben Sie keinen Einspruch erhoben, als ich sie ablieferte. Sie sind meine Hauptarbeiten während dieser Zeit, und ich habe große Sorgfalt auf sie verwendet [...]. Was die von Ihrem Verlag an mich bezahlte Rente betrifft, so kann sie nicht anders als aus den beiden Stücken genommen werden. Noch in unserer letzten Unterredung sagten Sie mir ganz klar, daß bei einem Aufhören der Rente ›selbstverständlich‹ mir die Verfügung meines weiteren Schaffens (von dem ich ja leben muß) übertragen werden müsse. Auch die Einnahmen aus der ›Dreigroschenoper‹ sollten nur für die weitere Rentenzahlung verwendet werden, das sagten Sie ausdrücklich.« (GBA 28, S. 364f.) B. schlug Fritz Wreede eine mündliche Unterredung in Dänemark vor, um »eine halbwegs befriedigende Lösung der hauptsächlichen Schwierigkeiten« (S. 368) zu finden. Bloch Erben hatte 1933 einerseits die regelmäßigen Zahlungen eingestellt, wollte aber andererseits nicht auf die Wahrnehmung der Auslandsrechte verzichten, und B. war gegenüber dänischen Theatern, die für *Die Dreigroschenoper* die Tantiemen nach Nazideutschland überwiesen, einigermaßen ungehalten. Da dem Stückeschreiber aber klar war, dass bei Aufführungen seiner Stücke, wenn sie denn überhaupt auf die Bühne gelangten, kaum mehr mit Einnahmen gerechnet werden konnte, war er für die Anregung Hermann Kestens, doch einen Roman zu schreiben, sehr dankbar. Dass B. den ursprünglich von ihm veranschlagten Umfang von 150–180 Seiten unerwartet überzog und schließlich ein fast 500 Seiten umfassendes Buch entstand, war allen Beteiligten, auch dem Verleger, nur recht. Nach Erledigung der Schlusskorrekturen in Svendborg bat B. am 28. 8. 1934 um Auszahlung der letzten Rate seines Vorschusses in holländischen Gulden. Ende Oktober erschien die Erstausgabe des *Dreigroschenromans* im Verlag Allert de Lange in Amsterdam, das Buch erhielt ein größtenteils sehr positives Presseecho, verkaufte sich in der Erstauflage (2000 Ex.) allerdings nur schleppend.

Als Resultat seines Aufenthalts in Moskau im Frühjahr 1935 und des von der Verlagsgenossenschaft Ausländischer Arbeiter (VEGAAR) veranstalteten B.-Abends in einem Moskauer Club, kam es im November 1935 zu einer weiteren deutschsprachigen Ausgabe (5000 Exemplare) des *Dreigroschenromans* bei der VEGAAR Moskau-Leningrad. Eine russische Übersetzung des Romans erschien 1937 im Moskauer Staatsverlag. Bereits im April 1935 erschien eine dänische Übersetzung des Romans von Johannes Weltzer (Verse übersetzt von Otto Gelsted) im Steen Hasselbalchs Forlag: *Kun i velstand har man det rart*. Anfang 1937 erschien in London die englische Ausgabe *A Penny for the Poor*, translated from the German by Desmond I. Vesey, Verses by Christopher Isherwood, im Verlag Robert Hale. Die amerikanische Ausgabe folgte 1938 im Verlag Hillman-Curl, New York.

Die Malik-Ausgabe

Freunde berichteten zwar B. gelegentlich, Exemplare seiner *Versuche* in Wiener Antiquariaten oder einem Zürcher Kaufhaus entdeckt zu haben, aber Genugtuung, dass seine Stücke verfügbar wären und Interesse wecken könnten, empfand er dadurch nicht. So war er höchst angetan, mit Wieland Herzfelde, dem Malik-Verleger, über die Möglichkeit einer Ausgabe seiner Dramen ins Gespräch zu kommen. Ende September 1934 reiste Herzfelde nach Dänemark, um mit B. Verhandlungen zu führen und einen Vertrag abzuschließen. Man plante drei Bände *Gesammelte Werke*, welche die Stücke seit der *Dreigroschenoper* enthalten sollten, und zu jedem Band sollte Grosz acht Illustrationen beisteuern. Die Malik-Ausgabe ließ sich erst 1938 und nur ohne die Mitarbeit von Grosz realisieren; zunächst aber war Herzfelde zuversichtlich, sozusagen die *Versuche* fortführen und sie in vielen Länder verbreiten helfen zu können. Besonders in Amerika hoffte er, einen B.-Markt schaffen zu können und bezog praktischerweise schon einmal Elisabeth Hauptmann in seine Pläne mit ein. Sein Firmensitz war London, Herstellungsort der Bücher seines Verlags, die von der Druckerei Heinr. Mercey Sohn oder von Parteibetrieben in der Sowjetunion gedruckt wurden, war Prag.

Die Finanzierung der Ausgabe war in Kooperation mit dem sowjetischen Verlag VEGAAR gedacht, der die Stücke in Einzelausgaben publizieren sollte. Wie bei B. meistens üblich, verzögerte sich das Erscheinen, wenn die Probleme seitens des Verlags gelöst waren, durch die Neubearbeitung der Texte; jede Lektüre eines eigenen Texts veranlasste B. zu Änderungen. Nur zwei der am Ende auf vier Bände gewachsenen Malik-Ausgabe erschienen gerade noch rechtzeitig vor dem Einmarsch der Deutschen, die Druckstöcke von Band 3 wurden von Nazis vernichtet. Band 1 der in einer Auflage von 2000 Exemplaren gedruckten *Gesammelten Werke* enthielt weniger bis stark veränderte Neufassungen von *Die Dreigroschenoper, Aufstieg und Fall der Stadt Mahagonny, Mann ist Mann* und *Die heilige Johanna der Schlachthöfe*, jeweils um Anmerkungen zum Stück ergänzt; Band 2 brachte *Die Rundköpfe und die Spitzköpfe* (die für Per Knutzon in Kopenhagen hergestellte Neufassung von *Die Spitzköpfe und die Rundköpfe*), *Die Mutter, Der Jasager* und *Der Neinsager, Die Ausnahme und die Regel, Die Horatier und die Kuriatier, Die Maßnahme* und *Die Gewehre der Frau Carrar*.

Als »in Vorbereitung« wurden für Band 3 weitere Bühnenwerke, nämlich *Deutschland – Ein Gräuelmärchen* (d.h. *Furcht und Elend des III. Reiches*) sowie die frühen Stücke angekündigt, Band 4 sollte *Gesammelte Gedichte* enthalten. Als Sonderdruck bzw. Einzelausgaben erschienen im Dezember 1937 *Die Gewehre der Frau Carrar* (mit dem vorangestellten, Weigel gewidmeten Gedicht *Die Schauspielerin im Exil*) und im März 1938 *Die Dreigroschenoper*. In dänischer Übersetzung von Berlau (das Weigel gewidmete Gedicht übersetzte Gelsted) erschien das Stück auch in Kopenhagen als Band 1 einer *Diderot-Bibliothek*. Als Vorabdruck aus dem weiterhin als »in Vorbereitung« angezeigten vierten Band der *Gesammelten Werke* veröffentlichte B. mit der Angabe »Malik-Verlag London« im Frühjahr 1939 die mit Steffin zusammengestellte Auswahl von im Exil entstandener Lyrik, die *Svendborger Gedichte*. Mit Hilfe von Berlau wurde der Band noch in der Kopenhagener Druckerei Universal Trykkeriet hergestellt, als B. bereits auf der Flucht vor den in Dänemark Einzug haltenden Nazis nach Stockholm übergesiedelt war.

Herzfelde machte brieflich Vorschläge für die Gestaltung und den Vertrieb der Gedichtsammlung. Der in einer Auflage von 1000 Exemplaren gedruckte Band enthielt die Angabe: »Das Buch ist herausgegeben unter dem Patronat der Diderot-Gesellschaft [eine Initiative B.s, die nur auf dem Papier existierte] und der American Guild for German Cultural Freedom.« (GBA 12, S. 353) An den Repräsentanten der American Guild, Hubertus Prinz zu Löwenstein, schrieb B. erklärend, er habe den Namen der Hilfsorganisation erwähnt, »da ja auch sie mir schon geholfen hat und jetzt wieder hilft, etwas so Uneinträgliches wie antifaschistische Gedichte zu schreiben« (GBA 29, S. 146f.).

Alle damaligen verlegerischen Vorhaben von Herzfelde, der 1939 nach Amerika übersiedelte, zerschlugen sich. Das ursprünglich für den 3. Band vorgesehene *Gräuelmärchen* gehörte dann, in geänderter, um einige Szenen gekürzter Fassung, als *Furcht und Elend des III. Reiches (24 Szenen)* zu den ersten Büchern seines in New York 1945 gegründeten Aurora Verlags. Diese Ausgabe war dann B.s erste Publikation in Deutschland nach dem zweiten Weltkrieg, da der Aufbau-Verlag in Berlin 1948 die Veröffentlichungen des Aurora-Verlages als Aurora-Bücherei herausbrachte.

Gedichte, Lieder, Szenen und zahlreiche Vortragsmanuskripte B.s erschienen in fast allen wichtigen Zeitschriften des deutschsprachigen Exils, die Verbreitung seiner Buchveröffentlichungen blieb, mit Ausnahme des *Dreigroschenromans*, auf einen kleinen Abnehmerkreis beschränkt. Für die *Svendborger Gedichte* etwa hatte Herzfelde eine Subskriptionsliste versandt, um im Voraus eine verlässliche Auswahl fester Abnehmer zu haben. Mehr Wirkung hatten die Zeitschriftenbeiträge, weil die Abonnenten die Hefte in der Regel weitergaben und von zahlreichen Lesern Abschriften angefertigt wurden.

Sehr bekannt wurden ein Sonderdruck der in Prag gedruckten *Neuen Deutschen Blätter* mit dem Entwurf der Rede B.s auf dem Internationalen Schriftstellerkongress 1935 in Paris: *Eine notwendige Feststellung zum Kampf gegen die Barbarei* sowie die ebenfalls 1935 verfasste Schrift *Fünf Schwierigkeiten beim Schreiben der Wahrheit*, die von der in Paris erscheinenden Zeitschrift *Unsere Zeit* veröffentlicht und vom Schutzverband Deutscher Schriftsteller als Sonderdruck hergestellt wurde »zur Verbreitung in Hitler-Deutschland«. Getarnt u.a. als Satzungen des Reichsverbandes Deutscher Schriftsteller oder mit dem Umschlag »Praktischer Wegweiser für Erste Hilfe« versehen, wurde dieser Druck in Umlauf gebracht.

Von 1936–1939 erschien in Moskau die Zeitschrift *Das Wort*, für die B. gemeinsam mit Willi Bredel und Lion Feuchtwanger als Redakteur zeichnete, ohne auf das Erscheinen ihm unliebsamer Beiträge Einfluss nehmen oder verhindern zu können. Den Druck eines *Pariser Briefes* von Walter Benjamin konnte B. veranlassen, einen Essay wie *Das Kunstwerk im Zeitalter seiner technischen Reproduzierbarkeit* vermochte er nicht durchzusetzen. Obwohl er sich über die redaktionellen, also auch ihm anzulastenden, nicht gezeichneten Beiträge maßlos ärgerte und die Texte der sogenannten Expressionismusdebatte dumm und reaktionär fand, scheute er sich vor dem Affront, seinen Namen zurückzuziehen. Nicht zuletzt fürchtete er, seinen Einfluss und Publikationsmöglichkeiten in der Sowjetunion ganz zu verlieren. B.s Förderer und erster Übersetzer in der Sowjetunion, Tretjakow, geriet zunehmend in Schwierigkeiten und fiel 1939 im Gefängnis der Stalin'schen Vernichtungsmaschinerie zum Opfer. Er hatte *Die heilige Johanna der Schlachthöfe*, *Die Mutter* und *Die Maßnahme* übersetzt, die 1934 in Moskau und Leningrad als *Epische Dramen* erschienen waren. Der Druck seines im *Wort* schon angekündigten Porträts des Komponisten Eisler musste unterbleiben. B. wusste, weshalb er sein weiteres Exil in die Vereinigten Staaten verlegte. Um dorthin zu gelangen, musste er 1941 den Weg über die Sowjetunion nehmen, weil alle finnischen Häfen bereits von den Nazis kontrolliert wurden.

In Russland und Amerika gedruckte Ausgaben

1941 erschien im Moskauer Verlag Mezhdunarodnaya Kniga eine deutschsprachige Ausgabe von *Furcht und Elend des III. Reiches* mit 15 Szenen, ohne die als verbindende Rahmen-Vorsprüche gedachte vorangestellte *Deutsche Heerschau*, dafür mit im Anhang gedruckten Versen aus der *Kriegsfibel 1937*, und 1942 brachte Mezhdunarodnaya Kniga (International Book) auch eine englische Übersetzung dieser Ausgabe in einer Auflage von 15500 Stück heraus: *Fear and Misery in the Third Reich*. Im amerikanischen Exil schrieb B. eine die Szene *Die Internationale* wesentlich verändernde neue Szene *Moorsoldaten*, die er für die neue Fassung, gedacht als »Bühnenbearbeitung für Amerika«, verwendete und die Eric Bentley, assistiert von Hauptmann, Ende 1943 ins Englische übersetzte. Sie wurde unter dem Titel *The Private Life of the Master Race. A Documentary Play* im September 1944 vom New Yorker Verlag New Directions als Buch publiziert und enthielt 17 der ursprünglich 28 Szenen; als Anhang folgte ein Essay über B. von Bentley. Der Verlag New Directions hatte bereits 1941 in der Übersetzung von H.R. Hays *Mother Courage* herausgebracht sowie 1943 in der Reihe *The Poets of the Year*, ebenfalls in der Übersetzung von Hays, *The Trial of Lucullus. A Play for the Radio*. Hays war auch der Initiator und Übersetzer einer Sammlung *Selected Poems*, die er in Absprache mit B. in einer zweisprachigen Ausgabe 1947 im New Yorker Verlag Reynal & Hitchcock herausbrachte.

Auf die amerikanische Theaterpraxis hatten die Buchausgaben kaum einen Einfluss, wenn sich tatsächlich eine Aufführungschance ergab, war sie meistens mit dem Wunsch verbunden, eine neue Übersetzung ins Spiel zu bringen. Buchrechte waren noch lange keine Aufführungsrechte. Das einzige Land, in dem in der Exilzeit B.-Aufführungen zwar auch keine großen Summen einbrachten, aber doch künstlerisches Gewicht und eine gewisse politische als auch intellektuelle Ausstrahlung hatten, war die Schweiz, wo vor allen Dingen am Schauspielhaus Zürich, dieser mit guten Schauspielern reich bestückten ›Emigrantenbude‹, drei ›aktuelle‹ Stücke B.s 1941–1943 zur Uraufführung gelangten: *Mutter Courage und ihre Kinder*, *Der gute Mensch von Sezuan* und *Leben des Galilei*.

Für die Verbreitung der Texte sorgten hauptsächlich der Dramaturg Kurt Hirschfeld, der Bühnenbildner Teo Otto und der Basler Theologe Fritz Lieb, den B. in Paris als Freund Walter Benjamins kennen gelernt hatte und der zu den ›Adressen‹ zählte, an die B. Typoskript-Exemplare schickte. Der in die Schweiz emigrierte Regisseur Gustav Hartung empfahl B. als Agenten Kurt Reiss in Basel, der dann die geschäftliche Seite des Bühnenvertriebs für die Schweiz übernahm. Besonders 1945/46 erwachte in Zürcher Studentenkreisen und bei den jungen Schriftstellern und linken Künstlern der Schweiz ein lebhaftes Interesse für B. Durch Verbindungen von Mezhdunarodnaya Kniga (Das internationale Buch) zum Schweizer Ring Verlag waren auch Exemplare von *Furcht und Elend des III. Reiches* in die Schweiz gelangt. In einer *Schriftenreihe der Vereinigung Kultur und Volk Zürich*, die im Basler Mundus-Verlag verlegt wurde, erschien 1943 ein Neudruck der von B. und Steffin 1940 für den Moskauer Verlag übersetzten Erinnerungen *Die Kindheit* von Martin Andersen-

Nexö, und der Mundus Verlag gab 1946 einen (nach der Malik-Ausgabe als Vorlage benutzten) Neudruck des Lehrstücks *Die Mutter* heraus, mit einem »die Einzigartigkeit dieses deutschen Dichters und Dramatikers« skizzierenden Vorwort von Karl Götting, ein Pseudonym, hinter dem sich der Schauspielhaus-Dramaturg Kurt Hirschfeld verbarg, bzw. verstecken musste, um bei der Fremdenpolizei nicht neuerdings anzuecken.

Der Neuanfang

Zurück in Europa versuchte B., die Aufführungen seiner Stücke und die Bitten um Aufführungsgenehmigungen eher zu bremsen als zu fördern, weil er es für nötig hielt, auf die Inszenierungen Einfluss zu nehmen, seine Stücke nicht achtlos einfach auf den Markt zu werfen. Die gedankenlosen *Dreigroschenoper*-Aufführungen nach dem Krieg ärgerten ihn nicht nur der politischen Inopportunität wegen und weil er sicher war, wesentlichere Stücke im Gepäck zu haben, sondern auch aus dem simplen Grund, dass hier ein Verlag (Felix Bloch Erben) weiterhin versuchte, vor 1933 geleistete Vorschusszahlungen zu verrechnen, nachdem er schon in den Nazijahren Auslandsrechte geltend gemacht und B.s Anteil einbehalten hatte. Erst 1949/50 kam es zu einer Einigung mit Bloch Erben, der die *Dreigroschenoper*-Rechte schließlich an den Suhrkamp Verlag abtrat. Ein anderer Urheberrechtsstreit entbrannte um den *Dreigroschenroman*. Als B. in die Schweiz kam, entstand, durch Jacob Geis vermittelt, ein Kontakt zum Münchner Verleger Kurt Desch. Nach der von B. inszenierten Uraufführung seiner Komödie *Herr Puntila und sein Knecht* (der Matti kam erst wieder bei der Premiere am Berliner Ensemble hinzu) gab es aus Deutschland viele Anfragen und Nachspielwünsche, sodass B. den Desch Verlag als Agentur wählte und ein Textbuch herstellen ließ, das Ende 1948 zum Versand kam: *Herr Puntila und sein Knecht. Nach Erzählungen der Hella Wuolijoki. Komödie in 9 Bildern.*

Desch hatte gute Beziehungen zu den Alliierten und dadurch keine Schwierigkeiten, Lizenzen und Papier zu bekommen. Sein Mut, seine Großzügigkeit imponierten B., zumal dieser Verleger auch ein vorurteilsloser Linker war, der nicht daran dachte, die Leser zu bevormunden und dennoch heftig Partei nahm. Ende August 1948 schloss B. mit Desch einen Vertrag über Druck und Vertrieb des *Dreigroschenromans* ab, ohne Rücksprache mit Allert de Lange in Amsterdam zu nehmen, von dem er lange nichts mehr gehört und dessen Ausgabe ja offensichtlich auch vergriffen und in Deutschland nicht auf dem Markt war. Dem Aufbau-Verlag, der zum Missvergnügen Suhrkamps B. via Aurora-Bücher ins Programm genommen hatte und nun mit Allert de Lange einen Lizenzvertrag über den *Dreigroschenroman* abschließen wollte, untersagte B. diesen Handel und erreichte, dass Aufbau die Lizenz mit Desch vereinbarte. Die Desch-Ausgabe erschien 1949 mit dem Vermerk »Rechte für Deutschland«. Jetzt aber meldete sich der holländische Verlag als Eigentümer aller deutschen Buchrechte und drohte mit einstweiliger Verfügung. Denn unterdessen gab es einen auf dem Schutzumschlag als 2. Auflage bezeichneten Nachdruck der Erstausgabe, die Allert de Lange mit dem vom Weimarer Kiepenheuer-Verlag abgespaltenen Kölner Verlag Gustav Kiepenheuer auf den Markt gebracht hatte. Und im Aufbau-Verlag erschien 1950 (Copyright 1949 by Kurt Desch-Verlag, München) eine Ausgabe für Berlin und die DDR.

Bis zum Todesjahr B.s zog sich der Streit um die Romanrechte hin, in dem der Münchner Verleger den realistischeren Standpunkt einnahm, B. immer nur moralisch argumentierte und nie eine Gegenklage anstrebte. Immerhin genoss er die Genugtuung, »daß mit mir doch wieder ein Geschäft gemacht werden kann« (GBA 30, S. 8). Erst im Juli 1956 lenkte B. ein und schlug dem holländischen Verlag eine offensichtlich akzeptable Regelung vor. Auf ein Honorar zu verzichten, konnte er sich nunmehr auch leisten.

Die Druckgeschichte des B.schen Werkes in

Nachkriegsdeutschland spielte sich im Dschungel von Lizenzvergaben, Papierknappheit, Besatzungszonen, Währungsreform, deutscher Teilung, politischen Tabus und ungeklärten urheberrechtlichen Verhältnissen ab, vom politischen Klima ganz zu schweigen, das gesamtdeutsche Ausgaben fast ausschloss. Mit der Zeit aber setzte B. alles daran, einen Verleger zu haben, der allein über das Copyright seiner sämtlichen Werke verfügen sollte bzw. alleiniger Lizenzvergeber sein sollte: Suhrkamp. Dass es auch ein kluger, für seine Erben sich auszahlender Schachzug war, ging nun wirklich zu Lasten der ›Verhältnisse‹. Hätte B. seine Autorenrechte dem sozialistischen Staat vermacht und Weigel mit dem Aufbau-Verlag und nicht mit dem Suhrkamp Verlag Verträge geschlossen, wäre das Werk lange wesentlich unvollständiger publiziert worden und die Gesamtausgabe noch immer ein Torso.

Neben Suhrkamp, Desch sowie Herzfelde und die nach ihm für den Aufbau-Verlag tätigen Mitarbeiter wie Erich Wendt und Walter Janka spielte nach der Rückkehr aus dem Exil noch Richard Weiß eine zentrale Rolle, mit dem B. im Frühjahr 1948 zwei Buchpublikationen vereinbarte: die *Kalendergeschichten* und eine Ausgabe der kurz zuvor in Chur uraufgeführten *Antigone*-Bearbeitung mit Fotos der Aufführung von Berlau und Skizzen von Neher. Die *Kalendergeschichten* erschienen im Verlag der Gebrüder Weiß erstmals 1949 in einer Auflage von 20000 Exemplaren, es handelte sich um Erzählungen, *Keuner-Geschichten* sowie um ausgewählte Balladen und Gedichte aus den *Svendborger Gedichten* (Nubel A 113). Gleichzeitig erschienen diese *Kalendergeschichten* in Lizenz im Verlag Neues Leben Berlin, diese um zwei Seiten Anmerkungen erweitert, offensichtlich eine Ausgabe für Schulen (Nubel A 118) und im Mitteldeutschen Verlag Halle (Nubel A 117), eine Ausgabe, in der zwei auffällige Druckfehler ausgemerzt sind. 1954 ließ der Aufbau-Verlag eine Neuauflage für die DDR drucken, die mit Illustrationen von Franz Haacken ausgestattet war. Wie vereinbart erschien auch 1949 *Antigonemodell 1948* (redigiert von Berlau und als *Versuche 34* bezeichnet: »Mit 94 Bildern der Aufführung in Chur/Schweiz von R u t h B e r l a u. Bühnenbilder von C a s p a r N e h e r«.) Im Impressum fehlte nicht der vereinbarte Hinweis, dass die Bühnenrechte der *Antigone*-Bearbeitung vom Suhrkamp-Verlag vergeben würden. Ebenfalls noch 1949 veröffentliche der Gebrüder Weiß Verlag *Songs aus der Dreigroschenoper*, nicht nur ein Remake des kleinen erfolgreichen Kiepenheuer-Song-Buchs, sondern eine um viele aktualisierte Strophen angereicherte Ausgabe, illustriert von Friedrich Stabenau. Die vierte, in der Erstausgabe der *Kalendergeschichten* auch schon angezeigte B.-Edition von Gebrüder Weiß, der Roman *Die Geschäfte des Herrn Julius Cäsar*, blieb allerdings ein Desiderat. Im Sommer 1949 erschien lediglich im ersten *Sonderheft Bertolt B.* der Zeitschrift *Sinn und Form* das 2. Buch des *Cäsar*-Romans, zusammen mit Erstdrucken von *Kleines Organon für das Theater*, *Der kaukasische Kreidekreis*, hier mit der redaktionellen Anmerkung von Peter Huchel, dass der Roman bei Weiß, die anderen Texte in den *Versuchen* im Suhrkamp Verlag herauskommen würden. Das 3. Buch des Romans erschien erst 1957 im zweiten B.-Sonderheft von Peter Huchels *Sinn und Form*. In einer Doppelausgabe (im Westen bei Weiß, im Osten bei Aufbau) erschien der Fragment gebliebene *Cäsar*-Roman posthum 1957. Bei Weiß in Berlin-Schöneberg erschien 1957 außerdem eine neue, durchgesehene und erweiterte Ausgabe der immer noch begehrten *Songs aus der Dreigroschenoper*, redigiert von Hauptmann.

Nachdem B. mehrere Versuche des Aufbau-Verlags, seine Gedichte aus dem Exil zu drucken, gestoppt hatte, einigte er sich mit Herzfelde auf die von ihm herausgegebene Auswahl *Hundert Gedichte*, die 1951 erschien, die Gedichte oft seltsam kleinlich redigiert und geändert, nicht immer mit B.s Zustimmung, aber doch absegnender Billigung. Auch der ursprünglich von John Heartfield geschaffene Schutzumschlag mit einem Teewurzellöwen fiel der Zensur zum Opfer und durfte erst in den 60er-Jahren verwendet werden. 1951 erschien außerdem im Aufbau-Verlag in der Ausstattung der Brüder Heartfield/Herzfelde das 52 Strophen umfassende Poem *Die Erziehung der Hirse*, nach dem Bericht von Gennadi Fisch *Der Mann, der das Unmögliche wahrgemacht hat*. Weitere Ausgaben dieses Poems für den Schulgebrauch folgten. Erstmals brachte auch der Suhrkamp Verlag 1951 eine Ausgabe außerhalb der Reihe der *Versuche* heraus, als Band 4 der höchst erfolgreichen Bibliothek Suhrkamp: *Bertolt Brechts Hauspostille* (Copyright 1927 by Propyläen Verlag), eine Neuauflage, in der nicht nur der *Gesang des Soldaten der roten Armee* fehlt, sondern viele Texte korrigiert bzw. geändert sind. Verbuchenswert sind drei äußerlich kaum merkbar voneinander abweichende Ausgaben des Opernlibrettos *Lukullus* aus dem Jahr 1951, Folge des Skandals um die Oper und des Verbots der Uraufführung, die, nach der Umarbeitung von B. und Dessau, dann am 12. 10. 1951 in der Berliner Staatsoper stattfand. Folgende Varianten gibt es: 1. *Das Verhör des Lukullus – Oper in 12 Bildern von Paul Dessau. Text von Bertolt Brecht* (36 Seiten = Nubel A 161); soweit noch möglich, wurde diese Ausgabe aus dem Handel zurückgezogen; sie ist nicht identisch mit dem in den *Versuchen*, Heft 11, publizierten Hörspieltext *Das Verhör des Lukullus*, der wiederum nicht mit dem ursprünglichen Radiostück identisch ist, das 1940 in Heft 3 der Zeitschrift *Internationale Literatur* veröffentlicht wurde und Hays als Vorlage für seine amerikanische Ausgabe diente. 2. *Die Verurteilung des Lukullus. – Oper von Paul Dessau und Bertolt Brecht* (veränderter Text, 40 Seiten = Nubel A 163, deren Titelblatt B. missfiel). 3. *Die Verurteilung des Lukullus von Bertolt Brecht. Musik von Paul Dessau* (Titelseite und Umschlag geändert, 40 Seiten = Nubel A 164). Zum Verwechseln ähnlich aussehend erschien 1952: 4. *Die Verurteilung der Roten Armee von Bertolt Brecht. Musik von Paul Dessau* (gedruckt in Frankfurt am Main, Copyright by Aktion-Verlag, 52 Seiten, nicht bei Nubel), ein höchst geschicktes parodistisches Pamphlet von einem guten Kenner der Werke B.s, der das Opernlibretto antistalinistisch und antisowjetisch aufmischte unter Verwendung des *Puntila*-Prologs, des Poems *Erziehung der Hirse* und von Gedichten und Liedern der 30er-Jahre, insbesondere aus *Die Mutter*. Merkwürdigerweise gelangte weder B. noch Paul Dessau diese *Lukullus*-Variante zur Kenntnis.

Modellbücher

Den Vorbildcharakter seiner Arbeit, die Vorschläge macht und die Zustände der Welt verändernde Wirkungen hervorruft, jedoch keine Vorschriften machen wollte, manifestierte B. in dem von ihm und seinen engsten Mitarbeitern hergestellten Band *Theaterarbeit*, der sechs Aufführungen des Berliner Ensembles dokumentiert, erschienen 1952 im VVV Dresdner Verlag. Für den Druck und die Gestaltung war maßgeblich Peter Palitzsch verantwortlich. B. war bestrebt, nach der *Antigone* auch die Publikation von Modellbüchern fortzusetzen; zunächst kam im VEB Verlag der Kunst, Dresden, die Mappe *Die Gewehre der Frau Carrar*, mit B.s Text, Anmerkungen von Berlau, Skizzen von Neher und Szenenbildern der Aufführungen in Paris (1937), Kopenhagen (1938) und Greifswald (1952), Fotos, die zeigen, »worauf es ankommt: Gruppierungen, Gänge und Haltungen« (Fotoheft der Mappe, S. 22). 1955 übernahm die Akademie der Künste die Herausgeberschaft der von Berlau (von der in der Regel die Fotos stammten) betreuten *Modellbücher des Berliner Ensembles*. Sie erschienen im Berliner Henschelverlag Kunst und Gesellschaft. Nr. 1 war 1955 eine jetzt auf Kunstdruckpapier gedruckte, analog zu den Prinzipien der *Theaterarbeit* von Palitzsch gestaltete neue Ausgabe von *Antigonemodell 1948*. Als Nr. 2 und 3 folgten 1956 und 1958 *Aufbau einer Rolle. Laughtons Galilei*, die Dokumentation der Galilei-Darstellung von Charles Laughton (1947) und Ernst Busch (1955/56) mit Texten von B. und Eisler sowie *Mutter Courage und ihre Kinder*, Fotos zu den Aufführungen in Berlin (mit Weigel) und München (mit Therese Giese), mit Anmerkungen B.s zu den Inszenierungen und zur

Spielweise seiner Protagonistinnen. Die ebenfalls vorgesehenen Bände zu *Die Mutter* und zum *Kaukasischen Kreidekreis* erschienen dann nicht mehr.

Zwar hatte B. in den 50er-Jahren eine wesentlich positivere und produktivere Einstellung zu ›Klassischem‹ und zur Tradition; er maß sich jetzt unbedenklich an den klassischen Meistern Shakespeare, Diderot, Lessing, Goethe, Schiller und Kleist, auch Marx und Engels waren für ihn Klassiker. Und er stilisierte sich eben auch selbst sehr gern zum Meister und Klassiker. Deren Bedeutung, meinte er, würde nach den Metern gemessen, die ihre ›Sämtlichen Werke‹ im Regal einnehmen, deshalb gestattete er sich auch den Wunsch nach einer stattlichen Reihe schön gebundener Bände. Obwohl ihm selbstverständlich weiterhin an der Komplettierung seiner *Versuche* gelegen war, den Ergebnissen seiner Theater-Werkstatt-Arbeit, an den Modellbüchern und Fibeln mit dem Gestus des die einschneidenden Ereignisse festhaltenden Fotoauges. In der Fibel-Gestalt, wie Berlau ihm seine zu Pressefotos geschriebenen Vierzeiler auf schwarzem Karton, analog zur *Taschenpostille*, montierte und gebunden an einige Freunde im Exil versandte, wurde seine *Kriegsfibel* nie veröffentlicht. Nach mehreren Absagen war der Eulenspiegel Verlag 1955 bereit, den Band in Großformat zu drucken, herausgegeben von Berlau, gestaltet von Palitzsch, redaktionell betreut von Günter Kunert und Heinz Seydel. Nur jener Verlag »für Satire und Humor« war offensichtlich unseriös genug, eine derart appellativ um Frieden bittende *Kriegsfibel* herauszubringen. In Westdeutschland war der Band nur über den der KPD (später DKP) nahestehenden Progress-Vertrieb in Düsseldorf zu beziehen.

Gesammelte Werke, wie die Malik-Ausgabe, die Sammlung seiner von 1927–1937 entstandenen Texte hieß, sollte sein Klassikernachweis eher nicht genannt werden. Der Stückeschreiber entschied sich 1952 für *Stücke*, um deren Herausgabe Hauptmann besorgt sein sollte. Konzipiert wurde die Ausgabe mit Suhrkamp, aber der Aufbau-Verlag erklärte sich bereit, eine textgleiche Parallel-Ausgabe zu veranstalten. Die DDR-Ausgabe, in rotem Leinen, wich in Kleinigkeiten dennoch immer von den schönen grüngrauen Pappbänden bei Suhrkamp ab; da die Ost-Bände immer etwas verspätet erschienen, nutzte B. sowieso diese sich bietende Gelegenheit, wieder Änderungen vorzunehmen, aber auch nach seinem Tod merzte Hauptmann ärgerliche Druckfehler aus, berücksichtigte neu aufgefundene Vorlagen für Textverbesserungen. Im großen und ganzen aber war es doch ein annähernd textgleiches Doppelunternehmen. Zwei Bände *Erste Stücke* machten den Anfang, und B. rechnete mit dem begeisterten Lob Suhrkamps für die in den Fahnen »kunstvoll ausgeführten Restaurierungsarbeiten« (GBA 30, S. 207). Der Verleger aber beklagte erst einmal die durch diese Korrekturen entstehenden Mehrkosten, fand aber auch sehr viele Eingriffe der eindringlichen dichterischen Form der frühen Stücke gegenüber abträglich. Den Druck eines Vorwortes *Bei Durchsicht meiner frühen Stücke* empfand er als überflüssig (vgl. Voit, S. 302). B. gab nach und war schließlich sehr zufrieden mit den beiden Bänden, die im Herbst 1953 erschienen, er plädierte jetzt entschieden dafür, nicht die alten Hefte der *Versuche 1–8* neu aufzulegen, sondern lieber die Reihe der *Stücke* zügig fortzusetzen. Als im Aufbau-Verlag 1955 die *Ersten Stücke* herauskamen, von B. nun doch noch um das Vorwort *Bei Durchsicht meiner ersten Stücke* ergänzt, brachte Suhrkamp schon nach *Baal, Trommeln in der Nacht, Im Dickicht der Städte, Leben Eduards des Zweiten von England* und *Mann ist Mann* die Bände 3 und 4 als *Stücke für das Theater am Schiffbauerdamm* heraus: *Die Dreigroschenoper, Aufstieg und Fall der Stadt Mahagonny, Das Badener Lehrstück vom Einverständnis, Die heilige Johanna der Schlachthöfe, Der Jasager/Der Neinsager, Die Maßnahme*. Band 5 mit *Die Mutter, Die Ausnahme und die Regel* und *Die Horatier und die Kuriatier* folgte 1957, gleichzeitig druckte der Suhrkamp Verlag schon die 2. Auflage von Band 1 und fügte nun auch das Vorwort *Bei Durchsicht* hinzu. B. war so begeistert von den Bänden, dass er seine Werke nur noch in dieser Aufmachung gedruckt sehen wollte. Er protestierte entschieden dagegen, dass Suhrkamp jetzt eine Sammlung seiner *Gedichte und Lieder* in der Bibliothek Suhrkamp bringen wollte; seine Lyrik, gab er zu verstehen, verdiene eine den Stücken adäquate Ausstattung. Suhrkamp besänftigte seinen Autor, die Ausgabe in der Bibliothek diene als Vorreiter. Im Vorwort schrieb er: »Eine komplette Ausgabe der Gedichte von Brecht ist im Rahmen seiner Werke geplant, deren Erscheinen 1953 mit den zwei Bänden ›Erste Stücke‹ begann und 1955 mit zwei Bänden ›Stücke für das Theater am Schiffbauerdamm‹ fortgesetzt wurde. Der Plan einer Auswahl aus den Gedichten bestand schon vorher, sogar schon vor der Neuausgabe der ›Hauspostille‹ (1951). Versuche mit Herausgebern aus einer jüngeren Generation führten zu keinem rechten Ergebnis [...]. Meine Auswahl hat zur Grundlage einen jahrzehntelangen persönlichen Umgang mit dem Dichter [...]. Ich nahm in die Auswahl auf, was mir zu verschiedenen Zeiten typisch erschienen ist und sich im Laufe der Zeit für mich als beständig bewährt hat. Brecht ist an meiner Auswahl nicht beteiligt. Es war für mich selbstverständlich, daß ich die Sphäre der politischen Auseinandersetzungen vermied. Ich teile – das muß gesagt werden – nicht die Ansicht, die geäußert worden ist, daß Brechts Talent unter der Politik Schaden nahm; eher neige ich dazu, im politischen Dogma die Rettung aus der Anarchie und dem zynischen Nihilismus seiner frühen Zeit zu erblicken; ich habe miterlebt, wie sich in der Arbeit am ›Dickicht der Städte‹ für den Sprachduktus die Notwendigkeit einer sozialen Gliederung ergab. Lieder für den Gebrauch im politischen Leben, wie sie dem Dichter abgefordert werden, sind immer lapidar und plebejisch, das liegt in dieser Gattung.« (Suhrkamp, S. 5f.)

Posthume Werkausgaben

Nach dem Tod des Dichters wuchs die 1953 begonnene Ausgabe der Werke auf 40 Bände: Bis 1968 erschienen 14 Bände *Stücke*, 10 Bände *Gedichte* (Band 10 mit den Nachträgen und Register wurde der Vollständigkeit wegen den Besitzern dieser Ausgabe 1976 nachgereicht, in der DDR kam er sogar erst 1978 heraus), 5 Bände *Prosa*, 7 Bände *Schriften zum Theater*, 3 Bände *Schriften zur Literatur und Kunst* und 1 Band *Schriften zur Politik und Gesellschaft*.

Im September 1967 brachte der Suhrkamp Verlag rechtzeitig zum 70. Geburtstag von B. eine neue Edition heraus – als Dünndruckausgabe in 8 Bänden und als broschierte Werkausgabe in 20 Bänden: »Die Texte wurden sämtlich neu durchgesehen und noch einmal mit den im Brecht-Archiv befindlichen Originalen und Erstdrucken verglichen. Bei der Festlegung der Textgestalt wurden Brechts letzte Korrekturwünsche, jüngste Funde des Brecht-Archivs, wie auch insbesondere die bisherige Brecht-Kritik berücksichtigt. Soweit man das elf Jahre nach dem Tode eines Autors sagen darf, sind die Texte, die wir in diesem Zusammenhang bringen, als gesichert anzusehen.« Verlegerischer Auftrag für diese Ausgabe war: alle bis zum Zeitpunkt des Erscheinens publizierten Texte B.s in einer wieder nach Gattungen – Stücke, Gedichte, Prosa, Schriften (zum Theater, zur Literatur und Kunst, zur Politik und Gesellschaft) – gegliederten Form übersichtlich zu versammeln, dabei aber die bisher üblichen vielen Überschneidungen möglichst zu vermeiden. Bisher nicht publizierte Texte aus dem Nachlass sollten nicht aufgenommen werden. (Die dennoch hier im Erstdruck vorgelegten Texte wie das Schauspiel *Turandot oder Der Kongreß der Weißwäscher*, mehrere Schriften und der *Tuiroman* erschienen 1968 auch noch in der alten Ausgabe.) Sie blieben späteren Supplementbänden vorbehalten: 1969 folgte *Texte für Filme* (Redaktion: Wolfgang Gersch und Werner Hecht) und 1982 ein von Herta Ramthun herausgegebener Band *Gedichte aus dem Nachlass, Gedichte, Gedichtfragmente und -entwürfe*.

1973 erschienen außerdem das *Arbeitsjournal* in zwei Bänden (1938–1955) sowie ein broschierter Anmerkungsteil, verfasst vom Herausgeber Hecht. 1975 kamen ergänzend die

Tagebücher 1920–1922, Autobiographische Aufzeichnungen 1920–1954 heraus, herausgegeben von Ramthun, und 1981 gab es erstmals eine zweibändige Edition *Briefe*, herausgegeben und kommentiert von Günter Glaeser. Sie wurde 1990 durch B.s *Briefe an Marianne Zoff und Hanne Hiob* und 1992 durch *Briefe an Paula Banholzer* ergänzt.

Von 1988 an erschien die 30bändige *Große kommentierte Berliner und Frankfurter Ausgabe* (GBA), die im Jahr 2000 mit einem umfangreichen Registerband, mit Editionsbericht und Nachträgen abgeschlossen wurde. Diese Ausgabe, noch zu DDR-Zeiten beschlossen und auf den Weg gebracht, erschien textgleich in zwei in der Ausstattung voneinander abweichenden Ausgaben sowohl bei Suhrkamp als auch im Aufbau-Verlag; die Edition blieb auch nach der Wende ein gemeinsames Unternehmen des Berliner und des Frankfurter Verlags. Im Unterschied zu den vorherigen Ausgaben ist die GBA nicht mehr nach dem Prinzip ›letzter Hand‹ ediert, sondern bietet die Fassungen ›früher Hand‹, genauer gesagt der Erstdrucke. Entscheidende spätere Änderungen werden verzeichnet und textkritisch kommentiert. Gibt es zwei oder mehr voneinander stark abweichende Fassungen, kommen sie ebenfalls zum Abdruck. Obwohl auch als Lese- und nicht nur als Studienausgabe angelegt, sind die vier Herausgeber Werner Hecht, Jan Knopf, Werner Mittenzwei, Klaus-Detlef Müller und die von ihnen beauftragten Bandbearbeiter um größtmögliche Vollständigkeit bemüht gewesen. Die textliche Verlässlichkeit und Kommentierung ließ in den ersten, damals auch viel zu schnell erarbeiteten Bänden noch zu wünschen übrig (betrifft besonders *Die Dreigroschenoper* und *Mahagonny*), legte an Qualität und Fülle des Informationsgehalts dann mächtig zu. Es empfiehlt sich, den Registerband mit Korrekturen, Nachträgen und Addenda zu konsultieren. Die Ausgabe stellt insgesamt eine imponierende editorische Leistung dar; dass sie nicht das letzte Wort gewesen und in mancher Hinsicht unvollständig ist, verdeutlichen die nicht nachlassenden Meldungen vom Auftauchen verloren geglaubter Koffer mit Manuskripten, von an abgelegener Stelle erfolgten Erstdrucken und von Brief-Funden. Genug Material für weitere Ausgaben und in einigen Jahren auch wieder für ›Sämtliche Werke‹? B. ist jedenfalls als Dichter und als Stückeschreiber keineswegs tot, sein Werk beweist immer wieder erstaunliche Lebendigkeit, es hat genügend Witz, politischen und poetischen Biss.

Ein Desiderat ist immer noch die Bibliografie zu Brecht, da die Arbeit von Nubel (erschienen 1957) längst überholt, äußerst lückenhaft, also lediglich ein bescheidener Anfang gewesen ist. Gerhard Seidel hat viel Vorarbeit für eine Brecht angemessene Bibliographie geleistet; jedoch ist nur ein Band erschienen, der die Werkausgaben, Sammlungen und die Einzelausgaben der Dramen behandelt: Hier bleibt für die Brecht-Forschung nicht nur ein Rest zu tun.

Literatur:

Berger, Friedemann: Die nichtgedruckte Hauspostille. In: Notate (1984), H. 6, S. 1f. und S. 13–15. – Davidis, Michael: Bertolt Brecht und der Ullstein Verlag. In: Buchhandelsgeschichte (1997), H. 3, Bl. 146–152. – HECHT. – Hillesheim, Jürgen/Wolf, Uta (Hg.): Die Ernte. Die Augsburger Schülerzeitschrift und ihr wichtigster Autor. Augsburg 1997. – Knopf, Jan: Gelegentlich Poesie: Ein Essay über die Lyrik Bertolt Brechts. Frankfurt a.M. 1996. – Fritz H. Landshoff, Erinnerungen eines Verlegers. Berlin und Weimar 1991. – Nubel, Walter: Bertolt Brecht – Bibliographie. In: Sinn und Form. Zweites Sonderh. Bertolt Brecht (1957), S. 479–623. – Seidel, Gerhard: Bibliographie Bertolt Brecht. Titelverzeichnis. Band 1. Deutschsprachige Veröffentlichungen aus den Jahren 1913–1972. Werke von Bertolt Brecht. Sammlungen – Dramatik. Berlin, Weimar 1975. – Sternberg, Fritz: Der Dichter und die Ratio. Erinnerungen an Bertolt Brecht. Göttingen 1963. – Suhrkamp, Peter: Vorbemerkung. In: Bertolt Brechts Gedichte und Lieder. Auswahl Peter Suhrkamp. Berlin, Frankfurt a.M. 1956. – Voit, Friedrich: Der Verleger Peter Suhrkamp und seine Autoren. Kronberg/Taunus 1975.

Klaus Völker

Zur Wirkungsgeschichte nach dem zweiten Weltkrieg

1961 stellte Willy Jäggi fest: »das Ärgernis Brecht, das für viele mit des Dichters Tod zu Ende war, besteht weiter und fordert uns so lange heraus, bis der Kommunismus eines Tages seine politische Rolle ausgespielt hat. So lange aber wird jede Brecht-Aufführung zum Widerspruch herausfordern, so lange wird das Ärgernis Brecht zur Diskussion Anlaß geben. Dann erst kann sich weisen, ob Brecht der große Klassiker des 20. Jahrhunderts ist, als der er heute gelegentlich schon gepriesen wird.« (Jäggi, S. 9f.) Inzwischen hat der Kommunismus ausgespielt, und die Frage nach B.s Klassikerstatus ist seit geraumer Zeit positiv beantwortet worden; im historischen Rückblick wird jedoch augenfällig, wie stark B.s Rezeption von der politischen Polarisierung der Nachkriegszeit beeinflusst wurde, und wie sehr die Person des Stückeschreibers und vor allem seine Dramen als Folge des Kalten Kriegs und der deutschen Teilung zunehmend in das Kreuzfeuer der politisch-ideologischen Auseinandersetzung zwischen Ost und West gerieten.

Erste Nachkriegsaufführungen, B.s Rückkehr aus dem Exil

Bereits vor der Rückkehr B.s nach Europa fanden Aufführungen seiner Stücke in Deutschland statt. Am 15. 8. 1945 wurde mit *Die Dreigroschenoper*, dem Erfolgsstück von einst, die erste Nachkriegssaison des West-Berliner Hebbel-Theaters eröffnet, wo es länger als ein halbes Jahr en suite lief. B. erfuhr im fernen Kalifornien, wie er im *Journal* am 25. 9. 1945 vermerkte, dass *Die Dreigroschenoper* »vor vollen Häusern« gezeigt wurde, nahm aber irrtümlich an, dass sie »dann abgesetzt werden mußte, auf Betreiben der Russen« (GBA 27, S. 232). Tatsächlich begann bereits zu diesem Zeitpunkt der Streit um sein Theater durch den 1945 aus Moskau nach Berlin zurückgekehrten Fritz Erpenbeck, einem mit Georg Lukács verbündeten Redakteur der Moskauer Exilzeitschrift *Das Wort*, der in der SBZ und dann der DDR wichtige kulturpolitische Funktionen ausübte. Erpenbeck attackierte B. und warnte vor der »Sackgasse« (zit. nach: GBA 27, S. 548), in die das B.sche Drama führe. B. nahm nicht an dieser ersten Kontroverse, der weitere folgen sollten, teil; er hielt jedoch die Aufführung vor einem nicht grundlegend gewandelten Nachkriegspublikum für verfehlt: »Ich selbst hätte das Stück nicht aufführen lassen. In Abwesenheit einer revolutionären Bewegung wird die ›message‹ purer Anarchismus.« (S. 232) B.s Ansicht wurde von dem Rezensenten der *Nationalzeitung* (24. 9. 1945) geteilt, der anmerkte, dass die Zuschauer sich mit der auf der Bühne dargestellten Armut und dem Elend identifizierten, da sie als Ausdruck der in Berlin herrschenden Zustände, für die man die Besatzungsmächte verantwortlich machte, gelten konnten: »Der ohrenbetäubende und langanhaltende Beifall nach dem Finale der *Dreigroschenoper* kann als die *erste Demonstration* gegen die Okkupationsmächte bezeichnet werden.« (Zit. nach: Hecht, S. 762) Unter wechselnden Rezeptionsbedingungen blieb *Die Dreigroschenoper* auf den Spielplänen; bis einschließlich 1970 gab es in der Bundesrepublik insgesamt 45 Inszenierungen (vgl. Autorenkollektiv, S. 275, Anm. 1). Am 2. 6. 1946 erfolgte die deutsche Erstaufführung von *Mutter Courage und ihre Kinder* auf den Bodensee-Bühnen in Konstanz; im Konstanzer *Boten* wurde das Stück ins Zeitlose und Allgemein-Menschliche entrückt und jeder Bezug auf den ungefähr ein Jahr vorher zu Ende gegangenen Krieg vermieden: »Brechts Stück stellt das Ergebnis des Krieges nicht in der Enge des Nationalen dar. *Mutter Courage* ist die ewige Mutter jedes Landes in jedem Krieg. Das Werk des Künstlers durchbricht also, wenn es rein und ganz persönlich ist, alle Schranken und ist international.« (Zit. nach: Hecht, S. 775) Die Rezension dieser wenig beachteten Inszenierung nahm mit der Ausklammerung des Politischen ein in der Folgezeit gängiges Argumentationsmuster der Verteidiger B.s im Westen vorweg.

In den USA bereitete B. seine Rückkehr vor. Dem Verleger Peter Suhrkamp erteilte er Ende 1945/Anfang 1946 eine Vollmacht, die es Ersterem ermöglichen sollte, Aufführungen B.scher Stücke zu verhindern, denn: »Der Wiederaufbau des deutschen Theaters kann nicht improvisiert werden. Sie wissen außerdem, daß ich auch schon vor der Hitlerzeit es nötig fand, angesichts des experimentellen Charakters meiner Stücke mich sehr in die Uraufführungen hineinzumischen.« (GBA 29, S. 372) Mit dem Anspruch auf die Durchsetzung der eigenen Regiekonzeption trug B. Sorge, die Rezeption seines Werks durch ein zukünftiges Publikum vorzugeben. Seiner Mitarbeiterin Elisabeth Hauptmann gegenüber hob er im Juli/August 1946 hervor, dass seine realistische Grundhaltung in der Einleitung einer geplanten, aber nicht realisierten Ausgabe seiner ins Englische übersetzten Stücke betont werden müsse: »Da sind zwei Versuche realistischer Art. (Es muß unbedingt festgehalten werden, daß ich Realist bin, nichts anderes, das poetische Element ist natürlich nichts Unrealistisches!) 1) Die realistische Haltung gegenüber dem Thema (das als gesellschaftliches Thema behandelt wird). 2) Die realistische Haltung gegenüber dem Publikum (angesprochen als Repräsentanten der Gesellschaft, interferierend mit der Gesellschaft).« (S. 387f.) Obschon für ein amerikanisches Publikum, dem der Name B. zu dieser Zeit kaum etwas bedeutete, gedacht, hätte eine derartige Einführung auch für ein deutsches Publikum nach der durch die Nazis erzwungenen, zwölfjährigen B.-Abstinenz getaugt. Die Einleitung sollte von Eric Bentley, einem der wichtigsten amerikanischen Mittler, Interpreten und Übersetzer (auch der Gedichte) B.s, geschrieben werden; Bentley hatte in seinem Buch *The Playwright as Thinker* (1946), das B. kannte, den Stückeschreiber als bis dahin letzten und prominenten Repräsentanten der naturalistischen Moderne charakterisiert. Bentley hatte ebenfalls Szenen aus *Furcht und Elend des III. Reiches* unter dem Titel *The Private Life of the Master Race* übersetzt; am 7. 6. 1945 fand die amerikanische Uraufführung in Berkeley bei San Francisco statt, und wenige Tage später hatte eine weitere Inszenierung (unter B.s Mitwirkung) in New York Premiere; beide Inszenierungen fanden nur geringe Beachtung. Insgesamt war die Wirkung B.s in Hollywood – abgesehen von dem in Zusammenarbeit mit Fritz Lang entstandenen Film *Hangmen Also Die* – und auf dem Broadway zur Zeit seines amerikanischen Exils äußerst geringfügig. Für die Premiere der durch B. und W.H. Auden vorgenommenen Bearbeitung von John Websters *The Duchess of Malfi* – mit Elisabeth Bergner in der Hauptrolle – in New York am 15. 10. 1946 wurde hauptsächlich der Originaltext benutzt (vgl. Lyon, S. 197f.), sodass B.s Anteil kaum ins Gewicht fiel. Vor der Abreise B.s aus den Vereinigten Staaten unmittelbar nach seinem Verhör durch den Ausschuss für unamerikanische Aktivitäten des Repräsentantenhauses (HUAC) – es gab jedoch keinen ursächlichen Zusammenhang zwischen Verhör und Abflug – fanden noch zwei weitere Uraufführungen statt: *Das Verhör des Lukullus* (Musik: Roger Sessions) in Berkeley am 18. 4. 1947 und die glanzvolle Premiere der von B. und Charles Laughton gemeinsam erarbeiteten amerikanischen Fassung von *Leben des Galilei* unter dem Titel *Galileo* in einem kleinen Theater in Beverly Hills vor Hollywood-Prominenz wie Charles Chaplin und Ingrid Bergman. Laughton spielte die Hauptrolle, die Musik war von Hanns Eisler, Regie führte offiziell Joseph Losey, der eigentliche Regisseur war B., der, wie er an Fritz Kortner schrieb, die Aufführung als sein »einziges theatralisches Unternehmen in den Staaten« betrachtete und es für richtig hielt, »gerade dieses Stück im Lande der fortgeschrittenen Atomphysik aufzuführen« (GBA 29, S. 418).

Seit Dezember 1946 lag eine offizielle Einladung Wolfgang Langhoffs, des ehemaligen KZ-Insassen und Intendanten des Deutschen Theaters, an B. und Helene Weigel vor, nach Berlin zurückzukehren, um auf dem Theater, wo »der ausgesprochen tiefe Pessimismus der Existenzialisten von Anouilh, Sartre und Camus und der neue Romantizismus der Amerikaner« (BBA 1762/6–8; zit. nach: Hecht,

S. 783f.) herrsche, ein Gegengewicht zu schaffen. Am 1. 11. 1947 kehrte B. nach 15jährigem Exil aus den Vereinigten Staaten nach Europa zurück und verbrachte nach einem kurzen Zwischenaufenthalt in Paris die nächsten anderthalb Jahre in Zürich, das »wie kaum eine andere Stadt Europas zu einer Stätte des Wiedersehens deutschsprachiger Künstler und Schriftsteller« (Mittenzwei, S. 222) geworden war. Dort traf er alte Freunde und Bekannte aus der Berliner Zeit wie den Bühnenbildner Caspar Neher, Suhrkamp und den vorher aus den USA eingetroffenen Carl Zuckmayer; eine neue Bekanntschaft war der junge Schweizer Autor Max Frisch. Zuckmayers *Des Teufels General* hatte 1946 in Zürich Premiere; das Drama wurde das Erfolgsstück westdeutscher Bühnen in den späten 40er-Jahren sowie Anfang der 50er-Jahre und katapultierte Zuckmayer vorübergehend in die Rolle des Repräsentanten des westdeutschen Theater- und Kulturbetriebs und – während des beginnenden Kalten Kriegs – eines B.schen Antipoden (vgl. Mews 1997, S. 70f.). Anlässlich der schweizerischen Erstaufführung von *Furcht und Elend des III. Reiches* in Basel (6. 1. 1947) hatte Frisch die Unterschiede in der Behandlung der »deutschen Tragödie« bei B. und Zuckmayer festgestellt. Während Zuckmayer dem Publikum »Erleichterung« verschaffe, setze B. auf eine Änderung im Verhalten der Zuschauer (Frisch 1977, S. 196). Ähnlich urteilten auch andere Kritiker.

Am Züricher Schauspielhaus waren während des zweiten Weltkriegs die im Exil entstandenen Stücke *Mutter Courage und ihre Kinder* (19. 4. 1941), *Der gute Mensch von Sezuan* (4. 2. 1943) und die Erstfassung von *Leben des Galilei* (9. 9. 1943) uraufgeführt und erstmals einem deutschsprachigen Publikum vorgestellt worden. Diese Tradition setzte das Züricher Schauspielhaus fort mit der Uraufführung von *Herr Puntila und sein Knecht Matti* (5. 6. 1948) – B. wirkte an der Regie mit, sein Name durfte aber wegen der fremdenpolizeilichen Bestimmungen nicht genannt werden. Die deutsche Erstaufführung erfolgte im November 1948 am Deutschen Schauspielhaus Hamburg, und der *Puntila* wurde 1949 mit mindestens fünfzehn Inszenierungen an größeren und kleineren westdeutschen Bühnen der Schlager der Saison. Die Beliebtheit des Stücks bei Regisseuren, Schauspielern und Zuschauern trug nicht unerheblich dazu bei, dass, wie B. erkannte, der vitale Puntila den etwas blassen Matti besonders in den Trunkenheitsszenen an die Wand spielen und dadurch die Demonstration des fundamentalen Klassengegensatzes in den Hintergrund geraten könne. In den *Notizen über die Züricher Erstaufführung* hielt B. fest: »Entscheidend ist die Ausformung des Klassenantagonismus zwischen Puntila und Matti. Die Rolle des Matti muß so besetzt werden, daß eine echte Balance zustande kommt, d.h., daß die geistige Überlegenheit bei ihm liegt. Der Darsteller des Puntila muß sich hüten, in den Trunkenheitsszenen das Publikum durch Vitalität oder Charme so mitzureißen, daß ihm nicht mehr die Freiheit bleibt, ihn zu kritisieren.« (GBA 24, S. 301f.) Die sich bei der Rezeption dieses im Nachkriegsdeutschland weithin erfolgreichen Exildramas B.s andeutende Diskrepanz zwischen seiner Theatertheorie – in Zürich stellte er das *Kleine Organon für das Theater* fertig, das dann 1949 im *Sonderheft Bertolt Brecht* der 1948 von Johannes R. Becher und Paul Wiegler gegründeten Monatsschrift *Sinn und Form* erschien – sowie seinem intendierten Aufführungsstil sollte sich zu Lebzeiten B.s und darüber hinaus bei anderen Stücken wiederholen.

Denn die Nachkriegsrezeption B.s vollzog sich zunächst auf dem Theater – andere Teile seines Werkes, darunter vor allem die Lyrik, waren erheblich weniger bekannt. In der DDR gab es zwar die von Wieland Herzfelde herausgegebenen *Hundert Gedichte 1918–1950* sowie die *Kriegsfibel* (1955), aber ein von Suhrkamp edierter westdeutscher Band, *Gedichte und Lieder,* erschien erst 1956, und die zehnbändige Sammlung der *Gedichte* im Suhrkamp Verlag (1960–1976) kam nach B.s Tod heraus. Im Westen herrschte in den 50er und frühen 60er Jahren die Tendenz, die Lyrik Gottfried Benns der B.s gegenüberzustellen – Benn und B. galten nicht nur als Vertreter entgegengesetzter kunsttheoretischer Positionen, sondern als künstlerische Repräsentanten unterschiedlicher gesellschaftlicher Systeme (vgl. Campanile, S. 401–436).

Auf dem Theater strebte B. eine gesamtdeutsche Akzeptanz und Repräsentanz an. Im April 1949 schrieb er an den Komponisten Gottfried von Einem, der ihm bei der Beschaffung eines österreichischen Passes (Helene Weigel war gebürtige Österreicherin) behilflich war: »Ich kann mich ja nicht in irgendeinen Teil Deutschlands setzen und damit für den anderen Teil tot sein.« (GBA 29, S. 511f.) Ebenfalls im April 1949 berichtete er der Weigel von seinem Wunsch, »den Zugang zu so vielen deutschsprachigen Bühnen wie möglich zu behalten« (S. 513). Die Übertragung der Rechte an seinen Werken an einen westdeutschen Verlag leistete dieser Absicht Vorschub. Ende 1949 erschienen der 21. (*Mutter Courage und ihre Kinder*) und 22. *Versuch* (*Fünf Schwierigkeiten beim Schreiben der Wahrheit*) als Heft 9 der seit 1933 nicht mehr veröffentlichten *Versuche* im Suhrkamp Verlag vorm. S. Fischer Verlag. 1950 optierte B. für den neuen, von Peter Suhrkamp geleiteten Verlag gleichen Namens in Frankfurt a.M.; der Ost-Berliner Aufbau-Verlag begann 1951 den Druck der *Versuche* mit Heft 9 (vgl. Hecht, S. 898). Dagegen schien Brechts Übersiedlung nach Ost-Berlin, wo er ab Ende Mai 1949 seinen ständigen Wohnsitz nahm, zunächst der Absicht gesamtdeutscher Repräsentanz zu widersprechen. Gerade B.s Entschluss, sich unmittelbar nach Ende der Blockade West-Berlins durch die Sowjetunion (12.5.1949) und der Verkündigung des Grundgesetzes in Bonn (23.5.1949; die Konstituierung von Bundesrat und Bundestag erfolgte am 7.9.1949) in Ost-Berlin niederzulassen, wurde im Westen als ein eindeutiges Votum für das kommunistische System in der sowjetischen Besatzungszone, die sich bei der im Oktober 1949 erfolgten Gründung der DDR als zweiter deutscher Staat etablierte, aufgefasst. Wie aus B.s Vorschlag, seine als Gegenentwurf sowohl zu Hoffmann von Fallerlebens *Das Lied der Deutschen* wie zu Johannes R. Bechers *Auferstanden aus Ruinen* geschriebene *Kinderhymne* als Nationalhymne der DDR zu akzeptieren (Bechers pathetischer Text in der Vertonung Hanns Eislers wurde die offizielle Hymne) hervorgeht, betrachtete B. die neugegründete DDR durchaus als Modell eines neuen Deutschlands. Dennoch übersah man im Westen geflissentlich, dass B.s Entscheidung nicht ausschließlich auf eine politische Sympathieerklärung zurückzuführen war, sondern durch die Aussicht auf ein Theater, in dem er seine Regiekonzeption ungehindert durchsetzen konnte, wesentlich erleichtert wurde. Berlin war für B. »nach wie vor die Theaterhauptstadt«, wie der Publizist Walther Pollatschek im Januar 1949 bemerkte (zit. nach: Hecht, S. 854); am 6.1.1949 notierte B. ins *Journal*, es sei eine »politische Notwendigkeit, Berlin wieder zum Zentrum des deutschen Kulturlebens zu machen« (GBA 27, S. 358). B. war der festen Überzeugung, dass sein Theater in diesem Prozess eine wichtige Rolle spielen würde. Klaus Völker schrieb unter Anspielung auf die freilich vermutlich schon vor 1948 entstandene *Keuner-Geschichte Zwei Städte* (vgl. GBA 18, S. 474): »Der Stückeschreiber wurde nicht ›in die Küche‹ gebeten, er drängte sich vielmehr auf, überzeugt, daß er hier unter neuen gesellschaftlichen Bedingungen erfolgreicher arbeiten konnte. Einen ›Standard‹, eine Kontinuität der Entwicklung, konnte er nur mit großzügiger staatlicher Unterstützung erzielen.« (Völker 1976, S. 369)

B. in Ost-Berlin / Das Berliner Ensemble

Ein vielversprechender Ansatz zur Anknüpfung an die Theatertradition Berlins während der Weimarer Republik schien mit dem sensationellen Erfolg der Inszenierung von *Mutter Courage und ihre Kinder* (Premiere: 11.1.1949) im Deutschen Theater gemacht worden zu sein. Regie führten B. und Erich Engel; die Weigel spielte die Hauptrolle so überzeugend, dass sie mit ihrer Rolle identifiziert wurde. Der Kritiker Erpenbeck stellte fest: »Es war einer der ›großen Theaterabende‹, wie sie die deutsche Hauptstadt vor 1933 kannte. Es war das in vieler Hinsicht bedeutsamste Theaterereignis seit 1945.« (Zit. nach: Hecht, S. 848) Aufgrund der außerordentlichen Resonanz bekundeten eine Reihe von Theatern ihr Interesse an einer Aufführung von *Mutter Courage*; das Stück wurde damit zum potenziellen Vehikel für das Erreichen von B.s Ziel, auf möglichst vielen deutschsprachigen Bühnen präsent zu sein. B. verweigerte jedoch zunächst seine Zustimmung zu Neuinszenierungen, um Fehldeutungen des Dramas als »Loblied auf die unerschöpfliche Vitalität des Muttertieres« (GBA 27, S. 263), wie bei der Züricher Uraufführung geschehen, zu verhindern. Zu diesem Zweck ließ B. von seiner Mitarbeiterin Ruth Berlau die Berliner Aufführung in Hunderten von Fotos dokumentieren und von seinem Regieassistenten Heinz Kuckhahn Regie-Notate sammeln, die in das erst 1958 postum veröffentlichte *Couragemodell 1949* (GBA 25, S. 169–398) aufgenommen wurden. In einem fingierten Gespräch mit dem Wuppertaler Intendanten Erich Alexander Winds (Erstveröffentlichung 1949) versuchte B. die Einwendungen gegen Modellinszenierungen – die Übernahme seiner Regieprinzipien und Schauspielerführung durch andere Bühnen – dadurch zu entkräften, dass er erklärte, die Benutzung von Modellen stelle keine Einschränkung der künstlerischen Bewegungsfreiheit dar (vgl. S. 386–391); zusätzlich empfahl er die »schöpferische Verwertung von Modellen« (S. 397f.).

An *Mutter Courage* begannen sich die Geister zu scheiden. Für den West-Berliner Kritiker Friedrich Luft war B. »der bedeutendste Dramatiker unserer Sprache«, der »nach 15 Jahren unwirtlicher Emigration wieder auf einer Berliner Bühne stand« (zit. nach: Hecht, S. 849), um den Jubel des Premierenpublikums entgegenzunehmen. In Ost-Berlin dagegen trat der einflussreiche Erpenbeck trotz seiner Würdigung der Premiere als großes Theaterereignis einen Streit um das epische Theater B.s los, der an die Realismus- und Expressionismusdebatten der 30er-Jahre erinnerte. Erpenbeck bezichtigte den Stückeschreiber formalistischer und volksfremder Tendenzen – ein schwerwiegender Vorwurf unter den Bedingungen stalinistischer Kulturpolitik in der sowjetischen Besatzungszone (vgl. Pike, S. 619–628): »Wo verliert sich, trotz fortschrittlichen Wollens und höchsten, formalen Könnens, der Weg in eine volksfremde Dekadenz – wo führt, bei fortschrittlichem Wollen und höchstem, formalem Können, der Weg zur Volkstümlichkeit, zur dringend notwendigen Gesundung unserer Dramatik?« (Zit. nach: Hecht, S. 849f.) Gegen Erpenbeck wandte sich besonders Wolfgang Harich (vgl. Mittenzwei, S. 329–338); obwohl die Kontroverse keine unmittelbaren negativen Folgen hatte und B.s Übersiedlung nach Berlin nicht ernsthaft gefährdete, war sie ein Indiz für die späteren Schwierigkeiten B.s mit Kulturfunktionären der SBZ und DDR sowie den Parteiideologen der SED: »Der Streit um die ›Courage‹ war zugleich der Vorbote der Auseinandersetzung, die auf Brecht noch zukommen sollte.« (Mittenzwei, S. 318) Nicht nur Kulturfunktionäre wandten sich gegen B. und sein Theater; in dem 1949 veröffentlichten *Zwiegespräch* unter dem Titel *Formprobleme des Theaters aus neuem Inhalt* verteidigte B. gegenüber dem nach dem sowjetischen Exil wieder in Ost-Berlin wirksamen Dramatiker Friedrich Wolf das epische Theater gegen den Vorwurf, »undramatisches Theater« zu sein, das den »Kampfruf ›Hie Vernunft – hie Emotion (Gefühl)‹« (GBA 23, S. 110) erschallen ließe, und er lehnte eine Manipulation des Zuschauers durch dramaturgische Mittel ab: »Eine Wandlung und Entwicklung der Charaktere findet natürlich statt, wenn auch nicht immer eine ›innere Wandlung‹ oder eine Entwicklung bis zur Erkenntnis – das wäre oft unrealistisch, und es scheint mir für eine materialistische Darstellung nötig, das Bewußtsein der Personen vom sozialen Sein bestimmen zu lassen und es nicht dramaturgisch zu manipulieren.« (S. 111)

Das Berliner Ensemble, das nach »zähen Verhandlungen« (Völker 1976, S. 369), die B. und seine Freunde mit der SED und der kommunalen Verwaltung geführt hatten, ins Leben gerufen wurde, war keineswegs ein »großzügiges Geschenk der Partei an einen von ihr verehrten Theatermann.« (Ebd.) Die Eröffnungsvorstellung unter der Leitung Weigels, die in organisatorischer Hinsicht eine »riesige Leistung« in der »Ruinenstadt« (GBA 27, S. 308) vollbrachte, mit dem *Puntila* im Haus des Deutschen Theaters (12. 11. 1949) wurde sehr positiv aufgenommen; B. selbst äußerte sich zufrieden über Aufführungsstil, Publikumsreaktion und Aufnahme durch die Kritik – wenngleich er »das echte, radikale, epische Theater« (S. 309) noch nicht verwirklicht sah. Selbst Erpenbeck fand sich im *Neuen Deutschland* (13. 11. 1949) mit dem epischen Theater ab: »Nun gut, wenn das ›episches‹ Theater ist, dieser vollsaftige Humor mit unabtrennbarem gesellschaftlichem Hintergrund, dieser bei aller lustiger Überzeichnung unverfälschte Realismus dieses Stücks und dieser Darstellung –, bitte, dann mögen wir uns gelegentlich einmal über die Terminologie weiterstreiten.« (Zit. nach: Hecht, S. 896) Anfang 1950 ging das Berliner Ensemble mit dem *Puntila* auf eine Gastspielreise in die Bundesrepublik; für B. war sie »ein erstaunlicher Erfolg« (GBA 30, S. 16). Eine weitere Gastspielreise im Juli 1950 mit derselben Inszenierung und zwei weiteren wurde von der Presse einerseits als »echte Ensemble-Leistung von weltstädtischem Format« gepriesen, aber andererseits als »Stoßtruppunternehmen östlicher Kommunisten in den Westen« (zit. nach: Hecht, S. 929) diffamiert.

Dennoch begannen – durch die beginnende Breitenwirkung des Berliner Ensembles angeregt und durch B.s selektive Genehmigungen zur Aufführung seiner Stücke forciert – Modellinszenierungen auch im Westen akzeptiert zu werden, wie die umjubelte Münchner Inszenierung von *Mutter Courage* (Premiere: 8. 10. 1950) unter Mitwirkung B.s und Berlaus zeigte. Allerdings begannen mit dieser Aufführung die Angriffe auf B. in der Bundesrepublik; einige Mitglieder des Münchner Stadtrats forderten – ergebnislos – die Absetzung des Stücks wegen der kommunistischen Sympathien B.s (vgl. Autorenkollektiv, S. 276).

In der DDR erwiesen sich zwei andere Inszenierungen des Berliner Ensembles als problematisch. Mit der Modellinszenierung von *Die Mutter* (Erstaufführung: 12. 1. 1951) griff B. auf ein vor den großen Exildramen – die zunächst zumeist für die Schublade geschrieben worden waren – entstandenes Stück zurück, das fast zwei Jahrzehnte vorher in Berlin von der Gruppe Junger Schauspieler uraufgeführt worden war (17. 1. 1932). Die Weigel trat wiederum in der Titelrolle auf; trotz des Beifalls bei der Premiere beschäftigte sich das ZK der SED im März 1951 unter dem Tagesordnungspunkt »Der Kampf gegen den Formalismus in der Kunst« mit *Die Mutter*. Fred Oelßner, Mitglied des Politbüros und Sekretär des ZK der SED, warf dem Stück fehlenden Realismus vor und behauptete: »das ist kein Theater; das ist irgendwie eine Kreuzung von Meyerhold und Proletkult« (Zit. nach: Lucchesi, S. 173). Außerdem bemängelte er Szenen, »die einfach historisch falsch und politisch schädlich sind« (ebd.) und regte eine Diskussion mit B. an. Die Intervention des ZK der SED führte letztlich nicht zur Absetzung des Stücks; es stand bis zum Tode der Weigel (6. 5. 1971), die noch am 3. 4. 1971 in einem Gastspiel des Berliner Ensembles in Frankreich die Pelagea Wlassowa gespielt hatte, beinahe 20 Jahre auf dem Spielplan und erreichte insgesamt 248 Vorstellungen.

Weit massiver griffen Partei und Regierung im Fall von *Das Verhör des Lukullus/Die Verurteilung des Lukullus* von B. und seinem Mitarbeiter, dem Komponisten Paul Dessau, ein – und zwar wiederum im Kontext der Antiformalismus-Kampagne, die, angestoßen von dem sowjetischen Kulturpolitiker Andrej Shdanow, in der Phase des sich verschärfenden Ost-West Konflikts und Kalten Kriegs Anfang der 50er-Jahre die DDR mit einiger Verspätung erreichte. Bereits im Januar 1948 hatte Shdanow vor dem ZK der KPdSU in einem Beitrag zu ›Fragen der sowjetischen Musikkultur‹ die verbindliche Definition des Formalismus geliefert. Formalismus bedeute, so Shdanow, »unter dem Banner eines angeblichen Neuerertums die Abkehr vom klassischen Erbe, die Abkehr von der Volkstümlichkeit der Musik und vom Dienst am Volke zugunsten des Dienstes an den rein individualistischen Empfindungen einer kleinen Gruppe auserwählter Ästheten« (Zit. nach: Lucchesi, S. 16). Das ZK der SED begann, seine Aufmerksamkeit Werken mit vermuteten formalistischen Tendenzen in der DDR zuzuwenden; im Februar 1951 beschloss es, »Text und Musik« von *Das Verhör des Lukullus* beurteilen zu lassen (S. 68). In den folgenden Debatten, die vornehmlich die Musik betrafen, bat B. den Generalsekretär der SED Walter Ulbricht, den Staatspräsidenten Wilhelm Pieck und den Ministerpräsidenten Otto Grotewohl brieflich um Unterstützung. In seinem Brief an Ulbricht versuchte er, »formale Bedenken« herunterzuspielen und lenkte das Augenmerk auf die zeitgenössische Relevanz und inhaltlich progressive Tendenz: »Die Oper ist eine einzige Verurteilung der Raubkriege, und angesichts des schamlosen Herbeiholens der alten Generäle zum Zweck eines neuen Angriffskriegs in Westdeutschland ist ein solches Werk, in dem ein Eroberer des Altertums von einem Gericht der Nachwelt verdammt wird, in einer Stadt wie Berlin, in der eine starke Ausstrahlung nach dem Westen erfolgen kann, doch wohl aufführungswert.« (GBA 30, S. 57) B. und Dessau konnten schließlich durchsetzen, dass die Uraufführung der inzwischen in *Das Verhör des Lukullus* umbenannten Oper an der Staatsoper (17. 3. 1951) stattfinden konnte. Die Aufführung wurde als geschlossene Veranstaltung geplant, um so den Misserfolg durch ein B. unfreundlich gesinntes Publikum zu sichern. Das Ministerium für Volksbildung hatte die Karten angefordert und verteilte sie an FDGB, FDJ und andere Massenorganisationen, an »gute und bewußte Genossen und Freunde, von denen man eine gesunde Einstellung zu dieser formalistischen Musik erwarten konnte« (Rentmeister, zit. nach: Lucchesi, S. 242). Falls es zutrifft, dass sich die Genossen nicht sonderlich für einen Opernbesuch begeistern konnten und ihre Karten zumeist weitergaben oder verkauften, sodass Operninteressenten und westliche Journalisten Zutritt erhielten, dann ging der große Beifall bei der Aufführung – laut B.s Assistentin Käthe Rülicke ein »triumphaler Erfolg« (zit. nach: Lucchesi, S. 200) – nicht zuletzt auf das Konto der begeisterten westlichen Besucher. Die Aufführung der Oper, mit der B. nach seinen Angaben die westliche Remilitarisierungspolitik anklagen wollte, geriet daher zu einer Demonstration gegen die Kulturpolitik der DDR – eine der zahlreichen Paradoxien in der Rezeptionsgeschichte des B.schen Werks.

Dieser Lesart der Ereignisse widersprach der Augen- und Ohrenzeuge Manfred Wekwerth, der spätere Regisseur und Intendant des Berliner Ensembles, der nicht ganz überzeugend die in die Vorstellung entsandten FDJler als Auslöser des Begeisterungssturms benannte (vgl. Wekwerth, S. 51–55). In einem Versuch der Schadensbegrenzung dankte B. Ulbricht für die Genehmigung der Aufführung und schrieb »den Beifall einerseits der mustergültigen Aufführung zu, andererseits der Friedenstendenz des Werkes« (GBA 30, S. 59). Dennoch durfte die Oper nicht in den Spielplan der Staatsoper aufgenommen werden; sie verschwand zunächst einmal aus der Öffentlichkeit und wurde erst in einer zweiten Uraufführung (12. 10. 1951) nach Änderungen im Text und in der Musik dem Publikum wieder zugänglich gemacht.

Die schwierige Situation B.s in der DDR zu Anfang der 50er-Jahre beschrieb der DDR-Literaturwissenschaftler Werner Mittenzwei – leicht beschönigend: »Durch die Formalismusdiskussion wurde jedoch das Verständnis des Publikums für Brecht erschwert und verzögert. Die Kritik operierte nach den ersten großen Theatererfolgen äußerst vorsichtig. Selbst wenn sie ihn lobte, tat sie so, als müsse da noch allerhand zur Sprache gebracht werden. Ebenso verhielten sich viele leitende Organe und ihre Funktionäre, die ihn stets als einen großen Dichter des Landes betrachteten, der aber nicht mit seinem gesamten Werk einer volkstümlichen Kunst, der Kunst des sozialistischen Realismus zugezählt werden könne. In den fünfziger Jahren gab es nicht wenige, die einen Großteil seines Werkes für dekadent hielten.« (Mittenzwei, S. 420) Einerseits erhielt B. Anerkennung für seine Arbeit – am 7. 10. 1953 wurde ihm der Nationalpreis 1. Klasse verliehen –, andererseits wurde seine Arbeit behindert oder misstrauisch toleriert. Es gab andere Streitpunkte wie die Bewertung der Methoden des russisch-sowjetischen Regisseurs K. S. Stanislawski, als dessen

Parteigänger Erpenbeck auftrat (vgl. Erpenbeck, S. 364–385), oder die Auseinandersetzung um das klassische Literaturerbe, die durch Hanns Eislers Opernlibretto *Johann Faustus* (1953) ausgelöst wurde. Bei B.s einzigem Versuch – abgesehen vom *Büsching*-Fragment –, ein neues sozialistisches Zeitstück auf die Bühne zu bringen, herrschte im Publikum eine duckmäuserische Haltung, die weder mit der des von B. gewünschten, kritisch reflektierenden Zuschauers noch der des propagierten neuen sozialistischen Menschen etwas gemein hatte. Rülicke notierte anlässlich der Premiere von Erwin Strittmatters *Katzgraben* im Berliner Ensemble (23. 5. 1953): »Haus nur 2/3 voll, fieses Publikum. Während der ersten zwei Bilder lauter blöde Fressen, keiner wagte zu lachen, Szenenapplaus eigentlich nur im Dunkeln. Scheußliche Stimmung, jeder wartete erst die Reaktion des andern ab. [...] Schlimm war, daß keiner mit der Absicht gekommen war, sich zu unterhalten, sondern man wollte dabei sein bei einem Skandal« (BBA 655/46f.; zit. nach: Hecht, S. 1059). B.s Schwierigkeiten mit dem Publikum waren lediglich ein Aspekt der Widerstände, die er zu überwinden hatte. Schon im Mai 1951 hatte das ZK der SED den damaligen Redakteur des *Neuen Deutschland* Wilhelm Girnus als ideologischen Berater B.s, der ihm politischen Nachhilfeunterricht erteilen sollte, bestimmt (vgl. Lucchesi, S. 221). Im Januar 1952 verfügte das ZK der SED, die Dramen B.s aus den Lehrplänen der Oberschulen zu streichen (vgl. S. 276), und der von B. und seinen Mitarbeitern und Schülern Berlau, Claus Hubalek, Peter Palitzsch und Rülicke redaktionell betreute Band *Theaterarbeit. 6 Aufführungen des Berliner Ensembles*, für den das Berliner Ensemble als Herausgeber zeichnete, konnte erst mit Verspätung im Mai 1952 erscheinen.

In *Theaterarbeit* wurde der Anspruch des Berliner Ensembles auf eine – durch seine Ausstrahlungskraft in den Westen durchaus gerechtfertigte – gesamtdeutsche Funktion erhoben: »Das Berliner Ensemble versucht, mit seiner Theaterarbeit zum Aufbau eines neuen Deutschlands und eines nationalen Theaters beizutragen.« (S. 6) Zugleich sollten die vorgestellten und durch eine Reihe von erstmals veröffentlichten Texten theoretisch untermauerten Modellinszenierungen von *Herr Puntila und sein Knecht Matti*, Maxim Gorkis *Wassa Schelesnowa*, der Bearbeitung von J.M.R. Lenz' *Der Hofmeister*, *Die Mutter*, der Bearbeitung von Gerhart Hauptmanns *Biberpelz und roter Hahn* und *Mutter Courage* den Aufführungsstil des Berliner Ensembles für die Zukunft als Standard festschreiben. Denn im März 1953 musste B. resigniert feststellen: »Unsere Aufführungen in Berlin haben fast kein Echo mehr. In der Presse erscheinen Kritiken Monate nach der Erstaufführung, und es steht nichts drin, außer ein paar kümmerlichen soziologischen Analysen. Das Publikum ist das Kleinbürgerpublikum der Volksbühne, Arbeiter machen da kaum sieben Prozent aus. Die Bemühungen sind nur dann nicht ganz sinnlos, wenn die Spielweise späterhin aufgenommen werden kann, d.h. wenn ihr Lehrwert einmal realisiert wird.« (GBA 27, S. 346)

Trotz fehlender Wertschätzung in der DDR konnte man B.s wachsende internationale Anerkennung nicht ignorieren. Der Redakteur des *Neuen Deutschland* und ›Aufpasser‹ Girnus setzte sich gegenüber Ulbricht dafür ein, dem Berliner Ensemble, das bisher beim Deutschen Theater zu Gast gewesen war, ein eigenes Haus, das Theater am Schiffbauerdamm, zu überlassen – allerdings mit der Absicht, eine »erzieherische Wirkung« (zit. nach: Hecht, S. 1071) auf B. auszuüben und seine Regiekonzeption bloßzustellen, da er gezwungen sein werde, ein größeres Publikum für seine Stücke zu gewinnen: »Deshalb müßte man ihm nicht irgendeine kleine Quetsche, sondern ein richtiges Theater geben, damit er seinen Primitivismus und Puritanismus nicht durch mangelnde Technik entschuldigen kann.« (Ebd.) Das neue, ständige Haus des Berliner Ensembles, das Theater am Schiffbauerdamm, 1928 Stätte des Triumphs der *Dreigroschenoper*, wurde am 19. 3. 1954 mit der positiv aufgenommenen Bearbeitung von Molières *Don Juan* (Regie: Benno Besson) eröffnet. Die Premiere von *Der kaukasische Kreidekreis*, eines der großen Exildramen, am Berliner Ensemble (7. 10. 1954) warf wiederum ein Schlaglicht darauf, wie schwer sich Kulturfunktionäre und Rezensenten mit B. taten. Statistisch gesehen ein Erfolgsstück mit 175 Aufführungen bis zum 22. 12. 1958 (vgl. Hecht, S. 1125) wurde die Inszenierung als bedeutendes Theaterereignis betrachtet. Dennoch verschwieg das auch in kulturellen Belangen autoritative *Neue Deutschland* die Premiere und Erpenbeck setzte die Diskussion fort, indem er in der Zeitschrift *Theater der Zeit* das epische Theater als »gangbaren Weg in die Zukunft« (Erpenbeck, S. 184) ablehnte. Er empfahl stattdessen das in der sich auf den Antifaschismus als Legitimationsprinzip berufenden DDR geschätzte »aristotelische« (und explizit antifaschistische), aus der Exilzeit stammende Drama *Die Gewehre der Frau Carrar*, ein Stück, das mit 1393 Aufführungen und 68 Inszenierungen von 1947 bis 1973 Spitzenreiter – vor *Dreigroschenoper* – in der Aufführungsstatistik der DDR war (vgl. Sauer, S. 389).

Die DDR machte sich den Ruhm B.s zu Nutze; trotz der Anfeindungen und Querelen zu B.s Lebzeiten zögerte sie nach seinem Tode (14. 8. 1956) nicht, ihn als sozialistischen Klassiker zu beanspruchen und als ›Nationaldichter‹ der halben Nation zu reklamieren und institutionalisieren – ein Prozess, der durch eine Anerkennung höchsten Rangs, die Verleihung des Stalin-Friedenspreises an B. in Moskau am 25. 5. 1955, quasi offiziell sanktioniert worden war. Freilich wusste B. nicht, dass Thomas Mann, der vorgesehene Kandidat, den Preis aus Furcht, als Kommunist zu gelten, abgelehnt hatte (vgl. Hecht, S. 1135f.) Unter der Leitung der Weigel, die von den für Regie und Dramaturgie zuständigen B.-Schülern Besson, Palitzsch und Wekwerth assistiert wurde, fuhr das Berliner Ensemble fort, das B.sche Erbe zu pflegen; laut Wekwerth hatte sie den Ehrgeiz, alle »Brecht-Hauptstücke zu spielen« (Fedianina, S. 291). Es bestand durchaus Nachholbedarf; von den bereits im Westen aufgeführten und zum »Kanon« der großen Exildramen gerechneten Stücken gelangte *Leben des Galilei* mit Ernst Busch in der Hauptrolle im Januar 1957 auf die Bühne des Berliner Ensembles (Regie: Engel; Bühnenbild: Neher). Luft bezeichnete die Aufführung als »zu den besichtigungswertesten des heutigen Welttheaters überhaupt« (zit. nach: Knust, S. 76) gehörend. Nach der Uraufführung von *Der Aufstieg des Arturo Ui* in Stuttgart am 10. 11. 1958 (Regie: Palitzsch) folgte eine Art Modellinszenierung am Berliner Ensemble mit Ekkehard Schall in der Titelrolle; Palitzsch und Wekwerth zeichneten für die Regie verantwortlich (23. 3. 1959). *Die Dreigroschenoper* kehrte 1960 an den Schiffbauerdamm zurück; wie schon 1928 führte Engel Regie. Der Rezensent des *Neuen Deutschland* fand sich mit dem Erfolgsstück ab, indem er konstatierte, dass die »anarchistischen Züge [...] das Äußerlich-Provokante, die Bürgerschreckelemente« das Werk eines »Hassers der Bourgeoisie«, (noch) nicht eines »Klassenkämpfers« (Keisch) seien. Gegen Ende der 60er-Jahre begannen sich Spannungen wegen unterschiedlicher Konzeptionen über die Fortführung des Berliner Ensembles zu zeigen; die Weigel warf Wekwerth vor, die »Brecht-Linie völlig verlassen« (Fedianina, S. 299) zu haben, und Wekwerth verabschiedete sich bis auf weiteres vom Berliner Ensemble. Auch über den Tod der Weigel hinaus konnte das Berliner Ensemble noch beträchtliche Zeit von seinem internationalen Prestige zehren. Ruth Berghaus, die Nachfolgerin der Weigel von 1971 bis 1977, erweiterte das B.-Repertoire des Berliner Ensembles durch die Inszenierung des frühen Stücks *Im Dickicht der Städte* (1971), um der Tendenz zur musealen Konservierung der Modellinszenierungen entgegenzuwirken – aber auch aus dem Grund, um Aufführungen des jungen B. nicht völlig dem Westen zu überlassen. »Unüberbrückbare ästhetische Auffassungen« ergaben sich aber darüber, »wie Brecht zu interpretieren sei« und »eskalierten zu einem Machtpoker zwischen den Erben des Dichters« und der Intendantin, »wobei persönlicher Zwist und gesellschaftlicher Streit nicht mehr auseinanderzuhalten waren« (Günther, S. 52) und zur Lähmung produktiver Arbeit führten.

Boykottversuche / Internationale Erfolge

Obwohl B.s Parteinahme für die DDR und die in seinen Stücken zum Ausdruck kommende politische Tendenz häufig Gegenstand der Kritik in der bundesrepublikanischen Presse waren, hatte diese Kritik die Rezeption seiner Dramen nicht unterbinden können – zum Teil, weil B.s Werk mit seiner Geschichtsbejahung, seinem aufklärerisch-optimistischen Gestus, seiner gesellschaftlich-politischen Themenstellung und der Verwendung volkstümlicher Elemente zur Gewinnung neuer Zuschauerschichten eine echte Alternative zur eher skeptischen und pessimistischen, keine Lösungen offerierenden, einer politischen und realistischen Darstellungsweisen abgeneigten westlichen Dramatik bot (vgl. Barner, S. 325). Oft entzündete sich die Kritik an spezifischen Ereignissen; B.s vermeintliche Reaktion auf die Vorgänge des 17. Juni 1953 führten zu einem freiwilligen, fast zweijährigen Boykott B.scher Stücke an westdeutschen Bühnen. B. hatte am Vormittag des 17. Juni einen kurzen Brief an Ulbricht diktiert, von dem das *Neue Deutschland* nur den letzten Satz – »Es ist mir ein Bedürfnis, Ihnen in diesem Augenblick meine Verbundenheit mit der Sozialistischen Einheitspartei Deutschlands auszudrücken« (GBA 30, S. 178) – gedruckt, aber B.s implizite Aufforderung, eine »große Aussprache mit den Massen« (ebd.) zu führen, verschwiegen hatte, so dass B.s Haltung im Westen als rückgratloser Opportunismus und vorauseilender Gehorsam erschien. Die freilich ambivalente Haltung B.s, der privat seiner Empörung über die Verstümmelung seiner Erklärung Ausdruck gab und seine »Möglichkeiten der gesamtdeutschen Arbeit durch diesen Vorfall sehr beeinträchtigt« (GBA 23, S. 548) glaubte, hatte ebenfalls ein literarisches Nachspiel. In seinem Drama *Die Plebejer proben den Aufstand* (1966) übte Günter Grass eine differenzierte Kritik an dem Ästhetizismus und Intellektualismus seiner B.-Figur, die ihre Aktivitäten auf die Bühne beschränkt und sich weigert, die Schlussfolgerungen aus ihrer Theorie zu ziehen und sich in der sozialen Praxis zu engagieren.

Bereits zu seinen Lebzeiten begann sich B. »als Klassiker der Moderne, als eine der ganz wenigen Portalfiguren der deutschsprachigen Gegenwartsliteratur, die in weltliterarische Höhe ragen: wie der von ihm (in Grenzen) geschätzte Kafka, wie der lebenslang verhaßte Thomas Mann« (Vogt, S. 4), zu profilieren. Daher wird die vehemente Resonanz auf B.s Stücke in der Bundesrepublik, als deren Repräsentant er nicht gelten konnte, begreiflich. Denn im Unterschied zu Kafka und Mann hatte B. »sein literarisches Schaffen zweifellos am engsten mit der politischen Realität verflochten: seit den späten zwanziger Jahren in der erklärten Absicht, mit den spezifischen Mitteln dieser Produktion verändernd in sie ›einzugreifen‹« (ebd.). Wie der erste Boykott als Reaktion auf den 17. Juni 1953 zeigte, genügte der Anschein von B.s Billigung repressiver Maßnahmen der DDR und der Sowjetunion, um ihn zu verdammen. Dem Boykott schlossen sich alle Theater in der Bundesrepublik an (vgl. Autorenkollektiv, S. 279) – ein bemerkenswertes Phänomen, das Rückschlüsse auf die Effektivität des politisch-ideologischen Drucks im Zeichen des Kalten Kriegs zulässt, dem sich alle Bühnen freiwillig unterwarfen (vgl. ebd.). Zu einem zweiten, kürzeren Boykott kam es – bereits nach dem Tode B.s – nach der Niederwerfung des ungarischen Volksaufstands im November 1956 durch die Sowjetunion, der durch Truppen der DDR, die in die Tschechoslowakei einmarschierten, unterstützt wurde. Der dritte, intensive, aber letztlich noch erfolglosere Boykottversuch in dieser von André Müller zu einem *Kreuzzug gegen Brecht* (1962) hochstilisierten Kampagne erfolgte nach dem Bau der Berliner Mauer. Die *Bild-Zeitung* formulierte: »Millionen verfluchen diesen Namen [B.] seit dem 17. Juni 1953 – und seit dem 13. August 1961 verursacht er uns Übelkeit.« (Zit. nach: A. Müller, S. 17) Nicht nur die Massenpresse nahm Stellung gegen B.; in seriösen Publikationen wurde die Frage diskutiert, ob man B. im Westen spielen sollte. Der Wiener Theaterkritiker und maßgebliche B.-Opponent Friedrich Torberg, der dazu beitrug, dass B. nach dem 17. Juni 1953 in Österreich fast zehn Jahre lang nicht gespielt wurde, malte im *Monat* (Dezember 1961) den Untergang des Abendlandes an die Wand, um vor B. und seinen westlichen Sympathisanten zu warnen: »Und wie er selbst sich zum Handlanger der östlichen Diktatur gemacht hat, machen sich diejenigen, die das nicht wahrhaben wollen und ihm hier die Wege ebnen, zu Handlangern des westlichen Untergangs.« (Zit. nach: Torberg, S. 162) Martin Walser sah die Dinge gelassener; in dem erst 1995 veröffentlichten Gedicht *Zwei Berichte an Bertolt Brecht* schrieb er: »Aber / der schwarze Sonntag, genannt der 13. August, / der scheuchte die Courage von den Brettern, / Grusche singt nicht mehr, Puntila verkommt / in der Garderobe. Als wäre die Mauer in Deinem / Namen erbaut, so stürzte Dein Kurs« (Walser 1995, S. 25).

1957 hatte der damalige Bundesaußenminister Heinrich von Brentano in einer Fragestunde des Bundestages immerhin zur Kenntnis genommen, dass B. als »einer der größten Dramatiker der Gegenwart« gelte, hatte dann aber in einem eklatanten Fehlurteil behauptet, dass »die späte Lyrik des Herrn Bert Brecht nur mit der Horst Wessels zu vergleichen« (zit. nach: Autorenkollektiv, S. 281) sei. Suhrkamp erhob in einem offenen Brief in *Die Welt* (22. 5. 1957) Einspruch gegen die Diskreditierung der politischen Ansichten des Antifaschisten B. durch seine Gleichsetzung mit einem Nazibarden. Weiterhin gab es Widerspruch sowohl gegen die Anwendung der Totalitarismustheorie auf den ästhetischen Bereich durch den Bundesaußenminister wie gegen die Boykottbefürworter. In einer Meinungsumfrage (»Soll man Brecht im Westen spielen?«) der österreichischen Kulturzeitschrift *Forum* im September 1958 sprach sich die Mehrzahl der Einsender für die Aufnahme B.s in die Spielpläne aus; der Theaterhistoriker Siegfried Melchinger bemerkte lakonisch, dass man B. schon aus dem Grunde spielen müsse, weil »der Westen nicht der Osten« sei (Melchinger, S. 333).

Ungeachtet der Boykottversuche begann sich das Werk B.s sowohl in der Bundesrepublik wie auf der internationalen Theaterszene durchzusetzen. Im Dezember 1952 hatte das Berliner Ensemble auf seiner ersten Auslandstournee in Polen gastiert; Ende Juni 1954 erfolgte eine weitere Gastspielreise mit *Mutter Courage* in Paris, die die durch Roland Barthes, Bernard Dort, Henri Lefebre und andere propagierte »révolution brechtienne« (vgl. Hüfner, S. 150) in Frankreich einleitete. In der Bundesrepublik war der *Kreidekreis* eines der Stücke, mit denen der erste Boykott durchbrochen wurde. Die westdeutsche Erstaufführung fand in Frankfurt a.M. am 28. 4. 1955 statt (Regie: Harry Buckwitz) und erzielte auch deswegen eine breite Resonanz in der Presse, weil das Frankfurter Schauspielhaus mit der Inszenierung bei den Ruhrfestspielen 1955 gastierte. B. betrachtete die »ganze Aufführungswelle« als wichtig, »weil danach, was immer Neues drüben in den Weg gelegt werden mag, immerhin die Erinnerung bestehen bleiben wird« (GBA 30, S. 338). Im Vordergrund der Diskussion um den *Kreidekreis* standen Fragen des politisch-ideologischen Gehalts im Zusammenhang mit dem in Frankfurt mit B.s Einwilligung gestrichenen *Vorspiel*. Die Bestrebungen, B.s Stücke von den westdeutschen Bühnen zu verbannen, waren fehlgeschlagen; der *Kreidekreis* nahm in den Aufführungsstatistiken der B.schen Dramen in den 50er, 60er und frühen 70er Jahren einen der vorderen Plätze ein. Dazu trug zweifellos bei, dass B. dieses Stück neben der *Dreigroschenoper* und dem Fragment *Die Reisen des Glücksgotts* als seine einzigen Repertoirestücke klassifizierte, d.h. »Stücke, die nahezu immer gegeben werden können, weil sie im Thema sehr allgemein sind und den Theatern Gelegenheit für ihre allgemeinsten Künste gewähren« (GBA 27, S. 307). Den Grundstein für die Anerkennung des *Kreidekreises* über das deutschsprachige Theater hinaus legte das Berliner Ensemble mit seinem noch zu Lebzeiten B.s im Juni 1955 durchgeführten Pariser Gastspiel. Weitere Gastspiele in London (1956) und Moskau (1957) etablierten das Stück auf der internationalen Bühnenszene. In der Spielzeit 1971/ 1972 avancierte B. in der Statistik des deutschen Bühnenvereins nach der Zahl der Aufführungen zum Spitzenreiter vor Shakespeare, Schiller, Shaw, Molière und Lessing – eine eindrucksvolle Bilanz, die zum Teil auch auf das zunehmende Renommé des Berliner Ensembles im Ausland zurückzuführen sein dürfte. Die Akzeptanz des epischen Theaters im Westen wurde jedoch von seiner Entpolitisierung begleitet, die den gesellschaftspolitischen Entwurf B.s nicht zur Kenntnis nahm – zweifellos ein Prozess, der eine, wenn auch nicht immer absichtsvolle und vor allem nicht zentral gesteuerte »Legitimationsfunktion« besaß, um Aufführungen B.scher Stücke in der Bundesrepublik zu ermöglichen und um nicht völlig auf B. »als Repräsentanten der deutschen Gegenwartsliteratur verzichten zu müssen« (Autorenkollektiv, S. 278). Es ist daher kein Zufall, dass die folgenden Stücke nach Aufführungen (A) und Inszenierungen (I) in der Statistik der Jahre 1947–1978 an der Spitze der Beliebtheitsskala rangierten (vgl. Sauer, S. 387): *Dreigroschenoper* (A: 2330; I: 87), *Mutter Courage* (A: 2240; I: 135), *Puntila/Matti* (A: 1869; I: 117), *Der gute Mensch von Sezuan* (A: 1480; I: 74), *Kreidekreis* (A: 1381; I: 72), *Leben des Galilei* (A: 1156; I: 62). Im *Puntila* und verwandten Stücken, befand Gerd Vielhaber in der *Frankfurter Allgemeinen Zeitung* (16. 5. 1966), sei die »etwas künstlich hineingeflickte, inzwischen überholte klassenkämpferische Tendenz [...] von der poetischen Kraft des Menschengestalters« überwunden worden.

Von dem insgesamt freundlicheren Rezeptionsklima, in dem politische und ideologische Fragestellungen nicht mehr vorrangig waren, profitierte ebenfalls die unverwüstliche *Dreigroschenoper*. Wenige Monate vor seinem Tode, an seinem 58. Geburtstag (10. 2. 1956), war B. bei der Mailänder Aufführung des Mailänder Piccolo Theaters unter der Regie Giorgio Strehlers, mit dem er bei der Vorbereitung zusammengearbeitet hatte, anwesend. Die Mitglieder des Piccolotheaters unter der Leitung von Strehler hätten, so B. in einem Dankesbrief, »dem Werk eine echte Wiedergeburt« (GBA 30, S. 431) ermöglicht. Ohne Mitwirkung B.s kam die sensationelle New Yorker Inszenierung in der Bearbeitung Marc Blitzsteins und mit Lotte Lenya in der Rolle der Jenny zu Stande. *Die Dreigroschenoper* erzielte zunächst ab März 1954 an einem kleinen Theater 96 Vorstellungen; nach einer fünfzehnmonatigen Unterbrechung avancierte das Stück mit 2611 Aufführungen vom September 1955 bis Dezember 1961 zum Dauerrenner und stellte einen – inzwischen überbotenen – Rekord in der Laufzeit von »Musicals« auf (vgl. Mews 1998, S. 43–45). Die Tendenz, *Die Dreigroschenoper* kulinarisch und unter Ignorierung der sozialkritischen Intention B.s zu rezipieren, erreichte ihren Höhepunkt, als sich die weltweite Hamburgerkette McDonald's 1987 entschloss, das Kulinarische gewissermaßen wörtlich zu nehmen und im amerikanischen Werbefernsehen zur Melodie der *Moritat von Mackie Messer* einen Text zu senden, der für den *Big Mac Tonite* Reklame machte. Ähnliche Tendenzen zur Entpolitisierung lassen sich etwa auch beim *Kreidekreis* feststellen. Dankbare Paraderollen wie die des Azdak, die von Hanns Ernst Jäger in den 50er und 60er Jahren auf verschiedenen Bühnen mit Verve und komödiantischem Elan gespielt wurde (vgl. Mews 1989, S. 91), ließen B.s »enttäuschten Revolutionär« (GBA 24, S. 345) in Vergessenheit geraten und sicherten den Publikumserfolg. Obwohl mit Berücksichtigung des amerikanischen Publikumsgeschmacks (vgl. Lyon 1999, S. 238–245) und ursprünglich für den Broadway geschrieben, wurde das Stück im Mai 1948 an einer College-Bühne im amerikanischen Bundesstaat Minnesota uraufgeführt und gelangte erst 1966, fast 20 Jahre nach seiner Uraufführung, nach New York. Das von Bentley aus Furcht vor dem Vorwurf sowjetischer Propaganda lange zurückgehaltene *Vorspiel* erwies sich nicht mehr als problematisch; vielmehr geriet das Stück zu einer großen, sentimentalen und melodramatischen Show.

Polemik / Beginn der Forschung

In der Auseinandersetzung um B. und sein Werk spielte das Erklärungsmuster des im Widerstreit mit dem Poeten liegenden Klassenkämpfers als Schlüssel zum Verständnis seiner Persönlichkeit und seines Schaffens eine große Rolle, das letztlich auf das 1950 ins Deutsche übersetzte Buch *Stalin and German Communism* (1948) von Ruth Fischer zurückging. Die 1926 aus der KPD ausgeschlossene Schwester Gerhart und Hanns Eislers vertrat die These, dass sich B., um ein Gegengewicht gegen den hemmungslosen Individualismus seiner Frühzeit zu schaffen, der eisernen Disziplin eines Parteikollektivs unterworfen habe und damit unter Preisgabe seiner individuellen dichterischen Fähigkeiten zum »Sänger der GPU« – so der Titel des B. gewidmeten Kapitels (Fischer, S. 749–761) – geworden sei. Die Politologin und Philosophin Hannah Arendt variierte Fischers These in der Zeitschrift *Neue Rundschau* vom Januar 1950 mit ihrer Trennung des gepriesenen poetischen Frühwerks vom marxistischen, dichterisch impotenten Spätwerk B.s. Eine weitere Variation der Phasentheorie wurde von Herbert Lüthy in seinem 1952 in der Zeitschrift *Der Monat* erschienenen, weithin beachteten Aufsatz *Vom armen BB* vorgetragen, in dem er der Tatsache Rechnung trug, dass die Spätwerke des Exils und nicht die Dramen der frühen Schaffensphase auf den Bühnen der Bundesrepublik gespielt wurden. Während Lüthy das »Lehrtheater« der mittleren Phase für völlig verfehlt hielt, konzidierte er, dass B. in Dramen wie *Mutter Courage, Leben des Galilei, Der gute Mensch von Sezuan*, aber auch in *Dreigroschenoper, Aufstieg und Fall der Stadt Mahagonny* und *Die heilige Johanna der Schlachthöfe* »die dogmatische Verpuppung« (Lüthy, S. 129) durchbreche. Schließlich exerzierte der einflussreiche, ungarisch-englische Theaterkritiker Martin Esslin, der den psychologisierenden Ansatz seiner Vorgänger aufgriff, in seiner mehrfach aufgelegten, kritischen Studie (1959) exemplarisch die Trennung des Dichters, dessen Sprachkunst und poetische Vision die eigentliche Stärke seiner Dramen bildeten, vom Kommunisten vor: damit war der völligen Vereinnahmung B.s im Westen der Weg bereitet. Die zunehmende Beschäftigung mit B. in den englischsprachigen Ländern wurde ebenfalls durch die Veröffentlichung der substanziellen Analyse des B.schen Werks in *The Theatre of Bertolt Brecht. A Study from Eight Aspects* (1959; deutsch 1964) des im August 2002 verstorbenen John Willett dokumentiert. Willett hatte sich jahrzehntelang als Herausgeber, Übersetzer und Autor um die Durchsetzung B.s in England und den Vereinigten Staaten bemüht. Anfang der 70er Jahre nahm er mit dem 1992 verstorbenen Ralph Manheim das Großprojekt der *Collected Plays* in einer englischen (veröffentlicht bei Methuen) und unvollständig gebliebenen und inzwischen vergriffenen amerikanischen Version (veröffentlicht bei Random House; vgl. Mews 1997, S. 399–402) in Angriff; er konstatierte, dass B.s herausragendes Merkmal das Vertreten eines konsistenten sozialen und politischen Standpunkts sei, der erheblich von gewöhnlicher, gefühlsbetonter Propaganda abweiche (vgl. Willett, S. 187), und versuchte, B. dem englischen Publikum mit dem Hinweis auf seine Wertschätzung traditioneller »englischer« Eigenschaften wie Klarheit und Zurückhaltung sowie B.s Benutzung und Adaptation englischer Autoren wie Shakespeare, Marlowe, Webster, Farquhar, Gay und Synge (vgl. S. 217) schmackhaft zu machen.

In seiner Nüchternheit und Vorurteilslosigkeit unterschied sich Willett wohltuend von einer der ersten Publikationen eines Germanisten über B., Otto Manns *B.B. – Maß oder Mythos? Ein kritischer Beitrag über die Schaustücke Bertolt Brechts* (1958). Es handelte sich dabei um den Versuch, wie Verleger Wolfgang Rothe in seinem Geleitwort klar machte, in einer wissenschaftlichen Untersuchung der nach dem Tode B.s einsetzenden Begeisterung für sein Werk unter Intellektuellen in der Bundesrepublik einen Dämpfer aufzusetzen, und zwar nicht nur, wie bisher vorwiegend geschehen, durch die Bloßstellung des Marxisten B., sondern durch die Verdeutlichung »der Verkennung des Schriftstellers, den man zu rasch den wahren Größen im Felde der dramatischen Literatur« (Rothe, S. 6) zugerechnet habe. Manns Buch, das mit dem Verdikt schloss, »Man sieht hier den marxistischen Stückeschreiber deutscher Herkunft; man sieht hier nicht den reinen Dichter, nicht den großen Dramatiker, nicht den neuen deutschen Klassiker« (Mann, S. 117), hatte nicht die erhoffte Wirkung; auch die schon einer Salve in einem Nachhutgefecht gleichende Publikation von Gerhard Szczesny *Das Leben des Galilei und der Fall Bertolt Brecht* (1966) vermochte weder die Zugkraft des Stücks mit Inszenierungen u. a. in Köln (1955), Frankfurt a. M. (1961), Mailand (1963) und am Wiener Burgtheater (1966), wo B. lange persona non grata gewesen war, noch das Renommé seines Autors zu beeinträchtigen. Szczesny vertrat die zum Teil von Esslin abgeleitete These, dass die zunehmend negative Charakterisierung der Titelfigur in den drei Fassungen Ausdruck von B.s Unfähigkeit sei, »aus den Verstrickungen einer frühen Unordnung« herausfinden zu können. Diese Unfähigkeit habe er durch die Projektion der »Pose des großen Lehrmeisters« (Szczesny, S. 101) kompensiert.

Mitte der 50er Jahre begann in Ost und West die ernsthafte B.-Forschung, die sich der Analyse des Werks widmete und sich weitgehend der Polemik enthielt. Die kontinuierliche Zunahme der Sekundärliteraturtitel in verschiedenen Sprachen lässt sich an der chronologisch aufgeschlüsselten Bibliografie in Jan Knopfs Forschungsbericht (1974) ablesen. Während Knopf für 1955 nur eine unveröffentlichte DDR-Dissertation und die ebenfalls in der DDR entstandene größere Arbeit Ernst Schumachers *Die dramatischen Versuche Bertolt Brechts 1918–1933* verzeichnet, und das folgende Jahr gleichfalls nur mit zwei Titeln zu Buche schlägt, werden für 1970 mehr als zwanzig kürzere und längere Arbeiten aufgelistet, sodass Reinhold Grimm in der dritten Auflage seines Materialienbandes über den Stand der Forschung (1971) die Erfassung der Sekundärliteratur als »Kärrnerarbeit, die zugleich eine Sisyphusarbeit war« (Grimm 1971, S. V), bezeichnen konnte. Unter den frühen Arbeiten zu B. sind *Bertolt Brecht. Versuch über das Werk* (1957) von Volker Klotz, *Bertolt Brecht. Die Struktur seines Werkes* (1959) von Grimm und *Die Dramaturgie des späten Brecht* (1959) von Walter Hinck zu nennen, deren gemeinsamer Nenner recht summarisch als Struktur- und Formanalyse bezeichnet werden kann (vgl. Mittenzwei 1987, S. 1274).

In der frühen DDR-Forschung gingen auf Grund der Tatsache, dass Mitglieder des Berliner Ensembles wie Hans Bunge, Werner Hecht, Käthe Rülicke-Weiler und Manfred Wekwerth Studien vorlegten, wesentliche Impulse vom Theater aus, das sowohl als – unter den in der DDR vorgegebenen Bedingungen – eine in Veränderung begriffene Institution wie auch als Mittel der gesellschaftlichen Veränderung aufgefasst wurde. Diese Annahme wird etwa durch Titel wie Wekwerths *Theater in Veränderung* (1960) und Rülicke-Weilers *Die Dramaturgie Brechts. Theater als Mittel der Veränderung* (1966) belegt. Allerdings konzentrierte sich die DDR-Forschung nicht ausschließlich auf das Theater und die Dramen B.s; Klaus Schuhmanns *Der Lyriker Bertolt Brecht 1913–1933* (1964) war die erste umfassende Interpretation der frühen Gedichte, in der Schuhmann die Lyrik im Zusammenhang mit B.s ›Weltanschauung‹ und politischer Haltung zu erklären versuchte.

Obgleich das Theater in der DDR und der Bundesrepublik bei der Rezeption eines wesentlichen Teils des B.schen Werks eine durch seinen Öffentlichkeitscharakter bedingte wichtige Funktion erfüllte, trugen andere Institutionen und Gruppen zu seiner Verbreitung bei. Neben der Forschung, deren Breitenwirkung meist begrenzt war, begannen sich auch die Schulen in der Bundesrepublik für B. zu interessieren. Es ist zweifellos ein Indiz für die zunehmende Wertschätzung B.s, dass »die prinzipielle Frage ›Brecht in der Schule‹« (Sauer, S. 32) seit Anfang der 60er-Jahre im Wesentlichen positiv beantwortet worden war, und B. bereits 1961/62 hinter Thomas Mann als »der meistgelesene Autor des 20. Jahrhunderts in der Oberstufe hessischer Gymnasien« (S. 333) rangierte. B. stieg zum Klassiker der Schullesepläne auf; erst 1975 setzte ein quantitativer Rückgang in der Schullektüre ein (vgl.

S. 36). Neben den in die Lehrpläne aufgenommenen Dramen, zu denen, abweichend von den Spielplänen der Theater, kürzere Texte wie die Schulopern *Der Jasager* und *Der Neinsager* und das Lehrstück *Die Ausnahme und die Regel* gehörten, wurden ebenfalls Gedichte wie *Fragen eines lesenden Arbeiters, Legende von der Entstehung des Buches Taoteking, Der Kirschdieb, Der Rauch, An die Nachgeborenen* (vgl. S. 50) und Prosatexte – zumeist im Unterricht der Oberstufe – behandelt (vgl. S. 53f.). Zu den beliebtesten Texten zählten die *Geschichten von Herrn Keuner, Der Augsburger Kreidekreis, Die unwürdige Greisin* und *Der Mantel des Ketzers* aus den *Kalendergeschichten*, die in der Lizenzausgabe des Rowohlt Verlags (Erstveröffentlichung 1953) zum absoluten Verkaufsschlager wurden.

Eine neue Phase der wissenschaftlichen B.-Rezeption setzte mit dem Beginn der politisch engagierten Studentenbewegung zur Zeit der Großen Koalition zwischen CDU und SPD 1966 bis 1969 ein. Die literarisch interessierten Studenten und jungen Wissenschaftler lehnten die im Wesentlichen apolitischen Prämissen der bürgerlichen Literaturwissenschaft und B.s »Stilisierung zur Klassik und damit zu abgelegtem Kulturgut, das jeder Gebildete sich einverleibt hat«, als »Symptom affirmativer Gesellschaften« ab und rückten stattdessen das »offene, diskutier- und ergänzbare« (Knopf 1974, S. 11) Werk B.s in seiner Gesamtheit in den Mittelpunkt der Betrachtung. Der Aufstieg B.s zu einer »Leitfigur der neuen Linken« (Mittenzwei 1987, S. 1283) Ende der 60er-Jahre basierte nicht auf seiner »strategischen Entscheidung«, dem Versuch, »mit allen Kräften und Aktivitäten einem bestimmten Komplex seines dramatischen Gesamtwerks zur Durchsetzung und Wirkung zu verhelfen: den ›großen‹ Schaustücken, die als legendenhaft getönte oder historisierende Parabeln angelegt sind« (Vogt, S. 11), sondern auf den theoretischen Schriften, die erstmals zur Gänze in der von Hauptmann redigierten 20bändigen *Werkausgabe* (WA) des Suhrkamp Verlags von 1967 vorlagen. Der Titel von Heinz Brüggemanns Untersuchung *Literarische Technik und soziale Revolution. Versuch über das Verhältnis von Kunstproduktion, Marxismus und literarische Tradition in den theoretischen Schriften Bertolt Brechts* (1973) verdeutlicht sowohl die Bevorzugung der theoretischen Schriften gegenüber den Dramen wie den Anspruch, diese Schriften als theoretischen Ansatzpunkt für eine grundlegende Änderung der politisch-gesellschaftlichen Verhältnisse – oft unter Missachtung ästhetischer Kriterien – in der Bundesrepublik benutzen zu können. Anstatt des Sowjet-Marxismus kam Karl Korsch, der Lehrer und Freund B.s aus den späten 20er-Jahren, zu später Anerkennung. Große Beachtung fand die Arbeit Reiner Steinwegs, der im ersten Teil von *Das Lehrstück. Brechts Theorie einer politisch-ästhetischen Erziehung* (1972) B.s verstreute Äußerungen zur Lehrstücktheorie erstmals mit großer Vollständigkeit präsentierte. Weiterhin lehnte Steinweg die von der traditionellen B.-Forschung vertretene Phasentheorie ab, laut der die in der Endphase der Weimarer Republik entstandenen Lehrstücke nach B.s Wendung zum Marxismus als »Produkte einer vulgärmarxistischen Übergangsphase im Denken und Schaffen« (Steinweg 1976, S. 79) des Stückeschreibers, der sich einfach der Parteidisziplin unterworfen habe, aufzufassen seien. Auf diese Phase sei dann um etwa 1938 die Periode der »reifen« Stücke gefolgt, denen die Theater wie die Forschung ihr Hauptaugenmerk widmeten. Allerdings hatte B. noch kurz vor seinem Tode gegenüber Wekwerth die umstrittene und von der bürgerlich-konservativen Literaturgeschichtsschreibung gern als politisches Lehrtheater und Paradebeispiel für kommunistische Indoktrination und Propaganda gekennzeichnete *Maßnahme* (die ebenfalls von kommunistischer Seite kritisiert worden war) als Modell für das »Theater der Zukunft« bezeichnet (vgl. Hecht, S. 1248). Unter Berufung auf B. begründete Steinweg seine These, dass es sich bei den Lehrstücken um »Entwürfe eines sozialistischen *Theaters der Zukunft*« (Steinweg, S. 210) handele – Entwürfe, die aber, wie B. erkannte, weder unter den Bedingungen des Exils noch unter den kulturpolitischen Restriktionen der DDR oder denen des Theater- und Kulturbetriebs der Bundesrepublik durchzusetzen waren. B. hatte in der um 1930 entstandenen Notiz *Die Große und die Kleine Pädagogik* formuliert: »Die Große Pädagogik verändert die Rolle des Spielens vollständig. Sie hebt das System Spieler und Zuschauer auf. Sie kennt nur mehr Spieler, die zugleich Studierende sind.« (GBA 21, S. 396) Darauf stützte sich Steinweg und definierte die Lehrstücke als Vehikel zur Aufhebung der herkömmlichen Trennung von Schauspielern und Zuschauern, von Bühne und Publikum, um den Spielern die Möglichkeit der Erprobung von Haltungen im Kollektiv zu geben, die letztlich den Eingriff in die soziale Wirklichkeit und ihre Veränderung zum Ziel hatten. Steinwegs Lehrstücktheorie fand (verspätet) den Beifall der DDR-Literaturwissenschaft: »[Steinwegs] Beitrag muß zu den wichtigsten gezählt werden, die in der BRD zu einem besseren Brechtverständnis eingebracht wurden.« (Mittenzwei 1987, S. 1288) Trotz einiger vielversprechender Ansätze zur praktischen Umsetzung des von Steinweg entwickelten Modells, die sich nicht nur auf die Schule beschränkten, bewegte sich die Aufführungspraxis der B.schen Stücke in Ost und West weiterhin in konventionellen Bahnen – ein Grund dafür, dass sich die Hoffnungen auf eine radikale gesellschaftliche Umwälzung in der Bundesrepublik und die in die Schützenhilfe B.s gesetzten Erwartungen nicht erfüllten. *Die Maßnahme* wurde nach dem durch B. ausgesprochenen Aufführungsverbot erst wieder 1997 am Berliner Ensemble aufgeführt; ein anonymes Autorenkollektiv, das unter dem Namen Soeren Voima firmiert, leistete eine Art Fortschreibung der Maßnahme unter dem Titel *Das Kontingent* – das Stück wurde Anfang 2000 an der Berliner Schaubühne inszeniert (vgl. Stephan, S. 61–70).

»Brechtmüdigkeit«

Schon 1964 prägte Max Frisch in seiner Rede *Der Autor und das Theater* auf der Dramaturgenkonferenz in Frankfurt a.M. den inzwischen zum geflügelten Wort gewordenen Satz von B., dem »Genie«, das »die durchschlagende Wirkungslosigkeit eines Klassikers« (Frisch 1965, S. 10) erreicht habe. Allerdings wird das Diktum Frischs gewöhnlich losgelöst von seinem Kontext zitiert. Es ging Frisch nicht darum, ausschließlich B. der Wirkungslosigkeit zu bezichtigen; vielmehr diente B. ihm als Demonstrationsobjekt seiner These von dem begrenzten »Effekt« des Theaters »über den Kunstgenuß hinaus« (ebd.). Freilich hatte gerade B. es vermocht, die politischen Leidenschaften seiner Kritiker zu schüren und ihre ästhetischen Sensibilitäten wachzurufen – ein Befund, der leise Zweifel an der Allgemeingültigkeit von Frischs These erlaubt: »Ich erinnere mich an nicht allzuferne Zeiten, als Literaturhistoriker, die jetzt über Brecht schreiben, eine Verblendung darin sahen, wenn man diesen Agitator für einen Dichter hielt« (ebd.). Einige Jahre später schien Walser Frisch zuzustimmen, als er bemerkte: »Die Courage könnte man schließlich auf der ›Villa Hügel‹ dieser Welt en suite spielen, und es würde sich nichts ändern.« (Walser 1965, S. 80) Obwohl Walser B. der »Vergangenheit« zuordnete – ihn allerdings nicht »zum alten Eisen, sondern zum alten Gold« (S. 80f.) zählte –, modifizierte er seine Ansicht aus Anlass des 25jährigen Todestags von B., als er konstatierte, dass »es überhaupt keinen trendverbürgenden Rückgang« (Walser 1983, S. 211) an B.-Aufführungen gäbe und sich über Regisseure mokierte, die es nicht länger für modisch hielten, B. zu inszenieren.

1968, also etwa zeitgleich mit dem Beginn der durch die Studentenbewegung angeregten neuen Phase der B.-Rezeption, veranstaltete die Zeitschrift *Theater heute* aus Anlass von B.s 70. Geburtstag eine kleine Umfrage unter dem Titel *Brecht – Trivialautor oder Klassiker?* mit Antworten der Dramatiker Peter Handke, Martin Sperr und Peter Hacks. In seiner Replik lehnte Handke das B.sche Theater rundweg ab: »Ich konnte ihn [B.] nie leiden, weder seine früheren genialischen Kraftmeiereien noch seine vorsichtigen gehemmten Lehrstückchen der mittleren Periode, noch seine späteren aufgeklärten Weltproblemstücke noch seine letzten abgeklärten chinoiden Teekannensprüche.« (Handke 1968a, S. 28) Wie aus dem Titel seines kurzen Beitrags *Horváth ist besser* hervorgeht, bevorzugte Handke ein neues Modell für das Theater, denn B.s Stücke seien allenfalls »als reine Formspiele [...], als unwirkliche, aber doch ergreifende Weihnachtsmärchen« erträglich, da sie eine nichtexistente »Einfachheit« und »Ordnung« zeigten, während bei Ödön von Horváth »Unordnung und unstilisierte Sentimentalität« vorherrschten, welche »die Sprünge und Widersprüche des Bewußtseins« (ebd.) erfassten und damit dem einfachen marxistischen Denkmodell B.s überlegen seien. Obwohl Handke wenige Monate später in dem Beitrag *Straßentheater und Theatertheater* seine Polemik zum Teil zurücknahm, waren seine Äußerungen Ausdruck eines neuerlichen Unbehagens an B., das nicht mehr vornehmlich politischen Motiven entsprang und sich in der Suche nach oder der Entdeckung von neuen Vorbildern äußerte. Jedenfalls griff der britische Dramatiker Christopher Hampton den Ansatz Handkes in seinem Stück *Tales from Hollywood* (Uraufführung 1982; deutsch von Alissa und Martin Walser) auf und ließ in einem coup de théâtre den 1938 in Paris verunglückten Horváth in der deutschen Exilantenszene im Hollywood der 40er Jahre als Gegner der Theaterauffassung B.s auftreten. Dem von der B.schen Figur vertretenen aktivistischen Veränderungsprogramm der Gesellschaft mit Hilfe des Theaters stellte Hampton die auf das Individuum und seine Freuden und Leiden gerichtete Dramenkonzeption seiner Bühnenfigur Horváth, die der des historischen Horváth entsprach, als die tragfähigere Theaterauffassung entgegen (vgl. Mews 1985, S. 280–283).

Die Stimmen im bundesdeutschen Feuilleton über den wirkungslosen Klassiker B. mehrten sich. Zehn Jahre nach Handkes Attacke erschien Hellmuth Karaseks *Bertolt Brecht. Der jüngste Fall eines Theaterklassikers* – der Terminus »Fall« spielte auf das zunehmende Desinteresse an B. an: »Jedenfalls existiert es, das ›Brecht-ist-tot‹-Gerede, das erschlaffte Achselzucken über einen Autor, von dem man wohl jetzt ein wenig kleinlaut sagt, man habe ihn etwas voreilig zu dem Dramatiker des Jahrhunderts hochstilisiert.« (Karasek 1978a, S. 123) Diese vorsichtige Distanzierung von B. überbot Karasek in einem *Spiegel*-Essay zum 80. Geburtstag B.s; jetzt behauptete er, dass B. »ein ebenso grandioser wie hemmungsloser Vereinfacher« gewesen sei, dass seine Figuren nur als »Marionetten des Weltgeistes« agierten und dass seine auf marxistischer Grundlage beruhenden Stücke »zu Exempeln einer Heilsgeschichte, die große Ähnlichkeit mit dem barocken Welttheater« (Karasek 1978b, S. 216f.) habe, geworden seien. Wieder einige Jahre später, in der Spielzeit 1983, konstatierte Benjamin Henrichs erneut, dass B. »derzeit der Vater [...] fast aller rauschenden Erfolge« sei, dass jedoch »der Alte [...] nichts, dies aber höchst vergnüglich« (Henrichs) zu sagen hätte.

Der im Feuilleton der bundesrepublikanischen Presse immer wieder beschworenen Wirkungslosigkeit B.s durch seine Reduzierung auf das Amüsier- und Unterhaltungstheater entsprach das Ende der 70er-Jahre einsetzende Unbehagen an B. unter Intellektuellen und Autoren in der DDR, wo das Berliner Ensemble, eine im Rückblick legendäre Institution, die – in satirischer Überspitzung – zugleich als »rotes Kloster, Gesinnungskitsch, Klassenkampfgedenkstätte, geschlossener Kirchenraum, Gewerkschaftskunst, Revolutionsmuseum, Epigonen-Inzest, Brecht-Mausoleum, Familiendynastie auf Staatskosten, Insel der Unseligen, Mekka der Nachbeter, Modelldiktatur, Verkitschung im sackleinenen Gewand, Reservat der Halsstarrigkeit, Seilschaft der Unbelehrbaren ...« (Wekwerth, S. 49f.) fungierte, unter Wekwerth nach Meinung westlicher Kritiker »von der aktivistischsten Theaterwerkstatt zum braven Brecht-Museum, ja Brecht-Mausoleum« (Karasek 1978a, S. 123) verkommen war und keine neuen Impulse für die Theaterarbeit vermittelte. Die Gründe für den Bedeutungsverlust des Berliner Ensembles sind wohl auch in der schwierigen Aufgabe des Intendanten zu suchen, der zwischen »zwei Mächten: dem Polit-Büro und den Brecht-Erben« (Wekwerth, S. 383) lavieren musste. Obwohl in Ost und West eine »ganze Generation von Dramatikern und Stückeschreibern [...] ohne die Auseinandersetzung mit und ohne die Aneignung« von B.s »Werk und seiner Theorie nicht vorstellbar« (Karasek 1978a, S. 117) wäre, war es insbesondere die DDR-Dramatik, die »in toto ohne Brecht so nicht stattgefunden« hätte (S. 118), wie die Spuren des produktiven Engagements mit B. im Werk von Peter Hacks, Heiner Müller, Hartmut Lange, Erwin Strittmatter und Volker Braun zeigen. Dennoch wandten sich viele Schriftsteller, die B. wichtige Anregungen verdankten, in dem Bestreben, über ihn hinauszugehen, von ihm ab – eine Tendenz, die sich in der ›realsozialistischen‹ Endphase der DDR in den 80er-Jahren noch verstärkte.

Den angeblich ›marxistischen Lehren‹ des ›Altmeisters‹ B., die er besonders in den Dramen und theoretischen Schriften artikuliert hatte, begann man mit zunehmender Skepsis zu begegnen. Zwar war die Geltung zumindest der B.schen Lyrik unbestritten, wie besonders die fast inflationäre Verwendung von Themen, Motiven und wörtlichen Zitaten des aus den *Svendborger Gedichten* (1937) der Exilzeit stammenden berühmten Gedichts *An die Nachgeborenen* in Nachdichtungen und Gegenentwürfen in Ost und West belegt. Die bereits 1970 erschienene Anthologie *Von den Nachgeborenen. Dichtungen auf Bertolt Brecht* (vgl. Wallmann), in der Wolf Biermann, Paul Celan, Erich Fried, Hans Magnus Enzensberger und viele andere vertreten sind, ist lediglich ein Beispiel für B.s fortwährende Relevanz als Lyriker – trotz oder gerade wegen der Tatsache, dass die in der Anthologie Vertretenen sich kritisch und auch parodistisch mit B. auseinandersetzten. Neben Redewendungen und markanten Begriffen wie den »finsteren Zeiten« oder den »Nachgeborenen« selbst, die in den allgemeinen Sprachgebrauch eingegangen sind, ist es besonders das »Gespräch über Bäume« aus den Zeilen »Was sind das für Zeiten, wo / Ein Gespräch über Bäume fast ein Verbrechen ist / Weil es ein Schweigen über so viele Untaten einschließt!« (GBA 12, S. 85), das Furore gemacht hat (vgl. Gnüg). Im Westen wurden diese Verse im Zeichen der wachsenden Umweltbewegung und des ökologischen Bewusstseins umfunktioniert, ohne den politischen Kontext der Entstehungszeit des Gedichts sowie den genauen Wortlaut der Verse und den nachstehenden Kausalsatz hinlänglich in Betracht zu ziehen. Zu Beginn der 70er-Jahre schrieb Walter Helmut Fritz in *Bäume*: »Inzwischen ist es fast / zu einem Verbrechen geworden, / nicht über die Bäume zu sprechen, / ihre Wurzeln, / den Wind, die Vögel, / die sich in ihnen niederlassen, / den Frieden, / an den sie uns erinnern.« (Fritz, S. 227) Und im *Tintenfisch* 12 (1977) wurde die Frage, »Warum ein Gespräch über Bäume heute kein Verbrechen mehr ist« diskutiert (vgl. Buch 1977). In der DDR standen ökologische Fragen nicht im Mittelpunkt des Interesses; vielmehr beriefen sich Heiner Müller, Peter Huchel, Günter Kunert, Rainer Kirsch und Wolf Biermann auf den von der DDR als offizielles kulturelles Aushängeschild reklamierten Klassiker B. und führten ihn gegen das Meinungsmonopol des Staats und die politische Repression durch die SED ins Feld (vgl. Leeder, S. 111 f.). So heißt es in Biermanns Gedicht *Grünheide, kein Wort* (1972), das auf die Situation des unter Hausarrest stehenden und vom Publikationsverbot betroffenen Dissidenten Robert Havemann anspielt: »Was sind das für Zeiten, da ein Gespräch / Über Menschen fast ein Verbrechen ist / aber von den Bäumen, nicht wahr Genosse / Honecker, von den Bäumen werde ich reden.« (Biermann 1982, S. 26 f.)

Der B. durch intertextuelle Anleihen gezollte Tribut implizierte ebenfalls das Eingeständnis des Scheiterns der in *An die Nachgeborenen* evozierten Hoffnung auf die Zeiten, wo »der Mensch dem Menschen ein Helfer ist« (GBA 12, S. 87). Der Liedermacher Biermann benannte in *Brecht, deine Nachgeborenen* die verantwortlichen Genossen als Schuldige: »Voller Nachsicht nur mit sich selber / Öfter noch als die Schuhe die Haltung wechselnd« (Biermann 1972, S. 34). Volker Braun, der in seinem satirischen *Hinze-Kunze-Roman* (1985) das Fortbestehen des von B. in *Herr Puntila und sein Knecht Matti* auf feudal-agrarische Verhältnisse bezogenen Herr-Knecht

Verhältnisses in der DDR angedeutet hatte, hatte beispielsweise 1975 in dem Gedicht *Zu Brecht, die Wahrheit einigt* seinen Zweifel an der Allgemeingültigkeit der verkündeten »Wahrheit« (Braun 1990, S. 72f.) formuliert.

Die B.-Forschung der 70er- und 80er-Jahre, die sich inzwischen zu einer wahren ›Brechtindustrie‹ entwickelt hatte, ließ sich weder von der »Brechtmüdigkeit« der Theatermacher noch von den Zweifeln der Schriftsteller beirren. Nach den enttäuschten Hoffnungen der Achtundsechziger, der Abkehr von theoretischen Gesellschaftsentwürfen und der Minderung des Stellenwerts der Utopien gewann ein neuer Pragmatismus die Oberhand, der sich hauptsächlich in »positivistischem Kommentarfleiß« (Mittenzwei 1987, S. 1294) äußerte: »Die achtziger Jahre sind in der Brechtforschung der BRD das Jahrzehnt der Handbücher, der Materialbände, der Erläuterungs- und Übersichtsschriften.« (Ebd.) Die Sichtung und Gewichtung der ungeheuer angeschwollenen Sekundärliteratur sowie die Bereitstellung von Hilfsmitteln zur Erschließung des Werks von B. war sicher ein Desideratum; erste Zeugnisse dieses »Werkpositivismus« (S. 1295) waren die textkritischen, kommentierten Ausgaben in der Edition Suhrkamp von *Baal* (Dieter Schmidt, 1966, 1968), *Im Dickicht der Städte* (Gisela Bahr, 1968), *Die heilige Johanna der Schlachthöfe* (Bahr, 1971) und *Die Maßnahme* (Steinweg, 1972). Nach und neben den quellenkundlichen Arbeiten zu Einzelwerken erschienen in einem anderen Verlag Kommentare zur Lyrik B.s von Edgar Marsch (1974), zur erzählenden Prosa von Klaus-Detlef Müller (1980) und zum dramatischen Werk von Klaus Völker (1983). Als weiterer Baustein für die Erforschung der B.-Rezeption kam 1977 die Dokumentation der B.-Uraufführungen von Monika Wyss heraus, und Knopfs in mehreren Auflagen verbreitetes zweibändiges *Brecht-Handbuch* (1980, 1984) bot eine kritische Sichtung der Sekundärliteratur und ein verlässliches Nachschlagewerk. Das breitgefächerte Angebot erstreckte sich auf Gesamtdarstellungen des Werks in seinem historischen Kontext wie die in der Reihe Beck'sche Elementarbücher publizierte und von Klaus-Detlef Müller herausgegebene Untersuchung *Bertolt Brecht. Epoche – Werk – Wirkung* (Joost 1985) und auf Sammlungen von Drameninterpretationen verschiedener Autoren wie die von Walter Hinderer edierte (1984). Die Werkanalyse wissenschaftlicher Arbeiten über B. wurden ergänzt durch Bildbiografien und Biografien, die einen vermutlich breiteren Interessentenkreis fanden. Schon 1958 erschien die Bildbiografie von Kurt Fassmann, ein Jahr später die immer wieder aufgelegte, allerdings aufgrund des damals lückenhaften Forschungsstands nicht fehlerfreie von Marianne Kesting, 1978 die von Werner Hecht bei Suhrkamp und die dezidiert marxistische der Schumachers in der DDR. Klaus Völkers substanzieller, kritischer Biografie von 1976 folgte die zweibändige, zuerst in der DDR publizierte von Mittenzwei (1986), der in dem von ihm herausgegebenen Sammelband *Wer war Brecht?* (1977) einen Überblick über die wechselnde Rezeption B.s in der DDR gegeben hatte; diesen Biografien zum Teil vorausgegangen waren die englischsprachigen und zumeist ins Deutsche übersetzten, gelegentlich als Einführung konzipierten Darstellungen zu Leben und Werk von Esslin (1959), Frederic Ewen (1967), Claude Hill (1975), Ronald Hayman (1983) und die fundierte, auf den Zeitraum des amerikanische Exils B.s beschränkte James K. Lyons (1980).

In das biografische Umfeld gehören ebenfalls die Erinnerungen von B.s Freunden, Mitarbeitern und Geliebten. In den 70er- und 80er-Jahren wurden die bereits vorher erschienenen Memoiren um einige wichtige Publikationen ergänzt; es war besonders der B.-Schüler Hans Bunge, der die Tonbandprotokolle seiner in der DDR geführten Gespräche mit Eisler (1970) und Berlau (1985), welche die Lebendigkeit des gesprochenen Worts zu bewahren suchten, veröffentlichte. Ein westdeutsches Pendant waren die Erinnerungen der Paula Banholzer aus B.s Augsburger Jugendzeit (Poldner/Eser 1981). In der DDR gab es diesen »expansiven [...] Trend zum Kommentar und zur Erläuterung« (Mittenzwei 1987, S. 1296) nicht. Allerdings waren die Materialien des BBA der Akademie der Künste in einem von Hertha Ramthun bearbeiteten *Bestandsverzeichnis* (1969–1973) erfasst worden. Eine »intensive literaturpropagandistische Arbeit« (S. 1297), die breite Bevölkerungskreise an das Werk B.s heranführen sollte, wurde vor allem vom zum 80. Geburtstag B.s gegründeten B.-Zentrum der DDR unter der Leitung Hechts geleistet. Die Produktivität des Zentrums mit der Zeitschrift *Notate* und einer Schriftenreihe, den *Brecht-Studien*, signalisierte die »endgültige Institutionalisierung des Nationalheiligtums« B. (Knopf 1998, S. 15). Gleichzeitig jedoch bekundete die DDR-Forschung verstärkte Kooperationsbereitschaft und öffnete sich nach dem Westen, sodass 1985 die gemeinsame Planung der inzwischen abgeschlossenen GBA, deren Bände bei Suhrkamp und im Aufbau-Verlag erschienen, durch ein paritätisch besetztes Herausgeberteam beginnen konnte. Noch vor der Wende erschienen acht Bände der GBA – ein knappes Drittel der insgesamt 30 Bände (in 32 Teilbänden plus Registerband). Der Förderung des B.-Dialogs über Landesgrenzen hinweg hat sich ebenfalls die Internationale B.-Gesellschaft (IBS) verschrieben, die, in den USA gegründet, Symposien in unregelmäßigen Abständen und verschiedenen Ländern veranstaltet und seit 1971 das B.-*Jahrbuch* herausgibt.

Kanonisierung?

Ansätze zu einer gesamtdeutschen Aufwertung B.s lassen sich schon vor der Wende feststellen; dennoch schuf die Wende eigentlich die Voraussetzung für seine auch offizielle Anerkennung in ganz Deutschland. Obwohl 1989 die letzten Boykottversuche fast 30 Jahre zurücklagen, war nicht eigentlich zu erwarten, dass B.s Reputation das Ende eines Systems unbeschadet überstehen würde, als dessen kultureller Repräsentant er trotz seiner gelegentlichen Abweichungen von der Parteilinie und seiner grundsätzlichen, jedoch äußerst zurückhaltend artikulierten Opposition zur Doktrin des sozialistischen Realismus gegolten hatte. Im Allgemeinen blieb B. von der heftigen Kritik, der viele dem Sozialismus prinzipiell positiv gegenüberstehende, nachgeborene DDR-Schriftsteller ausgesetzt waren, und die sich an Christa Wolfs Text *Was bleibt* (1990) entzündete, verschont. Wolf thematisierte das Dilemma der Nachfahren, indem sie ihre zwischen Opposition und Anpassung schwankende Erzählerin in einem nostalgischen Rückblick die klare Trennung von Gut und Böse, welche die vom Kampf gegen den Nationalsozialismus beherrschte Exilzeit B.s gekennzeichnet hatte, evozieren ließ. Denn B.s »reinliche Dialektik« (Wolf, S. 30) war in der sich auf den Antifaschismus als Staatsdoktrin berufenden und als Argument gegen Dissidenten aller Couleur verwendenden DDR kaum noch anwendbar. Wie zwei Texte aus den 90er-Jahren, die sich mit dem amerikanischen Exil B.s befassen, zeigen, war B.s Rolle als verfolgter Exilant im Bewusstsein zumindest der literarischen Öffentlichkeit durchaus präsent. In Jürgen Alberts' Detektivroman *Hitler in Hollywood oder: Die Suche nach dem Idealscript* (1997) bildet die Suche nach dem verloren geglaubten, aber neuerdings wieder entdeckten Skript von *Hangmen Also Die*, in dem B. seine Intentionen am klarsten umgesetzt hatte, durch eine Journalistin einen wichtigen Handlungsstrang; in George Taboris enttäuschendem und von ihm inszenierten Stück *Die Brecht-Akte*, mit dem die Saison des Berliner Ensemble unter der Leitung Claus Peymanns im Januar 2000 eröffnet wurde, leidet die B.-Figur unter den Schikanen der Agenten des FBI, die auch in Alberts' Roman die Bösewichter sind.

Wiederum war die *Kinderhymne* – jetzt als Nationalhymne des wiedervereinigten Deutschland – im Gespräch; wiederum setzte sie sich nicht durch. Dennoch: als wichtige Station auf dem Weg der allgemeinen Anerkennung B.s lässt sich die 1995 erfolgte Verleihung des ersten B.-Preises der Stadt Augsburg an Franz Xaver Kroetz deuten – die Vaterstadt hatte sich endgültig mit ihrem abtrünnigen Sohn versöhnt. Freilich war man nicht überall bereit, die liebgewordenen Denkmuster des Kalten Kriegs über Bord zu werfen. Der großangelegte Demontageversuch John Fuegis, der sich vor der Veröffentlichung seiner englischsprachigen B.-Biografie (1994) – sie erschien 1997 in einer nachgebesserten deutschen Übersetzung – Verdienste um die Internationale Brecht-Gesellschaft erworben hatte, fand außerordentlich große Beachtung (und teilweise Zustimmung) in der englischen und amerikanischen Presse (vgl. Mews 1995), sowie in der deutschen. Fuegis Bemühungen, B. als sozialistische Ikone fortleben zu lassen, wurden ergänzt durch seinen von der Frauenbewegung inspirierten Ausgangspunkt; B. erschien als rücksichtsloser Ausbeuter und seine Mitarbeiterinnen wurden zu hilflosen Opfern degradiert. B.s Verhältnis zu und Umgang mit Frauen, seine »patriarchalische Art« (Weiss, S. 152), war mehrfach Gegenstand der Kritik gewesen und insofern nicht neu; Fuegis maßlose Überspitzung der Opferrolle der Frauen und seine völlige Ignorierung der kollektiven Arbeitsweise B.s wurde jedoch von feministischer Seite als populistischer »Männerfeminismus« (Kebir, S. 219) zurückgewiesen. Im Gegensatz zu Fuegi legte die englische Schriftstellerin Elaine Feinstein in ihrem kurzen Roman *Loving Brecht* (1992) ein mit Verständnis und Sympathie geschriebenes Porträt des fiktionalen B. vor (vgl. Mews 1996).

Die überwiegend negative Akzentsetzung in einigen Postwenderomanen, in denen eine B.-Figur auftritt oder die in einem B.schen Umfeld spielen, lief ebenfalls der Tendenz zuwider, B. als kulturelle Leit- und die innerdeutschen Spannungen der Nachwendezeit überbrückende Integrationsfigur zu akzeptieren (vgl. Mews 1999). In Hans Christoph Buchs Roman *Der Burgwart der Wartburg* (1994) ist B. im dritten Buch die Zentralfigur, deren sexuelle Eskapaden aus der Schlüssellochperspektive dargestellt werden und deren politische Linientreue von den Sowjets belohnt wird. In Thorsten Beckers Roman mit dem ironischen Titel *Schönes Deutschland* (1996) ist der Klassiker ins Monumentale entrückt und erscheint nur noch als die vor dem Theater am Schiffbauerdamm errichtete Statue von Fritz Cremer und zugleich als Mahnmal der untergegangenen DDR, welche, die Plausibilität strapazierend, im Verlauf der Handlung ihre fröhliche und unblutige Wiederauferstehung feiert. In noch stärkerem Maße als bei Buch erscheint B. bei Becker als staatstragender Kulturexponent des östlichen Teils Deutschlands; die von ihm begründete Tradition am Berliner Ensemble wird – unter Anlehnung an die in der Presse breit ausgewalzten Querelen um die Leitung des Berliner Ensembles zu Beginn der 90er-Jahre – von seinem Nachfolger Fritz Meier, der unschwer als Heiner Müller zu erkennen ist, fortgesetzt. In Tim Krohns von postmoderner Selbstreflexivität geprägtem Roman *Dreigroschenkabinett* (1997) führen die Figuren der *Dreigroschenoper* ein Eigenleben über ihre Existenz in den Texten John Gays und B.s hinaus. So taucht Mackie Messer in einer seiner Reinkarnationen als Professor Dr. Magnus Messerschmidt, Großinvestor, skrupelloser Geschäftemacher und Einheitsgewinnler auf. Krohns anfechtbare Zuordnung B.s zum reinen Lehrtheater ohne Elemente des sinnlichen Vergnügens entspricht der Intention der Abwertung B.s in den beiden anderen erwähnten Postwenderomanen.

Im Bereich des Theaters war nach der Wende war zwar keine Einbuße an Inszenierungen B.scher Stücke zu verspüren, es setzte sich aber in verstärktem Maße die Tendenz fort, die Stücke als »Programmfüller ohne Inspiration für das entfesselte Regietheater, das die Texte weniger als Spielvorlagen denn als unverbindliches Material für die Selbstdarstellung der Theatermacher versteht und verwendet« (K.-D. Müller 1999, S. 28), zu betrachten. Gegen die Allgemeingültigkeit eines summarischen Urteils über das B.-feindliche Rezeptionsklima in der Bundesrepublik – die »Inszenierungen wenden sich gegen die Stücke, soweit sie Ansprüche stellen. Ihre Überholtheit wird vorausgesetzt und von der Kritik lustvoll zum Dogma erhoben« (S. 33) – spricht etwa die große Resonanz, welche die glanzvolle Aufführung des *Arturo Ui* (Regie: Heiner Müller; Ui: Martin Wuttke) 1995 am Berliner Ensemble erlebte. Trotz neuerlicher Totsagungen B.s, die das Berliner Ensemble gleich einbezogen – »100 Jahre BB und 50

Jahre BE sind genug!« (Merschmeier, S. 10) –, zeigte der Totgesagte eine ungeheure Lebendigkeit, die sich aus Anlass seines 100. Geburtstags in einem riesigen, dem Leben und Werk B.s gewidmeten Medienspektakel äußerte, wie es zuvor noch keinem Autor zuteil geworden war. Neben eher trivialen Erzeugnissen wie der Augsburger B.-Wurst oder, auf etwas höherem Niveau, der B.-Briefmarke, die auf den Markt kamen, war es besonders die Retrospektive *alles, was brecht ist* des Senders 3sat, die, ab Dezember 1997 ausgestrahlt, B. allgegenwärtig machte: »Aufzeichnungen berühmter Inszenierungen, Filme wie *Die Dreigroschenoper* oder *Kuhle Wampe*, Interviews mit Zeitzeugen, Lyrik- und Songabende, sowie szenisch gestaltete Brecht-Collagen« (Anonymus, S. 5) gehörten zum Programm. Hinzu kamen Sendungen auf anderen Fernsehkanälen wie die B.-Dokumentation *Denken heißt verändern* und eine Vielzahl von Veranstaltungen mit Liedermachern und -interpreten wie Konstantin Wecker, Udo Lindenberg, Gianna Nannini oder Milva, Rezitationen von etablierten Schauspielern, Erinnerungen von Weggefährten und anderes mehr. Auf der Berlinale wurden die Filme von Jutta Brückner *Bertolt Brecht – Liebe, Revolution und andere gefährliche Sachen* und Ottokar Runze *Hundert Jahre Brecht* gezeigt – kurz, B.s Medienpräsenz war unübersehbar und unüberhörbar. (Im Jahr 2000 wurde der bemerkenswerte Film des Regisseurs Jan Schütte *Abschied – Brechts letzter Sommer* mit Josef Bierbichler in der Hauptrolle uraufgeführt.) Die nahezu komplette GBA, dazu eine sechsbändige Werkausgabe, die von Bertelsmann herausgebrachten *Werke. Eine Auswahl* in zwanzig Teilen auf CD, die voluminöse und autoritative *Brecht Chronik 1898–1956* (1997) von Hecht und Michael Bienerts literarischer Reiseführer *Mit Brecht durch Berlin* geben nur einen höchst unvollständigen Eindruck von der Breite des Angebots, das dem B.-Interessierten zur Verfügung stand. Die Feuilletons der großen Tageszeitungen widmeten sich B. ausführlich; in Joachim Kaisers Würdigung hieß es: »[B.] war die umstrittenste geistige Symbol-Figur in den Zeiten des Kalten Krieges. Also der heißen Auseinandersetzung zwischen liberaler, demokratischer, kapitalistischer, sozialer Marktwirtschafts-Demokratie auf der einen Seite und antifaschistischem, fortschrittlichem, oppositionslos-totalitär regiertem Arbeiter- und Bauernstaat auf der anderen [...]. Es entstand eine idiotische rechte Verketzerung und eine gleichermaßen törichte linke Heiligsprechung Brechts, eine Scholastik der Kenner, Gralshüter, Linien-Treuen, wie sie kein anderer Autor, Gott, Philosoph unseres Jahrhunderts je provozierte« (Kaiser). Die Politiker durften bei der Geburtstagsfeier ebenfalls nicht fehlen; in seinem Grußwort in der Akademie der Künste in Berlin bedauerte der damalige Bundespräsident Roman Herzog die ehemaligen Verunglimpfungen B.s im Bundestag, attestierte der Literatur ausdrücklich den »Anspruch [...], sich in gesellschaftliche Auseinandersetzungen« (Herzog, S. 17) einmischen zu dürfen und bezeichnete B. als zu den Dichtern gehörend, »auf die unser Land mit Recht stolz sein darf« (S. 19). Neben Berlin war die Geburtsstadt Augsburg, wo seit 1994 das informative *Dreigroschenheft* erscheint, ein Zentrum der B.-Feiern und Veranstaltungen. Beim Festakt im Goldenen Saal des Augsburger Rathauses reklamierte der bayerische Ministerpräsident Edmund Stoiber B. als einen »der ›Verlorenen Söhne‹ der bayerischen Literatur« (Stoiber, S. 182): auf die nationale Vereinnahmung erfolgte die regionale. Der Lyriker und Dramatiker Albert Ostermaier schrieb als Auftragsarbeit für das Bayerische Staatsschauspiel ein 1999 uraufgeführtes Stück mit dem eigenartigen, unidiomatischen Titel *The Making Of. B.-Movie*, in dem eine Baalfigur an B. erinnert (vgl. Sucher). Obwohl die neue Wertschätzung B.s zweifellos ein erheblicher Fortschritt gegenüber den turbulenten Zeiten früherer Rezeptionsphasen ist – aber möglicherweise die Gefahr der Vernachlässigung produktiver Aneignung einschließt –, entbehrt sie nicht der Ironie und ähnelt der Heiligsprechung einer der bleibenden Bühnenfiguren B.s, worauf Adolf Dresen in seinem Festvortrag am Berliner Ensemble hinwies: »Die Szene liegt in rosigem Schein. Alle Schroffheiten, Bosheiten und Widersprüche sind gemildert und entrückt ins sanfte Licht der Humanität. Die Damen und Herren aller Parteien umstehen den Dichter in sprachloser Rührung, die Fahnen aller Couleur, möglichst jedoch keine rote, werden auf ihn niedergelassen, bis er ganz davon bedeckt und vor lauter Fahnen nicht mehr zu sehen ist.« (Dresen, S. 447)

Literatur:

Alberts, Jürgen: Hitler in Hollywood oder: Die Suche nach dem Idealscript. Roman. Göttingen 1997. – [Anonymus]: Gedenktage. In: Fachdienst Germanistik 16 (1998), H. 2, S. 5–15. – Arendt, Hannah: Der Dichter Bertolt Brecht. In: Neue Rundschau 61 (1950), H. 1, S. 53–67. – Autorenkollektiv: Brecht in der Öffentlichkeit der BRD: Bühne, Presse, Parlamente. In: Alternative 16 (Dezember 1973), S. 275–287. – Bahr, Gisela E. (Hg.): Bertolt Brecht: Im Dickicht der Städte. Erstfassung und Materialien. Frankfurt a.M. 1968. – Dies. (Hg.): Bertolt Brecht: Die heilige Johanna der Schlachthöfe. Bühnenfassung, Fragmente, Varianten. Frankfurt a.M. 1971. – Barner, Wilfried (Hg.): Geschichte der deutschen Literatur von 1945 bis zur Gegenwart. München 1994. – Becker, Thorsten: Schönes Deutschland. Roman. Berlin 1996. – Bentley, Eric: The Playwright as Thinker. A Study of Drama in Modern Times. New York 1946. – Bienert, Michael: Mit Brecht durch Berlin. Frankfurt a.M. 1998. – Biermann, Wolf: Für meine Genossen: Hetzlieder, Gedichte, Balladen. Berlin 1972. – Ders.: Verdrehte Welt – das seh' ich gerne. Köln 1982. – Braun, Volker: Hinze-Kunze-Roman. Frankfurt a.M. 1985. – Ders.: Texte in zeitlicher Folge. Bd. 5. Halle 1990. – Brüggemann, Heinz: Literarische Technik und soziale Revolution. Versuch über das Verhältnis von Kunstproduktion, Marxismus und literarische Tradition in den theoretischen Schriften Bertolt Brechts. Reinbek bei Hamburg 1973. – Buch, Hans Christoph: Thema: Natur. Oder: Warum ein Gespräch über Bäume heute kein Verbrechen mehr ist. In: Tintenfisch 12 (1977), Quarthefte 87. – Ders. (Hg.): Der Burgwart der Wartburg. Eine deutsche Geschichte. Frankfurt a.M. 1994. – Bunge, Hans (Hg.): Brechts Lai-tu. Erinnerungen und Notate von Ruth Berlau. Darmstadt 1985. – Campanile, Anna: Die Bewertung von Brechts und Benns Lyrik in der west- und ostdeutschen Rezeption 1945–1968. In: BrechtYb. 22 (1997), S. 401–436. – Dresen, Adolf: Brechts Jahrhundert. Festvortrag zu Brechts 100. Geburtstag im Berliner Ensemble. In: Sinn und Form 50 (1998), H. 3, S. 416–447. – Eisler/Bunge. – Erpenbeck, Fritz: Aus dem Theaterleben. Aufsätze und Kritiken. Berlin 1959. – Esslin, Martin: Brecht: A Choice of Evils. A Critical Study of the Man, His Work and His Opinions. London 1959. Überarbeitete amerikanische Fassung: Brecht: The Man and His Work. Garden City, New York 1960. Deutsche Fassung: Brecht: Das Paradox des politischen Dichters. Frankfurt a.M. 1962. – Ewen, Frederic: Bertolt Brecht. His Life, His Art and his Time. New York 1967. Deutsche Fassung: Bertolt Brecht. Sein Leben, sein Werk, seine Zeit. Hamburg 1970. – Fassmann, Kurt: Brecht: Eine Bildbiographie. München 1958. – Fedianina, Olga: Ein Gespräch mit Manfred Wekwerth. In: BrechtYb. 25 (2000), S. 285–299. – Feinstein, Elaine: Loving Brecht. London 1992. – Fischer, Ruth: Stalin and German Communism. New York 1948. Deutsche Fassung: Stalin und der deutsche Kommunismus. Frankfurt a.M. 1950. – Frisch, Max: Der Autor und das Theater. In: Sonntag (21.3.1965), S. 10–12. – Ders.: [Rezension von *Furcht und Elend des Dritten Reiches*.] In: Wyss, S. 195–197. – Fritz, Walter Helmut: Gesammelte Gedichte. Hamburg 1979. – Fuegi, John: The Life and Lies of Bertolt Brecht. London 1994. Amerikanische Fassung: Brecht & Company. Sex, Politics, and the Making of the Modern Drama. New York 1994. Deutsche Fassung: Brecht & Co. Autorisierte überarbeitete und erweiterte deutsche Fassung v. Sebastian Wohlfeil. Hamburg 1997. – Gnüg, Hiltrud: »Gespräch über Bäume«: Zur Brecht-Rezeption in der modernen Lyrik. In: Grimm, Reinhold/Hermand, Jost (Hg.): Basis 7 (1977), S. 89–117. – Grimm, Reinhold: Bertolt Brecht. Die Struktur seines Werkes. Nürnberg 1959. – Ders.: Bertolt Brecht. 3., neu bearbeitete Aufl. Stuttgart 1971. – Günther, Thomas: Theater gegen das Mittelmaß. Zum Tode der Regisseurin und Intendantin Ruth Berghaus. In: Wochenpost (1.2.1996) [zit. nach: Communications 25 (1996), H. 1, S. 50–52]. – Hampton, Christopher: Tales from Hollywood. London 1982. Deutsche Fassung: Walser, Alissa/Walser, Martin (Übersetzer): Geschichten aus Hollywood. In: Theater heute (1983), H. 5, S. 31–45. – Handke, Peter: Horváth ist besser. In: Theater heute (1968a), H. 3, S. 28. – Ders.: Straßentheater und Theatertheater. In: Theater heute (1968b), H. 4, S. 6–8. – Hayman, Ronald: Brecht. A Biography. New York 1983. – Hecht, Werner: (Hg.): Bertolt Brecht. Sein Leben in Bildern und Texten. Frankfurt a.M. 1978. – Hecht. – Henrichs, Benjamin: Vom braven B.B. Vier Brecht-Inszenierungen und ihre Konsequenzen. In: Die Zeit (7.5.1976). – Ders.: Herr Puntila und sein Knecht Brecht. In: Die Zeit (16.12.1983). – Herzog, Roman: Grußwort zum 100. Geburtstag von Bertolt Brecht. In: Dreigroschenheft (1998), H. 2, S. 16–19. – Hill, Claude: Bertolt Brecht. Boston 1975. Deutsche Fassung: Bertolt Brecht. München 1978. – Hinck, Walter: Die Dramaturgie des späten Brecht. Göttingen 1959. – Hinderer, Walter (Hg.): Brechts Dramen. Neue Interpretationen. Stuttgart 1984. –

Hüfner, Agnes: Brecht in Frankreich 1930–1963. Verbreitung, Aufnahme, Wirkung. Stuttgart 1968. – Internationale Brecht-Gesellschaft (Hg.): Brecht heute/Brecht today. Jahrbuch der Internationalen Brecht-Gesellschaft, Bd. 1–3 (1971–1973). Brecht-Jahrbuch, Bd. 4–10 (1974–1981). BrechtJb./Brecht Yb., Bd. 11ff. (1982ff.). – Jäggi, Willy: Das Ärgernis. In: Jäggi, Willy/Oesch, Hans (Hg.): Das Ärgernis Brecht. Basel 1961, S. 7–10. – Joost. – Kaiser, Joachim: Das Scheusal hatte Talent. In: Süddeutsche Zeitung. Kulturbeilage (7. 2. 1998). – Karasek, Hellmuth: Bertolt Brecht. Der jüngste Fall eines Theaterklassikers. München 1978a. – Ders.: Brecht ist tot. In: Der Spiegel (27. 2. 1978b), H. 9, S. 216–217. – Kebir, Sabine: Ein akzeptabler Mann? Brecht und die Frauen. 2. Aufl. Berlin 1998. – Keisch, Henryk: [Rezension der *Dreigroschenoper*]. In: Neues Deutschland (5. 5. 1960). – Kesting, Marianne: Bertolt Brecht in Selbstzeugnissen und Bilddokumenten. Reinbek bei Hamburg 1959. – Klotz, Volker: Bertolt Brecht. Versuch über das Werk. Darmstadt 1957. – Knopf, Jan: Bertolt Brecht. Ein kritischer Forschungsbericht. Fragwürdiges in der Brecht-Forschung. Frankfurt a.M. 1974. – Ders.: Ein Werk, das standhält. Brecht zwischen Ost und West. In: Dreigroschenheft (1998), H. 3, S. 11–16. – Knust, Herbert (Hg.): Bertolt Brecht: Leben des Galilei. Frankfurt a.M. 1982. – Krohn, Tim: Dreigroschenkabinett. Roman. Frankfurt a.M. 1997. – Leeder, Karen: »B.B.s spät gedenkend«: Reading Brecht in the 1980s and 1990s. In: BrechtYb. 24 (1999), S. 111–126. – Lucchesi, Joachim (Hg.): Das Verhör in der Oper. Die Debatte um die Aufführung »Das Verhör des Lukullus« von Bertolt Brecht und Paul Dessau. Berlin 1993. – Lüthy, Herbert: Vom armen Bert Brecht. In: Der Monat 4 (1952), H. 44, S. 115–144. – Lyon, James K.: Bertolt Brecht in America. Princeton, NJ 1980. Deutsche Fassung: Bertolt Brecht in Amerika. Frankfurt a.M. 1984. – Mann, Otto: B.B. – Maß oder Mythos? Ein kritischer Beitrag über die Schaustücke Bertolt Brechts. Mit einem Geleitwort des Verlegers. Heidelberg 1958. – Marsch, Edgar: Brecht-Kommentar zum lyrischen Werk. München 1974. – Melchinger, Siegfried: Soll man Brecht im Westen spielen? In: Forum 5 (1958), H. 57, S. 333. – Merschmeier, Michael: Die Ballade vom reichen BB und vom armen BE. In: Theater heute (1998), H. 2, S. 6–10. – Mews, Siegfried: Von der Ohnmacht der Intellektuellen: Christopher Hamptons *Tales from Hollywood*. In: Exilforschung 3 (1985), S. 270–285. – Ders.: *Brecht and Company* im Spiegel der englischen und amerikanischen Presse. In: Dreigroschenheft (1995), H. 2, S. 50–53. – Ders.: Bertolt Brecht and Frieda Bloom: *Loving Brecht*. In: Brecht Yb. 21 (1996), S. 69–83. – Ders.: Annotated Bibliography. In: Ders. (Hg.): A Bertolt Brecht Reference Companion. Westport 1997a, S. 399–404. – Ders.: »Der Brecht zeugte den Zuckmayer.« Zum persönlichen und literarischen Verhältnis Brechts und Zuckmayers. In: Blätter der Carl-Zuckmayer-Gesellschaft 18 (1997b), S. 57–75. – Ders.: Brecht und/in Amerika. In: Knobloch, Hans-Jörg/Koopmann, Helmut (Hg.): Hundert Jahre Brecht – Brechts Jahrhundert? Tübingen 1998, S. 33–48. – Ders.: »Schaff den ganzen Brechtzauber ab« – Zur literarischen Funktion Brechts in einigen Postwenderomanen. In: Literatur für Leser 22 (1999), H. 4, S. 209–223. – Mittenzwei, Werner (Hg.): Wer war Brecht? Wandlung und Entwicklung der Ansichten über Brecht. Sinn und Form. Berlin 1977. – Ders.: Das Brechtverständnis in beiden deutschen Staaten. In: Sinn und Form 39 (1987), S. 1265–1305. – Mittenzwei, Bd. 2. – Müller, André: Kreuzzug gegen Brecht. Darmstadt [1962]. – Müller, Klaus-Detlef: Brecht-Kommentar zur erzählenden Prosa. München 1980. – Ders.: Brecht in der Theaterkritik der 90er Jahre. In: Dreigroschenheft (1999), H. 2, S. 26–33. – Pike, David: The Politics of Culture in Soviet-Occupied Germany, 1945–1949. Stanford 1992. – Poldner, Axel/Eser, Willibald (Hg.): Paula Banholzer: So viel wie eine Liebe. Der unbekannte Brecht. Erinnerungen und Gespräche. München 1981. – Ramthun, Herta: Bertolt Brecht Archiv. Bestandsverzeichnis des literarischen Nachlasses. 4 Bde. Berlin 1969–1973. – Rülicke-Weiler, Käthe: Die Dramaturgie Brechts. Theater als Mittel der Veränderung. Berlin 1966. – Sauer, Michael: Brecht in der Schule. Beiträge zu einer Rezeptionsgeschichte Brechts (1949–1980). Stuttgart 1984. – Schmidt, Dieter (Hg.): Bertolt Brecht: Baal. Drei Fassungen. Frankfurt a.M. 1966. – Ders. (Hg.): Bertolt Brecht: Baal. Der böse Baal der asoziale. Texte, Varianten, Materialien. Frankfurt a.M. 1968. – Schuhmann, Klaus: Der Lyriker Bertolt Brecht 1913–1933. Berlin 1964. – Schumacher, Ernst: Die dramatischen Versuche Bertolt Brechts 1918–1933. Berlin 1955. – Ders./Schumacher, Renate: Leben Brechts in Wort und Bild. Berlin 1978. – Steinweg, Reiner: Das Lehrstück. Brechts Theorie einer politisch-ästhetischen Erziehung. 2. Aufl. Stuttgart 1972a. - Ders. (Hg.): Bertolt Brecht: Die Maßnahme. Kritische Ausgabe mit einer Spielanleitung. Frankfurt a.M. 1972b. – Stephan, Alexander: Zurück in die Zukunft des politischen Theaters? Soeren Voima schreiben mit »Das Kontingent« Brechts »Maßnahme« weiter. In: BrechtYb. 26 (2001), S. 61–70. – Stoiber, Edmund: Ansprache. In: Kulturbüro der Stadt Augsburg (Hg.): Augenblick: Brecht. Zeitgenossen schauen auf ein Phänomen dieses Jahrhunderts. Augsburg [1998], S. 179–182. – Sucher, C. Bernd: Wilfried Minks inszeniert die Uraufführung von Albert Ostermaiers »The Making Of. B.-Movie« im Münchner Cuvilliestheater. In: Süddeutsche Zeitung (1. 6. 1999). – Suhrkamp, Peter: Bert Brecht und Horst Wessel. Offener Brief. In: Die Welt (22. 5.

1957). – Szczesny, Gerhard: Das Leben des Galilei und der Fall Bertolt Brecht. Frankfurt a.M. 1966. – Theaterarbeit. 6 Aufführungen des Berliner Ensembles. Hg. v. Berliner Ensemble. Dresden 1952. – Torberg, Friedrich: PPP. Pamphlete Parodien Post Scripta. München 1964. – Vielhaber, Gerd: Wer wen? Palitzsch inszenierte »Herr Puntila und sein Knecht Matti« in Köln. In: Frankfurter Allgemeine Zeitung (16. 5. 1966). – Vogt, Jochen: Bertolt Brecht. In: Kritisches Lexikon zur deutschen Gegenwartsliteratur auf CD-ROM 70 (April 2002), S. 3–26. – Völker, Klaus: Bertolt Brecht. Eine Biographie. München 1976. – Ders.: Brecht-Kommentar zum dramatischen Werk. München 1983. – Wallmann, Jürgen P. (Hg.): Von den Nachgeborenen. Dichtungen auf Bertolt Brecht. Zürich 1970. – Walser, Martin: Erfahrungen und Leseerfahrungen. Frankfurt a.M. 1965. – Ders.: Ein schönes Leben. Zum 25. Todestag von Bertolt Brecht. In: Frankfurter Allgemeine Zeitung (19. 9. 1981) [zit. nach: Ders.: Liebeserklärungen. Frankfurt a.M. 1983, S. 209–224]. – Ders.: Zauber und Gegenzauber. Aufsätze und Gedichte. Eggingen 1995. – Weiss, Peter: Die Ästhetik des Widerstands. Bd. 2. Frankfurt a.M. 1978. – Wekwerth, Manfred: Theater in Veränderung. Berlin 1960. – Ders.: Erinnern ist Leben. Eine dramatische Autobiographie. Berlin 2000. – Willett, John: The Theatre of Bertolt Brecht. A Study from Eight Aspects. London 1959. Deutsche Fassung: Das Theater Bertolt Brechts. Eine Betrachtung. Reinbek bei Hamburg 1964. – Wolf, Christa: Was bleibt? Erzählung. Frankfurt a.M. 1990. – Wyss, Monika (Hg.): Brecht in der Kritik. Rezensionen aller Brecht-Uraufführungen sowie ausgewählter deutsch- und fremdsprachiger Premieren. München 1977.

Siegfried Mews

Register der erwähnten Werke Brechts

Abnehmen des Tons 307, 315
»Abstieg der Weigel in den Ruhm« aus der »Dritten Nacht« des »Messingkaufs« 210
Adresse an den Weltfriedensrat 397
Allgemeine Tendenzen, welche der Schauspieler bekämpfen sollte 307, 315
»Alt-Heidelberg« 18, 19
An alle deutschen Künstler und Schriftsteller siehe Offener Brief an die deutschen Künstler und Schriftsteller
An den Allied Control Council, Berlin 302
An den Herrn im Parkett 35, 88
An den Kongreß für kulturelle Freiheit 392
An den Präsidenten des Deutschen Bundestages siehe Bertolt Brecht appelliert an den Bundestag
An die Nachgeborenen 513, 516
An meine Landsleute 404
Anna Seghers. Der Prozeß der Jeanne d'Arc zu Rouen 1431 425, 471, 473
Anderer Fall angewandter Dialektik 364
Anleitung zum Gebrauch der einzelnen Lektionen (»Bertolt Brechts Hauspostille«) 38, 97
Anmerkung (»Das Badener Lehrstück vom Einverständnis«) 11, 43, 72, 76, 410
Anmerkung zu »Die Spitzköpfe und die Rundköpfe« 158, 169, 179, 191
Anmerkung zur Musik (»Herr Puntila und sein Knecht Matti«) 12
Anmerkungen (»Couragemodell 1949«) 343, 345
Anmerkungen (»Die Ausnahme und die Regel«) 75
Anmerkungen (»Die Maßnahme«) 11, 43, 74, 75, 411
Anmerkungen (»Furcht und Elend des III. Reiches«) 12
Anmerkungen 1933 (»Die Mutter«) 8, 12, 45, 82, 412
Anmerkungen über die Oper »Die Verurteilung des Lukullus« 12
Anmerkungen zu »Die Gewehre der Frau Carrar« 169
Anmerkungen zu »Herr Puntila und sein Knecht Matti« 12
Anmerkungen zu den »Chinesischen Gedichten« 169
Anmerkungen zum »Leben des Galilei« 12
Anmerkungen zum »Lindberghflug« 69, 71
Anmerkungen zum Lustspiel »Mann ist Mann« **57**, 110, 490
Anmerkungen zum Volksstück 12, 159, 170, 173, 184–186, 308, 413, 488
Anmerkungen zur »Dreigroschenoper« 43, 54, 58, 62, 63, 135, 176, 410, 487, 490
Anmerkungen zur »Heiligen Johanna der Schlachthöfe« 169, 490
Anmerkungen zur »Mutter« 1938 158
Anmerkungen zur Oper »Aufstieg und Fall der Stadt Mahagonny« 11, 42, 43, **48**, 58, 72, 110, 142, 161, 175–177, 180, 280, 281, 322, 347, 407, 409, 467, 487, 490
Anrede an den Kongreßausschuß für unamerikanische Betätigungen in Washington, 1947 8, 279, 304, 392–394, 457, 460
Ansicht einiger alter Leute 458
Ansprache des Bauern an seinen Ochsen 272
Antigonemodell 1948 1, 12, 176, 284, 324, **330**, 343, 345, 494, 495
Antworten auf Fragen des Schriftstellers Wolfgang Weyrauch 393, 400, 456, 461
Anweisung für die Spieler (»Die Ausnahme und die Regel«) 76, 169, 415
Apfelböck oder Die Lilie auf dem Felde 17
Appell an die Vernunft siehe Antworten auf Fragen des Schriftstellers Wolfgang Weyrauch
Arbeiter 418
[Arbeitsjournal] 425, 426, 497
Arnold Zweig zum 65. Geburtstag 369
Aufbau einer Rolle. Laughtons Galilei 1, 13, **284**, 308, 343, 478, 495
Aufbau einer Rolle. Laughtons Galilei. Anhang 297
Aufbau eines Helden (»Katzgraben«-Notate III,2) 355
Aufbaulied der F.D.J. 404
Aufgaben, Möglichkeiten, Probleme des heutigen Theaters 34
Aufruf 302
Aufruf an die jungen Maler! 23

Aufstieg und Fall der Stadt Mahagonny 24, 30, 48–50, 53–55, 92, 228, 407, 409, 410, 470, 484, 487, 490, 496, 498, 511
Augsburger Kriegsbriefe 2, 16, 17, 479
Aus dem Lesebuch für Städtebewohner 108, 260, 407, 410, 487
Aus dem Theaterleben 109
Aus den englischen Briefen 158
Aus den Reisen 262
Aus einem Brief an einen Schauspieler 315
Aus Nichts wird Nichts 77, 79, 81, 119, 120
Aus: »Abstieg der Weigel in den Ruhm« 195, 210
Aus: »Über die Frage, ob Hitler es ehrlich meint« 263
Aus: Gespräch über Malerei 306
Aus: Über Kunst und Sozialismus (Bruchstück einer Vorrede zu dem Lustspiel »Mann ist Mann«) 94
Ausführungen vor der Sektion Dramatik zum IV. Deutschen Schriftstellerkongreß 366, 372–374
Autobiographische Notizen 424, 430, 498

Baal 18, 23, 34, 44, 419–423, 470, 474, 476, 477, 479–481, 496, 517
Ballade vom toten Soldaten *siehe* Legende vom toten Soldaten
Ballade von den Seeräubern 480
Ballade von der Freundschaft (Wie zwei Kürbisse) 482
Ballade von der Hanna Cash 421
Ballade von der Billigung der Welt 410
Bargan läßt es sein. Eine Flibustiergeschichte 480, 481
Behandlung von Systemen 230
Bei Durchsicht meiner ersten Stücke 496
Beispiel einer szenischen Erfindung durch Wahrnehmen eines Fehlers 364
Bemerkungen über die chinesische Schauspielkunst 170, 173, 178, 189
Benn 249, 264
Benutzung der Wissenschaften für Kunstwerke 221
Beobachtung und Nachahmung 315
Bericht über die Stellung der Deutschen im Exil 303
Bernard Shaws »Pygmalion« 2
Bert Brecht lacht 104

Bert Brecht sagt 3
Bert Brechts Erwiderung 95
Bertolt Brecht appelliert an den Bundestag 393, 415
Bertolt Brechts Hauspostille 18, 96, 250, 254, 255, 432, 481–483, 495, 496
Bertolt Brechts Taschenpostille 482, 496
Betreffend: eine Organisation der Dialektiker 133
Braunbuch II *siehe* Plan für ein Braunbuch
Brechtisierung 128
Brief an den Darsteller des jungen Hörder in der »Winterschlacht« 364, 365
Briefe 441, 498
Briefe an einen erwachsenen Amerikaner 279, 303, 304
Briefe um Deutschland 262
Brückenverse (»Antigonemodell 1948«) 334
Brückenverse zu »Urfaust« 387
Buch der Wendungen 162, 263, 269, 271, 362
Buckower Elegien 366, 402, 415, 488
Bürgerliche Freiheiten 402
Büsching 506
Butler 26, 125

Caesarroman *siehe* Die Geschäfte des Herrn Julius Caesar
Chinesische Gedichte 413, 488
»Christbaumbrettl« von Karl Valentin 3, 34
Coriolanus 432, 471, 473
Couragemodell 1949 1, 13, 14, 342, 461, 495, 503

Da das Instrument verstimmt ist 242
Dankgottesdienst 17
Dansen 470
Darstellung der geistigen Situation der Berliner Universität 130
Darstellung des Kapitalismus als einer Existenzform, die zu viel Denken und zu viele Tugenden nötig macht 118
Das andere Deutschland 8, 279, 298, 301
Das Badener Lehrstück vom Einverständnis 54, 70–72, 85, 114, 121, 407, 410, 470, 478, 486, 487, 496
Das Couragelied des Vorspiels 344
Das deutsche Drama vor Hitler 49, 169, 173, 176, 181

Das Elefantenkalb oder Die Beweisbarkeit jeglicher Behauptung 60
Das finnische Wunder *siehe* Det finska undret
Das gesellschaftlich Komische 12, 186
Das Individuum. Die Kausalität 227
Das Interesse des Publikums 349
Das kleine Mahagonny *siehe* Mahagonny. Songspiel
Das Lachen 296
Das Lied von der Eisenbahntruppe von Fort Donald 479
Das Puntilalied 413, 488
Das Saarlied. Der 13. Januar 221
Das Theater als Sport 20
Das Theater als sportliche Anstalt 2, 20
Das Theater am Broadway 281
Das Theater unserer Philosophen 163
Das Urbild Baals 11
Das Vergnügen in den Theatern der Philosophen 163
Das Verhör des Lukullus 9, 10, 307, 313, 314, 380–385, 390, 391, 398–400, 414, 451, 456, 472, 488, 492, 495, 500, 504, 505 *siehe auch* Die Verurteilung des Lukullus
Das Zeigen muß gezeigt werden 191
Das Zukunftslied 404
Daß die Welt endlich Frieden bekommt 392
David 471
Definiton der Kunst (»Der Messingkauf«) 207
Dekoration 350
Der Anstreicher wird sagen, daß irgendwo Länder erobert sind 261
Der Aufstieg des Arturo Ui 471–473, 475, 477, 478, 507, 519
Der Augsburger Kreidekreis 414, 513
Der Bajazzo (Filmentwurf) 158
Der Bettler oder Der tote Hund 471
Der böse Baal der asoziale 77
Der Brotladen 471, 473, 477
Der deutsche Kammerfilm 109
Der Dreigroschenprozeß. Ein soziologisches Experiment 1, 5, 25, 31, 32, 64, 108, 109, 111, 115, 120, **134**, 161, 224, 225, 264, 265, 321, 324, 407, 410, 411, 487
Der einzige Zuschauer für meine Stücke 120
Der Fall Becher 4
Der Fischzug 471
Der Flug der Lindberghs. Ein Radiolehrstück für Knaben und Mädchen 54, 70, 71, 114,
407–409, 411, 486 *siehe auch* Der Lindberghflug *und* Der Ozeanflug
»Der Friede ist das A und O«. Rede Bertolt Brechts bei der Verleihung des Internationalen Stalin-Friedenspreises in Moskau 10, 393, 397, 415
»Der Gärtner« von Rabindranath Tagore 21
Der größte aller Künstler 169, 226
Der gute Mensch von Sezuan 57, 229, 283, 414, 415, 436, 439, 448, 470, 472–475, 477, 488, 492, 501, 510, 511
Der Hofmeister von Jacob Michael Reinhold Lenz (Bearbeitung) 313, 414, 471, 474, 475, 488, 506
Der Ingwertopf 471
Der Jasager. Der Neinsager 11, 12, 54, 72–74, 85, 411, 470, 475, 486, 487, 490, 496, 513
Der kaukasische Kreidekreis 192, 364, 415, 469, 471, 472, 474, 477, 488, 494, 506, 509, 510
Der Kinnhaken 455
Der Kirschdieb 513
Der lange Weg in den Krieg 344
Der Lebenslauf des Boxers Samson-Körner 483
Der Lindberghflug 65–71, 114, 201, 381, 470, 485 *siehe auch* Der Flug der Lindberghs *und* Der Ozeanflug
Der Mann Baal 11
Der Mantel des Ketzers 513
Der Messingkauf 1, 2, 88, 162–164, 170, 172, 175, **192**, 279–281, 308, 317, 318, 321, 362, 365, 455, 455, 457, 471, 473
Der Mord im Pförtnerhaus (»Der Messingkauf«, Übungsstücke für Schauspieler) 216
Der Musiker Hanns Eisler 225
Der Neinsager *siehe* Der Jasager. Der Neinsager
Der Ozeanflug 478 *siehe auch* Der Lindberghflug *und* Der Flug der Lindberghs
Der Philosoph im Theater 163
Der Piscatorsche Versuch 51
Der Prozeß der Jeanne d'Arc zu Rouen 1431 *siehe* Anna Seghers. Der Prozeß der Jeanne d'Arc zu Rouen 1431
Der Rauch 513
Der Rundfunk als Kommunikationsapparat.

Rede über die Funktion des Rundfunks 112–116, 132
Der Schauspieler 47
Der Spitzel (»Furcht und Elend des III. Reiches«) 376
Der Stein beginnt zu reden 12
Der Streit der Fischweiber (»Der Messingkauf«, Übungsstücke für Schauspieler) 216, 219
»Der Streit um den Sergeanten Grischa« von Arnold Zweig 28, 29, 89
Der Tuiroman 162, 270, 497
Der unkosmopolitische Kosmopolitismus 305
»Der Weg allen Fleisches« 26, 125
Der Wettkampf des Homer und Hesiod (»Der Messingkauf«, Übungsstücke für Schauspieler) 218, 219
Der wunderbare Bazillus 263
Det finska undret 158, 169, 263, 272
Deutsche! 298, 300
Deutsche Rezitationsstunden 405
Deutsche Satiren 163, 252
Dialog über eine Schauspielerin des epischen Theaters 457
Dialog über Schauspielkunst 46, 51, 58, 176, 195, 221, 317, 457, 464
Dialog zu Bert Brechts »Mann ist Mann« 58
Dichter sollen die Wahrheit schreiben 169, 248, 249, 273
Die Alten und die Jungen 34, 100
Die amerikanische Umgangssprache 279, 298, 303, 304
Die Antigone des Sophokles 313, 330–333, 471, 494
Die Ausnahme und die Regel 75, 76, 81, 85, 277, 413, 415, 470, 473, 474, 477, 488, 496, 513
Die Avantgarde 83
Die Beibehaltung der Gesten durch verschiedene Generationen 6
Die Beleuchtung 218
Die besten Autoren über die besten Bücher des Jahres 4
Die Bestie 110, 111
Die Betrunkenheit des Puntila 186
Die Beule. Ein Dreigroschenfilm 112, 132, 135–137, 143, 144, 150, 407, 410, 487
Die Bibel. Drama in I Act 418, 479
Die Courage der Giehse 13

Die Dekoration 349
Die deutsche Heerschau (»Furcht und Elend des III. Reiches«) 492
Die Dialektik auf dem Theater 9, 10, 308, 310, **362**, 432, 457, 488
Die dialektische Dramatik 44, 45, 58, 79, 363
Die Dramatik im Zeitalter der Wissenschaft (»Der Messingkauf«) 200
Die drei Soldaten. Ein Kinderbuch 411, 444, 487
Die Dreigroschenoper 5, 11, 24, 43, 92, 108, 135, 136, 143, 158, 228, 308, 315, 329, 407, 410, 470, 473–477, 484, 487–491, 493, 496, 498, 499, 507, 509–511
Die Dreigroschenoper (Filmprojekt) 135–138, 154, 520
Die dritte Nacht (»Der Messingkauf«) 203
Die Ernte 16, 416, 418, **479**
Die erste Nacht (»Der Messingkauf«) 197
Die Erziehung der Hirse 495
Die Expressionismusdebatte 7, 241
Die »geldliche Seite« des Dreigroschenprozesses 135
Die Geschäfte des Herrn Julius Caesar 30, 267, 379, 432, 436, 448, 494
Die Geschichte des Packers Galy Gay 58
Die Gesichte der Simone Machard 210, 281, 471, 472, 475
Die Gewehre der Frau Carrar 158, 211, 364, 390, 414, 457, 470, 473, 475, 477, 490, 491, 495, 507
Die Große und die Kleine Pädagogik 79, 80, 514
Die heilige Johanna der Schlachthöfe 18, 411, 471, 487, 489, 490, 492, 496, 511, 517
Die Horatier und die Kuriatier 76, 81, 82, 84, 415, 471, 488, 490, 496
Die Horst-Wessel-Legende 162, 263
Die Judith von Shimoda 471
Die Jugend und das Dritte Reich 255
Die Jungen über die Alten 101
Die Kleinbürgerhochzeit 470
Die Kommunisten und die deutschen Religionskämpfe 165
Die Kunst dem Volke *siehe* Konst för Folket
Die Kunst, Shakespeare zu lesen 306
Die Kunstkommission 393, 401
Die Liebe zum Führer 253
Die Lyrik als Ausdruck 251

Die Maßnahme 11, 41, 73–75, 84, 121, 252, 407, 411, 470, 476, 477, 486, 487, 488, 490, 492, 496, 513, 514, 517
Die Moritat von Mackie Messer 510
Die Mutter 1, 6, 11, 12, 41, 45, 46, 56, 82, 158, 189, 204, 211, 228, 277, 289, 314, 382, 383, 407, 412, 460, 472, 473, 476, 477, 487, 488, 490, 492, 493, 496, 504, 506
Die Not des Theaters 39, 459
»Die Räuber« 2
Die Regie Bertolt Brechts 315
Die Reise um Deutschland 262
Die Reisen des Glücksgotts 509
Die Requisiten der Weigel 307
Die rote Zibebe 480
Die Rundköpfe und die Spitzköpfe 6, 157, 158, 189, 235, 252, 285, 289, 447, 470, 490 *siehe auch* Die Spitzköpfe und die Rundköpfe
»Die Rundköpfe und die Spitzköpfe« (Erläuterung) 11, 169
Die Schauspielerin im Exil 491
Die Sichtbarkeit der Lichtquellen 170
Die sieben Todsünden der Kleinbürger 470
Die Songs der Dreigroschenoper 91, 93, 484, 494
Die Spitzköpfe und die Rundköpfe 412, 487, 489 *siehe auch* Die Rundköpfe und die Spitzköpfe
Die Straßenszene. Grundmodell einer Szene des epischen Theaters 7, 8, 170, 173, 175, 183, 191, 203, 204, 216, 333, 336, 413, 488
Die Tage der Kommune 415, 471, 472, 488
Die ungleichen Einkommen 264, 271
Die unwürdige Greisin 513
Die Verssprache 349
Die Verurteilung des Lukullus 9, 10, 382, 495, 504, 505 *siehe auch* Das Verhör des Lukullus
Die vierte Nacht (»Der Messingkauf«) 205
Die Volkskammer 10
Die Wahl neuer Mitglieder betreffend 392
Die Wahrheit einigt 275
Die zweite Nacht (»Der Messingkauf«) 200
»Don Carlos« 2, 18
Don Juan von Molière 313, 471, 506
Dramatik der großen Stoffe 281, 282
Dramatisches Papier und anderes 2
Dreigroschenfilm *siehe* Die Beule. Ein Dreigroschenfilm

Dreigroschenroman 30, 90, 224, 408, 447, 490, 491, 493
Durch Fotografie keine Einsicht 145

Egon Erwin Kisch zum 50. Geburtstag 5, 169
Eigenarten des Berliner Ensembles I 316, 359
Ein alter Hut 11, 170
Ein Fehler 344
Ein gemeiner Kerl 481, 482
Ein großer historischer Vorgang 349
Ein Umweg. (»Der kaukasische Kreidekreis«) 364, 365
Ein Volksbuch. Eine Würdigung 21
Eine Befürchtung 169, 263
Eine Einigung 393
Eine Erklärung Brechts 3, 91
Eine Feststellung 3, 18
Eine notwendige Feststellung zum Kampf gegen die Barbarei 158, 169, 221, 232, 265, 276, 415, 491
Einfühlung (»Der Messingkauf«) 209
Einfühlung 329, 462
[Einführung.] »Die Dreigroschenoper« 11
Eingriffe in die dichterische Substanz 135
Einige Andeutungen über eine nichtaristotelische Dramatik 163, 166, 279, 280
Einige Anmerkungen zur Aufführung (Strittmatters »Katzgraben«) 349
Einige Bemerkungen über mein Fach 312
Einige Irrtümer über die Spielweise des Berliner Ensemble 10, 308, 363, 457, 466–469
Einige Probleme bei der Aufführung der »Mutter« 82
Einschüchterung durch die Klassizität 313
Einstein – Freud 118, 129
Elementarregeln für Schauspieler 307
Elfenbeinturm der Beobachtung 268
Empfehlungen für die Theatre Union 11
Entwurf einer Vorrede für eine Lesung 247, 267
Entwurf eines offenen Briefes an Paul Hindemith 5, 264
Entwurf für ein Braunbuch 5 *siehe auch* Plan für ein Braunbuch
Entwurf zu einer Zeitschrift »Kritische Blätter« 133

Entwurf zur Rede an den Deutschen
    Friedensrat 397
Epischer Verlauf 58
Episches Theater 120, 350
Erinnerung an die Marie A. 17, 421, 455
Erklärung der Deutschen Akademie der
    Künste 307, 393, 401
Erläuterungen (»Der Flug der Lindberghs«)
    11, 43, 71, 114, 115, 485, 487
Erwin Strittmatters »Katzgraben« 357
Etwas über Charakterdarstellung 364

Faschismus und Kapitalismus 264
Fatzer 77, 78, 81, 476
Fatzer, 3 409, 487
Fatzer, Komm 409
Film ohne Geschäftswert 457
[Film über Hanna Cash] 422
Flüchtlingsgespräche 262, 455, 456
Forderungen an eine neue Kritik 38, 91
Formalismus und neue Formen 398
Formprobleme des Theaters aus neuem
    Inhalt 314, 315, 343, 456, 460, 461, 503
Fotografie / Aus mehreren tausend Fotos 346
Fragen eines lesenden Arbeiters 513
Frank Wedekind 2, 23
Freie Wahlen 402
Freiheit der Kunst 133
Frische Stücke für Theater und Radio 37
Fünf Schwierigkeiten beim Schreiben der
    Wahrheit 5, 159, 162, 169, 236, 249, 250,
    253, 263, 270, 272, 413, 447, 488, 491, 502
Für Erich Wendt 369
Furcht und Elend des III. Reiches 6, 8, 158,
    166, 204, 211, 212, 236, 277, 376, 447, 448,
    469, 470, 473–475, 490–492, 501

Galgei 59, 419
Galilei *siehe* Leben des Galilei
Galilei-Modellbuch *siehe* Aufbau einer Rolle.
    Laughtons Galilei
Galileo 193, 210, 280, 283, 284–296, 500 *siehe
    auch* Leben des Galilei
Gedichte aus dem Messingkauf 193, 194, 218,
    219, 415, 488
Gedichte im Exil 248, 425
Gefährlichkeit der Intelligenzbestien 220,
    221, 269

General Göring über die Überwindung des
    Kommunismus in Deutschland 6, 270
Georg Kaisers »Gas« im Stadttheater 2, 19
Gerhart-Hauptmann (Essay von 1913) 16, 17
Gerhart Hauptmann. Biberpelz und roter
    Hahn 506
Geringer Erfolg des Kung Futse 127
Gesang des Soldaten der roten Armee 482,
    495
Geschichten aus der Revolution 412, 487
Geschichten vom Herrn Keuner 364, 409, 411,
    415, 439, 455, 487, 494, 513
Gespräch über die Nötigung zur Einfühlung
    364
Gespräch über Klassiker 459, 460
Gespräche mit jungen Intellektuellen 305,
    392, 394, 457
Gespräche unter Deutschen 393
Glossen zu Stevenson 31
Goliath 471
Gösta Berling 481
Grundlinie für eine Gesellschaft für
    Dialektiker 133, 134
Gummi geht nicht unter 34

Hamlet (»Der Messingkauf«, Übungsstücke
    für Schauspieler) 217
Hangmen Also Die 280, 500, 518
Hanns Eisler. Ein Beitrag zum Thema
    Volkstümlichkeit 159
Happy End 487
Hauptaufgabe der antifaschistischen
    Schriftsteller 5, 169
Hebbels »Judith« im Stadttheater 2, 18, 19
Heinrich Mann 279, 369
Helle, gleichmäßige Beleuchtung 315
Hemmt die Benutzung des Modells die
    künstlerische Bewegungsfreiheit? 348, 456,
    461
Herr Keuner und die Originalität 92
Herr Puntila und sein Knecht Matti 159, 186,
    308, 315, 413, 434, 435, 470, 471, 474, 475,
    478, 488, 493, 501, 504, 506, 510, 516
Herr Puntila und sein Knecht Matti
    (Drehbuch) 451
Hofmannsthals »Jedermann« im Stadttheater
    2
Hundert Gedichte 494, 501

If you want a non-imperialistic German government 298, 302
Im Dickicht 3, 34, 91, 100, 419, 480, 481, 483
Im Dickicht der Städte 3, 122, 470, 473, 476, 482, 483, 496, 507, 517
In die Welt ist ein neuer Schrecken gekommen 396
Individuum und Masse 131
[»Iswestija«-Interview zur Verleihung des Stalin-Preises] 397

Jae Fleischhacker in Chikago 267
Journal / Journale 22, **424**, 449, 450
Junges Drama und Rundfunk 37, 114

»Kabale und Liebe« 2
Kalendergeschichten 224, 494
Karl Valentin 3, 18, 20, 90, 480
»Katzgraben«-Notate 1953 1, 12, 13, 308, 310, 313, **348**, 385
Kehren wir zu den Kriminalromanen zurück! 3, 28, 101
Kein Weltbild machen 269
Kinderhymne 502, 518
Kinderlieder 404
»King Lear«, V,3 (»Der Messingkauf«) 216
Kleine Berichtigung 159
Kleine Epistel, einige Unstimmigkeiten entfernt berührend 482
Kleiner Beitrag zum Thema Realismus 132, 222
Kleines Organon für das Theater 1, 9, 56, 88, 163, 170, 172–174, 183, 215, 281, 284, 310, **316**, 331, 332, 349, 362, 365, 377, 392, 414, 455, 462, 464, 467, 488, 494, 501
Kleines Privatissimum für meinen Freund Max Gorelik 281, 282
Komplizierte Lage 302
Konst för Folket 158, 169, 247
Korsch Kernpunkte S. 37 und 54 121
Kraft und Schwäche der Utopie 264
»Krieg«. Eine Studie über Carl Hauptmanns Tedeum 18
Kriegsfibel 425, 431, 436, 437, 496, 501
Kriegsfibel 1937 492
Kritische Blätter 133
Kuhle Wampe oder Wem gehört die Welt siehe Weekend – Kuhle Wampe
Kulturelle Betreuung siehe Vorschläge von Brecht und Eisler für die II. Pressekonferenz der SED
Kulturpolitik und Akademie der Künste 393, 401
Kurze Beschreibung einer neuen Technik der Schauspielkunst, die einen Verfremdungseffekt hervorbringt 179, 181, 317
Kurzer Bericht über 400 (vierhundert) junge Lyriker 38, **95**, 105, 251

Leben des Galilei 13, 156, 192, 277, 284–286, 288, 309, 324, 326, 415, 468, 470–475, 488, 492, 501, 507, 510, 511
Leben des Konfutse 285
Leben Eduards des Zweiten von England 3, 34, 40, 48, 100, 254, 260, 470, 481, 496
Lebenslauf des Mannes Baal 481
Legende vom toten Soldaten 18, 247, 258, 482
Legende von der Entstehung des Buches Taoteking 447, 513
Lehrstück 68, 70, 72, 73, 85, 110, 485 siehe auch Das Badener Lehrstück vom Einverständnis
Letzte Etappe: Ödipus 40, 46, 175
Liebe zur Klarheit 164
Lied vom Fluß der Dinge 61
Lied vom Fraternisieren 343
Lieder Gedichte Chöre 252, 489
Lieder zur Klampfe 479
Lindbergh. Ein Radio-Hörspiel 485
Lion Feuchtwanger fünfzig Jahre 5, 169
Literatur 22, 23
Logik der Lyrik 2 247
Lux in tenebris 471
Lyrik und Malerei für Volkshäuser 158, 169, 222

Magna Charta 300
Mahagonny. Songspiel 470, 473, 477, 483
Mahagonnysongs 93
Mandeley Song 96
Mann ist Mann 57–61, 64, 114, 260, 459, 470, 473, 481–483, 488, 490, 496
Masse und Revolution 302
Materialwert 92
Mehr guten Sport 3, 36, 88, 455
Memorandum über die Verstümmelung und

Entstellung des Textes (»Die Mutter«) 11, 158
»Messingkauf« (Wünsche des Stückeschreibers) 218
Mies und Meck 456
Mißverständnisse über das Lehrstück 81
Modelle 345
Morgendliche Rede an den Baum Green 257
Mother Courage 492
Mutter Courage (Drehbuch) 451, 462
Mutter Courage, in zweifacher Art dargestellt 364
Mutter Courage und ihre Kinder 9, 14, 56, 191, 285, 288, 289, 314, 328, 329, 342–344, 364, 376–378, 413, 425, 450, 461, 468–475, 477, 488, 492, 495, 499, 501–504, 506, 509–511
Mutter Courage und ihre Kinder. Anmerkungen *siehe* Couragemodell 1949
Mutter Courages Lied 343

Nachahmung und Objekt (»Der Messingkauf«) 209
Nachtrag zur Theorie des »Messingkaufs« 207, 208
Nachträge zum »Kleinen Organon« 23, 56, 316, 321, 326, 328, 362
Nachwort (»Aufbau einer Rolle. Laughtons Galilei«) 297
Naturalismus (»Der Messingkauf«) 198
Naturalismus – Realismus (»Der Messingkauf«) 209
Neue Anweisungen für das Theater 281
Neue Dramatik 39, 175, 459
Neue Kinderlieder 414
Neue Sachlichkeit 29, 131, 132
Neuer Inhalt – neue Form 350, 351, 359
Neuer Strohhalm der bourgeoisen Kunst: der Faschismus 130
Neulich habe ich meinen Zuschauer getroffen 203
99%. Bilder aus dem Dritten Reich 236
Neunzehnhundertachtunddreißig 236, 237, 272
1940 320
Nichtaristotelische Dramatik und wissenschaftliche Betrachtungsweise 317
Notate zu einzelnen Szenen (»Aufbau einer Rolle. Laughtons Galilei«) 295–297

Notizen über die Formalismusdiskussion 384
Notizen über die Züricher Erstaufführung (»Puntila«) 413, 488, 501
Notizen über eine zu gründende Akademie 392
Notizen über realistische Schreibweise 243, 263
Notizen zu Buchenwald 393
Notizen zu Gottfried Benn 249, 264
Notizen zu Heinrich Manns »Mut« 267
Notizen zum Schriftstellerkongreß 402
Notizen zur Barlach-Ausstellung 306, 307, 366, 370–372, 386
Notizen zur Einleitung einer Stücke-Ausgabe 280
Notwendigkeit und Vorbedingung eines realistischen und sozialistischen Theaters 312

Offener Brief an den Schauspieler Heinrich George 5, 264
Offener Brief an die deutschen Künstler und Schriftsteller 305, 393, 396, 400, 415, 451, 461
Offener Brief an die künstlerische Leitung der Neuen Musik Berlin 1930 74, 411
Offener Brief an Georg Kaiser 36
Ovation für Shaw 3, 36, 90

§ 2 Das Experiment ist tot, es lebe das Experiment! 135
Pauken und Trompeten 313, 471, 474, 475
Plan für ein Braunbuch (Braunbuch II) 6, 158
Politik auf dem Theater 349
Potsdamer Beschlüsse 301, 302
Praktisches zur Expressionismusdebatte 170, 222, 242
Prärie 471
Probenbeginn 350, 351
Probleme, die das neue Ministerium lösen muß 402
Protokolle von Diskussionen über den »Jasager« 11, 73

Radio – eine vorsintflutliche Erfindung? 112
Radiotheorie *siehe* Erläuterungen (»Der Flug der Lindberghs«)
Radiovortrag Bertolt Brecht 6, 169, 173, 180
Rat an die Schauspielerin C.N. 211
Realistisches Theater und Illusion 347

Rede an dänische Arbeiterschauspieler über die Kunst der Beobachtung 219
Rede Bertolt Brechts bei der Verleihung des Internationalen Stalin-Friedenspreises in Moskau *siehe* »Der Friede ist das A und O«
Rede auf dem I. Internationalen Schriftstellerkongreß zur Verteidigung der Kultur *siehe* Eine notwendige Feststellung zum Kampf gegen die Barbarei
Rede Brecht (gehalten auf dem Weltfriedenskongreß in Berlin, am 28. Mai 1954) 10, 397
Rede des Dramaturgen (aus »Der Messingkauf«) 170, 219
Rede des Schauspielers über die Darstellung eines kleinen Nazis aus dem »Messingkauf« 212
Rede des Stückeschreibers über das Theater des Bühnenbauers Caspar Neher (aus: »Der Messingkauf«) 170, 218, 351
Rede für die Stanislawski-Konferenz 10, 349
Rede im Rundfunk (zu »Mann ist Mann«) 11, 58, 60
Rede über die Zeit (»Der Messingkauf«) 201
Rede zum II. Internationalen Schriftstellerkongreß zur Verteidigung der Kultur 5, 158, 169, 221, 415
Relative Eile 362
Resignation eines Dramatikers 158
Richtiges Denken 122
Rollenstudium 218
Romeo und Julia (»Der Messingkauf«, Übungsstücke für Schauspieler) 217, 218
»Rose Bernd« von Gerhart Hauptmann 2

Salut, Teo Otto! 392
Schmidtbonns »Graf von Gleichen« im Stadttheater 19
Schule der Ästhetik 369, 405
Schweyk 285, 465, 471, 474
Schwierigkeit des Regierens 253
Schwierigkeiten des epischen Theaters 40
700 Intellektuelle beten einen Öltank an 484
Silvester 1928 94
Sollten wir nicht die Ästhetik liquidieren? 39
Songs aus der Dreigroschenoper *siehe* Die Songs der Dreigroschenoper
Songs aus Mahagonny *siehe* Mahagonnysongs

Sozialistischer Realismus auf dem Theater 306
Spartakus 479 *siehe auch* Trommeln in der Nacht
Stanislawski-Studien 384
Steckels zwei Puntilas 186
Stirbt das Drama? 102
Strindbergs »Rausch« 2
Studien 414, 488
Studium des ersten Auftritts in Shakespeares »Coriolan« 364, 365
Suche nach dem Neuen und Alten 219
Svendborger Gedichte 432, 491, 494

Tagebuch No. 10 **416**, 422
Tagebücher **419**, 424, 430, 498
»Tasso« 2
Tendenz der Volksbühne: reine Kunst 38, 51
The Duchess of Malfi 471, 500
The German Drama: pre-Hitler 49, 181 *siehe auch* Das deutsche Drama vor Hitler
The Other Germany: 1943 301 *siehe auch* Das andere Deutschland
The Private Life of the Master Race 12, 287, 492, 500 *siehe auch* Furcht und Elend des III. Reiches
The Trial of Lucullus 492 *siehe auch* Das Verhör des Lukullus
Theater 78, 79
Theater der Philosophen 163
Theater der Philosophen (»Der Messingkauf«) 210
Theater des Augsburgers (»Der Messingkauf«) 213
Theaterarbeit 9, 11, 169, 170, 191, 216, 218, 219, 310, 331, 342, 343, 495, 506
Theatersituation 1917–1927 3, 38
Theorie der Pädagogien 77–80
Thesen für proletarische Literatur 6
Thesen zur »Faustus«-Diskussion 389, 400
Thomas Mann im Börsensaal 99
Tonfilm »Kuhle Wampe oder Wem gehört die Welt?« 132, 233
Trommeln in der Nacht 3, 18, 34, 100, 419, 421, 422, 464, 465, 473, 479–483, 496
Tummelstätte der Untätigen (»Der Messingkauf«) 199
Turandot oder Der Kongreß der Weißwäscher 389, 471, 497

Über alltägliches Theater 219
Über Aufführungen des Berliner Ensembles 462
Über Bühnenmusik 279–282
Über das Buch »Theaterarbeit« 462
Über »das Ding an sich« 119, 120
Über das Poetische und Artistische 340
Über das Theater der Chinesen 158
Über den Aufbau einer Person 317
Über den Bühnenbau der nichtaristotelischen Dramatik 7, 317
Über den Erkennungsvorgang 118, 119
Über den Expressionismus 2
Über den Film 2, 18, 109
Über den Gestus 226, 317
Über den § 218 4, 33
Über den Sozialismus 128
Über den »Untergang des Theaters« 35
Über den Zweck des Theaters 35
Über die Arbeit der Dramaturgen, Regisseure, Assistenten und Schüler des Berliner Ensemble 462
Über die Aufführung von Lehrstücken 85
Über die deutsche Literatur 22
Über die Diktaturen einzelner Menschen 271
Über die eigene Arbeit 225
Über die Eignung zum Zuschauer 37
Über die Freiheit / Der Wunsch nach … 129
Über die Funktion des Denkens 121
Über die gestische Sprache in der Literatur 229
Über die japanische Schauspieltechnik 190
Über die Justizskandale 129
Über die Kritik an Stalin 393, 403
Über die Malerei der Chinesen 223
Über die moderne tschechoslowakische Literatur 6, 225
Über die Moskauer Prozesse 272
Über die Nachahmung 307
Über die Niederlage 264
Über die Notwendigkeit von Kunst in unserer Zeit 89
Über die Person 131
Über die Popularität des Kriminalromans 169, 225
Über die proletarische Revolution 128
Über die Prozesse in der USSR 272
Über die russische Partei 393
Über die Situation des Theaters 456, 457

Über die Theatralik des Faschismus 8, 195, 196
Über die Verbindung der Lyrik mit der Architektur 256
Über die Versuche zu einem epischen Theater 173, 177
Über die Verwendung von Musik für ein episches Theater 50, 55, 83, 157, 317
Über die Wiederherstellung der Wahrheit 277
Über die Zukunft des Theaters 2
Über Dramatik vom Typ der »Mutter« 460
Über Ehrlichkeit 158
Über ein nichtaristotelisches Romanschreiben 89
Über eine dialektische Kritik 133
Über eine »Magna Charta« der unterdrückten Völker 300
Über eine neue Dramatik 41
Über eine neue Technik der Schauspielkunst siehe Kurze Beschreibung einer neuen Technik
Über eine nichtaristotelische Dramatik 45
Über experimentelles Theater 24, 158, 170, 173, 175, **181**, 184, 268
Über Filmmusik 279–281
Über gestische Musik 229
Über Karl Kraus 269
Über Kritik 462
Über Malerei 456, 462
Über meine Stellung zur Sowjetunion 170, 264
Über meinen Lehrer 157
Über politische Programme 462
Über reimlose Lyrik mit unregelmäßigen Rhythmen 83, 163, 169, 226, 244, 251, 252, 254, **257**, 415
Über sozialistischen Realismus 306
Über Stefan George 89
Über Stoffe und Form 41, 175
Über »Trommeln in der Nacht« 459
Über Verschleißmusik 281
Übungsstücke für Schauspieler (»Der Messingkauf«) 170, 193, 194, 204, 205, 216, 218, 414, 488
Umwandlung des Amts für Literatur 393, 410
Unpolitische Briefe 262
Urfaust (Bearbeitung) 307, 313, 368, 386–388, 471, 472

V-Effekte in einigen Bildern des älteren Breughel 222, 223
V-Effekte, Dreiergespräch 195
Verfremdungseffekte in der chinesischen Schauspielkunst 6, 158, 168, 169, 173, 180, **188**, 195
Vergnügungstheater oder Lehrtheater? 49, 82, 173, 175, 178, 180, 317
Verhältnis des Augsburgers zum Piscator (»Der Messingkauf«) 214
Verstümmelte Filme 132, 133
Versuche 5, 11, 12, 42, 70, 72, 134, 135, 169, 170, **406**, 444, 448, 485–488, 490, 502
Volkstümlichkeit und Realismus 159, 222, 236, 240, 242, 243, 300
Vom epischen zum dialektischen Theater 363
Von allen Werken 307
Von der Jugend 403, 404
Von der Liebe 157
Voraussetzungen für die erfolgreiche Führung einer auf soziale Umgestaltung gerichteten Bewegung 128
Vorschlag an die literarische Sektion der Deutschen Akademie der Künste, ein Deutsches Lesebuch herauszugeben 405
Vorschläge von Brecht und Eisler für die II. Parteikonferenz der SED 393
Vorschläge für den Intendanten des Rundfunks 112
Vorschläge für die Stanislawski-Konferenz April 53 311
Vorspiel (»Couragemodell 1949«. Anmerkungen) 343, 344
Vorspiel (»Der kaukasische Kreidekreis«) 509, 510
Vorspiel (»Die Antigone des Sophokles«) 334, 336
Vorwort (»Aufbau einer Rolle. Laughtons Galilei«) 295, 296
Vorwort zu »Turandot« 402

Wahrnehmung 434
Wandelbar und stetig 369
Warum die halbhohe, leicht flatternde Gardine? 315
Was arbeiten Sie? 456–459
Was halten Sie für »Kitsch«? 93
Was ist primitiv? 12
Weder nützlich noch schön 95

Weekend – Kuhle Wampe 41, 112, 132, 136, 144, 233, 457, 520
Weihnachtsbotschaft des Stellvertreters des Führers (Heß) im Jahre 1934 6, 270
Weise am Weisen ist die Haltung 122, 228
Weite und Vielfalt der realistischen Schreibweise 159, 170, 234, 235, 237, 240, 243, 415, 488
Welche Stoffe liefert die Gegenwart dem Dramatiker? 34
Weniger Sicherheit!!! 109
Wenn der Vater mit dem Sohne mit dem Uhu ... 98, **99**, 130
Wie man Gedichte lesen muß 405
Wie soll man heute Klassiker spielen? 37
Wir Neunzehn 394
Wirkung der Doppelniederlage 394
Wirkung epischer Schauspielkunst 279
Wo ich gelernt habe 369
Wo ich wohne 279, 303
Wochenschrift für ganz Deutschland 393

Zertrümmerung der Person 126
Ziele der Gesellschaft der Dialektiker 134
Zu der Aufführung im Radio 11, 58
Zu der Rußlandhetze des Deutschlandsenders 4, 5, 132
Zu kurz kann zu lang sein 344
Zu »Leben des Galilei« 415
Zu Lehrplänen für den Deutschunterricht 368, 393, 405
Zum Aufruf der deutschen Kriegsgefangenen und Emigranten in der Sowjetunion 8, 300
Zum Augustinus 118
Zum »Lehrstück« 68
Zum »Lesebuch der Akademie der Künste« 369, 405
Zum Kongress der Völker für den Frieden 10, 393, 397
Zum 17. Juni 1953 393, 400
Zum Vorwurf des Formalismus 398
Zum zehnjährigen Bestehen der »A-I-Z.« 111, 132
Zur Erklärung der 26 Vereinigten Nationen 8, 279, 299
Zur Formalismusdebatte 398
Zur Frage der Übersetzung von Kampfliedern 247
Zur Plagiatsbeschuldigung Gilbrichts 92

Zur Theorie des Lehrstücks 77, 78, 83, 85, 86
Zur Tonfilmdiskussion 135
Zur Unterdrückung der Oper »Lukullus« 399
Zwei Gesellschaftsordnungen 401
Zwei Städte 502
Zweites der kleinen Gespräche mit dem ungläubigen Thomas 281, 282

Personenregister

Abusch, Alexander 386, 388, 389
Ackermann, Anton 398, 399
Adorno, Theodor W. 123, 124, 140, 146, 224, 280, 305, 389, 394, 450, 457
Aischylos 157, 187
Alberts, Jürgen 518
Altermann, Susanne 378
Althusser, Louis 140
Amann, Rosa Maria 420, 421
Ammer, K. L. *siehe* Klammer, Karl
Andersch, Alfred 403, 404
Andersen-Nexö, Martin 492
Anouilh, Jean 376, 500
Appen, Karl von 352, 415, 473
Arden, John 474
Arendt, Hannah 511
Aristoteles 173, 174, 178, 197, 198, 209, 282, 317–319, 335, 469
Äsop 286
Astaire, Fred (d.i. Frederick E. Austerlitz) 256, 259
Atkinson, Brooks 294
Auden, Wystan Hugh 500
Augustinus, Aurelius 4, 33, 118

Bacon, Francis 214, 318, 319
Bahr, Gisela 517
Baier, Lothar 245
Baierl, Helmut 374
Balász, Béla 137, 150, 238
Balzac, Honoré de 240, 244, 249
Banholzer, Frank Walter Otto 24, 445
Banholzer, Paula 24, 417, 420, 445, 452, 498, 517
Barck, Simone 453
Barfuß, Grischa 348
Barlach, Ernst 306, 307, 370–372, 386, 389
Barner, Wilfried 341
Barrie, James 292
Barthes, Roland 123, 140, 152, 473, 509
Bassermann, Albert 307
Baudelaire, Charles 157, 247
Baum, Vicki 97
Bayer, Selmar 485
Beaumarchais, Pierre-Augustin Caron de 199

Becher, Johannes R. 4, 5, 159, 233, 234, 272, 273, 364, 369, 371, 383, 386, 395, 396, 402, 403, 406, 446, 449, 454, 466, 467, 501
Becker, Thorsten 519
Beethoven, Ludwig van 52, 381
Benjamin, Walter 6, 47, 56, 61, 62, 89, 91, 112, 116, 123, 124, 140, 157, 162, 183, 220, 224, 234–236, 247, 250, 256, 266, 272, 274, 277, 334, 369, 446, 447, 455, 491, 492
Benn, Gottfried 5, 7, 116, 159, 237, 248–250, 264, 501
Bennewitz, Fritz 477
Bentley, Eric Roussell 8, 274, 284, 288, 298, 316, 317, 500, 510
Berghaus, Ruth 476, 507
Bergmann, Ingrid 293, 500
Bergner, Elisabeth 64, 500
Berlau, Ruth 1, 218, 284–286, 288, 289, 292, 294, 316, 330, 331, 335, 342–347, 349, 352, 415, 425, 449, 452, 488, 491, 494–496, 503, 506, 517
Besenbruch, Walter 381
Besson, Benno 309, 370, 471–473, 476, 506, 507
Beuys, Joseph 379
Bienert, Michael 520
Bierbichler, Josef 520
Biermann, Wolf 391, 516
Bingen, Julius 418
Birkenfeld, Günther 395
Birkenhauer, Klaus 253–255, 262
Birnbaum, Uta 473
Bismarck-Schönhausen, Otto Fürst von 52, 281
Björnson, Björnstjerne 102
Blitzstein, Marc 510
Bloch, Ernst 124, 126, 159, 238, 241, 266, 304, 371, 446
Blunck, Hans Friedrich 395
Boal, Augusto 374
Bois, Curt 308
Bond, Edward 474
Borchardt, Hermann 274, 487
Borchardt, Knut 313
Bosch, Hieronymus 89, 372
Boswell, James 436
Boyer, Charles 293
Braun, Alfred 109, 112, 484
Braun, Volker 171, 275, 516, 517

Brecher, Gustav 48, 486
Brecht, Sophie Wilhelmine Friederike 420
Brecht, Berthold Friedrich 479
Brecht, Stefan Sebastian 24, 279, 333, 437, 438, 450
Brecht-Schall, Barbara 267, 288
Bredel, Willi 159, 231, 234, 235, 237, 449, 491
Brentano, Bernard von 91, 443, 446, 453
Brentano, Heinrich von 509
Brock, Hella 471
Bronnen, Arnolt 3, 25, 38, 100, 101, 443
Brückner, Jutta 520
Brueghel, Pieter, d.Ä. 166, 213, 214, 222, 223, 290, 436, 447
Brügel, Fritz 247
Brüggemann, Heinz 513
Brügmann, Walther 48
Brush, Albert 288
Brüstle, Wilhelm 479
Buch, Hans Christoph 519
Büchner, Georg 213, 385
Buckwitz, Harry 471–473, 476, 509
Budzislawski, Hermann 300
Bunge, Hans 309, 314, 467, 512, 517
Burbage, Richard 290
Burri, Emil *siehe* Hesse-Burri, Emil
Burrows, Abe 288
Busch, Ernst 12, 176, 284, 286, 297, 372, 495, 507
Busoni, Ferruccio 49, 54
Butler, Samuel 26, 125

Callow, Simon 285, 288, 291, 293
Camus, Albert 500
Carpi, Fiorenzo 474
Carstensen, Lina 376
Celan, Paul 516
Cervantes Saavedra, Miguel de 157
Chamberlain, Arthur Neville 160, 427
Chambure, Guy de 473
Chaplin, Charles (Charlie) Spencer 3, 90, 108, 109, 132, 141, 189, 213, 226, 227, 259, 271, 293, 500
Choi, Young-Jin 233
Chruschtschow, Nikita Sergejewitsch 393
Churchill, Sir Winston 301
Claas, Herbert 430
Claudel, Jean 54

Claudel, Paul 462, 464
Cocteau, Jean 54
Coleridge, Samuel Taylor 261
Corinth, Lovis 100
Courths-Mahler, Hedwig 26
Craig, Edward Gordon 308
Credé, Carl 4
Cremer, Fritz 462, 519
Curjel, Hans 331, 332

Damaye, Henry 263
Dante Alighieri 157
Daumier, Honoré 447
Davidson, Robert 290
Debiel, Gisela 178
Debord, Guy 146
Dehmel, Richard 417
Delacroix, Eugène 442
Descartes, René 4, 26, 118, 119
Desch, Kurt 316, 493, 494
Dessau, Paul 9, 12, 75, 255, 313, 343, 346, 380–384, 399, 413, 488, 495, 504, 505
Detzer, Hans 17, 479
Deuticke, Franz 412
Diderot, Denis 7, 184, 198, 222, 308, 496
Dimitroff, Georgi 232, 235, 277, 301, 395, 449
Dinter, Artur 395
Döblin, Alfred 2, 4, 25, 26, 95, 141, 159, 243, 303, 377, 446, 484
Dort, Bernhard 473, 509
Dos Passos, John Roderigo 243, 377
Dostojewski, Fjodor Michailowitsch 478
Drescher, Horst 275
Dresen, Adolf 171, 520
Dudow, Slatan Theodor 41, 136, 222, 411, 447, 487
Dürer, Albrecht 306
Durus, Alfred *siehe* Kemény, Alfred
Dymschitz, Alexander 375, 377

Eberle, Vera-Maria 18
Ebert, Friedrich 466
Eddershaw, Margret 474
Einem, Gottfried von 450, 502
Einstein, Albert 4, 43, 118, 129, 268, 303
Einstein, Carl 487
Eisenstein, Sergej Michailowitsch 141, 189, 303, 487

Eisler, Hanns (Johannes) 11, 41, 57, 73–76, 82, 83, 125, 157–159, 165, 213, 222, 225, 238, 266, 274, 280, 281, 284, 285, 287, 289, 290, 292, 294, 298, 307, 313, 314, 368, 372, 381, 383, 387–390, 400, 406, 412, 444, 451, 456, 460, 484, 486, 488, 489, 492, 495, 500, 502, 506, 517
Elias, Julius 482
Elvestad, Sven 28
Enderlin, Emil 419
Engel, Erich 61, 284, 342, 471, 473, 481, 484, 502, 507
Engel, Rudolf 454
Engel, Wolfgang 376
Engels, Friedrich 129, 324, 397, 496
Enzensberger, Hans Magnus 140, 516
Eratosthenes 182
Ernst, Otto 417
Erpenbeck, Fritz 9, 159, 233–235, 237, 239, 314, 328, 349, 376–379, 453, 467, 499, 502–504, 506, 507
Esslin, Martin 511, 512, 517
Eugen, Berthold (Pseudonym B.s) 2, 479
Euklid 174
Ewen, Frederic 517
Eylau, Hans Ulrich 467, 468

Fadejew, Alexander 225
Fahrenbach, Helmut 117
Falckenberg, Otto 480
Farquhar, George 471, 511
Fassmann, Kurt 517
Fehse, Willi R. 98
Feinstein, Elaine 519
Feuchtwanger, Lion 5, 8, 97, 158, 159, 168, 234, 235, 254, 264, 274, 293, 298–300, 302, 440, 442, 480–482, 491
Feuerbach, Ludwig 13, 228
Fiebach, Joachim 204
Fisch, Gennadi 495
Fischer, Ernst 388, 389
Fischer, Hans 73
Fischer, Ruth (d.i. Elfriede Eisler) 511
Flashar, Hellmut 341
Ford, Henry 43, 145, 484
Foucault, Michel 152
Frank, Bruno 300
Freud, Sigmund 53, 303
Freytag, Gustav 358

Frick, Werner 341
Fried, Erich 516
Frisch, Max 316, 501, 514
Fritz, Walter Helmut 516
Fuegi, John 1, 316, 317, 519
Fürnberg, Louis 455

Gable, Clark 282
Gábor, Andor 56, 236
Gaillard, Ottofritz 215, 310
Galilei, Galileo 162, 192, 214, 322
Gallas, Helga 245
Garbo, Greta 284
García Lorca, Federico 369
Garfield, John 293
Gasbarra, Felix 305
Gaskill, William 474
Gaugler, Hans 339
Gaulle, Charles de 473
Gay, John 484, 511, 519
Gehweyer, Fritz 418, 441, 479
Geis, Jacob 481, 493
Gelsted, Otto 490, 491
George, Heinrich 5, 159, 264
George, Stefan 89, 96, 104, 248, 251, 417
Gersch, Wolfgang 107, 140, 497
Gershwin, George 259
Gert, Valeska 110
Gerz, Raimund 222
Geschonnek, Erwin 308, 309, 344, 351, 356
Geyer, Georg 418
Gide, André 159, 264, 271, 274
Giehse, Therese 13
Giese, Peter Christian 187
Gilbricht, Walter 91, 92
Giles, Steven 140
Girnus, Wilhelm 371, 385, 386, 388–390, 506
Glaeser, Ernst 395
Glaeser, Günter 452, 453, 498
Glinka, Michail 379
Goebbels, Joseph 226, 276, 300, 302, 461
Goethe, Johann Wolfgang von 2, 31, 92, 101, 157, 194, 199, 249, 343, 347, 368, 385–388, 429, 438, 471, 477, 496
Gogh, Vincent van 306
Goll, Iwan 3
Gorelik, Mordecai 7, 280, 282
Göring, Hermann 6, 160, 270, 426

Gorki, Maxim (d.i. Alexej Maximowitsch Peschkow) 45, 385, 487, 506
Goslar, Lotte 291
Gottsched, Johann Christoph 182
Goya y Lucientes, Francisco José de 306
Graf, Oskar Maria 274 274
Graham, Martha 291
Granach, Alexander 176
Grass, Günter 508
Greenstreet, Sidney 293
Greid, Hermann 460
Grimm, Reinhold 17, 512
Grimmelshausen, Hans Jacob Christoffel von 344
Gringold, Norbert 484
Grosz, George (d.i. Georg Ehrenfried Groß) 223, 225, 232, 251, 266, 411, 443, 444, 446, 484, 487, 490
Grotewohl, Otto 10, 400, 505
Groth, Peter 253
Grund, Manfred 219
Gründgens, Gustav 471
Guillemin, Bernard 38, 456, 458, 464
Guthrie, Tyrone 285

Haas, Willy 95, 103, 238, 239, 458
Hacks, Peter 373, 374, 514, 516
Hagg, Heinz 441
Hamann, Paul 484
Hambleton, Thomas Edward 290, 291, 293, 294
Hampton, Christopher 515
Handke, Peter 514, 515
Hardt, Ernst 3, 39, 66, 67, 108, 175, 458
Hardt, Ludwig 429
Harich, Wolfgang 328, 378, 400, 503
Hartmann, Rudolf 419
Hartung, Gustav 492
Hašek, Jaroslav 242
Haug, Wolfgang Fritz 117, 162, 163, 223
Hauptmann, Elisabeth 24, 38, 44, 67, 109, 285, 301, 342, 349, 361, 372, 407, 412, 414, 415, 444, 458, 482, 484, 486–488, 494, 496, 500, 513
Hauptmann, Gerhart 1, 2, 16, 17, 39, 141, 176, 177, 417, 418, 506
Haus, Heinz-Uwe 477
Havemann, Robert 516

Hay, Julius (d.i. Gyula Háy) 159, 172, 194, 235, 236, 376, 377
Hayman, Ronald 517
Hays, Hoffman Reynolds 452, 492, 495
Heartfield, John (d.i. Helmut Herzfeld) 225, 484, 494, 495
Hebbel, Christian Friedrich 2, 18, 19, 417, 420
Hecht, Werner 19, 47, 163, 172, 173, 178, 193, 219, 339, 349, 361, 456–459, 462, 497, 498, 512, 517, 518, 520
Heckert, Fritz 157
Hegel, Georg Wilhelm Friedrich 7, 26, 30, 32, 122, 133, 151, 179, 180, 187, 228, 269, 276, 319
Hegner, Jakob 483
Hein, Christoph 370
Heine, Heinrich 53, 135, 154
Heinze, Helmut 226, 327
Heisenberg, Werner 229
Heißenbüttel, Helmut 275
Heller, Frank 28
Heltau, Michael 476
Henrichs, Benjamin 515
Herakleides von Pontos 182
Herrmann, Hans Christian von 253
Herrnstadt, Rudolf 400
Herz, Emil 482
Herzfelde, Wieland 236, 237, 248, 273, 274, 412, 447, 448, 453, 490, 491, 494, 495
Herzog, Roman 520
Heß, Rudolph 6, 270
Hesse-Burri, Emil 37, 444, 487, 488
Heym, Georg 238
Heymel, Alfred Walter 254
Higham, Charles 287, 288, 291
Hill, Claude 517
Hill, Hainer 1, 342
Hillesheim, Jürgen 452
Hinck, Walter 512
Hindemith, Paul 5, 65, 72, 73, 83, 159, 264, 381, 410, 484–487
Hinderer, Walter 517
Hinz, Werner 342
Hiob, Hanne 24, 445, 452, 498
Hirschfeld, Kurt 112, 492, 493
Hitler, Adolf 58, 156, 158, 160, 208, 220, 226, 237, 265, 266, 270, 276, 299–302, 304, 347, 394, 395, 404, 426, 427, 436, 439, 449

Hochdorf, Max 46
Hoffmann von Fallersleben, August Heinrich 502
Hofmannsthal, Hugo von 2, 21, 53
Hohenester, Max 17
Hölderlin, Friedrich 331
Höllering, Franz 483
Holtzhauer, Helmut 454
Holz, Arno 100
Homer 157
Homolka, Oskar 176
Horaz (Quintus Horatius Flaccus) 18, 181, 182, 318
Horkheimer, Max 140, 146, 389, 450
Houseman, John 289, 291–293
Hubalek, Claus 342, 506
Hubley, John 284, 290
Huchel, Peter 370, 371, 377, 386, 494, 516
Hüfer, Agnes 474
Hughes, James Langston 291

Ibsen, Henrik 39
Ihering, Herbert 2, 4, 34, 35, 39, 40, 46, 61, 91, 95, 100, 125, 175, 219, 458, 464, 481
Ipu-wer 250, 277
Isherwood, Christopher 490
Ivernel, Philippe 436
Iwabuchi, Tatsuji 474, 475

Jacobs, Nicholas 474
Jäger, Hanns Ernst 510
Jäggi, Willy 499
Jahnn, Hans Henny 9
Jameson, Fredric 124, 156, 168, 226
Janka, Walter 400, 494
Jens, Walter 275, 341
Jerome, Victor Jerry 275, 460
Jeske, Wolfgang 453
Jessner, Leopold 40, 41, 46, 51, 92, 183
Jewtuschenko, Jewgeni 475
Jhering, Herbert siehe Ihering, Herbert
Johansen, Svend 7
Johnson, Uwe 274
Johst, Hanns 3, 480
Joyce, James 4, 26, 232, 242, 243, 245, 377, 487
Judin, Petr 225
Jung, Franz 487
Jünger, Ernst 116, 457

Just, Gustav 452

Kafka, Franz 5, 6, 157, 224, 225, 243, 277, 508
Kaiser, Georg 2, 4, 19, 26, 36, 39, 44, 240
Kaiser, Joachim 520
Kaiser, Wolf 219
Kandinsky, Wassili 371
Kant, Immanuel 4, 26, 37, 91, 118, 119, 171
Karasek, Hellmuth 515
Karge, Manfred 219, 473, 476
Kasack, Hermann 480–482
Kästner, Erich 97, 404
Kebir, Sabine 191, 444
Keller, Gottfried 249
Kelly, Gene 293
Kemény, Alfred (Pseud.: Alfred Durus) 238
Kerr, Alfred (d.i. Alfred Kempner) 3, 4, 32, 39, 59, 61, 91, 93, 104, 458, 479, 482
Kesser, Armin 446
Kesten, Hermann 489
Kesting, Marianne 517
Kiepenheuer, Gustav 412, 481, 482
Kilian, Isot 284
Kim, Taekwan 87
Kipling, Rudyard Joseph 59, 91
Kipphard, Heiner 374
Kirsch, Rainer 516
Kisch, Egon Erwin 5, 169, 273
Kläber, Kurt 446
Klabund (d.i. Alfred Henschke) 480
Klammer, Karl (Pseud.: K.L. Ammer) 91, 139
Kleist, Heinrich von 496
Klemperer, Otto 68
Kline, Herbert 301
Klöpfer, Albrecht 260
Klopstock, Friedrich Gottlieb 255
Klotz, Volker 512
Kluge, Alexander 121
Knopf, Jan 177, 179, 235, 237, 421, 498, 512, 517
Knutzon, Per 303, 490
Kobel, Jan 329
Koch, Heinrich 471
Kölbig, Wilhelm 479
Kollwitz, Käthe 370
Kolzow, Michail Jefimowitsch 160, 195, 233, 234, 449
Konfutse / Konfuzius 127, 277
Korda, Alexander 285

Korsch, Karl 4, 117, 121, 125, 126, 128, 145, 157, 158, 167, 199, 241, 250, 295, 298, 446, 455, 513
Kortner, Fritz (d.i. Fritz Nathan Kohn) 176, 298, 484, 500
Krabiel, Klaus-Dieter 86, 87, 108, 252
Kracauer, Siegfried 137, 139, 152–154
Kraft, Werner 274
Kraus, Karl 5, 21, 26, 135, 154, 159, 220, 269, 270, 276, 447
Krenek, Ernst 53, 56
Kroetz, Franz Xaver 518
Krohn, Tim 519
Kuckhahn, Heinz 342, 503
Kuhn, Hedda 420
Kulisiewicz, Tadeusz 286
Kun, Béla 160
Kunert, Günter 496, 516
Kupke, Peter 472
Küpper, Hannes 95–98, 251, 486
Kurella, Alfred (Pseud.: Bernhard Ziegler) 7, 106, 159, 194, 233, 235–239, 314
Kurella, Heinrich 233
Kutscher, Artur 479, 480

Lacis, Anna Ernestova (Asja) 77, 158, 160, 195
Lagerlöf, Selma 481
Lampel, Peter Martin 26
Lamping, Dieter 253
Lanchester, Elsa 288, 291
Landshoff, Fritz Helmut 412
Lang, Fritz 500
Lange, Allert de 412, 447
Lange, Hartmut 516
Langhoff, Matthias 219, 473, 476
Langhoff, Wolfgang 306, 500
Lania, Leo (d.i. Lazar Herman) 136, 137, 487
Lasker-Schüler, Else 249
Laughton, Charles 12, 13, 210, 283–297, 308, 495, 500
Lauter, Hans 367, 380–382, 387
Laux, Karl 381
Lavandant, Georges 475
Lefebvre, Henri 473, 509
Legal, Ernst 382
Lehmbruck, Wilhelm 371
Lenin, Wladimir Iljitsch (d.i. W. I. Uljanow) 26, 33, 43, 75, 117, 120, 122, 127, 133, 245, 269, 276, 277, 306, 385, 397, 411
Lenja (auch: Lenya), Lotte (d.i. Karoline Blamauer) 176, 477, 510
Lenz, Jakob Michael Reinhold 1, 199, 313, 471, 506
Lenz, Siegfried 275
Leonardo da Vinci 290
Leopold III., König von Belgien 439
Lerg, Winfried B. 108
Leschnitzer, Franz 238
Lessing, Gottlob Ephraim 9, 135, 154, 174, 184, 222, 223, 319, 346, 496, 510
Lewenstein, Oscar 308
Lieb, Fritz 492
Liebknecht, Karl 464
Lieblich, Karl 21
Liliencron, Detlev von 417
Lincoln, Abraham 301
Lindenberg, Udo 520
Lindner, Burkhardt 222
Lindtberg, Leopold 285, 289, 347
Lingner, Max 370
Littlewood, John 474
Ljubimow, Juri 475
Lloyd, Norman 289, 291
Lo Ding (auch: Loo Ding) 364
Lorre, Peter (d.i. Làszló Löwenstein) 61–64, 176
Losey, Joseph 288–291, 294, 295, 500
Lotz, Ernst Wilhelm 238
Löwenstein-Wertheim-Freudenberg, Hubertus Prinz zu 491
Lucchesi, Joachim 383, 390, 391
Ludwig, Karl-Heinz 21
Luft, Friedrich 503, 507
Lukács, Georg 1, 7, 55, 56, 98, 106, 127, 145, 146, 159, 170, 194, 222, 227, 231, 232, 234–246, 248, 256, 271, 298, 376, 390, 432, 433, 449, 499
Lukian von Samosata 187
Lukrez (Titus Lukretius Carus) 244, 255, 259, 277
Luther, Martin 255
Lüthy, Herbert 511
Lutz, Regine 309, 341
Luxemburg, Rosa von 127, 412, 464
Lyon, James K. 517
Lyotard, Jean-François 140

Mac Namara, Reggie 97
Magritz. Kurt 370, 371, 386
Maillol, Aristide 306
Majakowski, Wladimir Wladimirowitsch 487
Malraux, André 274
Manheim, Ralph 511
Mann, Erika 291
Mann, Heinrich 8, 116, 141, 159, 234, 263, 267, 274, 300, 302, 369, 432
Mann, Klaus 96, 98, 99, 101–106, 130, 159, 237, 249
Mann, Otto 511, 512
Mann, Thomas 8, 10, 25, 28, 30, 31, 93, 98–107, 116, 130, 141, 234, 242, 248, 263, 274, 279, 298, 300, 390, 422, 432, 443, 507, 508, 512
Marc, Franz 222, 371
Marcuse, Herbert 8, 299
Marcuse, Ludwig 138, 275, 300
Markwardt, Bruno 462, 464
Marlowe, Christopher 34, 254, 259, 260, 511
Marquardt, Fritz 476
Marsch, Edgar 517
Martin, Karlheinz 452
Martner, Fredrik (d.i. Knud Rasmussen) 182, 274, 447
Marx, Karl 4, 26, 30, 33, 37, 40, 41, 43, 56, 117, 118, 120, 122, 127, 145, 179, 187, 199, 223, 224, 228, 267–269, 303, 324, 397, 403, 455, 496
Maugham, William Somerset 158
May, Gisela 219
Mayer, Hans 123, 241, 242, 343, 377, 378
McCarthy, Joseph Raymond 295, 375
McLuhan, Marshall 140
Mehring, Walter 97, 457
Mei Lan-fang 6, 13, 158, 168, 188–191, 223
Meier-Graefe, Julius 442
Melchinger, Siegfried 509
Meyer, Ernst Hermann 381
Meyer-Förster, Wilhelm 19
Meyerhold, Wsewolod Emiljewitsch 160, 195, 303, 382, 383, 504
Michaelis, Karin 157
Milestone, Lewis 289, 293
Milhaud, Darius 49, 54
Milva 476, 520
Mittenzwei, Werner 244, 245, 383, 386, 390, 443, 498, 505

Molière, Jean-Baptiste (d.i. J.-B. Poquelin) 286, 471, 506, 510
Monk, Egon 368, 387, 471
Morgenthau, Henry 301, 302
Mozart, Wolfgang Amadeus 52, 281, 381
Mukařovský, Jan 255
Müller, André 508
Müller, Gerhard 383, 443, 453
Müller, Heiner 373, 374, 478, 516, 519
Müller, Klaus-Detlef 193, 498, 517
Müllereisert, Otto 441
Müller-Stahl, Hagen 374
Münsterer, Hanns Otto 441, 442
Münzenberg, Willi 273, 274, 489
Muradelij, Wano 375
Mussolini, Benito 426

Nannini, Gianna 520
Negt, Oskar 121
Neher, Carola 158, 160, 176, 195, 211
Neher, Caspar 12, 48, 49, 136, 160, 213, 218, 219, 290, 330, 331, 334, 412, 419, 441, 442, 450, 471, 479, 481, 484, 487, 494, 495, 501, 507
Neoptolemos von Parion 182
Nietzsche, Friedrich 21, 104, 166, 212, 319, 420
Nixon, Richard 393
Noske, Gustav 466
Nossack, Hans Heinrich 275
Notowicz, Nathan 381
Novalis (d.i. Friedrich von Hardenberg) 161
Nubel, Walter 498

Ochlopkow, Nikolai Pawlowitsch 178
Oelßner, Fred 382, 504
Ohlsen, Prudence 474
Öije, Elisabeth 275
Olivier, Sir Laurence 474
Opitz, Martin 182
Oprecht, Emil 412
Orlow, N. (d.i. Wladimir Semjonow) 379, 380, 386
Osten, Maria 159, 453
Ostermaier, Albert 520
Ostrowski, Alexander Nicolajewitsch 364
Otto, Hans 264
Otto, Teo 347, 414, 415, 472, 492
Ottwalt, Ernst 55, 232, 233

Pabst, Georg Wilhelm 135, 137, 154
Palitzsch, Peter 342, 343, 349, 350, 352, 364, 457, 467, 471–474, 476, 478, 495, 496, 506, 507
Pascal, Blaise 274
Pasternak, Boris Leonidowitsch 10
Pawlow, Iwan Petrowitsch 198
Pechstein, Max 100
Penzoldt, Ernst 454
Peymann, Claus 518
Pfanzelt, Georg (Orge) 479, 481
Picasso, Pablo 310, 436
Pieck, Wilhelm 400, 505
Pietrzynski, Ingrid 457
Pietzcker, Carl 417
Pinthus, Kurt 4
Pintzka, Wolfgang 349
Piscator, Erwin 4, 24, 38, 40, 51, 83, 92, 95, 109, 138, 191, 214, 215, 225, 236, 242, 298, 305, 377, 444, 447, 449, 450, 457, 458, 464–466, 474, 484
Planchon, Roger 473, 474
Pollatschek, Walther 502
Pongs, Hermann 114
Prokofiew, Sergej 375
Proust, Marcel 232
Puschkin, Alexandr Sergejewitsch 385

Quinn, Anthony 293

Raddatz, Fritz J. 430, 441
Radek, Karl 232, 233
Ramthun, Herta 460, 498, 518
Ramuz, Charles 54
Recht, Oskar Camillus 420–422
Reger, Erich 97
Reich, Bernhard 158, 160, 195, 235
Reichel, Käthe 308, 386, 387
Reichenbach, Hans 300
Reich-Ranicki, Marcel 430
Reinhardt, Andreas 476
Reinhardt, Max (d.i. Max Goldmann) 52, 83, 92, 183, 184, 288, 447
Reiniger, Lotte 132
Reiss, Kurt 492
Remarque, Erich Maria 28
Renn, Ludwig 452
Renoir, Jean 285
Replansky, Naomi 288

Reyher, Ferdinand 288
Riedel, Volker 341
Rilke, Rainer Maria 25, 96, 248, 251, 441
Rilla, Paul 328, 331, 335, 340, 341
Rimbaud, Arthur 3, 91, 254, 259
Robert, Yves 476
Robeson, Paul 8
Rockefeller, John Davison 30
Rohde, Willi 345, 348
Rohrwasser, Michael 271
Roosevelt, Franklin Delano 279, 301
Rosenberg, Alfred 276
Rosenberg, Arthur 466
Rösler, Wolfgang 341
Roth, Joseph 276
Rothe, Hans 254, 260
Rothe, Wolfgang 511
Rousseau, Jean-Jacques 179
Roussillon, Jacques 473, 474
Rückert, Friedrich 358
Rudolph, Johanna (d.i. Marianne Gundermann) 387, 388
Rühle, Otto 4, 26
Rülicke (-Weiler), Käthe 286, 313, 314, 342, 364, 385, 457, 467, 505, 512
Runze, Ottokar 520

Sagert, Horst 471
Samson-Körner, Paul (d.i. Paul Körner) 483
Sartre, Jean-Paul 500
Sch., H. (Kürzel) 347
Schadewaldt, Wolfgang 218
Schall, Ekkehard 219, 308, 472, 507
Schebera, Jürgen 452
Schechner, Richard 477
Scheidemann, Philipp 466
Scherchen, Hermann 381, 385
Schiller, Dieter 453
Schiller, Friedrich 2, 18, 24, 121, 171, 216, 217, 244, 255, 319, 329, 348, 357, 438, 496, 510
Schipfel, Joseph 479
Schirokauer, Arnold 55
Schivelbusch, Wolfgang 357
Schklowski, Viktor Borrisowitsch 167, 178, 487
Schleef, Einar 470, 478
Schlegel, August Wilhelm 254, 260
Schlichter, Rudolf 482, 484

Schmidt, Arno 275
Schmidt, Dieter 517
Schmidtbonn, Wilhelm 19
Schmitt, Hans-Jürgen 1, 233, 238, 248
Schoen, Ernst 112
Scholz, Gerhard 454
Schönberg, Arnold 54, 225, 303
Schostakowitsch, Dmitri Dmitrijewitsch 375
Schöttker, Detlev 21, 310
Schrader, Bärbel 382
Schroeder, Max 414
Schuhmann, Klaus 249, 512
Schumacher, Ernst 19, 512
Schütte, Jan 520
Schwabe, Willi 219
Schwiedrzik, Wolfgang 476
Seghers, Anna 343, 450, 471
Seidel, Gerhard 407, 414, 456, 458, 498
Seitz, Gustav 371
Senda, Koreya 474
Serreau, Jean-Marie 473
Sessions, Roger 500
Seydel, Heinz 452, 496
Shakespeare, William 1, 39, 47, 93, 116, 157, 176, 204, 214, 217, 259, 260, 277, 282, 285, 286, 290, 306, 313, 317, 347, 357, 365, 432, 496, 510, 511
Shaw, George Bernard 2, 3, 26, 32, 36, 89, 90, 510
Shaw, Irwin 294
Shdanow, Andrej Alexandrowitsch 189, 375, 382, 451, 504
Shelley, Percy Bysshe 222, 243, 244, 247
Silberman, Marc 226
Simmgen, Hans-Georg 473
Sinclair, Upton 18
Snell, Bruno 341
Soeren Voima (Gruppe) 514
Sokolow, Anna 291
Sophokles 1
Sorel, Georges 128
Soyinka, Wole 474
Sperr, Martin 514
Spinoza, Benedictus de (Baruch) 385
Stalin, Jossif Wissarionowitsch (d.i. J.W. Dshugaschwili) 1, 156, 160, 189, 233, 264, 271, 272, 301, 367, 374, 393, 403, 427, 492
Stanislawski, Konstantin Sergejewitsch 10, 13, 165, 194, 198, 209, 211, 212, 183, 189, 215, 306, 308–311, 332, 349, 462, 475, 505
Steckel, Frank-Patrick 471, 476, 478
Steckel, Leopold 186
Steffin, Margarete 162, 252, 273, 415, 424, 425, 445, 447, 452, 488, 489, 491, 492
Steiger, André 473, 474
Stein, Peter 476
Steinrück, Albert 307
Steinweg, Reiner 65, 76, 77, 79, 80, 84, 86, 87, 108, 252, 513, 514, 517
Stendhal (d.i. Henri Marie Beyle) 249
Sternberg, Fritz 3, 4, 39, 108, 110, 117, 125, 126, 175, 457, 458, 464–466, 483
Sternheim, Carl 240
Stevenson, Robert Louis 31
Stoiber, Edmund 520
Strauch, Michail 475
Strauss, Richard 53
Strawinsky, Igor Fjodorowitsch 49, 54, 292
Strehler, Giorgio 472, 474, 476, 510
Strempel, Horst 380
Strindberg, August 2, 23
Stripling, Robert E. 393
Strittmatter, Erwin 12, 13, 310, 348, 349, 352, 354, 358, 361, 506, 516
Strobel, Heinrich 52
Stuckenschmidt, Hans Heinz 52
Šubik, Christof 117
Sudermann, Hermann 26
Suhrkamp, Peter 49, 55, 71, 216, 407, 408, 413, 414, 450, 451, 467, 470, 485, 487, 488, 493, 494, 497, 500–502, 509
Sukova, Barbara 476
Süskind, Wilhelm Emanuel 102
Suzuki, Tadashi 190
Swift, Jonathan 222, 277
Syberberg, Rüdiger 454
Szczesny, Gerhard 512
Szeiler, Josef 476, 477

Tabori, George (d.i. Tabori Gyuri) 288, 294, 478, 518
Tagore, Rabindranath 21
Tauber, Richard 158
Tenschert, Joachim 473
Thomas, Wendelin 479
Thyssen, Fritz 221
Tieck, Ludwig 254, 260

Tillich, Paul 301
Tilsner, Klaus 219
Todd, Mike 289
Toller, Ernst 159, 240
Tolstoi, Lew (Leo) Nikolajewitsch Graf 23, 102, 240, 249
Tombrock, Hans 158, 448
Toporkow, Wassili Ossipowitsch 309
Torberg, Friedrich 509
Tragelehn, Bernhard Klaus 374, 478
Trakl, Georg 238
Tretjakow, Sergej Michailowitsch 158, 160, 167, 173, 178, 188, 195, 249, 274, 374, 487, 492
Trotzki, Lew (Leo) Dawidowitsch 271
Trouwborst, Rolf 348
Tschesno-Hell, Michael 273
Tucholsky, Kurt 97
Tynan, Kenneth 259, 474

Ulbricht, Walter 368, 376, 385, 389, 399, 505, 506, 508
Unger, Erich 129
Unruh, Fritz von 131
Unseld, Siegfried 416
Utitz, Emil 100

Vajda, Ladislaus 137, 150
Valentin, Karl 3, 20, 21, 34, 90, 213, 311, 460, 480
Valery, Paul 113
Vallentin, Maxim 475
Vansittart, Robert Gilbert Lord 302
Verhaeren, Emile Adolphe 417
Verlaine, Paul 3
Vesey, Desmond I. 490
Veth, Kurt 473
Vielhaber, Gerd 510
Viertel, Berthold 274, 284, 301, 383, 449, 450
Viertel, Salka 284, 289, 293
Vilar, Jean 473
Villon, François 91, 139
Vogeler, Heinrich 238
Voges, Michael 193, 203, 204
Voigts, Manfred 19, 173, 253
Völker, Klaus 245, 502, 517
Voltaire (d.i. François-Marie Arouet) 157, 222, 277
Voris, Renate 421

Wagner, Frank Dietrich 250
Wagner, Richard 51, 52, 281
Walden, Herwarth (d.i. Georg Levin) 3, 91, 233, 238
Waley, Arthur David 190
Wallace, Edgar 26
Walser, Alissa 515
Walser, Martin 509, 514, 515
Walter, Hans-Albert 232–234, 453, 454
Wanamaker, Sam 293
Wandel, Paul 451
Wangenheim, Gustav von 475
Wassermann, Jakob 26
Webster, John 500
Wecker, Konstantin 520
Wedekind, Frank 2, 23, 213, 420, 429
Weichert, Richard 39, 458
Weigel, Helene 9, 10, 13, 24, 41, 46–48, 51, 62, 176, 181, 189, 191, 204, 210, 211, 216, 247, 262, 273, 279, 284, 292, 303, 307, 311, 316, 331, 343–345, 352, 426, 430, 444, 445, 452, 457, 471–473, 482, 487, 491, 494, 500, 502, 504, 507
Weill, Kurt 48, 54, 55, 65, 68, 69, 72, 73, 83, 92, 93, 135–138, 213, 228, 259, 291, 381, 411, 444, 449, 483–487
Weisenborn, Günther 412, 487
Weiskopf, Franz Carl 273
Weiß, Richard 494
Weisstein, Ulrich 54
Wekwerth, Manfred 164, 219, 350, 358, 361, 362, 364, 382, 383, 466, 467, 471–473, 476, 478, 505, 507, 512, 513, 515
Welk, Erwin 38
Welles, Orson 288, 289
Wells, Herbert George 158
Weltzer, Johannes 490
Wendt, Erich 369, 494
Wenzlaff, Paul-Gerhard 453
Werfel, Franz 26, 96, 131, 248, 251
Wesker, Arnold 474
Wessel, Horst 509
Westheim, Paul 481
Weyrauch, Wolfgang 400, 461
Whitman, Walt 385
Wiegler, Paul 501
Wifstrand, Naima 204
Wilder, Billy (Samuel) 293
Wilder, Thornton 290, 376

Wilhelmi, Ruth 1, 342
Willett, John 260, 511
Williams, William C. 487
Wilson, Georges 473
Wilson, Robert 478
Winds, Erich Alexander 345, 347, 348, 461, 503
Winge, Hans (John) 285
Wirth, Andrzej 476
Wizisla, Erdmut 452
Wöhrle, Dieter 140
Wolf, Christa 518
Wolf, Friedrich 9, 33, 314, 343, 376, 379, 461, 503
Wolff, Kurt 249
Wolfson, Victor 11

Wreede, Fritz 489
Wright, Frank Lloyd 293
Wuolijoki, Hella 159, 191
Wuthenow, Ralph-Rainer 429
Wuttke, Martin 519
Wyss, Monika 470, 517

Zaisser, Wilhelm 400
Zarek, Otto 480
Ziegler, Bernhard *siehe* Kurella, Alfred
Zoff, Marianne Josephine 24, 267, 420–422, 442–445, 452, 482, 483, 498
Zuckmayer, Carl 4, 26, 131, 501
Zweig, Arnold 4, 28, 89, 159, 274, 369, 381, 447